四川省新闻出版广播影视“十三五”发展规划重大项目
2016 年度四川省文化产业发展专项资金资助项目
2015 年中央高校基本科研业务费汪启明研究团队培育项目

丝绸之路汉文文献要目总览·现代分卷

（1950—2015）

主　　编　汪启明　张雪永
分卷主编　宦书亮

西南交通大学出版社
·成　都·

图书在版编目（CIP）数据

丝绸之路汉文文献要目总览. 现代分卷：1950—2015 / 汪启明，张雪永主编；宦书亮分卷主编. —成都：西南交通大学出版社，2018.10
ISBN 978-7-5643-6496-0

Ⅰ. ①丝… Ⅱ. ①汪… ②张… ③宦… Ⅲ. ①丝绸之路－地方文献－内容提要 Ⅳ. ①Z812.2

中国版本图书馆 CIP 数据核字（2018）第 233085 号

丝绸之路汉文文献要目总览·现代分卷
（1950—2015）

主　　编　汪启明　张雪永
分卷主编　宦书亮

出 版 人　阳　晓
责任编辑　吴　迪
特邀编辑　崔　倩
封面设计　曹天擎
出版发行　西南交通大学出版社
（四川省成都市二环路北一段 111 号
西南交通大学创新大厦 21 楼）
发行部电话　028-87600564　028-87600533
邮政编码　610031
网址　http://www.xnjdcbs.com
印刷　成都勤德印务有限公司
成品尺寸　185 mm × 260 mm
印张　41.75
字数　1038 千
版次　2018 年 10 月第 1 版
印次　2018 年 10 月第 1 次
书号　ISBN 978-7-5643-6496-0
定价　198.00 元

《丝绸之路汉文文献要目总览》

编委会名单

编纂委员会

学术委员会

把握好交通这个点（序一）

桂富强

前段时间我与文科处处长张雪永商量，希望做一个比较大的平台，随即就想到了做“一带一路”交通研究这个大平台。在“一带一路”的交通大平台下，我们可以进行更多的研究，这既为国家的“一带一路”贡献了我们的力量，又有利于我校的文科发展。

今天启动“丝绸之路汉文文献菁华”这个项目是让我们很兴奋的一件事，但是做项目就一定会有一些延伸的成果。关于这个项目的缘起和希冀，我有三句话：一是这件事太值得干。“一带一路”是一个很热的词，在交通的历史或者文献历史方面，西南交通大学要当仁不让地牵头做这件事，我们还有资深的专家，为项目研究打下了基础；二是项目一定要做大。我们要做到国家层面、影响到国家层面，我们不仅要出数据库、出书，关键还要出思想；三是一定要干好，从学校层面，要出钱、出人，另外一定要讲究市场，市场很重要，我们可以通过市场的力量来推动研究，这是一条比较好的路子。只是行政的支持是很有限的，如何将这个项目推向市场也是我们需要思考的问题。当然，研究项目需要专注，这是毋庸多言的，我们有专家团队、有很多博士生，我们要确保一定的时间，集中一定的人力、财力，专注地来完成这件事情。

做交通史的研究，丝绸之路是一个突破点，我们要把握好交通这个点，我们在这个点占领了一个高地，未来就有很好的延展性。项目的进行要注意交叉，广泛借助集体的力量，切忌闭门造车，这里的交叉可能是多学科交叉，那么老师、学生就要注意交叉合作，也可能是与校外的研究专家、研究成果有所交叉，此时我们可以借助四川的力量、全国的力量，甚至是全球的力量。

2015 年 6 月

“一带一路”的交大声音（序二）

张雪永

“一带一路”是“丝绸之路经济带”和“21 世纪海上丝绸之路”的简称，系由中国国家主席习近平于 2013 年 9 月和 10 月出访中亚和东南亚国家期间提出的重大倡议，旨在借用古代丝绸之路的历史符号，高举和平发展的旗帜，主动发展与沿线国家的经济合作伙伴关系，共同打造政治互信、经济融合、文化包容的利益共同体、命运共同体和责任共同体。习近平总书记指出：“古丝绸之路绵亘万里，延续千年，积淀了以和平合作、开放包容、互学互鉴、互利共赢为核心的丝路精神。这是人类文明的宝贵遗产。” 2015 年 3 月 28 日，国务院授权国家发改委、外交部、商务部联合发布了《推动共建丝绸之路经济带和 21 世纪海上丝绸之路的愿景与行动》，首次以政府文件形式将“一带一路”倡议呈现给世界。

“一带一路”倡议提出后，因其承载的巨大经济、文化、科技潜力而备受世界瞩目。同时，由于“一带一路”依托中国古代陆上丝绸之路与海上丝绸之路相连的地理优势，其所掀起的参与热潮也使古代“丝绸之路”这一极具历史意义的国际通道重新进入人们的视线并得到广泛关注。

“一带一路”倡议覆盖古“丝绸之路”沿途主要地区，旨在以古代丝绸之路的路线为基础，依托陆地丝绸之路和海上丝绸之路的地理优势，打造新时代背景下的“丝绸之路经济带”和“21 世纪海上丝绸之路”。丝绸之路经济带倡议涵盖东南亚经济整合、东北亚经济整合，并最终融合在一起通向欧洲，形成欧亚大陆经济整合的大趋势。21 世纪海上丝绸之路经济带倡议从海上联通欧亚非三个大陆，和丝绸之路经济带倡议形成一个海上、陆地的闭环。“一带一路”倡议是中国为适应当今国际经济文化新格局变化而提出的，蕴含着以经济合作为基础和主轴，以人文交流为重要支撑，开放包容的合作理念。作为中国扩大和深化对外开放的需要，其在经济和文化领域都有不可估量的重大意义。

古代“丝绸之路”起始于中国，是连接亚洲、非洲和欧洲的古代路上商业贸易路线。狭义的丝绸之路一般指陆上丝绸之路，广义的丝绸之路又分为陆上丝绸之路和海上丝绸之路，根据具体路线的不同，陆上丝绸之路又可以分为沙漠丝绸之路、草原丝绸之路和西南丝绸之路。作为历时 2000 年之久，横贯亚欧大陆的国际要道，丝绸之路不仅仅是国际交通路线，更是“中西文化交流的大动脉”，是历史时期一个独特人文区域的“文化系统”。它将中国与亚、欧、非三大洲的众多国家联系起来，丝绸、瓷器、香料络绎于途。在丝绸之路的引领推动下，世界开始了解中国，中国开始影响世界。丝绸之路在推动东西方思想交流、文化交融和全球经济一体化、人类文明多样化等方面发挥了十分重要的作用，为古代东西方之间经济、文化交流作出了重要贡献。

从经济层面上讲，“一带一路”无疑会带来中国经济发展的巨大转变。首先，“一带一路”建设与区域开发开放相结合，将彻底改变我国之前的点状、块状的发展格局。有利于进一步开放我国西边门户，实现东中西联动发展、陆海统筹，构建经济空间一体化格局。其次，“一带一路”倡议中庞大的基础设施建设将极大改善目前中国产能过剩问题。据统计，倡议沿线国家和地区总人口约 44 亿，经济总量约 21 万亿美元，分别约占全球的 63%和 29%，“一带”沿线及辐射区域和“一路”港口和内陆纵深的关键枢纽、节点将形成庞大的基础设施需求，并吸引大量人口带动城市建设和工业园区建设。这有利于加大我国产能输出，缓解产能过剩问题，稳定国民经济。最后，“一带一路”倡议将提高各国间商品和服务贸易自由化、便利化的深度和广度，有利于我国开拓新的国际市场，改善国际融资环境，扭转在国际贸易中的不利地位。

丝绸之路不仅是经济发展之路，也是文化建设之路。从文化层面上讲，一方面，“一带一路”两端连接东西方文明源头，有利于促进东西方文明的交流与融合，实现沿线的跨文化交流。这个构想涉及几十个国家、数十亿人口，这些国家在历史上创造出了形态不同、风格各异的文明形态，是人类文明宝库的重要组成部分。“一带一路”作为沿线国家不同文化深入交融的融合剂，有利于促进不同文明之间的交流互鉴和世界文化的发展繁荣。另一方面，“一带一路”所迸发的新的文化活力也有利于提升我国的文化交流水平。首先，“一带一路”发挥连接不同文明的纽带作用，为我国传统文化的传承与现代文化的创新迎来难得的发展机遇。通过文化交流与合作，充分发掘沿线国家深厚的文化底蕴，弘扬中国传统文化精神，并吸收和借鉴外来文化当中优秀的部分，充实和更新自身，从而适应当前经济全球化和文化多元化的新形势。其次，“一带一路”所形成的新的贸易通道，极大提升了国家间贸易自由的广度和深度，这也开拓了我国文化产业的输出渠道，文化产业资源优势和市场优势结合，有利于抵御西方大众文化扩张对我国文化产业发展形成巨大冲击。最后，“一带一路”有利于我国在激烈的世界人才竞争中占据主导。通过与沿线国家广泛开展文化交流、学术往来、人才交流合作，深化沿线国家间人才培养与合作机制，培养国际性创新人才，有利于抵御当今世界激烈的人才竞争，维护我国的文化安全。

由于“一带一路”具有重大的经济和文化意义，对这一领域的探索日趋引起国内外诸多专家的重视，与此同时，作为“一带一路”的历史和地理基础，古代“丝绸之路”也逐渐引起学者的研究重视。目前，有关丝绸之路的国内外研究成果数量庞大，涉及领域广泛。据不完全统计，自 19 世纪后，仅国内文献研究成果就多达 9 万多篇，其中包涵经济领域文献约 3.1 万篇，文化领域约 2 万篇，政治领域约 1 万篇，此外如艺术、考古、交通、历史等领域的研究文献达 3 万多篇。而作为丝绸之路研究基础的历史文献和考古资料更是卷帙浩繁，如近代著名史学家、翻译家冯承钧先生的《西域南海史地考证论丛》1～9 编和《西域南海史地论著汇辑》收录了大量有关丝绸之路研究的论文和译文，成为我国丝绸之路研究的铺路石。值得一提的是，张星烺先生于 1930 年出版的《中西交通史料汇编》，这部 6 册的巨著系统反映了 17 世纪中叶以前中国与欧洲、印度、中西亚、非洲地区的关系，已经成为研究丝绸之路不可或缺的资料工具。此外，唐长孺先生主持的

《吐鲁番出土文书》（10 册）收集整理了 1959—1975 年在新疆吐鲁番的阿斯塔那、哈拉和卓等 203 座古墓地出土的从前凉升平十年（366 年）至唐大历四年（769 年）间一千八百多件文书，不但对于魏晋隋唐史的研究，更是对于丝绸之路的研究具有极其重要的意义。由于老一辈学者的努力，我国的丝绸之路研究一开始就奠定了坚实的文献学基础，这些文献资料对今天学者的研究功不可没。

如今，各界在政治经济、宗教文化、民族民俗、历史地理、考古、语言、艺术等领域对丝绸之路专题研究的日益深入，已成为此后我国丝绸之路研究的主要趋势。

如北京师范大学、复旦大学等成立了有 127 所高校参加的"'一带一路'高校联盟"，北京大学、吉林大学等分别成立了"'一带一路'研究中心"，清华大学成立了"'一带一路'研究院"，中国人民大学成立了"'一带一路'经济研究院"，北京外国语大学成立了"丝绸之路研究院"等。而目前学术界关于丝绸之路的研究文献琐碎繁杂，查找收集较为困难，对于丝绸之路历史资料与考古文献的收集和整理工作尚不完善，为相关研究带来了极大不便。因而，面对新时代背景下"一带一路"倡议所引发的丝绸之路研究热潮，传承老一辈学者的研究成果，进一步对丝绸之路历史文献和考古资料进行收集和整理，显得十分必要。

围绕学校党委以轨道交通为抓手，主动参与"一带一路"建设的号召，我们启动了"丝绸之路汉文文献菁华"的项目。在项目启动会议上，桂富强副书记指出："我有三句话：一是这件事太值得干。'一带一路'是一个很热的词，在交通的历史或者文献历史方面，西南交通大学要当仁不让地牵头做这件事，我们还有资深的专家，为项目研究打下了基础。二是项目一定要做大。我们要做到国家层面、影响到国家层面，我们不仅要出数据库、出书，关键还要出思想。三是一定要干好，从学校层面，要出钱、出人，另外一定要讲究市场，市场很重要，我们可以通过市场的力量来推动研究。""做交通史的研究，丝绸之路是一个突破点，我们要把握好交通这个点，我们在这个点占领了一个高地，未来就有很好的延展性。"今天呈现在读者面前的就是这个项目的成果之一。当然，这仅仅是第一步，西南交通大学在交通史方面还有很多的工作可以做。我们将在这方面继续进行下去。

2018 年 8 月

编撰凡例

1.《丝绸之路汉文文献要目总览·现代分卷》收录范围为1950年至2015年与丝绸之路有关纸质文献。

2. 收录标准为公开出版的著作、期刊、会议论文集上刊载的有关丝绸之路或一带一路的代表性汉文文献，以及博（硕）士学位论文文献，教材及其他普及书少量章节。

3. 本书分为著作、期刊论文、学位论文、会议论文四编，每编按照《中国图书馆图书分类法》进行分类，每类下设若干小类。同一论文或著作，内容涉及多个方面的，按其论述的主要方面分类著录，以便读者检阅。

4. 为了便于读者了解最新的研究动态和成果，本书条目按发表或出版的时间由近及远的编排顺序。期刊类论文中同年不同期刊按刊期在后的居前排序；同期刊且刊期相同者，按文献所在页码先后排序。同一著者的同一论文见于不同刊物、篇名或内容略有不同的，分条著录。同一著作重版、再版，分条著录，并在文献标识码后标明版次，便于读者版本比较和查考。

5. 条内项编排顺序。（1）期刊类文献：主要责任者、文献题名、文献类型标识、期刊名、出版年份、期数、起止页码。（2）著作类文献：主要责任者、著作方式（著、编著、编、主编、改编、绘、摄、书等）、文献题名（含卷名或集数等其他题名信息）、文献类型标识、版本（初版省略）、出版地、出版者、出版年、起始页码及信息概要（专书略）。若只是某本著作中某章（节）涉及丝绸之路内容，则需在“出版年”之后按“第×页章/节名称”格式标注页码和章节名称。（3）学位论文类文献：责任者、文献题名、文献类型标识、保存地点、保存单位、授予年份。（4）会议论文：主要责任者、文献题名、文献类型标识、会议文集名称、会议论文结集年份。

6. 期刊论文或著作中缺文献主要责任者项的，乃“本刊”“本刊编辑部”“本社”“本书编委会”所作，或无从可查。文献主要责任者为机构的，一律以出版或公开发表时的署名为准，使用简称或全称。文献主要责任者数为三人以上的，只著录前三人，其后加“等”字以示多人所著。译著等文献的原主要责任者为外籍人，则在原主要责任者之前用“[ ]”标注其国名简称，如“英国”标为[英]。

7. 文献中的繁体字全部转化成简化的通用规范汉字。

目　录

第一编　期刊论文类

第二编　著作类

第三编　学位论文类

第四编　会议论文类

第一编　期刊论文类

一、哲学、宗教

（一）中国哲学

朱亚非．**山东早期的纺织业与北方海上丝绸之路**[J]．管子学刊，1993（1）：47-52.

（二）逻辑学

张忠义，刘纯．**因明风采 再现丝绸之路：中国第四届因明学术研讨会综述**[J]．哲学动态，2009（3）：107-108.

（三）伦理学（道德哲学）

刘志东．**丝绸之路与蒙古族社会伦理**[J]．辽宁大学学报（哲学社会科学版），2002（5）：75-78.

（四）美　学

吴高泉．**丝绸之路为何是中西文化交流之路：蚕桑文明与中国的审美意识**[J]．湛江师范学院学报，2010（5）：27-32.

（五）心理学

曾培炎．**"一带一路"：全球共同需要 人类共同梦想**[J]．求是，2015（10）：14-16.

（六）宗　教

1. 卞洪登．**南方丝绸之路与印度佛教**[J]．看世界，2015（9）：88.
2. 韩立鹤．**中国佛教协会"一带一路"佛教文化系列讲座启讲**[J]．法音，2015（6）：57-58.
3. 卓新平．**丝绸之路上的景教**[J]．天风，2015（5）：54-55.
4. 李崇峰．**佛教东传与丝绸之路**[J]．世界遗产，2015（5）：70.
5. 荣新江．**丝绸之路与琐罗亚斯德教的流行**[J]．世界遗产，2015（5）：69.
6. 戎章榕．**让佛教文化融入"一带一路"战略：本性法师访谈录**[J]．海峡通讯，2015（4）：36-38.
7. 王乐庆．**玄奘法师 "丝绸之路"的伟大拓荒者**[J]．中国宗教，2015（4）：37-39.

8. 梁二平. 东来学佛僧和西去求法僧：海上丝绸之路的另一种图景[J]. 丝绸之路，2015（3）：1-6.
9. 韩中义. 丝绸之路上的近现代苏非派多维度考察[J]. 青海民族研究，2015（2）：126-130.
10. 卓新平，刘金光，方光华，等. 对话宗教与"一带一路"战略[J]. 世界宗教文化，2015（2）：56-62.
11. 丝绸之路上的佛教传播与文明对话：学诚法师接受《中国社会科学报》专访[J]. 法音，2015（1）：35-42.
12. 卓新平. 丝绸之路的宗教之魂[J]. 世界宗教文化，2015（1）：21-26，158.
13. 冶倩. 丝绸之路上的伊斯兰教文化传播：以陕西地区为例[J]. 戏剧之家，2015（1）：187-188.
14. 才吾加甫. 丝绸之路上的古代宗教[J]. 丝绸之路，2014（12）：13-16.
15. 哈宝玉. 丝绸之路与伊斯兰经学的东传[J]. 中国宗教，2014（7）：36-37.
16. 岳钰. 丝绸之路上的佛教造型艺术[J]. 中国宗教，2014（7）：35.
17. 彭晓静. 丝绸之路上的宗教传播与融合[J]. 中国宗教，2014（7）：32-34.
18. 刘金光. 发挥宗教在"丝绸之路经济带"建设中的积极作用[J]. 中国宗教，2014（7）：18-19.
19. 薛小梅，王晓芬. 丝绸之路上的宗教文化接触[J]. 丝绸之路，2014（18）：41-43.
20. 魏文斌. 丝绸之路佛教及佛教艺术的交流[J]. 丝绸之路，2014（15）：67-80.
21. 曾渝杰. "丝绸之路"与伊斯兰教的东传[J]. 经营管理者，2014（7）：36-37.
22. 李林. "伊斯兰教与丝绸之路经济带"学术研讨会综述[J]. 世界宗教研究，2014（3）：182-183.
23. 王永莉. 丝绸之路河西走廊段赛神风俗的时空分布与文化意蕴[J]. 长安大学学报（社会科学版），2014（3）：14-18.
24. 雨晴，宏伟. "宗教与丝绸之路"高层论坛暨2014年中国宗教学会年会在西安召开[J]. 五台山研究，2014（2）：2.
25. 尹波涛. 古代东亚佛教文化交流与丝绸之路国际学术会议综述[J]. 西北民族论丛，2014（0）：401-408.
26. 周伟洲. 丝绸之路与唐代入竺求法新罗僧[J]. 西北民族论丛，2014（0）：101-116，415.
27. ZHAO DENGMING. 传播丝绸之路文化的杰出人物[J]. 丝绸之路，2014（Z1）：14-27.
28. 高乔子. 南海神庙：广州海上丝绸之路的重要载体[J]. 广州航海高等专科学校学报，2013（3）：48-50.
29. 冯敏. 中古时期沿丝绸之路入华佛教僧侣译经活动考述[J]. 广西师范大学学报（哲学社会科学版），2013（1）：174-180.
30. 陆芸. 海上丝绸之路与伊斯兰文化[J]. 暨南史学，2012（0）：76-83.
31. 墨岩. 海会万邦的"泉南佛国"：泉州：佛教海上丝绸之路[J]. 佛教文化，2011（4）：12-19.
32. 周菁葆. 摩尼教在丝绸之路上的传播及其服饰艺术[J]. 浙江纺织服装职业技术学院学报，2011（3）：54-59.

33. 周菁葆. **丝绸之路与龟兹佛教**[J]. 丝绸之路，2011（1）：57.
34. **海峡两岸丝绸之路中段宗教文化学术考察**[J]. 社会科学战线，2010（10）：285.
35. 翁雅各. **福音的见证 教会的瑰宝 天水的名片：“丝绸之路”上的甘泉教堂“義”字门楼速写**[J]. 天风，2010（6）：54-55.
36. 王超. **宗教文化的和谐与新丝绸之路的繁荣**[J]. 中国宗教，2008（4）：45-48.
37. 谢彪. **西南丝绸之路：佛教文化最早直接传入中国的通道**[J]. 福建论坛（社科教育版），2008（S1）：81-82.
38. 陆芸. **海上丝绸之路与宗教文化的交流**[J]. 中国宗教，2007（10）：34-36.
39. 白涛. **伍贻业副会长赴意大利参加“欧洲中国新丝绸之路”论坛**[J]. 中国穆斯林，2007（4）：50.
40. 陆芸. **海上丝绸之路在宗教文化传播中的作用和影响**[J]. 西北民族大学学报（哲学社会科学版），2006（5）：9-14.
41. 乜文建. **丝绸之路上的建筑奇迹——叙利亚伍麦叶清真寺**[J]. 中国宗教，2005（4）：42-43.
42. 李琼. **鄂本笃与丝绸之路**[J]. 丝绸之路，2004（6）：54-56.
43. 沙宗平. **丝绸之路与中国伊斯兰教**[J]. 石河子大学学报（哲学社会科学版），2004（3）：1-6.
44. 韩毅. **“丝绸之路”与唐代伊斯兰教传入西北**[J]. 青海民族学院学报，2003（4）：59-63.
45. 晓炜. **丝绸之路与宗教传播**[J]. 佛教文化，2003（1）：16-21.
46. 唐晓军. **丝绸之路上的佛教密宗**[J]. 丝绸之路，1997（2）：38-47.
47. 朱普选. **丝绸之路上的伊斯兰教**[J]. 西北史地，1996（4）：19-24.
48. 樊亚平，李永宁. **丝绸之路与佛教传播**[J]. 丝绸之路，1995（6）：34-58.
49. **海上丝绸之路与伊斯兰文化国际学术讨论会**[J]. 中国穆斯林，1994（3）：39.
50. 郭绍林. **关于唐代洛阳与丝绸之路的几个问题**[J]. 洛阳师专学报：自然科学版，1992（3）：88-94.

二、社会科学总论

（一）社会科学理论与方法论

1. 佘树声. **丝绸之路：外层文化圈的建构：兼论中国古代文化发展历史特点**[J]. 唐都学刊，1991（2）：1-8.
2. 梁东尧. **铺筑新的“丝绸之路”**[J]. 社会杂志，1989（4）：21-22.

（二）社会科学现状及发展

1. **社会科学与海上丝绸之路建设座谈会在连云港举行**[J]. 城市观察，2014（2）：2.
2. 司徒丙鹤. **开发西部 发展历史——游甘肃青海追踪丝绸之路**[J]. 兰州学刊，1996（2）：44-45.

（三）社会科学机构、团体、会议

1. 张春贤. **在“泉州港与海上丝绸之路”国际学术研讨会开幕式上的讲话**[J]. 中国港口，2002（10）：5.
2. 赖尚龙. **再造当代丝绸之路 重现历史亚欧辉煌——记北京“新亚欧大陆桥区域经济发展国际研讨会”**[J]. 特区经济，1996（10）：16-17.
3. **《江上波夫收藏丝绸之路文物展》在京展出**[J]. 内蒙古社会科学，1993（5）：64.

（四）社会科学丛书、文集、连续性出版物

1. 赵永康. **开发大西部在川黔边的切入点——探索古代西南丝绸之路遗踪**[J]. 西部观察，2001（2）：48-52.
2. 陈桥驿. **关于四川省蚕桑、丝绸业的发展和南方丝绸之路的论证**[J]. 郑州大学学报（哲学社会科学版），1993（5）：44，34.
3. 张文. **《南方丝绸之路》评介**[J]. 社会科学研究，1993（3）：91-92.
4. 杨旸. **明代东北亚丝绸之路与“虾夷锦”文化现象**[J]. 社会科学战线，1993（1）：118-125.
5. 张难生，叶显恩. **海上丝绸之路与广州**[J]. 中国社会科学，1992（1）：207-224.
6. 常青. **丝绸之路建筑文化关系史观**[J]. 同济大学学报（社会科学版），1992（7）：8-14，42.
7. 叶国庆. **海上丝绸之路和《泉州访古记》**[J]. 厦门大学学报（哲学社会科学版），1992（3）：1-4.
8. 陆培勇，黄琦敏. **犹太人与丝绸之路**[J]. 同济大学学报（社会科学版），1992（1）：56-60.
9. 钱伯泉. **西州回鹘国在丝绸之路的地位和作用**[J]. 新疆大学学报（哲学人文社会科学版），1991（4）：43-54.
10. 马丁尼. **“海上丝绸之路”研究与吴文良**[J]. 福建论坛（人文社会科学版），1991（1）：54-67.
11. 周及徐. **情怀系古道 万里踏山川——读《西南丝绸之路考察札记》**[J]. 社会科学研究，1991（1）：121-120.
12. 喻继如. **太平洋上的“丝绸之路”与“中国之船”**[J]. 江西社会科学，1990（1）：114-117，131.
13. 纪宗安. **活跃在丝绸之路上的粟特人**[J]. 暨南学报（人文科学与社会科学版），1989（10）：62-70，75.
14. 苏赫，田广林. **草原丝绸之路与辽代中西交通**[J]. 昭乌达蒙族师专学报，1989（4）：5-15.
15. 蒋致洁. **试论丝绸之路贸易的衰落**[J]. 兰州学刊，1989（2）：73-82.
16. 李明伟. **丝绸之路与唐诗的繁荣**[J]. 中州学刊，1988（6）：87-90.
17. 殷雯. **开拓“丝路研究”的一部新著：评介《丝绸之路的音乐文化》**[J]. 新疆社会科学，1988（5）：108-110.
18. 陈森镇. **略论泉州伊斯兰史迹人文优势对振兴海上丝绸之路的作用**[J]. 厦门大学学报（哲学社会科学版），1988（2）：91-156.
19. 郭洪纪. **关于重开丝绸之路的探讨**[J]. 青海社会科学，1986（6）：45-49，118.

20. 夏广鸣. 开拓进取重振丝绸之路[J]. 新疆社会科学，1986（5）：110-116.
21. 高占福. 丝绸之路上的甘肃回族[J]. 宁夏社会科学，1986（2）：47-56.
22. 常任侠. 海上“丝绸之路”与文化交流[J]. 社会科学战线，1985（3）：327-333.
23. 钱伯泉. 先秦时期的“丝绸之路”《穆天子传》的研究[J]. 新疆社会科学，1982（3）：81-93.
24. 贾应逸. 丝绸之路初探[J]. 新疆大学学报（社会科学版），1980（4）：63-73.
25. 刘锡淦. 古代西北各民族在丝绸之路上的贡献[J]. 新疆大学学报（社会科学版），1980（3）：87-94.
26. 冯佐哲. 长泽和俊谈日本学术界关于丝绸之路的研究[J]. 社会科学战线，1979（1）：162.
27. 长泽和俊. “丝绸之路”研究的回顾与展望[J]. 国外社会科学，1978（5）：85-89.
28. 马伟. 丝绸之路上的撒拉族与土库曼人[J]. 青海民族研究，2015（2）：131-135.
29. 宋媛. 浅析“丝绸之路经济带”少数民族价值观的相通性[J]. 新西部（理论版），2014（12）：23，113.
30. 周晓沛. 穿越丝绸之路的汗血宝马传奇[J]. 世界博览，2014（6）：90-92.
31. 徐黎丽，杨朝晖. 民族走廊的延伸与国家边疆的拓展：以长城、丝绸之路、藏彝走廊为例[J]. 思想战线，2012（4）：33-37.
32. 李朝. 吐谷浑：丝绸之路伟大的开拓者[J]. 中国土族，2010（4）：27-30.
33. 罗沛. 科学鉴定古代种族：《丝绸之路古代种族研究》评介[J]. 博览群书，2010（3）：70-72.
34. 段渝. 藏彝走廊与丝绸之路[J]. 西南民族大学学报（人文社科版），2010（2）：1-5.
35. 周红，吴艳春. 论民族聚落的形成及其民俗功能——以丝绸之路沿线民族情况为依据[J]. 新疆大学学报（哲学人文社会科学版），2006（3）：70-75.
36. 吴妍春. 习惯法在丝绸之路古今各民族中的表现[J]. 新疆大学学报：社会科学版，2005（9）：72-76.

（五）社会科学参考工具书

一平. 介绍一部实用的工具书——《丝绸之路研究文献书目索引》[J]. 西域研究，1996（2）：108.

（六）社会学

1. 苏晓晖. 中国“一带一路”、亚投行两个“朋友圈”都很热闹[J]. 中国投资，2015（8）：68.
2. 胡昊，王栋. 推动民间组织积极参与“一带一路”建设[J]. 新华月报，2015（7）：92-94.
3. 刘建珍. 民间组织如何助力“一带一路”[J]. 中华环境，2015（5）：68-70.
4. 付娟，王洪运. 西南丝绸之路与滇西腾冲的城市变迁[J]. 中华文化论坛，2015（5）：52-58，192.
5. 林振武. 试析池田大作“精神丝绸之路”的丰富思想内涵[J]. 嘉应学院学报，2014（10）：32-36.

6. **亚洲打造"新丝绸之路"**[J]. 社会观察，2012（11）：5.
7. **宏大创意遭遇完美细节——AIG"丝绸之路"庆典活动案例**[J]. 国际公关，2005（5）：89-90.
8. 邓浩. **"丝绸之路"上的罂粟花**[J]. 国际展望，2001（12）：11-15.
9. 石竣淏. **沿着精神文明的丝绸之路，把纯洁的性、忠贞的婚姻和真爱家庭的种子撒遍21世纪的锦绣世界**[J]. 性学，1998（4）：37-46.
10. **草原丝绸之路**[J]. 内蒙古社会科学，1992（4）：F003.
11. 朱江. **扬州、海上丝绸之路与阿拉伯**[J]. 阿拉伯世界研究，1992（2）：36-38.

（七）人口学

原新. **丝绸之路——新疆绿洲城镇和人口发展概说**[J]. 西北人口，1988（1）：1-5，32.

（八）管理学

1. 王文. **智库学者应善于讲"一带一路故事"**[J]. 对外传播，2015（5）：48-49.
2. 荣成，张兰桥. **开启丝绸之路经济带生态环境建设新篇章**[J]. 城市建设理论研究，2014（29）：734-745.
3. 荣成，张兰桥. **丝绸之路经济带上的生态劲旅：记奋进中的中国荣葳环境集团**[J]. 城市建设理论研究（电子版），2014（29）：737.
4. 孙宏开. **丝绸之路上的语言接触和文化扩散**[J]. 西北民族研究，2009（3）：52-58.
5. 怡绿. **21世纪丝绸之路的里程碑——记中国工程院院士向仲怀教授和他率领的优秀创新团队**[J]. 科学咨询，2005（1）：4-5，7.
6. 白光第. **现代丝绸之路与洛阳**[J]. 决策探索，1990（6）：15-16.

（九）人才学

1. 谢兆东. **"一带一路"战略背景下加快建设广西北部湾人才特区的思考**[J]. 人事天地，2015（7）：30-32.
2. 丁艳丽. **为"一带一路"战略提供更好人才支撑：两会代表委员建言加强西部地区人才引进与培养**[J]. 中国人才，2015（7）：18-20.
3. 蔡秀萍. **宁夏："丝绸之路经济带"中的人才方位**[J]. 中国人才，2014（7）：18-20.

三、政治、法律

（一）政治理论

1. 张德芳. **丝路畅通 汉国保障：汉帝国政权在政治、军事上对丝绸之路交通体系的支撑**[J]. 丝绸之路，2014（15）：60-66.
2. **吐谷浑：青海丝绸之路的辉煌缔造者（下篇）**[J]. 党的生活（青海），2011（1）：52-55.

（二）中国共产党

1. 吕文利. 张骞出使，丝绸之路的序幕[J]. 环球人物，2015（12）：58-60.
2. 张高丽：扎实推进丝绸之路经济带建设[J]. 杭州（周刊）党课，2015（7）：7.
3. 抓住海上丝绸之路建设机遇 推动福建改革开放科学发展：张高丽在福建考察纪行[J]. 兰锋海峡通讯，2014（8）.
4. 民俗文化，海陆丝绸之路文化，古村落文化，生态文化，革命文化[J]. 源流，2011（7）：47-48.
5. 张福山. 哈尔滨：红色丝绸之路的枢纽[J]. 奋斗，2003（8）：51-53.
6. 伊赫. 草原丝绸之路（二）[J]. 党建与人才，2000（1）：61.

（三）世界政治

1. 张勇. 略论21世纪海上丝绸之路的国家发展战略意义[J]. 中国海洋大学学报（社会科学版），2014（5）：13-18.
2. 邓浩. 中亚现已变成全球主要的毒品泛滥地之一——“丝绸之路”上的罂粟花[J]. 国际展望，2001（12）：11-14.
3. 毒品害了丝绸之路[J]. 党政论坛，2001（9）：25.
4. 周大平. 这些事是不该忘记的——读《丝绸之路上的外国魔鬼》[J]. 瞭望，1992（46）：34-36.

（四）中国政治

1. 马曼丽. 夯实“一带一路”民生基础[J]. 瞭望，2015（14）：42-43.
2. 辛桦. 各省区市“一带一路”实施方略[J]. 决策与信息（上旬刊），2015（14）：35-40.
3. 何亚非. 华侨华人共建共享“一带一路”[J]. 中国新闻周刊，2015（12）：48-49.
4. 彭清华. 着力打造“一带一路”有机衔接的重要门户：深入学习贯彻习近平总书记系列重要讲话精神[J]. 求是，2015（10）：17-19.
5. 徐璨，田琳. 科学统筹减灾全局 建设“一带一路”海陆新枢纽：专访广西壮族自治区人民政府副主席、自治区减灾委员会主任黄日波[J]. 中国减灾，2015（9）：7-11.
6. 乔纳森·霍尔斯拉格，李亚丽. 确保新丝绸之路的安全[J]. 新华月报，2015（6）：106-109.
7. 王优玲. 无省区缺席“一带一路”[J]. 党建文汇（下半月），2015（5）：5.
8. “一带一路”成今年两会热点[J]. 大陆桥视野，2015（5）：11.
9. 陈邦瑜. 国际社会对“一带一路”的误读及中国的对策[J]. 领导科学论坛，2015（5）：4-6.
10. 王秋玲，崔宏凯. 共建“丝绸之路经济带”下政府作用新探：基于“中国制造”商品不良信誉认知的背景[J]. 经济问题，2015（5）：12-17.
11. 潘光. 美国“新丝绸之路”计划的缘起、演变和发展前景：对话“新丝绸之路”构想的提出人斯塔教授[J]. 当代世界，2015（4）：25-27.

12. 于文明．**于文明：发挥中医药独特资源优势 为“一带一路”战略服务**[J]．前进论坛，2015（4）：51.
13. **习近平谈“一带一路”大战略**[J]．决策与信息，2015（4）：1.
14. 张玉杰．**“一带一路”是中国建设大棋局中的棋眼**[J]．决策与信息，2015（4）：24-26.
15. 车玉明，刘东凯，刘华，等．**谁持彩练当空舞：“一带一路”建设推进纪实**[J]．决策与信息（上旬刊），2015（4）：31-34.
16. 王冲．**重庆融入“一带一路”战略的新机遇**[J]．对外传播，2015（4）：75.
17. 胡利琴．**广州在二十一世纪海上丝绸之路的地位和作用探究**[J]．世纪桥，2015（4）：89-91.
18. 周元，彭青林．**杨洁篪：海南要争做建设21世纪海上丝绸之路的先锋**[J]．海南人大，2015（3）：20.
19. 黄晓坚．**海上丝绸之路与华侨华人：基于潮汕侨乡及海外潮人的历史考察**[J]．新视野，2015（3）：117-123.
20. 张二平．**打造丝绸之路宗教交流黄金通道**[J]．中国宗教，2015（3）：14-15.
21. 宁国富．**规避法律风险 畅通贸易渠道：中国企业参与“一带一路”战略应该掌握的法律常识**[J]．中国邮政，2015（3）：26-27.
22. 李静．**旁听重庆市两会驻渝、蓉领事官员接受本刊记者采访 “一带一路”让重庆的核心地位更加凸显**[J]．重庆与世界，2015（2）：28.
23. 马忠库，马艺源．**丝绸之路经济带网络交流平台建设研究**[J]．**陕西发展和改革**，2015（1）：30-32.
24. 胡昊，王栋．**推动中国民间组织积极参与“一带一路”建设**[J]．公共外交季刊，2014（12）：43-49，126.
25. 厉无畏，许平．**丝绸之路经济带上的金融合作与创新**[J]．毛泽东邓小平理论研究，2014（10）：1-8，91.
26. 任宣．**东南亚侨胞考察粤海上丝绸之路史迹**[J]．人民之声，2014（8）：14.
27. 任宣．**广东召开建设21世纪海上丝绸之路侨胞座谈会**[J]．人民之声，2014（7）：12.
28. 杨谊兴．**福州市市长杨益民在接见台湾“南联盟”理事长时表示 加强深度合作，建设21世纪“海上丝绸之路”**[J]．台声，2014（6）：104-105.
29. 段从宇，李兴华．**“一带一路”与云南高等教育发展的战略选择**[J]．云南行政学院学报，2014（5）：133-135.
30. **国务院同意在汕头经济特区设立华侨经济文化合作试验区 充分发挥华侨华人资源优势 建设21世纪海上丝绸之路重要门户**[J]．潮商，2014（4）：6-7.
31. 陈史．**努力打造21世纪海上丝绸之路重要门户全球华侨华人经济文化合作交流重大载体**[J]．潮商，2014（4）：8-9.
32. 李捷．**新疆长治久安的新战略：论丝绸之路经济带建设对新疆的意义**[J]．北方民族大学学报（哲学社会科学版），2014（4）：22-29.
33. 张可让．**大力弘扬和传承丝绸之路精神**[J]．求是，2014（4）：57-59.

34. 易水. **云南主动融入“一带一路”规划**[J]. 创造，2014（3）：24-25.
35. 王恭. **新丝绸之路经济带，宝鸡如何积极作为**[J]. 宝鸡社会科学，2014（2）：39-40.
36. 王键. **建设21世纪海上丝绸之路开创两岸关系新局面**[J]. 现代台湾研究，2014（1）：33-39.
37. **习近平：共同建设“丝绸之路经济带”**[J]. 传承，2013（9）：4.
38. 赵昀，张鹤龄. **古老丝绸之路上的新希望：上海对口援建喀什四县掠影**[J]. 新疆画报，2012（4）：34-43.
39. **漳州市政协举办第二届海商论坛“海上丝绸之路申遗”座谈会**[J]. 政协天地，2011（12）：50.
40. 杨胜利. **牵手丝路行再续两岸情：海峡两岸青年学子牵手丝绸之路行活动纪实**[J]. 台湾工作通讯，2010（8）：13-14.
41. 李鹏. **新疆：丝绸之路上的“黑白”传奇**[J]. 中国经济周刊，2009（27）：30-32.
42. **“草原丝路”是最早的丝绸之路**[J]. 传奇故事（百家讲坛下旬），2009（11）：4.
43. **叫响郑和故里文化品牌，打造空中丝绸之路 云南省政协委员建言新机场建设**[J]. 中国政协，2008（11）：93.
44. **福建省人民政府办公厅关于成立福建省海上丝绸之路东端——泉州申报列入世界文化遗产名录领导小组的通知**[J]. 福建省人民政府公报，2002（15）：21.
45. 朱守湖，邓四林. **走丝绸之路 采祝融之径——四省“丝路之旅”消防采访活动圆满结束**[J]. 消防月刊，2001（11）：5.
46. 栾曙光，李文智. **追猎丝绸之路——开封市“4·21”艾海提、楚树凯团伙麻醉抢劫案侦破纪实**[J]. 中国刑事警察，2000（2）：58-62.
47. 邹南. **从探险家看重振丝绸之路**[J]. 民族团结，1997（9）：26-28.
48. 陆春鸣. **发挥丝绸之路优势**[J]. 对外大传播，1997（4）：30-31.
49. 李明伟. **阿里·法拉比时代的丝绸之路及中国与哈萨克人的经济文化交流**[J]. 甘肃社会科学. 1993（5）：73-76.
50. 冉毅群. **现代丝绸之路——欧亚新大路桥展望**[J]. 民主与科学，1991（2）：40-41.
51. 郑山玉. **华侨与海上丝绸之路——部分侨乡族谱中的海外移民资料分析**[J]. 华侨华人历史研究，1991（1）：21-30.
52. 江凌. **中国丝绸之路2100年纪念活动**[J]. 中国民族，1990（8）：10.
53. 梦迪. **沉寂的“丝绸之路”正在复苏**[J]. 中国民族，1989（9）：48.
54. 王建辉. **“海上丝绸之路”应称为“瓷器之路”**[J]. 求索，1984（6）：123-126.
55. 张英莉，戴禾. **丝绸之路述论**[J]. 思想战线，1984（2）：51-57.

（五）各国政治

1. 关林，张鹏飞. **美俄凉战开启新丝绸之路格局**[J]. 人才资源开发，2014（15）：101-102.
2. 赵华胜. **美国新丝绸之路战略探析**[J]. 新疆师范大学学报（哲学社会科学版），2012（11）：15-24，115.
3. 齐建强，阿丽布敏. **沈爱琴“丝绸之路”上创辉煌**[J]. 党建文汇（下半月），2002（18）：38.

（六）外交、国际关系

1. 青岛主动融入“一带一路”访问塞舌尔[J]. 走向世界，2015（25）：55.
2. 王健君. 中巴经济走廊：如何成为一带一路“模范生”[J]. 瞭望，2015（17）：14-16.
3. 姚晓敏，辛建忠. “一带一路”排头兵“建设大军”走出国门[J]. 当代兵团，2015（9）：11.
4. 杨晋. 丝绸之路“热”的“冷”思考[J]. 世界知识，2015（11）：75.
5. 王卫星. 全球视野下的“一带一路”：风险与挑战[J]. 人民论坛（学术前沿），2015（9）：6-18.
6. 杨思灵. 印度如何看待“一带一路”下的中印关系[J]. 人民论坛（学术前沿），2015（9）：37-50.
7. 李阳. “巴铁”，“一带一路”一起走[J]. 廉政瞭望，2015（9）：66-67.
8. 范一大. “一带一路”战略减灾合作研究 [J]. 中国减灾，2015（9）：44-49.
9. 郭明，冯义强. 浅析如何落实“一带一路”重大战略[J]. 长春教育学院学报，2015（8）：23-25.
10. 陈颖. “一带一路”合作共赢[J]. 决策探索，2015（8）：16-21.
11. 高祖贵. “一带一路”与周边战略新架构[J]. 党政论坛，2015（8）：28-29.
12. 艾平. “一带一路”新外交[J]. 公共外交季刊，2015（8）：1-5，22.
13. 陈宇，贾春阳. 美国“新丝绸之路计划”现状[J]. 党政干部参考，2015（7）：47-48.
14. 安刚. “一带一路”视域下的东亚合作：专访中国社科院学部委员张蕴岭[J]. 世界知识，2015（7）：32-34.
15. 薛力. 一带一路视野下的“亚洲五强外交”[J]. 学习月刊，2015（7）：39-40.
16. 薛力. “一带一路”战略实施“大考”：“一带一路”倒逼中国外交决策改革[J]. 新华月报，2015（7）：88-91.
17. 庞中英. “一带一路”阻力之一在印度[J]. 新华月报，2015（7）：95.
18. 中国周边安全形势评估（2015）：“一带一路”与周边战略[J]. 世界知识，2015（6）：75.
19. 王志凯. “21 世纪海上丝绸之路”与习近平的全球化理念[J]. 党政视野，2015（6）：50.
20. 筑梦“一带一路”[J]. 时事报告，2015（6）：10.
21. 蒋红增. 申论模拟试题：“一带一路”[J]. 时事报告，2015（6）：62-64.
22. 许威. 浅析“一带一路”战略的构想与设计[J]. 理论观察，2015（6）：13-14.
23. 周兰萍，孟奕“一带一路”下的法律风险防范[J]. 施工企业管理，2015（6）：38-39.
24. 张庆安. 一带一路：机遇与发展[J]. 中国民族，2015（6）：68-69.
25. 尹仑. 21 世纪海上丝绸之路与“环印度洋战略”研究[J]. 学术探索，2015（5）：31-35.
26. 黄顺力. 以人性共鸣构筑心灵交流的“金桥”：池田大作开辟精神丝绸之路思想探论[J]. 井冈山大学学报（社会科学版），2015（5）：41-47.
27. 汪鸿祥. 论池田大作“精神丝绸之路”的思想与实践[J]. 井冈山大学学报（社会科学版），2015（5）：48-54.
28. 蔡瑞燕. 论池田大作“精神丝绸之路”思想的智慧[J]. 井冈山大学学报（社会科学版），2015（5）：55-59，102.

29. 詹勇. 一带一路，奏响合作共赢的时代乐章[J]. 北京观察，2015（5）：30.
30. 张高丽：努力实现“一带一路”建设良好开局[J]. 党课，2015（5）：7-8.
31. 王健，刘建. 区域协作预防职务犯罪 打造繁荣稳定“一带一路”[J]. 中国报道，2015（5）：78-79.
32. 林民旺. 印度对“一带一路”的认知及中国的政策选择[J]. 世界经济与政治，2015（5）：42-57，157-158.
33. 张文木. 千里难寻是朋友 朋友多了路好走：谈谈“一带一路”的政治意义[J]. 太平洋学报，2015（5）：46-58.
34. 崔景明，王建. “一带一路”外交战略简析[J]. 思想理论教育导刊，2015（5）：64-66.
35. 张文静，张玉洁，秦华江，等. “一带一路”将带来什么[J]. 半月谈，2015（5）40-41.
36. 马洪波，孙凌宇. “一带一路”战略为区域合作发展带来新机遇[J]. 决策与信息（上旬刊），2015（4）：29-30.
37. 国外政要、专家媒体点赞“一带一路”战略[J]. 决策与信息，2015（4）：4-7.
38. 赵周贤，刘光明. “一带一路”：中国梦与世界梦的交汇桥梁[J]. 决策与信息，2015（4）：27-29.
39. 陈玉荣，蒋宇晨. “一带一路”：中国外交理念的传递[J]. 当代世界，2015（4）：14-17.
40. 孙敬鑫. “一带一路”建设面临的国际舆论环境[J]. 当代世界，2015（4）：18-20.
41. “一带一路”：带给中国与世界的机遇和变革：专访德国社民党前主席、前联邦国防部长鲁道夫·沙尔平[J]. 当代世界，2015（4）：32-33.
42. 黄一峰. 从“一带一路”看中国外交战略[J]. 传承，2015（4）：82-83.
43. “一带一路”塑造全球新秩序[J]. 工商行政管理，2015（4）：7.
44. 理解“一带一路”的几个误区[J]. 统计与管理，2015（4）：97.
45. 毛振鹏，慕永通. 从“21 世纪海上丝绸之路”看中国海权发展道路选择[J]. 广西社会科学，2015（4）：151-155.
46. 曹天枢. 印度海洋战略对我国“海上丝绸之路”的影响[J]. 山西财经大学学报，2015（4）：1，12.
47. 贾茂. 丝绸之路区域组织建立的可行性研究[J]. 法制博览，2015（3）：155-156.
48. 马胜荣. 媒体要重视“一带一路”倡议的传播效果[J]. 公共外交季刊，2015（3）：6-11，122.
49. 赵进军，王国庆，龚婷，等. “一带一路”与周边外交[J]. 公共外交季刊，2015（3）：63-67，127.
50. 周江. 对新海上丝绸之路战略的形而上解读[J]. 理论与现代化，2015（3）：29-34.
51. 再造“丝绸之路”[J]. 文化纵横，2015（3）：18-19.
52. 曾向红. 中国的中亚外交与丝绸之路经济带的构建[J]. 上海交通大学学报（哲学社会科学版），2015（3）：5-14.
53. 傅梦孜，楼春豪. 关于 21 世纪“海上丝绸之路”建设的若干思考[J]. 现代国际关系，2015（3）：1-8，63.
54. 杨晓杰. 试析影响我国二十一世纪海上丝绸之路建设的“日本因素”[J]. 探求，2015（3）：79-86.

55. 张洁．海上通道安全与中国战略支点的构建：兼谈21世纪海上丝绸之路建设的安全考量[J]．国际安全研究，2015（3）：100-118，159-160.
56. 许可．“21世纪海上丝绸之路”面临的安全挑战：“银河号事件”的启示[J]．亚非纵横，2015（3）：102-110，124，128.
57. 殷之光．“一带一路”的历史负担：反恐战争与“政治伊斯兰”困境[J]．文化纵横，2015（3）：36-47.
58. 马丽蓉．中国“一带一路”战略安全环境中“疆独”问题影响评估[J]．国际观察，2015（3）：109-120.
59. 刘海泉．克罗地亚入盟后的机遇与挑战和中国“一带一路”战略[J]．上海对外经贸大学学报，2015（3）：36-44.
60. 薛力．中国“一带一路”战略面对的外交风险[J]．国际经济评论，2015（3）：68-79，5.
61. “一带一路”构想已有50多个国家积极响应[J]．重庆与世界，2015（3）：8.
62. 起原．“一带一路”战略打造全方位对外开放的新格局[J]．共产党员，2015（3）：36-37.
63. 金雄．东亚秩序与一带一路发展战略[J]．延边大学学报（社会科学版），2015（3）：5-11.
64. 罗马诺·普罗迪，黄海涛，朱旭，等．新丝绸之路与中美欧关系[J]．南开学报（哲学社会科学版），2015（2）：1-5.
65. 邹全荣．复兴万里茶道，乘一带一路东风[J]．茶博览，2015（2）：40-41.
66. “一带一路与亚洲命运共同体”研讨会暨外交学院亚洲研究所成立十周年系列活动在北京举行[J]．世界知识，2015（2）：79.
67. 张弛．“一带一路”战略视角下构建中阿公共外交体系初探[J]．回族研究，2015（2）：112-116.
68. 黄永忠．李克强欧亚之行：全面推进“一带一路”战略[J]．老年人，2015（2）：12-13.
69. 牛治富．试论“一带一路”战略构想的地缘政治学意义及其新发展[J]．西藏发展论坛，2015（2）：29-32.
70. 吴贤军．国际话语权视域下的“一带一路”战略实现路径研究[J]．中共福建省委党校学报，2015（2）：97-103.
71. 刘海泉．“一带一路”战略的安全挑战与中国的选择[J]．太平洋学报，2015（2）：72-79.
72. “一带一路”与中国特色的对外援助战略[J]．国际援助，2015（2）：4-5.
73. 刘伟．共聚海上丝绸之路市场原动力与中国对外援助战略升级[J]．国际援助，2015（2）：21-28.
74. 雷建锋．“一带一路”与中国战略能力的新拓展[J]．国际援助，2015（2）：29-37.
75. 胡志勇．构建海上丝绸之路与海洋强国论析[J]．印度洋经济体研究，2015（1）：69-79，158.
76. 耶斯尔．论美国的“新丝绸之路”战略[J]．新疆大学学报（哲学人文社会科学版），2015（1）：85-90.
77. 张晓慧．解读“一带一路”新形势下境外投资的法律风险管理[J]．国际工程与劳务，2015（1）：35-36.
78. 车海刚，张玉雷．携手创造具有时代内涵的全球公共产品：“共建‘一带一路’：历史启示与时代机遇”国际研讨会综述[J]．中国发展观察，2015（1）：41-46.

79. 孙志远. “一带一路”战略构想的三重内涵[J]. 学习月刊，2015（1）：43-44.
80. 包运成. “一带一路”建设的法律思考[J]. 前沿，2015（1）：65-69.
81. 崔景明，王建. “一带一路”：中国外交大战略[J]. 时事报告，2015（1）：26-29.
82. 唐奇芳. “一带一路”迈出重要一步[J]. 瞭望，2014（52）：8.
83. 马儒林. 挑战与应对：21 世纪海上丝绸之路的领导战略与实践[J]. 领导科学，2014（36）：39-40.
84. 谢锋斌. “一带一路”背景下中国与吉尔吉斯斯坦战略合作探讨[J]. 商业时代，2014（34）：37-39.
85. 曲金良. 环中国海文化共同体重建大战略：“21 世纪海上丝绸之路”的文化精义[J]. 人民论坛·学术前沿，2014（24）：54-65.
86. 吴敬东. “一带一路”开启国家机遇之窗[J]. 留学生，2014（23）：17-19.
87. “一带一路”：以发展筑安全基石[J]. 环球市场信息导报，2014（22）：11-14，107.
88. 洪蓝. “丝绸之路和平奖”的由来[J]. 瞭望，2014（21）：20.
89. 郑永年. 新丝绸之路：做什么、怎么做？[J]. 中国经贸，2014（16）：15-16.
90. 周瑶. 美国“新丝绸之路”：且行且艰难[J]. 中国新闻周刊，2014（14）：42-43.
91. 王义桅. 丝绸之路公共外交的使命[J]. 公共外交季刊，2014（12）：10-15，124.
92. 孙海燕，黄蕊. 从孟中印缅经济走廊相关实践看“一带一路”公共外交[J]. 公共外交季刊，2014（12）：21-28，125.
93. 钟新，邝西曦. 新丝绸之路外交：促进中国与周边国家多主体之间良性互动[J]. 公共外交季刊，2014（12）：29-36，125.
94. 许永权，王勋. 关于“一带一路”建设中企业“走出去”与开展公共外交的思考[J]. 公共外交季刊，2014（12）：37-42，125-126.
95. 胡昊，王栋. 推动中国民间组织积极参与“一带一路”建设[J]. 公共外交季刊，2014（12）：43-49，126.
96. 陈经纬. 充分发挥港澳台和海外华侨华人在实施“一带一路”战略中的独特作用[J]. 四川统一战线，2014（11）：4-5.
97. 杨思灵. “一带一路”：印度的回应及对策[J]. 亚非纵横，2014（11）：51-60.
98. 黄日涵，丛培影. “一带一路”开拓中国外交新思路[J]. 时事报告，2014（11）：26-27.
99. 甘肃省政府外事办. 2014 年亚洲合作对话丝绸之路务实合作论坛在兰州举办[J]. 丝绸之路，2014（11）：8-13.
100. 薛力. 建设“海上丝绸之路”：解决南海争端的催化剂[J]. 世界知识，2014（10）：23-25.
101. 莫栎. 高铁外交：打造新丝绸之路[J]. 市场周刊（资本），2014（10）：44-49.
102. 魏玮. 连云港市政协专题协商“一带一路”交汇点建设[J]. 江苏政协，2014（10）：30.
103. “一带一路”掀起中国风[J]. 中国报道，2014（10）：24-27.
104. 杜尚泽. 一带一路，千年的时空穿越：记习近平主席访问塔吉克斯坦、马尔代夫、斯里兰卡、印度[J]. 中亚信息，2014（9）：10-17.
105. 李钊，王舒健. 丝绸之路经济带经济一体化的战略与路径选择[J]. 人民论坛（中旬刊），2014（9）：219-221.

106. 丁志刚. **建设“丝绸之路经济带”背景下的中国中亚外交**[J]. 社会科学家，2014（9）：13-17.
107. 钱利华. **构建海上丝绸之路的安全要素及其他**[J]. 理论参考，2014（9）：26-27.
108. 牙韩彰，李庭华，朱金莉，等. **21世纪“海上丝绸之路”起航**[J]. 当代广西，2014（9）：20.
109. 周方冶. **中泰关系——东盟合作中的战略支点作用：基于21世纪海上丝绸之路的分析视角**[J]. 南洋问题研究，2014（8）：17-22，40.
110. 肖洋. **跨境次区域合作与丝绸之路经济带——基于地缘经济学的视角**[J]. 和平与发展，2014（8）：22-32，112-113.
111. 孙瑾，常武显. **乌鲁木齐铁路局 为丝绸之路核心区聚力提速**[J]. 思想政治工作研究，2014（7）：19-21.
112. 唐纲. **亚信峰会：中亚各国期待重现“丝绸之路”的繁荣**[J]. 重庆与世界，2014（7）：8-9.
113. 李骁，薛力. **“南海争端解决与‘海上丝绸之路’建设”会议简讯**[J]. 世界经济与政治，2014（7）：2.
114. 邹立刚. **中国—东盟共建南海海上丝绸之路的战略思考**[J]. 海南大学学报（人文社会科学版），2014（7）：39-45.
115. 柳思思. **“一带一路”：跨境次区域合作理论研究的新进路**[J]. 南亚研究，2014（6）：1-11，156.
116. 邵育群. **美国“新丝绸之路”计划评估**[J]. 南亚研究，2014（6）：58-70，158.
117. 张秋生. **共建“丝绸之路经济带”的深层意蕴**[J]. 人民论坛，2014（6）：39.
118. 钱利华. **构建海上丝绸之路的安全要素及其他**[J]. 政协天地，2014（6）：15-17.
119. 徐小杰. **“丝绸之路”战略构想的特征研究**[J]. 俄罗斯研究，2014（6）：162-180.
120. 解蕾，方小刚. **丝绸之路经济带建设背景下中国与哈萨克斯坦能源合作的法律问题研究**[J]. 俄罗斯研究，2014（6）：181-196.
121. **《东南亚纵横》围绕“一带一路”“中国—东盟命运共同体”和“2+7合作框架”征稿启事**[J]. 东南亚纵横，2014（5）：80.
122. **“海上丝绸之路与中国—东盟命运共同体建设”学术研讨会召开**[J]. 广西民族大学学报（哲学社会科学版），2014（4）：174.
123. 肖洋. **跨境次区域合作与丝绸之路经济带：基于地缘经济学的视角**[J]. 和平与发展，2014（4）：22-32，112-113.
124. 曾向红. **中亚国家对“丝绸之路经济带”构想的认知和预期**[J]. 当代世界，2014（4）：38-40.
125. 柳思思. **中国—西亚共建“丝绸之路经济带”的战略构想**[J]. 当代世界，2014（4）：41-44.
126. 鞠维伟. **运用“丝绸之路经济带”发展中国与中东欧国家关系**[J]. 当代世界，2014（4）：45-47.
127. 钟新，邝西曦. **新丝绸之路外交：促进中国与周边国家多主体之间良性互动**[J]. 公共外交季刊，2014（4）：29-36，125.

128. 邹立刚. **中国—东盟共建南海海上丝绸之路的战略思考**[J]. 海南大学学报（人文社会科学版），2014（4）：39-45.
129. 惠宁，杨世迪. **丝绸之路经济带的内涵界定、合作内容及实现路径**[J]. 延安大学学报（社会科学版），2014（4）：60-66.
130. 杨晨曦. **“一带一路”区域能源合作中的大国因素及应对策略**[J]. 新视野，2014（4）：124-128.
131. 李金霞. **推进“一带一路”建设需要处理好的几对关系**[J]. 东北亚研究，2014（3）：25-30.
132. **“一带一路”战略中的“共同体”理念与合作主线**[J]. 阿拉伯世界研究，2014（3）：3.
133. 杨福昌. **“一带一路”战略为中阿关系发展增添活力**[J]. 阿拉伯世界研究，2014（3）：4-15.
134. 王京烈. **共建“丝绸之路经济带”的机遇及中国中东战略**[J]. 阿拉伯世界研究，2014（3）：16-31.
135. 潜旭明. **“一带一路”战略的支点：中国与中东能源合作**[J]. 阿拉伯世界研究，2014（3）：44-57.
136. 连雪君. **传统的再发明：“新丝绸之路经济带”观念与实践——社会学新制度主义在地区国际合作研究中的探索**[J]. 俄罗斯研究，2014（2）：91-114.
137. 李兴. **关于普京欧亚联盟的几点看法及应对思考：兼议“丝绸之路经济带”构想**[J]. 中共贵州省委党校学报，2014（2）：108-111.
138. 黄日涵. **从“丝绸之路”到“一带一路”**[J]. 时事报告大学生版，2014（2）：107-109.
139. 肖琳. **海陆统筹共进，构建“一带一路”**[J]. 太平洋学报，2014（2）：2.
140. 王海运. **建设“丝绸之路经济带”促进地区各国共同发展**[J]. 俄罗斯学刊，2014（1）：5-10.
141. 刘薇. **“新丝绸之路”战略下的中亚地缘政治**[J]. 中共伊犁州委党校学报，2014（1）：84-86.
142. 邓海麟. **建构“海上丝绸之路”的历史经验与战略思考**[J]. 太平洋学报，2014（1）：1-6.
143. 陈功. **新丝绸之路与陆权竞争**[J]. 中国报道，2013（12）：119.
144. 邵明凯. **“丝绸之路经济带”与中美在中亚的竞争前景**[J]. 华人时刊（下旬刊），2013（11）.
145. 郑志辉. **试论建设“丝绸之路经济带”对我国国家安全的重要意义**[J]. 华人时刊（中旬刊），2013（10）.
146. **习近平参观乌兹别克斯坦古丝绸之路集市获赠丝毯**[J]. 四川蚕业，2013（3）：61.
147. 赵臻. **美国“新丝绸之路”战略简析**[J]. 佳木斯教育学院学报，2012（10）：37-38.
148. 吴兆礼. **美国“新丝绸之路”计划探析**[J]. 现代国际关系，2012（7）：17-22.
149. 韩隽，郭沅鑫. **“新丝绸之路愿景”：“大中亚计划”的2011版**[J]. 新疆大学学报（哲学人文社会科学版），2012（5）：95-99.
150. 薛晓明. **“新丝绸之路”撬动地缘政治 扒开门缝看美俄“间谍门”**[J]. 环球财经，2010（9）：26-28.
151. **“丝绸之路：中国丝绸艺术展”在阿拉木图展出**[J]. 丝绸之路，2010（8）.

152. 甘钧先，毛艳. **丝绸之路的复活：中国高铁外交解析**[J]. 太平洋学报，2010（7）：23-30.
153. 甘钧先. **“丝绸之路”复兴计划与中国外交**[J]. 东北亚论坛，2010（5）：65-73.
154. 潘光. **想起了丝绸之路**[J]. 大陆桥视野，2008（12）：17.
155. 柳丰华. **新“丝绸之路”与当代中亚的地缘政治**[J]. 国际论坛，2007（11）：66-71，79.
156. 张德广. **新丝绸之路与上海合作组织**[J]. 西安交通大学学报（社会科学版），2007（6）：1-2.
157. **“新丝绸之路与和谐世界”首届欧亚国际学术论坛在西安举行**[J]. 西安交通大学学报：社会科学版，2007（6）：F0002.
158. **中印重开“丝绸之路”**[J]. 时事资料手册，2006（4）：43-44.
159. 杨中旭. **塔什干峰会铺建新丝绸之路**[J]. 新闻周刊，2004（23）：16-17.
160. 王锋. **丝绸之路与中伊双边关系研究**[J]. 丝绸之路，2004（1）：24-25.
161. 傅朗云. **通往美洲的丝绸之路**[J]. 黑龙江民族丛刊，2001（9）：114-116.
162. 阿·阿卡耶夫. **丝绸之路外交**[J]. 东欧中亚研究，1999（2）：4-8.
163. 刘增林. **顶好，中国！—— 一个日本人眼里的丝绸之路**[J]. 民族团结，1998（1）：61.
164. 谢国先. **古代南方陆上丝绸之路的沉寂——一种政治的思考**[J]. 云南教育学院学报，1997（3）：30-39.
165. 陈辛仁. **鸿爪遗踪（出使四国追忆）：二、在古丝绸之路上的伊朗**[J]. 外交学院学报，1995（1）：60-71.
166. 郑汝俭. **重振丝绸之路（上）——中亚五国对新亚欧大陆桥的运作**[J]. 中国软科学杂志，1994（11）：111-113.
167. 姆·伊马纳里耶夫，杜艳钧. **现代伟大丝绸之路的兴起：经济繁荣与和平之路**[J]. 现代国际关系，1994（10）：38-41.
168. 纪宗安. **丝绸之路与中西经济文化交流**[J]. 暨南学报（哲学与社会科学版），1994（3）：67-76.
169. 顾关福. **丝绸之路的复兴与中国同中亚的合作**[J]. 现代国际关系，1993（11）：31-37.
170. 孙仲文. **“南方丝绸之路”货币初探**[J]. 南洋问题研究，1993（1）：46-53.
171. 吴瑞根. **海上丝绸之路与“中国之船”**[J]. 拉丁美洲研究，1983（1）：43-45.
172. 张铁伟. **“丝绸之路”与中国和伊朗历史上的友好交往**[J]. 西亚非洲，1981（4）：47-52.

（七）法　律

1. 李建勋. **南海航道安全保障法律机制对“21世纪海上丝绸之路”的借鉴意义**[J]. 太平洋学报，2015（5）：68-77.
2. 王建雄. **丝绸之路经济带跨界水资源利用的国际合作研究：基于中亚区域国际水法理论实践困境的反思**[J]. 江汉论坛，2015（4）：127-131.
3. 刘少军. **“丝绸之路”金融法律合作问题**[J]. 中国流通经济，2015（4）：103-107.
4. 王一琳. **中国东南亚南亚法律合作磋商会暨21世纪海上丝绸之路法律研讨会综述**[J]. 中国政法大学学报，2015（2）：156-157.

5. 周方. **丝绸之路经济带建设中历史文化遗产的法治保障研究**[J]. 西北大学学报（哲学社会科学版），2015（2）：107-115.
6. 马莉萍. **丝绸之路经济带跨境旅游消费者权益保障研究**[J]. 法制与社会，2015（2）：110-111.
7. 王一琳. **21 世纪海上丝绸之路经济金融法律合作前瞻：中国东南亚南亚法律合作磋商会暨 21 世纪海上丝绸之路法律研讨会述评**[J]. 重庆与世界（学术版），2015（2）：46-48，52.
8. 杜文艳. **青海省融入丝绸之路经济带的生态法制建设**[J]. 青海师范大学学报（哲学社会科学版），2015（2）：62-63.
9. 吕斌. **新丝绸之路下的公司法务变革**[J]. 法人，2015（2）：12-16，96.
10. 顾华详. **论丝绸之路经济带“五通”的法治建设**[J]. 中国井冈山干部学院学报，2015（1）：131-138.
11. 李人达，邹立刚. **中国—东盟共建新海上丝绸之路法律机制研究**[J]. 中国海商法研究，2015（1）：8-13.
12. 刘晶芳. **唐朝丝绸之路贸易管理法律制度析论**[J]. 兰台世界，2014（12）：36-37.
13. 李婉琳. **西部生态旅游发展的法律困境与对策：以丝绸之路经济带的构建为背景和切入点**[J]. 云南大学学报（法学版），2014（6）：96-100.
14. 李鸣. **改革开放丝绸之路国际法：从政治角度看待法律**[J]. 石河子大学学报（哲学社会科学版），2014（6）：1-10.
15. 顾华详. **论丝绸之路经济带与中国法治建设**[J]. 湖南财政经济学院学报，2014（6）：114-130.
16. 顾华详. **“丝绸之路经济带”视域下的依法治疆问题研究**[J]. 克拉玛依学刊，2014（5）：3-13.
17. 袁利华. **“丝绸之路经济带”次区域经济合作法律保障探析**[J]. 兰州商学院学报，2014（4）：28-35.
18. 袁利华. **“丝绸之路经济带”建设中新疆高校国际法教学探讨**[J]. 克拉玛依学刊，2014（4）：2-6.
19. 顾华详. **论丝绸之路经济带视域下的法治新疆建设路径**[J]. 新疆教育学院学报，2014（3）：103-111.
20. 赵红云. **敦煌市档案局现场采集“第三届敦煌行·丝绸之路国际旅游节”档案资料**[J]. 档案，2013（4）：63.
21. 李叶宏. **唐朝丝绸之路贸易管理法律制度探析：以过所为例**[J]. 武汉理工大学学报（社会科学版），2009（5）：135-138.
22. **西安交通大学丝绸之路国际法研究所**[J]. 西安交通大学学报（社会科学版），2007（3）：97.
23. **西安交通大学丝绸之路国际法研究所和人文社会科学学院举办“多边文化与国际法”国际研讨会**[J]. 西安交通大学学报（社会科学版），2007（3）：98.
24. 吴妍春. **习惯法在丝绸之路古今各民族中的表现**[J]. 新疆大学学报（哲学人文社会科学版），2005（5）：72-76.

25. **福建省“海上丝绸之路：泉州史迹”文化遗产保护管理办法**[J]. 福建省人民政府公报，2003（33）：4-7.
26. 陶广峰. **丝绸之路的历史及其再繁荣的法律保障**[J]. 南京林业大学学报（人文社会科学版），2002（2）：36-40.
27. 司徒尚纪. **海上丝绸之路与我国南海传统疆域形成**[J]. 广东蚕业，2002（1）：45-46.

四、军　事

（一）中国军事

1. **丝绸之路经济带：兵团的优势与机遇**[J]. 当代兵团，2015（11）：31-32.
2. 乔良. **“一带一路”牵引中国军队改革**[J]. 军事文摘，2015（6）：2.
3. 文扬. **“一带一路”加速中国海军转型**[J]. 党政论坛，2015（4）：43-45.
4. 郑伟财. **新疆兵团参与“丝绸之路经济带”建设问题研究**[J]. 中国农垦，2015（2）：29-32.
5. 吴佳熹. **共建“21世纪海上丝绸之路” 推动中国与东盟的和平稳定和繁荣共进**[J]. 国防，2015（2）：35-38.
6. 朱晨鹏,代龙超. **南海深处续传奇——海南边防总队服务21世纪海上丝绸之路纪实**[J]. 中国边防警察杂志，2015（1）：68-71.
7. 王淑娟. **丝绸之路经济带背景下兵团团场吸引人才的思考**[J]. 中共伊犁州委党校学报，2014（4）：74-76.
8. 孙国. **中国军人续写“丝绸之路”传奇**[J]. 党史纵览，2011（8）：26-31.
9. 陈平. **丝绸之路的屯垦文化**[J]. 兵团建设，2012（8）：51-52.

（二）美　洲

吴淑鑫. **从“一带一路”看中国的TPP应对之道**[J]. 全国商情，2014（43）：94-95.

五、经　济

（一）经济学

1. 刘传标. **一带一路与北部湾经济的发展**[J]. 低碳世界，2015（13）：4-12.
2. **一带一路给基建航运等产业发展带来多重机遇**[J]. 企业决策参考，2015（7）：9-1
3. 林昌华. **中国“一带一路”建设省际比较及福建对策研究**[J]. 社科纵横，2015（6）：9-11
4. 刘泽照，黄杰，陈名. **丝绸之路经济带（中国段）节点城市空间差异及发展布局**[J]. 重庆理工大学学报（社会科学版），2015（5）：47-54，100.
5. 吴素芳. **丝绸之路视角下的宁夏与中亚五国进出口贸易发展研究**[J]. 宁夏党校学报，2015（3）：86-90.

6. 吴梦初，延军平. 丝绸之路东段生态支持能力与社会经济动态耦合[J]. 水土保持通报，2015（2）：287-291.
7. 王贝贝，肖海峰，孙赫. 丝绸之路经济带：省区经济增长与产业优势[J]. 广东财经大学学报，2015（1）：4-11.
8. 张占斌，孙志远. 区域经济建设与城镇化发展的结合：丝绸之路经济带如何带动中西部城镇化发展[J]. 人民论坛（中旬刊），2014（9）：22-24.
9. 李宁. “丝绸之路经济带”区域经济一体化的成本与收益研究 [J]. 当代经济管理，2014（5）：53-56.
10. 刘传标. 借助侨力打造福建新“海上丝绸之路”先行区[J]. 福建社科情报，2014（4）：40-49.

（二）世界各国经济概况，经济史、经济地理

1. 韩海燕，魏保和. “一带一路”和你我的关系[J]. 走向世界，2015（25）：52-54.
2. 青岛举办“一带一路”民营经济走出去研讨会[J]. 走向世界，2015（25）：55.
3. 青岛港“一带一路”战略再次释放活力[J]. 走向世界，2015（25）：55.
4. 冯并. “一带一路”战略彰显东方智慧[J]. 中国经济周刊，2015（24）：78-79.
5. 吴婷婷. “一带一路”对军贸市场发展的影响[J]. 中国市场，2015（22）：32-33.
6. 田惠敏，田天，曾琬云. 中国“一带一路”战略研究[J]. 中国市场，2015（21）：10-12.
7. 韩海燕. “一带一路”的中国城市圈[J]. 走向世界，2015（20）：42-43.
8. 青岛港加速融入“一带一路”战略[J]. 走向世界，2015（20）：46.
9. 青岛港对接中巴经济走廊建设加速融入“一带一路”[J]. 走向世界，2015（20）：46.
10. 青岛市侨办赴福建三市调研取经“一带一路”[J]. 走向世界，2015（20）：46.
11. 青岛“一带一路”新亚欧大陆桥经济走廊主要节点城市海上合作战略支点城市[J]. 走向世界，2015（20）：47.
12. 赵玮. “一带一路”拉动中国汽车出口市场[J]. 汽车与配件，2015（20）：6.
13. 杨俊锋. 沃尔沃卡车全面助力“一带一路”[J]. 商用汽车新闻，2015（20）：11.
14. 周密. “一带一路”与欧亚经济联盟合作空间巨大[J]. 中国经济周刊，2015（18）：22-24.
15. 李全庆. 四川主动融入“一带一路”的路径选择[J]. 中国西部，2015（19）：10-11.
16. 夏红尧，凌云鹏，李仁，等. “一带一路”烟台成重要节点城市东方海上丝绸之路首航地在古登州[J]. 走向世界，2015（18）：30-41.
17. 张蕴岭. “一带一路”要应对三大挑战[J]. 中国经济周刊，2015（17）：18-19.
18. 蒋涛. “一带一路”推动西向布局[J]. 中国新闻周刊，2015（17）：26-28.
19. 牛华勇. “一带一路”：首战已告捷，考验刚开始[J]. 中国经济周刊，2015（16）：22-23.
20. 汪晓东. “一带一路”参与意味着责任[J]. 农产品市场周刊，2015（16）：58.
21. 青岛市帆船运动管理中心. 落实“一带一路”见行动，“中国·青岛”号扬帆远航[J]. 走向世界，2015（16）：41.
22. 杨帆. 河南全面融入国家“一带一路”战略研究[J]. 经济研究导刊，2015（16）：271-272.

23. 周秀兰．“张掖与丝绸之路经济带建设暨沙产业理论与实践”学术研讨会综述[J]．经济研究导刊，2015（16）：273-274，309.
24. 牛华勇．一带一路大家谈——“一带一路”：首战已告捷，考验刚开始[J]．中国经济周刊，2015（16）：22-23.
25. 一带一路大家谈[J]．中国经济周刊，2015（16）：22.
26. 山航将开济南—昆明—新德里航线 打通山东连接“一带一路”南线空中通道[J]．齐鲁周刊，2015（15）：31.
27. 杨丹志．“一带一路”催生区域合作新模式[J]．中国新闻周刊，2015（15）：32-33.
28. 何亚非．“一带一路”建设中的对接与连通[J]．中国新闻周刊，2015（15）：50-51.
29. 杨梦．一带一路：“迈向命运共同体”[J]．商情，2015（15）：243-244.
30. 王天龙．“一带一路”能够给世界带来什么[J]．中国经贸导刊，2015（15）：26-27.
31. 冯迪昉．重点关注“一带一路”主题基金[J]．股市动态分析，2015（15）：55.
32. 陈星宇，马艳．云南融入“一带一路”的路径选择[J]．商情，2015（14）：87.
33. 吕杨．海城抢抓“一带一路”战略新机遇[J]．纺织服装周刊，2015（14）：50.
34. 何君林．共建“一带一路”，重庆抓住西部开发开放新机遇[J]．中国西部，2015（14）：10.
35. 玛雅．中国高铁与“一带一路”战略的大智慧——专访西南交大中国高铁战略研究中心主任高柏[J]．决策与信息，2015（13）：8-20.
36. 车玉明，刘东凯，刘华，等．谁持彩练当空舞：“一带一路”建设推进纪实[J]．决策与信息，2015（13）：31-34.
37. 国外政要、专家、媒体点赞“一带一路”[J]．决策与信息，2015（13）：4-7.
38. 商车．与“一带一路”一起脉动厦门金旅海外出口强势上扬[J]．商用汽车新闻，2015（13）：15.
39. 高丰．“一带一路”的新格局[J]．现代企业文化，2015（13）：14-15.
40. “一带一路”方案发布[J]．领导决策信息，2015（13）：24-25.
41. 黄名欣．一带一路与北部湾经济的发展[J]．低碳世界，2015（13）.
42. 宇通：“一带一路”战略下的中国客车业样本[J]．中国经济周刊，2015（13）：74-75.
43. “一带一路”政策红利拉动铁路股[J]．中国经济周刊，2015（13）：11.
44. 张蕴岭．“一带一路”的创新型思维：大国倡议与大国作为[J]．商业文化，2015（13）：60-64.
45. “一带一路”战略规划下，“湾区”宝安战略：引领城市、产业、社会三个转型[J]．新经济，2015（13）：24-26.
46. 马洪波，孙凌宇．“一带一路”战略为区域合作发展带来新机遇[J]．决策与信息，2015（13）：29-30.
47. “一带一路”基建先行 或开启新一轮投资浪潮[J]．中国招标，2015（13）：4-6.
48. 习近平谈“一带一路”大战略[J]．决策与信息，2015（13）：1.
49. 杨明，张瑄，彭穗华．华商经济与21世纪海上丝绸之路：专访全国人大代表、广东省社会科学院产业经济研究所所长向晓梅[J]．新经济，2015（13）：6-9.
50. “圆桌讨论”，镜鉴古今建设现代化湾区新城，承继中国古丝绸之路历史[J]．新经济，2015（13）：27-28.

51. 刘华. 陕西在对外贸易中融入丝绸之路经济带建设的策略研究[J]. 经营管理者，2015（12）：139-140.
52. 王宪举. 白俄罗斯："丝绸之路经济带"上的重要平台[J]. 世界知识，2015（12）：38-39.
53. 李中海. "丝绸之路经济带"建设中的中亚因素[J]. 世界知识，2015（12）：42-43.
54. "丝绸之路经济带与欧亚经济联盟国际研讨会"在乌鲁木齐举行[J]. 世界知识，2015（12）：37.
55. 宋魁. 多方面合作建东部陆海丝绸之路经济带[J]. 活力，2015（11）：12-13.
56. 邓卫红. "一港一带一区一城"战略规划，争当"海上丝绸之路"桥头堡的前沿阵地[J]. 新经济，2015（10）：112-114.
57. 李肇星. 海纳百川的胸怀，以乘风破浪的勇气，共建21世纪海上丝绸之路[J]. 北京周报（英文版），2015（10）：I0005-I0008.
58. 王树亮. 甘肃省嵌入丝绸之路经济带面向中亚开放的战略思考[J]. 丝绸之路，2015（10）：74-76.
59. 秦曦. 新丝绸之路经济带经济演进的时空分析[J]. 商情，2015（10）：68-69.
60. 乔治娜·拉弗尔斯. 启航新丝绸之路[J]. 走向世界，2015（10）：70-71.
61. 张梅芳. 全国人大代表、海南省省长刘赐贵：将海南打造成21世纪海上丝绸之路"桥头堡"[J]. 中国经济周刊，2015（9）：38-39.
62. 齐兰，刘琳. 广西如何参与21世纪海上丝绸之路建设[J]. 当代广西，2015（9）：55.
63. 张昆. 传播先行，实现民心相通：服务丝绸之路经济带建设的国家传播战略[J]. 人民论坛（学术前沿），2015（9）：62-72.
64. 王耀. 图书馆服务社会 为丝绸之路经济带建设做贡献[J]. 科技与企业，2015（9）：19-20.
65. 罗京. 丝绸之路给关中经济带来的效益[J]. 中外企业家，2015（9）：35.
66.《学术前沿》编者. "一带一路"前瞻. [J]. 人民论坛（学术前沿），2015（9）：4-5.
67. 王义桅. 论"一带一路"的历史超越与传承[J]. 人民论坛（学术前沿），2015（9）：19-27.
68. 习近平论"一带一路"[J]. 人民论坛，2015（9）：28.
69. 巴曙松，王志峰. "一带一路"：香港的重要战略机遇[J]. 人民论坛（学术前沿），2015（9）：51-61，73.
70. 田静云. 新丝绸之路经济增长潜力分析[J]. 中国市场，2015（8）：71-72，83.
71. 王玉红. "丝绸之路经济带"建设背景下以援助方式促进内蒙古与蒙古国的经贸合作研究[J]. 赤峰学院学报（自然科学版），2015（8）：130-132.
72. 焦音学. "丝绸之路经济带"背景下新疆克拉玛依的发展研究[J]. 中国经贸导刊，2015（8）：15-18.
73. 罗英杰. 阿富汗局势与"丝绸之路经济带"建设[J]. 世界知识，2015（8）：13.
74. 张静. 海上丝绸之路：我心中的梦[J]. 中国老年，2015（8）：31.
75. 许宁宁. 2015年"一带一路"建设进入务实阶段[J]. 商业文化，2015（8）：85.
76. 辽宁省人民政府办公厅关于贯彻落实"一带一路"战略推动企业"走出去"的指导意见[J]. 辽宁省人民政府公报，2015（8）：23-27.
77. 师毅. "一带一路"大家谈[J]. 新商务周刊，2015（8）：12-13.
78. 蒋泓峰. 华人资本助力"一带一路"建设[J]. 新商务周刊，2015（8）：5.

79. 师毅. **世界声音. 共助中国“一带一路”**[J]. 新商务周刊，2015（8）：10-11.
80. 董晓孝. **走丝绸之路活动启动仪式在京举行：共好百国使节庆祝联合国成立 70 周年启动晚会举办**[J]. 新商务周刊，2015（8）：72-73.
81. 李俊生. **“一带一路”战略推动海洋经济发展的路径探索**[J]. 产业与科技论坛，2015（8）：24-25.
82. 伍湘陵. **从“一带一路”建设看台商发展新机遇**[J]. 台声，2015（8）：61.
83. 王志彪. **浅谈宁夏在“一带一路”建设中的地位和作用**[J]. 经济技术协作信息，2015（8）：37.
84. 董清风. **智美联合：展望中华文化复兴：“一带一路”走进 2015 米兰世博会**[J]. 新商务周刊，2015（8）：58-59.
85. 尹怡然，黄亦鹏. **在“一带一路”战略实施中的知识产权国际合作机制**[J]. 广东科技，2015（8）：14-17.
86. 张延陶. **英才.“一带一路”助铜翻身**[J]. 中国有色金属，2015（8）：25.
87. 唐海军. **借助“一带一路”实施海外拓荒**[J]. 中国有色金属，2015（8）：44-45.
88. **聚焦“一带一路”**[J]. 中国物流与采购，2015（8）：32.
89. 吴兴杰. **“一带一路”正扬帆破浪**[J]. 商业文化，2015（7）：2.
90. 何立峰. **共建 21 世纪海上丝路 共享繁荣发展机遇：在 21 世纪海上丝绸之路国际研讨会上的演讲**[J]. 商业文化，2015（7）：31-32.
91. 高燕. **深化经贸合作 实现互利共赢 共同推进 21 世纪海上丝绸之路建设：在 21 世纪海上丝绸之路国际研讨会上的演讲**[J]. 商业文化，2015（7）：33-34.
92. 无迪. **21 世纪海上丝绸之路的哲学反思**[J]. 商业文化，2015（7）：36-47.
93. 张腾飞. **论“丝绸之路经济带”视角下新疆与哈萨克斯坦的外经贸合作**[J]. 赤峰学院学报（自然科学版），2015（7）：129-131.
94. **国家发展改革委、外交部、商务部联合发布《推动共建丝绸之路经济带和 21 世纪海上丝绸之路的愿景与行动》**[J]. 城市规划通讯，2015（7）：1-2.
95. 蒋菁. **“21 世纪海上丝绸之路”国际研讨会综述**[J]. 俄罗斯东欧中亚研究，2015（2）：89-93.
96. 刘雅. **陕西建设丝绸之路经济带竞争力研究**[J]. 琼商，2015（7）：239.
97. 石立军. **第 12 届东博会务实推动“一带一路”建设：访中国—东盟博览会秘书处秘书长王雷**[J]. 中国会展，2015（7）：40-41.
98. 郭庚茂. **积极融入国家“一带一路”战略 乘势而上加快郑州航空港经济综合实验区发展**[J]. 党的生活，2015（7）：6-8.
99. 卞文志. **“一带一路”将成经济发展“重头戏”**[J]. 时代金融，2015（7）：39-41.
100. **“一带一路”**[J]. 台声，2015（7）：32-34.
101. **“一带一路”将给哪些地方带来红利**[J]. 台声，2015（7）：38-39.
102. 锦宏. **“一带一路”构想与台湾的机遇**[J]. 台声，2015（7）：60-61.
103. 杨贵. **一带一路亟待画龙点睛**[J]. 商业周刊，2015（7）：30-31.
104. 郑志来. **东西部省份“一带一路”发展战略与协同路径研究**[J]. 当代经济管理，2015（7）：44-48.

105. “一带一路”路线图出炉能源基建先行[J]. 施工技术，2015（7）：54.
106. 周密. 瓜达尔，能否成为“一带一路”的支点[J]. 世界知识，2015（7）：13.
107. 张梅. 郑永年：一带一路要更加开放[J]. 中国投资，2015（7）：16.
108. “一带一路”愿景与行动文件发布[J]. 中华纸业，2015（7）：8.
109. 段霞. “一带一路”，不是中国一方独奏曲[J]. 大学生，2015（7）：57.
110. 冯军兰. 一带一路：推动重庆—伊朗经济合作[J]. 重庆与世界，2015（7）：74-77.
111. 王辛夷. 代表委员对接“一带一路”[J]. 中国外资，2015（7）：30-31.
112. 张玥，欧阳柳依. 一带一路，各省找路[J]. 中国外资，2015（7）：40-42.
113. “一带一路”：带来了什么?[J]. 现代商业，2015（7）：1.
114. 许勤. 加快发展湾区经济服务“一带一路”战略[J]. 人民论坛，2015（6）：11-13.
115. 车文斌，衡浩钰. 在“一带一路”战略中抢抓四川机遇专访四川省政协副秘书长、九三学社四川省委副主委沈光明[J]. 当代县域经济，2015（6）17-20.
116. 杨韶艳. “一带一路”建设背景下对民族文化影响国际贸易的理论探讨. [J]. 西南民族大学学报（人文社科版），2015（6）：38-42.
117. 刘秋萍. “一带一路”战略的人才支点[J]. 人才资源开发，2015（6）：29-30.
118. 江舜年，白文丽. 在“一带一路”交汇点打造国家级外向型农业示范区[J]. 中国农垦，2015（6）：58-59.
119. 亚行：“一带一路”将成世界经济新增长源[J]. 中国贸易救济，2015（6）：31.
120. 薛力. “一带一路”视野下的“亚洲五强外交”[J]. 世界知识，2015（6）：26-27.
121. 陈宇，贾春阳. 美国“新丝绸之路计划”现在怎样了[J]. 世界知识，2015（6）：30-31.
122. 李易珂. “一带一路”对边境地区的影响几何[J]. 商场现代化，2015（6）：284.
123. 杨伊慧. 论“一带一路”建设给中国带来的经济机遇[J]. 商场现代化，2015（6）：280.
124. 李易珂. “一带一路”对边境地区的影响几何[J]. 商场现代化，2015（6）：284.
125. 郭霞. 一带一路：看得见的未来[J]. 商周刊，2015（6）：33-34.
126. 一带一路 四川机遇[J]. 四川党的建设（城市版），2015（6）：20-21.
127. “一带一路”的重庆角色[J]. 今日中国，2015（6）：16-17.
128. 云南融入“一带一路”战略[J]. 地理教育，2015（6）：6.
129. 陕西依托三大优势打造“一带一路”桥头堡[J]. 地理教育，2015（6）：6.
130. 福建“一带一路”对接方案初定[J]. 地理教育，2015（6）：63.
131. 缪宏，耿国彪. “一带一路” 中国通向世界的彩虹桥[J]. 绿色中国，2015（6）：20-25.
132. 董鹏. “一带一路”撬动出口新格局[J]. 进出口经理人，2015（6）：44-45.
133. 荀晓晖. “一带一路”加快企业转型升级[J]. 施工企业管理，2015（6）：24-26.
134. “一带一路”离老区并不远[J]. 中国老区建设，2015（6）：6.
135. 朱方林，李钦，王清举. 一个老区市的“一带一路”梦[J]. 中国老区建设，2015（6）：11-13.
136. 张洪. “渝新欧”借力“一带一路”[J]. 今日中国（中文版），2015（6）：27-29.
137. 刘雪琴. “一带一路”拓展两岸经济合作[J]. 两岸关系，2015（6）：39-40.
138. 陈实. 新红利一带一路四川篇[J]. 四川党的建设，2015（6）：22-23.
139. 李文. 一带一路 四川要做西部领头羊[J]. 四川党的建设，2015（6）：34.

140. 高荣伟. “一带一路”建设面临的风险及对策[J]. 国际商务财会，2015（6）：28-31.
141. 李向阳. 深入理解和把握“一带一路”建设[J]. 时事报告，2015（6）：11-17.
142. 本刊特约报告员. “一带一路”下的外交棋局[J]. 时事报告，2015（6）：18-23.
143. 闵勤勤，颜牛. 做好对接融入“一带一路”的大文章[J]. 时事报告，2015（6）：26.
144. 薛俊升. “一带一路”给香港带来的机遇[J]. 沪港经济，2015（6）：36-39.
145. 韩雪梅，万永坤. 依托“一带一路”建设转变资源开发方式[J]. 决策探索，2015（6）：47-48.
146. 张洪. 重庆市长黄奇帆：“一带一路”提升重庆开放空间[J]. 今日中国（中文版），2015（6）：18-23.
147. 地方一带一路项目清单：基建与产业园区集中[J]. 现代焊接，2015（6）：44.
148. “一带一路”揭示中国经济发展新逻辑[J]. 现代焊接，2015（6）：35-36.
149. 滕雯. 连云港：打造“一带一路”交汇核心区[J]. 时事报告，2015（6）：32-33.
150. 刘秋萍. “一带一路”战略的人才支点[J]. 人才资源开发，2015（6）：29-30.
151. 陈芬，梅淑娥. 起航中的“一带一路”[J]. 中国经济信息，2015（6）：32-35.
152. 张婷. 丝绸之路经济带陕西段的金融支持研究[J]. 金融经济，2015（6）：25-28.
153. 李舒琴. 试论丝绸之路经济带建设与民族团结[J]. 丝绸之路，2015（6）：73-74.
154. 曹佳. 丝绸之路经济带的基础设施建设与合作进展[J]. 经济师，2015（6）：32-34.
155. 尹文渊. 21世纪海上丝绸之路研究评述[J]. 现代商业，2015（6）：47-49.
156. 吴迎春. 中国亚非发展交流协会举行“一带一路”专题研讨会[J]. 环球人物，2015（5）：50.
157. 共建“一带一路”战略开创我国全方位对外开放新格局[J]. 求是，2015（5）：3-4.
158. 梁国栋. “一带一路”引领中国步入开放新境界[J]. 中国人大，2015（5）：34-35.
159. 王寅. “一带一路”和自贸区的资本盛宴[J]. 中国报道，2015（5）：28-29.
160. 蒋利辉，冯刚. “一带一路”，民族地区的重大战略机遇[J]. 中国民族，2015（5）：12-13.
161. 刘晓雷. “一带一路”战略下陆港建设的问题与对策[J]. 中国发展观察，2015（5）：28-31.
162. 牛林杰. “欧亚倡议”+“一带一路”：深化中韩合作的新机遇[J]. 世界知识，2015（5）：28-29.
163. 卢光盛. 升级GMS合作推进“一带一路”在东南亚中路突破[J]. 世界知识，2015（5）：73.
164. 张驰. “一带一路”视角下的陕甘宁革命老区经济社会发展思考与研究[J]. 领导科学论坛，2015（5）：4-6.
165. 林备战. “一带一路”战略下亚欧大陆桥发展策略[J]. 港口经济，2015（5）：41-43.
166. 赵钊. 亚投行风云初起：亚投行是“一带一路”战略的重要支柱[J]. 国际融资，2015（5）：22-26.
167. 王志峰，张凯博，刘冬. “一带一路”沿线经济体银行业整体发展环境及风险评估[J]. 国际金融，2015（5）：40-46.
168. 陈爱平，桑彤. “一带一路”助推中国企业走出去[J]. 金融世界，2015（5）：70-71.
169. 闫衍. “一带一路”的金融合作[J]. 中国金融，2015（5）：32-33.
170. 赵志刚. “一带一路”金融区域化路径[J]. 中国金融. 2015（5）：39-41.
171. 程军. 构建“一带一路”经贸往来金融大动脉[J]. 中国金融，2015（5）：34-36.

172. 顾国爱. **西藏地区发展“一带一路”的对策**[J]. 中国流通经济，2015（5）：113-118.
173. 谢涌海. **香港拓展伊斯兰金融抓“一带一路”机遇**[J]. 新商务周刊，2015（5）：90-91.
174. 金永亮. **“一带一路”强化广州核心枢纽功能**[J]. 广东经济，2015（5）：24-26.
175. **中国驻外大使唱响“一带一路”**[J]. 重庆与世界，2015（5）：36-43.
176. **立体式融入，浙江已显“一带一路”效应**[J]. 党政视野，2015（5）：32.
177. 黄卫平，黄剑. **“一带一路”战略下人民币如何“走出去”**[J]. 人民论坛（学术前沿），2015（5）：30-39.
178. **南通广邀海外知名侨商来通聚焦“一带一路”**[J]. 华人时刊，2015（5）：74.
179. 薛力. **“一带一路”视野下的“亚洲五强外交”**[J]. 领导之友，2015（5）：49-50.
180. **理解“一带一路”需避几个误区**[J]. 党建文汇（下半月），2015（5）：5.
181. 阮刚辉. **浙江融入“一带一路”的新机遇**[J]. 今日浙江，2015（5）：40-41.
182. 张茉楠. **“一带一路”重构全球经济增长格局**[J]. 发展研究，2015（5）：14-19.
183. 苏清涛. **“一带一路”，考验才刚刚开始**[J]. 新城乡，2015（5）：56-57.
184. 赵婧，方烨，魏骅. **“一带一路”带来新商路**[J]. 企业文化，2015（5）：12-14.
185. 王义桅. **“一带一路”的三重使命**[J]. 企业文化，2015（5）：15.
186. 徐正虹. **从“一带一路”战略探讨再生资源产业的腾飞路径**[J]. 资源再生，2015（5）：12.
187. 孙晓琴. **“一带一路”战略：推动再生铝行业转型发展**[J]. 资源再生，2015（5）：22-24.
188. 马岩. **“一带一路”国家主要特点及发展前景展望**[J]. 国际经济合作，2015（5）：28-33.
189. 古璇，古龙高. **丝绸之路经济带战略对邓小平两个大局思想的创新**[J]. 大陆桥视野，2015（5）：50-55.
190. 章利新，刘巍巍. **彰显后发优势“一带一路”促进西部大开发**[J]. 大陆桥视野，2015（5）：76-77.
191. 刘卫平. **一带一路：构建21世纪亚欧大陆经济整合战略**[J]. 中国党政干部论坛，2015（5）：41-45.
192. **一带一路或覆盖44亿人口 创21万亿美元经济效应**[J]. 现代焊接，2015（5）：42.
193. **多地出台一带一路对接项目 基建投资超万亿元**[J]. 现代焊接，2015（5）：42.
194. 文瑞. **“一带一路”战略背景下的中欧经贸合作**[J]. 国际经济合作，2015（5）：58-62.
195. 沙特. **浅谈“一带一路”政策对地质工程行业发展的影响**[J]. 现代交际，2015（5）：115.
196. 赵春花. **聚焦“一带一路”**[J]. 地理教育，2015（5）：61.
197. 舒童. **对接“一带一路” 找准地方“契合点”**[J]. 海峡通讯，2015（5）：66-67.
198. **“一带一路”马歇尔计划**[J]. 天津支部生活，2015（5）：29.
199. **复旦大学教授葛剑雄谈“一带一路”**[J]. 城市轨道交通研究，2015（5）：140.
200. 塔德乌什·霍米茨基. **波兰：一带一路重要参与者**[J]. 中国投资，2015（5）：42-44，10.
201. 许涛. **阿富汗：丝绸之路上的重要枢纽**[J]. 中国投资，2015（5）：46-49，10.
202. 刘志鹏. **“一带一路”下的海外信用风险管理**[J]. 装备制造，2015（5）：84-85.
203. 李学军，张金艳. **西北开放型经济发展水平评价及战略思考：基于“新丝绸之路”经济带建设的角度**[J]. 企业经济，2015（5）：157-161.

204. 慕慧娟，崔光莲．共建“丝绸之路经济带”背景下西北五省（区）经济协调发展研究[J]．经济纵横，2015（5）：93-97.
205. 陈奉林．从海上和陆上丝绸之路两栖建设中寻求中国的发展[J]．太平洋学报，2015（5）：59-67.
206. 马莉莉，张彤，黄文学．东亚生产网络兴起背景下共建丝绸之路经济带的战略选择[J]．人文杂志，2015（5）：33-38.
207. 汪晓文．“丝绸之路经济带”建设中的产业合作研究[J]．经济问题，2015（5）：1-5.
208. 融入“海上丝绸之路”发展对外投资合作[J]．求知，2015（5）：55-56.
209. 潘志．西部大开发与构建丝绸之路经济带的战略研究：以新疆为例[J]．商场现代化，2015（5）：154-155.
210. 张超．丝绸之路经济带研究综述[J]．理论月刊，2015（5）：112-115.
211. 连云港港“丝绸之路经济带”东方桥头堡港口概况[J]．港口科技，2015（5）：10.
212. 中国（西安）丝绸之路研究院[J]．新西部，2015（5）：2.
213. 吕荣英．新丝绸之路与新疆城市发展[J]．黑龙江史志，2015（5）：308.
214. 周海江．红豆集团：打造西港特区“一带一路”合作共赢样板[J]．今日中国（中文版），2015（4）：88-89.
215. 抢抓国家“一带一路”战略机遇，打造丝绸之路经济带战略支点[J]．中国经贸导刊，2015（4）：2.
216. 鲍志成．“一带一路”战略开启改革开放和国家发展六大新格局[J]．新重庆，2015（4）：28.
217. 王顺利，冷静，杨岚．第二届丝绸之路经济带发展论坛在西安召开[J]．新西部，2015（4）：11-13.
218. 张宝通．把陕西建成丝绸之路经济带新起点和中国中心[J]．新西部，2015（4）：14-15.
219. 李通．陕西建设丝绸之路经济带策略选择[J]．新西部（中旬刊），2015（4）：14-16.
220. 王宏彬．把握新常态 适应新常态：贯彻落实国家“一带一路”和自贸区战略，大力发展湾区经济[J]．新经济，2015（4）：16-21.
221. 钱林霞，蔡兵．广东发展海洋经济与建设海上丝绸之路研讨会召开[J]．新经济，2015（4）：22-25.
222. 向晓梅．广东与21世纪海上丝绸之路国家经贸合作新内涵新模式[J]．新经济，2015（4）：28-31.
223. 杨明．丝绸之路是要实现参与各方共赢发展[J]．新经济，2015（4）：32-34.
224. 发展海洋经济与广东海上丝绸之路建设研讨会现场发言[J]．新经济，2015（4）：35-40.
225. 杨明．21世纪海上丝绸之路与广东海洋经济发展新思路[J]．新经济，2015（4）：43-52.
226. 徐义国．丝绸之路经济带战略构想中的金融元素[J]．新商务周刊，2015（4）：96-97.
227. “一带一路”带动文化创意产业与非遗保护[J]．创意世界，2015（4）：11.
228. 博鳌亚洲论坛开幕“一带一路”成重头戏[J]．中国对外贸易，2015（4）：11.
229. 王民官．发挥区域合作在“一带一路”中的作用[J]．环渤海经济瞭望，2015（4）：3-6.
230. 高春平．山西与丝绸之路：兼论山西在“一带一路”发展战略中的地位与对策[J]．经济问题，2015（4）：19-22.

231. 张贡生，庞智强．“丝绸之路经济带”国内段建设：战略意义及功能定位[J]．经济问题，2015（4）：5-9，55.
232. 杨永生，李永宠，刘伟．中蒙俄文化廊道：“丝绸之路经济带”视域下的“万里茶道”[J]．经济问题，2015（4）：15-18.
233. 龚婷．美国对“一带一路”影响的解读[J]．党政论坛（干部文摘），2015（4）：33.
234. 王湘穗．发展与安全：一带一路的两翼[J]．中国投资，2015（4）：40-44.
235. 王敏，柴青山，王勇，等．“一带一路”战略实施与国际金融支持战略构想[J]．国际贸易，2015（4）：35-44.
236. 张锐敏．发挥优势主动融入：台州参与“一带一路”建设的若干思考[J]．浙江经济，2015（4）：23-24.
237. 习近平：一带一路不是独奏是合唱[J]．今日海南，2015（4）：4-5.
238. 中国—东盟省市长博鳌签署《共同声明》 建立“一带一路”地方联动机制[J]．今日海南，2015（4）：6-7.
239. 姜睿．以上海为核心节点的“一带一路”等国家战略整合机制探索[J]．现代经济探讨，2015（4）：54-58.
240. 2015 中国区域经济学会年会暨“一带一路”战略与中国区域经济发展学术研讨会征文通知[J]．中国工业经济，2015（4）：161.
241. 曹伟．西南边陲如何融入“一带一路”：专访全国人大代表、曲靖市市长范华平[J]．小康，2015（4）：81.
242. 季鹏，姜辉．加快推进“一带一路”建设为中华民族伟大复兴“圆梦”[J]．党史博采（理论版），2015（4）：51，53.
243. 一带一路战略全国覆盖[J]．大陆桥视野，2015（4）：11.
244. 何琳．“一带一路”积极实施四重点建设[J]．大陆桥视野，2015（4）：21.
245. 张雷．新疆勇立潮头 打造丝绸之路经济带核心区[J]．大陆桥视野，2015（4）：22-25.
246. 古龙高．“一带一路愿景与行动”与东方桥头堡建设研究[J]．大陆桥视野，2015（4）：30-38.
247. 定军，陈海银．一带一路区域节点城市迎来发展良机[J]．大陆桥视野，2015(4)：75-77.
248. 李富永．钢铁丝绸之路期待打破瓶颈[J]．大陆桥视野，2015（4）：78-79.
249. 刘琳秀．“一带一路”背景下新疆面临的机遇和挑战[J]．经济论坛，2015（4）：41-43.
250. 吕恒，任晓亮．“一带一路”战略为运营商带来契机[J]．中国电信业，2015（4）：68-69.
251. 张丽敏，刘俊义．“一带一路”框架下东盟市场战略研究[J]．国际工程与劳务，2015（4）：37-39.
252. 辽宁在“一带一路”布局九大工业园[J]．共产党员（下半月），2015（4）：7.
253. 丁焰章．在“一带一路”战略中大有可为[J]．施工企业管理，2015（4）：50.
254. 房婷婷，付正．“一带一路”刺激西部地区出口[J]．进出口经理人，2015（4）：50-51.
255. 林健锋．“一带一路” 商机无限[J]．中外玩具制造，2015（4）：46-48.
256. 习近平出访吹响“一带一路”号角[J]．企业界，2015（4）：45.
257. 高虎城．“一带一路”有利于全球经济增长[J]．中国科技产业，2015（4）：16.
258. 熹微．“一带一路”政策利好 云南大有可为[J]．创造，2015（4）：34-35.

259. 刘宗义. “一带一路”与台湾的机遇[J]. 两岸关系，2015（4）：19.
260. 盛九元. “一带一路”深化两岸经济合作[J]. 两岸关系，2015（4）：27-29.
261. 刘梦羽，钟磊. “一带一路”战略让民企大有作为[J]. 中国报道，2015（4）：42-43.
262. 安振宇. 一带一路：大国重装带来的资本市场机会[J]. 中国报道，2015（4）：54-55.
263. 廖卓娴. “一带一路”：开创各国共赢新局面[J]. 老年人，2015（4）：8-9.
264. 林毅夫. “一带一路”要加上“一洲”[J]. 能源评论，2015（4）：30-31.
265. 怎么办？“一带一路”十人谈[J]. 能源评论，2015（4）：22-27.
266. 耿玉和. 三部委联合发布“一带一路”愿景与行动[J]. 中国水运，2015（4）：79.
267. “一带一路”重大工程项目亮相涉及铁路、能源等数百项[J]. 起重运输机械，2015（4）：107.
268. 周密. 理性推进“一带一路”建设[J]. 中国国情国力，2015（4）：43-45.
269. “一带一路”战略是伟大“中国梦”的合理延伸[J]. 农村・农业・农民（B版），2015（4）：4.
270. 余乐. 专家解析：“一带一路”有哪些战略机遇？[J]. 农村・农业・农民（B版），2015（4）：11-12.
271. 孙伟. “一带一路”战略构想的基础及策略[J]. 宏观经济管理，2015（4）：41-43.
272. 张恒龙，周元诚. “一带一路”战略下的中哈贸易自由化研究[J]. 新疆师范大学学报（哲学社会科学版），2015（4）：76-84.
273. 赵子军. 标准化助推“一带一路”[J]. 中国标准化，2015（4）：23-26.
274. 王志民. “一带一路”战略的地缘经济政治分析[J]. 唯实，2015（4）：19-22.
275. 陈雯，李平星. 江苏如何抢占“一带一路”战略先机[J]. 唯实，2015（4）：23-26.
276. 一带一路 华夏论坛 资讯[J]. 中国投资，2015（4）：55.
277. 国家发改委：“一带一路”应基建优先[J]. 中国煤炭，2015（4）：76.
278. 周密. 欧亚经济联盟，“一带一路”的重要节点[J]. 世界知识，2015（4）：54-56.
279. 王庚武，徐赛，范汪洋. 南海之外看“丝路”：一位新加坡学者眼里的“海上丝绸之路”[J]. 世界知识，2015（4）：58-59.
280. 鄂志寰，李诺雅. “一带一路”的经济金融效应分析[J]. 金融博览，2015（4）：52-53.
281. 一带一路规划亮相在即[J]. 领导决策信息，2015（4）：11.
282. 宋亚. 共舞“一带一路”[J]. 甘肃金融，2015（4）：1.
283. 张立民，曹源. 丝绸之路货币文化研究：以甘肃为视角[J]. 甘肃金融，2015（4）：10-15.
284. 蒋润祥，姜永辉，宋亚. 丝绸之路地区国际区域合作述评及启示[J]. 甘肃金融，2015（4）：54-58.
285. 王宇. “一带一路”迎风启航[J]. 西部金融，2015（4）：1.
286. 战新英. 地理：“一带一路”经济规划[J]. 招生考试通讯（高考版），2015（4）：12-13.
287. 马驰. 费孝通与“一带一路”战略构想[J]. 群言，2015（4）：20-24.
288. 陈德照. “一带一路”机遇中的挑战[J]. 时事报告，2015（4）：40-43.
289. 翟昕. 一带一路战略布局下再生资源产业的新思路[J]. 资源再生，2015（4）：12-13.
290. 张秀娟. 一带一路：撬动废塑料产业发展的新杠杆[J]. 资源再生，2015（4）：31-33.

291. 陈茹. **新空间 新平台 新机遇：21 世纪海上丝绸之路国际研讨会侧记**[J]. 海峡通讯，2015（4）：14-15.
292. 黄端. **千年潮未落 扬帆再起航：福建全力打造 21 世纪海上丝绸之路核心区**[J]. 海峡通讯，2015（4）：16-17.
293. 刘复培. **闽江潮涌“新海丝”：福州致力打造 21 世纪海上丝绸之路战略枢纽城市**[J]. 海峡通讯，2015（4）：20-21.
294. 胡建华. **广西推进 21 世纪“海上丝绸之路”建设的路径选择**[J]. 广西社会科学，2015（4）：46-50.
295. 陈蓉，石国进. **湖北参与建设“丝绸之路经济带”的战略构想与应对策略**[J]. 湖北社会科学，2015（4）：62-66.
296. 樊秀峰. **流通视角：丝绸之路经济带建设国内段实施路径**[J]. 中国流通经济，2015（4）：57-61.
297. 赵树梅. **丝绸之路经济带互联互通战略研究**[J]. 中国流通经济，2015（4）：62-69.
298. 杜平贵，王辉. **推进青海融入丝绸之路经济带建设的战略思考与建议**[J]. 中国产业经济动态，2015（4）：7-11.
299. 文华. **打造丝绸之路经济带武威黄金节点的思考**[J]. 中国集体经济，2015（4）：27-28.
300. 汪宝成，李凯锋. **县域水利法治助力新丝绸之路经济带建设的几点思考**[J]. 水利发展研究，2015（4）：47-48，61.
301. 李文娟. **《推动共建丝绸之路经济带和 21 世纪海上丝绸之路的愿景与行动》出台**[J]. 工程建设标准化，2015（4）：20.
302. **丝绸之路**[J]. 经济学动态，2015（4）：161.
303. 于千洪，徐利平. **丝绸之路经济带未来畅想**[J]. 商场现代化，2015（4）：125-126.
304. **2015 年中国区域经济学会年会暨“一带一路”战略与中国区域经济发展学术研讨会征文通知**[J]. 区域经济评论，2015（3）：162.
305. **一带一路规划即将发布将带动国内经济发展及机械工程回暖**[J]. 起重运输机械，2015（3）：124.
306. 何茂春，张冀兵，张雅芃，等. **“一带一路”战略面临的障碍与对策**[J]. 新疆师范大学学报（哲学社会科学版），2015（3）：36-45.
307. 赵磊. **陕西、甘肃、新疆在“一带一路”战略中的比较优势与建议**[J]. 西部大开发，2015（3）：71-76.
308. 李冰漪. **“一带一路”——大国韬略 强国强企**[J]. 中国储运，2015（3）：43-45.
309. 李冰漪. **“一带一路”战略构想背后的现实考量**[J]. 中国储运，2015（3）：50-51.
310. 李闻芝. **“一带一路”：石化产业升级新机遇**[J]. 中国石油和化工，2015（3）：10-13.
311. 杨之辉，彭锡. **“一带一路”开局，云南如何开启“滇峰时刻”？**[J]. 创造，2015（3）：28-29.
312. 范建华. **云南在“一带一路”国家开放战略中的重要地位与发展担当**[J]. 大理学院学报，2015（3）：23-29.
313. **“一带一路”：互尊互信、合作共赢、文明互鉴之路**[J]. 理论导报，2015（3）：21-24.

314. 邹长胜，孙源．“一带一路”视角下国际工程项目经济风险识别与防范：以哈萨克斯坦共和国为背景[J]．前沿，2015（3）：55-58.
315. 王海燕．上海在“一带一路”和长江经济带建设中的定位与作用研究[J]．科学发展，2015（3）：92-98.
316. 张蕴岭．大战略下的“一带一路”建设[J]．中国国情国力，2015（3）：9-10.
317. 郑京平．一带一路：便交往促发展利和谐[J]．中国国情国力，2015（3）：1.
318. 张建民，赵鸣．江苏建设 21 世纪海上丝绸之路的思路对策[J]．港口经济，2015（3）：32-35.
319. 柯娇．滨海新区应把握“一带一路”建设发展的契机[J]．港口经济，2015（3）：36-40.
320. 王敬文．一带一路新战略[J]．管理观察，2015（5）：4.
321. 张建平，刘景睿．丝路基金：“一带一路”建设的启动器[J]．国际商务财会，2015（3）：9-13.
322. 陈聪．2015“一带一路”奏响新华章[J]．中国中小企业，2015（3）：18.
323. 张茉楠．“一带一路”引领中国未来开放大战略[J]．中国中小企业，2015（3）：19-24.
324. 曹冬英．“一带一路”战略中广西的 swot 分析及发展途径研究[J]．学术论坛，2015（3）：72-76.
325. 黄树鹏．推进营口港桥头堡建设：打造“港口经济圈”，“一带一路”国家战略[J]．现代经济信息，2015（3）：478.
326. 王军．“一带一路”战略的建设策略[J]．瞭望，2015（3）：46-47.
327. 缪林燕．贯彻“一带一路”战略 金融支持互联互通基础设施建设[J]．国际工程与劳务，2015（3）：25-28.
328. 原金．地方两会热议“一带一路”过剩产能“走出去”[J]．中国有色金属，2015（3）：23.
329. 王建新，张丽．“一带一路”背景下乌鲁木齐的经济发展与水资源承载力研究[J]．唐山学院学报，2015（3）：95-99.
330. 陈功．“一带一路”资源支撑不够[J]．中国房地产业，2015（3）：102-105.
331. 姜坤，赵娜．抓住“一带一路”战略机遇 加快推动天津发展的几点建议[J]．天津经济，2015（3）：5-8.
332. 丁一凡．正确看待“一带一路”战略[J]．中国国情国力，2015（3）：60-62.
333. 郑亮．21 世纪海上丝绸之路国际研讨会在泉州举行[J]．对外传播，2015（3）：2.
334. 周明伟．增强共同体意识 携手共建 21 世纪海上丝绸之路[J]．对外传播，2015（3）：9-10.
335. 周凯．全球化背景下“一带一路”建设的对外传播[J]．对外传播，2015（3）：18-20.
336. 寇立研，周冠宇．“一带一路”对外传播需要把握的十对关系[J]．对外传播，2015（3）：21-23.
337. 龚婷．“一带一路”：国际舆论反应初探及应对建议[J]．对外传播，2015（3）：24-26.
338. 张汉东．“一带一路”的浙江机遇[J]．浙江经济，2015（3）：39.
339. 一带一路 开辟服务外包新蓝海[J]．服务外包，2015（3）：14-15.
340. 丁一凡．一带一路 奠定中国对外战略发展基调[J]．服务外包，2015（3）：16-17.
341. 实现互联互通“一带一路”战略蓝图越发清晰[J]．玻璃钢/复合材料，2015（3）：101-102.

342. 韩雪梅，万永坤. 依托“一带一路”建设转变资源开发方式[J]. 决策探索（下半月），2015（3）：47-48.
343. 汤正仁. 依托“一带一路”建设转变资源开发方式[J]. 区域经济评论，2015（3）：75-77.
344. 周立. 基于“一带一路”建设的河南发展选择[J]. 区域经济评论，2015（3）：78-80.
345. 重庆落实“一带一路”战略 构建西部中心枢纽[J]. 海内与海外，2015（3）：80.
346. 高潮. “一带一路”建设开局中巴经济走廊成为旗舰项目[J]. 国对外贸易，2015（3）：56.
347. 一带一路为跨境金融合作提新机[J]. 中国投资，2015（3）：62.
348. 许罗德. 黄金产业入轨“一带一路”[J]. 矿业装备，2015（3）：29.
349. “一带一路”成今年两会热点[J]. 大陆桥视野，2015（3）：11.
350. 陈蔷薇. 新疆丝绸之路经济带核心区建设开局良好[J]. 大陆桥视野，2015（3）：31-33.
351. 中俄共建丝绸之路[J]. 大陆桥视野，2015（3）：83.
352. 彭冬儿. 中欧“一带一路”合作启动能源革命[J]. 能源研究与利用，2015（3）：4-5.
353. 卢丽刚，魏美玉. 中欧“一带一路”合作启动能源革命[J]. 华东交通大学学报，2015（3）：133-137.
354. 卢宁，沈智清，谭槼，等. 中国梦视阈下的“一带一路”战略[J]. 常熟理工学院学报，2015（3）：25-29.
355. “一带一路”打开“筑梦空间”[J]. 珠江水运，2015（3）：52-54.
356. 张博. 走“一带一路” 请捎上品牌[J]. 中国有色金属，2015（3）：38.
357. 努力实现“一带一路”建设良好开局[J]. 杭州（周刊），2015（3）：7.
358. “两会”热议：“一带一路”全面布局[J]. 太平洋学报，2015（3）：2.
359. 梅新育. “一带一路”险中取利[J]. 北大商业评论，2015（3）：40-49.
360. “一带一路”重大工程清单亮相在即[J]. 冶金财会，2015（3）：47.
361. 曾巧生. 创造“一带一路”的江西机会[J]. 江西行政学院学报，2015（3）：24-28.
362. 陈耀，汪彬，陈梓. “一带一路”战略实现机制[J]. 中国国情国力，2015（3）：11-13.
363. “一带一路”如何带路[J]. 市场观察，2015（3）：31-38.
364. 陈功. “一带一路”资源支撑不够[J]. 中国房地产业，2015（3）：102-105.
365. 王聪. 丝绸之路经济带核心区产业转型与合作：新结构经济学的视角[J]. 人文杂志，2015（3）：35-42
366. 苏华，康岚，王磊. 丝绸之路经济带产业合作的“雁行模式”构建[J]. 人文杂志，2015（3）：43-49.
367. 各地打造“21世纪海上丝绸之路”[J]. 宁波通讯，2015（3）：33.
368. 宋兵. 新海上丝绸之路上的“宁波支点”[J]. 宁波通讯，2015（3）：50.
369. 吴镝，王宏森. 丝绸之路经济带建设促进新疆社会跨越式发展[J]. 商，2015（3）：256.
370. 梅淑娥，张海虎，祁国彪. 新丝路新思路：青海积极融入丝绸之路经济带建设纪实[J]. 中国经济信息，2015（3）：114-115.
371. 建设21世纪海上丝绸之路核心区[J]. 海峡通讯，2015（3）：1.
372. 李靖宇，张晨瑶. 中俄两国合作开拓21世纪东北方向海上丝绸之路的战略构想[J]. 东北亚论坛，2015（3）：75-83，128.
373. 王娜，陈兴鹏，张子龙，等. “丝绸之路经济带”贸易联系网络结构研究：基于省区尺度和国家尺度的社会网络分析[J]．西部论坛，2015（3）：55-65.

374. 哈木拉提・吾甫尔．开创世界医学“新丝路”：率先践行丝绸之路经济带建设[J]．科技导报，2015（3）：2.

375. 刘文镇，刘志高，王东明．强化合作交流纽带 共建21世纪海上丝绸之路：21世纪海上丝绸之路国际研讨会在福建泉州举行[J]．中国品牌，2015（3）：26-27.

376. 黄飞舟．搭建丝绸之路桥梁 打造泛北部湾物流中转枢纽[J]．今日海南，2015（3）：32-35.

377. 张占仓．建设“丝绸之路经济带”的国家战略需求与地方策略[J]．区域经济评论，2015（3）：81-83.

378. 董雨薇．基于新丝绸之路经济带的天津港海铁联运对港口腹地经济的影响研究[J]．市场周刊（理论研究），2015（3）：34-35.

379. 李洁，许天富．甘肃省河西走廊地区经济发展探究：基于丝绸之路经济带视角的分析[J]．商场现代化，2015（3）：162-163.

380. 迪木拉提・奥迈尔．发挥新疆地缘优势和人文优势 促进丝绸之路经济带核心区建设[J]．中国民族，2015（3）：68-71.

381. 张原，王珍珍，陈玉菲．基于“丝绸之路经济带”建设的西安外向型经济发展对策研究[J]．西安财经学院学报，2015（3）：74-79.

382. 王星．大众传媒与“丝绸之路经济带”政策的解读和传播[J]．视听，2015（3）：153-154.

383. 宋庆军，韩瑜．建工师参与丝绸之路经济带建设的探讨[J]．新疆农垦经济，2015（3）：43-46，75.

384. 张婷．丝绸之路经济带陕西段的金融支持研究[J]．金融经济（理论版），2015（3）：25-28.

385. 陈代义．丝绸之路的前世今生[J]．科学咨询（科技・管理），2015（3）：69.

386. 郑永年．丝绸之路助中国可持续崛起[J]．中国服饰，2015（3）：14.

387. 陈伟光．论21世纪海上丝绸之路合作机制的联动[J]．国际经贸探索，2015（3）：72-82.

388. 李泽中．21世纪海上丝绸之路与广东发展新机遇[J]．广东经济，2015（3）：14-21.

389. 郑永年．中国实施丝绸之路的优势[J]．学习月刊，2015（3）：39-40.

390. 刘卫平．务实推进“丝绸之路经济带”多领域战略合作[J]．中国党政干部论坛，2015（3）：40-42.

391. 李加洞．构筑丝绸之路右翼——草原丝绸之路经济带的可行性分析与内蒙古的路径选择[J]．前沿，2015（3）：15-19，79.

392. 郭万杰．丝绸之路的古今比较研究[J]．农村经济与科技，2015（3）：96-98.

393. 稳步推进丝绸之路经济带建设[J]．中国外资，2015（3）：24.

394. 程国强．深化智库合作 共建现代丝绸之路[J]．对外传播，2015（3）：13-14.

395. 熊澄宇．海上丝绸之路建设与文化产业发展[J]．对外传播，2015（3）：15-17.

396. 朱鹏颐，施婉妮．“一带一路”战略提振福建企业国际竞争力的思考[J]．福建论坛（人文社会科学版），2015（2）：163-168.

397. 李新．“一带一路”在行动[J]．中国投资，2015（2）：14-19.

398. 推进“一带一路”建设 力促中国和沿线国家互利共赢[J]. 中亚信息，2015（2）：5-6.
399. 杨磊. 广西建设沿边沿海经济带与“一带一路”发展战略的思考[J]. 广西经济，2015（2）：40-43.
400. “一带一路”[J]. 长春市委党校学报，2015（2）：4.
401. 张茉楠. 全面提升“一带一路”战略发展水平[J]. 宏观经济管理，2015（2）：20-24.
402. 李金磊. 地方两会布局国家战略：31 个省份破题“一带一路”[J]. 党政视野，2015（2）：39.
403. 以国家“一带一路”战略为引领 进一步打造丝绸之路经济带战略支点：宁夏回族自治区主席刘慧谈丝路建设[J]. 新商务周刊，2015（2）：18-19.
404. 刘华芹. 积极实施“走出去”战略 助推“一带一路”建设[J]. 国际商务财会，2015（2）：8-12.
405. 姚铃. “一带一路”战略下的中国与中东欧经贸合作[J]. 国际商务财会，2015（2）：13-15.
406. 重庆对接“一带一路”、长江经济带战略快人一步[J]. 领导决策信息，2015（2）：20-21.
407. 张灼华，陈芃. 中国香港：成为“一带一路”版图中的持续亮点[J]. 国际经济评论，2015（2）：80-89，6.
408. 2015 年连云港市“一带一路”交汇点建设加速[J]. 大陆桥视野，2015（2）：21-22.
409. 荀克宁. 打造俄蒙境外园区 构筑山东“一带一路”建设新平台[J]. 东岳论丛，2015（2）：152-156.
410. 张辛雨. “一带一路”战略下中国新疆与哈萨克斯坦跨边界次区域经济合作[J]. 长春金融高等专科学校学报，2015（2）：81-86.
411. 许正，乌东峰. “一带一路”塑就新经贸关系与三个新常态研究[J]. 华侨大学学报（哲学社会科学版），2015（2）：38-43，70.
412. 张松涛. “金色引擎”驱动 引领“一带一路”[J]. 海外投资与出口信贷，2015（2）：5-7.
413. 庞博. “一带一路”国家战略下的开放型经济新优势：以宁波北仑区为例[J]. 中国商贸，2015（2）：97-99.
414. 石泽. “一带一路”中的大国合作[J]. 中国经济报告，2015（2）：47-49.
415. 刘国斌. “一带一路”基点之东北亚桥头堡群构建的战略研究[J]. 东北亚论坛，2015（2）：93-102，128.
416. 吴思科. “一带一路”框架下的中国与海合会战略合作[J]. 阿拉伯世界研究，2015（2）：4-13.
417. 韩洁，王艳. “一带一路”成为亚太乃至世界经济增长源[J]. 中亚信息，2015（2）：16-17.
418. 何为一带一路?[J]. 茶博览，2015（2）：42-43.
419. 夏立平. 论共生系统理论视阈下的“一带一路”建设[J]. 同济大学学报（社会科学），2015（2）：30-40.
420. 豫鲁多个城市或被纳入“一带一路”[J]. 纺织科学研究，2015（2）：9.
421. 抢抓“一带一路”机遇 努力打造“海上澄迈”[J]. 今日海南，2015（2）：2-3.

422. 何谨. **“一带一路”成我国中长期重要战略**[J]. 科技智囊，2015（2）：30-35.
423. 乔亚平. **“一带一路”建设工作会议召开**[J]. 港口经济，2015（2）：15.
424. 李文增，冯攀，李拉. **天津参与实施“一带一路”战略的建议**[J]. 港口经济，2015（2）：45-46.
425. 刘梦娇. **“一带一路”合作 瞩目八大领域**[J]. 国际工程与劳务，2015（2）：23-24.
426. 张汝恩. **紧跟“一带一路”战略 开创合作共赢新局面**[J]. 国际工程与实务，2015（2）：28-30.
427. 胡立俭. **“一带一路”助力企业“走出去”**[J]. 国际工程与劳务，2015（2）：34-36.
428. **推进“一带一路”建设工作会议召开**[J]. 中国勘察设计，2015（2）：6.
429. 张蕴岭. **如何认识“一带一路”的大战略设计**[J]. 世界知识，2015（2）：28-31.
430. 高潮. **“一带一路”建设加速推进投资哈萨克斯坦正当其时**[J]. 中国对外贸易，2015（2）：58-59.
431. **“一带一路”战略打造全方位对外开放的新格局**[J]. 共产党员（上），2015（2）：36-37.
432. 储殷，高远. **中国“一带一路”战略定位的三个问题**[J]. 国际经济评论，2015（2）：90-99，6.
433. 张锐. **“一带一路”的使命承托**[J]. 上海企业，2015（2）：34-35.
434. 米兰・巴切维奇. **一带一路缔造中塞新关系**[J]. 中国投资，2015（2）：55-58，8.
435. 刘诚. **香港：一带一路经济节点**[J]. 开放导报，2015（2）：60-62.
436. 林跃勤. **“一带一路”构想：挑战与应对**[J]. 湖南财政经济学院学报，2015（2）：5-17.
437. 刘勇，肖伟，乔晶，等. **中药和一带一路**[J]. 中国现代中药，2015（2）：91-93.
438. **以国家“一带一路”战略为引领 进一步打造丝绸之路经济带战略支点：宁夏回族自治区主席刘慧谈丝路建设**[J]. 新商务周刊，2015（2）：18-19.
439. 张煜，孙慧. **“丝绸之路经济带”9省区市全要素生产率比较：基于dea-malmquist指数法的研究**[J]. 新疆社会科学，2015（2）：15-22，161.
440. 王淑娟，李豫新. **新疆向西开放经济发展的优势、困境与对策——基于“丝绸之路经济带”建设的视角**[J]. 实事求是，2015（2）：33-36.
441. 王友文. **共建丝绸之路经济带战略中新疆伊犁哈萨克自治州的定位及主攻方向**[J]. 实事求是，2015（2）：95-99.
442. 王喜莎. **新疆巴音郭楞蒙古自治州打造“丝绸之路经济带”核心区重要战略支点的思考**[J]. 实事求是，2015（2）：100-102.
443. 丁亚琪，郭丛冉，刘鹏. **新丝绸之路经济带建设中河南省发展机遇研究**[J]. 商，2015（2）：263.
444. 王喆，董锁成，李泽红，等. **丝绸之路经济带交通格局与跨大陆版块交通经济带建设模式**[J]. 资源与生态学报（英文版），2015（2）：79-86.
445. 张爱儒，丁绪辉，高新才. **打造“丝绸之路经济带”黄金段的战略思考：以甘肃省为例**[J]. 青海民族研究，2015（2）：100-103.
446. 王毅. **绥芬河一海参崴“中俄丝绸之路枢纽城”建设模式的区域经济学分析**[J]. 对外经贸，2015（2）：34-35.
447. 薛为昶. **连云港积极呼应“丝绸之路经济带”战略构想的思考**[J]. 淮海工学院学报（人

文社会科学版），2015（2）：82-84.
448. 杨立勋，苏文龙. **丝绸之路经济带甘肃段经济发展切入点探索**[J]. 兰州文理学院学报（社会科学版），2015（2）：34-40.
449. 苏孜，何延平，牟亚男. **丝绸之路经济带战略视角下甘肃外向型经济的发展**[J]. 兰州商学院学报，2015（2）：1-5.
450. 卫玲，戴江伟. **丝绸之路经济带中国段集聚现象透视：基于城市位序—规模分布的研究**[J]. 兰州大学学报（社会科学版），2015（2）：1-7.
451. 李世杰，王成林. **21 世纪"海上丝绸之路"建设：经贸纽带与战略支撑**[J]. 海南大学学报（人文社会科学版），2015（2）：17-23.
452. 程中海，罗超. **丝绸之路经济带贸易便利化：理论、实践与推进**[J]. 石河子大学学报（哲学社会科学版），2015（2）：9-17.
453. 吕承超，徐倩. **新丝绸之路经济带交通基础设施空间非均衡及互联互通政策研究**[J]. 上海财经大学学报，2015（2）：44-53，85.
454. 何一民. **机遇与挑战：新丝绸之路经济带发展战略与新疆城市的发展**[J]. 四川师范大学学报（社会科学版），2015（2）：16-27.
455. 郑晨. **丝绸之路经济带与中国软实力增长**[J]. 山东青年政治学院学报，2015(2)：28-32.
456. 宋宇，谭仁超. **建设"丝绸之路经济带"的战略构想与陕西机遇**[J]. 西安财经学院学报，2015（2）：73-78.
457. 张峰. **二十一世纪海上丝绸之路的政治经济学分析**[J]. 青海社会科学，2015(2)：66-71，85.
458. 费清，卢爱珍. **丝绸之路经济带视阈下中亚国家投融资环境及对策研究**[J]. 金融教育研究，2015（2）：14-19.
459. 蔡鹏鸿. **启动"21 世纪海上丝绸之路"建设南海和平之海**[J]. 当代世界，2015（2）：28-31.
460. 张可云. **丝绸之路经济带提出的国际与国内背景分析**[J]. 理论研究，2015（2）：12-16.
461. **中蒙经贸合作与草原丝绸之路经济带构建学术论坛在我校举行**[J]. 财经理论研究，2015（2）：2.
462. 余密林. **对建设 21 世纪海上丝绸之路的若干思考**[J]. 发展研究，2015（2）：16-18.
463. 钟磊. **建设"丝绸之路经济带"背景下投资乌兹别克斯坦的机遇与风险**[J]. 对外经贸实务，2015（2）：76-79.
464. 卢文刚，黄小珍，刘沛. **广东省参与"21 世纪海上丝绸之路"建设的战略选择**[J]. 经济纵横，2015（2）：49-53.
465. **海口将打造"21 世纪海上丝绸之路"重要支点城市**[J]. 中国水运，2015（2）：80.
466. **积极探索维权合作机制 助力丝绸之路经济带建设**[J]. 工商行政管理，2015(2)：65-66.
467. 李忠民，刘妍. **金融支持"新丝绸之路经济带"构想的战略路径研究**[J]. 人文杂志，2015（2）：24-30.
468. 任保平. **丝绸之路经济带建设中区域经济一体化的战略构想**[J]. 开发研究，2015（2）：1-4.

469. 任江. **中国新疆全力打造丝绸之路经济带"一心一地"**[J]. 中亚信息，2015（2）：22-23.
470. 王树春，王洪波. **丝绸之路经济带：中国的欧亚战略**[J]. 战略决策研究，2015（2）：46-57，102-103.
471. 马忠库，马艺源. **丝绸之路经济带网络交流平台畅想曲**[J]. 信息化建设，2015（2）：40-42.
472. 张艳璐. **欧亚联盟与新丝绸之路经济带的复合型共生关系分析**[J]. 国际展望，2015（2）：97-110，149.
473. 唐姣美，钟明容. **广西打造21世纪海上丝绸之路的研究**[J]. 北方经贸，2015（2）：3-5.
474. 王博. **丝绸之路经济带战略推进中的口岸建设问题**[J]. 黑龙江民族丛刊，2015（2）：42-47.
475. 王飞. **复兴丝绸之路与中国对外援助**[J]. 黑龙江民族丛刊，2015（2）：48-53.
476. 杨丹. **贸易理论视角下"丝绸之路经济带"的地域合作研究**[J]. 黑龙江民族丛刊，2015（2）：54-57.
477. 唐俊. **应将"21世纪海上丝绸之路"延伸至拉美地区**[J]. 当代世界，2015（2）：32-34.
478. 崔玉斌. **握政策机遇 建设东部陆海丝绸之路**[J]. 奋斗，2015（2）：23-24.
479. 金栋昌，吴绒，刘吉发. **丝绸之路文化产业带上的跨域文化治理：理论与实践的维度**[J]. 开发研究，2015（2）：9-13.
480. 王义桅. **中欧在海上丝绸之路合作的分析**[J]. 国际援助，2015（2）：6-13.
481. 黄孟芳，卢山冰，余淑秀. **以"欧亚经济联盟"为标志的独联体经济一体化发展及对"一带一路"建设的启示**[J]. 人文杂志，2015（1）：36-44.
482. 李文增，冯攀，李拉. **关于天津参与国家"一带一路"战略并发挥重要作用的建议**[J]. 城市，2015（1）：11-13.
483. 刘宗德. **认证认可在"一带一路"战略中醮机遇与挑战**[J]. 中国认证认可，2015（1）：18-20.
484. 管清友. **中国"一带一路"将改变世界经济版图**[J]. 化工管理，2015（1）：11-12.
485. 安伯平，王继国. **山东暨日照参与"一带一路"建设研究**[J]. 山东行政学院学报，2015（1）：87-91.
486. 王莉莉. **新增援外资金向"一带一路"倾斜**[J]. 中国对外贸易，2015（1）：29.
487. 宝鸡市发改委课题组. **积极融入一带一路建设 大力推进宝鸡开放开发：对宝鸡发展开放型经济的思考**[J]. 宝鸡社会科学，2015（1）：22-27.
488. 赵晶，方烨. **引领中国开放经济新格局 "一带一路"2015年将获实质推进**[J]. 化工管理，2015（1）：9-10.
489. 刘红. **"一带一路"利在当前 功在长远：访中国银行国际金融研究所副所长宗良**[J]. 中国金融家，2015（1）：36-37.
490. 徐习军：**国家"一带一路"战略：亚欧大陆桥物流业的机遇与挑战**[J]. 开发研究，2015（1）：65-68.
491. 黄益平. **中国经济外交新战略下的"一带一路"**[J]. 国际经济评论，2015（1）：48-53，5.

492. 王佳源．**中国“一带一路”国际化区域发展战略的三维考量**[J]．商，2015（1）：102.
493. 蒋红奇．**“一带一路”国家战略给连云港发展带来新机遇**[J]．城市，2015（1）：17-19.
494. 张卫民．**丝绸之路经济带与江苏发展的新机遇**[J]．城市观察，2015（1）：34-39.
495. 古龙高，古璇，赵巍．**“一带一路”交汇点的理论阐释与路径探索：基于连云港丝绸之路经济带陆桥通道视角的研究**[J]．城市观察，2015（1）：48-56.
496. 唐松，宋宗宏，祝佳．**21世纪海上丝绸之路建设：广州的战略选择与关键问题**[J]．城市观察，2015（1）：57-64.
497. **一带一路**[J]．黑龙江金融，2015（1）：78.
498. 张蕴岭．**“一带一路”拓宽中国经济发展格局**[J]．紫光阁，2015（1）：16-17.
499. **义乌 借力“一带一路”国博举办会展论坛** [J]．中国会展，2015（1）：91.
500. 王优玲，陈炜伟．**构建对外开放新格局 推进“一带一路”战略**[J]．理财（经论版），2015（1）：6-7.
501. 肖金成，申现杰．**开放、合作、和平、发展是“一带一路”战略的主题**[J]．中国发展观察，2015（1）：56-58.
502. 章利新，刘巍巍，熊红明，等．**“一带一路”构想为沿线国家创造发展机遇**[J]．中亚信息，2015（1）：8-9.
503. 申铖，韩洁．**“一带一路”为中国经济发展注入活力**[J]．中亚信息，2015（1）：10.
504. **地方“两会”1月中下旬召开 集中热宠“一带一路”**[J]．变频器世界，2015（1）：23.
505. 古龙高．**“一带一路”战略：回顾与展望**[J]．大陆桥视野，2015（1）：11.
506. 刘西良．**全力打造“五通”示范区 更好地服务于“一带一路”建设**[J]．大陆桥视野（上），2015（1）：26-27.
507. 定军，李天娇，张艳．**豫鲁多个城市或被纳入 一带一路规划再扩围**[J]．大陆桥视野（上），2015（1）：77-79.
508. 刘培金．**治乱创和谐 坚定落实“一带一路”战略**[J]．山东陶瓷，2015（1）：17-18.
509. 陈耀．**“一带一路”引领“十三五”区域发展**[J]．今日国土，2015（1）：31.
510. **连接历史，通向未来 一带一路**[J]．中国公路，2015（1）：50.
511. 匡贤明．**“一带一路”在我国经济新格局中的战略地位**[J]．金融经济（市场版），2015（1）：9-10.
512. 龙凯锋．**“一带一路”，互利共赢的大战略**[J]．金融经济（市场版），2015（1）：14-15.
513. **“一带一路”简介**[J]．中国民政，2015（1）：8.
514. 王莉莉．**新增援外资金向“一带一路”倾斜**[J]．中国对外贸易，2015（1）：29.
515. 安宇宏．**“一带一路”战略**[J]．宏观经济管理，2015（1）：82.
516. 张旭东．**拼接起“一带一路”的七巧板**[J]．今日中国，2015（1）：52-55.
517. 黄益平．**中国经济外交新战略下的“一带一路”**[J]．国际经济评论，2015（1）：48-53，5.
518. 刘静．**洞悉迪拜“东张西望”把脉亚洲“一带一路”**[J]．新商务周刊，2015（1）：90-93.
519. 李飞星，罗国强，郭丽珍．**广东参与一带一路建设的战略选择**[J]．开放导报，2015（1）：47-50.
520. 何天时．**地缘经济视野下的中国“一带一路”战略构想**[J]．理论学习（山东干部函授大学学报），2015（1）：27-29.

521. 姜睿. “十三五”上海参与“一带一路”建设的定位与机制设计[J]. 上海经济研究，2015（1）：81-88.
522. 陆南泉. “一带一路”若干问题[J]. 中国经济报告，2015（1）：101-104.
523. “一带一路”的重庆实作[J]. 今日重庆，2015（1）：58-59.
524. 汤敏. “一带一路”战略呼唤“大国心态”[J]. 中国发展观察，2015（1）：47-49.
525. 罗雨泽. “一带一路”：和平发展的经济纽带[J]. 中国发展观察，2015（1）：50-52.
526. 陈耀. “一带一路”战略的核心内涵与推进思路[J]. 中国发展观察，2015（1）：53-55.
527. 盛毅，余海燕，岳朝敏. 关于“一带一路”战略内涵、特性及战略重点综述[J]. 经济体制改革，2015（1）：24-29.
528. 萧琉，冰馨. 打造“一带一路”双向开放桥头堡[J]. 市场观察，2015（1）：10-21.
529. 王凤山，丛海彬，冀春贤. 宁波—舟山港对接“一带一路”的探析[J]. 经济论坛，2015（1）：57-62.
530. 杨伟奇. 中国选择：一带一路[J]. 金融博览 I，2015（1）：11-12.
531. 一带一路[J]. 中国战略新兴产业，2015（1）：31.
532. 栾相科. “一带一路”将“中国梦”和“世界梦”紧密相连[J]. 中国战略新兴产业，2015（1）：48-49.
533. 薛健. “一带一路”：大时代 大布局 大战略[J]. 中国战略新兴产业，2015（1）：50-57.
534. 孙兴杰. “一带一路”的战略建构[J]. 中国工业评论，2015（Z1）：15-20.
535. 于靖园. 现代丝绸之路：连结两个文明古国的新梦想——专访希腊驻华大使瓦西里奥斯・科斯蒂斯[J]. 小康，2015（1）：52-55.
536. 袁建民. 中巴经济走廊的战略意义及应对策略：以新疆在“丝绸之路经济带”战略上的地位和作用为例[J]. 新疆社科论坛，2015（1）：25-36.
537. 黄卫平. 新丝绸之路经济带与中欧经贸格局新发展：兼论跨亚欧高铁的战略价值[J]. 中国流通经济，2015（1）：84-90.
538. 崔荣. 中石油与丝绸之路经济带共舞：中亚天然气管道助力“一带一路”建设巡礼[J]. 环球市场信息导报（理论），2015（1）：146-147.
539. 杨伦庆，刘强. 湛江参与21世纪海上丝绸之路建设的思考[J]. 当代经济，2015（1）：82-83.
540. 高新才，杨芳. 丝绸之路经济带城市经济联系的时空变化分析：基于城市流强度的视角[J]. 兰州大学学报（社会科学版），2015（1）：9-18.
541. 邓羽佳，秦放鸣. 国际油价走低、卢布贬值及新常态与丝绸之路经济带“核心区”建设之思考[J]. 新疆大学学报（哲学人文社会科学版），2015（1）：1-7.
542. 彭京宜. 把海南打造成为“21世纪海上丝绸之路”的桥头堡[J]. 新东方，2015（1）：1-3.
543. 王世红. 粤东沿海城市参与21世纪“海上丝绸之路”建设的战略思考：以汕尾市为例[J]. 城市，2015（1）：14-16.
544. 周民良. 建设丝绸之路经济带：中国与中亚的共同选择[J]. 黑龙江民族丛刊，2015（1）：52-57.

545. 张春敏. 建设"新丝绸之路经济带"需要新思路[J]. 黑龙江民族丛刊, 2015(1): 64-67.

546. 宋志辉. 以"丝绸之路经济带"大战略深入推进西部大发展[J]. 南亚研究季刊, 2015(1): 50-54, 5.

547. 钱林霞, 周蜜. 海上丝绸之路是向世界发展的一个途径: 访澳门理工学院院长李向玉教授[J]. 新经济, 2015(1): 19-23.

548. 戴海峰. 新丝绸之路经济带发展与金融支持[J]. 青海金融, 2015(1): 26-28.

549. 周宇. 构筑丝绸之路经济带的现实意义与实施困境[J]. 延安大学学报(社会科学版), 2015(1): 51-54.

550. 向洁, 何伦志. 加快"四地五师"沿边开发开放发展的战略思考: 基于丝绸之路经济带的视角[J]. 濮阳职业技术学院学报, 2015(1): 146-148.

551. 罗丽丽. "丝绸之路经济带"下的西咸乡村旅游优势探析[J]. 科教导刊(电子版), 2015(1): 124.

552. 李兴, 成志杰. 中俄印: 亚欧金砖国家是推动丝绸之路经济带建设的关键力量[J]. 人文杂志, 2015(1): 28-35.

553. 许建英. "丝绸之路经济带"视野下新疆定位与核心区建设[J]. 新疆师范大学学报(哲学社会科学版), 2015(1): 61-67.

554. "'丝绸之路经济带'生态环境与可持续发展"国际研讨会[J]. 中国科学院院刊, 2015(1): I0001.

555. 孙九林, 董锁成. 关于加快制定并推进"'丝绸之路经济带'建设科技支撑行动计划"的建议[J]. 中国科学院院刊, 2015(1): 24-31, 3.

556. 李宇, 李泽红, 董锁成, 等. 关于制定"基础科技支撑'丝绸之路经济带'发展计划"的思考[J]. 中国科学院院刊, 2015(1): 32-36.

557. 王卷乐, 孙九林, 诸云强, 等. 关于制定并推进"'丝绸之路经济带'国际智库网络与协同平台科技支撑计划"的思考[J]. 中国科学院院刊, 2015(1): 46-52.

558. 冉淑青. 丝绸之路经济带城市群经济联系强度空间分异[J]. 淮阴工学院学报, 2015(1): 54-59.

559. 程贵, 丁志杰. "丝绸之路经济带"背景下中国与中亚国家的经贸互利合作[J]. 苏州大学学报(哲学社会科学版), 2015(1): 119-125.

560. 谷源洋. 大国汇聚亚洲与经略周边: 21 世纪海上丝绸之路建设的认知与建议[J]. 东南亚纵横, 2015(1): 13-19.

561. 宋海洋. 试论"丝绸之路经济带"建设在中亚地区面临的挑战及其路径[J]. 江南社会学院学报, 2015(1): 22-27.

562. 申勇. 海上丝绸之路背景下深圳湾区经济开放战略[J]. 特区实践与理论, 2015(1): 84-87.

563. 乔纳森·霍尔斯拉格. 确保新丝绸之路的安全[J]. 李亚丽, 译. 国际安全研究, 2015(1): 32-44, 158.

564. 张虎. 论 21 世纪海上丝绸之路构建中航运的先导作用[J]. 中国海商法研究, 2015(1): 3-7, 51.

565. 杨婷婷．“丝绸之路经济带”构想下西部地区开放问题研究：基于东部率先开放的经验[J]．延边党校学报，2015（1）：86-89.
566. 杨嘉媛．21 世纪以来新丝绸之路经济带对哈萨克斯坦的影响及特点[J]．商丘职业技术学院学报，2015（1）：46-50.
567. ZAMONGIR BURKHANOV．大力推动中国与中亚国家之间的经济合作：值“丝绸之路”成功申遗之际[J]．价值工程，2015（1）：183-184.
568. 王敏．台湾参与“21 世纪海上丝绸之路”的战略构想与可行路径[J]．亚太经济，2015（1）：140-144.
569. 牛风君．“丝绸之路经济带”建设中新疆对外开放与经济发展的关系研究[J]．金融教育研究，2015（1）：53-56.
570. 汤震宇．建设 21 世纪海上丝绸之路构筑对外开放新格局[J]．华侨大学学报（哲学社会科学版），2015（1）：5-14.
571. 杨晓杰．对确保 21 世纪海上丝绸之路建设安全的若干思考[J]．广东省社会主义学院学报，2015（1）：91-95.
572. 刘可佳．依托上合组织构建丝绸之路经济带[J]．兰州商学院学报，2015（1）：1-8，15.
573. 翟峰．川东北经济区应积极融入新丝绸之路经济带建设[J]．四川省情，2015（1）：51.
574. 郭濂．向西开放构建 21 世纪亚欧大陆经济整合大战略与丝绸之路经济带[J]．经济体制改革，2015（1）：18-19.
575. 李涛．建设丝绸之路经济带 增强上合组织防务安全合作的利益基础[J]．国防，2015（1）：21-24.
576. 胡秀群，李俊成．21 世纪海上丝绸之路之南洋航线：海南需要做什么？[J]．中国海商法研究，2015（1）：14-18.
577. 陈晓律，叶璐．中国构建海上丝绸之路的两个节点：马来西亚与泰国[J]．南京政治学院学报，2015（1）：73-78.
578. 龚强．黑龙江冰雪丝绸之路的历史价值[J]．奋斗，2015（1）：40-41.
579. 周宏．抚远：龙江陆海丝绸之路经济带“最东节点”[J]．奋斗，2015（1）：32-33.
580. 杨伦庆，刘强．湛江参与 21 世纪海上丝绸之路建设的思考[J]．当代经济，2015（1）：82-83.
581. 谢岩．以“丝绸之路经济带”促开封经济发展[J]．开封教育学院学报，2015（1）：5-7.
582. 甘均先．中美印围绕新丝绸之路的竞争与合作分析[J]．东北亚论坛，2015（1）：107-117，128.
583. 王志民．设南方“丝绸之路经济带”的地缘环境探析[J]．当代世界与社会主义，2015（1）：118-124.
584. 艾赛提江・艾拜都拉．“新丝绸之路”对中国与中亚贸易的影响及对策研究[J]．价格月刊，2015（1）：46-49.
585. 山东推进鲁南铁路建设 衔接丝绸之路经济带[J]．中国产业经济动态，2015（1）：3-4.
586. 王贝贝，肖海峰，孙赫．丝绸之路经济带：省区经济增长与产业优势[J]．广东财经大学学报，2015（1）：4-11，22.

587. 苏春雨. **土耳其中亚战略与“丝绸之路经济带”建设**[J]. 亚非纵横，2015（1）：72-80，123，127.
588. 鄢飞，董千里. **丝绸之路经济带大物流系统协调发展机理**[J]. 物流技术，2015（1）：1-4.
589. 刘琦平，程云洁. **共建“丝绸之路经济带”带给新疆发展的机遇与挑战**[J]. 顺德职业技术学院学报，2015（1）：32-37.
590. 张宝通. **丝绸之路沿线省区和国家发展定位分析：基于丝绸之路万里行实地考察视角**[J]. 西安财经学院学报，2015（1）：78-82.
591. 李潇然. **丝绸之路经济带：新疆腾飞**[J]. 中国经济信息，2015（1）：78-79.
592. 杜旭东. **丝绸之路之新经济带的构想**[J]. 科教文汇（下旬刊），2015（1）：223-224.
593. JOHN ZHU，李雨蒙. **“新丝绸之路”带来商机**[J]. 中国民商，2015（1）：80-81.
594. 张广修，周跃. **丝绸之路与洛阳区域发展**[J]. 河南科技大学学报（社会科学版），2015（1）：79-83.
595. **“中国·海上丝绸之路文物精品图片展”在联合国总部举办**[J]. 福建艺术，2015（1）：79.
596. 周民良. **对“丝绸之路经济带”建设的四个前沿性问题的探讨**[J]. 新重庆，2015（1）：27-28，33.
597. 杨建华，邵会秋. **匈奴联盟与丝绸之路的孕育过程：青铜时代和早期铁器时代中国北方与欧亚草原的文化交往**[J]. 吉林大学社会科学学报，2015（1）：154-162，176.
598. 郭濂. **向西开放构建21世纪亚欧大陆经济整合大战略与丝绸之路经济带**[J]. 经济体制改革，2015（1）：18-19.
599. 中国（海南）改革发展研究院课题组. **把海南建设成为海上丝绸之路“南海基地”**[J]. 今日海南，2015（1）：11-14.
600. 中书. **“丝绸之路”全国书法作品展在西安隆重开幕**[J]. 青少年书法（青年版），2015（1）：71.
601. **山东推进鲁南铁路建设 衔接丝绸之路经济带**[J]. 中国产业经济动态，2015（1）：3-4.
602. 薛煦. **论新媒体在宁夏丝绸之路文化传播中的作用与提升**[J]. 宁夏师范学院学报，2015（1）：59-62.
603. 王敏. **台湾参与“21世纪海上丝绸之路”的战略构想与可行路径**[J]. 亚太经济，2015（1）：140-144.
604. 罗佐县，杨国丰，卢雪梅，等. **中国与东盟油气合作的现状及前景探析兼论油气合作在共建海上丝绸之路中的地位**[J]. 西南石油大学学报（社会科学版），2015（1）：1-8.
605. 阿布都伟力·买合普拉，张安虎. **阿拉山口构建丝绸之路经济带国际物流节点城市研究**[J]. 物流技术，2015（1）：52-54，73.
606. 李蓉蓉. **新疆推进丝绸之路经济带核心区建设需要把握的五个原则**[J]. 经济与社会发展研究，2015（1）：10.
607. 邓羽佳，秦放鸣. **国际油价走低、卢布贬值及新常态与丝绸之路经济带“核心区”建设之思考**[J]. 新疆大学学报（哲学人文社会科学版），2015（1）：1-7.
608. 云南省发展和改革委员会. **重筑南方丝绸之路 建设孟中印缅经济走廊**[J]. 社会主义论坛，2015（1）：16-17.

609. 施锦芳，郭舸韬. **“新丝绸之路”框架下大国的中亚经贸战略及中国的战略选择**[J]. 国际贸易论坛，2015（1）：40-46.
610. 刚翠翠，任保平. **宁波—舟山港参与21世纪海上丝绸之路建设的思考**[J]. 改革，2015（1）：109-118.
611. 阎金明. **丝绸之路的文化传承与当代发展新思路**[J]. 天津市社会主义学院学报，2015（1）：47-51.
612. 齐兰，刘琳. **垄断资本全球化背景下广西参与21世纪海上丝绸之路建设研究**[J]. 桂海论丛，2015（1）：122-126.
613. 易方，唐光海. **丝绸之路旅游电子商务发展路径与对策**[J]. 当代经济，2015（1）：56-58.
614. 王建新. **丝绸之路：长安—天山廊道的路网**[J]. 世界遗产，2015（1）：176-182.
615. 梁二平. **大海湾，海上丝绸之路的起点**[J]. 丝绸之路，2015（1）：1-5.
616. **甘肃丝绸之路杂志社出版传媒有限公司机构简介**[J]. 丝绸之路，2015（1）：97.
617. 魏敏. **丝绸之路经济带：中土旅游合作的战略思考**[J]. 亚非纵横，2015（1）：81-92，123，127.
618. 赵斐. **外汇管理政策支持丝绸之路经济带西安自由贸易实验园区建设的借鉴与探索**[J]. 西部金融，2015（1）：77-80.
619. **这里，是汕头的下一个十年：“华侨合作试验区”起航“海上丝绸之路”**[J]. 学习之友，2015（1）：44-47.
620. 黄立廉. **钦州古代海上丝绸之路的形成、作用及原因**[J]. 广西地方志，2015（1）：49-54.
621. 调研组成员. **海南省参与“海上丝绸之路”建设的政策建议**[J]. 理论动态，2015（1）：36-44.
622. 刘晓萌. **在丝绸之路视域下陕西省文化遗产旅游开发研究**[J]. 金融经济（理论版），2015（1）：47-49.
623. 金强. **丝绸之路精神的传递：评阿伊德·哥尔尼《不要生气》**[J]. 出版广角，2015（1）：104-105.
624. 贾庆军. **东南亚与“海上丝绸之路”精神：历史见证未来——兼论日本对“海上丝绸之路”精神传承的破坏**[J]. 宁波大学学报（人文科学版），2015（1）：79-83.
625. 黄启臣. **邓小平等四代领导人老话重提丝绸之路**[J]. 岭南文史，2015（1）：21-27.
626. 王雾，史冬青，王亦晨. **肯尼亚，你听说过吗 海上丝绸之路终点**[J]. 海峡影艺，2015（1）：46-61.
627. 代献杰，王茂成. **丝绸之路经济带黄金运输通道建设构想**[J]. 经济与社会发展研究，2015（1）：15.
628. 丁汉东. **广东徐闻海上丝绸之路始发港：争当“一带一路”建设排头兵**[J]. 中国检验检疫，2015（1）：14-16.
629. 江海旭，梁娟. **丝绸之路中国段主要城市旅游竞争力空间结构研究**[J]. 国土与自然资源研究，2015（1）：62-65.
630. 闫海龙，胡青江. **关于推进新疆丝绸之路经济带“核心区”建设的思考与建议**[J]. 经济研究参考，2014（61）：54-60.
631. 姚丽娟. **基于低碳环保的丝绸之路经济带甘肃段型工业化发展研究**[J]. 经济研究参考，2014（53）：38-39.

632. 张建平. “建设丝绸之路经济带”背景下石河子开发区招商引资新机遇[J]. 商情，2014（51）：76.
633. 刘红朝. 浅析“新丝绸之路经济带”[J]. 商情，2014（50）：15.
634. 李绍飞. “一带一路”塑造全球化中国进程[J]. 瞭望，2014（49）：24-25.
635. 张燕生. “一带一路”建设有利于世界和谐发展[J]. 中国经济周刊，2014（43）：32-33.
636. 吴姗姗. 新丝绸之路经济带建设中陕西段的金融支持问题研究[J]. 商情，2014（40）：81.
637. 陈沁. 亚欧会议聚焦区域一体化 中国力推丝绸之路经济带[J]. 新世纪周刊，2014（39）：11.
638. 罗晓庆. “一带一路”战略：西部经济转型升级的新动力[J]. 中国西部，2014（38）：52-53.
639. 胡正塬. “黄河几字湾经济区”规划建设为“一带一路”战略实施提供重要基础[J]. 理论动态，2014（36）：14-25.
640. 吴涧生，张建平，杨长湧. 我国与东盟共建21世纪海上丝绸之路的内涵、潜力和对策[J]. 中国经贸导刊，2014（36）：21-25.
641. 宋鑫陶. 海洋经济与“海上丝绸之路”[J]. 商场现代化，2014（35）：50-53.
642. 王庸金. 包容性发展理念下我国区域经济合作的现实思考——以丝绸之路经济带和中原经济区为例[J]. 商业时代，2014（34）：139-140.
643. 钟磊，郑向阳，叶庆武. 新丝绸之路经济带或将开启中国经济第四极[J]. 商，2014（34）：256-257.
644. 张八五. 打造宁东基地“升级版”助推丝绸之路经济带建设[J]. 中国经贸导刊，2014（33）：46-47.
645. 申蕾. 丝绸之路经济带建设的内涵与外延分析[J]. 经济研究导刊，2014（33）：3-5，33.
646. 邢琦. 新丝绸之路经济带建设的“解”[J]. 商情，2014（33）：83.
647. 列英. 导航新丝绸之路：投资迪拜[J]. 走向世界，2014（33）：62-63.
648. 郭芳，谢玮. “一带一路”：新全球化时代的经济大动脉[J]. 中国经济周刊，2014（32）：56-58.
649. 赵妍. “丝绸之路经济带”战略构想与新疆发展[J]. 人民论坛，2014（32）：218-220.
650. 徐少华. 广东要争当贯彻推进“一带一路”战略的排头兵[J]. 新经济，2014（31）：1-5.
651. 钱林霞，张瑄，周蜜. 广东与21世纪海上丝绸之路理论研讨会在广州举行[J]. 新经济，2014（31）：9-13.
652. 晋保平. 广东参与共建21世纪海上丝绸之路的优势和作用[J]. 新经济，2014（31）：14-16.
653. 张建国. 21世纪海上丝绸之路建设面临的困难挑战及对策建议[J]. 新经济，2014（31）：20-21.
654. 洪伟东. 推进海上丝绸之路建设 打造广东开放型海洋经济升级版[J]. 新经济，2014（31）：22-24.
655. 甘新. 广州将为建设21世纪海上丝绸之路做出新贡献[J]. 新经济，2014（31）：27-28.
656. 郑贵斌. 21世纪海上丝绸之路：我国经济深度开放的重大战略[J]. 新经济，2014（31）：29-30.

657. 田丰，李翰敏，陈孝明. **弘扬海上丝绸之路精神 构建广东对外开放新格局**[J]. 新经济，2014（31）：39-46.
658. 张勇. **建设 21 世纪海上丝绸之路的战略意义**[J]. 新经济，2014（31）：47-53.
659. 李媛. **浅谈海上丝绸之路建设对我国纺织产业国际化布局的影响**[J]. 建材与装饰，2014（31）：173-174
660. **中国经济升级版：一带一路投资达 8 万亿美元**[J]. 商业文化，2014（31）：45.
661. 李朴民. **南北并进海陆统筹共同推进“一带一路”建设**[J]. 中国经贸导刊，2014（31）：4-6.
662. 何志龙. **丝绸之路经济带建设：西部发展新机遇**[J]. 商场现代化，2014（30）：141-143.
663. 刘如仕. **融入丝绸之路经济带发展喀什特区经济**[J]. 现代商业，2014（30）：79-80.
664. **习近平：出访蒙古国力推“丝绸之路经济带”**[J]. 环球市场信息导报，2014（29）：6-7.
665. **中乌携手新丝绸之路经济带合作**[J]. 环球市场信息导报，2014（29）：68-69.
666. 胡泽国. **共建“丝绸之路经济带”践行中国梦**[J]. 中国集体经济，2014（28）：3.
667. 张莉. **“一带一路”战略应关注的问题及实施路径**[J]. 中国经贸导刊，2014（27）：13-15.
668. 赵晓江. **打造“一带一路”海陆交汇点**[J]. 人民论坛，2014（27）：60-61.
669. 肖翊，姚冬琴. **讲好新故事 共创新辉煌 丝绸之路经济带媒体合作论坛在京举行**[J]. 中国经济周刊，2014（26）：32-37.
670. 李钊，王舒健. **丝绸之路经济带经济一体化的战略与路径选择**[J]. 人民论坛，2014（26）：219-221.
671. 张伟. **古丝绸之路，汉唐盛世的开放、交融**[J]. 中国经济周刊，2014（26）：28-30.
672. 王永斌. **“丝绸之路经济带”建设及金融支持的研究**[J]. 时代金融，2014（26）：42-43.
673. 王劲松. **浅析“丝绸之路经济带”**[J]. 魅力中国，2014（26）：36-37.
674. 樊雪君. **新丝绸之路建构中区域交通便利化合作法律机制研究**[J]. 魅力中国，2014（25）：283.
675. 林宏宇. **“海上丝绸之路”国际战略意义透析**[J]. 人民论坛，2014（25）：50-51.
676. 周宸伊. **丝绸之路经济带建设之国际合作浅析**[J]. 大陆桥视野，2014（24）：5-6.
677. 宋圭武. **丝绸之路经济带甘肃段发展战略构想**[J]. 甘肃农业，2014（24）：97-98.
678. 张军强. **丝绸之路经济带的金融支持**[J]. 时代金融，2014（24）：48.
679. 黄子秋，黄还春，万润龙，等. **丝绸之路上的浙江旋风**[J]. 今日浙江，2014（24）：34-35.
680. **新丝绸之路经济带**[J]. 环球市场信息导报，2014（24）：68-71.
681. 罗兴武. **涉及 65 国 44 亿人口“一带一路”带动半个地球**[J]. 世界博览，2014（24）：23-25.
682. 周俊生. **“一带一路”：新思路，新机遇**[J]. 金融博览，2014（24）：54-56.
683. **长三角三省一市主要领导座谈会在上海召开：“一带一路”与“长江经济带”国家战略成会议主题**[J]. 大陆桥视野，2014（23）：20.
684. 王慧春. **深度参与“一带一路”建设**[J]. 共产党人，2014（23）：35-37.
685. 郝耀华. **“一带一路”战略助力中国企业“走出去”**[J]. 留学生，2014（23）：16-17.

686. 我国将出台“一带一路”大战略[J]. 珠江水运，2014（23）：3.
687. 管理要.“一带一路”思路下对经济转型模式的思考[J]. 企业改革与管理，2014（23）：14-15.
688. 沈商.“一带一路”战略下的浙江机遇[J]. 今日浙江，2014（23）：34-35.
689. 白峰.“一带一路”天地宽[J]. 金融经济，2014（23）：5.
690. 李金峰，时书霞. 兰州新区：培育丝绸之路经济带甘肃段新的经济增长极[J]. 赤峰学院学报（自然科学版），2014（23）：115-117.
691. 闫海龙，张永明. 促进中国新疆与中亚经贸发展的战略思考：基于丝绸之路经济带的视角[J]. 经济研究参考，2014（23）：38-41.
692. 王子涵. 放眼“丝绸之路”[J]. 中国集体经济，2014（23）：1.
693. 丝绸之路国际合作论坛组委会.“丝绸之路”是世界人民友好往来之路[J]. 中国集体经济，2014（23）：11.
694. 杨恕. 丝绸之路经济带建设的突破口[J]. 中国投资，2014（23）：28-30.
695. 苏更·拉哈尔佐. 复兴海上丝绸之路[J]. 中国投资，2014（23）：34-36.
696. 任春. 丝绸之路从历史走到今天[J]. 新湘评论，2014（22）：54-55.
697. 宋鑫陶. 海洋经济与“海上丝绸之路”[J]. 商周刊，2014（22）：27-28.
698. 林长青，瞿涛，杨祖增.“一带一路”建设与浙江发展新机遇[J]. 浙江经济，2014（22）：36-37.
699. 王宇.“一带一路”开启“互联互通”新时代[J]. 交通建设与管理，2014（21）：22-23.
700. 新疆加快推进丝绸之路西行国际货运班列常态化运行[J]. 大陆桥视野，2014（21）：88.
701. 中央强调推进“一带一路”建设[J]. 今日浙江，2014（21）：5.
702. 秦诗立. 建设海上丝绸之路 为浙江创造新机遇[J]. 今日浙江，2014（21）：28.
703. 白汝珍. 共建丝绸之路经济带：洛阳转型新“丝路”[J]. 中国电子商务，2014（21）：184.
704. 孙壮志. 丝绸之路经济带：打造区域合作新模式[J]. 中国投资，2014（21）：31-33，8.
705. “一带一路”华夏论坛[J]. 中国投资，2014（21）：34.
706. 中国首部丝绸之路经济带蓝皮书出版[J]. 世界知识，2014（21）：60.
707. 郭亚萍，罗勇. 新疆在“丝绸之路经济带”中的战略地位的思考[J]. 时代金融，2014（20）：93，98.
708. 海上丝绸之路筑梦亚洲[J]. 晚霞，2014（20）：22.
709. 孙兴杰. 丝绸之路的地缘政治学[J]. 中国经济和信息化，2014（20）：15-17.
710. 习近平两亚之行充分落实“一带一路”战略构想[J]. 中国经贸，2014（20）：18-19.
711. 赵涛.“一带一路”：构想照进现实[J]. 中国青年，2014（20）：40-41.
712. 拜琦瑞，袁红起. 宁夏打造丝绸之路经济带战略支点的思考[J]. 共产党人，2014（19）：27-28.
713. 井洁，刘必隆.“新丝绸之路经济带”建设给宁夏带来新机遇[J]. 共产党人，2014（19）：28-30.
714. 孙立锋，马丁玲. 宁波参与 21 世纪“海上丝绸之路”建设的对策研究[J]. 宁波通讯，2014（19）：40-41.
715. 日照市政府研究室. 山东暨日照积极参与一带一路建设塑造区域发展新优势[J]. 大陆

桥视野，2014（19）：54-59.

716. “一带一路”打造新商机：投洽会已成长为全球知名的“世界投资博览会”[J]. 中国会展，2014（19）：82-83.

717. 王艳格，周鹏翔. 新丝绸之路经济带与中国西部区域经济安全[J]. 中国经贸，2014（19）：50.

718. 冯维江. 共建“一带一路”[J]. 中国外汇，2014（19）：14-16.

719. 罗雨泽. “一带一路”：全球新秩序的福音[J]. 中国外汇，2014（19）：17-18.

720. 舒朝普，李燕妮. “一带一路”拓宽中国投资合作路[J]. 中国外资，2014（19）：36-37.

721. 刘聪. “海上丝绸之路”助推广东与东盟合作升级[J]. 新经济，2014（19）：12-15.

722. 秦诗立. 浙江参与海上丝绸之路建设的着力点[J]. 浙江经济，2014（19）：40-41.

723. 秦重庆. “丝绸之路经济带”建设的空间溢出效应分析[J]. 中国电子商务，2014（19）：191-192.

724. 高峰. 为什么要建设海上丝绸之路?[J]. 珠江水运，2014（19）：43-44.

725. 丝绸之路上的“西部绿洲”：西部绿洲国际实业集团有限公司发展掠影[J]. 当代兵团，2014（18）：I0096-I0097.

726. 秦重庆. 丝绸之路经济带建设对新疆经济社会发展的影响[J]. 现代经济信息，2014（18）：475-476.

727. 吴绒. 丝绸之路经济带陕西段文化资源深度开发研究[J]. 丝绸之路，2014（18）：5-7.

728. 吴素芳. 中亚五国：宁夏丝绸之路经济带合作的重点[J]. 共产党人，2014（18）：42-43.

729. 刘伟平. 着力打造丝绸之路经济带甘肃黄金段[J]. 求是，2014（18）：34-35.

730. 李志东. 新丝绸之路经济带能源产业发展现状[J]. 经济视野，2014（18）：369.

731. 马中贵. 架起丝绸之路经济带“合作金桥”[J]. 甘肃农业，2014（18）：7-9.

732. 晓颖. 建设好丝绸之路经济带新起点：访全国人大代表、陕西省省长娄勤俭[J]. 祖国，2014（17）：26-27.

733. 蒋文龄. 积极融入丝绸之路经济带 加快开放石嘴山的建设[J]. 共产党人，2014（17）：23-24.

734. 江鲁. 关于积极参与21世纪海上丝绸之路建设 推进宁波城市国际化的几点思考[J]. 宁波通讯，2014（17）：40-41.

735. 尹继承. 将钦州打造成广西“海上丝绸之路”桥头堡的战略思考[J]. 当代广西，2014（17）：53-54.

736. 江伟. 基于经济学视角论把新疆建设成为“丝绸之路经济带”核心区的思考[J]. 现代经济信息，2014（17）：486，493.

737. 丝绸之路经济带翻开合作共赢新篇章[J]. 大陆桥视野，2014（17）：9.

738. 防控丝绸之路经济带建设中的风险[J]. 中国投资，2014（17）：1.

739. 鲍世修. 新丝绸之路和亚洲新安全观[J]. 中国投资，2014（17）：48-50，7.

740. 李金早. 深化经贸合作 把“一带一路”建实建好：深入学习贯彻习近平同志关于“一带一路”的重要论述[J]. 中国经贸，2014（17）：16-18.

741. 杨占武. 服务国家战略 宁夏参与新丝绸之路经济带建设的路径[J]. 新商务周刊，2014（16）：19-23，18.

742. 何正荣．建设“丝绸之路经济带”战略的支点[J]．中国商贸，2014（16）：16.
743. 杨明．共建海上丝绸之路 促进全球和平发展[J]．新经济，2014（16）：1.
744. 广东研究建设21世纪海上丝绸之路[J]．新经济，2014（16）：4-7.
745. 李庆新．历史视野下的广东与海上丝绸之路[J]．新经济，2014（16）：8-13.
746. 周蜜．丝绸之路的前世今生与友爱传奇[J]．新经济，2014（16）：32-34.
747. 广东海上丝绸之路研究院成立[J]．新经济，2014（16）：35-36.
748. 刘乐．丝绸之路的昨天与今天[J]．百科知识，2014（16）：30-32.
749. 丝绸之路经济带应加强开放 向两端延伸[J]．大陆桥视野，2014（15）：9.
750. 杜浚瑜，张新语．首届丝绸之路国际卡车集结赛和丝绸之路经济带交通文化之旅启动仪式举行[J]．大陆桥视野，2014（15）：16-17.
751. 张蕴岭．聚焦一带一路大战略[J]．大陆桥视野，2014（15）：41-42.
752. 赵龙跃．新丝绸之路从战略构想到现实规则[J]．大陆桥视野，2014（15）：49-55.
753. 汪鸣．建设丝绸之路经济带 促进现代物流大发展[J]．交通建设与管理，2014（15）：93，92.
754. 王彦庆．丝绸之路经济带产业集聚发展战略研究[J]．交通建设与管理，2014（15）：95-97，94.
755. 刘军红．中国丝绸之路战略的机遇与挑战[J]．中国投资，2014（15）：92.
756. 陈晨，李树峰，毛海峰．众企业“探路”丝绸之路经济带[J]．中国名牌，2014（15）：36-37.
757. 林云．共建“海上丝绸之路”：第11届中国—东盟国际博览会筹备工作侧记[J]．中国会展，2014（15）：102.
758. 丝绸之路经济带[J]．中国人才，2014（15）：64.
759. 靳晶．推进“一带一路”建设 打造对外开放新格局[J]．小康，2014（15）：70.
760. 商务部：引导轻工纺织等产业参与“一带一路”[J]．印染，2014（14）：56.
761. 包锐，李开南．专访甘肃省商务厅厅长杨志武：甘肃将打造丝绸之路经济带黄金段[J]．中国经济周刊，2014（14）：55-57.
762. 方媛，李锦，姚金华．甘肃省打造“丝绸之路经济带黄金段”战略考量[J]．中国经贸，2014（14）：44.
763. 陕西文化资源开发协同创新中心与《丝绸之路》杂志社签署合作协议[J]．丝绸之路，2014（14）：2，81.
764. 段庆林．宁夏打造丝绸之路经济带战略支点构想[J]．新商务周刊，2014（14）：74-77.
765. 依托新亚欧大陆桥构建丝绸之路经济带[J]．大陆桥视野，2014（13）：9.
766. 仲其庄．2014连云港之夏暨丝绸之路与江苏沿海发展合作论坛开幕[J]．大陆桥视野，2014（13）：16-17.
767. 吴卓胜，李刚．新疆要当好建设丝绸之路经济带的排头兵[J]．大陆桥视野，2014（13）：20.
768. 戴岚，胡仁巴．汇聚各方智慧 共筑丝路未来——丝绸之路经济带国际研讨会开幕[J]．大陆桥视野，2014（13）：22-25.
769. 张雷．丝绸之路经济带承接历史再创辉煌[J]．大陆桥视野，2014（13）：26-27.
770. 郑汝可．丝绸之路申遗开放合作新起点[J]．大陆桥视野，2014（13）：28-31.
771. 李强．努力做好一带一路建设大文章[J]．大陆桥视野，2014（13）：34-35.
772. 周俊．连云港在一带一路建设中的策略探讨[J]．大陆桥视野，2014（13）：44-46.

773. 阿拉山口市口岸管理办公室. **亚欧枢纽港：阿拉山口市积极打造丝绸之路经济带先导示范区**[J]. 大陆桥视野，2014（13）：64-69.
774. 田野. **丝绸之路承载西部战略**[J]. 商用汽车新闻，2014（13）：19.
775. 海宣. **"探访海上丝绸之路"启动**[J]. 珠江水运，2014（13）：39.
776. 霍炳男. **浅析共建丝绸之路经济带的背景与由来**[J]. 中国经贸导刊，2014（13）：41-42.
777. 张八五. **把宁夏建设成为丝绸之路经济带战略支点**[J]. 中国经贸导刊，2014（13）：43-45.
778. 赵龙跃. **新丝绸之路：从战略构想到现实规则**[J]. 人民论坛（学术前沿），2014（13）：82-89，95.
779. 吴传淑. **新一代丝绸之路开创新兴开放型经济**[J]. 商业时代，2014（13）：48-49.
780. **新亚欧大陆桥东方桥头堡"一带一路"节点城市 逐梦中的海洋特色新兴城市：日照**[J]. 山东经济战略研究，2014（12）：F0003.
781. 王继国. **山东暨日照推进"一带一路"建设研究**[J]. 山东经济战略研究，2014（12）：11-14.
782. 刘晓丹，张仁信，洪英，等. **辽宁省也应高度重视，积极参与"一带一路"发展战略：思考与建议**[J]. 辽宁经济，2014（12）：4-8.
783. 王海蕴. **"一带一路"打造对外开放新格局**[J]. 财经界，2014（12）：72-73.
784. 王继成. **"一带一路"是中国版马歇尔计划吗?**[J]. 时代人物，2014（12）：78-80.
785. 张玉杰. **"一带一路"是中国建设大棋局中的棋眼**[J]. 中国党政干部论坛，2014（12）：17-19.
786. 孟端平. **把握四大优势建设四大阵地：对师宗县主动融入"一带一路"建设的思考**[J]. 创造，2014（12）：57-59.
787. 吴敬东. **"一带一路"：引领中欧共筑梦**[J]. 党建，2014（12）：61-63.
788. 高远至. **连云港：隆起的"一带一路"交汇点**[J]. 半月谈，2014（12）：43-45.
789. 周俊生. **"一带一路"：新思路，新机遇**[J]. 金融博览（财富），2014（12）：54-56.
790. 王思童. **"一带一路"为电工行业带来新机遇**[J]. 电器工业，2014（12）：34-36.
791. 冯宇. **"一带一路"为青岛创造机遇**[J]. 全球商业经典，2014（12）：102-103.
792. 董彦. **"一带一路"上的"无水港"**[J]. 中国报道，2014（12）：60-61.
793. **新引擎：一带一路**[J]. 商界（评论），2014（12）：22-23.
794. 周立伟. **"一带一路"金融加码**[J]. 纺织科学研究，2014（12）：88-89.
795. 司宁博. **关键词：一带一路**[J]. 今日工程机，2014（12）：30.
796. **中国联合国教科文组织全国委员会秘书长杜越：海上丝绸之路申遗 中国要发挥主导作用**[J]. 中国对外贸易，2014（12）：18.
797. **商务部研究院研究员张莉："一带一路"建设不宜"浓妆艳抹"**[J]. 中国对外贸易，2014（12）：28.
798. 杨会祥. **以侨为桥建设21世纪海上丝绸之路的思考**[J]. 南方论刊，2014（12）：37-39.
799. 徐谊萍. **银行业支持"丝绸之路经济带"甘肃段建设路径探析**[J]. 甘肃金融，2014（12）：53-56.

800. 谷源洋. **大国汇聚亚洲与中国“经略周边”：对“一带一路”建设的思考**[J]. 全球化，2014（12）：37-47，134.

801. 刘学敏. **关于“丝绸之路经济带”的几点思考**[J]. 全球化，2014（12）：48-57，134.

802. 车凯龙. **试论发挥文化在丝绸之路经济带中的作用**[J]. 新西部（理论版），2014（12）：11-12.

803. 宋媛. **浅析“丝绸之路经济带”少数民族价值观的相通性**[J]. 新西部（下旬刊），2014（12）：23.

804. 汪永臻. **甘肃丝绸之路经济带与兰州经济区产业联动发展研究**[J]. 生产力研究，2014（12）：62-67，165.

805. **新丝绸之路经济带与区域经济金融**[J]. 金融言行（杭州金融研修学院学报），2014（12）：27-30.

806. 彭伦东. **助推丝绸之路经济带建设之宏观视野与金融布局**[J]. 杭州金融研修学院学报，2014（12）：31-33.

807. 陆金芳. **支持丝绸之路经济带 意义非同一般 羁绊有待突破**[J]. 杭州金融研修学院学报，2014（12）：37-38.

808. 袁月. **建设丝绸之路经济带背景下新疆产业结构优化研究**[J]. 对外经贸，2014（12）：74-76.

809. 邢广程. **理解中国现代丝绸之路战略：中国与世界深度互动的新型链接范式**[J]. 世界经济与政治，2014（12）：4-26，154.

810. 康彦华，霍伯晓，董玉成，等. **丝绸之路经济带战略框架下宁夏向西开放战略选择**[J]. 西部金融，2014（12）：57-60.

811. 郑周胜. **丝绸之路经济带甘肃段建设及其金融支持研究**[J]. 吉林金融研究，2014（12）：16-18，25.

812. 孙军. **提升全程物流服务水平 助力丝绸之路经济带建设**[J]. 物流时代，2014（12）：34.

813. 秦兰兰. **新丝绸之路面临的机遇和挑战**[J]. 全国商情，2014（12）：83-84.

814. 严采. **黑龙江筹划构建东部陆海丝绸之路经济带 经俄罗斯联欧洲**[J]. 全球商业经典，2014（12）：100-101.

815. **长三角三省一市主要领导座谈会在上海召开 “一带一路”与“长江经济带”国家战略成会议主题**[J]. 大陆桥视野，2014（12）：20.

816. **黑龙江丝绸之路经济带辐射东部沿海**[J]. 大陆桥视野，2014（12）：75-76.

817. 陈荣. **沙湾县建设丝绸之路经济带上休闲之都的思考**[J]. 中文信息，2014（12）：356-357.

818. **推动丝绸之路经济带和海上丝绸之路重要项目**[J]. 交通世界，2014（12）：16.

819. 秦大河. **丝绸之路：开放交流的永恒通途**[J]. 知识就是力量，2014（12）：7.

820. **丝绸之路：延续的开拓与交融**[J]. 知识就是力量，2014（12）：14-15.

821. 李文潇，鷁子炎. **哪些人走过丝绸之路**[J]. 知识就是力量，2014（12）：16-17.

822. **构建东部陆海丝绸之路经济带**[J]. 奋斗，2014（12）：1.

823. 张汉东. **接轨“新丝绸之路”**[J]. 今日浙江，2014（12）：30-31.

824. 冯维江. “领导人外交”助推“一带一路”战略[J]. 中国远洋航务，2014（11）：18-20.
825. 申现杰，肖金成. 国际区域经济合作新形势与我国“一带一路”合作战略[J]. 宏观经济研究，2014（11）：30-38.
826. 杨柔坚. 连云港：发挥“一带一路”战略中的独特优势[J]. 宏观经济管理，2014（11）：83-84.
827. 张军. 我国西南地区在“一带一路”开放战略中的优势及定位[J]. 经济纵横，2014（11）：93-96.
828. 贾康. “一带一路”建设应运用ppp[J]. 经济，2014（11）：10.
829. 周宏达. “一带一路”走活世界经济棋局[J]. 中国金融家，2014（11）：51-52.
830. 陈鹏. “一带一路”之高铁外交：以泰国为例[J]. 决策探索（下半月），2014（11）：46-47.
831. “一带一路”国家战略促发展[J]. 可编程控制器与工厂自动化，2014（11）：14.
832. 韩宇，原倩. “一带一路”，千年的时空穿越[J]. 北京教育（德育），2014（11）：13-14，65.
833. 一带一路[J]. 墙材革新与建筑节能，2014（11）：9.
834. 张远鹏，曹晓蕾，张莉. 江苏省与21世纪海上丝绸之路沿线国家合作交流研究[J]. 东南亚纵横，2014（11）：3-7.
835. 张斌. 以对东盟国家公共外交策略的创新推动21世纪海上丝绸之路建设[J]. 东南亚纵横，2014（11）：14-17.
836. 闫海龙，胡青江. 丝绸之路经济带框架下新疆向西开放的前景与潜力[J]. 党政干部学刊，2014（11）：50-54.
837. 洛夫，路军. 西北五省区党校协同研究丝绸之路经济带建设“‘丝绸之路经济带’开局布局与活力源泉”专题研讨会在西安召开[J]. 理论导刊，2014（11）：2.
838. 袁新涛. “一带一路”建设的国家战略分析[J]. 理论月刊，2014（11）：5-9.
839. 高桂鸿. “新丝绸之路经济带”战略给天津外贸发展带来的机遇[J]. 港口经济，2014（11）：51-54.
840. 陆杨. 建设丝绸之路经济带 推动亚欧大陆桥通道发展[J]. 港口经济，2014(11)：55-56.
841. 发展中的新疆昂起丝绸之路经济带的龙头[J]. 大陆桥视野，2014（11）：7.
842. 朱迅，周一云. 丝绸之路经济带建设与连云港的独特地位研讨会举行[J]. 大陆桥视野，2014（11）：14-15.
843. 张五明. 丝绸之路：最难建设的经济带[J]. 大陆桥视野，2014（11）：28-29.
844. 刘云中. 建设丝绸之路经济带的机遇[J]. 大陆桥视野，2014（11）：43-45.
845. 陈耀. 丝绸之路经济带建设要围绕“西向开放”做文章[J]. 大陆桥视野，2014（11）：33-35.
846. 钱国权，杨光宇，汪晓文. 抓紧规划建设丝绸之路经济带[J]. 大陆桥视野，2014（11）：62-67.
847. 重塑丝绸之路 推进西部开发[J]. 大陆桥视野，2014（11）：75-76.
848. 如何在中亚铺设“丝绸之路”[J]. 大陆桥视野，2014（11）：78-81.
849. 中欧货运专列驰骋“丝绸之路经济带”黄金通道[J]. 大陆桥视野，2014（11）：82.

850. “一带一路”战略：打开西部开放空间[J]. 重庆与世界，2014（11）：5.
851. 亚欧都有哪些国家支持“一带一路”？[J]. 重庆与世界，2014（11）：84-85.
852. “渝新欧”：横贯新丝绸之路经济带的“大动脉”[J]. 重庆与世界，2014（11）：88.
853. 杨红选. 打造丝绸之路经济带“制高点”[J]. 共产党人，2014（11）：12.
854. 白银冰. 借“海上丝绸之路”拓发展新空间[J]. 当代广西，2014（11）：3.
855. 孙云，李俊叶，赵高斌. 中美丝绸之路战略发展现状比较：结合中美丝路战略新闻差异探讨[J]. 新闻知识，2014（11）：30-32.
856. 于宁锴. 西安建设丝绸之路经济带区域性金融中心研究[J]. 新西部（理论版），2014（11）：16-17.
857. 康晨，王陈伟，李宁. 关于陕西开展丝绸之路经济带教育合作的思考[J]. 新西部（中旬刊），2014（11）：30-32.
858. 杨明瑞. 着力提升国际内陆港价值创新促进“一带一路”共享繁荣[J]. 新西部，2014（11）：88-90.
859. 黑龙江丝绸之路经济带走向公布将辐射东部沿海[J]. 黑龙江金融，2014（11）：4.
860. 于倩，向君. 打造“丝绸之路经济带”甘肃“黄金段”向西开放的战略平台[J]. 全球化，2014（11）：99-109，135.
861. 俞辰. 探析“新丝绸之路经济带”发展路上可能面临的困境[J]. 电脑迷，2014（11）.
862. 张艳. 丝绸之路经济带的战略内涵与实现路径[J]. 新课程（教师），2014（11）：146.
863. 泉州市副市长陈荣洲：推动“21 世纪海上丝绸之路”建设 服务国家发展战略[J]. 中国对外贸易，2014（11）：10-19.
864. 王海景，赵洋，吕威龙. 资本市场支持特色产业发展 推动“丝绸之路经济带”黄金段建设[J]. 甘肃金融，2014（11）：51-52.
865. 宋圭武. 以创新驱动丝绸之路甘肃段建设[J]. 发展，2014（11）：5.
866. 赵荣国. 构建东部陆海丝绸之路经济带产业合作中心[J]. 奋斗，2014（11）：51-52.
867. 亲诚惠容 近睦远交 打造“21 世纪海上丝绸之路先行区”“首届中国（泉州）海上丝绸之路国际品牌博览会”隆重召开[J]. 中国对外贸易，2014（11）：8-9.
868. 建设 21 世纪海上丝绸之路：惠州起航[J]. 同舟共进，2014（11）：46-47.
869. 王景敏，朱芳阳. 广西在“海上丝绸之路”建设中的战略选择与对策[J]. 钦州学院学报，2014（11）：45-48.
870. 李向阳. 论海上丝绸之路的多元化合作机制[J]. 世界经济与政治，2014（11）：4-17，155.
871. 巨丽丽. 金融支持青海融入“丝绸之路经济带”浅议[J]. 青海金融，2014（11）：10-12.
872. 武继礼，武垠杉，宋林. 构建“新丝绸之路经济带”粮食要先行[J]. 中国粮食经济，2014（11）：42-45.
873. 徐小杰. “丝绸之路”战略的地缘政治考量[J]. 国际石油经济，2014（11）：1-7，109.
874. 朱小群. 丝绸之路经济带要做好金融大文章[J]. 法人，2014（11）：20-21.
875. 王德禄. 新丝绸之路新在哪里？[J]. 中关村，2014（11）：76.
876. 段元培. 从“丝绸之路”看中日关系发展[J]. 台声，2014（11）：41.

877. 中国—东盟中心. **建立海上丝绸之路对东盟的意义**[J]. 中国报道，2014（11）：41.
878. 王凤娟. **撬动丝绸之路“黄金支点”**[J]. 中国报道，2014（11）：48-49.
879. 史波涛. **郑州发力“新丝绸之路经济带”**[J]. 中国投资，2014（11）：75-77.
880. **丝绸之路经济带的建设与未来**[J]. 金融世界，2014（11）：117.
881. WANG YANLIN. **丝绸之路经济带**[J]. 丝绸之路，2014（11）：2.
882. 谢永金. **谁能掌握丝绸之路经济带的未来话语权：专访奎屯市委副书记、市长海依拉提・阿西克**[J]. 物流时代，2014（10）：38-42.
883. **培育发展创新品牌 推进一带一路战略：新丝绸之路创新品牌行活动周暨新疆创新品牌推进会举行**[J]. 内江科技，2014（10）：1.
884. 施伟滨. **共建21世纪海上丝绸之路：海峡两岸海洋经济合作交流会在汕头举办**[J]. 两岸关系，2014（10）：28-29.
885. 刘静. **塞上江南又绘丝绸之路——专访宁夏回族自治区副主席王和山**[J]. 新商务周刊，2014（10）：24-29.
886. 李巍. **终南文化的人文精神对陕西共建丝绸之路经济带的启示**[J]. 新西部（中旬刊），2014（10）：10-11.
887. **复兴丝绸之路 建立合作新模式：习近平主席出席上合组织杜尚别峰会并访问塔吉克斯坦等四国**[J]. 经济导刊，2014（10）：4-5.
888. 乔欣欣. **试论丝绸之路经济带对促进我国西部族际政治整合的积极作用**[J]. 西部学刊，2014（10）：35-38，73.
889. 李延强. **参建海上丝绸路 打造海陆新门户：广西北部湾经济区参与共建21世纪海上丝绸之路探讨**[J]. 东南亚纵横，2014（10）：9-10.
890. 江瑞平. **共建21世纪海上丝绸之路：走出东亚格局中的二元困境**[J]. 东南亚纵横，2014（10）：11-15.
891. 维诺德・赛格尔. **中印共同建设21世纪海上丝绸之路**[J]. 王浩，译. 东南亚纵横，2014（10）：16-17.
892. 林优娜. **21世纪海上丝绸之路与中国—东盟自由贸易区升级版建设：印度尼西亚视角**[J]. 东南亚纵横，2014（10）：18-19.
893. 范力. **中马钦州产业园区建设21世纪海上丝绸之路先行园区的战略构想**[J]. 东南亚纵横，2014（10）：20-23.
894. 任佳. **进一步推动gms合作升级 共建21世纪海上丝绸之路**[J]. 东南亚纵横，2014（10）：24-26.
895. CHANTHAPHILITH, CHIEMSISOURAJ. **丝绸之路与老挝**[J]. 陈红升，译. 东南亚纵横，2014（10）：27-29.
896. 王元，张换兆. **共同建设21世纪海上丝绸之路新格局**[J]. 东南亚纵横，2014（10）：30-32.
897. 陈刚，乔蕊. **在海上丝绸之路的背景下打造中国（南宁）—新加坡经济走廊**[J]. 东南亚纵横，2014（10）：39-41.
898. 李文娟. **麴氏高昌及其对丝绸之路的贡献**[J]. 甘肃金融，2014（10）：65-68.
899. 朱琛，王科. **金融支持“丝绸之路经济带”建设的战略路径与对策：以甘肃省开发性**

金融为例[J]. 甘肃金融，2014（10）：70-73

900. 张俊平，许鸣雷，张欢. 金融资源配置效率分析视角的丝绸之路经济带甘肃黄金段建设：以定西市为例[J]. 西部金融，2014（10）：67-70.

901. 姚德权，黄学军. 我国与丝绸之路经济带国家的金融合作：现状、挑战与前景展望[J]. 国际贸易，2014（10）：37-41.

902. 鲁炜：打造中国—东盟信息港 建设 21 世纪“海上丝绸之路”的信息枢纽[J]. 互联网天地，2014（10）：61.

903. 定军，张梦洁. 丝路逐鹿：多地热盼丝绸之路经济带战略红利[J]. 华商，2014（10）：4-7.

904. 于磊杰，徐波. 丝绸之路经济带：西北三省基于资源禀赋优势的产业体系布局研究[J]. 未来与发展，2014（10）：62-67，57.

905. 陆上丝绸之路的重大经济意义是什么?[J]. 大陆桥视野，2014（10）：11.

906. “西安港”打造一带一路重要枢纽[J]. 大陆桥视野，2014（10）：32-33.

907. 孙祝春. 立足良好起点 争做“一带一路”枢纽[J]. 大陆桥视野，2014（10）：48-50.

908. 张晓兰. 新丝绸之路拓宽中亚合作大通道[J]. 中亚信息，2014（10）：9.

909. 徐义国. 丝绸之路经济带战略构想的金融元素[J]. 银行家，2014（10）：56-58.

910. 张柱庭. 丝绸之路经济带道路交通运输法律的模型[J]. 中国道路运输，2014（10）：35-36.

911. 蒋希蘅，程国强. “一带一路”建设的若干建议[J]. 西部大开发，2014（10）：98-101.

912. 卓贤. 东西双向开放的“丝绸之路经济带”[J]. 西部大开发，2014（10）：102-103.

913. 中国科学院地理科学与资源研究所课题组. 丝绸之路经济带可持续发展模式探析[J]. 中国国情国力，2014（10）：24-26.

914. 张道宏. 打造丝绸之路经济带新起点[J]. 群言，2014（10）：1.

915. 贾庆国. 建设“一带一路”之我见[J]. 群言，2014（10）：16-18.

916. POLICY PAPER. 新丝绸之路经济带：打开西部战略空间[J]. 夏晓婷，译. 中国物流与采购，2014（10）：28-29.

917. 杨曙明. 宝鸡加快打造丝绸之路“新枢纽”[J]. 中国西部，2014（10）：72-75.

918. 仝新顺，秦小康. 郑州打造丝绸之路经济带物流通道枢纽的对策研究[J]. 物流工程与管理，2014（10）：15-16，20.

919. 吴国培，杨少芬，赵晓斐，等. 福建金融业融入“21 世纪海上丝绸之路”建设研究[J]. 福建金融，2014（10）：4-7.

920. 于磊杰，徐波. 丝绸之路经济带：西北三省基于资源禀赋优势的产业体系布局研究[J]. 未来与发展，2014（10）：62-67，57.

921. 张小可. 丝绸之路遗产的现代旅游发掘[J]. 汽车自驾游，2014（10）：140-143.

922. 广州海上丝绸之路史迹申报世遗[J]. 党政干部参考，2014（10）：F0003.

923. 海上丝绸之路国际渔业合作论坛圆满落幕[J]. 当代水产，2014（10）：44.

924. 张继平. 借助合作共建“数字丝绸之路”[J]. 网络传播，2014（10）：38-39.

925. 海上丝绸之路筑梦亚洲[J]. 晚霞（下半月），2014（10）：22.

926. 林至颖. 新时期海上丝绸之路的新路径[J]. 中国商界，2014（10）：28-29.

927. 梁瑞丽，梁莉萍．**丝绸之路：回归产品本质**[J]．中国纺织，2014（10）：159.
928. **论道“一带一路”**[J]．中国投资，2014（10）：28-29，7.
929. 石泽．**“一带一路”与理念和实践创新**[J]．中国投资，2014（10）：43-45，42.
930. 孔根江．**推进“一带一路” 宜处理好若干关系**[J]．中国投资，2014（10）：47-49，46.
931. 盛世良．**“丝绸之路经济带”巩固中俄战略协作**[J]．中国投资，2014（10）：57-59，56.
932. 刘洁．**“一带一路”是亲和之路**[J]．中国投资，2014（10）：77-79，76.
933. **共同描绘未来世界蓝图：首届“一带一路”华夏论坛召开**[J]．中国投资，2014（10）：80-82.
934. 李五洲，王鹏．**“一带一路”构想是包容式发展的新范式：访俄罗斯铁路公司总裁雅库宁**[J]．今日中国（中文版），2014（10）：62-63.
935. **中新“一带一路”带热福建与东盟合作**[J]．福建轻纺，2014（10）：3.
936. **宁波基因：“一带一路”的文化底蕴**[J]．宁波经济（财经视点），2014（10）：26-27.
937. **专家解读：“一带一路”建设策略**[J]．宁波经济（财经视点），2014（10）：32-33.
938. **新媒：中国构筑丝绸之路经济带注定是渐进过程**[J]．当代社科视野，2014（9）：37-38.
939. 张高丽．**携手共建二十一世纪海上丝绸之路 共创中国—东盟友好合作美好未来：在第十一届中国—东盟博览会和中国—东盟商务与投资峰会上的致辞**[J]．广西经济，2014（9）：12-14.
940. 程群，潘强．**共建海上丝绸之路 深化互利共赢格局：写在第十一届中国—东盟博览会、商务与投资峰会闭幕之际**[J]．广西经济，2014（9）：14-15.
941. 黄志文，李自荣．**钦州：建设21世纪“海上丝绸之路”新门户和新枢纽**[J]．广西经济，2014（9）：31，34-35.
942. 金宗志，卢庆毅，林森林．**21世纪“海上丝绸之路”起航：北部湾亿吨大港崛起发力**[J]．当代广西，2014（9）：20-23.
943. **丝绸之路经济带建设成上海亚信峰会“关键词”**[J]．大陆桥视野，2014（9）：7.
944. **开放合作 共建丝绸之路经济带 第四届中国—亚欧博览会暨中国—亚欧经济发展合作论坛在乌鲁木齐隆重开幕**．大陆桥视野，2014（9）：16-22.
945. 钟秀玲，李行．**新疆加速推进丝绸之路经济带核心区建设**[J]．大陆桥视野，2014（9）：22-23.
946. **弘扬丝绸之路精神 共创丝绸之路经济带繁荣发展：第九届丝绸之路市长论坛暨2014年丝绸之路经济带城市合作发展论坛在乌鲁木齐开幕**[J]．大陆桥视野，2014（9）：24-26.
947. 司璐．**连云港与乌鲁木齐加强合作 共建丝绸之路经济带**[J]．大陆桥视野，2014（9）：28-29.
948. 古龙高，仲其庄，古璇．**丝绸之路经济带建设：实践与探索**[J]．大陆桥视野，2014（9）：30.
949. 仲其庄．**创新合作新机制 共谋丝路新发展 陇海兰新经济促进会第十四次年会暨丝绸之路经济带发展论坛在宝鸡召开**[J]．大陆桥视野，2014（9）：32-33.
950. 李宏斌．**全力推进长治久安和跨越式发展 努力建设丝绸之路经济带核心区五大中心**[J]．大陆桥视野，2014（9）：36-37.

951. 康巨淋. 大力建设一网、两中心、三基地 着力打造丝绸之路经济带战略新枢纽[J]. 大陆桥视野，2014（9）：38-40.
952. 丝绸之路经济带建设，大陆桥的优势作用[J]. 大陆桥视野，2014（9）：40-44.
953. 深化陆桥城市交流合作 共促丝绸之路建设发展[J]. 大陆桥视野，2014（9）：41-43.
954. 钱焕涛. 以“五建”促“五通” 更好地服务于“一带一路”建设[J]. 大陆桥视野，2014（9）：44-46.
955. 丝绸之路经济带建设，东方桥头堡的战略视觉[J]. 大陆桥视野，2014（9）：45-49.
956. 郭奇若. 创新合作新机制 推动天水新发展 打造丝绸之路黄金段魅力城市[J]. 大陆桥视野，2014（9）：56-59.
957. 王雅静. 构建霍尔果斯国际化城市模式 打造丝绸之路经济带核心支点[J]. 大陆桥视野，2014（9）：70-77.
958. 王雅静. 依托边境合作中心畅通“丝绸之路经济带”区域信息流”[J]. 大陆桥视野，2014（9）：78-80.
959. 郑小新，车海龙，关拥军. 加强区域物流合作 共建丝绸之路经济带 丝绸之路经济带亚欧大陆桥国际物流研讨会在乌鲁木齐召开[J]. 大陆桥视野，2014（9）：78-81.
960. 杨文. 丝绸之路经济带 6 国商会联盟将在连云港签约[J]. 大陆桥视野，2014（9）：84.
961. 孙壮志. 丝绸之路经济带：承载历史开拓未来的全新合作共赢之路[J]. 新重庆，2014（9）：13-14，493.
962. 习近平. 中国愿同东盟国家共建 21 世纪“海上丝绸之路”[J]. 理论参考，2014（9）：4.
963. 刘赐贵. 发展海洋合作伙伴关系 推进 21 世纪海上丝绸之路建设的若干思考[J]. 理论参考，2014（9）：5-7.
964. 林宏宇. “海上丝绸之路”国际战略意义透析[J]. 理论参考，2014（9）：8-9.
965. 21 世纪海上丝绸之路：实现中国梦的海上大通道[J]. 理论参考，2014（9）：10-11.
966. 全毅. 21 世纪海上丝绸之路的战略构想与建设方略[J]. 理论参考，2014（9）：12-15.
967. 李文增. 中国丝绸之路区域发展战略问题研究[J]. 理论参考，2014（9）：16-19.
968. 高兰. 海上丝绸之路：周边外交的动脉与桥梁[J]. 理论参考，2014（9）：20-21.
969. 冯定雄. 新世纪以来我国海上丝绸之路研究的热点问题述略[J]. 理论参考，2014（9）：30-34.
970. 杨保筠. “21 世纪海上丝绸之路”并非要恢复“华夷秩序”[J]. 理论参考，2014（9）：43-45.
971. 中国“海上丝绸之路”新提法引国际关注[J]. 理论参考，2014（9）：50.
972. 刘莉莉. 外国专家热议 21 世纪海上丝绸之路[J]. 理论参考，2014（9）：51.
973. 车玉明. 抓住海上丝绸之路建设机遇 推动福建改革开放科学发展[J]. 理论参考，2014（9）：52.
974. 尤权. 打造 21 世纪海上丝绸之路重要枢纽[J]. 理论参考，2014（9）：53-55.
975. 王日根. 建设 21 世纪海上丝绸之路福建具有五大优势[J]. 理论参考，2014（9）：56.
976. 21 世纪海上丝绸之路建设 福建省已经开始行动[J]. 理论参考，2014（9）：57.
977. 世界相关“丝绸之路”建设计划与设想[J]. 理论参考，2014（9）：61.

978. **泉州：中国古代海上丝绸之路起点**[J]. 理论参考，2014（9）：64.
979. 陆静. **打造丝绸之路经济带平台生态圈：访中国国际贸易学会信息中心主任迟懿**[J]. 运输经理世界，2014（9）：46-47.
980. 龙泉. **丝绸之路核心是物流**[J]. 运输经理世界，2014（9）：56-57.
981. 武运波. **新闻媒体如何助力“丝绸之路经济带”建设**[J]. 新闻世界，2014（9）：81-82.
982. 娄勤俭. **建设好丝绸之路经济带新起点**[J]. 西部大开发，2014（9）：92-95.
983. 张宝通. **从社会经济角度看丝绸之路万里行**[J]. 西部大开发，2014（9）：96-98.
984. 宇虹. **丝绸之路之甘肃：一个梦幻般的中国西部旅游新胜地**[J]. 西部大开发，2014（9）：159-163.
985. 姚彤. **第四届中国—亚欧博览会奏响共建丝绸之路经济带最强音**[J]. 中亚信息，2014（9）：1.
986. 李蓓. **合作共赢 古道变新途 新丝绸之路创新品牌新疆行侧记**[J]. 中亚信息，2014（9）：22-25.
987. 阿依古力·依明. **建设丝绸之路经济带背景下新疆与中亚国家经贸合作对策探讨**[J]. 对外经贸，2014（9）：25-27.
988. 刘馨蔚. **借力海上丝绸之路 中马经贸再度扬帆**[J]. 中国对外贸易，2014（9）：72-73.
989. 刘迪，舒林，范阅. **“丝绸之路经济带”：概念界定与经济社会综述**[J]. 西部金融，2014（9）：62-70.
990. 王晓东，唐琳娟，王金芬，等. **新丝绸之路经济带中喀什金融发展的路径选择**[J]. 西部金融，2014（9）：76-79.
991. 惠霞. **丝绸之路经济带历史文化资源的整合管理：以关中——天水经济区为例**[J]. 中文信息，2014（9）.
992. 景鹏飞. **议西北丝绸之路五省区跨区域旅游合作开发中旅游学校教育合作的作用和途径**[J]. 旅游纵览（行业版），2014（9）：21.
993. 晁莉. **丝绸之路经济带背景下的新疆入境旅游业跨越式发展对策探究分析**[J]. 旅游纵览（行业版），2014（9）：114.
994. 王楠楠. **区域融合为丝绸之路经济带建设“先行探路”**[J]. 交通建设与管理，2014（9）：48-51.
995. 李伟杰，彭永. **新丝绸之路让中原更出彩：“新丝绸之路与河南作为”电视高端论坛暨第六届中国新农村电视艺术节成功举行**[J]. 农村·农业·农民（A版），2014（9）：1-2.
996. 张长春. **防控丝绸之路经济带建设中的风险**[J]. 中国投资，2014（9）：1.
997. 刘迪，舒林，范阅. **“丝绸之路经济带”：** 孟群. **古丝绸之路的兴衰**[J]. 中国投资，2014（9）：44-47，7.
998. 荣松. **丝绸之路上的“生态”文明：丝绸之路：文明多维交融的更生带**[J]. 金融博览，2014（9）：8-11.
999. 张孝德. **丝绸之路经济带：开启生态文明新时代**[J]. 金融博览，2014（9）：12-13.
1000. 刘娜. **丝绸之路上的游牧文明和畜牧经济：访我国著名植物学家和草原生态学家刘书润**[J]. 金融博览，2014（9）：14-15.

1001. 王福生. **推动丝绸之路经济带构建应立足西北省区**[J]. 中国党政干部论坛，2014(9)：101-103.

1002. **新丝绸之路经济带或成全球经济中心**[J]. 重庆与世界，2014（9）：6-7.

1003. 张亚斌，马莉莉. **丝绸之路经济带相关问题的述评及思考**[J]. 未来与发展，2014(9)：101-105.

1004. 高铁军. **广播对“丝绸之路经济带”的传播策略**[J]. 对外传播，2014（9）：25-27.

1005. 曲伟. **着力构建中俄中欧丝绸之路经济带**[J]. 奋斗，2014（9）：30-31.

1006. 刘传标. **打造21世纪海上丝绸之路桥头堡的政策思考**[J]. 福建理论学习，2014(9)：26-29.

1007. 白永秀，吴航，王泽润. **丝绸之路经济带战略构想：依据、目标及实现步骤**[J]. 人文杂志，2014（9）：25-31.

1008. 鞠华莹，李光辉. **建设21世纪海上丝绸之路的思考**[J]. 国际经济合作，2014（9）：55-58.

1009. 周立伟. **重筑丝绸之路**[J]. 纺织科学研究，2014（9）：40-44.

1010. 周立伟. **丝绸之路“未央”：西安市丝绸之路金融专项规划摘选**[J]. 纺织科学研究，2014（9）：48-49.

1011. **培育发展创新品牌 推进一带一路战略：新丝绸之路创新品牌行活动周暨新疆创新品牌推进会举行**[J]. 中国高新区，2014（9）：17.

1012. 吕秋梦. **绥芬河以口岸服务贸易发挥东部陆海丝绸之路桥头堡作用**[J]. 中国报道，2014（9）：72.

1013. 陈金昌，刘文镇. **“一带一路”建设迎来新机遇 海丝起点城市凸显新作为：访泉州市政协副主席李冀平**[J]. 中国品牌，2014（9）：112-113.

1014. **第十一届中国国际物流节中国（连云港）丝绸之路国际物流博览会联袂演绎行业盛典**[J]. 物流时代，2014（9）：24-25.

1015. 张佩玉. **敦煌网：搭建网上丝绸之路**[J]. 物流时代，2014（9）：50-52.

1016. 乐乐. **基于丝绸之路经济带发展的西安国际港务区运输通道构建分析**[J]. 物流技术，2014（9）：64-67.

1017. 刘瑶. **略述楼兰及其在丝绸之路上的重要地位**[J]. 发展，2014（9）：42-46.

1018. **丝绸之路上的明珠：宁夏 打造西部独具特色的国际旅游目的地**[J]. 餐饮世界，2014（9）：90-93.

1019. 王宇. **千年丝路梦现代交通行首届丝绸之路国际卡车集结赛成功落幕**[J]. 交通世界（运输车辆），2014（9）：26-33.

1020. **“丝绸之路经济带”交通运输系列活动如火如荼**[J]. 中国道路运输，2014(9)：F0003.

1021. 石斌，马耀峰. **西北丝绸之路旅游区入境旅游客源市场结构变化研究：基于SSM的分析**[J]. 河南科学，2014（9）：1922-1927.

1022. 阿布都伟力·买合普拉. **基于丝绸之路经济带框架的新疆现代物流业发展路径**[J]. 中国流通经济，2014（9）：34-39.

1023. 中共江苏省委党校第13期省管干部进修班. **加快江苏新丝绸之路建设的战略构想**[J]. 唯实，2014（9）：41-43.

1024. **连云港 10 月举办首届丝绸之路国际物流博览会**[J]. 江苏企业管理，2014（9）：18-19.
1025. 吉丽亚. **行走在“丝绸之路”**[J]. 汽车观察，2014（9）：116-117.
1026. 彭平萍. **柳工助力丝绸之路经济带交通建设**[J]. 建筑机械化，2014（9）：15.
1027. 刘晓雷. **发挥内陆无水港在丝绸之路 经济带中的重要作用**[J]. 全球商业经典，2014（9）：91-95.
1028. 熊燕舞，王宇. **续写东西交融的物流传奇记第四届中国—亚欧博览会丝绸之路经济带交通运输峰会国际卡车集结赛和交通文化之旅活动启动**[J]. 交通世界（运输车辆），2014（8）：28-35.
1029. **护航新丝绸之路，“公路医生”英达屡建奇功**[J]. 交通世界（建养·机械），2014（8）：102-104.
1030. 孟建，裴增雨，于嵩昕. **提升传播效果 护航国家战略：“丝绸之路经济带”对外传播的策略建议**[J]. 交通建设与管理，2014（8）：99-101，98.
1031. 廉军伟. **浙江要主动参与“海上丝绸之路”建设**[J]. 浙江经济，2014（8）：42-43.
1032. 李朴民. **共建丝绸之路经济带 共享繁荣发展新机遇**[J]. 宏观经济管理，2014（8）：4-5.
1033. 肖宏伟. **新型能源安全观下的丝绸之路经济带建设**[J]. 宏观经济管理，2014（8）：47-48.
1034. 周民良. **建设丝绸之路经济带 推动全国区域经济协调发展**[J]. 中国民族，2014（8）：20-23.
1035. 全毅，汪洁，刘婉婷. **21 世纪海上丝绸之路的战略构想与建设方略**[J]. 国际贸易，2014（8）：4-15.
1036. 孙玉琴. **汉唐时期丝绸之路贸易的历史经验及其现实启示**[J]. 国际贸易，2014（8）：16-20.
1037. 李香才，周浙玲. **喀交会聚焦丝绸之路建设**[J]. 中亚信息，2014（8）：14-15.
1038. 李晓玲. **中国新疆接连开通国际班列成为丝绸之路经济带“出海口”**[J]. 中亚信息，2014（8）：19.
1039. 刘怡然，潘丽君，郑清斌. **丝绸之路经济带推动新欧亚运输走廊建设 访俄罗斯铁路股份公司总裁亚库宁**[J]. 中亚信息，2014（8）：21.
1040. **环球商业领袖齐聚中国喀什建言丝绸之路经济带**[J]. 中亚信息，2014（8）：51.
1041. 陈雨露. **丝绸之路经济带有望成新的经济大动脉**[J]. 理论学习（山东干部函授大学学报），2014（8）：42-43.
1042. 中国—东盟博览会秘书处. **“中国—东盟博览会”构筑 21 世纪海上丝绸之路新平台**[J]. 中国食品工业，2014（8）：72-73.
1043. 冯朝阳. **丝绸之路经济带区域经济增长及其空间格局演变分析**[J]. 新疆农垦经济，2014（8）：22-29.
1044. 张福新，李国东. **“丝绸之路经济带”的战略意义及举措**[J]. 新疆农垦经济，2014（8）：30-34.
1045. 覃小华，甘永萍. **新丝绸之路建设背景下广西与东盟旅游合作发展研究**[J]. 东南亚纵横，2014（8）：9-12.

1046. 袁新涛．丝绸之路经济带建设和 21 世纪海上丝绸之路建设的国家战略分析[J]．东南亚纵横，2014（8）：3-8.
1047. 陈永昌．积极开发东部陆海丝绸之路经济带[J]．奋斗，2014（8）：27-28.
1048. 陈拓．福建建设 21 世纪海上丝绸之路　突出连接东盟[J]．福建轻纺，2014（8）：21-22.
1049. 君阳．乌鲁木齐高新区（新市区）新丝绸之路上的光荣与梦想[J]．中国科技产业，2014（8）：54-57.
1050. 张丽恒，刘雯凤，虞冬青，等．新丝绸之路重铸辉煌[J]．天津经济，2014（8）：35-42.
1051. 刘沛．建设"新丝绸之路经济带"对我国经济发展的战略意义[J]．卷宗，2014（8）：206-207.
1052. 高江涛．陕西，丝绸之路经济带上的龙头[J]．金桥，2014（8）：62-65.
1053. 段庆林．以内陆开放视角看丝绸之路经济带[J]．西部大开发，2014（8）：75-79.
1054. 杨勇，古海林．新疆："丝绸之路"上的异地就医[J]．中国社会保障，2014（8）：78-81.
1055. 王霄京．国新办就第 11 届中国—东盟博览会等举行新闻发布会　中国—东盟博览会构筑 21 世纪海上丝绸之路新平台[J]．中国建材，2014（8）：68-69.
1056. 钱春弦．当银翼取代驼铃：旅游正成为丝绸之路经济带的探路者[J]．全球商业经典 2014（8）：122-123.
1057. 陈永昌．积极开发陆海丝绸之路东部经济带[J]．北方经贸，2014（8）：1-3.
1058. 平民．海上丝绸之路：云南广西挑大梁港口建设成重点[J]．珠江水运，2014（8）：33.
1059. 中国—东盟博览会构筑 21 世纪海上丝绸之路新平台[J]．进出口经理人，2014（8）：I0012.
1060. 丝绸之路经济带：催生西部最大工程机械展会[J]．建设机械技术与管理，2014（8）：34-35.
1061. 惠霞．丝绸之路经济带历史文化资源综合管理模式的建构维度[J]．教育界（高等教育研究）（下），2014（8）：12.
1062. 郑守一．海上丝绸之路与韩半岛[J]．丝绸之路，2014（8）：46-56.
1063. 孙方金．抢抓丝绸之路经济带建设机遇　加快日照开放步伐[J]．港口经济，2014（8）：38-40.
1064. 马广奇，陈雯敏．丝绸之路经济带货币流通的路径选择[J]．西南金融，2014（8）：8-11.
1065. 马国华．融入"丝绸之路经济带"打造民族特色旅游产业[J]．宁夏人大，2014（8）：29.
1066. 北京 8 月开通丝绸之路专列[J]．国际人才交流，2014（8）：71.
1067. 陈正．宁夏智慧旅游打造"网上丝绸之路"[J]．新商务周刊，2014（8）：78-80.
1068. 矫枫．丝绸之路上的新机遇[J]．今日中国（中文版），2014（8）：48-51.
1069. 广西从五方面建设成为 21 世纪"海上丝绸之路"新门户和新枢纽[J]．广西经济，2014（7）：48.
1070. 岑树田．广西与其他省市参与 21 世纪"海上丝绸之路"建设的比较研究[J]．广西经济，2014（7）：49-51.

1071. 构建丝绸之路经济带区域经济一体化新格局[J]. 全球商业经典，2014（7）：20-121.
1072. 建设“丝绸之路经济带”先行者 中国・西安 200 万平米欧亚经贸核心平台[J]. 全国商情，2014（7）：97.
1073. 徐悲鸿. 西安自贸区方案拟 6 月上报 谋划丝绸之路新起点[J]. 全国商情（理论研究），2014（7）：11.
1074. 李荣，刘玲. 多省将成为“海上丝绸之路”前沿阵地[J]. 时代金融，2014（7）：47.
1075. 高铁为丝绸之路经济带插上腾飞的翅膀[J]. 大陆桥视野，2014（7）：7.
1076. 依托新亚欧大陆桥 构建丝绸之路经济带[J]. 大陆桥视野，2014（7）：9.
1077. 姚远. 丝绸之路经济带赋予新疆机遇[J]. 大陆桥视野，2014（7）：36-39.
1078. 定军，王爽莉，高彩霞. 黑龙江谋划东部陆海丝绸之路经济带：经俄联欧[J]. 大陆桥视野，2014（7）：40-41.
1079. 张桂林，何宗渝. 渝新欧铁路打造“升级版”激活丝绸之路经济带[J]. 大陆桥视野，2014（7）：42-43.
1080. 席平. 将“国内车站”升级为“国际陆港”构建丝绸之路经济带国际物流系统操作机构[J]. 大陆桥视野，2014（7）：52-53.
1081. 亚欧枢纽港：阿拉山口市 积极打造丝绸之路经济带先导示范区[J]. 大陆桥视野，2014（7）：64-69.
1082. 打通新丝绸之路第一环[J]. 大陆桥视野，2014（7）：84-85.
1083. 鲍洪杰，寿逸人. 丝绸之路经济带中宁夏战略定位与实现路径[J]. 贵州民族研究，2014（7）：130-133.
1084. 丝绸之路经济带[J]. 天津经济，2014（7）：85.
1085. 何茂春. 新丝绸之路起点之争[J]. 重庆与世界，2014（7）：72-73.
1086. 郑云峰.“丝绸之路”经济带助推人民币国际化[J]. 现代经济信息，2014（7）：355-356.
1087. 张广和.“新丝绸之路”经济带建设背景下陕西省发展的机遇[J]. 现代经济信息，2014（7）：363.
1088. 刘晓雷. 发挥内陆无水港在丝绸之路经济带中的重要作用. 中国发展观察，2014（7）：23-26.
1089. 郑永年：中国重返丝绸之路应注意什么[J]. 中国对外贸易，2014（7）：46.
1090. 融入 21 世纪“海上丝绸之路”助推福建科学发展跨越发展[J]. 福建理论学习，2014（7）：1.
1091. 陈斌. 振兴海上丝绸之路推动福建跨越发展[J]. 福建理论学习，2014（7）：19-22.
1092. 贾根良. 面向内需与新丝绸之路：环渤海经济发展新战略[J]. 经济理论与经济管理，2014（7）：5-12.
1093. 矫枫. 开封：做新丝绸之路上的文化名城——专访开封市市长吉炳伟[J]. 今日中国（中文版），2014（7）：54-55.
1094. 林笑. 农业在“丝绸之路经济带”建设中的新机遇[J]. 农经，2014（7）：50-52.
1095. 侯敬媛，王江. 建设“丝绸之路经济带”背景下的吉木乃口岸发展分析[J]. 对外经贸实务，2014（7）：39-41.

1096. 黄卫. 精心打造“丝绸之路经济带”的核心区[J]. 求是，2014（7）：22-24.
1097. 刘兵，熊聪茹. 乌鲁木齐举办丝绸之路经济带国际研讨会[J]. 中亚信息，2014（7）：5-6.
1098. 潘莹. 国内外专家学者为丝绸之路经济带建设出谋划策 丝绸之路经济带国际研讨会成果综述[J]. 中亚信息，2014（7）：8.
1099. 潘莹. 开放包容 合作共赢 各界人士高度评价丝绸之路经济带战略构想[J]. 中亚信息，2014（7）：9.
1100. 潘莹. 新疆积极探索构建丝绸之路经济带核心区[J]. 中亚信息，2014（7）：10.
1101. 钱春弦. 旅游正成为丝绸之路经济带的探路者[J]. 中亚信息，2014（7）：16-17.
1102. 钱春弦，樊曦. 中国将推进丝绸之路经济带航权开放[J]. 中亚信息，2014（7）：18.
1103. 关俏俏，贺占军. 丝绸之路百年口岸霍尔果斯活力四射[J]. 中亚信息，2014（7）：24-25.
1104. 田军，田丰伦. “丝绸之路经济带”的重庆战略构想[J]. 新重庆. 2014（7）：9-11.
1105. 邓瑜. 丝绸之路经济带媒体合作论坛在京举行[J]. 新闻战线，2014（7）：4.
1106. 杨佳，郑亮. “丝绸之路经济带”国际研讨会在乌鲁木齐举行[J]. 对外传播，2014（7）：2
1107. 周明伟. 丝绸之路经济带正焕发巨大的生机与活力[J]. 对外传播，2014（7）：6-7.
1108. 媒体如何参与“丝绸之路经济带”建设？[J]. 对外传播，2014（7）：8-9.
1109. 李文增，冯攀，李拉. 中国丝绸之路区域发展战略问题研究（下）[J]. 产权导刊，2014（7）：46-49.
1110. 蔡秀萍. 丁夏：“丝绸之路经济带”中的人才方位[J]. 中国人才，2014（7）：18-20.
1111. 李希光，董雨文. 探访丝绸之路核心地带[J]. 党建，2014（7）：53-55.
1112. 张建伦. 加强丝绸之路经济带产业合作[J]. 发展，2014（7）：20-21.
1113. 郭层城. 实施西进战略重振丝绸之路[J]. 广西社会科学，2014（7）：5-6.
1114. 赵锋. 嘉峪关市融入丝绸之路经济带的 swot 分析[J]. 青海金融，2014（7）：28-30.
1115. 郑永年. 重返丝绸之路[J]. 纺织科学研究，2014（7）：79-81.
1116. 楚峰. 抢抓丝绸之路新机遇，搭建物流合作大平台：第十一届中国国际物流节、中国（连云港）丝绸之路国际物流博览会将联袂举办[J]. 运输经理世界，2014（7）：22-23.
1117. 熊燕舞. 续写东西交融的物流传奇：“首届丝绸之路国际卡车集结暨物流管理创新大赛”即将开赛[J]. 运输经理世界，2014（7）：16-17.
1118. 丝绸之路经济带 交通建设论坛[J]. 交通建设与管理，2014（7）：1.
1119. 丝绸之路经济带 交通运输峰会[J]. 交通建设与管理，2014（7）：93.
1120. 方晓. 融入新丝绸之路经济带 打造新机遇新平台——首届中国-俄罗斯博览会燃情哈尔滨之夏[J]. 北方经贸，2014（7）：3.
1121. 崔存义，李萍，朱珈仪，等. 丝绸之路经济带：新疆能源发展新机遇——访新疆国土资源厅党组书记何深伟[J]. 经济，2014（7）：94-96.
1122. 张秋生. 共建“丝绸之路经济带”的深层意蕴[J]. 当代陕西，2014（7）：15.
1123. 紫苏. 驼铃声声丝绸飘飘：“丝绸之路”成功入选世界文化遗产名录[J]. 中外文化交流，2014（7）：62-68.

1124. 吕同舟. **哈萨克斯坦物流企业看好新丝绸之路**[J]. 中国远洋航务，2014（7）：18.
1125. **丝绸之路经济带**[J]. 天津经济，2014（7）：85.
1126. **第四届敦煌行·丝绸之路国际旅游节开幕**[J]. 中国航空旅游，2014（7）：24.
1127. 尤佳. **宗教对话与“丝绸之路经济带”建设**[J]. 中国宗教，2014（7）：44-45.
1128. 李彤. **丝绸之路经济带的商机**[J]. 中国水泥，2014（7）：62-64.
1129. 周武. **中国提出构建“天基丝绸之路”推进卫星全球服务**[J]. 太空探索，2014（7）：38.
1130. 韦有周，赵锐，林香红. **建设“海上丝绸之路”背景下我国远洋渔业发展路径研究**[J]. 现代经济探讨，2014（7）：55-59.
1131. **新丝绸之路改变地缘政治格局**[J]. 经济展望，2014（7）：139.
1132. 涂永红，荣晨. **以丝绸之路经济带建设促进人民币国际化**[J]. 金融博览，2014（7）：16-17.
1133. 黄卫. **精心打造“丝绸之路经济带”的核心区**[J]. 求是，2014（7）：22-24.
1134. 张秋生. **共建“丝绸之路经济带”的深层意蕴**[J]. 人民论坛，2014（6）：39.
1135. 郑永年. **中国重返丝绸之路的几个重大问题**[J]. 当代社科视野，2014（7）：32.
1136. 张开城. **21 世纪海上丝绸之路建设的广东响应**[J]. 南方论刊，2014（7）：9-13.
1137. **丝绸之路大运河申遗成功**[J]. 侨园，2014（7）：6.
1138. 孙占鳌. **丝绸之路的历史演变（下）**[J]. 发展，2014（6）：25-26.
1139. 左沛廷. **基于丝绸之路经济带战略的临沂市发展对策研究**[J]. 山东行政学院学报，2014（6）：42-45，55.
1140. 方玮峰. **建设丝绸之路经济带新起点打造内陆改革开放新高地**[J]. 陕西发展和改革，2014（6）：4-7.
1141. **甘肃省金融学会“金融支持丝绸之路经济带甘肃黄金段建设”征文启事**[J]. 甘肃金融，2014（6）：51.
1142. 贵浩，张建伦. **推动丝绸之路经济带产业合作探讨**[J]. 亚太经济，2014（6）：105-108.
1143. 吴崇伯. **福建构建 21 世纪海上丝绸之路战略的优势、挑战与对策**[J]. 亚太经济，2014（6）：109-113.
1144. 李前. **新丝绸之路：贸易和投资机会沿“路”播撒**[J]. 进出口经理人，2014（6）：54-56.
1145. 秦友莲. **直挂云帆济沧海全国政协“推进 21 世纪海上丝绸之路建设”调研组在福建**[J]. 政协天地，2014（6）：11-14.
1146. 龙宇翔. **抓住机遇为推进“21 世纪海上丝绸之路”建设作贡献**[J]. 政协天地，2014（6）：18-19.
1147. 车凯龙. **试论发挥文化在丝绸之路经济带中的作用**[J]. 新西部（下旬刊），2014（6）:11-12.
1148. 于宁锴. **西安建设丝绸之路经济带区域性金融中心研究**[J]. **新西部**（中旬刊），2014（6）：16-17.
1149. 孙昉，苗长青. **争当丝路研究排头兵开创服务发展新领域：陕西省社科院开展丝绸之路经济带研究纪实**[J]. 新西部，2014（6）：86-89.
1150. 高新才，朱泽钢. **丝绸之路经济带建设与中国贸易之应对：基于引力模型的研究**[J]. 兰州大学学报（社会科学版），2014（6）：1-8.

1151. 王海运. 丝绸之路经济带建设的大构想[J]. 新疆师范大学学报（哲学社会科学版），2014（6）：39-44.

1152. “丝绸之路经济带”首个实体平台正式启用[J]. 经济与社会发展研究，2014（6）：33.

1153. 马文慧. 丝绸之路经济带建设中青海清真产业发展探讨[J]. 青海社会科学，2014（6）：190-195.

1154. 王慧春，杨韶艳. 宁夏深度参与丝绸之路经济带建设推动中阿务实合作研究[J]. 宁夏社会科学，2014（6）：48-54.

1155. 刘万华. 论“丝绸之路经济带”建设的目标定位与实施步骤[J]. 内蒙古社会科学，2014（6）：1-4.

1156. 于光军. 建设“丝绸之路经济带”与“21 世纪海上丝绸之路”研究热点述评[J]. 内蒙古社会科学，2014（6）：9-12.

1157. 高兰芳. 宁夏融入丝绸之路经济带建设的战略选择：兼谈中阿共建丝绸之路经济带[J]. 宁夏党校学报，2014（6）：103-106.

1158. 刘波. 构建东部陆海丝绸之路经济带推进黑龙江省经济发展：黑龙江省社会科学院，2014 年国际问题学术年会纪实[J]. 西伯利亚研究，2014（6）：91-92.

1159. 林馥盛. 汕头着力建设 21 世纪海上丝绸之路重要门户华侨试验区、海湾新区管理机构举行揭牌仪式[J]. 潮商，2014（6）：5.

1160. 史亚洲. 陕西参与丝绸之路经济带建设的比较优势[J]. 西安航空学院学报，2014（6）：26-29.

1161. 李吉祥. 甘肃参与“丝绸之路经济带”建设的比较优势、目标定位及路径选择[J]. 西部金融，2014（6）：47-49，58.

1162. 张小勇. 以“丝绸之路经济带”建设为契机，推进乌恰对外开放的战略高地[J]. 商，2014（6）：165.

1163. 张迥. 新疆启动第二批丝绸之路经济带沿线国家孔子学院开建工作[J]. 中国教师，2014（6）：4.

1164. 李文增，冯攀，李拉. 中国丝绸之路区域发展战略问题研究（上）[J]. 产权导刊，2014（6）：25-28.

1165. 薛平. “新丝绸之路经济带”上的扬州定位：扬州普哈丁墓园研究的微视角[J]. 中国穆斯林，2014（6）：40-42.

1166. 梅冬辰. 建设丝绸之路经济带给新疆沿边开放带来的机遇和挑战[J]. 对外经贸，2014（6）：80-82.

1167. 曹槟，李晓玲，郝方甲. 中亚能源合作为丝绸之路经济带建设“添油加气”[J]. 中亚信息，2014（6）：32.

1168. 丝绸之路经济带有望加速人民币国际化[J]. 中亚信息，2014（6）：49.

1169. 中外 19 个城市将建丝绸之路旅游共同体[J]. 中亚信息，2014（6）：54.

1170. 刘艳霞，朱蓉文，黄吉乔. 海上丝绸之路沿线地区概况及深圳参与建设的潜力分析[J]. 城市观察，2014（6）：37-46.

1171. 刘宗义. **世纪海上丝绸之路建设与我国沿海城市和港口的发展**[J]. 城市观察，2014（6）：5-12.
1172. **丝绸之路经济带合作协议在京签署**[J]. 经济，2014（6）：113.
1173. **参加渝洽会丝绸之路沿线国家增多**[J]. 重庆与世界，2014（6）：38，40.
1174. 唐纲. **举办"丝路万里行"跨国巡游活动陕西：大打"丝绸之路"牌**[J]. 重庆与世界，2014（6）：42-43.
1175. 冯维江. **丝绸之路经济带战略的国际政治经济学分析**[J]. 当代亚太，2014（6）：73-98，157-158.
1176. 杜晓宇，李金叶，王雅婧. **"丝绸之路经济带"战略构建述评**[J]. 新疆大学学报（哲学人文社会科学版），2014（6）：1-5.
1177. 韩隽. **丝绸之路经济带与中国—吉尔吉斯斯坦双边关系的发展**[J]. 新疆大学学报（哲学人文社会科学版），2014（6）：77-81.
1178. 林香红，高健，张玉洁. **福建省"海上丝绸之路"建设的优势与发展路径研究**[J]. 海洋经济，2014（6）：29-36.
1179. **积极为福建融入新海上丝绸之路建言献策**[J]. 论学习，2014（6）：1.
1180. **积极为福建融入新海上丝绸之路建言献策**[J]. 福建理论学习，2014（6）：1.
1181. 李金明. **福建应发挥古代海上丝绸之路的优势**[J]. 福建理论学习，2014（6）：14-17.
1182. 吴崇伯. **深化福建东盟经济合作推动海上丝绸之路建设**[J]. 福建理论学习，2014（6）：18-21.
1183. 蔡卫红. **福建抢抓海上丝绸之路新机遇刻不容缓**[J]. 福建理论学习，2014（6）：22-24.
1184. 汤正仁. **"新南方丝绸之路"视野下的贵州发展战略定位**[J]. 区域经济评论，2014（6）：37-43
1185. 李庚香，王喜成. **新"丝绸之路经济带"的战略特点与河南的积极融入**[J]. 区域经济评论，2014（6）：44-52.
1186. 康晨，李宁，王陈伟. **丝绸之路经济带教育合作机制建设研究**[J]. 中共山西省直机关党校学报，2014（6）：13-15.
1187. 尹华良. **丝绸之路经济带建设对新疆的影响**[J]. 投资与合作，2014（6）：69.
1188. **新丝绸之路将重塑世界新秩序**[J]. 改革，2014（6）：1.
1189. 陆钢. **丝绸之路重焕生机**[J]. 社会观察，2014（6）：15-17.
1190. 梅淑娥. **畅想丝绸之路经济带**[J]. 中国经济信息，2014（6）：26-27.
1191. 方玮峰. **建设丝绸之路经济带新起点 打造内陆改革开放新高地**[J]. 陕西发展和改革，2014（6）：4-7.
1192. 魏修建，陈恒. **物流发展驱动要素对经济增长贡献度的区域差异性研究：基于丝绸之路经济带西北地区面板数据模型的实证分析**[J]. 上海经济研究，2014（6）：14-22.
1193. **第十八届西洽会暨丝绸之路国际博览会成果丰硕**[J]. 现代企业，2014（6）：1，73.
1194. 牟雪江. **6 年 6000 万的数字演绎：中国石油担当责任发力新疆丝绸之路经济带核心区建设**[J]. 中国石油企业，2014（6）：18-22.
1195. **Silk road 丝绸之路经济带国际物流论坛**[J]. 交通标准化，2014（6）：3.
1196. 靳颖. **架设天基新丝绸之路中国卫星全球服务：首届中国卫星全球服务国际合作商**

洽会暨 itc 主题日在京举行[J]. 卫星应用，2014（6）：68-69.

1197. 杜蓓蓓. 促进丝绸之路经济带货币流通：基于新疆跨境直接投资人民币结算问题的研究 [J]. 金融教育研究，2014（6）：55-59.

1198. 章庆慧，蔡畅. “丝绸之路经济带”构想下的“无差异空间”与区域合作：论中国与中亚的交通运输合作[J]. 欧亚经济，2014（6）：66-77，124.

1199. 开启纺织与时尚的“新丝绸之路” 2014 STA Fabric 揭幕中日韩台面料展[J]. 中国制衣，2014（6）：89.

1200. 郜利民. 发挥丝绸之路经济带核心区资源优势 新疆打造名贵石材产业集群[J]. 中国建材，2014（6）：60.

1201. 李吉祥. 甘肃参与“丝绸之路经济带”建设的比较优势、目标定位及路径选择[J]. 西部金融，2014（6）：47-49，58.

1202. 张小勇. 以“丝绸之路经济带”建设为契机，推进乌恰对外开放的战略高地[J]. 商，2014（6）：165.

1203. 刘宇雄. 广东：“海上丝绸之路”新起航[J]. 珠江水运，2014（6）：10-12.

1204. 雷晓峻. 天水加快丝绸之路经济带重点城市建设与发展的思路[J]. 天水行政学院学报，2014（6）：108-111.

1205. 刘佳. 架设天基丝绸之路 中国卫星全球服务[J]. 国际太空，2014（6）：65.

1206. 李忠民，于庆岩. 物流促进经济增长的空间异质性研究：以“新丝绸之路”经济带为例[J]. 经济问题，2014（6）：121-125.

1207. 谢心庆，许英. 丝绸之路经济带下各省对外经济贸易发展综合评价研究[J]. 新疆职业大学学报，2014（6）：19-22，27.

1208. 王志慧. 抢丝绸之路经济带机遇 拓连台经贸合作空间[J]. 台湾工作通讯，2014（6）：31-32.

1209. 胡高福，刘俐. 浙江舟山“21 世纪海上丝绸之路”贸易枢纽港的战略构想[J]. 浙江海洋学院学报（人文科学版），2014（6）：16-21.

1210. 田西. 丝绸之路经济带是西部省份发展的战略重点[J]. 决策与信息，2014（6）：35.

1211. 吴秀凤. 海上丝绸之路受关注 南海现新商机[J]. 广东造船，2014（6）：34.

1212. 陈茂辉. 发挥华侨作用 建设 21 世纪海上丝绸之路[J]. 学习与研究，2014（6）：59-62.

1213. 李雪. 建设“丝绸之路经济带”的战略重点与实施路径：中国国际问题研究所汪巍先生访谈录[J]. 经济师，2014（5）：6-9.

1214. 携手推进泛北合作共建海上丝绸之路[J]. 广西经济，2014（5）：9.

1215. 彭清华. “海上丝绸之路”是连接中国与东盟的合作共赢之路[J]. 广西经济，2014（5）：10.

1216. 从泛北部湾经济合作到“海上丝绸之路”[J]. 广西经济，2014（5）：12.

1217. 丘德奎. 面向三大领域改革开放构建六大支撑体系：玉林市参与 21 世纪“海上丝绸之路”经济带建设的思考[J]. 广西经济，2014（5）：23-25.

1218. 高娟. 21 世纪海上丝绸之路起航[J]. 海运纵览，2014（5）：19-21.

1219. 张建伦. 加强丝绸之路经济带产业合作[J]. 中国发展观察，2014（5）：24-26.

1220. 左凤荣. 共建“丝绸之路经济带”面临的机遇与挑战[J]. 当代世界，2014（5）：12-15.

1221. 徐敏. **全力打造丝绸之路“黄金段”：对话甘肃省社会科学院院长王福生、经济研究所所长罗哲**[J]. 新西部（上旬刊），2014（5）：23-24.

1222. 孙发平. **新突破新布局新部署新通道：学习习近平总书记共建丝绸之路经济带的几点体会**[J]. 党的生活（青海），2014（5）：24-25.

1223. 李卫青. **尊崇昆仑 共建丝路——2014 昆仑文化与丝绸之路经济带国际学术论坛综述**[J]. 青海社会科学，2014（5）：198-204.

1224. 谷源洋. **大国汇集亚洲与中国“经略周边”：“21 世纪海上丝绸之路”建设**[J]. 亚非纵横，2014（5）：46-56，124，128.

1225. 耿相魁，耿冰，刘卉芳，等. **舟山群岛新区建设 21 世纪海上丝绸之路重要节点的优势与路径**[J]. 浙江海洋学院学报（人文科学版），2014（5）：18-24.

1226. **丝绸之路经济带建设：我们该做些什么？**[J]. 大陆桥视野，2014（5）：7.

1227. 刘江船. **丝绸之路经济带建设：从理论到实践：找准定位，做强功能，着力打造丝绸之路经济带东方桥头堡**[J]. 大陆桥视野，2014（5）：26-29.

1228. 古龙高，古璇. **丝绸之路经济带东方桥头堡发展方略**[J]. 大陆桥视野，2014（5）：30-34.

1229. **丝绸之路经济带建设，沿线城市的实践**[J]. 大陆桥视野，2014（5）：31-39.

1230. **丝绸之路经济带建设，大陆桥的优势作用**[J]. 大陆桥视野，2014（5）：40-44.

1231. 孙峻岭. **抢抓丝绸之路经济带发展机遇，打造徐州特大型中心城市**[J]. 大陆桥视野，2014（5）：44-46.

1232. **丝绸之路经济带建设，东方桥头堡的战略视觉**[J]. 大陆桥视野，2014（5）：45-49.

1233. 党建伟. **丝绸之路经济带建设对沿线重要节点城市未来发展的影响**[J]. 大陆桥视野，2014（5）：49-51.

1234. 杨映琳. **从建设丝绸之路经济带的构想审视西北区域发展**[J]. 大陆桥视野，2014（5）：52-54.

1235. **霍尔果斯经济开发区：充分发挥自身优势，勇做丝绸之路经济带建设先行者**[J]. 大陆桥视野，2014（5）：55-57.

1236. 李萍. **“新丝绸之路经济带”东方桥头堡城市发展对策研究**[J]. 黑龙江生态工程职业学院学报，2014（5）：33-34.

1237. 郝备. **把哈密建设成为“丝绸之路经济带”核心区重要增长极的思考**[J]. 兵团党校学报，2014（5）：41-44.

1238. 郭艳. **西部五省紧抓“丝绸之路经济带”契机：第 115 届广交会记者手记**[J]. 中国对外贸易，2014（5）：32-33.

1239. 蔡宏波，黄书娴. **“丝绸之路经济带”带给中国的机遇**[J]. 中国对外贸易，2014（5）：45.

1240. **西北五省区在丝绸之路经济带中的定位**[J]. 中国对外贸易，2014（5）：56-61.

1241. **西南四省区在丝绸之路经济带中的定位**[J]. 中国对外贸易，2014（5）：62-63.

1242. 徐建伟，赵芸芸. **“丝绸之路”背景下我国与中亚国家产业合作的重点研究**[J]. 开发研究，2014（5）：17-21.

1243. **丝绸之路规划主打能源牌 新疆望成为能源战略基地**[J]. 中亚信息，2014（5）：48-49.

1244. **广东海上丝绸之路研究院成立**[J]. 南方经济，2014（5）：2.

1245. 路敏，戴婧妮，李超，等. **构建丝绸之路经济带视域下的西安对外贸易环境分析报告**[J]. 长春师范大学学报（自然科学版），2014（5）：193-200.

1246. 强晓云. **人文合作与"丝绸之路经济带"建设：以俄罗斯、中亚为案例的研究**[J]. 俄罗斯中亚东欧研究，2014（5）：26-33，95.

1247. **绿色将成为丝绸之路经济带合作发展主色调**[J]. 今日国土，2014（5）：5.

1248. 张宝通. **建设丝绸之路经济带新起点需抓好四个环节**[J]. 西安财经学院学报，2014（5）：68-70.

1249. **14国驻华使节热议"丝绸之路经济带"甘肃黄金段建设**[J]. 甘肃金融，2014（5）：8.

1250. 徐坡岭. **俄罗斯在中亚的经济存在及对丝绸之路经济带战略的影响**[J]. 西伯利亚研究，2014（5）：20-25.

1251. **中国区域经济新战场：丝绸之路**[J]. 经济展望，2014（5）：194-195.

1252. 蔡春林. **新兴经济体参与新丝绸之路建设的策略研究**[J]. 国际贸易，2014（5）：25-29.

1253. 李建民. **丝绸之路经济带欧亚发展中俄合作**[J]. 俄罗斯学刊，2014（5）：5-6.

1254. 李建民. **丝绸之路经济带、欧亚经济联盟与中俄合作**[J]. 俄罗斯学刊，2014（5）：7-18.

1255. 张建平，李敬. **丝绸之路经济带与中俄合作新机遇**[J]. 俄罗斯学刊，2014（5）：19-28.

1256. 王明初，兰岚. **海南要建设"海上丝绸之路"的"桥头堡"**[J]. 今日海南，2014（5）：27.

1257. 陈玉荣. **构建"丝绸之路经济带"机遇与挑战**[J]. 瞭望，2014（5）：10.

1258. 马莉莉，王瑞，张亚斌. **丝绸之路经济带的发展与合作机制研究**[J]. 人文杂志，2014（5）：38-44.

1259. 秦真凤，丁生喜，诸宁扬. **丝绸之路经济带区域创新能力动态评价研究**[J]. 青海师范大学学报（哲学社会科学版），2014（5）：6-10.

1260. **丝绸之路经济带交通建设论坛**[J]. 交通标准化，2014（5）：2.

1261. 楼春豪. **21世纪海上丝绸之路的风险与挑战**[J]. 印度洋经济体研究，2014（5）：4-15，157.

1262. 冯玉军. **我眼中的"丝绸之路经济带"**[J]. 世界知识，2014（5）：50-51.

1263. 周春霞. **广东：建设海上丝绸之路"桥头堡"**[J]. 开放导报，2014（5）：55-58.

1264. **广东海上丝绸之路研究院成立**[J]. 南方经济，2014（5）：2.

1265. 仁闻. **新丝绸之路的通行证：互联互通**[J]. 国际工程与劳务，2014（5）：2-5.

1266. 骆玉林，王浩，侃娃草. **青海充满绿色的丝绸之路**[J]. 青海科技，2014（5）：33-34.

1267. **丝绸之路上的"生态"文明**[J]. 金融博览，2014（5）：8-9.

1268. 何瑛. **新丝绸之路上的中国梦**[J]. 中亚信息，2014（4）：1.

1269. 何瑛. **续写新丝绸之路上的美丽诗篇**[J]. 中亚信息，2014（4）：5-6.

1270. 李金叶. **中亚经济圈："丝绸之路经济带"的核心区**[J]. 中亚信息，2014（4）：16.

1271. 贾瑞卿，齐延娟. **道路畅通带动商贸物流，推动经济发展向好哈萨克斯坦在"丝绸之路经济带"构建中的定位研究**[J]. 中亚信息，2014（4）：17-18.

1272. 付宇杰，娜迪热. **发展物流通道与集散地，提升在中亚地区影响力吉尔吉斯斯坦在"丝绸之路经济带"构建中的定位探究**[J]. 中亚信息，2014（4）：19.

1273. 何义霞. **“丝绸之路经济带”：战略考量、前景展望与建设思路**[J]. 当代世界与社会主义，2014（4）：76-80.
1274. 马姗姗. **丝路新机：丝绸之路经济带特别报道：企业“启程”西进掘金**[J]. 物流时代，2014（4）：34-38.
1275. 王习农. **关于共建“丝绸之路经济带”的若干思考**[J]. 实事求是，2014（4）：26-30.
1276. 姚艳红. **新疆打造丝绸之路经济带核心区的战略对策**[J]. 乌鲁木齐职业大学学报，2014（4）：21-24，28.
1277. 哈斯叶提·居马，梁旭龙. **服务丝绸之路经济带建设：乌鲁木齐海关打造高效通关平台**[J]. 新疆社科信息，2014（4）：27.
1278. 陈德峰. **构建“丝绸之路经济带”新疆核心区的战略思考**[J]. 新疆社科论坛，2014（4）：16-22.
1279. 张正伟. **抢抓机遇 错位发展 打造丝绸之路养老基地——助推灞桥区跨越式发展的思考**[J]. 祖国，2014（4）：37-39.
1280. 郭田勇，李琼. **“新丝绸之路”的经贸金融战略意义**[J]. 人民论坛（学术前沿），2014（4）：64-70.
1281. 丁晓星. **丝绸之路经济带的战略性与可行性分析——兼谈推动中国与中亚国家的全面合作**[J]. 人民论坛（学术前沿）：2014（4）：71-78.
1282. 冯宗宪. **中国向欧亚大陆延伸的战略动脉：丝绸之路经济带的区域、线路划分和功能详解**[J]. 人民论坛（学术前沿），2014（4）：79-85.
1283. 程长春，倪方方. **连云港打造新丝绸之路海上门户**[J]. 新西部，2014（4）：64-65.
1284. **西北五省区社科院协同研究丝绸之路经济带建设**[J]. 新西部，2014（4）：65.
1285. 赵童，徐汝灵. **新疆中欧班列摇响新丝绸之路的驼铃**[J]. 新西部（上旬刊），2014（4）：66.
1286. **中欧铁路大通道“渝新欧”国际班列助力丝绸之路经济带建设**[J]. 铁道货运，2014（4）：56.
1287. 肖子树. **丝绸之路经济带西宁节点的优势分析与探讨**[J]. 党的生活（青海），2014（4）：58.
1288. **海南代表团建议：支持在海上丝绸之路建设中发挥海南桥头堡作用**[J]. 海南人大，2014（4）：37-38.
1289. **中国谋略丝绸之路经济带构想**[J]. 新商务周刊，2014（4）：28-29.
1290. 朱峰. **中国提出丝绸之路经济带构想**[J]. 新商务周刊，2014（4）：30-32.
1291. **专访宁夏回族自治区主席刘慧 把宁夏打造为丝绸之路经济带战略支点**[J]. 新商务周刊，2014（4）：40-43.
1292. **陕西：打造丝绸之路经济带新起点**[J]. 新商务周刊，2014（4）：44.
1293. **甘肃：建设丝绸之路经济带黄金段**[J]. 新商务周刊. 2014（4）：45.
1294. **新疆：打造丝绸之路经济带核心区**[J]. 新商务周刊，2014（4）：47.
1295. **构建亚欧国际合作新格局：“丝绸之路经济带建设与连云港的独特地位”学术研讨会在连云港召开**[J]. 俄罗斯中亚东欧研究，2014（4）：94.
1296. 王海运，赵常庆，李建民，等. **“丝绸之路经济带”构想的背景、潜在挑战和未来走势**[J]. 欧亚经济，2014（4）：5-58，126.
1297. 李红. **青海省融人丝绸之路经济带建设的探析**[J]. 攀登，2014（4）：84-87.

1298. 杨伦庆，刘强，吴迎新，等. 广东推进建设 21 世纪海上丝绸之路的若干思考[J]. 海洋信息，2014（4）：25-28.

1299. 吴素芳. 把宁夏打造成丝绸之路经济带的战略支点[J]. 共产党人，2014（4）：36-37.

1300. 商务部新闻发言人姚坚就丝绸之路经济带建设有关情况答记者问[J]. 中国经贸，2014（4）：16-17.

1301. 姚超英. 共同打造丝绸之路经济带“黄金段”[J]. 中国商贸，2014（4）：15.

1302. 刘赐贵. 发展海洋合作伙伴关系推进 21 世纪海上丝绸之路建设的若干思考[J]. 国际问题研究，2014（4）：1-8，131.

1303. 刘作奎. 中东欧在丝绸之路经济带建设中的作用[J]. 国际问题研究，2014（4）：72-82.

1304. 徐海燕. 咸海治理：丝绸之路经济带建设的契入点[J]. 国际问题研究，2014（4）：83-93.

1305. 方煜东. 贵州：西南新丝绸之路经济带之重要通道[J]. 贵州大学学报（社会科学版），2014（4）：39-42.

1306. 围绕“丝绸之路经济带”重要思想，促进新疆的发展[J]. 新疆大学学报（社会科学哈文版），2014（4）：1-6.

1307. 李琪. 中国与中亚创新合作模式、共建“丝绸之路经济带”的地缘战略意涵和实践[J]. 陕西师范大学学报（哲学社会科学版），2014（4）：5-15.

1308. 吴崇伯. 融入国家“21 世纪海上丝绸之路”战略的优势与对策论析：以福建为例[J]. 华侨大学学报（哲学社会科学版），2014（4）：8-14.

1309. 顾华详. 共建丝绸之路经济带的新疆文化交流战略[J]. 陕西学前师范学院学报，2014（4）：87-92.

1310. 白永秀，王颂吉. 丝绸之路经济带：中国走向世界的战略走廊[J]. 西北大学学报（哲学社会科学版），2014（4）：32-38.

1311. 安锦，张煜. 新丝绸之路经济带建设背景下民族地区经济政策调整研究[J]. 四川省社会主义学院学报，2014（4）：31-35.

1312. 强晓云. “丝绸之路经济带”与中俄在中亚区域合作展望：俄罗斯视角的分析[J]. 上海商学院学报，2014（4）：69-74.

1313. 袁丹，雷宏振. 丝绸之路经济带经济联系与协调发展的社会网络分析[J]. 云南财经大学学报，2014（4）：61-67.

1314. 卫玲，戴江伟. 丝绸之路经济带：形成机理与战略构想——基于空间经济学语境[J]. 西北大学学报（哲学社会科学版），2014（4）：39-50.

1315. 戴永红，秦永红. 融入“丝绸之路经济带”建设：中巴能源通道的地缘政治经济思考[J]. 南亚研究季刊，2014（4）：23-28，4.

1316. 重庆团建议：将重庆定位为丝绸之路经济带起点[J]. 重庆与世界，2014（4）：12-13.

1317. 徐明华，孙建军，王文洪，等. 浙江舟山群岛新区：21 世纪“海上丝绸之路”的排头兵[J]. 当代社科视野，2014（4）：10-12.

1318. 许志瑜. 丝绸之路经济带建设与中国中东地区经济合作[J]. 国际经济合作，2014（4）：59-61.

1319. 赵宇. **中国外宣媒体应助力丝绸之路经济带建设**[J]. 中国广播电视学刊，2014（4）：15-17.

1320. 刘雅文. **两条丝绸之路让对外开放通道更顺畅**[J]. 中国石油和化工，2014（4）：18-21.

1321. **高铁为丝绸之路经济带插上腾飞的翅膀**[J]. 大陆桥视野，2014（4）：7.

1322. 赵晋平. **促进陆海丝绸之路建设的关键在行动**[J]. 中国发展观察，2014（4）：25-26.

1323. 曹伟. **新丝绸之路转型的“新思路”**[J]. 小康，2014（4）：70-72.

1324. 程广斌，王永静. **丝绸之路经济带：西部开发的新机遇**[J]. 宏观经济管理，2014（4）：62-63，68.

1325. 姚彤，张雷，隋云雁，等. **建设“丝绸之路经济带”核心区**[J]. 新疆画报，2014（4）：32-37.

1326. 高新才. **丝绸之路经济带与通道经济发展**[J]. 中国流通经济，2014（4）：92-96.

1327. 高月宏，宋俊锋，柯兴平. **体育文化重走丝绸之路**[J]. 新体育，2014（4）：92.

1328. 周励. **解读“丝绸之路经济带”**[J]. 西部大开发，2014（4）：36-38.

1329. **兰州市文联《丝绸之路》杂志社联合举办“毅然杯”丝绸之路·兰州文化散文大奖赛征稿启事**[J]. 丝绸之路，2014（3）：86.

1330. 王恭. **探索宝鸡在丝绸之路经济带建设中创新作为的路径与对策：“丝绸之路经济带建设与宝鸡外向型经济发展”研讨会综述**[J]. 宝鸡社会科学，2014（3）：57-61.

1331. **西北五省区社科院丝绸之路经济带建设研讨会暨《西北蓝皮书》协调会、院长联席会议在青海召开**[J]. 宁夏社会科学，2014（3）：2.

1332. 张文木. **丝绸之路与中国西域安全：兼论中亚地区力量崛起的历史条件、规律及其因应战略**[J]. 世界经济与政治，2014（3）：4-27，155.

1333. 邝明远. **张掖 以古丝绸之路重镇新亚欧大陆桥要道河西走廊腹地的声誉靓名天下**[J]. 中国地名，2014（3）：72-73.

1334. 刘国斌，杜云昊. **论东北亚丝绸之路之纽带：图们江区域（珲春）国际合作示范区建设的战略思考**[J]. 东北亚论坛，2014（3）：84-92，128.

1335. 作程勇. **建设丝绸之路经济带核心区推进新疆全方位开放**[J]. 大陆桥视野，2014（3）：22-24.

1336. **丝绸之路经济带建设：从理论到实践**[J]. 大陆桥视野，2014（3）：26.

1337. 刘江船. **找准定位，做强功能，着力打造丝绸之路经济带东方桥头堡**[J]. 大陆桥视野，2014（3）：27-29.

1338. 袁诚，宁广靖，刘姗. **“丝绸之路”再燃西部开发热情**[J]. 大陆桥视野，2014（3）：78-83.

1339. **霍尔果斯经济开发区：充分发挥自身优势，勇做丝绸之路经济带建设先行者**[J]. 大陆桥视野，2014（3）：55-57.

1340. **16省争抢丝绸之路建设机遇**[J]. 大陆桥视野，2014（3）：82-84.

1341. **打造丝绸之路经济带甘肃黄金段**[J]. 学习与研究，2014（3）：64-67.

1342. 胡国云. **南方丝绸之路经济带建设的重要意义**[J]. 中国党政干部论坛，2014（3）：96-97.

1343. 陈振杰. **从古地图中追寻“海上丝绸之路”的发展与变迁**[J]. 中国远洋航务，2014（3）：80-84.

1344. 周明. 地缘政治想象与获益动机：哈萨克斯坦参与丝绸之路经济带构建评估[J]. 外交评论（外交学院学报），2014（3）：136-156.
1345. 陈涛，王习农. 共建“丝绸之路经济带”路径探析[J]. 新疆社科论坛，2014（3）：56-59.
1346. 孙红旗. 加快推进我省融入海陆“丝绸之路”[J]. 江苏政协，2014（3）：19-20.
1347. 刘华芹，李钢. 建设“丝绸之路经济带”的总体战略与基本架构[J]. 国际贸易，2014（3）：4-9.
1348. 刘昌龙. 新疆兵团在“丝绸之路经济带”战略中的地位和作用[J]. 兵团党校学报，2014（3）：28-32.
1349. 刘红，呼义红. 抢抓“丝绸之路经济带”机遇 促进巴克图口岸快速发展[J]. 兵团党校学报，2014（3）：59-61.
1350. 王晓鸿，张慧. 甘肃新丝绸之路经济带的发展现状实证分析[J]. 中国发展，2014（3）：76-81.
1351. 强树军. “丝绸之路经济带”建设对金川集团项目投资机会推动作用之探讨[J]. 金川科技，2014（3）：65-70.
1352. 李承明. 丝绸之路新战略：专访西安市市长董军[J]，西部大开发，2014（3）：100-102.
1353. 西北五省区社科院丝绸之路经济带建设研讨会在西宁召开[J]. 青海社会科学，2014（3）：209.
1354. 任佳，王清华，杨思. 构建新南方丝绸之路参与“一带一路”建设[J]. 云南社会科学，2014（3）：1-6.
1355. 梅新育. “丝绸之路经济带”背后的物流战略价值[J]. 物流时代，2014（3）：26-28.
1356. 王喜莎. 新疆打造“丝绸之路经济带”核心区的思考[J]. 实事求是，2014（3）：41-43.
1357. 莘月，许亭玉，张龙琳，等. 中美博弈“新丝绸之路”的差异与实施预测[J]. 轻纺工业与技术，2014（3）：80-82.
1358. 李宁. 试析“丝绸之路经济带”的区域经济一体化[J]. 西北民族大学学报（哲学社会科学版），2014（3）：120-124.
1359. 赵华胜. “丝绸之路经济带”的关注点及切入点[J]. 新疆师范大学学报（哲学社会科学版），2014（3）：27-35，2.
1360. 刘松竹，吴尔江. 海上丝绸之路建设背景下广西与东盟经济合作深化问题研究[J]. 广西财经学院学报，2014（3）：44-47.
1361. 周英虎. 新疆在丝绸之路经济带中的地位、作用、问题与对策[J]. 广西财经学院学报，2014（3）：54-56，79.
1362. 白永秀，王颂吉. 丝绸之路经济带的纵深背景与地缘战略[J]. 改革，2014（3）：64-73.
1363. 陈万灵，何传添. 海上丝绸之路的各方博弈及其经贸定位[J]. 改革，2014（3）：74-83.
1364. 西咸新区空港新城：空中丝绸之路新起点[J]. 法治与社会，2014（3）：41.

（三）经济计划与管理

1. 单霁翔. 建设21世纪文化艺术的丝绸之路[J]. 瞭望，2015（14）：56-57.
2. 王改丽. 丝绸之路经济带背景下西北地区物流发展水平分析[J]. 合作经济与科技，2015（7）：5-7.

3. 崔锐. **新丝绸之路经济带背景下提升西宁市 CIS 价值分析**[J]. 经营管理者，2015（6）：166-167.

4. 科尔迪尤拉・拉斯托吉，让・弗朗西斯科・阿尔维斯. **欧亚大陆的联通性：贯通中亚的现代丝绸之路上的供应链效率**[J]. 对外传播，2015（5）：80.

5. 崔敏，魏修建. **西部物流业生产率变迁与发展异质性分析：基于丝绸之路经济带的构建**[J]. 软科学，2015（4）：29-32，47.

6. 刘玲，张国徽，李慧萍，等. **利用全国科技援疆机制推动丝绸之路经济带发展的构想**[J]. 科技成果管理与研究，2015（4）：50-53.

7. 陈恒，魏修建. **劳动力要素投入对区域物流发展的驱动效应：基于时间与空间视角下丝绸之路经济带西北地区的研究**[J]. 兰州学刊，2015（3）：135-146.

8. 王东华，张仲伍，高涛涛，等. **“丝绸之路经济带”中国段城市潜力的空间格局分异**[J]. 中国沙漠，2015（3）：837-842.

9. 崔宏凯，张林，江志娟. **中国西部物流业与经济发展的互动分析：基于丝绸之路经济带的省域实证研究**[J]. 技术经济与管理研究，2015（2）：101-105.

10. 马华，虎有泽. **丝绸之路经济带构建视域的清真食品认证体系完善**[J]. 甘肃社会科学，2015（2）：247-250.

11. PAVEL V RYKOV，李泽红. **新丝绸之路形成背景下哈萨克斯坦城市群发展研究（英文）**[J]. 资源与生态学报（英文版），2015（2）：101-105.

12. 张蕊，白永平，马卫. **新型城镇化质量与协调性研究：以“新丝绸之路”经济带为例**[J]. 资源开发与市场，2015（2）：204-206，244.

13. 袁丹，雷宏振. **丝绸之路经济带物流业效率及其影响因素**[J]. 中国流通经济，2015（2）：14-20.

14. 曹飞. **丝绸之路经济带城市可持续发展能力测度、预警与提升对策**[J]. 西安财经学院学报，2015（1）：83-88.

15. 阿布都伟力・买合普拉，张安虎. **阿拉山口构建丝绸之路经济带国际物流节点城市研究**[J]. 物流技术，2015（1）：52-54，73.

16. 李桂龙，魏恒姝. **丝绸之路经济带背景下新疆物流整合与产业集聚联动发展：基于灰色关联分析法的研究**[J]. 新疆农垦经济，2015（1）：30-35.

17. 刘文镇，陈萍. **携手“编织”海上“新丝路” 共谱品牌发展新篇章：首届中国（泉州）海上丝绸之路国际品牌博览会隆重举行**[J]. 中国品牌，2015（1）：54-55.

18. 中国（海南）改革发展研究院课题组. **把海南建设成为海上丝绸之路“南海基地”**[J]. 今日海南，2015（1）：11-14.

19. 王颂吉，白永秀. **丝绸之路经济带建设与西部城镇化发展升级**[J]. 宁夏社会科学，2015（1）：51-59.

20. 任秀芳，张仲伍，史雅洁，等. **2001—2010 年“新丝绸之路”经济带中国段城市经济时空演变**[J]. 中国沙漠，2015（1）：248-252.

21. 袁佳，魏磊. **中国对外基础设施投资的策略选择：基于“丝绸之路经济带”建设的思考**[J]. 海外投资与出口信贷，2015（1）：19-22.

22. 梁小丽. **西部地区保税物流中心对国际贸易的作用探析：基于“新丝绸之路”的视角**[J]. 全国商情（理论研究），2014（28）：83-84.
23. 张占斌，孙志远. **区域经济建设与城镇化发展的结合：丝绸之路经济带如何带动中西部城镇化发展**[J]. 人民论坛，2014（26）：22-24.
24. 周健. **提升城市人文精神打造海上丝绸之路明珠：以北海市为例**[J]. 产业与科技论坛，2014（24）：35-36.
25. 庄杰. **首届中国（连云港）丝绸之路国际物流博览会取得丰硕成果**[J]. 大陆桥视野，2014（21）：24-25.
26. 洪慧敏. **“浙江制造”扑向“丝绸之路”**[J]. 今日浙江，2014（20）：33.
27. 周萍，汪品霞，陈秋娟. **“海上丝绸之路”平台上对工商改革的共识**[J]. 工商行政管理，2014（19）：40-41.
28. 潘红洋. **丝绸之路经济带下的新疆企业价值研究**[J]. 商业经济，2014（19）：52-53，72.
29. 楚峰. **成就物流大产业格局：第十一届中国国际物流节·中国（连云港）丝绸之路国际物流博览会举办**[J]. 运输经理世界，2014（19）：26.
30. 吕子鹏. **新丝绸之路经济带下长江航运发展建议**[J]. 现代商贸工业，2014（18）：12-13.
31. **丝绸之路经济带　国际物流论坛**[J]. 交通标准化，2014（18）：136.
32. **弘扬丝绸之路精神　共创丝绸之路经济带繁荣发展　第九届丝绸之路市长论坛暨2014年丝绸之路经济带城市合作发展论坛在乌鲁木齐开幕**[J]. 大陆桥视野，2014（17）：24-26.
33. 王国巍. **论丝绸之路中的品牌战略思想**[J]. 丝绸之路，2014（14）：14-16.
34. 李刚. **“丝绸之路经济带”与会计准则协调**[J]. 中国管理信息化，2014（13）：12-13.
35. **打通新丝绸之路第一环**[J]. 大陆桥视野，2014（13）：84-85.
36. 商冠男. **新丝绸之路经济带背景下新疆中小企业内部控制研究**[J]. 智富时代，2014（12）：20.
37. 陈方健. **KTZ Express 连接新丝绸之路贸易：访 KTZ Express HK 的主席 Henrik Christensen 先生**[J]. 物流技术，2014（12）：16-18.
38. 段增福. **丝绸之路经济带广告业合作发展交流大会在西安召开**[J]. 工商行政管理，2014（12）：3.
39. 李永飞，童健. **丝绸之路经济带物流枢纽的构建分析：以西安为例**[J]. 中国储运，2014（12）：118-121.
40. **首届中国（泉州）海上丝绸之路国际品牌博览会　品牌先行　扬帆海上丝路**[J]. 中国对外贸易，2014（12）：16-17.
41. 张颖. **丝绸之路经济带大物流系统协调发展机理研究**[J]. 价格月刊，2014（12）：75-77.
42. **万事利的新丝绸之路**[J]. 杭州金融研修学院学报，2014（12）：48-50.
43. 李颖. **成就物流大产业格局：记第十一届中国国际物流节·中国（连云港）丝绸之路国际物流博览会**[J]. 物流时代，2014（11）：32-35.
44. 郭辉. **丝绸之路经济带背景下新疆经济增长与物流供给关系的实证研究：以投资、消**

费、出口为视角[J]. 通化师范学院学报，2014（11）：44-49.
45. 赵妍. “丝绸之路经济带”战略构想与新疆发展[J]. 人民论坛（中旬刊），2014（11）：218-220.
46. 郑林. 八省区合作成立丝绸之路经济带物流联盟[J]. 港口经济，2014（11）：54.
47. 培育发展创新品牌 推进一带一路战略：新丝绸之路创新品牌行活动周暨新疆创新品牌推进会举行[J]. 内江科技，2014（10）：1.
48. 仲其庄. 八省区共同成立“丝绸之路经济带物流联动发展合作联盟”首届连博会暨中国国际物流节在连云港拉开帷幕[J]. 大陆桥视野，2014（10）：18-19.
49. 抢抓丝绸之路新机遇 搭建物流合作大平台——“第十一届中国国际物流节”亮点提前看[J]. 物流时代，2014（10）：31-34.
50. 楚峰. 成就物流大产业格局——第十一届中国国际物流节·中国（连云港）丝绸之路国际物流博览会举办[J]. 运输经理世界（上半月），2014（10）：26.
51. 刘晓雷. 发挥内陆无水港在丝绸之路经济带中的重要作用[J]. 发展，2014（10）：12-15.
52. 仝新顺，秦小康. 郑州打造丝绸之路经济带物流通道枢纽的对策研究[J]. 物流工程与管理，2014（10）：15-16，20.
53. 第十一届中国国际物流节中国（连云港）丝绸之路国际物流博览会联袂演绎行业盛典[J]. 物流时代，2014（9）：24-25.
54. 周方，郭泰诚. 一位爱国商人的“新丝绸之路梦”：对话香港胜记仓集团董事局主席郭泰诚[J]. 全球商业经典，2014（9）：104-107.
55. 阿布都伟力·买合普拉. 基于丝绸之路经济带框架的新疆现代物流业发展路径[J]. 中国流通经济，2014（9）：34-39.
56. 金宗志，卢庆毅，林森林. 21世纪“海上丝绸之路”起航：北部湾亿吨大港崛起发力[J]. 当代广西，2014（9）：20-23.
57. 王宇. 千年丝路梦现代交通行首届丝绸之路国际卡车集结赛成功落幕[J]. 交通世界（运输·车辆），2014（9）：26-33.
58. 杨文. 丝绸之路经济带6国商会联盟将在连云港签约[J]. 大陆桥视野，2014（9）：84.
59. 文其祥. 发挥区位优势 融入丝绸之路经济带[J]. 大陆桥视野，2014（9）：83-84.
60. 郑小新，车海龙，关拥军. 加强区域物流合作 共建丝绸之路经济带 丝绸之路经济带亚欧大陆桥国际物流研讨会在乌鲁木齐召开[J]. 大陆桥视野，2014（9）：78-81.
61. 王雅静. 构建霍尔果斯国际化城市模式 打造丝绸之路经济带核心支点[J]. 大陆桥视野，2014（9）：70-77.
62. 龙泉. 丝绸之路核心是物流[J]. 运输经理世界，2014（9）：56-57.
63. 王之泰. 丝绸之路经济带的物流畅想[J]. 中国储运，2014（8）：39.
64. 楚峰. 抢抓丝绸之路新机遇，搭建物流合作大平台：第十一届中国国际物流节、中国（连云港）丝绸之路国际物流博览会将联袂举办[J]. 运输经理世界，2014（7）：22-23.
65. 熊燕舞. 续写东西交融的物流传奇：“首届丝绸之路国际卡车集结暨物流管理创新大赛”即将开赛[J]. 运输经理世界，2014（7）：16-17.
66. 吕同舟. 哈萨克斯坦物流企业看好新丝绸之路[J]. 中国远洋航务，2014（7）：18.

67. 魏修建，陈恒. 物流发展驱动要素对经济增长贡献度的区域差异性研究：基于丝绸之路经济带西北地区面板数据模型的实证分析[J]. 上海经济研究，2014（6）：14-22.
68. 刘宗义. 21 世纪海上丝绸之路建设与我国沿海城市和港口的发展[J]. 城市观察，2014（6）：5-12.
69. 雷晓峻. 天水加快丝绸之路经济带重点城市建设与发展的思路[J]. 天水行政学院学报，2014（6）：108-111.
70. 李忠民，于庆岩. 物流促进经济增长的空间异质性研究：以“新丝绸之路”经济带为例[J]. 经济问题，2014（6）：121-125.
71. 唐光海. 基于 DEA 的我国丝绸之路高技术产业创新效率研究[J]. 廊坊师范学院学报（自然科学版），2014（6）：68-71.
72. 国家规划三条铁路支持新疆大丝绸之路通道建设[J]. 上海物流，2014（6）：10.
73. Silk Road 丝绸之路经济带国际物流论坛[J]. 交通标准化，2014（6）：3.
74. 陆静. 东西方交融的物流传奇——打造丝绸之路经济带平台生态圈：访中国国际贸易学会信息中心主任迟懿[J]. 运输经理世界，2014（5）：44-47.
75. 唐洪森，马震洲. 舟山民营企业参与“21 世纪海上丝绸之路”对策建议[J]. 浙江海洋学院学报（人文科学版），2014（5）：25-29.
76. 高潮. 中国（连云港）丝绸之路国际物流博览会金秋十月举行[J]. 中国对外贸易，2014（5）：24.
77. 谭林，魏玮. 产城关系视角下我国丝绸之路沿线产业发展问题研究[J]. 西安交通大学学报（社会科学版），2014（5）：58-64.
78. 李忠民，夏德水. 我国丝绸之路经济带物流设施效率分析：基于 DEA 模型的 Malmqusit 指数方法[J]. 西安财经学院学报，2014（5）：71-77.
79. 支小军.“丝绸之路经济带”沿线兵团城镇空间结构优化与功能布局[J]. 新疆农垦经济，2014（5）：25-30.
80. 支小军，丁伟.“丝绸之路经济带”战略背景下天山北坡城市群的功能定位与布局[J]. 新农垦经济，2014（3）：24-27.
81. 陈晨，李树峰，毛海峰. 众多企业为丝绸之路经济带建设“先行探路”[J]. 中亚信息，2014（5）：24.
82. 李宁.“丝绸之路经济带”的物流业基础与建设[J]. 理论月刊，2014（5）：134-137.
83. 王之泰. 丝绸之路经济带：丝绸之路的升华[J]. 中国流通经济，2014（5）：11-15.
84. 李辉. 青岛市打造“海上丝绸之路”枢纽型城市的战略定位分析[J]. 青岛行政学院学报，2014（4）：32-37.
85. 郝渊晓，常亮，闫玉娟，等. 丝绸之路经济带区域物流一体化协调机制构建[J]. 陕西行政学院学报，2014（4）：87-89.
86.“共建 21 世纪海上丝绸之路”学术座谈会[J]. 城市观察，2014（3）：193.
87. 张秋生. 共建“丝绸之路经济带”的深层意蕴[J]. 资理环境与发展，2014（1）：39.
88. 郑小新，车海龙. 畅通亚欧大陆桥 建设丝绸之路经济带 中交协亚欧大陆桥物流分会在乌鲁木齐成立[J]. 大陆桥视野，2014（1）：65-67.
89. 仲其庄. 抢占“丝绸之路经济带”制高点 “丝绸之路经济带”中欧物流通道建设国际

交流会在郑州召开[J]．大陆桥视野，2014（1）：32-34.
90. **中国“海上丝绸之路”行君子之道**[J]．世界博览，2014（1）：92.
91. **市政府关于印发中国（连云港）丝绸之路国际物流博览会工作方案的通知**[J]．连云港市人民政府公报，2014（Z8）：14-24.
92. 李璐．**第二届新丝绸之路国际运输物流商务论坛在阿斯塔纳举行**[J]．大陆桥视野（上），2013（12）：16-19.
93. **郑州：布局“丝绸之路经济带”着力建中欧物流通道**[J]．物流技术（装备版），2013（12）：25.
94. 汪鸣，王彦庆．**丝绸之路经济带物流系统建设发展思路**[J]．交通建设与管理，2013（12）：20-23.
95. 王之泰．**“丝绸之路”，中国古代的物流网络**[J]．中国储运，2013（12）：31.
96. 丁俊发．**新丝绸之路的国际大战略**[J]．中国储运，2013（12）：30.
97. 纪寿文．**构建大陆桥物流服务体系推动“丝绸之路经济带”发展**[J]．大陆桥视野，2013（11）：49-53.
98. **丝绸之路集团：风雨兼程搞转型**[J]．企业家，2013（9）：56-57.
99. 岳焕．**走江南丝绸之路赏丝绸美丽风华：达利丝绸（浙江）有限公司文化之旅**[J]．经贸实践，2013（5）：29-30.
100. 徐树雄．**“新丝绸之路”上薪火相传：记中国-阿拉伯国家青年企业家峰会**[J]．共产党人，2013（Z1）：23-24.
101. 刘育红．**“新丝绸之路”经济带交通基础设施投资与经济增长的动态关系分析**[J]．统计与信息论坛，2012（10）：64-70.
102. 王晓燕，范少言．**丝绸之路沿线国内城市竞合战略研究**[J]．西北大学学报（自然科学版），2011（4）：693-698.
103. **新丝绸之路从宁夏崛起：记宁夏蚕宝科技实业有限公司**[J]．宁夏画报（生活版），2011（2）：106.
104. 王文正．**企业需要经历“死去活来”：浙商全国理事会“虚拟董事会”走进丝绸之路集团**[J]．浙商，2010（17）：59.
105. 吴金勇．**张万军：丝绸之路上的淘金客**[J]．中国企业家，2010（16）：62-63.
106. **中日新丝绸之路企业合作论坛开幕**[J]．大陆桥视野，2010（10）：17.
107. 叶梅魁，汪成明．**丝绸之路：用爱稳住员工**[J]．企业家，2010（3）：50.
108. 陈秀芬．**“新丝绸之路”时代我国酒店业面临的挑战及应对措施**[J]．管理观察，2010（2）：87-88.
109. 穆途．**伊朗人在美国水烟重燃丝绸之路**[J]．商业故事，2010（2）：54.
110. 卓巧金．**泉州质监：腾飞在海西建设的“丝绸之路”上**[J]．福建质量技术监督，2010（1）：27.
111. 冯洁．**“我只是工人”：记浙江丝绸之路集团董事长凌兰芳**[J]．浙江经济杂志，2009（7）：43-45.
112. 林备战．**打造“新丝绸之路”金字品牌**[J]．大陆桥视野，2009（7）：19-20.
113. **“钢铁丝绸之路”令人瞩目**[J]．大陆桥视野，2009（7）：16.

114. 杨益云. 创业是为了分享：丝绸之路集团董事长凌兰芳的经营之道[J]. 企业家，2009（6）：79.
115. 吴采莲. 底气、勇气和智慧：访中国·丝绸之路集团董事长凌兰芳[J]. 长三角，2009（4）：52-54.
116. 王西雷. 丝绸之路：在转型中突围[J]. 企业家，2009（3）：33-34.
117. 陈铭勋. 海西泉州 时代通沟 历史丝绸之路起点 今朝开启“三通”先河[J]. 发展研究，2009（2）：80-82.
118. 全国百家和谐劳动关系模范企业 全国就业与社会保障先进企业：丝绸之路控股集团有限公司[J]. 企业家，2008（11）：F0003.
119. 任守德. 民营经济在“新丝绸之路”开发中大有作为[J]. 大陆桥视野，2008（8）：56-57.
120. 王跃. 南方丝绸之路（连载）——川商奇人樊孔周[J]. 四川省情，2008（4）：46-47.
121. 丝绸之路系列申报世界遗产国际协商会在西安召开[J]. 中国文化遗产，2008（3）：111.
122. 千年等一回“南海 1 号”出水建广东海上丝绸之路博物馆[J]. 收藏·拍卖，2008（1）：10.
123. 丝绸之路明珠城市[J]. 领导决策信息，2007（28）：18.
124. 涂兰敬. MES 让“丝绸之路”更宽广[J]. 软件世界，2007（23）：76-77.
125. 闫鑫. 进入荷兰市场的丝绸之路[J]. 进出口经理人，2007（8）：36-37.
126. 徐友龙. 不求 500 强 但求 500 年——丝绸之路构建和谐企业文化纪实[J]. 观察与思考，2007（3）：42-45.
127. 崔鹏，江南. 物流运输：丝绸之路新动力——“丝绸之路新动力”高峰论坛在新疆乌鲁木齐举行[J]. 商用汽车，2006（12）：34-35.
128. 刘俊丽. 丝绸之路集团获全国先进民营企业称号[J]. 企业世界，2006（12）：40.
129. 丝路明珠 光耀天下 联合国发起新丝绸之路明珠城市评选活动 设立联合国丝绸之路城市奖[J]. 大陆桥视野，2006（10）：8-11.
130. 民营油商拟开辟燃油“丝绸之路”以谋成本新低[J]. 中国石油石化，2005（4）：78.
131. 孙毅. 丝绸之路新“花雨”——中国民企在吉尔吉斯斯坦[J]. 中国乡镇企业，2004（11）：40-41.
132. 张艳蕊. 利乐开创者的“丝绸之路”[J]. 中国食品工业，2004（3）：18-19.
133. 赵昂，季华，李辉. 雪域丝绸之路走向南亚——成都天友“走出去”的经验与启示[J]. 四川省情，2003（7）：26-27.
134. 史俊，朱道先，饶汉生. 叶日民的“丝绸之路”[J]. 老区建设，2003（7）：20-21.
135. 曹鸿，严国荣，席平. “新丝绸之路”开发的近期目标——关于建立“连云港西安港务区”的可行性研究[J]. 唐都学刊，2002（2）：23-26.
136. 孙莉. 开拓当代的“丝绸之路”[J]. 今日中国（中文版），2001（1）：76-80.
137. 张利康. 丝绸之路在这里延伸——上海丽丝都时装有限公司记事[J]. 上海农村经济，1998（8）：19-21.
138. 石净，午言. “丝绸之路”友谊桥——记北京元隆丝绸股份有限公司[J]. 中国对外贸易，1997（7）：40.
139. 程相和. 九十年代的丝绸之路——记徐汇纺织品公司[J]. 上海财税，1996（3）：28-29.
140. 青岛“一带一路”新亚欧大陆桥经济走廊主要节点城市海上合作战略支点城市 [J]. 走

向世界，2015（20）：47.

141. 北京交通大学丝绸之路研究中心.《丝路话语》学术研讨会在京召开[J]. 北京交通大学学报（社会科学版），2015（3）：69.
142. 陈静. “一带一路”对我国企业的管理带来新的转变 [J]. 中外企业家，2015（11）：33.
143. 一带一路拟建在建工程规模达万亿[J]. 企业决策参考，2015（10）：6-8.
144. “一带一路”智库合作联盟成立宣言[J]. 中国投资，2015（9）：15.
145. 陈沁，黄山. “一带一路”的科伦坡因素[J]. 新世纪周刊，2015（9）：28-31.
146. 王嘉琦. “一带一路”战略产业结构模式（下篇）：城镇文化庄园经济集聚带[J]. 中国房地产，2015（8）：40-45.
147. 霍建国. “一带一路”是战略构想不是“工程项目”[J]. 中国科技投资，2015（8）：36-39.
148. 庞彪. 聚焦“一带一路”基础设施互联互通先行[J]. 中国物流与采购，2015（8）：32-35.
149. 单涛，杨亮. 一带一路战略对中小物流企业融资思考[J]. 财经界，2015（8）：108-109.
150. 林毅夫. “一带一路”需要加上“一洲”[J]. 党政论坛，2015（8）：32.
151. 罗莉. 基于一带一路理念下的企业对外直接投资区位选择[J]. 商场现代化，2015（7）：10.
152. 黄庶冰. “一带一路”战略背景下广西物流业发展的机遇与挑战分析[J]. 企业技术开发，2015（7）：117-119.
153. 李向阳. “一带一路”建设谨防政策误区[J]. 瞭望，2015（7）：56-57.
154. 王莹，王呈仓. “一带一路”战略下企业的国际化发展思路[J]. 北方经贸，2015（6）：25-26.
155. 李诗洋. “一带一路”系列政策加速企业“走出去” [J]. 国际融资，2015（6）：55-58.
156. 周益，王常华. “一带一路”背景下海南城乡社区服务管理发展研究[J]. 安徽文学（下半月），2015（6）：156-157.
157. 一带一路那么热 物流业而要冷静面对[J]. 物流科技，2015（6）：1.
158. 张方星. 浅谈“一带一路”战略中如何推进我国会计国际化[J]. 工程经济，2015（5）：124-128.
159. 陈少翠. “一带一路”孕育下的建筑行业新发展：以浙江省建设投资集团有限公司发展为例[J]. 中外建筑，2015（5）：147-148.
160. 卞文志. 自贸区与“一带一路”战略结合，物流业助推四地自贸区建设[J]. 智富时代，2015（5）：10-11.
161. 陈文秀. “江西建设”品牌引总书记关注 343 家赣企已布局“一带一路”[J]. 质量探索，2015（5）：21.
162. 项瑜. 基于“一带一路”背景下烟草企业营销战略研究[J]. 品牌（下半月），2015（5）：9-10.
163. 汪德荣. “一带一路”背景下的广西北部湾港现代物流体系建设研究[J]. 物流技术，2015（5）：24-26，34.
164. 泽华. “一带一路”与文化复兴[J]. 企业文化，2015（5）：9-11.
165. 王宇. “一带一路”迎风远行[J]. 当代金融家，2015（5）：100-101.

166. 刘全保，黄芳芳. 布局一带一路，商会如何下棋？[J]. 经济，2015（5）：144-146.
167. 汪鸣. “一带一路”背景下物流业需冷思考[J]. 物流时代，2015（5）：22.
168. 杨振洲. 拥抱“一带一路”，雷沃装载机大力突破海外市场[J]. 施工企业管理，2015（5）：118.
169. 沈蓉. 政府引导、企业主导，实施“一带一路”战略[J]. 中国科技论坛，2015（5）：1.
170. 赵丽芳. 带 CSR 上路：“一带一路”战略下中国企业的必然选择[J]. WTO 经济导刊，2015（5）：20-25.
171. 王之泰. “一带一路”，物流先行[J]. 中国储运，2015（5）：41.
172. 姜超峰. 物流企业该为“一带一路”做些什么？[J]. 中国储运，2015（5）：39.
173. 李向阳. “一带一路”建设谨防政策误区[J]. 领导科学，2015（5）：20.
174. “一带一路” + 亚投行 = ？[J]. 企业界，2015（4）：41.
175. 中国再出发：一带一路 + 亚投行 = ？——解读一带一路有什么内容？对你意味着啥？[J]. 企业界，2015（4）：38-39.
176. “一带一路”：乌鲁木齐打造中亚服装之都[J]. 网印工业，2015（4）：59.
177. 程小勇. “一带一路”：给再生铜行业转型升级带来新出路[J]. 资源再生，2015（4）：19-22.
178. 2015 两会“一带一路”提案议案汇总[J]. 能源评论，2015（4）：54-55.
179. 高潮. 埃及寻求“一带一路”与中企合作“契机”[J]. 中国对外贸易，2015（4）：68-69.
180. 吕俐，王艺静. “一带一路”蓝图绘就[J]. 中国勘察设计，2015（4）：10.
181. 宓红. “一带一路”战略背景下的宁波民营企业“走出去”[J]. 宁波经济（三江论坛），2015（3）：17-19，4.
182. 张芽芽，谭喆. “一带一路”战略助力中国品牌成长[J]. 中国品牌与防伪，2015（3）：47.
183. 黄庶冰. “一带一路”战略背景下广西物流业发展的机遇与挑战分析[J]. 企业技术开发（学术版），2015（3）：117-119.
184. 张意，李思媛. “一带一路”推动民族品牌走向世界：访全国人大代表、三全集团董事长陈泽民[J]. 中国品牌与防伪，2015（3）：27.
185. 天酬. “一带一路”战略倒逼国内物流[J]. 中国储运，2015（3）：12.
186. 李峥. “一带一路”蕴含新契机[J]. 现代制造，2015（2）：1.

（四）农业经济

1. 新丝路 长生态 刘兆平“丝绸之路”系列作品欣赏[J]. 艺术市场，2015（14）：86.
2. 邹阳. 丝路文化艺术魅力[J]. 艺术市场，2015（11）：88.
3. “一带一路”具体方案出炉：中央人才工作协调小组研究建设“一带一路”人才开发政策措施[J]. 中国人才，2015（9）：4.
4. 姚婷. 筑梦“一带一路”——“一带一路”，中国版的“马歇尔计划”？[J]. 检察风云，2015（9）：40-41.
5. 韩冰曦，张虹. 把握“一带一路”契机探索山区治理新路：连云港市赣榆区厉庄镇山区治理与现代农业调研报告[J]. 人民论坛，2015（7）：68-70.

6. 龙通平. **把握“一带一路”战略下的农业机遇**[J]. 农村工作通讯，2015（7）：1.
7. 阮仪三. **“一带一路”路线图正式公布 河南发展迎来重大利好**[J]. 党的生活（河南），2015（7）：5.
8. **“一带一路”机遇与挑战并存** [J]. 中国报道，2015（5）：13.
9. **一带一路战略下的中国设施农业**[J]. 中国农村科技，2015（5）：30-35.
10. **把握“一带一路”战略带给我国农村发展的新机遇**[J]. 中国农村科技，2015（5）：4.
11. 王璐. **助推“一带一路”经济建设发展的思考**[J]. 中国边防警察，2015（5）：102.
12. 孙兆军. **陕西·千阳将建丝绸之路苹果公园**[J]. 中国果业信息，2015（5）：50.
13. 傅国华，张晖，张琪. **创建热带农业跨国产业链 率先嵌入海上丝绸之路**[J]. 今日海南，2015（5）：26-28.
14. 陈同滨. **丝路价值解读：融合 交流 对话 全球视野中的“丝绸之路：长安一天山廊道的路网”** [J]. 世界遗产，2015（5）：31-38.
15. **福建省构建21世纪海上丝绸之路**[J]. 渔业致富指南，2015（5）：10-11.
16. **抢抓“一带一路”机遇 努力打造“海上澄迈”** [J]. 中国名城，2015（5）：95.
17. 贾涛，谷越峰. **印度在建设“一带一路”中的地位分析**[J]. 青年与社会（下），2015（5）：223-224.
18. 孙小荣. **旅游业抢抓“一带一路”发展新机遇**[J]. 旅游时代，2015（4）：6-9.
19. 于敏. **“一带一路”带农业“走出去”** [J]. 农村·农业·农民（B版），2015（4）：9-10.
20. 刘鑫杰. **“丝绸之路经济带”背景下再谈新疆建立棉花期货交易所**[J]. 对外经贸，2015（4）：115-116.
21. 程宝栋，秦光远，宋维明. **“一带一路”战略背景下中国林产品贸易发展与转型**[J]. 国际贸易，2015（3）：22-25.
22. 尚勋武. **依托新丝绸之路经济带 建设国家粮食和畜产品战略区**[J]. 发展，2015（3）：40.
23. 吾斯曼·吾木尔，布娲鹣·阿不拉，丁世豪. **中国与新丝绸之路经济带沿线国家农产品贸易研究：可行性与特征**[J]. 农业经济，2015（3）：111-113.
24. 施由明. **论河口、九江及江西茶叶与“一带一路”** [J]. 农业考古，2015（2）：172-178.
25. 曹秋秀. **“一带一路”视野下的海南旅游新机遇：访中国旅游研究院副院长张栋**[J]. 今日海南，2015（2）：10-12.
26. 杜兰. **“一带一路”倡议：美国的认知和可能应对**[J]. 新视野，2015（2）：111-117.
27. 周方冶. **21世纪海上丝绸之路战略支点建设的几点看法**[J]. 新视野，2015（2）：105-110.
28. 李兴，张晗. **“丝绸之路经济带”框架与东盟机制比较研究“10+8”** [J]. 新视野，2015（2）：98-104.
29. 龚新蜀，刘宁. **中俄农产品产业内贸易水平与结构分析：基于丝绸之路经济带战略背景**[J]. 亚太经济，2015（2）：50-54.
30. 刘苗苗. **丝绸之路：看得见的精神遗产**[J]. 瞭望，2015（2）：58-59.
31. 周燕. **打造丝绸之路经济带创新高地：专访新疆建设兵团八师石河子市党委常委、副师长郭长明**[J]. 中国高新区，2015（1）：60-62.
32. 丁世豪，布娲鹣·阿布拉. **丝绸之路经济带背景下中国与土耳其的农产品贸易优化之**

路[J]．对外经贸实务，2015（1）：47-50．

33．这里，是汕头的下一个十年："华侨合作试验区"起航"海上丝绸之路"[J]．学习之友，2015（1）：44-47．

34．中书．"丝绸之路"全国书法作品展在西安隆重开幕[J]．青少年书法（青年版），2015（1）：71．

35．调研组成员．海南省参与"海上丝绸之路"建设的政策建议[J]．理论动态，2015（1）：36-44．

36．张芸，杨光，杨阳．"一带一路"战略：加强中国与中亚农业合作的契机[J]．国际经济合作，2015（1）：31-34．

37．黄日涵．从"丝绸之路"到"一带一路"[J]．时事报告（大学生版），2015（1）：107-109．

38．"丝绸之路"大型文物展落下帷幕[J]．福建艺术，2015（1）：79．

39．李星，刘锦男．南珠产业在"21世纪海上丝绸之路"的战略地位[J]．中国市场，2014（52）：70-71．

40．白福臣．加快海洋渔业合作　推进海上丝绸之路建设[J]．新经济，2014（31）：35-36．

41．孙省利，李星．徐闻南珠产业在21世纪海上丝绸之路中的战略地位[J]．港澳经济，2014（31）：61-66．

42．童荣萍．打造陕西农产品丝绸之路冷链物流的对策探讨[J]．现代商业，2014（28）：53-54．

43．杜兵兵．丝绸之路与中阿经贸的关系[J]．商情，2014（28）：66．

44．张琴，徐淑江．开启创新农业技术合作　探寻现代农业"丝绸之路"　金正大集团与以色列利夫纳特集团签署战略合作[J]．中国农资，2014（26）：3．

45．黑龙江丝绸之路经济带辐射东部沿海[J]．大陆桥视野，2014（23）：75-76．

46．新型能源安全视角下的"丝绸之路"[J]．中国科技投资，2014（23）：55-57．

47．邓晶琎，彭雅惠．湖南货，沿"丝绸之路"一路向西[J]．华商，2014（22）：10-11．

48．潘杰．比特币消失中"丝绸之路"[J]．方圆，2014（20）：56-59．

49．杜兵兵．浅谈丝绸之路与阿拉伯文化[J]．魅力中国，2014（18）：90．

50．李彩凤．寻找丝绸之路上的美食[J]．投资与理财，2014（15）：104-105．

51．争锋中亚、南亚：美国版"新丝绸之路"VS中国版"丝绸之路经济带"[J]．新华月报，2014（14）：82-87．

52．交通运输部："六方面"推进"丝绸之路"交通建设[J]．中国招标，2014（13）：38．

53．朱小龙，王昕，曹轶．"一带一路"助力中阿全面深化合作[J]．中国名牌，2014（13）：38．

54．宿萌．优化陕西历史文化产业　再塑丝绸之路新起点[J]．卷宗，2014（11）：498．

55．陈云岗．中国国家画院雕塑院"丝绸之路"考察活动日志[J]．中华儿女（海外版），2014（11）：24-27．

56．哈斯叶提·居马，李康强．中吉边检共建丝绸之路经济快车道[J]．大陆桥视野，2014（11）：84-85．

57．张书峰．丝绸之路：东西方的文明之路[J]．美与时代（城市），2014（11）：136．

58．赵记伟．重启"丝绸之路"[J]．法人，2014（11）：12-16．

59．浩然．聚焦沙产业与新能源利用　企业瞄准丝绸之路产业带[J]．中国质量万里行，2014（10）：88．

60. 海上丝绸之路国际渔业合作论坛圆满落幕[J]. 当代水产，2014（10）：44.
61. 张继平. 借助合作共建“数字丝绸之路”[J]. 网络传播，2014（10）：38-39.
62. 刘娜. 丝绸之路上的游牧文明和畜牧经济：访我国著名植物学家和草原生态学家刘书润[J]. 金融博览，2014（9）：14-15.
63. 熊柏林. 中国茶 要融入“一带一路”建设中去[J]. 茶世界，2014（8）：34-38.
64. 紫苏. 驼铃声声 丝绸飘飘：“丝绸之路”成功入选世界文化遗产名录[J]. 中外文化交流，2014（7）：62-68.
65. 韦有周，赵锐，林香红. 建设“海上丝绸之路”背景下我国远洋渔业发展路径研究[J]. 现代经济探讨，2014（7）：55-59.
66. 张抗. 新丝绸之路中的地缘经济新思维[J]. 经济与社会发展研究，2014（6）：20-23.
67. 谢力丹. 陈炎：中国研究“海上丝绸之路”的先驱 [J]. 团结，2014（6）：27-30.
68. 张明沛. 以改革创新精神推动农垦成为新丝绸之路的龙头：学习十八届三中全会文件谈农垦改革[J]. 市场论坛，2014（5）：10-11.
69. 舒鑫. 立足农业开发与资源贸易，联通丝路新经济乌兹别克斯坦在“丝绸之路经济带”构建中的定位思考[J]. 中亚信息，2014（4）：20-21.
70. 四川抢位“丝绸之路”新机遇[J]. 经营管理者，2014（4）：56-59.
71. “大运河”“丝绸之路”项目申遗成功[J]. 时事资料手册，2014（4）：108-109.
72. 张梅颖. 让思想的丝绸之路永放光芒 [J]. 群言，2014（4）：12-13.
73. 崔志梅. 丝绸之路经济带建设对和静县林业发展的影响和对策[J]. 农业与技术，2014（3）：68.
74. 黑龙江省农垦牡丹江管理局. 奏响中俄邦交“新友谊” 谱写“丝绸之路”新篇章——黑龙江省农垦牡丹江管理局关于“一带一路”建设的发展思路[J]. 农场经济管理，2014（3）：7-9.
75. 王福田. 发挥丝绸之路经济带优势 促进团场职工多元增收：以第十二师 227 团为例[J]. 新疆农垦经济，2014（3）：34-46.
76. 王福田. 发挥丝绸之路经济带优势 促进团场职工多元增收：以十二师 221 团为例[J]. 新疆农垦经济，2014（3）：28-33.
77. 茹仙姑·买买提. 抢抓丝绸之路经济带机遇发展喀什畜牧业初探[J]. 时代经贸（下旬），2014（3）：71.
78. 韩星海. 丝绸之路中国茶 [J]. 柴达木开发研究，2014（3）：63-64.
79. 陈阳. 新丝绸之路经济带崛起助推新疆棉花现代物流业的发展[J]. 中国棉花加工，2014（2）：43-44.
80. 贵阳生态白茶成为“丝绸之路”贸易复苏新亮点[J]. 茶博览，2014（2）：92.
81. 王建荣，冯卫英. 探索海上丝绸之路与中国茶的传播[J]. 农业考古，2014（2）：209-214.
82. 徐子钦.《丝绸之路：大西北遗珍》展[J]. 陇右文博，2014（2）：94.
83. 段爱萍. 论恢复建造西安张载纪念设施的意义：“丝绸之路”经济带核心城市文化特色研究[J]. 长安学刊（哲学社会科学版），2014（1）：20-22，28.
84. “丝绸之路经济带”的战略意义[J]. 大陆桥视野，2013（19）：9.
85. 曾剑波. 丝绸之路长途跋涉的西瓜[J]. 北京农业，2013（16）：15.

86. 新疆：再走“丝绸之路”[J]. 中国民商，2013（10）：13.
87. 第二十二届中国丝绸之路吐鲁番葡萄节开幕[J]. 新疆人文地理，2013（8）：110.
88. 丝绸之路系德地理学家命名[J]. 才智（智慧版），2013（7）：59.
89. 赵榆. 绢上的“丝绸之路”[J]. 中国收藏，2013（5）：166-168.
90. 李易峰. “疆电外送新辉煌”谱写“丝绸之路”[J]. 大陆桥视野，2013（1）：64-66.
91. 王涛. 亚欧专家聚首新疆探讨复兴丝绸之路[J]. 大陆桥视野，2012（19）：66-68.
92. 鲁人勇. 千年文明 丝路流长：丝绸之路 人类永恒的文化财富[J]. 集邮博览，2012（5）：23-25.
93. 甘肃：把合作社建成联结农户与市场的“丝绸之路”[J]. 中国农民合作社，2012（2）：37-38.
94. 邵妙苗. 蚕茧成就奇迹：全国人大代表、江苏富安茧丝绸股份有限公司董事长卢克松的新丝绸之路[J]. 神州，2011（30）：24-29.
95. 张高陵. 从“玉石之路”到“丝绸之路”[J]. 中国商人，2011（12）：104-107.
96. 严组山，王金全. “丝绸之路”的开拓者[J]. 党的生活（江苏），2011（6）：43.
97. 吴采莲. 丝绸之路：担当文化产业先锋[J]. 长三角，2011（3）：25.
98. 冯春营. 方城县柞蚕产业与丝绸之路文化[J]. 北方蚕业，2011（3）：64-65.
100. 文明交流的主轴 东西互动的源脉 丝绸之路不仅仅是一条路 它是一个梦开始的地方[J]. 汽车实用技术（自驾游），2010（12）：16-21.
101. 驰骋15000公里带回荣耀和激情 在欧洲向东方致敬：“丝绸之路复兴之旅”大型采访考察活动国外段全记录 [J]. 汽车实用技术（自驾游），2010（11）：122-123.
102. 黔江的“丝绸之路”[J]. 当代党员，2010（5）：26-28.
103. 周健，通侨. 叩开中非“丝绸之路”[J]. 华人时刊，2010（2）：4-6.
104. 关于将山东暨日照纳入“丝绸之路”国家旅游线路的建议[J]. 大陆桥视野，2010（1）：68.
105. 赵宏. “丝绸之路”的起源与发展[J]. 西安翻译学院学报，2010（1）：76-80.
106. 戴小华，郝琳文. 增进了解 加强合作 促进友谊 中伊携手再走“丝绸之路”：访伊朗伊斯兰共和国驻华大使贾瓦德·曼苏里[J]. 中国经贸，2009（13）：18.
107. 谢志刚. 壮大桑蚕丝绸生产加工基地 打造河池现代丝绸之路[J]. 广西经济，2009（11）：30-32.
108. 徐习军. 古代丝绸之路的当代延伸[J]. 大陆桥视野，2009（7）：45-48.
109. 唐慎. 加强区域交流合作 再创丝绸之路辉煌[J]. 大陆桥视野，2009（7）：24-25.
110. 许立柱，张潇，苏艳利. 秦都：一颗镶嵌在古丝绸之路上的璀璨明珠[J]. 新西部，2009（4）：56.
111. 杨学东. 弘扬拼搏精神 再造南丝绸之路新篇章[J]. 四川蚕业，2009（2）：10-11，27.
112. 日全食将现“丝绸之路”[J]. 中国新闻周刊，2008（27）：14.
113. 阿达莱提·塔伊尔. “丝绸之路”古国畅游 [J]. 大陆桥视野，2008（12）：62.
114. 让“丝绸之路”越走越宽广：记“风云浙商”、丝绸之路控股集团有限公司董事长凌兰芳[J]. 浙江人事，2008（6）：28.

115. **欧亚 19 国重振丝绸之路**[J]. 中国西部，2008（3）：15.
116. **中国将与周边 7 国再建丝绸之路 造价 192 亿美元**[J]. 国际工程与劳务，2007（10）：58.
117. 王文正. **“丝绸之路”上的人文情怀——记“4050”领军人物凌兰芳**[J]. 经贸实践，2007（1）：34.
118. 邵芳卿. **福建荷兰携手打造花卉“丝绸之路”**[J]. 绿色大世界，2007（Z1）：5.
119. **新丝绸之路开拓者 江苏富安茧丝绸股份有限公司**[J]. 江苏农村经济，2006（8）：I0003.
120. 江煜伟，李兰维. **我国绿洲农业的特征和发展方向——以“丝绸之路”沿线的绿洲农业为例**[J]. 赤峰学院学报（汉文哲学社会科学版），2006（5）：52-54.
121. 漾娜（译）. **土库曼斯坦建设钢铁“丝绸之路”**[J]. 大陆桥视野，2006（3）：32.
122. 庞宝林. **掘金“丝绸之路”**[J]. 新财富，2005（12）：14-17.
123. 宋铭宝. **喀什的“新丝绸之路”**[J]. 今日新疆，2005（9）：32.
124. 薛作仁，马永鸿. **云南：重架“南方丝绸之路”**[J]. 物流时代，2005（6）：30-32.
125. 陶红. **乌鲁木齐再铺“丝绸之路”**[J]. 中外文化交流，2005（5）：27.
126. 向仲怀. **21 世纪丝绸之路新的里程碑**[J]. 生命世界，2005（2）：26.
127. 梅宇. **茶世界**[J]. 茶叶经济信息，2004（9）：18-20.
128. 刘卫东，王兴. **古丝绸之路绽辉煌——记晒经乡调整产业结构发展蚕桑生产纪实**[J]. 四川蚕业，2004（3）：56-57.
129. **丝绸之路的背景不再是骆驼和沙漠**[J]. 蚕学通讯，2004（1）：27.
130. 向仲怀. **21 世纪的丝绸之路——2002 年新春寄语**[J]. 江苏蚕业，2002（1）：1-2.
131. 许发号. **丝绸之路上的冰雪奇葩——新疆于田县供销社改革侧记**[J]. 中国供销合作经济，2001（2）：67-70.
132. 朱宗才，李奕仁. **古时丝绸之路明日桑海蚕乡：中国西部开发蚕丝业的战略思考与建议**[J]. 中国蚕业，2000（3）：4-6.
133. 强强. **丝绸之路与早期中国的外来语**[J]. 北方蚕业，1997（2）：47.
134. **构筑通向富裕的“丝绸之路”——关于镇安县兴桑养蚕的调查** [J]. 陕西林业，1995（1）：19-20.
135. 王昭耀. **走向市场的“丝绸之路”——金寨县茧丝绸一体化经营的调查**[J]. 决策咨询，1994（1）：11-13.

（五）工业经济

1. 王韬. **新丝绸之路是合作之旅**[J]. 中国新闻周刊，2015（8）：59.
2. 秦曦，雷成虎. **新丝绸之路经济带资源型上市公司绩效评价研究**[J]. 商场现代化，2015（7）：262-263.
3. 姚强. **“海上丝绸之路”战略下的新挑战**[J]. 施工企业管理，2015（6）：22-23.
4. 张磊. **“丝绸之路经济带”框架下的能源合作**[J]. 经济问题，2015（5）：6-11.
5. 王绍刚，周凯，朱起鹏. **“融形于境” 丝绸之路保护管理设施的设计追求**[J]. 世界遗产，2015（5）：60-61.

6. 石材行业开启“丝绸之路”中国行 搭建国际石材业界合作平台[J]. 石材，2015（4）：25.
7. 高志刚，江丽. “丝绸之路经济带”背景下中哈油气资源合作深化研究[J]. 经济问题，2015（4）：10-14.
8. 蔡珍美. 海上丝绸之路视角下的福建先进制造业人力资源提升策略[J]. 牡丹江大学学报，2015（4）：29-32.
9. 刘晓婵. 基于丝绸之路视角的中国与中亚能源合作研究[J]. 经济论坛，2015（4）：134-136.
10. 5月1日起开展丝绸之路经济带海关区域通关一体化改革[J]. 甘肃金融，2015（4）：5.
11. 张曼倩. 架设天基新丝绸之路：中国卫星全球服务联盟举办新闻发布会[J]. 卫星应用，2015（4）：65-66.
12. 刘明辉. 丝绸之路经济带背景下中哈能源消费结构与经济增长关联性比较分析[J]. 新疆农垦经济，2015（4）：52-58，82.
13. 郭菊娥，王树斌，夏兵. “丝绸之路经济带”能源合作现状及路径研究[J]. 经济纵横，2015（3）：88-92.
14. 白永秀，王颂吉. 价值链分工视角下丝绸之路经济带核心区工业经济协同发展研究[J]. 西北大学学报（哲学社会科学版），2015（3）：41-49.
15. 邹岚. 从丝绸之路文化看现代服饰品牌文化的建设：以本土品牌“例外”为例[J]. 大众文艺，2015（3）：269.
16. 朱雄关. 丝绸之路经济带战略中的中俄能源合作新机遇[J]. 思想战线，2015（3）：120-122.
17. 张淼，宋锋华. 丝绸之路经济带背景下的新疆工业企业经济绩效研究[J]. 财经理论研究，2015（2）：14-25.
18. 刘明辉. 丝绸之路经济带背景下新疆石化产业升级路径探析[J]. 新疆社科论坛，2015（2）：26-31.
19. 石莹，何爱平. 丝绸之路经济带的能源合作与环境风险应对[J]. 改革，2015（2）：115-123.
20. 肖信生，严小光. 古丝绸之路的黄金通道[J]. 中国政协，2015（2）：74-75.
21. 罗佐县，杨国丰，卢雪梅，等. 中国与东盟油气合作的现状及前景探析兼论油气合作在共建海上丝绸之路中的地位[J]. 西南石油大学学报（社会科学版），2015（1）：1-8.
22. 王文豪. “丝绸之路经济带”建设下的新疆工业发展路径探析[J]. 合作经济与科技，2015（1）：26-27.
23. 谢文心. “丝绸之路经济带”背景下上合能源合作探析[J]. 黑龙江民族丛刊，2015（1）：67-70.
24. 刘明辉. “丝绸之路经济带”背景下中哈能源合作效应实证研究[J]. 新疆农垦经济，2015（1）：23-29.
25. 钟鸣. 丝绸之路经济带视域下西部医药园区的博弈分析[J]. 生产力研究，2015（1）：49-51.
26. 油气铺就新丝绸之路[J]. 大陆桥视野，2015（1）：83.
27. 段秀芳，张新. 中国—中亚电力丝绸之路的探索[J]. 新疆财经，2015（1）：62-68.
28. 姚丽娟. 基于低碳环保的丝绸之路经济带甘肃段新型工业化发展研究[J]. 经济研究参

考，2014（53）：38-39.

29. 姜新，陆燕．**海门家纺跨进丝绸之路经济带**[J]．纺织服装周刊，2014（47）：78.
30. **丝绸之路：重新塑造产业定位**[J]．纺织服装周刊，2014（37）：22.
31. **探索新丝绸之路**[J]．纺织服装周刊，2014（34）：53.
32. 胡静．**李静旼中韩可构建“时尚”丝绸之路**[J]．中国西部，2014（42）：93-95.
33. 晓戴．**比亚迪速锐的古丝绸之路**[J]．新民周刊，2014（37）：65.
34. **丝绸之路控股集团有限公司董事长凌兰芳：做品牌先做强产业链**[J]．纺织服装周刊，2014（37）：21.
35. 杨丽．**挺进大西北 通商中西亚 “丝绸之路·西柳驿站”推动西柳市场再度腾飞**[J]．纺织服装周刊，2014（32）：92.
36. 邵子桐．**商机再现：记 2014 中国—阿拉伯国家汽车合作论坛**[J]．商用汽车，2014（19）：32-33.
37. 王楠楠．**曾光安：为丝绸之路经济带建设提供保障**[J]．交通建设与管理，2014（17）：57.
38. 陈楠枰．**“丝绸之路经济带”上来一场新时空技术革命：访北京北斗星通导航技术股份有限公司副总裁王增印**[J]．交通建设与管理，2014（17）：40-43.
39. **全国政协召开双周协商座谈会 就推进丝绸之路经济带建设座谈交流**[J]．中国政协，2014（16）：6.
40. 张文成，刘宇．**“丝绸之路经济带”框架中天山天池景区提升市场竞争力研究**[J]．现代工业经济和信息化，2014（15）：10-12.
41. 余亚军．**谁执彩带当空舞 竭诚协作越鸿沟 现代成套工程装备助推丝绸之路经济带交通建设**[J]．交通建设与管理，2014（15）：116-117.
42. 张梅，李博婵．**广西打造海上丝绸之路新枢纽**[J]．中国投资，2014（15）：98.
43. 潘莹．**中国将推动“丝绸之路文化产业带”建设**[J]．党政干部参考，2014（14）：56.
44. **我国工程机械行业沿丝绸之路迈向广阔市场**[J]．交通世界，2014（13）：8.
45. 田野．**中亚油气管道点亮“丝绸之路经济带”**[J]．中国石油企业，2014（13）：52.
46. 易芳，梁莉萍．**丝绸之路：艰难之后见美好**[J]．中国纺织，2014（12）：55.
47. **万事利的新丝绸之路**[J]．杭州金融研修学院学报，2014（12）：48-50.
48. 吉丽亚．**越玩越野：广汽三菱“丝绸之路万里行”载誉归来**[J]．汽车观察，2014（11）：38-41.
49. 刘彦广．**丝绸之路经济带开启中伊合作新未来**[J]．华商，2014（11）：38-39.
50. **“丝绸之路万里行”全媒体采访活动圆满成功：唯一指定用车厂商广汽三菱载誉凯旋**[J]．经营者（汽车商业评论），2014（10）：59.
51. 梁瑞丽，梁莉萍．**丝绸之路：回归产品本质**[J]．中国纺织，2014（10）：159.
52. 马杰，徐红．**两项大奖助推新疆纺服升级：第三届亚欧丝绸之路服装节闭幕**[J]．中国纺织，2014（10）：32.
53. 杨楠．**中国—中亚油气合作 筑就丝绸之路新干线**[J]．中亚信息，2014（10）：10-12.
54. **柳工集团设计“新丝绸之路”布局**[J]．国际工程与劳务，2014（10）：64.
55. **青海光伏产业进军丝绸之路经济带新能源集群**[J]．建筑玻璃与工业玻璃，2014（9）：44.

56. 丝绸之路经济带：催生西部最大工程机械展会[J]. 建设机械技术与管理，2014（8）：34-35.
57. 崔存义，李萍，朱珈仪，等. 丝绸之路经济带：新疆能源发展新机遇——访新疆国土资源厅党组书记何深伟[J]. 经济，2014（7）：94-96.
58. 周武. 中国提出构建“天基丝绸之路”推进卫星全球服务[J]. 太空探索，2014（7）：38.
59. 曾昭宁. 让装备工业走上“丝绸之路经济带”[J]. 西部大开发，2014（7）：80-83.
60. 新丝绸之路改变地缘政治格局[J]. 经济展望，2014（7）：139.
61. 李彤. 丝绸之路经济带的商机[J]. 中国水泥，2014（7）：62-64.
62. 靳颖. 架设天基新丝绸之路中国卫星全球服务——首届中国卫星全球服务国际合作商洽会暨 ITC 主题日在京举行[J]. 卫星应用，2014（6）：68-69.
63. 牟雪江. 6 年 6000 万的数字演绎——中国石油担当责任发力新疆丝绸之路经济带核心区建设[J]. 中国石油企业，2014（6）：18-22.
64. 郜利民. 发挥丝绸之路经济带核心区资源优势 新疆打造名贵石材产业集群[J]. 中国建材，2014（6）：60.
65. 蔡国栋，曹阳，陈炜伟. 中国新疆哈密 借“电力丝绸之路”打造国家综合能源基地[J]. 中亚信息，2014（6）：29.
66. 刘佳. 架设天基丝绸之路中国卫星全球服务[J]. 国际太空，2014（6）：65.
67. 能源成丝绸之路合作重头戏[J]. 中国矿业，2014（6）：156.
68. 丝绸之路经济带带动工程机械西部市场需求[J]. 交通世界（建养·机械），2014（5）：21.
69. 中国—亚欧博览会 丝绸之路经济带交通建设论坛[J]. 交通世界（建养·机械），2014（5）：9.
70. 钱宇宁. 我国工程机械行业沿丝绸之路迈向广阔市场[J]. 交通世界（建养·机械），2014（5）：8.
71. 徐军. 行稳致远，“创新”现代丝绸之路——访江苏苏丝丝绸股份有限公司董事长韩兴旺[J]. 江苏丝绸，2014（5）：1-3.
72. 季必发. 把杭州打造成为新丝绸之路的起点：加快杭州丝绸产业转型发展的思考[J]. 杭州科技，2014（5）：37-39.
73. 安江林. 丝绸之路经济带：中国的开放式能源生命线[J]. 开发研究，2014（5）：13-16.
74. 花炮“丝绸之路”[J]. 湖南安全与防灾，2014（5）：57.
75. 2014 陕汽重卡新疆战略暨丝绸之路新型绿色经济带启动会召开[J]. 专用汽车，2014（4）：82.
76. 王雅婧. 连接亚欧大陆，实现水电输出 塔吉克斯坦在“丝绸之路经济带”构建中的定位及实现途径[J]. 中亚信息，2014（4）：24-25.
77. 孙景兵，杜梅. 创建天然气能源基地，寻找国际合作契机 土库曼斯坦在“丝绸之路经济带”构建中的定位与前景展望 [J]. 中亚信息，2014（4）：22-23.
78. 吴丽珍. 江苏华佳集团举办“丝绸之路”启程仪式[J]. 江苏丝绸，2014（4）：48.
79. 苏州市山水丝绸有限公司. 山水情丝绸梦：山水丝绸有限公司董事长刘瑛的丝绸之路[J]. 江苏丝绸，2014（4）：9-10.

80. 李凯，许玲琴，田明祥．谱写现代丝绸之路新篇章——乌兹别克子公司中亚管道建设纪实[J]．石油知识，2014（4）：16-19.
81. 危丽琼．丝绸之路黄金水道经济带生机盎然 石油和化工产业抢抓发展新机遇[J]．中国石油和化工，2014（4）：8.
82. 高世宪，梁琦，郭敏晓，等．丝绸之路经济带能源合作现状及潜力分析[J]．中国能源，2014（4）：4-7.
83. 刘雅文．两条丝绸之路让对外开放通道更顺畅[J]．化工管理，2014（4）：58-60.
84. 高超，张然．构建“丝绸之路经济带”能源金融一体化研究[J]．对外经贸，2014（4）：68-69.
85. 李纪恒．为再创南方丝绸之路的辉煌而努力[J]．党的生活（云南），2014（4）：7.
86. 丝绸之路控股集团有限公司董事长、党委书记凌兰芳：摆脱追随自主创新[J]．纺织机械，2014（3）：39.
87. 中伊合作将延展丝绸之路经济带[J]．时代金融，2014（3）：61.
88. 李冬冬．新疆：翻开电力丝绸之路新篇章[J]．国家电网，2014（2）：50-51.
89. 白雪．达琳咖啡 克里木的“丝绸之路”[J]．餐饮世界，2014（2）：91-92.
90. 张锦荣，李进．新丝绸之路的开拓者[J]．法治与社会，2014（2）：48.
91. 沙卫平．丝绸之路上的新起点：在 2013 年国际丝绸论坛上的发言[J]．江苏丝绸，2014（1）：1-3.
92. 易芳，梁莉萍．“丝绸并非夕阳产业”：访丝绸之路集团欢莎家纺公司总经理凌向超[J]．中国纺织，2014（1）：36-37.
93. 鸿雁．西部能源战略谋变——天然气：丝绸之路经济带新引擎[J]．中国西部，2014（1）：12-16.
94. 袁培．“丝绸之路经济带”框架下中亚国家能源合作深化发展问题研究[J]．开发研究，2014（1）：51-54.
95. 黄伟新，龚新蜀．丝绸之路经济带国际物流绩效对中国机电产品出口影响的实证分析[J]．国际贸易问题，2014（1）：56-66.
96. 柴利，成丽霞．共建“丝绸之路经济带”背景下我国与中亚国家能源合作中的影响因素分析[J]．伊犁师范学院学报（社会科学版），2014（1）：64-71.
97. STEWART TAGGART．南海共同开发区与亚洲海上丝绸之路[J]．能源，2014（1）：80-83.
98. 立凡．丝绸之路经济带中的核心要素：能源俱乐部[J]．中国西部，2014（1）：25-27.
99. 罗滢．能源，助力丝绸之路[J]．中国西部，2014（1）：22-24.
100. 冯玉军．习近平出访中亚见证多项油气合作协议签署“丝绸之路经济带”开辟广阔合作空间[J]．国际石油经济，2014（Z1）：15-16.
101. 马杰．亚欧丝绸之路服装节奖项各归所属[J]．纺织服装周刊，2013（35）：15.
102. 徐峰，马杰．新疆服装产业迸发新活力：第二届亚欧丝绸之路服装节亮点纷呈[J]．纺织服装周刊，2013（34）：64-65.
103. 马杰．视觉盛宴 时尚风标 商贸盛会：第二届亚欧丝绸之路服装节增添亮点[J]．纺织服装周刊，2013（30）：56.

104. 赵国玲，马杰. 多彩民族 多彩时尚：第二届亚欧丝绸之路服装节9月举办[J]. 纺织服装周刊，2013（26）：58.

105. 陈钢，李华. 丝绸之路“黄金干线”加快形成[J]. 中国名牌，2013（23）：88-89.

106. 之剑. 丝绸：“愁”的是品质——访丝绸之路集团有限公司董事长凌兰芳[J]. 中国纤检，2013（21）：22-25.

107. 麦视线印度洋上的丝绸之路[J]. 商业周刊，2013（20）：22.

108. 洪玉宇. “丝绸之路”：传统制造行业转型升级的样本——浙江丝绸之路集团创新发展之经验[J]. 浙江经济，2013（19）：38-39.

109. 中建材信息 构建IT业“丝绸之路”[J]. 通信世界，2013（17）：40.

110. 易芳，梁莉萍. 丝绸之路 好走的路通常什么也不会有[J]. 中国纺织，2013（12）：106-107.

111. 牟雪江. 能源“新丝路”：盘点丝绸之路经济带上能源合作亮点[J]. 中国石油企业，2013（10）：36-39.

112. 杨英春，崔志坚，邹懿. 第二届亚欧丝绸之路服装节掠影 绚丽新疆风 亚欧时尚潮[J]. 新疆画报，2013（10）：76-79.

113. 邹志萍，马杰. 新丝绸之路[J]. 中国服饰，2013（10）：84-86.

114. 第二届亚欧国际丝绸之路服装节双冠赛将炫彩起航[J]. 新疆人文地理，2013（8）：110.

115. 耿昊天，马杰. 丝绸之路服装节助力新疆服装产业：专访新疆经信委副主任梁勇[J]. 中国纺织，2013（8）：102-103.

116. 梁龙. 丝绸之路破茧重生[J]. 中国纺织，2013（8）：28-29.

117. SUSIE BUBBLE. 爱马仕的丝绸之路[J]. 中国制衣，2013（8）：50-54.

118. 李易峰，乔振祺. 新疆 “丝绸之路”新辉煌[J]. 国家电网，2013（7）：54-56.

119. 张新华. 中国与中亚国家及俄罗斯能源合作探析：以丝绸之路经济带建设为视角[J]. 新疆社科论坛，2013（6）：21-28.

120. 苏绣丝绸之路“海外行”到西安[J]. 江苏丝绸，2013（5）：46.

121. 王琦，蒋雅斌. 铺就“电力丝绸之路”[J]. 国家电网，2013（4）：78-79.

122. 寇勇奇. 走江南丝绸之路 赏丝绸美丽风华：走进浙江新昌达利丝绸世界[J]. 江苏丝绸，2013（3）：10-14.

123. 徐寿芳，吴蕴. 中国丝绸之路集团电子商务应用模式设计[J]. 商，2013（3）：62-63.

124. 于倩，陈果. 中国古代西北丝绸之路贸易兴衰的经济学探讨[J]. 丝绸之路，2013（2）：9-12.

125. 刘永连. “东南丝绸之路”刍议：谈从江浙至广州的丝绸外销干线及其网络[J]. 海交史研究，2013（1）：79-91.

126. 亚欧丝绸之路服装节：聚焦时尚盛典[J]. 新疆人文地理，2013（1）：78-81.

127. 李易峰. “疆电外送”谱写“丝绸之路”新辉煌[J]. 大陆桥视野，2013（1）：64-66.

128. 张振玉. 海上丝绸之路与福州丝织品贸易[J]. 福建文博，2013（1）：2-6.

129. 李宁艳. 亚欧丝绸之路服装节最炫“新疆风”吹向世界[J]. 中亚信息，2013（Z2）：56-57.

130. 中国布局石油“丝绸之路”有望突破马六甲“困局”[J]. 中亚信息，2013（Z1）：100-101.
131. 郭倩. 扩大国际合作 共促产业发展：首届亚欧丝绸之路服装节在乌鲁木齐盛大开幕[J]. 纺织服装周刊，2012（35）：60.
132. 文中伟. 生死时速：丝绸之路集团转型升级走访记[J]. 纺织服装周刊，2012（28）：14-15.
133. 宋寒冰，许海余. 成都女鞋铺就中亚“丝绸之路”[J]. 西部皮革，2012（17）：21-22.
134. 陆畅，余笑尘. 追风逐日架起电力“丝绸之路”[J]. 新疆画报，2012（12）：62-65.
135. 温云楠，阿扎提·艾合米迪. 亚欧丝绸之路服装节 新疆服装产业走向国际 T 台[J]. 新疆画报，2012（11）：32-35.
136. 梁莉萍. 新疆：“亚欧丝绸之路”的复兴重任[J]. 中国纺织，2012（10）：41-45.
137. 牛艳红. 当代人脚下的“丝绸之路”：茧丝绸行业高端战略研讨传递行业信心[J]. 服装周刊，2012（8）：27.
138. 新丝绸之路从富安起航[J]. 宏观经济研究，2012（8）：2.
139. 易芳，梁莉萍. 丝绸之路：今年夏天的两个故事[J]. 中国纺织，2012（8）：32-33.
140. 李白薇. 21 世纪的电力“丝绸之路”[J]. 中国科技奖励，2012（7）：64-65.
141. 成立新，钟秀玲，李杨. “电力丝绸之路”从这里开始 “疆电外送”两项工程同时开工[J]. 新疆画报，2012（6）：40-41.
142. 张焰.《核丝绸之路》：韩国核电自主化的道路[J]. 国外核新闻，2012（6）：3-4.
143. 曹凛. 吉林船厂与“黑龙江丝绸之路”[J]. 中国船检，2012（6）：90-93.
144. 李易峰. “疆电外送”打通能源“丝绸之路”[J]. 大陆桥视野，2012（5）：14-16.
145. 李蔓. 蔻蔻奥罗 搭建意大利珠宝的“丝绸之路”[J]. 中国黄金珠宝，2012（2）：110-113.
146. 丝路品牌太阳镜广告片演绎传奇丝绸之路[J]. 中国眼镜科技杂志，2012（1）：112.
147. 丝绸之路：传统行业飞出的“金凤凰”[J]. 纺织服装周刊，2011（48）：46.
148. 杜钰洲. “重振丝绸之路为民族带来的辉煌！”[J]. 纺织服装周刊，2011（42）：35.
149. 牛艳红. 丝绸之路：传统产业走出新路子[J]. 纺织服装周刊，2011（38）：20.
150. 牛艳红. 多元创新 走出新“丝绸之路”：“2011 中国国际丝绸论坛”畅议行业热点[J]. 纺织服装周刊，2011（37）：36-37.
151. 陈凤菲. 丝绸之路：家纺展成绩斐然[J]. 纺织服装周刊，2011（36）：35.
152. 孟杨. 丝绸之路首次进京“赶考”展示产业转型升级新成果[J]. 纺织服装周刊，2011（12）：46.
153. 长海. 点亮丝绸之路的创新火炬 万事利集团董事局执行主席屠红燕[J]. 乡镇企业导报，2011（10）：4-6.
154. 倪玉婷. 从破产国企到丝绸品牌：访浙江省丝绸之路集团董事长凌兰芳[J]. 中国纤检，2011（10）：62-65.
155. 丝绸之路：让“欢莎”成为最美丝绸品牌[J]. 中国纺织，2011（8）：50-51.
156. 黑茶：古丝绸之路的神秘健康之饮[J]. 潮商，2011（6）：59.
157. 楼兰葡萄酒 一段丝绸之路上的酒庄传奇：楼兰葡萄酒惊艳亮相 2011 春季糖酒会[J]. 中国酒，2011（4）：66-67.

158. 新丝绸之路 从宁夏崛起：记宁夏蚕宝科技实业有限公司[J]. 宁夏画报（时政版），2011（38）：104.
159. 李易峰. 新疆电力谱写“丝绸之路”新辉煌[J]. 农电管理，2011（3）：11-12.
160. 李易峰，鹿飞，高建玺. 21世纪的“电力丝绸之路”：新疆与西北750千伏电网联网工程[J]. 农电管理，2011（2）：39-41.
161. 李朝，张红岩. 吐谷浑与丝绸之路[J]. 青海民族大学学报（社会科学版），2011（2）：33-39.
162. 高永山. 总书记肯定“新丝绸之路”[J]. 江苏丝绸，2011（1）：1.
163. 梁龙，梁莉萍. 凌兰芳：湖丝传人 访丝绸之路控股集团有限公司董事长、党委书记凌兰芳[J]. 中国纺织，2011（1）：12-19.
164. 李晓慧. 白马重寻丝绸之路 驰骋乌城推动边贸[J]. 纺织服装周刊，2010（38）：66.
165. 俞越. 世界级盛会上的“丝绸之路”——对话万事利集团总裁李建华[J]. 浙商，2010（24）：28-29.
166. 丝绸之路上的黑色咏叹[J]. 中国煤炭工业，2010（12）：16-22.
167. SIMON KENNEDY，MATHEW BRISTOW，SHAMIM ADAM. 新丝绸之路出现了，而且并不通往美国[J]. 国际经济合作，2010（11）：95.
168. 孟雅丽，石荣亮. 丝绸之路集团携手中国流行色协会共建中国丝绸家纺产品色彩研发基地[J]. 丝绸，2010（10）：124.
169. 在丝绸之路上跋涉的湖丝传人：记丝绸之路集团转型升级[J]. 丝绸，2010（9）.
170. 新丝绸之路 从宁夏开始：记宁夏蚕宝科技实业有限公司[J]. 宁夏画报·时政版，2010（4）：106.
171. 张军华. 奇台驼运业与近代丝绸之路[J]. 新疆地方志，2010（2）：61-64.
172. 孙艳莉. 管通丝绸之路[J]. 中国石油石化，2009（24）：18-21.
173. 彦岚. 杭州“丝绸之路”再回首[J]. 观察与思考，2009（20）：26-27.
174. 李天星. 新时代的“能源丝绸之路”：写在中国—中亚天然气管道通气之际[J]. 中国石油企业，2009（12）：15-17，4.
175. 黄霆霆. Conrerse：品牌复兴的丝绸之路[J]. 销售与市场（评论版），2009（12）：66-70.
176. 丝绸之路控股集团有限公司[J]. 长三角，2009（11）：94.
177. 王萌萌. 演绎汽车时代的“丝绸之路”——访伊朗—中国工商会副主席 Majidreza Hariri[J]. 中华汽摩配，2009（10）：74-75.
178. 圣伟. 寻找软件营销的“丝绸之路”：中国软件全球营销论坛（Chinese Software Global Summit）召开[J]. 程序员，2009（7）：30-31.
179. 胡利民. 吸引更多资源融入新丝绸之路 不断推陈出新发展新丝绸之路[J]. 大陆桥视野，2009（7）：28-29.
180. “穿越欧亚大陆 探访丝绸之路”活动启动[J]. 大陆桥视野，2009（7）：16.
181. 杨富学，赵天英. “西夏货币与丝绸之路货币”学术研讨会综述[J]. 甘肃民族研究，2009（1）：45-48.
182. 王宇. 征服丝绸之路 大金龙扬威IAA 2008[J]. 交通世界（运输车辆），2008（11）：46.
183. 付建斌. 发展区域合作 重振丝路经济：关于企业如何参与新丝绸之路开发的几点思

考[J]. 大陆桥视野，2008（8）：55-56.

184. **德国惠朋的丝绸之路——访德国惠朋（VIPA Gmbh）公司总裁 MR. Seel 德国惠朋（VIPA Gmbh）公司营销总监 MR. Linkenbach 德国惠朋（VIPA GmbH）公司中国区总经理许勇先生**[J]. 可编程控制器与工厂自动化，2008（7）：8-9.
185. 李岩. **金凤的新丝绸之路**[J]. 进出口经理人，2008（7）：28-29.
186. **从制造到智造 杭州重塑“丝绸之路”**[J]. 流行色，2008（4）：140.
187. 张国庆. **电力“丝绸之路”启程**[J]. 国家电网，2008（1）：35-36.
188. 沈爱琴. **编织“丝绸之路”**[J]. 山西青年，2008（Z1）：96-97.
189. 燕鸣. **“丝绸之路”时尚大典 皮尔·卡丹（Pierre Cardin）2008 春夏流行密码解读**[J]. 纺织服装周刊，2007（44）：27.
190. **赛丽 独特魅力演绎“江南丝绸之路”**[J]. 江苏纺织，2007（11）：19-19.
191. 朱忠浩，刘敏. **我走了 43 年“丝绸之路”**[J]. 国际市场，2007（11）：28-30.
192. 马歇尔·戈德，张尚. **从丝绸之路到石油之路**[J]. 俄罗斯研究，2007（5）：2-4.
193. **中国丝绸之路集团**[J]. 长三角，2007（5）：99.
194. 李琪. **“丝绸之路”的新使命：能源战略通道——我国西北与中亚国家的能源合作与安全** [J]. 西安交通大学学报（社会科学版），2007（2）：77-83.
195. 徐四清. **“丝绸之路”对中国西部服装业的影响**[J]. 纺织导报，2007（2）：19-20，22.
196. 商信. **“金蚕网”铺设新丝绸之路**[J]. 中国信息化，2007（2）：70-71.
197. 鲍达民，基托·德·博尔. **新丝绸之路**[J]. 海外经济评论，2006（28）：26-27.
198. 李熹. **新丝绸之路向何方**[J]. 中国服装，2006（22）：20-25.
199. 刘大鹏. **伊郎霍德罗 她从丝绸之路驰来**[J]. 中国汽车市场，2006（12）：32-33.
200. 江涌. **丝绸之路看丝绸企业发展路径选择**[J]. 丝绸，2006（12）：1-2，5.
201. **NISSAN 十年徒步古丝绸之路 2006 爱心之旅即将启程**[J]. 汽车驾驶员，2006（9）：61.
202. **数字内容产业的“丝绸之路” 上海数字内容企业向兰州大学赞助“嵌入式多媒体技术联合实验室”**[J]. 电信快报，2006（6）：51.
203. SCAPIN. **凯泰：再现丝绸之路**[J]. 中国酒，2006（6）：44-45.
204. 赵小鲁. **2006 丝绸之路国际服装服饰节**[J]. 流行色，2006（5）：122.
205. 许海涛，赵卿，续理. **经受冰火洗礼 铺就新丝绸之路——中国石油天然气管道局哈萨克斯坦工程建设纪实**[J]. 石油工业技术监督，2006（4）：35-38.
206. 徐曼. **丝绸之路将成为“能源之路”**[J]. 干旱区地理. 2006（4）：462.
207. 陈格葛，MIKE. **提升区域服装经济 整合产业优势资源——深圳·哈尔滨·圣彼得堡共筑新丝绸之路**[J]. 中国制衣，2006（Z1）：133.
208. 蒋蕾，居新宇，徐海云，等. **向仲怀 夏庆友抢占 21 世纪丝绸之路新起点**[J]. 中国纺织，2006（Z1）：38-43.
209. 谢立仁，申香英. **南北强强联合 意指国际市场 深圳·哈尔滨国际时装周筑建新丝绸之路**[J]. 纺织信息周刊，2005（43）：36.
210. **“雷诺卡车 2005 年丝绸之路”探险活动进入中国**[J]. 汽车与配件，2005（22）：11.
211. 申香英. **2005 丝绸之路国际服装服饰节七月有约**[J]. 纺织信息周刊，2005（13）：37.

212. 辛辛. 凸显“新亚欧大陆桥”的国际地位：古丝绸之路“亮相”北京时装周[J]. 中国服装（北京），2005（9）：33.
213. 于晶. 雷诺卡车市场拓疆之旅——写在雷诺卡车“丝绸之路 2005 中国行”结束之际[J]. 商用汽车，2005（9）：72-73.
214. 吴永强. 雷诺卡车传承文明之路——体验雷诺卡车丝绸之路探险之旅[J]. 商用汽车，2005（7）：66-68.
215. 高阳. 雷诺卡车启动“丝绸之路 2005 中国行”巡展活动[J]. 今日工程机械，2005（7）：27-27.
216. 邓小英. 雷诺卡车探险 2005 丝绸之路圆满结束[J]. 施工企业管理，2005（7）：i007.
217. 周应. 重征丝绸之路[J]. 环球供应链，2005（7）：126-129.
218. 钱宇宁. 古城甘露为雷诺卡车穿越丝绸之路揭开新的篇章：“雷诺卡车 2005 年丝绸之路”探险活动进入中国[J]. 交通世界，2005（6）：36.
219. 雷诺卡车正式踏上“丝绸之路”[J]. 施工企业管理，2005（5）：i008-i009.
220. 爱成，王逸凡. “中国制造”的“新丝绸之路”[J]. 中国新技术新产品精选，2005（5）：61-63.
221. 2005 丝绸之路国际服装服饰节与模特大赛七月相约新疆[J]. 中国纺织，2005（4）：29.
222. 贾晓雯，张继疆. “丝绸之路 2005 中国行”活动抵达天津[J]. 工程机械文摘，2005（4）：39-40.
223. 杨冬华. 雷诺卡车 2005 丝绸之路活动圆满结束[J]. 工程机械文摘，2005（4）：35-36.
224. 王心意. 雷诺卡车踏上漫漫丝绸之路[J]. 工程机械文摘，2005（2）：23-24.
225. 高阳. 雷诺卡车将踏上丝绸之路[J]. 商用汽车，2005（2）：60.
226. 郑鹏. “置诺卡车 2005 丝绸之路中国行”抵达终点柳州圆满结束[J]. 交通世界，2005（9B）：42-45.
227. 钱宇宁. 大漠留痕显赤心 舍生取义为真情：跟随雷诺卡车丝绸之路探险队穿越塔克拉玛干手记[J]. 交通世界，2005（6B）：37-39.
228. 钱宇宁. 丝绸之路上的“东游记”[J]. 交通世界，2005（5B）：38.
229. 2004 丝绸之路国际服装服饰节百名中外企业家新疆行圆满落幕[J]. 中国服装（北京），2004（16）：76.
230. 徐石勇. 新丝绸之路 走向 2008——记中国流行色协会丝绸专业委员会六届二次会议暨“色彩·杭州世界休闲博览会”系列活动讨论会[J]. 丝绸，2004（12）：66.
231. 雪鸿，徐欢欢. 闽南人的“丝绸之路”[J]. 苏南科技开发，2004（12）：20-23.
232. 崔天燕. 为丝绸之路再添“花雨”[J]. 中国石化，2004（10）：43-44.
233. 崔天燕. 流动风光 流动色彩 流动生活——中国石化举办“2004 年丝绸之路国际汽车露营文化交流大会”[J]. 中国石油，2004（10）：28-29.
234. 李建华. “新丝绸之路”与城市发展[J]. 企业世界，2004（8）：25-26.
235. 2004 丝绸之路国际服装服饰节在乌鲁木齐举行[J]. 丝绸，2004（8）：9.
236. 刘枫. 复活了“丝绸之路”：写在中哈原油管道建设项目启动之际[J]. 今日新疆，2004（7）：16-17.

237. **泉州服装企业将组团参加新疆 2004 丝绸之路服装服饰节**[J]. 中国纺织经济，2004（6）：28.
238. 文风. **复兴丝绸之路 宇通布局中国**[J]. 人民公交，2004（6）：8-9.
239. **吴丽峰：领舞“新丝绸之路”**[J]. 中国服装（北京），2004（5）：20-21.
240. 徐建月，万山青. **飞跃“丝绸之路” 寻访欧洲防水——中国防水材料工业协会代表团首次访欧纪行**[J]. 中国建筑防水，2003（12）：5-8.
241. 邓其生，曹劲. **广州古代建筑与海上“丝绸之路”**[J]. 广东经济，2003（1）：35-37.
242. 黄启臣. **广东是“海上丝绸之路”的东方发祥地**[J]. 广东蚕业，2002（8）：44-45.
243. **重振丝绸之路雄风**[J]. 中国丝绸资讯，2002（4）：1.
244. **近百亿热钱“闹”绸都盛泽 千余民企齐拓新“丝绸之路”**[J]. 上海丝绸，2002（3）：25-25.
245. 张会巍. **兴科技 重人才 拓丝绸之路——杭州喜得宝集团有限公司专访**[J]. 丝绸，2002（2）：54-55.
246. 毛铿祖. **我国“海上丝绸之路”考察纪要**[J]. 广东蚕业，2001（8）：44-46.
247. 陈荣生，余新泉，邓艳辉. **试论发展新合纤，走大丝绸之路，寻求新的经济增长点**[J]. 辽宁丝绸，2001（4）：7-10.
248. 毛铿祖. **广东丝绸生产、贸易与“海上丝绸之路”**[J]. 广东蚕业，2001（4）：1-5.
249. 柴维，江岳. **构筑能源“丝绸之路”：西部大开发与石油工业的发展机遇**[J]. 中国石油，2000（10）：22-25.
250. **丝绸之路现曙光**[J]. 中国经济信息，2000（8）：63.
251. 蒋安全. **让石油流注“新丝绸之路”**[J]. 中国石油石化，2000（7）：55.
252. 张狄. **走自己的“丝绸之路”——访 KINGMAX 胜创科技北京办事处黄国晋**[J]. 每周电脑报，1998（34）：27.
253. 程忠顺，杨鹏飞. **精心管理使“丝绸之路”越走越宽**[J]. 中国供销合作经济，1998（8）：51-54.
254. 刘甲金，蒲开夫. **古“丝绸之路”与 21 世纪“石油之路”——关于建设亚欧超长输油管线的构想**[J]. 中国软科学杂志，1998（2）：111-113.
255. 金怡，田耳. **今日的“丝绸”之路**[J]. 上海财税，1997（10）：22-23.
256. 涂敏. **丝绸之路能源新角逐**[J]. 石油知识，1997（6）：12.
257. **大唐：华北电力走向市场的丝绸之路**[J]. 华北电业，1997（5）：4-7.
258. 邵子江，董三军. **新的丝绸之路通往世界——杭州凯地丝绸股份有限公司纪事**[J]. 中国经贸，1997（4）：24-25.
259. 忠龙，陈喜元. **新丝绸之路的开拓者——访杭州中国丝绸城总经理鲁灿松**[J]. 市场观察，1996（10）：39.
260. 郭润生. **阔步在“丝绸之路”：记武强县政协委员于景茂**[J]. 乡音，1995（6）：21.
261. 黑艳芝. **为丝绸之路增光添彩**[J]. 外向经济，1995（6）：29-30.
262. 贺养州. **丝绸之路与桑蚕业的西传**[J]. 丝绸之路，1995（3）：17-18.

263. 张行. 石油在古丝绸之路上的发现和利用[J]. 丝绸之路，1995（1）：26-27.
264. 赵玮. “一带一路”拉动中国汽车出口市场[J]. 汽车与配件，2015（20）：6.
265. 杨俊锋. 沃尔沃卡车全面助力“一带一路”[J]. 商用汽车新闻，2015（20）：11.
266. 杨梦. 一带一路：“迈向命运共同体”[J]. 商情，2015（15）：243-244.
267. 宇通：“一带一路”战略下的中国客车业样本[J]. 中国经济周刊，2015（13）：74-75.
268. 商车. 与“一带一路”一起脉动 厦门金旅海外出口强势上扬[J]. 商用汽车新闻，2015（13）：15.
269. “一带一路”与能源合作[J]. 中国电力企业管理，2015（11）：8.
270. 孟晓驷. “一带一路”：开放、合作与共赢——谱写和平发展、合作共赢的新篇章[J]. 求是，2015（10）：24-25.
271. 张业遂. 共建“一带一路”谋求合作共赢[J]. 求是，2015（10）：20-21.
272. 李慧芳. “一带一路”助推潍柴转型升级[J]. 商用汽车新闻，2015（10）：5.
273. 杨海霞. 优化一带一路合作环境：专访中国国际问题研究院国际能源战略研究中心主任石泽[J]. 中国投资，2015（9）：48-52.
274. 魏道培. “一带一路”建设中的结构膜材料与土工织物市场[J]. 中国纤检，2015（9）：35.
275. 薛宝弟. 融入“一带一路”战略中的陕西电网[J]. 中国电力企业管理，2015（9）：62-63.
276. “一带一路”走向“铺轨期”[J]. 工商行政管理，2015（9）：7.
277. 日照海关对接“一带一路”促莒县塑料编织袋出口[J]. 橡塑技术与装备，2015（8）：49.
278. 辽宁在“一带一路”布局九大工业园[J]. 共产党员，2015（8）：7.
279. 张延陶. “一带一路”助铜翻身[J]. 中国有色金属，2015（8）：25.
280. 玖龙纸业董事长张茵：越南为公司“一带一路”首站[J]. 中华纸业，2015（7）：10.
281. 钢铁板块普遍回暖“一带一路”提振行业[J]. 中国产业经济动态，2015（7）：19-20.
282. 荣冬梅，顾海旭，李娜. “一带一路”地区矿产资源竞争形势浅析[J]. 当代经济，2015（6）：42-44.
283. 龚炜. “一带一路”：大战略 新机遇[J]. 施工企业管理，2015（6）：17.
284. 万峰石材积极响应国家“一带一路”经济战略[J]. 石材，2015（6）：4.
285. 杨鑫鑫. “一带一路”引领第四次投资浪潮[J]. 中国投资，2015（6）：66-67.
286. 高鑫. 当中国水电遇上“一带一路”[J]. 中国报道，2015（5）：42-45.
287. 中国钢材出口面临反倾销围堵 曲线走出去需借力“一带一路”[J]. 铁合金，2015（5）：25.
288. 王晓亮. 银企交流 共商水泥企业“走出去”策略 “一带一路”战略投资水泥企业配套政策建议座谈会在京召开[J]. 中国水泥，2015（5）：54-55.
289. 崔丽媛. 筑梦“一带一路” 徐工整装待发[J]. 交通建设与管理，2015（5）：76-77.
290. 李前. “一带一路”基建先迈步[J]. 进出口经理人，2015（5）：48-49.
291. “一带一路”汽车产业大有可为[J]. 汽车维修，2015（5）：48.
292. 福蒙蒙. 一带一路拟建在建工程规模达万亿[J]. 建筑设计管理，2015（5）：37-38.
293. 沃尔沃卡车新疆特许经销商开业 全面助力一带一路区域性发展[J]. 交通世界（运输·车辆），2015（5）：6-7.
294. 践行“一带一路” 徐工中东市场获逾4亿订单：王民董事长率徐工代表团出访中东3国取得丰硕成果[J]. 中国机电工业，2015（5）：100.

295. 李绍德. 落实“一带一路”战略构想 加快推动中国海上石油储备建设[J]. 中国水运，2015（4）：10-11.
296. 布局“一带一路” 中国装备技术升级先行[J]. 建筑机械化，2015（4）：12.
297. 徐润. “走出去”能否搭上“一带一路”这趟车?[J]. 专用汽车，2015（4）：23.
298. ROGER. “一带一路”国产葡萄酒新契机[J]. 葡萄酒，2015（4）：18-19.
299. 倪铭娅. 高虎城：一带一路与马歇尔计划没有任何可比性[J]. 企业界，2015（4）：43.
300. 闫启平. “一带一路”：中国废钢铁产业复兴迎来新契机[J]. 资源再生，2015（4）：23-25.
301. 滕海峰. 兰州新区对接“一带一路”的战略响应与路径选择[J]. 发展，2015（4）：73-75.
302. 程璠. 推开丝路之窗：“一带一路”工程机械市场实地调查[J]. 今日工程机械，2015（4）：34.
303. 黎红. 输入与输出并举 构建区域贸易中心“一带一路”促油气产业布新局[J]. 中国石油和化工，2015（4）：26.
304. 刘爱军. 筑梦“一带一路” 徐工深耕国际化全球布局[J]. 工程机械，2015（4）：80-81.
305. 中联重科布局“一带一路”显成效[J]. 铁道建筑技术，2015（4）：126.
306. 中国石油在“一带一路”中的作用[J]. 中国石油企业，2015（4）：45.
307. 彭元正. “一带一路”背景下如何形成油气贸易新格局[J]. 中国石油企业，2015（4）：22-23.
308. “一带一路新格局”专题研讨会[J]. 紫光阁，2015（4）：3.
309. “一带一路”启航[J]. 建筑机械化，2015（4）：1.
310. “一带一路”方案出台在即 超 2/3 省份将专项规划[J]. 行政管理改革，2015（3）：86-87.
311. 苏杭. “一带一路”战略下我国制造业海外转移问题研究[J]. 国际贸易，2015（3）：18-21.
312. “一带一路”方案出台在即 钢铁走出去加快[J]. 中国产业经济动态，2015（3）：27-28.
313. 吴达，张丽华. 国际原油市场动态及其对“一带一路”战略的影响[J]. 西部金融，2015（3）：28-30.
314. 李江涛. 高端装备制造企业响应“一带一路”战略的思考[J]. 国际工程与劳务，2015（3）：39-40.
315. 荀晓晖. 借“一带一路”东风扬帆起航[J]. 国际工程与劳务，2015（3）：35-38.
316. 周密. 探寻“一带一路”上中国工程的新方向[J]. 国际工程与劳务，2015（3）：20-24.
317. 秦海岩. “一带一路”中的风电国际化[J]. 风能，2015（3）：1.
318. 王文华. 光伏抢先布局一带一路大通道[J]. 大陆桥视野，2015（3）：72-75.
319. 中新. 全国人大代表、郑州宇通集团董事长汤玉祥：我国客车应沿“一带一路”加快走出去[J]. 广东交通，2015（2）：17.
320. 一带一路和亚投行 推动中国汽车出口实现新突破[J]. 重型汽车，2015（2）：1.
321. 谢燕青. 大格局下的大发展：“一带一路”给中国茶产业发展带来了什么?[J]. 茶博览，2015（2）：26-27.
322. 蒋佳. 杨传堂安排交通运输部 2015 年工作 “一带一路”等重大战略规划项目率先启

动[J]. 物流时代，2015（2）：18.

323. 郭怀理. 一带一路国家战略带动中国工程承包企业布局海外市场[J]. 中国总会计师，2015（2）：31-32.
324. 江霞. 浙企布局“一带一路”工业园 对外直接投资创新高[J]. 江南论坛，2015（2）：26.
325. “一带一路”能源合作聚焦三大关键词[J]，江苏电机工程，2015（2）：20.
326. 朱雄关. “一带一路”战略契机中的国家能源安全问题[J]. 云南社会科学，2015（2）：23-26.
327. 梁文迪. “一带一路”汽车产业大有可为[J]. 重型汽车，2015（2）：5.
328. 晓勇. 索朗多吉：紧抓“一带一路”建设机遇[J]. 西藏统一战线，2015（2）：7.
329. 张红. “一带一路”中的混凝土掘金商机[J]. 混凝土世界，2015（2）：26-28.
330. 刘志鹏. “一带一路”下的海外信用风险管理[J]. 今日工程机械，2015（2）：72-73，16.
331. 中联. “一带一路”上的中联重科[J]. 南方农机，2015（2）：20-21.
332. 白文亭. “一带一路”助推电力设备走出去[J]. 电气时代，2015（2）：11.
333. “一带一路”推动可持续发展[J]. 国家电网，2015（2）：7.
334. 郑瑶瑶. 全国各地茶文化专家学者聚首杭州共同商讨茶文化研究未来大计 围绕“一带一路”国家战略的茶文化研究将成为热点 [J]. 茶博览，2015（1）：32.
335. 青舟. 建设“一带一路”应成为沿线城市编制规划的重大战略[J]. 城市观察，2015（1）：1.
336. “一带一路”全面推进 高端装备优势突显[J]. 电源世界，2015（1）：13.
337. 谢琳. 保山轻纺产业园：“一带一路”桥头堡[J]. 中国纺织，2015（1）：116.
338. 石泽. 能源资源合作：共建“一带一路”的着力点[J]. 新疆师范大学学报（哲学社会科学版），2015（1）：68-74.
339. 王翔，云锦，宋锦. 对接“一带一路”，江苏丝绸怎么做？[J]. 纺织报告，2015（1）：11-12.
340. 建筑行业：“一带一路”受益者[J]. 国企，2015（1）：24.
341. 周飞飞. “一带一路”，点燃地质工作新梦想[J]. 国土资源，2015（1）：22-25.
342. “一带一路”全面启动 安凯客车迎来加速发展大舞台[J]. 商用汽车新闻，2015（Z3）：15.
343. 李晓菲. 全国政协委员、中国第一汽车集团公司副总工程师兼海外事业管理部部长李维斗 “一带一路”将为商用车市场注入新动力 [J]. 商用汽车新闻，2015（Z2）：3.
344. 陆玲玲. “一带一路”造就建筑蓝筹梦[J]. 证券导刊，2014（50）：20-22.
345. 徐峰. “一带一路”上的纺织机遇[J]. 纺织服装周刊，2014（43）：4.

（六）信息产业经济（总论）

1. “一带一路”为软件信息产业带来重大机遇[J]. 电子技术与软件工程，2015（7）：3-5.
2. 全国政协委员、联想集团董事长杨元庆：建立“一带一路”信息产业合作伙伴关系 打造亚非欧信息合作 2.0 升级版[J]. 中国建设信息，2015（6）：22-23.
3. 吴勇毅. “一带一路”为软件信息产业带来重大机遇[J]. 通信世界，2015（6）：26-27.
4. 范颖华. 王树彤：丝绸之路上的美女掌门[J]. 中国林业产业，2011（5）：58-59.
5. 张磊磊，王新哲，王华丽. “丝绸之路经济带”建设与新疆农业信息化发展[J]. 新疆农垦经济，2015（3）：47-51.

6. 张翼.“一带一路”，开启出海新浪潮[J]. 党建文汇（下半月），2015（3）：7.
7. 李麟. 利用互联网金融优势助力打造网上丝绸之路[J]. 中国银行业，2015（3）：31-34.
8. 吴勇毅.“一带一路”引领中国信息服务“走出去”[J]. 上海信息化，2015（2）：10-16.
9. 诸云强，孙九林，董锁成，等. 关于制定数字“‘丝绸之路经济带’与信息化基础设施建设科技支撑计划”的思考[J]. 中国科学院院刊，2015（1）：53-60.

（七）交通运输经济

1. 青岛港加速融入“一带一路”战略[J]. 走向世界，2015（20）：46.
2. 山航将开济南—昆明—新德里航线 打通山东连接“一带一路”南线空中通道[J]. 齐鲁周刊，2015（15）：31.
3. 陈星宇，马艳. 云南融入“一带一路”的路径选择[J]. 商情，2015（14）：87.
4. 樊一江. 交通互联互通：共建“一带一路”的先行官[J]. 世界知识，2015（11）：13.
5. 王争鸣. 湛江海事：落实“一带一路”，为湛江港发展“保驾护航”[J]. 珠江水运，2015（9）：36-37.
6. 陈安娜. 中国高铁对实现国家“一带一路”战略构想的作用[J]. 商业经济研究，2015（9）：4-6.
7. 刘杰，王凌峰.“一带一路”刺激，港航现新趋势[J]. 进出口经理人，2015（6）：88-89.
8. 张滨，黄波，樊娉.“一带一路”背景下我国海陆联运建设与发展[J]. 中国流通经济，2015（6）：96-102.
9. 张苗苗. 天津整合海空铁 对接“一带一路”[J]. 珠江水运，2015（6）：38.
10. 践行新时代发展战略 打造“一带一路”交汇枢纽[J]. 中国报道，2015（5）：3.
11. 黑龙江拟改造沿边铁路 加速融入“一带一路”[J]. 铁路采购与物流，2015（5）：71.
12. 中国铁路物资股份有限公司国际事业部. 紧紧围绕“一带一路”践行国际生产性服务[J]. 铁路采购与物流，2015（5）：29-31.
13. 罗凯，马博.“一带一路”战略背景下 广东自贸区迎来发展机遇[J]. 中国港口，2015（5）：18-20.
14. 王爱君. 主动融入“一带一路”加快吉林水运基础设施建设[J]. 中国水运，2015（5）：15-16.
15. 玛雅. 中国高铁与“一带一路”战略的大智慧：专访西南交大中国高铁战略研究中心主任高柏[J]. 决策与信息（上旬刊），2015（4）：8-20.
16. 共建“一带一路”愿景与行动发布 基本形成安全高效陆海空通道网络[J]. 交通企业管理，2015（4）：6.
17. 付超奇. 推进“一带一路”战略 发展现代航空运输[J]. 宏观经济管理，2015（4）：38-40.
18. 青岛港携手国开行 共同服务“一带一路”国家战略[J]. 大陆桥视野，2015（3）：85.
19. 打响路网结构优化战加快对接“一带一路”[J]. 实践（思想理论版），2015（3）：57.
20. 张国华.“一带一路”战略下的港口转型升级之路[J]. 中国国情国力，2015（3）：17-19.
21. 黄益斌.“一带一路”战略中的民航业发展机遇[J]. 空运商务，2015（3）：13-15.
22. 邓小朱，李赫，辛雁. 江西策应“一带一路”的交通发展战略[J]. 华东交通大学学报，2015（3）：138-142.

23. 金星宇. **高铁将成“一带一路”战略助推器**[J]. 地球，2015（2）：50-51.
24. 周满英. **哈尔滨铁路局在“一带一路”发展战略中的环境分析**[J]. 理论学习与探索，2015（1）：53-55.
25. 张祺. **立足“十字路口”开拓做好“一带一路”基点：中国海运（土耳其）代理有限公司发展侧记**[J]. 国企，2015（1）：46-47.
26. 陈楠枰. **“一带一路”加速落地 “互联互通”先行领跑**[J]. 交通建设与管理，2015（Z1）：34-35.
27. 李振福，马书孟. **丝绸之路经济带中国段运输联系强度的城市流模型分析**[J]. 中国科技论文，2015（7）：765-771.
28. 唐卫红. **新丝绸之路经济带的铁路运输研究**[J]. 现代商业，2015（7）：97-98.
29. 林丽珍. **泉州与海上丝绸之路的历史、现在和未来**[J]. 开封教育学院学报，2015（6）：9-12.
30. 常立伟. **以海上丝绸之路为抓手：亚太海事合作再上新平台**[J]. 中国海事，2015（5）：55-56.
31. 华欣. **“海上丝绸之路”节点港口合作取得重要突破 上港集团获以色列第一大港经营权**[J]. 港口经济，2015 （4）：38.
32. 王毅. **构建中俄丝绸之路经济带欧亚高速运输走廊分支线：绥芬河运输走廊的逻辑体系**[J]. 对外经贸，2015（4）：31-32.
33. 封云. **“丝绸之路经济带”为港口发展带来重要机遇**[J]. 中国港口，2015（4）：1-5.
34. 孟飞荣，高秀丽. **海上丝绸之路战略下湛江港口发展策略分析**[J]. 物流技术，2015（3）：46-48，51.
35. 李冰漪. **果园港：打通丝绸之路与长江经济带的最后一公里**[J]. 中国储运，2015（3）：56.
36. 冯力铭. **大连港携手铁路构建“东部陆海丝绸之路”**[J]. 港口经济，2015（3）：63.
37. **重庆开通“空中丝绸之路”**[J]. 重庆与世界，2015（3）：10.
38. **中国船队：承载“海上丝绸之路”梦想**[J]. 中国远洋航务，2015（2）：48.
39. 周方治. **中泰铁路合作：21世纪海上丝绸之路建设的探路者**[J]. 中国远洋航务，2015（2）：46-47.
40. **中欧铁路货运开通 丝绸之路再次成为热点线路**[J]. 中亚信息，2015（1）：46-47.
41. 梁娟，李晓玲. **丝绸之路经济带现代化交通方式初步实现“互联互通”**[J]. 中亚信息，2015（1）：24.
42. 陈瑶. **倾注心力筑路架桥 构建丝绸之路经济带大通道 记吉尔吉斯斯坦的中国路桥人**[J]. 中亚信息，2015（1）：14-15.
43. 郑智敬，徐伟. **福建港口加快融入“海上丝绸之路”建设步伐**[J]. 中国港口，2015（1）：27-29.
44. 龚望平. **“义新欧”横贯新丝绸之路的长征**[J]. 乡镇企业导报，2015（1）：59.
45. 代献杰，王茂成. **丝绸之路经济带黄金运输通道建设构想**[J]. 经济与社会发展研究，2015（1）：15.

46. 吴长荣. **“海上丝绸之路”忆航**[J]. 航海，2015（1）：24-25.
47. 秦辰钰，王婉玲. **丝绸之路经济带背景下大关中城市群建设的思考**[J]. 经济研究导刊，2014（32）：87-88，91.
48. 黄育蓉. **关于广东参与“海上丝绸之路”建设的思考**[J]. 商情，2014（28）：71.
49. **中国加速实施“海上丝绸之路”计划**[J]. 珠江水运，2014（24）：31.
50. 熊燕舞. **“一带一路”的交通先行军**[J]. 交通世界（运输·车辆），2014（24）：6.
51. **“公路医生”英达护航新丝绸之路**[J]. 中国公路，2014（23）：124-125.
52. 蒲开夫. **建设丝绸之路经济带铁路运输必须先行**[J]. 大陆桥视野，2014（23）：56-61.
53. 李薇，甘琛. **“一带一路”国家战略为铁水联运发展带来新契机**[J]. 大陆桥视野，2014（23）：38-39.
54. **“一带一路”催生集运新干线**[J]. 大陆桥视野，2014（23）：22.
55. **青岛港成海上丝绸之路起点或将开通至迪拜邮轮航线**[J]. 珠江水运，2014（22）：22.
56. 朱培德. **以务实行动搭建“一带一路”沿线港航发展合作平台**[J]. 大陆桥视野，2014（21）：40.
57. 赵晓江. **抢抓战略机遇搭建合作平台加快建设“一带一路”区域性物流中心**[J]. 大陆桥视野，2014（21）：37-39.
58. 陈楠枰. **21 世纪海上丝绸之路的交通谋划 从水路安全畅通起步**[J]. 交通建设与管理，2014（21）：26-27.
59. 宋欣欣. **国际间港口合作是建海上丝绸之路重要方向**[J]. 珠江水运，2014（20）：27.
60. **丝绸之路经济带 交通建设论坛**[J]. 交通标准化，2014（18）：135.
61. **丝绸之路经济带 交通运输峰会**[J]. 交通标准化，2014（18）：134.
62. 李发鑫. **国际道路运输有力支撑“一带一路”：访交通运输部运输司国际道路运输处处长许宝利**[J]. 运输经理世界，2014（17）：42-45.
63. **一带一路 畅国际运输**[J]. 运输经理世界，2014（17）：40.
64. 王宇. **解读首届丝绸之路经济带交通运输峰会及国际卡车集结赛 起·承·转·合**[J]. 交通建设与管理，2014（17）：26-37.
65. 王权. **甘肃重点发挥丝绸之路经济带衔接作用**[J]. 运输经理世界，2014（17）：54-55.
66. 徐州市人民政府. **深化陆桥城市交流合作共促丝绸之路建设发展**[J]. 大陆桥视野，2014（17）：41-43.
67. 王楠楠. **“现在正是重建丝绸之路的一个绝好机会”：对话国际道路运输联盟秘书长翁贝托·德·布莱托**[J]. 交通建设与管理，2014（15）：102-103.
68. 王楠楠. **李作敏：ETC 全国联网将促进新“丝绸之路”再次腾飞**[J]. 交通建设与管理，2014（15）：84-85.
69. 程勇. **新疆立体交通辅就现代丝绸之路**[J]. 大陆桥视野，2014（15）：20.
70. 杨丽琼. **共享“渝新欧”成果 共创丝绸之路经济带繁荣**[J]. 大陆桥视野，2014（13）：76-78.
71. 杜传志. **发挥港口综合优势 打造 21 世纪海上丝绸之路战略支点**[J]. 大陆桥视野，2014（13）：49-51.

72. 徐祖远. 海上丝绸之路有利于重构世界秩序[J]. 大陆桥视野, 2014（13）: 47-48.
73. 徐祖远. 连云港在一带一路建设中的价值提升[J]. 大陆桥视野, 2014（13）: 41-43.
74. 吴以桥. 一带一路建设: 连云港迎来重大发展机遇[J]. 大陆桥视野, 2014（13）: 39-40.
75. 吕继坚. 连云港要为全国一带一路建设作出表率和贡献[J]. 大陆桥视野, 2014（13）: 36-38.
76. 仲其庄. "一带一路"建设与连云港发展专家研讨会召开[J]. 大陆桥视野, 2014（13）: 32-33.
77. 吴奇轩, 赵雨. "丝绸之路经济带"运输基础设施建设研究[J]. 经济视野, 2014（13）: 469.
78. 白雪梅, 王敏. 海上丝绸之路再升温[J]. 东北之窗, 2014（13）: 62-63.
79. "新丝绸之路"带来商机 "渝新欧"利好葡萄酒进口商[J]. 重庆与世界, 2014（12）: 32-35.
80. 林备战. 以"一带一路"建设为契机推动海铁联运发展[J]. 港口经济, 2014（12）: 45-47.
81. 中国: 亚欧博览会 丝绸之路经济带交通运输峰会[J]. 交通世界, 2014（12）: 2.
82. 张俊勇. 兰新高铁开通"钢铁丝绸之路"谱写新乐章[J]. 中国远洋航务, 2014（12）: 14.
83. 高嵩. 21世纪海上丝绸之路的时代价值纵论[J]. 综合运输, 2014（12）: 14-18.
84. 张冰馨. 丝绸之路上的物流新秩序[J]. 市场观察, 2014（12）: 58-61.
85. 綦琦. "一带一路"为我国航企全球化战略指明方向[J]. 中国民用航空, 2014（12）: 1.
86. 第十一届中国国际物流节·中国（连云港）丝绸之路国际物流博览会成功举办[J]. 物流时代, 2014（11）: 21.
87. 于涛, 曹槟. 兰新高铁新疆段通车 丝绸之路核心区建设提速[J]. 中亚信息, 2014（11）: 14-15.
88. 于涛, 樊曦, 王衡, 等. 打造丝绸之路上的黄金通道 写在兰新高铁乌鲁木齐——哈密段开通之际[J]. 中亚信息, 2014（11）: 12-13.
89. 汪玚. 丝绸之路经济带中国策 谋定而动: 从乏甬声[J]. 交通建设与管理, 2014（11）: 24-25.
90. 曹重. 发展港口经济与"丝绸之路经济带"建设[J]. 港口经济, 2014（11）: 1.
91. 张丽丽, 吕靖, 艾云飞. 基于ISM和AHP的建设海上丝绸之路影响因素分析[J]. 工业技术经济, 2014（11）: 38-43.
92. 康颖丰. 从丝绸之路到中欧铁路大通道[J]. 大陆桥视野, 2014（11）: 46-49.
93. 关于深化国际港航合作、促进"一带一路"互动发展的倡议[J]. 大陆桥视野, 2014（11）: 46-47.
94. 赵锋. 丝绸之路经济带内陆"港口"竞争格局将升级[J]. 大陆桥视野, 2014（11）: 30-32.
95. 吴以桥. 连云港: 推动一带一路交汇点建设更快发展[J]. 综合运输, 2014（11）: 65-68.
96. 高嵩, 李清. 建设21世纪"海上丝绸之路"与实施"海运强国"战略浅析[J]. 世界海运, 2014（10）: 12-15.
97. 庞宏敏. 21世纪"海上丝绸之路"——互利共赢的新通道: 访中国社会科学院海疆问题专业研究学者王晓鹏[J]. 世界海运, 2014（10）: 10-11.
98. "中欧班列"打通新丝绸之路物流通道[J]. 大陆桥视野, 2014（10）: 89.

99. 闫文陆，李永巍. 新疆打造空中丝绸之路立体网络[J]. 大陆桥视野，2014（10）：26-27.
100. 谢永金. 新丝绸之路：未来之战[J]. 物流时代，2014（10）：36-37.
101. "海上丝绸之路"的由来[J]. 宁波经济（财经视点），2014（10）：29.
102. 国家"一带一路"战略：宁波新角色[J]. 宁波经济（财经视点），2014（10）：22.
103. "丝绸之路经济带"交通运输系列活动如火如荼[J]. 中国道路运输，2014（9）：F0003.
104. 王乐乐. 基于丝绸之路经济带发展的西安国际港务区运输通道构建分析[J]. 物流技术，2014（9）：64-67.
105. 刘晓雷. 发挥内陆无水港在丝绸之路经济带中的重要作用[J]. 全球商业经典，2014（9）：91-95.
106. 交通部：已与丝绸之路沿线国家签 10 余汽运协定[J]. 宁波经济（财经视点），2014（9）：I0024.
107. 彭平萍. 柳工助力丝绸之路经济带交通建设[J]. 建筑机械化，2014（9）：15.
108. 戴东生，邓雪. 宁波加快打造"一带一路"海陆联运枢纽[J]. 中国港口，2014（9）：27-28.
109. 芮雪. 群策群力共谋"一带一路"建设大计[J]. 中国港口，2014（9）：1-3.
110. 李晓玲. 新疆国际道路运输网络"联通"新丝绸之路[J]. 大陆桥视野，2014（9）：27.
111. 平民. 海上丝绸之路：云南广西挑大梁港口建设成重点[J]. 珠江水运，2014（8）：33.
112. 孙方金. 抢抓丝绸之路经济带建设机遇 加快日照开放步伐[J]. 港口经济，2014（8）：38-40.
113. 李晓玲. 中国新疆接连开通国际班列成为丝绸之路经济带"出海口"[J]. 中亚信息，2014（8）：19.
114. 护航新丝绸之路，"公路医生"英达屡建奇功[J]. 交通世界（建养・机械），2014（8）：102-104.
115. 北京 8 月开通丝绸之路专列[J]. 国际人才交流，2014（8）：71.
116. 熊燕舞. 续写东西交融的物流传奇"首届丝绸之路国际卡车集结暨物流管理创新大赛"开赛在即[J]. 交通建设与管理，2014（7）：16-17.
117. 席平. 将"国内车站"升级为"国际陆港"构建丝绸之路经济带国际物流系统操作机构[J]. 大陆桥视野，2014（7）：52-53.
118. 张桂林，何宗渝. 渝新欧铁路打造"升级版"激活丝绸之路经济带[J]. 大陆桥视野，2014（7）：42-43.
119. 王波，田增玉. 新疆高铁：钢铁丝绸之路加速器[J]. 大陆桥视野，2014（7）：20-33.
120. 仲其庄. 抢抓一带一路机遇，提升港口口岸功能：2014 年连云港港口口岸工作会议召开[J]. 大陆桥视野，2014（7）：16-17.
121. 依托新亚欧大陆桥 构建丝绸之路经济带[J]. 大陆桥视野，2014（7）：9.
122. 徐堇. 古代海上丝绸之路对中国港口经济的影响[J]. 企业导报，2014（7）：42.
123. "渝新欧"：横贯新丝绸之路经济带的"大动脉"[J]. 重庆与世界，2014（7）：88.
124. 丝绸之路经济带 交通建设论坛[J]. 交通建设与管理，2014（7）：1.
125. 章庆慧，蔡畅. "丝绸之路经济带"构想下的"无差异空间"与区域合作：论中国与中亚的交通运输合作[J]. 欧亚经济，2014（6）：66-77.

126. 刘宇雄．广东："海上丝绸之路"新起航[J]．珠江水运，2014（6）：10-12.
127. SILK ROAD 丝绸之路经济带交通建设论坛[J]．交通标准化，2014（6）：2.
128. 赵鸣．"丝绸之路经济带"战略的大陆桥运输效能显现[J]．港口经济，2014（6）：37-39.
129. 吴秀凤．海上丝绸之路受关注　南海现新商机[J]．广东造船，2014（6）：34.
130. 芮雪．"丝绸之路经济带"建设机遇当前[J]．中国港口，2014（6）：18-20.
131. 王宇，陈楠枰，汪玚，等．行走丝绸之路经济带　感知交通运输大动脉[J]．交通建设与管理，2014（5）：22-23.
132. 刘亮．"新丝绸之路"发展新路径[J]．大陆桥视野，2014（5）：79–81.
133. 吉宣．转型发展　早日实现"大港梦"　改革创新　阔步新丝绸之路：2013 年连云港港口集团发展纪实[J]．大陆桥视野，2014（5）：64-67.
134. 薛广东．丝绸之路经济带建设：连云港港的发展新机遇[J]．大陆桥视野，2014（5）：35-38.
135. 中国—亚欧博览会　丝绸之路经济带交通运输峰会[J]．交通世界（建养·机械），2014（5）：7.
136. 李伟，艾万政．海运角度看"海上丝绸之路"上的舟山港[J]．中国水运（下半月），2014　（4）：45-46.
137. 姚亚平．全国人大代表、中远集团董事长马泽华：打造新"海上丝绸之路"为海运业带来新机遇[J]．中国远洋航务，2014（4）：23-25.
138. 张桂林，何宗渝．渝新欧铁路"升级版"激活丝绸之路经济带[J]．中亚信息，2014（4）：10-11.
139. 吴明华．海运贸易舞动"海上丝绸之路"[J]．航海，2014（3）：10–12.
140. 沈刚，仲其庄．"丝绸之路经济带"建设大潮的弄潮儿——访中国外运陆桥运输有限公司总经理王章永[J]．大陆桥视野，2014（3）：52-57.
141. 仲其庄．充分发挥连云港港口与口岸在丝绸之路经济带建设中的枢纽地位和引领示范作用——访连云港市委常委、市政府党组成员、港口管理局局长吴以桥[J]．大陆桥视野，2014（3）：44-51.
142. 任军．创新机制，提升效能　做新丝绸之路经济带发展的强力支撑：对"新丝绸之路经济带"铁路物流通道建设的思考[J]．陆桥视野，2014（3）：47-48.
143. 鞠海涛，王从旻．中哈合作项目在连云港启动　共建丝绸之路经济带战略构想在连进入实质性实施阶段[J]．大陆桥视野，2014（3）：16-17.
144. 中远比雷埃夫斯港项目：铺设中希两国"新丝绸之路"[J]．中国远洋航务，2014（3）：16-17.
145. 龚新蜀，马骏．"丝绸之路"经济带交通基础设施建设对区域贸易的影响[J]．企业经济，2014（3）：156-159.
146. 李文增，冯攀，李拉．发挥天津港在中国新丝绸之路经济发展战略中的作用[J]．港口经济，2014（3）：43-46.
147. 林健芳，荀常．水运文化助推海上丝绸之路建设[J]．广东交通，2014（3）：53.
148. 张莉娜．兰州物流"起舞"丝绸之路[J]．物流时代，2014（3）：62-64.

149. 李忠民，夏德水，姚宇．**我国新丝绸之路经济带交通基础设施效率分析——基于 DEA 模型的 Malmqusit 指数方法**[J]．求索，2014（2）：97-102.

150. 罗钢．**“丝绸之路经济带”建设中交通物流制度协同与推进探讨**[J]．开发研究，2014（2）：45-49.

151. 龚缨晏．**关于古代“海上丝绸之路”的几个问题**[J]．海交史研究，2014（2）：1-8.

152. 王晓鹏，张春阳．**郑和航海活动的历史功绩及其对建设 21 世纪“海上丝绸之路”的启示**[J]．世界海运，2014（1）：8-10.

153. 孔果．**扮靓陆上丝绸之路与海上丝绸之路交汇点：2013 年连云港市港口与口岸工作亮点纷呈**[J]．大陆桥视野，2014（1）：42-45.

154. 陆彦彬．**重建丝绸之路 全力打造“中欧快线”**[J]．大陆桥视野，2014（1）：37.

155. 王争鸣．**“丝绸之路经济带”铁路通道发展战略研究**[J]．铁道工程学报，2014（1）：24-31.

156. 李晓玲．**新疆大通道布局“丝绸之路经济带”**[J]．瞭望，2013（37）：15-17.

157. 梅新育．**新丝绸之路的深意**[J]．人民论坛，2013（36）：38.

158. **普京想建“铁路丝绸之路”**[J]．世界知识，2013（23）：12.

159. 张伟疆．**海上丝绸之路在南海区域文化中的传播**[J]．青年文学家，2013（19）：244-245.

160. 颜洁．**南海丝绸之路最早始发港合浦兴衰史考证**[J]．东南亚纵横，2013（12）：62-68.

161. 张静．**为丝绸之路经济带铺就大通道 中国新疆面朝中亚构建三条跨国铁路**[J]．中亚信息，2013（11）：22-23.

162. **“丝绸之路经济带”的战略意义**[J]．大陆桥视野，2013（10）：10.

163. 许家堃．**哪里是海上丝绸之路的始发港**[J]．沧桑，2013（3）：18-20，44.

164. 孙光圻，苏作靖．**明代《雪尔登中国地图》之图类定位及其在海上丝绸之路研究中的学术价值**[J]．水运管理，2012（8）：29-32，38.

165. 茂林桥．**连接海陆丝绸之路的交通要冲**[J]．西部交通科技，2012（6）：116.

166. 刘育红，王新安．**“新丝绸之路”交通基础设施与全要素生产率增长**[J]．西安交通大学学报（社会科学版），2012（3）：54-59.

167. 周长山．**日本学界的南方海上丝绸之路研究**[J]．海交史研究，2012（2）：92-99.

168. 盛观熙．**古代舟山与海上丝绸之路**[J]．浙江国际海运职业技术学院学报，2012（2）：32-40.

169. **“新世纪丝绸之路”2018 年通车**[J]．中国公路，2011（15）：122.

170. 王遐，张洪涛．**架起茫茫戈壁上的新丝绸之路：徐工运架设备吐鲁番制梁场首孔箱梁成功架设**[J]．铁道建筑技术，2011（5）：125-132.

171. 李忠民，刘育红，张强．**“新丝绸之路”交通基础设施、空间溢出与经济增长：基于多维要素空间面板数据模型**[J]．财经问题研究，2011（4）：116-121.

172. 李忠民，刘育红，张强．**“新丝绸之路”交通经济带经济增长的实证研究：基于人力资本等 6 个因素的面板数据模型**[J]．经济问题，2011（1）：77-80.

173. **寻找海上丝绸之路**[J]．世界海运，2010（7）：10.

174. **中国打造“高铁丝绸之路”**[J]．中国储运，2010（5）：118.

175. 中国高铁 铺建新丝绸之路 已经拟定穿越中亚、俄罗斯（欧洲）和东南亚 3 条高铁网[J]. 大陆桥视野，2010（4）：73.
176. 王子骞，唐巨. 跨越天山之巅，飞越丝绸之路，励精图治建设中国西部门户枢纽机场：访新疆机场（集团）有限责任公司总经理段子新[J]. 民航管理，2010（4）：20-29.
177. 2010 年中国航海日以“海洋 · 海峡 · 海员”为主题 五缘之水将汇聚“海上丝绸之路”起点泉州[J]. 航海，2010（3）：7.
178. 申培德，田增玉. 现代丝绸之路的新起点：写在兰新铁路第二双线开工建设之际[J]. 大陆桥视野，2009（11）：74.
179. 龚伟丽，刘义发. “海上丝绸之路”南沙再发力：广州港南沙港区特别报道[J]. 珠江水运，2009（10）：22-27.
180. 海陆“丝绸之路”对接点——贺州古道[J]. 西部交通科技，2009（10）：165.
181. 刘浩. “南方丝绸之路”的古驿站：登相营[J]. 兰台世界（上半月），2009（9）：72.
182. 泛亚铁路网 11.4 万 km“钢铁丝绸之路”令人瞩目[J]. 钢结构，2009（8）：92.
183. 刘刚，曹志恒. 从丝绸之路到新亚欧大陆桥[J]. 大陆桥视野，2009（8）：33.
184. 吕琳，吕仁义. 关于丝绸之路国际旅游线路开发的思考[J]. 丝绸之路，2009（6）：117-119.
185. 黄德旺. 浅谈福建海上丝绸之路与泉州港[J]. 福建文博，2009（4）：73-75.
186. 张宝通. 现代丝绸之路与新亚欧大陆桥[J]. 金秋，2009（2）：19-20.
187. 段渝. 中国西南早期对外交通：先秦两汉的南方丝绸之路[J]. 历史研究，2009（1）：4-23.
188. 营造“新丝绸之路”：哈萨克斯坦大兴道路交通建设[J]. 财经杂志，2008（24）：16.
189. 打造新丝绸之路上的国内一流机场集团[J]. 今日新疆，2008（19）：60-61.
190. 陆桥夫. 振兴丝绸之路 推动陆桥发展：记联合国开发计划署驻华代表处代表马和励先生[J]. 大陆桥视野，2008（10）：48.
191. 孙壮志. 中亚国家渴求复兴“丝绸之路”[J]. 大陆桥视野，2008（8）：74-75.
192. 唐巨. 加快建设高质量的“空中丝绸之路”[J]. 实事求是，2008（6）：39-41.
193. 腾飞中的新疆机场：打造新丝绸之路上国内先进、国际知名的机场集团[J]. 空中交通管理，2008（4）：74.
194. 马英明. 北美航线：海上丝绸之路的最远端[J]. 广州航海高等专科学校学报，2008（3）：29-31.
195. 欣华. 中欧铁路运输新丝绸之路诞生[J]. 中外物流，2008（2）：49.
196. 金仁焕. 各方努力 建设新丝绸之路[J]. 大陆桥视野，2008（1）：21.
197. 赵永利. 打造新丝绸之路[J]. 大陆桥视野，2007（12）：6-19.
198. 秦凤华. 新疆：打造“新丝绸之路”[J]. 中国投资，2007（3）：55-56.
199. 左芒，阮志. 重续丝绸之路[J]. 中国远洋航务，2006（9）：35-37.
200. 胡国良. 拓开海上丝绸之路 振兴广东造船工业——在“海上丝绸之路发祥地文化论坛”上的欢迎词[J]. 广东造船，2006（3）：55-56.
201. 我会主办“海上丝绸之路发祥地文化论坛”[J]. 广东造船，2006（3）：55.

202. 新疆 2000 亿元打造“新丝绸之路”[J]. 交通企业管理，2006（2）：59.
203. 广予. 中国古代丝绸之路恢复建设引起国外关注[J]. 国际工程与劳务，2005（12）：53-54.
204. 加快新丝绸之路和亚欧大陆桥的建设和发展——第三届欧亚道路运输大会在北京圆满结束[J]. 交通世界（运输·车辆），2005（11）：16-19.
205. 郑承龙，毕九玲. 以史为镜 抓住机遇 大力开发“东方水上丝绸之路”[J]. 黑龙江史志，2005（8）：3-4.
206. 构筑海上丝绸之路 发展现代航海事业——致首届中国“航海日”[J]. 中国水运，2005（7）：6-7.
207. 瑞典“哥德堡”号将重返海上丝绸之路[J]. 交通建设与管理，2005（6）：70-71.
208. 穆毅，马天山. 新丝绸之路开展国际多式联运的障碍及对策[J]. 综合运输，2005（4）：24-27.
209. 毕大勇. 传承东方丝绸之路 发展丹东现代物流业[J]. 辽宁丝绸，2005（4）：33-35.
210. 瞿世民. 从丝绸之路到黑奴航线的古、近代远洋航运[J]. 中国远洋航务公告，2005（2）：57-58.
211. 韩北. 合浦——“海上丝绸之路始发港”理论研讨会在广西北海召开[J]. 地理科学，2005（1）：125-126.
212. 孙坷. 中国复兴丝绸之路胡志梅[J]. 新西部，2004（12）：8-10.
213. 赵艳. 亚欧十二国交通部长为复兴丝绸之路出谋划策——记第三届国际丝绸之路大会[J]. 交通世界（建养·机械），2004（12）：26-29.
214. 第三届国际丝绸之路大会部长联合声明[J]. 交通世界（建养·机械），2004（12）：29-32.
215. 张春贤部长在第三届国际丝绸之路大会开幕式上的讲话[J]. 交通世界（建养·机械），2004（12）：30-31.
216. 任汉诗，孙铁军. “新丝绸之路”全线通车[J]. 中国远洋航务公告，2004（11）：48.
217. 孙军杰，王宇. 丝绸之路的复活[J]. 交通世界，2004（10）：26-31.
218. 游汉波. 遥远的古道永远的驼铃第三届国际丝绸之路大会将在西安举行[J]. 中国公路，2004（9）：26-27.
219. 刘. “第三届国际丝绸之路大会”在京举行新闻发布会[J]. 交通世界，2004（5）：J002.
220. 第三届“国际丝绸之路大会”即将召开[J]. 世界环境，2004（5）：77.
221. 苑江. 伊、阿、乌、塔重建新丝绸之路[J]. 中亚信息，2003（7）：45.
222. 梁金霞，郭朝阳. 昔日丝绸之路 今日环保通道：甘肃公路环保工作 30 年回顾[J]. 中国公路，2003（7）：54-56.
223. “歌德堡号”与“雾里青”：海上丝绸之路的故事在续写[J]. 茶叶经济信息，2003（7）：35-37.
224. 国际铁路联盟积极推动北方“丝绸之路”[J]. 铁道知识，2003（3）：22.
225. 纪大椿. 新疆的驿路、公路和铁路——新疆境内丝绸之路的历史变迁[J]. 乌鲁木齐职业大学学报，2003（2）：22-26.
226. 聂书岭. 中国与中亚国家将努力发展统一的“丝绸之路”运输体系[J]. 中亚信息，2003（1）：11-12.

227. 耿昇. **丝绸之路研究在中国——昆明丝绸之路学术会议综述**[J]. 西北第二民族学院学报（哲学社会科学版），2002（4）：5-11.
228. 毛俊杰. **欧盟和格鲁吉亚等国拟建“新丝绸之路”**[J]. 中国铁路，2002（3）：40.
229. 阮应祺. **海上丝绸之路航线上雷州半岛主港概述**[J]. 湛江师范学院学报，2002（2）：19-22.
230. 文泽. **新亚欧大陆桥——现代“丝绸之路”**[J]. 现代审计与经济，2002（S1）：43.
231. 李宪印. **对恢复丝绸之路思想的新承诺**[J]. 公路运输文摘，2001（10）：43.
232. 沈荣嵩. **海上丝绸之路——徐闻古港的兴衰**[J]. 珠江水运，2001（4）：46-47.
233. 澹雪. **“钢铁丝绸之路”的启动正在成为现实**[J]. 当代韩国，2001（2）：15.
234. 傅光琼. **楼兰女神的召唤——新“丝绸之路”计划**[J]. 交通世界，2001（1）：56-57.
235. 姚剑雄. **飞越丝绸之路**[J]. 民航管理，2001（1）：46-48.
236. 罗新军. **新“丝绸之路”——南疆铁路**[J]. 中学地理教学参考，1999（11）：6.
237. 高峰. **一桥如虹贯欧亚 丝绸之路绽新花**[J]. 瞭望，1998（22）：26-27.
238. 王晓玉，王月红. **从欧亚运输走廊到复兴丝绸之路**[J]. 世界知识，1998（22）：14-15.
239. 马魁全，阿力甫. **从丝绸之路到银色大道**[J]. 华人时刊. 1998（16）：37.
240. 赖尚龙. **再造当代丝绸之路 重现历史亚欧辉煌：记北京新亚欧五陆桥区域经济发展国际**[J]. 特区经济，1996（10）：16-17.
241. 赵鸣，李祖坤. **21 世纪的丝绸之路——新亚欧大陆桥**[J]. 华人时刊，1996（9）：6-8.
242. 午言. **翱翔在丝绸之路上空的白天鹅——新疆航空公司**[J]. 中国对外贸易，1996（9）：24.
243. 许玉宣. **新月与天鹅架起的空中丝绸之路**[J]. 中国对外贸易，1996（7）：45.
244. 马仕本. **重振“海上丝绸之路”始发港雄风——广西北海港大步走向世界**[J]. 珠江水运，1995（5）：18.
245. 梁金霞. **古丝绸之路披盛装**[J]. 中国公路，1995（3）：34.
246. 韩琳. **“东方水上丝绸之路”**[J]. 今日中国（中文版），1994（12）：25-26，5-6.
247. 周久鸿. **南、北丝绸之路接轨 大西南走向世界**[J]. 综合运输，1994（6）：18-23.
248. 杨希义，唐莉芸. **唐代丝绸之路东段长安至敦煌间的馆驿**[J]. 敦煌研究，1994（4）：135-144.
249. 樊保良. **略论中国古代少数民族与丝绸之路**[J]. 兰州大学学报（自然科学版），1994（2）：59-66.
250. 曹力生. **再论“南方丝绸之路”的复兴**[J]. 经济问题探索，1992（1）：42-44.
251. 杨福田. **现代丝绸之路——新亚欧大陆桥**[J]. 中国对外贸易，1991（6）：42-43.

（八）旅游经济

1. 娄佩彦，闫东坡. **丝绸之路沿线旅游资源的潜质与开发**[J]. 赤峰学院学报（自然科学版），2015（17）：173-175.
2. 林越英（云旦晋美），李春艳，彭瑜. **丝绸之路经济带建设背景下的格尔木市旅游对外融合发展**[J]. 教育教学论坛，2015（17）：56-58.
3. 门达明. **构建南海丝绸之路旅游经济带**[J]. 现代商业，2015（11）：128-129.

4. 刘从磊，曾德蒋. **新疆文化旅游产业发展研究：以新丝绸之路经济带建设为契机** [J]. 商场现代化，2015（10）：146-147.
5. 王怡. **丝绸之路经济带生态旅游发展的收敛性检验** [J]. 统计与决策，2015（9）：143-145.
6. 谢威. **关于建设丝绸之路经济带航空文化旅游中心的思考**[J]. 丝绸之路，2015（8）：45-46.
7. 万明. **中国与哈萨克斯坦：丝绸之路文化带国际旅游线路的构建**[J]. 丝绸之路，2015（8）：43-44.
8. 祁晓庆. **基于文化价值挖掘的文化旅游主题设计：以丝绸之路文化旅游为例**[J]. 丝绸之路，2015（8）：35-39
9. **“一带一路”路线图正式公布 河南发展迎来重大利好**[J]. 党的生活（河南），2015（7）：5.
10. 2015 **丝绸之路：新疆首届房车露营大会圆满结束**[J]. 新疆人文地理，2015（6）：111.
11. 阚越，王友文. **共建丝绸之路经济带视阈下的中哈国际旅游合作制度安排及前景分析**[J]. 北方经济，2015（5）：41-44.
12. 郭旃. **“丝绸之路：长安—天山廊道的路网”成功申报世界遗产的借鉴与展望**[J]. 世界遗产，2015（5）：66-67.
13. 阮仪三. **文化线路与“一带一路”**[J]. 中国名城，2015（5）：95.
14. 贾涛，谷越峰. **印度在建设“一带一路”中的地位分析**[J]. 青年与社会（下），2015（5）：223-224.
15. 刘剑. **让丝绸之路“跃然纸上”申遗文本图纸绘制回顾**[J]. 世界遗产，2015（5）：48-50.
16. 陈琪. **“一带一路”视域下中国新疆边境游消费者权益保护研究**[J]. 新疆师范大学学报（哲学社会科学版），2015（4）：120-125
17. 孙小荣. **旅游业抢抓“一带一路”发展新机遇**[J]. 旅游时代，2015（4）：6-9.
18. 张祖群. **“丝绸之路：长安和天山廊道的路网”后申遗时代的遗产旅游发展**[J]. 西部学刊，2015（4）：57-60.
19. 彭钊，王新陆. **关于建设 21 世纪海上丝绸之路旅游圈的提案**[J]. 前进论坛，2015（4）：44-45.
20. 李鹭. **丝绸之路经济带视野下的西部旅游演艺产业升级研究**[J]. 浙江工商大学学报，2015（3）：121-124.
21. 于小涵，章军杰. **新丝绸之路文化旅游先行带的战略构想**[J]. 浙江工商大学学报，2015（3）：116-121.
22. 张广宇，沈兴菊，刘韫. **丝绸之路经济带建设背景下的国际区域旅游合作研究**[J]. 四川师范大学学报（社会科学版），2015（3）：53-58.
23. 李想，胡炜霞. **丝绸之路旅游产业与文化产业融合路径探讨**[J]. 山西师大学报（社会科学版），2015（3）：85-88.
24. 杜旭东. **丝绸之路之新经济带的构想**[J]. 科教文汇，2015（3）：223-224.
25. 曹秋秀. **“一带一路”视野下的海南旅游新机遇：访中国旅游研究院副院长张栋**[J]. 今日海南，2015（2）：10-12.
26. 广元，王友文. **中哈国际旅游合作对推进丝绸之路经济带构建的政治考量**[J]. 新疆社科论坛，2015（2）：63-67.

27. 杨茗涵. 文化旅游型 RBD 游客感知体验研究——以大唐西市丝绸之路文化展示为例[J]. 金融经济，2015（2）：43-46.
28. 刘晓萌. 在丝绸之路视域下陕西省文化遗产旅游开发研究[J]. 金融经济，2015（2）：47-49.
29. 祁晓庆. 丝绸之路文化旅游需求调查与研究[J]. 丝绸之路，2015（2）：42-48.
30. 王松茂，方良彦，邓峰. “丝绸之路经济带”西北五省区旅游经济周期同步性研究[J]. 开发研究，2015（1）：69-72.
31. 孙英敏. 浅析丝绸之路申遗成功对陕西旅游业发展的影响[J]. 品牌，2015（1）：63.
32. 刘晓萌. 在丝绸之路视域下陕西省文化遗产旅游开发研究[J]. 金融经济（理论版），2015（1）：47-49.
33. 怀玉柱. 新丝绸之路经济带崛起、助推西北旅游大发展[J]. 旅游纵览（下半月），2015（1）：142-144.
34. 王文华. 丝绸之路经济带背景下新疆与中亚旅游一体化可行性研究[J]. 伊犁师范学院学报（社科版），2015（1）：67-70.
35. 江海旭，梁娟. 丝绸之路中国段主要城市旅游竞争力空间结构研究[J]. 国土与自然资源研究，2015（1）：62-65.
36. 冯玉珠. 丝绸之路饮食文化旅游资源开发研究[J]. 美食研究，2015（1）：25-29，34.
37. 易方，唐光海. 丝绸之路旅游电子商务发展路径与对策[J]. 当代经济，2015（1）：56-58.
38. 曹继安. 彬县着力打造丝绸之路旅游品牌[J]. 西部财会，2015（1）：57.
39. 李如意. 丝绸之路“旅游信息驿站”系统建设构想[J]. 丝绸之路，2014（241）：13-16.
40. 杨明. 合作开发南海海洋旅游共同建设海上丝绸之路[J]. 新经济，2014（31）：70-74.
41. 周伯乐. 基于共生理论的丝绸之路中国段旅游企业合作分析[J]. 金融经济，2014（24）：32-34.
42. 魏颖. 西北丝绸之路旅游价值及开发建议分析[J]. 知识经济，2014（22）：31.
43. 陈静薇. 丝绸之路与宁夏旅游发展：以西夏王陵为例[J]. 丝绸之路，2014（18）：13-15.
44. 刘丽，宋英英，段好欣. 以丝绸之路为契机 发展西安旅游业[J]. 新西部（理论版），2014（18）：19-20.
45. 于兮. 辉煌丝绸之路上的崇高义务和责任[J]. 法治人生，2014（16）：7-8.
46. 彭穗华. 海上丝绸之路与广东海洋旅游[J]. 新经济，2014（16）：26-31.
47. 邵如林. 把握丝绸之路经济带发展机遇打造河西走廊旅游文化黄金线[J]. 丝绸之路，2014（14）：7-10.
48. 马亚妮，王晨，薛培芹. 新丝绸之路经济带旅游业发展对经济影响的实证研究：基于陕西省数据的模型检验[J]. 企业导报，2014（13）：103.
49. 王淑新，张西虎. 丝绸之路区域旅游经济发展研究[J]. 丝绸之路，2014（12）：25-28.
50. 孙媛媛. 丝绸之路经济带旅游效率评价与差异研究：以关中—天水经济区为例[J]. 丝绸之路，2014（12）：20-24.
51. 王友文. 新疆伊犁国际旅游谷依托丝绸之路经济带发展国际旅游的方略与对策研究[J]. 当代旅游（学术版），2014（12）：61-67.

52. 郭鹏，董锁成，李泽红，等. **丝绸之路经济带旅游业格局与国际旅游合作模式研究**[J]. 资源科学，2014（12）：2459-2467.
53. 买力彦木·艾尼娃尔，李晓东. **建设丝绸之路经济带对伊犁州旅游经济发展的机遇研究**[J]. 旅游纵览（行业版），2014（12）：176-178.
54. 靳晶. **丝绸之路如何助力西安？**[J]. 小康，2014（12）：52.
55. **打造“丝路起点”旅游品牌：2014 首届中国西安丝绸之路国际旅游博览会成功举办**[J]. 中国品牌，2014（11）：74-75.
56. 龚强. **应用地理国情普查信息开发冰雪丝绸之路旅游带管见**[J]. 现代经济信息，2014（11）：389-391.
57. 吴培钦. **丝绸之路经济带背景下新疆旅游业发展研究**[J]. 经济与社会发展研究，2014（11）：31-32.
58. 朱林果，郭焕昆. **构建新丝绸之路旅游圈 打造国际文化旅游目的地**[J]. 福建理论学习，2014（10）：30-32.
59. 景鹏飞. **议西北丝绸之路五省区跨区域旅游合作开发中旅游学校教育合作的作用和途径**[J]. 旅游纵览（行业版），2014（9）：211.
60. 石斌，马耀峰. **西北丝绸之路旅游区入境旅游客源市场结构变化研究：基于 SSM 的分析**[J]. 河南科学，2014（9）：1922-1927.
61. 宇虹. **丝绸之路之甘肃：一个梦幻般的中国西部旅游新胜地**[J]. 西部大开发，2014（9）：159-163.
62. **丝绸之路上的明珠：宁夏 打造西部独具特色的国际旅游目的地**[J]. 餐饮世界，2014（9）：90-93.
63. 刘丽，宋英英，段好欣. **以丝绸之路为契机 发展西安旅游业**[J]. 新西部（理论版），2014（9）：19-20.
64. 吉丽亚. **行走在“丝绸之路”**[J]. 汽车观察，2014（9）：116-117.
65. 惠霞. **丝绸之路经济带历史文化资源综合管理模式的建构维度**[J]. 教育界（高等教育研究），2014（8）：12.
66. 钱春弦. **当银翼取代驼铃：旅游正成为丝绸之路经济带的探路者**[J]. 全球商业经典，2014（8）：122-123.
67. 马国华. **融入“丝绸之路经济带”打造民族特色旅游产业**[J]. 宁夏人大，2014（8）：29.
68. 陈正. **宁夏智慧旅游打造“网上丝绸之路”**[J]. 新商务周刊，2014（8）：78-80.
69. **金张掖青年志愿者——第四届敦煌行·丝绸之路国际旅游节的靓丽风景线**[J]. 新一代，2014（7）：63.
70. **第四届敦煌行·丝绸之路国际旅游节开幕**[J]. 中国航空旅游，2014（7）：24.
71. **丝绸之路大运河申遗成功**[J]. 侨园，2014（7）：6.
72. 唐纲. **举办“丝路万里行”跨国巡游活动 陕西：大打“丝绸之路”牌**[J]. 重庆与世界，2014（6）：42-43.
73. **丝绸之路旅游专列“长安号”首发仪式在西安火车站圆满举行**[J]. 现代企业，2014（6）：F0004.

74. 杨宏伟，马腾. 丝绸之路经济带视域下新疆旅游中心地体系分形研究[J]. 石河子大学学报（哲学社会科学版），2014（6）：26-33.
75. 第四届敦煌行·丝绸之路国际旅游节15日启幕[J]. 甘肃金融，2014（6）：8.
76. 中外19个城市将建丝绸之路旅游共同体[J]. 中亚信息，2014（6）：54.
77. 马桂芳. 论青海丝绸之路旅游业的新发展[J]. 攀登，2014（6）：111-115.
78. 王存宝. 西安旅游业在“丝绸之路经济带”建设中所面临的机遇与挑战[J]. 青年科学（下半月），2014（5）：148.
79. 程圩，隋丽娜，程默. 基于网络文本的丝绸之路旅游形象感知研究[J]. 西部论坛，2014（5）：101-108.
80. 王莉莉. 旅游业成“丝绸之路经济带”先导产业[J]. 中国对外贸易，2014（5）：38-39.
81. 孙亚辉. 丝绸之路的价值弘扬与文化旅游的开发及优化[J]. 社会科学家，2014（5）：98-101.
82. 黄明凤，王姗姗. 丝绸之路复兴计划带动下区域旅游产业对经济贡献的时空差异分析：以西北地区为例[J]. 开发研究，2014（4）：59-62.
83. 马勇，李欢. 丝绸之路中国段低碳旅游目的地溢出效应的体系构建研究[J]. 资源开发与市场，2014（4）：494-497.
84. 冯玲玲. 基于共建丝绸之路经济带的中哈国际旅游网络营销对策研究[J]. 中共伊犁州委党校学报，2014（4）：33-35.
85. 丝绸之路经济带旅游发展研讨会召开[J]. 干旱区地理，2014（4）：785.
86. 朱环.“丝绸之路经济带”旅游发展对策：基于中国—东盟无障碍旅游区构建视野[J]. 开发研究，2014（3）：46-49.
87. 李小蒙，朱军，徐晓伟，等.“丝绸之路”新疆段旅游景观开发与建设之思考[J]. 中南林业科技大学学报（社会科学版），2014（3）：6-8.
88. 马斯文，王汉. 丝绸之路甘肃段旅游开发与合作的战略转变[J]. 电子制作，2014（2）：136.
89. 杨宏烈.“海上丝绸之路”上的保护神：广州南海神庙旅游景区规划的几点想法[J]. 广州城市职业学院学报，2014（2）：19-24.
90. 顾华详. 丝绸之路经济带背景下的新疆入境旅游业跨越式发展对策研究[J]. 新疆农垦经济，2014（2）：41-51.
91. 黄明凤，王姗姗. 西北丝绸之路旅游收入对经济的影响分析[J]. 山东农业大学学报（社会科学版），2014（2）：32-36，61.
92. 顾华详. 论丝绸之路经济带视域下新疆国际旅游业的跨越式发展[J]. 西部学刊，2014（1）：39-45.
93. 周伯乐. 基于共生理论的丝绸之路中国段旅游企业合作分析[J]. 金融经济（理论版），2014（1）：32-34.
94. 丝绸之路－海上丝绸之路[J]. 世界遗产，2014（1）：30-33.
95. 闻名遐迩的古代丝绸之路[J]. 西部交通科技，2014（1）：100.
96. 李婷，李玲琴. 丝绸之路青海段旅游中心城镇等级体系构建研究[J]. 学园，2013（26）：180-181.

97. ASHLEE VANCE，贾慧娟. **想体验地心引力？欢迎来到太空丝绸之路**[J]. 商业周刊，2013（24）：42-43.
98. 邵律，包平. **中国西北游出发在兰州旅游文化产业联动丝绸之路经济带和兰州国家新区建设**[J]. 上海经济，2013（12）：46-48.
99. **西北师范大学师生志愿者在第六届丝绸之路国际大会上获嘉誉**[J]. 新一代，2013（11）：62.
100. **寻觅丝路风情 畅游大唐西市 丝绸之路风情街（一期）9 月 27 日盛大开业**[J]. 时代人物，2013（8）：120-121.
101. 马勇，周婵. **丝绸之路文化旅游体系构建**[J]. 经济研究导刊，2013（8）：77-80.
102. 马勇，周婵. **丝绸之路文化旅游价值提升**[J]. 现代商业，2013（7）：106-107.
103. 安智海. **丝绸之路甘肃段文化旅游资源开发的整体构想**[J]. 发展，2013（3）：118-119.
104. 邵洪涛，车海龙. **冰雪风情舞动丝绸之路**[J]. 新疆人文地理，2013（2）：84-87.
105. **西北五省区将联手开发和推广丝绸之路旅游线路**[J]. 丝绸之路，2012（16）：15.
106. 刘静. **古代丝绸之路的商品流通**[J]. 兰台世界，2012（16）：21-22.
107. 欧阳正宇. **丝绸之路非物质文化遗产旅游开发 RMP 分析**[J]. 干旱区资源与环境，2012（12）：203-208.
108. 张英. **刍议馆藏文物的文化艺术魅力：以丝绸之路甘肃段相关博物馆、文物保护遗址为例**[J]. 丝绸之路，2012（10）：40-41.
109. 南宇. **丝绸之路申遗视野下西北跨区域合作开发战略构想**[J]. 丝绸之路，2012（8）：37-38.
110. **甘肃段丝绸之路将建汽车旅游项目**[J]. 丝绸之路，2012（7）：77.
111. 张立群. **“丝绸之路”甘肃河西段国际入境旅游发展差异研究**[J]. 西北师范大学学报（自然科学版），2012（6）：95-98，111.
112. 王三北，王宁，魏鹏，等. **回归原义的旅游资源评价模式重构——以丝绸之路甘肃段旅游资源为例**[J]. 开发研究，2012（6）：111-114.
113. 李巧玲，王学军，董原. **丝绸之路申遗河南段洛阳旅游区形象营销策略研究**[J]. 科学经济社会，2012 （1）：87-93.
114. 董英. **浅谈新疆段丝绸之路旅游产品生命周期成长**[J]. 当代旅游（中旬刊），2012（1）：9-11.
115. 周菁葆. **丝绸之路与古代印度人体绘画艺术**[J]. 海口经济学院学报，2011（38）：63-69.
116. 崔欣. **精品丝路闪耀璀璨光芒 多彩甘肃喜迎八方来客：“敦煌行·丝绸之路国际旅游节”盛大开幕**[J]. 丝绸之路，2011（17）：5-11.
117. **甘肃“敦煌行·丝绸之路国际旅游节”目标：创收 60 亿元**[J]. 中国西部，2011（13）：12-13.
118. **敦煌行·丝绸之路国际旅游节在甘肃兰州开幕**[J]. 对外传播，2011（9）：4.
119. 李广成. **丝绸之路沿线旅游资源的潜质与开发探讨**[J]. 中国商贸，2011（9）：151-152.
120. **南方“丝绸之路”**[J]. 西部交通科技，2011（9）：138.
121. 杨秀平，柳春岩，翁钢民. **加快甘肃现代“国际丝绸之路”旅游业发展的初探**[J]. 对外经贸实务，2011（9）：82-85.
122. 杨阿莉，南宇. **体验经济视角下的丝绸之路旅游产品开发与创新研究**[J]. 干旱区资源与环境，2011（8）：196-200.

123. 潘雪梅．**论南方丝绸之路旅游纪念品的开发与创新**[J]．美术教育研究，2011（8）：183-184.

124. 李巧玲，王学军，董原．**丝绸之路申遗中国段旅游形象设计与推广策略：基于河南段洛阳旅游区的视角**[J]．西北大学学报（哲学社会科学版），2011（6）：88-91.

125. 樊华，金海龙．**丝绸之路文化遗址旅游资源的开发与保护**[J]．当代旅游（学术版），2011（6）：106-108.

126. **海上丝绸之路起点：九日山**[J]．中国老区建设，2011（6）：66.

127. 韩春鲜，陈文婷，陈肖静．**基于人口学特征的外国旅游者出游推-拉力因素差异分析：以中国西北丝绸之路为例**[J]．干旱区资源与环境，2011（5）：166-171.

128. 杜忠潮，柳银花．**基于信息熵的线性遗产廊道旅游价值综合性评价：以西北地区丝绸之路为例**[J]．干旱区地理，2011（3）：519-524.

129. 李巧玲．**丝绸之路申遗中国段旅游形象设计与推广策略：基于青海段的视角**[J]．兰州商学院学报，2011（2）：105-111.

130. 王瑜，吴殿廷，朱桃杏．**论旅游开发中的“和而不同”：以丝绸之路为例**[J]．人文地理，2011（2）：128-132.

131. ZAUR，HASANOV．**浅议丝绸之路的重建**[J]．中国外资日刊（下半月），2011（1）：179.

132. 姚小英，蒲金涌，刘晓强．**“丝绸之路”东段旅游气候舒适性分析**[J]．安徽农业科学，2010（138）：6822-6824.

133. 李巧玲，王学军．**丝绸之路申遗宁夏固原段旅游形象设计与推广策略研究**[J]．甘肃社会科学，2010（28）：252-255.

134. 褚玉良，马耀峰．**入境旅游流空间转移与旅游经济联系研究——以北京向丝绸之路转移为例**[J]．资源开发与市场，2010（15）：451-454.

135. 董原，王嘉瑞．**丝绸之路申遗甘肃段旅游地形象定位策略探析**[J]．兰州学刊，2010（12）：212-216.

136. **丝绸之路 连接东西方的纽带：哈萨克斯坦丝路上的旅游处女地**[J]．汽车实用技术·自驾游，2010（12）：84-88.

137. 高翔．**敦煌市建设成丝绸之路旅游集散中心的可行性研究**[J]．农业科技与信息，2010（12）：60-61.

138. 赵振王．**丝绸之路**[J]．边疆文学，2010（12）：101.

139. 王子正．**漫步丝绸之路**[J]．中国防伪报道，2010（9）：73-79.

140. 南宇，杨阿莉．**西北丝绸之路区重点旅游城市梯度开发研究**[J]．干旱区资源与环境，2010（9）：161-167.

141. **丝绸之路旅游市场营销高级研讨班在西安开班**[J]．丝绸之路，2010（8）：78.

142. 锋戈，理想．**“丝绸之路复兴之旅”大事记**[J]．汽车实用技术·自驾游，2010（7）：108.

143. **丝绸之路再崛起**[J]．中亚信息，2010（7）：47.

144. 南宇．**西北丝绸之路区旅游中心城市合作开发网络模式研究**[J]．经济地理，2010（6）：1038-1042.

145. 李巧玲，王学军. **丝绸之路“申遗”甘肃段旅游形象的设计与推广策略**[J]. 兰州大学学报（社会科学版），2010（6）：112-118.

146. 李德山，韩春鲜，杨玲. **丝绸之路外国旅游者旅游动机及旅游行为特征——基于跨文化比较的视角**[J]. 旅游科学，2010（5）：40-48.

147. 郑春丽，韩春鲜. **丝绸之路中国西段旅游中心城市国际旅游流时空演化特征**[J]. 市场论坛，2010（5）：64-66.

148. 南宇，李兰军. **西北丝绸之路跨区域、无障碍、一体化旅游模式研究：基于丝路申遗的视角分析**[J]. 新疆社会科学（汉文版），2010（4）：35-39.

149. 汪洋，汪百祥. **“丝绸之路”甘肃段体育文化旅游资源的分析研究**[J]. 体育世界·学术版，2010（3）：5-6.

150. 杨阿莉. **基于生态理念的丝绸之路旅游产品结构优化与升级研究**[J]. 西北师范大学学报（自然科学版），2010（1）：97-101.

151. **新疆丝绸之路冰雪风情节 2009 年 12 月底开幕**[J]. 丝绸之路，2010（1）：76.

152. 李文兵，南宇. **论丝绸之路沿线旅游合作机制**[J]. 干旱区资源与环境，2010（1）：196-200.

153. 张文. **关于丝绸之路旅游与区域合作的思考**[J]. 丝绸之路，2009（16）：21-22.

154. 董建国. **丝绸之路文化与旅游产业**[J]. 丝绸之路，2009（16）：17-20.

155. 申培德. **丝绸之路旅游资源开发的战略与对策**[J]. 丝绸之路，2009（16）：13-16.

156. 邹德浩. **联合国与丝绸之路**[J]. 丝绸之路，2009（16）：11-12.

157. 马耀峰. **丝绸之路国内段旅游合作与开发**[J]. 丝绸之路，2009（16）：5-10.

158. 南宇. **西北丝绸之路旅游区旅游品牌创新研究**[J]. 贵州社会科学，2009（11）：73-77.

159. 张永锋，杜忠潮. **西北地区“丝绸之路”沿线 10 城市旅游竞争力浅析**[J]. 干旱区资源与环境，2009（10）：194-200.

160. 辛文. **青陕两省联下打造“丝绸之路”精品旅游新格局**[J]. 文化月刊，2009（9）：127.

161. 李创新，马耀峰，李振亭，等. **遗产廊道型资源旅游合作开发模式研究——以“丝绸之路”跨国联合申遗为例**[J]. 资源开发与市场，2009（9）：841-844.

162. **2009 国际丝绸之路论坛征稿启事**[J]. 丝绸之路，2009（7）：79-80.

163. 王敏刚. **迎来丝绸之路新时代 实现“丝绸之路中心”目标**[J]. 大陆桥视野，2009（7）：26-27.

164. 王少华. **中国丝绸之路上古代关隘文化旅游资源评价**[J]. 旅游论坛，2009（6）：840-844.

165. 安伯平，王继国. **关于争取将山东暨日照纳入“丝绸之路”国家旅游线路的建议**[J]. 山东经济战略研究，2009（5）：29-32.

166. 魏宝山，崔晓泉. **甘肃、新疆联手打造丝绸之路精品旅游文化长廊**[J]. 丝绸之路，2009（5）：5-10.

167. 郑洪业，许成启. **西部丝绸之路上的旅游胜地**[J]. 防护林科技，2009（5）：2.

168. 董林，白洋，杨丽，等. **“中国丝绸之路吐鲁番葡萄节媒体影响力研究**[J]. 新疆大学学报（哲学人文社会科学版），2009（4）：32-36.

169. 南宇，窦开龙. **西北丝绸之路旅游区创新品牌研究**[J]. 郑州航空工业管理学院学报，2009（4）：50-55.

170. 梁雪松. **丝绸之路区域旅游合作空间开发模式选择**[J]. 丝绸之路，2009（4）：101-102，104.
171. 张晓莉，张安福. **中国古代西域屯垦与丝绸之路文明**[J]. 经济研究导刊，2009（3）：238.
172. 黄少辉，傅轶，陈波，等. **海上丝绸之路文化旅游发展研究：以“南海一号”古商船为例**[J]. 热带地理，2009（2）：177-181.
173. **联合国设立“丝绸之路城市奖”**[J]. 世界博览，2009（2）：14.
174. 林备战，徐辰佳融. **丝绸之路旅游文化开发大有可为：访全国人大代表、刚毅（集团）有限公司董事长王敏刚**[J]. 大陆桥视野，2009（1）：30-33.
175. 郑春丽，韩春鲜. **中国丝绸之路客源市场动态发展变化研究**[J]. 陕西师范大学学报（自然科学版），2009（1）：93-97.
176. **乌鲁木齐举办第六届丝绸之路冰雪风情节**[J]. 丝绸之路，2009（1）：74.
177. **2008 年《丝绸之路》总目**[J]. 丝绸之路，2008（12）：70-73.
178. 马玉蕻. **拓宽领域 加强合作：《丝绸之路》新疆通联会召开**[J]. 丝绸之路，2008（12）：53.
179. 刘卉，田庆辉. **探访南丝绸之路驿站：8 天 6000 公里“菲”跃大凉山**[J]. 家用汽车，2008（10）：107-112，114.
180. **2009 年《丝绸之路》征稿启事**[J]. 丝绸之路，2008（9）：80.
181. 曾启鸿，蔡文静. **海上丝绸之路区域旅游合作研究**[J]. 经济研究导刊，2008（9）：167-168.
182. 窦开龙. **丝绸之路与新疆民族旅游产品开发**[J]. 现代商业，2008（9）：204.
183. 梁雪松，马耀峰. **旅游偏好和旅游行为研究——以丝绸之路入境游客为例**[J]. 商业经济与管理，2008（5）：69-74.
184. 南宇，李兰军. **西北丝绸之路旅游区合作开发创新研究**[J]. 西北成人教育学报，2008（5）：38-40.
185. 牛云峰. **文化线路与丝绸之路（新疆段）民族文化资源开发——以库车—新和段为例**[J]. 乌鲁木齐职业大学学报，2008（4）：8-11.
186. 马丽莉，楚新正，段晓云. **和田地区丝绸之路品牌旅游产品开发**[J]. 乌鲁木齐职业大学学报，2008（4）：4-7.
187. 仲其庄. **陇海兰新沿线城市旅游局长联席会已迈入第五个年头 泛丝绸之路沿线城市旅游局长牡丹花会期间齐聚洛阳**[J]. 大陆桥视野，2008（4）：60-61.
188. **世行贷款保护丝绸之路**[J]. 中国西部，2008（4）：12.
189. 姚重军，李颖侠，孟峰年，等. **“丝绸之路”甘肃段体育旅游开发的制约因素分析**[J]. 发展，2008（3）：67-68.
190. **青海踏上丝绸之路世界顶级旅游品牌之旅**[J]. 丝绸之路，2008（2）：79.
191. 魏宝山，鹿昕. **打造“丝绸之路”品牌 建设旅游文化强区——新疆向“中国西部旅游胜地”迈进**[J]. 丝绸之路，2008（2）：12-13.
192. 袁音，陈忠菊，任莲香. **构建甘肃“丝绸之路体育健身旅游长廊”的研究**[J]. 西北师范大学学报（自然科学版），2008（2）：112-114，106.
193. 魏宝山. **乌鲁木齐打造丝绸之路冰雪旅游品牌**[J]. 丝绸之路，2008（1）：77.
194. 何银武. **推进南方丝绸之路旅游资源整体开发有利于促进西南山区经济建设快速发展**[J]. 中

华文化论坛，2008（s2）：194-198.

195. 谢元鲁. **新南方丝绸之路：四川旅游的未来战略选择**[J]. 中华文化论坛，2008（s2）：190-193.

196. 李道莹. **整合资源加强协作携手打造新丝绸之路旅游“黄金带”**[J]. 大陆桥视野，2007（12）：80-82.

197. 刘永忠. **整合沿线资源 强化区域协作 携手打造新丝绸之路旅游“黄金带”**[J]. 大陆桥视野，2007（8）：36-37.

198. 张津梁. **科学开发 深度合作 共同打造现代丝绸之路大旅游格局**[J]. 大陆桥视野，2007（8）：29-31.

199. **构建新丝绸之路旅游“绿色通道”**[J]. 大陆桥视野，2007（8）：28.

200. 江雄. **新丝绸之路上的明珠：日照——访山东省日照市旅游局局长王立新**[J]. 大陆桥视野，2007（7）：98-99.

201. 何喜刚，高亚芳. **丝绸之路文化遗产型旅游景区解说系统研究**[J]. 西北师范大学学报（自然科学版），2007（6）：90-94.

202. 魏晓文. **《丝绸之路旅游区总体规划》编制工作正式启动**[J]. 丝绸之路，2007（5）：79.

203. 汪威. **丝绸之路中国段旅游中心城市体系构建研究**[J]. 宁夏大学学报（自然科学版），2007（4）：380-383.

204. 王涛，孟峰年，张兰. **丝绸之路甘肃段体育旅游市场开发的可行性研究**[J]. 四川体育科学，2007（1）：19-21.

205. 孟峰年. **“丝绸之路”甘肃段体育旅游发展的SWOT分析**[J]. 首都体育学院学报，2007（1）：51-53.

206. **游走在丝绸之路的另一端——伊朗旅游见闻系列之三**[J]. 中国信用卡，2006（21）：36-39.

207. **游走在丝绸之路的另一端——伊朗旅游见闻系列之二**[J]. 中国信用卡，2006（19）：32-39.

208. 孟峰年. **“丝绸之路”甘肃段体育旅游资源开发策略研究**[J]. 甘肃农业，2006（11）：135-136.

209. 黄山，金炜，刘健. **火洲七月异彩纷呈——记第三届新疆国际旅游节暨第十五届中国丝绸之路吐鲁番葡萄节**[J]. 西部，2006（8）：92-96.

210. 黄山，黄永中. **新疆风情万里行——走进神奇的吐鲁番 第三届新疆国际旅游节暨第十五届中国丝绸之路吐鲁番葡萄节好戏连台**[J]. 西部，2006（6）：82-86.

211. **央视“一路风光，一路歌” 丝绸之路豪华专列7月启程**[J]. 养生大世界，2006（6）：63.

212. 何喜刚，高亚芳. **甘肃段丝绸之路旅游产品生命周期成长研究**[J]. 开发研究，2006（5）：85-86.

213. 张滢，丁建丽. **丝绸之路沿线旅游业的可持续发展**[J]. 华东经济管理，2006（3）：146-148.

214. 马耀峰，梁雪松，李君轶，等. **跨国丝绸之路旅游合作研究**[J]. 开发研究，2006（2）：67-70.

215. **西北五省联合打造丝绸之路旅游品牌**[J]. 旅游纵览，2006（1）：61.

216. 李福全. 把握机遇 携手并进 共建现代丝绸之路旅游走廊[J]. 大陆桥视野，2006（z1）：29-30.
217. 丝绸之路沿线城市旅游合作（徐州）备忘录[J]. 大陆桥视野，2006（z1）：26.
218. 谷维. 乌兹别克斯坦开发丝绸之路旅游项目[J]. 中亚信息，2005（11）：26-27.
219. 中日"丝绸之路沿线文物保护人员培训项目"意向书签字[J]. 文物工作，2005（9）：46.
220. 红色旅游，丝绸之路新亮点[J]. 丝绸之路，2005（4）：13.
221. 王建. 西北五省区精心打造"丝绸之路"精品旅游套餐[J]. 丝绸之路，2005（3）：45.
222. 刘睿文，刘衡. 多国联合申报世界文化遗产模式的引入——以丝绸之路为例[J]. 经济地理，2005（2）：236-239.
223. 王建. 世界旅游组织协调筹划国际丝绸之路游[J]. 丝绸之路，2005（1）：4-5.
224. 王啸. 西部地区旅游资源开发中人文精神的发掘——以我国西北丝绸之路为例[J]. 陕西师范大学学报（哲学社会科学版），2004（32）：46-49.
225. 刘林智. 海上丝绸之路及其特色旅游资源开发[J]. 资源开发与市场，2004（2）：139-140.
226. 傅云新，唐文雅. 广州海上丝绸之路旅游资源及其开发探讨[J]. 经济师，2003（5）：223-225.
227. 王啸，甘枝茂. 西北丝绸之路的旅游资源开发应凸现人文精神价值[J]. 干旱区地理，2003（3）：291-295.
228. 王锋. 丝绸之路与西部旅游资源开发的特色优势刍议[J]. 丝绸之路，2003（S1）：120-122.
229. 肖星，李文兵，伍延基. 丝绸之路入境旅游者空间行为浅析与旅游开发建议[J]. 甘肃社会科学，2002（3）：115-118.
230. 南宇. "丝绸之路"旅游前景与优势分析[J]. 发展，2001（3）：75-77.
231. 傅朗云. 东北亚丝绸之路旅游文化[J]. 民间文化旅游杂志，2001（2）：28-32.
232. 马艳辉. 会展旅游：经济迅速腾飞的"丝绸之路"[J]. 现代企业，2000（12）：51.
233. 开辟现代"丝绸之路" 培植壮大地方财源：抚远县大力发展边贸，旅游业取得[J]. 黑龙江财会，1999（12）：40-41.
234. 裴德禄. 借鉴中亚经验，让丝绸之路旅游结出硕果[J]. 东欧中亚市场研究，1999（11）：40-43.
235. 李并成. 论丝绸之路沿线古城遗址旅游资源的开发[J]. 地理学与国土研究，1998（4）：52-55.
236. 许联超. 丝绸之路的古城腾冲在加快开发旅游资源[J]. 云南农村经济，1998（1）：61-62.
237. 日农. 泉州——海上丝绸之路的起点[J]. 今日中国（中文版），1998（1）：34-41.
238. 陈国生，杨晓霞. 以西南丝绸之路为依托，发展西南旅游业[J]. 复印报刊资料（中国地理），1997（8）：84-89.
239. 陈国生，杨晓霞. 西南三条丝绸之路与西南旅游经济开发[J]. 热带地理，1997（4）：419-427.
240. 陈国生，杨晓霞. 以西南丝绸之路为依托，发展西南旅游业[J]. 经济地理，1997（1）：108-112.
241. 叶明. 西南丝绸之路重开与西南旅游业[J]. 北京第二外国语学院学报，1997（1）：64-70.

242. 达巍. **丝绸之路旅游**[J]. 今日中国（中文版），1996（5）：30-31.
243. 何银武，赵颖. **建议以南方丝绸之路为文化背景开辟跨国旅游线**[J]. 大自然探索，1996（3）：77-81.
244. 卫孺牛. **为把丝绸之路建成21世纪的国际旅游黄金线路而努力：从甘肃旅游业的发展说开去**[J]. 旅游学刊，1996（1）：39-40.
245. 何银武，赵纯涂，施仓山，等. **中国南方丝绸之路历史地位及旅游开发的重要意义**[J]. 国土经济，1996（1）：16-24.

（九）邮电经济

1. **天津：打造“一带一路”新支点城市**[J]. 山东经济战略研究，2015（3）：4.
2. **开放合作 共建丝绸之路经济带 第四届中国—亚欧博览会暨中国—亚欧经济发展合作论坛在乌鲁木齐隆重开幕**[J]. 大陆桥视野，2014（17）：16-23.
3. **丝绸之路经济带文化资源与文化产业研究稿约**[J]. 丝绸之路，2014（12）：82.
4. **集结号，在这里吹响：中国邮政参加首届丝绸之路国际卡车集结赛掠影**[J]. 中国邮政，2014（11）：58-59.
5. 刘勤. **丝路源远流长 方寸传承历史 《丝绸之路》邮票绸都首发**[J]. 纺织服装周刊，2012（30）：77.
6. 陈宇. **华为“新丝绸之路”的样板** [J]. 创新科技，2006（8）：32-33.
7. **中国—西班牙电信研讨会成果丰硕 携手共建通信业“丝绸之路”**[J]. 通信管理与技术，2006（4）：39-47.
8. 杜燕鹏. **ICT铺设新丝绸之路——与ITU电信标准化局局长赵厚麟对话世界电信日**[J]. 中国电信业，2004（5）：11-14.
9. **达科行在丝绸之路——甘肃建立西北首个帧中继网**[J]. 每周电脑报，1998（10）：61.

（十）贸易经济

1. **青岛市侨办赴福建三市调研取经“一带一路”**. [J]. 走向世界，2015（20）：46.
2. 夏红尧，凌云鹏，李仁，等. **“一带一路”烟台成重要节点城市 东方海上丝绸之路首航地在古登州**[J]. 走向世界，2015（18）：30-41.
3. 蒋涛. **“一带一路”推动西向布局**[J]. 中国新闻周刊，2015（17）：26-28.
4. 汪晓东. **“一带一路” 参与意味着责任**[J]. 农产品市场周刊，2015（16）：58.
5. 牛华勇. **一带一路大家谈——“一带一路”：首战已告捷，考验刚开始**[J]. 中国经济周刊，2015（16）：22-23.
6. 叶子含. **新丝绸之路：中欧贸易的机遇与挑战**[J]. 中国市场，2015（16）：139-141.
7. **年报速读：“一带一路”政策红利拉动铁路股**[J]. 中国经济周刊，2015（13）：11.
8. 车玉明，刘东凯，刘华，等. **谁持彩练当空舞：“一带一路”建设推进纪实**[J]. 决策与信息，2015（13）：31-34.
9. 辛桦. **各省区市“一带一路”实施方略**[J]. 决策与信息，2015（13）：35-40.

10. 樊琦. 建设中国东盟服务贸易经济效应分析：基于 21 世纪海上丝绸之路[J]. 现代商业，2015（12）：158-159.

11. 黄文磊. 丝绸之路国家贸易发展水平的聚类分析[J]. 经济研究导刊，2015（12）：277-279，289.

12. 吕文利. 关于“一带一路”你需要了解的八个问题[J]. 环球人物，2015（12）：56-57.

13. 徐方清. “一带一路”走向“铺轨期”[J]. 中国新闻周刊，2015（12）：36-38.

14. 赵小杰. 一带一路”区域内服务贸易推进研究[J]. 商，2015（11）：94.

15. 张国刚. 丝绸之路上的政治经济学[J]. 南风窗，2015（10）：98-99.

16. 叶竹盛. 海上丝绸之路：中国不能标新立异——对话历史地理学者葛剑雄[J]. 南风窗，2015（9）：35-38.

17. 魏妍，李坤凝. “一带一路”对艺术市场有哪些影响？——世界那么大，可以去看看书画界的“一带一路”[J]. 收藏投资导刊，2015（9）：30-35.

18. 邓卉，杨永波. 浅析“一带一路”战略部署下广西会展经济发展新策略[J]. 东方企业文化，2015（9）：239.

19. “一带一路”框架性文件亮相[J]. 企业决策参考，2015（9）：2-5.

20. 贾庆国. “一带一路”亟待弄清和论证的几大问题[J]. 人民论坛，2015（9）：28-30.

21. 覃爱玲. “一带一路”如何走过中东中亚风暴眼：清华大学国际传播中心主任李希光教授访谈[J]. 南风窗，2015（8）：86-91.

22. 李寒芳，陈思武. 闽台业界签署战略协议开发福建自贸区及“一带一路”商机[J]. 台声，2015（8）：82.

23. 晚霞. 亚非欧国家争相参与“命运共同体”引发共鸣 “一带一路”点燃世界热情[J]. 2015（8）：18.

24. 推进“一带一路”建设工作领导小组办公室负责人就“一带一路”建设有关问题答记者问[J]. 中国经贸导刊，2015（8）：6-10.

25. “一带一路”最终重点圈定 18 省[J]. 南风窗，2015（8）：17.

26. 岑文华. “一带一路”拉高浙江出口[J]. 今日浙江，2015（8）：18-19.

27. 一带一路战略全国覆盖[J]. 大陆桥视野，2015（7）：11.

28. 三部委发布“一带一路”行动方案[J]. 决策探索，2015（7）：4.

29. “一带一路”新愿景[J]. 半月谈，2015（7）：32-33.

30. 王伟光. 携手共建 21 世纪海上丝绸之路[J]. 中国科技投资，2015（7）：5-6.

31. 刘文镇，杨开胜. 风帆不止逐梦海丝 开放合作共谱新篇：首届 21 世纪海上丝绸之路博览会暨第十七届海峡两岸经贸交易会在福州举行[J]. 中国品牌，2015（6）：80.

32. 朱绿琴，陈健. 丝绸之路上的英雄传奇：2015 年伊力特经销商年会在首府顺利召开[J]. 当代兵团，2015（6）：F0003.

33. 曾晖. 挤进“一带一路”，各地蛮拼的[J]. 廉政瞭望，2015（6）：38-39.

34. 自贸区战略全面对接“一带一路”[J]. 中国产业经济动态，2015（6）：1-2.

35. 助力“一带一路”建设 谱写经贸合作新篇章：2015 年中国—东盟博览会印尼展综述[J]. 进出口经理人，2015（6）：10，12.

36. 杨海昆．**参与沿线国家装备、消费类展会 中国贸促会助力“一带一路”**[J]．中国会展，2015（5）：22．
37. 高山．**为什么要建设“一带一路”经济区**[J]．地理教育，2015（5）：62-63．
38. 王哲．**“一带一路”战略中的自贸区机遇**[J]．中国报道，2015（5）：16-19．
39. **对外开放新格局自贸区对接“一带一路”**[J]．中国报道，2015（5）：14-15．
40. **聚焦“一带一路”**[J]．时代金融，2015（5）：16-26．
41. 罗雨泽．**一带一路：挑战与建议**[J]．新经济导刊，2015（5）：73-77．
42. **理解“一带一路”的几个误区**[J]．老年世界，2015（5）：52．
43. 李文．**借力“一带一路”实现转型升级**[J]．WTO 经济导刊，2015（5）：35-36．
44. 方边．**“一带一路”给企业走出去带路**[J]．企业文化，2015（5）：6-8．
45. 寇佳丽．**“一带一路”需重视三大问题**[J]．经济，2015（5）：68-70．
46. 王娟娟，秦炜．**一带一路战略区电子商务新常态模式探索**[J]．中国流通经济，2015（5）：46-54．
47. 冯欣楠．**一带一路，武汉“非 18 省”，咋办？**[J]．武汉宣传，2015（5）：14-15．
48. 程小勇．**一带一路：探讨互联网金融推动再生金属业转型新路径**[J]．资源再生，2015（5）：18-21．
49. 吕佳．**“一带一路”战略：企业“走出去”的机遇**[J]．江苏商论，2015（5）：35-37．
50. 王燕．**第二次地理大发现：“一带一路”**[J]．地理教育，2015（5）：60-61．
51. 王新前．**一带一路战略的四川机遇**[J]．四川省情，2015（5）：42-43．
52. **中国（西安）丝绸之路研究院**[J]．新西部（上），2015（5）：F0002．
53. 叶檀．**现代版丝绸之路的风险**[J]．理财，2015（5）：12．
54. **中俄共建丝绸之路**[J]．大陆桥视野，2015（5）：83．
55. **第十三届中国海峡项目成果交易会：海洋丝绸之路主题展暨海洋产业展将于 2015 年 6 月举行**[J]．中国远洋航务，2015（4）：105．
56. 蔡礼辉，阮向前．**丝绸之路经济带背景下喀什地区推进边境贸易发展问题研究**[J]．新疆农垦经济，2015（4）：47-51．
57. 张小男，高丽娜．**中国—哈萨克斯坦自由贸易区构建可行性研究：基于建设“丝绸之路经济带”的视角**[J]．市场周刊（理论研究），2015（4）：94-96．
58. 毛艳华，杨思维．**21 世纪海上丝绸之路贸易便利化合作与能力建设**[J]．国际经贸探索．2015（4）：101-112．
59. 陈万灵，吴旭梅．**海上丝绸之路沿线国家进口需求变化及其中国对策**[J]．国际经贸探索，2015（4）：87-100．
60. 高峰．**从古丝绸之路到“一带一路”建设**[J]．北方经济，2015（4）：31-33．
61. 单儒超．**中外媒体如何热议“一带一路”**[J]．对外传播，2015（4）：67-70．
62. 谭峰．**“一带一路”话语体系建构的两大转变**[J]．对外传播，2015（4）：34-35．
63. 黄燕 ．**“一带一路”的对外报道刍议**[J]．对外传播，2015（4）：32-33．
64. 薛立胜，李志健．**“21 世纪海上丝绸之路”建设的文化考量**[J]．对外传播，2015（4）：26-28．
65. 卢新宁．**讲好丝绸之路的现代故事**[J]．对外传播，2015（4）：23-25．

66. 库尔班江. 丝绸之路上的老茶馆[J]. 新西部，2015（4）：78-81.
67. 安蓓，王优玲，于佳欣，等. 新动能·新合作·新生活：三个角度透视“一带一路”[J]. 中亚信息，2015（4）：8-9.
68. 罗保铭. 以建设旅游特区为突破口 积极融入“一带一路”战略[J]. 今日海南，2015（4）：1.
69. 佟岳. 山·海·经——“一带一路”战略和全球布局下的会奖新机遇探究[J]. 中国会展，2015（4）：22-31.
70. 张延陶. “一带一路”助铜翻身[J]. 英才，2015（4）：96-97.
71. 严一民. “一带一路”重点布局18省（区、市）15港口[J]. 港口经济，2015（4）：62.
72. 桂迎宝. 连云港建设“一带一路”交汇枢纽的建议[J]. 港口经济，2015（4）：33-34.
73. 尹永光，姜朝洋，冯剑峰. “一带一路”上的龙之梦[J]. 徽商，2015（4）：84-89.
74. 高峰. 从古丝绸之路到“一带一路”建设[J]. 北方经济，2015（4）：31-33.
75. 一带一路的战略版图到底有多大[J]. 企业界，2015（4）：44.
76. 一带一路与马歇尔计划有根本差别[J]. 企业界，2015（4）：42.
77. 徐榕梓. 天然气进口缘定“一带一路”[J]. 中国对外贸易，2015（4）：60-61.
78. 文洋，窦玉根. 解读“一带一路”[J]. 刊授党校，2015（4）：26-28.
79. 王慧. “一带一路”战略下的对外贸易：访商务部国际贸易合作研究院原院长霍建国[J]. 中国国情国力，2015（3）：14-16.
80. 张晓静，李梁. “一带一路”与中国出口贸易：基于贸易便利化视角[J]. 亚太经济，2015（3）：21-27.
81. 廖明中. 我国对一带一路沿线国家商品出口潜力测算[J]. 开放导报，2015（3）：64-67.
82. 韩永辉，罗晓斐，邹建华. 中国与西亚地区贸易合作的竞争性和互补性研究：以“一带一路”战略为背景[J]. 世界经济研究，2015（3）：89-98，129.
83. 张宏远，朱国军. “一带一路”下的连云港服务业空间布局及发展研究[J]. 大陆桥视野，2015（3）：49-53.
84. 省教育厅办公室. 省教育厅、省商务厅部门联动 推动我省融入“一带一路”建设[J]. 山西教育·管理，2015（3）：F0002.
85. 肖维歌. 在“一带一路”战略背景下中国与海合会国家贸易发展与展望[J]. 对外经贸实务，2015（3）：17-20.
86. 商务部：加快推进“一带一路”沿线国家贸易发展[J]. 中国产业经济动态，2015（3）：4-5.
87. 李平. 连云港：打造“一带一路”战略枢纽[J]. 中国报道，2015（3）：78-81.
88. 高鑫. 丝绸之路上的青岛坐标[J]. 中国报道，2015（3）：74-77.
89. 支点“一带一路”：访湛江海关关长陈小颖[J]. 中国海关，2015（3）：56-57.
90. 姜荣春. 一带一路 促进服务外包产业大发展[J]. 服务外包，2015（3）：22-26.
91. 张榕明. 一带一路 新丝绸之路与中西部服务外包的发展[J]. 服务外包，2015(3)：18-20.
92. 一带一路规划冲刺[J]. 中国投资，2015（3）：62.
93. 李涛，黄建钢，王宁. “一带一路”战略下舟山群岛新区发展再思考[J]. 党政视野，2015（3）：13-15.
94. 毛小明，尹继东，王玉帅. “一带一路”背景下江西出口贸易增长分析[J]. 江西社会科学，2015（3）：74-78.

95. **中国与格鲁吉亚启动自贸区可行性研究并签署共建“丝绸之路经济带”合作文件**[J]. 国际商务财会，2015（3）：19.

96. 张林，刘霄龙. **异质性、外部性视角下21世纪海上丝绸之路的战略研究**[J]. 国际贸易问题，2015（3）：44-53.

97. 刘凤鸣. **东方海上丝绸之路与中韩日文化交流**[J]. 支部生活（山东），2015（3）：53-55.

101. 塞巴斯蒂安・鲁西亚，彭粲. **吉布提，新海上丝绸之路上的新撒马尔罕**[J]. 文学教育（中），2015（3）：153-154.

102. 赵序海，曹汝华. **“一带一路”战略下的中国（北部湾）自贸区建设思路研究**[J]. 广西经济管理干部学院学报，2015（2）：1-6.

103. 马天平. **“一带一路”下新疆对外贸易发展潜力研究**[J]. 现代经济信息，2015（2）：121.

104. 丁一凡. **“一带一路”奠定中国对外战略发展基调**[J]. 中外文化交流，2015（2）：89-90.

105. 钟保华，曹海波. **“一带一路”的实力与潜力**[J]. 中国海关，2015（2）：40-45.

106. 谢燕青，姚国坤. **大格局下的大发展——“一带一路”给中国茶产业发展带来了什么？——茶在陆上丝绸之路经济带建设中的历史地位和现实意义**[J]. 茶博览，2015（2）：26-31.

107. 张燕，高志刚. **丝绸之路经济带背景下新疆与周边四国贸易发展研究：基于贸易竞争性、互补性和增长潜力的实证分析**[J]. 新疆社科论坛，2015（2）：5-12.

108. 谭秀杰，周茂荣. **21世纪“海上丝绸之路”贸易潜力及其影响因素：基于随机前沿引力模型的实证研究**[J]. 国际贸易问题，2015（2）：3-12.

109. 保建云. **论海上丝绸之路建设与海上丝路人民币贸易圈的形成与发展**[J]. 江苏行政学院学报，2015（2）：43-48.

110. 杨丽娟. **丝绸之路上的贸易便利化和生态导向发展：技术标准视角**[J]. 兰州大学学报（社会科学版），2015（2）：8-18.

111. AKHMETKAL MEDEU，MAULKEN ASKAROVA，ROMAN PLOKHIKH, etal. **丝绸之路之哈萨克斯坦：从历史到未来**[J]. 资源与生态学报（英文版），2015（2）：114-118.

112. 郑丹华. **21世纪海上丝绸之路：扬帆正当时**[J]. 同舟共进，2015（2）：20-21.

113. 张一平. **海上丝绸之路上的海南岛**[J]. 新东方，2015（2）：1-6.

114. 小傅. **中国信保护航海上丝绸之路** [J]. 市场瞭望，2015（2）：29-30.

115. 黄卫勇，王莉，杜群阳，等. **义乌应率先建设“网上丝绸之路”**[J]. 浙江经济，2015（2）：48-49.

116. 唐方方. **应重视南方丝绸之路建设**[J]. 环球财经，2015（2）：67-68.

117. 周烽. **“一带一路”与中国对外经济战略的转型**[J]. 卷宗，2015（1）：270-271.

118. 罗艳. **筹谋“一带一路”防范海外风险：专访中国对外承包工程商会副会长王禾**[J]. 国际工程与劳务，2015（1）：28-30.

119. 宗妍. **提升能力 抓紧“一带一路”新机遇：专访中国对外承包工程商会会长刁春和**[J]. 国际工程与劳务，2015（1）：20-22.

120. 2015 **宏观：外贸打响攻坚战 “一带一路”开辟新路径**[J]. 现代审计与会计，2015（1）：62-65.

121. 找准“一带一路”建设中的海南坐标：把海南建设成为海上丝绸之路“南海基地”[J]. 今日海南，2015（1）：10-14.
122. 蔡春丽. “一带一路”的重庆实作：精准扮演好角色[J]. 今日重庆，2015（1）：58-61.
123. 李慧芳. “一带一路”战略：助推“潍柴”实现转型升级[J]. 环球市场信息导报（理论），2015（1）：148.
124. 赵晶，方烨. “一带一路”2015年将获实质推进[J]. 化工管理，2015（1）：9-10.
125. “海丝文明 广泽天下：21世纪海上丝绸之路图片巡回展”在广州开展[J]. 城市观察，2015（1）：93.
126. 唐松，宋宗宏，祝佳. 21世纪海上丝绸之路建设：广州的战略选择与关键问题[J]. 城市观察，2015（1）：57-64.
127. 青舟，顾菁，李钧. 江苏港口城市沿“一带一路”交汇的历史渊源与前瞻[J]. 城市观察，2015（1）：40-47.
128. 黄涛，孙慧，马德. “丝绸之路经济带”背景下新疆与中亚贸易潜力的实证分析：基于面板数据的引力模型[J]. 新疆社会科学（汉文版），2015（1）：79-85.
129. 范娜娜. 21世纪海上丝绸之路：推进广州建设国际商贸中心城市[J]. 现代商业，2015（1）：69-70.
130. 施锦芳，郭舸韬. “新丝绸之路”框架下大国的中亚经贸战略及中国的战略选择[J]. 国际贸易论坛，2015（1）：40-46.
131. 唐俊，肖焱. 将21世纪“海上丝绸之路”战略延伸至拉美地区的探讨[J]. 国际贸易论坛，2015（1）：35-39.
132. 张永旭，程明. “行南丝绸之路·游大熊猫家乡”活动正式启动[J]. 汽车自驾游，2015（1）：136-137.
133. 海上丝绸之路国际品牌发展论坛在泉州召开[J]. 中国品牌与防伪，2015（1）：90.
134. 赵斐. 外汇管理政策支持丝绸之路经济带西安自由贸易实验园区建设的借鉴与探索[J]. 西部金融，2015（1）：77-80.
135. 为新丝绸之路的拓荒者点赞[J]. 乡镇企业导报，2015（1）：8.
136. 刘路. 海上丝绸之路起点福州甘棠港辨析（三）[J]. 福建社科情报，2015（1）：35-40.
137. 梁艳. 丝绸之路文化贸易战略与生态文化建设研究[J]. 北方经贸，2015（1）：10，13.
138. 黄启臣. 邓小平等四代领导人老话重提丝绸之路[J]. 岭南文史，2015（1）：21-27.
139. 张建学. 到底哪里是丝绸之路的起点？[J]. 环球市场信息导报（理论），2015（1）：144-145.
140. 第十九届中国东西部合作与投资贸易洽谈会暨丝绸之路国际博览主要活动信息[J]. 新西部，2015（1）：2，129.
141. 张银山，秦放鸣. 丝绸之路经济带背景下加快推进中国—中亚自由贸易区建设的思考[J]. 经济研究参考，2014（55）：19-26.
142. 加快推进丝绸之路经济带和21世纪海上丝绸之路建设[J]. 瞭望，2014（45）：11.
143. “一带一路”建设要衔接好[J]. 瞭望，2014（44）：11.
144. 刘建沪副会长出席广东21世纪海上丝绸之路国际博览会[J]. 全国商情，2014（42）：10.

145. 宫超. **中国—东盟博览会：构筑海上丝绸之路合作大平台**[J]. 瞭望，2014（37）：42-44.
146. 张煜. **CAFTA、ECFA 及“一带一路”背景下桂台经贸文化融合发展与创新研究**[J]. 中外企业家，2014（36）：250-251，260.
147. 范玉刚. **以文化交融促进“一带一路”建设**[J]. 瞭望，2014（34）：64.
148. **“21 世纪海上丝绸之路”跨境电商平台正式开通**[J]. 商场现代化，2014（34）：9.
149. 李勇军. **建设海上丝绸之路综合枢纽城市对策研究**[J]. 现代商业，2014（33）：130-131.
150. 向晓梅. **广东与 21 世纪海上丝绸之路沿线国家经贸合作模式创新研究**[J]. 新经济，2014（31）：33-34.
151. 董小麟. **关于广东在建设 21 世纪海上丝绸之路中发挥更大作用的思考**[J]. 新经济，2014（31）：31-32.
152. 刘彦广. **专访伊朗最高领袖国际事务顾问阿里・阿克巴尔・韦拉亚提：丝绸之路经济带开启中伊合作新未来**[J]. 中国经济周刊，2014（25）：46-47.
153. 戴婧妮，路敏，韦林珍. **大西安文化贸易可行性及发展路径分析：丝绸之路经济带建设中**[J]. 现代商贸工业，2014（24）：74-77.
154. 许生根. **借力丝绸之路建设 助推宁夏科技创新**[J]. 共产党人，2014（24）：34-35.
155. 杜群阳，黄卫勇，方建春，等. **“网上丝绸之路”对“一带一路”战略的意义**[J]. 浙江经济，2014（24）：34-35.
156. 新华. **“一带一路”与自贸区：新的对外开放格局已经确立**[J]. 珠江水运，2014（24）：30.
157. **中国梦与世界梦“一带一路”的分析与思考**[J]. 留学生，2014（23）：12-15.
158. 展纪娟. **基于丝绸之路经济带视角的新疆服务业发展探讨**[J]. 商业经济，2014（23）：23-24，64.
159. 袁利华. **“丝绸之路经济带”的法律思考及建议**[J]. 商业时代，2014（23）：123-124.
160. 陈珏. **丝绸之路经济带建设下新疆外贸结构转型升级的探究**[J]. 现代企业教育，2014（22）：479.
161. 黄育川. **复兴海上丝绸之路**[J]. 中国新闻周刊，2014（22）：15.
162. 陈鹏. **“一带一路”之高铁外交：以泰国为例**[J]. 决策探索，2014（22）：46-47.
163. **关于深化国际港航合作、促进“一带一路”互动发展的倡议**[J]. 大陆桥视野，2014（21）：46-47.
164. 方园园. **深化与东盟合作：推动广西发挥共建 21 世纪“海上丝绸之路”的优势**[J]. 商，2014（21）：228.
165. 徐小键，赵云艳. **新疆地区对外商品贸易展望——基于新丝绸之路建设视角**[J]. 中外企业家，2014（21）：48.
166. 靳雅. **新丝绸之路经济带甘肃段与中亚能源贸易研究**[J]. 经济视野，2014（21）：18.
167. 顾涧清. **新丝绸之路：重新发现世界文明**[J]. 南风窗，2014（20）：82.
168. 吴培钦. **会展业对丝绸之路经济带构建影响的作用途径研究**[J]. 城市地理，2014（20）：263-265.
169. **“新海上丝绸之路”的考验**[J]. 党政论坛，2014（20）：18-19.
170. 戴东生，邓雪. **宁波构建 21 世纪“海上丝绸之路”海陆联运枢纽的路径分析**[J]. 宁波通讯，2014（19）：42-43.

171. “西安港”打造一带一路重要枢纽[J]. 大陆桥视野，2014（19）：32-33.
172. 陆上丝绸之路的重大经济意义是什么？[J]. 大陆桥视野，2014（19）：11.
173. 共同描绘未来世界蓝图：首届“一带一路”华夏论坛召开[J]. 中国投资，2014（19）：80-82.
174. 陕西省人民政府关于表彰第十八届中国东西部合作与投资贸易洽谈会暨丝绸之路国际博览会先进单位的通报[J]. 陕西省人民政府公报，2014（18）：32-34.
175. 牛风君. 丝绸之路经济带建设中上合组织贸易便利化发展研究[J]. 合作经济与科技，2014（18）：82-83.
176. 肖锋. “新海上丝绸之路”的考验[J]. 中国新闻周刊，2014（18）：50-51.
177. 尤权. 打造21世纪海上丝绸之路重要枢纽[J]. 求是，2014（17）：26-28.
178. 李铮. 贸易自由化与区域经济一体化的关联性研究：基于“丝绸之路经济带”区域经济视角[J]. 知识经济，2014（16）：94-95.
179. 宿志红. 张交会穿起丝绸之路经济带的一根“针”：2014丝绸之路国际生态产业博览会暨绿色有机产品（张掖）交易会9月开展[J]. 食品工业科技，2014（16）：32-35.
180. 国新办就第11届中国—东盟博览会等举行新闻发布会 中国—东盟博览会构筑21世纪海上丝绸之路新平台[J]. 中国投资，2014（15）：11.
181. 梁小丽. 西安自贸区方案拟6月上报谋划丝绸之路新起点[J]. 全国商情（理论研究），2014（15）：42-43.
182. 玛仁糖. 丝绸之路上的老茶馆[J]. 南方人物周刊，2014（15）：8.
183. 货物贸易年均增19%“一带一路”建设蕴巨大商机[J]. 全国商情，2014（15）：6-7.
184. “南海争端解决与‘海上丝绸之路’建设”研讨会在北京举行[J]. 世界知识，2014（14）：77.
185. 礼牧. 海涛声中万国商 海上丝绸之路：从历史到未来[J]. 新商务周刊，2014（14）：22-26.
186. 梁小丽. 西部地区保税物流中心对国际贸易的作用探析：基于“新丝绸之路”的视角[J]. 全国商情（经济理论研究），2014（14）：83-84.
187. 夏静秋. 新疆纺织业发展的“新丝绸之路”[J]. 大陆桥视野，2014（14）：5-6.
188. 托举各国人民梦想 承载四海宾朋愿景“一带一路”共创共享发展新机遇[J]. 中国共产党新闻网. 中国经贸，2014（14）：26-27.
189. 陈少华. 浅析“丝绸之路经济带”战略下的餐饮品牌构筑：以西安市餐饮品牌构筑为例[J]. 商情，2014（13）：36-37.
190. 韩奕琛. 这不是丝绸之路[J]. 世界知识，2014（13）：11.
191. 张学斌. 三秦大地迎来新契机：陕西检验检疫局助力丝绸之路经济带建设纪实[J]. 中国检验检疫，2014（12）：26-29.
192. 李虎林. 服务“丝绸之路经济带”战略 推进关心下一代工作的思考[J]. 中国火炬，2014（12）：5-7.
193. 陈晓艳. “丝绸之路经济带”战略背景下新疆边境贸易发展研究[J]. 对外经贸，2014（12）：44-46.

194. 闫刚. 新丝绸之路经济带下新疆服务业发展对地区经济影响研究[J]. 经济论坛，2014（12）：66-69.
195. “21世纪海上丝绸之路”跨境电商平台正式开通[J]. 西部交通科技，2014（12）：10.
196. 乔云生. 阿里巴巴正悄然布局丝绸之路经济带[J]. 港口经济，2014（12）：59.
197. 徐德洪，张彩丽. 新丝绸之路建设对中国与中亚贸易的影响[J]. 价格月刊，2014（12）：32-35.
198. 加快推进“一带一路”建设[J]. 紫光阁，2014（12）：8.
199. 白峰. “一带一路”天地宽[J]. 金融经济（上半月），2014（12）：5.
200. “一带一路”[J]. 当代贵州，2014（12）：57.
201. 梁明. 新丝路 新合作 新融合：首届中国海上丝绸之路国际品牌博览会将在泉州举办[J]. 中国品牌，2014（11）：46-47.
202. 李树鑫. 河南省推进丝绸之路经济带建设的发展策略研究：基于对外经济视角[J]. 特区经济，2014（11）：135-136.
203. 中国（泉州）海上丝绸之路国际品牌博览会部分海外参展商品[J]. 中国对外贸易，2014（11）：76-79.
204. 黑龙江构建东部陆海丝绸之路经济带[J]. 中国投资，2014（11）：85.
205. 高峰. 为何要建设21世纪海上丝绸之路？[J]. 物流时代，2014（11）：78-79.
206. 我国确定2015年为“美丽中国：丝绸之路旅游年”[J]. 今日国土，2014（11）：5.
207. 陈开雄. 丝绸之路经济带武威保税物流中心建设研究[J]. 经济师，2014（11）：261，265.
208. 王红霞. 兰州：打造“丝绸之路经济带”节点城市[J]. 四川省情，2014（10）：44-45.
209. 张佩玉. 从这里出发：连云港抢抓“丝绸之路经济带”历史新机遇[J]. 物流时代，2014（10）：43-45.
210. 路敏，戴婧妮，李超，等. 构建丝绸之路经济带视域下的西安对外贸易环境分析报告[J]. 长春师范大学学报，2014（10）：193-200.
211. 杨沛超. 中国—东盟信息港：21世纪海上丝绸之路新港湾[J]. 网络传播，2014（10）：66-70.
212. 赵明. 扬帆21世纪海上丝绸之路：第十一届中国—东盟博览会掠影[J]. 电器，2014（10）：38-39.
213. 陆海丝绸之路经贸合作产业园启动[J]. 甘肃金融，2014（10）：8.
214. 张小可. 丝绸之路遗产的现代旅游发掘[J]. 汽车自驾游，2014（10）：140-143.
215. 广州海上丝绸之路史迹申报世遗[J]. 党政干部参考，2014（10）：F0003.
216. 海上丝绸之路筑梦亚洲[J]. 晚霞（下半月），2014（10）：22.
217. 林至颖. 新时期海上丝绸之路的新路径[J]. 中国商界，2014（10）：28-29.
218. 培育发展创新品牌 推进一带一路战略：新丝绸之路创新品牌行活动周暨新疆创新品牌推进会举行[J]. 中国高新区，2014（9）：17.
219. 吕秋梦. 绥芬河以口岸服务贸易发挥东部陆海丝绸之路桥头堡作用[J]. 中国报道，2014（9）：72.
220. 阿依古力·依明. 建设丝绸之路经济带背景下新疆与中亚国家经贸合作对策探讨[J]. 对外经贸，2014（9）：25-27.

221. 连云港 10 月举办首届丝绸之路国际物流博览会[J]. 江苏企业管理，2014（9）：18-19.
222. 中共江苏省委党校第 13 期省管干部进修班. 加快江苏新丝绸之路建设的战略构想[J]. 唯实，2014（9）：41-43.
223. 刘瑶. 略述楼兰及其在丝绸之路上的重要地位[J]. 发展，2014（9）：42-46.
224. 张佩玉. 敦煌网：搭建网上丝绸之路[J]. 物流时代，2014（9）：50-52.
225. 王霄京. 国新办就第 11 届中国—东盟博览会等举行新闻发布会 中国—东盟博览会构筑 21 世纪海上丝绸之路新平台[J]. 中国建材，2014（8）：68-69.
226. 矫枫. 丝绸之路上的新机遇[J]. 今日中国（中文版），2014（8）：48-51.
227. 中国—东盟博览会构筑 21 世纪海上丝绸之路新平台[J]. 进出口经理人，2014（8）：I0012.
228. 孙玉琴. 汉唐时期丝绸之路贸易的历史经验及其现实启示[J]. 国际贸易，2014（8）：16-20.
229. 陈永昌. 积极开发陆海丝绸之路东部经济带[J]. 北方经贸，2014（8）：1-3.
230. 李香才，周浙玲. 喀交会聚焦丝绸之路建设[J]. 中亚信息，2014（8）：14-15.
231. 郑守一. 海上丝绸之路与韩半岛[J]. 丝绸之路，2014（8）：46-56.
232. 方晓. 融入新丝绸之路经济带 打造新机遇新平台：首届中国—俄罗斯博览会燃情哈尔滨之夏[J]. 北方经贸，2014（7）：3.
233. 张开城. 21 世纪海上丝绸之路建设的广东响应[J]. 南方论刊，2014（7）：9-13.
234. 郑永年. 中国重返丝绸之路的几个重大问题[J]. 当代社科视野，2014（7）：32.
235. 丝绸之路经济带 交通运输峰会[J]. 交通建设与管理，2014（7）：93.
236. 建设“丝绸之路经济带”先行者 中国·西安 200 万平米欧亚经贸核心平台[J]. 全国商情，2014（7）：97.
237. 谢心庆，许英. 丝绸之路经济带下各省对外经济贸易发展综合评价研究[J]. 新疆职业大学学报，2014（6）：19-22，27.
238. 王志慧. 抢丝绸之路经济带机遇 拓连台经贸合作空间[J]. 台湾工作通讯，2014（6）：31-32.
239. 胡高福，刘俐. 浙江舟山“21 世纪海上丝绸之路”贸易枢纽港的战略构想[J]. 浙江海洋学院学报（人文科学版），2014（6）：16-21.
240. 程云洁.“丝绸之路经济带”建设给我国对外贸易带来的新机遇与挑战[J]. 经济纵横，2014（6）：92-96.
241. 刘路. 海上丝绸之路起点福州甘棠港辨析（二）[J]. 福建社科情报，2014（6）：36-40.
242. 多地争取海上丝绸之路申遗预纳入“一带一路”规划[J]. 品牌（理论月刊），2014（6）：10-11.
243. 杨波.“丝绸之路经济带”九省份服务业发展研究[J]. 开发研究，2014（6）：25-29.
244. 林馥盛. 汕头着力建设 21 世纪海上丝绸之路重要门户[J]. 潮商，2014（6）：5.
245. 田西. 丝绸之路经济带是西部省份发展的战略重点[J]. 决策与信息，2014（6）：35.
246. 陈茂辉. 发挥华侨作用建设 21 世纪海上丝绸之路[J]. 学习与研究，2014（6）：59-62.
247. 水丽淑. 西汉丝绸之路走向繁荣的原因及启示[J]. 兰州大学学报（社会科学版），2014（6）：9-13.

248. 彭敏芳. **重走丝绸之路 再展天堂风采**[J]. 杭州（周刊），2014（6）：59.
249. **广东成为海上丝绸之路的“桥头堡”** [J]. 中国投资，2014（6）：75.
250. 刘赐贵. **发展海洋合作伙伴关系 推进21世纪海上丝绸之路建设的若干思考**[J]. 当代中国史研究，2014（5）：122.
251. 陈龙江. **中国与海上丝绸之路非洲沿线国家的贸易发展态势、问题与共建思路**[J]. 广东外语外贸大学学报，2014（5）：27-30，35.
252. 来守林. **积极参与21世纪“海上丝绸之路”建设 大力深化广西与东盟地区的经贸合作**[J]. 广西经济，2014（5）：17-18.
253. **第八届泛北部湾经济合作论坛闭幕 共建21世纪“海上丝绸之路”成共识**[J]. 广西经济，2014（5）：11.
254. **16省争抢丝绸之路建设机遇**[J]. 大陆桥视野，2014（5）：82-84.
255. 任军. **创新机制，提升效能，做新丝绸之路经济带的强力支撑：对“新丝绸之路经济带”铁路物流通道建设的思考**[J]. 大陆桥视野，2014（5）：47-48.
256. 刘传标. **海上丝绸之路起点福州甘棠港辨析**[J]. 福建社科情报，2014（5）：37-49.
257. 黄洲，张光丽，黄红，等. **开启合作 共谋21世纪海上丝绸之路建设**[J]. 广西经济，2014（5）：15-16.
258. 刘浩春. **江苏建设丝绸之路经济带的调研与思考**[J]. 群众，2014（5）：36-37.
259. **商务部新设欧亚司促建丝绸之路经济带**[J]. 产权导刊，2014（5）：21.
260. 徐榕梓. **丝绸之路再起航**[J]. 中国对外贸易，2014（5）：50-51.
261. 孙立杰. **中乌合作成“丝绸之路经济带”一大亮点**[J]. 中国对外贸易，2014（5）：44.
262. 张云龙. **投资世界 放眼全球：“新丝绸之路——2014中国海外投资新年论坛”在人民大会堂隆重召开**[J]. 现代企业文化，2014（4）：136-137.
263. 梅新育. **“丝绸之路经济带”构想的最大价值**[J]. 中国对外贸易，2014（4）：33.
264. 陈武. **发展好海洋合作伙伴关系：深入学习贯彻习近平同志关于共建21世纪“海上丝绸之路”的战略构想**[J]. 当代广西，2014（4）：16-17.
265. 张振玉. **海上丝绸之路与福州港陶瓷外销：以平潭海域出水陶瓷为例**[J]. 福建史志，2014（4）：29-32.
266. 李曦腾，蔡杨. **中国哈萨克斯坦建设“丝绸之路经济带”共同利益展望**[J]. 环球市场信息导报（理论），2014（4）：6-7.
267. 娜迪热・麦麦提敏. **乌鲁木齐——丝绸之路经济带的区域性国际商贸物流中心**[J]. 特区经济，2014（4）：144-147.
268. 娄源功. **丝绸之路经济带物流通道端点应设在郑州**[J]. 协商论坛，2014（4）：15-16.
269. 段庆林. **以内陆开放视角看建设丝绸之路经济带**[J]. 统计与经济，2014（4）：22-24.
270. 刘晶芳. **唐朝丝绸之路贸易管理法律制度析论**[J]. 兰台世界（下旬），2014（4）：36-37.
271. 张玉冰. **台湾能否顺利踏上“21世纪海上丝绸之路”？** [J]. 统一论坛，2014（4）：40-42.
272. 彭丽琼，任华. **“丝绸之路经济带”背景下新疆交通运输基础设施建设与进出口贸易的关系分析**[J]. 新疆社科论坛，2014（3）：60-65.

273. 榆林市组团参加中国新丝绸之路·锡林郭勒创新品牌展交会[J]. 榆林科技，2014（3）：52.
274. 新疆加速构建“丝绸之路经济带”大通道[J]. 新疆社科信息，2014（3）：24.
275. 贺茹，朱宏斌. 丝绸之路衰落因素新探[J]. 兰台世界（上旬），2014（3）：87-88.
276. 斯里兰卡总统特使访华 中斯共建海上丝绸之路[J]. 中国对外贸易，2014（3）：11.
277. 吴海琪. 张骞与“丝绸之路” [J]. 西部大开发，2014（3）：162-163.
278. 李灵. “丝绸之路”新优势：访兰州海关关长张银喜[J]. 中国海关，2014（3）：59.
279. 阿基夫·埃尔索伊，章波. 开发中东人力和自然资源以复兴丝绸之路的方法[J]. 西亚非洲，2014（3）：17-29.
280. 吴磊. 构建“新丝绸之路”：中国与中东关系发展的新内涵[J]. 西亚非洲，2014（3）：4-16.
281. 李启厚. 安溪茶叶外销与“海上丝绸之路”[J]. 福建史志，2014（3）：24-27.
282. 田德毅. 海南宝岛：海上丝绸之路的重要中转地——海南三亚、陵水、万宁等地穆斯林文化田野报告[J]. 世界宗教研究，2014（2）：185-191.
283. 中国新疆借边境游谋丝绸之路经济带旅游合作[J]. 中亚信息，2014（2）：55.
284. 周练. 21世纪“海上丝绸之路”与中泰经贸拓展[J]. 中国商贸，2014（2）：4-8.
285. 徐运平，朱磊，周志忠. 宁夏：打造“丝绸之路经济带”战略支点[J]. 新西部（上），2014（2）：74.
286. 海南在建设海上丝绸之路中的重要作用[J]. 海南档案，2014（2）：43-44.
287. 邹志强. 丝绸之路经济带与中土经贸关系[J]. 回族研究，2014（2）：128-134.
288. 刘志中. “新丝绸之路”背景下中国中亚自由贸易区建设研究[J]. 东北亚论坛，2014（1）：113-118，127.
289. 新丝绸之路[J]. 中国海关. 2014（1）：27.
290. 高志刚. “丝绸之路经济带”框架下中国（新疆）与周边国家能源与贸易互联互通研究构想[J]. 开发研究，2014（1）：46-50.
291. 西安国际港务区：丝绸之路经济带上的明珠[J]. 法治与社会，2014（1）：64-65.
292. 国相. 丝绸之路经济带将成世界贸易轴心之一[J]. 中国对外贸易，2014（1）：40-42.
293. 赵东波，李英武. 中俄及中亚各国“新丝绸之路”构建的战略研究[J]. 东北亚论坛，2014（1）：106-112，127.
294. 张秋生. 共建“丝绸之路经济带”的深层意蕴[J]. 资源环境与发展，2014（1）：16-17.
295. 冯玉军. 丝绸之路经济带内涵深刻[J]. 西部大开发，2014（1）：28.
296. 邵艳平. 宋日贸易与海上丝绸之路[J]. 兰州学刊，2014（1）：201-203.
297. 市政府关于印发中国（连云港）丝绸之路国际物流博览会总体方案的通知[J]. 连云港市人民政府公报，2014（Z5）：6-11.
298. 马杰. 乌鲁木齐促丝绸之路经济带城市合作[J]. 纺织服装周刊，2013（45）：11.
299. 周金涛. 海上丝绸之路带来的投资机会[J]. 证券导刊，2013（44）：23-30.
300. 朱苏荣. 丝绸之路经济带的金融支持[J]. 中国金融，2013（24）：77-78.
301. 易鹏. 谁将成为新丝绸之路的桥头堡？[J]. 祖国，2013（21）：17.
302. 多国丽，常凯. 新丝绸之路再探寻——那里的贸易资源需要被重视——专访中国驻哈萨克斯坦、吉尔吉斯斯坦原大使姚培生[J]. 世界博览，2013（19）：32-39.

303. **美食香飘古城 欢乐跃动金秋：记2013西安曲江遗址公园音乐节丝绸之路美食活动**[J]. 餐饮世界，2013（12）：83-84.
304. **"丝绸之路经济带"建设：我国和中亚五国经贸发展现状与对策**[J]. 中国宏观经济分析，2013（12）：5-10.
305. 吕余生. **深化中国—东盟合作，共同建设21世纪海上丝绸之路**[J]. 学术论坛，2013（12）：29-35.
306. 张嫣. **丝绸之路新诱惑**[J]. 经营者（汽车商业评论），2013（10）：38-39.
307. **嘉峪关下的新旧丝绸之路渝新欧再续欧亚陆路贸易**[J]. 重庆与世界，2013（9）：11.
308. 古龙高，古璇. **"丝绸之路经济带"的文化解析**[J]. 大陆桥视野，2013（9）：40-44.
309. 鞠海涛. **"丝绸之路经济带"：连云港港发展的新跳板**[J]. 大陆桥视野，2013（9）：18-21.
310. 倪立保. **"马绢贸易"与"丝绸之路"的繁荣**[J]. 新疆社科论坛，2013（6）：67-68.
311. 田若虹. **江门海上丝绸之路与商泊贸易**[J]. 五邑大学学报（社会科学版），2013（11）：4，91.
312. 林治波. **共建丝绸之路经济带意义重大**[J]. 资源环境与发展，2013（4）：26-27.
313. 伍显军. **论温州在"海上丝绸之路"史上的重要地位**[J]. 福建文博，2013（2）：2-13.
314. 朱景朝，孙亭文. **喀什面向中西亚开放 丝绸之路焕发新商机**[J]，中亚信息，2013（1）：29-30.
315. 王元林. **泛北"海上丝绸之路"与移民文化**[J]. 广西师范大学学报（哲学社会科学版），2013（1）：6-8.
316. 陈功. **"新丝绸之路计划"与世界贸易轴心**[J]. 经济导刊，2013（Z5）：31-33.
317. 蒋琳殷，俞苗玲. **从历史中汲取商业之道："浙商重走古丝绸之路"活动侧记**[J]. 浙商，2012（17）：89.
318. **再创丝绸之路新辉煌——中共中央政治局常委、国务院总理温家宝在第二届中国—亚欧博览会开幕式暨中国—亚欧经济发展合作论坛上的演讲**[J]. 中亚信息，2012（Z3）：10-11.
319. 蔡春丽. **"渝新欧"，连接欧亚的新"丝绸之路"**[J]. 今日重庆，2012（Z1）：58-59.
320. 魏建国. **中非"新丝绸之路"**[J]. 中国企业家，2011（24）：24-27.
321. **"丝绸之路生态文化万里行"活动拉开帷幕**[J]. 环球人物，2011（20）：6.
322. 盖雄雄. **敦煌网：创新成就"网上丝绸之路"**[J]. 市场观察，2011（8）：91.
323. 王彦喆. **开拓伊朗市场，续写丝绸之路辉煌**[J]. 进出口经理人，2011（8）：75.
324. 宋爱荣. **云端丝绸之路 助力新疆腾飞**[J]. 民航管理，2011（6）：16-17.
325. 马忠源，李灵. **新丝绸之路**[J]. 中国海关，2011（6）：26.
326. 兰兰. **丝绸之路转型升级成果轰动CHIC**[J]. 中国服饰，2011（5）：95.
327. 李金明. **月港开禁与中国古代海上丝绸之路的发展**[J]. 闽台文化交流，2011（4）：45-50.
328. 豹鹿岛，溪克而. **海上丝绸之路的起点：泉州**[J]. 前进论坛，2011（3）：61-62.
329. 竹子俊. **"丝绸之路"复兴 中国：中亚贸易升温**[J]. 中国对外贸易，2011（2）：58-59.
330. 张卫. **丝绸之路复兴之旅完美收官**[J]. 汽车实用技术：自驾游，2011（1）：140-141.
331. **多国政要寄语丝绸之路复兴之旅采访考察活动**[J]. 汽车实用技术：自驾游，2010（12）：156-157.

332. 扬州海上丝绸之路地位获肯定[J]. 丝绸之路，2010（12）.
333. 助力丝路申遗 参与就是力量:“丝绸之路复兴之旅”大型采访考察活动国内段全记录[J]. 汽车实用技术：自驾游，2010（10）：120-123.
334. 穿越历史 见证传奇 丝绸之路复兴之旅中国主流媒体联合报道团重走丝绸之路助力跨国申遗大型采访考察活动正式启程[J]. 汽车实用技术：自驾游，2010（9）：122-123.
335. 首家丝绸之路遗址类博物馆开馆[J]. 丝绸之路，2010（8）.
336. 林少川. 海上丝绸之路：泉商的跨国贸易起点[J]. 海内与海外，2010（5）：43-45.
337. 梁炳猛. 汉唐时期的合浦与北部湾海上丝绸之路[J]. 创新，2010（1）：24-29.
338. 新“丝绸之路”在哪里?[J]. 观察与思考，2009（20）：16-17.
339. 海上丝绸之路与文化创意产业高端论坛举行[J]. 丝绸之路，2009（12）：45.
340. 李茸. 新电子商务铺丝绸之路[J]. 商业周刊，2009（12）：26.
341. 江苏等五省被纳入海上丝绸之路申遗计划[J]. 丝绸之路，2009（10）：7.
342. “中华美食频道”走进丝绸之路[J]. 当代电视，2009（9）：96.
343. HAMID，ABDULLOEV. 新丝绸之路上的世界遗产旅游[J]. 大陆桥视野，2009（7）：22-23.
344. ABUDUL, SAHIBI. 丝绸之路的发展历程[J]. 大陆桥视野，2009（7）：21-22.
345. 任大勇. 丝绸之路与瓷器[J]. 中学生导报·高考历史新课程，2009（5）：3.
346. 蒋小莉. “东西方文化的桥梁”：美国丝路基金会英文刊物《丝绸之路》评介[J]. 吐鲁番学研究，2009（2）：152-164.
347. 邢利海. 明朝与中亚帖木儿王朝的交流：15 世纪陆上丝绸之路史的重要一页[J]. 考试周刊，2009（1）：217-218.
348. 覃春华.《碧海丝路》：再现古代海上丝绸之路壮丽航程[J]. 今日南国，2008（24）：60-62.
349. 何志标. 重走古丝绸之路[J]. 进出口经理人，2008（9）：78-79.
350. 曲家琪. 商业企业如何在新丝绸之路开发中寻求新商机[J]. 大陆桥视野，2008（8）：8-59.
351. 杨景厚. “新版丝绸之路”前景莫测[J]. 环球财经，2008（7）：110.
352. 黄贞. 通向中东的“丝绸之路” [J]. 中国商贸，2008（7）：112-113.
353. 王跃，近钢. 南方丝绸之路：西南商业第一街春熙路百年兴衰演义[J]. 四川省情，2008（5）.
354. 李庆新. 海上丝绸之路：曾经的贸易辉煌[J]. 进出口经理人，2008（5）：78-79.
355. 金德洙. 韩中贸易往来和世代友好的历史见证：读刘凤鸣先生的《山东半岛与东方海上丝绸之路》[J]. 当代韩国，2008（4）：99.
356. 张雨金. 浅议“丝绸之路”对欧盟经济的影响[J]. 科学时代，2008（4）：86-87.
357. 飞天. 激活丝绸之路：430 亿美元的政治经济值[J]. 风景名胜，2008（4）：17.
358. 王连胜. 沈家门：古代“东亚海上丝绸之路”之交通要道[J]. 浙江国际海运职业技术学院学报，2008（3）：19.
359. 430 亿美元激活古丝绸之路[J]. 建设机械技术与管理，2008（2）：13.
360. 王纪孔. “东方海上丝绸之路”研究的破题之作——《山东半岛与东方海上丝绸之路》评介[J]. 中国社会经济史研究，2008（2）：108-109.

361. 东方海上丝绸之路的起点[J]. 中华遗产，2008（1）：12.
362. 回族商人与丝绸之路的繁荣[J]. 共产党人，2007（17）：51.
363. 新丝绸之路重开全球商务走廊[J]. 商界名家，2007（4）：12.
364. 陈凤君. 龙江产品的美洲“丝绸之路” 力助龙江企业成功开拓国际市场[J]. 现代经济信息，2007（3）：6-8.
365. 新丝绸之路重开全球商务走廊[J]. 经济导刊，2007（3）：6.
366. 21世纪的新丝绸之路[J]. 中国经济周刊，2007（3）：12.
367. 叶秀奇. 海上丝绸之路话大澳[J]. 广东史志（视窗），2007（1）：62-64.
368. 鲍达民，基托·德·博尔. 中东与亚洲之间正在兴起“新丝绸之路”[J]. 海外经济评论，2006（29）：28-30.
369. 小西. 开拓新丝绸之路 中国纺织品服装贸易展览会欧洲展成功举办[J]. 中国纺织，2006（12）：140-143.
370. 索占鸿. 海上丝绸之路[J]. 大陆桥视野，2006（11）：13-15.
371. 峻志. 丝绸之路 东西方文明交往的通道[J]. 大陆桥视野，2006（10）：12-14.
372. 韩杨. 萨法日尼：开拓新丝绸之路[J]. 中国电子商务，2006（8）：82-84.
373. 中印“丝绸之路”重开[J]. 中小企业管理与科技，2006（7）：37.
374. 畅莉. 丝绸之路对中国绿洲开发的历史贡献[J]. 地理教学，2006（3）：5-7.
375. 陈莉. 广东海上丝绸之路博物馆破土动工[J]. 中国工程咨询，2006（3）：56.
376. 2006丝绸之路服饰节意在“拉动经贸” [J]. 纺织服装周刊，2006（3）：39.
377. 林子雄. 海上丝绸之路与中西文化交流[J]. 广东史志（视窗），2006（1）：43-47.
378. 温柔开启丝绸之路[J]. 中国远洋航务公告，2005（12）：1.
379. 张金川，承为民. 通往意大利的新丝绸之路——专访意大利对外贸易委员会上海代表处首席代表付泰[J]. 中国经贸，2005（10）：84-85.
380. “丝绸之路”上的一道风景线：新疆供销合作社 在改革中前进[J]. 中国合作经济，2005（7）：F004.
381. 肖华文，邓小英. 探险“丝绸之路”[J]. 施工企业管理，2005（6）：65.
382. 中国—阿曼：“古丝绸之路”的再度牵手——访阿曼驻华大使阿卜杜拉·扎希尔·侯斯尼[J]. 中国对外贸易，2005（5）：28-29.
383. 蒋志刚. 控制古丝绸之路的非法野生动植物贸易——记“丝绸之路CITES公约履约与执法研讨会”[J]. 生物多样性，2005（5）：472.
384. 闫晓青. 南海神庙——中国古代海上丝绸之路的重要遗迹[J]. 南方文物，2005（3）：95-99.
385. 高伟江，徐新荣. 基于经济合作的丝绸之路开发[J]. 丝绸，2005（3）：1-3.
386. 田广林. 论“草原丝绸之路”[J]. 国学研究辑刊，2004（13）：301-328.
387. 余姚走现代“丝绸之路”[J]. 现代工商，2004（12）：8.
388. 古丝绸之路背景[J]. 交通世界（建养·机械），2004（12）：31-32.
389. 廖晖，游江. 共建崭新的“丝绸之路”专访伊朗伊斯兰共和国驻华大使费雷敦·韦尔迫内·贾德[J]. 重庆与世界，2004（11）：21.
390. 琼海龙湾港要建成蓝色丝绸之路中转站[J]. 丝绸之路，2004（3）：60.

391. 于倩. 简述洛阳丝绸之路贸易与出土丝绸之路货币[J]. 新疆钱币，2004（3）：155-159.
392. 严珊. 复兴“丝绸之路”[J]. 经济杂志，2003（10）：58-59.
393. 李旸. 新丝绸之路——记第五届亚欧经济部长会议[J]. 中国经贸，2003（9）：32-33.
394. 中国：新丝绸之路上的光辉起点[J]. 中国对外贸易，2003（8）：20-23.
395. “丝绸之路”今天的延续——访意大利对外贸易委员会上海代表处首席代表艾迪斯[J]. 今日上海，2003（7）：54-55.
396. 张红旗. 构筑现代丝绸之路[J]. 大陆桥视野，2003（4）：1.
397. 海上丝绸之路[J]. 档案时空，2003（4）：25.
398. 曾新. 古代“海上丝绸之路”的发祥地[J]. 羊城今古，2003（1）：9-14.
399. 贝愤强，雨夏. 无进出口权的中小企业不用犯愁上海已铺新“丝绸之路”[J]. 现代工商，2002（17）：34-35.
400. 李建辉. 海上丝绸之路始于四千年前的古黔中：访文人类学家、民俗学家林河[J]. 中国民族，2002（12）：47-50.
401. 赵春晨. 关于“海上丝绸之路”概念及其历史下限的思考[J]. 学术研究，2002（7）：88-91.
402. 刘满佳. “南方丝绸之路”的新生——云南民族地区的对外开放[J]. 中国民族，2002（4）：60-62.
403. 马天泽. 滇缅贸易延展西南丝绸之路[J]. 西部大开发，2002（3）：10-14.
404. 黑龙江省江海联运协调委员会与日本山形县东方水上丝绸之路贸易促进协议会第七次定期会议圆满结束[J]. 黑龙江对外经贸，2002（1）：58.
405. 王文成. “西南、西北、海上丝绸之路比较研究学术讨论会”综述[J]. 云南社会科学，2002（1）：94.
406. 毛铿祖. 海上丝绸之路与中国南方港学术研讨会在湛江召开[J]. 广东蚕业，2002（1）：48-49.
407. 刘亦文. 海上丝绸之路与广州十三行[J]. 广东蚕业，2002（1）：46.
408. 云起. 建设网上文化丝绸之路[J]. 计算机杂志，2001（44）：5.
409. 金洪昭. 中华商埠开拓网上“丝绸之路”——义乌小商品市场搭建 B to B 电子商务平台[J]. 信息与电脑，2001（10）：13-15.
410. 秦洪湖，洪权春. 延伸东方丝绸之路——珲春检验检疫局圈河办事处工作纪实[J]. 中国检验检疫杂志，2001（9）：60-61.
411. 黎静. 新丝绸之路[J]. 大经贸，2001（9）：69-70.
412. 马勇. 东南亚与海上丝绸之路[J]. 云南社会科学，2001（6）：77-81.
413. 司徒尚纪. 海上丝绸之路与我国在南海传统疆域的形成[J]. 云南社会科学，2001（6）：72-76.
414. 巩生勤，孟庆梅. 东北亚丝绸之路[J]. 辽宁经济管理干部学院学报，2001（4）：55-56.
415. 刘进贤. “海上丝绸之路”与广州旅游工艺品贸易发展[J]. 羊城今古，2001（3）：21-24.
416. 梁建章. 探寻电子商务的丝绸之路[J]. 互联网周刊，2000（25）：22.

417. 宋全忠. **河南既是丝绸之路的供货也又是丝绸之路的源头**[J]. 河南经济，2000（9）：16-17.
418. 梁建章. **探寻 e 丝绸之路**[J]. 市场与电脑，2000（7）：7-13.
419. 杨文. **论公元 1 至 2 世纪中西丝绸之路及其贸易**[J]. 甘肃高师学报，2000（4）：25-28.
420. 张梅. **丝绸之路上的汉唐丝绸及丝绸贸易**[J]. 西北成人教育学报，2000（2）：34-37.
421. 李萍. **明代海上“丝绸之路”与广州对外贸易**[J]. 岭南文史，2000（1）：15-20.
422. 孙先知. **南方丝绸之路**[J]. 四川蚕业，1999（2）：58-59.
423. 刘伟. **古丝绸之路商人后裔重操旧业**[J]. 侨园，1999（1）：29.
424. 吴焯. **西南丝绸之路研究的认识误区**[J]. 历史研究，1999（1）：38-51.
425. 苏尔丹诺夫. **从古丝绸之路到新欧亚大陆桥**[J]. 中国经贸，1998（12）：62-63.
426. **中国丝绸之路出现千年“轮回”现象**[J]. 科技潮，1998（10）：86.
427. 胡涛，崔学智. **东方正崛起一条新的“丝绸之路”**[J]. 外向经济，1998（6）：44.
428. 赵植鑫. **丝绸之路绽新花——新亚欧大陆桥开通五周年回眸**[J]. 中国对外贸易，1998（5）：33-34.
429. 蒋致洁. **丝绸之路与古代西北民族贸易**[J]. 兰州商学院学报，1997（1）：71-75.
430. 陈联. **伟大的丝绸之路**[J]. 东欧中亚研究，1996（5）：75-81.
431. **丝绸之路——古代东西方的商业交流**[J]. 中国党政干部论坛，1996（4）：42-43.
432. 郑国珍. **中琉历史商贸交往在“海上丝绸之路”中的地位与作用**[J]. 海交史研究，1996（2）：52-59.
433. 傅正阳. **二十一世纪的丝绸之路**[J]. 航空史研究，1996（1）：40-41.
434. 宾锐光. **开拓现代的“丝绸之路”——记广东省肇庆丝绸进出口公司**[J]. 广东大经贸，1995（4）：58-59.
435. 张学君. **南方丝绸之路上的食盐贸易**[J]. 盐业史研究，1995（4）：24-29.
436. **丝绸之路将再次成为国际经济要道**[J]. 丝绸之路，1995（3）：21.
437. 周宝利. **东方丝绸之路与中朝日经济文化交流**[J]. 辽宁丝绸，1995（3）：35-37，45.
438. 析侠. **陆上丝绸之路与汉唐边贸事业**[J]. 郑州大学学报（哲学社会科学版），1995（2）：117-121.
439. 肖征. **新世纪的丝绸之路正在深圳拓展——深圳丝绸纺织品交易市场开业**[J]. 纺织导报，1995（1）：14.
440. 刘茜，胡亦邦. **从古商道的兴衰分析中找到重建丝绸之路的方略**[J]. 瞭望，1994（20）：18-19.
441. 张学峰. **架起一条东方水上丝绸之路**[J]. 黑龙江对外经贸，1994（6）：6.
442. **哈萨克拟筑：“钢铁丝绸之路”**[J]. 丝绸之路，1994（4）：46.
443. 刘红星. **“丝绸之路”寻思**[J]. 云南财贸学院学报，1994（4）：18-22.
444. 申旭. **回族与西南丝绸之路**[J]. 云南社会科学，1994（4）：83-90.
445. 周宝利，邴淑清. **元朝的商业繁荣与海上丝绸之路**[J]. 辽宁丝绸，1994（2）：29-32.
446. 舒立，刘志国. **丝绸之路在这里延伸——河北省五洲集团有限公司董事长、优秀企业**

家刘金柱出口创汇记[J]. 中国企业家，1994（1）：5.

447. 王震亚. 汉代丝绸之路上的物价、税收及市场管理述论[J]. 西北师大学报（社会科学版），1994（1）：92-95.
448. 张琪. 空中“丝绸之路”[J]. 信息与电脑，1994（1）：22-25.
449. 石金昌，华德公. 山东是战国秦汉时期丝绸之路的主要供货地[J]. 浙江丝绸工学院学报，1993（3）：163-166.
450. 吴克烈. 论南丝绸之路四位一体多渠道的立网模式[J]. 国内外经济管理，1992（5）：26.
451. 曹力生. 略论“西南丝绸之路”的复兴[J]. 经济问题探索，1991（2）：53-54.
452. 杨云母. 振兴“丝绸之路”[J]. 吉林财贸学院学报，1991（1）：30-35.

（十一）财政、金融

1. 周密. “一带一路”与欧亚经济联盟合作空间巨大[J]. 中国经济周刊，2015（18）：22-24.
2. 冯迪昉. 重点关注“一带一路”主题基金[J]. 股市动态分析，2015（15）：55.
3. “一带一路”基建先行或开启新一轮投资浪潮[J]. 中国招标，2015（13）：4-6.
4. 高丰. “一带一路”的新格局[J]. 现代企业文化，2015（13）：14-15.
5. 郭艺萌. 我国境内丝绸之路经济带西北段建设的金融支持：基于陕西省金融发展与经济增长关系的角度[J]. 商，2015（12）：279-280.
6. 闫照军. 西咸新区建设丝绸之路经济带能源金贸中心的相关建议[J]. 现代商业，2015（12）：127-128.
7. 李锋. 基于金融视角下的“一带一路”战略研究[J]. 合作经济与科技，2015（12）：68-69.
8. 汤敏. “一带一路”战略 呼唤“大国心态”[J]. 中国科技投资，2015（11）：42-45.
9. 吕岩. 保险护航“一带一路”[J]. 金融博览（财富），2015（10）：54-55.
10. 何晴雪. 服务“一带一路” 助力跨越发展：工行与云南省政府签署战略合作协议[J]. 时代金融，2015（10）：61.
11. 一带一路 2015 年国内投资或达 4000 亿金融支持加大[J]. 企业决策参考，2015（9）：12-13.
12. 张红力. 中国金融业前瞻：沿着“一带一路”走出去[J]. 人民论坛（学术前沿），2015（9）：28-36.
13. 刘翔峰. 亚投行与“一带一路”战略[J]. 中国金融，2015（9）：41-42.
14. 马振岗. 应对一带一路安全风险[J]. 中国投资，2015（9）：53-55.
15. 杨阳. 南方基金柯晓：把握“一带一路”带来的投资机遇[J]. 股市动态分析，2015（8）：58.
16. 龚婷. 美国对“一带一路”影响的解读[J]. 党政论坛，2015（8）：33.
17. 程进. 均衡定理引理中国龙（上证综指）和“天基丝绸之路”经济角度的验证证明[J]. 企业导报，2015（8）：25-26.
18. 郑永年. 如何利用金融优势实施丝绸之路[J]. 中国科技投资，2015（8）：52-55.
19. 韩洁，丁艳丽. 为“一带一路”战略提供更好人才支撑：两会代表委员建言加强两部地区人才引进与培养[J]. 中国人才，2015（7）：18-20.
20. 韩洁. 楼继伟：亚投行与“一带一路”战略有交集但有所不同[J]. 中国名牌，2015（7）：70-72.
21. 一带一路 华夏论坛资讯[J]. 中国投资，2015（7）：55.
22. 何杨丽. 加快北部湾经济区开放发展助力“一带一路”战略有效实施[J]. 现代经济信息，2015（6）：454-455.
23. 高峰. 一带一路亚投行：世界级的靓丽风景[J]. 华人时刊，2015（6）：28-30.
24. 王晓芳，于江波. 丝绸之路经济带人民币区域国际化的渐进式路径研究[J]. 经济学家，2015（6）：68-77.
25. 安永. “一带一路”下的海外投资机会[J]. 首席财务官，2015（5）：48-51.
26. 赵永升. 一带一路助力人民币欧洲化[J]. 经济，2015（5）：71-73.
27. “一带一路”：大国韬略推进改革开放：“五通”：一带一路的实施方式[J]. 党建文汇（下半月），2015（5）：4.
28. 刘洋，刘谦. 国际货币的经验及“一带一路”、亚投行的设立对人民币国际化的启示[J]. 湖北社会科学，2015（5）：95-99.
29. 赵磊. 亚投行与一带一路的 N 个“不”各省不要急于为自己找定位[J]. 重庆与世界，2015（5）：7.
30. 赵钊. 亚投行是“一带一路”战略的重要支柱[J]. 国际融资，2015（5）：24-26.
31. 辛颖. “一带一路”高企风险的化解之道[J]. 法人，2015（5）：54-55.
32. 31 省两会破题一带一路[J]. 中国投资，2015（5）：50.
33. 余剑秋. “新丝绸之路经济带”人民币区域化路径及其效应[J]. 商场现代化，2015（5）：256-257.
34. 加布里尔·维尔道. 620 亿美元：中国打造新丝绸之路[J]. 筑路机械与施工机械化，2015（5）：10.
35. 展研究. 李翠萍. “丝绸之路经济带”框架下人民币周边区域化研究——基于中亚视角[J]. 金融发展研究，2015（5）：10-14.
36. 王保忠，何炼成，李忠民，等. 金融支持“丝绸之路经济带”建设的重点方向及对策研究[J]. 经济纵横，2015（5）：61-65.
37. 袁炜. 丝绸之路上的伊朗货币[J]. 甘肃金融，2015（5）：56-59.
38. 贝特尔：中国“一带一路”战略构想为世界创造共赢机遇[J]. 党课，2015（4）：62.
39. 赵亚赟. 亚投行：“一带一路”的核心[J]. 海内与海外，2015（4）：8-10.
40. 刘作奎. 警惕“一带一路”的投资风险：希腊政局变化对“一带一路”在欧洲布局的影响[J]. 当代世界，2015（4）：21-24.
41. 王合绪. “一带一路”催生的牛股[J]. 今日工程机械，2015（4）：46-47.
42. 谈“一带一路”和亚投行[J]. 企业界，2015（4）：52.
43. 张一平. 借力人民币国际化的东风——“一带一路”战略研究[J]. 银行家，2015（4）：59-62.
44. 张红力. 设立离岸证券交易市场 服务“一带一路”国家战略[J]. 中国银行业，2015（4）：18-19.

45. 丝路基金助推“一带一路”互联互通[J]. 当代金融家，2015（4）：53-54.
46. 蔡玉冬，何谐. 把“一带一路”区域作为人民币国际化的新重点：访第十二届全国人大代表、中国华融资产管理股份有限公司党委书记、董事长赖小民[J]. 当代金融家，2015（4）：28-31.
47. 魏磊. 围绕“一带一路”布局海外市场[J]. 国际商务财会，2015（4）：7-1.
48. 中泰化学：有望受益新丝绸之路经济带[J]. 股市动态分析，2015（4）：47.
49. 何军. 新疆：打造丝绸之路经济带区域金融中心[J]. 金融世界，2015（3）：110-111.
50. 王剑. 兵马未动，粮草先行——论“一带一路”战略的开发性金融支持[J]. 银行家，2015（3）：56-59.
51. 马坤. 新疆板块 一带一路的战略重心[J]. 股市动态分析，2015（3）：51.
52. 林然. 云铝股份：收购老挝铝土矿“一带一路”新标的[J]. 股市动态分析，2015（3）：32.
53. 昝立永. “一带一路”谁长期受益？[J]. 英才，2015（3）：86-87.
54. 央行：对接“一带一路”推进人民币资本项可兑换[J]. 中国对外贸易，2015（2）：30.
55. 黄妮亚. 发挥东南亚华侨华人优势 助推云南“一带一路”建设[J]. 中国统一战线，2015（2）：46-47.
56. 白琳. “一带一路”或将带动新一轮投资热点[J]. 证券导刊，2015（2）：9-11.
57. 曾培炎. 抓住“一带一路”倡议新机遇 加强亚洲金融合作[J]. 全球化，2015（2）：5-7.
58. 赵斌. 资本输出梦回“一带一路”[J]. 新产经，2015（2）：21-22.
59. 杜蓓蓓. 促进丝绸之路经济带货币流通：基于新疆跨境直接投资人民币结算问题的研究[J]. 西部金融，2015（2）：54-58，95.
60. 晶莹. 新丝路指数近日发布 丝绸之路经济带将“有数可循”[J]. 中国远洋航务，2015（2）：13.
61. 陕西省人民政府办公厅关于表彰丝绸之路系列文化活动先进单位的通报[J]. 陕西省人民政府公报，2015（2）：5-46.
62. 保建云. 论我国推动丝绸之路经济带建设的综合比较优势及人民币货币区的构建[J]. 经济体制改革，2015（2）：12-16.
63. 倪明明，王满仓. 丝绸之路经济带区域货币合作与人民币区域化的现实困境及实现路径[J]. 人文杂志，2015（2）：31-38.
64. 郑周胜. 丝绸之路金融交流合作历程及其镜鉴[J]. 甘肃金融，2015（2）：68-71.
65. 何方恩. 发挥国际化大银行优势 支持丝绸之路经济带发展[J]. 甘肃金融，2015（2）：6-8.
66. 王宏森，吴镝. 丝绸之路经济带框架下新疆的金融业发展[J]. 商，2015（2）：258.
67. 徐成. 保险业参与丝绸之路经济带建设的路径分析[J]. 中国集体经济，2015（2）：39-40.
68. 首届国际商学院丝绸之路徒步挑战赛[J]. 国际公关，2015（2）：64-65.
69. 杨措. 丝绸之路建设与跨境人民币结算[J]. 青海金融，2015（2）：28-30.
70. 彭江，李彦. 丝绸之路经济带框架下深化中国（新疆）与中亚五国金融合作的思考[J]. 金融发展评论，2015（1）：101-107.
71. 陈仲伟. “一带一路”战略，推动海外投资的成熟化发展[J]. 住宅与房地产（综合版），2015（1）：53.

72. 保建云. **论"一带一路"建设给人民币国际化创造的投融资机遇、市场条件及风险分布**[J]. 天府新论，2015（1）：112-116.
73. 曹远征. **从"一带一路"看人民币国际化**[J]. 小康（财智），2015（1）：21.
74. 展迅. **为"一带一路"建设减震护航**[J]. 国际工程与劳务，2015（1）：33-34.
75. 林然. **中色股份：一带一路的"隐形冠军"**[J]. 股市动态分析，2015（1）：32.
76. 路涛. **宏观视野下的"一带一路"战略** [J]. 中外企业文化，2015（1）：84.
77. 石海成，冯可心，左德信，等. **外汇管理助推丝绸之路经济带建设**[J]. 中国外汇，2015（1）：70.
78. 马广奇，王巧巧. **丝绸之路经济带金融合作瓶颈与发展建议**[J]. 商业时代，2015（1）：108-109.
79. 张承惠，陈道富. **"丝绸之路"战略中金融支持体系安排的探讨**[J]. 海外投资与出口信贷，2015（1）：5-9.
80. 马坤. **新常态下股市新机遇 国企改革与一带一路**[J]. 股市动态分析，2014（48）：66-67.
81. **中国计划投资163亿美元重振海上陆上丝绸之路**[J]. 交通世界，2014（28）：16.
82. **多地冲刺"一带一路"或成明年地方两会主题**[J]. 中国产业经济动态，2014（24）：1-2.
83. 肖君. **新疆构建丝绸之路经济带金融中心步伐加快**[J]. 大陆桥视野，2014（23）：62-64.
84. **"一带一路"华夏论坛**[J]. 中国投资，2014（23）：37.
85. **"一带一路"投资合作论坛**[J]. 中国投资，2014（22）：36-44.
86. **400亿基金"开修"丝路 "一带一路"蓝图明晰**[J]. 大陆桥视野，2014（21）：18-19.
87. 崔丽媛. **亚投行助力"一带一路"基础建设**[J]. 交通建设与管理，2014（21）：30-31.
88. 唐伟元. **高度关注丝绸之路板块未来行情**[J]. 股市动态分析，2014（19）：32-33.
89. 郭红玉，任玮玮. **金砖银行：金融合作的新丝绸之路**[J]. 人民论坛（学术前沿），2014（18）：36-43.
90. 杨海昆. **融入"一带一路"厦门"98投洽会"如期而至**[J]. 中国会展，2014（17）：26.
91. 周永祥. **新丝绸之路概念股腾飞**[J]. 股市动态分析，2014（15）：37.
92. **丝绸之路连贯东西千古传诵"一带一路"跨越时空和平共赢**[J]. 中国经贸，2014（14）：28-30.
93. 项天歌. **有人民币"丝绸之路"吗？**[J]. 21世纪商业评论，2014（14）：28-29.
94. 王倩，王龑，胡颖. **丝绸之路经济带加强货币金融合作的经济基础和可行性分析：基于SVAR模型的研究**[J]. 西南金融，2014（12）：19-22.
95. 罗玉冰. **适应新常态 迎接新挑战 金融支持金融支持"丝绸之路经济带"甘肃段建设**[J]. 甘肃金融，2014（12）：12-13.
96. 李耀辉，张林邦，严虎. **青海省海西州融入丝绸之路经济带的SWOT分析**[J]. 青海金融，2014（12）：17-20.
97. 高云艳. **陕西省民间资本投资银行业的发展现状及未来趋势：丝绸之路经济带战略视角**[J]. 改革与战略，2014（12）：59-63.
98. 刘育红. **"新丝绸之路"经济带财政转移支付政策效应分析：基于城际面板数据的实证**[J]. 学术论坛，2014（12）：45-51.

99. 王晓芳，于江波. **丝绸之路经济带人民币流通的实际情境与相机抉择**[J]. 改革，2014（12）：89-97.

100. 彭毛措. **宁夏构建伊斯兰金融中心研究综述——基于“丝绸之路 经济带”视角**[J]. 商情，2014（11）：50-51.

101. 王景武. **结合 21 世纪海上丝绸之路建设推进人民币国际化**[J]. 南方金融，2014（11）：4-6.

102. 南楠. **丝绸之路经济带构建中的新疆反洗钱研究**[J]. 合作经济与科技，2014（11）：30-32.

103. 于宁锴. **西安建设丝绸之路经济带区域性金融中心研究**[J]. 新西部（理论版），2014（11）：16-17.

104. 马广奇，赵亚莉. **基于“最优货币区理论”的丝绸之路经济带货币一体化条件分析**[J]. 甘肃金融，2014（10）：17-20.

105. 吴国培，杨少芬，赵晓斐，等. **福建金融业融入“21 世纪海上丝绸之路”建设研究**[J]. 福建金融，2014（10）：4-7.

106. 孙龙. **金融助力丝绸之路经济带建设**[J]. 新疆人大（汉文），2014（10）：39.

107. 张智卓. **“一带一路”概念股认购证受捧** [J]. 股市动态分析，2014（9）：77.

108. 王晓东，唐琳娟，王金芬，等. **新丝绸之路经济带中喀什金融发展的路径选择**[J]. 西部金融，2014（9）：76-79.

109. 周立伟. **丝绸之路“未央”：西安市丝绸之路金融专项规划摘选**[J]. 纺织科学研究，2014（9）：48-49.

110. 杨勇，古海林. **新疆：“丝绸之路”上的异地就医**[J]. 中国社会保障，2014（8）：78-81.

111. 涂永红，荣晨. **以丝绸之路经济带建设促进人民币国际化**[J]. 金融博览，2014（7）：16-17.

112. 郑云峰. **“丝绸之路”经济带助推人民币国际化**[J]. 现代经济信息，2014（7）：355-356.

113. 杜蓓蓓. **促进丝绸之路经济带货币流通：基于新疆跨境直接投资人民币结算问题的研究**[J]. 金融教育研究，2014（6）：55-59.

114. 夏左. **新丝绸之路经济带沿线九省区市财政支出状况的比较分析**[J]. 吉林工商学院学报，2014（6）：78-81，107.

115. 李前. **新丝绸之路：贸易和投资机会沿“路”播撒**[J]. 进出口经理人，2014（6）：54-56.

116. **丝绸之路经济带有望加速人民币国际化** [J]. 中亚信息，2014（6）：49.

117. 杨为程，王芳. **“丝绸之路经济带”金融中心建设的模式和制度安排**[J]. 开发研究，2014（6）：30-33.

118. 陈向阳. **绸缪“一带一路”建设外部安全风险**[J]. 瞭望，2014（5）：54

119. 马广奇，赵亚莉. **基于“最优货币区理论”的丝绸之路经济带货币一体化条件分析**[J. 福建金融管理干部学院学报，2014（4）：3-9.

120. 葛伟，秦成德. **西安区域金融中心在丝绸之路经济带发展中的策略选择**[J]. 西安文理学院学报（社会科学版），2014（3）：90-93.

121. 许娟，卫灵．**印度对21世纪“海上丝绸之路”倡议的认知** [J]．南亚研究季刊，2014（3）：1-6.
122. 邢辉，李泽华．**加强中国（新疆）对外金融合作，共建“丝绸之路经济带”**[J]．金融发展评论，2014（3）：115-119.
123. 秦重庆，王东．**“丝绸之路经济带”框架下的财政支出、空间溢出和全要素生产率：基于8省区面板数据的实证检验** [J]．开发研究，2014（2）：50-54.
124. 姚瑛．**城市商业银行在丝绸之路经济带发展中的策略研究**[J]．财经界（学术版），2014（1）：14-15.
125. 余承．**关注新丝绸之路主题** [J]．股市动态分析，2013（47）：33.
126. 周永祥．**新丝绸之路概念股值得期待** [J]．股市动态分析，2013（38）：34.
127. 张志刚．**泉州金改，“海上丝绸之路”新征程**[J]．现代商业银行，2013（2）：77-82.
128. 蒋九如．**福建海上丝绸之路的货币交往**[J]．福建金融，2012（7）：48-51.
129. **联合国贸发会发布《丝绸之路投资指南》**[J]．丝绸之路，2009（20）：119.
130. **西北五省旅游协作区共同打造丝绸之路大旅游**[J]．大陆桥视野，2009（12）：17.
131. **丝绸之路集团：从香港走到世界各地**[J]．浙商杂志，2008（8）：92.
132. **甘肃投资4.5亿元保护开发丝绸之路**[J]．大陆桥视野，2008（5）：63.
133. 余欣，柴用栋．**“丝绸之路”上走出的行长——记十一届全国人大代表、中国工商银行甘肃省分行行长许海**[J]．中国金融家，2008（4）：74-77.
134. 张树彬．**211国道：宁夏境内延用至今的古丝绸之路**[J]．宁夏史志，2008（1）：27.
135. 杨建梅．**亚洲八国将斥巨资建设新丝绸之路**[J]．中亚信息，2007（11）：31-32.
136. 黄志刚，魏拥军．**试析魏晋南北朝时期丝绸之路货币在西域的行使和影响**[J]．新疆金融，2007（7）：57-59.
137. 冯文武．**亚洲银行官员考察昌吉市丝绸之路综合生态系统建设工程贷款项目**[J]．新疆林业，2007（5）：10.
138. GEORGE，MAGNUS，PETER，ETAL．**全球经贸和资本流动新“丝绸之路”**[J]．海外经济评论，2007（3）：19-21.
139. 伯方．**新丝绸之路**[J]．海运情报，2006（6）：30-31.
140. **吉尔吉斯斯坦将复兴古丝绸之路**[J]．大陆桥视野，2005（7）：14-44.
141. 黄豁，茆琛．**21世纪“丝绸之路”从中国开始**[J]．科技文萃，2005（2）：59.
142. 吴福环，韦斌．**丝绸之路上的中外钱币**[J]．西域研究，2004（3）：17-24.
143. 文芳．**论隋唐时期草原丝绸之路贸易及货币**[J]．内蒙古金融研究，2003（S4）：478-484.
144. 侯正邦．**谈草原丝绸之路货币与改革开放**[J]．内蒙古金融研究，2003（S2）：201-202.
145. 李玉婷．**丝绸之路再创辉煌——记国家开发银行支持新疆高等级公路建设**[J]．新疆金融，2002（6）：38.

六、文化、科学、教育、体育

（一）文化理论

1. 叽序正. **古“丝绸之路”：架起中西交流之桥**[J]. 上海支部生活，2015（5）：52-53.
2. **阿拉伯应拥抱中国的新丝绸之路**[J]. 环球财经，2015（1）：12-13.
3. 赵国栋. **陕西茶产业与文化在丝绸之路经济带中的地位与作用**[J]. 湖北函授大学学报，2014（15）：189-190.
4. 艾尔肯·白克力，阿布都外力·克热木. **西域文化的精髓：学术视野下的西域艺术——读仲高先生的《丝绸之路艺术研究》的启发**[J]. 环球市场信息导报，2013（35）：129.
5. **浅议丝绸之路东西方钱币文化交流发展**[J]. 安徽钱币，2011（3）：6-10.
6. 朱立春. **清朝北方民族赏乌绫与东北亚丝绸之路**[J]. 广东技术师范学院学报（社会科学版）：2010（5）：72-74，138-139.
7. 刘弘，胡小平. **西南丝绸之路上的指路标**[J]. 华夏地理，2009（2）：76-95.
8. 钱岗南. **东西方文化交流的交叉点：丝绸之路的光辉**[J]. 中国美术馆，2008（3）：8-17，3-4.
9. **东西文化的交融——“丝绸之路”之谜**[J]. 文化博览，2007（10）：68-71.
10. 廖国一. **证本求源 弘扬海上丝路的开拓精神——读吴传钧院士主编的《海上丝绸之路研究》**[J]. 钦州学院学报，2007（1）：21-24.
11. 先燕云，杨克林（摄影），徐晋燕（摄影）. **行走西南丝绸之路间（一）**[J]. 女性大世界，2006（10）：146-152.
12. 孙葛. **对丝绸之路（新疆段）遗产廊道文化景观进行视觉建构意义的研究**[J]. **新疆师范大学学报（哲学社会科学版）**，2006（2）：91-95.
13. 远山. **高昌文明：多元文化的结晶：《高昌国：公元 5 ~ 7 世纪丝绸之路上的一个移民小社会》简介**[J]. 学术动态（北京），2004（33）：16-18.
14. 路义旭. **论西南丝绸之路的研究状况**[J]. 西南民族大学学报（人文社科版），2003（11）：221-225.
15. 陈勇勤. **丝绸之路的文化底蕴集中体现在：转变思维**[J]. 丝绸之路，2002（2）：51-56.
16. 段宝林. **海上丝绸之路与中国民歌四行诗之西传**[J]. 民族艺术，1999（2）：129-135.
17. 丹尼斯·西诺尔，黄长. **丝绸之路沿线的语言与文化交流**[J]. 第欧根尼（中文版），1997（1）：39-51.
18. 爱德华·特里雅尔斯基，元祯. **丝绸之路的地理和语言状况**[J]. 第欧根尼，1997（1）：55-63.

（二）世界各国文化与文化事业

1. **中央主要媒体启动推进“一带一路”建设采访活动**[J]. 青年记者，2015（12）：2.
2. **丝绸之路经济带交通文化之旅**[J]. 丝绸之路，2015（11）：4-5.
3. 陈同滨，傅晶，刘剑，等. **超大型文化线路“丝绸之路”遗产的研究与保护**[J]. 建设科技，2015（10）：20-24，27.

4. 李敏，王友文. **新疆满族历史文化旅游开发方略研究：基于共建丝绸之路经济带视角**[J]. 丝绸之路，2015（10）：36-41.
5. 方光华. **一带一路——高校助推新丝路建设的新自觉**[J]. 中国高等教育，2015（9）：6-8.
6. 王婕，林宪生. **丝绸之路经济带文化产业竞争力定量研究**[J]. 经济研究导刊，2015（9）：43-45.
7. 龙志坤. **在丝绸之路文化线路遗产框架下谈南海Ⅰ号申遗**[J]. 丝绸之路，2015（8）：46-47.
8. **“海上丝绸之路”文化遗存**[J]. 宁波通讯，2015（8）：28.
9. **《中国世界文化遗产预备名单》丝绸之路中国段（海路部分）宁波遗产一览表**[J]. 宁波通讯，2015（8）：29.
10. 菲扎尔·拉赫曼. **用心奏响“一带一路”共赢曲**[J]. 决策探索，2015（8）：21.
11. 师毅. **筑梦“一带一路” 共聚丝路论坛**[J]. 新商务周刊，2015（8）：8-9.
12. 张勤虎，吴价宝. **连云港做实“一带一路交汇点”建设的对策思考**[J]. 大陆桥视野，2015（8）：12-14.
13. **国家文物局：召开海上丝绸之路保护和申遗工作会议**[J]. 城市规划通讯，2015（7）：13.
14. 王晓梅，曾令泽. **“丝绸之路经济带”酒泉文化产业发展的几点思考**[J]. 企业改革与管理，2015（7）：153-154.
15. 管雪竹. **简述西南地区丝绸之路的文化影响及其传承与保护**[J]. 丝绸之路，2015（6）：40-41.
16. 张慧，王莉莉，李弘毅. **丝绸之路经济带建设背景下甘肃文化产业发展的战略选择**[J]. 丝绸之路，2015（6）：44-47.
17. 陈曦. **丝绸之路经济带建设背景下陕西文化软实力发展研究**[J]. 理论导刊，2015（6）：71-75.
18. 茶成林. **商仿古驼队重走丝绸之路**[J]. 中国民族，2015（6）：8-9.
19. 程果. **当前国际舆论形式下的“一带一路”建设宣传**[J]. 新闻研究导刊，2015（6）：256，262.
20. 顾明远. **“一带一路”与比较教育的使命**[J]. 比较教育研究，2015（6）：1-2.
21. 周满生. **“一带一路”与扩大教育对外开放**[J]. 比较教育研究，2015（6）：2-3.
22. 曾天山. **开放教育筑基“一带一路”国家战略**[J]. 比较教育研究，2015（6）：3-4.
23. 杨昶. **关于推进“一带一路”建设教育交流合作的战略思考**[J]. 比较教育研究，2015（6）：5-6.
24. 陈时见. **“一带一路”战略框架下比较教育研究的视野与路径**[J]. 比较教育研究，2015（6）：6-8.
25. 刘复兴. **做好与“一带一路”战略相适应的教育政策规划研究**[J]. 比较教育研究，2015（6）：8-9.
26. 阿森. **“一带一路”背景下教育对外交流合作研究浅识**[J]. 比较教育研究，2015（6）：12-13.
27. 王仁忠，毛洲英. **宁波广电集团“一带一路”报道的探索与思考**[J]. 中国广播电视学刊，2015（6）：40-42.

28. 徐幼军. 我国与“一带一路”沿线国家图书出版合作项目的三大特色[J]. 全国新书目，2015（5）：20-23.
29. 媒体：为“一带一路”背景下的中国品牌走出去做点什么？[J]. 中国记者，2015（5）：10.
30. 贡振国，王建华. 聚焦“一带一路”：媒体联动，立体传播——《大河报》“豫满丝路·梦起中国”大型联动报道解析[J]. 中国记者，2015（5）：13-15.
31. 沈政燮. 让佛教文化融入“一带一路”战略：访省政协常委、省佛协副会长兼秘书长释本性[J]. 炎黄纵横，2015（5）：29-32，35.
32. 一步步认识“一带一路”与“亚投行”[J]. 天津中学生，2015（5）：8-9.
33. 中国（西安）丝绸之路研究院揭牌仪式[J]. 新西部，2015（5）：97.
34. 欧阳小抒. 昭通：南丝绸之路上的工艺故郡[J]. 创造，2015（4）：72-73.
35. 席平. 创建社会精英圣地 促进世界文化交流：建设“丝绸之路经济带”文化项目的思路与方法[J]. 大陆桥视野，2015（4）：54-56.
36. 张科. 海上丝绸之路战略中加强对沿海城市发展文化因素的思考：以湛江市为例[J]. 对外经贸，2015（4）：74-75.
37. 中国与“一带一路”各国建立文化交流机制[J]. 中外文化交流，2015（4）：14.
38. 韩文宁. “一带一路”历史文化遗产及其当下意义[J]. 唯实，2015（4）：27-30.
39. 王哲，董彦. 周明伟：“一带一路”人文交流亟待强化[J]. 中国报道，2015（4）：34-35.
40. 夏春平. 中新社“一带一路”报道解析[J]. 对外传播，2015（4）：29-31.
41. 杨博. “一带一路”文化先行：访全国政协常委王林旭[J]. 民族画报（汉文版），2015（4）：8-9.
42. 葛剑雄. 正确解读“一带一路”的历史[J]. 中外文化交流，2015（4）：96.
43. 李祖布，彭碧琼. 专题二十三 共建“一带一路”[J]. 广东教育（高中版），2015（4）：76-78.
44. “一带一路”根本不同于马歇尔计划[J]. 武汉宣传，2015（4）：62.
45. 李婉华. 对丝绸之路成功申遗和“一带一路”建设的多视角思考：热点问题关注与模拟试题解析[J]. 思想政治课教学，2015（4）：83-85.
46. 杜韵红. 南方丝绸之路的变迁与保护[J]. 文化遗产，2015（3）：148-156，162-163.
47. 张祖群. “丝绸之路：长安和天山廊道的路网”申请世界文化遗产的的政府规治[J]. 美与时代（城市版），2015（3）：4-8.
48. 纳文汇. “一带一路”建设和重构新南方丝绸之路语境中的宗教文化建设与调适[J]. 云南社会科学，2015（3）：135-141.
49. 史志林，沈渭显. “开拓与守护：古丝绸之路交通要道上的白银”学术研讨会综述[J]. 甘肃广播电视大学学报，2015（3）：1-6.
50. 祁述裕. “丝绸之路经济带与区域文化规划”研究笔谈[J]. 浙江工商大学学报，2015（3）：104-105.
51. 王娇. 美澳智库学者看两会：“一带一路”是世界地缘政治均衡发展的催化剂[J]. 中国科技财富，2015（3）：13.
52. 省教育厅、省商务厅部门联动推动我省融入“一带一路”建设[J]. 山西教育（管理），2015（3）：2.

53. 2015年连云港市“一带一路”交汇点建设加速[J]. 大陆桥视野，2015（3）：21-22.
54. 吴明海. “一带一路”与孔子学院[J]. 文化学刊，2015（3）：175-176.
55. 王嘉琦. “一带一路”战略产业结构模式（上篇）：以文化金融合作PPP模式建设“丝路文化地产集聚带”[J]. 中国房地产，2015（2）：30-31.
56. 孙存良，李宁. “一带一路”人文交流：重大意义、实践路径和建构机制[J]. 国际援助，2015（2）：14-20.
57. 许立勇，王瑞雪. 西部丝绸之路特色文化产业带布局初论[J]. 浙江工商大学学报，2015（3）：109-113.
58. 曹伟. 丝绸之路文化产业战略规划需探讨的几个问题[J]. 浙江工商大学学报，2015（3）：113-115.
59. 伍梦尧. 千年丝绸之路（三） 高原上的守望者[J]. 纺织科学研究，2015（3）：106-107.
60. 刘珺. 丝绸之路非物质文化遗产的管理模式[J]. 郑州航空工业管理学院学报，2015（3）：109-112.
61. 张泽洪，廖玲. 南方丝绸之路上的梵僧：以南诏梵僧赞陀崛多为中心[J]. 思想战线，2015（3）：52-59.
62. 王林，李晓霞. “一带一路”战略与云南媒体国际传播力建设[J]. 思想战线，2015（3）：116-119.
63. 方正辉. 海上丝绸之路的文化价值[J]. 对外传播，2015（3）：11-12.
64. 金栋昌，吴绒，刘吉发. 丝绸之路文化产业带上的跨域文化治理：理论与实践的维度[J]. 开发研究，2015（2）：3-9.
65. 顾华详. “丝绸之路经济带”视野下新疆文化交流的优势与劣势分析[J]. 克拉玛依学刊，2015（2）：3-11.
66. 米兰沙. “中国和伊朗：丝绸之路上的文化交流学术研讨会”综述[J]. 西域研究，2015（2）：124-136.
67. 伍梦尧. 千年丝绸之路（二） 羽彩鳞光话西安[J]. 纺织科学研究，2015（2）：104-105.
68. 石岚，刘艳. 现代丝绸之路：亚欧腹地多元文化的复兴与交流[J]. 石河子大学学报（哲学社会科学版），2015（2）：4-8.
69. 刘宽忍. 对“建设丝绸之路经济带文化先行”的思考[J]. 民主，2015（2）：14-16.
70. 赵天. 共建丝绸之路经济带的文化交流战略研究[J]. 新疆社会科学，2015（2）：125-129.
71. 冯玉雷. 浅论《丝绸之路》杂志在丝绸之路经济带建设中的重要使命[J]. 丝绸之路，2015（2）：5-10.
72. 程强. 妈祖文化：海上丝绸之路的精神家园[J]. 海峡通讯，2015（2）：38-39.
73. 郭勤华. 沿丝绸之路追寻宁夏历史文化：《宁夏境内丝绸之路文化研究》读后[J]. 西夏研究，2015（2）：104-108.
74. 杨国桢. 海洋丝绸之路与海洋文化研究[J]. 学术研究，2015（2）：92-95，2.
75. 周敬国. 彪炳千古的“海上丝绸之路”[J]. 科学24小时，2015（2）：24-27.
76. 黄伟宗. 海洋文化与丝绸之路[J]. 广东广播电视大学学报，2015（2）：35-38.
77. 郑安新，冯耀东. 青岛海上丝绸之路文化遗产发掘和保护研究[J]. 中共青岛市委党校（青岛行政学院学报），2015（2）：123-128.

78. 徐兆寿，朱大可. **重新发现丝绸之路，构建亚洲精神共同体：徐兆寿对话朱大可**[J]. 当代教育与文化，2015（2）：101-110.

79. 曹海艳. **甘肃丝绸之路染缬新型文化业态发展研究**[J]. 兰州交通大学学报，2015（2）：94-96.

80. 顾涧清，李钧，魏伟新. **广州推进21世纪海上丝绸之路建设战略的目标与对策思考**[J]. 广东广播电视大学学报，2015（2）：28-34.

81. 康晨. **丝绸之路遗迹的文化价值及其开发分析**[J]. 西安石油大学学报（社会科学版），2015（1）：107-112.

82. 钱林霞，周蜜. **加强粤澳文化融合，推进海洋战略合作："海上丝绸之路中的澳门"座谈会召开**[J]. 新经济，2015（1）：24-37.

83. 马易. **西部黄金珠宝文化产业园：丝绸之路经济带上的"黄金"起点**[J]. 新商务周刊，2015（1）：60-62.

84. 薛煦. **论新媒体在宁夏丝绸之路文化传播中的作用与提升**[J]. 宁夏师范学院学报，2015（1）：59-62.

85. 阎金明. **丝绸之路的文化传承与当代发展新思路**[J]. 天津市社会主义学院学报，2015（1）：47-51.

86. 阎金明. **丝绸之路的文化传承与大陆桥发展新思路**[J]. 理论与现代化，2015（1）：22-26.

87. 才让. **交流与共享：丝绸之路上的藏文化遗产**[J]. 中外文化与文论，2015（1）：52-68.

88. 刘孝斌. **新丝绸之路战略背景下湖州丝绸复兴的路径**[J]. 蚕桑茶叶通讯，2015（1）：4-6.

89. 李焕. **丝绸之路经济带中的陕西文化先行战略研究**[J]. 陕西行政学院学报，2015（1）：107-110.

90. 贺茹，朱宏斌，刘英英. **唐代丝绸之路中外文化交流的特点**[J]. 运城学院学报，2015（1）：27-31.

91. 王艺达. **翟墨领航 2015重走海上丝绸之路**[J]. 体育博览，2015（1）：80-81.

92. 梁二平. **大海湾，海上丝绸之路的起点**[J]. 丝绸之路，2015（1）：1-5.

93.**《丝绸之路文物大展》在京举办**[J]. 中外文化交流（英文版），2015（1）：36-37.

94. **丝绸之路中国段 世界遗产分布图**[J]. 世界遗产，2015（1）：20.

95. 辛闻. **云南大学出版社项目入选国家"一带一路"文化工程**[J]. 出版参考，2014（36）：35.

96. 李鼎鑫. **发挥留学人员作用，服务"一带一路"战略**[J]. 留学生，2014（23）：15-16.

97. 张汉平. **共建"一带一路"与高校图书馆国际化探析**[J]. 陕西教育（高教版），2014（12）：68.

98. 蔡武. **坚持文化先行 建设"一带一路"**[J]. 新华月报，2014（11）：111-112.

99. 沈延环. **弘扬优秀传统文化 融入"一带一路"建设 闽都海洋文化研讨会在榕召开**[J]. 炎黄纵横，2014（10）：19.

100. 闻通. **中阿携手共建文化领域"一带一路"**[J]. 中外文化交流，2014（10）：16.

101. 蔡武. **坚持文化先行建设"一带一路"**[J]. 求是，2014（9）：44-46.

102. 冯天瑜. **开辟"丝绸之路"的三大动力源**[J]. 湖北社会科学，2014（9）：107-112.

103. 施福平，唐丹妮. **发挥上海在“一带一路”建设中的文化先发效应**[J]. 上海文化，2014（8）：74-78.
104. **蔡武：文化先行建设“一带一路”**[J]. 中外文化交流，2014（6）：13-14.
105. **《东南亚纵横》围绕“一带一路”“中国东盟命运共同体”和“2＋7 合作框架”征稿启事**[J]. 东南亚纵横，2014（3）：81.
106. **共建“一带一路”**[J]. 时事（高中），2014（2）：65.
107. 阿布都外力·克热木. **丝绸之路经济带格局下的阿凡提文化产业**[J]. 全国商情（理论研究），2014（39）：32-33.
108. 张洁. **丝绸之路经济带之莲湖区武术文化发展战略研究**[J]. 青年文学家，2014（36）：194.
109. 周鑫. **繁荣海上丝绸之路文化推进 21 世纪海上丝绸之路建设**[J]. 新经济，2014（31）：54-60.
110. 刘丽娟. **建设陕西“丝绸之路新起点”文化品牌**[J]. 文化月刊，2014（26）：102-107.
111. 王赟，张慨. **西北丝绸之路宗教文化资源开发现状及对策**[J]. 丝绸之路，2014（24）：10-13.
112. 何元媛. **征信“软着陆”的思考之丝绸之路经济带甘肃黄金段征信文化建设**[J]. 现代经济信息，2014（23）：441，443.
113. 于朋. **条条丝路通五洲：著名学者、《丝绸之路考》作者、全球总裁联合会秘书长卞洪登解读五大丝绸之路**[J]. 中国集体经济，2014（23）：12-18.
114. 薛正昌. **中阿博览会：丝绸之路文化的延伸——兼论丝绸之路的走向与研究范围**[J]. 丝绸之路，2014（22）：5-10.
115. 黎羌. **论陕西丝绸之路文化资源与文化产业新起点**[J]. 丝绸之路，2014（22）：11-14.
116. 徐芳. **创新与和谐：加快丝绸之路经济带文化产业的健康发展**[J]. 丝绸之路，2014（22）：15-17.
117. **第二届新疆丝绸之路文化创意产业博览会将举办**[J]. 大陆桥视野，2014（21）：89.
118. 李巍. **终南文化的人文精神对陕西共建丝绸之路经济带的启示**[J]. 新西部（理论版），2014（19）：10-11.
119. 田亮. **丝绸之路经济带媒体合作论坛在京隆重举行**[J]. 环球人物，2014（19）：13.
120. 阿布都外力·克热木. **丝绸之路经济带格局下的阿凡提文化产业**[J]. 全国商情（经济理论研究），2014（19）：32-33.
121. 冯玉雷. **玉帛之路：比丝绸之路更早的国际大通道**[J]. 丝绸之路，2014（19）：39-42.
122. 韩东. **影视传媒与消费的力量：论丝绸之路经济带文化产业发展新模式**[J]. 丝绸之路，2014（18）：7-9.
123. 沅陵. **王尚信：丝绸之路风情画**[J]. 金秋，2014（18）：33-36.
124. 刘红雨. **非物质文化遗产的传承开发研究：以丝绸之路为例**[J]. 中外企业家，2014（16）：256-260.
125. **丝绸之路**[J]. 百科知识，2014（16）：34-36.
126. 马玉萍. **丝绸之路与甘肃的世界文化遗产**[J]. 丝绸之路，2014（15）：4-10.
127. **大运河、丝绸之路列入《世界遗产名录》**[J]. 丝绸之路，2014（15）：11-15.
128. **甘肃省政府新闻办召开丝绸之路申遗成功新闻发布会**[J]. 丝绸之路，2014（15）：16-17.

129. 李鹏．南丝绸之路对雅安雕刻艺术的影响[J]．青年时代，2014（15）：58-59.
130. 王路平．基于 SWOT 分析的西安市丝绸之路文化遗产、文化产业发展途径[J]．丝绸之路，2014（14）：11-13.
131. 赵天，王鹏．丝绸之路、大运河等冲刺申请世界文化遗产[J]．科技致富向导，2014（13）：10.
132. “纪念延安文艺座谈会讲话暨丝绸之路文化周”在西安举办[J]．陕西省人民政府公报，2014（12）：F0003.
133. 张建成．“丝绸之路经济带”视野的中阿文化交流先行战略[J]．重庆社会科学，2014（12）：53-59.
134. 传承文化　续写历史　丝绸之路文化发展论坛在大唐西市盛大举行[J]．时代人物，2014（12）：114-116.
135. 王保顶．丝绸之路：衔接“中国梦”与“世界梦”[J]．中国图书评论，2014（12）：11-12.
136. 中阿丝绸之路系列文化论坛之“中阿文化部长论坛”在京举办[J]．世界遗产，2014（11）：113.
137. 敦煌论坛：2014 丝绸之路古遗址保护国际学术研讨会举行[J]．世界遗产，2014（11）：114.
138. “丝绸之路民族文化时尚发展论坛”在中央民族大学举办[J]．艺术教育，2014（11）：13.
139. 赵明龙．人文交流：海上丝绸之路建设不可或缺的内容[J]．东南亚纵横，2014（11）：18-21.
140. WANG YANLIN．习近平主席谈丝绸之路经济带[J]．丝绸之路，2014（11）：3-11.
141. 丝绸之路、大运河入选世界遗产名录[J]．科技风，2014（11）：2-3.
142. 董鸿英．丝绸之路建设与丝路文化产业发展[J]．文化产业导刊，2014（11）：45-48.
143. 赵晋平，罗雨泽．拓展沿海边贸“海上丝绸之路”[J]．瞭望，2014（11）：50-51.
144. 赵德利，赵凡．丝绸之路东段生活文化的生态保护与功能再造[J]．青海社会科学，2014（11）：160-163，195.
145. 吴培植．泉州海上丝绸之路与中外文化交流[J]．丝绸之路，2014（10）：50-51.
146. 丘树宏．复兴“海上丝绸之路”[J]．理论参考，2014（9）：1.
147. 首届丝绸之路国际艺术节在西安开幕[J]．浙江工艺美术，2014（9）：125.
148. 孙斐．新丝绸之路下对宝鸡历史文化的审视[J]．企业技术开发，2014（9）：133-134.
149. 杨定都．青花瓷见证伊朗丝绸之路前世今生[J]．人民文摘，2014（9）：42.
150. 荣松．丝绸之路：文明多维交融的更生带[J]．金融博览，2014（9）：9-11.
151. 陆芸．海上丝绸之路与宗教文化的交流[J]．理论参考，2014（9）：28-29.
152. 乌兰托娅．文明碰撞的火花：草原丝绸之路文物精华展——第十一届中国·内蒙古草原文化节展览小记[J]．内蒙古宣传思想文化工作，2014（8）：18-19.
153. 丝绸之路成功进入世界遗产名录新疆 6 个遗产地成为首批世界文化遗产[J]．新疆人文地理，2014（8）：10-21.
154. 孙斐．浅谈丝绸之路驿站上的宝鸡历史文化遗产[J]．科教导刊（中旬刊），2014（8）：132，179.

155. 丹青. **岁月如歌：丝绸之路吐鲁番段申遗纪实**[J]. 世界遗产，2014（8）：110.
156. 张体义，段伟朵，吴俊池. **大运河、丝绸之路双双申遗成功 河南成为唯一“双申遗”省份河南省世界文化名片增至5个**[J]. 决策探索（上半月），2014（7）：46-47.
157. 沙达提，聂云鹏. **丝绸之路上的璀璨明珠撒马尔罕**[J]. 中亚信息，2014（7）：34-35.
158. 李季. **打开通往世界的文化丝绸之路**[J]. 文明，2014（7）：8-9.
159. 林勇. **释放华侨华人能量 促进海上丝绸之路建设**[J]. 福建理论学习，2014（7）：23-25.
160. 王传涛. **对大运河丝绸之路“申遗”之后的担忧**[J]. 环境教育，2014（7）：29.
161. 李利安. **丝绸之路的精神资源**[J]. 中国宗教，2014（7）：38-39.
162. 方光华. **重新焕发丝绸之路的活力**[J]. 中国宗教，2014（7）：42-43.
163. 孟舜. **第二届环东海论坛暨“海上丝绸之路与中国海洋文明重构”研讨会在浙江金华召开**[J]. 中原文化研究，2014（6）：95.
164. 屈华. **丝绸之路经济带战略下终南山文化生态的保护**[J]. 咸阳师范学院学报，2014（6）：60-64.
165. 张哲玮. **浅析新丝绸之路大众传播文化建设**[J]. 丝绸之路，2014（6）：34-36.
166. 孙斐. **新丝绸之路下对宝鸡历史文化的审视**[J]. 企业技术开发（下半月），2014（6）：133-134.
167. 顾华详. **论丝绸之路经济带文化交流视域下的社会事业发展**[J]. 乌鲁木齐职业大学学报，2014（6）：46-52，56.
168. **丝绸之路、大运河等冲刺申请世界文化遗产**[J]. 科技风，2014（5）：1.
169. **2014 昆仑文化与丝绸之路经济带国际学术论坛在青海省格尔木市成功举办**[J]. 青海社会科学，2014（5）：205.
170. 曹海艳. **丝绸之路文化资源优势与动漫产业发展**[J]. 兰州交通大学学报，2014（5）：110-112.
171. 廖国一. **从北部湾出发的汉代海上丝绸之路研究述略**[J]. 广西民族研究，2014（5）：98-105.
172. 金荣. **浅析中国—东盟文化交流在21世纪海上丝绸之路的影响及前景**[J]. 广西社会主义学院学报，2014（5）：73-77.
173. 杨富学，彭晓静. **丝绸之路与宗教文化的传播交融**[J]. 中原文化研究，2014（5）：36-44.
174. 张晓政. **丝绸之路，千年回眸**[J]. 月读，2014（5）：6-11.
175. 魏景波. **首届“丝绸之路经济带文化资源与文化产业高峰论坛”综述**[J]. 陕西师范大学学报（哲学社会科学版），2014（4）：177.
176. 粟迎春. **环阿勒泰草原丝绸之路文化的变迁及启示**[J]. 新疆财经大学学报，2014（4）：60-66.
177. 吴其魁. **文都古韵 海丝新帆：聚焦海上丝绸之路国际艺术节**[J]. 海峡影艺，2014（4）：70.
178. 吴革. **舟山，海上丝绸之路东西方文化交融的聚焦点**[J]. 浙江国际海运职业技术学院学报，2014（4）：44-49.
179. 王建国. **海南“海上丝绸之路”的文化魅力**[J]. 新东方，2014（4）：24-27.

180. 刘颖慧. **以文化之力推进“丝绸之路经济带”的建设：陕西省丝绸之路文化资源现状与开发调研调研报告**[J]. 长安学刊（哲学社会科学版），2014（3）：16-19.
181. 黄启臣，顾涧清. **“北季南饶”两国学大师与丝绸之路研究**[J]. 岭南文史，2014（3）：10-12.
182. 朱惠君. **普陀山：古代海上丝绸之路重要港口**[J]. 浙江国际海运职业技术学院学报，2014（3）：62-65.
183. 海杰. **丝绸之路经济带上的昌吉回族文化**[J]. 昌吉学院学报，2014（3）：13-20.
184. 胡振华. **为共建丝绸之路经济带做好民心相通的工作**[J]. 昌吉学院学报，2014（3）：1-4.
185. 保宏彪. **丝路文化的聚焦：《宁夏境内丝绸之路文化研究》出版**[J]. 西夏研究，2014（3）：2.
186. 孙斐. **新丝绸之路下对宝鸡历史文化的审视**[J]. 企业技术开发（下旬刊），2014（3）：133-134.
187. 陈同滨. **“丝绸之路：起始段和天山廊道的路网”遗产解读**[J]. 中国文化遗产，2014（3）：60-71.
188. **21世纪丝绸之路的大美文化时代**[J]. 青海科技，2014（3）：47.
189. 顾华详. **论“丝绸之路经济带”视域下的文化交流**[J]. 克拉玛依学刊，2014（2）：3-9.
190. 黄伟宗. **广东海上丝路文化的十大“星座”及星群：研究开发广东海上丝绸之路进程的调研报告**[J]. 广东蚕业，2014（2）：46-49.
191. 方光华. **丝绸之路遗产及其现代价值**[J]. 五台山研究，2014（2）：3-9.
192. **长跑健将穿越新丝绸之路**[J]. 新体育（社会体育指导员），2014（2）：62.
193. 张勇. **重“织”南方丝绸之路**[J]. 时代风采，2014（2）：24-25.
194. **“丝绸之路上的记忆——中国甘肃省与日本秋田县缔结友好关系30周年纪念文化交流展”在日本秋田美术馆开幕**[J]. 敦煌研究，2014（1）：139.
195. **土耳其汉学家：了解中国从“丝绸之路”开始**[J]. 海外华文教育动态，2014（1）：125-126.
196. 沈立. **丝绸之路故道新梦**[J]. 文化月刊，2014（1）：24-25.
197. 李鹏. **南丝绸之路对雅安雕刻艺术的影响**[J]. 青年时代，2013（24）：123-129.
198. 孟霞. **对丝绸之路申遗过程中文化对话的几点思考**[J]. 丝绸之路，2013（18）：46-48.
199. 叶子璇，强小盖. **丝绸之路：再续交往的奇迹**[J]. 文化交流，2013（12）：2-6.
200. **光照大千：丝绸之路的佛教艺术展**[J]. 文明，2013（12）：38-39.
201. **保加利亚索非亚孔子学院成功举办第二届“丝绸之路”国际研讨会**[J]. 海外华文教育动态，2013（11）：90-96.
202. 张景明. **从明清金银器看草原丝绸之路的衰落**[J]. 通化师范学院学报，2013（9）：27-30.
203. 骆文伟. **作为文化线路的“海上丝绸之路：泉州史迹”遗产保护研究**[J]. 福建省社会主义学院学报，2013（6）：53-58.
204. 海力古丽·尼牙孜，李丹. **“丝绸之路经济带”的建设基础：人文合作**[J]. 新疆大学学报（哲学人文社会科学版），2013（6）：28-30.
205. 高建新. **“丝绸之路”开拓与“胡文化”的输入**[J]. 阴山学刊，2013（6）：46-49.
206. **重走三千里丝绸之路，复兴八千年华夏文明华夏文明传承创新区学术平台启动仪式暨**

首届丝绸之路论坛[J]. 世界遗产，2013（5）：27.

207. 张安福. 新疆丝绸之路中道历史文化遗存保护现状及对策研究[J]. 石河子大学学报（哲学社会科学版），2013（3）：34-36.

208. 丝绸之路三千里 华夏文明八千年 热烈祝贺甘肃华夏文明传承创新区正式获批[J]. 人民文摘，2013（3）：3.

209. 吴巍巍. “海上丝绸之路”与明清时期西方人在闽台地区的文化活动初探[J]. 国家航海，2013（3）：170-178.

210. 薛正昌. 丝绸之路在宁夏的走向与周秦时期的文化开拓[J]. 丝绸之路，2013（2）：5-8.

211. 郑炳林教授主持的国家科技支撑计划“丝绸之路文化溯源展示系统技术集成与应用”获准立项[J]. 敦煌学辑刊，2013（1）：62.

212. 林容宇. 丝绸之路龙文化与中土龙崇拜研究[J]. 丝绸之路，2012（20）：40-47.

213. “跨越海洋：中国‘海上丝绸之路’八城市文化遗产精品联展”开幕[J]. 丝绸之路，2012（20）：70.

214. 热烈祝贺丝绸之路文化与中华民族文学国际学术研讨会隆重召开[J]. 丝绸之路，2012（20）：118.

215. 李强. 丝路结奇葩 合力筑巨厦：丝绸之路文化、文学、艺术研究回顾与展望[J]. 丝绸之路，2012（18）：5-12.

216. 胡潇. 浅谈甘肃丝绸之路文化资源与影视创作[J]. 丝绸之路，2012（18）：72-76.

217. 贾真. “交流与碰撞：丝绸之路文化论坛”在兰州大学举行[J]. 丝绸之路，2012（17）：35.

218. 泉州、奎屯“海上·陆路丝绸之路”地名文化活动圆满结束[J]. 中国地名，2012（10）：33.

219. 海上丝绸之路文化遗产精品联展拉开帷幕[J]. 丝绸之路，2012（10）：115.

220. 涂师平. 跨越海洋：中国“海上丝绸之路”八城市文化遗产精品联展[J]. 世界知识画报（艺术视界），2012（8）：6-9.

221. 中、哈、吉三国联合推动丝绸之路跨国申遗[J]. 丝绸之路，2012（8）：83.

222. 江泽慧. 在“丝绸之路生态文化万里行”敦煌生态文化地标揭幕暨甘肃省生态文化协会成立揭牌仪式上的讲话[J]. 甘肃林业，2012（5）：4-5.

223. 李巧玲. 丝绸之路申遗中国段旅游形象设计与推广策略：基于陕西段西安旅游区的视角[J]. 西北农林科技大学学报（社会科学版），2012（5）：151-158.

224. 董原，王嘉瑞. 丝绸之路申遗甘肃段旅游区文化遗产的保护与开发[J]. 兰州学刊，2012（4）：193-197.

225. 夏继芬. 浅谈丝绸之路驿村中和街民居建筑群的保护与开发[J]. 管理观察，2012（4）.

226. 南宇. 简析西北丝绸之路非物质文化遗产保护与开发[J]. 丝绸之路，2012（4）：66-67.

227. “丝绸之路生态文化万里行”鄂尔多斯开拔仪式举行[J]. 丝绸之路，2012（4）：119.

228. 王岚. 记载历史 传承未来：“海上丝绸之路”申遗福州启航[J]. 福建质量管理，2012（4）：44-45.

229. 乌布里·买买提艾力. 丝绸之路新疆段地域文化初探[J]. 建筑史，2012（2）：98-105.

230. 张昭平. 丝绸之路协会参加中华炎黄文化研究会 20 周年庆典活动[J]. 丝绸之路，2012（1）：44.
231. 刘建军. 海上丝绸之路海陆对接线的开辟及其现代意义：谈贺州区域文化传统现代化[J]. 贺州学院学报，2012（1）：40-43.
232. “海上丝绸之路”申遗启动[J]. 丝绸之路，2011（24）：47.
233. 刘泽英，刘广平. “丝绸之路生态文化万里行”组委会成立 为“丝绸之路”注入生态文化新理念[J]. 中国林业，2011（15）：2-3.
234. 保加利亚索非亚孔子学院举办丝绸之路国际研讨会[J]. 丝绸之路，2011（12）：31.
235. 王宏斌. 将军的荣耀与丝绸之路上的金戈铁马[J]. 南北桥，2011（12）：44-51.
236. 龙念南. 丝绸之路的原点——中国丝绸博物馆[J]. 学与玩，2011（8）：14-15.
237. 一凡. 丝绸之路的传说[J]. 南北桥，2011（7）：45-52.
238. 胡潇. 丝绸之路文化遗产在现当代的艺术表现与拓展[J]. 社科纵横，2011（6）：130-131.
239. 南宇，杨永春. 构建西部丝绸之路沿线非物质文化遗产传承保护开发体系研究[J]. 宁夏社会科学，2011（5）：148-152.
240. 林佳. 德化白瓷佛像：“海上丝绸之路”的流变符号[J]. 佛教文化，2011（4）：30-33.
241. 闽南、漳泉两地拟申报海上丝绸之路始发地世界文化遗产[J]. 丝绸之路，2011（4）：93.
242. 杨静. 学术整合与文化自觉：南方丝绸之路视野下的非物质文化遗产研究[J]. 中华文化论坛，2011（4）：16-23.
243. 蒋平安. 建设新疆丝绸之路文化创意产业园区[J]. 中国产业，2011（3）：54.
244. 陈玉霞，高芬. 古代海上丝绸之路与中外交流[J]. 兰台世界（上半月），2011（3）：78-79.
245. 文有仁. 波兰挂历中的丝绸之路[J]. 知识就是力量，2011（3）：74-76.
246. 白莹，刘子建. 浅谈丝绸之路文化中的艺术传播：以北京奥运会开幕式为例[J]. 艺术与设计（理论），2011（2）：40-42.
247. 晓航. 丝绸之路上的溢彩流光：新疆维吾尔木卡姆艺术[J]. 产权导刊，2011（2）：75-76.
248. 姜小武，毛志强. 廿八都：海上丝绸之路上的神秘古镇[J]. 文化交流，2011（1）：43-47.
249. “丝绸之路与龟兹中外文化交流”研讨会在新疆召开[J]. 丝绸之路，2010（18）：44.
250. 丝绸之路河南段和大运河河南段将申遗[J]. 丝绸之路，2010（18）：79.
251. 2010 丝绸之路与西北历史文化学术研讨会在兰州召开[J]. 丝绸之路，2010（18）：95.
252. 海马骑士 支持跨国申遗 重走丝绸之路[J]. 南风窗，2010（14）：25.
253. 陈筠. 丝绸之路数千载 绵延西域两岸情：海峡两岸专家学者汇聚塔里木河畔探讨交流西域文化[J]. 两岸关系，2010（8）：36-37.
254. 王红茹. 丝绸之路上的文化交流及其意义[J]. 丝绸之路，2010（8）：34-36.
255. 刘俊. 沿着丝绸之路：加拿大滑铁卢大学孔子学院举办中国历史、艺术、文学、社会及文化学术研讨会[J]. 世界华文文学论坛，2010（3）：76-77.
256. 王建民. 草原文明与丝绸之路货币的发展及其演进[J]. 松州，2010（3）：44-51.
257. 刘根勤，陈超华. 广州亚运会与海上丝绸之路文化产业的开发策略研究[J]. 文化遗产，2010（2）：152-156.

258. 探索中西文化交流史的学术长卷：《丝绸之路研究丛书》[J]. 丝绸之路，2010（2）：20.
259. 天水旅游在丝绸之路线上的品牌化战略研究[J]. 丝绸之路，2010（2）：55-57.
260. 田卫疆. 探索中西文化交流史的学术长卷：《丝绸之路研究丛书》评述[J]. 新疆社会科学·汉文版，2010（1）：135-136.
261. 南宇，李兰军. 丝绸之路中国段跨国申报世界遗产理论与实践的意义和价值[J]. 宁夏大学学报（人文社会科学版），2010（1）：201-205.
262. 周中坚. 丝绸之路及对其复兴的历史期待[J]. 广西文史，2010（1）：26.
263. 中国城科会历史文化名城委员会丝绸之路文化研究中心简介[J]. 丝绸之路，2009（24）：2.
264. 桑希臣. 两汉时期的海上丝绸之路[J]. 科学大观园，2009（21）：70-72.
265. 王秋韵. 再访丝绸之路[J]. 中国经济周刊，2009（20）：63.
266. 陈宝根：丝绸之路跨国合作“申遗”是保护世界文化遗产的创新[J]. 大陆桥视野，2009（12）：27.
267. 李金梅，薛廷利. 浅议唐代丝绸之路主要体育活动及文化特征[J]. 体育世界（学术版），2009（11）：4.
268. 麻俊豪. 丝绸之路[J]. 快乐作文（高年级版），2009（10）：17.
269. 聂中民，田蹊. 拉梢寺：散落在丝绸之路上的莲瓣[J]. 丝绸之路，2009（9）：49-51.
270. 李勇锋. 简论丝绸之路甘肃段物质文化遗产[J]. 丝绸之路，2009（8）：38-42.
271. 宁波举行海上丝绸之路与文化创意产业论坛[J]. 美术，2009（7）：124.
272. 周俭. 为丝绸之路文化的研究保护和可持续利用而努力：在 2008 年年会上的致辞[J]. 丝绸之路. 2009（6）：5.
273. 丝绸之路沙漠之路 2010 年联合申遗[J]. 丝绸之路，2009（6）：80.
274. 宁波海上丝绸之路申报世界文化遗产[J]. 丝绸之路，2009（6）：97.
275. 骆文伟. 文化线路视域下的“海上丝绸之路：泉州史迹”申报世界遗产探索[J]. 湖南医科大学学报（社会科学版），2009（4）：69-71.
276. 沈滨，马明. 西北动漫产业的发展与丝绸之路文化资源的开发[J]. 生产力研究，2009（3）：115-117.
277. 海上丝绸之路文化周在宁波揭幕[J]. 丝绸之路，2009（3）：76.
278. 丝绸之路上的腾飞[J]. 报林，2009（3）：26.
279. 福建将推动“海上丝绸之路：泉州史迹”申报世界文化遗产[J]. 文化市场，2009（1）：15.
280. 周家聪. 大漠神韵丝绸之路古代雕塑（上）[J]. 收藏·拍卖，2009（1）：18.
281. 丝绸之路与中华文明的西传[J]. 科学大观园，2008（21）：70-72.
282. 霍巍. 四川东汉大型石兽与南方丝绸之路[J]. 考古，2008（11）：71.
283. 魏晓文. 丝绸之路系列申报世界遗产国际协商会议在西安举办[J]. 丝绸之路，2008（7）：78.
284. 张立群. 以丝绸之路“世界遗产”建设推动公民素质提高[J]. 发展，2008（6）：64-65.
285. 曹艳英. 谈《山东半岛与东方海上丝绸之路》一书的旅游文化价值[J]. 中州学刊，2008（3）：258.
286. 李林. “文化线路”与“丝绸之路”文化遗产保护探析[J]. 新疆社会科学，2008（3）：95-100.

287. 萨仁娜. 丝绸之路研究的新成果——评周伟洲等编《丝绸之路大辞典》[J]. 西域研究，2008（3）：125-127.
288. 马玉蕻. 保护文化遗产 加快申遗步伐——丝绸之路申报世界文化遗产工作协调会议在兰州召开[J]. 丝绸之路，2008（2）：5-6.
289. 李勇锋. 丝绸之路 离我们最近的下一个世界遗产[J]. 丝绸之路，2008（2）：7-9.
290. 吴建国. 以世界文化遗产的视角看南方丝绸之路：兼谈南方丝路申报世界文化线路遗产问题[J]. 中华文化论坛，2008（2）：159-164.
291. 陈黎清. 峨眉山的生态文态资源与南方丝绸之路[J]. 中华文化论坛，2008（2）：175-182.
292. 魏晓文. 西安举行丝绸之路申报世界文化遗产系列活动[J]. 丝绸之路，2007（12）：10-12.
293. 马玉蕻，魏晓文. 世界文明桥梁 人类精神故乡——2007 国家历史文化名城委员会丝绸之路文化研究中心[J]. 丝绸之路，2007（11）：72.
294. RIC VINCENT. 徒步之路 NISSAN 十年徒步古丝绸之路（第三站）[J]. 汽车与运动，2007（10）：98-101.
295. “丝绸之路”申遗——整体保护和管理留有悬念[J]. 风景名胜，2007（10）：140.
296. 闫瑜，杨清汀. “丝绸之路”甘肃段文化资源及旅游产品的整合[J]. 甘肃科技，2007（7）：18-20.
297. 联合国丝绸之路城市奖[J]. 大陆桥视野，2007（7）：32.
298. 邓华陵. 丝绸之路申报世界遗产的理论与实践[J]. 西北师大学报（社会科学版），2007（6）：1-8.
299. 周荣，朱利民，王娟蓉. 构建西部丝绸之路沿线非物质文化保护体系[J]. 西安文理学院学报（社会科学版），2007（3）：29-31.
300. 新丝绸之路——丝路启示[J]. 走近科学，2007（3）：18-20.
301. 张晓平，张国华. “五星出东方利中国”锦见证丝绸之路的畅通[J]. 四川丝绸，2007（2）：50-52.
302. 陈全静. 丝绸之路的文化寻绎[J]. 中华文化画报，2006（9）：4-13.
303. 重走“海上丝绸之路”——“哥德堡号”再泊千年商都[J]. 广东艺术，2006（5）：2.
304. 展示中国在世界文明史上的伟大作用 《广州日报》副总编辑顾涧清为我院作“‘哥德堡号’‘中国皇后号’与海上丝绸之路”学术讲座[J]. 广东培正学院学报，2006（4）：98.
305. 冯永谦. 草原丝绸之路上的文明信使——契丹人[J]. 科技与企业，2006（2）：66.
306. 鲍志成，林士民. 宁波“海上丝绸之路”学术研讨会综述[J]. 东方博物，2006（1）：112-119.
307. 王大方. 论草原丝绸之路[J]. 前沿，2005（9）：14-17.
308. 詹艳. 略论泉州“海上丝绸之路”与中外文化交流[J]. 黔东南民族师范高等专科学校学报，2005（5）：48-49.
309. 陈惠平. “海上丝绸之路”的文化特质及其当代意义[J]. 中共福建省委党校学报，2005（2）：68-72.
310. 张庆芬. 贝叶文化与南方丝绸之路[J]. 云南民族大学学报（哲学社会科学版），2005（2）：57-59.

311. **稻谷之路比丝绸之路意义更大**[J]. 垦殖与稻作，2005（1）：63.
312. 人仄. **“丝绸之路”有望成为我国第一个与他国联合申报的世遗项目**[J]. 郑和研究，2004（7）：68.
313. 李竟成. **丝绸之路与西域文化特质**[J]. 新疆艺术学院学报，2004（4）：64-70.
314. **丝绸之路将被提名列入世界遗产，成为中国首个跨国联合申报项目**[J]. 蚕桑茶叶通讯，2004（3）：21-22.
315. 陈水德. **“海上丝绸之路”与中外文化互动倾向**[J]. 闽都文化研究，2004（2）：1299-1309.
316. 施舟人. **“海上丝绸之路”与南音**[J]. 闽都文化研究，2004（2）：1310-1320.
317. 洪三泰. **海上丝绸之路的灵魂**[J]. 人民之声，2004（2）：44-45.
318. 芯源. **“复活”古代丝绸之路——专访伊朗驻华大使费雷敦·韦尔迪内贾德博士**[J]. 中外文化交流，2004（1）：22-24.
319. 吴幼雄. **试析泉州“海上丝绸之路”多元一体文化内涵**[J]. 闽都文化研究，2004（1）：46-58.
320. 何振良. **略论泉州“海上丝绸之路”文化遗产及其保护与开发**[J]. 闽都文化研究，2004（1）：236-252.
321. 荣新江. **丝绸之路——东西方文明交往的通道**[J]. 郑和研究，2004（1）：43-47.
322. 谭元亨. **海上丝绸之路与建设广东文化大省：评三部珠江文化研究专著**[J]. 学术研究，2003（8）：122-124.
323. 金世琳. **中国古代的乳文化概述（下篇）丝绸之路：东西方经济文化大交流的桥梁**[J]. 乳品与人类，2003（6）：54-56.
324. 王勇. **“丝绸之路”与“书籍之路”——试论东亚文化交流的独特模式**[J]. 浙江大学学报（人文社会科学版），2003（5）：6-13.
325. 王风. **触摸古刺桐文明——中国闽南文化节暨第二届中国泉州“海上丝绸之路”文化节**[J]. 中外文化交流，2003（4）：18-19.
326. 齐东方. **三代玻璃折射下的文化互动：从丝绸之路上的唐宋辽玻璃谈起**[J]. 科学中国人，2003（1）：18-20.
327. 刘丰. **中华文化与域外文化的互动暨“海上丝绸之路泉州”学术研讨会综述**[J]. 哲学动态，2003（1）：18-20.
328. **2002新世纪丝绸之路（英文）**[J]. 中国妇女（英文版），2002（10）：57.
329. **打造“海上丝绸之路”品牌 重振历史文化名城雄风——2002年中国泉州“海上丝绸之路”文化节剪影**[J]. 福建省人民政府公报，2002（6）：2-22.
330. **打造“海上丝绸之路”品牌 重振历史文化名城雄风——泉州新貌**[J]. 福建省人民政府公报，2002（6）：49-50.
331. 张泽洪. **贝叶经的传播及其文化意义——贝叶文化与南方丝绸之路**[J]. 贵州民族研究，2002（2）：66-73.
332. 刘佐泉. **雷州文化的历史及特征与“海上丝绸之路”**[J]. 湛江师范学院学报，2002（2）：23-28.
333. 王清华. **西南丝绸之路与中印文化交流**[J]. 云南社会科学，2002（2）：81-85.
334. 周羲. **在珠江文化与海上丝绸之路学术研讨会上的讲话**[J]. 岭南文史，2001（2）：1-3.

335. 王晓燕. 探海陆丝路之兴衰 溯民族文化之渊源——“丝绸之路与西北少数民族”国际学术研讨会综述[J]. 中国文化研究，2001（1）：139-141.
336. 李宝祥. 新疆文化艺术考察漫记（上篇）——放歌丝绸之路[J]. 中国民族博览，2001（1）：39-41.
337. 脱少华. “丝绸之路文物展”在加拿大成功举办[J]. 丝绸之路，2000（5）：28.
338. 石羊. 2000丝绸之路与西北少数民族国际学术研讨会简介[J]. 中国藏学，2000（4）：149-150.
339. 张春香，郝勤建. “玻璃～丝绸之路”：最早的中西文化交流通道[J]. 今日湖北，2000（2）：56-57.
340. 庞锦荣，刘志刚. 对丝绸之路体育文化三个问题的再认识[J]. 北京体育大学学报，1999（4）：137-140.
341. 仲高. 丝绸之路原始仪式觅踪[J]. 新疆艺术，1998（3）：29-35.
342. 丝绸之路再现文化风采[J]. 文化月刊，1997（9）：28-29.
343. 段文耀. 关于振兴丝绸之路艺术[J]. 新疆艺术，1997（6）：8-13.
344. 沈自龙，李全福. 丝绸之路在延伸——“丝绸之路”展在克罗地亚[J]. 中外文化交流，1997（5）：59-60.
345. 纪宗安. 追求、探索与保存：斯文·赫定与丝绸之路文化[J]. 暨南学报（人文科学与社会科学版），1997（1）：74-81.
346. 张丹林，盛泉. 从丝绸之路的复兴看新疆的战略地位与发展前景[J]. 兵团教育学院学报，1996（2）：1-3.
347. 古跃. 求全. 求精. 出新——评《丝绸之路文化大辞典》[J]. 丝绸之路，1996（2）：62-63.
348. 曹旅宁. 丝绸之路与中亚文明——《敦煌吐鲁番文书与丝绸之路》读后[J]. 中国史研究动态，1995（8）：26-27.
349. 江波，陈文江. 丝绸之路与多民族文化[J]. 丝绸之路，1995（4）：27-28.
350. 史成礼. 丝绸之路性文化考察记实[J]. 西北人口，1995（4）：25-26.
351. 李永平. 丝绸之路对中国饮食文化的影响[J]. 丝绸之路，1995（3）：19-21.
352. 李永平. 葡萄文化与丝绸之路[J]. 百科知识，1994（10）：22-39.
353. 高增良. 语言借贷与文化交流——兼述丝绸之路的影响与贡献[J]. 中国文化研究，1994（4）：73-78.
354. 季羡林. 丝绸之路与中国文化：读《丝绸之路》的观感[J]. 北京师范大学学报（社会科学版），1994（4）：2-20.
355. 贺养州. 丝绸之路——东西文化交流的见证[J]. 丝绸之路，1994（3）：7-8.
356. 高占福. “海上丝绸之路与伊斯兰文化”国际学术讨论会述评[J]. 回族研究，1994（2）：4-7.
357. “海上丝绸之路与伊斯兰文化”国际学术讨论会开幕式发言摘要[J]. 回族研究，1994（2）：8-10.
358. “海上丝绸之路与伊斯兰文化”国际学术讨论会论文提要[J]. 回族研究，1994（2）：10-24.

359. 张刚. **平山郁夫——世界闻名的丝绸之路画家**[J]. 世界文化，1992（4）：24-26.

（三）信息与知识传播

1. 孙爱群，林洁，张林. **文化国际传播助建海上丝路：以广东“探访海上丝绸之路”海外联合报道为样本**[J]. 新闻战线，2015（11）：44-47.
2. 叶竹盛. **海上丝绸之路：中国不能标新立异——对话历史地理学者葛剑雄**[J]. 新华月报，2015（9）：35-38.
3. 贾晨阳，储建新. **丝绸之路陇右文化与唐代长安体育活动**[J]. 兰台世界，2015（6）：83-84.
4. 金敏，闫全，卢康. **探访新丝路上的甬商基因：“宁波影响力・21 世纪海上丝绸之路万里行”大型专题报道**[J]. 声屏世界，2015（5）：50-51.
5. 单月英. **折射镜与无形墙：浅谈“丝绸之路”展览策划**[J]. 文物天地，2015（5）：64-68.
6. 陈彬强. **海上丝绸之路文献资源保障体系建设**[J]. 图书馆建设，2015（5）：88-92.
7. 童明康. **丝绸之路 人类文明的交流与对话之路：从成功中遗到永续保护 写于丝绸之路成功申遗一周年之际**[J]. 世界遗产，2015（5）：24-30.
8. 陈同滨. **丝路申遗技术探讨：丝绸之路跨国申遗 国际语境中的探索、创新与协作**[J]. 世界遗产，2015（5）：39-45.
9. **“丝绸之路电视联盟”西安成立**[J]. 中国有线电视，2015（5）：649.
10. 王亚莘. **世界重要经济带议题新闻报道的策略研究：兼谈“丝绸之路经济带”报道新思路**[J]. 传媒，2015（3）：64-66.
11. 董长庭. **讲好 21 世纪海上丝绸之路故事：广西开展“海上新丝路・东盟万里行”主题外宣活动**[J]. 对外传播，2015（3）：71-72.
12. 林林. **“丝路帆远：海上丝绸之路七省联展”形式设计综述**[J]. 黑龙江史志，2015（3）：251-252.
13. 张骥飞. **张骞对西域丝绸之路自然生态环境的保护谈啧**[J]. 兰台世界（下旬），2015（3）：7-8.
14. 岳甜，张博. **西安城市媒介形象传播策略探究：以“丝绸之路经济带”建设为视角**[J]. 西安电子科技大学学报（社会科学版），2015（3）：83-90.
15. 胡劲涛，杨文萌. **《丝绸之路万里行》：打造全媒体跨国文化活动**[J]. 中国广播电视学刊，2015（3）：32-34.
16. **新疆：打造丝绸之路核心区**[J]. 中国投资，2015（3）：78.
17. **中俄印三国是推动丝绸之路经济带的关键因素和主导力量**[J]. 学术界，2015（2）：247.
18. 于璐. **古道遗珍 记国家博物馆《丝绸之路》大型文物展览**[J]. 收藏家，2015（2）：3-10.
19. **丝绸之路**[J]. 文物，2015（2）：50.
20. 周龙. **在行进式报道中实现媒体融合：关于“丝绸之路万里行”全媒体报道的思考**[J]. 网络传播，2015（1）：74-79.
21. **甘肃丝绸之路杂志社出版传媒有限公司机构简介**[J]. 丝绸之路，2015（1）：97.
22. **“中国・海上丝绸之路文物精品图片展”在联合国总部举办**[J]. 福建艺术，2015（1）：79.

23. 严枫. 哈密博物馆解读古丝绸之路文明密码[J]. 新疆人文地理，2015（1）：94-99.
24. 王裕昌. “丝绸之路文物展”的品牌效应[J]. 中国博物馆，2015（1）：104-108.
25. 陈浩海. 丝绸之路 国宝云集——“丝绸之路-大型文物展览”掠影[J]. 文化交流，2015（1）：34-36.
26. 刘向阳，肖存峰. 汉代丝绸之路上体育文化的传播与交流[J]. 兰台世界，2014（36）：175-176.
27. 丝绸之路经济带媒体合作论坛在京举行[J]. 中国经济周刊，2014（26）：32-37.
28. 鲍洪玲. 51 家博物馆“重走”海上丝绸之路[J]. 神州，2014（22）：92-94.
29. 杨振武. 在丝绸之路经济带媒体合作论坛开幕式上的致辞 讲好丝绸之路新故事共创新[J]. 人民论坛，2014（21）：44-47.
30. 丝绸之路经济带媒体合作论坛开幕[J]. 人民论坛，2014（21）：45.
31. “丝绸之路万里行”全媒体采访活动圆满成破：唯一指定用车厂商广汽三菱载誉凯旋[J]. 经营者，2014（20）：59.
32. 程圩，隋丽娜. 丝绸之路经济带建设中的民办博物馆发展研究：以西安为例[J]. 丝绸之路，2014（18）：10-12.
33. 展现东西交往 共享丝路遗产 国家博物馆举办“丝绸之路”展览[J]. 世界遗产，2014（12）：123.
34. 刘莎. 我们这样走进“中国新闻奖”：华龙网《感知中国·穿越新丝绸之路见证中国梦》专题创作历程[J]. 中国记者，2014（12）：25-26.
35. 赵铁军. 重大时代命题中党报如何响亮发声：以“河南与丝绸之路经济带建设”系列报道为例[J]. 新闻与写作，2014（12）：69-71.
36. “直挂云帆济沧海：海上丝绸之路特展”在首都博物馆开展[J]. 丝绸之路，2014（12）：76.
37. 董清. 大型文物展览“丝绸之路”开幕[J]. 中国国家博物馆馆刊，2014（12）：150.
38. 刘向阳，肖存峰. 汉代丝绸之路上体育文化的传播与交流[J]. 兰台世界（下旬），2014（12）：175-176.
39. 郎玉红. 发挥民族地区新闻特色 共建“丝绸之路经济带”[J]. 发展，2014（11）：93.
40. 朱晴. “丝绸之路经济带”背景下档案文化建设的机遇和对策：敦煌市档案文化事业发展的构想[J]. 档案，2014（10）：59-60.
41. 大型人文历史穿越全媒体活动 丝绸之路万里行 王者归来 志在万里[J]. 中国广播电视学刊，2014（10）：114.
42. 王海涛. 陕西日报应邀参加丝绸之路经济带媒体合作论坛[J]. 新闻知识，2014（8）：112.
43. 张汉平. 丝绸之路共建中图书馆的使命与机遇[J]. 图书馆理论与实践，2014（8）：30-32.
44. 钟啸. 海外报道也可“走转改”双脚探索海上丝绸之路合作新途：《南方日报》“出海探寻跨境金融合作新机”系列报道操作实践[J]. 新闻研究导刊，2014（7）：102.
45. 王蔚波. 洛阳龙门博物馆举办丝绸之路文物展[J]. 理财（收藏），2014（7）：12.
46. 郑泽隆. 海上丝路展新姿，兰台服务显身手：广东省档案部门服务 21 世纪海上丝绸之路建设[J]. 广东档案，2014（6）：11-13.
47. 张中华. 发挥档案作用 服务海上丝路建设：在“推进 21 世纪海上丝绸之路建设”专题调研座谈会上的发言（摘编）[J]. 广东档案，2014（6）：14-15.

48. 心烛. **宁夏图书馆2014年服务宣传周暨读书周活动：杨占武先生做“新丝绸之路经济带建设与宁夏对外开放”讲座**[J]. 图书馆理论与实践，2014（6）：F0002.
49. 胡雅. **重建丝绸之路的对外文化传播策略研究**[J]. 今传媒，2014（6）：22-24.
50. **中新社启动“新世纪丝绸之路华媒万里行”活动**[J]. 青年记者，2014（5）：2.
51. 章章. **陕西卫视全媒体文化之旅《丝绸之路万里行》启动**[J]. 国际品牌观察，2014（5）：113.
52. 毛敏，林林. **“中国・海上丝绸之路文物精品图片展”在美国纽约联合国总部举办**[J]. 福建文博，2014（4）：2.
53. 孙云，李俊叶，赵高斌. **基于语料库的中美丝绸之路战略新闻对比研究：以中美官方网络媒体平台为例**[J]. 新闻知识，2014（3）：8-10.
54. 王裕昌. **《丝绸之路：大西北遗珍展》的策展模式及其价值**[J]. 中国博物馆，2014（3）：107-111.
55. 孙阎林，余笑尘. **两大“丝绸之路”主题文物精品展亮相自治区博物馆 丝路汇遗珍 龟兹流梵韵**[J]. 新疆画报，2014（2）：42-47.
56. **吐鲁番与丝绸之路经济带高峰论坛暨第五届吐鲁番学国际学术研讨会剪影**[J]. 吐鲁番学研究，2014（2）：F0002.
57. **浙江师范大学、中国武警学院、浙江学刊杂志社联合举办“海上丝绸之路”与中国海洋战略学术座谈会**[J]. 浙江学刊，2014（2）：2.
58. 樊俊娇，林林. **“海上丝绸之路文物特展”专家座谈会在京举行**[J]. 福建文博，2014（2）：97.
59. 曾凌颂，丁清华. **“海上丝绸之路特展”晋京展出**[J]. 福建文博，2014（2）：97.
60. 杨朝. **西安市档案工作积极为丝绸之路经济带建设服务**[J]. 陕西档案，2014（1）：7.
61. 汪震. **“丝路帆远：海上丝绸之路文物精品七省联展”策划与实施再探讨**[J]. 福建文博，2014（1）：87-89.
62. 陈梓生. **“丝路帆远：海上丝绸之路文物精品七省联展”观众调查分析报告**[J]. 福建文博，2014（1）：90-93.
63. **《丝绸之路》征稿、征订启事**[J]. 丝绸之路，2013（19）：F0004.
64. 温洪泉. **对外文化传播：从丝绸之路到孔子学院**[J]. 技术与市场，2013（12）：302.
65. 熊怡，刘汪洋. **“感知中国・穿越新丝绸之路”渝新欧国际铁路媒体行 重庆出发**[J]. 今日重庆，2013（8）：14-19.
66. 余太山. **《早期丝绸之路文献研究》**[J]. 博览群书，2013（7）：67.
67. **大唐西市博物馆成为唯一跻身国家二级博物馆的民办博物馆：在丝绸之路的起点上再创辉煌**[J]. 时代人物，2013（6）：116-117.
68. 田敬权. **甘肃省博物馆“丝绸之路文明展”陈列设计赏析**[J]. 丝绸之路，2013（6）：1140-1141.
69. 汪震. **丝路帆远：从博物馆学角度看千年海上丝绸之路**[J]. 艺苑，2013（6）：98-102.
70. 薛东前，石宁，段志勇，等. **文化交流、传播与扩散的通道：以中国丝绸之路为例**[J]. 西北大学学报（自然科学版），2013（5）：781-786.
71. 肖虹. **王杨宝：搭建文化交流“新丝绸之路”**[J]. 中国版权，2013（1）：26-29.
72. 高一竑. **甘肃丝绸之路杂志社出版传媒有限公司发起赠书活动**[J]. 丝绸之路，2012（17）：21.

73. 丝绸之路沿线博物馆专业委员会2012年年会召开[J]. 丝绸之路，2012（14）：48.
74.《丝绸之路》征稿、征订启事[J]. 丝绸之路，2012（14）：130.
75. 王卫平. 丝路撷英 旅顺博物馆藏丝绸之路文物展（上）[J]. 收藏家，2012（8）：3-8.
76.《丝绸之路》杂志社书讯[J]. 丝绸之路，2012（8）：127.
77. 涂师平. 跨越海洋 再现盛景："海上丝绸之路"文物联展精品鉴赏[J]. 东方收藏，2012（7）：100-103.
78. 张玄微. 广东海上丝绸之路博物馆"水晶宫"水质控制浅析[J]. 中国科技博览，2012（5）：149-150.
79. 邹育周，关倚文. 锦纶会馆 丝绸之路的繁盛记忆[J]. 新经济，2012（4）：42-43.
80. 罗沛. 精品图书出版新思考："丝绸之路研究丛书"出版初探[J]. 新疆新闻出版，2012（3）：47-48.
81. 明成满. 为敦煌学史和丝绸之路研究书写新篇章：评刘进宝教授《丝绸之路敦煌研究》[J]. 社会科学战线，2012（3）：279-280.
82. 王裕昌. 中国丝绸之路沿线博物馆合作交流的实践与思考[J]. 丝绸之路，2012（2）：105-108.
83.《丝绸之路》下半月刊征稿启事[J]. 丝绸之路，2012（2）：130.
84. 毛敏. "海上丝绸之路联展大纲研讨暨展品征集会议"在武夷山召开[J]. 福建文博，2012（2）：96.
85.《丝绸之路》下半月征稿启事[J]. 丝绸之路，2011（22）：F0004.
86.《丝绸之路》下半月刊征稿启事[J]. 丝绸之路，2011（20）：F0004.
87. 丝绸之路下半月刊征稿启事[J]. 丝绸之路，2011（16）：130.
88. 王蓬力作《从长安到罗马：汉唐丝绸之路全程探行纪实》入选"经典中国国际出版工程"[J]. 丝绸之路，2011（14）：43.
89.《丝绸之路》下半月刊征稿启事[J]. 丝绸之路，2011（8）：130.
90.《丝绸之路》杂志社书讯[J]. 丝绸之路，2011（4）：120.
91.《丝绸之路》下半月刊征稿启事[J]. 丝绸之路，2011（4）：130.
92. 沈艺. 国际敦煌项目：丝绸之路在线网站近日已在韩国推出[J]. 晋图学刊，2011（4）：80.
93. 樊俊娇. 福建博物院举办"海上丝绸之路"联合陈列研讨会[J]. 福建文博，2011（2）：109-110.
94. 周菁葆. 丝绸之路上的竖箜篌研究[J]. 吐鲁番学研究，2011（2）：96-110.
95. 林世田，刘波. 丝绸之路上的佛教流传[J]. 中国收藏，2011（1）：76-78.
96.《丝绸之路》下半月刊征稿启事[J]. 丝绸之路，2010（22）：130.
97.《丝绸之路》下半月刊征稿启事[J]. 丝绸之路，2010（20）：130.
98. 重走丝绸之路 助力跨国申遗 "丝绸之路复兴之旅"中国主流媒体联合报道团大型采访考察活动介绍[J]. 汽车实用技术（自驾游），2010（12）：24-25.
99. 典典. 从长安到罗马：丝绸之路，你最向往去哪里？[J]. 汽车实用技术（自驾游），2010（11）：84-87.
100.《丝绸之路》下半月刊征稿启事[J]. 丝绸之路，2010（10）：4.
101. 狂掀丝绸之路探秘热潮[J]. 汽车实用技术（自驾游），2010（7）：109.

102. 李雪．央视《2010 中国记忆：国际博物馆日》直播聚焦“海上丝绸之路”[J]．当代电视，2010（6）：85.
103. 李维青．国家出版基金项目与品牌图书：以“丝绸之路文化”为例[J]．新疆新闻出版，2010（6）：32.
104. 马廷魁．丝绸之路跨文化传播中的媒介形态转向[J]．西北民族大学学报（哲学社会科学版），2010（6）：106-109.
105.《丝绸之路》杂志社书讯[J]．丝绸之路，2010（6）：127.
106. 陈博文．留着遗憾的最佳展览：评“丝绸之路：大西北遗珍”展[J]．国际博物馆（中文版），2010（3）：85-94.
107. 李宏杨．畅谈学术合作研究，共建“新丝绸之路”[J]．国际新闻界，2010（3）：107.
108. 中国博物馆协会“丝绸之路”沿线博物馆专业委员会成立陈列艺术委员会 2010 中国博物馆陈列艺术论坛同期开幕[J]．陇右文博，2010（2）：95-96.
109. 钟鸣．纸上得来终觉浅 方知此事须躬行：《丝绸之路龟兹研究》编后记[J]．新疆新闻出版，2010（2）：58-59.
110. 广东海上丝绸之路博物馆开馆[J]．丝绸之路，2010（2）：64.
111. 陈达生．福建省海上丝绸之路研究会贺信[J]．海交史研究，2010（1）：25.
112. 袁国女．“丝绸之路研究丛书”学术研讨会在京召开[J]．中国出版，2010（1）：71.
113. “丝绸之路文物展”与“南京云锦展”在比利时同时开展[J]．丝绸之路，2009（22）：54.
114.《丝绸之路》杂志社书讯[J]．丝绸之路，2009（22）：128.
115.《丝绸之路》下半月刊征稿启事[J]．丝绸之路，2009（8）.
116. 锋戈，郝鹏飞．历史作证 丝路我们来了：2009 中国主流媒体联合报道团重走丝绸之路大型采访考察活动启动[J]．汽车实用技术（自驾游），2009（7）：90-94.
117. 苗祥瑞，潘晶．俄罗斯“丝绸之路探险”文物展览考察综述[J]．四川文物，2009（5）：111-116.
118. 高启安．京都“丝绸之路古文字巡礼：俄国探险队收集文物”展走笔[J]．敦煌学辑刊，2009（4）：184-186.
119. 2008“东方神舟：宁波海上丝绸之路主题展”[J]．中国博物馆，2009（3）：111.
120. 涂师平．海上丝路史诗国际港城画卷“东方‘神舟’：宁波海上丝绸之路主题展”特色评析[J]．中国博物馆，2009（1）.
121. 曹劲．涛韵流转的“剖面建筑”：广东海上丝绸之路博物馆[J]．中国博物馆，2009（1）：120-127.
122. 赵晓红，陈晓燕．风雨兼程十六载 丝绸之路展华章：《丝绸之路》创刊 16 周年座谈会暨《丝绸之路珍藏版》丛书首发式侧记[J]．丝绸之路，2008（12）：50-51.
123. 季成家．丝绸之路的魅力：在《丝绸之路》创刊 16 周年座谈会暨《丝绸之路珍藏版》首发式上的主持词[J]．丝绸之路，2008（12）：51.
124. 葛建军．再续丝绸之路 中国宋元文物赴意大利展纪实[J]．收藏家，2008（8）：11-15.
125. 马玉蕻．借助丝绸之路 打造品牌期刊[J]．新疆新闻出版，2008（2）：82-90.
126. 冀振武．日本刊行的“丝绸之路”出版物[J]．出版史料，2008（1）：126.

127. 央视“一路风光．一路歌”丝绸之路豪华专列[J]．养生大世界，2007（6）：49.
128. 曹劲．“水晶宫”为“南海Ⅰ号”而生——广东海上丝绸之路博物馆[J]．中国文化遗产，2007（4）：29-31.
129. 黄丽荣．丝绸之路文化在固原——固原博物馆馆藏丝绸之路文物金银器与金银币[J]．宁夏社会科学，2007（3）：124-129.
130. 李晓青．交流的传奇 甘肃丝绸之路文明展精品[J]．收藏家，2007（2）：3-12.
131. 立山，李甦．与徐苹芳先生畅谈丝绸之路[J]．文明，2007（2）：148.
132. 用频道铺就“新丝绸之路”——访亚洲跨媒体翘楚“天映娱乐”行政总裁范威廉[J]．广播电视信息，2006（10）：89-90.
133. 邹一清．南方丝绸之路研究的回顾[J]．文史知识，2006（10）：14-23.
134. 和田寻宝——大型纪录片《新丝绸之路》[J]．出版经济，2006（3）：21.
135. 嘉文．从世界的东端到西端 意大利特雷维索“丝绸之路中国古代文明”展[J]．中国文化遗产，2006（1）：80-87.
136. 赵丰，沙舟，金琳．“丝绸之路与元代艺术”国际学术研讨会论点摘编[J]．东方博物，2006（1）：104-111.
137. 周义鞶．“丝绸之路学”立类思考[J]．河西学院学报，2006（1）：123-125.
138.《丝绸之路》征稿启事[J]．丝绸之路，2004（9）：60.
139. 丝绸之路珍贵文物在英展出[J]．艺术市场，2004（6）：59.
140. 王蕾．谈《天山・古道・东西风——新疆丝绸之路文物特展》的艺术设计[J]．中国历史文物，2003（6）：83-86.
141. 季成家．《丝绸之路》十年——在本刊编委扩大会议上的汇报发言[J]．丝绸之路，2003（2）：4-6.
142. 张正兴，董彦文．构建有丝绸之路文化特色的甘肃博物馆体系[J]．丝绸之路，2003（1）：37-38.
143. 师建荣．甘肃电视台“丝绸之路”栏目的文化策略[J]．中国有线电视，2002（20）：87-88.
144. 杨闻宇．1992—2002《丝绸之路》十年回眸[J]．丝绸之路，2002（12）：1.
145. 于忠正．继续做好丝绸之路这篇大文章[J]．丝绸之路，2002（9）：7-8.
146. 杨闻宇．《丝绸之路》十年回眸[J]．报刊之友，2002（5）：23.
147. 李健才．喜读开拓创新的学术专著——评《明清东北亚水陆丝绸之路与虾夷锦研究》[J]．社会科学战线，2002（3）：279.
148. 李栋高．勇于创新 敢为人先——对《丝绸》之路的期望[J]．丝绸，2001（10）：4.
149. 叶萍．中国文化的“丝绸之路”——中央电视台国际部“电视丛书”随感[J]．中国电视，2001（10）：57-59.
150. 哈艳秋，鄢晨．略论古“丝绸之路”的华夏文明传播[J]．国际新闻界，2001（5）：11-16.
151.《中国丝绸之路交通史》[J]．中国藏学，2001（2）：127.
152.《中国丝绸之路交通史》出版[J]．中国地方志，2001（1）：67.
153. 蒋海明．《中国丝绸之路货币》中的一枚东察合台银币[J]．甘肃金融，2000（12）：64-65.
154. 甘肃省文物局召开兴建“丝绸之路博物馆”研讨会[J]．丝绸之路，2000（6）：5.

155. 欢迎订阅 2001 年丝绸之路（月刊）[J]. 中州今古，2000（5）：33.
156. 马玉蕻.《中国丝绸之路旅游文化集粹》简介[J]. 丝绸之路，2000（5）：34.
157. 欢迎购买《丝绸之路文化大辞典》[J]. 丝绸之路，2000（2）：55.
158. 曾艳. 丝绸之路上的雕塑艺术馆[J]. 丝绸之路，2000（1）：39-40.
159. 张青叶. 电视文化的“丝绸之路”：中央电视台国际部“电视丛书”随感[J]. 现代传播，1999（4）：98-101.
160. 姚征，陈文. 振兴西部经济 贯通“现代丝绸之路”——论建立西北区域文献资源共享网络[J]. 图书馆理论与实践，1999（2）：49-51.
161. 董彦文.“丝绸之路——中国古代艺术展”在克罗地亚[J]. 丝绸之路，1997（4）：28-62.
162. 李永平.《丝绸之路甘肃文物精华展》的特色[J]. 中国博物馆，1997（4）：60-62.
163. 奇异世界的窗口——《丝绸之路》[J]. 史学集刊，1997（3）：80.
164. 叔平. 母亲文化的耕耘——读《丝绸之路文化大辞典》有感[J]. 丝绸之路，1996（6）：57.
165. 雷茂奎.《丝绸之路文化大辞典》出版[J]. 艺术导刊，1996（4）：38-39.
166. “21 世纪的丝绸之路”全线贯通[J]. 丝绸之路，1996（4）：47.
167. 每期一书——丝绸之路岩画艺术（新疆人民出版出版）[J]. 中国图书评论，1996（2）：21.
168. 子矜. 编辑家欢聚丝绸之路——95 全国部分文学期刊主编研讨会在兰州举行[J]. 作家，1995（12）：52.
169. 子矜. 编辑家欢聚丝绸之路 全国部分文学期刊主编研讨会在兰州举行[J]. 西藏文学，1995（6）：12.
170. 季成家.《丝绸之路文化大辞典》前言[J]. 丝绸之路，1995（6）：6-64.
171. 李永平. 河西博物馆事业与丝绸之路文化发展战略[J]. 中国博物馆，1995（2）：92-95.
172. 谷苞. 多民族色彩的丝绸之路：《中国古代少数民族与丝绸之路》序言[J]. 丝绸之路，1995（1）：63-64.
173. 李永平. 关于丝绸之路博物馆[J]. 中国博物馆，1990（2）：25-26.
174. 田本相，夏骏. 屠国璧与《丝绸之路》[J]. 现代传播（中国传媒大学学报），1985（3）：23-29.
175. 王纪言. 试论围绕电视特性制作节目——从电视片《丝绸之路》的编辑特色谈起[J]. 现代传播，1983（1）：35-40.
176. 裴玉章.《丝绸之路》是一次成功、有力的对内对外宣传[J]. 北京广播学院学报，1982（1）：66.
177. 裴玉章. 同甘共苦天山路——《丝绸之路》拍摄散记之二[J]. 现代传播，1981（1）：80-86.
178. 裴玉章. 从《丝绸之路》谈日本系列电视片的制作[J]. 新闻大学，1981（1）：97-101.
179. 王纪言. 到楼兰去——“丝绸之路”影片拍摄随笔之二[J]. 现代传播，1980（4）：53-57.
180. 王纪言. 万里飞翔——“丝绸之路”影片拍摄散记[J]. 现代传播，1980（3）：76-79.
181. 裴玉章. NHK 与日本的“丝绸之路”热[J]. 国际新闻界，1980（3）：34-50.
182. 裴玉章.《丝绸之路》为中日友谊锦上添花[J]. 中国传媒大学学报，1980（2）：55-58.

（四）科学、科学研究

1. “丝绸之路：长安—天山廊道的路网”申报世界遗产项目中国建筑设计研究院建筑历史研究所技术咨询工作[J]. 世界遗产，2015（5）：100-103.
2. 保宏彪. 宁夏境内丝绸之路文化研究[J]. 宁夏社会科学，2015（3）：2.
3. “毅然杯”丝绸之路·兰州文化散文大奖赛评奖结果[J]. 丝绸之路，2014（22）：82.
4. 沈蓉. 发挥科技创新在丝绸之路经济带建设中的引领作用[J]. 中国科技论坛，2014（11）：1.
5. “构建海上丝绸之路：安全环境的现状、挑战与对策”研讨会在北京召开[J]. 世界知识，2014（9）：26.
6. 孙海荣. 丝绸之路经济带九省份专利竞争力测度[J]. 重庆社会科学，2014（3）：52-60.
7. 我校教授为“丝绸之路经济带”建设河南战略建言献策[J]. 郑州航空工业管理学院学报，2014（2）：145.
8. 《丝绸之路》征稿、征订启事[J]. 丝绸之路，2013（21）：F0004.
9. 金磊. 新疆与中亚各国科技合作助推丝绸之路经济带发展[J]. 中亚信息，2013（12）：29.
10. 《丝绸之路》下半月刊征稿启事[J]. 丝绸之路，2012（6）：F0004.
11. 《丝绸之路》下半月刊征稿启事[J]. 丝绸之路，2011（2）：130.
12. 周义韡. 1979—2009年丝绸之路研究论文的统计分析[J]. 科技情报开发与经济，2010（34）：73-75.
13. 《丝绸之路》下半月刊征稿启事[J]. 丝绸之路，2010（16）.
14. 《丝绸之路》下半月刊征稿启事[J]. 丝绸之路，2009（20）：F0004.
15. 余有成. 向仲怀：21世纪“丝绸之路”上的驼铃[J]. 中国科技奖励，2007（2）：24-29.
16. 刘永增. 樊锦诗院长参加日本数字化丝绸之路奈良国际学术讨论会[J]. 敦煌研究，2004（1）：58.
17. 《丝绸之路》2001年总目录[J]. 丝绸之路，2001（12）：56-62.
18. 鲜肖威. 古“丝绸之路”与新“丝绸之路”——丝路与大西北现代交通[J]. 科学经济社会，1988（6）：346-348.
19. 安成谋. 从丝绸之路到我国对外贸易的再度繁荣[J]. 科学·经济·社会，1988（2）：116-120.
20. 徐兴海，陈东玉. 丝绸之路与情报[J]. 情报杂志，1988（2）：90-94.

（五）教　育

1. 张明. 薰衣草“香溢”丝绸之路[J]. 中学地理教学参考，2015（7）：10.
2. 任增德. 电子书包在中学历史探究式教学中的应用：以《汉通西域和丝绸之路》为例[J]. 教育信息技术，2015（5）：75-77.
3. 魏萌. 民办高校国际化人才培养模式探讨：基于丝绸之路经济带视野[J]. 新西部（下旬刊），2015（4）：38-39.
4. 张晶. 高校学生跨文化交际能力的培养：基于丝绸之路经济带背景[J]. 新西部（下旬刊），2015（4）：134.

5. 李婉华. **对丝绸之路成功申遗和"一带一路"建设的多视角思考：热点问题关注与模拟试题解析**[J]. 思想政治课教学，2015（4）：83-85.
6. 胡修喜，王敏，夏令. **整合"语用"之路，巧架媒体之路：《丝绸之路》教学设计**[J]. 中国信息技术教育，2015（3）：5-7.
7. 蒋李一宁，沈夕玲，吴霄. **人教版语文第十册第2课《丝绸之路》教学设计**[J]. 中国信息技术教育，2015（3）：8-10.
8. 丽清. **语文整合不同范式下的价值追求：评两篇《丝绸之路》教学设计**[J]. 中国信息技术教育，2015（3）：10-11.
9. 马艳. **"渗透式"丝绸之路跨文化交际教学模式构建**[J]. 新西部（中旬刊），2015（2）：131-132.
10. 高峰. **为何要建海上丝绸之路**[J]. 地理教育，2015（2）：60.
11. 曾庆华. **从海上丝绸之路起点扬帆**[J]. 广东教育（高中版），2015（1）：79-80.
12. 吕含聪. **走丝绸之路**[J]. 初中生优秀作文，2015（1）：34-35.
13. 林伦伦，陈佳璇，蔡锐群. **"地方性知识表达"与面向东南亚的国际汉语教育：基于21世纪海上丝绸之路建设的战略构想**[J]. 教育科学文摘，2015（1）：33-34.
14. 孙旭. **丝绸之路上的重工业院校**[J]. 求学，2014（40）：34-36.
15. 熊双. **丝绸之路**[J]. 中学生英语，2014（34）：19.
16. 肖海成. **西安商贸旅游技师学校：承办丝绸之路经济带沿线城市首届中职学校职业技能大赛**[J]. 职业，2014（33）：17.
17. 赵剑锋，颜世明. **中学历史教材汉代西北丝绸之路分途地商榷**[J]. 教学与管理，2014（28）：48-50.
18. 刘增辉. **中农大网络：搭建中非信息丝绸之路**[J]. 中国远程教育，2014（22）：36-37.
19. 康晨，王陈伟，李宁. **关于陕西开展丝绸之路经济带教育合作的思考**[J]. 新西部（理论版），2014（21）：30-32.
20. 王轶华，张常安. **你了解丝绸之路吗？**[J]. 当代学生，2014（17）：2-5.
21. 楼建军. **让地图在历史课堂闪光：评姜芳老师《汉通西域及丝绸之路》一课**[J]. 中学时代，2014（14）：154.
22. 王海灵，貊雪霞. **丝绸之路经济带高校物流专业标准化教学浅析**[J]. 大陆桥视野，2014（12）：163-164.
23. 李琳. **"新丝绸之路"背景下陕西俄语人才培养研究**[J]. 新西部（中旬刊），2014（12）：23.
24. **丝绸之路**[J]. 中学生英语（上旬刊），2014（12）：19.
25. **《行知中国——自然篇：丝绸之路・张掖站》：清华EMBA国内首创实践体验式课程**[J]. 经理人，2014（11）：65.
26. 朱如奇. **创建有生命力的历史课堂：以《汉通西域和丝绸之路》一课为例**[J]. 时代教育，2014（10）：174-175.
27. 赵剑锋，颜世明. **中学历史教材汉代西北丝绸之路分途地商榷**[J]. 教学与管理（中学版），2014（10）：48-50.

28. 袁书琪. “海上丝绸之路”和“郑和航线”的东方起点在哪里[J]. 地理教育，2014（10）：4-5.
29. 张露茜. 中国大运河和丝绸之路被列入世界文化遗产[J]. 大学英语，2014（10）：41.
30. 中国科学少年挑战赛：“青海湖看流星雨、古丝绸之路科学考察挑战赛”活动通知[J]. 中学地理教学参考，2014（9）：2.
31. 苏晓智，吴耀武. 丝绸之路经济带西部高校孔子学院建设构想：以西安为例[J]. 科技创业月刊，2014（9）：177-179.
32. 郑鸿飞. “丝绸之路经济带”视域下喀什师院思想政治教育现状及问题研究[J]. 北方文学（中旬刊），2014（9）：153-154.
33. 杨薇. 丝绸之路说课稿[J]. 中学课程辅导（教学研究），2014（9）：128.
34. 江玉荣. 丝绸之路的故事[J]. 小学阅读指南（高年级版），2014（9）：23-24.
35. 张烨. 向西去，重走丝绸之路：广东省深圳中学社会实践社“夏令营”活动[J]. 年轻人（B版）（魅力校园），2014（8）：30-31.
36. 张建仁. 建设丝绸之路经济带视域下的新疆高等教育发展[J]. 教育发展研究，2014（7）：28-35.
37. 陈晔红. 创新合作模式共建“丝绸之路经济带”[J]. 试题与研究（高中文科综合），2014（7）：81-84.
38. 莫宾华. 激活学生思维，打造生命的历史课堂：岳麓版七年级初中历史第16课《丝绸之路的开辟》课例设计[J]. 中学课程辅导（教学研究），2014（6）：120-121.
39. 戴强胜. 第15课《汉通西域和丝绸之路》教学设计[J]. 读与写（教育教学版），2014（6）：255-256.
40. 陆艳. 打造高效的历史课堂：以教学《汉通西域和丝绸之路》为例[J]. 广西教育，2014（5）：76-77.
41. 罗浩波，徐萌柳. 东亚季风洋流与海上丝绸之路东海航线研究：兼论舟山与海上丝绸之路东海航线的关系[J]. 浙江国际海运职业技术学院学报，2014（4）：37-43.
42. 徐勤建. 历史事件关联性教学的实践和思考：以“丝绸之路”教学为例[J]. 新校园（上旬刊），2014（3）：138-140.
43. 杜颖. 三沙代表团建议：争当海上丝绸之路桥头堡[J]. 海南人大，2014（3）：31.
44. 赵剑锋，颜世明. 中学历史教材汉代西北丝绸之路分途地商榷[J]. 兵团教育学院学报，2014（3）：82-84.
45. 蒋夫尔. 新疆将依托“丝绸之路”建设四至六所孔子学院[J]. 海外华文教育动态，2014（3）：38-39.
46. 丝绸之路[J]. 小学教学研究，2014（3）：50.
47. 张保平，唐超. “海上丝绸之路”与中国海洋战略学术座谈会在我院举行[J]. 武警学院学报，2014（2）：2.
48. 崔强年. “丝绸之路”河西走廊段少数民族中小学体育课程资源现状调查研究[J]. 体育研究与教育，2014（2）：86-87.
49. 金卫东. 地理原创试题：以“新丝绸之路”和“丝绸之路经济地带”为题[J]. 考试（高中文科），2014（2）：82-87.

50. 杨保建，张建设．**我校成立丝绸之路教科文研究院（中心）**[J]．陕西广播电视大学学报，2014（2）：30.
51. 林子．**贯通古今的丝绸之路**[J]．河南教育（基教版），2014（2）：60-62.
52. **围绕中心 服务大局 争当丝绸之路经济带新起点建设的排头兵：陕西省贸促会 2013 年工作热点纵览**[J]．当代陕西，2014（1）：64.
53. 杨晓青．**陕西两所高校成立中亚学院、丝绸之路研究院**[J]．陕西教育（综合），2014（1）：94.
54. 罗瑛．**《丝绸之路》教学设计**[J]．云南教育（小学教师），2014（1）：57-58.
55. 张超．**以学生生活经验为出发点开发重构历史课堂：《丝绸之路》的教学札记**[J]．读写算（教研版），2013（24）：47-48：
56. 张永森．**浅谈洛阳在丝绸之路上的地位**[J]．快乐阅读，2013（11）：59.
57. **甘肃海外华媒访问甘肃，提出构建“空中丝绸之路”**[J]．海外华文教育动态，2013（9）：39-40.
58. **首届“中阿丝绸之路文化之旅”活动正式启动**[J]．海外华文教育动态，2013（5）：20-21.
59. **哥本哈根商务孔子学院举办中国文化讲座《全球化视角下的丝绸之路》**[J]．海外华文教育动态，2013（4）：87.
60. 沙吉代木·依夏尼．**浅谈丝绸之路对维吾尔族巴扎尔发展的影响**[J]．长春教育学院学报，2013（2）：73，95.
61. 张治江．**秦汉开拓西域和丝绸之路教学设计：北师大版教科书初中历史七年级上册第 16 课**[J]．课程教育研究，2012（29）：50-51.
62. 唐红梅，雷春丽，张小军．**浅谈中学历史课“汉通西域和丝绸之路”的教案**[J]．学园（教育科研），2012（12）：114-115.
63. 伞霁虹．**辽代草原丝绸之路上的中外交流**[J]．新课程学习（基础教育），2012（12）：370.
64. 王姝．**信息技术工具支持下的二类课文教学：以《丝绸之路》教学为例**[J]．中小学电教，2012（11）：57-59.
65. 徐焙．**引导 参与 实践：以《丝绸之路》教学设计为例**[J]．成才之路，2012（9）：59.
66. **法国普瓦提埃大学孔子学院举办“丝绸之路节日”文化讲座**[J]．海外华文教育动态，2012（7）：26.
67. **新丝绸之路研讨会在维也纳大学召开**[J]．海外华文教育动态，2012（7）：37-38.
68. 许戈．**浅谈丝绸之路上的商人**[J]．南北桥，2012（7）：44-45.
69. 周文红．**初探初中历史有效课堂教学：对公开课《汉通西域和丝绸之路》“磨”课有感**[J]．中学教学参考，2012（6）：49.
70. 胡乐．**如何提高初中生学习历史课程的兴趣：以《丝绸之路的开辟》为例**[J]．新课程（中学版），2012（4）：74.
71. 陈志坚．**小学语文挖掘学生潜力的四个关键环节：以五年级《丝绸之路》教学为例**[J]．新作文（教育教学研究），2011（24）：3.
72. 娄小明．**素质教育的丝绸之路：吴江市盛泽实验小学特色建设的实践和思考**[J]．江苏教育研究，2011（12）：35-40.

73. 薛法根．**素质教育的丝绸之路**[J]．特色教育探索（教研版），2011（11）：14-17.
74. 施怡妮．**《丝绸之路》（第二课时）教学设计**[J]．教学案例，2011（10）：13-15.
75. 杨小勇．**导学案教学应把握“五放手”：以《汉通西域和丝绸之路》为例**[J]．试题与研究（新课程论坛），2011（8）：55.
76. 董海．**人文遗迹的兴衰背后：由《丝绸之路》教学片段想到的**[J]．教学随笔，2011（8）：20-21.
77. 蒲海燕，王蒙．**保加利亚索非亚孔子学院举办“丝绸之路”国际研讨会**[J]．海外华文教育动态，2011（7）：98.
78. 熊双．**丝绸之路**[J]．中学生英语（初中版），2011（7）：11.
79. 宋雪飞．**在《寻访丝绸之路》一课中的教学感悟**[J]．小作家选刊（教学交流），2011（6）：239.
80. **素质教育的丝绸之路：吴江市盛泽实验小学特色建设的实践和思考**[J]．江苏教育研究（C 版），2011（4）：35-40.
81. 李庆宇．**让学生静心品读 提高学生感悟能力：以教学《丝绸之路》为例**[J]．新课程学习（上），2011（4）：93.
82. **“奔向丝路 拥抱和谐”海峡两岸丝绸之路极限探索活动正式启动**[J]．运动休闲，2011（3）：158.
83. **丝绸之路**[J]．中学生英语（少儿双语画刊），2011（3）：11.
84. 于胜．**丝绸之路：中国的骄傲，世界的珍宝**[J]．文理导航（上旬），2010（13）：37.
85. 陈泽峰．**用自己的实践感受历史脉搏的跳动：关于“海上丝绸之路的东端——泉州”的研究性学习小结**[J]．学园（教育科研），2010（12）：58-59.
86. 郭根福．**《丝绸之路》教学设计**[J]．云南教育（小学教师），2010（12）：32-33.
87. 刘正上．**海上的黄金通道：海上丝绸之路**[J]．新课程学习·上，2010（7）：150.
88. 锋戈．**自驾丝绸之路 激情续写历史：驾车走丝路，你动心了吗？**[J]．汽车实用技术（自驾游），2010（6）：70-73.
89. 罗静．**历史教学反思：教学“寻访丝绸之路”之感想**[J]．文科爱好者（教育教学版），2010（5）：135.
90. 杨向阳．**与丝绸之路有关的预测题**[J]．高中生，2009（14）：18.
91. **“奖学之旅” 优秀学员体验“丝绸之路”**[J]．对外传播，2009（10）：4.
92. 宫建强，曹雪涛．**历史学科中人文教学的思考与尝试：以《汉通西域和丝绸之路》为例**[J]．新课程（教研版），2009（9）：99-100.
93. 张芬．**浅析丝绸之路及其贡献**[J]．读与写（教育教学刊），2009（5）：186.
94. 吕宝刚，果乃玉．**《丝绸之路》教学纪实与评析**[J]．黑龙江教育（小学教学案例与研究），2009（4）：8-11.
95. **丝绸之路**[J]．新高考（政治历史地理），2009（3）：38.
96. 三三．**神秘的海上丝绸之路**[J]．少年月刊，2008（16）：43-44.
97. 杜桂玉．**丝绸之路地理说**[J]．新课程（中学版），2008（8）：64.
98. **中国古代和亲与丝绸之路的拓展**[J]．历史学习，2008（4）：13.
99. 孙武军．**“丝绸之路”仅仅是由张骞开辟的吗？**[J]．历史学习，2008（4）：22-23.

100. 王妍力，李开荣. **我院丝绸之路文化艺术研究所正式宣告成立**[J]. 新疆艺术学院学报，2008（2）：113.
101. **丝绸之路**[J]. 高中生之友，2007（20）：52.
102. 胡柏玲. **我的教学实录《通西域和丝绸之路》**[J]. 新课程（综合版），2007（11）：17-19.
103. 晓君. **2007年深圳市中考满分作文——我想起了远逝的丝绸之路**[J]. 今日中学生（下旬版），2007（10）：40-41.
104. 王永宏. **两条丝绸之路**[J]. 中学政史地（七年级），2007（10）：34-35.
105. 晓君，张宁澜. **我想起了远逝的丝绸之路**[J]. 中学生阅读（初中版），2007（9）：47-48.
106. 韩海林. **“丝绸之路”考点释疑**[J]. 中学政史地（高二版），2007（4）：15-16.
107. 姚晓燕，胡小勇. **《寻访“丝绸之路”》教学设计**[J]. 信息技术教育，2007（4）：45-48.
108. 胡小勇，吴心源. **信息技术课堂中的WebQuest——评《寻访“丝绸之路”》教学设计**[J]. 信息技术教育，2007（4）：48-51.
109. **我想起了远逝的丝绸之路**[J]. 新作文（初中作文指南），2007（4）：137-138.
110. 郑旭东. **“丝绸之路”有海陆之分**[J]. 中学政史地，2007（2）：48.
111. 运张立，王蕾. **浅析信息技术与历史课程的整合——多媒体课件《丝绸之路》的设计开发**[J]. 城学院学报，2007（1）：100-102.
112. 余标祥. **历史课“点、线、面”三维导学环节探微——“汉通西域和丝绸之路”教学例谈**[J]. 当代教育论坛，2006（22）：130-131.
113. **漫漫丝路，驼铃梦远——评《中国多媒体教学学报·历史》中有关丝绸之路的课件**[J]. 中学历史教学参考，2006（10）：65.
114. 孟爱群，林旭媛. **《汉通西域和丝绸之路》课堂实录、教学反思及点评**[J]. 黑龙江教育（中学版），2006（9）：14-15.
115. **走近“丝绸之路”**[J]. 红领巾（低年级版），2006（7）：26-30.
116. 雪生. **丝绸之路**[J]. 金色少年，2006（6）：23-24.
117. 李晨宇. **丝路闯关——丝绸之路沿途大学巡礼**[J]. 招生考试通讯，2006（5）：15-17.
118. **台湾四高校与兰大学子牵手踏访丝绸之路感受西部魅力**[J]. 陕西统计与社会，2006（4）：17.
119. **为了21世纪的“丝绸之路”——西南农大合作完成世界上第一张中国家蚕基因组框架图**[J]. 中国高校科技与产业化，2006（3）：28-29.
120. 李睿. **丝绸之路**[J]. 中学政史地（初中地理），2006（3）：25-30.
121. 张砚超. **畅游“丝绸之路”**[J]. 大理文化，2006（2）：24.
122. 陈秋实. **丝绸之路**[J]. 历史学习，2006（2）：24-25.
123. 李都. **新疆的丝绸之路**[J]. 小学生时空，2006（1）：1.
124. 秦方. **探寻贵州·南方丝绸之路**[J]. 中学生英语（高中版），2006（1）：48-52.
125. 顾婉宜. **丝绸之路使我痴迷**[J]. 当代学生，2006（1）：83.
126. **走近“丝绸之路”**[J]. 红领巾（低年级版）；2006（1）：28-32.
127. 周正华. **做一回丝绸之路上的导游**[J]. 历史教学，2005（7）：76-77.
128. 郭湖海. **新课改下历史课堂教学现状探析——以《丝绸之路》一课为例**[J]. 中学历史教学参考，2005（6）：33-34.

129. 胡晓虹．开拓网络教育的“丝绸之路”[J]．中国远程教育，2005（6）：16-17.
130. 赵富军．现代丝绸之路：泛欧亚铁路干线[J]．中学政史地（高中地理），2004（12）：49-50.
131. 荆克迪．早期中外关系与丝绸之路[J]．历史学习，2004（12）：7-8.
132. 张露．利用《丝绸之路》专题学习网站进行教学实践例谈[J]．陕西教育，2004（10）：29.
133. 梁励．海上“丝绸之路”的兴衰[J]．中学历史教学参考，2004（9）：35-37.
134. 中美学生共绘新世纪丝绸之路[J]．对外大传播，2004（7）：62.
135. 张永建．新丝绸之路全线贯通[J]．综合能力训练（高中生地理版），2004（6）：50.
136. 石蕴玉，宝信．丝绸之路的召唤[J]．孩子天地，2004（4）：18-19.
137. 田民卿．文科综合模拟题：丝绸之路[J]．中学历史教学参考，2004（3）：64.
138. 刘成业．初中历史研究性学习——《丝绸之路》[J]．中小学信息技术教育，2004（1）：31-36.
139. 甘肃再造“丝绸之路”[J]．中国大学生就业，2003（9）：51-52.
140. 段明辉．什么是海上丝绸之路？[J]．海洋世界，2003（6）：32-34.
141. 王忠雄．丝绸之路[J]．中学历史教学，2003（6）：6.
142. 陈兰芳．丝绸之路[J]．中学历史教学研究，2003（3）：33.
143. 刘林，张健生．网络环境下的地理教学初探——以专题课《丝绸之路》一节为例[J]．广西教育，2003（2）：37.
144. 贺涛．丝绸之路的由来与兴衰[J]．初中生辅导，2002（19）：58-60.
145. 顾梅云．“丝绸之路”的研究性学习[J]．网络科技时代，2002（8）：58-60.
146. 马成福．升起在丝绸之路上的太阳——记在西部大开发中崛起的河西学院[J]．飞天，2002（5）：102-105.
147. 何芳，张新华．专题学习网站《丝绸之路》的开发[J]．中国电化教育杂志，2002（4）：72-73.
148. 唐培芝．探究活动课“我走丝绸之路”的教学体会[J]．历史教学，2002（2）：59-60.
149. 李金艳．《丝绸之路》赏析[J]．语文天地，2002（2）：14.
150. 许萍，朱晓雷．西北师范大学图书馆建立丝绸之路研究文献书目数据库[J]．丝绸之路，2001（3）：64.
151. 沈正元．让学校成为学生个性发展的乐园——“丝绸之路”再行记[J]．江苏教育，2000（10）：4-6.
152. 张婧．假如让我重返丝绸之路[J]．语文世界，2000（1）：73.
153. 彭东富．转变教育观念，推进素质教育：从“丝绸之路”谈全面提高学生综合素质[J]．中学历史教学研究，1999（6）：26-27.
154. 邱陵．第三届国际“丝绸之路”学术大会在美国耶鲁大学举行[J]．西域研究，1998（3）：102-104.
155. 杨共乐．“丝绸之路”研究中的几个问题——与《公元 100 年罗马商团的中国之行》一文作者商榷[J]．北京师范大学学报（人文社会科学版），1997（1）：108-112.
156. 吴江市第二实验小学综合实验课题组．素质教育的“丝绸之路”——吴江市第二实验

小学教改实验纪实[J]．江苏教育，1996（5）：4-8.
157. 周德榕．**现代“丝绸之路”——新海亚欧大陆桥**[J]．中学地理教学参考，1995（4）：6-17.
158. 潘德深．**中国陆、海丝绸之路的开拓**[J]．福建师范大学学报（哲学社会科学版），1993（3）：114-118.
159. 赵荣涛．**构筑九十年代的“丝绸之路”：陕西省对外经贸委主任朱振义访问记**[J]．情报科研学报，1993（2）：8-9.
160. 敬东．**独联体国家的东方学与丝绸之路研究**[J]．兰州教育学院学报，1993（2）：2-8.
161. 张百顺．**丝绸之路与21世纪中国西部的发展**[J]．乌鲁木齐职业大学学报，1993（1）：1-5.
162. 陈秀梅，陆满堂．**《汉通西域与丝绸之路》教学实录与讲评**[J]．历史教学问题，1992（5）：59-62.
163. 魏承思．**略论佛法东来和丝绸之路**[J]．历史教学问题，1991（2）：18-22，50.
164. 展羽．**丝绸之路的源头在河南、河北、山东**[J]．北京师范学院学报（社会科学版），1991（1）：19-21.
165. 张得祖．**丝绸之路在青海**[J]．青海师范学院学报（哲学社会科学版），1982（1）：62-65.
166. 赵玉良．**第九课 丝绸之路**[J]．历史教学问题，1981（3）：56-58.
167. 孙培良．**丝绸之路概述**[J]．陕西师范大学学报（哲学社会科学版），1978（3）：69-77，68.

（六）体 育

1. 张小语．**启航蓝色梦 扬帆新丝路：21世纪海上丝绸之路“中国·青岛”号帆船航行即将启程**[J]．走向世界，2015（11）：38-39.
2. 李莉．**丝绸之路经济带发展民族传统体育文化的策略**[J]．新西部（理论版），2015（9）：25-26.
3. 闫亚新，陈亮．**新丝绸之路背景下西安旅游体育文化发展现状**[J]．当代体育科技，2015（8）：5-6.
4. 赵亮，向斌．**“丝绸之路经济带”体育文化认同与价值需求**[J]．当代体育科技，2015（6）：4-5.
5. 赵亮．**媒体合作视野下体育文化认同与价值追求：丝绸之路经济带媒体合作论坛启示**[J]．新闻战线，2015（6）：4-5.
6. 杨飞，赵迎山．**浅析丝绸之路唐代体育文化**[J]．体育科技文献通报，2015（5）：23-25.
7. 王继康，程娟．**以“丝绸之路经济带”为契机实现少数民族体育文化资源的开发**[J]．吉林省教育学院学报（下旬），2015（4）：145-146.
8. 骆延峰．**丝绸之路上的陕西文化遗产**[J]．集邮博览，2015（3）：70-73.
9. 骆延峰．**重走“丝绸之路”**[J]．集邮博览，2015（1）：65-66.
10. **2014自驾车友再出发 踏上“新丝绸之路”**[J]．汽车与配件，2014（26）：90-91.
11. 高次若．**见证丝绸之路辉煌的东罗马金币**[J]．收藏，2014（17）：86-87.

12. 首届丝绸之路国际卡车集结赛和文化之旅活动启动[J]. 运输经理世界，2014（15）：16-17.
13. 丝绸之路国际卡车集结赛[J]. 交通建设与管理，2014（14）：5.
14. 林肯老鼠，郝煜. “丝路”行记：上海挎友的“丝绸之路”深度摩旅[J]. 摩托车，2014（12）：74-79.
15. 姚旭东，2014 年新增世界遗产：大运河和丝绸之路[J]. 集邮博览，2014（12）：56-58.
16. 骆延峰.《丝绸之路》未发行首日封[J]. 集邮博览，2014（11）：45.
17. 刘明科. 西周玉蚕：丝绸之路上的曙光[J]. 东方收藏，2014（9）：59-63.
18. IGW 国际高尔夫嘉年华 弘扬绿色生态文明 共筑文化丝绸之路[J]. 世界高尔夫，2014（7）：154.
19. 王天军，王珏瑞. 丝绸之路经济带战略构想下的体育文化交流研究[J]. 西安体育学院学报，2014（6）：641-644，651.
20. 刘鹏. 丝绸之路语境下之西棍研究[J]. 西安体育学院学报，2014（5）：578-581.
21. 辰之极光. 欧罗巴足坛的丝绸之路[J]. 足球俱乐部，2014（5）：52-55.
22. 孙阎林，余笑尘. 第十一届乌鲁木齐丝绸之路冰雪风情节开幕 天山飞雪韵 丝路舞风情[J]. 新疆画报，2014（2）：56-59.
23. 李光明. 让新疆体育在“丝绸之路经济带”建设中彰显文化魅力[J]. 体育时空，2013（23）：5-7，11.
24. 孙琪.《丝绸之路》邮票上的宁夏印记[J]. 集邮博览，2013（2）：52-53.
25. 董茜. 甘肃丝绸之路少数民族传统体育文化研究[J]. 运动，2012（21）：146-147.
26. 马建军，周佩妮. 金币辉煌丝路遗珍：丝绸之路宁夏境内的金银币（下）[J]. 文物鉴定与鉴赏，2012（11）：80-83.
27. 贾关法. 丝绸之路（下）[J]. 上海集邮，2012（9）：15-16.
28. 梁莉萍. 丝路源远流长 方寸传承历史 绸都盛泽首发《丝绸之路》特种邮票[J]. 中国纺织，2012（9）：154.
29. 王泰广. 首届中国丝绸之路节[J]. 集邮博览，2012（8）：50.
30. 贾关法. 丝绸之路（中）[J]. 上海集邮，2012（8）：15-16.
31. 任渊，汪洋，康帆，等. 丝绸之路甘肃段体育旅游资源开发现状与研究[J]. 卫生职业教育，2012（7）：157-159.
32. 贾关法. 丝绸之路（上）[J]. 上海集邮，2012（7）：13-14.
33. 鲁人勇. 丝绸之路 人类永恒的文化财富[J]. 集邮博览，2012（5）：24-25.
34. 薛正昌. 绿洲丝绸之路上的宗教艺术：石窟造像[J]. 集邮博览，2012（5）：28-29.
35. 骆延峰. “古丝绸之路”图卡[J]. 集邮博览，2012（3）：46-49.
36. 刘砚. 跑步回中国 三个中国人的丝绸之路[J]. 户外装备，2012（1）：88-95.
37. 千年寒妖，东南，聂疯，等. 梦想，在路上：2011 新蜂女子车队探越丝绸之路随笔（上）[J]. 摩托车，2011（10）：34-45.
38. 孙燕初，天下胡子，徐凯. 西征 甘肃“丝绸之路”拉力赛[J]. 汽车与运动，2011（10）：146-149.
39. 王强，徐敬波. 古丝绸之路地区的多民族体育文化[J]. 管理学家，2011（1）.

40. 范旭东，吴雄崧．**宁波航海封重走“海上丝绸之路”**[J]．集邮博览，2011（1）：41.
41. 李小惠．**丝绸之路上的驿传与体育**[J]．体育文化导刊，2010（12）：117-119.
42. 孙有智，许万林．**丝绸之路马球运动的生态因子分析**[J]．山东体育学院学报，2010（9）：48-52.
43. 谢飞．**英国女子骑马重走丝绸之路**[J]．科海故事博览（百科论坛），2009（13）：71.
44. 林文君．**见证亚非欧陆海丝绸之路的“西郡太守”银币**[J]．收藏，2009（7）：129.
45. 王东良，彭丽娜．**丝绸之路体育健身旅游长廊产业化开发探讨**[J]．体育文化导刊，2009（4）.
46. **丝绸之路寻踪再启程**[J]．汽车生活，2008（8）：11.
47. 李金梅，李重申．**古代丝绸之路上的体育文化**[J]．收藏，2008（4）：45.
48. 筱筱．**“草原丝绸之路”上的通信公章——富裕驿印**[J]．集邮博览，2007（11）：13.
49. 马钺．**丝绸之路**[J]．篮球，2007（8）：12-14.
50. 杜芸，齐朝勇．**当代丝绸之路民族体育文化研究**[J]．西安体育学院学报，2007（5）：45-47.
51. 潘健．**丝绸之路“河西走廊”段全民健身服务体系示范工程建设研究**[J]．甘肃社会科学，2007（2）：237-240.
52. 张兰，王涛，孟峰年．**“丝绸之路”甘肃段体育旅游资源的开发研究**[J]．安徽体育科技，2007（1）：6-7，26.
53. 阿甘．**再次上路 更进一步 NISSAN 十年徒步古丝绸之路杂记**[J]．汽车与运动，2006（10）：33-35.
54. 王晓．**中国古代丝绸之路地区民族体育文化新探**[J]．成都体育学院学报，2006（11）：55-57，67.
55. 张鲲，康冬，樊敏．**构建“新丝绸之路体育娱乐带”的思考**[J]．体育文化导刊，2006（5）：40-43.
56. **十年徒步古丝绸之路 找回生命中的感动**[J]．体育博览，2006（2）：84-85.
57. 海辰．**雷诺卡车挑战丝绸之路**[J]．汽车与配件，2005（26）：15-19.
58. **雷诺卡车“丝绸之路”探险队抵达敦煌**[J]．汽车与配件，2005（23）：12.
59. 郑鹏．**随车日记．“雷诺卡车 2005 丝绸之路中国行”抵达终点柳州圆满结束**[J]．交通世界（运输·车辆），2005（9）：42-45.
60. 胡志梅．**向东方——凤凰卫视挑战丝绸之路**[J]．交通世界（运输·车辆），2005（7）：45.
61. 孙军杰．**不到长城非好汉——雷诺卡车 2005 丝绸之路探险活动圆满结束**[J]．交通世界（运输·车辆），2005（7）：46-47.
62. **丝绸之路长跑之旅**[J]．田径杂志，2005（7）：3-4.
63. 钱宇宁．**古城甘露为雷诺卡车穿越丝绸之路揭开新的篇章——“雷诺卡车 2005 年丝绸之路”探险活动进入中国**[J]．交通世界（运输·车辆），2005（6）：36.
64. 钱宇宁．**大漠留痕显赤心 舍生取义为真情——跟随雷诺卡车丝绸之路探险队穿越塔克拉玛干手记**[J]．交通世界（运输·车辆），2005（6）：37-39，10.
65. 吴永强．**“雷诺卡车 2005 年丝绸之路”探险活动进入中国**[J]．商用汽车，2005（6）：21.
66. 云清．**雷诺卡车凤凰卫视联手挑战丝绸之路**[J]．商用汽车，2005（5）：21.

67. 许万林，曾玉华. **丝绸之路陇右文化与唐代长安体育的繁荣**[J]. 体育科学杂志，2005（5）：76-78.
68. 钱宇宁. **丝绸之路上的“东游记”**[J]. 交通世界（建养·机械），2005（5）：122.
69. 李彤. **丝绸之路原始体育形态与意蕴考析**[J]. 体育文化导刊，2004（12）：73-74，80.
70. 白俊丽. **2004 年丝绸之路国际汽车露营活动举办**[J]. 商用汽车，2004（9）：67.
71. 曾玉华，许万林. **丝绸之路上的粟特人对唐代长安体育文化的影响**[J]. 体育文化导刊，2004（8）：76-78.
72. 郑群. **陆路下西洋：新南方丝绸之路——访中国云南/中南半岛国际商务自驾车考察团团长、云南世博集团总经理花泽飞**[J]. 创造，2004（7）：33-35.
73. 晓夏. **用自行车重走丝绸之路**[J]. 中国自行车，2004（6）：23.
74. 李重申，李金梅. **丝绸之路原始体育考析**[J]. 敦煌研究，2004（2）：83-88，112.
75. 刘萍，蒲仁. **丝绸之路体育的特色及千年不衰的原因**[J]. 体育文化导刊，2003（2）：36-37.
76. 万方. **古代帆船述说“海上丝绸之路”起点的故事**[J]. 中国集邮，2001（11）：7-8.
77. 赵杰，刘怀祥. **汉代时期丝绸之路的体育文化交流**[J]. 南京体育学院学报，2000（1）：49-51.
78. 徐国营. **从历史文物谈丝绸之路上的马球运动**[J]. 人文杂志，1999（4）：104-106.
79. 曾飙，汪玮琳. **海上丝绸之路体育文化研究**[J]. 赣南师范学院学报，1999（3）：81-83.
80. 谷世权. **略论 21 世纪的丝绸之路体育文化**[J]. 西安体育学院学报，1999（2）：9-12.
81. 罗普云，罗普磷. **浅析丝绸之路体育对唐代马球运动的影响**[J]. 西安体育学院学报，1999（2）：13-16.
82. 孟庆顺，刘新民，李艳茹. **浅议丝绸之路与唐代女子体育的发展**[J]. 体育科研，1999（2）：31-23.
83. 庞锦荣. **对丝绸之路体育文化三个问题的再认识**[J]. 西昌师范高等专科学校学报，1997（3）：69-73.
84. 屠雪凡. **中外邮票上的“丝绸之路”**[J]. 包装世界，1994（1）：75.
85. 南由礼. **穿越沙漠——中国国际台日本听众“丝绸之路”行**[J]. 体育博览，1991（9）：8-10.
86. 袁虹衡. **丝路漫漫古道幽幽——丝绸之路国际汽车旅游拉力赛散记**[J]. 体育博览，1989（1）：42-48.
87. 梁全录. **唐代“丝绸之路”上的围棋**[J]. 体育文化导刊，1988（4）：56-58.
88. 雷力. **试论“丝绸之路”对我国古代体育发展的影响**[J]. 西安体育学院学报，1988（1）：86-88.

七、语言、文字

（一）语言学

1. 李杨，刘翠凤，吕维忠. **“一带一路”背景下复合型外语人才的需求分析**[J]. 高教学刊，2015（11）：22-23.

2. 张日培．**服务于“一带一路”的语言规划构想**[J]．云南师范大学学报（哲学社会科学版），2015（4）：48-53.
3. 魏晖．**“一带一路”与语言互通**[J]．云南师范大学学报（哲学社会科学版），2015（4）：43-47.
4. 赵世举．**“一带一路”建设的语言需求及服务对策**[J]．云南师范大学学报（哲学社会科学版），2015（4）：36-42.
5. 马艳．**“渗透式”丝绸之路跨文化交际教学模式构建**[J]．新西部（理论版），2015（3）：131-132.
6. 蔡志全，赵红霞．**“一带一路”背景下试行多元外语教育政策的思考：以新疆地区为例**[J]．兵团教育学院学报，2015（1）：10-14.
7. 缑娅兰．**丝绸之路上的混合语探析**[J]．丝绸之路，2014（18）：61-62.
8. 李欣．**试论跨境语言与语言接触的关系：兼评《丝绸之路语言研究》**[J]．赤峰学院学报（哲学社会科学版），2014（7）：198-200.
9. 李欣，屈王静．**试论跨境语言与语言接触的关系：兼评赵杰先生的《丝绸之路语言研究》**[J]．北方语言论丛，2012（0）：132-138.
10. 姆斯・汉密尔顿，冯晔．**东西方通过丝绸之路借用纺织术语**[J]．第欧根尼，1997（1）：69-77.
11. 徐振忠．**“海上丝绸之路”的英语译文**[J]．中国翻译，1993（2）：50-52.

（二）汉　语

1. 李美萱．**从“一带一路”国家战略论阿拉伯语的应用**[J]．中国经贸，2015（5）：101.
2. 布比巴提马・哈力力，刘运红．**丝绸之路经济带框架下新疆高校中亚汉语国际教育发展问题及对策研究**[J]．教育教学论坛，2014（37）：281-282.
3. 林伦伦，陈佳璇，蔡锐群．**“地方性知识表达”与面向东南亚的国际汉语教育：基于21世纪海上丝绸之路建设的战略构想**[J]．韩山师范学院学报，2014（5）：81-86.
4. 高健．**新“丝绸之路”经济带背景下外语政策思考**[J]．东南大学学报（哲学社会科学版），2014（4）：125-128，136.
5. 张宝明．**“杖”字拉开了“丝绸之路”的天幕**[J]．汉字文化，2013（2）：81-86.
6. 李雅梅．**丝绸之路上的汉语驿站：乌兹别克斯坦共和国的汉语教学**[J]．云南师范大学学报（对外汉语教学与研究版），2008（5）：89-92.
7. 文平．**丝绸之路与中国西北部的混合型语言**[J]．第欧根尼，1997（2）：14-24.

（三）中国少数民族语言

杨富学．**“丝绸之路民族古文字与文化学术研讨会”综述**[J]．敦煌学辑刊，2005（4）：169-177.

（四）常用外国语

1. 陈彬彬．**“一带一路”背景下看俄语复合型人才的培养**[J]．好家长，2015（11）：245-246.

2. 段晓聪."一带一路"背景下高职院校商务英语人才培养研究:以广东省职业院校为例[J].西部素质教育，2015（7）：53-55.
3. 刘中阳."一带一路"新形势下西部高校英语专业建设新思路[J].未来与发展，2015（6）：72-75.
4. 何金娥.新丝绸之路：让丝缕延伸[J].英语文摘，2015（2）：59-63.
5. 王岁孝,操龙升.丝绸之路经济带建设中的三秦文化英译研究[J].科教文汇,2014(35)：117-118.
6. 李琳."新丝绸之路"背景下陕西俄语人才培养研究[J].新西部（理论版），2014（23）：23，22.
7. 张露茜.中国大运河和丝绸之路被列入世界文化遗产(英文)[J].大学英语,2014(10)：41，45.
8. 李永纬.关于丝绸之路甘肃段文化旅游特色景点及小吃汉英翻译的讨论[J].海外英语，2014（2）：136-138.
9. 共建"丝绸之路经济带"是上合组织北京峰会的具体规划[J].中亚信息，2013（8）：100.
10. GREG，GRIM，魏新俊.车轮下的丝绸之路[J].海外英语，2007（12）：26-29.
11. 丢丢.亚洲高速路将成为现代丝绸之路[J].英语文摘，2004（6）：9-10.
12. 徐振忠.评"海上丝绸之路"的英语译文[J].外国语言文学，1993（Z1）：142-144.

八、文　学

（一）文学理论

1. 韩文慧.丝绸之路上的文学传播与影响：以《列王纪》对《玛纳斯》的影响为例[J].昌吉学院学报，2013（1）：11-14.
2. 刘建树.比较文化视域与戏剧交流研究的丰硕成果：兼评李强教授新著《丝绸之路戏剧文化研究》[J].新疆师范大学学报（哲学社会科学版），2011（11）：82-86.
3. 褚成炎.文学丝绸之路的引驼人——记旅美作家、全美中国作家联谊会主席冰凌[J].当代文坛，1999（3）：61-62.

（二）世界文学

1. 陈明.三条鱼的故事：印度佛教故事在丝绸之路的传播例证[J].西域研究，2015（2）：63-83.
2. 王春泉.辖域、解域与古代丝绸之路书写的新航线[J].长安大学学报（社会科学版），2015（1）：124-130.
3. 碑林书道天涯月：日本丝绸之路书道团访碑林挥毫交流古风一首[J].碑林集刊，2000（0）：311.

（三）中国文学

1. 李都．**丝绸之路旅游科考记**[J]．新疆人文地理，2015（4）：10-21.
2. 贝哲民，程仁桃．**新丝绸之路上的叙利亚与中国**[J]．回族文学，2015（3）：81-90.
3. 陈永昊．**国家实施一带一路战略感怀**[J]．茶博览，2015（3）：13.
4. 车军．**丝绸之路断想**[J]．吐鲁番，2015（2）：39-44.
5. 陈明．**三条鱼的故事：印度佛教故事在丝绸之路的传播例证**[J]．西域研究，2015（2）：63-83.
6. **首届丝绸之路卡车集结赛 感题**[J]．交通建设与管理，2014（17）：38-39.
7. 贝哲民，程仁桃．**新丝绸之路**[J]．回族文学，2015（1）：84-94.
8. 王春泉．**辖域、解域与古代丝绸之路书写的新航线**[J]．长安大学学报（社会科学版），2015（1）：124-130.
9. 朱鸿．**丝绸之路上的英雄**[J]．民主，2014（11）：46-48.
10. 石焰．**建设“一带一路”，打造繁荣的“命运共同体”**[J]．老年教育（长者家园版），2014（9）：24-25.
11. 刘雁平．**丝绸之路**[J]．山西文学，2014（7）：73.
12. 王勇．**“丝绸之路”与“蚕桑之路”**[J]．美文（上半月），2014（5）：77-79.
13. 祁和晖．**杜甫秦州诗记写西域丝绸之路首段栈程山川人文风貌**[J]．杜甫研究学刊，2014（4）：16-21.
14. 黄如贵．**丝绸之路国画**[J]．神剑，2014（3）：F0003.
15. 罗宾·吉尔班克，胡宗锋．**“丝绸之路”上的盗宝和寻乐：以欧洲为例**[J]．美文（上半月），2014（2）：47-52.
16. 段遥亭．**仰望丝绸之路**[J]．北方作家，2014（1）：50-55.
17. 孙海芳．**丝绸之路与中华民族文学国际学术研讨会散记**[J]．丝绸之路，2013（9）：16-21.
18. 徐芳．**丝绸之路上的陇右文化为唐人小说提供了丰富的素材**[J]．重庆与世界（学术版），2013（11）：72-76.
19. 清荷铃子．**新丝绸之路（外三章）**[J]．散文诗世界，2013（8）：55-57.
20. 朱怀金．**丝绸之路上的一把胡琴**[J]．牡丹，2013（3）：62-65.
21. 喻忠杰．**丝绸之路戏剧研究的发轫之作：评李强著《丝绸之路戏剧文化研究》**[J]．中国比较文学，2013（3）：152-154.
22. 王萍．**民间小戏“神仙道化”剧展演功能刍议：以丝绸之路沿线民间小戏为依据**[J]．石河子大学学报（哲学社会科学版），2013（3）：111-116.
23. 彭兰．**爱在丝绸之路**[J]．当代护士（上旬刊），2013（1）：47-48.
24. 赵颖．**“丝绸之路文化与中华民族文学”国际学术研讨会综述**[J]．中国比较文学，2013（1）：147-150.
25. 韩文慧．**丝绸之路上的文学传播与影响：以《列王纪》对《玛纳斯》的影响为例**[J]．昌吉学院学报，2013（1）：11-14.

26. 刘建树. **“丝绸之路文化与中华民族文学”国际学术研讨会综述**[J]. 陕西师范大学学报（哲学社会科学版），2013（1）：176.
27. 高益荣. **丝绸之路与秦腔的传播**[J]. 中国古代小说戏剧研究，2013（0）：100-108.
28. 曾羽霞. **丝绸之路与凉州诗**[J]. 丝绸之路，2012（22）：13-16.
29. 唐帅，魏景波. **丝绸之路与唐代边塞诗**[J]. 丝绸之路，2012（20）：34-37.
30. 张炯. **写在丝绸之路上的诗**[J]. 丝绸之路，2012（17）：61.
31. 李振明，周密. **古丝绸之路在召唤我**[J]. 人民公安，2012（6）：38-39.
32. 李季. **丝绸之路文化与中华民族文学国际学术研讨会在西安召开**[J]. 当代戏剧，2012（6）：47.
33. 马恒健. **梦回南方丝绸之路**[J]. 龙门阵，2012（3）：55-61.
34. 李强. **西北丝绸之路文化与跨国民族文学研究**[J]. 世界文学评论，2012（2）：34-41.
35. 冯玉雷. **丝绸之路文化遗产与文学创作**[J]. 世界文学评论，2012（2）：42-46.
36. 宋晓云. **论《长春真人西游记》在蒙元时期丝绸之路汉语文学中的价值**[J]. 西域研究，2012（1）：119-125.
37. 吴昊. **丝绸之路游记**[J]. 中国农资. 2011（31）：27.
38. 刘建树. **比较文化视域与戏剧交流研究的丰硕成果：兼评李强教授新著《丝绸之路戏剧文化研究》**[J]. 新疆师范大学学报（哲学社会科学版），2011（11）：82-86.
39. 刘春波. **井上靖的《丝绸之路》**[J]. 文艺争鸣，2011（8）：156-157.
40. 叶梅. **丝绸之路上的绿洲：凸起的维吾尔族青年文学**[J]. 民族文学，2010（6）：1.
41. 刘雁翔，王小凤. **杜甫秦州诗题咏的丝绸之路说解**[J]. 敦煌学辑刊，2010（4）：54-64.
42. 李朝. **都兰：丝绸之路的浓烈记忆**[J]. 青海湖文学月刊，2011（3）：35-39.
43. 尹艳，郭宁. **丝绸之路上的僵尸绿洲**[J]. 百花（悬念故事），2012（20）：69-80，68.
44. 韩作荣. **丝绸之路**[J]. 西部，2011（3）：52.
45. 黎羌. **唐五代词中的胡风与丝绸之路民族诗歌的交流**[J]. 民族文学研究，2009（2）：156-162.
46. 宋运娜. **试评林则徐关于甘肃丝绸之路的诗作**[J]. 丝绸之路，2009（22）：77-78.
47. 杨林. **西南丝绸之路：那写满传奇的千年古道**[J]. 报告文学，2009（3）：104-114.
48. 宋晓云. **萨都剌丝绸之路相关题材诗歌创作引论**[J]. 民族文学研究，2009（2）：37-42.
49. 颜娃沙. **徜徉在“丝绸之路”**[J]. 星星诗刊（上半月刊），2008（10）：110.
50. 郭正贤. **丝绸之路驼铃叮当**[J]. 中国民族，2008（6）：64-66.
51. 倪长录. **坐在丝绸之路上等你**[J]. 散文诗世界，2008（6）：59-60.
52. 何岩.**《中国西部的文化多样性与族群认同：沿丝绸之路的少数民族口头传统现状报告》出版**[J]. 民族文学研究，2008（4）：109.
53. 宋晓云. **论葛逻禄诗人廼贤的丝绸之路诗歌**[J]. 新疆师范大学学报（哲学社会科学版），2008（2）：19-22.
54. 宋晓云. **马祖常丝绸之路诗歌创作谫论**[J]. 西域研究，2008（1）：115-121.
55. 杨春，于晓江. **丝绸之路西域行**[J]. 中华文化画报，2008（1）：82-88.

56. 李宗军. **丝绸之路**[J]. 散文诗，2007（13）：71-71.
57. 赵剑云. **刚刚过去的时光——记《飞天》文学笔会暨丝绸之路采风活动**[J]. 飞天，2007（10）：92-98.
58. **《飞天》文学笔会暨丝绸之路采风活动剪影**[J]. 飞天，2007（10）：113-116.
59. 沈苇. **桑树：丝绸之路上的植物塑像**[J]. 青年文学，2007（9）：93-98.
60. 胡杨. **丝绸之路·绿洲**[J]. 丝绸之路，2007（7）：64.
61. 李烈辉. **"风骨峭峻遗尘埃"：孔戳让"海上丝绸之路"生辉**[J]. 档案天地，2007（6）：36.
62. 盛可以. **精神上的丝绸之路**[J]. 作家，2007（2）：38-39.
63. 刘卿. **咏丝绸之路**[J]. 诗刊，2006（17）：72.
64. 海克. **丝绸之路的苏醒**[J]. 中国新闻周刊，2006（13）：88.
65. **踏"丝绸之路"走七大洲　沿"郑和之行"达四大洋**[J]. 现代焊接，2006（6）：27.
66. 刘振伟. **丝绸之路上的王者与神话**[J]. 民族文学研究，2006（4）：30-35.
67. 宋晓云. **元代丝绸之路文学的研究**[J]. 文史知识，2006（4）：122-128.
68. 艾绍强，赵钢. **星星峡镇丝绸之路上的鬼门关**[J]. 华夏人文地理，2006（3）：136-141，146.
69. 李秋生. **伫立在丝绸之路起点**[J]. 江苏政协，2006（3）：55.
70. 刘振伟. **丝绸之路与神话传播**[J]. 中央民族大学学报（哲学社会科学版），2006（2）：96-101.
71. 张蓉. **重踏丝绸之路**[J]. 东方剑，2006（1）：78-79.
72. 宋晓云. **丘处机的丝绸之路诗歌创作**[J]. 新疆师范大学学报（哲学社会科学版），2005（12）：75-78.
73. 殷志江. **徒步丝绸之路，一个无关景点的旅游故事——韩国教保 2005 东北亚大长征之片段**[J]. 小康，2005（12）：75-76.
74. 闰土. **探寻海上丝绸之路的起点**[J]. 小康，2005（4）：73-76.
75. 刘毅. **重建"丝绸之路"**[J]. 少儿科技博览，2005（2）：43-43.
76. 马成福. **升起在丝绸之路上的太阳——甘肃省张掖市教育西部大开发纪实**[J]. 飞天，2004（7）：98-101.
77. 马成福. **古丝绸之路上的现代学府——来自河西学院的报告**[J]. 飞天，2004（6）：97-101.
78. 杨峰. **丝绸之路（歌词）**[J]. 丝绸之路，2004（4）：1-2.
79. 宋晓云. **元代丝绸之路文学研究述评**[J]. 西域研究，2004（1）：89-96.
80. **联合国教科文组织紧急委托的调查项目工作纪实——中国西部的文化多样性与族群认同：怎样保护沿丝绸之路的少数民族口头传统**[J]. 民族文学研究，2004（1）：145-145.
81. 陈鼎名，吴鸿杰，萧家黎. **神奇的丝绸之路**[J]. 丝绸之路，2003（9）：21-23.
82. 于文华. **丝绸之路**[J]. 丝绸之路，2003（7）：56.
83. 钟平. 民勤，**我心中的那片绿洲——丝绸之路考察散忆**[J]. 森林与人类，2003（7）：26-27.
84. 宋晓云. **边声四起唱大风——耶律楚材与元代丝绸之路文学**[J]. 新疆大学学报（社会科学版），2003（4）：111-116.
85. 雪潇. **丝绸之路**[J]. 阳关，2003（4）：4-5.
86. 陈明. **《四百赞》：丝绸之路被湮没的佛教赞歌**[J]. 南亚研究，2003（1）：73-79.

87. 杨国学. **丝绸之路《西游记》部分故事情节原型辨析**[J]. 河西学院学报，2003（1）：63-68.

88. 李旦初. **沁园春·咏丝绸之路**[J]. 诗刊，2002（15）：35.

89. 舒敏. **丝绸之路断想**[J]. 首都经济，2002（10）：56-57.

90. 高平. **赞歌——贺《丝绸之路》杂志创刊十周年**[J]. 丝绸之路，2002（9）：1.

91. 刘大勇，张忠义. **丝绸之路**[J]. 语文世界（高中版），2002（4）：36.

92. 杨国学. **丝绸之路《西游记》故事情节原型辨析**[J]. 明清小说研究，2002（3）：16-26.

93. 尉国民. **开放则兴 闭国则衰：从丝绸之路谈起**[J]. 党史纵横，2002（2）：44-45.

94. 卞国福. **我走过丝绸之路**[J]. 丝绸之路，2001（11）：1.

95. 张敏. **丝绸之路驼铃声**[J]. 西部大开发，2001（4）：46-47.

96. 卢晓河，李建荣. **丝绸之路与唐边塞诗**[J]. 丝绸之路，2001（1）：117-118.

97. 张小颐. **追寻最后的丝绸之路：评《穿越无人区》与《寻秘大海道》**[J]. 全国新书目，2000（12）：17.

98. 叶舟. **大敦煌：丝绸之路**[J]. 诗刊，2000（8）：69.

99. 单永生. **丝绸之路是一条河**[J]. 党的建设，2000（7）：43.

100. 张敏. **游丝绸之路**[J]. 丝绸之路，2000（5）：42.

101. 高伟，崔峻. **西出阳关古今看——丝绸之路游感**[J]. 大经贸，2000（5）：92-93.

102. 罗康宁，陈柏坚. **七律·雷州半岛考察海上丝绸之路有感**[J]. 岭南文史，2000（4）：1.

103. 杨荣秋，谢中天. **“红色丝绸之路”的枢纽——哈尔滨**[J]. 退休生活，2000（2）：22-25.

104. **碑林书道天涯月：日本丝绸之路书道团访碑林挥毫交流古风一首**[J]. 碑林集刊，2000（0）：311.

105. 程士荣. **从康布尔草原到花雨缤纷的丝绸之路**[J]. 飞天，1999（10）：31-35.

106. 杨秋. **丝绸之路轶闻**[J]. 丝绸之路，1999（6）：27.

107. 褚成炎. **文学丝绸之路的引驼人——记旅美作家、全美中国作家联谊会主席冰凌**[J]. 当代文坛，1999（3）：61-62.

108. 乔安娜·拉德瓦恩斯卡-威廉斯，章丽珍. **我的丝绸之路**[J]. 友声杂志，1999（2）：29-30.

109. 窦宗仪. **丝绸之路的复兴在人——海外乡亲的随想**[J]. 丝绸之路，1998（6）：32-33.

110. 古马. **寄自丝绸之路某个古代驿站的八封私信及其它**[J]. 诗刊，1998（3）：17-34.

111. 高平. **丝绸之路交响诗**[J]. 阳关，1998（3）：22-25.

112. 邹蓝. **重振丝绸之路雄风**[J]. 读书杂志，1997（8）：77-81.

113. 黄建斌. **铺设儿童文学的“丝绸之路”：谈儿童文学的引进与输出**[J]. 中国出版，1998（6）：11-12.

114. 李子奇. **办好《丝绸之路》　弘扬丝路文化**[J]. 丝绸之路，1997（5）：7.

115. **丝绸之路研究呼唤学科理论建设——“丝绸之路学”理论研讨会侧记**[J]. 丝绸之路，1997（5）：8-9.

116. 彭岚嘉. **总结经验　再上新台阶——《丝绸之路》创刊5周年叙谈会简记**[J]. 丝绸之

路，1997（5）：10.

117. 何俊林，雷定安．**丝绸之路：21 世纪的旅游热线**[J]．丝绸之路，1997（3）：57-64.
118. 陈冬季．**丝路民族民间文学研究的新成果——评《丝绸之路民族民间文学研究》**[J]．民间文学论坛，1997（3）：77-80.
119. 段华．**古代丝绸之路上的造林**[J]．森林与人类，1997（2）：20.
120. 田杉．**“世纪之交中国古典文学及丝绸之路文明”国际学术研讨会综述**[J]．文学遗产，1997（1）：124-128.
121. 山风．**一项文化系统工程——《丝绸之路文化大辞典》首发式纪实**[J]．丝绸之路，1996（4）：6-7.
122. 傅正阳．**新世纪的丝绸之路**[J]．丝绸之路，1996（4）：54.
123. 叶农．**四川丝绸古今谈（三）——西南丝绸之路**[J]．今日四川，1996（4）：14-16.
124. 子矜．**编辑家欢聚丝绸之路，95 全国部分文学期刊主编研讨会在兰州举行**[J]．飞天，1995（11）：102.
125. 嘉昌．**丝绸之路歌**[J]．党的建设，1995（4）：46.
126. 吴疆．**丝绸之路考察记**[J]．阳关，1995（3）：44-46.
127. 乔延凤．**丝绸之路**[J]．飞天，1994（10）：52-53.
128. **喀什茫茫沙海中的神奇绿洲——美刊记者丝绸之路采访随笔**[J]．丝绸之路，1994（5）：44.
129. 郑永生．**“丝绸之路”上的晚餐**[J]．烹调知识，1994（3）：18-19.
130. 李明伟．**唐代文学的嬗变与丝绸之路的影响**[J]．敦煌研究，1994（3）：134-141.
131. 李竟成．**丝绸之路西域少数民族民间文学导论**[J]．西部学坛，1994（2）：6-15.
132. 阿·塔拉索夫，维佳．**昔日丝绸之路　今日充斥皮货——“北京—莫斯科”国际列车纪实**[J]．俄罗斯文艺，1993（3）：83-84.
133. **有关“丝绸之路”著述的外国书刊介绍《丝路魔影》**[J]．敦煌研究，1981（1）：196-197.

（四）亚洲文学

1. 刘春波．**井上靖的《丝绸之路》**[J]．文艺争鸣，2011（8）：156-157.
2. 陈明．**《四百赞》：丝绸之路被湮没的佛教赞歌**[J]．南亚研究，2003（1）：73-79.

（五）欧洲文学

1. 罗宾·吉尔班克，胡宗锋．**“丝绸之路”上的盗宝和寻乐：以欧洲为例**[J]．美文（上半月），2014（2）：47-52.
2. 阿·塔拉索夫，维佳．**昔日丝绸之路 今日充斥皮货——“北京—莫斯科”国际列车纪实**[J]．俄罗斯文艺，1993（3）：83-84.

（六）大洋州文学

1. 贝哲民，程仁桃．**新丝绸之路上的叙利亚与中国**[J]．回族文学，2015（3）：81-90.
2. 贝哲民，程仁桃．**新丝绸之路**[J]．回族文学，2015（1）：84-94.

九、艺　术

（一）艺术理论

1. 魏妍，李坤凝．**“一带一路”对艺术市场有哪些影响?**[J]．收藏投资导刊，2015（9）：30-31．
2. 魏妍．**世界那么大，可以去看看：书画界的“一带一路”**[J]．收藏投资导刊，2015（9）：31-35．
3. 李坤凝．**“一带一路”是否能给中国陶艺带来新的春天？**[J]．收藏投资导刊，2015（9）：36-41．
4. 王嘉琦．**“一带一路”战略产业结构模式（中篇）：丝路影视基地产业集聚带模式**[J]．中国房地产，2015（5）：35-36．
5. 李莹．**丝绸之路上的东方艺术传播**[J]．艺术时尚（下旬刊），2014（4）：189．
6. 周菁葆．**丝绸之路与新疆古代器具艺术**[J]．海口经济学院学报，2010（1）：54．
7. 周菁葆．**丝绸之路与新疆古代草原艺术**[J]．丝绸之路，2009（18）：66．

（二）世界各国艺术概况

1. 辛文．**相遇丝绸之路：首届中国新疆国际艺术双年展盛大开幕**[J]．美术观察，2014（8）：34-35．
2. 陈明．**丝绸之路·汉唐精神与中国国家美术发展战略：第四届“中国美术·长安论坛”综述**[J]．美术，2014（7）：94-97．
3. **首届丝绸之路国际艺术节开幕**[J]．当代戏剧，2014（5）：17．
4. 刘鑫．**丝绸之路中阳性审美范式对中国壮美艺术空间的扩展与延伸**[J]．丝绸之路，2012（22）：10-12．
5. 瞿康宁，张慨．**丝绸之路与中国艺术传播**[J]．美术教育研究，2012（2）：17-18．
6. 董波．**现代文明背景下的一部远古史诗：评沈爱凤的《从青金石之路到丝绸之路——西亚、中亚与亚欧草原古代艺术溯源》**[J]．艺苑，2011，（6）．
7. 陈雅男．**海市蜃楼：游牧的丝绸之路实验**[J]．现代装饰（家居），2011（3）：82-83．
8. 李琪，孙瑜．**丝绸之路中亚路段巴克特里亚艺术中的佛教成分**[J]．青海民族大学学报（社会科学版），2011（2）：1-4．
9. 何庆．**西域净苑的瑰丽画卷——《丝绸之路　新疆佛教艺术》评介**[J]．西域研究，2006（3）：115-117．
10. 金永安，黄厚明，陈云海．**论丝绸之路南北两道的佛教造像艺术**[J]．南京艺术学院学报（美术与设计版），2003（3）：37-41．
11. 李昆．**来自丝绸之路的“香巴拉”艺术——中国少数民族歌舞团访欧纪实**[J]．丝绸之路，2003（2）：52-53．
12. 李宝祥．**新疆文化艺术考察漫记（下篇）——放歌丝绸之路**[J]．中国民族博览，2001（2）：33-35．

13. 唐晓军. **丝绸之路上的佛教密宗艺术**[J]. 丝绸之路，1995（3）：51-52.

（三）绘　画

1. 戚永晔. **谢振瓯：绘出丝绸之路的历史文化承载**[J]. 文化交流，2015（3）：36-40.
2. 辛文. **中国国家画院“丝绸之路”美术创作工程乌兹别克斯坦采风团启程**[J]. 美术观察，2015（1）：36.
3. 郝斌. **“丝绸之路美术创作工程”赴乌兹别克斯坦采风**[J]. 美术，2014（12）：9.
4. 李莹. **西北地区丝绸之路民间传说题材动画作品分析**[J]. 鸭绿江（下半月版），2014（10）：371.
5. 郝斌. **“丝绸之路美术创作工程”考察写生团启程**[J]. 美术，2014（9）：12.
6. **“丝绸之路·绚丽甘肃”全国书画大展获奖、入展作品刊登**[J]. 人民文摘，2014（7）：2-9，92-96.
7. 任红伏. **“丝绸之路美术创作工程”考察写生团出发仪式在中国国家画院召开**[J]. 国画家，2014（5）：14.
8. **国家画院“丝绸之路”写生团北京启程**[J]. 中国美术，2014（5）：41.
9. **甘肃画院2013“丝绸之路·佛教东渐”新疆段考察采风日记**[J]. 丝绸之路，2014（4）：8-19.
10. **甘肃画院2013“丝绸之路·佛教东渐”东线考察采风日记**[J]. 丝绸之路，2014（4）：65-74.
11. **甘肃画院2013“丝绸之路·佛教东渐”考察采风掠影**[J]. 丝绸之路，2014（4）：77-86.
12. 黄如贵. **丝绸之路**[J]，神剑，2014（3）：129.
13. 赵榆. **明帛上的“丝绸之路”：中国古代文物的重大新发现《蒙古山水地图》手卷**[J]. 收藏，2013（7）：154-157.
14. 邵养德. **丝绸之路与李青的艺术生命** [J]. 西北美术，2013（4）：14-15.
15. 姚安. **华夏瑰宝衔欧亚津梁：由《华夏瑰宝展》看丝绸之路与中土交流**[J]. 中外文化交流，2013（3）：36-43.
16. 郭萍. **花角鹿图案在丝绸之路上的传播**[J]. 昌吉学院学报，2013（3）：11-14.
17. 李瑞洪. **彩绘新丝路 挥毫万里行：徐勇民、王心耀参加中国当代著名美术家丝绸之路采风考察纪实**[J]. 武汉文史资料，2012（5）：61-64.
18. 李瑞洪. **中国当代著名美术家丝绸之路万里行 艺术家徐勇民、王心耀作品选**[J]. 武汉文史资料. 2012（5）：68，65.
19. 王晓玲. **丝绸之路的艺术传统与新疆油画的图式语言**[J]. 美术观察，2012（3）：66-69.
20. 岳逢春. **百驼千峰见精神：为王作宝《丝绸之路风情》画册作序**[J]. 都市生活，2011（13）：88-93.
21. 周菁葆. **丝绸之路南麓的佛寺壁画艺术研究**[J]. 新疆师范大学学报（哲学社会科学版），2011（11）：62-71.
22. 陈立德，孙宏图，金程斌. **泉州火车西站大型壁画之海上丝绸之路（漆画）**[J]. 泉州文学，2011（10）：81.

23. 钟丽娟. 丝绸之路沿途景教绘画遗存考[J]. 西北美术，2011（3）：2-5.
24. 周菁葆. 丝绸之路与中国古代新疆壁画中的人体艺术[J]. 艺术百家，2011（3）：96-110，83.
25. 左靖. 梁绍基 新“丝绸之路”推荐词[J]. 当代艺术与投资，2010（11）：33-34.
26. 朱红娇，张爱红. 绘丝路遗梦 现龟兹情韵：张爱红老师“丝绸之路：龟兹石窟壁画临摹展览会”在日本举行[J]. 新疆艺术学院学报，2010（2）：113.
27. 张朋川.《从青金石之路到丝绸之路》介评[J]. 西域研究，2009（4）：127-129.
28. 董振辉. 浅析丝绸之路对新疆少数民族绘画色彩风格形成的影响 [J]. 丝绸之路，2009（2）：92-93.
29. 平山郁夫. 平山郁夫艺术展 东西方文化交流的交叉点——丝绸之路的光辉[J]. 美术观察，2008（5）：131-133.
30. 翰墨凝香寄深情——庆七一，甘肃丝绸之路协会举办六人书画展[J]. 丝绸之路，2007（8）：69-72.
31. 思威. 丝绸之路：刘华龙的历史情结[J]. 艺术市场，2007（6）：171.
32. 丝绸之路佛教岩彩壁画敦煌研讨会[J]. 新疆艺术学院学报，2006（3）：16-22.
33. 丝路花雨杯丝绸之路书画名家作品系列展（四）[J]. 丝绸之路，2004（6）：61-63.
34. 张松，尚延龄. 钟情丝绸之路的画师：王文芳丝路山水画赏鉴[J]. 丝绸之路，1999（2）：28-29.
35. 曹淑勤. 重瞻丝绸之路遗迹再现石窟壁画神韵——《中国新疆壁画全集》出版巡礼[J]. 美术之友，1996（6）：16-17.
36. 赵声良. 丝绸之路大美术展巡礼[J]. 敦煌研究，1996（3）：175-179.
37. 邓惠伯. 东方美术史教学与“丝绸之路” [J]. 美术研究，1988（3）：32-33.

（四）书法、篆刻

甘肃画院 2013“丝绸之路·佛教东渐”考察活动创作作品选集[J]. 丝绸之路，2014（4）：48-64.

（五）雕　塑

1. 陈云岗.“丝绸之路”是一条美术之路——国家画院雕塑院西部采风记略[J]. 中华儿女（海外版）（书画名家），2014（11）：28-31.
2. 唐培松. 浅谈城雕《丝绸之路》之艺术特色[J]. 科技信息，2011（4）：272-273.
3. 潘玥. 解析“丝绸之路”群雕的美学意义[J]. 西北美术，2010（1）：44-46.
4. 2003 舟山国际沙雕节　中国第一大群岛——舟山神奇沙雕演绎“丝绸之路”[J]. 翁霏虹航海杂志，2003（6）：1.
5. 白纯厚. 赏《丝绸之路》[J]. 中国花卉盆景，1996（8）：35.
6. 田宝印. 环境艺术空间——记大型石刻雕塑《丝绸之路》[J]. 工厂管理，1996（4）：51.

（六）摄影艺术

1. 沙达提．**丝绸之路上的文化熔炉：乌兹别克斯坦撒马尔罕市**[J]．国际援助，2015（2）：90.
2. 王霁，史冬青，王亦晨．**肯尼亚，你听说过吗 海上丝绸之路终点**[J]．海峡影艺，2015（1）：46-61.
3. **世界文化遗产丝绸之路甘肃专刊**[J]．丝绸之路，2014（15）：2-3.
4. 熊崧策．**一件事做足 30 年 尔冬强：镜头穿越丝绸之路**[J]．国家人文历史，2014（13）：92-96.
5. 宫艺．**一路向西梦回千年：丝绸之路行摄记**[J]．走向世界，2014（11）：122-125.
6. **大型摄影活动“南方丝绸之路”启动**[J]．西藏人文地理，2008（3）：158.
7. 栾青，康友·塔克．**德国自由影像设计师康友·塔克：影像的丝绸之路** [J]．大美术，2005（12）：50-55.
8. 沉懋．**寻觅历史的足音——于鹏丝绸之路摄影作品欣赏**[J]．西部人，2003（9）：60-61.

（七）工艺美术

1. 王晓玲．**草原丝绸之路动物造型艺术及其金属装饰风格刍议**[J]．美术观察，2015（4）：129-130.
2. 康青．**海市蜃楼：一种青花瓷、游牧和丝绸之路的文本实验**[J]．南京艺术学院学报（美术与设计），2015（3）：125-130.
3. 方莉敏．**“丝绸之路”对唐宋耀州窑纹饰的影响**[J]．文艺生活（文海艺苑），2014（9）：71-72.
4. 陈明孝．**从南澳 1 号的出水，看明代海上丝绸之路的繁荣**[J]．中国科技博览，2014（4）：569.
5. 赵婷婷．**海上丝绸之路之清代贸易品玻璃器的料性与器型分析**[J]．当代手工艺，2014（3）：40-47.
6. 曹海艳，管兰生．**丝绸之路染缬艺术的传承与创新**[J]．青年文学家，2013（20）：210-211.
7. 周菁葆．**丝绸之路上的乌兹别克斯坦工艺美术**[J]．新疆艺术学院学报，2013（2）：4-12.
8. 宋江莉．**一枝绽放在丝路上的奇葩：浅议《丝绸之路服饰研究》**[J]．今传媒，2012（10）：154.
9. 田智勇．**“皇锦”的丝绸之路**[J]．商品与质量，2012（7）：74-77.
10. 周静．**丝绸之路与中国早期玻璃艺术**[J]．艺术与设计（理论），2012（5）：144-146.
11. **醉美甘肃 丝绸之路旅游摄影大赛入选作品展落下帷幕**[J]．丝绸之路，2011（17）：78-78.
12. 李娜，周建朋，仇春霞．**“凹凸花”考辨与丝绸之路建筑装饰原理研究**[J]．新疆师范大学学报（哲学社会科学版），2011（11）：72-77.
13. 胡志刚，马燕陕，等．**从陶瓷装饰工艺看清末海上丝绸之路文化的畸形传播**[J]．现代装饰（理论），2011（8）：96.
14. 任丽瑛，张艳芳．**葫芦上的丝绸之路文化**[J]．新疆人文地理，2011（2）：122-125.
15. CHRIS．**新丝绸之路**[J]．设计，2010（8）：83.
16. 赵丰．**丝绸之路上的纺织艺术**[J]．饰，2009（6）：21-23.
17. 王晓庆．**探赏丝绸之路上的剪纸艺术**[J]．寻根，2008（2）：100-103.
18. 武琼芳．**“丝绸之路——设计与文化”论坛综述**[J]．敦煌研究，2008（2）：129.

19. 周尚仪. **丝绸之路上的艺术奇葩——古代伊朗金属艺术**[J]. 中国书画，2007(7)：190-192.
20. 陆驰. **丝绸之路对中国古代玻璃艺术的影响**[J]. 装饰，2007（4）：42-45.
21. 孙苏. **丝绸之路对中国染织图案的影响**[J]. 东华大学学报（社会科学版），2002（2）：51-56.
22. 孙佩兰. **丝绸之路上的汉唐刺绣**[J]. 丝绸，2001（2）：41-43.
23. 李肖冰. **丝绸之路上的丝绸与毛织物**[J]. 新疆艺术，2001（1）：32-33.
24. 周菁葆. **丝绸之路与大漠土艺**[J]. 新疆艺术，1999（1）：23-25.
25. 姚志远，肖征. **丝绸之路上的艺术明珠**[J]. 新疆艺术（汉文版），1999（1）：46-48.
26. 谢生保. **丝绸之路上的剪纸艺术**[J]. 丝绸之路，1998（4）：36-38.
27. 李滋新. **两汉的工艺美术和丝绸之路的开辟**[J]. 北方美术（天津美术学院学报），1997（4）：41-42.

（八）音　乐

1. 杨小龙. **丝路回声 不绝如缕：2014“丝绸之路”西安国际钢琴艺术周活动综述**[J]. 人民音乐，2015（5）：50-51.
2. 牛世生，陈莹. **丝绸之路（外一首）**[J]. 当代音乐，2015（4）：126-127.
3. 项筱刚. **崛起的一群 理智的一群：为“丝绸之路”新作品音乐会而写**[J]. 人民音乐，2015（3）：16-18.
4. 张伯瑜. **处在四条道路的交叉路口：丝绸之路的音乐视角**[J]. 人民音乐，2015（3）：42-44.
5. 梁秋丽，周菁葆. **丝绸之路上的弹拨乐器：“托布秀尔”（一）**[J]. 乐器，2015（3）：54-56.
6. **奥迪之夜——2015丝绸之路新年音乐会盛大上演**[J]. 南方人物周刊，2015（3）：87.
7. 李幼容，潘兆和. **赞美吧，丝绸之路**[J]. 歌曲，2015（3）：75-76.
8. 董宪瑞. **丝绸之路的记忆（外一首）**[J]. 当代音乐，2015（2）：125.
9. 本刊+KLASSIKOM音乐资讯中心. **“奥迪之夜——2015丝绸之路新年音乐会”开启中国爱乐新丝绸之路旅程**[J]. 音乐爱好者，2015（2）：68.
10. **奥迪之夜：2015丝绸之路新年音乐会在京举行**[J]. 人民音乐，2015（1）：61.
11. 许军. **丝绸之路的文化交流：新疆木卡姆艺术团在台湾的艺术流彩**[J]. 大众文艺，2014（12）：165.
12. 刘蓉. **丝绸之路：永远的精神故园——作曲家韩兰魁访谈录**[J]. 音乐天地，2014（12）：57-61.
13. 夏滟洲. **因和而贵，因不同而精彩：从萨克斯与民族管弦乐队《丝绸之路幻想组曲》看赵季平的文化理想**[J]. 人民音乐，2014（11）：8-13.
14. 卞祖善. **春风不度玉门关 无数铃声遥过碛：评姜莹民族管弦乐《丝绸之路》**[J]. 人民音乐，2014（10）：15-17.
15. 王洁. **海纳百川道不绝，有容乃大融天下：史观“丝绸之路”上的音乐文化往来**[J]. 北方音乐，2014（10）：9.
16. 陈贤明，何铃领. **丝绸之路**[J]. 通俗歌曲，2014（10）：20.

17. 侯旻霞. 2014“丝绸之路”西安国际钢琴艺术周综述[J]. 音乐天地，2014（9）：8-10.
18. 尚飞鹏. 唱响丝绸之路[J]. 音乐天地，2014（9）：62.
19. 张鹏，2014“丝绸之路”西安国际钢琴艺术周圆满闭幕[J]. 音乐天地，2014（9）：65.
20. 王怀新. 丝绸之路[J]. 词刊，2014（7）：12.
21. 张欢，谢万章. 丝绸之路上的膜鸣乐器：手鼓[J]. 中国音乐，2014（4）：60-65，165.
22. 周菁葆，张欢. 丝绸之路上的筀（下）[J]. 乐器，2014（4）：54-57.
23. 周菁葆. 丝绸之路上的细腰鼓[J]. 艺术百家，2014（4）：157-165.
24. 珺珉. 丝绸之路[J]. 草原歌声，2014（4）：57.
25. 周菁葆，张欢. 丝绸之路上的筀（中）[J]. 乐器，2014（3）：60-62.
26. 周菁葆，张欢. 丝绸之路上的筀（上）[J]. 乐器，2014（2）：57-59.
27. 王金旋. 丝绸之路考察中发现的问题：古代竖笛出现年代新论[J]. 中央音乐学院学报，2014（1）：103-116.
28. 张欢，谢万章. 丝绸之路上的膜鸣乐器：纳格拉 [J]. 中国音乐，2014（1）：51-55，192.
29. 周菁葆. 用音乐联通新“丝绸之路”[J]. 乐器，2013（12）：88.
30. 周菁葆. 丝绸之路上的卡龙（中）[J]. 乐器，2013（10）：66-68.
31. 周菁葆. 丝绸之路上的卡龙（上）[J]. 乐器，2013（9）：6-71.
32. 周菁葆. 丝绸之路上的双簧乐器研究（五）[J]. 乐器，2013（6）：74-77.
33. 周菁葆. 丝绸之路上的双簧乐器研究（四）[J]. 乐器，2013（5）78-81.
34. 周菁葆. 丝绸之路上的双簧乐器研究（三）[J]. 乐器，2013（4）66-69.
35. 周菁葆. 丝绸之路上的双簧乐器研究（二）[J]. 乐器，2013（3）：60-63.
36. 周菁葆. 丝绸之路上的双簧乐器研究（一）[J]. 乐器，2013（2）：60-63.
37. 陈维娜. 丝绸之路上的五弦琵琶探讨 [J]. 音乐时空，2013（2）：121.
38. 泰罗. 马友友的“丝绸之路”[J]. 南方人物周刊，2012（8）.
39. 张盛. “丝绸之路”音乐会 琵琶姑娘吴蛮杭州魅力四射[J]. 小演奏家，2012（6）：65.
40. 孔令伟. 大漠漫卷西风去 于斑斓处听芳华：储望华交响乐《丝绸之路》的创作特色[J]. 人民音乐，2012（4）：32-35.
41. 尹磊. 马友友和丝绸之路乐团音乐会[J]. 颂雅风（艺术月刊），2012（3）：97.
42. 周菁葆. 丝绸之路上的铜钹（下）[J]. 乐器，2012（3）：63-65.
43. 周菁葆. 丝绸之路上的铜钹（上）[J]. 乐器，2012（2）：72-75.
44. 马友友和丝绸之路乐团音乐会精彩上演[J]. 中国电子商情（视听前线），2012（2）：125.
45. 李征. 西南丝绸之路铜鼓音乐文化考察研究[J]. 四川戏剧，2012（1）：103-106.
46. 周菁葆. 丝绸之路与横笛的东渐[J]. 乐器，2011（11）：57-59.
47. 蔡丽红. 明清时期中国与邻国乐舞文化交流述略：以海陆丝绸之路的文化线路为例[J]. 福建师范大学学报（哲学社会科学版），2011（11）：157-160，171.
48. 王云磊. 丝绸之路上的东方之韵：新疆风格单簧管乐曲演奏的探索与思考[J]. 音乐天地，2011（9）：35-37.
49. 周菁葆. 丝绸之路上的扬琴源流与嬗变[J]. 海口经济学院学报，2011（4）：67-73.
50. 周菁葆. 丝绸之路上的五弦琵琶研究[J]. 中央音乐学院学报，2011（3）：122-128.

51. 周菁葆. 丝绸之路与竖箜篌的东渐[J]. 中国音乐，2011（3）：53-59.
52. 曾金寿. “金言有译，梵响无授”：丝绸之路上的佛乐汉化形态探微[J]. 交响（西安音乐学院学报），2011（2）：19-23.
53. 冯光钰. 丝绸之路——箜篌行：崔君芝从维也纳到国家大剧院——国家大剧院首次中国现代箜篌展演音乐会侧记[J]. 人民音乐，2010（12）：88.
54. 周菁葆. 丝绸之路与竖箜篌的西渐（下）[J]. 乐器，2010（7）：50-52.
55. 周菁葆. 丝绸之路与竖箜篌的西渐[J]. 乐器，2010（6）：48-49.
56. 周菁葆. 丝绸之路上的凤首箜篌（下）[J]. 乐器，2010（5）：69-71.
57. 周菁葆. 丝绸之路上的凤首箜篌（上）[J]. 乐器，2010（4）：61-63.
58. 周菁葆. 丝绸之路上的扬琴源流考[J]. 中国音乐，2010（4）：13-18，26.
59. 张欢. 丝绸之路的音乐畅想[J]. 中国音乐，2010（4）：70-72，143.
60. 圭特·克莱宁，曾金寿. 从西方人的视角看丝绸之路上的音乐交流 [J]. 交响（西安音乐学院学报），2010（3）：23-29.
61. 周菁葆. 丝绸之路上的扬琴（下）[J]. 乐器，2010（2）：60-63.
62. 周菁葆. 丝绸之路上的箜篌及其东渐[J]. 新疆艺术学院学报，2010（1）：1-9.
63. 周菁葆. 丝绸之路上的扬琴（上）[J]. 乐器，2010（1）：58-61.
64. 周菁葆. 丝绸之路与中亚哈萨克族的乐器[J]. 乐器，2009（12）：64-67.
65. 董蕾，卢乃鑫. 丝绸之路的文化一隅：淄博传统文化中的芯子与锣鼓艺术[J]. 大舞台（双月号），2009（6）：142-143.
66. 柳良. 夷、夏音乐“涵化”研究：试论南、北丝绸之路音乐对唐宋音乐的影响[J]. 音乐探索，2009（4）：30-32.
67. 包德述. 唐五代时期南北丝绸之路多元音乐文化在成都的传播与交融[J]. 音乐探索，2009（4）：39-42.
68. 周菁葆. 丝绸之路上的阮咸[J]. 乐器，2009（4）：60-63.
69. 周菁葆. 洞经与南丝古道：西南丝绸之路音乐文化考察研究之三[J]. 音乐探索，2009（3）：19-22.
70. 吕胜之，李曦. 拓开我们的“丝绸之路”：浅谈江苏民乐的品牌建设[J]. 剧影月报，2009（2）：114-115.
71. 周菁葆，王其书. 南诏奉圣乐、骠国乐与隋、唐燕乐——西南丝绸之路音乐文化考察研究之二[J]. 音乐探索，2009（1）：3-7.
72. 于平. 丝绸之路[J]. 歌曲，2009（1）：92.
73. 敖昌群，王其书，胡扬吉，等. “南北丝绸之路音乐文化对比研究”考察研究报告[J]. 音乐探索，2008（2）：13-15.
74. 王晓如，李铠. 丝绸之路上的活文物——唐传长安古乐在西安地区的传承与分布[J]. 文博，2008（1）：79-83.
75. 周耘. 丝绸之路的东延与佛乐跨海东传[J]. 交响（西安音乐学院学报），2008（1）：18-23.
76. 楚歌. 殷承宗将在墨尔本公演《黄河》钢琴协奏曲旅澳作曲家储望华交响乐《丝绸之路》同时世界首演[J]. 钢琴艺术，2007（3）：60.
77. 郭树全，黄立. 丝绸之路[J]. 军营文化天地，2006（6）：53-54.

78. 黄伟. **丝绸之路——刘麟音乐对话马友友**[J]. 乐器，2005（10）：80-83.
79. 汤昭智. **丝绸之路**[J]. 音乐天地，2005（7）：35.
80. 周吉. **“丝绸之路音乐文化”的见证——新疆维吾尔木卡姆艺术**[J]. 中国文化遗产，2005（6）：48-55.
81. 劳沃格林，方建军，林达. **丝绸之路乐器考**[J]. 交响（西安音乐学院学报），2004（3）：49-54.
82. 周吉. **“绿洲丝绸之路”新疆段乐舞文物资料概要**[J]. 新疆师范大学学报（哲学社会科学版），2004（1）：190-191.
83. 何志霖. **丝绸之路上的“花儿”——出门人之歌**[J]. 丝绸之路，2004（1）：45-46.
84. 赵维平，王其书. **西南丝绸之路音乐文化考察报告**[J]. 音乐探索，2003（9）：13-16，97.
85. 王其书. **羌笛源流考辨——西南丝绸之路音乐文化考察研究之一**[J]. 音乐探索，2003（4）：11-17.
86. **丝绸之路上的琵琶乐器史**[J]. 中国音乐学，2003（4）：34-48.
87. 王浩，肖白. **丝绸之路**[J]. 歌曲，2003（1）：16-17.
88. 郭树荟. **来自丝绸之路的回响——杨立青的中胡与交响乐队《荒漠暮色》初探**[J]. 音乐艺术（上海音乐学院学报），2001（4）：54-63.
89. 柘植元. **日本“丝绸之路音乐”的研究状况**[J]. 音乐研究，2001（1）：95-96.
90. 崔炳元. **一篇优美的音乐游记——评赵季平的《丝绸之路幻想组曲》**[J]. 音乐天地，1999（3）：23.
91. 岳文. **丝绸之路 乐韵悠悠（续）——介绍新疆木卡姆艺术团和它演奏演唱的几首乐曲**[J]. 视听技术，1998（8）：81-82.
92. 岳文. **丝绸之路 乐韵悠悠——新疆维吾尔族木卡姆和主要乐器**[J]. 视听技术，1998（7）：81-82.
93. 刘成章，振卿. **丝绸之路**[J]. 黄河之声，1998（6）：5.
94. 李雄飞. **唐诗中的丝绸之路音乐文化**[J]. 交响（西安音乐学院学报），1996（1）：55-60.
95. 杜艳梅，曾倩. **丝绸之路**[J]. 音乐世界，1995（2）：36.
96. 杜艳梅. **丝绸之路**[J]. 音乐世界，1994（8）：26.
97. 黄银善，王庭珍. **西南丝绸之路**[J]. 云岭歌声，1994（4）：4-5.
98. 金秋. **丝绸之路连友情——记日本音乐家代表团访华**[J]. 人民音乐，1993（9）：36-38.
99. 李健正. **古代丝绸之路与中国琵琶（下）**[J]. 交响（西安音乐学院学报），1993（4）：10-12.
100. 李健正. **古代丝绸之路与中国琵琶（上）**[J]. 交响（西安音乐学院学报），1993（3）：6-8.
101. 周菁葆. **丝绸之路与东西音乐文化交流**[J]. 西域研究，1993（2）：1-7.
102. 华夫. **努力开拓丝绸之路音乐文化研究的新领域——九二年西安丝绸之路音乐学术研讨会记述**[J]. 交响（西安音乐学院学报），1993（1）：3-5.
103. 殷克勤. **丝绸之路与汉唐音乐之发展** [J]. 交响（西安音乐学院学报），1993（1）：5-7.
104. 音旬. **吴少雄获“丝绸之路”国际作曲比赛三等奖**[J]. 人民音乐，1991（6）：41.

105. 阴法鲁. **丝路管弦话古今——读《丝绸之路上的音乐文化》**[J]. 音乐研究，1990（3）：98-102.
106. 杜亚雄. **跨学科综合研究的成果——评周菁葆的《丝绸之路的音乐文化》**[J]. 人民音乐，1989（6）：39-41.
107. 周菁葆. **振兴丝绸之路音乐**[J]. 人民音乐，1987（1）：9-11.
108. 霍旭初. **也谈“振兴丝绸之路音乐”**[J]. 人民音乐，1987（1）：11-12.
109. 苗野. **丝绸之路发新声——记艺术家们在“镍都之声”音乐会的演出**[J]. 人民音乐，1985（9）：33.
110. 岸边成雄. **日本正仓院乐器的起源（下）——古代丝绸之路的音乐**[J]. 中央音乐学院学报，1984（4）：49-54.
111. 岸边成雄. **日本正仓院乐器的起源（上）——古代丝绸之路的音乐**[J]. 中央音乐学院学报，1984（3）：43-46.
112. 斯琴毕利格. **浅谈丝绸之路咽喉之地额济纳民歌**[J]. 音乐研究，1983（4）：105-111.
113. 阴法鲁. **丝绸之路上的音乐文化交流**[J]. 人民音乐，1980（2）：25-29.

（九）舞　蹈

1. 陈卉. **滋生与嬗变：丝绸之路上的佛教乐舞**[J]. 郑州大学学报（哲学社会科学版），2015（2）：180-183.
2. 邓小娟. **丝绸之路舞蹈艺术的当代呈现与发展创新策略**[J]. 舞蹈，2014（6）：66-67.
3. 张欢. **丝绸之路上的中亚地区乐舞艺术**[J]. 新疆艺术学院学报，2014（3）：1-7.
4. **用音乐联通新“丝绸之路”：中国歌剧舞剧院民乐小组参加第九届撒马尔罕“东方旋律”国际音乐节**[J]. 人民音乐（评论），2013（12）：28.
5. 杜文玉. **丝绸之路与新罗乐舞**[J]. 人文杂志，2009（1）：123-131.
6. 周菁葆. **古代丝绸之路音乐舞蹈钩沉**[J]. 新疆艺术学院学报，2003（2）：7-16.
7. 李晴. **丝绸之路乐舞艺术古文献征微**[J]. 新疆艺术，1996（6）：27-33.

（十）戏剧艺术

1. 冯亚. **丝绸之路走来的阿依达：和慧**[J]. 歌唱世界，2015（4）：54-57.
2. 王伟，陈思扬. **海上丝绸之路与闽南戏曲当代发展：东亚文化格局中的闽南戏曲二次创业研究**[J]. 艺苑，2015（4）：10-13.
3. 何玉人，何燕漪. **丝绸之路文化传播的历史影响：丝绸之路乐器的传播及在戏曲中的运用**[J]. 艺术百家，2013（1）：164-169.
4. 刘建树. **丝绸之路两种不同印度戏剧的传播及其影响**[J]. 丝绸之路，2012（20）：32-34.
5. 周菁葆. **丝绸之路与西域佛教戏剧研究**[J]. 丝绸之路，2012（4）：52-55.
6. 曲六乙. **丝绸之路戏剧文化学的新拓展：评李强新著《丝绸之路戏剧文化研究》**[J]. 戏曲研究，2012（1）：381-384.
7. 陆晖. **丝绸之路上的皮影戏**[J]. 昌吉学院学报，2007（4）：19-22.
8. 郑显文. **丝绸之路与汉唐杂技艺术丝绸之路**[J]. 丝绸之路，1995（1）：58-59.

（十一）电影、电视美术

1. **“第二届丝绸之路国际电影节”9月福州举办**[J]. 电影评介，2015（3）：83.
2. 于叟，程诚. **首届丝绸之路国际电影节圆满落幕**[J]. 电影画刊（上半月刊），2015（2）：13-19.
3. 刘新民. **“丝绸之路”影视创作与研究的发展方向浅论**[J]. 青年作家，2014（18）：260，252.
4. 静馨. **首届丝绸之路国际电影节举行电影主题音乐会《丝路长安》醉倒丝路沿线多国电影人**[J]. 电影画刊（上半月刊），2014（12）：22-23.
5. 马宏锦. **首届丝绸之路国际影展为大师设独立影展：奥利弗·斯通影展10月24日开幕**[J]. 电影画刊（上半月刊），2014（12）：8-15.
6. 马宏锦，程诚. **千年古都星光熠熠 饕餮盛宴宾朋云集 丝路连接光影传奇 共绘魅丽银幕风景：首届丝绸之路国际电影节开幕式隆重举办**[J]. 电影画刊（上半月刊），2014（11）：8-9.
7. 白阿莹. **在首届丝绸之路国际电影节开幕式上的致辞**[J]. 电影画刊，2014（11）：10-15.
8. 静馨. **首届丝绸之路国际电影节影视剧本推介会在西安举行**[J]. 电影画刊，2014（11）：20.
9. **首届丝绸之路国际电影节在西安举办**[J]. 电影画刊（上半月刊），2014（11）：62.
10. 薛辑. **“西安丝绸之路国际电影节”新片观摩暨专题报告在我校举行**[J]. 西北大学学报（哲学社会科学版），2014（6）：125.
11. 黄奇帆. **共同谱写“新丝绸之路”的辉煌**[J]. 重庆与世界，2013（8）：12.
12. 杨雷. **美国“新丝绸之路”计划的实施目标及其国际影响**[J]. 新疆社会科学，2012（5）：70-75.
13. 蔡琴. **从杭州到卢卡：穿越历史的丝绸之路**[J]. 中国文化遗产，2012（2）：68-73.
14. 米高峰，刘晶莹. **丝绸之路文化中的本土动画创作资源研究**[J]. 电影评介，2011（17）：11-12.
15. **新丝绸之路 从宁夏崛起：记宁夏蚕宝科技实业有限公司**[J]. 宁夏画报（时政版），2011（4）：100.
16. **丝绸之路上的电影之旅【中国新电影：云南影响】影响土耳其**[J]. 风光（空港商旅），2008（3）：20-28.
17. 向京. **中美联合制作纪录片揭秘丝绸之路**[J]. 新疆新闻出版，2007（1）：44.
18. 丛丽娜. **从电视纪录片《新丝绸之路》看创作观念的变化**[J]. 电视研究，2006（9）：56-57.
19. 余辉. **简析《新丝绸之路》的时空表现特色**[J]. 中国电视，2006（9）：51.
20. 余辉. **寻找时空的跨越——《新丝绸之路》中悬念的运用**[J]. 声屏世界，2006（8）：35-36.
21. 马骏骎. **纪录片的社会化思考——以《故宫》、《新丝绸之路》为例**[J]. 新东方，2006（7）：60-64.
22. 韦大军. **从对岁月的审度中汲取精华——《新丝绸之路》导演手记**[J]. 电视研究，2006（6）：58-60.
23. 张雅欣，徐琳. **《新丝绸之路》再出发**[J]. 中国电视，2006（6）：48-51.

24. 王培. 只能遥望的《新丝绸之路》[J]. 中国电视，2006（6）：51-53.
25. 叶萍. 电视文化的“丝绸之路”——中央电视台国际部“电视丛书”随感[J]. 中国电视，2001（10）：58-6.
26. 王星军. 丝绸之路：我的梦 [J]. 大众电影，1997（11）：26-27.
27. 张世杰.《丝绸之路》编辑特色举隅 [J]. 吉林艺术学院学报，1997（2）：78-79.
28. 张胜庸. 大型电视系列片《南方丝绸之路》第四集 羌江访古[J]. 中国电视，1991（4）：44-45.

十、历史、地理

（一）史学理论

1. 白芳. “宁波海上丝绸之路学术研讨会”综述[J]. 中国史研究动态，2006（4）：26-27.
2. 李军. 宋元“海上丝绸之路”繁荣时期广州、明州（宁波）、泉州三大港口发展之比较研究[J]. 南方文物，2005（1）：76-82.
3. 侯灿. 略论东丝绸之路与日本九州[J]. 新疆师范大学学报（哲学社会科学版），1995（2）：1-14.
4. 顾学稼. 南方丝绸之路质疑[J]. 史学月刊，1993（3）：19-22.
5. 陈桥驿. “丝路学”研究的深入和扩大：评《洛阳——丝绸之路的起点》[J]. 史学月刊，1993（2）：114-118.
6. 陈炎. 东海丝绸之路和中外文化交流[J]. 史学月刊，1991（1）：100-107.
7. 卢苇. 丝绸之路的出现和开通[J]. 史学月刊，1981（4）：70-76.

（二）世界史

1. 李思成. 海上丝绸之路：比陆上丝绸之路更悠久[J]. 科学大观园，2015（7）：70-71.
2. 杨建华，邵会秋. 匈奴联盟与丝绸之路的孕育过程：青铜时代和早期铁器时代中国北方与欧亚草原的文化交往[J]. 吉林大学社会科学学报，2015（1）：154-162，176.
3. 冯建勇. 海路绵延通万国：海上丝绸之路的历史脉络与现实观照[J]. 理论参考，2014（9）：35-37.
4. 古丝绸之路[J]. 理论参考，2014（9）：60.
5. 曲金良. 五世纪初南中国海—印度洋“海上丝绸之路”的文化图景：以《法显传》为中心的微观考察[J]. 新东方，2014（6）：8-15.
6. 乔雅鸥. “丝绸之路”不是始于张骞[J]. 大科技（百科新说），2013（5）：54-55.
7. 土耳其伊斯坦布尔举办现代丝绸之路文化周活动[J]. 丝绸之路，2012（28）：81.
8. 张西平.《丝绸之路：中国与欧洲宗教哲学交流研究》[J]. 读书，2012（10）：168.
9. 涂师平. 从海上丝绸之路文物看世界多元文化融合[J]. 收藏家，2012（10）：37-41.
10. 冯定雄. 新世纪以来我国海上丝绸之路研究的热点问题述略[J]. 中国史研究动态，2012（4）：64-67.
11. 丹青，刘新胜. 丝绸之路上的古文明[J]. 世界遗产，2012（3）：14-19.

12. 郭小红. **古罗马向东方的探索与丝绸之路**[J]. 首都师范大学学报（社会科学版），2011（1）：202-207.
13. 耿昇. **考察草原丝绸之路的法国人**[J]. 北方民族大学学报（哲学社会科学版），2009（6）：18-28.
14. 李倩. **丝绸之路研究的新视角**[J]. 山西煤炭管理干部学院学报，2008（2）：142-144.
15. 丁鼎. **"东方海上丝绸之路"研究的新成果:《山东半岛与东方海上丝绸之路》评介**[J]. 齐鲁文化研究，2008（0）：293-294.
16. 杨巨平. **亚历山大东征与丝绸之路开通**[J]. 历史研究，2007（4）：150-161.
17. 龙腾. **古代南方丝绸之路的兴衰**[J]. 成都文物，2007（4）：34-60.
18. 路志峻，林春，李金梅. **汉唐间丝绸之路上的马毯运动考辨**[J]. 敦煌研究，2007（3）：50-54.
19. 索占鸿. **海上丝绸之路 加文·孟席斯："郑和首先环球航行发现新大陆""1421：中国发现世界"**[J]. 大陆桥视野，2006（11）：13-15.
20. 亚伦. **《海上丝绸之路》出版**[J]. 广东社会科学，2006（5）：120-121.
21. 袁晓春. **海上丝绸之路与14世纪中韩航海交流——以蓬莱高丽古船为中心**[J]. 当代韩国，2006（3）：90-94.
22. 王宏谋. **塞人及其与草原丝绸之路的开拓**[J]. 阴山学刊，2006（2）：67-69.
23. 松本伸之，李云. **丝绸之路与佛教文化**[J]. 新疆艺术学院学报，2006（1）：21-26.
24. 朱龙华，陈成军，黄玉成. **丝绸之路通大秦**[J]. 中国国家地理，2004（9）：106-116.
25. 施杨. **丝绸之路上的呼罗珊大道考述**[J]. 贵州师范大学学报（社会科学版），2002（4）：91-93.
26. 李金明. **联系福建与拉美贸易的海上丝绸之路**[J]. 东南学术，2001（4）：167-176.
27. 叶恩典. **"丝绸之路"历史进程中的中国——"中国与东南亚"国际学术讨论会综述**[J]. 海交史研究，1998（1）：118.
28. 陈炎. **海上丝绸之路与中泰两国的文化交流 为纪念亡友泰国史专家葛治伦教授逝世一周年而作**[J]. 海交史研究，1996（1）：14-26.
29. 季羡林. **古代穆斯林论中西文化的差异：读《丝绸之路》札记**[J]. 传统文化与现代化，1995（5）：90-95.
30. 丁毓玲. **"海上丝绸之路与伊斯兰文化"国际学术讨论会在泉州召开**[J]. 海交史研究，1994（1）：123-125.

（三）中国史

1. 陈张承，宁波. **琼粤在古代海上丝绸之路的历史地位及当代价值**[J]. 科教文汇，2015（16）.
2. 袁帅. **西汉丝绸之路繁荣发展的原因及启示**[J]. 科学中国人，2015（15）：163.
3. 曾旅湘. **从黄埔古港看广州海上丝绸之路的发展**[J]. 丝绸之路，2015（10）：22-24.
4. 陈汉初. **侨批投递，独特的"海上丝绸之路"：以海峡殖民地时期新加坡批局与汕头等地的往来为例**[J]. 广东档案，2015（10）：55-63，77.

5. 林娜. **郑和精神与“一带一路”构建**[J]. 赤子（上中旬），2015（8）：342-343.
6. 王坤，傅惟光. **辽代的契丹和草原丝绸之路**[J]. 理论观察，2015（6）：83-84.
7. 李青青，崔瑾，苏文泽，等. **试析草原丝绸之路的重要意义：以唐代参天可汗道为例**[J]. 前沿，2015（5）：157-160.
8. 魏振国. **丝绸之路与北魏平城**[J]. 黑龙江史志，2015（5）：12-13.
9. 葛剑雄. **“一带一路”的历史被误读**[J]. 环境教育，2015（5）：53-54.
10. 王邦维. **东国公主与蚕种西传：一个丝绸之路上的传说**[J]. 文史知识，2015（4）：102-107.
11. 韦夏宁. **明代广西海上丝绸之路研究**[J]. 民族论坛，2015（4）：44-49.
12. 李桂芳. **秦汉时期的南方丝绸之路与中印交流**[J]. 中华文化论坛，2015（4）：113-118.
13. 王韵. **唐代南方丝绸之路与中印佛教文化交流**[J]. 中华文化论坛，2015（4）：119-123.
14. 陶琳. **中国“一带一路”建设与东南亚、南亚在华留学生的关联研究**[J]. 传承，2015（3）：148-149.
15. 张国刚. **秦皇汉帝：霸道王道之兴衰（七）汉武帝经营西域：丝绸之路的开通**[J]. 月读，2015（3）：32-36.
16. 殷岩星，吴是穆. **丝绸之路“源头碑”**[J]. 苏州杂志，2015（3）：62-65.
17. 王喜成. **历史上的“丝绸之路”及其重要作用**[J]. 许昌学院学报，2015（3）：92-97.
18. 车辚. **南方丝绸之路上的陌生人：清末民初在云南游历和工作的外国人述略**[J]. 云南农业大学学报（社会科学版），2015（3）：113-122.
19. 柏宇亮. **基于广州海上丝绸之路的历史研究**[J]. 黑龙江史志，2015（3）：53.
20. 王子今. **前张骞的丝绸之路与西域史的匈奴时代**[J]. 甘肃社会科学，2015（3）：10-16.
21. 郝树声. **汉简中的大宛和康居：丝绸之路与中西交往研究的新资料**[J]. 中原文化研究，2015（2）：59-69.
22. 魏志江. **试论西辽帝国对中亚、西域的经略及其对丝绸之路的影响**[J]. 北方民族大学学报（哲学社会科学版），2015（2）：20-24.
23. 张德芳. **汉帝国在政治军事上对丝绸之路交通体系的支撑**[J]. 甘肃社会科学，2015（2）：17-24.
24. 谢必震. **郑和下西洋与21世纪海上丝绸之路的构建**[J]. 福建理论学习，2015（2）：26-27.
25. 唐小山. **唤醒“海上丝绸之路”的历史记忆**[J]. 文化月刊，2015（2）：34-37.
26. 贾庆军. **东南亚与“海上丝绸之路”精神：历史见证未来：兼论日本对“海上丝绸之路”精神传承的破坏**[J]. 宁波大学学报（人文科学版），2015（1）：79-83.
27. 黄立廉. **钦州古代海上丝绸之路的形成、作用及原因**[J]. 广西地方志，2015（1）：49-54.
28. 王爱虎. **从海上丝绸之路的发展史和文献研究看新海上丝绸之路建设的价值和意义**[J]. 华南理工大学学报（社会科学版），2015（1）：1-14.
29. 吴玉贵. **唐代长安与丝绸之路**[J]. 西北大学学报（哲学社会科学版），2015（1）：30-32.
30. 吕宗力. **“大长安”：丝绸之路的起点**[J]. 西北大学学报（哲学社会科学版），2015（1）：32-34.
31. 袁晓春. **海上丝绸之路上的明清福建商人**[J]. 福建文博，2015（1）：24-27.
32. 张德芳. **汉简中的丝绸之路：大宛和康居**[J]. 丝绸之路，2015（1）：13-18.
33. 余建华. **古代丝绸之路与亚欧文明交流**[J]. 历史教学问题，2015（1）：27-34.

34. 张朔人. **海上丝绸之路变迁与海南社会发展**[J]. 南海学刊，2015（1）：68-74.
35. 薛正昌. **丝绸之路经济带与宁夏**[J]. 宁夏社会科学，2015（1）：45-50.
36. 高小伟，郭芳. **丝绸之路与伊犁**[J]. 大众考古，2015（1）：74-80.
37. 和风. **“一带一路”国家新年风俗**[J]. 上海质量，2015（1）：56-59.
38. 徐方清. **“一带一路”战略构想悄然落地**[J]. 中国新闻周刊，2014（36）：45-47.
39. 陈达森. **“海上丝绸之路”的形成及其历史价值**[J]. 黑龙江史志，2014（24）：38-39.
40. 彭光谦. **论道“一带一路”：复兴“丝路”文明促进共同繁荣**[J]. 中国投资，2014（19）：28-33.
41. 张德芳. **丝路畅通 汉国保障：汉帝国政权在政治、军事上对丝绸之路交通体系的支撑**[J]. 丝绸之路，2014（15）：60-66.
42. 邵如林，邸明明. **玄奘与丝绸之路**[J]. 故事世界，2014（15）：28-29.
43. 毕然. **汉唐开启的丝绸之路**[J]. 故事世界，2014（15）：23-25.
44. 彭邦本. **古代成都与南方丝绸之路**[J]. 环球人文地理，2014（14）：5.
45. 刘邦. **元代青花瓷器与丝绸之路中的跨文化交流**[J]. 学理论，2014（12）：122-123.
46. 嘉树. **丝绸之路上的12个物产使者**[J]. 知识就是力量，2014（12）：18-21.
47. 张舒，正明. **历史上的丝绸之路与山西**[J]. 文史月刊，2014（12）：38-39.
48. 张景明. **草原丝绸之路上的蒙元金银器发现与研究**[J]. 哈尔滨学院学报，2014（11）：61-66.
49. **海南省委党史研究室（省地方志办公室）启动“海南与海上丝绸之路”课题合作研究**[J]. 中国地方志，2014（10）：32.
50. 郭城，饶宏展. **唐代海上丝绸之路与海南**[J]. 今日海南，2014（10）：32-33.
51. 冯天瑜. **开辟“丝绸之路”的三大动力源**[J]. 湖北社会科学，2014（9）：107-112.
52. **洛阳 丝绸之路的东方起点**[J]. 旅游，2014（9）：32-34.
53. 朱鸿. **汉武帝与丝绸之路**[J]. 延河，2014（9）：177-188.
54. 尚儒. **丝绸之路不能没有汉宣帝的名字：访著名历史学家韩养民教授**[J]. 新西部（上旬刊），2014（8）：34-35.
55. 杨献平. **丝绸之路上的隋唐**[J]. 百科知识，2014（8）：53-54.
56. **草原丝绸之路**[J]. 实践（思想理论版），2014（8）：12.
57. 韩文慧. **20世纪以来“丝绸之路”研究述评**[J]. 渭南师范学院学报，2014（7）：54-59.
58. 武玉环，程嘉静. **辽代对草原丝绸之路的控制与经营**[J]. 求索，2014（7）：158-162.
59. 郭勤华. **隋炀帝的开放政策与丝绸之路经济的开发**[J]. 宁夏社会科学，2014（6）：105-107.
60. **丝绸之路不是张骞“凿通”的？苏三《颠覆历史反思当下时代：文明大趋势》**[J]. 文史博览，2014（6）：40.
61. 徐桑奕. **明清时期中央政权南海管制式微与海上丝绸之路的衰落**[J]. 历史教学（高校版），2014（6）：9-13.
62. 石云涛. **丝绸之路与汉代香料的输入**[J]. 中原文化研究，2014（6）：59-66.
63. 苏惠萍. **西汉“两关”与丝绸之路**[J]. 寻根，2014（6）：4-8.
64. 张德芳. **西北汉简中的丝绸之路**[J]. 中原文化研究，2014（5）：26-35.

65. 崔明德．**再谈“青藏高原丝绸之路”的开辟及拓展**[J]．烟台大学学报（哲学社会科学版），2014（5）：85-89.
66. 孙占鳌．**丝绸之路的历史演变（中）**[J]．发展，2014（5）：44-45.
67. 车军，光影．**丝绸之路断想**[J]．名城绘，2014（5）：78-83.
68. 郭卫东．**丝绸、茶叶、棉花：中国外贸商品的历史性易代：兼论丝绸之路衰落与变迁的内在原因**[J]．北京大学学报（哲学社会科学版），2014（4）：133-143.
69. 郑松才，吴颖，陈海燕，等．**略论象山在宁波海上丝绸之路史上的重要历史地位**[J]．浙江纺织服装职业技术学院学报，2014（4）：53-59.
70. 汪一鸣．**丝绸之路绿洲研究集成、开拓之鸿篇大著：评钱云《丝绸之路绿洲研究》一书**[J]．宁夏大学学报（人文社会科学版），2014（4）：190-192.
71. 宋平．**广州海上丝绸之路文物与文化史迹展示的现状与思考**[J]．城市观察，2014（4）：71-78.
72. 刘新．**试论汉代南阳郡治宛城的历史地位：兼谈宛城在汉代丝绸之路上的作用**[J]．洛阳考古，2014（4）：45-50.
73. 张清廉．**丝绸之路上的中原印记：历史记忆与现实书写**[J]．平顶山学院学报，2014（4）：93-98.
74. 赵丰．**关于丝绸之路的历史细节**[J]．报刊荟萃，2014（4）：81-82.
75. 张光辉．**丝绸之路新乐章**[J]．当代兵团，2014（4）：27-28.
76. 翁源昌．**舟山：古代东亚“海上丝绸之路”的心灵港湾**[J]．浙江国际海运职业技术学院学报，2014（3）：53-57.
77. 熊孜．**舟山古灯塔群：海上丝绸之路的生命之光**[J]．浙江国际海运职业技术学院学报，2014（3）：58-61.
78. 赖进义．**论《郑和航海图》与海上丝绸之路间的关系**[J]．回族研究，2014（3）：128-132.
79. 周长山．**“海上丝绸之路”概念之产生与流变**[J]．广西地方志，2014（3）：47-51.
80. 黄启臣．**清代海上丝绸之路的中美贸易：兼论广州“一口通商”的始发港地位**[J]．岭南文史，2014（2）：10-16.
81. 郭建强．**在桑叶脉络之网中穿行：读布尔努瓦《丝绸之路》**[J]．青海国土经略，2014（1）：78-80.
82. **解读丝绸之路**[J]．艺术品鉴，2014（1）：218-221.
83. 王银田．**丝绸之路与北魏平城**[J]．暨南学报（哲学社会科学版），2014（1）：139-150.
84. 栗肖鹏，邱宏亮．**唐代丝绸之路新北道体育文化区研究**[J]．商情，2013（37）：281.
85. 张冀．**新丝绸之路经济带的国家战略分析：中国的历史机遇、潜在挑战与应对策略**[J]．人民论坛（学术前沿），2013（23）：6-13.
86. 程弓．**黑龙江冰雪丝绸之路（连载十八）**[J]．黑龙江史志，2013（18）：26-29.
87. 程弓．**黑龙江冰雪丝绸之路（连载十七）**[J]．黑龙江史志，2013（16）：47-50.
88. 程弓．**黑龙江冰雪丝绸之路（连载十六）**[J]．黑龙江史志，2013（14）：39-41.
89. 程弓．**黑龙江冰雪丝绸之路（连载十五）**[J]．黑龙江史志，2013（12）：34-37.
90. 程弓．**黑龙江冰雪丝绸之路（连载十四）**[J]．黑龙江史志，2013（10）：37-41.
91. 程弓．**黑龙江冰雪丝绸之路（连载十三）**[J]．黑龙江史志，2013（8）：34-39.

92. 柯嘉团. **明清时期的太平洋丝绸之路**[J]. 文化交流，2013（8）：42-45.
93. 陈霞. **丝绸之路的开通及其对新疆历史的影响**[J]. 西域研究，2013（7）：10-16，154.
94. 亮宝楼. **中国古代地图的华彩乐章：明代丝绸之路大地图**[J]. 海洋世界，2013（7）：12-13.
95. 程弓. **黑龙江冰雪丝绸之路（连载十二）**[J]. 黑龙江史志，2013（6）：30-34.
96. 宋阳. **草原丝绸之路兴盛时期中西交流的考古学观察：以辽上京、元上都及其周边发现为例**[J]. 史志学刊，2013（4）：37-39.
97. 赵大艳. **文化与精神的"丝绸之路"——中国文学作品在美国的译介效果和归因分析**[J]. 剑南文学（经典阅读），2013（4）：225.
98. 程弓. **黑龙江冰雪丝绸之路（连载十一）**[J]. 黑龙江史志，2013（4）：33-37.
99. 郭凤. **考古所见丝绸之路上的葡萄**[J]. 桑，2013（4）：40-42.
100. 张振玉. **王审知与福州海上丝绸之路**[J]. 福建文博，2013（4）：44-47.
101. 梁芳. **北朝后期丝绸之路的重要节点：晋阳**[J]. 文物世界，2013（3）：20-23.
102. 崔星，史淑琴. **甘肃各民族与丝绸之路**[J]. 甘肃高师学报，2013（3）：47-52.
103. 陆芸. **近 30 年来中国海上丝绸之路研究述评**[J]. 丝绸之路，2013（2）：13-16.
104. 程弓. **黑龙江冰雪丝绸之路（连载十）**[J]. 黑龙江史志，2013（2）：53-55.
105. 李传江. **齐鲁蚕桑业的发展与东海丝绸之路的兴盛**[J]. 暨南史学，2013（0）：51-60.
106. **丝绸之路上的察合台汗国和东察合台汗国**[J]. 丝绸之路，2012（24）：28-31.
107. 程弓. **黑龙江冰雪绸之路（连载八）**[J]. 黑龙江史志，2012（22）：46-48.
108. 平菁菁. **浅析丝绸之路上的文化艺术交流**[J]. 老区建设，2012（22）：25-27.
109. 程弓. **黑龙江冰雪丝绸之路（连载七）**[J]. 黑龙江史志，2012（18）：43-46.
110. 程弓. **黑龙江冰雪丝绸之路（连载六）**[J]. 黑龙江史志，2012（16）：38-41.
111. **早期丝绸之路暨早期秦文化学术研讨会举行**[J]. 丝绸之路，2012（16）：23.
112. **山东半岛与"海上丝绸之路"**[J]. 商周刊，2012（16）：38-39.
113. 程弓. **黑龙江冰雪丝绸之路（连载五）**[J]. 黑龙江史志，2012（14）：40-42.
114. 程弓. **黑龙江冰雪丝绸之路（连载四）**[J]. 黑龙江史志，2012（12）：33-36.
115. 程弓. **黑龙江冰雪丝绸之路（连载九）**[J]. 黑龙江史志，2012（12）：55-56，58.
116. 马莹，戴江. **古道隐苍茫：那些走过中国南方陆上丝绸之路的人们**[J]. 今日民族，2012（11）：40-44.
117. **海上丝绸之路文化遗产精品联展拉开帷幕**[J]. 丝绸之路，2012（8）：9.
118. **海上丝绸之路与蓬莱古船・登州港国际学术研讨会召开**[J]. 丝绸之路，2012（8）：13.
119. 余慧，邱建. **西南丝绸之路与四川传统多民族聚落的生长和演变解析**[J]. 中国园林，2012（7）：89-91.
120. 程弓. **黑龙江冰雪丝绸之路（连载三）**[J]. 黑龙江史志，2012（6）：26-29.
121. 陆桥夫. **走在"丝绸之路"上**[J]. 大陆桥视野，2012（6）：72-73.
122. 孟乐. **丝绸之路视野下的北方明珠：北朝晋阳**[J]. 沧桑，2012（5）：19-21.
123. 王蕾. **论唐代龟兹在丝绸之路上的地位和作用**[J]. 安康学院学报，2012（4）：81-84.
124. 程弓. **黑龙江冰雪丝绸之路（二）**[J]. 黑龙江史志，2012（4）：30-31.

125. 苏海洋. 再谈丝绸之路青海道的形成[J]. 青海民族大学学报（社会科学版），2012（4）：78-83.
126. 丝绸之路[J]. 乌蒙论坛，2012（4）：71.
127. 吴伟峰，吴娱. 广西合浦县汉代出土文物与海上丝绸之路[J]. 福建文博，2012（3）：12-14.
128. 盛观熙. 古代舟山与海上丝绸之路（续）[J]. 浙江国际海运职业技术学院学报，2012（3）：35-43.
129. 娄建红. 汉代广州与海上丝路：探究广州在海上丝绸之路中的地位和作用[J]. 人民论坛，2012（2）：128-139.
130. 龚缨晏. “海上丝绸之路与世界文明进程”国际学术论坛综述[J]. 中国史研究动态，2012（2）：78-82.
131. 张重艳. 黑水城出土文书与丝绸之路[J]. 宁夏社会科学，2012（2）：112-125.
132. 白雪. 古代东方丝绸之路的探究[J]. 辽宁丝绸，2012（2）：32.
133. 张华，赵逸民. 南海击波 丝路论道：“南海海上丝绸之路学术研讨会”会议综述[J]. 海南师范大学学报（社会科学版），2012（1）：164-166.
134. 汉代广州与海上丝路——探究广州在海上丝绸之路中的地位和作用[J]. 人民论坛（学术前沿），2012（1）：138-139.
135. 梅华全. 福建与“海上丝绸之路”[J]. 福建文博，2012（1）：2-6.
136. 章佩岚. “海上丝绸之路”对唐代海南的影响[J]. 福建文博，2012（1）：7-11.
137. 高永丽. “海上丝绸之路与世界文明进程”国际论坛在宁波举行[J]. 文博，2012（1）：84.
138. 颜信. 南方丝绸之路与古蜀对外关系探研：以古蜀和古印度间经贸关系为例[J]. 中华文化论坛，2012（1）：64-69.
139. 邹一清. “三星堆与南方丝绸之路：中国西南与欧亚古代文明国际学术研讨会”综述[J]. 中国史研究动态，2012（1）：58-60.
140. 于民. 丝绸之路与中外经济文化交流[J]. 兰台世界，2011（28）：62-63.
141. 张一平，严春宝. 南海海上丝绸之路学术研讨会综述[J]. 史学月刊，2011（12）：117-122.
142. 张开城. 论广东海上丝绸之路文化资源的开发利用[J]. 南方论刊，2011（11）：11-17.
143. 曾谦. 论河南丝绸之路的兴起与发展[J]. 丝绸之路，2011（10）：37-40.
144. 曹凛. 元朝海上丝绸之路[J]. 中国船检，2011（10）：108-111.
145. 石云涛. 3～6世纪的草原丝绸之路[J]. 社会科学战线，2011（9）：70-79.
146. 王英华. 从广州出发：重走海上丝绸之路[J]. 中国三峡，2011（8）：24-33.
147. 杨蕤. 五代、宋时期陆上丝绸之路研究述评[J]. 西域研究，2011（7）：126-135，142.
148. 胡素萍，张华. 南海击波 丝路论剑：“南海海上丝绸之路学术研讨会”会议综述[J]. 中国史研究动态，2011（6）：73-75.
149. 张怡民，张克. 明钦差大臣亦失哈十下奴儿干开拓东北亚丝绸之路[J]. 文史春秋，2011（6）：45-48.
150. 冀昌，一个神奇的民族 一种特殊的生活方式：《丝绸之路上的回响》出版[J]. 中国穆斯林，2011（5）：56.

151. 曾谦. **论河南丝绸之路的文化内涵**[J]. 沧桑，2011（5）：92-96.
152. 陈玉霞，高芬. **古代海上丝绸之路与中外交流**[J]. 兰台世界，2011（5）：78-79.
153. 钱云. **丝绸之路的绿洲保障体系**[J]. 北京林业大学学报（社会科学版），2011（4）：92-97.
154. 刘再聪，田澍. **居丝绸之路古道 开“丝绸之路学”课程：关于西北师范大学开设“丝绸之路学”课程的几点认识**[J]. 西北成人教育学报，2011（3）：41-44.
155. 冯敏. **隋唐时期丝绸之路贸易管理政策析论**[J]. 青岛大学师范学院学报，2011（2）：80-85.
156. **南方丝绸之路**[J]. 思想政治课教学，2011（2）：95.
157. 屈小玲. **中国西南与境外古道：南方丝绸之路及其研究述略**[J]. 西北民族研究，2011（1）：172-179.
158. **东京中国文化中心举办《永远的丝绸之路》专题讲座**[J]. 丝绸之路，2010（18）：101.
159. **浅谈宋元时期海上丝绸之路陶瓷贸易**[J]. 丝绸之路，2010（14）：23-26.
160. 张钧雷. **古刺桐港“海上丝绸之路”上的奇葩：港口史海拾零之泉州港（一）**[J]. 水运管理，2010（11）：38-40.
161. 楚福印. **东方丝绸之路：记渤海国与大唐、日本的友好往来**[J]. 黑龙江史志，2010（11）：10-12.
162. 柳颜. **大汉威仪与丝绸之路的起点**[J]. 南北桥，2010（11）：43-46.
163. 邢蕾，孙泓. **“丝绸之路与龟兹中外文化交流”学术研讨会综述**[J]. 探索与争鸣，2010（10）：79-80.
164. 朱立春. **清朝北方民族赏乌绫与东北亚丝绸之路**[J]. 广东技术师范学院学报，2010（10）：72-77.
165. 李陆华. **明代通往北国东疆的丝绸之路：冰川雪域的“纳丹府东北陆路”丝绸古道**[J]. 黑龙江社会科学，2010（6）：116-114.
166. 白立君. **从《华阳国志》看早期西南丝绸之路的状况**[J]. 齐齐哈尔师范高等专科学校学报，2010（6）：103-104.
167. 刘凤鸣. **押新罗渤海两蕃使与东方海上丝绸之路的繁荣**[J]. 鲁东大学学报（哲学社会科学版），2010（5）：39-42.
168. 田卫疆. **探索中西文化交流史的学术长卷：《丝绸之路研究丛书》评述**[J]. 中国出版，2010（5）：63-64.
169. 张春兰. **宋代南外宗正司入泉与海上丝绸之路**[J]. 福建史志，2010（5）：25-28.
170. 肖小勇. **丝绸之路对两汉之际西域的影响：以考古学为视角**[J]. 西域研究，2010（4）：57-65.
171. 周佩妮. **丝绸之路上的“六盘鸟道”**[J]. 宁夏师范学院学报，2010（4）：16-19.
172. 马建军. **丝绸之路“宁夏段”申报世界文化遗产预备点突出的普遍价值**[J]. 宁夏师范学院学报，2010（4）：50-54.
173. 段小强，尹伟先. **2010 丝绸之路与西北历史文化学术研讨会述评**[J]. 敦煌学辑刊，2010（3）：193-198.
174. 成建正. **汉唐宏观历史视阈下的丝绸之路**[J]. 文博，2010（3）：3-8.

175. 藏彝走廊与丝绸之路[J]. 中国西藏，2010（3）：93.
176. 荣新江. 唐代北庭都护府与丝绸之路[J]. 文史知识，2010（2）：25-31.
177. 浅论丝绸之路上的文化交流及其意义[J]. 吉林广播电视大学学报，2010（1）：89-92.
178. 张国刚. 丝绸之路与中西方文化交流[J]. 新疆人文地理（汉），2010（1）：1-3.
179. 张田. 继承人类古代文明遗产，谱写中西文化交流篇章：《丝绸之路研究丛书》（第二版）出版简述[J]. 西域研究，2010（1）：130-131.
180. 温翠芳. 中古时代丝绸之路上的香药贸易中介商研究[J]. 唐史论丛，2010（0）：320-330.
181. 任宝磊. 汉代河西长城与丝绸之路[J]. 西北民族论丛，2010（0）：56-65.
182. 草原丝绸之路学术研讨会在陕西召开[J]. 丝绸之路，2009（16）：20.
183.《登州与海上丝绸之路国际研讨会论文集》出版[J]. 丝绸之路. 2009（16）：104.
184. 刘伟民. 文化主义与广东海上丝绸之路研究[J]. 湖北经济学院学报（人文社会科学版），2009（12）：125-126.
185. 俞梓. 海上丝绸之路[J]. 海洋与渔业，2009（10）：52.
186. 杨蕤. 宋代陆上丝绸之路贸易三论[J]. 新疆大学学报（哲学·人文社会科学版），2009（9）：59-64.
187. 邹一清. 2007 年以来的南方丝绸之路文化交流研究[J]. 中国史研究动态，2009（8）：12-16.
188. 张骞与丝绸之路[J]. 公关世界，2009（8）：62.
189. 杨镰. 丝绸之路史二题[J]. 文史知识，2009（6）：4-11.
190. 段渝. 先秦两汉的南方丝绸之路[J]. 文史知识，2009（6）：26.
191.《丝绸之路 2000 年》出版[J]. 丝绸之路，2009（6）：119.
192. 李尚奎. 西汉时期匈奴在丝绸之路上的地位和作用[J]. 昌吉学院学报，2009（5）：29-33.
193. 路志峻，张有. 丝绸之路上的胡戏：双陆之考析[J]. 敦煌研究，2009（5）：106-110.
194. 郭旃. 大明宫遗址保护应该是丝绸之路申遗的一个亮点工程[J]. 中国文化遗产，2009（4）：131.
195. 李瑞哲. 古代丝绸之路商队的活动特点分析[J]. 兰州大学学报（社会科学版），2009（3）：37-44.
196. 徐国栋. 北魏平城时代的丝绸之路[J]. 沧桑，2009（2）：7-8.
197. 李瑞哲. 试论胡商在丝绸之路上的活动以及中原王朝对待胡商的政策[J]. 敦煌学辑刊，2009（2）：163-172.
198. 赵莹波. 宋日贸易再考：海上丝绸之路东亚贸易圈的形成[J]. 河南社会科学，2009（1）：156-158.
199. 晁中辰.《山东半岛与东方海上丝绸之路》[J]. 东方论坛，2009（1）：129.
200. 李绍明. 近 30 年来的南方丝绸之路研究[J]. 中华文化论坛，2009（1）：157-160.
201. 张留见. 河洛文化与丝绸之路[J]. 中州学刊，2009（1）：186-188.
202. 田亚岐，杨曙明. 丝绸之路南线长安至陇山段考察研究[J]. 秦汉研究，2009（0）：135-144.
203. 陈艳. 线路遗产与"海上丝绸之路"个案研究：以海上丝绸之路（中国宁波段）为例[J]. 世界遗产论坛，2009（0）：107-116.

204. 刘凤鸣. **齐国开辟了“东方海上丝绸之路”**[J]. 齐鲁文化研究，2009（0）：224-230.
205. 卢苇. **南海丝绸之路与东南亚**[J]. 海交史研究，2008（12）：5-13.
206. 徐鞠. **海上丝绸之路（近期）**[J]. 椰城，2008（10）：15-16.
207. 徐鞠. **海上丝绸之路（清代）**[J]. 椰城，2008（9）：19.
208. 徐鞠. **海上丝绸之路（明朝）**[J]. 椰城，2008（8）：25-26.
209. 徐鞠. **海上丝绸之路（宋元时期）** [J]. 椰城，2008（7）：25-27.
210. 杨蕤，王润. **略论五代以来陆上丝绸之路的几点变化**[J]. 宁夏社会科学，2008（6）：148-151.
211. 徐鞠. **海上丝绸之路（隋唐时代）**[J]. 椰城，2008（6）：29-30.
212. 张嫦艳，颜浩. **魏晋南北朝的海上丝绸之路及对外贸易的发展**[J]. 沧桑，2008（5）：19-21.
213. 杨林，余厚蜀，黄宝洲，等. **西南丝绸之路：写满传奇的千年古道（下）**[J]. 中国边防警察杂志，2008（5）：84.
214. 徐鞠. **海上丝绸之路（南朝时期）**[J]. 椰城，2008（5）：18.
215. 张得祖. **古玉石之路与丝绸之路青海道**[J]. 青海师范大学学报（哲学社会科学版），2008（5）：56-59.
216. 杨林，余厚蜀，黄宝洲，等. **西南丝绸之路：写满传奇的千年古道（上）**[J]. 中国边防警察杂志，2008（4）：88.
217. 苏丹. **丝绸之路对汉代音乐的影响**[J]. 南都学坛，2008（4）：39-40.
218. 徐鞠. **海上丝绸之路（三国时期）**[J]. 椰城，2008（4）：19.
219. 尹磊. **新史料与新思路：读殷晴著《丝绸之路与西域经济》**[J]. 西域研究，2008（3）：128-130.
220. 黄启臣. **一部反映广东海上丝绸之路的新著：评顾涧清等著《广东海上丝绸之路研究》**[J]. 岭南文史，2008（3）：106-110.
221. 徐鞠. **海上丝绸之路（汉朝）**[J]. 椰城，2008（3）：23-25.
222. 张玉桥. **以洛阳为东端起点的欧亚草原丝绸之路的形成**[J]. 焦作师范高等专科学校学报，2008（2）：32-35.
223. 刘永连. **从丝绸文化传播看丝绸之路上的文化回流**[J]. 西域研究，2008（2）：75-84.
224. 侯水平. **南方丝绸之路与民族文化论坛开幕式致辞**[J]. 中华文化论坛，2008（2）：7-8.
225. 李绍明. **南方丝绸之路上的邛崃与邛人**[J]. 中华文化论坛，2008（2）：21-22.
226. 孙华. **青藏高原的东缘 古族南迁的走廊：关于所谓“南方丝绸之路”几个问题**[J]. 中华文化论坛，2008（2）：67-73.
227. 罗开玉. **汉武帝开发西南夷与“南方丝绸之路”**[J]. 中华文化论坛，2008（2）：82-84.
228. 霍巍. **“西南夷”与南方丝绸之路**[J]. 中华文化论坛，2008（2）：114-120.
229. 李远国. **南方丝绸之路上的宗教文化交流**[J]. 中华文化论坛，2008（2）：168-172.
230. 石云涛. **汉唐间丝绸之路起点的变迁**[J]. 中州学刊，2008（1）：183-194.
231. 刘俊敏. **丝绸之路研究的新收获——评石云涛《三至六世纪丝绸之路的变迁》**[J]. 中国出版，2007（10）：60.
232. **东西文化的交融——“丝绸之路”之迷**[J]. 文化博览，2007（10）：70-73.

233. 张文德. **明代西北丝绸之路上的“打剌罕”**[J]. 历史教学（高校版），2007（8）：97-99.
234. **“海上丝绸之路”的发展**[J]. 海洋世界，2007（8）：24-25.
235. 田澍，李勇锋. **世界遗产视野中的丝绸之路**[J]. 西北师大学报：社会科学版，2007（6）：9-12.
236. 钱耀鹏. **丝绸之路形成的东方因素分析——多样性文化与人类社会的共同进步**[J]. 西北大学学报（哲学社会科学版），2007（4）：37-42.
237. 李春，曹义中. **从西瓜传播看三条丝绸之路的交互作用**[J]. 北京交通管理干部学院学报，2007（3）：14-16.
238. 刘文锁. **中古时代丝绸之路贸易中的货币问题——“丝绸之路古国钱币暨丝路文化国际学术研讨会”述评**[J]. 西域研究，2007（2）：128-132.
239. 陈爱峰，赵学东. **西夏与丝绸之路研究综述**[J]. 西北第二民族学院学报（哲学社会科学版），2007（2）：27-31.
240. **丝绸之路**[J]. 四川丝绸，2007（2）：54.
241. 徐苹芳. **中国境内的丝绸之路**[J]. 文明，2007（1）：10-13.
242. 张琳，郑云峰，李学亮，等. **中国走向世界——21 世纪丝绸之路再发现**[J]. 文明，2007（1）：48-72.
243. 陈国灿. **唐西州在丝绸之路上的地位和作用**[J]. 唐史论丛，2007（1）：137-151.
244. 王元林. **再论宋南海神东、西庙与广州海上丝绸之路**[J]. 暨南史学，2007（0）：417-430.
245. 张克，云波. **古代东北黑龙江“丝绸之路”**[J]. 黑龙江史志，2006（8）：47-49.
246. 骆奇南. **南方丝绸之路概述**[J]. 巴蜀史志，2006（6）：50-51.
247. 买玉华. **“丝绸之路与文明的对话”学术讨论会召开**[J]. 西域研究，2006（4）：116-117.
248. 程喜霖. **汉唐西域烽燧与丝绸之路**[J]. 文史知识，2006（4）：35-40.
249. 陈瑾. **丝绸之路：世界文明交流第一路**[J]. 旅游时代，2006（3）：62-65.
250. 耿兆锐. **《唐代丝绸之路与中亚历史地理研究》评介**[J]. 唐都学刊，2006（2）：18-20.
251. 彭向前. **西夏王朝对丝绸之路的经营**[J]. 宁夏大学学报（人文社会科学版），2006（2）：8-12.
252. 张翔里. **神秘的中国西羌丝绸之路**[J]. 阿坝师范高等专科学校学报，2006（2）：4-7.
253. **丝绸之路青海道**[J]. 文史知识，2006（2）：17-18.
254. 温翠芳. **唐代长安西市中的胡姬与丝绸之路上的女奴贸易**[J]. 西域研究，2006（2）：19-23.
255. 覃主元. **汉代合浦港在南海丝绸之路中的特殊地位和作用**[J]. 社会科学战线，2006（1）：168-172.
256. 李清生. **通车记——忆抗战时期重修古丝绸之路**[J]. 前进论坛，2005（11）：20-22.
257. **丝绸之路上的血火抗争——纪念抗日战争胜利 60 周年**[J]. 丝绸之路，2005（8）：41-44.
258. **丝绸之路——东西方对话之路**[J]. 丝绸之路，2005（7）：19-21.
259. 崔景文. **郑和——海上丝绸之路的伟大旗帜和先驱**[J]. 丝绸之路，2005（6）：4-9.
260. 张少华. **试论丝绸之路的文化意义**[J]. 理论观察，2005（6）：74-75.
261. 王锋. **张骞通西域与丝绸之路中国境内的自然生态环境保护**[J]. 宁夏大学学报（人文社会科学版），2005（5）：32-34.

262. 范金民．**“郑和与海上丝绸之路——纪念郑和下西洋六百周年”学术研讨会在澳门举行**[J]．郑和研究，2005（4）：69.
263. 王锋．**从海上丝绸之路的极盛时期看郑和下西洋的时代意义**[J]．郑和研究，2005（2）：1-4.
264. 林浩．**关于宁波“海上丝绸之路”各个时期特点的探讨**[J]．东方博物，2005（2）：60-65.
265. 崔明德．**中国古代和亲与丝绸之路的拓展**[J]．中国边疆史地研究，2005（2）：39-53.
266. 郭绍林．**关于唐代洛阳与丝绸之路的几个问题**[J]．河南科技大学学报（社会科学版），2005（2）：19-23.
267. 李明伟．**丝绸之路研究百年历史回顾**[J]．西北民族研究，2005（2）：90-106.
268. **丝绸之路**[J]．生命世界杂志，2005（2）：47.
269. 杨成鉴．**海上丝绸之路的起点站——双屿港**[J]．江纺织服装职业技术学院，2005（1）：67-71，76.
270. 张武一．**丝绸之路研究的新动向**[J]．中国钱币，2005（1）：79.
271. 北海市海上丝绸之路始发港课题组．**合浦是最早海上丝绸之路始发港的研究与开发**[J]．经济与社会发展，2004（10）：112-116.
272. 王元林．**《广东海上丝绸之路史》评介**[J]．中国史研究动态，2004（7）：28-29.
273. 季羡林．**丝绸之路与西行行记考**[J]．中国海洋大学学报（社会科学版），2004（6）：31-42.
274. 李春芳．**丝绸之路对河西开发的影响**[J]．甘肃理论学刊，2004（5）：86-88.
275. 朱龙，董韶华．**登州港与东方海上丝绸之路**[J]．中国海洋大学学报（社会科学版），2004（4）：23-27.
276. 司徒尚纪．**封开：海陆丝绸之路对接一个要冲**[J]．岭南文史，2004（3）：16-17.
277. 黄启臣．**广信是西汉海上丝绸之路与内动互动的枢纽**[J]．岭南文史，2004（3）：18-19.
278. 曾昭璇，曾新，曾宪珊．**西瓯国与海上丝绸之路**[J]．岭南文史，2004（3）：23-33.
279. 魏迎春．**历史的追寻——2004年丝绸之路佛教艺术与历史文化学术考察活动侧记**[J]．敦煌学辑刊，2004（2）：115-158.
280. 濮仲远．**唐五代丝绸之路上的瑟瑟与水精**[J]．陇东学院学报（社会科学版），2004（2）：59-61.
281. 涂裕春．**古丝绸之路与各民族的融合**[J]．西南民族大学学报（人文社会科学版），2004（2）：21-23.
282. 冯峥．**海上丝绸之路与阳江特产**[J]．岭南文史，2004（2）：58-60.
283. 王香莲，蓝琪．**论吐蕃在唐西域的活动及其对丝绸之路的影响**[J]．贵州师范大学学报（社会科学版），2004（1）：49-52.
284. 邓家倍，任建芬．**广州不是中国汉代海上丝绸之路始发港**[J]．广州社会主义学院学报，2004（1）：59-64.
285. 巴导．**宋初草原丝绸之路臆说**[J]．内蒙古金融研究，2003（3）：119-122.
286. 张郁．**草原丝绸之路契丹印迹**[J]．内蒙古金融研究，2003（3）：234-242.

287. 曾昭璇. **一部反映广东海上丝绸之路历史的巨著——评黄启臣主编的《广东海上丝绸之路史》**[J]. 岭南文史，2003（3）：41-44.

288. 田庆锋，杨照珺. **畏兀儿人阔儿吉思与丝绸之路西段经营初探**[J]. 喀什师范学院学报，2003（2）：34-37.

289. 刘明金. **中国陆海两条丝绸之路比较**[J]. 湛江海洋大学学报，2003（2）：6-11.

290. 魏兆和，程嘉翎. **丝绸之路在西域的三绝三通**[J]. 中国蚕业，2003（2）：79-80.

291. 卫月望. **契丹外交与草原丝绸之路及货币**[J]. 内蒙古金融研究，2003（2）：214-218.

292. 周家干. **合浦乾体古港作为“海上丝绸之路”始发港探源**[J]. 广西地方志，2002（5）：71-73.

293. 黄光成. **西南丝绸之路是一个多元立体的交通网络**[J]. 中国边疆史地研究，2002（4）：63-69.

294. 李学江. **西夏时期的丝绸之路**[J]. 复印报刊资料（宋辽金元史），2002（3）：56-62.

295. 邢永福. **清代广州“十三行”档案首次系统公布——在“海上丝绸之路与广州港”研讨会上的讲话**[J]. 历史档案，2002（2）：134-136.

296. 蒋海明. **浅述帖木儿王朝钱币及对丝绸之路的影响**[J]. 新疆钱币，2002（2）：9-14.

297. 朱士光. **历史时期丝绸之路通塞的启迪**[J]. 中国历史地理论丛，2002（2）：10-13.

298. 吴建华. **海上丝绸之路与粤洋西路之海盗**[J]. 湛江师范学院学报，2002（2）：29-33.

299. 耿昇. **法国汉学界对丝绸之路的研究**[J]. 西北第二民族学院学报（哲学社会科学版），2002（2）：5-13.

300. 刘光全. **“南方丝绸之路”蠡测**[J]. 文史杂志，2002（2）：28-30.

301. 余庆绵. **广州是海上丝绸之路发祥地质疑**[J]. 羊城今古，2002（1）：26-27.

302. 王连胜. **海上丝绸之路——普陀山高丽道头探轶**[J]. 浙江海洋学院学报（人文科学版），2002（1）：11-14.

303. 李学江. **西夏时期的丝绸之路**[J]. 宁夏社会科学，2002（1）：91-96.

304. 陈炎. **海上丝绸之路对世界文明的贡献**[J]. 今日中国（中文版），2001（12）：50-52.

305. 刘小荣. **“丝绸之路”上的希腊文化**[J]. 历史教学，2001（9）：20-24.

306. 李娟芳，钟林. **对“海上丝绸之路始发港”之我见**[J]. 社科与经济信息，2001（5）：94-97.

307. 丁显操. **在海上“丝绸之路”的起点——记今日福建陈埭丁氏回族**[J]. 中国民族，2001（3）：54-55.

308. 李明伟. **安西大都护府的伟大功绩和突厥对丝绸之路的贡献**[J]. 西北民族研究，2001（3）：128-136.

309. 章深. **广州“海上丝绸之路”及其相关研究的新进展：“广州与‘海上丝绸之路’学术座谈会”评述**[J]. 岭南文史，2001（3）：11-14.

310. 梁旭达，邓兰. **汉代合浦郡与海上丝绸之路**[J]. 广西民族研究，2001（3）：86-91.

311. 李辉. **西夏与丝绸之路**[J]. 社科纵横，2001（3）：71-72.

312. 韩毅. **丝绸之路与伊斯兰教传入西北**[J]. 丝绸之路，2001（1）：40-42.

313. 伊赫. **草原丝绸之路（三）**[J]. 党建与人才，2000（12）：41.

314. 伊赫．**草原丝绸之路（一）**[J]．党建与人才，2000（9）：46.
315. 王德友．**古蜀国与丝绸之路**[J]．丝绸之路，2000（6）：54-56.
316. 杨秋．**丝绸之路亦是宝玉石之路**[J]．丝绸之路，2000（6）：57.
317. 郭亚非．**中央王朝势力的加强与南方古丝绸之路的开发**[J]．高等学校文科学报文摘，2000（5）：35-47.
318. 黄伟宗．**应当重视"海上丝绸之路"的开发**[J]．岭南文史，2000（4）：4-7.
319. 阮应祺．**汉代徐闻港在海上丝绸之路历史中的地位**[J]．岭南文史，2000（4）：19-21.
320. 郭亚非．**中央王朝势力的加强与南方古丝绸之路的开发**[J]．云南师范大学学报：哲学社会科学版，2000（4）：52-54.
321. 刘卫萍．**丝绸之路商贸活动对唐代消费观念的影响**[J]．固原师专学报，2000（2）：6-9.
322. 陶柯．**论吐蕃为开辟高原丝绸之路做出的贡献**[J]．甘肃高师学报，2000（1）：69-72.
323. 罗二虎．**汉晋时期的中国"西南丝绸之路"**[J]．四川大学学报（哲学社会科学版），2000（1）：84-105.
324. 尤学工．**论东汉时期洛阳作为丝绸之路起点的可能性和现实性——兼与王世平先生商榷**[J]．洛阳工学院学报（社会科学版），2000（1）：26-31.
325. 阎质杰．**我国历史上的"东北亚丝绸之路"**[J]．中国地名，2000（1）：45-46.
326. 万明．**明代澳门与海上丝绸之路**[J]．世界历史，1999（6）：2-9.
327. 宋岘．**"澳门与海上丝绸之路"国际研讨会侧记**[J]．世界历史，1999（6）：121-122.
328. **丝绸之路上的一颗明珠——录《库车县志》**[J]．中国地方志，1999（6）：31-34.
329. 周得京．**中国丝绸之路的繁荣**[J]．洛阳工学院学报（社会科学版），1999（3）：28-33.
330. 吴焯．**西南丝绸之路的再认识**[J]．文史知识，1998（10）：19-25.
331. 布尔努瓦，耿昇．**法国的丝绸之路研究**[J]．传统文化与现代化，1998（4）：85.
332. 张炳玉．**甘肃：丝绸之路上的文化长廊**[J]．中外文化交流，1998（1）：11-13.
333. **五代、宋初灵州与丝绸之路**[J]．西北民族研究，1998（1）：8-26.
334. 卢明辉．13 **世纪以后亚欧大陆"草原丝绸之路"与蒙古游牧文化的变迁**[J]．内蒙古社会科学（汉文版），1997（6）：41-46.
335. 陈燮阳，乔惠英．**丝绸之路——古代的东西方国际大通道**[J]．汽车研究与开发，1997（5）：57-61.
336. 许序雅．**《敦煌吐鲁番文书与丝绸之路》读后感**[J]．历史研究，1997（4）：189-192.
337. 达浚，韶蓉．**汉唐丝绸之路与陇右的开发**[J]．中国典籍与文化，1997（3）：4-122.
338. 张学君，张莉红．**南方丝绸之路上的食盐贸易（续篇）**[J]．盐业史研究，1997（3）：11-22.
339. 郑一钧，蒋铁民．**郑和下西洋时期伊斯兰文化的传播对海上丝绸之路的贡献**[J]．中国海洋大学学报（社会科学版），1997（2）：8-12.
340. 杨富学．**明代陆路丝绸之路及其贸易**[J]．中国边疆史地研究，1997（2）：10-19.
341. 唐嘉弘，张建华．**海上丝绸之路疏证**[J]．南方文物，1997（2）：65-69.
342. 李万禄．**丝绸之路上的一块丰碑——对东汉《曹全碑》书法与历史之讨论**[J]．西北史，1997（1）：42-44.

343. 宋蜀华. 论西南丝绸之路的形成、作用和现实意义[J]. 中央民族大学学报（哲学社会科学版），1996（6）：6-10.
344. 王立民. 丝绸之路与“凿空”[J]. 科技潮，1996（6）：54-55.
345. 法国学者对丝绸之路的研究[J]. 丝绸之路，1996（5）：58-61.
346. 阿拉腾奥其尔.“世纪之交中国古典文学及丝绸之路文明”国际学术研讨会综述[J]. 中国边疆史地研究，1996（4）：115-118.
347.“丝绸之路”起点在哪里[J]. 中国蚕业，1996（3）：39.
348. 马德元. 新疆在丝绸之路文化历史上的地位[J]. 西北民族研究，1996（1）：126-132.
349. 庄国土. 从丝绸之路到茶叶之路[J]. 海交史研究，1996（1）：1-14.
350. 辛夷. 绚丽多彩的丝路文化——《丝绸之路》读后[J]. 文史知识，1995（12）：85-88.
351. 郝树声. 张骞凿空以前的丝绸之路[J]. 丝绸之路，1995（6）：11-19.
352. 吴疆. 丝绸之路上的神秘人群[J]. 丝绸之路，1995（5）：51-52.
353. 李华瑞. 宋初丝绸之路上的交往[J]. 丝绸之路，1995（5）：55-56.
354. 孙明媚. 丝绸之路上的民族与历史的再现：评介《中国古代少数民族与丝绸之路》[J]. 青海社会科学，1995（4）：120-121.
355. 李惠兴. 丝绸之路上的邮传驿站[J]. 丝绸之路，1995（4）：20-21.
356. 傅朗云. 关于古代东北亚丝绸之路的探索[J]. 北方论丛，1995（4）：38-43.
357. 黄新波. 洛阳与丝绸之路关系述论[J]. 中原文物，1995（3）：105-109.
358. 蒋猷龙. 丝绸之路的开拓——周穆王首传丝绸至西方[J]. 中国蚕业，1995（3）：44-45.
359. 侯丕勋.“汗血马”与丝绸之路[J]. 丝绸之路，1995（3）：53-54.
360. 葛承雍. 丝绸之路的起点[J]. 华夏文化，1995（1）：41-43.
361. 郑一钧.“海上丝绸之路与伊斯兰文化”国际学术讨论会述要[J]. 中国史研究动态，1994（8）：15-19.
362. 日知. 张骞凿空前的丝绸之路——论中西古典文明的早期关系[J]. 传统文化与现代化，1994（6）：25-32.
363. 杨旸. 明代通往东疆的丝绸之路：“开原东陆路至朝鲜后门”[J]. 文史知识，1994（6）：62-65.
364. 庄雨集. 古代“海上丝绸之路”首发地又树文化丰碑——《晋江市志》首发式暨编纂工作表彰大会巡礼[J]. 中国地方志，1994（5）：74-75.
365. 宋岘. 珍贵的文献，丰硕的成果——《丝绸之路：中国—波斯文化交流史》读后[J]. 传统文化与现代化，1994（5）：88-95.
366. 李永平. 东罗马银盘·葡萄文化·丝绸之路[J]. 丝绸之路，1994（5）：54-56.
367. 萨恒·松哈泰. 丝绸之路在草原文化发展中的作用[J]. 西域研究，1994（4）：41-47.
368. 胡善美.“海上丝绸之路”与刺桐城[J]. 科学与文化，1994（4）：28-30.
369. 薛梅丽. 海上丝绸之路与潮汕文化学术研讨会[J]. 海交史研究，1994（2）：2.
370. 李明伟. 古丝绸之路与西北民族的凝聚[J]. 西北民族研究，1994（2）：41-48.
371. 哈德斯. 中国阿尔泰古代丝绸之路[J]. 西北民族研究，1994（2）：48-56.
372. 臧振. 丝绸之路的前身——玉石之路[J]. 丝绸之路，1994（2）：36-38，63-64.
373. 李云清. 朱然墓与海上丝绸之路[J]. 马钢职工大学学报，1994（1）：55-58.

374. 郭培忠. **丝绸之路 友谊之路——古代广东的海外交通和贸易**[J]. 中国典籍与文化，1993（4）：57-53.
375. 孟东风. **东北亚海上丝绸之路——唐代渤海国的“龙原日本道”**[J]. 中国典籍与文化，1993（3）：18-23.
376. 郭锋. **“丝路”研究有新篇——《洛阳——丝绸之路的起点》评介**[J]. 洛阳师专学报：自然科学版，1993（1）：108-111.
377. 纪宗安. **试论南方丝绸之路与海上丝绸之路的关系**[J]. 岭南文史，1993（1）：9-14.
378. 刘迎胜. **“草原丝绸之路”考察简记**[J]. 中国边疆史地研究，1992（3）：119-142.
379. 陈柏坚. **广州是“海上丝绸之路”的始发港**[J]. 岭南文史，1992（2）：46.
380. 刘迎胜. **威尼斯——广州“海上丝绸之路”考察简记**[J]. 中国边疆史地研究，1992（1）：99-111.
381. 张来仪. **蒙古帝国与丝绸之路的复兴**[J]. 甘肃社会科学，1991（6）：97-102.
382. 张子明. **丝绸之路沙漠路线中国地段国际学术考察圆满结束**[J]. 中国边疆史地研究，1990（6）：38-39.
383. 崔明德. **汉唐和亲与丝绸之路**[J]. 天府新论，1990（5）：84-89.
384. 张荣芳. **西汉屯田与“丝绸之路”**[J]. 中国史，1983（4）：13-25.

（四）亚洲史

1. 张国宁. **穿行在丝绸之路上的东干人**[J]. 当代陕西，2014（7）：52-53.
2. 穆罕默德・巴格尔・乌苏吉，林喆. **波斯文献中关于喀什噶尔在丝绸之路上的地位的记载**[J]. 新疆师范大学学报（哲学社会科学版），2012（6）：8.
3. 列斯科夫，奈马克，王垚磊. **中亚新著：《丝绸之路上的金帐汗国城市》**[J]. 内蒙古大学艺术学院学报，2012（1）：130-132.
4. 杨育才. **古丝绸之路“活化石”布哈拉老城**[J]. 汽车实用技术（自驾游），2010（12）：103-105.
5. 张咏梅. **中亚犹太人与丝绸之路**[J]. 文博，1997（4）：45-47.
6. 李明伟. **日本的“丝绸之路”——绢の道**[J]. 丝绸之路，1995（6）：61.
7. 刘文龙. **马尼拉帆船贸易——太平洋丝绸之路**[J]. 复旦学报（社会科学版），1994（5）：104-108.

（五）欧洲史

1. 鲜于浩，雷斌. **法国与丝绸之路**[J]. 社会科学研究，2004（4）：123-127.
2. 耿昇. **从法国安菲特利特号船远航中国看17～18世纪的海上丝绸之路**[J]. 西北第二民族学院学报（哲学社会科学版），2001（2）：3-11.

（六）美洲史

林健. **赴美《僧侣、商旅与丝绸之路：4至7世纪中国甘肃・宁夏文物精华展》筹办工作体会**[J]. 陇右文博，2002（1）：89-91.

（七）传　记

1. 王锐丽．翟墨领航：2015 重走海上丝绸之路[J]．珠江水运，2015（1）：49-51.
2. 王新春．斯文·赫定和“丝绸之路复兴”[J]．国家人文历史，2014（13）：86-91.
3. 尹传红，骆玫．李希霍芬：“丝绸之路”命名者的中国缘[J]．知识就是力量，2014（12）：62-65.
4. 马成贵．悠悠驼铃声 漫漫古道情：有关丝绸之路的话题[J]．宁夏史志，2014（5）：39-43.
5. 魏小石．马友友和他的丝绸之路音乐[J]．中国西部，2013（11）.
6. 陈潇潇．丝绸之路上的文明使者[J]．中国边防警察杂志，2013（9）：50-51.
7. 闫岩．斯珀泽姆：“丝绸之路”的来客[J]．科学新闻，2012（12）：68-71.
8. 晓文．马友友用大提琴践行“丝绸之路”[J]．小演奏家，2012（5）：55.
9. 项一峰．丝绸之路佛教大师鸠摩罗什传教小议[J]．丝绸之路，2010（12）：14-19.
10. 涂师平．立德 立业 立言——记我国著名“海上丝绸之路”研究先驱陈炎教授[J]．宁波通讯，2010（7）：44-45.
11. “丝绸之路”上续写金融篇章：记全国劳动模范、国家开发银行甘肃省分行行长杨文清马腾跃[J]．中国金融家，2010（6）：86-88.
12. 郭风平，郭新荣，王立宏．丝绸之路植物交流探源[J]．丝绸之路，2009（6）：98-104.
13. 陈永昌．一位构筑文化丝绸之路的人——记平山郁夫先生[J]．友声，2008（4）：37-39.
14. 王觉．访湖州丝绸之路集团——董事长凌兰芳[J]．包装世界，2007（3）：62-66.
15. ALAN，BECKY，NICHOLS．万里走单骑　七旬老人十六年骑车走完丝绸之路[J]．华夏人文地理，2005（7）：22.
16. 紫茵．从丝绸之路走来的英雄男高音[J]．歌剧，2005（1）：36-38.
17. 张开泽．构筑 21 世纪新的丝绸之路——记中国科学院院士、西南农业大学教授向仲怀[J]．科学咨询，2003（12）：22-23，31.
18. 陈关允．《新丝绸之路的开拓者——中国经营大师鲁灿松》简介[J]．丝绸，2000（8）：25.
19. 珍妮特·塔基尔，王广树．马友友与古丝绸之路[J]．音乐天地，2000（5）：26.
20. 金辉．郭元振与丝绸之路[J]．丝绸之路，1998（2）：39-40.
21. 飞雨．王敏刚情系“丝绸之路”[J]．中华儿女（海外版），1997（7）：62-63.
22. 卢滨玲．晋朝僧人法显与丝绸之路[J]．丝绸之路，1997（5）：63-65.
23. 张文德．论帖木儿对丝绸之路的经营及其影响[J]．贵州师范大学学报（社会科学版），1997（3）：37-42.
24. 陈志刚，徐伟民．丝绸之路开拓者——东方国际集团上海市丝绸进出口有限公司总经理徐伟民访谈录[J]．人才开发杂志，1997（2）：28-29.
25. 魏新．十年磨一剑，解读“欧洲甲骨文”——林梅村教授的丝绸之路考古研究[J]．北京大学学报（哲学社会科学版），1996（6）：109-110.
26. 刘光华．东汉窦氏家族与丝绸之路[J]．丝绸之路，1996（5）：36-39.
27. 建宽．对再次沟通丝绸之路的历史贡献[J]．丝绸之路，1996（5）：40-41.

28. 杨镰．**斯文・赫定和他的《丝绸之路》**[J]．新疆大学学报（哲学社会科学版），1996（3）：54-59.
29. 祥春．**乌氏倮——丝绸之路上有史可查的第一个大商人**[J]．中国历史地理论丛，1996（2）：90.
30. 吴元稔．**我的“丝绸之路”**[J]．广东蚕业，1996（1）：78-80.
31. 周德广，李瑛，朱承先．**西汉丝绸之路上的三女杰**[J]．丝绸之路，1994（4）：42-44.

（八）文物考古

1. 丁云．**丝绸都市苏州新丝路：苏州丝绸之路**[J]．现代苏州，2015（11）：14-18.
2. 夏文斌，李兰．**丝绸之路经济带：造福中国与世界**[J]．中国高等教育，2015（9）：9-11.
3. 端木．**敦煌与丝绸之路**[J]．看世界，2015（9）：89.
4. **丝绸之路文化艺术资料馆资料征集启事**[J]．丝绸之路，2015（7）：98.
5. 张俊民．**悬泉汉简所见丝绸之路**[J]．档案，2015（6）：35-40.
6. **丝绸之路上的羊**[J]．社会科学战线，2015（5）：283.
7. 林梅村，刘庆柱．**世界“被丝绸之路”**[J]．世界遗产，2015（5）：68.
8. **丝绸之路的新认识**[J]．世界遗产，2015（5）：69-70.
9. 杨殿刚．**浅述魏晋墓壁画反映的丝绸之路文化**[J]．丝绸之路，2015（4）：32-33.
10. 伍梦尧．**千年丝绸之路（四）：漠上明好珠**[J]．纺织科学研究，2015（4）：104-105.
11. 璎珞．**丝绸之路**[J]．璎珞英语角（英文小读者）（绿版），2015（4）：8-9.
12. 杨富学，陈亚欣．**河西史前畜牧业的发展与丝绸之路的孕育**[J]．新疆师范大学学报（哲学社会科学版），2015（3）：84-89.
13. 杨从彪．**丝绸之路（外一首）**[J]．厦门文学，2015（3）：64-65.
14. 马建军．**考古所见丝绸之路宁夏段上的乐舞艺术**[J]．宁夏社会科学，2015（3）：173-178.
15. 杨蕤．**文物考古学视野下的辽代丝绸之路**[J]．北方民族大学学（哲学社会科学版），2015（2）：25-31.
16. 汪小洋．**丝绸之路墓室壁画的图像体系讨论**[J]．民族艺术，2015（2）：66-72.
17. 刘庆柱．**“丝绸之路”的考古认知**[J]．经济社会史评论，2015（2）：44-53，127.
18. 张庆捷．**山西在北朝的历史地位：兼谈丝绸之路与北朝平城晋阳**[J]．史志学刊，2015（1）：14-19.
19. 王建新．**丝绸之路：长安一天山廊道的路网**[J]．世界遗产，2015（1）：176-182.
20. 李庆军．**“海上丝绸之路”起点观兴替**[J]．泉州文学，2015（1）：12-14.
21. 王欢．**台山市海上丝绸之路遗存发现与研究**[J]．福建文博，2015（1）：28-35.
22. 蔡祥梅．**关于“丝绸之路”起点问题的一些认识**[J]．三门峡职业技术学院学报，2015（1）：17-22.
23. **丝绸之路上的中亚古代文明**[J]．社会科学战线，2015（1）：284.
24. 刘迎胜．**“丝绸之路经济带”经略大方向**[J]．瞭望，2014（37）：36-37.
25. 徐金星．**洛阳：丝绸之路的东端起点**[J]．黄河・黄土・黄种人，2014（24）：12-19.
26. 孙斐．**浅谈丝绸之路驿站上的宝鸡历史文化遗产**[J]．科教导刊，2014（23）：141-142.

27. 大型文物展“丝绸之路”亮相国家博物馆 近500件珍贵文物再现丝路风采[J]. 美术教育研究，2014（21）：6.
28. 许亭. 丝绸之路与帛画的艺术研究[J]. 神州，2014（18）：199.
29. 肖依斐. 汉函谷关：丝绸之路的地理性坐标[J]. 神州，2014（17）：64-65.
30. 陕西省人民政府关于表彰丝绸之路申报世界文化遗产工作先进单位的通报[J]. 陕西省人民政府公报，2014（16）：41.
31. 林梅村. 丝绸之路考古发现[J]. 百科知识，2014（16）：33-35.
32. 安利. 丝绸之路上的十处遗址[J]. 百科知识，2014（16）：36-37.
33. “丝绸之路：长安—天山廊道的路网”甘肃五处遗产点分布图[J]. 丝绸之路，2014（15）：4-5.
34. “丝绸之路：长安—天山廊道的路网”33处遗产点巡礼[J]. 丝绸之路，2014（15）：18-28.
35. 毕然. 时空的际遇——“丝路”故事[J]. 故事世界，2014（15）：23-25.
36. 骆非. 洛阳：丝绸之路东方起点[J]. 党的生活，2014（15）：48-49.
37. 丝绸之路、大运河入选世界遗产名录[J]. 党政干部参考，2014（14）：55.
38. 张瑛. 试论丝绸之路的历史作用[J]. 丝绸之路，2014（14）：40-43.
39. 张体义，段伟朵，吴俊池. 大运河、丝绸之路双双申遗成功[J]. 决策探索，2014（13）：46-47.
40. 林林. “丝路帆远——海上丝绸之路七省联展”形式设计综述[J]. 建筑·建材·装饰，2014（12）：251-252.
41. 高人雄，唐星. “丝绸之路”张掖段的景观群考察[J]. 档案，2014（12）：35-38.
42. 朱迅，2014“连云港之夏”暨丝绸之路与江苏沿海发展合作论坛7月开幕[J]. 大陆桥视野，2014（11）：86.
43. “食”全“食”美：舌尖上的丝绸之路[J]. 小火炬，2014（11）：30-31.
44. 李笑濤，伊蒙. 中韩贸易的海上“丝绸之路”[J]. 金桥，2014（11）：102-105.
45. 李建华. 移动互联网时代的新丝绸之路[J]. 杭州（生活品质版），2014（11）：16-17.
46. 传播丝绸之路文化的杰出人物[J]. 丝绸之路，2014（11）：14-27.
47. 中和·白银丝绸之路文化艺术长廊[J]. 丝绸之路，2014（11）：178-179.
48. 钟丽娟. 浅谈唐代丝绸之路景教绘画[J]. 丝绸之路，2014（10）：9-10.
49. 汉唐西域丝绸之路上的多元文化交流[J]. 读者欣赏，2014（10）：130-131.
50. 黄留珠. 陕西人与丝绸之路[J]. 西部学刊，2014（10）：30-34.
51. 丝绸之路[J]. 词刊，2014（10）：9.
52. 疯子. 西行记：丝绸之路逆旅[J]. 赣商，2014（10）：103-104.
53. 星辰. 佳能2014年文化保护项目聚焦丝绸之路：“佳能影像发现丝路之美”启动仪式在西安举行[J]. 中外文化交流，2014（9）：69-70.
54. 水英. 我国的丝绸之路（上）[J]. 老友，2014（9）：50-51.
55. 王轶华，张常安. 你了解丝绸之路吗？[J]. 当代学生（资讯），2014（9）：2-5.
56. 丝绸之路成功进入世界遗产名录 新疆6个遗产地成为首批世界文化遗产[J]. 新疆人文地理（汉），2014（8）：10-21.

57. **第二届丝绸之路国际学术研讨会在银川开幕**[J]. 新西部（上），2014（8）：5.
58. 金南镒. **走完丝绸之路探险大长征后的感想**[J]. 丝绸之路，2014（8）：5-6.
59. 全俊虎. **庆州原是丝绸之路的重要城市**[J]. 丝绸之路，2014（8）：25.
60. 张秀爕. **丝绸之路探源**[J]. 金桥，2014（8）：78-82.
61. 吴山青. **丝绸之路国际研究一瞥**[J]. 文化交流，2014（8）：46-49.
62. 马婧婧. **麦积山 丝绸之路上的文化长廊**[J]. 中华少年：环游世界，2014（7）：40-45.
63. 李树峰，郑昕. **人・物・路：丝绸之路两千年变迁**[J]. 中外文化交流，2014（7）：11.
64. 贺茹，朱宏斌. **丝绸之路衰落因素新探**[J]. 兰台世界，2014（7）：87-88.
65. **丝绸之路上的宗教遗沐**[J]. 中国宗教，2014（7）：26-31.
66. 中莫默，丘志力，张跃峰，等. **中国彩色宝玉石使用的三次高潮及其与古代丝绸之路关系探索**[J]. 中山大学学报（自然科学版），2014（6）：118-126.
67. 大陈思妙. **考古学家朱利安・亨特森主讲“从古代玻璃器看丝绸之路的文化交流”**[J]. 众考古，2014（6）：89.
68. 吴晓红. **丝绸之路文物在宁夏的发现与研究述略（二）**[J]. 宁夏史志，2014（6）：23-29.
69. 苏三. **丝绸之路不是张骞“凿通”的？**[J]. 文史博览，2014（6）：40.
70. 吴晓红. **丝绸之路文物在宁夏的发现与研究述略（一）**[J]. 宁夏史志，2014（5）：32-38.
71. **新丝绸之路行走篇启动仪式在北京举行**[J]. 运动休闲，2014（5）：157.
72. 张安福，田海峰. **环塔里木丝绸之路沿线汉唐时期历史遗存调查**[J]. 石河子大学学报（哲学社会科学版），2014（5）：115-120.
73. 邹一清. **近年南方丝绸之路研究新进展**[J]. 中国史研究动态，2014（4）：44-48.
74. **湛江潮州会馆石碑出土“海上丝绸之路”史迹**[J]. 潮商，2014（4）：74.
75. 陈舜臣，吴菲. **丝绸之路的奇珍异果**[J]. 书摘，2014（4）：119-121.
76. 张世珍. **共促丝绸之路经济带崛起**[J]. 群言，2014（4）：25-26.
77. 金涛. **丝绸之路上的日本僧人**[J]. 民主与科学，2014（4）：59-60.
78. 毕然，吕谦. **丝绸之路从西安开始**[J]. 新疆人文地理（汉），2014（4）：10-21.
79. 陈同滨. **“丝绸之路：起始段和天山廊道的路网”突出普遍价值研究**[J]. 中国文化遗产，2014（3）：72-81.
80. 孙峰. **古代朱家尖：浙东“海上丝绸之路”的重要驿站**[J]. 浙江国际海运职业技术学院学报，2014（3）：49-52.
81. 赵焕震. **关于西夏初期丝绸之路是否畅通的初探**[J]. 黑龙江史志，2014（3）：13，15.
82. 刘德铭. **梁留科：丝绸之路经济带河南大有可为**[J]. 协商论坛，2014（3）：24.
83. 杜玉粉. **汉唐宏观历史视阈下的丝绸之路解析**[J]. 赤峰学院学报（哲学社会科学版），2014（3）：15-17.
84. 蔡杰华. **再现丝绸之路经济的辉煌：兼谈历史上丝绸之路货币的作用**[J]. 新疆钱币，2014（3）：24-32.
85. 汤士华. **吐鲁番与丝绸之路经济带高峰论坛暨第五届吐鲁番学国际学术研讨会综述**[J]. 吐鲁番学研究，2014（2）：152-155，2.

86. 郑庆平. **考泉港槐山古窑址与“海上丝绸之路”起点**[J]. 文物鉴定与鉴赏，2014（2）：86-87.

87. 孙晓岗. **安阳灵泉寺“陇西敦煌人”碑文初探：丝绸之路文化研究中不容忽视的“细节”**[J]. 河南教育学院学报（哲学社会科学版），2014（1）：8-12.

88. **热烈祝贺“丝绸之路：长安—天山廊道的路网”——交河故城与高昌故城申遗成功**[J]. 吐鲁番学研究，2014（1）：2.

89. 魏佩. **“国宝档案”踏寻古代丝绸之路沿线历史遗迹**[J]. 收藏界，2014（1）：143.

90. 杨延霞，孙兆华，汪华龙. **居延遗址与丝绸之路历史文化国际学术研讨会综述**[J]. 中国史研究动态，2014（1）：63-66.

91. 童禅福. **丝绸之路经济带的复兴河西走廊行**[J]. 古今谈，2014（1）：29-31.

92. 李中海. **“丝绸之路经济带”将带来什么**[J]. 时事报告（大学生版），2014（1）：88-90.

93. 邓莹. **丝绸之路“楼兰道”重镇：营盘**[J]. 巴音郭楞职业技术学院学报，2014（1）：77-80.

94. 翊嫱. **太平洋有条丝绸之路**[J]. 炎黄纵横，2014（1）：15.

95. **丝绸之路**[J]. 小学教学研究（新小读者），2014（1）：50.

96. 任克彬，赵刚. **“丝绸之路：起始段与天山廊道的路网”遗产点申遗工程的几点思考——以新安汉函谷关遗址为例**[J]. 文物建筑，2014（1）：216-220.

97. 张景明. **鲜卑金银器与草原丝绸之路**[J]. 边疆考古研究，2014（0）：153-164，358-359.

98. 罗杰·阿特伍德. **丝绸之路上的珍宝传奇**[J]. 科学大观园，2013（24）：29-31.

99. 刘樱. **居延遗址与丝绸之路历史文化国际学术研讨会走笔**[J]. 丝绸之路，2013（23）：30-35.

100. 王亚伟. **略述唐代丝绸之路上的商业契约——以吐鲁番契约文书为例**[J]. 淮海工学院学报（社会科学版），2013（22）：46-47.

101. 薛正昌. **唐宋时期穿越灵州的丝绸之路**[J]. 丝绸之路，2013（22）：5-9.

102. 李保军. **景泰丝绸之路遗迹考察纪行**[J]. 丝绸之路，2013（21）：41-46.

103. 高顺旺. **“丝绸之路”上的唐三彩**[J]. 大众文艺，2013（21）：52-53.

104. 旷薇，邵磊. **丝绸之路商贸城市布哈拉古城保护与利用**[J]. 中国名城，2013（12）：66-70.

105. 权鹏飞. **丝绸之路被遗忘的卓越发明于阗桑皮纸**[J]. 新疆人文地理（汉），2013（12）：58-65.

106. 朱凤娟. **丝绸之路，新梦辉煌**[J]. 文化交流，2013（12）：11-14.

107. **“丝路帆远：海上丝绸之路文物精品七省联展”盛大开幕**[J]. 福建文博，2013（12）：2-4，97.

108. **乌鲁木齐：新丝绸之路陆路枢纽**[J]. 中国报道，2013（12）：58.

109. 马晓曦，曹源. **丝绸之路上的珍币明珠：甘肃钱币博物馆藏品撷珍**[J]. 中国金融家，2013（11）：127-128.

110. 温浩. **把“丝绸之路经济带”辐射到中亚**[J]. 留学生，2013（11）：25.

111. **亚欧丝绸之路服装节：聚焦时尚盛典**[J]. 新疆人文地理（汉），2013（10）：78-81.

112. 刘博．丝绸之路的人文精神探析[J]．剑南文学（经典教苑），2013（9）：235.
113. 第二十二届中国丝绸之路吐鲁番葡萄节开幕[J]．新疆人文地理（汉），2013（8）：110.
114. 第二届亚欧国际丝绸之路服装节双冠赛将炫彩起航．新疆人文地理（汉），2013（8）：110.
115. 詹奕嘉．丝绸之路：文明湮灭的现代反思[J]．中国减灾，2013（8）：38-39.
116. 叶舒宪．丝绸之路还是玉石之路——河西走廊与华夏文明传统的重构[J]．探索与争鸣，2013（7）：27-29.
117. “丝绸之路古城邦国际学术研讨会”成功举办[J]．河西学院学报，2013（6）：2.
118. 王卫平．古道遗珍异彩纷呈：记《旅顺博物馆藏丝绸之路文物展》[J]．文物春秋，2013（5）：45-47.
119. 沙武田．“居延遗址与丝绸之路历史文化国际学术研讨会”在金塔召开[J]．敦煌研究，2013（5）：133.
120. 重走三千里丝绸之路，复兴八千年华夏文畦华夏文明传承创新区学术平台启动仪式暨首届丝绸之路论坛[J]．世界遗产，2013（5）：27.
121. 张景明．辽代金银器在草原丝绸之路中的作用[J]．大连大学学报，2013（5）：81-86，108.
122. 陈保亚，刘青．茶马古道与丝绸之路联合考察答问[J]．科学中国人，2013（5）：40-44.
123. 张景明．西夏、金朝的金银器与草原丝绸之路的文化交流现象[J]．文物世界，2013（5）：36-42，59.
124. 王小红．中国·金塔居延遗址与丝绸之路历史文化国际学术研讨会在金塔县成功举办[J]．档案，2013（4）：63.
125. 中、哈、吉三国丝绸之路联合申遗[J]．文化月刊，2013（4）：118.
126. 宋草原丝绸之路兴盛时期中西交流的考古学观察：以辽上京、元上都及其周边发现为例[J]．沧桑，2013（4）：37-39.
127. 张景明．匈奴金银器在草原丝绸之路文化交流中的作用[J]．中原文物，2013（4）：81-86.
128. 贺云翺．“丝绸之路”考古表明：没有一种文明是可以孤立持续发展的[J]．大众考古，2013（4）：1.
129. 邱登成．从三星堆遗址考古发现看南方丝绸之路的开通[J]．中华文化论坛，2013（4）：37-44，190.
130. 郭晓红．丝绸之路货币文化中的西夏铁钱[J]．西夏研究，2013（4）：110-112.
131. 张英梅．居延遗址与丝绸之路历史文化国际学术研讨会会议论文综述[J]．敦煌学辑刊，2013（3）：175-184.
132. 敦煌与丝绸之路考古新发现学术考察：2013 年海峡两岸大学生夏令营在我所召开[J]．敦煌学辑刊，2013（3）：185.
133. 敦煌和丝绸之路国际学术研讨会在我所召开[J]．敦煌学辑刊，2013（3）：185.
134. 侯科远．丝绸之路中唐三彩的造型艺术研究[J]．艺术科技，2013（3）：132.
135. 张吉明．丝绸之路申遗工作推进会在西安召开[J]．中国名城，2013（3）：73.
136. 吴景山．丝绸之路在甘肃的线路述论[J]．兰州大学学报（社会科学版），2013（3）：1-10.

137. 王慧慧. “海上丝绸之路漳州申遗点”研究[J]. 福建文博，2013（2）：20-24.
138. 第十届丝绸之路冰雪风情节 2013 年 1 月 10 日举行[J]. 新疆人文地理（汉），2013（1）：111.
139. 汪震. 从刘华墓出土蓝釉波斯陶瓶看海上丝绸之路的中外交流[J]. 福建文博，2013（1）：7-11.
140. 周菁葆. 丝绸之路与汉代西域的织锦[J]. 浙江纺织服装职业技术学院学报，2013（1）：50-53.
141. 王文元. 兰州铜车马：丝绸之路运输车辆的见证[J]. 东方收藏，2013（1）：121-122.
142. 李瑞哲. 古代丝绸之路胡商的主要交易品浅析[J]. 西部考古，2013（0）：255-275.
143. 朴大在. 新发现的新罗佛幡石刻和丝绸之路[J]. 西部考古，2013（0）：312-320.
144. 南越国遗迹和海上丝绸之路列入《中国世界文化遗产预备名单》[J]. 丝绸之路，2012（24）：43.
145. 郑广. 作为丝绸之路学的韩国敦煌学[J]. 丝绸之路，2012（22）：26-27.
146. 宁夏西吉出土 17 枚丝绸之路铜币[J]. 丝绸之路，2012（18）：12.
147. 高振茂. 探寻丝绸之路东段北线古道遗存[J]. 丝绸之路，2012（17）：24-31.
148. 蓬莱海上丝绸之路申遗点接受国家文物局评估[J]. 丝绸之路，2012（14）：76.
149. 十年十大考古发现系列之 1 南澳Ⅰ号：海上丝绸之路的驿站[J]. 文史参考，2012（12）：20-21.
150. 王元. 丝绸之路和海上贸易[J]. 各界，2012（12）：34-37.
151. 章昀. 南越国宫署遗址对海上丝绸之路研究价值的分析[J]. 福建文博，2012（12）：26-30，2，97.
152. 中、哈、吉三国推动丝绸之路跨国申遗[J]. 丝绸之路，2012（11）78-78.
153. 马建军，周佩妮. 金币辉煌　丝路遗珍：丝绸之路的金银币（上）[J]. 文物鉴定与鉴赏，2012（10）：78-81.
154. 王卫平. 丝路撷英：旅顺博物馆藏丝绸之路文物展（下）[J]. 收藏家，2012（9）：3-7.
155. 孟艳霞. 丝绸之路上的公主堡[J]. 丝绸之路，2012（9）：60-62.
156. 光成倩，郭金龙，王博，等. LA-ICP-AES 分析丝绸之路且末出土玻璃器成分特点[J]. 谱学与光谱分析，2012（7）：1955-1960.
157. 栗建安. 碧落琼海共一色　珍瓷为媒传海外：海上丝绸之路上的中国古代外销瓷[J]. 东方收藏，2012（6）：19-22.
158. 薛正昌. 丝绸之路与固原：申报世界文化遗产宁夏段四处文化遗存[J]. 陕西师范大学学报（哲学社会科学版），2012（6）：91-102.
159. 我国将与中亚国家联合开展丝绸之路申遗[J]. 丝绸之路，2012（6）：36.
160. 丝绸之路古代货币展在西安大唐西市博物馆开幕[J]. 丝绸之路，2012（6）：72.
161. 白芳. 略说广东“海上丝绸之路”[J]. 福建文博，2012（6）：5-14，97-98.
162. 四省区文物工作者汇聚吐鲁番共研丝绸之路申遗[J]. 丝绸之路，2012（4）：55.
163. 福州海上丝绸之路将申遗[J]. 丝绸之路，2012（4）：73.
164. 王博，祁小山. 丝绸之路上的庞贝：尼雅遗址考古[J]. 新疆人文地理，2012（4）：10-17.

165. “敦煌行・丝绸之路国际旅游节”吸引游客 1000 万人次入选甘肃省 2011 年十大新闻[J]. 丝绸之路，2012（3）：75.
166. 王云鹏，庄明军. 青州西辛战国墓出土金银器对草原丝绸之路的佐证[J]. 潍坊学院学报，2012（3）：8-11.
167. 王少华. 中国古关隘文化旅游资源的开发现状与对策：以丝绸之路上的古关隘为例[J]. 安徽农业科学，2012（3）：1562-1565.
168. 赵青山. 2012 敦煌・丝绸之路国际研讨会综述[J]. 敦煌学辑刊，2012（3）：172-176.
169. 周菁葆. 丝绸之路石窟壁画中的民俗文化[J]. 新疆师范大学学报（哲学社会科学版），2012（3）：46-52.
170. 王文. 丝绸之路[J]. 牡丹文学，2012（3）：46-52.
171. 张景明. 北方草原金银器产生的历史条件及早期丝绸之路的开通[J]. 大连大学学报，2012（2）：56-62.
172. 李永平. 全球视野和时代脉搏：“丝绸之路文物展”的回顾和前瞻[J]. 中国博物馆，2012（2）：45-50.
173. 周菁葆. 丝绸之路与新疆石窟壁画中的动物形象[J]. 丝绸之路，2012（2）：25-29.
174. 郭育生. “海上丝绸之路”的外销瓷：磁灶童子山窑的产品及其工艺[J]. 海交史研究，2012（1）：43-49.
175. 夏国强. 华戎所交一都会 千年敦煌史之旅：刘进宝《丝绸之路敦煌研究》读后[J]. 西域研究，2012（1）：134-136.
176. 发现新丝绸之路[J]. 华夏地理，2012（1）：110-125.
177. 陈洪. 汉代海上丝绸之路出土金珠饰品的考古研究[J]. 广西师范大学学报（哲学社会科学版），2012（1）：133-137.
178. 袁蕾，杨杰. 丝绸之路的“现代史诗”[J]. 祖国・综合版，2011（18）：20-21.
179. 三星堆与南方丝绸之路：中国西南与欧亚古代文明学术研讨会召开[J]. 丝绸之路，2011（16）：13.
180. 周菁葆. 丝绸之路与新疆古代建筑艺术[J]. 丝绸之路，2011（16）：32-34.
181. “敦煌行・丝绸之路国际旅游节”将于 7 月 30 日至 8 月 30 日在甘肃全省隆重举行[J]. 丝绸之路，2011（15）：77.
182. 第二十届中国丝绸之路吐鲁番葡萄节于 8 月 18 日开幕[J]. 丝绸之路，2011（15）：79.
183. 周菁葆. 丝绸之路与新疆古代绘画艺术[J]. 丝绸之路，2011（14）：5-7.
184. 刘志伟. 东方商源 中国安阳：丝绸之路起于殷商盛于汉唐[J]. 中国商界，2011（11）：30-32.
185. 王雪丝. 丝绸之路对中国古代陶瓷艺术的影响[J]. 大舞台，2011（10）：261-262.
186. 李智红. 永平 西南丝绸之路上的绿色明珠[J]. 大理文化，2011（7）：123-126.
187. 陈永志. 草原丝绸之路[J]. 内蒙古画报，2011（6）：32-37.
188. 陈永志. 集宁路古城与草原丝绸之路[J]. 内蒙古画报，2011（5）：32-37.
189. 宋岗梧. 一枚来自古丝绸之路的铜范[J]. 安徽钱币，2011（4）：49-50.
190. 乌布里・买买提艾力. 丝绸之路新疆段申遗和国家考古遗址公园建设[J]. 中国文化遗产. 2011（4）：31-37.

191. 克孜勒苏柯尔克孜自治州：丝绸之路必经之地的文化交融[J]. 中国文化遗产，2011（4）：136-138.

192. DAN LEVIN. 丝绸之路上的大漠之花[J]. 今天：双语时代，2011（4）：42-49.

193. 段渝，刘弘. 论三星堆与南方丝绸之路青铜文化的关系[J]. 学术探索，2011（4）：114-119.

194. 邵欣，TAZANN. 北京“庄”客栈漫步丝绸之路[J]. 旅游，2011（4）：60-61.

195.《丝绸之路货币研究》出版[J]. 中国钱币，2011（4）：14.

196. 刘伟健，汪昌桥，郑涛. 试论内地省份开展丝绸之路钱币文化研究的新思路[J]. 安徽钱币，2011（3）：1-3.

197. 浅谈丝绸之路货币文化的特点及影响[J]. 安徽钱币，2011（3）：4-5.

198. 张有. 丝绸之路河西地区魏晋墓彩绘砖画——六博新考[J]. 敦煌研究，2011(2)：74-77.

199. 冯敏. 丝绸之路传入物品考：以宁夏境内几种常见物品为中心[J]. 宁夏师范学院学报，2011（2）：88-90.

200. 涂师平. 井里汶 越窑魂：印尼井里汶沉船揭秘宁波“海上丝绸之路”[J]. 宁波通讯，2011（2）：38-39.

201. 丝绸之路[J]. 中国民族，2011（2）：92-96.

202. 周菁葆. 丝绸之路与新疆古代雕塑艺术[J]. 丝绸之路，2011（2）：19-23.

203. 李朝，柳春诚. 吐谷浑：青海丝绸之路的辉煌缔造者（上篇）[J]. 党的生活（青海），2011（1）：48-51.

204. 田澍，李勇. 世界遗产视野中的丝绸之路[J]. 文化产业研究，2011（0）：3-8.

205. 李妤航. 希腊女摄影师 丝绸之路走得苦[J]. 环球人物，2010（21）：72-73.

206. 洛阳出土骆驼驮丝绸壁画 为丝绸之路起点再添力证[J]. 丝绸之路，2010（18）：23.

207. 吐鲁番将举办第十九届中国丝绸之路吐鲁番葡萄节[J]. 丝绸之路，2010（15）：77.

208. 于胜. 丝绸之路：中国的骄傲，世界的珍宝[J]. 文理导航，2010（13）：37.

209. 魅力祁连山灵秀马蹄寺 国家AAAA级旅游景区 丝绸之路世界文化遗产备选点[J]. 丝绸之路，2010（13）：F2.

210. 孙福喜. 千年的守望 不灭的梦想 中国与中亚五国丝绸之路联合申遗概况[J]. 汽车实用技术（自驾游），2010（12）：22-23.

211. 丝绸之路在新疆[J]. 汽车实用技术（自驾游），2010（12）：56-61.

212. 丝绸之路从亚洲腹地走向欧洲[J]. 汽车实用技术（自驾游），2010（12）：108-109.

213. 中外专家谈丝绸之路联合申遗[J]. 汽车实用技术（自驾游），2010（12）：158.

214. 席威斌. 新丝绸之路上的长征[J]. 汽车实用技术（自驾游），2010（12）：172.

215. 丝绸之路沿途世界文化遗产名录[J]. 汽车实用技术（自驾游），2010（12）：174-175.

216. 丝绸之路（甘肃段）申报世界文化遗产备选点简介[J]. 丝绸之路，2010（11）：20-25.

217. 丝绸之路新疆段重点文物抢救保护工程全面展开[J]. 丝绸之路，2010（10）：95.

218. 西北五省将联手举办丝绸之路旅游节[J]. 丝绸之路，2010（9）：77.

219. 谢群. 漂浮在丝绸之路上的祥云——宁夏须弥山石窟云纹图饰研究[J]. 美术大观，2010（8）：28-29.

220. 国际考察队证实存在“游牧丝绸之路”[J]. 今日中国：中文版，2010（8）：8.

221. 四川在古南丝绸之路发现大型史前聚落遗址[J]．丝绸之路，2010（8）：12.
222. 盛春寿．大型文物保护项目组织管理运作初探：以丝绸之路新疆段大遗址抢救保护项目为例[J]．敦煌研究，2010（6）：10-13.
223. “南澳一号”：中国海上丝绸之路之谜[J]．中国水运，2010（6）：62-63.
224. 薛正昌．丝绸之路与宁夏石窟文化[J]．现代哲学，2010（6）：121-125.
225. 王心阳，哈拉德·郝普曼，张超音．古丝绸之路上的留言簿：喀喇昆仑公路上的岩画和岩刻[J]．西藏人文地理，2010（5）：92-103.
226. 王元林．试论丝绸之路东段线路走向和构成的文化线路网络特性[J]．文博，2010（5）：50-55.
227. 张卫光．“丝绸之路”国际学术研讨会纪要[J]．中国史研究动态，2010（5）：10-12.
228. 黄庆昌．歌舞升平　丝绸之路上的乐舞文物[J]．收藏家，2010（5）：43-46.
229. 贾一亮．2010“丝绸之路：图像与历史”学术论坛暨敦煌吐鲁番学会理事会在上海召开[J]．敦煌研究，2010（4）：108.
230. 道尔基，李煜辉．汉唐丝绸之路文化内涵与现代新疆旅游业发展对策[J]．文博，2010（3）：23-25.
231. 马建军．丝绸之路上的萧关道[J]．文博，2010（3）：50-55.
232. 苏银梅．宁夏固原早期丝绸之路遗址：回中宫、瓦亭驿、朝那古城、固原古城[J]．文博，2010（3）：61-64.
233. 程云霞．石窟寺：丝绸之路佛教东传的路标[J]．文博，2010（3）：65-67.
234. 陈洪，翟晓兰．海那边，丝绸之路的延长线上：奈良《大遣唐使展》布展纪实[J]．文博，2010（3）：92-96.
235. 丝绸之路复兴之旅[J]．汽车实用技术（自驾游），2010（3）：18-19.
236. 马晓玲．宁夏2009年丝绸之路国际学术研讨会综述[J]．考古，2010（3）：91-96.
237. 新疆“数字丝绸之路”管理平台三维化[J]．丝绸之路，2010（3）：7.
238. 中国高铁　铺建新丝绸之路[J]．大陆桥视野，2010（3）：79.
239. 陇右．西北五省区联合举办《丝绸之路：大西北遗珍》大型文物精品特展[J]．文博，2010（2）：89-91.
240. 龙的图腾：丝绸之路与京杭运河关于“扬长避短”的感悟[J]．考试与招生，2010（2）：53.
241. 王永生．关于丝绸之路钱币研究中的几点思考[J]．中国钱币，2010（2）：19-23.
242. 李尚奎．西汉时期匈奴在丝绸之路上的地位和作用[J]．德宏师范高等专科学校学报，2010（2）：49-52.
243. 李并成，马燕云．炳灵寺石窟与丝绸之路东段五条干道[J]．敦煌研究，2010（2）：75-80.
244. 荣新江．唐代北庭都护府与丝绸之路[J]．文史知识，2010（2）：25.
245. 徐铮，赵丰．锦上胡风　丝绸之路魏唐纺织品上的西方影响[J]．收藏家，2010（1）：41-46.
246. 空中丝绸之路与土耳其航空一起探寻土耳其[J]．华夏地理，2010（1）：122.
247. 王元林．丝绸之路古城址的保存现状和保护问题[J]．中国文物科学研究，2010（1）：13-20，34.
248. 戴问天．丝绸之路的由来及其他：与杨镰商榷[J]．博览群书，2010（1）：70-73.

249. 丝绸之路 中国的世界的[J]. 汽车实用技术（自驾游），2010（1）：111.
250. 傅举有. 马王堆汉墓与南海海上丝绸之路[J]. 广州文博，2010（0）：36-44.
251. 庄明军. 古青州与丝绸之路[J]. 齐鲁文化研究，2010（0）：221-225.
252. 15国代表西安共商丝绸之路申遗[J]. 丝绸之路，2009（24）：56.
253. 魏宝山. 西北五省区联手打造丝绸之路大旅游区[J]. 丝绸之路，2009（23）：5-9.
254. 魏晓文，李昌锋. 丝绸之路申遗协调会在西安召开[J]. 丝绸之路，2009（23）：71.
255. 丝绸之路重镇成为“华夏古钱币收藏第一县”[J]. 丝绸之路，2009（23）：72.
256. 中国城科会历史文化名城委员会丝绸之路文化研究中心简介[J]. 丝绸之路，2009（22）：128.
257. 魏宝山. 西北五省区联手打造丝绸之路大旅游区[J]. 丝绸之路，2009（21）：75.
258. 甘肃丝绸之路博物馆建成开馆[J]. 丝绸之路，2009（20）：49.
259. 专家认为：丝绸之路学术研究需要拓宽视野[J]. 丝绸之路，2009（18）：17.
260. 世界多国参与丝绸之路申遗[J]. 丝绸之路，2009（18）：98.
261. 王裕昌. 天山南北·古道遗珍：甘肃省博物馆举办“新疆丝绸之路文物精华展”[J]. 丝绸之路，2009（17）：10-15.
262. 刘浩. “南方丝绸之路”的古驿站：登相营[J]. 兰台世界，2009（17）：72-73.
263. 青、陕两省联手打造丝绸之路精品旅游新格局[J]. 丝绸之路，2009（17）：74-75.
264. 河南南阳方城是丝绸之路源头之一[J]. 丝绸之路，2009（16）：33.
265. 丝绸之路学术研讨会共论古青州为丝路源头[J]. 丝绸之路，2009（12）：87.
266. 广州境内古遗址静待海上丝绸之路申遗成功[J]. 丝绸之路，2009（12）：99.
267. 丝绸之路上的亡命之旅[J]. 传奇故事：百家讲坛版，2009（12）：72-73.
268.《喀什噶尔：中国古代丝绸之路上的绿洲城市》首发式在乌鲁木齐举行[J]. 丝绸之路，2009（10）：110.
269. 张哲琳. 为神铺就的丝绸之路[J]. 大科技（百科新说），2009（10）：17.
270. 张信刚. 丝绸之路上的文化交流[J]. 紫光阁，2009（10）：30-32.
271. 香港举办“敦煌与丝绸之路”演讲[J]. 丝绸之路，2009（8）：91.
272. 敦煌新发现汉代烽燧遗址表明丝绸之路南北有捷径[J]. 丝绸之路，2009（8）：114.
273. 杨菲. “丝绸之路”起点不是洛阳是南阳？[J]. 记者观察（上半月），2009（7）：29-31.
274. 杨卫. 研究丝绸之路的大百科全书[J]. 青海师专学报，2009（6）：132-134.
275. 王景慧. 丝绸之路文化研究中心2008年年会论文专辑序[J]. 丝绸之路，2009（6）：6.
276. 介永强. 丝绸之路上的佛教石窟[J]. 丝绸之路，2009（6）：105-107.
277. 周义鞶. 河西学院图书馆河西文献书目（续）：敦煌学、丝绸之路研究部分[J]. 河西学院学报，2009（4）：37-40.
278. “丝绸之路”新探源[J]. 丝绸之路，2009（4）：81.
279. 丝绸之路研究2008年度学术交流会在西安召开[J]. 丝绸之路，2009（4）：84.
280. 广州海上丝绸之路申报世界文化遗产[J]. 丝绸之路，2009（4）：119.
281. 古董滩.《敦煌丝绸与丝绸之路》出版[J]. 敦煌研究，2009（4）：37.
282. 杨可，李俊伟. 发掘“海上丝绸之路”“南海Ⅱ号”有望近期打捞重见天日[J]. 潮商，2009（3）：78-79.

283. 刘全波. **丝绸之路文化国际学术研讨会综述**[J]. 敦煌学辑刊，2009（3）：176-180.
284. 2009 年“**西部寻根：海峡两岸中国西部丝绸之路考察活动**”[J]. 敦煌学辑刊，2009（3）：184.
285. **丝绸之路出土珍贵雕塑亮相广州**[J]. 丝绸之路，2009（3）：76.
286. 张惠明. **艾尔米塔什博物馆举办千佛洞：俄罗斯丝绸之路探险文物展**[J]. 敦煌研究，2009（2）.
287. 叶繁. **丝绸之路多元文化影响下的古代佛教雕塑**[J]. 雕塑，2009（2）：48-49.
288. 斯坦利・里德，罗谷，南蒂尼・拉克什曼. **新丝绸之路**[J]. 商业周刊，2009（2）：42-47.
289. **平坦的丝绸之路**[J]. 华夏地理，2009（2）：2.
290. 周家聪. **大漠神韵：丝绸之路古代雕塑（上）**[J]. 收藏・拍卖，2009（1）：18-31.
291. 项一峰. **丝绸之路与麦积山石窟**[J]. 丝绸之路，2009（1）：21-24.
292. 林向. **临邛与“西南丝绸之路”：近年来邛崃考古发现中的几个问题**[J]. 文史杂志，2009（1）：24-28.
293. 魏晓文. **西安通过丝绸之路历史文化遗产保护管理办法**[J]. 丝绸之路，2008（17）：76.
294. 钟诗吟. **开通丝绸之路对跨文化交流的意义**[J]. 群文天地，2008（11）：33.
295. 陈洪金. **腾冲：南方丝绸之路上的绿翡翠**[J]. 传承，2008（9）：36-38.
296. 邹一清. **“三星堆与南方丝绸之路青铜文化学术研讨会”综述**[J]. 中国史研究动态，2008（6）：18-20.
297. **波兰克拉科夫孔子学院的“新丝绸之路”**[J]. 海外华文教育动态，2008（6）：54.
298. **丝绸之路“地下画廊”新发现**[J]. 百科知识，2008（6）：59.
299. 罗杰・阿特伍德，理查德・巴恩斯. **丝绸之路上浮现珍宝传奇**[J]. 华夏地理，2008（6）：110-125.
300. 萧易，余茂智. **西南丝绸之路（下篇）**[J]. 西南航空，2008（6）：32-47.
301. 李明贵. **古代南方丝绸之路上的几件摩梭达巴法**[J]. 收藏界，2008（5）：123-125.
302. 熊昭明. **合浦 汉代海上丝绸之路始发港**[J]. 中国文化遗产，2008（5）：63-66.
303. 史家珍，吴业恒. **丝绸之路洛阳段历史地理调查：崤山南道与北道**[J]. 三门峡职业技术学院学报，2008（4）：52-57.
304. 栗建安. **中国水下考古“六大发现”：海上丝绸之路上的中国古代外销瓷**[J]. 国际博物馆（中文版），2008（4）：106-113.
305. 吴红. **三星堆文明和南方丝绸之路**[J]. 西南民族大学学报（人文社科版），2008（3）：99-104.
306. 殷弘承. **荟萃丝路文物精品 展示新疆历史风貌：《丝绸之路・新疆古代文化》介绍**[J]. 西域研究，2008（3）：131.
307. 黄适远. **共享人类文明财富——丝绸之路源头不必争**[J]. 丝绸之路，2008（3）：18-22.
308. 马玉蕻. **甘肃省丝绸之路申遗和长城资源调查取得阶段性成果**[J]. 丝绸之路，2008（3）：77.
309. 乐韦其. **奥运会开幕式上的丝绸之路和郑和元素**[J]. 郑和研究，2008（3）：64.

310. 洛阳丝绸之路主题公园建成[J]. 丝绸之路，2008（2）：80.
311. 林向. 临邛与“西南丝绸之路”：近年来邛崃的考古发现中的几个问题[J]. 中华文化论坛，2008（2）：23-27.
312. 杨帆. “南方丝绸之路”形成的历史背景及其它相关问题[J]. 中华文化论坛，2008（2）：38-43.
313. 蓝勇. 南方陆上丝绸之路研究现状的思考[J]. 中华文化论坛，2008（2）：44-45.
314. 刘弘. 南方丝绸之路早期商品交换方式变更考：从滇人是否使用贝币谈起[J]. 中华文化论坛，2008（2）：104-110.
315. 胡立嘉. 南方丝绸之路与“邛窑”的传播[J]. 中华文化论坛，2008（2）：127-138.
316. 蔡杰华. 丝绸之路文化与新疆钱币[J]. 新疆钱币，2008（1）：24.
317. 吴逸飞. 丝绸之路的纹理：联珠纹：中西文化交流第二次高潮的写照[J]. 解放军艺术学院学报，2008（1）：64-66.
318. 唐亚林. “海上丝绸之路”与中国古代圆形方孔钱在东南亚的传播[J]. 东南亚纵横，2008（1）：83-86.
319. 马玉蕻. 丝绸之路联合“申遗”进入实施阶段[J]. 丝绸之路，2008（1）：76-77.
320. 冉万里. “丝绸之路”视野中的一件三彩骆驼俑[J]. 乾陵文化研究，2008（0）：147-157.
321. 邓炳权. 海上丝绸之路与相关文物古迹的认定[J]. 广州文博，2008（0）：18-40.
322. 毛民. 早期粟特商人与海上丝绸之路[J]. 广州文博，2008（0）：41-56，5-6.
323. 高俊刚，李炳中，潘红兵.《何君尊楗阁刻石》考古发现和对南方丝绸之路研究的意义[J]. 四川文物，2007（50）：90-93.
324. 文明的足迹——丝绸之路[J]. 国学，2007（12）：14-17.
325. 180 亿美元打造新丝绸之路 中亚八国联手建立亚欧交通走廊[J]. 丝绸之路，2007（12）：70.
326. 马玉蕻，魏晓文. 世界文明桥梁 人类精神故乡——2007 国家历史文化名城委员会丝绸之路文化研究中心年会及学术交流会在西安召开[J]. 丝绸之路，2007（11）：72.
327. 洛阳定鼎门遗址发现晚唐时期车辙印迹 见证丝绸之路繁荣[J]. 收藏拍卖，2007（9）：17.
328. 樊中其. 甘肃丝绸之路发现的中外珍贵钱币研究[J]. 收藏界，2007（8）：95-97.
329. 李学勤. 三星堆文化与西南丝绸之路[J]. 文明，2007（7）：42-43.
330. 邓廷良，鲁忠民，林强，等. 重走西南丝绸之路：一条尘封的国际商道[J]. 文明，2007（7）：44-51.
331. 刘中卫. 海上丝绸之路——蓝色财富通道[J]. 华人世界，2007（7）：46-47.
332. 陈昌茂. 海上丝绸之路——蓝色梦想的历史价值[J]. 华人世界，2007（7）：48-49.
333. 老牛. 丝绸之路金银货币[J]. 收藏界，2007（7）：99.
334. 江玉祥. “老鼠嫁女”：从印度到中国——沿西南丝绸之路进行的文化交流事例之一[J]. 四川文物，2007（6）：61-64.
335. 朱裕平. 海上丝绸之路和明代外销瓷[J]. 大美术，2007（6）：62-66.
336. 马玉蕻. 洋海发现：东西方文明凿通在丝绸之路以前[J]. 丝绸之路，2007（5）：20.
337. 邱登成，杨浥新. “三星堆与南方丝绸之路青铜文化学术研讨会”综述[J]. 四川文物，2007（5）：F0003.

338. 南香红. **丝绸之路：点亮东方和西方**[J]. 中国国家地理，2007（5）：94-96.
339. 赵丰. **丝绸之路美术考古概论**[J]. 文物，2007（4）：37.
340. 王樾. **“丝绸之路古国钱币暨丝路文化国际学术研讨会”纪要**[J]. 文物，2007（4）：93.
341. 中钱秘. **“西夏货币与丝绸之路货币”学术研讨会在银川召开**[J]. 中国钱币，2007（4）：36.
342. 林南生. **汉代“海上丝绸之路”最早始发港——徐闻古港**[J]. 广东史志（视窗），2007（4）：60-63.
343. 林向. **“南方丝绸之路”上发现的“立杆测影”文物**[J]. 四川文物，2007（4）：31-40.
344. 吴维羲，邓懿梅，于惠东，等. **三星辉耀　丝路流长——“三星堆与南方丝绸之路青铜文物展”**[J]. 中国文化遗产，2007（3）：92-99.
345. **郑炳林、樊锦诗、杨富学主编《丝绸之路民族古文字与文化学术讨论会文集》出版**[J]. 敦煌学辑刊，2007（3）：118.
346. 文耀. **《宁波与海上丝绸之路》简介**[J]. 考古，2007（3）：63-64.
347. 陈凌. **中外文化交流考古的新尝试——《丝绸之路考古十五讲》评介**[J]. 北京大学学报（哲学社会科学版），2007（2）：152-155.
348. **丝绸之路线路世界遗产提名研讨会召开**[J]. 中国文化遗产，2007（2）：110.
349. 武琼芳. **“丝绸之路——艺术与生活”论坛综述**[J]. 敦煌研究，2007（2）：125-126.
350. 月氏. **上海博物馆召开丝绸之路古国货币国际研讨会**[J]. 中国钱币，2007（1）：25.
351. **楼兰古城　早期丝绸之路的西域门户**[J]. 中国文化遗产，2007（1）：46-49.
352. **保护与抢救：不懈的责任——丝绸之路新疆段重点文物保护工程**[J]. 中国文化遗产，2007（1）：90-97.
353. 前川司. **繁荣中亚的新丝绸之路**[J]. 中国公路，2007（1）：42-44.
354. 许新国. **吐蕃墓出土蜀锦与青海丝绸之路**[J]. 藏学学刊，2007（0）：93-116，232.
355. 唐克仁. **敦煌莫高窟——丝绸之路上的艺术宝库**[J]. 甘肃农业，2006（12）：201.
356. NKX. **游走在丝绸之路的另一端——伊朗旅游见闻系列之三**[J]. 中国信用卡，2006（11）：36-39.
357. **丝绸之路：探访楼兰古文化**[J]. 粤港澳市场与价格，2006（10）：45-47.
358. 干福熹. **古代丝绸之路和中国古代玻璃**[J]. 自然杂志，2006（10）：253-260，246.
359. **中印重开丝绸之路古道**[J]. 财经文摘，2006（8）：59.
360. 韩保全. **汉唐长安与“丝绸之路”**[J]. 文博，2006（6）：52-55.
361. 于志勇. **丝绸之路钱币研究的亲历与创新——蒋其祥《西域古钱币研究》评介**[J]. 新疆钱币，2006（4）：59-61.
362. 王晓玉，王晓玲. **丝绸之路东段石窟壁画的历史文化成因**[J]. 西北美术·西安美术学院学报，2006（4）：25-27.
363. **丝绸之路佛教岩彩壁画克孜尔研讨会纪要**[J]. 新疆艺术学院学报，2006（3）：13-15.
364. 许新国. **青海丝绸之路与都兰大墓**[J]. 文史知识，2006（2）：95-106.
365. 王大方. **论草原丝绸之路**[J]. 鄂尔多斯文化，2006（2）：7-9.
366. **宁波“海上丝绸之路”学术研讨会**[J]. 中国文化遗产，2006（1）：69.
367. 王义芝. **《丝绸之路石窟壁画彩塑保护》出版**[J]. 敦煌研究，2006（1）：42.
368. 廖国一. **汉代环北部湾货币流通圈与海上丝绸之路——以环北部湾地区中国与越南汉**

代墓葬出土钱币为例[J]. 广西金融研究，2006（1）：40-46.
369. 骆伦良. 谈明朝海上丝绸之路的货币文化特点及启示[J]. 广西金融研究，2006（1）：47-49.
370. 陈育宁. 宁夏境内的丝绸之路[J]. 共产党人，2005（12）：50-51.
371. 陈自仁. 丝绸之路上的财富——斯坦因丝路探险揭秘之六[J]. 丝绸之路，2005（11）：32-34.
372. 纪炜. 碧海扬波 域外生辉——哥德堡号和海上丝绸之路[J]. 收藏家，2005（11）：5-10.
373. 丝绸之路沿线部分国家驻华使节赴新疆考察的报告[J]. 文物工作，2005（10）：42-44.
374. 李小唐. 丝绸之路体育考古研究[J]. 体育文化导刊，2005（10）：69-71.
375. 丝绸之路新疆段重点文物保护项目启动[J]. 文物工作，2005（9）：46-47.
376. 李红艳，行增奇，王峰. 丝绸之路上的一颗明珠：大唐西市[J]. 陕西建筑，2005（9）：1-2.
377. 吴阿宁.《何君阁道碑》与南方丝绸之路[J]. 文史杂志，2005（6）：43-45.
378. 赵林毅，李燕飞，于宗仁，等. 丝绸之路石窟壁画地仗制作材料及工艺分析[J]. 敦煌研究，2005（4）：75-82.
379. 日本学者利用数码技术复原丝绸之路上古壁画[J]. 丝绸之路，2005（4）：66.
380. 李重申，李小惠. 丝绸之路汉代体育简牍研究[J]. 敦煌研究，2005（3）：105-109.
381. 合众. 奋斗在丝绸之路上的文物保护者——记甘肃省文物保护维修研究所[J]. 丝绸之路，2005（2）：51-54.
382. “甘肃文物”网站正式开通 《丝绸之路》为主页版块之一[J]. 丝绸之路，2005（2）：55.
383. 廖国一. 汉代合浦郡与东南亚等地的“海上丝绸之路”及其古钱币考证[J]. 广西金融研究，2005（2）：4-8.
384. 陈炎. 海上丝绸之路[J]. 文明，2004（11）：10-11.
385. 王佩云，范春歌，杨剑坤，等. 沉没的丝绸之路 破译失落的海洋文明之谜[J]. 文明，2004（11）：26-39，115-158.
386. 齐东方. 丝绸之路的象征符号——骆驼[J]. 故宫博物院院刊，2004（6）：6-25.
387. 董晓荣. 丝绸之路古遗址——第二届石窟遗址保护国际学术讨论会在敦煌莫高窟隆重举行[J]. 敦煌研究，2004（4）：44.
388. 苏伯民. 拓展保护思路 开展国际合作 提高管理水平——丝绸之路古遗址保护一第二届石窟遗址国际学术讨论会综述[J]. 敦煌研究，2004（4）：107-109.
389. 李英. 试论宁波“海上丝绸之路”兴起的历史上限[J]. 博物，2004（4）：115-119.
390. 王进玉，吴来明. 丝绸之路古遗址保护——第二届石窟遗址保护国际学术讨论会在敦煌莫高窟隆重举行[J]. 文物保护与考古科学，2004（3）：68.
391. 中国钱币学会丝绸之路货币研讨会召开[J]. 中国钱币，2004（3）：67-68.
392. 戴志强. 在“丝绸之路货币研讨会”上的讲话[J]. 新疆钱币，2004（3）：2-3.
393. 柯尤木·瓦依提. 在“丝绸之路货币研讨会”上的致辞[J]. 新疆钱币，2004（3）：4-5.
394. 吴福环，韦斌. 古代丝绸之路上的中外钱币[J]. 新疆钱币，2004（3）：21-29.
395. 王亿钧. 论丝绸之路新疆段考古发现历代钱币状况及意义[J]. 新疆钱币，2004（3）：184-190.

396. 李最雄. **丝绸之路石窟壁画保护**[J]. 中国文化遗产，2004（3）：123-127.
397. **丝绸之路"咽喉"高昌故城损毁严重**[J]. 丝绸之路，2004（3）：60.
398. 栗建安. **闽南古代陶瓷与"海上丝绸之路"**[J]. 闽都文化研究，2004（2）：1332-1342.
399. 樋口隆康，赵声良. **丝绸之路的回忆**[J]. 丝绸之路，2004（1）：24-26.
400. 王蓬. **草原上的丝绸之路**[J]. 丝绸之路，2004（1）：27-28.
401. 陶知方. **丝绸之路古币赏析**[J]. 新疆钱币，2004（1）：52-54.
402. 杨镰，王冀青，张彤，等. **寻找被遗忘的丝绸之路**[J]. 华夏人文地理，2003（12）：102-125.
403. 阎岩，尤宝铭，李国长. **向着那梦中的地方去——台湾中华文物学会"丝绸之路"考察散记**[J]. 丝绸之路，2003（9）：17-20.
404. 张文耀. **甘肃省钱币学会会长张文耀同志在全国第三次丝绸之路货币研讨会开幕式上的讲话**[J]. 内蒙古金融研究，2003（9）：158，208.
405. 刘世旭. **略论"南方丝绸之路"出土海贝与贝币**[J]. 内蒙古金融研究，2003(9)：243-249，256.
406. 李逸友. **元代草原丝绸之路上的纸币：内蒙古额济纳旗黑城出土的元钞及票券**[J]. 内蒙古金融研究，2003（5）：176-185.
407. 杨鲁安. **新出"大夏真兴"鎏银钱辨析：为草原丝绸之路寻踪而作**[J]. 内蒙古金融研究，2003（3）：107-112.
408. 陈乃雄. **丝绸之路蒙古诸国钱币上的畏吾体蒙古文**[J]. 内蒙古金融研究，2003（3）：113-118.
409. 张季琦. **全国第三次丝绸之路货币研讨会开幕词**[J]. 内蒙古金融研究，2003（3）：155-156.
410. 唐雨良. **中国人民银行内蒙古分行副行长唐雨良同志在全国第三次丝绸之路货币研讨会开幕式上的讲话**[J]. 内蒙古金融研究，2003（3）：156-157.
411. 姚朔民. **全国第三次丝绸之路暨少数民族货币研讨会小结**[J]. 内蒙古金融研究，2003（3）：159-162.
412. **丝绸之路（新疆段）历史货币考察报告**[J]. 内蒙古金融研究，2003（3）：163-172.
413. 孔凡作胜，肖安富. **南方丝绸之路商贸货币探讨**[J]. 内蒙古金融研究，2003（3）：174-185.
414. 洪用斌. **草原丝绸之路概述**[J]. 内蒙古金融研究，2003（3）：226-233.
415. 盛观熙. **海上丝绸之路与明州港**[J]. 内蒙古金融研究，2003（3）：272-273.
416. 唐雨良. **草原丝绸之路货币研究文章综述**[J]. 内蒙古金融研究，2003（3）：279-291.
417. 吴振强，王金. **谈东丝绸之路及其货币**[J]. 内蒙古金融研究，2003（3）：313-314.
418. 张功平. **张功平同志在蒙元货币研讨会暨草原丝绸之路货币研讨碰头会开幕式上的讲话**[J]. 内蒙古金融研究，2003（2）：36-37.
419. **关于蒙元货币研讨会暨草原丝绸之路货币研讨碰头会综述**[J]. 内蒙古金融研究，2003（2）：50-52.
420. 张功平. **关于草原丝绸之路货币研究的几个问题**[J]. 内蒙古金融研究，2003(2)：172，185.

421. 草原丝绸之路货币研讨会综述[J]. 内蒙古金融研究，2003（2）：173-175.
422. 韦满昌. 清代草原丝绸之路及商品交换形式探微[J]. 内蒙古金融研究，2003（2）：191-193.
423. 李增毅，田锋. 草原丝绸之路上的黑城古币[J]. 内蒙古金融研究，2003（2）：218-220.
424. 翁善珍. 内蒙古地区丝绸之路的物证[J]. 内蒙古金融研究，2003（2）：246-250.
425. 王维坤. 丝绸之路沿线发现的死者口中含币习俗研究[J]. 考古学报，2003（2）：219-240.
426. 盛观熙.《大唐西域记》与丝绸之路货币[J]. 新疆钱币，2003（2）：32-33，35.
427. 许新国. 穿越柴达木的丝绸之路[J]. 柴达木开发研究，2003（1）：33-34.
428. 过伟. 合浦畅想：关于海上稻谷、瓷器、丝绸之路的思考[J]. 钦州师范高等专科学校学报，2003（1）：75-77.
429. 蒋海明. 漫谈中亚丝绸之路钱币的艺术函化[J]. 新疆钱币，2003（1）：6-13.
430. 中日合作“南方丝绸之路”一期野外调查工作结束[J]. 四川文物，2003（1）：28.
431. 易仲廷，陈乃雄，韩琳，等.“丝绸之路”钱释[J]. 内蒙古金融研究，2002（9）：364-370.
432. 孙晓峰，项一峰. 麦积山石窟与丝绸之路佛教文化国际学术研讨会综述[J]. 敦煌研究，2002（5）：108-109.
433. 蒋海明. 浅述帖木儿王朝钱币对丝绸之路的影响[J]. 中国钱币，2002（4）：71-72.
434. 李最雄. 丝绸之路石窟的岩石特征及加固[J]. 敦煌研究，2002（4）：73-84.
435. 林染. 丝绸之路钱币二题[J]. 新疆钱币，2002（2）：1-8.
436. 金波. 十二枚丝绸之路钱币[J]. 新疆钱币，2002（2）：43-44.
437. 雷顺英. 浅析古丝绸之路酒泉发现的“周天元连”古铜币[J]. 广西金融研究，2002（2）：25.
438. 李惠兴. 丝绸之路上的张骞碑[J]. 丝绸之路，2001（6）：50-51.
439. 朱存世，李芳. 试析青铜时代贺兰山、北山岩画与欧亚草原丝绸之路的关系——兼论欧亚草原丝绸之路的东段走向[J]. 宁夏社会科学，2001（3）：101-107.
440. 宫治昭，赵莉. 丝绸之路沿线佛传艺术的发展与演变[J]. 敦煌研究，2001（3）：66-70，187.
441. 赵永康. 西部大开发在合江和黔边的切入点：探索古代“西南丝绸之路”的遗踪[J]. 泸州教育学院学报，2001（1）：31-34.
442. 冬婴. 丝绸之路上的春天[J]. 中外诗歌研究，2001（1）：63.
443. 张国藩，赵建平. 丝绸之路陇坂古道考察散记[J]. 丝绸之路，2001（1）：107-110.
444. 梁勇. 丝绸之路与河北古代丝纺织文明：写在敦煌藏经洞和敦煌遗书发现百年之际[J]. 乡音，2000（10）：26-27，23.
445. 乐凌. 兰州大学敦煌学研究所举办“海峡两岸敦煌学丝绸之路学术考察研讨会”[J]. 敦煌研究，2000（4）：177.
446. 杨晓东. 雷州半岛与海上丝绸之路的文物[J]. 岭南文史，2000（4）：30-33.
447. 陈学爱. 南海丝绸之路见证物——遂溪县边湾村窖藏波斯文物[J]. 岭南文史，2000（4）：39-40.
448. 蒋海明.《中国丝绸之路货币》中的一枚东察合台银币[J]. 新疆钱币，2000（3）：48.

449. 兰州大学敦煌学研究所举办“海峡两岸敦煌学·丝绸之路学术考察研讨会”[J]. 敦煌学辑刊，2000（2）：151.
450. 李玉昆. “海上丝绸之路”谈往[J]. 风景名胜，1999（10）：14-17.
451. 丝绸之路上的惊世发现[J]. 中国旅游，1999（3）：82-86.
452. 梁国华. 评《丝绸之路贸易史》兼论丝绸之路研究的几个问题[J]. 敦煌研究，1999（1）：171-176.
453. 赵海鹰，龚天祥. 敦煌境内的燕国刀币——兼论“丝绸之路”的开通历史[J]. 甘肃金融，1998（11）：64-65.
454. 罗丰. 丝绸之路与北朝隋唐原州古墓[J]. 固原师专学报，1998（5）：83-92.
455. 蒂埃里，郁军. 关于伯希和在丝绸之路发现的唐代货币[J]. 中国钱币，1998（4）：22-24，12.
456. 康柳硕. 北朝丝绸之路货币概述[J]. 中国钱币，1998（4）：32-35.
457. 贾晓梅. 丝绸之路、佛教东渐及西域探险史[J]. 南京艺术学院学报（美术与设计版），1998（4）：28-37.
458. 杜根成. 丝绸之路上的考古新发现[J]. 故宫博物院院刊，1998（3）：14-19.
459. 陈典松. 海上“丝绸之路”的重要史迹——广州南海神庙[J]. 文史知识，1997（7）：117-120.
460. 余玉龙. 从都兰出土的唐代丝绸看“青海丝绸之路”的地位[J]. 中外文化交流，1997（6）：55-56.
461. 侯灿. 丝绸之路学的涵义、内容及其方法[J]. 丝绸之路，1997（6）：9-29.
462. 李正宇. 丝绸之路学内容、范围、属性、结构之管见[J]. 丝绸之路，1997（6）：13-16.
463. 黎海南，马鸿良，郦桂芬. 丝绸之路城址起源与丝绸之路变迁[J]. 甘肃科技，1997（6）：36-39.
464. 高平. 读者之声——贺《丝绸之路》创刊5周年[J]. 丝绸之路，1997（5）：1.
465. 薛正昌. 丝绸之路与固原历史文化[J]. 丝绸之路，1997（5）：61-62.
466. 吴锦瑜，谭飞. 丝绸之路的前驱——玉石之路[J]. 侨园，1997（5）：38-39.
467. 傅朗云. “丝绸之路”与“山丹贸易”之研究[J]. 北方文物，1997（4）：96-98.
468. 张正宁. 南方丝绸之路上的石刻岩画[J]. 中国西部，1997（4）：62.
469. 向晖. 丝绸之路上的大佛[J]. 丝绸之路，1996（5）：51.
470. 鲁岱青. 草原考古文化研究的重要成果——评《丝绸之路草原石人研究》[J]. 西域研究，1996（2）：99-102.
471. 周国信，程怀文. 丝绸之路古颜料考（Ⅲ）[J]. 现代涂料与涂装，1996（2）：37-40.
472. 纪宗安. 丝绸之路新北道考实：兼谈玉门关址的东迁[J]. 敦煌学辑刊，1996（1）：96-108.
473. 李建毛. 长沙窑瓷与丝绸之路[J]. 海交史研究，1996（1）：27-34.
474. 陈育宁. 宁夏境内的丝绸之路及须弥山石窟[J]. 丝绸之路，1995（6）：39-42.
475. 李明伟. 敦煌文献与丝绸之路的研究[J]. 社科纵横，1995（4）：40-41.
476. 乔楠，唐晓军. 丝绸之路上的三国遗址[J]. 丝绸之路，1995（3）：24-25.
477. 高大伦. 关于“南方丝绸之路”的几点思考[J]. 中国史研究，1995（2）：131-139.
478. 周国信，程怀文. 丝绸之路古颜料考（Ⅱ）[J]. 现代涂料与涂装，1995（2）：24-28.
479. 孙佩兰. 丝绸之路上的刺绣与缂丝[J]. 西域研究，1995（2）：54-61.

480. 刘世旭."南方丝绸之路"出土海贝与贝币浅论[J]. 中国钱币，1995（1）：3-7.
481. 王永生. 丝绸之路新疆段历史货币考察纪要——中国钱币学会丝绸之路考察队[J]. 中国钱币，1995（1）：20-23.
482. 刘筝. 第五次东南亚历史货币暨海上丝绸之路货币研讨会论文述要[J]. 中国钱币，1995（1）：56-57.
483. 周国信，程怀文. 丝绸之路古颜料考（Ⅰ）[J]. 现代涂料与涂装，1995（1）：35-37.
484. 孙佩兰. 关于新疆、甘肃出土织绣物的考证　丝绸之路话刺绣、缂丝[J]. 上海工艺美术，1994（4）：25-27.
485. 王进玉. 丝绸之路古遗址保护国际学术会议在敦煌召开[J]. 文物，1994（3）：41.
486. 樊锦诗，李实. 中国石窟遗址保护的里程碑：评"丝绸之路古遗址保护国际学术会议"的学术特点[J]. 敦煌研究，1994（1）：1-4.
487. 段文杰. 丝绸之路上的瑰宝：敦煌艺术（讲演题纲）[J]. 敦煌研究，1994（1）：9-10.
488. 丝绸之路古遗址保护国际学术会议论文目录[J]. 敦煌研究，1994（1）：28-29.
489. 李凤翔. 第二次全国"南方丝绸之路货币研讨会"学术观点综述[J]. 云南金融，1994（1）：47-49.
490. 邱怀禹."南方丝绸之路货币"又有新发现：临沧地区永德县班老大寨出土贝币[J]. 云南金融，1994（1）：49-51.
491. 侯灿. 丝绸之路上的高昌故城[J]. 丝绸之路，1994（1）：42-45，64.
492. 李忠存. 丝绸之路：世界友好交往的先驱[J]. 零陵师专学报，1994（1）：90-98.
493. 刘世旭. 略论"西南丝绸之路"出土海贝与贝币[J]. 四川文物，1993（95）：34-39.
494. 张策刚. 南方丝绸之路起点溯源[J]. 四川文物，1993（95）：51-52.
495. 陈明芳. 西南丝绸之路上的悬棺葬及其族属[J]. 南方文物，1993（4）：104-109.
496. 南方丝绸之路货币的初步研讨[J]. 中国钱币，1993（4）：29-38.
497. 月氏. 大英博物馆举办丝绸之路钱币展[J]. 中国钱币，1993（4）：74.
498. 月氏. 中国钱币学会组织丝绸之路货币实地考察[J]. 中国钱币，1993（3）：11.
499. 王进玉，张岚."丝绸之路古遗址保护国际学术会议"在敦煌召开[J]. 文物保护与考古科学，1993（2）：40.
500. 林梅村. 粟特文买婢契与丝绸之路上的女奴贸易[J]. 文物，1992（9）：49-55.
501. 李洪甫. 南京与海上丝绸之路[J]. 文博，1992（6）：26-29.
502. 卢美松，欧潭生. 海上丝绸之路溯源——兼论古代南方蛮族的历史性贡献[J]. 南方文物，1992（4）：31-37.
503. 常青. 汉魏两晋南北朝时期长安佛教与丝绸之路上的石窟遗迹[J]. 文博，1992（2）：58-66.
504. 陈忠凯. 唐长安城寺院与丝绸之路[J]. 文博，1992（2）：66-72.
505. 朱云宝. 丝绸之路上的佛塔[J]. 西域研究，1992（2）：63-68.
506. 丕忠. 李遇春先生新疆《丝绸之路》国画展览在西安举行[J]. 文博，1991（6）：75.
507. 周日琏. 古代青衣江上游的郡县建置与西南丝绸之路[J]. 四川文物，1991（6）：3-9.
508. 刘弘. 西南丝绸之路上的汉代移民[J]. 东南文化，1991（6）：43-51.

509. 李逸友. **元代草原丝绸之路上的纸币——内蒙古额济纳旗黑城出土的元钞及票券**[J]. 中国钱币，1991（3）：16-24.
510. 侯真平. **联合国教科文组织“海上丝绸之路”考察船在泉州考察，总领队迪安博士倡议把泉州列为国际研究项目**[J]. 东南文化，1991（2）：322.
511. 蒋致洁. **蒙元时期丝绸之路贸易初探**[J]. 中国史研究，1991（2）：39-48.
512. 黄盛璋. **晚清对丝绸之路的勘察和实测地图的发现**[J]. 西域研究，1991（1）：67-72.
513. 王仁波. **丝绸之路的起点：长安**[J]. 文博，1991（1）：3-11.
514. 武伯纶. **来自丝绸之路的珍贵纪念品**[J]. 文博，1991（1）：11-18.
515. 周伟洲. **五代时期的丝绸之路**[J]. 文博，1991（1）：29-35.
516. 成建正. **神话、传说与丝绸之路**[J]. 文博，1991（1）：53-56.
517. 田德民，田静. **“丝绸之路”与汉唐“和亲”**[J]. 文博，1991（1）：96-99.
518. 刘弘，刘世旭. **振兴“南方丝绸之路”研讨会在西昌召开**[J]. 四川文物，1990（6）：77.
519. 月氏. **全国首次丝绸之路货币研讨会在敦煌召开**[J]. 中国钱币，1990（4）：70-71.
520. **内蒙古召开草原丝绸之路货币研讨会**[J]. 中国钱币，1990（3）：65.
521. 澄之. **丝绸之路与唐诗的繁荣**[J]. 甘肃社会科学，1989（2）：98.
522. 杨泓. **丝绸之路由中国向日本的延伸**[J]. 文物，1989（1）：68-72.
523. 林梅村. **开拓丝绸之路的先驱——吐火罗人**[J]. 文物，1989（1）：72-75.
524. 李吟屏. **对《麻札塔格古戍堡及其在丝绸之路上的重要位置》一文的两点补正**[J]. 文物，1988（4）：92-93.
525. 侯灿. **麻札塔格古戍堡及其在丝绸之路上的重要位置**[J]. 文物，1987（3）：63-76.
526. 孔祥星. **唐代“丝绸之路”上的纺织品贸易中心西州——吐鲁番文书研究**[J]. 文物，1982（4）：18-23.
527. 苏健. **洛阳与丝绸之路**[J]. 中原文物，1981（3）：54-57.
528. 潘玉闪. **略谈“丝绸之路”和汉魏敦煌**[J]. 敦煌研究，1981（1）：167-175.
529. **“丝绸之路”上新发现的汉唐织物**[J]. 文物，1972（3）：14-19.

（九）各国文物考古

1. 冯玉雷，GAO MEIMEI. **通过丝绸之路新罗与世界相通：韩国庆州考察记**[J]. 丝绸之路，2014（8）：136-153.
2. 文明. **土库曼斯坦出土 191 枚古丝绸之路银币**[J]. 中国地名，2013（10）：71.
3. 杨富学. **“丝绸之路上的哈萨克斯坦”国际学术讨论会综述**[J]. 敦煌学辑刊，2009（3）：150-160.
4. 孙泓. **从东北亚地区出土的玻璃器看丝绸之路的向东延伸**[J]. 东方博物，2006（4）：47-52.

（十）风俗习惯

1. 刘坚. **广州波罗庙 海上丝绸之路的发源地**[J]. 黄金时代月刊，2005（3）：59-61.
2. 高立勋. **西北大学王维坤教授认为：丝绸之路发现死者口“含币”习俗是口“含物”**

的发展[J]. 西北大学学报（哲学社会科学版），2003（4）：120.

3. 郭仁辉，董敏慧. **丝绸之路节令民俗体育文化初探**[J]. 西安联合大学学报，1999（1）：51-54.

4. 高占福. **丝绸之路上的甘肃回族**[J]. 党的建设，1994（1）：38-39.

（十一）地　理

1. 梁二平. **新罗，海上丝绸之路的天尽头**[J]. 丝绸之路，2015（7）：18-25.

2. 胡海燕，邓建中. **阿尔金山：丝绸之路必经的屏障**[J]. 新疆人文地理，2015（6）：10-23.

3. 毕登启，褚彦环. **大美无疆　丝绸之路（连载九）**[J]. 旅游纵览，2015（5）：92-101.

4. 单彦名，田家兴，高朝暄，等. **海上丝绸之路起点的故乡情：塘东村**[J]. 城镇建设，2015（5）：16-17.

5. 七七. **丝绸之路上的健康游途**[J]. 人人健康，2015（4）：88-89.

6. 毕登启，褚彦环. **大漠孤烟　丝绸之路（连载七）**[J]. 旅游纵览，2015（3）：90-99.

7. 杨建平，李一毛. **丝绸之路上的传承与新生　现代进行时 SUV 全新出发**[J]. 摄影之友（摄影旅游），2015（2）：30-34.

8. **最早绘制完成的蒙古四大汗国地图《加泰罗尼亚地图》该图为研究“草原丝绸之路”提供了重要的历史依据**[J]. 西部蒙古论坛，2015（1）：2.

9. 孙峰. **古代马秦山地名考证：基于浙东“海上丝绸之路”的推测**[J]. 宁波大学学报（人文科学版），2015（1）：74-78.

10. 毕登启，褚彦环. **丝绸之路天山古道**[J]. 旅游纵览，2015（1）：60-69.

11. 高关中. **丝绸之路上的“明珠”：伊斯法罕**[J]. 百科知识，2014（16）：38-40.

12. 韩文慧. **20 世纪以来“丝绸之路”研究述评**[J]. 渭南师范学院学报（综合版），2014（14）：54-59.

13. 沙武田. **丝绸之路黄金段河西走廊的历史地位：兼谈河西走廊在华夏文明传承创新区建设中的定位和宣传侧重**[J]. 丝绸之路，2014（12）：16-19.

14. 毕登启，褚彦环. **丝绸之路　祁连览胜**[J]. 旅游纵览，2014（12）：30-37.

15. 化春光，王超，逄添淇. **丝绸之路　人类交流史上的鸿篇巨制**[J]. 旅游时代，2014（10）：36-37.

16. **畅游丝绸之路**[J]. 旅游时代，2014（10）：43-48.

17. **丝绸之路遗产点　明珠洒落**[J]. 旅游时代，2014（10）：49-54.

18. 水英. **我国的丝绸之路（下）**[J]. 老友，2014（10）：48-49.

19. 刘印生，段丽娟. **甘肃：系在丝绸之路上的金腰带：中国经济报刊协会“百家媒体看甘肃”采访记**[J]. 中华建设，2014（9）：16-21.

20. 青藤婉，毕登启. **走在世界遗产的古道上：行摄丝绸之路**[J]. 旅游纵览，2014（9）：36-37.

21. **古丝绸之路之咽喉要塞　车师古道**[J]. 西部交通科技，2014（8）：118.

22. 公孙好. **丝绸之路　驼铃里的绝响**[J]. 旅游世界，2014（8）：126-131.

23. 郭爱和. **丝绸之路东方起点**[J]. 文化月刊，2014（7）：14-17.

24. 熊双平. **简牍之旅和丝绸之路**[J]. 文化月刊，2014（7）：18-27.

25. 韦夏宁. **广西海上丝绸之路研究综述**[J]. 钦州学院学报，2014（6）：13-16，20.
26. 陋岩. **海东：丝绸之路上的一颗明珠**[J]. 中国土族，2014（3）：71.
27. 陈宇，王秀秀. **地图上的丝绸之路**[J]. 地图，2014（1）：24-25.
28. 杨浪. **丝绸之路，这一端与那一端**[J]. 地图，2014（1）：34-43.
29. 龚缨晏. **欧洲古地图上的“中国”与“丝绸之路”**[J]. 地图，2014（1）：44-53.
30. 王顺利. **丝绸之路起点碑在西安落成**[J]. 新西部（上），2014（1）：72.
31. **丝绸之路—海上丝绸之路**[J]. 世界遗产，2014（1）：30-33.
32. **新丝绸之路再探寻**. 世界博览，2013（19）：32-35.
33. **古丝绸之路入滇要道：云南盐津县**[J]. 农村百事通，2013（16）：20.
34. 孟杰. **丝绸之路明珠·炳灵寺石窟**[J]. 中华民居（上旬版），2013（9）：80-81.
35. 东方汛. **享有“西域乐都”美誉 素有“歌舞之乡”美韵 冠有古丝绸之路上明珠美称 库车 张骞出使西域探访的龟兹文化发祥地**[J]. 中国地名，2013（8）：76-77.
36. 董星希，肃羽，甘蓝，等. **南丝绸之路西线特辑 印刻在西南古道上的旷世传奇**[J]. 环球人文地理，2012（14）：124-127.
37. **南丝绸之路东线特辑：印刻在西南古道上的世纪传奇**[J]. 环球人文地理（重庆旅游），2012（10）：126-129.
38. 师培轶. **论丝绸之路的发展与消亡**[J]. 旅游纵览（下半月），2012（10）：66.
39. 王立国，陶犁，张丽娟，等. **文化廊道范围计算及旅游空间构建研究：以西南丝绸之路（云南段）为例**[J]. 人文地理，2012（6）：36-42.
40. 全洪涛. **南方丝绸之路的文化探析**[J]. 思想战线，2012（6）：135-136.
41. 颜士州. **丝绸之路 天籁下的曼舞**[J]. 科学大众（中学生），2012（5）：25-27.
42. 程弓. **黑龙江冰雪丝绸之路**[J]. 黑龙江史志，2012（1）：36，38.
43. 李乐. **走去丝绸之路撒点儿野**[J]. 体育博览，2011（23）：124-128.
44. 一凡. **丝绸之路：西北望，梦驼铃**[J]. 数码摄影，2011（8）：148-149.
45. 肖凯提·吐尔地. **丝绸之路名城：乌鲁木齐**[J]. 新疆人文地理，2011（5）：156.
46. 苏海洋，雍际春，晏波，等. **丝绸之路陇右南道甘肃东段的形成与变迁**[J]. 西北农林科技大学学报（社会科学版），2011（3）：126-131.
47. **丝绸之路主要线路示意图**[J]. 新疆画报，2010（7）：120.
48. 沈苇. **丝绸之路上的三大名果**[J]. 新疆人文地理（汉），2010（5）：138-143.
49. 西瓜. **伊兹密尔：丝绸之路的陆上终点**[J]. 商务旅行，2010（5）：15-16.
50. **中国城科会历史文化名城委员会丝绸之路文化研究中心简介**[J]. 丝绸之路，2009（22）：128.
51. 李雅兰. **沿着丝绸之路：我们在这头，土耳其在那头**[J]. 健康大视野，2009（18）：79.
52. 苏海洋，雍际春. **从考古看丝绸之路祁山道的形成**[J]. 丝绸之路，2009（14）：5-8.
53. 刘博. **浅析丝绸之路旅游文化**[J]. 丝绸之路，2009（14）：54-56.
54. 珙励. **古丝绸之路上的“美玉”：和田印象**[J]. 老同志之友，2009（13）：39.
55. 邵如林，邸明明. **丝绸之路北新道**[J]. 丝绸之路，2008（9）：12-18.
56. 席永君，陈锦. **寻找南方丝绸之路**[J]. 旅游，2009（8）：28-51.

57. 赵斌. 丝绸之路西安至泾川段线路研究[J]. 丝绸之路，2009（6）：22-25.
58. 李健超. 丝绸之路之陕西、甘肃中东部线路的形成与发展[J]. 丝绸之路，2009（6）：31-32.
59. 雍际春，苏海洋. 丝绸之路陇右南道陇山段的交通路线[J]. 丝绸之路，2009（6）：33-36.
60. 苏海洋，雍际春. 丝绸之路青海段交通线综考[J]. 丝绸之路，2009（6）：39-42.
61. JK. 叙利亚　丝绸之路的另一端[J]. 今日民航，2009（6）：54-56.
62. 袁黎明. 简论唐代丝绸之路的前后期变化[J]. 丝绸之路，2009（6）：57-61.
63. 张萍，吕强. 明清陕甘交通道路的新发展与丝绸之路变迁[J]. 丝绸之路，2009（6）：67-75.
64. 梁坤. 民国时期甘肃的道路建设与丝绸之路变迁[J]. 丝绸之路，2009（6）：76-80.
65. 杨蕤. 五代、北宋时期陆上丝绸之路输入品辑考[J]. 丝绸之路，2009（6）：87-97.
66. 郑洪生，许成启. 西部丝绸之路上的旅游胜地 沙湖[J]. 防护林科技，2009（5）：129.
67. 马玉蕻. 奥运圣火传递 照亮丝绸之路[J]. 丝绸之路，2008（5）：15-18.
68. 庾晋. 古南方丝绸之路西线“零关道”访古探幽[J]. 资源与人居环境，2008（4）：72-76.
69. 丝绸之路甘肃段自助游攻略[J]. 丝绸之路，2008（4）：76-77.
70.《丝绸之路》下半月刊征稿启事[J]. 丝绸之路，2009（4）：130.
71. 萧易，余茂智. 西南丝绸之路（上篇）[J]. 西南航空，2008（4）：28-38.
72. 哈萨克斯坦：托起“当代丝绸之路”[J]. 资源再生，2008（2）：75-76.
73. 李我. 丝绸之路：漫游中的凝视[J]. 商务旅行，2007（8）：140-143.
74. 吴景山. 丝绸之路上的宗教胜迹[J]. 中国宗教，2007（5）：56-59.
75. 张德伟. 古丝绸之路繁荣的地理人文因素分析[J]. 聊城大学学报（社会科学版），2007（2）：33-35.
76. 巫新华. 西域丝绸之路——孕育文明的古道[J]. 中国文化遗产，2007（1）：22-31.
77. MKX. 游走在丝绸之路的另一端——伊朗旅游见闻之一[J]. 中国信用卡，2006（17）：42-49.
78. 赵焕庭. 番禺是华南海上丝路最早的始发港——对《关于中国古代“海上丝绸之路”最早始发港研究述评》的意见[J]. 地理科学，2006（1）：118-127.
79. 何效祖. 丝绸之路河南道[J]. 丝绸之路，2006（1）：62-64.
80. 余太山. 托勒密《地理志》所见丝绸之路的记载[J]. 欧亚学刊，2006（0）：85-98.
81. 丝绸之路青海段精彩旅程[J]. 丝绸之路，2005（10）：4-17.
82. 丝绸之路宁夏段精彩旅程[J]. 丝绸之路，2005（9）：4-15.
83. 丝绸之路新疆段精彩旅程[J]. 丝绸之路，2005（8）：4-17.
84. 瞭望丝绸之路[J]. 经济，2005（8）：121.
85. 文青，卢现艺，欧阳昌佩. 贵阳和安顺 南丝绸之路神秘的中段[J]. 时尚旅游，2005（6）：75-76.
86. 文青，徐广宇，卢现艺. 贵州寻访南丝绸之路[J]. 时尚旅游，2005（6）：84-89.
87. 联合国“丝绸之路区域项目”启动[J]. 丝绸之路，2005（4）：66.
88. 郭连初. 精品丝绸之路 魅力甘肃旅游——令人心旷神怡的六大精品线路[J]. 丝绸之路，2005（3）：11-15.

89. 孟雨冰. **丝绸之路在甘肃**[J]. 丝绸之路，2005（3）：44-45.
90. 王牧. **新丝绸之路**[J]. 中国民族博览，2005（3）：1.
91. **丝绸之路**[J]. 中华手工，2005（3）：66-67.
92. 尚昌平. **丝绸之路上的烽燧**[J]. 风景名胜，2004（9）：96-99.
93. 韩湖初，杨士弘. **关于中国古代"海上丝绸之路"最早始发港研究述评**[J]. 地理科学，2004（6）：738-745.
94. 华仔. **神秘丝绸之路：穿越西域南疆**[J]. 旅行者，2004（6）：102-103.
95. 赵永康. **探索古代西南丝绸之路的遗踪**[J]. 成都理工大学学报（社会科学版），2004（3）：6-10.
96. 申友良. **南海丝绸之路第一港：徐闻港**[J]. 中央民族大学学报（哲学社会科学版），2004（3）：73-79.
97. 苏忠深. **早期丝绸之路与中宁**[J]. 宁夏史志，2004（3）：26-27.
98. 杨镰，李方准，张彤. **寻找被遗忘的丝绸之路（下）**[J]. 华夏人文地理，2004（1）：92-107.
99. 王大方. **草原丝绸之路**[J]. 实践，2004（1）：44-45.
100. 袁宣萍. **丝绸之路的最后驿站帕尔米拉**[J]. 风景名胜，2003（7）：105-107.
101. 杨镰，王冀青. **寻找被遗忘的丝绸之路（上）**[J]. 华夏人文地理，2003（6）：102-125.
102. 宋成. **丝绸之路**[J]. 地理教学，2003（5）：50-51.
103. 赵焕庭. **广州是华南海上丝绸之路最早的始发港（Ⅱ）**[J]. 热带地理，2003（4）：394-400.
104. **走进世界上古老而伟大的"丝绸之路"**[J]. 现代质量，2003（3）：38-40.
105. 赵焕庭. **广州是华南海上丝绸之路最早的始发港（Ⅰ）**[J]. 热带地理，2003（3）：294-298.
106. 刘德寿. **重踏古丝路　探析水环境：西北"丝绸之路"漫行记**[J]. 水利天地，2002（9）：25-27.
107. 单之蔷. **丝绸之路能更名吗？**[J]. 中国国家地理，2002（9）：2-6.
108. 吴小玲. **"海上丝绸之路"与钦州的发展**[J]. 钦州师范高等专科学校学报，2002（4）：58-63.
109. 黄家蕃. **南海"海上丝绸之路"合浦始发港具体所在刍议**[J]. 广西文史，2002（2）：19-21.
110. 马行汉. **"丝绸之路"短途行**[J]. 世界博览，2002（1）：16-19.
111. 卢明辉. **乌兰察布草原巡礼——寻访"草原丝绸之路"失落的文明**[J]. 丝绸之路，2001（9）：47-50.
112. 袁建平，刘夏蓓. **"丝绸之路"溯源**[J]. 社科纵横，2001（6）：48-51，77.
113. 李全国. **丝绸之路上的米兰古城**[J]. 大自然，2001（2）：24-25.
114. 毛明灿，郭喜中，俞建民. **丝绸之路　万里长城**[J]. 蚕学通讯，2001（2）：56.
115. 张步天. **从《山海经》看青海海东地区古丝绸之路的枢纽地位**[J]. 青海师专学报，2001（1）：30-33.
116. 严文学. **丝绸之路上的生命之水——河西内陆河**[J]. 发展，2001（1）：11-13.
117. **丝绸之路地名趣话**[J]. 中国集体经济，2000（10）：47-48.
118. 周均美. **丝绸之路上的明珠——库车**[J]. 文史知识，2000（8）：123.

119. 鸿道. 汉代“海上丝绸之路”始发港——徐闻[J]. 航海杂志，2000（6）：29.
120. 丘明章. 从海上丝绸之路的古文明到 21 世纪的新辉煌——湛江海港发展的回顾与展望[J]. 岭南文史，2000（4）：8-12.
121. 黄启臣. 徐闻是西汉南海丝绸之路的出海港[J]. 岭南文史，2000（4）：17-18.
122. 张大成. 情满丝绸之路[J]. 丝绸之路，2000（3）：33-39.
123. 许永璋. 古代洛阳与南海丝绸之路[J]. 史学月刊，2000（1）：30-37.
124. 李璘. 蜀陇道[J]. 丝绸之路，2000（1）：4-6.
125. 赵川宇. 中亚——古丝绸之路的必经之路[J]. 科学新闻，1999（19）：25.
126. 童道琴. 丝绸之路游规划介绍[J]. 风景名胜，1999（6）：12-14.
127. 张朋川. 从甘肃一带出土文物看丝绸之路形成过程[J]. 丝绸之路，1999（1）：5-9.
128. 李永平. 西北地区重大考古发现与丝绸之路研究[J]. 丝绸之路，1999（1）：16-18.
129. 李培彦. 走丝绸之路最佳路线[J]. 旅游，1998（4）：6-8.
130. 海客. 被遗忘的一段丝绸之路[J]. 中国旅游，1998（4）：44-48.
131. 瓦桑里亚·费奥拉尼. 丝绸之路上的商人·商品·强盗[J]. 丝绸之路，1998（3）：36.
132. 王大方. 草原丝绸之路[J]. 丝绸之路，1998（3）：54-57.
133. 建宽. 丝绸之路学的对象和范围[J]. 丝绸之路，1998（1）：9-11.
134. 张德芳. 丝绸之路与陇上文物[J]. 丝绸之路，1998（1）：11-17.
135. 中国丝绸之路（之二）[J]. 中国青年科技，1997（7）：36-37.
136. 中国丝绸之路[J]. 中国青年科技，1997（6）：40-43.
137. 赋春. 丝绸之路上的河西走廊[J]. 中国地名，1997（5）：36-37.
138. 徐允信. 古代丝绸之路有四条[J]. 蚕桑通报，1997（4）：52-53.
139. 陈良伟. 松灌丝道沿线的考古调查——丝绸之路河南道的一支[J]. 中国社会科学院研究生院学报，1996（6）：63-72.
140. 晓丹. 丝绸之路[J]. 陕西审计，1996（6）：37.
141. 法国学者对丝绸之路的研究[J]. 中国史研究动态，1996（5）：58-61.
142. 纪宗安. 丝绸之路新北道网络及城镇考述[J]. 新疆大学学报（哲学社会科学版），1996（3）：36-54.
143. 刘真伦. 婆利即骠国考——海上丝绸之路研究[J]. 中国边疆史地研究，1996（3）：85-89.
144. 王三北. 评《丝绸之路文化大辞典》[J]. 丝绸之路，1996（1）：6-51.
145. 李爱民. 丝绸之路徒步旅行杂感[J]. 丝绸之路，1996（1）：49-64.
146. 张嘉宾. 北方丝绸之路[J]. 丝绸之路，1996（1）：62-64.
147. 乃夫. 古道遗宝——丝绸之路探胜记[J]. 旅游，1996（1）：11-14.
148. 毛江华. 古丝绸之路上的红其拉甫山[J]. 风景名胜，1995（8）：17-18.
149. 徐治. 西南丝绸之路[J]. 对外大传播，1995（6）：32-33.
150. 贺养州. 丝绸之路上的黄河古桥梁[J]. 丝绸之路，1995（5）：30-31.
151. 袁辉. 丝绸之路丹东段述路[J]. 丹东师专学报，1995（4）：32-36.
152. 陈育宁. 丝绸之路的文化交流对宁夏地区的影响[J]. 宁夏社会科学，1995（4）：59-67.
153. 徐百成，程鸿运. 浅论唐代丝绸之路过天山路径[J]. 西北史地，1995（4）：26-42.
154. 吴疆. 丝绸之路上的路[J]. 丝绸之路，1995（3）：55-56.

155. 游新衡. **外国人眼中的"丝绸之路"**[J]. 旅游，1995（3）：14-17.
156. 杨建新. **论丝绸之路的产生、发展和运行机制**[J]. 西北史地，1995（2）：1-11.
157. 李瑛，周德广. **丝绸之路上的黄河古渡**[J]. 丝绸之路，1995（2）：28-29.
158. 梁州. **十多年来西南丝绸之路研究综述**[J]. 中国史研究动态，1994（8）：9-12.
159. 唐燕萍. **重访丝绸之路**[J]. 国际市场，1994（5）：12.
160. 张伟祥. **丝绸之路印象**[J]. 丝绸之路，1994（4）：18.
161. 唐光玉. **西南丝绸之路纪行**[J]. 丝绸之路，1994（3）：9-18.
162. 李永平. **丝绸之路与中国古代地图**[J]. 丝绸之路，1994（1）：30-31.
163. 柯茂盛. **扩大开放　走向世界——93 兰州丝绸之路经贸洽谈会**[J]. 丝绸之路，1993（6）：21-24.
164. 敬东. **独联体国家的丝绸之路研究**[J]. 丝绸之路，1993（6）：58-60.
165. 江潮. **第五讲　丝绸之路上的文化交流**[J]. 丝绸之路，1993（5）：58-60.
166. 韩修国，王重国. **白银——丝绸之路上的明珠**[J]. 丝绸之路，1993（4）：5-9.
167. 马通. **丝绸之路上的穆斯林**[J]. 丝绸之路，1993（4）：24-28.
168. 文玉. **航天飞机寻找丝绸之路**[J]. 丝绸之路，1993（4）：64.
169. 卢明辉. **"草原丝绸之路"——亚欧大陆草原通道与中原地区的经济交流**[J]. 内蒙古社会科学（汉文版），1993（3）：73-79.
170. 蒋书庆. **拥抱太阳——丝绸之路上的彩陶文化**[J]. 丝绸之路，1993（3）：33-35.
171. **丝绸之路小识**[J]. 丝绸之路，1993（3）：50-51.
172. 祁渠. **第三讲 丝绸之路的主要线路（下）**[J]. 丝绸之路，1993（3）：56-58.
173. 文玉. **推荐学术专著《丝绸之路》**[J]. 丝绸之路，1993（2）：42.
174. 胡小鹏. **日本的丝绸之路研究动向与展望**[J]. 丝绸之路，1993（2）：52-53.
175. 祁渠. **第二讲 丝绸之路的主要线路（上）**[J]. 丝绸之路，1993（2）：55-57.
176. 刘莹. **丝绸之路国际学术研讨会在兰州举行**[J]. 丝绸之路，1993（1）：16.
177. 彭岚嘉. **第一讲 丝绸之路历史概貌**[J]. 丝绸之路，1993（1）：13-16.
178. 王震亚. **丝绸之路上的商业城市**[J]. 丝绸之路，1993（1）：61-68.
179. 陈葆. **丝绸之路新景——曲江**[J]. 开发研究，1986（2）：63.

十一、自然科学总论

（一）自然科学理论与方法论

1. **中国科协国际部联合多部门召开"一带一路"主题研讨会**[J]. 科技导报，2015（8）：17.
2. 吴琼. **秦汉蚕桑丝织技术和早期丝绸之路**[J]. 科学技术哲学研究，2015（1）：75-81.
3. **第一届丝绸之路数学与天文学史国际会议将于 8 月在西安召开**[J]. 广西民族学院学报：自然科学版，2005（2）：34.

（二）自然科学教育与普及

欧建成. **"丝绸之路"一线牵 中叙友谊谱新篇：阿拉伯叙利亚共和国总统巴沙尔・阿萨德伉俪参观中国科技馆**[J]. 科技馆，2004（3）：4.

十二、数理科学和化学

（一）数　学

1. 阿特米·S. 马尔可夫. **关于丝绸之路的数学模型**[J]. 城市观察，2015（1）：22-33.
2. 曲安京. **第一届丝绸之路数学与天文学史国际会议在西安召开**[J]. 中国科技史杂志，2005（4）：381.

（二）化　学

康毅. **丝绸之路金秋行**[J]. 摩托车趋势，2008（1）：126.

十三、天文学、地球科学

（一）天文学

1. 龚丽坤. **从地到天：丝绸之路与天文交流**[J]. 知识就是力量，2014（12）：26-27.
2. 小华. **丝绸之路的星空**[J]. 中国国家天文，2014（1）：76-85.

（二）测绘学

1. **“一带一路”地质矿产能源图集编制紧锣密鼓**[J]. 现代矿业，2015（4）：225.
2. 龚强. **基于地理国情普查对开发冰雪丝绸之路旅游带的思考**[J]. 测绘与空间地理信息，2014（6）：4-6.
3. 李宏建，郭勇. **浅谈《丝绸之路经济带核心区域地图集》编辑设计思路**[J]. 现代测绘，2014（6）：61-62.
4. 蔡磊，康荔，代巨鹏，等. **丝绸之路文物古迹“甘肃锁阳城”三维建模方法研究**[J]. 地理空间信息，2014（4）：105-106，11.
5. 李永生. **LensphotoV2.0在丝绸之路申遗文物信息获取的应用研究**[J]. 矿山测量，2014（4）：33-36，39.
6. 陈宇，王秀秀，林梅村. **地图上的丝绸之路：蒙古山水地图**[J]. 地图，2014（1）：24-33.
7. 罗桂林，王星星，毕建涛. **基于现代信息技术的汉唐时期新疆境内丝绸之路信息发布系统的研究与实现**[J]. 测绘与空间地理信息，2013（6）：25-27.
8. **重塑信息丝绸之路，超图软件开拓西北新天地**[J]. 地理信息世界，2010（8）：91.
9. **《亚欧大陆桥——现代丝绸之路旅游经贸图》**[J]. 测绘科技通讯，1994（2）：60-61.

（三）地球物理学

1. 任超，杨昶. **徜徉于青海湖畔与丝绸之路间：奥迪文化传承之旅**[J]. 华夏地理，2013（10）：30-33.
2. **古老的南方丝绸之路（下）**[J]. 走近科学，2010（2）：40-44.

（四）大气科学（气象学）

1. **青海丝绸之路在中西交通史中的地位与作用**[J]. 读者欣赏，2014（10）：134-135.
2. **道道通品牌印象荣光与“丝绸之路”**[J]. 音响改装技术，2012（4）：186.
3. 姚小英，蒲金涌，姚茹莘，等. **“丝绸之路”东段旅游气候舒适性分析（英文）**[J]. 景观研究（英文版），2010（3）：13-16，22.
4. **海上丝绸之路博物馆开馆**[J]. 中外文化交流，2010（1）：91.
5. 杜忠潮. **中国近两千多年来气候变迁的东西分异及对丝绸之路兴衰的影响**[J]. 干旱区地理，1996（3）：50-57.

（五）地质学

1. 唐建云，宋红霞，殷文，等. **“新丝绸之路经济带”引领下“创新人才”的培养新模式：以资源勘查工程专业为例**[J]. 高教学刊，2015（6）：4-6.
2. 张化冰. **天路：一带一路之再生资源产业**[J]. 资源再生，2015（4）：14-18.
3. **400 亿美元挺“一带一路”多板块迎政策红包**[J]. 水泥助磨剂与混凝土外加剂，2014（6）：19-20.
4. **大运河、丝绸之路、“中国南方喀斯特第二期”申遗成功**[J]. 风景园林，2014（3）：11.
5. **丝绸之路上的世界遗产**[J]. 地图，2014（1）：14-15.
6. 朱士光. **中国西北地区丝绸之路沿线区域历史时期环境变迁的初步研究**[J]. 建筑与文化，2007（12）：32.
7. **我会举办全国青少年丝绸之路地学夏令营**[J]. 矿物岩石地球化学通报，1991（4）：289-290.

（六）海洋学

1. 韩鹏. **创新驱动积极发挥海洋科技在 21 世纪海上丝绸之路建设中的作用**[J]. 海洋开发与管理，2015（6）：52-54.
2. 陈晓鹏. **国内外学者共襄“一带一路”盛举：“21 世纪海上丝绸之路建设与海洋安全合作”国内和国际学术研讨会简讯**[J]. 太平洋学报，2015（5）：2.
3. 吕长红，SIMIC. **两会“一带一路”、“海洋”、“航运”议题聚焦**[J]. 海运纵览，2015（3）：6-9.
4. **高铭远版——重走海上丝绸之路：规模最大**[J]. 游艇业，2015（1）：34-37.
5. 麦康森. **21 世纪海上丝绸之路与中国海洋战略性新兴产业**[J]. 新经济，2014（31）：17-19.
6. 朱瑾. **将“现代海上丝绸之路”与“浙江舟山群岛新区”结合起来——《“浙江舟山群岛新区·现代海上丝绸之路”研究》书评**[J]. 海洋开发与管理，2014（12）：116.
7. 韩英. **重振 21 世纪海上丝绸之路 加快构建三明对接海洋经济“黄金走廊”**[J]. 市场论坛，2014（10）：26-28.
8. **助推“海上丝绸之路”建设，OI China 在上海成功举办**[J]. 机电设备，2014（9）：6-7.

9. 刘怡．**广东“十大美丽海岛”出炉　“重走海上丝绸之路”活动启动**[J]．海洋与渔业，2014（7）：22.
10. 吴坤悌，李京京，黄志强．**海南与海上丝绸之路**[J]．气象知识，2014（6）：52-55.
11. 龚缨晏．**中国古代海洋梦：海上丝绸之路与中国古代的海洋观**[J]．地图，2014（5）：26-39.
12. 黄齐．**海上丝绸之路上的中外印记**[J]．地图，2014（5）：40-49.
13. 房仲甫．**哥伦布之前的中国航海之六　千年丝绸之路的开辟**[J]．海洋世界，2008（9）：38-39.
14. 张明俊．**海上丝绸之路研究在福建**[J]．海洋开发与管理，1997（4）：74-76.

（七）自然地理学

1. **中国科学院地理科学与资源研究所主持国家科技基础性工作专项重点项目《中国北方及其毗邻地区综合科学考察》为“一带一路”战略提供坚实科技支撑**[J]．环境与可持续发展，2015（1）：191-193.
2. 郭振华，王学新，郭建立．**继黛眉山入选世界地质公园后，新安县再添世界级名片　新安函谷关：“丝绸之路第一关”**[J]．中国经济周刊，2014（26）：63-65.
3. 葛云健，张忍顺，杨桂山．**丝绸之路中国段佛教石窟差异性及其与丹霞地貌的关系**[J]．地理研究，2007（6）：1087-1096.
4. 傅仁麟．**浅谈中原汉族移民新疆史及“丝绸之路”的开拓**[J]．地域研究与开发，1989（S1）：84-86，77.
5. 刘明坤．**洛阳——丝绸之路的另一起点**[J]．地域研究与开发，1987（1）：59-60.

十四、生物科学

（一）普通生物学

1. 赵阳阳．**略论古代丝绸之路中西动植物物种的交流**[J]．历史教学问题，2015（1）：122-125，18.
2. 蒋高明．**生物多样性与丝绸之路**[J]．生命世界，2005（2）：28.

（二）分子生物学

1. **“第二届家蚕功能基因组学与现代丝绸之路国际研讨会”在渝召开**[J]．蚕学通讯，2011（4）：60.
2. 向仲怀．**21世纪丝绸之路新的里程碑**[J]．生命世界杂志，2005（2）：26-27.

（三）古生物学

孙志谦．**丝绸之路河西古生物考察纪实**[J]．陇右文博，2003（2）：36-41.

（四）植物学

周俊. **两汉丝绸之路上的植物浅析**[J]. 思想战线，2015（1）：2，157.

（五）昆虫学

奇云. **21世纪“丝绸之路”仍从中国起步**[J]. 科技文萃，2004（2）：36-38.

（六）人类学

1. 杨留启，谭思杰，俞海菁，等. **线粒体DNA多态性揭示丝绸之路上游地区少数民族的基因融合**[J]. 中国科学（C辑：生命科学），2008（4）：368-376.
2. 白彧，孔庆鹏，张亚平. **中亚人群之起源——来自丝绸之路的证据**[J]. 大自然，2005（5）：44-46.
3. 余伍忠，李厚钧，李力. **中国“丝绸之路”地区血红蛋白病的遗传流行病学特点**[J]. 人类学学报，2001（1）：69-86.
4. 张君. **读《丝绸之路古代居民种族人类学研究》**[J]. 考古，1996（8）：95-96.

十五、医药、卫生

（一）预防医学、卫生学

1. **多家企业为“丝绸之路健康行”活动捐赠物资**[J]. 青春期健康（家庭文化），2015（4）：93.
2. 文并摄，张林，崔靖宇. **“丝绸之路健康行”活动启动仪式在西安举办**[J]. 青春期健康（家庭文化），2015（4）：92-93.
3. 魏兰新，杨静谷. **没有经验的自由行：我的“丝绸之路”**[J]. 大众健康，2014（9）：66-71.
4. 石竣淏. **沿着精神文明的丝绸之路，把纯洁的性、忠贞的婚姻和真爱家庭的种子撒遍21世纪的锦绣世界**[J]. 性学，1998（4）：37-40.
5. 李厚钧，赵贤宁，李力，等. **我国“丝绸之路”地区异常血红蛋白的分布**[J]. 中华医学杂志，1995（5）：280-283，319-320.
6. 贾氢，方日暖. **中国“丝绸之路”血红蛋白病研究通过鉴定**[J]. 解放军预防医学杂志，1989（2）：220-221.

（二）中国医学

1. 鲁莽. **丝绸之路与维医药学**[J]. 大众健康，2002（6）：41-42.
2. 阿尔甫·买买提尼牙孜. **古丝绸之路的维吾尔医药**[J]. 中国民族医药杂志，1998（2）：9-11.
3. 王棣. **宋代“海上丝绸之路”上的中药外传**[J]. 中国中药杂志，1993（10）：634-637.

4. **丝绸之路中医药学研究史上的新起点——记首届“中国敦煌中医药学国际学术研讨会”**[J]. 甘肃中医学院学报，1990（4）：4.

（三）一般理论

1. 杨瑞馥. **丝绸之路与传染病传播**[J]. 中国基础科学，2013（6）：16-18，66.
2. 姚洁敏，严世芸. **从“丝绸之路”探究唐医学文化交流**[J]. 中医药文化，2011（1）：30-33.
3. 钱肯，钱兆林，KENNETH R CHIEN，et al. **中国分子医学的“丝绸之路”**[J]. 生理通讯，2004（1）：9-11.
4. 李灵祥. **丝绸之路 医药之路**[J]. 丝绸之路，2000（1）：57-58.

（四）基础医学

李厚钧，赵贤宁，覃方，等. **我国“丝绸之路”东部地区 80 745 人血红蛋白病的调查**[J]. 中华医学遗传学杂志，1988（1）：25-26.

（五）现状与发展

钱肯，钱兆林. **中国分子医学的“丝绸之路”**[J]. 生命科学仪器，2004（2）：3-4.

（六）内科学

1. **丝绸之路上的健康密码**[J]. 养生保健指南（中老年健康）（中），2015（2）：9-16.
2. 潘强，程群. **广西贸易徜徉“海上丝绸之路”**[J]. 健康大视野，2014（10）：54-56.
3. **研究人员确定“丝绸之路病”相关基因**[J]. 中国健康月刊，2010（9）：26.
4. **沿着丝绸之路：我们在这头，土耳其在那头**[J]. 健康大视野杂志，2009（18）：79.
5. **央视“一路风光，一路歌”丝绸之路豪华专列**[J]. 养生大世界，2006（7A）：F0004.
6. 李厚钧，余伍忠，李力，等. **中国“丝绸之路”地区血红蛋白病研究**[J]. 医学研究通讯，2002（8）：17-18.
7. 殷学军，胡边，王瑞. **丝绸之路中国段异常血红蛋白及碘缺乏病研究概况**[J]. 中国优生与遗传杂志，2001（4）：1-7.
8. 张宇红，余伍忠，李厚钧. **丝绸之路沿线陕甘新地区β地中海贫血 CD17（A → T）的分布特点**[J]. 中华血液学杂志，1998（10）：531-534.
9. **兰州军区血红蛋白病研究协作组. 我国“丝绸之路”地区的地中海贫血**[J]. 中华血液学杂志，1988（1-12）：645-649.

（七）外科学

酵素之父说酵素：揭开酵素冻龄之谜 美肤的“丝绸”之路[J]. 健康与美容（上半月），2014（10）：174-176.

（八）肿瘤学

陈志峰．**中国丝绸之路地域人群胃癌患病特点与思考**[J]．医学综述，2011（7）：1033-1036.

（九）口腔科学

李艳鸣．**反复口腔溃疡患者须警惕“丝绸之路病”**[J]．保健医苑，2014（1）：34-35.

（十）特种医学

1. 李厚钧，李惠武，李力，等．**“丝绸之路”的五例血红蛋白 Queens 及其起源的分析**[J]．西北国防医学杂志，1989（1）：6-8.
2. 李惠武，李厚钧，等．**应用“两步法”进行地中海贫血群体普查的方法介绍——附“丝绸之路”地区 11，563 人地贫的普查结果**[J]．西北国防医学杂志，1988（4）：7-9，3.
3. **我国“丝绸之路”东部地区 80745 人血红蛋白病的调查**[J]．西北国防医学杂志，1988（1）：1-4.

十六、农业科学

（一）农业基础科学

1. 王蓉，张来振．**“一带一路”对现代农业建设的推动作用：以江苏省为例**[J]．安徽农业科学，2015（15）：329-330.
2. 刘刚．**“一带一路”植保国际联盟（筹）及重大国际合作项目发展磋商研讨会在京召开**[J]．农药市场信息，2015（15）：60.
3. 胡文康．**新疆“丝绸之路”及其环境变迁**[J]．干旱区研究，1990（4）：1-9.

（二）农业工程

1. 仲高．**丝绸之路上的葡萄种植业**[J]．新疆大学学报（哲学社会科学版），1999（2）：58-61.
2. 贺涤新，王永刚，马方．**丝绸之路上的农垦建设**[J]．中国农垦，1984（4）：17.

（三）一般性理论

1. 柏宇亮．**从光孝寺植物看海上丝绸之路**[J]．客家文博，2014（1）：27-29.
2. 张宗子．**汉函谷关与丝绸之路及蚕桑文化**[J]．古今农业，2013（1）：40-47.
3. 施倩．**先于“丝绸之路”的“稻米之路”**[J]．乡镇企业科技，2001（4）：42.
4. 黄河．**“丝绸之路”命名原是外国人**[J]．北方蚕业，1994（4）：39.

（四）农作物

1. 明月．**稻米习俗的文化比较/稻谷之路比丝绸之路意义更大**[J]．北方水稻，2005（1）：63-64.

2. 古丝绸之路上有神秘的茶：茯砖茶[J]. 自然信息，1992（2）：13-14.
3. 陈先敬. 古丝绸之路上有神秘的茶——茯砖茶[J]. 茶叶通讯，1992（1）：46-47.
4. 王郁风. “丝绸之路”与我国茶叶早期对外贸易[J]. 茶叶，1988（3）：1-3.

（五）园　艺

1. 曾剑波. 丝绸之路长途跋涉的西瓜[J]. 北京农业（实用技术），2013（6）：13.
2. 陈洪奎. 一件优秀的沙漠盆景——赏《丝绸之路》[J]. 中国花卉盆景，2007（4）：43-44.
3. 刘明金. 略论海上丝绸之路引种的几个有争议问题[J]. 湛江海洋大学学报（社会科学版），2005（5）：21-23.
4. 仲高. 丝绸之路上的葡萄种植业[J]. 新疆大学学报（哲学社会科学版），1999（2）：58-61.

（六）林　业

1. 李旻辉，刘勇，廉永善，等. 沙棘：丝绸之路上的瑰宝[J]. 中国现代中药，2015（3）：191-194.
2. 国家林业局驻乌鲁木齐森林资源监督专员办. 对丝绸之路国际滑雪场占用林地项目进行检查[J]. 新疆林业，2010（4）：29.
3. 周大庆. 中印重开“丝绸之路”事隔44年后乃堆拉山口重新开放了[J]. 农家之友，2006（10）：17.
4. 紫溪山——南丝绸之路上的绿色明珠[J]. 国土绿化杂志，2000（4）：36.
5. 吴景山. 古丝绸之路话护林[J]. 中国林业，1995（6）：45.

（七）畜牧、动物医学、狩猎、蚕、蜂

1. 从养蚕缫丝到丝绸之路[J]. 少先队员（知识路），2015（1）：30-33.
2. 吴宏姣. 农学中的“丝绸之路”[J]. 求学，2014（41）：29.
3. 从广西南宁 发现“海上丝绸之路”[J]. 数字商业时代，2014（10）：120-121.
4. 关于举办新丝绸之路书法摄影展的公告[J]. 中国蚕业，2013（1）：52.
5. 中国蚕学会. 关于举办“新丝绸之路”书法摄影展的公告[J]. 蚕业科学，2013（1）：34.
6. 张文娟. 向仲怀：新丝绸之路上的驼铃[J]. 中国农村科技，2012（5）：66-67.
7. 刘吉平，吕思行，杨吉龙. 第二届家蚕功能基因组学与现代丝绸之路国际研讨会会议述评[J]. 广东蚕业，2012（1）：49-50.
8. 李田，代方银. 第二届家蚕功能基因组学与现代丝绸之路国际研讨会在重庆召开[J]. 蚕业科学，2011（6）：1138.
9. 新丝绸之路 从宁夏开始[J]. 宁夏画报（时政版），2010（4）：106.
10. 新疆建万亩桑园兴“丝绸之路”[J]. 农村科技，2006（10）：63-63.
11. 向仲怀，卢良恕，石元春，等. 为丝绸之路重添异彩 关于尽快启动“中国家蚕基因组计划”的建议[J]. 蚕学通讯，2004（2）：3-4.

12. **中国，能否重现“丝绸之路”的辉煌?**[J]. 蚕学通讯，2004（1）：17-18.
13. 向仲怀. **21 世纪的丝绸之路**[J]. 蚕学通讯，2004（1）：34-35.
14. **领跑 21 世纪丝绸之路 将财大气粗的日本人甩在后面——中国蚕学专家破译家蚕基因之谜**[J]. 蚕学通讯，2004（1）：40-42.
15. **构筑 21 世纪“丝绸之路”——我国在世界率先绘制完成家蚕基因组“框架图”**[J]. 蚕学通讯，2004（1）：43-46.
16. 代方银，程龙. **为了 21 世纪“丝绸之路”**[J]. 蚕学通讯，2004（1）：55-61.
17. 向仲怀. **中国家蚕基因组与 21 世纪丝绸之路**[J]. 蚕业科学，2003（4）：321-322.
18. **丝绸之路的起点——陕西省**[J]. 畜牧市场，2003（4）：25-26.
19. 田岛弥太郎，吴友良，顾国达. **生物改造⑨——我的丝绸之路**[J]. 蚕桑通报，1998（1）：61-62.
20. 田岛弥太郎，吴友良，顾国达. **生物改造⑧——我的丝绸之路**[J]. 蚕桑通报，1997（4）：57-61.
21. 田岛弥太郎，吴友良，顾国达. **生物改造⑦——我的丝绸之路**[J]. 蚕桑通报，1997（3）：59-63.
22. 田岛弥太郎，吴友良，顾国达. **生物改造⑥——我的丝绸之路**[J]. 蚕桑通报，1997（2）：60-63.
23. 田岛弥太郎，吴友良，顾国达. **生物改造⑤——我的丝绸之路**[J]. 蚕桑通报，1997（1）：59-62.
24. 吴友良，顾国达. **生物改造④——我的丝绸之路**[J]. 蚕桑通报，1996（4）：54-57.
25. 吴友良，顾国达. **生物改造③——我的丝绸之路**[J]. 蚕桑通报，1996（3）：61-63.
26. 田岛弥太郎. **生物改造②——我的丝绸之路**[J]. 蚕桑通报，1996（2）：61-64.
27. 田岛弥太郎，吴友良，顾国达. **生物改造——我的丝绸之路**[J]. 蚕桑通报，1996（1）：60-64.
28. **重振“南方丝绸之路”**[J]. 畜牧市场，1992（3）：161.
29. 梁巨峰. **昔日丝绸之路 今日陕西蚕业**[J]. 北方蚕业，1991（3）：1.
30. **西北五省区举办“中国丝绸之路 2100 年”活动**[J]. 北方蚕业，1990（3）：1.
31. 王新华. **开发西部蚕业 振兴丝绸之路——中国蚕学会“丝绸之路”今日蚕业考察团随团考察报告**[J]. 北方蚕业，1990（1）：3-11.
32. 洪德海. **中国蚕学会组织“丝绸之路今日蚕业”考察活动**[J]. 蚕业科学，1989（4）：236.
33. **省蚕学会举办振兴“丝绸之路”摄影比赛**[J]. 北方蚕业，1989（1）：36.
34. **日本女子摩托车旅行团冒雨踏上《丝绸之路》**[J]. 北方蚕业，1989（1）：59.
35. 丝路. **日本奈良将举办《丝绸之路》博览会**[J]. 四川蚕业，1986（4）：34.
36. **丝绸之路有几条**[J]. 北方蚕业，1985（3）：51.
37. 杨宗万. **丝绸之路杂谈**[J]. 蚕桑通报，1979（4）：13-18.
38. 彭铮. **丝绸之路的由来**[J]. 江苏蚕业，1979（1）：47.

（八）水产、渔业

1. 福建省构建 21 世纪海上丝绸之路[J]. 科学养鱼，2015（2）：49.
2. 常耀金. 振兴海上丝绸之路　大力发展广州海洋经济[J]. 海洋与渔业，2002（3）：28-31.

十七、工业技术

（一）一般工业技术

1. 孔毅. 南方丝绸之路区域旅游纪念品开发与设计的探索[J]. 课程教育研究，2013（7）：238.
2. 天地伟业护航“一带一路”桥头堡新疆克拉玛依油田[J]. 中国安防，2015（9）：56.
3. 丹青. “一带一路”国家的饮食风俗（三）[J]. 上海质量，2015（5）：70-72.
4. 徐璨，田琳. 2015 省级减灾委主任专访系列报道特别推出：科学统筹减灾全局　建设“一带一路”海陆新枢纽——专访广西壮族自治区人民政府副主席、自治区减灾委员会主任黄日波[J]. 中国减灾，2015（5）：6-11.
5. “一带一路”战略是伟大“中国梦”的合理延伸[J]. 农村农业农民（下半月），2015（4）：4-8.
6. 肖福林，马朝龙. 共议新常态下企业融入“一带一路”发展策略：四川大型国有勘察设计企业院长联席会召开[J]. 建筑设计管理，2015（4）：22-23.
7. “一带一路”建设专题研讨交流会在苏州召开[J]. 丝绸，2015（4）：76-77.
8. 中国或将新发卫星“一带一路”通信信号全覆盖[J]. 消息中国经营报：电脑与电信，2015（4）：11-12.
9. 李志启. 关于“一带一路”[J]. 中国工程咨询，2015（4）：60-61.
10. 一带一路：积极推动风电、太阳能等清洁能源合作[J]. 风能，2015（4）：60-61.
11. 马伟宁. 中国：从“国内崛起”转向“国际行动”——美国军人眼里的“两会”与“一带一路”[J]. 中国科技财富，2015（3）：12.
12. 邱华盛，刘宁，魏源送，等. 建设“中斯科教合作中心”推进“一带一路”战略[J]. 中国科学院院刊，2015（3）：421-425.
13. 刘培金. 读史兴大业，造势惠人民：对中国手工艺术落实“一带一路”战略的倡言[J]. 陶瓷科学与艺术，2015（3）：4-5.
14. 李隽. “一带一路”战略下的连云港市城市定位新探[J]. 江苏商论，2015（3）：82-85.
15. 沈冬梅. 一带一路战略下的茶文化[J]. 茶博览，2015（3）：10-13.
16. 丹青. “一带一路”国家的饮食风俗（一）[J]. 上海质量，2015（3）：48-50.
17. 把握“一带一路”新契机[J]. 建筑机械化，2015（3）：1.
18. 市政协特聘委员李文勋：贯彻落实“一带一路”战略为重庆台商带来新机遇[J]. 农家科技（城乡统筹），2015（2）：42.
19. 车玉明，刘东凯，刘华，等. 谁持彩练当空舞　“一带一路”建设推进纪实[J]. 中亚信息，2015（2）：7-11.

20. 周重林. **一带一路战略下，茶马古道的研究及实践**[J]. 茶博览，2015（2）：38-39.
21. 杨保军，陈怡星，吕晓蓓，等. **“一带一路”战略的空间响应**[J]. 城市规划学刊，2015（2）：6-23.
22. 丁汉东. **广东徐闻海上丝绸之路始发港：争当“一带一路”建设排头兵**[J]. 中国检验检疫，2015（1）：14-16.
23. 麦文伟. **湛江小家电阔步走向“一带一路”：访广东湛江鸿智电器有限公司总经理宋亚养**[J]. 中国检验检疫，2015（1）：19.
24. 司宁博. **“一带一路”战略的诞生**[J]. 今日工程机械，2014（12）：30.
25. 王宇. **通向世界的新丝路：“一带一路”开启“互联互通”新时代**[J]. 交通建设与管理，2014.
26. **纺织等产业将受益“一带一路”**[J]. 纺织科学研，2014（11）：20-33.
27. **“‘一带一路’与中国茶叶”学术研讨会通知（第一轮）**[J]. 农业考古，2014（6）：9.
28. **一带一路打开新空间水泥价格延续上涨态势**[J]. 水泥助磨剂与混凝土外加剂，2014（6）：17.

（二）矿工工业

寇文元. **古丝绸之路上的 Zeravshan 金矿**[J]. 国外黄金参考，1996（9）：19.

（三）石油、天然气工业

1. 孙艳莉. **西出阳关瑞气来：写在中亚—中国天然气管道通气之际：管通丝绸之路**[J]. 中国石油石化，2009（12）：16-17.
2. 罗富绪. **筹划中的“能源丝绸之路”**[J]. 石油知识，1996（1）：11-12.
3. 张谢. **规划中的能源“丝绸之路”**[J]. 世界石油工业，1995（5）：61-63.

（四）冶金工业

西武高铁有望“十三五”建成贯通两大丝绸之路[J]. 轨道交通，2014（5）：13.

（五）机械、仪表工业

1. 左慧. **丝绸之路经济带下陕西跨境电子商务 SWOT 初探**[J]. 商品与质量（消费研究），2015（2）：42.
2. **共建丝绸之路经济带推介会 新疆签 203 个项目 总额超 2000 亿元**[J]. 工程机械，2014（10）：67.
3. 胥颖. **柳工集团总裁曾光安在中国—亚欧博览会丝绸之路经济带交通建设与物流论坛发表演讲**[J]. 工程机械，2014（10）：82.

（六）电工技术

1. **国产晶闸管开启“电力丝绸之路”**[J]. 电器工业，2014（3）：3.
2. 李易峰，乔振祺. **“丝绸之路”新辉煌**[J]. 国家电网，2013（7）：54-56.

（七）无线电电子学、电信技术

1. **奥迪之夜中国爱乐乐团2015丝绸之路新年音乐会北京上演**[J]. 高保真音响，2015(1)：105.
2. **南方北斗助力丝绸之路两战略汇中原迎机遇**[J]. 测绘通报，2014(10)：100.
3. 夏铮. **丝绸之路行**[J]. 重庆通信业，2005(4)：77.

（八）自动化技术、计算机技术

1. 王卷乐，孙九林，诸云强，等. **关于制定并推进"'丝绸之路经济带'国际智库网络与协同平台科技支撑计划"的思考**[J]. 中国科学院院刊，2015(1)：46-52.
2. 陈方建. KTZ Express **连接新丝绸之路贸易：访** KTZ Express HK **的主席** Henrik Christensen **先生**[J]. 物流技术（装备版），2014(6)：16-18.
3. 曹云，王东. **大数据物流在"丝绸之路经济带"中的应用研究**[J]. 开发研究，2014(5)：22-25.
4. 伊·达瓦，米尔阿迪力江·麦麦提. **丝绸之路经济带相似语言信息横向处理通信技术的研究**[J]. 新疆师范大学学报（自然科学版），2014(12)：66-74，2.
5. 罗桂林，王星星，毕建涛. **基于现代信息技术的汉唐时期新疆境内丝绸之路信息发布系统的研究与实现**[J]. 地理信息世界，2013(4)：56-59.
6. 李军. **《丝绸之路陇上行》专题学习网站的开发与应用研究**[J]. 中国西部科技，2011(14)：38-40.
7. 杨小红，薛翔凌，陈义华. **丝绸之路服装** CAD **系统的打板模式及其应用分析**[J]. 中国电子商务，2010(10)：44.
8. 张平. **大漠让我们与世界相连——草原丝绸之路 倾听亚欧草原通道的驼铃**[J]. 中国国家地理，2007(10)：190-205.
9. 毕建涛，王星星. **空间信息技术在丝绸之路历史变迁中的应用及研究进展**[J]. 干旱区地理，2007(6)：954-962.
10. Motion ART **推进联盟成立共同构筑移动互联丝绸之路**[J]. 家庭电脑世界，2003(8)：2.
11. 王劲峰. **谈欧亚大陆桥与丝绸之路**[J]. 遥感信息，1992(3)：35.

（九）化学工业

1. 郭爱和，白水，周少华. **新丝绸之路·中国陶瓷希腊文化之旅跟踪报道**[J]. 陶瓷研究，2015(1)：30-45.
2. 王雪艳. **17世纪后通过海上丝绸之路西方文化对中国陶瓷艺术的影响**[J]. 陶瓷学报，2013(3)：123-126.
3. 成倩，王博，郭金龙，等. **丝绸之路且末古国墓地出土玻璃器成分特点研究**[J]. 玻璃与搪瓷，2012(2)：21-29.
4. 陈光辉. **当代中国陶瓷展 游牧的丝绸之路实验**[J]. 汽车与社会，2011(11)：88-89.
5. **新丝绸之路——丝路变迁**[J]. 走近科学，2007(2)：32.

6. **新丝绸之路——丝路人家**[J]. 走近科学，2007（1）：31.
7. 周国信，程怀文. **丝绸之路古颜料考（Ⅰ）**[J]. 现代涂料与涂装，1995（3）：35-37，5.
8. 周国信，程怀文. **丝绸之路古颜料考（Ⅱ）**[J]. 现代涂料与涂装，1995（2）：24-28.

（十）轻工业、手工业

1. **深化互信、加强对接，共建21世纪海上丝绸之路**[J]. 北京（周报英文版），2015（20）：I0006-I0008.
2. **腾飞于丝绸之路新起点 2015首届中国西安·丝绸之路华东国际服装节开幕在即**[J]. 黄天玉纺织服装周刊，2015（14）：52-59.
3. 陈代义. **丝绸之路的前世今生**[J]. 科学咨询，2015（9）：69.
4. 萧易，甘霖，唐亮. **南方丝绸之路上的古国纷争**[J]. 中国科学探险，2015（5）：100-113.
5. 梁秋丽，周菁葆. **丝绸之路上的弹拨乐器："托布秀尔"（三）**[J]. 乐器，2015（5）：54-56.
6. 梁秋丽，周菁葆. **丝绸之路上的弹拨乐器："托布秀尔"（二）**[J]. 乐器，2015（4）：54-56.
7. **"美丽中国：2015丝绸之路旅游年"启动**[J]. 中国国家旅游，2015（2）：24.
8. 王锐丽. **翟墨：艺术家的航海人生——翟墨领航：2015重走海上丝绸之路**[J]. 珠江水运，2015（1）：48-51.
9. **"2014复兴南方丝绸之路国际研讨会"在昆明举行**[J]. 丝绸，2015（1）：J0001.
10. 丁汉东. **广东徐闻海上丝绸之路始发港：争当"一带一路"建设排头兵**[J]. 中国检验检疫，2015（1）：14-16.
11. 张燕萍. **漳缎：丝绸之路上的浮雕**[J]. 福建人，2015（1）：88-89.
12. 赖松，马杰. **为产业辉煌书写新篇章 第三届亚欧丝绸之路服装节精彩纷呈**[J]. 纺织服装周刊，2014（35）：68.
13. 赖松，马杰. **"新常态"时期的新疆机遇 2014中国服装大会侧记 探索新丝绸之路**[J]. 纺织服装周刊，2014（34）：52-57.
14. 李亚静，马杰. **让绚丽民族服装走向世界 第三届亚欧丝绸之路服装节即将盛大启幕**[J]. 纺织服装周刊，2014（32）：74-75.
15. 孔颖，李华. **重走丝绸之路华山论剑西凤酒再创奇迹**[J]. 新食品，2014（22）：120-121.
16. 王宛春. **丝绸之路民族服饰对现代服饰的影响**[J]. 商，2014（22）：111.
17. **中国区域科学协会丝绸之路经济带专业委员会在西安成立**[J]. 纺织服装周刊，2014（21）：37.
18. **大运河、丝绸之路申遗成功**[J]. 地理教学，2014（15）：64.
19. **羊肉出口助中国复兴丝绸之路**[J]. 看世界，2014（14）：51.
20. **丝绸之路饮食文明 2014西安 亚洲食学论坛圆满举行**[J]. 餐饮世界，2014（12）：88-89.
21. 梁瑞丽. **适合2015的企业真知——丝绸之路：艰难之后见美好**[J]. 中国纺织，2014（12）：54-55.
22. 李韵. **一起去听千年的驼铃："丝绸之路"特展** [J]. 东方收藏，2014（12）：12.

23. 丝绸之路经济带的三个利好[J]. 丝绸，2014（12）：I0005.
24. 中国首部丝绸之路经济带蓝皮书出版：欧亚时代的到来[J]. 世界知识，2014（11）：90-91.
25. 于涛，樊曦，王衡，等. 打造丝绸之路上的黄金通道 写在兰新高铁乌鲁木齐—哈密段开通之际[J]. 中亚信息，2014（11）：12-13.
26. 俞嘉馨. 散落在丝绸之路上的证见[J]. 中国国家旅游，2014（11）：142-143.
27. 史诗. “新丝绸之路经济带”一周年纪实：造福人民的大事业[J]. 中国科技财富，2014（10）：66-68.
28. 丝绸之路：崭新的文明商路[J]. 读者欣赏，2014（10）：14-16.
29. 王巍. 丝路萌芽·诸戎逐鹿：考古勾勒出的先秦丝绸之路[J]. 读者欣赏，2014（10）：24-29.
30. 汉代对丝绸之路“河西”地区的开发和经营[J]. 读者欣赏，2014（10）：126-127.
31. 汉唐长安与丝绸之路[J]. 读者欣赏，2014（10）：128-129.
32. 丝绸之路在宁夏[J]. 读者欣赏，2014（10）：132-133.
33. “2014 南方丝绸之路新都之旅·印度商洽会”在印度班加罗尔启动[J]. 丝绸，2014（10）：I0004-I0005.
34. 东盟最强音 共建 21 世纪海上丝绸之路[J]. 中国食品工业，2014（10）：26-29.
35. 方铁. 马可波罗所见南方丝绸之路的饮食习俗[J]. 楚雄师范学院学报，2014（10）：1-6，11.
36. 李涛，才旺江村. 食盐之路：曾与“丝绸之路”齐名[J]. 中国国家地理，2014（10）：146-151.
37. 复兴的“丝绸之路”[J]. 中国妇女（英文月刊），2014（10）：48-49.
38. 泰国东盟加六国贸易促进会携手中国文物保护基金会“海上丝绸之路文物征集保护行动”启航[J]. 东南置业，2014（9）：86.
39. 共建 21 世纪“海上丝绸之路”：中国—东盟合作迈向更高水平[J]. 中国食品工业，2014（9）：70-72.
40. 中国西安丝绸之路国际旅游博览会 9 月开幕[J]. 中国航空旅游，2014（9）：28.
41. 谭志蓉. 从海上丝绸之路看中国与东盟旅游服务圈的构建[J]. 当代旅游（学术版），2014（8）：34-35.
42. 国际毛皮协会推动构建毛皮“丝绸之路”[J]. 毛麻科技信息，2014（8）：2-3.
43. 国家能源局：推进“能源丝绸之路经济带”建设[J]. 创新科技，2014（8）：5.
44. 潘莹. 国内外专家学者为丝绸之路经济带建设出谋划策[J]. 中亚信息，2014（7）：8.
45. 丝绸之路跨国申遗成功[J]. 丝绸，2014（7）：74.
46. 丝绸之路[J]. 中国保健食品，2014（7）：45.
47. 马莎，田利国，崔先锋. 新丝绸之路：中华陶瓷希腊文化之旅[J]. 陶瓷研究，2014（6）：62.
48. 龙泉. 丝绸之路核心是物流[J]. 运输经理世界（上半月），2014（5）：56-57.
49. “海上丝绸之路”的旅行与贸易[J]. 地图，2014（5）：24.
50. 姚彤，张雷，隋云雁，等. 中国新疆建设“丝绸之路经济带”核心区[J]. 中亚信息，2014（3）：12-13.

51. 李金叶. **"丝绸之路经济带"构建中中国新疆经济定位思考**[J]. 中亚信息，2014（3）：14-15.
52. 潘莹. **中国新疆探索建设丝绸之路经济带医疗服务中心**[J]. 中亚信息，2014（3）：29.
53. 宗文. **商务部四方面推进丝绸之路经济带建设**[J]. 纺织科学研究，2014（3）：6.
54. **重走丝绸之路**[J]. 科学启蒙，2014（3）：17-33.
55. 胡少营，李卉晴，张龙琳. **"新丝绸之路"背景下汉服在现代女装设计中的传承与创新**[J]. 蚕学通讯，2014（2）：46-50.
56. 黄艳梅，林艳华. **广西打造21世纪海上丝绸之路新门户**[J]. 珠江水运，2014（2）：49.
57. 郭信峰，赵叶苹，魏骅. **中国重提丝绸之路 传递加强对外合作信号——中国构建水陆"丝绸之路"**[J]. 农村经济与科技（农业产业化），2014（2）：17.
58. 买买提祖农·阿布都克力木. **东方是张骞 西方是亚历山大——再谈丝绸之路开辟问题**[J]. 新疆大学学报（哲学社会科学维文版），2014（1）：103-108.
59. **夯实新丝绸之路基础**[J]. 浙江纺织服装职业技术学院学报，2014（1）：32.
60. 马杰. **乌鲁木齐促丝绸之路经济带城市合作**[J]. 纺织服装周刊，2013（45）：11-11.
61. **安凯亮相第十届中国—东盟博览会起航海上丝绸之路**[J]. 商用汽车新闻，2013（34）：F0004.
62. 孟杰. **丝绸之路明珠·炳灵寺石窟**[J]. 中华民居，2013（25）：80-85.
63. 张铁鹰，宿志红，袁嫦静. **开掘人类文明财富 共享"丝绸之路"文化：《食品工业科技》2013年工作交流会暨西部采风旅**[J]. 食品工业科技，2013（22）：18-20.
64. 阎希娟. **美食香飘古城欢乐跃动金秋——记2013西安曲江遗址公园音乐节丝绸之路美食活动**[J]. 餐饮世界，2013（12）：83-84.
65. **2013中国纺织品牌文化年度十强揭晓：丝绸之路榜上有名**[J]. 丝绸，2013（12）：85.
66. 权鹏飞. **丝绸之路被遗落的卓越发明于阗桑皮纸**[J]. 新疆人文地理，2013（12）：58-65.
67. **丝绸之路上的神秘之茶：茯茶品鉴**[J]. 茶世界，2013（11）：74-75.
68. **丝绸之路的新绿：西行走访中国新疆、内蒙葡萄酒产区**[J]. 中国葡萄酒，2013（10）：40-45.
69. **烧饼来自丝绸之路**[J]. 文史博览，2013（10）：32-33.
70. 杜尚泽. **梦想，从历史深处走来习近平访问中亚四国和共建"丝绸之路经济带"**[J]. 中亚信息，2013（8）：18-25.
71. 唐立久. **"丝绸之路经济带"新疆战略解构**[J]. 中亚信息，2013（8）：26-27.
72. 李宁艳. **亚欧丝绸之路服装节最炫"新疆风"吹向世界**[J]. 中亚信息，2013（8）：56-57.
73. **第二届亚欧丝绸之路服装节将于9月在新疆举行**[J]. 中国纺织，2013（8）：142.
74. 徐天琦. **丝绸之路的西艺东渐**[J]. 纺织科学研究，2013（6）：119-120.
75. 周菁葆. **丝绸之路与史前时期西域的毛织品**[J]. 浙江纺织服装职业技术学院学报，2013（6）：37-41.
76. 杨建军，崔岩. **中国传统红花染料与红花染工艺研究：以丝绸之路上的红花传播为例**[J]. 服饰导刊，2013（3）：16-20.
77. 王红茹. **丝绸之路上的泾阳茯砖茶**[J]. 丝绸之路，2013（2）：31-32.

78. 梁莉萍．“圈地”的服装节：新疆：“亚欧丝绸之路”的复兴重任[J]．中国纺织，2012（10）：40-45.
79. 丝绸之路上的传奇故事[J]．青少年科苑，2012（10）：2-9.
80. 张爱和．丝绸之路[J]．视听技术，2009（5）：85.
81. 王萍，PEGGY．丝绸之路上的美食传奇：走进乌兹别克斯坦艺术餐厅[J]．中国烹饪，2009（1）：106.
82. 萧易，佘茂智．西南丝绸之路[J]．西南航空，2008（6）：32.
83. 论草原丝绸之路的开拓史[J]．新疆大学学报（哲学社会科学维文版），2008（2）：126.
84. 红叶．领略丝绸之路重镇的美食风情——中国（乌鲁木齐）清真食品暨民族用品博览会侧记[J]．中国食品，2007（15）：6-7.
85. 红叶．领略丝绸之路重镇的美食风情[J]．中国食品，2007（15）：6-8.
86. A + C. 丝绸之路：人类经济文化交流和智慧的结晶——西北大学李建超教授专访[J]. 建筑与文化，2007（12）：18.
87. 徐红，单小红，刘红．丝绸之路多元文化交融的活化石——艾德莱斯绸[J]．新疆大学学报（自然科学版），2007（3）：365-368.
88. 雨墨．2006“丝绸之路”国际模特大赛鸣金[J]．服装设计师，2006（9）：35.
89. 江威颐，赵雪．2006 丝绸之路国际服装服饰节 7 月亮相[J]．服装设计师，2006（4）：31.
90. 丝绸之路色彩之旅“丝绸之路”采风札记[J]．流行色，2005（11）：88-92.
91. 雨墨．2005 丝绸之路国际服装节落幕[J]．服装设计师，2005（8）：29.
92. 雨墨．2005 丝绸之路国际模特大赛七月决战新疆[J]．服装设计师，2005（5）：36.
93. 秋实．乌鲁木齐再铺丝绸之路[J]．服装设计师，2005（4）：25.
94. 屠恒贤．丝绸之路与东西方纺织技术交流[J]．东华大学学报（社会科学版），2003（4）：62-67.
95. 罗灿选．“丝绸之路”牌低焦油混合型卷烟的设计[J]．烟草科技，2002（11）：12-15.
96. 翟旭龙．酿酒史上的“丝绸之路”[J]．酿酒科技，2002（6）：87-88.
97. 悦悦．用完善的原料保存菜点的质量和传统——访北京长城饭店丝绸之路意大利餐厅的蒋鲁卡先生[J]．中国食品，2001（2）：20，26-27.
98. 张瑶蕖．丝绸之路话丝绸——西域隋唐时期丝绸图案赏析[J]．服装科技，2000（12）：16-19.
99. 赵庆莲．丝绸之路[J]．皮革化，2000（2）：5-6.
100. 周兴长，刘义鹃．古丝绸之路的神秘之茶——茯茶[J]．茶报，2000（1）：20-21.
101. 李琴生．关于“丝绸之路”形成的历史考察[J]．丝绸，1999（3）：42-44.
102. 杨益华．丝绸之路美食多[J]．食品与健康，1998（11）：25-26.
103. 上下五千年中华文明之光 四十年《丝绸》之路再现风采 贺《丝绸》创刊四十周年[J]. 丝绸，1996（5）：3.
104. 丝绸之路——“一个梦幻的国度”[J]．流行色，1995（1）：30-32.
105. 蒋猷龙．丝绸之路话丝绸（续）[J]．丝绸，1993（3）：53-56.
106. 蒋猷龙．丝绸之路话丝绸[J]．丝绸，1993（2）：49-52.

107. 阿坤. 丝绸之路吟[J]. 江苏纺织，1992（7）：31-32.
108. 汪金陵. 充满希望的广西丝绸之路[J]. 丝绸，1992（3）：1.
109. 杨庆华. 以春蚕精神 开拓新丝绸之路——记为海南丝绸业默默奉献的人们[J]. 丝绸，1991（8）：1.
110. 李啓庆. 弘扬古丝绸文化 开拓新丝绸之路 中国丝绸博物馆即将在杭州西子湖畔建成[J]. 丝绸，1990（9）：1.
111. 迎接"海上丝绸之路"考察活动：本刊出版《海交、地方史研究专辑》[J]. 泉州师范学院学报，1990（2）：6.
112. 黄建谟. 开拓新的丝绸之路——迎接新中国成立四十周年[J]. 丝绸，1989（9）：15-17.
113. 徐善成. 海上丝绸之路的东方门户——上海丝绸业发展历程[J]. 丝绸，1989（8）：41-43.
114. 刘耀华，王天顺. 当年"丝绸之路"传友谊 今日国际市场扬美名[J]. 丝绸，1988（8）：47-48.
115. 慕立功. 振兴新疆丝绸 发展"丝绸之路"[J]. 丝绸，1988（6）：4-6.
116. 钱小萍. 赴日参加"丝绸之路博览会"札记[J]. 江苏丝绸，1988（4）：51-52.
117. 潘霖. 新"丝绸之路"的里程碑——《中国丝绸博物馆》在杭州兴建[J]. 丝绸，1988（3）：4-5.
118. 赵剑波. 沿丝绸之路 谱时代新曲[J]. 辽宁丝绸，1988（2）：34-35.
119. 在新的丝绸之路上前进[J]. 丝绸，1987（4）：1-5.
120. 霓裳飘香 彩华万里——"新丝绸之路"时装表演饮誉海外[J]. 流行色，1987（1）：31-35.
121. 刘国联. 铜镜和马球——兼谈海上丝绸之路[J]. 辽宁丝绸，1986（2）：41.
122. 沈瑞霏. 中国丝绸时装在东邻——记"新丝绸之路——八五年度时装发表会"[J]. 丝绸，1985（12）：1，4-5，68.
123. 滕绍平. 丝绸之路[J]. 江苏丝绸，1985（2）：53-57.
124. 王庄穆. 在新的"丝绸之路"上奋勇前进[J]. 丝绸，1984（9）：2-4.
125. 常沙娜. 重振当代的丝绸之路[J]. 流行色，1984（2）：2-4.
126. 孙和清. 丝绸之路越走越宽广[J]. 中国纺织，1984（1）：24-26.
127. 汤池. "丝绸之路"五问[J]. 丝绸，1983（9）：59-60.
128. 王路力. 开拓"丝绸之路"的是人民[J]. 丝绸，1982（11）：51.
129. 刘曼春. 丝绸之路上的汉唐丝绸[J]. 丝绸，1982（8）：49-51.
130. 龙永行. 开拓《丝绸之路》的人[J]. 丝绸，1982（8）：51.
131. 刘曼春. 丝绸之路上的丝绸贸易[J]. 丝绸，1982（7）：28-29.
132. 刘曼春. 丝绸之路上的丝绸[J]. 丝绸，1982（6）：47-49.
133. 周应惠. "丝绸之路"赞歌[J]. 丝绸，1977（3）：48.

（十一）建筑科学

1. 党红侠，刘淑颖. 丝绸之路景观标识的翻译移植研究[J]. 无线互联科技，2015（4）：116-118.

2. 格哈德·欧·布劳恩，李彤玥，顾朝林. 重建丝绸之路经济带的几个理论问题[J]. 城市与区域规划研究，2015（1）：132-146.
3. 福州：推进海上丝绸之路史迹遗产保护[J]. 城市规划通讯，2014（23）：12-13.
4. 赣烨. 开放开发、绿色生态、互利共赢：2014 丝绸之路国际生态产业博览会暨绿色有机产品（张掖）交易会即将举办[J]. 中国食品，2014（15）：123.
5. 高雅. 新丝绸之路经济带建设背景下西安纺织城再生动力初探[J]. 建筑与文化，2014（9）：153-155.
6. 周盼，吴雪飞，陶丹凤，等. 基于多重目标的绿道选线规划研究——以草原丝绸之路（元上都至元中都段）文化线路为例[J]，2014（8）：121-126.
7. 冯朝阳. 新丝绸之路经济带城市规模与空间分布及其演变化[J]. 新疆农垦经济，2014（6）：32-38.
8. 张祖群，胡丽萍. 快速城市化进程中文物遗址保护的困境与突破：以京杭大运河、安阳殷墟、丝绸之路为例[J]. 上海城市管理，2014（5）：64-70.
9. 曹伟，李岩. 水墨上里：南方丝绸之路上的驿传古镇[J]. 中外建筑，2014（3）：10-17.
10. 景蕾蕾. 室内装饰设计的“丝绸之路”[J]. 山西建筑，2013（25）：223-225.
11. 曹伟. 古丝绸之路驿站建筑文化考：以中国西北、土耳其为例[J]. 中外建筑，2013（12）：14-21.
12. 黄晨，刘凤起. 推进历史建筑保护与合作 共同开创丝绸之路新未来：访土耳其驻华大使穆拉特·萨利姆·埃森利先生[J]. 中华建设，2013（12）：20-25.
13. 三一混凝土搅拌站助力“丝绸之路”[J]. 施工企业管理，2013（10）：119.
14. 王朋伟. 古丝绸之路上的新征程[J]. 建筑机械（下半月），2013（9）：42-49.
15. 张男，刘洋. 丝绸之路申遗工程遗址服务站研究型设计[J]. 建筑学，2013（9）：86-93.
16. 宋康大道及海上丝绸之路滨海路栈道景观设计[J]. 建筑学报，2013（9）：117.
17. 吴佳雨，周盼，杜雁. 基于文化线路的绿道选线规划研究：以草原丝绸之路元上都至元中都段为例[J]. 城市发展研究，2013（4）：28-33.
18. 刘克成. 西安唐西市遗址及丝绸之路博物馆[J]. 建筑与文化，2013（1）：22-27.
19. 李建伟，王炳天. 丝绸之路沿线城镇发展的动力机制分析[J]. 城市发展研究，2012（12）：43-48.
20. 耿苗. 广东海上丝绸之路博物馆 LED 照明与文物保护的探讨[J]. 中国科技博览，2012（5）：224-225.
21. 冼剑雄，郑文韬. 广东海上丝绸之路博物馆[J]. 城市环境设计，2011（2）：158-161.
22. 拉斯维加斯丝绸之路餐厅[J]. 现代装饰，2010（11）：98-103.
23. 茹雷. 长安余晖刘克成设计的西安大唐西市及丝绸之路博物馆[J]. 时代建筑，2010（9）：100-107.
24. 许龙. 城市建设与新丝绸之路的旅游塑造[J]. 安徽建筑，2010（8）：18，28.
25. 李卫兵，康忠学. 因西南丝绸之路而兴的和顺侨乡[J]. 云南建筑，2010（3）：73-77.
26. 富尔达丝绸之路谱新篇[J]. 机电信息，2009（28）：8.
27. 李最雄，赵林毅，孙满利. 中国丝绸之路土遗址的病害及 PS 加固[J]. 岩石力学与工程学报，2009（5）：1047-1054.

28. 李雄飞，樊新和. **伊斯兰文化东渐的遗踪——陆上丝绸之路名城喀什中亚风格清真寺建筑构图研究**[J]. 华中建筑，2009（1）：229-238.
29. 李雄飞，李昊. **伊斯兰文化东渐的遗踪：海上丝绸之路名城泉州中亚风格清真寺建筑构图研究**[J]. 华中建筑，2008（9）：211-222.
30. 童明康. **丝绸之路：走向世界遗产的历史旅途**[J]. 建筑与文化，2007（12）：10.
31. **丝绸之路大事记**[J]. 建筑与文化，2007（12）：22.
32. **第七届宁波"海上丝绸之路"文化周活动举行**[J]. 建筑与文化，2007（12）：112.
33. 钱锋，屈峰. **海上丝绸之路的新航标——泉州体育馆设计研究**[J]. 城市建筑，2007（11）：56-58.
34. 林梅村（撰文），杨洪等（摄影）. **梳理丝绸之路的古国脉络**[J]. 中国国家地理，2007（11）：76-89.
35. 陈军，邓建强. **广东海上丝绸之路博物馆结构选型及设计实践**[J]. 广东土木与建筑，2007（4）：3-7.
36. 陈志宏. **泉州海上丝绸之路滨海史迹的研究与保护**[J]. 南方建筑，2006（9）：63-65.
37. **广东海上丝绸之路博物馆设计方案确定**[J]. 建筑技术及设计，2005（5）：11-12.
38. 李政，曾坚. **胶东传统民居与海上丝绸之路——文化生态学视野下的沿海聚落文化生成机理研究**[J]. 建筑师，2005（3）：69-73.
39. 施寄尘. **泉州海上丝绸之路史迹——开元寺保护规划**[J]. 福建建设科，2005（3）：13-15.
40. 王敏. **泉州海上丝绸之路史迹保护规划**[J]. 规划师，2004（4）：30-32.
41. 辛克靖. **丝绸之路上的石窟建筑艺术**[J]. 华中建筑，2004（2）：143-144.
42. 耿长率. **再望西安国际金贸中心建筑形象 重振欧亚丝绸之路昔日之雄风**[J]. 建筑创作，1998（1）：1-13.
43. **中缅边境"丝绸之路"上的"明珠"——姐告镇**[J]. 小城镇建设，1990（6）：10-11.
44. 渠箴亮，刘光亮. **古丝绸之路上的太阳能生土建筑**[J]. 建筑学报，1986（2）：73-75.

（十二）水利工程

1. 郭利丹，周海炜，夏自强，等. **丝绸之路经济带建设中的水资源安全问题及对策**[J]. 中国人口（资源与环境），2015（5）：114-121.
2. **丝绸之路的水电地标：中国水电建设集团伊朗塔里干工程鲁班奖夺金回眸**[J]. 水利水电施工，2010（4）：2-4.

十八、交通运输

（一）综合运输

1. 燕翔. **"一带一路"战略催生集运新干线**[J]. 海运纵览，2014（12）：19.
2. 任存新. **加强口岸运管队伍建设 助推新"丝绸之路"提速**[J]. 中国道路运输，2011（12）：19-20.

3. 雷诺“丝绸之路中国行”抵达上海将于 8 月 10 日到达终点站：柳州[J]. 汽车与配件，2005（30）：12.

（二）铁路运输

1. 程璠. “一带一路”海外投资加快推进[J]. 今日工程机械，2015（5）：30-31.
2. 孙章. “一带一路”建设与中国铁路“走出去”[J]. 城市轨道交通研究，2015（3）：I0004.
3. 宋馥李，赵冰洁，孟祥超. 穿越西伯利亚的丝绸之路[J]. 乡镇企业导报，2014（11）：38-39.
4. 张中理. 新疆丝绸之路西行国际货运班列的组织与实施[J]. 铁道货运，2014（10）：13-17，8.
5. “钢铁丝绸之路”两年半建成[J]. 轨道交通，2010（12）：28.
6. 央视“一路风光，一路歌”丝绸之路豪华专列 7 月启程[J]. 养生大世界，2006（6A）：63.

（三）公路运输

1. “一带一路”全面启动 安凯客车迎来加速发展大舞台[J]. 商用汽车新闻，2015（14）：15.
2. 赵晶，方烨. 一带一路规划方案将出台 超 2/3 省有专项规划[J]. 中国品牌与防伪，2015（2）：43.
3. 熊燕舞，王宇. 续写东西交融的物流传奇 记第四届中国—亚欧博览会丝绸之路经济带交通运输峰会 国际卡车集结赛和交通文化之旅活动启动[J]. 交通世界，2014（24）：28-35.
4. 王宇. 千年丝路梦 现代交通行 首届丝绸之路国际卡车集结赛成功落幕[J]. 交通世界，2014（27）：26-33.
5. 齐勇，程凯. 传承 广汽三菱重走丝绸之路[J]. 汽车之友，2014（17）：84-85.
6. 梅振. 第 4 届中国—亚欧博览会“丝绸之路经济带交通运输峰会”和“卡车集结赛”将于 9 月初举办[J]. 商用汽车，2014（12）：91.
7. 重走丝绸之路 途观 2015 款驰骋欧亚之旅[J]. 中国科学探险，2014（12）：164-165.
8. 孙燕初. 赛车的丝绸之路[J]. 汽车杂志，2014（10）：224-227.
9. 楚峰，李发鑫. 一带一路畅国际运输[J]. 运输经理世界，2014（9）：40-45.
10. 首届丝绸之路卡车集结赛 感题[J]. 交通建设与管理，2014（9）：38-39.
11. 王宇. 践行 用车辙见证发展：解读首届丝绸之路经济带交通运输峰会及国际卡车集结赛 起·承·转·合[J]. 交通建设与管理，2014（9）：24-37.
12. 金星宇. 马尔马雷海底隧道：地震带上的现代丝绸之路[J]. 地球，2014（9）：84-85.
13. 王宇. 未来交通解决方案 观致汽车丝绸之路系统（SRS）[J]. 汽车之友，2014（9）：108-111.
14. 王建军. 踏沙访古：广汽三菱“丝绸之路万里行”敦煌站活动[J]. 汽车导购，2014（9）：206-207.
15. 阮锦程. SUV 世家：广汽三菱 SUV No. 1 总决赛“丝绸之路万里行”启动[J]. 汽车杂志，2014（9）：188-189.

16. 王丽梅. **推动国际道路运输便利化建设“丝绸之路经济带”**[J]. 中国道路运输，2014（9）：12-14.
17. **首届丝绸之路国际卡车集结赛和文化之旅活动启动**[J]. 运输经理世界，2014（8）：16-17.
18. **三一混凝土搅拌站助力“丝绸之路”**[J]. 建筑机械，2013（19）：75.
19. 王朋伟. **古丝绸之路上的新征程**[J]. 建筑机械，2013（18）：42-49.
20. 边杰. **“丝绸之路”闪耀智慧光芒**[J]. 商用汽车新闻，2011（22）：F0004.
21. 边杰. **丝绸之路明珠闪耀海格智慧光芒**[J]. 汽车与社会，2011（20）：I0090-I0091.
22. **朝阳轮胎扬威丝绸之路拉力赛**[J]. 汽车之友，2011（17）：128.
23. **千年寒妖，东南，凉意. 梦想，在路上……2011 新蜂女子车队探越丝绸之路随笔（下）**[J]. 摩托车，2011（11）：80-91.
24. **嘉峪关随笔：记“新蜂女子车队探越丝绸之路”活动发车仪式**[J]. 摩托车，2011（9）：24-25.
25. **海马骑士支持跨国申遗 55 天 1.5 万公里重走丝路 海马骑士成为丝绸之路大规模申遗行动指定用车**[J]. 轿车情报，2010（8）：240.
26. 仇金选，邓强. **丝绸之路飘祥云**[J]. 中国公路，2008（15）：50.
27. **海陆交通发达现代丝绸之路**[J]. 上海农村经济，2006（6）：F0003.
28. **加快新丝绸之路和亚欧大陆桥的建设和发展——第三届欧亚道路运输大会在北京圆满结束**[J]. 交通世界，2005（11）：16.
29. 胡志梅. **雷诺卡车将踏上漫漫丝绸之路**[J]. 交通世界，2005（Z1）：13.
30. 许丽亚. **新丝绸之路的振兴**[J]. 中国公路，2004（21）：7.
31. 李微. **丝绸之路 连霍国道主干线万里行：春夏秋冬十四载 且听龙吟：写在“连霍国道主干线全线建成高等级公路”之际**[J]. 中国公路，2004（21）：4-6.
32. **第三届国际丝绸之路大会在古城西安召开**[J]. 江西公路科技，2004（4）：117.
33. **第三届国际丝绸之路大会将于 2004 年 10 月 26-28 日在西安举行**[J]. 公路，2004（4）：163-164.

（四）水路运输

1. 庞宏敏. **“一带一路”框架下海运强国战略的推进：访大连海事大学博士生导师孙光圻教授**[J]. 世界海运，2015（5）：1-3.
2. 武嘉璐. **抓住“一带一路”机遇 促进我国无水港发展**[J]. 集装箱化，2015（4）：13-15.
3. SIMIC，高娟. **“一带一路”：港口发展强力催化剂**[J]. 海运纵览，2015（3）：20-22.
4. **马六甲打造国际水平港口 配合海上丝绸之路**[J]. 水运工程，2015（3）：31.
5. 朱时雨，王玉. **21 世纪海上丝绸之路航道安全探析**[J]. 交通运输研究，2015（2）：8-13，19.
6. **翟墨领航·2015 重走海上丝绸之路**[J]. 游艇，2015（2）：150.
7. **“一带一路”旗舰项目或 3 月集中敲定**[J]. 建筑机械化，2015（2）：12.
8. **海铁联运“万里甬新欧”成就现代版丝绸之路**[J]. 党政视野，2015（2）：38.

9. **响应“一带一路”建设，“征帆”大型航海活动启动**[J]. 游艇，2015（1）：156.
10. **众人扬帆 重走海上丝绸之路**[J]. 游艇业，2015（1）：26-29.
11. 刘少才. **新加坡海事博物馆巡礼：海上丝绸之路的旧时光**[J]. 水上消防，2015（1）：46-47.
12. 袁晓春. **海上丝绸之路朝鲜史料中的广东船**[J]. 广东造船，2015（1）：80-82，104.
13. 顿贺. **广东船细节的研究及广东与海上丝绸之路**[J]. 广东造船，2015（1）：60-63，66.
14. 京生. **青岛港赴新疆共建“丝绸之路经济带”国际内陆港**[J]. 港口科技，2014（10）：44.
15. **2010年中国航海日以“海洋·海峡·海员”为主题 五缘之水将汇聚“海上丝绸之路”起点泉州**[J]. 造船工业，2010（6）：7.
16. 龚鲁义. **护航新丝绸之路，“公路医生”英达屡建奇功**[J]. 筑路机械与施工机械化，2014（9）：12-13.
17. **IMO在青岛车办滤上丝绸之路安呈与保安研讨会**[J]. 水上消防，2014（6）：42.
18. 孙燕初. **“大海道”迷踪：“飞歌导航”穿越古丝绸之路**[J]. 汽车与运动，2012（10）：120-123.
19. 周黎明. **充满商机的“新丝绸之路”**[J]. 中国远洋航务公告，2004（4）：36-38.
20. 徐君亮，江璐明. **重振“海上丝绸之路”第一大港雄风 建设广州国际性港口和物流中心**[J]. 人民珠江，2002（4）：1-4，31.

十九、航空、航天

（一）航空、航天技术的研究与探索

1. 赵春红，姜航德，张俊俊. **服务“一带一路”国家战略构想 新疆地区航路航线全面实施PBN运行**[J]. 空中交通，2015（2）：F0003.
2. 一韬. **平乐：南方丝绸之路第一站**[J]. 西南航空，2003（2）：44-47.

（二）航天技术的研究与探索

1. 周武，李文武. **融入“一带一路”战略构建天基丝路**[J]. 太空探索，2014（12）：32-33.
2. 杨秀敏. **卫星图像将用来寻找“丝绸之路”**[J]. 国际太空，1993（3）：5-6.

二十、环境科学、安全科学

（一）环境科学基础理论

1. 段玉忠，马力，陆瑛. **构筑丝绸之路经济带生态安全屏障**[J]. 中国林业，2015（6）：36-37.
2. 李泽红，董锁成，石广义. **关于制定“‘丝绸之路经济带’重大工程建设与安全科技支撑计划”的思考**[J]. 中国科学院院刊，2015（1）：37-45.

3. 黄沙吞噬丝绸之路[J]. 绿叶，2005（3）：28-29.
4. 王勋陵. **我国境内丝绸之路生态环境的变化**[J]. 西北大学学报（自然科学版），1999（3）：250-255.

（二）社会与环境

1. 李姝睿. **丝绸之路的生态关注**[J]. 青海师范大学学报（哲学社会科学版），2015（1）：68-71.
2. **“‘丝绸之路经济带’生态环境与可持续发展”国际研讨会**[J]. 中国科学院院刊，2015（1）：I0001.
3. 王晓雷，刘占英. **“丝绸之路生态文化万里行”敦煌生态文化地标揭幕暨甘肃省生态文化协会成立揭牌仪式举行**[J]. 甘肃林业，2012（5）：2.

（三）环境保护管理

1. 彭银双，刘庆. **加强新疆环境保护助力“一带一路”建设**[J]. 吉林农业，2015（12）：101.
2. 张骥飞. **张骞对西域丝绸之路自然生态环境的保护谈啧**[J]. 兰台世界，2015（9）：7-8.
3. 周国梅. **“一带一路”战略背景下环保产业“走出去”的机遇与路径探讨**[J]. 环境保护，2015（8）：33-35.
4. 叶琪. **“一带一路”背景下的环境冲突与矛盾化解**[J]. 现代经济探讨，2015（5）：30-34.
5. 王勇，林臻. **加强大湄公河次区域环境保护合作 为“一带一路”战略提供环保支撑**[J]. 环境与可持续发展，2015（2）：9-12.
6. 戴秉国. **开放包容，共建21世纪丝绸之路：在绿色丝绸之路主题论坛上的演讲**[J]. 当代贵州，2014（21）：10-12.
7. 肖汉强. **推动海上丝绸之路和生态文明建设的战略与建议**[J]. 办公自动化，2014（19）：21.
8. 黄晨，刘凤起. **推进历史建筑保护与合作 共同开创丝绸之路新未来：访土耳其驻华大使穆拉特・萨利姆・埃森利先生**[J]. 中华建设，2013（12）：20-25.
9. **“丝绸之路生态文化万里行”启动**[J]. 环境保护，2011（15）：6.
10. 吴晓军. **关注绿洲 保护丝绸之路的生命载体**[J]. 丝绸之路，2000（1）：53-54.

（四）环境保护宣传教育及普及

刘泽英. **万里之行始于足下“丝绸之路生态文化万里行”活动开拔**[J]. 中国林业，2011（19）：2-3.

（五）环境质量评价与环境监测

1. 陈楠枰. **行走丝绸之路经济带 感知交通运输大动脉：交通运输现代化建设的“江苏样本”**[J]. 交通建设与管理，2014（8）：22-33.
2. 王继伟，巨天珍，林郁，等. **“丝绸之路”（中国段）遗址环境监测规划**[J]. 安徽农业科学杂志，2007（25）：7924-7925.

二十一、综合性图书

图书目录、文摘、索引

1. 2014年《丝绸之路》理论版总目[J]. 丝绸之路，2014（24）：77-80.
2. 《丝绸之路》文化版总目[J]. 丝绸之路，2014（23）：76-80.
3. 2013年《丝绸之路》理论版总目[J]. 丝绸之路，2013（24）：73-80.
4. 2013《丝绸之路》文化版总目[J]. 丝绸之路，2013（23）：77-80.
5. 2012年《丝绸之路》理论版总目[J]. 丝绸之路，2012（24）：119-127.
6. 2011年《丝绸之路》（下半月刊）总目[J]. 丝绸之路，2011（24）：120-128.
7. 2011《丝绸之路》（上半月刊）总目[J]. 丝绸之路，2011（23）：75-78.
8. 2010年《丝绸之路》（下半月刊）总目[J]. 丝绸之路，2010（24）：129-136.
9. 2010《丝绸之路》（上半月刊）总目[J]. 丝绸之路，2010（23）：73-76.
10. 2009年《丝绸之路》（下半月刊）总目[J]. 丝绸之路，2009（24）：122-128.
11. 2009《丝绸之路》（上半月刊）总目[J]. 丝绸之路，2009（23）：74-77.
12. 2007《丝绸之路》总目[J]. 丝绸之路，2007（12）：72-75.
13. 2006年《丝绸之路》总目[J]. 丝绸之路，2006（12）：74-77.
14. 2005年《丝绸之路》总目[J]. 丝绸之路，2005（12）：67-69.
15. 《丝绸之路》2004年总目录[J]. 丝绸之路，2004（12）：55-59.
16. 《丝绸之路》2003年总目录[J]. 丝绸之路，2003（12）：55-60.
17. 《丝绸之路》2002年总目录[J]. 丝绸之路，2002（12）：60-64.

第二编　著作类

一、马克思主义、列宁主义、毛泽东思想、邓小平理论

马克思主义、列宁主义、毛泽东思想、邓小平理论的学习和研究

1. 中共新疆维吾尔自治区委员会宣传部，编. **马克思主义“五观”教育 50 题**[M]. 乌鲁木齐：新疆人民出版社，2009. 第 136 页 为什么说“丝绸之路”新疆段是历史上中西交往的重要通道.
2. 共青团中央宣传部，主编. **给你一双慧眼：邓小平理论与当代青年**[M]. 北京：中国青年出版社，2000. 第 139 页 开放则兴，闭国则衰——从丝绸之路谈起.

二、哲学、宗教

（一）哲学理论

1. 刘焕成，编. **三极认识论**[M]. 北京：中国言实出版社，2013. 第 302 页 纺织、丝绸等行业的劳动者；第 306 页 丝绸、陶瓷、茶叶、商业等劳动者以及开拓陆上和海上丝绸之路的人群.
2. 何芳川，著. **古今东西之间**[M]. 桂林：广西师范大学出版社，2008. 第 1 页 第一讲 西出阳关无故人 丝绸之路与古代中外文明的交汇（上）；第 24 页 第二讲 直挂云帆济沧海 丝绸之路与古代中外文明的交汇（下）.

（二）世界哲学

方维规，编. **思想与方法：全球化时代中西对话的可能**[M]. 北京：北京大学出版社，2014. 第 217 页 玉石之路大传统 VS 丝绸之路小传统（叶舒宪）.

（三）中国哲学

1. 西平，著. **丝绸之路：中国与欧洲宗教哲学交流研究**[M]. 乌鲁木齐：新疆人民出版社，2010.
2. 季甄馥，著. **瞿秋白哲学思想评析**[M]. 上海：华东师范大学出版社，1998. 第 3 页 二、三条“红色丝绸之路”.
3. 祝亚平，著. **道家文化与科学**[M]. 合肥：中国科学技术大学出版社，1995. 第 245 页 第二节 地理学与“海上丝绸之路”.

4. 邝士元，著. **中国经世史**[M]. 上海：上海三联书店，2013. 第 419 页 第十三章 中西交通与商业之路；第 419 页 第一节 丝绸之路与中西交通.
5. 许钦彬，著. **易与古文明**[M]. 北京：社会科学文献出版社，2012. 第 421 页 第十六章 “丝绸之路”.
6. 中国慈惠弘道会暨慈惠堂恭，辑. **新儒学四象五行之混析与义利之辨**[M]. 台北：慈惠堂出版社，1998. 第 290 页 道家地理学与海上丝绸之路（祝亚平）.

（四）欧洲哲学

张成权，詹向红，著. **1500—1840 儒学在欧洲**[M]. 合肥：安徽大学出版社，2010. 第 26 页“丝绸之路”与“香料之路”.

（五）伦理学（道德哲学）

1. 卞敏，著. **我以我血荐轩辕：爱国主义精神**[M]. 沈阳：辽海出版社，2001. 第 23 页 张骞与“丝绸之路”.
2. 聂晓阳，著. **红尘中最美的重逢：与仓央嘉措一起修行**[M]. 北京：华夏出版社，2013. 展现重走过“丝绸之路”的心路历程.
3. 闻铭，著. **听柏杨讲人生**[M]. 西安：陕西师范大学出版社，2009. 第 35 页 现代丝绸之路.
4. 闻铭，著. **听柏杨讲人生**[M]. 合肥：安徽人民出版社，2012. 第 128 页 现代丝绸之路.
5. 王志艳，主编. **中华美德读本：自强·自立**[M]. 哈尔滨：黑龙江人民出版社，2006. 第 66 页 海上“丝绸之路”的开拓者.
6. 马剑，郭峰宇，著. **给你一次最好的机会**[M]. 北京：当代中国出版社，2003. 第 203 页 第五章 海上丝绸之路.
7. 季羡林，著. **缘分与命运**[M]. 北京：中国城市出版社，2010. 第 119 页 丝绸之路.

（六）美　学

1. 陈伟，王捷，编著. **东方美学对西方的影响**[M]. 上海：学林出版社，1999. 第 42 页 草原民族开辟的“丝绸之路”.
2. 冯育柱，等，主编. **中国少数民族审美意识史纲**[M]. 西宁：青海人民出版社，1994. 第 215 页 （一）丝绸之路；第 222 页 （二）唐蕃古道与麝香丝绸之路；第 228 页 （三）丝绸南路.

（七）心理学

1. 邓慧君，主编. **论陇人品格**[M]. 兰州：甘肃人民出版社，2009. 第 100 页 丝绸之路与甘肃地域文化的人文特征（侯玉臣）.
2. 蔡元云，区祥江，著. **男人的面具：从未遇上的父亲**[M]. 上海：华东师范大学出版社，

2001. 第 385 页 丝绸之路荒废之谜.

3. 李洁，编著. **嗨！越玩越完美：幼儿情商培育亲子游戏**[M]. 北京：人民军医出版社，2011. 第 60 页 35 丝绸之路.

（八）哲学教育与普及

刘昕，杨晓湘，主编. **生活·网**[M]. 北京：人民日报出版社，2001. 第 106 页 丝绸之路.

（九）宗　教

1. 马通，著. **丝绸之路上的穆斯林文化**[M]. 银川：宁夏人民出版社，2000.
2. 李进新，著. **丝绸之路宗教研究**[M]. 乌鲁木齐：新疆人民出版社，2008.
3. 周菁葆，著. **丝绸之路佛教文化研究**[M]. 乌鲁木齐：新疆人民出版社，2009.
4. 周菁葆，邱陵，著. **丝绸之路宗教文化**[M]. 乌鲁木齐：新疆人民出版社，1998.
5. 张新泰，李维青，主编. **丝绸之路佛教文化研究**[M]. 乌鲁木齐：新疆人民出版社，2010.
6. 郑佩瑗，著. **沧海航灯：岭南宗教信仰文化传播之路**[M]. 广州：广东经济出版社，2015.
7. 杨富学，著. **敦煌与丝绸之路学术文丛：西域敦煌宗教论稿续编**[M]. 兰州：甘肃教育出版社，2015.
8. 王棣，著. **丝路佛境**[M]. 北京：北京大学出版社，2013.
9. 丁明夷，邢军，著. **佛教艺术百问**[M]. 北京：今日中国出版社，1989. 第 83 页 丝绸之路和石窟兴盛有什么关系.
10. 米寿江，尤佳，编著. **中国伊斯兰教简史**[M]. 北京：宗教文化出版社，2000. 第 56 页 第二章 唐宋丝绸之路的和平传教.
11. [日]池田大作，著. **佛法·西与东**[M]. 王健，译. 成都：四川人民出版社，1996. 第 164 页 再造人类的"精神丝绸之路"（代译后记）.
12. 粘良图，著. **晋江草庵研究**[M]. 厦门：厦门大学出版社，2008. 第 119 页 第十三章 联合国教科文组织海上丝绸之路考察团的重大发现.
13. 金铁木，著. **一代宗师玄奘：CCTV 玄奘之路**[M]. 北京：中国民主法制出版社，2009.
14. 罗春荣，著. **妈祖传说研究：一个海洋大国的神话**[M]. 天津：天津古籍出版社，2009. 第 103 页 汉武帝开辟了"丝绸之路"；妈祖传说与海上陶瓷之路；第 108 页 海上丝绸之路标志着中国进入远洋航海辉煌时代.
15. 马强，著. **流动的精神社区：人类学视野下的广州穆斯林哲玛提研究**[M]. 北京：中国社会科学出版社，2006. 第 49 页 一 海上丝绸之路与穆斯林商人来华.
16. 阿信，著. **用生命爱中国：柏格理传**[M]. 郑州：大象出版社，2009. 第 18 页 走上西南丝绸之路.
17. 〔唐〕玄奘法师，译；于丽，著. **图解读懂般若心经：260 字点透人生大智慧**[M]. 济南：山东美术出版社，2008. 第 30 页 《般若心经》从此传入中国：丝绸之路.
18. 丁明夷，著. **佛教小百科·艺术**[M]. 郑州：大象出版社，2005. 第 92 页 丝绸之路和石窟兴盛有何关系.

19. 陈声柏，主编. **宗教对话与和谐社会**[M]. 北京：中国社会科学出版社，2008. 第 265 页 约翰·韦斯利“完全的爱”与龙树“大慈大悲”的丝绸之路对话（罗秉祥）.
20. 范翔宇，主编. **海门佛踪：北海佛教海路南传通道纪事**[M]. 南宁：广西民族出版社，2008. 第 1 页 第一章 缘起海丝路——佛教海路南传是依托以北海合浦为始发港的海上丝绸之路而进行的.
21. 侯冠辉，韩永进，编著. **大秦景教与中医药学研究**[M]. 西安：陕西科学技术出版社，2009. 第 7 页 【附】新世纪丝绸之路旅游.
22. 丁明夷，著. **佛教小百科·艺术**[M]. 上海：上海科学普及出版社，2011. 第 92 页 丝绸之路和石窟兴盛有何关系.
23. 赵匡为，著. **我国的宗教信仰自由**[M]. 北京：华文出版社，1999. 第 12 页 丝绸之路与香料之路.
24. 张文建，著. **信主独一：伊斯兰教**[M]. 北京：世界知识出版社，1999. 第 380 页（二）丝绸之路伊斯兰文化珍宝 中国古代清真寺建筑辉煌.
25. 雷镇阊，林国灿，主编. **宗教知识宝典**[M]. 北京：中国广播电视出版社，1991. 第 591 页 犹太人对丝绸之路有何贡献.
26. 余振贵，著. **中国历代政权与伊斯兰教**[M]. 银川：宁夏人民出版社，1996. 第 20 页 三、海上丝绸之路的兴盛使穆斯林商贾“住唐”人数大增.
27. 杨曾文，主编；中国社会科学院世界宗教研究所佛教研究室，编. **中国佛教基础知识**[M]. 北京：宗教文化出版社，1999. 第 11 页 古代丝绸之路和佛教传入中国.
28. 陈进国，主编. **宗教人类学（第 5 辑）**[M]. 北京：社会科学文献出版社，2014.
29. 杨曾文，主编. **泾川佛教文化论**[M]. 北京：人民出版社，2015.
30. 王元林，著. **国家祭祀与海上丝路遗迹：广州南海神庙研究**[M]. 北京：中华书局，2006.
31. 郭绍林，编. **历史学视野中的佛教**[M]. 北京：宗教文化出版社，2012. 第 31 页 关于唐代洛阳与丝绸之路的几个问题.
32. 王书献，杨立新，著. **道教：问不倒的导游**[M]. 北京：中国旅游出版社，2012. 第 198 页 青海西宁土楼观地处丝绸之路吗.
33. 才吾加甫，著. **新疆古代佛教研**[M]. 北京：社会科学文献出版社，2011. 第 6 页 第二节 新疆古道丝绸之路.
34. 余振贵，著. **中国历代政权与伊斯兰教**[M]. 银川：宁夏人民出版社，2012. 第 17 页 三、海上“丝绸之路”的兴盛使穆斯林商贾“住唐”人数大增.
35. 黄浙苏，著. **信守与包容：浙东妈祖信俗研究**[M]. 杭州：浙江大学出版社，2011. 第 38 页 第三章 “海上丝绸之路”与妈祖信俗拓展；第 38 页 第一节 “海上丝绸之路”启碇港的海洋文化特质.
36. 毛锦钦，著. **佛国罗浮**[M]. 广州：暨南大学出版社，2011. 第 27 页 丝绸之路，通佛口岸.
37. 星汉，编著. **图文佛教大百科**[M]. 北京：中国华侨出版社，2011. 第 385 页 丝绸之路和石窟有什么关系.
38. 王灵桂，著. **中国伊斯兰教史**[M]. 北京：中国友谊出版公司，2010. 第 101 页 第五章 丝绸之路、大唐遣使与住唐商贾.

39. 马平，主编. **简明中国伊斯兰教史**[M]. 银川：宁夏人民出版社，2006. 第 12 页 四、丝绸之路与穆斯林商人来华；第 21 页 一、海上丝绸之路的开辟.
40. 孙建华，编著. **漫步清真寺**[M]. 北京：中国社会科学出版社，2008. 第 10 页 丝绸之路与清真寺.
41. 魏承思，著. **中国佛教文化论稿**[M]. 上海：上海人民出版社，1991. 第 357 页 一、佛法东来和丝绸之路.
42. 李云桥，白世业，编. **伊斯兰教与回族研究文荟**[M]. 银川：宁夏人民出版社，1993. 第 594 页 （72）略论泉州伊斯兰史迹人文优势对振兴海上丝绸之路的作用.
43. 牛汝极，著. **十字莲花：中国元代叙利亚文景教碑铭文献研究**[M]. 上海：上海古籍出版社，2008. 第 221 页 附录三 丝绸之路上的基督教艺术（克林凯特）.
44. 徐嘉，编写. **中国的佛教**[M]. 北京：中国少年儿童出版社，1998. 第 5 页 二、丝绸之路与佛法东来.
45. 李零，著. **中国方术续考**[M]. 北京：东方出版社，2001. 第 175 页 图二五 亚欧草原石人（鹿石、青铜鍑）分布示意图（王博、祁小山《丝绸之路草原石人研究》，新疆人民出版社 1996 年版，插页）.
46. 宁波市文物保护管理所，编. **海峡两岸妈祖文化学术研讨会论文集**[M]. 北京：中国文史出版社，2010. 第 228 页 妈祖文化对宁波“海上丝绸之路”的影响（徐炯明）.
47. 张惠评，许晓松，著. **泉州古城铺境神**[M]. 福州：海峡书局，2014.
48. 王棣，著. **流光如云**[M]. 北京：北京大学出版社，2013.
49. 中国与海上丝绸之路研究中心，福建省海上丝绸之路研究会，法国远东学院福州中心，编. **陈达生伊斯兰教与阿拉伯碑铭研究论文集**[M]. 福州：福建教育出版社，2006.
50. 中国书店，整理. **大般若波罗蜜多经（卷 520）**[M]. 北京：中国书店，2009.
51. 中国书店，整理. **妙法莲花经（卷 4）**[M]. 北京：中国书店，2009. 本书涉及敦煌写经书法.
52. 新疆天山天池管理委员会，编. **西王母文化研究集成·论文卷（上）**[M]. 桂林：广西师范大学出版社，2008. 第 222 页 先秦时期的“丝绸之路”——《穆天子传》的研究.
53. [日]源隆国，著. 周作人，校. **今昔物语**[M]. 北京编译社，译. 北京：新星出版社，2006.
54. 季羡林，著. **禅与文化**[M]. 北京：中国言实出版社，2006. 第 363 页 丝绸之路与中国文化——读《丝绸之路》的观感.
55. 张高举，著. **佛骨灵光：佛教圣地法门寺**[M]. 西安：三秦出版社，2003. 第 105 页（1）丝绸的历史和“丝绸之路”；第 105 页（2）唐代丝绸——古代丝绸历史的高峰；第 107 页（3）法门寺丝绸——唐代丝绸文化的最高殿堂；第 111 页（4） 法门寺地宫出土丝绸分类表.
56. 萧霁虹，主编. **云南宗教研究：“一带一路“与宗教文化交流**[M]. 昆明：云南人民出版社，2015.

三、社会科学总论

（一）社会科学现状及发展

1. 上海市哲学社会科学规划办公室，上海社会科学院信息研究所，编. **国外社会科学前沿 2012（第 16 辑）**[M]. 上海：上海人民出版社，2013. 第 199 页 美国学术界对“新丝绸之路”战略的理论解读（张屹峰）.
2. 全国哲学社会科学规划办公室，编. **国家社科基金项目成果选介汇编**[M]. 北京：社会科学文献出版社，2011. 第 344 页 9～13 世纪中国西北民族关系与陆上丝绸之路贸易史研究——《9～13 世纪中国西北民族关系与陆上丝绸之路贸易史研究》成果简介.
3. 顾涧清，主编. **广州社会科学年鉴 2010**[M]. 广州：广东人民出版社，2011. 第 185 页 广州海上丝绸之路.
4. 全国哲学社会科学规划办公室，编. **国家社科基金项目成果选介汇编（第 6 辑）**[M]. 北京：社会科学文献出版社，2010. 第 254 页 敦煌亦是蚕桑乡——《敦煌丝绸与丝绸之路》成果简介.
5. 叶朗，朱良志，著. **中国文化读本・中文本**[M]. 北京：外语教学与研究出版社，2008. 第 87 页 十、文明流通的动脉：丝绸之路.
6. 许家康，主编. **广西社会科学年鉴 2005**[M]. 北京：线装书局，2005. 第 62 页“合浦——海上丝绸之路始发港”理论研讨会.
7. 教育部社会科学研究与思想政治工作司，编. **全国普通高等学校第二届人文社会科学研究成果奖获奖成果简介汇编**[M]. 北京：中国人民大学出版社，1999. 第 266 页《敦煌吐鲁番文书与丝绸之路》.
8. 王东，等，主编. **古今中外争鸣集粹**[M]. 北京：中国社会科学出版社，1995. 第 1243 页 关于“丝绸之路”开辟时间的争论；第 1248 页 关于“丝绸之路”线路的争论.
9. 潮汕历史文化研究中心，汕头大学潮汕文化研究中心，编. **潮学研究 3**[M]. 汕头：汕头大学出版社，1995. 第 292 页 中国海上丝绸之路研究的策略（陈达生）；第 298 页“海上丝绸之路与潮汕文化”国际学术研讨会综述（丁毓玲、吴奎信）.
10. 潮汕历史文化研究中心，汕头大学潮汕文化研究中心，编. **潮学研究** 2[M]. 汕头：汕头大学出版社，1994. 第 34 页 从考古文物资料探索潮汕地区的古代海上“丝绸之路”（邱立诚、杨式挺）.

（二）社会科学机构、团体、会议

陈冬东，主编. **中国社会团体组织大全**[M]. 北京：专利文献出版社，1998. 第 1544 页 新疆维吾尔自治区丝绸之路研究中心.

（三）社会科学教育与普及

1. 龚勋，主编. **e 时代青少年百科全书・社会卷**[M]. 南昌：江西教育出版社，2014. 第 36 页 丝绸之路.

2. 龚勋，主编. **十万个为什么·社会人文卷**[M]. 学生版. 南昌：江西教育出版社，2014. 第 108 页 为什么说莫高窟是丝绸之路上的艺术殿堂.
3. 中国传媒大学新闻传播学部，编. **文史要览**[M]. 2 版. 北京：中国传媒大学出版社，2012. 第 198 页 丝绸之路.
4. 朱思敬，孙桂娥，朱汶，等，摘编. **人文知识小百科**[M]. 上海：学林出版社，2011. 第 159 页 丝绸之路有几条？.
5. 张振鹏，编著. **不可不知的文史知识·中国篇**[M]. 青岛：青岛出版社，2010. 第 331 页 古代通商路为何称丝绸之路.
6. 马驰聘，主编. **破译天下谜团：人文社会博览**[M]. 北京：中央编译出版社，2008. 第 62 页“丝绸之路”是如何开辟的.
7. 纪江红，主编. **我们的社会**[M]. 北京：北京少年儿童出版社，2007. 第 68 页 丝绸之路是何时开辟的.
8. 马俊英，主编. **中国少年儿童文史知识百科全书 1·中国简史**[M]. 哈尔滨：黑龙江美术出版社，2006. 第 70 页 丝绸之路 / 苏武牧羊（漠北之战）.
9. 剑君，主编. **怎样品评服饰艺术**[M]. 北京：北京燕山出版社，2006. 第 13 页 原始人的丝绸业；第 25 页 四、丝绸之路；第 25 页 丝绸古道的开辟；第 28 页 影响西方各国的丝绸文化.
10. 朱思敬，等，摘编. **人文知识小百科**[M]. 上海：学林出版社，2001. 第 245 页 丝绸之路有几条.
11. 20 少年儿童出版社，编. **小学生天下事全知道（下）**[M]. 上海：少年儿童出版社，2000. 第 156 页 为什么古代的通商之路称为“丝绸之路”.
12. 孙硕夫，编. **中学生文史趣典**[M]. 福州：福建少年儿童出版社，1999. 第 195 页 “丝绸之路”在哪里.
13. **社会图册（第 3 册）**[M]. 北京：中国地图出版社，1998. 第 28 页 张骞出使西域与丝绸之路.
14. 人民教育出版社地理社会室，编著. **社会（第 3 册）：教师教学用书**[M]. 试用本. 北京：人民教育出版社，1997. 第 155 页 第六课 丝绸之路上的友好使者——张骞、玄奘.
15. 冰心，总主编. **文科知识百万个为什么**[M]. 汇编本. 桂林：漓江出版社，1996. 第 330 页 什么是“丝绸之路”.
16. 人民教育出版社地理社会室，编. **社会（第 3 册）**[M]. 北京：人民教育出版社，1996. 第 115 页 第六课丝绸之路上的友好使者.
17. 上海中小学课程教材改革委员会，编. **社会·八年级第一学期**[M]. 试用本. 上海：上海教育出版社，1995. 第 41 页 丝绸之路·鉴真东渡·郑和下西洋·朝贡与舶来品·华夏传统和闭关自守.
18. 孟宪信，主编. **千万个为什么**[M]. 文科版. 长春：长春出版社，1992. 第 36 页 为什么有丝绸之路.
19. 夏云川，杨向阳，主编. **文科十万个为什么·文明足迹**[M]. 上海：上海古籍出版社，1990. 第 40 页 什么是丝绸之路；它为什么有绿洲之路、草原之路、陶瓷之路等不同的名称.

20. 冰心，总主编；吕艺生，主编．**文科知识百万个为什么·舞蹈**[M]．桂林：漓江出版社，1990．第 73 页 为什么说“丝绸之路”也是“中外舞乐交流之路”；第 161 页 为什么塔丽奥妮能走上成功之路．
21. 陈必祥，雨亭，主编．**社会科学十万个为什么·中国历史分册**[M]．西安：陕西人民出版社，1990．第 78 页 为什么说丝绸之路是联系古代中西文明的纽带．
22. 常棣，等，编著．**文史手册**[M]．南京：江苏教育出版社，1987．第 253 页 丝绸之路．
23.《工人日报》理论部，编．**社会科学知识 200 题**[M]．济南：山东人民出版社，1984．第 100 页 什么是“丝绸之路”．

（四）社会科学丛书、文集、连续性出版物

1. 纳文汇，著．**文汇集**[M]．昆明：云南大学出版社，2015．
2. 付景川，主编．**珠江论丛（2015 年第 3 辑）**[M]．北京：社会科学文献出版社，2015．
3. 中国战略与管理研究会，主编．**战略与管理（2015 年第 2 辑）：如何看清中美关系的未来**[M]．海口：海南出版社，2015．
4. 邓如冰，主编．**中文前沿** 2015[M]．北京：对外经济贸易大学出版社，2015．
5. 陈庆宗，张禹东，曾路，主编．**华中讲堂** 2014[M]．北京：社会科学文献出版社，2015．
6. 徐文堪，编．**现代学术精品精读·西域研究卷（上）**[M]．上海：上海人民出版社，2014．第 45 页 草原之路——作为欧亚奇观的游牧民族的兴起（[美]狄宇宙撰，贺严、高书文译）；第 87 页 “丝绸之路”与内陆欧亚（刘文锁撰）．
7. 蒋树勇，郑力人，主编．**天禄论丛：中国研究图书馆员学会学刊（第 4 卷）**[M]．桂林：广西师范大学出版社，2014．第 132 页 北美地区对中亚、西藏和丝绸之路研究的历史及相关资源的收藏（杨继东）．
8. 人民日报社理论部，编．**人民日报理论著述年编** 2013[M]．北京：人民日报出版社，2014．第 110 页 向西开放：西部大发展的新机遇——学习贯彻习近平同志共建丝绸之路经济带的战略构想（赵正永）；第 134 页 加快建设向西开放战略高地——学习贯彻习近平同志共建丝绸之路经济带的战略构想（刘慧）．
9. 宁波市社会科学界联合会，编．**宁波市社会科学第四届学术年会文集·2013 年度：历史与人文（宁波新活力：改革、创新、服务）**[M] 杭州：浙江大学出版社，2013．第 68 页 基于“海上丝绸之路”的宁波海洋文化传播考述（程艳林）．
10. 孙进已，著．**俯仰集·孙进已文集**[M]．北京：社会科学文献出版社，2013．第 289 页 对海上丝绸之路研究的几点拙见．
11. 范鹏，总主编．**陇上学人文存·杨建新卷**[M]．兰州：甘肃人民出版社，2012．第 139 页 三、西北地方与丝绸之路研究；第 173 页 论丝绸之路的产生、发展与运行机制．
12. 冯其庸，著．**冯其庸文集（第 1 卷）：秋风集**[M]．青岛：青岛出版社，2012．第 145 页 秋游天山——《丝绸之路诗词选集》序．
13. 罗晃潮，著；东莞市政协，编．**东莞学人文丛·罗晃潮集**[M]．广州：花城出版社，2012．第 303 页 两宋以前的华侨与南海丝绸之路．

14. 曲鸿亮，著. **文明・发展・交流：社会科学研究的多维视角**[M]. 镇江：江苏大学出版社，2011. 第 150 页 论丝绸之路的双向发展；第 159 页 中国海上丝绸之路研究.
15. 吴福环，著. **求索集**[M]. 乌鲁木齐：新疆人民出版社，2011. 第 196 页 丝绸之路上的中外钱币.
16. 《中国 2010 年上海世博会论坛文集》编委会，编. **中国 2010 年上海世博会论坛文集・公众论坛（下）**[M]. 上海：东方出版中心，2011. 第 11 页 甘肃：丝绸之路与城市发展.
17. 刘东，主编. **中国学术**[M]. 北京：商务印书馆，2011. 第 14 页 丝绸之路上的锡耶纳：安布罗乔・罗伦泽蒂与蒙古全球世纪 1250—1350 年（蒲乐安）.
18. 本书编委会，编. **中央国家机关"强素质 作表率"读书活动经典讲座** 1[M]. 北京：中国书籍出版社，2011. 第 45 页 中国文化导读：丝绸之路上的文化交流（张信刚[北京大学叶氏鲁迅社会科学讲座教授]）.
19. 张信刚，著. **茶与咖啡——张信刚文化与经济讲座**[M]. 北京：北京大学出版社，2011. 第 27 页 丝绸与中国文化；第 31 页 丝绸之路.
20. 吴专良，林发钦，何志辉，主编. **澳门人文社会科学研究文选・历史卷（含法制史）：上**[M]. 北京：社会科学文献出版社，2010. 第 178 页 福建人与澳门妈祖文化渊源（徐晓望）.
21. 吴专良，林发钦，何志辉，主编. **澳门人文社会科学研究文选・历史卷（含法制史）：中**[M]. 北京：社会科学文献出版社，2010. 第 556 页 明代澳门与海上丝绸之路（万明）.
22. 吴专良，林发钦，何志辉，主编. **澳门人文社会科学研究文选・历史卷（含法制史）：下**[M]. 北京：社会科学文献出版社，2010. 第 1301 页 走私与反走私：从档案看明清时期澳门对外贸易中的中国商人（杨仁飞）.
23. 朱少伟，著. **渐宜斋札记**[M]. 上海：上海三联书店，2010. 第 301 页 海上"丝绸之路"考.
24. 本书编委会，编. **中央国家机关"强素质 作表率"读书活动主题讲坛周年读本** 1[M]. 北京：中国书籍出版社，2010. 第 37 页 中国文化导读：丝绸之路上的文化交流（张信刚）.
25. 季羡林，著. **季羡林全集（第 14 卷）：学术论著** 6[M]. 北京：外语教学与研究出版社，2010. 第 550 页 丝绸之路与中国文化——读《丝绸之路》的观感；第 586 页 古代穆斯林论中西文化的差异——读《丝绸之路》札记.
26. 季羡林，著. **季羡林全集（第 30 卷）**[M]. 北京：外语教学与研究出版社，2010. 第 125 页 "丝绸之路——艺术与生活"论坛贺词.
27. 刘振伟，主编. **聚沙集**[M]. 北京：学苑出版社，2009. 第 249 页 元代丝绸之路文学研究述评（宋晓云）.
28. 季羡林，著；《季羡林全集》编辑出版委员会，编. **季羡林全集（第 6 卷）**[M]. 北京：外语教学与研究出版社，2009. 第 181 页《丝绸之路贸易史研究》序；第 293 页《海上丝绸之路与中外文化交流》序.
29. 吴伟峰，黄启善，主编. **广西博物馆文集（第 5 辑）**[M]. 南宁：广西人民出版社，2008. 第 94 页 "海上丝绸之路"的历史见证——环北部湾地区发现几种珍贵货币（廖国一）.

30. 王正在，著．**每天都在感悟**[M]．北京：中国工商出版社，2008．第 175 页 丝绸之路的璀璨明珠——莫高窟．

31. 清华大学历史系，三联书店编辑部，合编．**清华历史讲堂续编**[M]．北京：生活·读书·新知三联书店，2008．第 175 页 蒙古山水地图——在日本新发现的一幅中世纪丝绸之路地图（林梅村）．

32. 陈育宁，保母武彦，主编．**20 年学术交往：中国宁夏大学和日本岛根大学的合作交流**[M]．银川：宁夏人民出版社，2007．第 87 页 第二编 论文与演讲丝绸之路的文化交流对宁夏地区的影响（陈育宁）．

33. 广西壮族自治区科学界联合会，编．**首届广西社会科学界学术年会优秀论文集**[M]．南宁：广西人民出版社，2007．第 370 页 汉代合浦郡与东南亚等地的“海上丝绸之路”及其古钱币证据（廖国一）．

34. 中国传媒大学新闻传播学部，编．**文史要览**[M]．北京：中国传媒大学出版社，2006．第 274 页 丝绸之路．

35. 季羡林，著；王岳川，编．**季羡林学术精粹（第 1 卷）：中国思想与跨文化卷**[M]．济南：山东友谊出版社，2006．第 196 页 丝绸之路与中国文化．

36. 季羡林，著．**皓首学术随笔·季羡林卷**[M]．北京：中华书局，2006．第 143 页 古代穆斯林论中西文化的差异——读《丝绸之路》札记．

37. 钱蓉，主编．**观点：历史 2005**[M]．福州：福建人民出版社，2006．第 169 页 中国古代和亲与丝绸之路的拓展．

38. 杨国学，主编．**文学·艺术·教育——武夷学院学术论文集之一**[M]．北京：长江出版社，2006．第 16 页 丝绸之路《西游记》故事情节原型辨析（杨国学）．

39. 郑林明，等，编．医学人文读本[M]．北京：人民出版社，2006．第 402 页 什么是“丝绸之路”．

40. 曹成杰，主编．**教师论文集**[M]．海口：海南出版社，2005．第 395 页 古代丝绸之路音乐舞蹈钩沉（周菁葆）．

41. 施宣圆，等，主编．**千古之谜：世界文化 1000 疑案（乙编）**[M]．郑州：中州古籍出版社，2004．第 713 页 古代犹太人在“丝绸之路”上从事何种职业？．

42. 杨学峰，著．**记录开放**[M]．青岛：青岛出版社，2004．第 296 页 山东是丝绸之路的主要源头．

43. 李旦初，著；刘玉平，阎保平，姜丽，主编．**李旦初文集·第 6 卷：敲金击石集（嘤鸣词）**[M]．北京：人民日报出版社，2004．第 141 页 沁园春·咏丝绸之路．

44. 吴海发，著．**学术河上乌篷船**[M]．南京：东南大学出版社，2004．第 196 页 精微绣《丝绸之路》．

45. 胡戟，著．**胡戟文存 2·隋唐历史与敦煌卷**[M]．北京：中国社会科学出版社，2004．第 196 页 一 丝绸之路形成的原因和年代；第 203 页 三 丝绸之路的管理；第 207 页 四 丝绸之路在明清以后衰落的原因；第 262 页 五 对丝绸之路和国家的管理．

46. “北大论坛”论文集编委会，编．**走向未来的人类文明：多学科的考察——第二届“北大论坛”论文集**[M]．北京：北京大学出版社，2003．第 61 页 文化的碰撞与交融——丝绸之路上的唐宋辽玻璃（齐东方）．

47. 蔡耀平，张明，吴远鹏，主编. **学术泉州**[M]. 北京：中央文献出版社，2003. 第 19 页 释论“海上丝绸之路：泉州史迹”申报“世界文化遗产”之内在文化意涵（李亦园）；第 28 页 泉州与海上丝绸之路（陈高华）.
48. 池田大作，著. **理解·友谊·和平——池田大作讲演、随笔集**[M]. 日本创价学会，北京大学日语系，译. 北京：作家出版社，2002. 第 185 页 丝绸之路的宝石·敦煌的守护者——常书鸿画伯.
49. 常万里，主编. **中国文化知识手册（下）**[M]. 北京：中国华侨出版社，2002. 第 830 页 什么是“丝绸之路”.
50. 韦生理，主编. **晚晴文存——广西文史研究馆馆员文选**[M]. 南宁：广西人民出版社，2002. 第 303 页 南海“海上丝绸之路”始发港徐闻、合浦的形成条件（黄家蕃）.
51. 李凌，著；中国社会科学院科研局，编选. **李凌集**[M]. 北京：中国社会科学出版社，2002.
52. 徐逢宝，主编. **人文精萃**[M]. 清流县文学艺术界联合会. 2001. 第 195 页 世界丝绸生产的发源地；第 302 页 唐诗之路；第 472 页 丝绸之路.
53. 吾三省，著. **文史丛话**[M]. 上海：文汇出版社，2000. 第 288 页 读《丝绸之路漫记》.
54. 金人，刘燕远，主编. **学海趣谭：传统文化中的旧说新知**[M]. 北京：群众出版社，1999. 第 531 页 “丝绸之路”的争论.
55. 牟玲生，著. **躬行集（第 1 集）**[M]. 西安：陕西人民出版社，1998. 第 405 页 丝绸之路的启示.
56. 季羡林，著. **季羡林文集（第 14 卷）：序跋杂文及其他** 2[M]. 南昌：江西教育出版社，1998. 第 9 页《丝绸之路贸易史研究》序；第 114 页《海上丝绸之路与中外文化交流》序；第 413 页 丝绸之路与中国文化——读《丝绸之路》的观感；第 448 页 古代穆斯林论中西文化的差异——读《丝绸之路》札记.
57. 中国社会科学院研究生院学位办公室，编. **中国社会科学院研究生院博士文萃 1993—1995**[M]. 北京：中国社会科学出版社，1997. 第 453 页 丝绸之路河南道考古调查与研究（陈良伟）.
58. 季羡林，著. **季羡林学术文化随笔**[M]. 北京：中国青年出版社，1996. 第 150 页 古代穆斯林论中西文化的差异——读《丝绸之路》札记.
59. 傅振伦，著. **文博蕞残**[M]. 1996. 第 54 页 丝绸之路的起点.
60. [日]水原渭江，著. **水原渭江学术精华**[M]. 北京：科学出版社，1996. 第 371 页 丝绸之路的“天山紫草”研究；第 386 页 丝绸之路考察日志.
61. 李若庭，等，编. **文史专题研究**[M]. 北京：中共中央党校出版社，1996. 第 242 页 丹东在丝绸之路东段的经济文化交流中的历史地位（庞冠中）.
62. 复旦发展研究院，上海波士强实业有限公司，合编. **大潮文丛：经济·文化（第 2 辑）**[M]. 上海：复旦大学出版社，1994. 第 58 页 现代“丝绸之路”——新亚欧大陆桥（陆伯辉）.
63. 蔡长溪，著. **泉南笔耕录**[M]. 长沙：中港文化出版公司，1993. 第 141 页 泉州“海上丝绸之路”的兴起.
64. 北京大学社会科学处，编. **北京大学哲学社会科学优秀论文选（第 2 辑）**[M]. 北京：北京大学出版社，1988. 第 342 页 略论海上“丝绸之路”（陈炎）.

（五）社会科学参考工具书

1. 王嘉良，张继定，主编. **新编文史地辞典**[M]. 杭州：浙江人民出版社，2001. 第 370 页 丝绸之路.
2. 杜荣进，许乃征，主编. **新编读报手册** 3 [M]. 2 版. 杭州：浙江教育出版社，2000. 第 737 页 丝绸之路游.
3. 张岱年，主编. **中国文史百科（上）**[M]. 杭州：浙江人民出版社，1998. 第 404 页 中国古代的丝绸和陶瓷生产；第 424 页 丝绸之路：汉唐时期中原与西域的交通；第 603 页 丝绸与丝绸之路.
4. 高占祥，等，主编. **中国文化大百科全书·历史卷（上）**[M]. 长春：长春出版社，1994. 第 190 页 丝绸之路.
5. 旷炯，等，主编. **新编简明文史知识手册**[M]. 北京：学苑出版社，1993. 第 232 页 丝绸之路.
6. 蒋风，主编. **新编文史地辞典**[M]. 杭州：浙江人民出版社，1990. 第 368 页 丝绸之路.
7. 《读书辞典》编委会，编. **读书辞典**[M]. 北京：中国国际广播出版社，1989. 第 680 页 丝绸之路乐舞艺术.
8. 宋士昌，王寿荣，主编. **干部学习词典**[M]. 济南：黄河出版社，1989. 第 755 页 丝绸之路.
9. 张庆，主编. **新社会科学知识手册**[M]. 广州：华南理工大学出版社，1988. 第 419 页 丝绸之路.
10. 林焕文，主编. **文史知识辞典**[M]. 延吉：延边人民出版社，1987. 第 203 页 丝绸之路.
11. 《简明社会科学词典》编辑委员会，编. **简明社会科学词典**[M]. 2 版. 上海：上海辞书出版社，1984. 第 269 页 丝绸之路.
12. 《简明社会科学词典》编辑委员会，编. **简明社会科学词典**[M]. 上海：上海辞书出版社，1982. 第 267 页 丝绸之路.

（六）社会科学文献检索工具书

中国社会科学院科研局，编. **中国社会科学院学术论著提要 1991 年**[M]. 北京：社会科学文献出版社，1993. 第 195 页 郑和下西洋与明初海上丝绸之路——兼论郑和远航目的及终止原因（万明）.

（七）统计学

1. 中共新疆维吾尔自治区委员会宣传部，新疆维吾尔自治区统计局，编. **新疆 40 年：兵团地州部分**[M]. 北京：中国统计出版社，1995. 第 91 页 今日古丝绸之路上的明珠——吐鲁番；第 263 页 丝绸之路明珠——库车县.
2. 甘肃省统计局，编. **甘肃统计年鉴 1995**[M]. 北京：中国统计出版社，1995. 第 133 页 丝绸之路上的明珠——发展中的甘肃农垦.
3. 国家统计局综合司，编. **中国城市统计年鉴 1986**[M]. 北京：新世界出版社，1986. 第 676 页 “丝绸之路”上的重镇兰州.

（八）社会学

1. 张岚，主编．**城市文化的共享——中国博物馆协会城市博物馆专业委员会论文集**（2011—2012）[M]．上海：上海交通大学出版社，2012．第 475 页 义净与海上丝绸之路（孔正一）．
2. [日]黑川纪章，著．**城市革命：从公有到共有**[M]．徐苏宁，吕飞，译．北京：中国建筑工业出版社，2011．第 109 页 21 世纪的“新丝绸之路”．
3. 李训贵，主编．**城市色彩讲坛（第 2 辑）**[M]．广州：中山大学出版社，2011．第 40 页 广州“海上丝绸之路”文化遗址（黄淼章）．
4. 劳拉・伯恩・帕克特，著．**天生购物狂：西方购物简史**[M]．北京：企业管理出版社，2010.
5. 马琦明，著．**兰州笔记：城市建设与发展**[M]．兰州：甘肃人民美术出版社，2010．第 5 页 丝绸之路上的兰州人．
6. 孔祥军，著．**发展公共关系学：一种中国式的视角**[M]．北京：人民出版社，2007．第 245 页 二、公共关系的现代“丝绸之路”．
7. [英]大卫・沃克，著．**消失的城市：著名废都的兴亡故事和奇妙探险**[M]．大陆桥翻译社，译．上海：上海社会科学院出版社，2003．第 175 页 丝绸之路上的重镇．
8. 张龙祥，主编．**中国公共关系大百科全书**[M]．北京：中共中央党校出版社，2002．第 39 页 陆上丝绸之路；第 40 页 海上陶瓷之路．
9. 阿凡，著．**性爱物语**[M]．广州：南方日报出版社，2002．第 136 页 1993 年：丝绸之路“性之旅”．
10. 李卓彬，主编．**城市文化与广州城市发展**[M]．香港：天马图书有限公司，2001．第 365 页 一、丝绸之路与广州商都．
11. 叶骁军，温一慧，著．**控制与系统：城市系统控制新论**[M]．南京：东南大学出版社，2000．第 86 页 五 城市建筑艺术的控制——丝绸之路的城市建筑艺术．
12. 孔祥军，著．**知识经济时代的公共关系**[M]．北京：东方出版社，1999．第 263 页 公共关系的现代“丝绸之路”．
13. 申剑，等，主编．**当代家庭旅游**[M]．北京：当代中国出版社，1999．第 94 页 丝绸之路游．
14. 于宝林，华祖根，主编．**中国民族研究年鉴 1996—1997**[M]．北京：民族出版社，1998．第 277 页 “世纪之交中国古典文学及丝绸之路文明”国际学术讨论会．
15. 徐世澄，著．**一往无前墨西哥人**[M]．北京：时事出版社，1998．第 286 页 海上丝绸之路与“中国之船”．
16. 于宝林，华祖根，主编．**中国民族研究年鉴**（1994）[M]．北京：民族出版社，1997．第 215 页 “海上丝绸之路与伊斯兰文化”国际学术讨论会．
17. 苍南县土地志编辑部，编．**苍南县土地志（下）**[M]．上海：上海社会科学出版社，1997．第 175 页 公元前丝绸之路上的重镇．
18. 李绍明，著．**李绍明民族学文选**[M]．成都：成都出版社，1995．第 868 页 西南丝绸之路与民族走廊．

19. 关立勋，主编. **公关实例典范集成（下）**[M]. 天津：天津人民出版社，1995. 第 1684 页 沂蒙老区的“丝绸之路”.

20. 于宝林，华祖根，主编. **中国民族研究年鉴**（1993）[M]. 北京：民族出版社，1995. 第 160 页 丝绸之路与中亚文明国际学术讨论会.

21. 童炽昌，主编. **中国公关潮**[M]. 北京：中国国际广播出版社，1992. 第 100 页 铺一条新“丝绸之路”——北京元隆顾绣绸缎商行公关纪事.

22. [日]坂元宇一郎，著. **面相与中国人**[M]. 李奇，编译. 上海：学林出版社，1989. 第 62 页 丝绸之路上的民族.

23.《民族词典》编辑委员会，编；陈永龄，主编. **民族词典**[M]. 上海：上海辞书出版社，1987. 第 321 页 丝绸之路.

（九）民族学

1. [日]加藤徹，著. **加藤看中国：贝与羊的中国人**[M]. 青岛：青岛出版社，2014. 第 124 页 从丝绸之路到大海.

2. **民族精神集粹**[M]. 北京：知识产权出版社，2009. 第 196 页 一、张骞开辟丝绸之路.

3. 韩康信，著. **丝绸之路古代种族研究**[M]. 乌鲁木齐：新疆人民出版社，2009. 第 3 页 丝绸之路与丝路学研究（总序一）；第 7 页 丝绸之路与中西文化交流（总序二）.

4. 王育济，主编. **中华民族精神读本（下）**[M]. 济南：山东大学出版社，2009. 第 672 页 丝绸之路（巫新华）.

5. 赵存生，主编. **中国精神读本**[M]. 合肥：安徽人民出版社，2008. 第 122 页 打通丝绸之路.

6. 王铭铭，著. **中间圈：“藏彝走廊”与人类学的再构思**[M]. 北京：社会科学文献出版社，2008. 第 171 页 图 13 中国古代西南丝绸之路图.

7. 揣振宇，华祖根，主编. **中国民族研究年鉴 2006**[M]. 北京：中央民族大学出版社，2007. 第 420 页 丝绸之路与文明的对话.

8. 谷苞，著. **民族研究文选·**2[M]. 兰州：兰州大学出版社，2004. 第 277 页 《中国古代少数民族与丝绸之路》序.

9. 程勤，等，编著. **民族精神代代传**[M]. 中学生读本. 北京：中国青年出版社，2004. 第 23 页 丝绸之路与海上丝绸之路.

（十）人口学

1. 袁祖亮，袁延胜，朱和平，著. **丝绸之路人口研究**[M]. 乌鲁木齐：新疆人民出版社，2009.

2. 邹宁宇，编著. **人类迁徙史**[M]. 南京：河海大学出版社，2009. 第 52 页 第四节 玉石之路——丝绸之路；第 54 页 第六节 象牙之路 黄金之路；第 55 页 第七节 琥珀之路（瓦兰古道）.

3. 丁弘，编著. **历史上的大迁徙**[M]. 彩图版经典珍藏. 北京：中国发展出版社，2007. 第27页 第2章 丝绸之路：月氏人大迁徙.
4. 袁祖亮，主编. **丝绸之路人口问题研究**[M]. 乌鲁木齐：新疆人民出版社，1998.
5. 翁俊雄，著. **唐代人口与区域经济**[M]. 台北：新文丰出版公司，1995. 第405页 丝绸之路的源头在河南、河北、山东.
6. 贵州省人口普查办公室，编. **贵州省1990年人口普查资料：电子计算机汇总（下）**[M]. 北京：中国统计出版社，1992. 第510页 丝绸之路旅游类型特点及其保护与开发（摘要）（袁国映、张莉）.
7. 邬沧萍，詹长智，编著. **人口与生态环境**[M]. 沈阳：辽宁人民出版社，1987. 第13页 丝绸之路今昔.

（十一）管理学

1. 中国出口信用保险公司，编. **国家风险分析报告2015："一带一路"沿线国家**[M]. 北京：时事出版社，2015.
2. 于贵海，编著. **不可不读的谋略50计**[M]. 合肥：黄山书社，2011. 第81页 李靖速平伏允打通丝绸之路.
3. 陈纪平，著. **陈纪平藏什么**[M]. 上海：上海大学出版社，2010. 第211页 第四节：草原丝绸之路促进了盛世文明.
4. **现代领导百科全书·政治与历史卷**[M]. 北京：中共中央党校出版社，2008. 第382页 丝绸之路.
5. 常万里，主编. **领导者必读书手册·中国文化知识手册（下）**[M]. 北京：中国华侨出版社，2002. 第830页 什么是"丝绸之路".
6. 李雪季，金峰，编. **跨世纪领导干部工作宝典（下）**[M]. 北京：九洲图书出版社，1998. 第114页 丝绸之路；第188页 丝绸之路.
7. 解恒谦，等，编著. **中国古代管理百例**[M]. 沈阳：辽宁人民出版社，1985. 第44页 海上"丝绸之路".

（十二）人才学

1. 李志敏，主编. **中华典故** 1[M]. 精华版. 北京：京华出版社，2007. 第157页 张骞铺设"丝绸之路".
2. 吴樵子，主编. **中国通史（卷1）**[M]. 2版. 北京：京华出版社，2006. 第483页 唐代的丝绸之路.
3. 吴樵子，主编. **中华上下五千年（卷1）**[M]. 北京：京华出版社，2006. 第368页 二十四、唐代的丝绸之路.
4. [新加坡]叶傳升，著. **人才战争**[M]. 北京：中国文联出版社，2001. 第25页 一、东西方文化交流的丝绸之路.

四、政治、法律

（一）政治理论

1. 余潇枫，主编. **非传统安全概论**[M]. 北京：北京大学出版社，2015.
2. 刘金泽，主编. **官鉴（第 1 部）**[M]. 北京：经济日报出版社，1998. 第 466 页 “丝绸之路”的开通者.
3. 利兴民，邓钦荣，主编. **政治常识实用手册**[M]. 广州：科学普及出版社广州分社，1985. 第 469 页 丝绸之路.
4. 《简明政治学词典》编写组. **简明政治学词典**[M]. 长春：吉林人民出版社，1985. 第 226 页 丝绸之路.

（二）中国中产党

1. 任仲文，编. **学习习近平总书记系列讲话精神**[M]. 北京：人民日报出版社，2014. 第 102 页 向西开放：西部大发展的新机遇——学习贯彻习近平同志共建丝绸之路经济带的战略构想（中共陕西省委书记 赵正永）.
2. 任仲文，编. **人民日报重要文章选：深入学习习近平同志关于全面深化改革的重要论述**[M]. 北京：人民日报出版社，2014. 第 74 页 向西开放：西部大发展的新机遇——学习贯彻习近平同志共建丝绸之路经济带的战略构想（中共陕西省委书记 赵正永）；第 92 页 加快建设向西开放战略高地——学习贯彻习近平同志共建丝绸之路经济带的战略构想（宁夏回族自治区主席 刘慧）.
3. 任仲文，编. **人民日报重要文章选：深入学习习近平总书记重要讲话精神**[M]. 北京：人民日报出版社，2014. 第 315 页 学习习近平同志关于共建丝绸之路经济带战略构想的重要讲话；新闻背景：习近平在哈萨克斯坦纳扎尔巴耶夫大学发表重要演讲 弘扬人民友谊 共同建设“丝绸之路经济带”.
4. 凤凰网财经，编. **新政如何改变生活**[M]. 北京：东方出版社，2014. 第 48 页 新丝绸之路.
5. **习近平总书记系列讲话精神学习问答**[M]. 北京：中共中央党校出版社，2013. 第 90 页 32 怎样打造“丝绸之路经济带”.
6. 漫画中国编绘部，著. **漫画我的祖国——共产党领导和执政的中国为什么好？**[M]. 北京：中国青年出版社，2012. 第 165 页 从“丝绸之路”到“新亚欧大陆桥”：合作、共赢、负责的祖国.
7. 潘琦，著. **笔耕录（第 4 卷）**[M]. 南宁：广西人民出版社，2006. 第 1224 页 合浦——海上丝绸之路始发港刍议.
8. 郭彦起，主编；中共天津市委规划建设工委，编. **探索与实践：天津规划建设系统加强党建和思想政治工作文集 2004**[M]. 天津：天津人民出版社，2004. 第 276 页 丝绸之路.
9. 姜斯宪，主编；中共上海市委组织部，编. **激扬人生——上海市共产党员先进事迹选编**[M]. 上海：上海中医药大学出版社，2004. 第 202 页 屠原纲 上海真丝商厦有限公司党支部书记、总经理“新丝绸之路”弄潮儿.

10. 李明义，主编. **党委学习中心组理论指导全书（下）**[M]. 北京：改革出版社，1998. 第2100页（二十三）丝绸之路.
11. 本社史料编辑组，编. **历史瞬间的回溯：中国共产党对外交往纪实**[M]. 北京：当代世界出版社，1997. 第239页 沿着古丝绸之路走向美好的未来.
12. 张镜源，主编. **党务工作知识手册**[M]. 北京：中国人事出版社，1994. 第467页 丝绸之路.
13. 王福如，汪海波，主编. **宣传工作知识全书**[M]. 北京：经济管理出版社，1993. 第307页 丝绸之路.
14. 《新编党支部工作实用手册》编写组，编. **新编党支部工作实用手册**[M]. 北京：海洋出版社，1991. 第197页 丝绸之路.
15. 时鉴，等，主编. **共产党员知识辞典**[M]. 北京：红旗出版社，1991. 第386页 丝绸之路.
16. 高振亚，著. **雁门关外正气歌**[M]. 太原：山西人民出版社，1988. 第316页 丝绸之路上的故事.

（三）工人、农民、青年、妇女运动与组织

1. 赵钢，赵云龙，主编. **热爱祖国**[M]. 郑州：河南人民出版社，2009. 第39页 张骞与丝绸之路.
2. 李波，编著. **青少年成长知识大讲堂（中卷）：科普乐园**[M]. 呼和浩特：内蒙古大学出版社，2009. 第49页 张骞“丝绸之路”.
3. 赵钢，赵云龙，主编. **敬业尽责**[M]. 郑州：河南人民出版社，2009. 第5页 丝绸之路的奠基人张骞.
4. 汪浙成，主编. **中华传统美德故事精编**[M]. 杭州：浙江大学出版社，2002. 第67页 海上“丝绸之路”的开拓者.
5. 朱定昌，黄士平，编著. **中华传统美德教育丛书·智勇篇**[M]. 武汉：湖北教育出版社，1996. 第173页 丝绸之路.
6. 汝信，主编. **中国工人阶级大百科**[M]. 北京：中国国际广播出版社，1992. 第852页 丝绸之路.
7. 林乃基，主编. **新时期企业思想政治工作手册**[M]. 北京：纺织工业出版社，1991. 第349页 丝绸之路.
8. 刘广州，涂良惠，主编. **工会工作实用大全**[M]. 成都：四川人民出版社，1991. 第612页 丝绸之路.
9. 杨俊文，编著. **成功之路（下）**[M]. 兰州：甘肃人民出版社，1986. 第510页 丝绸之路的开拓者张骞.
10. 全国少工委，等，主编. **少先队创造性活动100例**[M]. 北京：中国少年儿童出版社，1985. 第291页 丝绸之路添异彩.

（四）世界政治

1. 中国出口信用保险公司，编. **国家风险分析报告“一带一路”沿线国家2015**[M]. 北京：时事出版社，2015.

2. 张洁，主编. **中国周边安全形势评估 2015 “一带一路”与周边战略**[M]. 北京：社会科学文献出版社，2015. 第 3 页 如何认识“一带一路”的大战略设计（张蕴岭）；第 35 页 “一带一路”与大国因素；第 35 页 美国亚太再平衡战略与中国的“一带一路”战略（曹筱阳）.

3. 张洁，主编. **中国周边安全形势评估** 2014[M]. 北京：社会科学文献出版社，2014. 第 42 页 中俄新型大国关系与“丝绸之路经济带”（范丽君）.

4. 曲星，主编. **国际形势新变化与中国外交新局面**[M]. 北京：世界知识出版社，2014. 第 336 页 “丝绸之路经济带”开创中亚地缘政治新局面（潘志平）.

5. 张洁，钟飞腾，主编. **中国周边安全形势评估** 2012[M]. 北京：社会科学文献出版社，2012. 第 111 页 美国版“新丝绸之路”倡议下的南亚与中国（吴兆礼）.

6. 人民日报国际部，编. **人民日报国际评论选编** 2011[M]. 北京：人民日报出版社，2012. 第 53 页 别拿“新丝绸之路”贩私货.

7. [美]帕拉格·卡纳，著. **第二世界大国时代的全球新秩序**[M]. 北京：中信出版社，2009. 第 73 页 第 7 章 丝绸之路与大博弈.

8. 陈佩尧，夏立平，主编. **国际战略纵横（第 1 辑）**[M]. 北京：时事出版社，2005. 第 347 页 重振丝绸之路雄风与提升孟、中、印、缅经济合作（王德华）.

9. 日知，著. **中西古典文明千年史（第 1 卷）**[M]. 长春：吉林文史出版社，1997. 第 14 页 丝绸之路——中西古典文明交往的物质象征.

10. 蒋元椿，主编；人民日报国际部，编. **国际时事百科**[M]. 1991 年版. 北京：华夏出版社，1991. 第 377 页 世界学者考察“丝绸之路”.

11. 金应忠，等，编写. **国际知识基础**[M]. 上海：上海社会科学院出版社，1988. 第 220 页 “丝绸之路”的重要通道.

12. 王国忠，等，主编. **政治体制知识手册**[M]. 长春：吉林文史出版社，1988. 第 299 页 丝绸之路.

13. 刘金泽，主编. **政鉴（第 2 部）**[M]. 北京：经济日报出版社，1988. 第 1186 页 “丝绸之路”的开通者.

14. 北京第二外国语学院国际关系教研室，编. **国际知识手册**[M]. 南宁：广西人民出版社，1983. 第 97 页 丝绸之路.

15. 国际时事辞典编辑组，编. **国际时事辞典**[M]. 北京：商务印书馆，1981. 第 192 页 丝绸之路.

16. 国际时事词典编辑小组，编. **国际时事词典·第 1 分册：国际总类（政治）**[M]. 征求意见本. 北京：商务印书馆，1976. 第 130 页 丝绸之路.

17. **国防知识**[M]. 武汉：湖北人民出版社，1972. 第 151 页 “丝绸之路”.

18. **国际知识资料（第 1 辑）**[M]. 济南：山东人民出版社，1972. 第 146 页 “丝绸之路”.

19. 浙江人民出版社，编. **国际知识（第 1 辑）**[M]. 杭州：浙江人民出版社，1972. 第 104 页 “丝绸之路”.

20. 湖北人民出版社，编. **国际知识**[M]. 武汉：湖北人民出版社，1972. 第 151 页 “丝绸之路”.

21. 人民出版社，编. **国际知识（第 2 辑）**[M]. 北京：人民出版社，1971. 第 46 页 "丝绸之路".

（五）中国政治

1. 徐连达，著. **隋唐史与政治制度研究论集**[M]. 桂林：漓江出版社，2015.
2. 任宗哲，白宽犁，牛昉，主编. **陕西社会发展报告** 2015[M]. 北京：社会科学文献出版社，2015.
3. 张文木，著. **中国地缘政治论**[M]. 北京：海洋出版社，2015.
4. 徐伟新，著. **中国新常态**[M]. 北京：人民出版社，2015. 第 101 页 中国特色大国外交的突破口："一带一路" 战略.
5. 全国人民代表大会常务委员会办公厅，编著. **中华人民共和国第十二届全国人民代表大会第三次会议文件汇编**[M]. 北京：人民出版社，2015.
6. 连玉明，张涛，主编. **大数据** 22[M]. 北京：团结出版社，2015.
7. 连玉明，刘俊华，主编. **领导智库报告・大参考** 25[M]. 北京：团结出版社，2015.
8. 余学本，主编. **考研政治形势与政策热点考点全解** 2015[M]. 北京：清华大学出版社，2014. 第 93 页 专题九 中阿合作论坛（一带一路）.
9. 顾涧清，李婉芬，主编. **高端访谈改革沉思录**[M]. 广州：广州出版社，2014.
10. 栾传大，编著. **价值观故事书系・爱国**[M]. 长春：吉林文史出版社，2014. 第 34 页 张骞与丝绸之路.
11. 钱文忠，著. **文中有话**[M]. 上海：上海三联书店，2013. 第 177 页 丝绸之路——连接中西方文明的纽带；第 178 页 丝绸之路的价值；第 179 页 丝绸之路的十字路口——龟兹.
12. [哈]苏尔丹诺夫・库阿内什・苏尔丹诺维奇，著. **哈萨克斯坦人看中国**[M]. 北京：世界知识出版社，2013. 第 106 页 伟大丝绸之路的复兴（阿尔达别尔格诺娃・达莉达・努尔拉诺芙娜）.
13. 童禅福，著. **察访中国・社会调查四十年・咨询国是的报告**[M]. 杭州：浙江大学出版社，2013. 第 336 页 丝绸之路经济带的复兴.
14. 文物出版社，编. **永远和祖国在一起**[M]. 北京：文物出版社，2012.
15. 揣振宇，华祖根，主编. **中国民族研究年鉴（2009 年卷）**[M]. 北京：中央民族大学出版社，2011. 第 286 页 "丝绸之路上的哈萨克斯坦" 国际学术讨论会；第 290 页 丝绸之路文化国际学术研讨会；第 290 页 丝绸之路国际学术研讨会.
16. 广东省社会科学院，编. **广东科学发展报告** 2009[M]. 广州：广东经济出版社，2010. 第 346 页 "南海 1 号" 与 "海上丝绸之路" 世界文化遗产申报前景分析（广东海洋史研究中心课题组）.
17. [日]池田大作，著. **我的中国观**[M]. 成都：四川人民出版社，2009. 第 200 页 丝绸之路的宝石.
18. 新时期爱国主义教育读本编写组，编. **新时期爱国主义教育读本・地理历史**[M]. 北京：新华出版社，2009. 第 229 页 沟通中西的丝绸之路.
19. 李自治，主编. **风雨同舟 60 年——纪念中华人民共和国和人民政协成立 60 周年重庆文史资料专辑[M]. 重庆：西南师范大学出版社，2009. 第 431 页 让重庆成为新丝绸之路的起点（夏庆友）.

20. 《今日新疆》杂志社，主编. **走过 30 年——纪念改革开放三十年**[M]. 乌鲁木齐：新疆人民出版社，2009. 第 118 页 钢铁丝绸之路（谭向阳）.
21. 《爱国主义教育知识竞赛 500 题》编写组，编. **爱国主义教育知识竞赛 500 题**[M]. 北京：中共党史出版社，2009. 第 37 页 什么是“丝绸之路”.
22. 中央新闻纪录电影制片厂，著. **新中国第一**[M]. 广州：广东教育出版社，2009. 第 192 页 丝绸之路上的第一铁路——兰新铁路.
23. 福建省地方志编纂委员会，编著. **先行的脚步：福建改革开放 30 年纪事·泉州篇**[M]. 福州：海潮摄影艺术出版社，2009. 第 58 页 联合国教科文组织“海上丝绸之路”考察队泉州综合考察活动.
24. 惠焕章，主编. **全国政工论文选编 2009**[M]. 北京：中国言实出版社，2009. 第 602 页 加快建设高质量的“空中丝绸之路”（王建平、唐巨）.
25. 卢瑞华，周義，梁桂全，等，主编. **潮起南粤大地——广东改革开放 30 周年纪实报告**[M]. 北京：人民出版社，2009. 第 382 页（五）海上丝绸之路.
26. 陕西省直属机关工作委员会，编. **陕西省直属机关职工纪念改革开放 30 周年摄影作品集**[M]. 西安：陕西人民美术出版社，2008. 第 94 页 丝绸之路.
27. 李海荣，主编. **图说广西**[M]. 南宁：广西人民出版社，2008. 第 9 页 古代海上丝绸之路：合浦港.
28. 《广东改革开放纪事》编纂委员会，编. **广东改革开放纪事（下）**[M]. 广州：南方日报出版社，2008. 第 1144 页 海上丝绸之路研究.
29. 房全忠，主编. **2008 中国宁夏**[M]. 银川：宁夏人民出版社，2008. 第 22 页 丝绸之路文化.
30. 寒冬，著. **海南华侨华人史**[M]. 海口：海南出版社，2008. 第 19 页 二、隋唐时期海上丝绸之路的形成和华人移民海外风气的.
31. 刘斌，主编. **人文素质手册**[M]. 北京：中国人民大学出版社，2008. 第 66 页 丝绸之路上的明珠——敦煌文化.
32. 徐潜，栾传大，主编. **敬业尽责**[M]. 长春：吉林文史出版社，2008. 第 5 页 丝绸之路的奠基人张骞.
33. 徐潜，栾传大，主编. **热爱祖国**[M]. 长春：吉林文史出版社，2008. 第 39 页 张骞与丝绸之路.
34. 福建日报报业集团编. **海西听潮——福建改革开放三十年（下）**[M]. 福州：海峡文艺出版社，2008. 第 104 页“海上丝绸之路”开通 福建产品走向世界.
35. 崔建林，主编. **大唐千古一帝唐太宗李世民**[M]. 北京：中国戏剧出版社，2008. 第 142 页 “丝绸之路”的畅通.
36. 刘阳，著. **海南华侨文化**[M]. 海口：南方出版社；海口：海南出版社，2008. 第 38 页 三、海上丝绸之路的重要中转站.
37. 《中国民族年鉴》编辑部，编著. **中国民族年鉴**[M]. 北京：中国民族年鉴社，2007. 第

174 页 “丝绸之路与文明的对话”学术研讨会；第 177 页 丝绸之路申报世界遗产国际协商会议.

38. 《又好又快在浙江》编委会，编. **又好又快在浙江**[M]. 杭州：浙江人民出版社，2007. 第 182 页 丝绸之路控股集团有限公司.

39. 全国妇联宣传部，编. **社会主义荣辱观教育家庭读本**[M]. 北京：中国妇女出版社，2007. 第 168 页 荣耀的楷模张骞：丝绸之路的开辟者.

40. 刘稚，著. **中国——东南亚跨界民族发展研究**[M]. 北京：民族出版社，2007. 第 96 页 第一节 秦汉时期南方陆上丝绸之路的开通与民间经贸交往.

41. 史振业，赵春，张广智，主编；甘肃省科学技术协会，等，编. **落实科学发展观·建设创新型甘肃——甘肃省 2006 年学术年会论文集**[M]. 兰州：甘肃人民出版社，2006. 第 542 页 建设“世界丝绸之路体育健身旅游长廊”研究（王东良）.

42. 齐宝和，董文良，主编；中国民族年鉴社，编辑. **中国民族年鉴** 2006[M]. 北京：中国民族年鉴社，2006. 第 249 页 新疆古丝绸之路文物保护方案获批；第 268 页 丝绸之路民族古文字与文化学术研讨会；第 276 页 第十四届丝绸之路吐鲁番葡萄节.

43. 李瑞，扈文华，主编. **民族团结与法制教育读本**[M]. 呼和浩特：内蒙古教育出版社，2005. 第 51 页 第二节 横亘欧亚的丝绸之路.

44. 齐宝和，主编，中国民族年鉴社编，辑. **中国民族年鉴** 2005[M]. 北京：中国民族年鉴社，2005. 第 184 页 “丝绸之路”新疆段保护工作启动.

45. 彭澎，主编. **和平崛起论——中国重塑大国之路**[M]. 广州：广东人民出版社，2005. 第 107 页 第四章 中国第一次走向世界：丝绸之路；第 107 页 一 丝绸之路的开辟：目的和过程；第 107 页 （一）丝绸之路名称的来由；第 113 页 （四）三条丝绸之路；第 119 页 二 丝绸之路的演变：促进世界和平与发展；第 129 页 三 丝绸之路的影响：推动世界文明进步；第 130 页 （一）丝绸之路的产生和发展；第 133 页 （二）丝绸之路上中外文化交流的基本特点；第 140 页 （四）丝绸之路的贡献.

46. 叶舟，编著. **名臣的智慧**[M]. 北京：中国长安出版社，2005. 第 229 页 张骞走出“丝绸之路”.

47. 齐宝和，主编；中国民族年鉴社，编辑. **中国民族年鉴** 2004[M]. 北京：中国民族年鉴社，2004. 第 142 页 玄奘与丝绸之路国际研讨会；第 170 页 新疆丝绸之路文物特展.

48. 郑山玉，著. **华侨华人历史研究文集**[M]. 北京：光明日报出版社，2004. 第 183 页 华侨与海上丝绸之路——部分侨乡族谱中的海外移民资料分析.

49. 刘美珣，主编. **中国特色社会主义**[M]. 北京：清华大学出版社，2004. 第 400 页 图 2 丝绸之路上的商队.

50. 齐清顺，田卫疆，著. **中国历代中央王朝治理新疆政策研究**[M]. 乌鲁木齐：新疆人民出版社，2004. 第 81 页 第五节 积极维护“丝绸之路”畅通.

51. 揣振宇，华祖根，主编. **中国民族研究年鉴** 2003[M]. 北京：民族出版社，2004. 第 432 页 玄奘与丝绸之路国际研讨会.

52. 龚伯洪，编著. **广府华侨华人史**[M]. 广州：广东高等教育出版社，2003. 第 8 页 第一章 海上丝绸之路对广府移民的影响.

53. 陈智勇，著. **中国古代社会治安管理史**[M]. 郑州：河南医科大学出版社，2003. 第

86 页 一、驰道以及丝绸之路的管理.
54. 何本方，等，主编. **中国古代生活辞典**[M]. 沈阳：沈阳出版社，2003. 第 183 页 丝绸之路.
55. 张京霞，编著. **我们的共和国丛书・英杰卷：企业家传奇**[M]. 北京：中国和平出版社，2003. 第 195 页 赵开俊勇闯新丝绸之路.
56. 齐涛，马新，著. **中国政治通史 5・繁盛中转型的隋唐五代政治**[M]. 济南：泰山出版社，2003. 第 56 页 丝绸之路与隋王朝的西北外交.
57. 张明俊，著. **泉州八年纪事**[M]. 北京：中央文献出版社，2002. 第 412 页 重振泉州"海上丝绸之路"起点的雄风.
58. 游洛屏，主编. **参政议政 建言献策——中国各民主党派重要建议选编**[M]. 北京：中国致公出版社，2002. 第 81 页 关于建立攀西开发区 重建南方丝绸之路 开发大西南的设想（民盟中央）.
59. 公民道德课题组，编. **中国公民道德手册**[M]. 北京：红旗出版社，2002. 第 54 页 丝绸之路.
60. 朱亚非，主编. **历代名君治国方略**[M]. 济南：山东人民出版社，2002. 第 401 页 二、塞并兼之路；第 584 页 三、丝绸之路、茶马互市与榷场贸易.
61. 王道义，主编；甘肃省人大常委会，编. **今日中国西北角**[M]. 兰州：甘肃民族出版社，2002. 第 224 页 丝绸之路甘肃段传奇（愚夫）.
62. 揣振宇，华祖根，主编. **中国民族研究年鉴** 2001[M]. 北京：民族出版社，2002. 第 482 页 西南、西北、海上丝绸之路比较研究学术讨论会.
63. 王崇熹，等，编著. **小灵通西部行・陕西**[M]. 上海：少年儿童出版社，2001. 第 126 页 "丝绸之路"的起点在哪儿.
64. 段金生，主编. **周口文明市民教育读本**[M]. 郑州：河南人民出版社，2001. 第 13 页 丝绸之路.
65. 吴维健，魏岷，主编. **张之洞绝学——近代官场奥秘集成**[M]. 长春：时代文艺出版社，2001. 第 1258 页 "丝绸之路"的开通者.
66. 钱平桃，陈显泗，主编. **东南亚历史舞台上的华人与华侨**[M]. 太原：山西教育出版社，2001. 第 48 页 第二章 踏上丝绸之路闯南海的中国人；第 48 页 一、海上丝绸之路的开通；第 54 页 二、通向南海的另一条丝绸之路——陆上"西南丝绸之路".
67. 民族团结杂志社，编. **强国之路看中国少数民族**[M]. 北京：民族出版社，2001. 第 299 页 丝绸之路上的绿色走廊——尉犁.
68. 于宝林，华祖根，主编. **中国民族研究年鉴** 2000[M]. 北京：民族出版社，2001. 第 432 页 中国 2000 年丝绸之路与西北少数民族国际学术研讨会.
69. 王泽应，著. **中华民族爱国主义发展史（第 1 卷）**[M]. 武汉：湖北教育出版社，2001. 第 389 页 张骞开通丝绸之路.
70. 胡阿祥，著. **伟哉斯名——"中国"古今称谓研究**[M]. 武汉：湖北教育出版社，2000. 第 349 页 丝国与丝绸之路.
71. 王金铻，邢康，主编. **爱国主义教育辞典**[M]. 太原：山西人民出版社，2000. 第 115 页 丝绸之路.

72. 张占国，何启光，编. **中华大智慧（中）**[M]. 北京：团结出版社，2000. 第 860 页 安西四镇的设置与丝绸之路的畅通.
73. 王道义，主编；甘肃省人大常委会，中国国际报告文学研究会，编. **今日中国西北角**[M]. 兰州：甘肃民族出版社，2000. 第 506 页 古丝绸之路上的明珠——敦煌（李增茂）.
74. 伍精华，著. **新时期民族工作的理论与实践**[M]. 北京：民族出版社，2000. 第 357 页 重振西南丝绸之路，促进西南经济文化的发展（一九九二年九月四日）.
75. 中共北海市委员会，编. **广西的改革开放·北海卷**[M]. 北京：中央文献出版社，2000. 第 139 页 从海上丝绸之路到西南出海大通道——北海交通发展概述（北海市交通局）.
76. 秦池江，主编. **走向二十一世纪的中国：中国改革与发展文鉴·中国金融卷（第 4 册）**[M]. 北京：警官教育出版社，1999. 第 4506 页 对海上丝绸之路货币研讨中几个论点的认识（罗丰年）.
77. 韩效文，杨建新，主编；高永久，著. **各民族共创中华·西北卷（上）：维吾尔族、哈萨克族、塔吉克族、俄罗斯族、乌孜别克族、柯尔克孜族、塔塔尔族的贡献**[M]. 兰州：甘肃文化出版社，1999. 第 34 页 第三节 保护丝绸之路的畅通；第 75 页 第四节 丝绸之路上东西商旅的往来.
78. 于宝林，华祖根，主编. **中国民族研究年鉴** 1998[M]. 北京：民族出版社，1999. 第 478 页 第三届国际丝绸之路学术大会.
79. 新疆维吾尔自治区公安厅，编. **天山警魂——新疆公安群英谱** 1978—1998[M]. 乌鲁木齐：新疆人民出版社，1999. 第 265 页 丝绸之路卫士情——记乔重礼先进事迹.
80. 李天德，主编. **权谋经（中）**[M]. 北京：经济日报出版社，1998. 第 1248 页 “丝绸之路”的开通者.
81. 中国改革开放系列丛书编纂委员会，编. **大潮上的思考：当代中国领导干部文集（第 3 卷）**[M]. 成都：四川人民出版社，1998. 第 1438 页 延伸的丝绸之路（陈杰奎）.
82. 伍国基，主编. **爱国主义概论**[M]. 广州：暨南大学出版社，1998. 第 55 页 二 “丝绸之路”——中华文明绚丽多姿的彩带.
83. 王道义，主编. **今日中国西北角**[M]. 兰州：敦煌文艺出版社，1998. 第 85 页 从古丝绸之路到兰州商贸中心（永发、邦南）；第 227 页 丝绸路上的黄金段——河西走廊撷英（汤九夫）.
84. 何黄彪，主编. **华夏丰碑——中宣部确定的百个爱国主义教育示范基地巡礼**[M]. 汕头：汕头大学出版社，1997. 第 315 页 海上的“丝绸之路”（杜昭）.
85. 乌杰，主编，李正荣，著. **悲怆的龙影：中华文化在海外**[M]. 北京：台海出版社，1997. 第 51 页 漫漫丝绸路；第 101 页 五、目睹着丝绸之路的忧伤.
86. 新华社对外部，编. **走向世界的中国·首都卷**[M]. 北京：新华出版社，1997. 第 118 页 开拓新世纪的丝绸之路——记中国丝绸进出口总公司.
87. 魏丕植，曲清荣，向万成，主编. **爱国主义教育实用大典**[M]. 成都：电子科技大学出版社，1997. 第 1228 页 丝绸之路.
88. 雷抒雁，孟西安，主编. **走出关中**[M]. 北京：人民日报出版社，1996. 第 154 页 古代东西交流的大动脉——丝绸之路（周伟洲）.
89. 汪继威，主编. **爱国主义教育导读**[M]. 深圳：海天出版社，1996. 第 95 页 丝绸之路.

90. 沈其新，等，著. **精神之火——中华民族精神与当代青少年使命**[M]. 长沙：湖南少年儿童出版社，1996. 第 94 页“丝绸之路”的开创者张骞.

91. 雪岗，著. **我爱你祖国**[M]. 北京：中国少年儿童出版社，1996. 第 78 页 丝绸之路通往世界.

92. 谭培祯，荀黎明，主编；内蒙古农牧学院，内蒙古工业大学，合编. **中华爱国主义知识举要**[M]. 呼和浩特：内蒙古人民出版社，1996. 第 411 页 丝绸之路通往欧非.

93. 沈亚平，张东升，主编. **国家公务员知识大百科**[M]. 北京：警官教育出版社，1996. 第 178 页 丝绸之路.

94. 傅国瑞，主编. **中国公民精神文明手册**[M]. 北京：红旗出版社，1996. 第 22 页 丝绸之路.

95. 赵绍敏，主编. **爱国主义知识手册**[M]. 昆明：云南教育出版社，1995. 第 98 页 丝绸之路.

96. 李甫才，主编. **千秋国魂**[M]. 沈阳：辽宁民族出版社，1995. 第 200 页 二、张骞、班超出使西域——开通丝绸之路.

97. 孙晓华，宋士忠，主编. **风雨同舟肝胆情**[M]. 北京：中共中央党校出版社，1995. 第 109 页 坦诚进言共建伟业——费孝通提出关于建立攀西开发区重建南方丝绸之路开发大西南建设纪实（孙公麟）.

98. 窦永记，吴本星，主编. **知我中华・爱我中华——基层爱国主义教育读本**[M]. 合肥：安徽教育出版社，1995. 第 54 页 丝绸之路张骞辟.

99. 丁伟志，李平安，张耀明，主编. **百县市经济社会调查・富平卷**[M]. 北京：中国大百科全书出版社，1995. 第 2 页 第一节 龟兹古国——“丝绸之路”上的名城.

100. 温达文，等，主编. **我的祖国**[M]. 南宁：广西民族出版社，1995. 第 48 页 丝绸之路.

101. 罗晃潮，著. **扶桑觅侨踪**[M]. 广州：暨南大学出版社，1994. 第 199 页 参观奈良“丝绸之路”博览会.

102. 陶冶，主编. **爱国主义知识读本**[M]. 北京：中国国际广播出版社，1994. 第 9 页 班超重开丝绸之路.

103. 王嵩山，等，主编. **中国政府公务百科全书（第 3 卷）**[M]. 北京：中共中央党校出版社，1994. 第 908 页 丝绸之路.

104. 杨庆南，编著. **世界华侨华人历史纵横谈**[M]. 厦门：厦门大学出版社，1994. 第 9 页 第二节 丝绸之路与同胞成群出国序幕的揭开.

105. 陆将和，等，编. **灵渠欢歌**[M]. 南宁：广西人民出版社，1993. 第 139 页 漓江丝绸之路.

106. 朱真，等，著. **中国古代统战谋略**[M]. 北京：中国国际广播出版社，1993. 第 51 页 二、凿通西域“丝绸之路”.

107. 王彦峰，等，主编. **中国国情辞书**[M]. 太原：山西经济出版社，1993. 第 74 页 丝绸之路.

108. 邵华泽，主编. **中国国情总览**[M]. 太原：山西教育出版社，1993. 第 408 页 丝绸之路 第 799 页 丝绸之路.

109. 袁宝华，翟泰丰，主编. **中国改革大辞典**[M]. 海口：海南出版社，1992. 第 619 页 丝绸之路.
110. 车吉心，主编. **国威——中国人民的骄傲**[M]. 济南：山东友谊出版社，1992. 第 89 页 丝绸之路.
111. 白景峰，李忠武，主编. **爱国主义教育资料库**[M]. 北京：蓝天出版社，1992. 第 74 页 张骞开辟丝绸之路.
112. 张复琮，宋子汥，主编. **国话八题**[M]. 开封：河南大学出版社，1992. 第 308 页（一）最早的国际通道——丝绸之路.
113. 董乃斌，著. **流金岁月·唐代卷**[M]. 上海：三联书店上海分店，1992. 第 63 页 丝绸之路；第 68 页 海上丝绸之路.
114. 程幸超，著. **中国地方行政制度史**[M]. 成都：四川人民出版社，1992. 第 147 页（一）都护府的建置和丝绸之路的打通.
115. [英]潘林，著. **小康梦寻——一个英籍华人谈中国改革**[M]. 黄渊，等，译. 北京：中国人民大学出版社，1992. 第 212 页 新疆：重开丝绸之路.
116. 袁宝华，著. **中国改革大辞典 上**[M]. 海口：海南出版社，1992. 第 619 页 丝绸之路.
117. 李一宁，主编. **爱国主义教育手册**[M]. 南京：江苏教育出版社，1991. 第 145 页 闻名世界的丝绸之路.
118. 张岂之，主编. **中国的魅力**[M]. 北京：法律出版社，1991. 第 176 页 丝绸之路及唐代对外交往.
119. 董松寿，邱进，主编. **中国国情教育辞典**[M]. 北京：北京燕山出版社，1991. 第 271 页 丝绸之路.
120. 柯明中，张立中，主编. **中国社会主义建设词典**[M]. 北京：中国劳动出版社，1991. 第 412 页 丝绸之路.
121. 路则省，等主编. **爱国主义教育辞典**[M]. 大连：大连出版社，1991. 第 310 页 丝绸之路.
122. 尚林，太史芹，主编. **爱国主义教育读本**[M]. 北京：经济管理出版社，1991. 第 161 页 张骞通西域开“丝绸之路”.
123. 袁文友，主编. **国情知识手册**[M]. 北京：海洋出版社，1990. 第 12 页 丝绸之路；第 421 页 对外文化交流——丝绸之略.
124. 向洪，主编. **国情教育大辞典**[M]. 成都：成都科技大学出版社，1990. 第 213 页 丝绸之路.
125. 朱华布，刘新如，主编. **辉煌的成就：新中国四十年**[M]. 天津：天津社会科学院出版社，1989. 第 120 页 海上“丝绸之路”（张鸣）.
126. **传统文化与近代中国**[M]. 国情教育读本. 上海：上海古籍出版社，1989. 第 121 页“丝绸之路”对古代东西方的交流起了什么作用（吴曼青）.
127.《民族知识手册》编写组，编. **民族知识手册**[M]. 北京：民族出版社，1988. 第 44 页 丝绸之路.

128. 宋振庭，编. **当代干部小百科（下）**[M]. 天津：天津人民出版社，1986. 第 964 页 丝绸之路.
129.《新时期基层思想政治工作手册》编辑部，编. **新时期基层思想政治工作手册**[M]. 北京：长征出版社，1986. 第 722 页 丝绸之路.
130. 冯连惠，等，主编. **精神文明辞书**[M]. 北京：中国展望出版社，1986. 第 67 页 丝绸之路.
131. 武汉军区政治部编写组，编. **思想政治工作词典**[M]. 北京：气象出版社，1985. 第 193 页 丝绸之路.
132. 刘寿昌，等，编. **新编政治常识与时事问答**[M]. 南昌：江西人民出版社，1985. 第 170 页 什么叫丝绸之路.
133. 张志材，李国君，主编. **边疆民族知识问答：全国"边疆民族知识有奖测试"答案**[M]. 南昌：江西科学技术出版社，1985. 第 24 页 我国东汉、西汉时就已经畅通的"丝绸之路".
134. 中国青年出版社，编. **祖国**[M]. 北京：中国青年出版社，1981. 第 73 页 张骞和"丝绸之路".
135. **时事学习资料** 3[M]. 南昌：江西人民出版社，1971. 第 16 页 "丝绸之路".

（六）各国政治

1. 喻常森，主编. **大洋洲发展报告 2014—2015——21 世纪海上丝绸之路南线建设：中国与大洋洲关系**[M]. 北京：社会科学文献出版社，2015.
2. 李向阳，主编. **亚太地区发展报告 2015——一带一路**[M]. 北京：社会科学文献出版社，2015. 第 13 页 "一带一路"；第 13 页 "一带一路"战略推行的经济基础（赵江林）；第 59 页 构建"一带一路"的安全环境问题概述（朴键一）.
3. 汪戎，主编. **印度洋地区发展报告 2015——21 世纪海上丝绸之路**[M]. 北京：社会科学文献出版社，2015.
4. 孙力，吴宏伟，主编. **中亚国家发展报告 2014——"丝绸之路经济带"专辑**[M]. 北京：社会科学文献出版社，2014.
5. 李凤林，主编. **欧亚发展研究 2014**[M]. 北京：中国发展出版社，2014. 第 198 页 "丝绸之路经济带"与中国的中亚政策（张宁）.
6. 潘志平，著. **亚洲腹地地缘政治文化研究文集**[M]. 乌鲁木齐：新疆人民出版社，2011. 第 282 页 中亚的大黄、茶叶贸易——兼论 15 世纪后的丝绸之路.
7. 北京外国语大学亚非学院，编. **亚非研究（第 4 辑）**[M]. 北京：时事出版社，2010. 第 355 页 丝绸之路与中国文化在南亚（佟加蒙）.
8. 邢广程，著. **邢广程论文选**[M]. 北京：中华书局，2009. 第 398 页 中土共建新的丝绸之路.
9. 朱成虎，主编. **十字路口：中亚走向何方**[M]. 北京：时事出版社，2007. 第 9 页 二、穿越时空的丝绸之路.
10. 杨恕，著. **转型的中亚和中国**[M]. 北京：北京大学出版社，2005. 第 264 页 五、积极推进和发展与中亚各国的友好合作关系，构筑当代"丝绸之路"之辉煌.

11. 麦子，著. **镜头对准美国——驻美记者手札**[M]. 广州：南方日报出版社，2003. 第 231 页 中国文学丝绸之路的牵驼人.
12. [日]碇浩一，著. **老幼共生——解决核心家庭矛盾的探索**[M]. 罗晓虎，孙沈清，译. 北京：中国社会科学出版社，2001. 第 115 页 第五章 丝绸之路的老人与孩子.
13. 秦钦峙，等，编著. **东南亚十国概览**[M]. 昆明：云南人民出版社，1992. 第 328 页 第一节 西南丝绸之路；第 328 页 一、西南丝绸之路的由来；第 330 页 二、西南丝绸之路的走向.

（七）外交、国际关系

1. 许序雅，著. **唐代丝绸之路与中亚史地丛考——以唐代文献为研究中心**[M]. 北京：商务印书馆，2015.
2. 李进峰，吴宏伟，李伟，主编. **上海合作组织发展报告** 2015[M]. 北京：社会科学文献出版社，2015.
3. 周运中，著. **中国南洋古代交通史**[M]. 厦门：厦门大学出版社，2015.
4. 孙同全，周太东，著. **对外援助规制体系比较研究**[M]. 北京：社会科学文献出版社，2015.
5. 石源华，主编. **中国周边外交学刊·2015 年第 1 辑**[M]. 北京：社会科学文献出版社，2015.
6. 孙哲，主编. **中美外交：管控分歧与合作发展**[M]. 北京：时事出版社，2014. 第 381 页 第十五章 “一带一路”：美国对中国周边外交构想的解读.
7. 耿引曾，著. **中国亚非关系史**[M]. 北京：社会科学文献出版社，2014. 第 43 页 第三讲 丝绸之路与西域、中亚、西亚和南亚；第 58 页 三 丝绸之路沟通了中国和亚非的关系.
8. 孙德刚，祖必和，主编. **构建“新丝绸之路” 21 世纪的中国与中东关系研究**[M]. 英文版. 北京：世界知识出版社，2014.
9. 宋新宁，林甦，主编. **后危机时代的中国与欧洲：机遇与挑战**[M]. 北京：中国政法大学出版社，2014. 第 343 页 新丝绸之路经济带开创中欧经贸新格局——兼论跨亚欧高铁的战略价值（黄卫平、赖明明）.
10. 徐以骅，邹磊，主编. **宗教与中国对外战略**[M]. 上海：上海人民出版社，2014. 第 86 页 中国与伊斯兰世界“新丝绸之路”的兴起（邹磊）.
11. 张铠，著. **中国与西班牙关系史**[M]. 北京：五洲传播出版社，2013. 第 8 页 第一章 丝绸之路延伸至西班牙（1 ~ 5 世纪）；第 9 页 一、在西班牙罗马化和城市化的进程中，西班牙上层社会业已出现对中国丝绸的崇尚和追求之风；第 15 页 二、丝绸之路历史上的“长安—塔拉克轴心时代”；第 19 页 三、西班牙的贵金属为丝绸之路贸易奠定了重要的物质基础；第 22 页 四、丝绸之路贸易与蛮族入侵西班牙；第 30 页 第二章 海上丝绸之路时代的中国与西班牙（6 ~ 15 世纪）；第 30 页 一、海上丝绸之路贸易的兴起与后倭马亚王朝向中国派出使节；第 35 页 二、海上丝绸之路联结着中国与西班牙穆斯林世界.

12. 王伟，著. **看懂世界格局的第一本书之蓝色战略**[M]. 北京：世界图书出版公司，2013. 第 139 页 东西兼顾与海陆并举——新丝绸之路与积蓄远洋力量.

13.《新中国超级工程》编委会，编. **誉满中外的国际合作**[M]. 北京：研究出版社，2013. 第 94 页 筹划近 50 年的“钢铁丝绸之路”.

14. 许利平，主编. **当代周边国家的中国观**[M]. 北京：社会科学文献出版社，2013. 第 248 页 第一节“大丝绸之路”与中国观的形成.

15. 赵常庆，著. **中国与中亚国家合作析论**[M]. 北京：社会科学文献出版社，2012.

16. 张绪山，编. **中国与拜占庭帝国关系研究**[M]. 北京：中华书局，2012. 第 17 页 四、《基督教世界风土志》中的丝绸贸易；第 27 页 第二章 普罗可比和弥南德记载中的丝绸贸易；第 27 页 一、拜占庭社会与丝绸；第 31 页 二、普罗可比记载的丝绸贸易；第 35 页 三、弥南德记载的丝绸贸易；第 249 页 下编 中国——拜占庭关系中的中介族群 第九章 北方草原之路上的突厥—粟特人；第 265 页 第十章 中部丝绸之路上的萨珊波斯人.

17. 闫亮，著. **撕裂的天堂**[M]. 北京：人民日报出版社，2012. 第 148 页 第一节 丝绸之路：阿富汗的昔日繁荣；第 196 页 新丝绸之路可行之辩.

18. 万明，著. **明代中外关系史论稿**[M]. 北京：中国社会科学出版社，2011. 第 243 页 整体视野下的丝绸之路——以明初中外物产交流为中心；第 514 页 试论明代海陆丝绸之路的变迁——从葡萄牙耶稣会修士鄂本笃自陆路来华谈起；第 787 页 海上丝绸之路与中西文化交流.

19. 张德广，著. **聚焦上合：访谈与演讲**[M]. 北京：世界知识出版社，2011. 第 277 页 在“2006 丝绸之路投资论坛”上致辞；第 344 页 新丝绸之路与上合组织.

20. 王力军，著. **宋代明州与高丽**[M]. 北京：科学出版社，2011.

21. 周晓沛，著. **中苏中俄关系亲历记**[M]. 北京：世界知识出版社，2010. 第 182 页 现代丝绸之路新驿站.

22. [韩]李承律，著. **走向大同**[M]. 北京：世界知识出版社，2010. 第 229 页 新丝绸之路的使命与游牧民运动.

23. 国际友谊博物馆，编. **至尊国礼——丝绸之路沿线国家国务礼品选粹**[M]. 北京：文物出版社，2010.

24. 冯国经，冯国纶，等，编著. **在平的世界中竞争**[M]. 北京：中国人民大学出版社，2009. 第 162 页 新的丝绸之路.

25. 程爱勤，著. **古代中印交往与东南亚文化**[M]. 开封：河南教育出版社，2009. 第 208 页 二、南海通道（海上丝绸之路）；第 236 页 三、西南通道（西南丝绸之路或蜀身毒道）.

26. 王玮，主编. **中国历代外交问题**[M]. 济南：泰山出版社，2009. 第 127 页 三 陆通还是海通：丝绸之路的辉煌和困境；第 132 页（二）丝绸之路千年历史概观：两条丝路、两种命运；第 143 页（三）古曲新谱——丝绸之路的现代启迪.

27. 时延春，著. **丝路盛开友谊花**[M]. 北京：世界知识出版社，2008. 第 38 页 丝绸之路绽放中阿穆斯林友谊之花——记新中国成立后我国穆斯林的对外友好交往（洪长有 张广林）.

28. 姚继德，编著. **中国伊朗学论集**[M]. 银川：宁夏人民出版社，2008. 第 29 页 丝绸之路与中国—伊朗的文化交流（姚继德）.
29. 朱亚非，著. **古代山东与海外交往史**[M]. 北京：中国海洋大学出版社，2007. 第 55 页 六、秦汉魏晋时期北方海上丝绸之路.
30. 中外关系史学会，暨南大学文学院，主编. **中外关系史论丛（第 11 辑）：丝绸之路与文明的对话**[M]. 乌鲁木齐：新疆人民出版社，2007.
31. 安维华，钱雪梅，著. **美国与“大中东”**[M]. 北京：世界知识出版社，2006. 第 520 页 第一节 “丝绸之路”的复兴.
32. 阮忠训，《浙江外事年鉴》编辑部，编. **浙江外事年鉴 2006**[M]. 杭州：浙江大学出版社，2006. 第 122 页 “丝绸之路与蒙元艺术”国际学术会议在杭召开.
33. 陈尚胜，主编. **登州港与中韩交流国际学术讨论会论文集**[M]. 济南：山东大学出版社，2005. 第 207 页 登州港与东方海上丝绸之路（朱龙、董韶华）.
34. 潘光，余建华，主编. **从丝绸之路到亚欧会议：亚欧关系两千年**[M]. 北京：中共中央党校出版社，2004.
35. [英]巴里·布赞，[英]理查德·利特尔，著. **世界历史中的国际体系——国际关系研究的再构建**[M]. 刘德斌，主译. 北京：高等教育出版社，2004. 第 171 页 图 9-1 丝绸之路.
36. 荣新江，李孝聪，主编. **中外关系史：新史料与新问题**[M]. 北京：科学出版社，2004. 第 225 页 圣彼得堡藏丝绸之路文献文物（府宪展）.
37. 金桂华，著. **外交谋略：觥筹交错、折冲樽俎**[M]. 北京：世界知识出版社，2003. 第 246 页 广开新的“丝绸之路”——漫议“经济外交”.
38. 李国强，著. **南中国海研究：历史与现状**[M]. 哈尔滨：黑龙江教育出版社，2003. 第 89 页 三、走向世界的黄金水道——海上丝绸之路的文明；第 89 页 （一）中国古代的海上丝绸之路；第 93 页 （二）南海在海上丝绸之路中的地位和意义；第 127 页 （一）海上丝绸之路的重要枢纽.
39. 中国人民对外友好协会，《人民日报海外版》，编. **国际友好城市风采**[M]. 北京：作家出版社，2003. 第 38 页 丝绸之路新起点（张何平）.
40. 张铠，著. **中国与西班牙关系史**[M]. 郑州：大象出版社，2003. 第 1 页 第一章 丝绸之路延伸至西班牙（1 ~ 5 世纪）；第 2 页 一、在西班牙罗马化和城市化的过程中西班牙上层社会业已出现对中国丝绸的崇尚和追求之风；第 7 页 二、丝绸之路历史上的长安—塔拉克轴心时代；第 11 页 三、西班牙的贵金属为丝绸之路贸易奠定了重要的物质基础；第 13 页 四、丝绸之路贸易与蛮族入侵西班牙；第 21 页 第二章 海上丝绸之路时代的中国与西班牙（6 ~ 15 世纪）；第 21 页 一、海上丝绸之路贸易的兴起与后倭马亚王朝向中国派出使节；第 25 页 二、海上丝绸之路联结着中国与西班牙穆斯林世界.
41. 方建文，李啸尘，编. **国际事务领导全书（第 6 卷）：全球旅行与世界各国概览**[M]. 北京：国际文化出版公司，2002. 第 543 页 二、丝绸之路.
42. 纪宗安，主编. **中外关系史名著提要**[M]. 北京：中国华侨出版社，2002. 第 304 页 丝绸之路——中国波斯文化交流史.

43. 陈建民，编著. **当代中东**[M]. 北京：北京大学出版社，2002. 第 304 页 一、古代中国与中东的往来：丝绸之路和香料之路.

44. 中国中外关系史学会，编. **中西初识二编**[M]. 郑州：大象出版社，2002. 第 114 页 16—17 世纪中叶澳门对海上丝绸之路的历史贡献（万明）.

45. 刘宏煊，主编. **中国睦邻史：中国与周边国家关系**[M]. 北京：世界知识出版社，2001. 第 313 页 （二）在“丝绸之路”上.

46. 唐家璇，主编. **中国外交辞典**[M]. 北京：世界知识出版社，2000. 第 88 页 海上丝绸之路；第 305 页 丝绸之路.

47. 芦苇，著. **中外关系史研究**[M]. 兰州：兰州大学出版社，2000. 第 31 页 丝绸之路的出现和开通；第 45 页 海上丝绸之路的出现和形成；第 56 页 论唐代丝绸之路的发展变化；第 93 页 岑参的“献封大夫破播仙凯歌六章”诗与丝绸之路南道；第 325 页 郑和下西洋和海上丝绸之路的繁荣.

48. 王钺，李兰军，张稳刚，著. **亚欧大陆交流史**[M]. 兰州：兰州大学出版社，2000. 第 7 页 丝绸之路.

49. 孙壮志，著. **中亚五国对外关系**[M]. 北京：当代世界出版社，1999. 第 187 页 一、“丝绸之路”上的千年交往.

50.《钓鱼台档案》编写组，编. **钓鱼台档案（第 1 卷）**[M]. 北京：红旗出版社，1998. 第 2659 页 “丝绸之路”上的友谊之花.

51. 杨铮，编著. **雄鸡独立——中外交往篇**[M]. 北京：解放军出版社，1998. 第 20 页 丝绸之路与张骞“凿空”.

52. 陶文昭，编著. **拒绝霸权**[M]. 北京：中国经济出版社，1998. 第 379 页 中国与中东：从丝绸之路到石油之路.

53. 卞立强，编译. **日中恢复邦交秘话：池田大作与日中友好**[M]. 北京：经济日报出版社，1998. 第 119 页 “池田建议”再一次打通日中丝绸之路（西川、雅子）.

54. 西林，编写. **中国与美洲**[M]. 北京：中国少年儿童出版社，1998. 第 12 页 二、太平洋上的“丝绸之路”.

55. 亓成章，等，著. **华夏龙与世界·跨世纪中国的国际环境：十五大以后中国社会热点**[M]. 北京：中共中央党校出版社，1998. 第 157 页 （二）中国与中亚：从古“丝绸之路”到“欧亚大陆桥”.

56. 田桓，主编. **战后中日关系文献集（1971—1995）**[M]. 北京：中国社会科学出版社，1997. 第 257 页 149 中国中央电视台和日本广播协会关于联合摄制电视节目《丝绸之路》协定书（4、17、18）.

57. 吴廷，李永先，等，著. **徐福东渡钩沉**[M]. 济南：山东友谊出版社，1996. 第 242 页 山东早期的纺织业与北方海上丝绸之路（朱亚非）.

58. 邢广程，著. **中国和新独立的中亚国家关系**[M]. 哈尔滨：黑龙江教育出版社，1996. 第 159 页 第五章 构筑现代“丝绸之路”；第 159 页 一、构筑现代“丝绸之路”的宏伟设想；第 173 页 三、建立“欧亚现代‘丝绸之路’国际经济合作组织”势在必行.

59. 芦苇，著. **中外关系史**[M]. 兰州：兰州大学出版社，1996. 第 1 页 第一章 汉代以前的中西交往和早期丝绸之路；第 7 页（二）早期丝绸之路；第 11 页（三）中国人民的伟大发明——丝绸；第 16 页 一、张骞通西域和陆上丝绸之路的繁荣；第 21 页 二、海上丝绸之路的出现和形成；第 22 页 东西方通向印度航线的开辟和海上丝绸之路的出现；第 27 页 东西方的直接通航和海上丝绸之路的形成；第 58 页 一、陆上丝绸之路的扩展；第 61 页 二、海上丝绸之路的日益兴起.

60. 申旭，著. **中国西南对外关系史研究——以西南丝绸之路为中心**[M]. 昆明：云南美术出版社，1994.

61. 黄时鉴，主编. **解说插图中西关系史年表**[M]. 杭州：浙江人民出版社，1994. 第 37 页 丝绸之路.

62. 中国中外关系史学会，编. **中外关系史论丛（第 4 辑）**[M]. 天津：天津古籍出版社，1994. 第 151 页 海上丝绸之路研究；第 151 页 试论南方丝绸之路与海上丝绸之路的关系（纪宗安）；第 157 页 郑和下西洋与海上丝绸之路的繁荣（卢苇）；第 167 页 16～18 世纪澳门港在海上丝绸之路中的特殊地位和影响（陈炎）.

63. 陈尚胜，著. **闭关与开放——中国封建晚期对外关系研究**[M]. 济南：山东人民出版社，1993. 第 320 页 明清时期海上丝绸之路与世界市场.

64. 杨发金，等，主编. **中国涉外知识全书**[M]. 北京：中国社会科学出版社，1993. 第 679 页 丝绸之路.

65. 张维华，主编. **中国古代对外关系史**[M]. 北京：高等教育出版社，1993. 第 119 页 第一节 丝绸之路.

66. 黄枝连，著. **天朝礼治体系研究（上）：亚洲的华夏秩序——中国与亚洲国家关系形态论**[M]. 北京：中国人民大学出版社，1992. 第 99 页 明成祖“陆上丝绸之路”和“海上丝绸之路”的两大外事活动的取向.

67. 韩振华，著. **中国与东南亚关系史研究**[M]. 南宁：广西人民出版社，1992. 第 53 页 魏晋南北朝时期海上丝绸之路的航线研究.

68. [日]中田庆雄，著. **寄语可爱的日本和中国**[M]. 上海：复旦大学出版社，1992. 第 149 页 丝绸之路之行.

69. 甘肃省人民政府外事办公室，甘肃省对外文化交流协会，编. **甘肃对外交往**[M]. 兰州：甘肃人民出版社，1992.

70. 朱杰勤，黄邦和，主编. **中外关系史辞典**[M]. 武汉：湖北人民出版社，1992. 第 421 页 丝绸之路；第 422 页 西南丝绸之路；第 425 页 海上丝绸之路.

71. 石源华，主编. **中外关系三百题**[M]. 上海：上海古籍出版社，1991. 第 93 页 什么是丝绸之路？它在中外关系史上有何重要意义（芮传明）.

72. 夏林根，董志正，主编. **中日关系辞典**[M]. 大连：大连出版社，1991. 第 201 页 关于联合摄制电视节目《丝绸之路》协定书.

73. 陈佳荣，著. **中外交通史**[M]. 学津书店，1987. 第 23 页 第一章 张骞通西域与丝绸之路的开辟；第 31 页 第五节 丝绸之路开辟对中西文化交流之影响.

74. 沙丁，等，编著. **中国和拉丁美洲关系简史**[M]. 郑州：河南人民出版社，1986. 第 54 页 第二节 太平洋上的“丝绸之路”与“中国之船”.

75. 李兰琴，编. **中外友好史话**[M]. 长沙：湖南人民出版社，1986. 第 11 页 海上丝绸之路（陈炎）.
76. 外交部，编. **中华人民共和国条约集（第 26 集）：**1979[M]. 北京：世界知识出版社，1983. 第 158 页 中国中央电视台和日本广播协会关于联合摄制电视节目“丝绸之路”协定书（附：关于联合摄制中国部分“丝绸之路”的议定书）.
77. 河北人民出版社，编. **国际资料 · 第 1 辑**[M]. 石家庄：河北人民出版社，1972. 第 153 页 “丝绸之路”.

（八）法　律

1. 最高人民法院研究室，编. **司法工作丛书——司法文件选** 29[M]. 北京：人民法院出版社，2015.
2. 陈波，编著. **南亚投资法律风险与典型案例**[M]. 北京：中国法制出版社，2015.
3. 陈晖，主编. **海关法评论 2015 年第 5 卷**[M]. 北京：法律出版社，2015.
4. 韩伟，著. **唐代买卖制度研究**[M]. 北京：社会科学文献出版社，2014.
5. 高之国，贾宇，主编. **海洋法前沿问题研究**[M]. 北京：中国民主法制出版社，2014. 第 312 页 略论新海上丝绸之路战略的定位及理念（周江）.
6. 李叶宏，著. **唐朝丝绸之路贸易管理法律制度研究**[M]. 北京：中国社会科学出版社，2014.
7. 国家文物局，编. **文物保护法律文件选编**[M]. 北京：文物出版社，2012. 第 210 页 福建省“海上丝绸之路：泉州史迹”文化遗产保护管理办法.
8. 王林彬，秦鹏，主编. **中亚经贸法律制度研究**[M]. 兰州：兰州大学出版社，2011. 第 52 页 GATS 框架下我国与中亚国家间旅游服务贸易的法律机制研究——以丝绸之路区域旅游合作为背景.
9. 马慧玥，著. **丝绸之路与中国传统法律文化的传播**[M]. 上海：上海人民出版社，2011.
10. 华诚律师事务所，编著. **知识产权诉讼案例与代理技巧**[M]. 北京：法律出版社，2009. 第 24 页 丝绸之路餐厅国际私人有限公司以注册商标连续三年停止使用为由申请撤销喜来登国际公司的注册商标“silkroad”案.
11. 国家文物局，编著. **文化遗产保护地方法律文件选编**[M]. 北京：文物出版社，2008. 第 213 页 福建省“海上丝绸之路：泉州史迹”文化遗产保护管理办法.
12. 李湛，王晓菡，编著. **海洋权益**[M]. 北京：中国少年儿童出版社，2002. 第 253 页 什么是“海上丝绸之路”.
13. 陶广峰，主编. **文明的脚步——丝绸之路繁荣与法律文化研究**[M]. 兰州：兰州大学出版社，2000.
14. 陈永胜，著. **敦煌吐鲁番法制文书研究**[M]. 兰州：甘肃人民出版社，2000. 第 137 页 第一节 丝绸贸易与互市贸易制度；第 139 页 第二节 丝绸之路的交通管理制度.
15. 章士平，著. **中国海权**[M]. 北京：人民日报出版社，1998. 第 92 页 秦汉时期开通“海上丝绸之路”，中国航海进入蓬勃发展时期；第 187 页 三、“新海上丝绸之路”· 经贸 · 通道；第 191 页 “海上丝绸之路”千万条，条条是坦途；第 194 页 “海上丝绸之路”有“咽喉”，处处“咽喉”皆重要.

16. 连振华，主编. **乌兹别克斯坦、吉尔吉斯斯坦、塔吉克斯坦、土库曼斯坦经济贸易法规选编**[M]. 乌鲁木齐：新疆人民出版社，1995.

五、军　事

（一）世界军事

1. 林之满，冯平，于文，主编. **军事英雄（上）**[M]. 沈阳：辽海出版社，2008. 第1页 出使西域打通“丝绸之路”.
2. 冯平，王国富，吴志樵，主编. **军事英雄**[M]. 北京：中国环境科学出版社，2006.

（二）普及读物

1. 傅殿鸿，主编. **军事PK历史**[M]. 哈尔滨：哈尔滨出版社，2007. 第142页 什么是丝绸之路.
2. 苏刚，分卷主编. **少年军事百科全书・军事地理卷**[M]. 济南：明天出版社，1997. 第106页 丝绸之路上的金城兰州；第109页 丝绸之路上的门户玉门关.

（三）中国军事

1. 王林晚，写. **军事外交**[M]. 北京：中华书局，2013. 第90页 为什么人们要把汉朝开拓的对外交通道路叫作“丝绸之路”，与“丝绸之路”齐名的“茶马古道”又是怎么回事.
2. 秦天，霍小勇，编著. **悠悠深蓝：中华海权史**[M]. 北京：新华出版社，2013. 第25页 四、海上丝绸之路的开辟；第108页 第二节 海权思想变革之路.
3. 米飒，编. **屈辱的海洋**[M]. 长春：吉林出版集团有限责任公司，2012.
4. 盖广生，编. **大海国**[M]. 北京：海洋出版社，2011. 第8页 第二层帷幕：引领对外贸易近2000年的“海上丝绸之路”.
5. 陈明福，著. **蹈海：中国海军走向“蓝水”纪实**[M]. 北京：学苑出版社，2006. 第8页 海上丝绸之路的发展.
6. 秦天，霍小勇，主编. **中华海权史论**[M]. 北京：国防大学出版社，2000. 第37页 四、海上丝绸之路的开辟.
7. 武警贵州总队政治部，编. **祖国风云录：爱国奉献教育参考资料**[M]. 贵阳：贵州教育出版社，1998. 第39页 丝绸之路.
8. 新疆军区后勤部，编. **新疆军旅漫记**[M]. 乌鲁木齐：新疆人民出版社，1991. 第505页 第五章 丝绸道上的佛国——焉耆；第719页 第八卷：丝绸之路——新疆南路博闻.

（四）战略学、战役学、战术学

1. 张世平，著. **中国海权**[M]. 北京：人民日报出版社，2009. 第115页 四 中华民族海洋之路：辉煌与耻辱并存；第 169 页 “海上丝绸之路”经贸&通道；第 170 页 “海上丝绸之路”千万条，条条是坦途；第 172 页 “海上丝绸之路”有咽喉，处处皆重要.

2. 席龙飞，蔡薇，主编. **蓬莱古船国际学术研讨会文集**[M]. 武汉：长江出版社，2009. 第 19 页 登州与海上丝绸之路（李英魁）.
3. 俞学标，编著. **海权：利益与威胁的双刃剑**[M]. 北京：海潮出版社，2008. 第 218 页 中国七八千年之前就发明了航海的工具，“海上丝绸之路”开辟了两条国际航线.

（五）军事技术

唐译，主编. **历史百科**[M]. 图文版. 北京：中国戏剧出版社，2008. 第 293 页 开辟“丝绸之路”的张骞.

（六）军事地形学、军事地理学

1. 李宗俊，著. **唐前期西北军事地理问题研究**[M]. 北京：中国社会科学出版社，2015.
2. 孙超，著. **必争之地：古今军事地理文化要览**[M]. 哈尔滨：哈尔滨出版社，2010. 第 28 页 横断丝绸之路.
3. 王树连，编著. **中国古代军事测绘史**[M]. 北京：解放军出版社，2007. 第 177 页 三 两条丝绸之路.

六、经　济

（一）世界各国经济概况、经济史、经济地理

1. 杜跃平，主编. **丝绸之路经济带发展报告** 2014[M]. 西安：西安电子科技大学出版社，2015.
2. 国家发改委，外交部，商务部，发布. **推动共建丝绸之路经济带和 21 世纪海上丝绸之路的愿景与行动**[M]. 北京：外文出版社，2015.
3. 国家发改委，外交部，商务部，发布. **推动共建丝绸之路经济带和 21 世纪海上丝绸之路的愿景与行动（阿拉伯文）**[M]. 北京：外文出版社，2015.
4. 国家发改委，外交部，商务部，发布. **推动共建丝绸之路经济带和 21 世纪海上丝绸之路的愿景与行动（德文）**[M]. 北京：外文出版社，2015.
5. 国家发改委，外交部，商务部，发布. **推动共建丝绸之路经济带和 21 世纪海上丝绸之路的愿景与行动（俄文）**[M]. 北京：外文出版社，2015.
6. 国家发改委，外交部，商务部，发布. **推动共建丝绸之路经济带和 21 世纪海上丝绸之路的愿景与行动（法文）**[M]. 北京：外文出版社，2015.
7. 国家发改委，外交部，商务部，发布. **推动共建丝绸之路经济带和 21 世纪海上丝绸之路的愿景与行动（西班牙文）**[M]. 北京：外文出版社，2015.
8. 《启航“一带一路”》编委会组，编. **启航“一带一路”**[M]. 上海：上海交通大学出版社，2015.

9.《图说“一带一路”大战略》编写组，编. **图说“一带一路”大战略**[M]. 北京：人民日报出版社，2015.
10. 王义桅，著. **“一带一路” 机遇与挑战**[M]. 北京：人民出版社，2015.
11. 王玉主，著. **“一带一路”与亚洲一体化模式的重构**[M]. 北京：社会科学文献出版社，2015.
12. 秦玉才，周谷平，罗卫东，主编. **“一带一路” 读本**[M]. 杭州：浙江大学出版社，2015.
13. 秦玉才，周谷平，罗卫东，主编. **“一带一路” 一百问**[M]. 杭州：浙江大学出版社，2015.
14. 财新传媒编辑部，编. **“一带一路”引领中国**[M]. 北京：中国文史出版社，2015.
15. 中国现代国际关系研究院，著. **“一带一路”读本**[M]. 北京：时事出版社，2015.
16. 厉以宁，著. **读懂“一带一路”**[M]. 北京：中信出版社，2015.
17. 孙希有，著. **流量经济新论：基于中国“一带一路”战略的理论视野**[M]. 北京：中国社会科学出版社，2015.
18. 李向阳，著. **“一带一路”定位、内涵及需要优先处理的关系**[M]. 北京：社会科学文献出版社，2015.
19. 杨言洪，主编. **“一带一路”黄皮书 2014**[M]. 银川：宁夏人民出版社，2015.
20. 黄河主，编. **一带一路与国际合作**[M]. 上海：上海人民出版社，2015.
21. 郭业洲，丁孝文，主编. **“一带一路”热点问答**[M]. 北京：学习出版社，2015.
22. 王浦劬，刘尚希，主编. **“一带一路”知识问答**[M]. 北京：人民出版社，2015.
23. 冯并，著. **“一带一路”全球发展的中国逻辑**[M]. 北京：中国民主法制出版社，2015.
24. 杨善民，主编. **“一带一路”环球行动报告 2015**[M]. 北京：社会科学文献出版社，2015.
25. 王胜三，主编. **“一带一路”百问百答**[M]. 北京：中国社会出版社，2015.
26. 赵磊，著. **一带一路：中国的文明型崛起**[M]. 北京：中信出版社，2015.
27.《国开智库》编辑委员会，编. **“一带一路”：构筑中国发展新平台**[M]. 北京：中国金融出版社，2015.
28. 葛剑雄，撰文. **改变世界经济地理的“一带一路”**[M]. 上海：上海交通大学出版社，2015.
29. 王灵桂，主编. **国外智库看“一带一路”Ⅱ**[M]. 北京：社会科学文献出版社，2015.
30. 古璇，古龙高，赵巍，著. **“一带一路”战略与区域开发开放：基于江苏实践的研究**[M]. 长春：吉林人民出版社，2015.
31. 向洪，李向前，主编. **新丝路新梦想 “一带一路”战略知识读本**[M]. 北京：红旗出版社，2015.
32. 黄灿，主编. **“一带一路”视野下中国东盟研究论丛**[M]. 北京：清华大学出版社，2015.
33. 李晓鹏，著. **从黄河文明到“一带一路”（第 1 卷）**[M]. 北京：中国发展出版社，2015.
34. 王战，主编. **长江经济带与中国“一带一路”发展战略研究**[M]. 上海：上海辞书出版社，2015.
35. 郎咸平，著. **中国经济的旧制度与新常态**[M]. 北京：东方出版社，2015. 第 184 页 第十九章 “一带一路”是中国版“马歇尔计划”吗；第 185 页 一、“一带一路”：推动区域经济一体化，创建全新的欧亚大陆经济体系；第 191 页　三、“一带一路”：为中国的国际能源合作提供载体.

36. 迟福林，主编. **转型抉择：2020 中国经济转型升级的趋势与挑战**[M]. 北京：中国经济出版社，2015. 第 243 页　第一节　以“一带一路”推动服务贸易强国进程.
37. 郑贵斌，李广杰，主编. **山东融入“一带一路”建设战略研究**[M]. 北京：人民出版社，2015.
38. 王灵桂，主编. **国外智库看“一带一路”**[M]. 北京：社会科学文献出版社，2015.
39. 任仲文，著. **大国经济新常态**[M]. 北京：人民日报出版社，2015. 第 153 页　深化经贸合作　把“一带一路”建实建好（商务部副部长李金早）.
40. 冯并，著. **丝路大视野**[M]. 银川：宁夏人民出版社，2015.
41. 周谷平，杜立民，主编. **中国西部大开发发展报告 2014**[M]. 北京：中国人民大学出版社，2015.
42. 梁昊光，主编. **中国区域经济发展报告（2014—2015）**[M]. 北京：社会科学文献出版社，2015.
43. 云南论坛秘书处，编. **云南论坛**[M]. 昆明：云南大学出版社，2015.
44. 瑞丽重点开发开放试验区工管区委综合办，中共德宏州委州政府政策研究室，编. **瑞丽重点开发开放试验区建设发展研究**[M]. 德宏：德宏民族出版社，2015.
45. 金碚，陈耀，陆根尧，主编. **中国区域经济学前沿 2014—2015：全面深化改革背景下的中国区域发展**[M]. 北京：经济管理出版社，2015.
46. 张进海，段庆林，王林聪，主编. **中国-阿拉伯国家经贸关系发展报告 2015**[M]. 银川：宁夏人民出版社，2015.
47. 李振通，主编. **聚焦“十三五”**[M]. 北京：光明日报出版社，2015.
48. 郑永年，著. **未来三十年　改革新常态下的关键问题**[M]. 北京：中信出版社，2015.
49. 国家发改委，外交部，商务部，发布. **推动共建丝绸之路经济带和 21 世纪海上丝绸之路的愿景与行动（英文）**[M]. 北京：外文出版社，2015.
50. 张丽君，主编. **丝绸之路经济带构建与发展研究**[M]. 北京：中国经济出版社，2015.
51. 丝绸之路和平奖基金会，主编. **丝绸之路和平奖与丝绸之路经济带国际学术研讨会论文集**[M]. 北京：世界知识出版社，2015.
52. 孙久文，高志刚，主编. **丝绸之路经济带与区域经济发展研究**[M]. 北京：经济管理出版社，2015.
53. 沙拜次力，朱智文，马东平，主编. **甘肃民族地区发展分析与预测 2015**[M]. 兰州：甘肃人民出版社，2015.
54. 郑贵斌，李广杰，主编. **山东融入“一带一路”建设战略研究**[M]. 北京：人民出版社，2015.
55. 刘宗尧，主编. **徐州智库**[M]. 徐州：中国矿业大学出版社，2015.
56. 冯并，著. **“一带一路”全球发展的中国逻辑**[M]. 北京：中国民主法制出版社，2015.
57. 颜廷君，顾建光，主编. **中国经济与管理 2014 第 2 辑**[M]. 上海：上海人民出版社，2015.

58. 刘华芹，著. **丝绸之路经济带 欧亚大陆新棋局**[M]. 北京：中国商务出版社，2015.
59. 郭斌，著. **新丝绸之路：中国——阿拉伯文化旅游对经贸合作的作用研究**[M]. 北京：经济管理出版社，2015.
60. 赵江林，主编. 21 **世纪海上丝绸之路：目标构想、实施基础与对策研究**[M]. 北京：社会科学文献出版社，2015.
61. 任保平，著. **丝绸之路经济带上的经济发展**[M]. 北京：中国经济出版社，2015.
62. 任保平，马莉莉，师博，主编. **丝绸之路经济带与新阶段西部大开发**[M]. 北京：中国经济出版社，2015.
63. 方光华，任保平，主编. **丝绸之路经济带：发展选择与陕西对策论文集**[M]. 北京：中国经济出版社，2014.
64. 黄建钢，著. **"浙江舟山群岛新区·现代海上丝绸之路"研究**[M]. 北京：海洋出版社，2014.
65. 任宗哲，石英，白宽犁，主编. **丝绸之路经济带发展报告** 2014[M]. 北京：社会科学文献出版社，2014.
66. 中国人民大学重阳金融研究院，主编. **欧亚时代：丝绸之路经济带研究蓝皮书** 2014—2015[M]. 北京：中国经济出版社，2014.
67. 徐海燕，著. **绿色丝绸之路经济带的路径研究——中亚农业现代化、咸海治理与新能源开发**[M]. 上海：复旦大学出版社，2014.
68. 韩建保，杨继东，主编. **丝绸之路经济带与古州雁门**[M]. 太原：山西人民出版社，2014.
69. 李忠民，姚宇，主编. **"丝绸之路"经济带发展研究**[M]. 北京：经济科学出版社，2014.
70. 马莉莉，任保平，编著. **丝绸之路经济带发展报告** 2014[M]. 北京：中国经济出版社，2014.
71. 吕余生，主编. **释放先导效应 共建海上丝路——泛北部湾经济合作回顾与展望**[M]. 南宁：广西人民出版社，2014.
72. 陈彤，主编. **中亚经济法律问题研究论文集**[M]. 北京：企业管理出版社，2014. 第 311 页 "新丝绸之路经济带"机遇与挑战并存（马媛）.
73. 广东省人民政府发展研究中心，编；汪一洋，主编. **广东发展蓝皮书** 2014[M]. 广州：广东经济出版社，2014. 第 400 页 开足马力下南洋 构建开放新优势——广东要积极参与"21 世纪海上丝绸之路"建设（李惠武）；第 417 页 在推进 21 世纪海上丝绸之路建设中，湛江应在泛北部湾国家合作中有新的作为（周义）.
74. 中国国际经济交流中心，编. **中国智库经济观察（2014 年上半年）**[M]. 北京：社会科学文献出版社，2014. 第 109 页 打造 21 世纪"海上丝绸之路"的战略支点（王军、李锋）.
75. 任宗哲，石英，裴成荣，主编. **陕西经济发展报告** 2014[M]. 北京：社会科学文献出版社，2014. 第 149 页 陕西参与共建"丝绸之路经济带"研究（裴成荣、屈晓东）.
76. 牛鸿斌，俞文岚，主编. **构建第三亚欧大陆桥研究**[M]. 昆明：云南人民出版社，2014. 第 2 页 南方丝绸之路的由来与发展（牛鸿斌）.

77. 黎辉，著. **地理标志：原产地经济致富之梦**[M]. 广州：南方日报出版社，2014. 第 127 页 第二章 广东海上丝绸之路联合国"非遗"申请探索.

78. 李进峰，吴宏伟，李伟，主编. **上海合作组织发展报 2014**[M]. 北京：社会科学文献出版社，2014. 第 161 页 "新丝绸之路经济带"的区域发展理念与中亚地区的交通合作（连雪君、张晓晴）.

79. 刘育红，著. **"新丝绸之路"经济带交通基础设施、空间溢出与经济增长**[M]. 北京：中国社会科学出版社，2014.

80. 姚慧琴，徐璋勇，主编. **中国西部发展报告 2014：西部地区的结构调整与转型**[M]. 北京：社会科学文献出版社，2014. 第 262 页 二十六 海上丝绸之路与潮汕的关系.

81. 广西壮族自治区人民政府新闻办公室，编. **海上新丝路 东盟万里行**[M]. 南宁：广西人民出版社，2014.

82. 胡建东，主编. **丝路吴忠与吴忠思路**[M]. 银川：宁夏人民出版社，2014.

83. 范建华，主编. **社会科学专家话昭通**[M]. 昆明：云南大学出版社，2014.

84. 中共广西壮族自治区委员会宣传部，广西壮族自治区人民政府新闻办公室，编. **海上新丝路·东盟万里行纪实影像**[M]. 桂林：广西师范大学出版社，2014.

85. 兰日旭，著. **经济强国之路中国经济地位变迁史**[M]. 北京：高等教育出版社，2014. 第 56 页 3 "德治"辉煌的例证：丝绸之路与郑和下西洋.

86. 张进海，陈冬红，段庆林，主编. **中国西北发展报告 2014**[M]. 北京：社会科学文献出版社，2013.

87. 西安交通大学欧亚经济论坛秘书处，编著. **欧亚经济论坛发展报告 2013**[M]. 西安：西安交通大学出版社，2013. 第 260 页 丝绸之路沿线文化遗产保护与旅游协调发展研究（李树民、王会战、邓玲珍、王晓乐）；第 262 页 一、丝绸之路沿线文化遗产资源分布状况；第 280 页 四、丝绸之路沿线文化遗产旅游发展路径.

88. 张伟斌，主编；葛立成，执行主编. **2013 年浙江发展报告·浙商卷**[M]. 杭州：杭州出版社，2013. 第 185 页 丝绸之路集团：实践"三大创建"、实现"五大任务"（凌兰芳）.

89. 黄启臣，著. **黄启臣文集（四）：历史学、社会学及政治学**[M]. 北京：中国评论学术出版社，2013. 第 64 页 广信是西汉海上丝绸之路与内地互动的枢纽；第 69 页 海上丝绸之路与北部湾海域.

90. 定民，编著. **华商崛起：影响世界的中国力量**[M]. 武汉：华中科技大学出版社，2012. 第 3 页 融贯中西的丝绸之路.

91. 蔡仲希，著. **西三角：中国财富新高地**[M]. 成都：四川人民出版社，2012. 第 13 页 第二节 国际贸易大通道——丝绸之路的历史召唤.

92. 孟志军，著. **对外开放的历史启示和中国道路**[M]. 北京：光明日报出版社，2012. 第 39 页 一、"丝绸之路"开始与世界的对话——开放格局初启.

93. 康学儒，编. **世界融和论**[M]. 北京：首都经济贸易大学出版社，2012. 第 198 页 二、连接东西方融和的丝绸之路.

94. 李忠民，霍学喜，主编．**欧亚大陆桥发展报告** 2011—2012[M]．北京：社会科学文献出版社，2012．第 141 页 新丝绸之路经济区域的“珠链型”空间走向以及日本在其中的地位和作用（吴逸良）；第 215 页 从古丝绸之路到欧亚大陆桥：陆地文明的又一次复归（姚宇）．
95. 张登义，编．**论国策**[M]．北京：海洋出版社，2012．第 245 页 丝绸之路的复活：中国高铁外交解析（甘钧先、毛艳）．
96. 甘肃发展年鉴编委会，编．**甘肃发展年鉴** 2012[M]．北京：中国统计出版社，2012．第 160 页 丝绸之路申遗．
97. 全汉昇，著．**中国近代经济史论丛**[M]．北京：中华书局，2011．第 94 页 明清间中国丝绸的输出贸易及其影响．
98. 吴宏伟，主编．**中亚地区发展与国际合作机制**[M]．北京：社会科学文献出版社，2011．第 182 页 第三节 联合国开发计划署“丝绸之路区域合作项目”．
99. 传奇翰墨编委会，编著．**黄金之路 殖民争霸**[M]．北京：北京理工大学出版社，2011．第 103 页 惨绝人寰的贩卖之路．
100.《甘肃发展年鉴》编委会，编．**甘肃发展年鉴** 2011（**汉英对照**）[M]．北京：中国统计出版社，2011．第 182 页 丝绸之路申遗．
101. 胡欣，编著．**中国经济地理：经济体成因与地缘架构**[M]．上海：立信会计出版社，2010．第 623 页 一、从古代“丝绸之路”到现在的西北大通道．
102. 李明军，主编．**中国历史悬疑大揭密**（**第 1 卷**）[M]．北京：中国古籍出版社，2010．第 577 页 张骞真的开辟了丝绸之路吗．
103.《大中国上下五千年》编委会，编著．**中国历代经济简史**[M]．北京：外文出版社，2010．第 202 页 汉代的丝绸之路；第 240 页 海上丝绸之路的发展．
104. 黄启臣，主编．**黄启臣文集（三）：明清社会经济及文化**[M]．北京：中国评论学术出版社，2010．第 584 页 一部反映广东海上丝绸之路的新著——评顾涧清等：《广东海上丝绸之路研究》．
105. 李幹，著．**元代民族经济史**（**上**）[M]．北京：民族出版社，2010．第 981 页 第三节 海上丝绸之路；第 1033 页 一 西北丝绸之路；第 1037 页 二 西南丝绸之路．
106. 李幹，著．**元代民族经济史**（**下**）[M]．北京：民族出版社，2010．第 981 页 第三节 海上丝绸之路；第 1033 页 一 西北丝绸之路；第 1037 页 二 西南丝绸之路．
107. 李豫新，王海燕，著．**中国新疆与周边国家区域经济合作发展研究**[M]．乌鲁木齐：新疆人民出版社，2010．第 96 页 （二）交通领域合作会进一步加强，丝绸之路将重放光彩．
108. 中共天水市委组织部，中共天水市委党校，编．**天水经济社会发展问题研究**（**一**）[M]．兰州：甘肃人民出版社，2009．第 92 页 天水旅游业在“丝绸之路”上的品牌化问题研究．
109. 汪受宽，著．**西部大开发的历史反思**（**上**）[M]．兰州：兰州大学出版社，2009．第 75 页 第二节 设置西域都护，开通丝绸之路．
110. 索晓霞，敖以升，钟莉，等，著．**贵州：永远的财富是文化**[M]．贵阳：贵州人民出版社，2009. 第 22 页 二、秦汉时期的“南方丝绸之路”.

111. 任佳，王崇理，陈利君，等，著. **中国云南与南亚经贸合作战略研究**[M]. 北京：中国社会科学出版社，2009. 第 216 页 一 南方丝绸之路交通线的开辟（7 世纪以前）.

112. 杨健全，主编. **国际经济与贸易：理论・政策・实务・案例**[M]. 西安：陕西人民出版社，2009. 第 29 页 【案例与实践】丝绸之路——东西方文明交往的通道.

113. 杨晓敏，金炜，著. **张掖经济史略**[M]. 兰州：甘肃人民出版社，2009. 第 15 页 第四节 丝绸之路的开通与张掖商业的繁荣.

114. 王伟光，秦光荣，主编. **第三亚欧大陆桥西南通道建设构想**[M]. 北京：社会科学文献出版社，2009. 第 70 页 重建亚洲丝绸之路；第 85 页 略论新航路发现后的海上丝绸之路.

115. [美]克莱德・普雷斯托维茨，著. **崛起的 4 大国：30 亿人的市场经济新机遇**[M]. 王振西，主译. 北京：新华出版社，2008. 第 57 页 丝绸之路.

116. 陈依元，钟昌标，著. **区域开放与社会经济发展：对宁波开放史的一个考察维度**[M]. 北京：经济科学出版社，2008. 第 39 页 第一篇 历史上的区域开放对区域经济的影响 第一章 “海上丝瓷之路”与区域经济的繁荣；第 39 页 第一节 “海上丝绸之路”与区域经济的繁荣；第 41 页 第二节 “海上陶瓷之路”与区域经济的繁盛.

117. 田澍，主编. **西北开发史研究**[M]. 北京：中国社会科学出版社，2007. 第 358 页 第三节 丝绸之路与西北交通.

118. 胡欣，编著. **中国经济地理**[M]. 6 版. 上海：立信会计出版社，2007. 第 662 页 一、从古代“丝绸之路”到现在的西北大通道.

119. 中国史学会，宁夏大学，编. **中国历史上的西部开发：2005 年国际学术研讨会论文集**[M]. 北京：商务印书馆，2007. 第 70 页 草原丝绸之路探析（潘照东、刘俊宝）；第 115 页 西夏王朝对丝绸之路的经营（彭向前）.

120. 卞洪登，著. **走过丝绸之路**[M]. 北京：中国经济出版社，2005.

121. 朱伯康，施正康，著. **中国经济史（上）**[M]. 上海：复旦大学出版社，2005. 第 179 页 具有世界影响的经济大国——丝绸之路的开辟.

122. 杜莉，主编. **中国–欧盟：合作与发展**[M]. 长春：吉林大学出版社，2005. 第 279 页 三十二、中欧合作踏上新“丝绸之路”.

123. 赵常庆，主编. **中亚五国与中国西部大开发关系研究**[M]. 北京：昆仑出版社，2004. 第 250 页 第三节 “新丝绸之路”与向西开放.

124. 方创琳，等，著. **中国西部生态经济走廊**[M]. 北京：商务印书馆，2004. 第 4 页 一、由古丝绸之路走廊转变为新欧亚大陆桥走廊.

125. 赵常庆，等，著. **中亚五国与中国西部大开发**[M]. 北京：昆仑出版社，2004. 第 385 页 第三节“新丝绸之路”与向西开放.

126.《新疆卷》编委会，编. **中国西部开发信息百科・新疆卷**[M]. 乌鲁木齐：新疆科学技术出版社，2003. 第 92 页 丝绸之路旅游；第 96 页 中国丝绸之路吐鲁番葡萄节；第 208 页 “沙驼”牌丝绸系列产品.

127. 孙海鸣，赵晓雷，主编；上海财经大学区域经济研究中心，编. **中国区域经济发展报告 2003：国内及国际区域合作**[M]. 上海：上海财经大学出版社，2003. 第 517 页 2 朝韩打造钢铁丝绸之路.
128. 程必定，著. **中国经济**[M]. 合肥：安徽教育出版社，2003. 第 43 页 丝绸之路.
129. 云南省社会科学院南亚研究所，编. **中国与南亚经济合作新视点**[M]. 昆明：云南人民出版社，2003. 第 206 页 南方丝绸之路与中印缅经济文化交流（朱昌利）；第 255 页 重建南方丝绸之路 开通面向南亚的国际通道（任佳）；第 261 页 西南丝绸之路与中印文化交流（王清华）；第 300 页 西南丝绸之路是一个多元立体的交通网络（黄光成）；第 313 页 重建新世纪的“南方丝绸之路”（周昭）.
130. 赵德馨，主编；葛金芳，著. **中国经济通史（五）：宋辽夏金**[M]. 长沙：湖南人民出版社，2002. 第 537 页 第十四章 海上丝绸之路和国际市场的开拓；第 547 页 五 进出口商品的比较分析：“香料之路”、“海上丝绸之路”和“陶瓷之路”.
131. 文云朝，等，著. **中亚地缘政治与新疆开放开发**[M]. 北京：地质出版社，2002. 第 25 页 一、古代“丝绸之路”的兴衰与新疆.
132. 赵德馨，主编；范传贤，等，著. **中国经济通史（二）：秦汉**[M]. 长沙：湖南人民出版社，2002. 第 623 页 第二节 丝绸之路 一 陆上丝绸之路.
133. 李智舜，主编. **中华经济五千年（公元前 3000 年—公元 2000 年）**[M]. 呼和浩特：内蒙古人民出版社，2002. 第 62 页 丝绸之路上的对外贸易.
134. 李师程，等，著. **大通道经济与贸易区经济**[M]. 上海：上海交通大学出版社，2002. 第 33 页 一、南方丝绸之路及云南历史上的对外通道.
135. 赵德馨，主编；何德章，著. **中国经济通史（三）：魏晋南北朝**[M]. 长沙：湖南人民出版社，2002. 第 661 页 四 陆上丝绸之路的繁荣与海道贸易的展开.
136. 熊清华，刘鸿武，等，著. **发展开放的空间：云南“国际大通道”建设理论探索**[M]. 昆明：云南人民出版社，2002. 第 80 页 1 汉晋时期的南方陆上丝绸之路——蜀身毒道.
137. 赵颂尧，吴晓军，李春芳，编著. **河西开发研究**[M]. 兰州：甘肃人民出版社，2002.
138. 马敏，王玉德，主编. **中国西部开发的历史审视**[M]. 武汉：湖北人民出版社，2001. 第 697 页 （三）西南丝绸之路与文化交流；第 699 页 （四）丝绸之路上的显学.
139.《中国西部开发大百科》编委会，编. **中国西部开发大百科（第 1-4 卷）**[M]. 北京：中国大百科全书出版社，2001. 第 314 页 丝绸之路的开辟及其历史贡献；第 315 页 应运而生的“现代丝绸之路”；第 328 页 兰州、西宁、银川：丝绸之路上的商贸重镇.
140. 梁希勇，等，著. **复苏的热土：西部开发与兴边富民研究**[M]. 北京：民族出版社，2001. 第 34 页 二、丝绸之路和西部经济.
141. 涂裕春，等，著. **中国西部的对外开放**[M]. 北京：民族出版社，2001. 第 1 页 第一节 西部文明与陆、海丝绸之路；第 4 页 二、丝绸之路与各民族的融合.
142. 赵颂尧，吴晓军，编著. **西部开发简史**[M]. 兰州：甘肃人民出版社，2001. 第 12 页 第三节 西汉时期西北的开发和丝绸之路的开通.
143. 须同凯，主编. **新丝绸之路：中亚五国经贸投资指南**[M]. 北京：中国物资出版社，2001.

144. 李向前，高旭，等，编著. **点西成金：西部开发知识青年读本**[M]. 成都：西南财经大学出版社，2000. 第 84 页 什么是“丝绸之路”？.

145. 向洪，张智翔，编著. **西部商机：中国西部开发与投资点津**[M]. 成都：四川大学出版社，2000. 第 368 页 丝绸之路再创辉煌.

146. 孙钱章，主编. **西部大开发系统工程全书（中）**[M]. 长春：吉林人民出版社，2000. 第 598 页 第九节 丝绸古道与西部之光；第 976 页 第二节 中国与日本、韩国的“丝绸之路外交”.

147. 张广明，王少农，主编. **西部大开发：从孔雀东南飞到凤凰还巢**[M]. 天津：天津社会科学院出版社，2000. 第 5 页 第二节 “丝绸之路”带给西部的希望；第 5 页 “丝绸之路”这一诗意盎然的词汇由何得来；第 6 页 “丝绸之路”的意义——对于古代中国而言，丝绸之路的另一端意味着整个世界.

148. 孙钱章，主编. **西部大开发系统工程全书（上）**[M]. 长春：吉林人民出版社，2000. 第 598 页 第九节 丝绸古道与西部之光；第 976 页 第二节 中国与日本、韩国的“丝绸之路外交”.

149. 龙运书，吴传一，等，编著. **中国西部民族经济**[M]. 成都：四川辞书出版社，2000. 第 181 页 第四节 丝绸之路.

150. 张志银，等，编著. **西部大开发投资手册**[M]. 北京：经济科学出版社，2000. 第 67 页 甘肃：重振丝绸之路雄风，建设大西北“黄金要道”.

151. 鲁正葳，著. **西北大发现**[M]. 兰州：敦煌文艺出版社，2000. 第 64 页 基辛格乔装马可·波罗单枪匹马进入中国 欧洲人用脚步丈量古丝绸之路年复一年；第 90 页 古代丝绸之路上的黄金地段 驿站如流星商贾如鲫百货交汇.

152. 陈伟. **走进西部——海外学者对西部大开发的几点思考**[M]. 北京：华文出版社，2000. 第 62 页 亚欧大陆桥构想——现代版丝绸之路（周牧之）.

153. 孙钱章，主编. **西部大开发系统工程全书（下）**[M]. 长春：吉林人民出版社，2000. 第 339 页 有陕西特色的开发之路（陕西省省委书记李建国）；第 598 页 第九节 丝绸古道与西部之光；第 976 页 第二节 中国与日本、韩国的“丝绸之路外交”.

154. 高路，葛方新，主编. **大决策出台：西部大开发方略**[M]. 北京：经济日报出版社，2000. 第 31 页 二、“丝绸之路”与西部经济.

155. 汤爱民，著. **大整合 21 世纪中国综合发展战略建言**[M]. 北京：中国经济出版社，2000. 第 301 页 “现代丝绸之路”的兴起.

156. 文岗，编著. **西部淘金：西部开发与企业商机**[M]. 北京：兵器工业出版社，2000. 第 346 页 第十一章 重建“丝绸之路”；第 346 页 辉煌的“丝绸之路.

157. 姚怀山，胡开度，主编. **抢占双赢商机：投资西部实用指南**[M]. 北京：企业管理出版社，2000. 第 153 页 六、甘肃省：发挥丝绸之路优势，加快基础设施建设，努力成为西部大开发的前沿阵地.

158. 文白光，主编. **西部大开发（第 3 部）：发挥特色优势**[M]. 北京：中国建材工业出版社，2000. 第 302 页 二、西部地区的“丝绸之路”旅游带.

159. 宁可，主编. **中国经济发展史**[M]. 北京：中国经济出版社，1999. 第 357 页 第一节 “丝绸之路”的开辟与对西域的贸易.

160. 周国丰，著. **北海现象：爆炸式发展与新星名城崛起**[M]. 北京：华夏出版社，1999. 第 26 页 海上丝绸之路.

161. 方立，主编. **中国西部现代化发展研究**[M]. 石家庄：河北人民出版社，1999. 第 28 页 第二节 古丝绸之路与西部文化.

162. 宁可，主编. **中国经济发展史**[M]. 北京：中国经济出版社，1999. 第 357 页 第一节 “丝绸之路”的开辟与对西域的贸易.

163. 武原，主编. **让丝绸之路重现辉煌：利用亚欧大陆桥发展陕西经济**[M]. 西安：陕西人民出版社，1998.

164. 日本三和综合研究所，著. **1998 年的日本与世界经济**[M]. 上海社会科学院信息研究所，译. 上海：上海人民出版社，1998. 第 77 页 中亚◆从丝绸之路到石油之路——原苏联中亚的去向.

165. 暖根，主编. **世界经济文化大通道**[M]. 西安：陕西人民出版社，1998. 第 19 页 第二章 中古时代东西方经济文化大通道——丝绸之路；第 19 页 一 丝绸之路开通的时间；第 20 页 二 丝绸之路的开拓者；第 23 页 三 丝绸之路的主要干线；第 25 页 四 丝绸之路的历史作用；第 28 页 五 丝绸之路上的商业城；第 36 页 第三章 海上丝绸之路与中外文化交流；第 37 页 一 海上丝绸之路开拓的三个时期；第 39 页 二 海上丝绸之路的主要航线和主要港口；第 44 页 三 海上丝绸之路的开拓者；第 49 页 四 海上丝绸之路开通的历史意义.

166. 鲍敦全，主编. **沿边开放与新疆经济发展研究**[M]. 乌鲁木齐：新疆大学出版社，1997. 第 159 页 丝绸之路是 21 世纪连接日本—中亚两大经济圈的纽带.

167. 夏明文，陶伯华，主编；海南省洋浦北部湾研究所，编. **’97 环北部湾经济开发报告**[M]. 海口：南海出版公司，1997. 第 87 页 重建“海上丝绸之路”（周中坚）.

168. 李清凌，著. **西北经济史**[M]. 北京：人民出版社，1997. 第 84 页 第五节 “丝绸之路”与西北商业的发展.

169. 金昌市人民政府办公室，等，编. **金昌开放开发与投资指南**[M]. 兰州：甘肃文化出版社，1997.

170. 潘正才，著. **贵州经济社会发展研究**[M]. 贵阳：贵州民族出版社，1996. 第 84 页 第二节 黔西南州历史上在南方丝绸之路中的地位和作用.

171. 吴廷桢，郭厚安，主编. **河西开发史研究**[M]. 兰州：甘肃教育出版社，1996. 第 66 页 第三节 丝绸之路的畅通；第 66 页 一、丝绸之路的开通与畅通.

172. 冯天瑜，等，著. **中华开放史**[M]. 武汉：湖北人民出版社，1996. 第 118 页 第二节 丝绸之路：中西文化联系的纽带；第 123 页 二 丝绸之路：开放之路；第 192 页 一 盛极一时的唐代丝绸之路.

173. 李平，索占鸿，主编. **亚欧大陆桥与中国西北经济发展**[M]. 北京：中国计划出版社，1996. 第 34 页 第一节 古丝绸之路的回顾；第 34 页 一、丝绸之路的由来与发展；

第 36 页 二、丝绸之路的历史意义与现实意义.

174. 杜松年，著. **新跨越：汕头经济特区改革开放新探索**[M]. 广州：广东科技出版社，1995. 第 229 页 具有世界影响的经济大国——丝绸之路的开辟.

175. 张岩，田强，著. **中国经济：从刀耕火种开始**[M]. 武汉：湖北人民出版社，1995. 第 27 页 丝绸之路.

176. 朱伯康，施正康，著. **中国经济通史（上）**[M]. 北京：中国社会科学出版社，1995. 第 229 页 具有世界影响的经济大国——丝绸之路的开辟.

177. 傅志康，著. **县富论与科学管理**[M]. 重庆：西南师范大学出版社，1995. 第 444 页 南方丝绸之路.

178. 李向民，著. **中国艺术经济史**[M]. 南京：江苏教育出版社，1995. 第 667 页 二、丝绸之路珍宝的“公平交易”.

179. 王瑾希，陈大俊，主编. **开发开放中的新疆**[M]. 香港：香港中国新闻出版社，1995. 第 43 页 丝绸之路；第 156 页 丝绸古道话哈垦；第 204 页 空中丝绸之路再现.

180. 高延青，主编. **呼和浩特经济史**[M]. 北京：华夏出版社，1995. 第 70 页 第五节 草原丝绸之路.

181. 图道多吉，主编. **民族地区改革开放纵横谈**[M]. 北京：民族出版社，1994. 第 333 页 丝绸之路专题研究；第 333 页 “丝绸之路经济带”文化遗产旅游发展研究（李树民、王会战、闫静、刘珺）；第 358 页 国外关于丝绸之路的研究（西北大学外国语学院课题组）.

182. 国风，著. **中国经济：改革与发展**[M]. 北京：中国统计出版社，1994. 第 250 页 面向国际市场振兴南方丝绸之路；第 273 页 走提高劳动生产率发展国民经济之路.

183. 何耀华，主编. **亚洲西南大陆桥发展协作系统研究文集**[M]. 昆明：云南人民出版社，1994. 第 80 页 重振南方丝绸之路加快西南地区对外开放（朱昌利）.

184. 纪馨芳，主编. **三晋经济论衡**[M]. 北京：中国商业出版社，1993. 第 25 页 进入丝绸之路.

185. 魏永理，主编. **中国西北近代开发史**[M]. 兰州：甘肃人民出版社，1993. 第 240 页（一）“丝绸之路”的开辟与西北地区商业城镇的兴起.

186. 郭来喜，刀安钜，主编. **德宏州对外开放及口岸体系研究**[M]. 北京：中国科学技术出版社，1993. 第 15 页 第三章 南方陆上丝绸之路重振与德宏开放关系（郭来喜、梅雪）；第 15 页 第一节 丝绸之路——古代东西方联系的纽带.

187. 陈虹，哈经雄，主编. **当代中国经济大辞库・少数民族经济卷**[M]. 北京：中国经济出版社，1993. 第 383 页 一、丝绸之路；第 385 页 三、丝绸之路的变迁与其它.

188. 吴廷桢，郭厚安，主编. **河西开发研究・古代卷**[M]. 兰州：甘肃教育出版社，1993. 第 38 页 第三节 丝绸之路的畅通.

189. 胡官平，编著. **大西北博览**[M]. 西安：陕西人民出版社，1993. 第 163 页 丝绸之路通亚欧.

190. 张永庆，著. **面向中亚——中国西北地区的向西开放**[M]. 银川：宁夏人民出版社，

1992. 第 140 页 第一节 共同的话题——振兴“丝绸之路”.

191. 蒲开夫，章莹，撰. **对外开放的前哨——中国新疆 33 个边境县市和口岸巡览**[M]. 乌鲁木齐：新疆大学出版社，1992. 第 155 页“丝绸之路”南道重镇——和田.

192.《福建经济年鉴》编辑委员会，编. **福建经济年鉴 1992**[M]. 福州：福建人民出版社，1992. 第 95 页 泉州海上丝绸之路考察活动.

193. 黄麟雏，李建群，主编. **东南挑战与西北振兴**[M]. 西安：陕西人民出版社，1992. 第 1 页 第一章 丝绸之路——世界之路；第 9 页 二、丝路——世界之路.

194. 顾宗枨，主编. **中国西南与东南亚——经贸合作研究**[M]. 成都：成都科技大学出版社，1992. 第 145 页 重新开拓南丝绸之路，努力发展大西南同东南亚的经济贸易（周振华）；第 154 页 南方丝绸之路的历史索源及其现实意义（熊大宽）.

195. 纪山，编. **'92 中国 280 天大写真**[M]. 成都：四川大学出版社，1992. 第 91 页 “南方丝绸之路”——古道的血脉重新搏动.

196. 余振贵，张永庆，著. **中国西北地区开发与向西北开放**[M]. 银川：宁夏人民出版社，1992. 第 48 页 第一节 丝绸之路与古代西北的经济文化繁荣；第 48 页 一、丝绸之路是沟连西北的重要交通网络；第 52 页 二、丝绸之路上的经济文化交往.

197. 徐炳文，主编. **中国西北地区经济发展战略概论**[M]. 北京：经济管理出版社，1992. 第 160 页 第二节 丝绸之路旅游带.

198. 朱钟棣，陈锡荣，编著. **开放经济理论与实践**[M]. 成都：西南财经大学出版社，1991. 第 44 页 一、西汉的张骞和东汉的班超力拓丝绸之路.

199. 葛金芳. **宋辽夏金经济研析**[M]. 武汉：武汉出版社，1991. 第 209 页 进出口商品的比较分析：“香料之路”、“海上丝绸之路”和“陶瓷之路”.

200. 广西社会科学院，编. **中国西南开放与南亚大陆桥研究文集**[M]. 南宁：广西人民出版社，1991. 第 59 页 重振“南方丝绸之路”走向东南亚（熊大宽）.

201. 杨重琦，主编. **兰州经济史**[M]. 兰州：兰州大学出版社，1991. 第 53 页 一、陆上交通与丝绸之路；第 302 页 五、新丝绸之路——欧亚大陆桥.

202. 田方，等，主编. **开发大西南・纪实卷**[M]. 北京：学苑出版社，1991. 第 96 页 开发大西南重振南方丝绸之路（崔保新）；第 272 页 四、横贯西南的希望之路；第 388 页 重开南方丝绸之路.

203. 赵德馨，主编. **中国经济史辞典**[M]. 武汉：湖北辞书出版社，1990. 第 146 页 丝绸之路.

204. 农业部政策法规司，编. **走在全国前列：无锡县经济起飞之路**[M]. 北京：人民出版社，1990. 第 313 页 13 东湖塘县绵绸厂：谱写丝绸之路新曲.

205. 苏永光，主编. **新疆经济改革探索**[M]. 乌鲁木齐：新疆人民出版社，1989. 第 269 页 重振丝绸之路 开拓边境贸易（郝震宇）.

206. 夏赞忠，主编. **个体私营经济实用大全**[M]. 长沙：湖南科学技术出版社，1988. 第 482 页 丝绸之路；第 495 页 丝绸之路旅游区.

207. 新疆维吾尔自治区地方志编纂委员会，编. **新疆年鉴 1988**[M]. 乌鲁木齐：新疆人民出版社，1988. 第 396 页 丝绸之路新疆段示意图.

208. 广州市人民政府办公厅调研室，编. **广州经济**[M]. 广州：中山大学出版社，1987. 第 175 页 我国新的“丝绸之路”——中国出口商品交易会.
209. 郭游，王开玉，主编. **命运共同体**[M]. 北京：中国食品出版社，1987. 第 83 页 丝绸之路上的新窗口（沈昆明）.
210. 新疆维吾尔自治区地方志编纂委员会，编. **新疆年鉴** 1987[M]. 乌鲁木齐：新疆人民出版社，1987. 第 618 页 王兆法创作《丝绸之路今古生辉》石雕篆刻 177 幅.
211. 蔡人群，主编. **富饶的珠江三角洲**[M]. 广州：广东人民出版社，1986. 第 28 页 海上丝绸之路的起点.
212. 梅国璋，等，编著. **外贸名城——广州**[M]. 北京：海洋出版社，1986. 第 16 页 “海上丝绸之路”.
213. 郭庠林，张立英，著. **华夏经济春秋**[M]. 合肥：安徽人民出版社，1986. 第 96 页 丝绸之路通西域；第 184 页 海上的丝绸之路.
214. 林宝光，编著. **大西南的门石——北海**[M]. 北京：中国海洋出版社，1985 第 43 页 海上丝绸之路.
215. 林宝光，等，编著. **大西南的门户——北海**[M]. 北京：海洋出版社，1985. 第 36 页“海上丝绸之路.
216. 曹麟章，等，著. **引进技术和利用外资**[M]. 上海：上海人民出版社，1980. 第 1 页 丝绸之路是技术交流之路.

（二）经济计划与管理

1. 罗雨泽，著. **国务院发展研究中心研究丛书“一带一路”基础设施投融资机制研究**[M]. 北京：中国发展出版社，2015.
2. 白益民，编著. **财团就是力量：“一带一路”与混合所有制启示录**[M]. 北京：中国经济出版社，2015.
3. 《正念领导力》编委会组，编. **正念领导力**[M]. 上海：上海交通大学出版社，2015.
4. 龙再华，著. **互联网十改变世界的新产业革命**[M]. 哈尔滨：黑龙江科学技术出版社，2015.
5. 方创琳，著. **中国城市群选择与培育的新探索**[M]. 北京：科学出版社，2015.
6. 叶南客，李程骅，主编. **迈上新台阶——南京的战略使命**[M]. 北京：中国社会科学出版社，2015.
7. 周青浮，范荣华，著. **省际边界毗邻地区市域经济发展若干问题实证研究——基于河南省南阳市的面板数据**[M]. 成都：西南交通大学出版社，2015.
8. 赵世人，编著. **企业公共外交指南**[M]. 北京：外语教学与研究出版社，2015.
9. 九三学社江苏省委员会，编. **科技创新与促进江苏新型城镇化建设**[M]. 南京：东南大学出版社，2014. 第 308 页 “一带一路”战略背景下的连云港机遇与应对（徐建华）.
10. 王廉，著. **国土与政策全覆盖城市群和城镇体系理论**[M]. 广州：暨南大学出版社，2014.

第 187 页 二、丝绸之路开放体系标杆实证分析.

11. 张建琦，等，编著. **为天下之先：粤商家族企业创新三十年**[M]. 北京：社会科学文献出版社，2012.
12. 范时勇，主编. **最新经典房地产创意案例集**[M]. 重庆：重庆大学出版社，2011. 第 50 页 新疆国际大巴扎：重现古丝绸之路的繁华.
13. 闵亨锋，主编. **走进宁波物流**[M]. 北京：清华大学出版社，2011. 第 12 页 第二篇 丝绸之路 海上起点——历史回眸.
14. 陈西川，等，著. **管理学经典案例**[M]. 北京：知识产权出版社，2010. 第 15 页 丝绸之路的“微笑曲线”.
15. 李学勤，著. **通向文明之路**[M]. 北京：商务印书馆，2010. 第 551 页 《三星堆与南方丝绸之路青铜文化研讨会论文集》序.
16. 尹传高，张军，著. **战略地图 21 世纪最佳战略模式**[M]. 广州：广东经济出版社，2010. 第 72 页 一、海尔新“丝绸之路”.
17. 徐小洲，夏晓军，主编. **创业教育**[M]. 职业院校版. 杭州：浙江教育出版社，2009.
18. 汝宜红，主编. **物流学**[M]. 北京：高等教育出版社，2009. 第 56 页 三、海上丝绸之路.
19. 吴德隆，主编. **杭州老字号系列丛书·货币金融篇**[M]. 杭州：浙江大学出版社，2008. 第 35 页 古代钱币见证了宋元海上丝绸之路.
20. 斯蒂芬·阿里斯，著. **豪赌三万英尺**[M]. 北京：航空工业出版社，2008. 第 131 页 6 丝绸之路.
21. 王守卫，主编. **千山峻峰 100 个财富传奇**[M]. 沈阳：辽宁人民出版社，2008. 第 204 页 万鑫的“丝绸之路”.
22. 马学强，郁鸿胜，王红霞，等，著. **中国城市的发展历程、智慧与理念**[M]. 上海：上海三联书店，2008. 第 260 页 二、从“陆上丝绸之路”到“海上丝绸之路”.
23. [瑞士]弗兰茨·贝迟翁，著. **快速决策：军事指挥学在企业经营中的应用**[M]. 刘海宁，译. 南京：南京大学出版社，2007. 第 141 页 3 新丝绸之路战略.
24. 第一财经日报社，编. **领导者**[M]. 上海：上海书店出版社，2006. 第 155 页 联邦快递创始人施伟德：30 年搭建“空中丝绸之路”.
25. [韩]李圣权，著. **中韩企业丝绸之路·中韩乡村企业发展与合作**[M]. 北京：机械工业出版社，2006.
26. 政协舟山市普陀区委员会教文卫体与文史委员会，编. **普陀文史资料（第 2 辑）：缘起沈清**[M]. 北京：中国文史出版社，2005. 第 266 页 千年新罗礁：见证“东亚海上丝绸之路”（谢国平）.
27. 郑培才，编著. **企业创新思维概述**[M]. 贵阳：贵州民族出版社，2005. 第 419 页 二、张骞出西域——开辟丝绸之路大策划.
28. 杨林，著. **感悟中信**[M]. 北京：中信出版社，2004. 第 301 页 “丝绸之路”在地下延伸——德黑兰地铁工程建设纪实.
29. 陈云岗，著. **品牌观察**[M]. 北京：中信出版社，2002. 第 111 页 第 7 章 新丝绸之路.
30. 黄敬泽，著. **丝绸之路与中国制造：品牌资本思维方式论**[M]. 北京：经济管理出版社，2001.

31. 龙永枢，主编；中国城市经济学会，编. **中国城市发展报告**[M]. 北京：中国言实出版社，2000. 第 1205 页 丝绸古道放异彩边陲明珠绘蓝图（瑞丽市市长思利章）；第 1297 页 丝绸之路的璀璨明珠——金张掖（张掖市市长王开堂）.
32. 张智翔，向洪，等，编著. **中国西部品牌战略**[M]. 成都：四川辞书出版社，2000. 第 84 页 “丝绸之路”再现商机.
33. [美]约翰·史塔德，著. **新丝绸之路·跨国公司老板眼中的中国市场**[M]. 张江波，等，译. 北京：中国对外经济贸易出版社，2000.
34. 外经贸部国际经济合作杂志社《走向国际大市场》编辑部编辑，编. **走向国际大市场：中国对外经贸企业及企业家经营管理经验选**[M]. 北京：中国青年出版社，1996. 第 133 页 开拓现代的“丝绸之路”——记广东省肇庆丝绸进出口公司（宾锐光）.
35. 华东理工大学出版社，编. **上海工商名片录**[M]. 上海：华东理工大学出版社，1996. 第 159 页 丝绸之路大饭店；第 149 页 丝绸之路实业有限公司.
36. 马洪，孙尚清，主编. **中国经营大师 2**[M]. 北京：中国发展出版社，1995. 第 391 页 搞活流通铺设新丝绸之路.
37. 中共迁安县委党史研究室，编. **异军争雄：迁安乡镇企业蓬勃发展纪实**[M]. 北京：中共党史出版社，1995. 第 203 页 丝绸之路——记迁安县丝绸厂（张友、杨丽萍、赵晖）.
38. 王希来，王成荣，主编. **现代企业营销实用手册**[M]. 北京：中国商业出版社，1994. 第 111 页 丝绸之路.
39. 王书文，赵振军，主编. **涉外经济辞典**[M]. 北京：新华出版社，1994. 第 120 页 丝绸之路.
40. 晓山，艾伟，主编. **市场大潮中的中国企业·企业家**[M]. 北京：中国物资出版社，1993. 第 65 页 古丝绸之路上的跋涉者——记新疆维吾尔自治区文物总店总经理岳峰.
41. 苏浙生，吕家廉，主编. **企事业干部一千问**[M]. 上海：上海人民出版社，1992. 第 510 页 什么叫丝绸之路？.
42. 沈恒泽，虞祖尧，主编；中国企协古代管理思想研究会，编. **历史与企业家对话**[M]. 北京：改革出版社，1992. 第 261 页 古代丝绸之路的借鉴意义（邢富生）.
43. 张烈，主编. **成功的经营之道：广东外商投资双优企业成功经验**[M]. 广州：广东人民出版社，1992. 第 173 页 灿烂的“丝绸之路”——记深圳东南丝绸有限公司.
44. 姜士林，等，主编. **中华人民共和国县级市建设与发展**[M]. 北京：中国广播电视出版社，1991. 第 920 页 “丝绸之路”上的重镇——武威市.
45. 张金珍，刘吉柱，主编. **企业经济管理实用大全**[M]. 济南：山东大学出版社，1991. 第 362 页 丝绸之路.
46. 区如柏. **祖先的行业**[M]. 新加坡：胜友书局，1991. 第 41 页 南下的丝绸之路.
47.《工商行政管理十年成就》编委会，编. **工商行政管理十年成就（下）**[M]. 北京：工商出版社，1990. 第 1566 页 保山地区工商局：南方“丝绸之路”谱新篇.
48. 卢克俭，主编. **崛起在西部**[M]. 北京：人民出版社，1990. 第 31 页 彩虹，在丝绸之路升起——记兰州第三毛纺织厂.
49. 全国市长研究班学友联谊会，编. **市长谈城市**[M]. 北京：中国环境科学出版社，1989. 第 98 页 重振丝绸之路 喀什市副市长（方宗深）.

50.《中国城市经济社会年鉴》理事会，编．**中国城市经济社会年鉴** 1987[M]．北京：中国城市经济社会出版社，1987．第 1323 页 “丝绸之路”上的明珠——兰州市百货大楼．
51. 中国城市经济社会年鉴理事会，编．**中国城市经济社会年鉴** 1986[M]．北京：中国城市经济社会出版社，1986．第 1106 页 “丝绸之路”上的重镇——张掖市（魏职高）．
52. 马洪，孙尚清，主编．**经济与管理大辞典**[M]．北京：中国社会科学出版社，1985．第 273 页 丝绸之路．

（三）农业经济

1. 王渝生，主编．**中国农业与世界的对话**[M]．贵阳：贵州人民出版社，2013．第 155 页 第七章 丝绸之路．
2. 张安福，著．**汉唐屯垦与吐鲁番绿洲社会变迁研究**[M]．北京：中国农业出版社，2013．第 109 页 （二）丝绸之路改道后的商业中转．
3. 郝益东，著．**草原天道**[M]．修订版．北京：中信出版社，2013．第 104 页 丝绸之路；第 144 页【阅读材料】草原丝绸之路的概念与内涵．
4. 郝益东，著．**草原天道——永恒与现代**[M]．北京：中信出版社，2012．第 91 页 丝绸之路；第 125 页 【阅读材料】草原丝绸之路的概念与内涵．
5. 张安福，郭宁，著．**唐代的西域屯垦开发与社会生活研究**[M]．北京：中国农业出版社，2011．
6. 刘永佶，主编．**库尔干村调查**[M]．北京：中国经济出版社，2011．第 352 页 （二）经营“丝绸之路加油站”的胡西买提·尼亚孜．
7. 赵予征，著．**丝绸之路屯垦研究**[M]．乌鲁木齐：新疆人民出版社，2010．
8. 汪若海，著．**棉花生涯五十年**[M]．北京：中国农业科学技术出版社，2009．第 107 页 丝绸之路亦是棉花之路；第 249 页 丝绸之路与棉花之路．
9. 黄儒信，魏宗燕，编著．**沙海探秘**[M]．北京：中国铁道出版社，2008．第 5 页 班超保护丝绸之路斗沙三十年．
10. 刘学虎，主编．**绿色丰碑——新疆农业改革发展三十年**[M]．乌鲁木齐：新疆人民出版社，2008．第 232 页 丝绸之路上的一颗明珠（新疆维吾尔自治区和田蚕桑科学研究所买买提明·努尔）．
11. 蒋猷龙，编著．**浙江认知的中国蚕丝业文化**[M]．杭州：西泠印社出版社，2007．第 27 页 四、丝绸之路话丝绸．
12. 张波，樊志民，主编．**中国农业通史·战国秦汉卷**[M]．北京：中国农业出版社，2007．第 375 页 一、丝绸之路与中西关系的发展；第 379 页 二、丝绸之路上的中西农业科技文化交流．
13. 魏胜文，穆纪光，李树基，主编．**传统农业县的变迁·永昌卷**[M]．北京：社会科学文献出版社，2006．第 1 页 引言：丝绸之路上一颗璀璨的明珠；第 3 页 丝绸之路重镇，区位独具特色．
14. 吴次芳，鲍海君，等，编著．**土地资源安全研究的理论与方法**[M]．北京：气象出版社，2004．第 331 页 1 古丝绸之路沿线文明的消失．

15. 张敬增，赵顷霖，主编. **名人与林业**[M]. 郑州：黄河水利出版社，2003. 第 189 页 古代丝绸之路上的造林.
16. 朱德举，朱道林，等，编著. **西部土地资源保护基本知识**[M]. 北京：中国大地出版社，2001. 第 45 页 何谓丝绸之路？.
17. 西部开发课题组，主编. **中国西部大开发指南（上）**[M]. 长春：吉林文史出版社，2000. 第 286 页 丝绸之路的"活化石"——西安回坊；第 289 页 丝绸之路的原点——丝路群雕.
18.《中国农业全书》总编辑委员会，《中国农业全书・新疆卷》编辑委员会，编. **中国农业全书・新疆卷**[M]. 北京：中国农业出版社，2000. 第 299 页 "丝绸之路"；第 445 页 "丝绸之路".
19. 赵予征，著. **丝绸之路屯垦研究**[M]. 乌鲁木齐：新疆人民出版社，1996.
20. 黑龙江农业百科全书编辑委员会，编. **黑龙江农业百科全书**[M]. 北京：中国大百科全书出版社，1993. 第 11 页 东北亚丝绸之路.
21. 郭友俊，郝震宇，主编. **新疆蚕桑丝绸产业研究**[M]. 乌鲁木齐：新疆人民出版社，1992 第 183 页 西北三省区蚕业考察报告&"丝绸之路"今日蚕业考察团.
22. 赵承宗，施建华，主编. **乡村干部实用知识手册**[M]. 上海：华东师范大学出版社，1991. 第 265 页 丝绸之路.
23. 马克伟，主编. **土地大辞典**[M]. 长春：长春出版社，1991. 第 753 页 丝绸之路.
24. 黄家蕃，等，著. **南珠春秋**[M]. 南宁：广西人民出版社，1991. 第 20 页 "海上丝绸之路"的起点.
25. 鲜肖威，陈莉君，编著. **西北干旱地区农业地理**[M]. 北京：农业出版社，1986. 第 18 页 第二章 沿着"丝绸之路"进军.

（四）工业经济

1. 李平，著. **"一带一路"战略：互联互通、共同发展——能源基础设施建设与亚太区域能源市场一体化**[M]. 北京：中国社会科学出版社，2015.
2. 国网河南省电力公司经济技术研究院，编著. 2015 **河南能源经济与电力发展研究年度报告**[M]. 北京：中国水利水电出版社，2015.
3. 刘永连，谢汝校，著. **古锦今丝——广东丝绸业的"前世今生"**[M]. 广州：广东经济出版社，2015.
4. 许勤华，著. **中国国际能源战略研究**[M]. 北京：世界图书北京出版公司，2014. 第 304 页 新丝绸之路经济带.
5. 唐廷猷，著. **中国药业史**[M]. 北京：中国医药科技出版社，2013. 第 256 页（一）张骞通西域开辟西北内陆商道丝绸之路；第 258 页（二）南方两条陆海丝绸之路.
6. 李奕仁，主编. **神州丝路行：中国蚕桑丝绸历史文化研究札记（上）**[M]. 上海：上海科学技术出版社，2013. 第 46 页"丝绸之路"有关资料集锦——陆上丝绸之路；第 51 页"丝绸之路"有关资料集锦——海上丝绸之路.
7. 席龙飞，著. **中国造船通史**[M]. 北京：海洋出版社，2013. 第 80 页 三、印度洋以西海上丝绸之路的开拓.

8. 董耀会，著．**长城的崛起**[M]．北京：北京大学出版社，2012．第 181 页 第六章 丝绸之路之长城重镇．
9. 叶培红，著．**全球化叙事下的美国式消费 VS 中国式制造**[M]．北京：中国经济出版社，2012．第 161 页 诗意的历史回望与理想的现实践行——凌兰芳和他的“丝绸之路”．
10. 林士民，著．**宁波造船史**[M]．杭州：浙江大学出版社，2012．第 45 页 第三节 远洋航路与丝绸之路．
11. 刘克祥，编著．**蚕桑丝绸史话**[M]．北京：社会科学文献出版社，2011．第 61 页 丝织品外输和“丝绸之路”．
12. 任东明，王仲颖，高虎，等，编著．**可再生能源政策法规知识读本**[M]．北京：化学工业出版社，2009．第 189 页 新疆丝绸之路光明工程项目．
13. 韦黎明，著．**中国的丝绸**[M]．法文版．北京：外文出版社，2008．
14. 郑一方，主编．**创业创新中崛起：改革开放三十年浙江工业发展成就**[M]．北京：中国经济出版社，2008．第 264 页 湖州丝绸之路集团．
15. 魏玉祺，张志强，著．**谋势：从虎都看新闽商品牌的崛起**[M]．北京：北京理工大学出版社，2007．第 6 页 穿越丛林的“丝绸之路”．
16. 唐廷猷，著．**中国药业史**[M]．北京：中国医药科技出版社，2007．第 261 页（一）张骞通西域与丝绸之路的大黄香药贸易；第 264 页（二）南方丝绸之路的肉桂、犀角、象牙贸易．
17. 周天生，主编．**广东纺织大典**[M]．北京：中国纺织出版社，2006．第 387 页 第九章 中国纺织品国际贸易的起源——丝绸之路．
18. 钟飞腾，林峰，著．**石油中国**[M]．北京：中华工商联合出版社，2006．第 73 页 里海：通往西域的新丝绸之路．
19. 华炜，乌小健，主编；陕西省工业交通办公室，陕西省交通厅，编．**陕西工业交通年鉴 2005**[M]．西安：三秦出版社，2005．第 1 页 国务院副总理黄菊致第三届国际丝绸之路大会的贺信．
20. 广东省建设厅勘察设计处，广东省土木建筑学会，《南方建筑》杂志社，编．**广东建筑与设计 1993—2003 1**[M]．北京：中国统计出版社，2004．第 285 页 广东海上丝绸之路博物馆规划设计．
21. 王庄穆，编．**新中国丝绸史记 1949—2000 年**[M]．北京：中国纺织出版社，2004．第 466 页 第三节 在“绿色丝绸之路”上迈进．
22. 徐林，吴秀生，著．**再造魂魄——企业家精神与民族工业的世纪对话**[M]．北京：中国经济出版社，2002．第 94 页 文化的“丝绸之路”从来就没有断过．
23. 王翔，著．**中日丝绸业近代化比较研究**[M]．石家庄：河北人民出版社，2002．第 213 页 一、“丝绸之路”．
24. [英]马修・林恩，著．**空中对决：波音与空客市场大战**[M]．池俊常，等，译．北京：华夏出版社，2001．第 201 页 第七章 丝绸之路．
25. 唐廷猷，著．**中国药业史**[M]．北京：中国医药科技出版社，2001．第 181 页（一）通西域与丝绸之路的大黄香药贸易；第 183 页（二）南方丝绸之路的肉桂犀象贸易．

26. 廖元和，著. **中国西部工业化进程研究**[M]. 重庆：重庆出版社，2000. 第 220 页 二、主要大中城市沿长江、黄河干、支流和丝绸之路分布.
27. 李克让，主编. **上海名牌竞风流**[M]. 北京：中国纺织出版社，1999. 第 256 页 郁金香开拓了新的丝绸之路.
28.《上海丝绸志》编纂委员会，编. **上海丝绸志**[M]. 上海：上海社会科学院出版社，1998. 第 381 页 第二节开辟空中丝绸之路.
29. 王冠倬，王嘉，著. **中国古船扬帆四海**[M]. 北京：人民教育出版社，1996. 第 110 页 开辟海上丝绸之路 开发台湾.
30. 陕西省纺织工业总公司，编. **陕西纺织科学技术志·上古—1990 年**[M]. 西安：陕西科学技术出版社，1995. 第 17 页 第四节 丝绸之路.
31. 赵丰，编著. **唐代丝绸与丝绸之路**[M]. 西安：三秦出版社，1992.
32. 本书编委会，编. **在改革中奋进的中国电力工业**[M]. 北京：改革出版社，1992. 第 36 页 古丝绸之路上的明珠.
33. 刘桂复，编著. **纺织大国**[M]. 济南：济南出版社，1990. 第 28 页 三、“丝绸之路”和“丝国”.
34. 岳麟，编. **中国古代的水利和交通**[M]. 太原：山西教育出版社，1990. 第 62 页 海上“丝绸之路”.
35. 刘松勤，**湖北最大的工业企业 200 家**[M]. 武汉：湖北人民出版社，1990. 第 346 页 另辟“丝绸之路”的人们——武汉市新华丝绸印染厂.
36.《改革前进中的上海工业公司》编委会，编. **改革前进中的上海工业公司**[M]. 上海：上海人民出版社，1989. 第 148 页 继承丝绸之路好传统确立经济实体新体制——上海丝绸公司.
37. 杨力，编著. **中国的丝绸**[M]. 北京：人民出版社，1987. 第 132 页 四通八达的“丝绸之路”.
38. 纺织工业部研究室，编. **新中国纺织工业三十年（下）**[M]. 北京：纺织工业出版社，1980. 第 408 页 丝绸之路添新彩——甘肃纺织工业三十年.

（五）交通运输经济

1. 中国铁路总公司，编. **快速发展的中国高速铁路（俄文）**[M]. 北京：中国铁道出版社，2015.
2. 中国铁路总公司，编. **快速发展的中国高速铁路（法文）**[M]. 北京：中国铁道出版社，2015.
3. 中国铁路总公司，编. **快速发展的中国高速铁路（马来文）**[M]. 北京：中国铁道出版社，2015.
4. 中国铁路总公司，编. **快速发展的中国高速铁路（泰文）**[M]. 北京：中国铁道出版社，2015.
5. 中国铁路总公司，编. **快速发展的中国高速铁路（西班牙文）**[M]. 北京：中国铁道出版社，2015.

6. 中国铁路总公司，编. **快速发展的中国高速铁路（印尼文）**[M]. 北京：中国铁道出版社，2015.
7. 中国铁路总公司，编. **快速发展的中国高速铁路（英文）**[M]. 北京：中国铁道出版社，2015.
8. 中国铁路总公司，编. **快速发展的中国高速铁路**[M]. 北京：中国铁道出版社，2015.
9. 澳大利亚 Lonely Planet 公司，编. **中国西北自驾 26 条精选线路**[M]. 北京：中国地图出版社，2015.
10. 王元林，著. **海陆古道 海陆丝绸之路对接通道**[M]. 广州：广东经济出版社，2015.
11. 陈支平，肖惠中，主编. **海上丝绸之路与泉港海国文明**[M]. 厦门：厦门大学出版社，2015.
12. 李燕，著. **古代中国的港口 经济、文化与空间嬗变**[M]. 广州：广东经济出版社，2014. 第 19 页 汉代海上丝绸之路.
13. 刘育红，著. **“新丝绸之路”经济带交通基础设施与区域经济增长**[M]. 北京：中国社会科学出版社，2014.
14. 张诗雨，张勇，编著. **海上新丝路 21 世纪海上丝绸之路发展思路与构想**[M]. 北京：中国发展出版社，2014.
15. 徐潜，主编. **中国古代水路交通**[M]. 长春：吉林文史出版社，2014. 第 76 页 三、海上丝绸之路.
16. 徐潜，主编. **中国古代陆路交通**[M]. 长春：吉林文史出版社，2014.
17. 王德荣，主编. **中国交通运输中长期发展战略研究**[M]. 北京：中国市场出版社，2014.
18. 郭建红，编著. **从夏特古道到京沪高铁**[M]. 上海：上海科学普及出版社，2014. 第 2 页 夏特古道，被遗忘的丝绸之路；第 12 页 徽杭古道，饱含风霜的经商之路；第 32 页 丝绸之路，横贯中外的商路.
19. 徐中煜，著. **交通态势与晚清经略新疆研究**[M]. 哈尔滨：黑龙江教育出版社，2013. 第 9 页 第一章 丝绸古道的漫漫尘埃；第 13 页 一、丝绸之路开通的自然及人文底蕴；第 14 页 二、丝绸之路发展的历史轨迹.
20. 王子今，著. **秦汉交通史稿**[M]. 北京：中国人民大学出版社，2013. 第 489 页 二 西南丝绸之路.
21. 陈鸿彝，著. **中华交通史话**[M]. 北京：中华书局，2013. 第 177 页 五 国际通道与丝绸之路；第 294 页 九 名符其实的丝绸之路.
22. 田勇，著. **大国崛起：中国海洋之路**[M]. 石家庄：河北科学技术出版社，2013. 第 70 页 第三章 中国古代的海洋之路；第 72 页 远去的辉煌——海上丝绸之路；第 102 页 第四章 中国近代海洋之路；第 138 页 第五章 中国现代海洋之路；第 138 页 第一节 中国现代航海之路；第 151 页 筑起新的“海上丝绸之路”.
23. 秦国强，著. **中国交通史话**[M]. 上海：复旦大学出版社，2012. 第 306 页 丝绸之路；第 310 页 海上丝绸之路；第 425 页 隋唐时期的丝绸之路.
24. 本社，编. **中国旅游交通地图集**[M]. 北京：中国地图出版社，2012. 第 248 页 从丝绸之路走进历史兰州→武威→山丹→张掖→酒泉→嘉峪关→敦煌；第 267 页 走丝绸古道品火洲葡萄乌鲁木齐→吐鲁番→哈密→巴里坤→敦煌.

25. 孙勇志，刘晓晨，于华，著. **海洋航运**[M]. 广州：中山大学出版社，2012. 第 159 页 我国古代的“海上丝绸之路”在哪里？.

26. 叶持跃，黄伟，著. **中国交通文化概说**[M]. 北京：机械工业出版社，2011. 第 153 页 第二节　陆上丝绸之路；第 165 页　第三节　海上丝绸之路.

27. 湖南地图出版社，编. **交通旅游中国地图册**[M]. 长沙：湖南地图出版社，2010. 第 130 页　兰州　崆峒山　莫高窟　嘉峪关　古丝绸之路.

28. 北京天域北斗图书有限公司，编. **中国交通旅游图册**[M]. 北京：中国旅游出版社，2009. 第 118 页　兰州　古丝绸之路　莫高窟　拉卜楞寺　麦积山　崆峒山.

29. 人民交通出版社，编. **中国交通旅游地图册**[M]. 北京：人民交通出版社，2009. 第 252 页　重走丝绸之路　西安—兰州—敦煌—吐鲁番—乌鲁木齐.

30. 交通运输部体法司，编著. **路文化**[M]. 北京：人民交通出版社，2009. 第 49 页 三、丝绸之路.

31. 烟台市港航管理局，编. **潮动浪涌渤海湾**[M]. 北京：人民交通出版社，2009. 第 136 页 蓬莱崛起海上新“丝绸之路”.

32. 张锦鹏. **南宋交通史**[M]. 上海：上海古籍出版社，2008. 第 153 页 一、丝绸之路的兴起和繁盛.

33. 房仲甫，姚斓，著. **哥伦布之前的中国航海**[M]. 北京：海洋出版社，2008. 第 53 页 西汉：千年丝绸之路的开辟；第 86 页 唐代的海上丝绸之路.

34. 杨咏中，主编. **甘肃交通史话**[M]. 兰州：甘肃文化出版社，2008. 第 79 页 张骞“凿空”与丝绸之路贯通；第 82 页　丝绸之路过甘肃；第 92 页 丝绸之路“三绝三通”与班超父子的历史贡献；第 171 页　丝绸之路上的传法、取经人.

35. 邬永飞，张永前，符长荣，主编. **昭通市交通建设与区域发展研究**[M]. 昆明：云南美术出版社，2008. 第 65 页　一、南方丝绸之路的开通使昭通成为对内连接中原地区，对外经过滇中、滇西连接中国与东南亚、亚的纽带.

36. 墨川，著. **南宋大航海时代：中国第一部大宋航海史诗**[M]. 北京：经济管理出版社，2008. 第 29 页　第二章　源远流长：海上丝绸之路的发展；第 32 页　“海上丝绸之路”的由来；第 33 页　二、战国：海上丝绸之路的萌芽；第 39 页　东西两条丝绸之路；第 89 页　从“海上丝绸之路”到“海上陶瓷之路”；第 107 页 第五章　东方明珠：海上丝绸之路的起点.

37. 王扬，著. **人类交往史的重要组成：中外交流史**[M]. 武汉：湖北人民出版社，2007. 第 6 页　早期的丝绸之路.

38. 云中天，编著. **中国历史上的大航海**[M]. 北京：中国三峡出版社，2007. 第 213 页　开拓了海上丝绸之路.

39. 郑若葵，著. **中国古代交通图典**[M]. 昆明：云南人民出版社，2007. 第 340 页 汉代的丝绸之路；第 392 页　十六国时期的丝绸之路；第 421 页　丝绸之路.

40. 毕艳君，崔永红，著. **古道驿传**[M]. 西宁：青海人民出版社，2007. 第 41 页　丝绸之路河南道的开辟.

41. 白寿彝，著. **中国交通史**[M]. 北京：团结出版社，2007. 第 63 页 古代丝绸之路.

42. 天域北斗，编. **车行天下：中国驾车旅游地图集**[M]. 北京：中国旅游出版社，2006. 第78页 重走丝绸之路.

43. 曾志，刘琼雄，谭春鸿，著. **大船西来：哥德堡号重走海上丝路**[M]. 广州：广东教育出版社，2006.

44. 马继延，主编；云南省道路交通管理志编纂委员会，编纂. **云南省道路交通管理图志**[M]. 昆明：云南人民出版社，2006. 第22页 古南方陆上丝绸之路.

45. 山东省地图出版社，编. **中国高速公路及城乡公路网地图集**[M]. 济南：山东省地图出版社，2006. 第224页 丝绸古道上的金城——兰州；第224页 从丝绸之路走进历史 兰州→武威→山丹→张掖→酒泉→嘉峪关→敦煌；第243页 走丝绸古道 品火洲葡萄 乌鲁木齐→吐鲁番→哈密→巴里坤→敦煌.

46. 尹铉哲，著. **渤海国交通运输史研究**[M]. 北京：华龄出版社，2006. 第293页 第六章 渤海国的"丝绸之路"；第294页 第一节 渤海国在"丝绸之路"上的中介作用；第301页 第二节 通过渤海国"丝绸之路"进行的贸易.

47. 李金明，著. **海外交通与文化交流**[M]. 昆明：云南美术出版社，2006. 第183页 第八章 海上丝绸之路与全球贸易；第183页 一、联系福建与拉美贸易的海上丝绸之路.

48. 张天怀，编著. **中国外贸港口与航线**[M]. 北京：对外经济贸易大学出版社，2005. 第479页 我国古代陆上丝绸之路示意图；第482页 中西方陆上丝绸之路说明.

49. 孙彤，主编. **中国铁路彩色站台票鉴赏图集**[M]. 北京：北京出版社，2005. 第29页 丝绸之路；第30页 海上丝绸之路.

50. 牛鸿斌，任佳，主编. **跨世纪的中缅印通道——重建史迪威公路研究**[M]. 昆明：云南人民出版社，2005. 第2页 一 从南方丝绸之路到滇缅公路.

51. 童永生，刘秉德，主编；青海公路交通史志编审委员会办公室，编. **青海丝路**[M]. 西宁：青海人民出版社，2004.

52. 中国航海学会，泉州市人民政府，编. **泉州港与海上丝绸之路（二）**[M]. 北京：中国社会科学出版社，2003.

53. 房仲甫，李二和，著. **海上七千年**[M]. 北京：新华出版社，2003. 第9页 远洋"丝绸之路"的开辟.

54. 星球地图出版社，编. **中国交通图册**[M]. 北京：中国地图出版社，2003. 第171页 新疆维吾尔自治区 丝绸之路 吐鲁番.

55. 陈芝，主编；北京益达测绘技术开发公司，编. **新编中国旅游交通图册**[M]. 济南：山东省地图出版社，2002. 第188页 乌鲁木齐 乌鲁木齐附近 天山 天池 吐鲁番附近 丝绸之路.

56. 孙勇志，等，编著. **海洋航运**[M]. 北京：中国少年儿童出版社，2002. 第147页 我国古代的"海上丝绸之路"在哪里？.

57.《新编中国交通图册》编写组，编. **新编中国交通图册**[M]. 北京：人民交通出版社，2001. 第141页 乌鲁木齐 丝绸之路 伊宁附近 吐鲁番附近 天山天池.

58. 刘端遂，主编；甘肃省交通史志年鉴编写委员会编辑部，编辑. **甘肃交通年鉴2001**[M]. 兰州：兰州大学出版社，2001. 第308页《中国丝绸之路交通史》出版.

59.《陕西省道路交通管理志》编委会，编. **陕西省道路交通管理志・杨陵分志**[M]. 西安：

陕西人民出版社，2001. 第 57 页 第三节 丝绸之路.

60. 杨柏如，主编. **中国分省交通图集**[M]. 北京：人民交通出版社，2001. 第 74 页 乌鲁木齐 喀什 丝绸之路.

61. 星球地图出版社，编. **中国旅行地图册**[M]. 北京：星球地图出版社，2001. 第 132 页 兰州 古丝绸之路 嘉峪关 崆峒山 莫高窟 麦积山 鸣沙山—月牙泉 青海省.

62. 交通部中国公路交通史编审委员会，编. **中国丝绸之路交通史**[M]. 北京：人民交通出版社，2000.

63. 张红薇，等，编著. **驶向 21 世纪——交通运输的发展过程与发展趋势**[M]. 武汉：湖北教育出版社，1999. 第 61 页 第三节 汉武帝巡海及海上丝绸之路的开辟.

64. 职慧勇，主编；杨聪，编著. **交通：越走越宽的路**[M]. 北京：中国民族摄影艺术出版社，1999. 第 2 页 丝绸之路；第 12 页 丝绸之路的变迁与其它.

65. 西安测绘信息技术总站，编制. **新版中国分省交通图册**[M]. 北京：星球地图出版社，1999. 第 127 页 兰州、天水、敦煌、古丝绸之路.

66. 云南省德宏傣族景颇族自治州交通局，编. **古道神韵：德宏交通博览**[M]. 昆明：云南民族出版社，1999.

67. 高韬，编著. **新丝绸之路：陇海、兰新、北疆线漫游**[M]. 上海：上海科学普及出版社，1998.

68. 李子光，等，编著. **民用航空与旅游文化**[M]. 北京：京华出版社，1998. 第 399 页 三、世界闻名的丝绸之路.

69. 古龙高，编著. **新亚欧大陆桥经济方略**[M]. 南京：东南大学出版社，1998. 第 232 页 3 连云港作为“现代丝绸之路”东端起点的历史渊源和现实条件；第 232 页 1 连云港与“丝绸之路”的历史渊源；第 236 页 2 连云港作为“现代丝绸之路”东桥头堡的现实条件.

70. 张静芬. **中国古代的造船与航海**[M]. 北京：商务印书馆，1997. 第 57 页 八 海上丝绸之路.

71. 西安市交通局史志编纂委员会，编. **西安古代交通志**[M]. 西安：陕西人民出版社，1997. 第 77 页 第八章 丝绸之路；第 371 页 九、张骞与“丝绸之路”；第 675 页 九、谈“丝绸之路”的东端起点；第 686 页 十、“丝绸之路”与汉、唐长安文化.

72. 彭德清，主编. **中华海魂**[M]. 北京：人民交通出版社，1997. 第 56 页 三、海上丝绸之路.

73. 王崇焕，著. **中国古代交通**[M]. 北京：商务印书馆，1996. 第 19 页 3 著名的丝绸之路.

74. 吴景山，著. **丝绸之路交通碑铭**[M]. 北京：民族出版社，1995.

75. 樊保良，著. **中国古代少数民族与丝绸之路**[M]. 西宁：青海人民出版社，1994.

76. 邱克，著. **中国交通史论**[M]. 北京：人民交通出版社，1994. 第 61 页 海上丝绸之路与各国船舶.

77.《登州古港史》编委会，编. **登州古港史**[M]. 北京：人民交通出版社，1994. 第 40 页 第二节 以蓬莱为起点的东方丝绸之路；第 40 页 一、丝绸之路形成的条件；第 42 页 二、丝绸之路的发展.

78. 王子今，著．**秦汉交通史稿**[M]．北京：中共中央党校出版社，1994. 第 489 页 二 西南丝绸之路．
79. 白银市公路交通史编委会，编．**白银市公路交通史**[M]．北京：人民交通出版社，1993. 第 16 页 第二节 “丝绸之路”的开拓和境内的主要路段；第 17 页 二、“丝绸之路”的开拓和境内的主要路线；第 24 页 第一节 隋唐统一和“丝绸之路”的畅通；第 25 页 二、畅通的“丝绸之路”在境内主要路段及其变化；第 26 页 三、“丝绸之路”北路在运输和文化交流中的作用．
80. 新疆维吾尔自治区交通史志编纂委员会，编．**新疆古代道路交通史**[M]．北京：人民交通出版社，1992. 第 14 页 三、丝绸西运的通道；第 16 页 第二节 丝绸之路的开拓；第 24 页 三、丝绸之路三绝三通和新北道的形成；第 88 页 四、丝绸之路上的重要城镇．
81.《甘肃交通史志及年鉴》编委会，编．**临夏回族自治州公路交通史**[M]．兰州：甘肃民族出版社，1992. 第 3 页 第一节 丝绸之路南线的开拓与基本走向；第 53 页 第九节 丝绸之路上的瑰宝——炳灵寺．
82. 李明伟，著．**丝绸之路与西北经济社会研究**[M]．兰州：甘肃人民出版社，1992.
83. 新疆作家协会，《中国西部文学》编辑部，编．**北疆铁路建设回顾**[M]．乌鲁木齐：新疆人民出版社，1992. 第 196 页 让现代“丝绸之路”大放异彩（艾民）．
84. 洪钧，主编．**国际大通道：陇海兰新亚欧大陆桥纵横**[M]．北京：中国铁道出版社，1992. 第 205 页 四、现代“丝绸之路”新亚欧大陆桥（索占鸿）；第 347 页 四、丝绸之路必将成为世界旅游热线．
85. 陈鸿彝，著．**中华交通史话**[M]．北京：中华书局，1992. 第 83 页 第二节 丝绸之路与国际交通；第 113 页 （一）海上香丝之路的奠基；第 120 页 （二）陆上丝绸之路的新开拓．
86. 杨聪，编著．**中国少数民族地区交通运输史略**[M]．北京：人民交通出版社，1991. 第 144 页 二、唐宋时期丝绸之路的兴衰．
87. 董永和，主编；钱卫东，等，编写．**张掖地区公路交通史**[M]．北京：人民交通出版社，1991. 第 19 页 第二节 丝绸之路的开拓与张掖郡的设置；第 21 页 三 张掖郡的设置和丝绸之路在张掖境内的走向；第 41 页 二 张义潮归唐与丝绸之路的复通．
88. 李良明，主编；《阿克苏地区交通志》编纂委员会，编．**阿克苏地区交通志**[M]．北京：人民交通出版社，1991. 第 7 页 第一节 丝绸之路．
89. 桑恒康，著．**中国的交通运输问题**[M]．北京：北京航空航天大学出版社，1991. 第 21 页 3 国际间的丝绸之路．
90. 李杰，著．**大海扬帆**[M]．北京：海洋出版社，1991. 第 13 页 第二章 海上丝绸之路的繁盛；第 19 页 二、繁盛的汉代海上丝绸之路；第 170 页 第八章 筑起新的“海上丝绸之路”．
91. 张静芬，著．**中国古代造船与航海**[M]．天津：天津教育出版社，1991. 第 34 页 八 海上丝绸之路．
92. 杨克坚，主编；河南省交通史志编纂委员会，编．**河南公路运输史（第一册）：古代道路运输 近代道路运输**[M]．北京：人民交通出版社，1991. 第 34 页 一、中原同西域的交往与丝绸之路；第 50 页 二、通往西域丝绸之路的新发展.

93. 中国公路交通史编审委员会，编. **中国公路史（第一册）**[M]. 北京：人民交通出版社，1990. 第 24 页 第三节 两汉对西域道路的开通——丝绸之路；第 46 页 二、唐蕃古道——汉藏两族友好之路.

94. 张殿臣，白化文，顾涧清，主编. **连云港与海上丝绸之路**[M]. 北京：海洋出版社，1990. 第 102 页 推进新疆丝绸之路经济带交通枢纽中心建设的实践与思考（王新华）；第 319 页 “丝绸之路经济带”建设对国际道路运输发展的影响与对策（赵晓辉）.

95. 陆士井，主编；魏仁龙，等，编写. **中国公路运输史（第一册）**[M]. 北京：人民交通出版社，1990. 第 41 页 七、“丝绸之路”上的交通往来.

96. 曹进轩，主编. **天水地区公路交通史：古近代道路交通、现代公路交通**[M]. 兰州：兰州大学出版社，1990. 第 26 页 六、丝绸之路在天水的走向；第 41 页 二、丝绸之路的畅通与道路运输的繁忙.

97. 甘肃省公路交通史编写委员会，编. **当代甘肃的公路交通**[M]. 北京：人民交通出版社，1989. 第 224 页 第八节 繁忙的今日丝绸之路.

98. 王开，主编. **陕西古代道路交通史**[M]. 北京：人民交通出版社，1989. 第 218 页 第十节 京畿地区的“丝绸之路”南、北二道及南由路；第 221 页 一、丝绸的集散地——国际商业大都会长安；第 222 页 二、京畿地区的“丝绸之路”南、北二道.

99. 吴家诗，主编；马建和，等，编写. **黄埔港史·古、近代部分**[M]. 北京：人民交通出版社，1989. 第 22 页 三 繁忙的海上丝绸之路.

100. 青海公路交通史编委会，编. **青海公路交通史（第一册）：古代道路交通、近代公路交通**[M]. 北京：人民交通出版社，1989. 第 18 页 第一节 古青海路的形成与丝绸之路；第 49 页 一、开辟丝绸之路河南道.

101. 叶显恩，主编. **广东航运史·古代部分**[M]. 北京：人民交通出版社，1989. 第 44 页 一、海上丝绸之路的形成与广州市舶使的设置.

102. 张圣城，主编. **河南航运史**[M]. 北京：人民交通出版社，1989. 第 88 页 五中原的水上“丝绸之路”；第 124 页 四 北宋汴河在“丝绸之路”上的地位和作用.

103. 彭德清，主编. **中国航海史·古代航海史**[M]. 北京：人民交通出版社，1988. 第 45 页 第三节 西汉海上丝绸之路的开辟；第 48 页 二 汉武帝巡海及海上丝绸之路的形成；第 59 页 二 东汉海上丝绸之路的发展.

104. 王开，主编；宝鸡市公路交通史志编写办公室，编. **宝鸡古代道路志**[M]. 西安：陕西人民出版社，1988. 第 112 页 第四节 汉、唐时期通西域之路——“丝绸之路”南道.

105. 宁夏回族自治区交通厅编写组，著. **宁夏交通史·先秦——中华民国**[M]. 银川：宁夏人民出版社，1988. 第 19 页 第四节 西域文物与南北朝的“丝绸之路”.

106. 李世华，石道全. **甘肃公路交通史（第一册）：古代道路交通近代公路交通**[M]. 北京：人民交通出版社，1987. 第 28 页 第二节 丝绸之路的开拓；第 29 页 一、丝绸大道开拓前的甘肃东西交通概况；第 30 页 二、张骞出使西域同丝绸大道的开拓；第 33 页 三、河西四郡的创建与丝绸大道的通达；第 38 页 第三节 丝绸之路的基本走向；第 41 页 第四节 丝绸之路的变化；第 41 页 一、中西交通的“三绝三通”与班超等疏通丝绸大道的功绩；第 45 页 三、丝绸大道的变化；第 46 页 四、丝绸大道畅通后带来的影响；第 50 页 第五节 丝绸大道上的运输；第 50 页 一、丝绸运输；第 76 页 第二节 丝绸之路的繁荣及其影响.

107. 章巽，著. **章巽文集**[M]. 北京：海洋出版社，1986. 第 51 页 丝绸之路的西端——大秦中国间直接航海交通的开辟.

108.《航运史话》编写组，编. **航运史话**[M]. 上海：上海科学技术出版社，1978. 第 144 页 海上“丝绸之路”.

（六）旅游经济

1. 汪泓，主编. **中国邮轮产业发展报告** 2015[M]. 北京：社会科学文献出版社，2015.
2. 杨德进，主编. **国家旅游智库研究专辑 海洋旅游——国家视线与实践探索**[M]. 北京：中国旅游出版社，2015.
3. 宋子千，主编. **中国旅游评论·政策专辑**[M]. 北京：旅游教育出版社，2014. 第 44 页 经济带建设背景下丝绸之路旅游发展政策研究（尹贻梅）.
4. 胡静，主编. 2013 **中国旅游业发展报告**[M]. 北京：中国旅游出版社，2013. 第 26 页（七）邮轮旅游拟开辟海上丝绸之路.
5. 张祖群，著. **旅游文化与鉴赏**[M]. 北京：对外经济贸易大学出版社，2013. 第 197 页 第十章 遗产的旅游文化教学案例：价值认识、旅游发展与政府规治——以“丝绸之路：起始段和天山廊道的路网”为线索；第 213 页 第二节“丝绸之路：起始段和天山廊道的路网”“申遗”的政府规治.
6. 王兴斌，著. **旅坛忧思录（下卷）**[M]. 北京：旅游教育出版社，2013. 第 342 页 关于“丝绸之路”旅游区域合作的两个层面、三个层次.
7. 宁志中，主编. **旅游规划设计实践**[M]. 北京：中国建筑工业出版社，2012. 第 52 页 丝绸之路旅游区总体规划.
8. 谢贵安，谢盛，著. **中国旅游史**[M]. 武汉：武汉大学出版社，2012. 第 54 页 第二节 凿通西域与丝绸之路上的商务及宗教旅游；第 60 页 三、丝绸之路上的商务与宗教旅游.
9. 余昕，著. **西部体育旅游与休闲**[M]. 成都：西南交通大学出版社，2012.
10. 南宇，著. **西北丝绸之路五省跨区域旅游合作开发战略研究**[M]. 北京：科学出版社，2012.
11. 张胜男，编. **旅游文化管理**[M]. 北京：人民出版社，2012. 第 48 页 一、张骞与班超：丝绸之路上的使者.
12. 冯源，主编. **博鳌亚洲论坛成员国与中国海南旅游资源互补研究**[M]. 北京：当代中国出版社，2011. 第 113 页 哈萨克斯坦——古丝绸之路上的雄鹰（冯源）.
13. 贾云峰，编. **纵论江河**[M]. 北京：中国旅游出版社，2011. 第 207 页 第二节 【丝绸之路】黄河：九曲万里演绎中华文明——对话中国旅游协会、中国旅行社协会原秘书长、著名旅游营销专家李维瑜.
14. 韩春鲜，著. **中国干旱区域旅游可持续发展的理论探索**[M]. 北京：商务印书馆，2010. 第 185 页 【案例】丝绸之路入境旅游市场及其对乌鲁木齐旅游城市的感知.

15. 伍鹏，编著. **宁波旅游文化**[M]. 北京：海洋出版社，2010. 第 38 页 二、海上丝绸之路文化遗址.

16. 窦开龙，著. **甘肃文化旅游开发论**[M]. 北京：人民出版社，2010. 第 153 页 七、丝绸之路横贯甘肃的优势.

17. 中华人民共和国国家旅游局，编. **丝绸之路旅游区总体规划 2009—2020 年**[M]. 北京：中国旅游出版社，2010.

18. 赵宏，主编. **中国旅游文化概览**[M]. 西安：西安交通大学出版社，2010. 第 95 页 第十一章 中国的丝绸和丝绸之路；第 95 页 一、中国的丝绸；第 96 页 二、丝绸之路的起源与发展.

19. 杨桂华，著. **云南生态旅游**[M]. 北京：中国林业出版社，2010. 第 46 页 二、南方丝绸之路；第 257 页 一、户外徒步怀旧——南方丝绸之路.

20. 梁雪松，著. **区域旅游合作开发战略研究——以丝绸之路区域为例**[M]. 北京：科学出版社，2009.

21. 张岩，张滢，著. **新疆旅游研究与探索**[M]. 乌鲁木齐：新疆人民出版社，2009. 第 2 页 第一节 丝绸之路研究.

22. 胡幸福，主编. **趣闻广东**[M]. 北京：旅游教育出版社，2009. 第 5 页 南海神庙与海上丝绸之路；第 152 页 南海神——海上丝绸之路的护卫神.

23. 沈小君，吴繁，著. **旅游业务操作师**[M]. 北京：中国劳动社会保障出版社，2009. 第 79 页 一、中国“丝绸之路”线.

24. 朱桂凤，著. **中国人文旅游资源概论**[M]. 北京：中国林业出版社，2009. 第 20 页 3 古道路遗址：丝绸之路.

25. 田里，宋海岩，主编. **旅游业与民族地区发展 “第四届中国旅游论坛”论文集**[M]. 北京：中国旅游出版社，2009. 第 239 页 丝绸之路文化遗产的保护与开发（王淑芳、薛霄、耿莉萍）.

26. 梁雪松，著. **区域旅游合作发展战略研究**[M]. 北京：科学出版社，2009. 第 25 页 第二章 丝绸之路“申遗”与区域旅游业大发展；第 25 页 第一节 丝绸之路的历史及战略地位；第 34 页 第二节 丝绸之路“申遗”的实施及现实意义；第 35 页 第三节 旅游资源是丝绸之路的优势资源；第 39 页 第四节 旅游业在丝绸之路区域发展中的地位和作用；第 42 页 第三章 丝绸之路旅游业发展现状；第 42 页 第一节 丝绸之路区域旅游业发展的有利条件；第 55 页 第二节 丝绸之路区域旅游业发展的不利条件；第 61 页 第三节 丝绸之路区域旅游业发展的机遇；第 63 页 第四节 丝绸之路区域旅游业发展面临挑战；第 64 页 第五节 丝绸之路区域旅游合作现状分析；第 68 页 第四章 丝绸之路旅游客源市场分析；第 86 页 第三节 丝绸之路地区旅游市场存在的问题及采取的措施与对策；第 92 页 第四节 丝绸之路入境游客旅游行为分析研究；第 103 页 第五节 丝绸之路“文化边际域”中跨文化的东西方旅游者行为比较分析；第 110 页 第五章 丝绸之路区域旅游合作开发战略；第 140 页 第六章 丝绸之路区域旅游合作开发总体思路与行动基点；第 140 页 第一节 丝绸之路区域旅游合作开发总体思路；第 147 页 第二节 丝绸之路区域旅游合作发展机制；第 151 页 第三节 丝绸之路区域旅游合作开发行动基点；第 156 页 第七章 丝绸之路区域旅游合作开发总体布局；第 157 页 第

二节 丝绸之路区域旅游合作开发结构模式；第 171 页 第八章 丝绸之路各省区旅游开发空间结构与发展重点；第 193 页 第九章 丝绸之路旅游线路设计开发及应用；第 193 页 第一节 丝绸之路区域旅游线路设计分析；第 197 页 第二节 丝绸之路旅游线路的开发应用；第 226 页 附录一 丝绸之路主要旅游资源；第 231 页 附录二 丝绸之路沿线各国的世界遗产一览表；第 232 页 附录三 丝绸之路部分现代与古代城市名称对照表；第 233 页 附录四 丝绸之路入境旅游者市场调查表.

27. 魏小安，主编. **天下旅游看四川**[M]. 成都：成都时代出版社，2008. 第 462 页 平羌三峡：南方丝绸之路.
28. 徐日辉，著. **中国旅游文化史**[M]. 哈尔滨：黑龙江人民出版社，2008. 第 119 页 第六章 丝绸之路与旅游文化；第 119 页 第一节 丝绸之路的开通；第 131 页 第二节 丝绸之路上的旅游使者.
29. 万剑敏，主编. **中国旅游地理**[M]. 南昌：江西高校出版社，2008. 第 190 页 第六章 沙漠绿洲丝绸之路旅游区（新、甘、宁）.
30. 由亚男，李翠林，王冬萍，等，著. **新疆旅游产品开发新思路**[M]. 乌鲁木齐：新疆人民出版社，2008. 第 33 页 （一）欧美丝绸之路观光旅游产品规模和效益分析.
31. 万剑敏，陈少玲，主编. **中国旅游资源概况**[M]. 北京：科学出版社，2007. 第 263 页 第十章 沙漠绿洲丝绸之路旅游区（新、甘、宁）.
32. 黄少辉，等，著. **阳江市旅游发展总体规划**[M]. 西安：陕西旅游出版社，2007. 第 117 页 （一）阳江中国海上丝绸之路历史文化.
33. 平文艺，著. **四川文化旅游发展理论与实证研究**[M]. 成都：巴蜀书社，2007. 第 76 页 六、川东南竹海僰人文化、夜郎文化与南方丝绸之路旅游特色区.
34. 庞规荃，编著. **中国旅游地理**[M]. 北京：旅游教育出版社，2007. 第 61 页 第三节 陆上和海上“丝绸之路”；第 61 页 一、陆上“丝绸之路”及开辟；第 63 页 二、陆上“丝绸之路”与旅游；第 64 页 三、海上“丝绸之路”.
35. 林英南，著. **旅行的历史**[M]. 太原：希望出版社，2007. 第 108 页 丝绸之路.
36. 吕连琴，主编. **中国旅游地理**[M]. 郑州：郑州大学出版社，2006. 第 257 页 5 海上丝绸之路的起点.
37. 史广峰，编著. **导游考试模拟试题**[M]. 北京：中国旅游出版社，2006. 第 146 页 对开通陆路丝绸之路功劳最大的人是谁？.
38. 李曦，主编. **趣闻陕西**[M]. 北京：旅游教育出版社，2006. 第 237 页 丝绸之路国际旅游狂欢节.
39. 戴松成，主编. **天下黄河旅游文化丛书** 1[M]. 郑州：黄河水利出版社，2005. 第 42 页 世界旅游组织协调筹划丝绸之路游.
40. 邹树梅，著. **旅游史话**[M]. 天津：百花文艺出版社，2005. 第 14 页 丝绸之路的开拓.
41. 邱晓娟，编著. **私奔天下**[M]. 北京：科学技术文献出版社，2005. 第 8 页 第 1 辑 丝绸之路手记：海水也无法冷却的道路.
42. 钟惠文，罗兹柏，主编. **中国旅游地理**[M]. 北京：中国财政经济出版社，2005. 第 107 页 第五章 丝绸之路塞北风情旅游区.
43. 甘肃省政协港澳台侨和外事委员会，编. **甘肃外事旅游文化资源**[M]. 兰州：敦煌文艺出版社，2005. 第 16 页 丝绸之路与中国旅游（郑本法）；第 124 页 丝绸之路旅游资源的分类与整合（杨清汀）；第 342 页 建设人文生态旅游基地是平凉旅游产业发展的必由之路（王守智、刘玉泰）.

44. 北京金旅雅途信息科技有限公司，编. **中国公认黄金旅游品牌 800 家（上卷）**[M]. 广州：广东旅游出版社，2005. 第 293 页 丝绸之路神秘依旧 黄河风情魅力无限（邓志涛 甘肃省旅游局局长）.
45. [英]迈拉·沙克利，著. **游客管理：世界文化遗产管理案例分析**[M]. 张晓萍，何昌邑，等，译. 昆明：云南大学出版社，2004. 第 10 页 第二章 乌兹别克斯坦的布哈拉——丝绸之路上的一个绿洲城市.
46. 纪俊超，李元杰，编. **导游知识千题解**[M]. 北京：旅游教育出版社，2004. 第 114 页 丝绸之路是如何开通的？.
47. 李树民，主编. **西部旅游业实现跨越式发展的背景与对策**[M]. 北京：经济科学出版社，2004. 第 99 页 第五章 以丝绸之路旅游为例证对西部旅游资源开发的研究 第一节 丝绸之路的历史沿革；第 105 页 第二节 丝绸之路旅游的开发现状；第 110 页 第三节 借鉴丝绸之路旅游，实施西部旅游资源的开发.
48. 王永忠，著. **西方旅游史**[M]. 南京：东南大学出版社，2004. 第 49 页 三、丝绸之路——罗马与东方的商业和文化的纽带.
49. [澳]DAVID WEAVER，著. **生态旅游**[M]. 杨桂华，等，译. 天津：南开大学出版社，2004. 第 421 页 案例研究：穆都玛雅及丝绸之路的产品一体化.
50. 袁绍荣，等，主编. **中国旅游经济地理**[M]. 广州：华南理工大学出版社，2003. 第 323 页 第十四章“丝绸之路”旅游区.
51. 庞规荃，编著. **中国旅游地理**[M]. 北京：旅游教育出版社，2003. 第 53 页 第五节 丝绸之路与旅游；第 53 页 一、陆上丝绸之路；第 54 页 二、陆上丝绸之路的旅游资源；第 55 页 三、海上丝绸之路.
52. 刘滨谊，等，著. **自然原始景观与旅游规划设计——新疆喀纳斯湖**[M]. 南京：东南大学出版社，2002. 第 91 页 附四：丝绸之路与古代欧亚大陆的东西方文化交流（摘要）；第 96 页 附六：草原丝绸之路与张骞通西域路线图（略考）.
53. 王三北，等，编著. **导游基础**[M]. 兰州：甘肃人民出版社，2002.
54. 戴松年，主编. **导游基础知识**[M]. 北京：旅游教育出版社，2002. 第 270 页 五、丝绸之路游.
55. 王三北，欧阳正宇，秦斌峰，编著. **导游基础**[M]. 兰州：甘肃人民美术出版社，2002. 第 280 页 第十三章 丝绸之路；第 280 页 第一节 丝绸之路概述；第 281 页 第二节 丝绸之路的历史之旅；第 282 页 一、丝绸之路的缘起；第 284 页 二、丝绸之路的开通；第 288 页 三、政权割据与丝绸之路的曲折发展；第 289 页 四、丝绸之路走向繁荣；第 290 页 五、丝绸之路的转折；第 290 页 六、欧亚交通与丝绸之路；第 291 页 七、海上丝绸之路；第 292 页 八、官马西道与丝绸之路；第 292 页 九、亚欧大陆桥与现代丝绸之路；第 293 页 第三节 丝绸之路上的驿站、关隘、桥梁和渡口；第 296 页 第四节 丝绸之路的旅游资源.
56. 李子光，等，主编. **旅游交通与旅游文学**[M]. 北京：中国铁道出版社，2001. 第 24

页 五、世界闻名的丝绸之路.

57. 保继刚，等，主编. **城市旅游的理论与实践**[M]. 北京：科学出版社，2001. 第 55 页 福建沿海人文旅游资源突出的县级城市旅游发展战略研究——以海上丝绸之路起点历史名城南安市旅游规划研究为例.
58. 钟惠文，罗兹柏，主编. **中国旅游地理**[M]. 北京：中国财政经济出版社，2001. 第 79 页 第五章 丝绸之路塞北风情旅游区.
59. 张林，编. **旅游汉英分类辞典**[M]. 昆明：云南大学出版社，2001. 第 80 页 甘肃省（古丝绸之路）.
60. 宋志敏，主编. **中国旅游地理**[M]. 郑州：黄河水利出版社，2001. 第 273 页 甘新丝绸之路浪漫旅.
61. 何光暐，主编；中华人民共和国国家旅游局，编. **全国旅行社名录：旅游·旅行社指南·2001 国际旅行社**[M]. 北京：中华工商联合出版社，2001. 第 293 页 甘肃丝绸之路国际旅行社.
62. 薛正昌，著. **固原旅游文化与开发**[M]. 银川：宁夏人民出版社，2000. 第 141 页 丝绸之路上的明珠——须弥山石窟佛教艺术；第 141 页 丝绸之路与须弥山石窟.
63. 徐进，主编. **现代旅行社运行与管理实务全书（上）**[M]. 北京：北京燕山出版社，2000. 第 4 页 二、丝绸之路游.
64. 徐进. **旅游开发规划及景点景区管理实务全书** 4[M]. 北京：北京燕山出版社，2000. 第 2726 页 第二节 西部地区的“丝绸之路”旅游带.
65. 肖晓，黄世礼，等，编著. **中国西部旅游经济**[M]. 成都：四川辞书出版社，2000. 第 50 页 第五节 “丝绸之路”游；第 145 页 第三节 西北塞外“丝绸之路”景观旅游——陕、甘、宁、新.
66. 本书编委会，编写. **旅游开发规划及景点景区管理实务全书**[M]. 北京：北京燕山出版社，2000. 第 2603 页 第六节 开拓知识化管理之路；第 2726 页 第二节 西部地区的“丝绸之路”旅游带.
67. 国家旅游局，编. **2000 年全国旅行社名录·国际社分册**[M]. 北京：中华工商联合出版社，2000. 第 167 页 永不衰落的产品——丝绸之路漫谈；第 272 页 开拓中国饭店管理公司的发展之路.
68. 《中国旅游百科全书》编委会，编. **中国旅游百科全书**[M]. 北京：中国大百科全书出版社，1999. 第 104 页 中国丝绸博物馆；第 197 页 中国丝绸；第 239 页 丝绸之路旅游路线.
69. 何光暐，主编；中华人民共和国国家旅游局，编. **中国·旅行社指南·1999 国内社分册**[M]. 北京：中华工商联合出版社，1999. 第 336 页 甘肃丝绸之路国际旅行社.
70. 陈及霖，著. **福建旅游地理**[M]. 福州：海潮摄影艺术出版社，1999. 第 116 页 搞好“海上丝绸之路”旅游景点的修复；第 242 页 （3）“海上丝绸之路”访古考察旅游景点.
71. 吉林工业大学人文社会科学学院旅游学系，编. **中国旅游文化事典·吉林卷**[M]. 北京：中国旅游传播出版社，1999. 第 369 页 东北亚丝绸之路；第 371 页 东北亚丝绸之路有几条；第 376 页 谁发明的丝绸；第 378 页 第一条丝绸之路；第 381 页 箕子朝鲜与丝绸之路.

72. 李维青，主编. **吐鲁番旅游经济战略研究**[M]. 乌鲁木齐：新疆人民出版社，1999. 第154页 二、“中国‘丝绸之路’吐鲁番葡萄节”.
73. 彭小平，著. **中国走向世界的历史轨迹——中国海外旅行与文化交流**[M]. 长沙：湖南人民出版社，1999. 第11页 二、开通“丝绸之路”中国走向世界的第一步；第15页“凿空”西域，张骞受命首辟“丝绸之路”.
74. 邵骥顺，编著. **中国旅游历史文化概论**[M]. 上海：上海三联书店，1998. 第87页 八、丝绸之路上的古城.
75. 刘桂桐，刘桂枢，王静，等，编著. **旅游指南篇**[M]. 济南：山东大学出版社，1998. 第365页 丝绸之路上的一道屏障——火焰山.
76. 庞规荃，编. **中国旅游地理**[M]. 修订版. 北京：旅游教育出版社，1997. 第82页 第三节　陆上和海上“丝绸之路”；第82页　一、陆上“丝绸之路”及开辟；第84页　二、“丝绸之路”与旅游；第86页　三、海上“丝绸之路”.
77. 石高俊，编著. **中国旅游资源**[M]. 南京：江苏教育出版社，1996. 第530页 九、西北翰海景观、丝绸之路古迹旅游资源区.
78. 阎友兵，著. **旅游线路设计学**[M]. 长沙：湖南地图出版社，1996. 第265页 五、丝绸之路游.
79. 魏小安，著. **旅游发展与管理**[M]. 北京：旅游教育出版社，1996. 第162页 丝绸之路.
80. 广东省旅游局，广东省旅游协会，广东省旅游学会，编. **广东人谈旅游文化：广东省旅游文化研讨会论文选集**[M]. 广州：广东旅游出版社，1996. 第265页 突出历史特色开发“南越国文化——海上丝绸之路”旅游景区（赵立人）.
81. 袁绍荣，等，主编. **中国旅游经济地理**[M]. 广州：华南理工大学出版社，1995. 第323页　第十四章“丝绸之路”旅游区.
82. 汪贵生，骆耀南，主编；四川省旅游地学研究会，编. **旅游地学研究与旅游资源开发3**[M]. 成都：四川科学技术出版社，1995. 第310页　重建丝绸之路新的繁荣（郑本兴）.
83. 王正华，主编；上海春秋国际旅行社，编. **新编中国旅游必读**[M]. 上海：百家出版社，1994. 第138页　三、张骞与“丝绸之路”.
84. 陈志学，编著. **导游员业务知识与技能**[M]. 北京：中国旅游出版社，1994. 第263页　五、丝绸之路之游.
85. 陈及霖，著. **福建旅游地理**[M]. 福州：海潮摄影艺术出版社，1993. 第104页　2、搞好“海上丝绸之路”旅游景点的修复开发.
86. 王治农，主编. **西昌螺髻山、邛海地区旅游资源开发研究文集**[M]. 成都：四川民族出版社，1992. 第262页　西昌——西南古丝绸之路的重要通道（张运鹏）.
87. 中国旅游年鉴编辑委员会，编. **中国旅游年鉴** 1991[M]. 北京：中国旅游出版社，1991. 第104页　中国丝绸博物馆；第197页　中国丝绸；第239页　丝绸之路旅游路线.
88. 雷明德，主编. **旅游地理**[M]. 西安：陕西人民出版社，1990. 第173页 第九章　西北干旱景观与丝绸之路旅游地区；第180页　第三节　丝绸之路旅游概览.
89. 朱玉槐，主编. **旅游学辞典**[M]. 西安：陕西人民出版社，1989. 第655页　主题旅游：丝绸之路；第697页　中国丝绸博物馆.

90. 薄熙成，王大悟，主编. **旅游经营管理指南·北京和沿海城市**[M]. 上海：上海社会科学院出版社，1988. 第 595 页 泉州——“海上丝绸之路”的起点（澄心）.
91. 刘振礼，等，编著. **中国旅游地理**[M]. 天津：南开大学出版社，1988. 第 299 页 第十四章 丝绸之路——甘新旅游区.
92. 侯宪举，主编. **陕西旅游地理**[M]. 西安：三秦出版社，1987. 第 56 页 第二节 古丝绸之路的起点；第 58 页 二 丝绸之路上的使者与名人.
93. 刘振礼. **旅游地理**[M]. 天津：南开大学出版社，1987. 第 397 页 第十八章 丝绸之路——甘新旅游区.
94. 上海春秋旅游社，编著. **国内旅游必读**[M]. 上海：上海社会科学院出版社，1986. 第 132 页 三、张骞与“丝绸之路”.
95. 刘世杰，王立纲，编著. **旅游经济小辞典**[M]. 北京：中国展望出版社，1983. 第 69 页 “丝绸之路”旅游.

（七）邮电经济

1. 杨少龙，著. **华为靠什么：任正非创业史与华为成长揭秘**[M]. 北京：中信出版社，2014. 第 192 页 开辟“新丝绸之路”.
2. 孙凯，豆世红，著. **华为营销：征战全球的立体战术**[M]. 北京：机械工业出版社，2013. 第 2 页 案例 1：踏上重塑形象的“新丝绸之路”.
3. 初笑钢，著. **任正非的七种武器**[M]. 北京：机械工业出版社，2011. 第 90 页 第五节 新东方丝绸之路.
4. 张贯京，著. **海外创始人解密国际化中的华为——华为四张脸**[M]. 广州：广东经济出版社，2007. 第 121 页 5 丝绸之路，国家营销；第 123 页 “新丝绸之路”，让世界了解高歌猛进的中国.
5. 中国城乡经济发展研究中心，北京银联康达城乡经济研究所，编辑. **中国区县经济论坛（下）**[M]. 北京：中国社会出版社，2004. 第 2347 页 边城辉煌依旧 明珠闪耀迎宾——前进中的丝绸之路明珠和田市（新疆维吾尔自治区和田市人民政府办公室尹合国）.
6. 张庆忠，著. **普天·中国制造**[M]. 北京：中国言实出版社，2000. 第 236 页 丝绸之路在延伸.

（八）贸易经济

1. 赵江林，著. **中美丝绸之路战略比较研究：兼议美国新丝绸之路战略对中国的特殊意义**[M]. 北京：社会科学文献出版社，2015.
2. 谭元亨，著. **广州十三行：明清 300 年艰难曲折的外贸之路**[M]. 广州：广东经济出版社，2015.
3. 王金波，著. **“一带一路”建设与东盟地区的自由贸易区安排**[M]. 北京：社会科学文献出版社，2015.
4. 许明，著. **一本书读懂世界商业史**[M]. 北京：中国铁道出版社，2014. 第 14 页 丝绸之路：东西方商业文明的纽带.

5. 姚玲珍，主编．**当代中国经贸概况**[M]．北京：高等教育出版社，2014．第 16 页 案例 2-2 重振丝绸之路．
6. 冷东，金峰，肖楚熊，著．**十三行与岭南社会变迁**[M]．广州：广州出版社，2014．第 24 页 二、十三行与丝绸之路．
7. 马媛，著．**新丝绸之路：重新开始的旅程（俄文）**[M]．北京：五洲传播出版社，2014．
8. 马媛，著．**新丝绸之路：重新开始的旅程（英文）**[M]．北京：五洲传播出版社，2014．
9. 马媛，著．**新丝绸之路：重新开始的旅程**[M]．北京：五洲传播出版社，2014．
10. 孙玉琴，编著．**中国对外贸易史**[M]．2 版．北京：清华大学出版社，2013．第 1 页 第一章 丝绸之路的形成与畅通；第 2 页 第一节 远古时代的东西方交通及早期的丝绸外传；第 2 页 一、丝绸之路的基本含义与丝绸之路学．
11. 王贤辉，著．**明清洪江商帮**[M]．哈尔滨：黑龙江教育出版社，2013．第 7 页 第二回 水上“丝绸之路”．
12. 潘义勇，著．**中国南海经贸文化志**[M]．广州：广东经济出版社，2013．第 13 页 第二章 秦至南朝中国南海海上丝绸之路开辟与经贸文化发展．
13. 苏文菁，主编；徐晓望，著．**闽商发展史・总论卷・古代部分**[M]．厦门：厦门大学出版社，2013．第 84 页 四、元代福建海上丝绸之路的发展．
14. 陈德人，张少中，高功步，主编．**电子商务案例分析**[M]．2 版．北京：高等教育出版社，2013．第 68 页 2 网上丝绸之路——金蚕网．
15. 马娇，编．**海上交通和海上贸易**[M]．长春：吉林出版集团有限责任公司，2012．第 71 页 海上丝绸之路．
16. 余太山，丛书主编；殷晴，著．**丝绸之路经济史研究**[M]．兰州：兰州大学出版社，2012．
17. 殷晴，著．**丝绸之路经济史研究**[M]．兰州：兰州大学出版社，2012．
18. 李新岭，编著．**和田玉鉴赏与投资 2**[M]．北京：印刷工业出版社，2012．
19. “海上丝绸之路”研究中心，编．**跨越海洋**[M]．宁波：宁波出版社，2012．
20. 姜歆，著．**天下回商（上）：回族民间商业路线图及其文化**[M]．银川：宁夏人民出版社，2011．第 1 页 第一章 丝绸之路 一、丝绸之路上的阿拉伯商人．
21. 赵茜，编著．**和田玉鉴赏与投资**[M]．北京：印刷工业出版社，2011．第 20 页 玉文化——丝绸之路的前驱．
22. 胡祖光，吕福新，崔砺金，编．**浙商模式创新经典案例**[M]．2010 版．杭州：浙江人民出版社，2011．第 230 页 创新模式 30 传统制造业突围“丝绸之路”：从“哭泣曲线”到“微笑曲线”的华丽转身．
23. 李瑞哲，著．**古代丝绸之路胡商活动及其影响研究**[M]．西安：陕西人民出版社，2011．
24. 章夫，等，编．**锦江商脉：三千年商路暨南方丝绸之路**[M]．成都：四川文艺出版社，2011．
25. [澳]贝哲民，著．**新丝绸之路：阿拉伯世界如何重新发现中国**[M]．北京：东方出版社，2011．
26. 房秀文，林锋，著．**中华商业文化史论（第二卷）：变异的传统商业文化**[M]．北京：中国经济出版社，2011．第 126 页 第四章 丝绸之路的成就与缺憾 第一节 为中国商人走出国门打开“绿色通道”．

27. 张忠义，主编. **中国收藏拍卖年鉴** 2011[M]. 北京：新华出版社，2011. 第 57 页 科技与传统结合是中国书画鉴定的必由之路（张忠义）；第 141 页 苏州市将建中国蚕桑丝绸博物馆；第 142 页 浙江“丝绸之路——中国丝绸艺术展”在哈萨克斯坦独立宫隆重开幕；第 158 页 “丝绸之路——大西北遗珍”展在陕西开幕；第 171 页 “中国古代海上丝绸之路沿途非物质文化遗产展”开展；第 201 页 四川在古南丝绸之路发现大型史前聚落遗址.
28. 吴慧，著. **商业史话**[M]. 北京：社会科学文献出版社，2011. 第 57 页 九 张骞通西域与丝绸之路；第 61 页 丝绸之路的开辟.
29. [美]伯恩斯坦，著. **茶叶・石油・WTO：贸易改变世界**[M]. 海口：海南出版社，2010. 第 1 页 丝绸之路的启示；第 3 页 古丝绸之路.
30. 李明伟，著. **丝绸之路贸易研究**[M]. 乌鲁木齐：新疆人民出版社，2010.
31. 李庆新，著. **濒海之地：南海贸易与中外关系史研究**[M]. 北京：中华书局，2010. 第 354 页 海上丝绸之路的几个问题；第 356 页 一 东西方濒海各国是海上丝绸之路的发祥地；第 359 页 二 海上丝绸之路是古代世界经济交往的重要渠道；第 361 页 三 海上丝绸之路是不同民族宗教、文化交流的桥梁.
32. 叶曙明，著. **广交会**[M]. 广州：广东教育出版社，2010.
33. 梁素娟，谭慧，著. **中国商人性格地图**[M]. 广州：广东人民出版社，2010. 第 290 页 第二十六章 边塞陲地独立坚守的甘肃商人河西走廊，丝绸之路的辉煌；第 302 页 第二十八章 黄沙深处的神秘、奔放和虔诚的新疆商人驼铃幽幽的丝绸之路.
34. 胡戟，主编. **西市宝典（下）：丝绸之路与西市**[M]. 西安：陕西师范大学出版社，2009.
35. 何川江，著. **风雨商路・中国商人 5000 年**[M]. 北京：中国民主法制出版社，2009. 第 200 页 丝绸之路是张骞开通的吗.
36. 胡戟，主编. **西市宝典（上）：隋唐长安与西市**[M]. 西安：陕西师范大学出版社，2009.
37. 胡少平，著. **国际贸易纵横谈**[M]. 北京：经济日报出版社，2009. 第 209 页 二、西汉时期开创的“丝绸之路”.
38. 王彬，主编. **历史上的大唐西市**[M]. 西安：陕西人民出版社，2009.
39. 张俊杰，编著. **品商人**[M]. 北京：石油工业出版社，2009. 第 7 页 二、广东商人——开创“中国创造”之路；第 146 页 十八、西北商人——新丝绸之路连通欧亚大陆好出门不如赖在家.
40. 牛志文，编著. **饭店实用心理服务职业技能培训**[M]. 北京：电子工业出版社，2008. 第 67 页 情景再现：客人的“丝绸之路”情结.
41. 北京大陆桥文化传媒，编著. **香料之路**[M]. 北京：中国青年出版社，2008. 第 26 页 错失掌控香料之路的机遇；第 32 页 繁华如梦：探秘海上丝绸之路；第 41 页 广州在海上丝绸之路的地位.
42. 山西财经大学晋商研究院，编. **晋商与中国商业文明**[M]. 北京：经济管理出版社，2008. 第 226 页 丝绸之路上的国际货币（公元 8 世纪以前）（张亚兰）.
43. 谭元亨，主编. **客商**[M]. 北京：人民出版社，2008. 第 181 页 海上丝绸之路与商业文明.
44. 孙玉琴，编著. **中国对外贸易史**[M]. 北京：清华大学出版社，2008. 第 1 页 第一章 丝绸之路的形成；第 2 页 第一节 远古时代的东西方交通及早期的丝绸外传；第 2 页 一、丝绸之路的基本含义与丝绸之路学.

45. 周秒炼，编著. **餐饮经营与管理**[M]. 杭州：浙江大学出版社，2008. 第 176 页 案例八 “丝绸之路”主题宴会的启示.

46. 黄永智，主编. **广东外经贸之路：纪念改革开放三十周年**[M]. 广州：广东人民出版社，2008. 第 261 页 奏响丝绸之路新乐章（蔡高声）.

47. 山西省政协《晋商史料全览》编辑委员会，编. **晋商史料全览·商镇卷**[M]. 太原：山西出版传媒集团，山西人民出版社，2007. 第 218 页 古丝绸之路上的屯留余吾.

48. 温翠芳，著. **唐代外来香药研究**[M]. 重庆：重庆出版社，2007. 第 1 页 序论 问题的提出——丝绸之路上的贸易额是如何平衡的？.

49. 须同凯，主编. **丝绸之路上的新商机：中亚经贸投资指南**[M]. 北京：中国海关出版社，2007.

50. 曾郁娟，主编. **餐馆赢在细节**[M]. 北京：中国物资出版社，2007. 第 197 页 精美的“丝绸之路”.

51. 王孝通，著. **中国商业史**[M]. 北京：团结出版社，2007. 第 6 页 唐时海上丝绸之路地图；第 60 页 活跃在丝绸之路上的商队.

52. 孔永生，主编. **餐饮细微服务**[M]. 北京：中国旅游出版社，2007. 第 116 页 梦回“丝绸之路”.

53. 王晶，主编. **中国各省商人性格揭秘**[M]. 北京：中国经济出版社，2007. 第 254 页 河西走廊，丝绸之路的辉煌.

54. [美]艾梅霞，著. **茶叶之路**[M]. 范蓓蕾，等，译. 北京：中信出版社，2007.

55. 马龙龙，主编. **流通产业结构**[M]. 北京：清华大学出版社，2006. 第 245 页 案例：中华商埠开拓网上“丝绸之路”.

56. 周千军，等，著. **月明故乡**[M]. 宁波：宁波出版社，2006. 第 54 页 宁波：“海上丝绸之路”东端的著名港口（董贻安、徐建成）；第 58 页 东方出“神舟”海上书华章——宁波“海上丝绸之路”巡礼（董贻安）.

57. 丁溪，主编. **中国对外贸易**[M]. 北京：中国商务出版社，2006. 第 16 页 第一节 汉代的经济发展概况和丝绸之路；第 19 页 第二节 汉代海上丝绸之路的初步形成.

58. 周声平，著. **中国美容年鉴 2005—2006**[M]. 广州：南方日报出版社，2006. 第 117 页 美容丝绸之路.

59. 山西省政协《晋商史料全览》编辑委员会，大同市政协《晋商史料全览·大同卷》编辑委员会，编. **晋商史料全览·大同卷**[M]. 太原：山西人民出版社，2006. 第 69 页 北魏时期丝绸之路与北魏平城.

60. 李东颖，祖薇薇，黄勇，编著. **尝遍世界美味：北京外国风味餐厅地图**[M]. 北京：中国宇航出版社，2005. 第 39 页 丝绸之路意大利餐厅.

61. 吴慧，主编. **中国商业通史（第三卷）**[M]. 北京：中国财政经济出版社，2005. 第 203 页 五、西夏与回鹘的贸易及其对丝绸之路的经营；第 377 页 一、自西北经由丝绸之路出境的陆路对外贸易.

62. 孙玉琴，编著. **中国对外贸易史教程**[M]. 北京：对外经济贸易大学出版社，2005.

63. 杨涌泉，编著. **中国十大商帮探秘**[M]. 北京：企业管理出版社，2005. 第 190 页 丝绸之路的起源地——陕西.
64. 孟昭勋，等，著. **丝路商魂：新西欧大陆桥再创辉煌**[M]. 西安：陕西人民出版社，2004. 第 1 页 第一章 中国汉代与丝绸之路；第 20 页 四、西域都府与丝绸贸易；第 43 页 三、丝绸之路上的城镇与市场.
65. 孟昭勋，岳珑，主编. **丝路商魂——新亚欧大陆桥再创丝路辉煌**[M]. 西安：陕西人民出版社，2004.
66. 陈宪，张鸿，编著. **国际贸易：理论・政策・案例**[M]. 上海：上海财经大学出版社，2004. 第 37 页 专栏 2-1 丝绸之路——东西方文明交往的通道.
67. 黄文波，编著. **餐饮管理**[M]. 天津：南开大学出版社，2004. 第 131 页 案例分析“丝绸之路”主题宴会的启示.
68. 胡琨，主编；昆明市对外贸易经济合作局，编. **昆明市对外经济贸易志**[M]. 昆明：云南民族出版社，2003. 第 63 页 一、南方丝绸之路.
69. 尹翔硕，著. **中国外贸结构调整的实证分析**[M]. 太原：山西经济出版社，2003. 第 99 页 1 从“丝绸之路”走出来的纺织品出口大国.
70. 中华人民共和国国家旅游局旅游涉外饭店星级评定委员会办公室，主编. **中国星级饭店指南（中英文本）**[M]. 北京：中国旅游出版社，2003. 第 910 页 丝绸之路宾馆.
71. 智汇工作室，编. **开小店赚大钱**[M]. 重庆：重庆出版社，2003. 第 170 页 案例 2 西部阳光：网络时代的丝绸之路.
72.《吃在北京》编辑部，编. **吃在北京**[M]. 北京：中国轻工业出版社，2002. 第 4 页 长城饭店・丝绸之路餐厅.
73. 张海英，著. **明清江南商品流通与市场体系**[M]. 上海：华东师范大学出版社，2002. 第 296 页 五、南洋贸易与太平洋丝绸之路.
74. 吴兴南，著. **云南对外贸易史**[M]. 昆明：云南大学出版社，2002. 第 19 页 一、南方陆上“丝绸之路”地位的加强.
75. 北京城市指南文化传播有限公司，编. **吃在北京**[M]. 北京：中国商业出版社，2002. 第 40 页 长城饭店——丝绸之路餐厅.
76. 谢圣鸿，著. **您能超越百万富翁**[M]. 北京：中国物价出版社，2002. 第 24 页 丝绸之路.
77. 夏秀瑞，孙玉琴，编著. **中国对外贸易史（第 1 册）**[M]. 北京：对外经济贸易大学出版社，2001. 第 3 页 第二节 早期的丝绸外传；第 4 页 第三节 丝绸之路的形成；第 9 页 第一节 张骞通西域和丝绸之路的畅通；第 12 页 二、丝绸之路的路线；第 17 页 三、汉代对丝绸之路的维护；第 21 页 第二节 海上丝绸之路的初步形成；第 40 页 第一节 丝绸之路的发展变化；第 44 页 二、丝绸之路路线的变化；第 45 页 第二节 海上丝绸之路的发展；第 50 页 三、海上丝绸之路的延伸；第 433 页 附图一 中国境内丝绸之路示意图；第 434 页 附图二 中国境外丝绸之路示意图.
78. 刘焱，等，著. WTO **与纺织服装营销**[M]. 武汉：湖北人民出版社，2001. 第 57 页 3 丝绸之路向何处延伸.
79. 汪昌海，李桂娥，等，编著. **华夏货殖五千年**[M]. 武汉：湖北人民出版社，2000. 第 90 页 丝绸之路：我国对外贸易的兴起.

80. 吴慧，著. **商业史话**[M]. 北京：中国大百科全书出版社，2000. 第 61 页 九、张骞通西域与丝绸之路；第 65 页 丝绸之路的开辟.

81. 李任芷，主编. **旅游饭店经营管理服务案例**[M]. 北京：中华工商联合出版社，2000. 第 223 页 二、“丝绸之路”主题宴会的启示.

82. 邱宝林，著. **中国石油挑战 WTO：一名石油记者的视角**[M]. 北京：石油工业出版社，2000. 第 214 页 丝绸之路：能源之路.

83. 宋海波，许荣，编著. **中国加入 WTO 对上市公司的影响**[M]. 北京：企业管理出版社，2000. 第 229 页 第七章 纺织行业上市公司的丝绸之路.

84. 李萍，编. **上海饭店 300 家（上）**[M]. 上海：上海远东出版社，2000. 第 103 页 丝绸之路大饭店.

85. 田连会，丁玉章，著. **商业自动化**[M]. 北京：中国经济出版社，1999. 第 12 页 （三）无纸交易的“空中丝绸之路”——电子数据交换 edi.

86. 李文庠，等，著. **读史悟商赢天下 · 中国历史卷**[M]. 郑州：河南人民出版社，1999. 第 172 页 国际贸易一定增财——从“丝绸之路”想到的.

87. 郭学勤，编著. **中华商德**[M]. 北京：中华工商联合出版社，1998. 第 35 页 丝绸之路友善为德.

88. 董孟雄，郭亚非，著. **云南地区对外贸易史**[M]. 昆明：云南人民出版社，1998. 第 6 页 二、“南丝绸之路”和古代的民间交往.

89. 汤标中，著. **华夏商魂：商业经济思想文萃**[M]. 北京：生活 · 读书 · 新知三联书店，1998. 第 114 页 永放异彩的丝绸之路.

90. 李明伟，主编. **丝绸之路贸易史**[M]. 兰州：甘肃人民出版社，1997.

91. 李希曾，主编；阳泉市政协文史资料委员会，编. **晋商史料与研究**[M]. 太原：山西人民出版社，1996. 第 223 页 山西与“丝绸之路”（渠绍淼）.

92. 中国商业史学会，编. **货殖：商业与市场研究（第 2 辑）**[M]. 北京：中国财政经济出版社，1996. 第 712 页 丝绸之路上的奔马——甘肃凉州皇台酒厂的调查报告（赵书华）.

93. 王振忠，姚政，主编. **世界商战通鉴**[M]. 北京：国际文化出版公司，1995. 第 389 页 铺一条新“丝绸之路”.

94. 蒋致洁，著. **丝绸之路贸易与西北社会研究**[M]. 兰州：兰州大学出版社，1995.

95. 徐德志，等，编著；岭南文库编辑委员会，广东中华民族文化促进会，编. **广东对外经济贸易史**[M]. 广州：广东人民出版社，1994. 第 3 页 第一篇 扬帆海上丝绸之路；第 9 页 三、海上丝绸之路——广东对外贸易的通途；第 16 页 第二章 称雄海上丝绸之路.

96. 王恒伟，主编. **中外商贸大百科**[M]. 长春：吉林科学技术出版社，1994. 第 1247 页 丝绸之路节.

97. 傅立民，贺名仑，主编. **中国商业文化大辞典（上）**[M]. 北京：中国发展出版社，1994. 第 528 页 丝绸之路传新乐；第 838 页 丝绸之路.

98. 钟游文，编. **中国星级饭店大全**[M]. 北京：中国旅游出版社，1994. 第 108 页 丝绸之路大酒店.

99. 鲁德胜，傅天祝，主编. **西方管理在中国的应用：长城饭店管理模式与操作实务**[M]. 北京：中国旅游出版社，1994. 第 610 页 丝绸之路咖啡厅/茶园餐厅.

100. 傅立民，贺名仑，主编. **中国商业文化大辞典**[M]. 北京：中国发展出版社，1994. 第 528 页 丝绸之路传新乐；第 838 页 丝绸之路.

101.《中国商业百科全书》编辑委员会，编. **中国商业百科全书**[M]. 北京：中国大百科全书出版社，1993. 第 2 页 古楼兰遗址出土的丝绸；第 28 页 江苏东方丝绸市场；第 146 页 海上丝绸之路；第 507 页 丝绸之路；第 637 页 中国丝绸.

102. 穆相林，等，编著. **新疆民族贸易**[M]. 北京：中国商业出版社，1993. 第 13 页 第一章 丝绸之路 第一节 丝绸之路的开拓与官方贸易的发展.

103. 林德金，等，主编. **第三产业知识大全**[M]. 延吉：延边大学出版社，1993. 第 534 页 西北丝绸之路旅游区；第 534 页 丝绸之路.

104. 厉以宁，主编. **市场经济大辞典**[M]. 北京：新华出版社，1993. 第 9 页 丝绸之路.

105. 叶珊如，等，编著. **商城广州**[M]. 广州：广州出版社，1993. 第 27 页 五、海上丝绸之路——造大船，远航通商.

106. 董长芝，等，著. **中华开放强国策：中国历代对外经贸政策研究**[M]. 大连：大连海运学院出版社，1992. 第 5 页 二、张骞通西域——丝绸之路的打通；第 9 页 三、丝绸之路——汉朝与西方各国的贸易往来；第 21 页 六、海上丝香之路——唐朝“广州通海夷道”的交通贸易.

107. 姜培玉，编著. **中国海港经贸风云**[M]. 北京：海洋出版社，1992. 第 20 页 四、海上“丝绸之路”；第 20 页 （一）海上“丝绸之路”东方航线；第 26 页 海上“丝绸之路”东方航线的诞生；第 29 页 （二）海上“丝绸之路”西方航线.

108. 赵伯陶，著. **智谋与艰辛：中国历代商人透视**[M]. 北京：农村读物出版社，1992. 第 194 页 一、从丝绸之路谈起.

109. 陈侨森，主编；漳州市对外经贸史志办，编. **漳州对外经济贸易简史**[M]. 厦门：鹭江出版社，1992. 第 8 页 第二章 月港与海上丝绸之路.

110. 许彩国，主编. **中国商业大辞典**[M]. 上海：同济大学出版社，1991. 第 611 页 丝绸之路.

111. 陈高华，等，著. **海上丝绸之路**[M]. 北京：海洋出版社，1991.

112. 李明伟，主编. **丝绸之路贸易史研究**[M]. 兰州：甘肃人民出版社，1991.

113. 卢明辉，著. **中俄边境贸易的起源与沿革**[M]. 北京：中国经济出版社，1991. 第 1 页 第一节 “丝绸之路”与张骞出使西域.

114. 史美泗，著；中国出口商品交易会宣传办公室，编. **当代“丝绸之路”纪实**[M]. 广州：广东高等教育出版社，1991.

115. 张其泮，等，主编. **中国商业百科全书（上）**[M]. 北京：经济管理出版社，1991. 第 49 页 丝绸之路.

116.《中苏贸易特集》编辑部，编. **中苏贸易特集**[M]. 北京：新华出版社，1990. 第 252 页 今日丝绸之路.

117. 王一成，韦苇，编著. **陕西古近代对外经济贸易研究**[M]. 西安：陕西人民出版社，1990. 第 115 页 第二节 陆上丝绸之路的开拓；第 132 页 第三节 丝绸之路的拓展与变迁；第 168 页 第二节 海上丝绸之路的开拓.

118. 杨德颖，主编. **商业大辞典**[M]. 北京：中国财政经济出版社，1990. 第 513 页 丝绸之路；第 514 页 北方丝绸之路；第 515 页 南方丝绸之路.
119. 张保国，主编. **走向中东：新疆对西亚诸国开放战略研究**[M]. 乌鲁木齐：新疆大学出版社，1990. 第 1 页 第一章 丝绸之路及我国古代同西亚的关系.
120. 张一农，著. **中国商业简史**[M]. 北京：中国财政经济出版社，1989. 第 130 页 二、两汉的对外贸易与“丝绸之路”.
121. 吴云溥，朱耀人，郭庠林，等，著. **商品经济对话录**[M]. 上海：上海人民出版社，1989. 第 18 页 丝绸之路.
122. 姜培玉，著. **山东经贸史略**[M]. 济南：山东友谊出版社，1989. 第 5 页 三、海上“丝绸之路”东方航线的形成；第 11 页 （三）海上“丝绸之路”东方航线的形成.
123. 陈柏坚，主编. **广州外贸两千年**[M]. 广州：广州文化出版社，1989. 第 18 页 沉睡了两千多年的广州海上丝绸之路（陈干强）.
124. 叶全良，余鑫炎，主编. **商业知识辞典**[M]. 武汉：湖北辞书出版社，1987. 第 316 页 丝绸之路.
125. 刘彦群，等，编著. **新疆对外贸易概论**[M]. 乌鲁木齐：新疆人民出版社，1987. 第 13 页 第一节 古代的“丝绸之路”.
126. 姜培玉，编著. **青岛外贸史话**[M]. 青岛：青岛出版社，1987. 第 1 页 第一章 海上“丝绸之路”的重要枢纽（公元前 221 年—公元 1897 年）；第 7 页 三、海上“丝绸之路”东方航线的诞生；第 11 页 四、板桥镇——海上“丝绸之路”东方航线上的重要城镇.
127. 叶全良，等，主编. **中国商业百科知识**[M]. 武汉：湖北人民出版社，1987. 第 139 页 丝绸之路贸易.
128. 党诚恩，编著. **中国商业史话**[M]. 北京：中国商业出版社，1986. 第 41 页 丝绸之路.
129. 肖溪，著. **常用商品趣话**[M]. 太原：山西人民出版社，1985. 第 19 页 丝绸精美皆锦绣；第 26 页 水陆“丝绸之路”.
130. 沈光耀，著. **中国古代对外贸易史**[M]. 广州：广东人民出版社，1985. 第 94 页 （一）中国早期的丝绸生产情况；第 107 页（三）鸦片战争前的丝绸生产和出口情况；第 176 页 第一节 丝绸之路的形成、发展和变化.
131. 李康华，编著. **中国对外贸易史简论**[M]. 北京：对外贸易出版社，1981. 第 8 页 （二）丝绸之路；第 22 页（四）丝绸之路的意义；第 28 页（五）海上丝绸之路.

（九）财政、金融

1. 钟飞腾，朴珠华，刘潇萌，著. **对外投资新空间 “一带一路”国别投资价值排行榜**[M]. 北京：社会科学文献出版社，2015.
2. 毛振华，阎衍，郭敏，主编. **“一带一路”沿线国家主权信用风险报告**[M]. 北京：经济日报出版社，2015.
3. 中国注册税务师同心服务团，编. **“一带一路”发展战略涉税问题概览**[M]. 北京：中国税务出版社，2015.

4. 郭敏，黄晓薇，黄亦炫，编. **“一带一路”国家主权债务可持续性评估报告**[M]. 北京：对外经济贸易大学出版社，2015.
5. 陈雨露，主编. **人民币国际化报告 2015：“一带一路”建设中的货币战略**[M]. 北京：中国人民大学出版社，2015.
6. 上海新金融研究院，编. **新金融评论（2015 年第 3 期）**[M]. 北京：中国金融出版社，2015.
7. 刘德红，著. **股票投资技术精解——短线实战操作训练手册**[M]. 北京：经济管理出版社，2015.
8. 房嘉财，著. **连接**[M]. 北京：机械工业出版社，2015.
9. 邹磊，著. **中国“一带一路”战略的政治经济学**[M]. 上海：上海人民出版社，2015.
10. 徐宏宪，编写. **丝绸之路：钱币日记**[M]. 西安：陕西人民美术出版社，2015.
11. 沙钱，姬明佳，著. **无主货币：2014 年中国数字货币研究报告**[M]. 上海：上海社会科学院出版社，2014. 第 124 页 第八节 美国查封“丝绸之路”网站事件.
12. 刘海鹏，著. **疯狂比特币：揭秘数字货币原理和商业运作模式**[M]. 北京：中国铁道出版社，2014. 第 86 页 5 “丝绸之路”兴衰史.
13. 李钧，长铗，等，著. **比特币**[M]. 北京：中信出版社，2014. 第 21 页 “丝绸之路”被查封.
14. 林南中，著. **漳州外来货币概述**[M]. 福州：福建人民出版社，2014.
15. [美]罗伯特・阿利伯，著. **新国际货币游戏**[M]. 北京：中国财政经济出版社，2013. 第 219 页 第 14 章 全球化——通向亚洲的丝绸之路和穿越撒哈拉的盐商队.
16. 郑华伟，著. **历史上的十次货币战争**[M]. 上海：上海财经大学出版社，2011. 第 6 页 海上丝绸之路：为中国带来多少白银？.
17. 葛祖康，著. **中国现代贵金属币章图谱**[M]. 北京：中国金融出版社，2011. 第 100 页 丝绸之路[1]特种币；第 111 页 丝绸之路[2]特种币；第 127 页 丝绸之路[3]特种币.
18. [日]前田匡史，著. **国家基金：国际金融资本市场的新主角**[M]. 北京：中国环境科学出版社，2010. 第 135 页 21 世纪的新丝绸之路.
19. 黄志刚，主编. **丝绸之路货币研究**[M]. 乌鲁木齐：新疆人民出版社，2010.
20. [美]戈兹曼，[美]罗文霍斯特，编著. **价值起源**[M]. 王宇，王文玉，译. 沈阳：万卷出版公司，2010. 第 45 页 第三章 中国唐朝丝绸之路上的商业活动.
21. 张亚兰，著. **中国对外金融关系史**[M]. 北京：经济管理出版社，2008. 第 11 页 第二节 丝绸之路；第 17 页 第三节 丝绸之路上的国际货币.
22. 徐国云，主编. **税收与文明演进**[M]. 北京：中国税务出版社，2007. 第 79 页 五、丝绸之路与东西方经济文化的交往.
23. 张明林，主编. **中华王朝（第 5 册）：西汉王朝**[M]. 北京：中国致公出版社，2002. 第 243 页 丝绸之路；第 385 页 从古代中外货币交流探讨广州海上丝绸之路（王贵忱、王大文）.
24. 张明林，主编. **中华王朝（第 8 册）：大唐王朝**[M]. 北京：中国致公出版社，2002. 第 321 页 丝绸之路.

25. 赵连志，主编. **税收筹划操作实务**[M]. 北京：中国税务出版社，2001. 第 260 页 入世能否筑起新的“丝绸之路”.
26. 李瑞麟，编著. **中国当代金银币图录**[M]. 杭州：浙江大学出版社，1998. 第 181 页 丝绸之路系列纪念币（第一组）；第 209 页 丝绸之路系列纪念币（第二组）.
27. 庞皓，编. **中华人民共和国人民币大系（下）**[M]. 成都：西南财经大学出版社，1998. 第 330 页 中国丝绸之路金银纪念币（第 1 组）；第 332 页 中国丝绸之路金银纪念币（第 2 组）；第 334 页 中国丝绸之路金银纪念币（第 3 组）.
28.《浙江金融年鉴》编辑委员会，编. **浙江金融年鉴** 1996[M]. 杭州：浙江人民出版社，1997. 第 210 页 全国第六次东南亚历史货币暨海上丝绸之路货币研讨会在浙江召开.
29. 秦池江，主编. **中国金融文库** 6[M]. 北京：警官教育出版社，1994. 第 9700 页 草原丝绸之路上的黑城古币（李增毅、田锋）.
30. 内蒙古钱币学会，编. **元代货币论文选集**[M]. 呼和浩特：内蒙古人民出版社，1993. 第 178 页 元代草原丝绸之路上的纸币——内蒙古额济纳旗黑城出土的元钞及票券（李逸友）.
31. 甘肃金融年鉴编辑部，编. **甘肃金融年鉴** 1993[M]. 北京：人民中国出版社，1993. 第 321 页 甘肃省丝绸之路货币研讨会综述.
32. 中国钱币学会，编. **中国钱币论文集**[M]. 北京：中国金融出版社，1992.
33. 姜宏业，主编. **中国地方银行史**[M]. 长沙：湖南出版社，1991. 第 998 页 第三节 丝绸之路与宁夏货币经济；第 1026 页 第一节 汉唐时期新疆商品市易中的货币与丝绸；第 1036 页 第二节 丝绸之路上的西域货币经济；第 1094 页 第二节 南方丝绸之路上的云南货币.
34. 陈德维，主编. **对外经济贸易实用大辞典**[M]. 北京：中国财政经济出版社，1990. 第 705 页 “丝绸之路”.

（十）名词术语、词典、百科全书（类书）

1.《财经大辞典》第 2 版编委会，编. **财经大辞典**[M]. 北京：中国财政经济出版社，2013. 第 529 页 海上丝绸之路；第 531 页 丝绸之路.
2. 樊亢，等，主编. **经济大辞典·外国经济史卷**[M]. 上海：上海辞书出版社，1996. 第 791 页 海上丝绸之路.
3. 陈绍闻，主编. **经济大辞典**[M]. 上海：上海辞书出版社，1993. 第 223 页 丝绸之路；第 223 页 海上丝绸之路.
4. 于光远，主编. **经济大辞典**[M]. 上海：上海辞书出版社，1992. 第 613 页 丝绸之路.
5. 石林，主编. **经济大辞典·对外经济贸易卷**[M]. 上海：上海辞书出版社，1990. 第 480 页 丝绸之路.
6. 吴传钧，主编. **经济大辞典·国土经济·经济地理卷**[M]. 上海：上海辞书出版社，1988. 第 121 页 丝绸之路.
7. 郭今吾，主编. **经济大辞典·商业经济卷**[M]. 上海：上海辞书出版社，1986. 第 700 页 丝绸之路.

（十一）普及读物

1. 丁廷模，主编. **经济知识十万个为什么**[M]. 南宁：广西科学技术出版社，1993. 第 583 页 为什么丝绸之路是一条中外农业交流的友谊之路.
2. 张载伦，丁家桃，主编. **人间生意通览——经济学趣谈**[M]. 北京：农村读物出版社，1990. 第 122 页 从养蚕缫丝到“丝绸之路”的开辟——生产决定交换.

七、文化、科学、教育、体育

（一）文化理论

1. 马曼丽，著. **塞外文论——马曼丽内陆欧亚研究自选集**[M]. 兰州：兰州大学出版社，2014. 第 3 页 1 公元前的丝绸之路开拓家——中国张骞；第 12 页 4 张骞与丝绸之路.
2. 蔡德贵. **筷子、手指和刀叉：从饮食习惯看文化差异**[M]. 北京：世界知识出版社，2009. 第 87 页 （三）丝绸之路和陶瓷之路.
3. 乐黛云，金丝燕. **编年史：中欧跨文化对话 1988—2005：建设一个多样而协力的世界**[M]. 南京：南京大学出版社，2008. 第 11 页 第二章 1993 丝绸之路新旅：在寻找中西文化普遍性中的误读；第 11 页 丝绸之路文化巡回研讨会.
4. 王瑞林，王鹤，著. **笑侃东瀛——日本文化新视角**[M]. 天津：南开大学出版社，2007. 第 176 页 第七节 丝绸之路传瑰宝 初到扶桑人未识——七宝烧.
5. 李零，著. **入山与出塞**[M]. 北京：文物出版社，2004. 第 70 页 读《丝绸之路草原石人研究》.
6. 乐黛云，[法]阿兰·李比雄，主编. **跨文化对话** 14[M]. 上海：上海文化出版社，2004. 第 172 页 海上丝绸之路与南音（[法]施舟人）.
7. 杨适，主编. **原创文化与当代教育**[M]. 北京：社会科学文献出版社，2003. 第 193 页 无形的丝绸之路：从基督宗教最初的发展看东西文化的交流（高夏芳）.
8. 江华，编著. **中国文化学**[M]. 东营：石油大学出版社，2002. 第 202 页 一、丝绸之路的开通；第 204 页 二、海上“丝绸之路”.
9. 童庆炳，等，主编. **全球化语境与民族文化、文学**[M]. 北京：中国社会科学出版社，2002. 第 205 页 汉唐盛世·丝绸之路·世界文学·甘肃文化——甘肃文化兴衰启示录（李思孝）.
10. 陈金川. **地缘中国：区域文化精神与国民地域性格（上）**[M]. 北京：中国档案出版社，1998. 第 318 页 中西合璧：丝绸之路.
11. 季羡林，张光璘，编选. **东西文化议论集**[M]. 北京：经济日报出版社，1997. 第 122 页——读《丝绸之路》札记（季羡林）.

（二）世界各国文化与文化事业

1. 刘明广，著. **中国边疆地区博览会研究——基于周边战略的视角**[M]. 北京：经济管理出版社，2015.

2. 郑保卫，主编. **中国少数民族地区信息传播与社会发展论丛 2014 年刊**[M]. 北京：经济日报出版社，2015.
3. 王福生，周小华，主编. **甘肃文化发展分析与预测 2014**[M]. 北京：社会科学文献出版社，2014. 第 236 页 甘肃“丝绸之路”文化带开发利用研究（金蓉）.
4. 刘程，著. **广东文化 越看“粤”精彩**[M]. 广州：华南理工大学出版社，2014. 第 22 页 课文一 海上丝绸之路.
5. 张京成，主编. **中国创意产业发展报告 2014**[M]. 北京：中国经济出版社，2014. 第 315 页 第十四章 深圳：贸易扬帆，文化远航，助力“海上丝绸之路”.
6. 吴争春，著. **中外文化交流史上的历史名人**[M]. 长沙：湖南师范大学出版社，2013. 第 48 页 第二章 丝绸之路的开拓者——张骞.
7. 《新中国超级工程》编委会，编. **引人注目的文化振兴**[M]. 北京：研究出版社，2013. 第 164 页 丝绸之路复兴计划——一头连着历史，一头连着未来；第 164 页 “丝绸之路”来历.
8. 黄高才，著. **陕西文化概观**[M]. 北京：北京大学出版社，2012. 第 67 页 四、丝绸之路与对外文化交流.
9. 王峰，编著. **年轻人要熟知的 2000 个文化常识**[M]. 北京：中国华侨出版社，2012. 第 67 页 丝绸之路.
10. 牛汝极，著；余太山，编. **欧亚历史文化文库・新疆文化的现代化转向**[M]. 兰州：兰州大学出版社，2012. 第 127 页 丝绸之路商业文化及其资源战略；第 129 页 丝绸之路与商业管理；第 134 页 丝绸之路商业文化与其他文化并存.
11. 顾江，主编. **文化产业研究（第 4 辑）：文化市场结构与贸易**[M]. 南京：东南大学出版社，2011. 第 3 页 世界遗产视野中的丝绸之路（田澎、李勇锋）.
12. 宋大为，编著. **中国文化十万个为什么**[M]. 北京：台海出版社，2011. 第 20 页 为什么丝绸之路对中国经济发展起到不可磨灭的作用.
13. 北京市社会科学界联合会，编. **中国文化亮点通俗读本**[M]. 北京：北京出版社，2011. 第 39 页 文明发展的大动脉：丝绸之路.
14. 默石，著. **中国文化中有关衣食住行的 100 个趣味问题・住行卷**[M]. 北京：金城出版社，2011. 第 130 页 94.“西域”具体是指哪里？“丝绸之路”又是哪一条路？.
15. 刘彦庆，编著. **中国格调**[M]. 北京：华夏出版社，2011. 第 195 页 丝织品与丝绸之路.
16. 王介南，著. **中外文化交流史**[M]. 北京：人民出版社，2011. 第 40 页 六 春秋战国时期的丝绸之路和中外文化交流；第 44 页 七 周代西南陆上丝绸之路的开辟及与域外文化的交流；第 76 页 六 汉代海上丝绸之路的开辟与对外文化交流；第 151 页 一 繁盛的西北陆上丝绸之路与文化交流；第 220 页 一 繁盛的海上丝绸之路与对外文化交流.
17. 胡潇，胡秉俊，编. **甘肃文化传承与发展述论**[M]. 兰州：甘肃人民出版社，2011.
18. 何芳川，万明，著. **古代中西文化交流史话**[M]. 北京：中国国际广播出版社，2010. 第 14 页 二 汉代的丝绸之路；第 17 页 三 班超父子对丝绸之路的苦心经营；第 45 页 三 海上丝绸之路的勃兴与繁荣.
19. 晁中辰，主编. **中外文化的冲突与融合**[M]. 济南：山东大学出版社，2010. 第 19 页 第二节“张骞凿空”和丝绸之路的开辟；第 23 页 二、丝绸之路的开辟；第 24 页 第三节 海上丝绸之路的开辟和中外海上交往；第 24 页 一、驶向黄支国的海上丝绸之路；第 119 页 第六节 陶瓷之路的开辟和陶瓷文化的外传；第 119 页 一、陶瓷之路的开辟.

20. 本书编委会，编. **国学常识·国学经典·国学精粹一本通**[M]. 北京：中国华侨出版社，2010. 第 57 页 丝绸之路.
21. 徐仲伟，代金平，等，著. **中国西部构建和谐社会的文化支持系统研究**[M]. 北京：光明日报出版社，2010. 第 79 页 四、丝绸之路与中西文化的传播和交流.
22. 王晓梅，主编. **一本书读懂文化知识**[M]. 北京：中央编译出版社，2010. 第 73 页 二“丝绸之路”：沟通东西文明的桥梁.
23. 袁钰，温晓霜，王雅梅，编著. **中国文化的生成与整合**[M]. 北京：中国时代经济出版社，2010. 第 212 页 丝绸之路——沟通中西的桥梁.
24. 寒江雪，主编. **亚洲最美的 60 座名城**[M]. 北京：北京工业大学出版社，2010. 第 207 页 阿拉木图 丝绸之路上的“苹果之城”.
25. 冯天瑜，著. **中华文化辞典**[M]. 武汉：武汉大学出版社，2010. 第 172 页 丝绸之路；第 362 页 海上丝绸之路.
26. 叶朗，朱良志，著. **中国文化读本**[M]. 黑白插图本. 北京：外语教学与研究出版社，2010. 第 75 页 指南针与航海术 造纸术和文明的传播 传播知识的印刷术 火药：炼丹术带来的发明 十、文明流通的动脉：丝绸之路；第 85 页 时尚品丝绸开路者张骞向“西方”开放龟兹石窟 十一、寻求整体平衡的中医.
27. 郭万平，张捷，编著. **舟山普陀与东亚海域文化交流**[M]. 杭州：浙江大学出版社，2009.
28. 刘金同，马良洪，高玉婷，等，著. **中国传统文化**[M]. 天津：天津大学出版社，2009. 第 129 页 第四节 丝绸之路.
29. 余益中，刘士林，廖明君，主编. **广西北部湾经济区文化发展研究**[M]. 南宁：广西人民出版社，2009. 第 127 页 三、以海上丝绸之路为代表的广西北部湾经济区物质文化遗产资源.
30. 钱玉林，黄丽丽，主编. **中华传统文化辞典**[M]. 上海：上海大学出版社，2009. 第 166 页 南方“丝绸之路”；第 675 页 丝绸之路；第 675 页 海上丝绸之路.
31. 清渠，编著. **影响青少年一生的 600 个文化常识**[M]. 北京：北京工业大学出版社，2009. 第 145 页 什么是丝绸之路；第 145 页 什么是海上丝绸之路.
32. 陈中梅，主编. **世界未解之谜 1**[M]. 沈阳：辽海出版社，2009. 第 616 页 丝绸之路东方起点之谜.
33. 苏连营，主编. **世界上下五千年 1**[M]. 沈阳：辽海出版社，2009. 第 219 页 开辟雅典强盛之路的梭伦改革；第 427 页 丝绸之路.
34. 降巩民，主编. **北京文化艺术年鉴 2008**[M]. 北京：方志出版社，2009. 第 140 页 马友友与“丝绸之路”音乐会.
35. 刘永连，王晓丽，等. **问吧 9：有关唐朝的 101 个趣味问题**[M]. 北京：中华书局，2008. 第 245 页 中西海上交通究竟是“丝绸之路”还是“陶瓷之路”？.
36. 叶朗，朱良志，著. **中国文化读本**[M]. 韩文版. 北京：外语教学与研究出版社，2008.

37. 郭维森，柳士镇，著. **图说中国文化基础**[M]. 北京：新世界出版社，2007. 第 281 页 丝绸之路；第 289 页 海上丝绸之路.
38. 洪济龙，顾善忠，雷金银，编著. **丝绸之路区域文化产业研究**[M]. 西安：陕西旅游出版社，2007.
39. 邢春如，刘心莲，李穆南，主编. **中外关系（上）**[M]. 沈阳：辽海出版社，2007. 第 190 页 海上丝绸之路.
40. 林梅村，著. **松漠之间・考古新发现所见中外文化交流**[M]. 北京：生活・读书・新知三联书店，2007. 第 32 页 第二章 八千里路云和月——中日合拍大型电视专题片《新丝绸之路》随想；第 305 页 第八章 蒙古山水地图——在日本新发现的一幅中世纪“丝绸之路地图”.
41. 范曾，著. **吟赏江山胜境**[M]. 北京：北京大学出版社，2007. 第 95 页 吟咏丝绸之路；第 98 页 丝绸瑰梦——序唐昌东兄所摹壁画集.
42. 辛刚国，主编. **甘肃地域文化与经济社会发展研究**[M]. 兰州：甘肃人民出版，2006. 第 211 页 （一）创建丝绸之路文化旅游园区的必要性；第 213 页 （二）创建丝绸之路文化旅游园区的可能性；第 214 页（三）创建丝绸之路文化旅游园区的可行性；第 216 页；（四）创建丝绸之路文化旅游园区的紧迫性.
43. 方汉文，著. **西方文化概论**[M]. 北京：中国人民大学出版社，2006. 第 155 页 五、丝绸之路与海上交通的换位：东西方之间的关系变迁.
44. 林超民，编. **滇云文化**[M]. 呼和浩特：内蒙古教育出版社，2006. 第 68 页 一 南方陆上丝绸之路.
45. 马骏琪，著. **碰撞・交融：中外文化交流的历史轨迹与特点**[M]. 贵阳：贵州人民出版社，2006. 第 14 页 （一）张骞“凿空”与陆上丝绸之路的繁荣；第 17 页 （二）海上丝绸之路的出现与形式；第 38 页 （一）陆上丝绸之路的拓展；第 39 页 （二）海上丝绸之路的日趋兴起；第 60 页 （一）唐代西域与陆上丝绸之路；第 63 页 （二）唐代海上丝绸之路的勃兴与发展.
46. 李明军，高宏存，著. **不熄的离火：中国文化的面貌与精神**[M]. 北京：中国水利水电出版社，2006. 第 33 页 丝绸之路与香料之道.
47. 刘彬，主编. **史记**[M]. 呼和浩特：内蒙古人民出版社，2006. 第 377 页 丝绸之路.
48. 罗能生，著. **全球化、国际贸易与文化互动**[M]. 北京：中国经济出版社，2006. 第 20 页 第二节 历史回眸：从丝绸之路到地理大发现.
49. 陈放，陈晓云，唐建，编著. **文化策划**[M]. 北京：蓝天出版社，2005. 第 3 页 张骞出使西域——开辟了丝绸之路.
50. 赵春晨，等，主编. **中西文化交流与岭南社会变迁**[M]. 北京：中国社会科学出版社，2004. 第 16 页 海上丝绸之路与中西文化交流的关系（刘汉东）.
51. 王慧，编著. **中国文化地图・中国文化知识 600 题汇集 1 册（上）**[M]. 北京：中国长安出版社，2004. 第 441 页 什么是“丝绸之路”.
52. 福建省炎黄文化研究会，中国人民政治协商会议泉州市委员会，编. **闽南文化研究（下）**[M]. 福州：海峡文艺出版社，2004. 第 1299 页“海上丝绸之路”与中外文化互动倾向（陈水德）；第 1310 页“海上丝绸之路”与南音（施舟人）；第 1332 页 闽南古代陶瓷与“海上丝绸之路”（栗建安）.

53. 冯天瑜，著. **新语探源：中西日文化互动与近代汉字术语生成**[M]. 北京：中华书局，2004.

54. 福建省炎黄文化研究会，中国人民政治协商会议泉州市委员会，编. **闽南文化研究（上）**[M]. 福州：海峡文艺出版社，2004. 第 46 页 试析泉州“海上丝绸之路”多元一体文化内涵（吴幼雄）；第 236 页 略论泉州“海上丝绸之路”文化遗产及其保护与开发（何振良）.

55. 李俊康，主编. **西江文化研究**[M]. 南宁：广西人民出版社，2004. 第 504 页 从西江到海上丝绸之路始发港（李俊康）.

56. 林英，著. **金钱之旅·从君士坦丁堡到长安**[M]. 北京：人民美术出版社，2004. 第 78 页 尾声：四天子说与丝绸之路上的货币文化.

57. 石云涛，著. **早期中西交通与交流史稿**[M]. 北京：学苑出版社，2003. 第 99 页 三 中国蚕桑丝织技术的早期发展和丝绸西运；第 176 页 六“丝绸之路”概念的提出；第 204 页 四 丝绸之路的发展和变化；第 302 页 一 汉时丝绸之路的西端罗马.

58. 薛明扬，主编. **中国传统文化概论**（上）[M]. 上海：复旦大学出版社，2003. 第 1489 页 七、丝绸之路誉天下.

59. 薛明扬，主编. **中国传统文化概论（中）**[M]. 上海：复旦大学出版社，2003. 第 1489 页 七、丝绸之路誉天下.

60. 薛明扬，主编. **中国传统文化概论（下）**[M]. 上海：复旦大学出版社，2003. 第 1489 页 七、丝绸之路誉天下.

61. 韩鉴堂，编著. **中华文化**[M]. 新疆版. 北京：北京语言文化大学出版社，2002. 第 134 页 十六 丝绸之路；第 138 页 资料 中国丝绸.

62. 戴茸，王晓山，著. **加拿大文化**[M]. 北京：文化艺术出版社，2001. 第 328 页 第十一章“海上丝绸之路”的传说.

63. 陈放，谢宏，著. **文化策划学**[M]. 北京：时事出版社，2000. 第 3 页 二、张骞出西域——开辟了丝绸之路；第 22 页 2 丝绸之路葡萄甜 文化策划换新颜；第 24 页 1“丝绸之路”新策划 葡萄美酒话光辉.

64. 李凭，著. **东方传统**[M]. 北京：中国发展出版社，1999. 第 203 页 丝绸之路的起点.

65. 孙维学，林地，主编；《新中国对外文化交流史略》编委会，编著. **新中国对外文化交流史略**[M]. 北京：中国友谊出版公司，1999. 第 590 页 第七节 我国参与“丝绸之路综合研究”项目.

66. 汪受宽，主编；赵梅春，米迎梅，编著. **交流与融合·中外交流与社会进步**[M]. 北京：中共中央党校出版社，1999. 第 10 页 驼铃声声向远方——陆上丝绸之路；第 115 页 清风明月伴船行——海上丝绸之路.

67. 邹广文，著. **人类文化的流变与整合**[M]. 长春：吉林人民出版社，1998. 第 227 页 丝绸之路的开辟.

68. 史仲文，胡晓林，主编. **中华文化大辞海**[M]. 北京：中国国际广播出版社，1998. 第 137 页 丝绸之路；第 243 页 丝绸之路；第 279 页 丝绸之路；第 602 页 丝绸之路.

69. 张强，著. **桑文化原论**[M]. 西安：陕西人民教育出版社，1998. 第 263 页 余论 丝绸之路：兴盛与衰败的寒暑表.
70. 赵芳志，主编. **草原文化·游牧民族的广阔舞台**[M]. 北京：商务印书馆，1996. 第 245 页 第六章 草原丝绸之路——世界文化交流的大动脉；第 248 页 草原丝绸之路的南道；第 252 页 草原丝绸之路北道的开拓；第 258 页 二、草原丝绸之路的文化内容.
71. 华梅，著. **人类服饰文化学**[M]. 天津：天津人民出版社，1995. 第 60 页（3）丝绸之路的累累硕果.
72. 陈永昊，余连祥，张传峰，编著. **中国丝绸文化**[M]. 杭州：浙江摄影出版社，1995. 第 109 页 第二节 丝绸之路；第 512 页 第三节 新丝绸之路.
73. 田秉锷，著. **中国文化走向论**[M]. 成都：四川人民出版社，1995. 第 227 页 1. "丝绸之路"的怀想；第 253 页 3. "鸦片之路"："丝绸之路"的反动.
74. 黄利平，等，著. **足迹从丝路延伸：中国古代对外文化交流**[M]. 北京：人民日报出版社，1995.
75. [日]中山时子，主编. **中国饮食文化**[M]. 徐建新，译. 北京：中国社会科学出版社，1992. 第 228 页 中国的饮食文化与丝绸之路（朱国炤）.
76. 中国艺术研究院《中国文化》编辑部，编辑. **中国文化（第 4 期）**[M]. 北京：生活·读书·新知三联书店，1992.
77. 沈福伟，著. **中外文化的交流**[M]. 上海：上海教育出版社，1990. 第 8 页 三、丝绸之路的开放；第 318 页 四九、通向美洲的丝绸之路.
78. 李福田，董延梅，主编. **中国文化小百科** 1[M]. 天津：百花文艺出版社，1989. 第 75 页 张骞开辟丝绸之路；第 382 页 古代世界最长的商路——丝绸之路；第 488 页 中国的黄金之路.
79. 常任侠，著. **海上丝路与文化交流**[M]. 北京：海洋出版社，1985.

（三）信息与知识传播

1. 福建博物院，编. **春华秋实：福建博物院建院 80 周年纪念文集** 1933—2013[M]. 福州：福建教育出版社，2013.
2. 王勇，主编. **东亚坐标中的书籍之路研究**[M]. 北京：中国书籍出版社，2013. 第 35 页 四、"丝绸之路"的研究现状.
3. 吴三保，著. **地理探索与编辑研究**[M]. 北京：科学出版社，2013. 第 18 页 北海（合浦）中国海上丝绸之路始发港刍议.
4. 凤凰书品撰文. **凤凰私家相册** 2[M]. 北京：龙门书局，2012. 第 46 页 说不完的丝绸之路.
5. [美]克利福德，等，著. **中国博物馆手册**[M]. 南京：译林出版社，2011. 第 263 页 139 中国丝绸博物馆；第 332 页 178 广东海上丝绸之路博物馆；第 358 页 6 西北与丝绸之路.
6. 丘刚，主编；海南省博物馆，编. **海南省博物馆研究文集**[M]. 北京：科学出版社，2011. 第 126 页 海南与"海上丝绸之路"（何翔）.
7. 水涛，贺云翱，王晓琪，编著. **考古学与博物馆学研究导引（下）**[M]. 南京：南京大学出版社，2011. 第 107 页 中国丝绸之路土遗址的病害及 PS 加固（李最雄）.

8. 詹长法，冈田健，主编. **博物馆技术文集**[M]. 北京：文物出版社，2010.
9. 中视传媒股份有限公司，敦煌研究院，编著. **敦煌**[M]. 北京：中国传媒大学出版社，2010. 第 102 页 丝绸之路.
10. 孙晶岩，著. **珍藏世博**[M]. 北京：当代中国出版社，2010. 第 69 页 月亮宝船的丝绸之路.
11. 丁长清，主编. **参与世博会**[M]. 北京：清华大学出版社，2010. 第 38 页 8 海上丝绸之路.
12. 陈日浓，著. **中国对外传播史略**[M]. 北京：外文出版社，2010. 第 2 页 一、丝绸之路与早期对外传播.
13. 李有兵，主编. **耕耘南广：园丁的激情**[M]. 北京：中国传媒大学出版社，2009. 第 109 页 在处女地上播种——从丝绸之路到南广学院（铃木肇）.
14. 王鼎吉，著. **书的历史——古今书里书外的故事**[M]. 北京：中国时代经济出版社，2009. 第 381 页（2）敦煌是古代丝绸之路的重镇.
15. 柴剑虹，著. **品书录**[M]. 兰州：甘肃教育出版社，2009. 第 236 页 《丝绸之路体育图录》序；第 251 页《丝绸之路体育文化论集（续）》序；第 268 页 《敦煌丝绸与丝绸之路》序.
16. 余太山，著. **早期丝绸之路文献研究**[M]. 上海：上海人民出版社，2009. 第 145 页 八 托勒密《地理志》所见丝绸之路的记载.
17. 程存洁，主编. **广州博物馆建馆八十周年文集：镇海楼论稿之二**[M]. 北京：文物出版社，2009. 第 212 页 可持续发展的历史文化遗产保护——以广州海上丝绸之路文化遗产的保护和利用为中心（黄海妍）.
18. [意]马里奥·米凯利，詹长法，主编. **文物保护与修复的问题**（**卷** 4）[M]. 北京：文物出版社，2009. 第 173 页 壁画的材料和工艺分析——以丝绸之路石窟寺壁画为例（赵林娟、李卫鹏）.
19. 广东省博物馆，编. **广东省博物馆开馆五十周年纪念文集**（1959—2009）[M]. 广州：岭南美术出版社，2009. 第 105 页 海上丝绸之路与相关文物古迹的认定（邓炳权）.
20. 李旭丰，著. **新闻传播与人类精神备忘录**[M]. 北京：线装书局，2009. 第 110 页 古波斯的"皇道"与中国的"丝绸之路".
21. 郝振省，汤潮，著. **期刊主编访谈**[M]. 北京：中国书籍出版社，2009. 第 334 页《丝绸之路》——旅游是重心，文化是品位&《丝绸之路》主编季成家访谈节选.
22. 李兴国，主编. **中国广播电视文艺大系**（1977—2000）·**电视纪录片卷**[M]. 北京：中国广播电视出版社，2008.
23. 赵化勇，主编. **中央电视台发展史**（1958—1997）[M]. 北京：中国广播电视出版社，2008. 第 194 页 第一节 《丝绸之路》等中外合拍大型电视纪录片的兴起.
24. 戴元光. **社会转型与传播理论创新**[M]. 上海：上海三联书店，2008. 第 145 页 "丝绸之路"上的文化大传播.
25. 洛阳博物馆，编. **洛阳博物馆建馆 50 周年论文集**[M]. 郑州：大象出版社，2008. 第 116 页 广义丝绸之路与狭义丝绸之路浅说（徐金星）；第 122 页 龙门石窟与丝绸之路

（苏东黎）；第 128 页 玄奘与丝绸之路（徐涛）.

26. 首都博物馆，编. **首都博物馆丛刊 2008 年**[M]. 北京：北京燕山出版社，2008. 第 305 页 丝绸之路串连的璀璨明珠——意大利展览考察随笔（葛建军）.
27. 陈伟安，主编. **广州艺术博物院年鉴 2007**[M]. **广州：岭南美术出版社**，2008. 第 194 页 我院拟与甘肃省博物馆等合作举办“丝绸之路文物展”.
28. 季羡林，著；王树英，编. **季羡林序跋集**[M]. 北京：新世界出版社，2008. 第 730 页《丝绸之路贸易史研究》序；第 777 页 《海上丝绸之路与中外文化交流》序.
29. 邓冰，主编. **书中自有黄金屋：广西公共图书馆服务探索**[M]. 南宁：广西人民出版社，2006. 第 52 页 古代海上丝绸之路始发港研究.
30. 广西博物馆，编. **广西博物馆文集（第四辑）**[M]. 南宁：广西人民出版社，2007. 第 165 页 汉代海上丝绸之路对“泛北部湾经济合作区”建设的历史镜鉴（周敏）.
31. 何宝善，著. **中国历史博物馆**[M]. 2 版. 北京：北京燕山出版社，2007. 第 65 页 （十一）丝绸之路、汉代的经济文化交流.
32. 李晨，孙正亮，祝海燕，主编. **传播进行时**[M]. 北京：中国广播电视出版社，2007. 第 216 页 再看丝绸之路（焦莹莹）.
33. 俄军，主编；甘肃省博物馆，编. **甘肃省博物馆研究论文集**[M]. 西安：三秦出版社，2006. 第 475 页 《甘肃省丝绸之路文明》大型基本陈列内容设计方案（李晓青）.
34. 张之铸，主编. **中国当代文博论著精编**[M]. 北京：文物出版社，2006. 第 566 页 洛阳：丝绸故乡与丝路起点（韦娜）；第 643 页 海上丝绸之路与 14 世纪中韩航海交流——以蓬莱高丽古船为中心（袁晓春）.
35. 李元授，谈晓明，李鹏，编著. **知名主持人妙语评点（上）**[M]. 武汉：华中科技大学出版社，2005. 第 252 页 鞠萍：“古丝绸之路”.
36. 翁颖莉，主编；中央电视台海外节目中心，中国广播电视协会对外电视宣传研究委员会，编. **电视外宣论文集**[M]. 北京：海潮出版社，2005. 第 108 页 永远的丝绸之路——试析专题节目《丝路魅力》的创新特点（中央电视台晓盟）.
37. 徐嵩龄，著. **第三国策：论中国文化与自然遗产保护**[M]. 北京：科学出版社，2005. 第 153 页 中国文化遗产研究应走向国外：兼论丝绸之路研究的国际合作.
38. 伊斯拉哈艳秋，著. **中国新闻传播史研究**[M]. 北京：中国广播电视出版社，2005. 第 339 页 文化传播史研究略论古“丝绸之路”的华夏文明传播；第 350 页 略论“海上丝绸之路”的中外文化传播与交流.
39. 菲尔·玉苏甫，主编. **新疆维吾尔自治区博物馆论文集 2005**[M]. 乌鲁木齐：新疆大学出版社，2005. 第 14 页 唐代丝绸之路与胡奴婢买卖（吴震）.
40. 陈培爱，主编. **新闻春秋：第三届世界华文传媒与华夏文明传播国际学术研讨会论文集**[M]. 厦门：厦门大学出版社，2004. 第 3 页 略论“海上丝绸之路”的中外文化传播与交流（哈艳秋、蓝红宇）.
41. 王重农. **现代节庆活动辞典**[M]. 武汉：湖北教育出版社，2004. 第 346 页 浙江宁波“海上丝绸之路”文化周；第 349 页 中国“海上丝绸之路”商帮节；第 399 页 中国泉州“海上丝绸之路”文化节；第 622 页 中国西安丝绸之路国际旅游节；第 635 页 中国丝绸之路节；第 659 页 新疆乌鲁木齐丝绸之路国际服装服饰节；第 659 页 新疆乌鲁木齐红山丝绸之路冰雪风情节；第 662 页 中国丝绸之路吐鲁番葡萄节；第 663 页 新疆巴里坤丝绸之路旅游文化艺术节；第 663 页 新疆喀什丝绸之路文化节.

42. 戴元光，著. **戴元光自选集·传学札记：心灵的诉求**[M]. 上海：复旦大学出版社，2004. 第 172 页 “丝绸之路”上的文化大传播；第 173 页 一、“丝绸之路”——跨国传播的桥梁；第 176 页 二、“丝绸之路”文化传播的人文环境.
43. 中央电视台办公室事业发展调研处，编. **国际电视媒体高层访谈录**[M]. 北京：华艺出版社，2003. 第 71 页 中国中央电视台台长赵化勇访谈录 20 年后与 CCTV 携手再走丝绸之路.
44. 王勇，等，著. **中日“书籍之路”研究**[M]. 北京：北京图书馆出版社，2003. 第 1 页“丝绸之路”与“书籍之路”——试论东亚文化交流的独特模式（王勇）.
45. 顾廷龙，著. **顾廷龙文集**[M]. 上海：上海科学技术文献出版社，2002. 第 161 页 丝绸之路文献叙录序.
46.《开心辞典抢答》编辑室，编. **开心辞典抢答** 4[M]. 呼和浩特：内蒙古人民出版社，2001. 第 120 页 丝绸之路.
47. 宋明明，著. **上海博物馆**[M]. 成都：四川少年儿童出版社，2001.
48. 张政，罗振宇，著. 理解电视的一个角度[M]. 北京：中国青年出版社，2000. 第 81 页 一、交流：“地球村”和“丝绸之路”
49. 广东省博物馆，编. **广东省博物馆开馆四十周年纪念文集**（1959—1999）[M]. 广州：广东人民出版社，2000. 第 145 页 广州与海上丝绸之路（邓炳权）；第 155 页 从古代中外货币交流看广州海上丝绸之路（王贵忱、王大文）.
50. 赵化勇，主编；中央电视台研究室，编. **中国中央电视台年鉴** 2000[M]. 北京：中国广播电视出版社，2000. 第 250 页《丝绸之路》.
51. 广东省博物馆，编. **广东省博物馆集刊** 1999[M]. 广州：广东人民出版社，1999. 第 244 页 丝绸之路：中国走向世界之路（李克勤）.
52. 陕西历史博物馆馆刊编辑部，编. **陕西历史博物馆馆刊（第 6 辑）**[M]. 西安：陕西人民教育出版社，1999. 第 292 页 佛传艺术沿丝绸之路的传播与发展（[日]宫治昭著，庞雅妮译）.
53. 中国外文局，著. **书刊对外宣传的理论与实践**[M]. 北京：新星出版社，1999. 第 379 页 海上丝绸之路的考察与采访（孙毅夫）.
54. 刘桂英，主编. **中国历史博物馆**[M]. 北京：北京燕山出版社，1998. 第 78 页 （十一）丝绸之路、汉代的经济文化交流.
55. 陕西历史博物馆馆刊编辑部，编. **陕西历史博物馆馆刊（第 5 辑）**[M]. 西安：西北大学出版社，1998. 第 165 页 古都与“丝绸之路”的研究要走出误区——兼评《洛阳——丝绸之路的起点》（王世平）.
56. 杨伟光，主编. **中央电视台发展史**[M]. 北京：北京出版社，1998. 第 251 页 第一节《丝绸之路》等中外合拍大型电视纪录片的兴起.
57. 陕西历史博物馆馆刊编辑部，编. **陕西历史博物馆馆刊（第 4 辑）**[M]. 西安：西北大学出版社，1997. 第 228 页 唐代胡俑、胡商与丝绸之路（胡小丽）.
58. 张来民，主编. **走进艺术殿堂：中外博物馆漫步**[M]. 北京：华夏出版社，1997. 第 134

页 西子湖畔的明珠——中国丝绸博物馆（靳彦乔）；第 195 页 丝绸之路的绚丽画卷——记吐鲁番博物馆（张建国）.

59. 孙旭培，主编. **华夏传播论：中国传统文化中的传播**[M]. 北京：人民出版社，1997. 第 439 页 第二十二章 丝绸之路上的文化大传播.

60. 广东省博物馆，编. **广东省博物馆集刊 1996**[M]. 广州：广东人民出版社，1997. 第 246 页 略谈"南海丝绸之路"的作用和影响（王晓）.

61. 新闻出版署办公室，编. **新闻出版工作文件选编 1993 年**[M]. 北京：中国 ISBN 中心出版社，1995. 第 341 页 关于同意创办《丝绸之路》双月刊的批复.

62. 赵玉明，王福顺，主编. **中外广播电视百科全书**[M]. 北京：中国广播电视出版社，1995. 第 291 页 《丝绸之路》.

63. 谢宏主，编. **新闻出版大趋势：新闻出版报文选**[M]. 北京：人民出版社，1991. 第 603 页 古丝绸之路上的"文化长廊"——甘肃省平凉地区农村文化建设采访录王立强.

64. 王鸿主，编. **文化大观园**[M]. 南京：江苏人民出版社，1991. 第 260 页 丝绸之路.

65. 祝鸿熹，洪湛侯，主编. **文史工具书词典**[M]. 杭州：浙江古籍出版社，1990. 第 614 页 丝绸之路.

66. 广播电影电视部政策研究室《当代中国的广播电视》编辑部，编选. **广播电视工作文件选编**（1978—1983）[M]. 北京：中国广播电视出版社，1988. 第 67 页 中日合拍《丝绸之路》的工作小结.

67. 裴玉章，著. **电视纵横**[M]. 北京：中央广播电视大学出版社，1988. 第 427 页 中日联合摄制大型连载电视纪录片《丝绸之路》序集；第 427 页 ——概述性电视纪录片《飞翔在丝绸之路上》；第 451 页 中日联合摄制大型连载电视纪录片《丝绸之路》.

68. 广播电影电视部政策研究室《当代中国的广播电视》编辑部，选编. **广播电视工作文件选编 1978—1980（上）**[M]. 北京：中国广播电视出版社，1988. 第 67 页 中日合拍《丝绸之路》的工作小结（一九八一年九月十八日）.

69. 黎先耀，主编；张秋英，等，编写. **中国博物馆指南**[M]. 北京：中国旅游出版社，1988. 第 10 页 丝绸路上重镇 想见当年繁华——高昌故城；第 28 页 海上丝绸之路——泉州海外交通史博物馆；第 366 页 新疆维吾尔自治区博物馆——丝绸之路上的历史风貌.

70. 季啸风，李文博，主编；署齐鸣，选编. **出版工作与书评 3：台港及海外中文报刊资料专辑**（1987）[M]. 北京：书目文献出版社，1987. 第 16 页 日本人探究丝绸之路后写下了好多部文献著作（东方欣）.

71. 解放军新疆军区政治部宣传处，编. **天山军营新闻集锦**[M]. 乌鲁木齐：新疆人民出版社，1987. 第 66 页 我国"丝绸之路"血红蛋白病普查向东延伸——陕、甘两省将有 6 万人接受普查；第 245 页 "丝绸之路"的文明使者.

72. 季啸风，李文博，桂霭茹，主编. 大英博物馆秘藏敦煌绘画选辑（特辑）[M]. 北京：书目文献出版社，1987. 第 3 页 敦煌艺术与中国历史息息相关——汉唐两朝通西域，丝绸之路起敦煌（陈吉周）.

73.《中国广播电视年鉴》编辑委员会，编. **中国广播电视年鉴 1986**[M]. 北京：中国广播电视出版社，1987. 第 345 页 《丝绸之路》是一次成功的对内对外宣传（裴玉章）.

74. 胡骏，著. **中国博物馆览胜**[M]. 北京：中国展望出版社，1986. 第 150 页 古代"海上丝绸之路”的见证——泉州海外交通史博物馆.

75. 甘肃人民出版社总编办公室，编. **甘肃版图书评论集**[M]. 兰州：甘肃人民出版社，1986. 第 66 页 丝绸之路——中外人民友谊和文化交流的历史见证——《丝路访古》代序（吴坚）；第 93 页 《丝绸路上的外国魔鬼》序（段文杰）.
76. 李岩，主编. **文史知识** 26[M]. 北京：中华书局，1984. 第 4 页 特别关注丝绸之路史二题（杨镰）；第 26 页 信息与资料先秦两汉的南方丝绸之路.
77. 复旦大学新闻系. **新闻大学**[M]. 杭州：浙江人民出版社，1981. 第 97 页 从《丝绸之路》谈日本系列电视片的制作（裴玉章）.

（四）科学、科学研究

1. 罗俊杰，主编. **小小“爱迪生”**[M]. 北京：世界知识出版社，2012. 第 12 页 丝绸之路的开拓者张骞.
2. 高思芳，主编. **探索未知的世界（下）**[M]. 北京：中国戏剧出版社，2004. 第 768 页 沙漠丝绸之路在哪里.
3. 吴阶平，季羡林，总主编；吴传钧，主编. **20 世纪中国学术大典 地理学**[M]. 福州：福建教育出版社，2002. 第 199 页 丝绸之路研究.
4. 广东省科学技术协会，广东省科学技术委员会，编；周镇宏，梁湘，主编. **20 世纪广东科学技术全纪录**[M]. 广州：广东经济出版社，1998.
5. 张藏藏，等，著. **马走日 象走田：2030 中国的博弈图**[M]. 呼和浩特：内蒙古人民出版社，1997. 第 259 页 马可·波罗和太平洋丝绸之路.
6. 马名驹，等，著. **再创辉煌：科技西进与均衡战略**[M]. 西安：陕西人民教育出版社，1997. 第 13 页 三、丝绸织造技术与丝绸之路的经济繁荣.
7. 姜振寰，等，主编. **技术学辞典**[M]. 沈阳：辽宁科学技术出版社，1990. 第 38 页 丝绸之路；第 38 页 海上丝绸之路.
8. 北京市海淀区部分小学高级教师，编著. **新编小学生各科综合词典**[M]. 北京：海潮出版社，1989. 第 545 页 丝绸之路.
9. 上海高校软科学联合研究中心，编. **首届高校软科学学术研讨会论文选**[M]. 上海：上海交通大学出版社，1989. 第 145 页 迅速开通南方丝绸之路是云南的当务之急（周达谦）.

（五）教　育

1. 文心，主编. **我的第 1 套十万个为什么·多彩社会**[M]. 北京：华夏出版社，2014. 第 64 页 为什么说丝绸之路是沟通东西方文化的桥梁.
2. 郁汉冲，董国超，主编. **中学生作文入门丛书·地理百科**[M]. 北京：中国经济出版社，2013. 第 298 页 丝绸之路.
3. 教育部财务司，国家发展和改革委员会社会发展司，编著. **关注学生冷暖 关爱孩子生活：国家中西部农村初中校舍改造工程报告**[M]. 北京：人民教育出版社，2013. 第 125 页 “丝绸之路”迎来教育春天——甘肃省农村初中校舍改造工程报告；第 290 页 铺就义务教育均衡发展之路——辽宁省农村初中校舍改造工程报告.

4. 田元庆，编著. **中学历史知识记忆表**[M]. 成都：成都时代出版社，2013. 第 19 页 第 15 课 汉通西域和丝绸之路.
5. 吴萌. **初中历史与社会教学活动设计案例精选**[M]. 北京：北京大学出版社，2012. 第 174 页 探访丝绸之路.
6. 李湛，王晓菡，著. **海洋小百科全书·海洋权益**[M]. 广州：中山大学出版社，2012. 第 266 页 什么是“海上丝绸之路”.
7. 李锋敏，著. **给小学生讲世界历史（上）**[M]. 北京：新世界出版社，2012. 第 87 页 丝绸之路.
8. [美]普特莱克，[韩]逸创文化，著. **超级英语阅读训练，看这本就够了（全英版）**[M]. 尚明明，译. 北京：中国传媒大学出版社，2012. 第 59 页 52 马可·波罗和丝绸之路.
9. 陈燕，刘军，主编. **小学语文词语手册·五年级（下）**[M]. 人教版. 长春：吉林教育出版社，2012. 第 7 页 丝绸之路.
10. 罗俊杰，主编. **当秦始皇遇上拿破仑**[M]. 北京：世界知识出版社，2012. 第 52 页 闻名于世的丝绸之路.
11.《小学生生字词语辞典》编写组，编. **小学生生字词语辞典**[M]. 杭州：浙江大学出版社，2012. 第 631 页 丝绸之路.
12. 熊江平，编. **中学生满分作文经典素材大全**[M]. 北京：中国华侨出版社，2011. 第 155 页 丝绸之路.
13. 黄蓉生，主编. **缙云风：西南大学校报优秀作品及媒体报道精选 2005—2010**[M]. 北京：光明日报出版社，2011. 第 119 页 新丝绸之路的领航人；第 126 页 “21 世纪丝绸之路”上的探索者.
14. 洪林旺，丛书主编. **状元笔记·历史·七年级（上）**[M]. 上海：龙门书局，2011. 第 135 页 第 15 课 汉通西域和丝绸之路.
15. 贺艳慧，主编. **漫作文·第 2 季·初中获奖作文**[M]. 长沙：湖南教育出版社，2011. 第 117 页 我想起了远逝的丝绸之路.
16. 广东省教学教材研究室，编. **九年义务教育六年制小学课本·社会（第 3 册）**[M]. 农村版. 广州：广东教育出版社，2000. 第 83 页 十五　丝绸之路话西北.
17. 周芳，主编. **读霸 178 篇：初中阅读**[M]. 南京：南京大学出版社，2011. 第 298 页 133 丝绸之路.
18. 杨玉军，主编. **初中历史学考必备完全攻略**[M]. 长沙：湖南少年儿童出版社，2011. 第 35 页 第 5 课 汉通西域和丝绸之路.
19. 靳瑞刚，叶恒乔，主编. **真作文：初中生作文素材大全**[M]. 桂林：漓江出版社，2011. 第 232 页 古丝绸之路沿线文明的消失；第 297 页 华为的创新进取之路.
20. 童承基，主编. **小学生同义词反义词手册**[M]. 杭州：浙江文艺出版社，2011. 第 144
21. 周树霖，凌微年，主编. **地理历史知识趣谈**[M]. 北京：科学出版社，1990. 第 25 页 丝绸之路.
22. 赵保松，编. **初中历史基础知识一本通**[M]. 南昌：江西教育出版社，2011. 第 52 页 第十五课 汉通西域和丝绸之路.
23. 闻钟，编著. **全·优·佳范文 1080 篇：中学生满分作文学练大全**[M]. 合肥：安徽文艺出版社，2010. 第 123 页 我想起了远逝的丝绸之路.

24. 李兴业，王淼，著. **中欧教育交流的发展**[M]. 济南：山东教育出版社，2010. 第 2 页 一、丝绸之路启开中欧交流之旅.
25. 袁梦，编著. **教师备课参考・地理・八年级（上）**[M]. 长春：吉林大学出版社，2010. 第 229 页 中国的“丝绸之路”有几条.
26. 方洲，主编. **图文版中学生议论文论点论据大全**[M]. 北京：华语教学出版社，2010. 第 286 页 古丝绸之路沿线文明的消失.
27. 方洲，主编. **初中生作文工具包**[M]. 图文版. 北京：华语教学出版社，2010. 第 13 页 丝绸之路.
28. 方莹，张秋芳，程继军，编著. **初中历史基础知识手册**[M]. 武汉：崇文书局，2010. 第 18 页 六、汉通西域和丝绸之路.
29. 程帆，编著. **初中生作文素材包**[M]. 长春：吉林出版集团有限责任公司，2010. 第 32 页 丝绸之路.
30. 任善亮，周达章，主编. **初中综合实践活动案例精编**[M]. 杭州：浙江科学技术出版社，2010.
31. 李郝，著. **初中历史优秀教师说课经典案例**[M]. 长春：吉林大学出版社，2009. 第 20 页《汉通西域和丝绸之路》说课稿一；第 25 页《汉通西域和丝绸之路》说课稿二.
32. 沈鸿建，主编. **轻轻松松学历史：历史知识歌诀**[M]. 广州：广东科技出版社，2009. 第 24 页 （十二）丝绸之路和秦汉文化.
33. 孔立新，编. **初中生考场作文一点通**[M]. 上海：上海科学普及出版社，2009. 第 250 页 我想起了远逝的丝绸之路.
34. 董国华，等，编著. **历史百科**[M]. 北京：中国经济出版社，2009. 第 38 页 丝绸之路.
35. 麦坚，主编. **解密历年中考满分作文**[M]. 沈阳：春风文艺出版社，2009. 第 304 页 我想起了远逝的丝绸之路.
36. 齐伟，卢银中，黄斌，主编. **思维导图・初中历史**[M]. 修订版. 长沙：湖南教育出版社，2009. 第 29 页 六、汉通西域和丝绸之路.
37. 李作为，编著. **初中历史基础知识全表**[M]. 北京：海豚出版社，2009. 第 14 页 6 丝绸之路.
38. 蒋斌，田丰，主编. **思想解放与科学发展：2008 广东社会科学学术年会论文集**[M]. 广州：广东人民出版社，2009. 第 397 页 广州亚运会与海上丝绸之路文化产业的开发策略研究（刘根勤）.
39. 万志勇，主编. **中考新趋势新技法新作文**[M]. 长春：长春出版社，2009. 第 21 页 我想起了远逝的丝绸之路.
40. 杨宇，主编. **冠军夺标方案・语文・五年级（下）**[M]. 人教版. 昆明：云南教育出版社，2009. 第 3 页 丝绸之路.
41. 谷传慈，主编. **小学同步作文・四年级（上）**[M]. 郑州：中州古籍出版社，2009. 第 102 页 丝绸之路（郑博阳）.
42. 董国华，等，编著. **历史百科**[M]. 北京：中国经济出版社，2009. 第 38 页 丝绸之路.
43. 卫英霞，本册主编. **初中生英语示范作文**[M]. 北京：凤凰出版传媒集团；南京：江苏文艺出版社，2009. 第 221 页 丝绸之路.

44. 齐伟，卢银中，黄斌，主编. **思维导图·初中历史**[M]. 修订版. 长沙：湖南教育出版社，2009. 第 29 页 六、汉通西域和丝绸之路.

45. 嘉言，马幼熙，主编. **新课标常备：初中政史地记忆理解词典**[M]. 精编版. 北京：开明出版社，2009. 第 175 页 五、汉通西域和丝绸之路.

46. 李作为，编著. **初中历史基础知识全表**[M]. 北京：海豚出版社，2009. 第 14 页 6 丝绸之路.

47. 凌应强，主编. **博识初中英语阅读 100 篇**[M]. 上海：上海外语教育出版社，2009. 第 221 页 历史渊源 公元前 500 年到公元 1500 年间，丝绸之路在中西方贸易上举足轻重.

48. 学习型中国·读书工程教研中心，主编. **探索失落的文明**[M]. 哈尔滨：哈尔滨出版社，2009.

49. 快乐作文研究中心，主编. **中学生新满分作文**[M]. 长沙：湖南教育出版社，2009. 第 576 页 我想起了远逝的丝绸之路.

50. 胡小勇，主编. **案例研究的理论与实例**[M]. 南京：南京师范大学出版社，2008. 第 125 页《寻访“丝绸之路”》.

51. 李先启，编著. **创建适合每一个孩子的教育：信息技术环境下小学语文提前读写实验**[M]. 成都：四川教育出版社，2008. 第 182 页 丝绸之路——行程万里回溯千年 脚踏汉唐探寻西域（邓玉琳）.

52. 厦门市教育局，编. **厦门市扫盲教育读本（试行）**[M]. 厦门：鹭江出版社，2008. 第 148 页 海上丝绸之路.

53. 王海洋，主编. **作文与阅读双向突破·高二（上）**[M]. 重庆：重庆出版社，2008. 第 32 页 第四单元 丝绸之路畅想.

54. 方洲，主编. **中学生话题作文素材大全**[M]. 北京：中国对外翻译出版公司，2008. 第 37 页 丝绸之路.

55. 廖冬梅，著. **新疆民族双语发展历史现状与成就**[M]. 乌鲁木齐：新疆人民出版社，2008. 第 11 页 三、丝绸之路的经济贸易促进了民族融合和民汉双语现象的进一步发展.

56. 王琦，主编. **中考满分作文密码解读：满分解密·失分会诊**[M]. 西安：陕西师范大学出版社，2008. 第 64 页 我想起了远逝的丝绸之路.

57.《新课程中学历史教学评价与测试研究》课题组，编. **初中历史复习备考精要**[M]. 福州：海潮摄影艺术出版社，2008. 第 17 页 汉通西域和丝绸之路.

58. 杨杏方，常吉，编著. **怎样培养“神童”**[M]. 北京：北京体育学院出版社，1993. 第 155 页 海上丝绸之路与内地伊斯兰教的流传.

59. 戴新阁，主编. **真情融教话课改**[M]. 青岛：青岛出版社，2008. 第 403 页《汉通西域和丝绸之路》.

60. 侯建正，等，编. 2008 **年中考历史开卷指南**[M]. 南京：江苏文艺出版社，2008. 第 9 页 第 15 课 汉通西域和丝绸之路.

61. 刘华，主编. **安徽中考考场用书·历史**[M]. 郑州：中原出版传媒集团，中原农民出版社，2008. 第 40 页 走好和平发展之路 中国外交发展的认识与感想 中美关系；第 78 页 专题十八 大国崛起和复兴之路（美英法的崛起 中国的复兴之路）；第 83 页 中国的复兴之路 千年变局 峥嵘岁月.

62. 陈子典，主编. **广东乡土文化：幼儿教育用书**[M]. 广州：广东高等教育出版社，2008. 第 84 页 第二节 海上丝绸之路与广东经济的发展；第 85 页 二、海上丝绸之路促进了广东经济的发展；第 85 页 （一）秦汉时期开辟海上航道，标志着海上丝绸之路的初步形成；第 85 页 （二）三国两晋南北朝至隋，是海上丝绸之路的拓展时期.
63.《概念要点解读手册》编写组，编. **历史概念要点解读手册·初中分册**[M]. 北京：北京师范大学出版社，2008. 第 22 页 丝绸之路；第 207 页 丝绸之路.
64. 方洲，主编. **中学生话题作文素材大全**[M]. 北京：中国对外翻译出版公司，2008. 第 37 页 丝绸之路.
65. 廖冬梅，著. **新疆民族双语发展历史现状与成就**[M]. 乌鲁木齐：新疆人民出版社，2008. 第 11 页 三、丝绸之路的经济贸易促进了民族融合和民汉双语现象的进一步发展.
66. 秦兰，主编. **陕西省 2008 年中考速查宝典·开卷历史**[M]. 西安：陕西人民教育出版社，2008. 第 4 页 考点 4 张骞通西域 丝绸之路.
67. 北京天利考试信息网，编著. **中考作文题精编全解**[M]. 拉萨：西藏人民出版社，2008. 第 171 页 我想起了远逝的丝绸之路.
68.《新课程中学历史教学评价与测试研究》课题组，编. **初中历史复习备考精要**[M]. 福州：海潮摄影艺术出版社，2008. 第 17 页 汉通西域和丝绸之路.
69. 戴新阁，主编. **真情融教话课改**[M]. 青岛：青岛出版社，2008. 第 403 页 《汉通西域和丝绸之路》.
70. 丁锦辉，张栩，高铁，主编. **有效备课·初中历史**[M]. 北京：光明日报出版社，2008. 第 156 页 问题 4 “丝绸之路”——合作互动教学策略.
71. 刘少琼，主编. **高中历史教材·基础知识全解**[M]. 北京：龙门书局，2008. 第 19 页 概念三 丝绸之路.
72. 李永顺，著. **秋获集**[M]. 昆明：云南大学出版社，2007. 第 305 页 西南丝绸之路.
73. 中国教育报刊社，编. **西南大学**[M]. 重庆：重庆大学出版社，2007. 第 97 页 向仲怀：丝绸之路的世纪新篇.
74. 义务教育新课程资源与评价课题组，黑龙江省教育学院，编. **语文资源与评价·五年级（下）**[M]. 人教版. 哈尔滨：黑龙江教育出版社，2007. 第 1 页 第一单元（1）草原·丝绸之路.
75. 北蓝维，主编. **品德与生活品德与社会**[M]. 北京：首都师范大学出版社，2007. 第 141 页 丝绸之路.
76. 刘文俊，主编. **热爱汉中：汉中市小学生综合教育读本**[M]. 西安：陕西科学技术出版社，2007. 第 32 页 第十七节 “丝绸之路”的开拓者——张骞.
77. 萧枫主，编. **中华道德修养故事金典** 2[M]. 沈阳：辽海出版社，2007. 第 40 页 张骞与丝绸之路.
78. 李元秀，主编. **素质教育经典文库（九十三）**[M]. 呼和浩特：内蒙古人民出版社，2007. 第 60 页 丝绸之路的使者张骞.
79. 王子木，主编. **漫步历史文化长廊**[M]. 北京：中国戏剧出版社，2007. 第 125 页 踏出古丝绸之路的人.
80. 全国一线教学名师，编写. **新课程学习与评价·语文·五年级（下）**[M]. 人教实验版. 西安：陕西人民教育出版社，2007. 第 3 页 丝绸之路.

81. 邹邵林，著. **中学地理区域地图判读手册：300幅等高线区域地图**[M]. 长沙：湖南地图出版社，2007. 第28页 中亚政区／中亚地形／巴尔喀什湖／咸海／古代丝绸之路／里海／哈萨克斯坦／哈萨克丘陵／图兰平原／帕米尔高原.

82. 上海财经大学离退休教育工作者协会，上海财经大学离退休工作处，编. **振兴路·奉献歌：上海财经大学老同志回忆录**[M]. 上海：上海财经大学出版社，2007. 第421页 走过丝绸之路（日记摘抄）（叶麟根）.

83. 娄亚文，主编. **新课程教学设计精编·初中卷**[M]. 呼和浩特：内蒙古人民出版社，2007. 第320页 丝绸之路与大运河（储黎燕）.

84. 刘兵，主编. **单科王·高考现代文阅读**[M]. 北京：中国大地出版社，2007. 第78页 丝绸之路能更名吗？.

85. 快乐作文研究中心丛书，主编. **中学生最佳议论文**[M]. 长沙：湖南教育出版社，2007. 第109页 丝绸之路.

86. 岳强，主编. **语文·小学生阅读小秘书**[M]. 北京：新华出版社，2007. 第425页 二、《丝绸之路》"西域"一词的来历.

87. 广东省中等职业学校教材编写委员会组，编. **史地基础知识（历史、地理综合）**[M]. 广州：广东科技出版社，2006. 第10页 "丝绸之路".

88. 董国华，编著. **中学生百科丛书·地理百科**[M]. 北京：中国经济出版社，2006. 第264页 丝绸之路.

89. 孙芳铭，主编. **高考科学文阅读**[M]. 南京：南京大学出版社，2006. 第83页 丝绸之路能更名吗？

90. 广东省教育厅教研室，编. **初中新课程历史与社会优秀教学设计与案例**[M]. 广州：广东高等教育出版社，2006. 第140页 丝绸之路与大运河（王基成）.

91. 陈宝民，主编. **小学语文课改实践与探索：国家级实验区北京海淀区专辑**[M]. 北京：北京师范大学出版社，2006. 第261页 四年级下册《丝绸之路》教学设计（北京海淀区中关村第二小学杨雪松）.

92. 王宝庆，主编. **新课程教学研究与实践**[M]. 哈尔滨：哈尔滨地图出版社，2006. 第117页 "汉通西域和丝绸之路"教学设计（牡丹江市第二十中学 张丽红）.

93. 王后雄，主编. **中考完全解读·历史**[M]. 课标版. 北京：中国青年出版社，2006.

94. 课程教材研究所，音乐课程教材研究开发中心，编著. **音乐·简谱**[M]. 北京：人民教育出版社，2006. 第44页《丝绸之路》主题音乐.

95. 杨才政，等，编. **毒品史话**[M]. 呼和浩特：远方出版社，2006. 第140页 1. 海洛因从这里流向世界，毒品弄脏"丝绸之路".

96. 唐建军，主编. **历史考试地图册**[M]. 北京：中国地图出版社，2006. 第8页 西汉同匈奴的战争和张骞出使西域 班超经营西域 丝绸之路 佛教传入和道教兴起三国、两晋、南北朝.

97. 广东省中等职业学校教材编写委员会组，编. **史地基础知识（历史、地理综合）**[M]. 广州：广东科技出版社，2006. 第10页 "丝绸之路".

98. 董国华，孟宪起，等，主编. **中学生课外读物宝典·历史百科**[M]. 北京：中国经济出版社，2006. 第36页 丝绸之路.

99. 王学文，主编. **中学生话题作文素材库**[M]. 北京：朝华出版社，2006. 第 434 页 丝绸之路.
100. 广东省教育厅教研室，编. **初中新课程历史优秀教学设计与案例**[M]. 广州：广东高等教育出版社，2006. 第 165 页 “丝绸之路”设计（赵文杰）.
101. 赵书君，主编. **高考语文现代文阅读试题精选**[M]. 北京：语文出版社，2006. 第 55 页 新丝绸之路.
102. 武月清，改编. **小神童快乐阅读·感动学生的 100 篇科幻故事**[M]. 乌鲁木齐：新疆科技卫生出版社，2006. 第 55 页 新丝绸之路.
103. 文博，编. **中考话题作文在线**[M]. 上海：百家出版社，2006. 第 133 页 例文 3 我重返丝绸之路.
104. 卢勤，王杏村，主编. **中国中学生百科全书·史地大空间**[M]. 北京：中国大百科全书出版社，2006. 第 17 页 丝绸之路.
105. 于永玉，吴亚铃，主编. **爱国爱民 1**[M]. 北京：学苑出版社，2006. 第 48 页 张骞与丝绸之路.
106. 湛江师范学院教育科学学院，广东海洋大学海洋经济研究所，编. **湛江文化**[M]. 海口：南方出版社，2005. 第 13 页 第三单元 海上丝绸之路与徐闻古港.
107. 王旭昌，主编；林绍红，本册主编；青岛市普通教育教研室，编. **新课程理念下的教学设计与课例：初中综合实践活动**[M]. 济南：山东教育出版社，2005. 第 78 页 走近丝绸之路 感受西域情怀.
108. 陈宗厚，主编. **史海拾珍**[M]. 乌鲁木齐：新疆青少年出版社，2005. 第 49 页 踏出古丝绸之路的张骞.
109. 俞启瑞，主编. **高考现代文阅读与鉴赏**[M]. 武汉：崇文书局，2005. 第 99 页 三六 丝绸之路能更名吗.
110. 王铎全，主编. **全国优秀历史教学案例选·初中部分**[M]. 上海：上海教育出版社，2005. 第 169 页 汉通西域和丝绸之路（何晓兰）；第 183 页 汉通西域和丝绸之路（刘雪梅、史亚玲）.
111. 李乡状，主编. **内蒙甘肃宁夏行（上）**[M]. 长春：吉林文史出版社，吉林大学出版社，2005. 第 20 页 中国丝绸之路节.
112. 金家民，主编. **网络环境下教学模式的实践与研究**[M]. 北京：石油工业出版社，2005. 第 152 页 “丝绸之路”——基于网络的历史活动课尝试（宋玉梅）.
113. 吴荫，主编. **中学历史与社会教学活动设计**[M]. 北京：北京大学出版社，2005. 第 174 页 探访丝绸之路.
114. 赵丽宏，著；竺洪波，评析. **赵丽宏作文示范**[M]. 上海：少年儿童出版社，2005. 第 183 页 丝绸之路上的奇遇.
115. 京师联教育科学研究所，编. **新课程的理念与实践（第 2 辑）：新课程与小学语文教学**[M]. 北京：学苑音像出版社，2004. 第 144 页 丝绸之路的故事.
116. 周原，编著. **齐鲁文化**[M]. 济南：齐鲁书社，2004. 第 81 页 第 14 课 丝绸之路源头在哪里——活动与探究（三）.

117. 李唐文化工作室，编. **蓝猫刨根3000问·极乐鸟卷**[M]. 长春：吉林美术出版社，2004. 第12页 丝绸之路是指哪里？.
118. 杨耀明，主编. **雏鹰展翅：湛江第一中学学生研究性学习成果集**[M]. 中国教育出版社，2004. 第272页 海上丝绸之路.
119. 屈晓军，主编；新教材实施的教学模式教学策略教学方法研究课题组，编. **新课标中小学教学经典案例·初中综合**[M]. 北京：中央民族大学出版社，2004. 第513页 走访"丝绸之路" 探寻"民族交往".
120. 黄莹，编. **新编高中历史手册**[M]. 南宁：广西民族出版社，2004. 第20页 张骞开辟的丝绸之路.
121. 周原，编著. **齐鲁文化**[M]. 济南：齐鲁书社，2004. 第81页 第14课 丝绸之路源头在哪里——活动与探究（三）.
122. 陈岚，主编. **锦绣山河 祖国的江河·海洋**[M]. 喀什：喀什维吾尔文出版社；乌鲁木齐：新疆青少年出版社，2004. 第139页 丝绸铺就丝绸之路.
123. 柳斌，主编；刘国正，杨金亭，分册主编；教育部基础教育课程教材发展中心，编. **现当代旧体诗词诵读精华**[M]. 北京：人民教育出版社，2004. 第98页 为"振兴丝绸之路国际书画展览"题诗（二首）（钱仲联）.
124. 王树声地理教学研究室，主编. **高中地理学习考试地图册**[M]. 济南：山东省地图出版社，2004. 第122页（二十四）丝绸之路能更名吗.
125. 国家新课程教学策略研究组，编写. **中国与世界**[M]. 乌鲁木齐：新疆青少年出版社；喀什：喀什维吾尔文出版社，2004.
126. 孔佳，编著. **环球新视野·华夏文化惊四海**[M]. 北京：档案出版社，2003. 第60页"丝绸之路"通美洲.
127. 尚立富，著. **行走西部**[M]. 兰州：甘肃教育出版社，2003. 第255页 寻访丝绸之路的起点.
128. 关文信，于晓波，苗青，著. **新课程理念与初中历史课堂教学实施**[M]. 北京：首都师范大学出版社，2003. 第18页 课例7："丝绸之路古今谈"活动课教学片段.
129. 刘雪峰，编著. **敲开天文地理之门**[M]. 北京：中国青年出版社，2003. 第88页 探寻文明星球之路；第201页 第六章 探索者之路；第224页 郑和七次下西洋，开辟海上"丝绸之路"；第240页 史密斯的寻煤之路.
130. 邱承佑，等，主编. **学生知识通**[M]. 延吉：延边人民出版社，2003. 第123页 古代的通商之路为何称做"丝绸之路".
131. 刘雪峰，编著. **敲开天文地理之门**[M]. 北京：中国青年出版社，2003. 第88页 探寻文明星球之路；第201页 第六章 探索者之路；第224页 郑和七次下西洋，开辟海上"丝绸之路"；第240页 史密斯的寻煤之路.
132.《基础教育课程改革教师培训全书》课题组，编. **新教材教学设计与案例评析·第4辑（上）**[M]. 北京：人民日报出版社，2003. 第1036页 寻访丝绸之路.
133. 朱汉国，王斯德，著. **走进课堂·初中历史新课程案例与评析**[M]. 北京：高等教育出版社，2003. 第72页 七、并非是梦丝绸之路话明天.
134. 傅国亮，程淑华，主编；《人民教育》编辑部，编著. **新课程优秀教学设计与案例·初**

中综合卷[M]. 海口：海南出版社，2003. 第 237 页 走访“丝绸之路” 探寻“民族交往”（张梅）.

135. 尚立富，著. **行走西部**[M]. 兰州：甘肃教育出版社，2003. 第 255 页 寻访丝绸之路的起点.
136. 关文信，于晓波，苗青，著. **新课程理念与初中历史课堂教学实施**[M]. 北京：首都师范大学出版社，2003. 第 18 页 课例 7：“丝绸之路古今谈”活动课教学片段.
137. 陆建中，主编. **初中新课程课堂教学课例**[M]. 北京：科学出版社，龙门书局，2003. 第 166 页《寻找丝绸之路》教学课例（齐晓慧）.
138. 傅国亮，程淑华，主编；《人民教育》编辑部，编著. **新课程优秀教学设计与案例·初中历史与社会卷**[M]. 海口：海南出版社，2003. 第 182 页 我走“丝绸之路”（唐培芝）.
139. 邱承佑，等，主编. **人类知识天天记**[M]. 延吉：延边人民出版社，2003. 第 17 页 古代的通商之路为何称做“丝绸之路”；第 641 页 第 15 课 汉通西域和丝绸之路（南昌四中杨燕）.
140. 沈幼琴，著. **斯大：北欧璀璨的明珠**[M]. 上海：上海文艺出版社，2002. 第 40 页 探索丝绸之路之谜.
141. 邹炳新，蔡火坤，编写. **中学生限字作文 900 字**[M]. 北京：中国纺织出版社，2002. 第 260 页 丝绸之路，我爱你 （杨文慧）.
142. 一牛，主编. **中华小学生作文精彩开头结尾 3000 题**[M]. 海口：海南出版社，2002. 第 36 页 “丝绸之路”漫游；第 514 页 丝绸之路漫游.
143. 董毅然，刘巍，主编. **中国古代史**[M]. 长沙：湖南人民出版社，2002. 第 96 页 丝绸之路.
144. 张燕英，著. **中学生必知历史事件手册**[M]. 北京：中国文史出版社，2002. 第 108 页 丝绸之路.
145. [美]DENNIS HAGEN，陈辉岳，编著. **世界风光小故事**[M]. 上海：上海外语教育出版社，2002. 第 99 页 26. 丝绸之路：中国和巴基斯坦.
146. 王斯德，主编. **中国历史** [M]. 上海：华东师范大学出版社，2002. 第 220 页 第 14 课 我走“丝绸之路”.
147. 一牛，主编. **中华小学生作文精彩开头结尾 3000 题**[M]. 海口：海南出版社，2002. 第 36 页 “丝绸之路”漫游；第 514 页 丝绸之路漫游.
148. 王林英，编著. **十万个为什么**[M]. 北京：当代世界出版社，2002. 第 734 页 ⊙为什么中国丝绸享誉世界；第 876 页 ⊙为什么古代的通商之路称做“丝绸之路”.
149. 许明亮，张吉刚，主编. **高中基本知识记忆快易通·历史**[M]. 东营：石油大学出版社，2002. 第 39 页 丝绸之路.
150. 陈军，著. **走进历史**[M]. 上海：上海远东出版社，2001. 第 27 页 丝绸之路.
151. 朱海梅，主编. **中学生十万个怎样做·初中历史卷**[M]. 南京：南京大学出版社，2001. 第 36 页“丝绸之路”是怎样形成的.
152. 朱可，等，编写. **中学课本背景知识·中国历史**[M]. 杭州：浙江文艺出版社，2001. 第 54 页 凿空西域第一人：丝绸之路的开辟者张骞.

153. 张选良，主编．**中国学生十万个怎样做·初中地理卷**[M]．南京：南京大学出版社，2001．第 155 页 怎样认识丝绸之路经过地区的地理特点．
154. 窦孝鹏，窦红梅，等，编文．**不辱使命**[M]．北京：金盾出版社，2001．第 33 页 开拓丝绸之路 促进中西交流——张骞的故事．
155. 俞大叶，等，编著．**小学生万事通**[M]．南京：江苏少年儿童出版社，2001．第 268 页 丝绸之路是怎么回事．
156. 中学思想政治科百题书屋编写组，编．**经济常识精彩百题**[M]．长春：长春出版社，2001．第 185 页 从“丝绸之路”、“地理大发现”到产业革命——世界市场的形成．
157. 周鹏飞，编著．**欢乐儿童成才乐园·乖孩子一问一答**[M]．通辽：内蒙古少年儿童出版社，2001．第 104 页 “丝绸之路”在什么地方．
158. 徐锡安，主编；北京市教育委员会，编．**北京教育年鉴** 2001[M]．北京：朝华少年儿童出版社，2001．第 195 页 参加法国“丝绸之路”舞蹈节．
159. 赵伶俐，李静，主编．**青春少女生活百科**[M]．成都：四川辞书出版社，2001．第 378 页 敦煌——“丝绸之路”上的明珠．
160. 单强，等，编著．**抵抗忘却**[M]．南京：江苏人民出版社，2000．第 235 页 丝绸之路对中国和世界的意义．
161. 李向东，王金芳，主编．**少儿注意经典文库·中国五千年故事**[M]．延吉：延边教育出版社，2000．第 303 页 闻名于世的丝绸之路．
162. 原野，编著．**新编《十万个为什么》缩写本·文化卷·历史人物卷**[M]．通辽：内蒙古少年儿童出版社，2000．第 214 页 丝绸之路从哪里到何方？．
163. 宏云，主编．**小学生课外读物精选·少儿地理知识宝典**[M]．延吉：延边大学出版社，2000．第 117 页 丝绸之路．
164. 陶治，编著．**少年素质教育全书·爱国将领**[M]．呼和浩特：内蒙古大学出版社，2000．第 50 页 张骞与“丝绸之路”．
165. 柳斌，总主编；刘金湜，主编．**学生思想品德教育全书（第 1 册）**[M]．北京：长城出版社，2000．第 102 页 九、张骞开辟丝绸之路．
166. 张显传，主编．**初中生学实用词典·历史**[M]．昆明：云南教育出版社，2000．第 36 页 丝绸之路．
167. 石奉天，臧嵘，编．**中国历史地图册（第 1 册）：原始社会—南北朝**[M]．北京：中国地图出版社，2000．第 19 页 丝绸之路．
168. 北京市海淀区重点中学特高级教师，编写．**海淀文杰·高中作文整合集训·多文体作文** 2[M]．长春：东北师范大学出版社，2000．第 99 页 丝绸之路．
169. 王立均，编著．**小学生语文知识配图读物·写实作文起步**[M]．杭州：浙江人民美术出版社，2000．第 117 页 丝绸之路上的石雕．
170. 耿胜利，主编．**初中各科课堂知识点点通·历史**[M]．北京：北京师范大学出版社，1999．第 81 页 丝绸之路．
171. 钟金泉，主编．**素质教育的“丝绸之路”：吴江市第二实验小学科研兴校的理论与实践**[M]．苏州：苏州大学出版社，1999．

172. 施国振，主编. **初中各科课堂知识点点通・地理**[M]. 北京：北京师范大学出版社，1999. 第 274 页 十、中国的商业和旅游业丝绸之路.
173. 中国地图出版社，编制. **实如地图册（第 4 册）**[M]. 北京：中国地图出版社，1999. 第 23 页 中国古代丝绸之路和郑和下西洋航线图 中国主要商品出口示意图 中国主要商品进口示意图 中国主要旅游点分布北方地区.
174. 谢谦，编. **鬼精灵历史卡通乐园 1**[M]. 成都：四川人民出版社，1998. 第 93 页 丝绸之路.
175. 刘鲁缨，编著. **著名地理学家和他的一个重大发现**[M]. 济南：山东科学技术出版社，1998. 第 45 页 张骞和丝绸之路.
176. 刘家森，著. **教育卷・工具书：中学教育词典**[M]. 北京：中国人民公安大学出版社，1998. 第 26 页 丝绸之路.
177. 高恩全，编著. **中学政治词典・教育卷・工具书**[M]. 北京：中国人民公安大学出版社，1998. 第 12 页 丝绸之路.
178.《同步练习丛书》编写组，编写. **义务教育六年制小学常识（第 11 册）**[M]. 杭州：浙江教育出版社，1998. 第 19 页 丝绸之路.
179. 尹成法，等，主编. **中学生无师自通丛书・历史篇**[M]. 北京：北京科学技术出版社，1998. 第 20 页 “丝绸之路”是怎样开拓的.
180. 韩作黎，主编. **智力游戏与训练**[M]. 北京：中国和平出版社，1997. 第 62 页 丝绸之路.
181. 中国当代教育教研成果概览编纂委员会，编. **中国当代教育教研成果概览**[M]. 北京：中国青年出版社，1997. 第 328 页 丝绸之路和炳灵寺.
182. 夏树芳，编著. **地大物博山河美：地质与地貌的故事**[M]. 上海：上海科学普及出版社，1996. 第 84 页 丝绸之路印象.
183. 林定文，著. **中学历史手册**[M]. 福州：福建人民出版社，1982. 第 52 页 丝绸之路.
184. [日]多湖辉，著. **大脑聪明操 9：惊人的地球大冒险**[M]. 曾小华，译. 南宁：广西人民出版社，1996. 第 1 页 第一节 丝绸之路的飞跃能力.
185. [日]多湖辉，著. **大脑聪明操 12：欢迎参加大脑耐久性拉力赛**[M]. 朱洁，译. 南宁：广西人民出版社，1996. 第 163 页 第七节 丝绸之路拉力赛.
186. 夏树芳，编著. **地大物博山河美：地质与地貌的故事**[M]. 上海：上海科学普及出版社，1996. 第 84 页 丝绸之路印象.
187. 蔡绍荣，主编；凌英俊，等，编著. **南粤古迹探源**[M]. 广州：新世纪出版社，1996. 第 23 页 南海神庙——海上丝绸之路的起点.
188. **中学生学习手册・初中思想政治**[M]. 上海：上海教育出版社，1996. 第 204 页 丝绸之路.
189. 张志林，编. **中外历史知识图示・图表・图解（上册 中国古代史）**[M]. 武汉：华中理工大学出版社，1995. 第 26 页 丝绸之路.
190. 陈伯安，主编. **民族的骄傲・中华文化篇**[M]. 武汉：华中师范大学出版社，1995. 第 19 页 “丝绸之路”的使者——张骞.
191. 国家教育委员会师范司组，编；韦兆璧，卷主编. **初中教师之友・历史卷**[M]. 长春：东北师范大学出版社，1995. 第 38 页 丝绸之路.

192. 吴慧珠，主编. **小学教学全书·思想品德卷**[M]. 上海：上海教育出版社，1995. 第77页 丝绸之路.
193. 朱光明，魏存智，编著. **地理历史的奇闻**[M]. 南宁：接力出版社，1995. 第6页 丝绸之路上的绿洲.
194. 郝尚勤，著. **古今爱国故事**[M]. 北京：知识出版社，1995. 第25页 张骞开通丝绸之路.
195. 徐昭武，主编. **文言文学习辞典**[M]. 南京：江苏教育出版社，1994. 第561页 丝绸之路.
196. 刘明太，陈夕，编写. **科技光华**[M]. 长春：吉林教育出版社，1994. 第57页 蚕，开拓了丝绸之路.
197. 沙福敏，等，编. **中学教学实用全书·政治卷**[M]. 重庆：重庆出版社，1994. 第239页 丝绸之路.
198. 北京市海淀区教师进修学校，主编. **中学教学实用全书·历史卷**[M]. 重庆：重庆出版社，1994. 第51页 丝绸之路.
199.《德育百科全书》编委会，编写. **德育百科全书**[M]. 天津：天津大学出版社，1994. 第340页 丝绸之路.
200. 唐任伍，主编. **中国精神（中学生读本）**[M]. 北京：中国青年出版社，1994. 第32页 丝绸之路与海上丝绸之路.
201. 孟广恒，主编. **初中历史学习词典**[M]. 北京：北京师范大学出版社，1993. 第23页 丝绸之路.
202. 李家庆，哈敬，主编. **小学教师知识词典**[M]. 上海：上海科学普及出版社，1993. 第511页 丝绸之路.
203. 丁守和，冯涛，主编. **中学生文化百科辞典**[M]. 北京：北京燕山出版社，1992. 第641页 丝绸之路.
204. 林崇德，何本方，主编. **中国少年儿童百科全书·人类·社会**[M]. 杭州：浙江教育出版社，1991. 第169页 班超重开丝绸之路.
205. 王达人，等，编著. **中国历代名人事略**[M]. 沈阳：东北工学院出版社，1991. 第175页 丝绸之路.
206. 吉林省教育学院，许嘉璐，瞿林东，主编. **中国中学教学百科全书·历史卷**[M]. 沈阳：沈阳出版社，1991. 第62页 丝绸之路.
207. 张公武，冷洪恩，主编. **中小学德育辞典**[M]. 北京：中国广播电视出版社，1991. 第116页 丝绸之路.
208. 王宏志，臧嵘，主编；国家教委基础教育司，编. **世界之瑰宝 民族之骄傲**[M]. 北京：人民教育出版社；重庆：重庆出版社，1991. 第9页 中华先民对世界文明的最初贡献——稻、粟和丝绸的发明（臧嵘）；第531页 丝绸之路的凿空——张骞通西域（余桂元）；第539页“虽山海殊隔，而音信时通”——海上丝绸之路（余桂元）.
209. 王树森，等，编. **高中历史实用词典**[M]. 北京：中国国际广播出版社，1989. 第21页 丝绸之路.
210.《中学教师实用历史辞典》编写组，编著. **中学教师实用历史辞典**[M]. 北京：北京科学技术出版社，1989. 第29页 丝绸之路.

211. 张琪，董学文，编著. **高中地理实用词典**[M]. 北京：中国国际广播出版社，1989. 第234页 丝绸之路.
212.《中学教师实用地理辞典》编写组，编著. **中学教师实用地理辞典**[M]. 北京：北京科学技术出版社，1989. 第161页 丝绸之路.
213. 广东省教育厅教学研究，编. **中国地理读图数学册**[M]. 广州：广东科技出版社，1989. 第112页 图157 古代丝绸之路和郑和下西洋的航路示意图.
214.《中学教师实用政治辞典》编写组，编著. **中学教师实用政治辞典**[M]. 北京：北京科学技术出版社，1989. 第84页 丝绸之路.
215. 郎好成，等，主编. **中学生实用学习辞典**[M]. 北京：中国广播电视出版社，1989. 第664页 丝绸之路.
216. 诸龙庚，骆大慧，编著. **新编中学知识手册・地理分册**[M]. 南京：江苏科学技术出版社，1988. 第114页 古代“丝绸之路”和海上对外贸易航路.
217. 王树森，陈隆涛，主编. **初中实用历史词典**[M]. 北京：教育科学出版社，1988. 第65页 丝绸之路.
218. 范堂枢，丁金良，主编. **初中实用政治词典**[M]. 北京：教育科学出版社，1988. 第124页 丝绸之路.
219. 覃祚胜，主编. **中学思想政治课学习必备**[M]. 桂林：广西师范大学出版社，1988. 第50页 丝绸之路.
220. 毕玉峰，编. **中学历史名词手册**[M]. 西安：三秦出版社，1988. 第21页 “罢黜百家，独尊儒术”20 张骞通西域 20 丝绸之路.
221. 秘际韩，等，编. **初中实用地理词典**[M]. 北京：教育科学出版社，1988. 第267页 丝绸之路.
222. 赵瑾，等，编. **小学地理基础知识问答**[M]. 南京：江苏教育出版社，1987. 第130页 河西走廊因何而得名？什么叫“丝绸之路”？.
223. 吴琪，等，编. **中学生知识手册**[M]. 沈阳：辽宁少年儿童出版社，1987. 第66页 丝绸之路.
224.《中学生》杂志社，编. **中学课本上的历史人物**[M]. 北京：中国少年儿童出版社，1986. 第23页 五、“丝绸之路”的开拓者张骞（思路）.
225. 姚森，编. **初级中学社会发展简史（上）**[M]. 北京：人民教育出版社，1986. 第156页 丝绸之路.
226. 湖南师范大学《中学生知识词典》编委会，编. **中学生知识词典・历史分册**[M]. 长沙：湖南人民出版社，1986. 第14页 丝绸之路.
227. 候清德，等. **中学历史名词解释**[M]. 长春：吉林文史出版社，1986. 第16页 丝绸之路.
228. 林定文，编. **中学历史名词解释**[M]. 福州：福建教育出版社，1985. 第13页 丝绸之路.
229. 田云鹏，编. **小历史知识500题（上）**[M]. 济南：山东教育出版社，1985. 第43页 77、什么叫“丝绸之路”.
230. 田松庆，等，编. **简明地理辞典**[M]. 武汉：湖北人民出版社，1984. 第232页 丝绸之路.

231. 辽宁新少年杂志社，辽宁省青少年研究小组，编. **小学生爱国主义教育手册**[M]. 沈阳：辽宁少年儿童出版社，1984. 第 21 页 丝绸之路.
232. 宋文周，编. **简明中学政治辞典**[M]. 西宁：青海人民出版社，1984. 第 236 页 丝绸之路.
233. 朱炳先，等，编. **中学历史词典**[M]. 成都：四川人民出版社，1984. 第 66 页 丝绸之路.
234. 田松庆，等，编. **简明地理辞典**[M]. 武汉：湖北人民出版社，1984. 第 232 页 丝绸之路
235. 芮乔松，著. **中国交通纵横谈**[M]. 上海：上海教育出版社，1984. 第 156 页 古代的"丝绸之路".
236. 苟忠良，编写. **中学历史基础知识**[M]. 贵阳：贵州人民出版社，1984. 第 20 页 "丝绸之路".
237. 朱炳先，等，编. **中学历史词典**[M]. 成都：四川人民出版社，1984. 第 66 页 丝绸之路；第 576 页 工人之路报.
238. 阙勋吾，主编；武汉大学历史系《简明历史辞典》编委会，编. **简明历史辞典**[M]. 开封：河南教育出版社，1983. 第 561 页 丝绸之路.
239. 本社编. **中学政治课手册·社会发展简史部分**[M]. 北京：北京师范大学出版社，1983. 第 95 页 丝绸之路.
240. 刘嗣，编写. **小学地理知识手册**[M]. 成都：四川人民出版社，1983. 第 156 页 丝绸之路与兰新铁路.
241. **课外学习（1982 年合订本）**[M]. 北京：外语教学与研究出版社，1983. 第 72 页 海上丝绸之路（江衡）.
242. 北京市海淀区教师进修学校，编. **中学政治基础知识**[M]. 北京：外语教学与研究出版社，1982. 第 297 页 丝绸之路.
243. 张阜民，等，编. **中学政治教材词语解释**[M]. 长沙：湖南人民出版社，1982. 第 71 页 丝绸之路.
244. 赵安玉，赵竞华，编. **中学历史名词解释**[M]. 北京：中国农业机械出版社，1982. 第 11 页 丝绸之路.
245. 张传玺，杨济安，编. **中央广播电视大学中学中国古代史教学参考地图集**[M]. 北京：北京大学出版社，1982. 第 154 页 丝绸之路.
246.《中学生历史手册》编写组，编. **中学生历史手册**[M]. 郑州：河南人民出版社，1982. 第 88 页 丝绸之路.
247. 张阜民，等，编. **中学政治教材词语解释**[M]. 长沙：湖南人民出版社，1982. 第 71 页 丝绸之路.
248. 段富生，等，著. **历史顾问**[M]. 太原：山西人民出版社，1982. 第 42 页 丝绸之路.
249. 徐云龙，主编. **中小学历史教学实用手册**[M]. 长沙：湖南教育出版社，1982. 第 379 页 丝绸之路.
250. 赵效良，编写. **新编中学历史知识问答·中国古代史部分**[M]. 西安：陕西人民出版社，1981. 第 48 页 张骞为什么出使西域?他的出使怎样促进了汉族和西域各族经济文化的交流?什么叫"丝绸之路".

251. 徐云龙，著．**中学历史问答**[M]．长沙：湖南人民出版社，1981．第 11 页 汉朝和西域的关系怎样？什么叫“丝绸之路”？有什么作用？.
252. 郑铭奎，等，编．**中学历史名词解释**[M]．福州：福建教育出版社，1980．第 5 页 丝绸之路.
253. 吉林省教育学院，编．**高中历史复习资料**[M]．长春：吉林人民出版社，1979．第 20 页 （十二）丝绸之路.
254. 傅旭升，王新林，编．**世界地理常识问答**[M]．长春：吉林人民出版社，1979．第 62 页 你能沿着“丝绸之路”旅行吗？.

（六）体　育

1. 漫唐堂，编著．**神州漫游记・熊大的礼物**[M]．成都：四川少年儿童出版社，2013．第 8 页 丝绸之路.
2. 王沛，著．**石文观止**[M]．兰州：甘肃人民出版社，2012．第 224 页 丝绸之路.
3. 李重申，李小惠，编．**中华文明史话彩图普及丛书・武术史话**[M]．北京：中国大百科全书出版社，2012．第 46 页 丝绸之路上的崆峒武术.
4. 陈康，编著．**敦煌体育研究**[M]．北京：中国社会科学出版社，2012．第 2 页 第一节 丝绸之路.
5. 《中华文明史话》编委会，编译．**武术史话（汉英对照）**[M]．北京：中国大百科全书出版社，2010．第 36 页 丝绸之路上的崆峒武术.
6. 吴兆祥，主编．**体育百科大全 36 自动车运动**[M]．合肥：安徽人民出版社，2010．第 75 页 1996 年环游丝绸之路国际自行车赛；第 81 页 1998 年“中国环游丝绸之路”国际公路自行车赛暨全国公路自行车冠军赛.
7. 国家体育总局政策法规司，编．**国家体育总局体育哲学社会科学研究成果汇编 2007 年**[M]．北京：人民体育出版社，2010．第 326 页 丝绸之路古代体育图像谱系研究（李金梅等）.
8. 北京奥组委文化活动部，主编．**用瑰丽的中国文化感动世界**[M]．北京：当代中国出版社，2009．第 186 页 丝绸之路.
9. 李重申，李金梅，夏阳，著．**中国马球史**[M]．兰州：甘肃教育出版社，2009．第 46 页 五、丝绸之路（东段）的古代马球；第 47 页 （一）丝绸之路古代体育思想、历史背景和文化涵义；第 50 页 （二）丝绸之路的古代马球.
10. 李金梅，李重申，著．**丝绸之路体育图录**[M]．兰州：甘肃教育出版社，2008.
11. 路志峻，田桂菊，李小惠，主编．**丝绸之路体育文化论集（续）**[M]．兰州：甘肃教育出版社，2008.
12. 戴其晓，焦贵平，编著．**中华集邮之最辞典**[M]．上海：上海大学出版社，2008．第 331 页 中国首次发行的丝绸明信片；第 417 页 首届中国丝绸之路节邮展.
13. 陈耕，主编．**甘肃省第十一届运动会论文报告会论文集**[M]．兰州：甘肃人民出版社，2007．第 11 页 基于 swot 分析的“丝绸之路”甘肃段体育旅游发展研究（孟峰年）.
14. 陈逸民，陈莺，编著．**中国唐三彩收藏和鉴赏**[M]．上海：上海大学出版社，2007．第 75 页 第四章 唐三彩与丝绸之路.

15. 江更生，著. **详说灯谜**[M]. 北京：新世界出版社，2007. 第 180 页 丝绸之路.
16. 王晓，张炜，编著. **唐三彩收藏知识三十讲**[M]. 北京：荣宝斋出版社，2006. 第 76 页 唐三彩中骆驼形象的多次出现反映了唐代丝绸之路的盛况情景吗？.
17. 国家体育总局政策法规司，编. **体育社会科学研究成果汇编 2006 年**[M]. 北京：人民体育出版社，2006. 第 425 页 丝绸之路体育考古研究（李重申等）.
18. 李重申，李金梅，主编；兰州理工大学丝绸之路文史研究所，编著. **丝绸之路体育文化论集**[M]. 北京：中华书局，2005.
19. 唐薇，编绘. **海盗迷宫**[M]. 太原：希望出版社，2005. 第 50 页 丝绸之路.
20. 沈泓，著. **纸上宝石——藏书票的收藏投资**[M]. 上海：上海科技教育出版社，2005. 第 24 页 藏书票在欧美的“丝绸之路”.
21. 王宇，主编. **文玩收藏与投资·奇石** 2[M]. 北京：中央民族大学出版社，2005. 第 22 页 丝绸之路（一）；第 23 页 丝绸之路（二）.
22. 王立新，主编；赵明波，摄影；青岛市文学艺术界联合会，青岛市观赏石协会，编. **青岛雅石（图集）**[M]. 青岛：青岛出版社，2004. 第 22 页 丝绸之路 风砺石.
23. 幽游，编. **越野越酷**[M]. 北京：中国友谊出版公司，2004.
24. 余时佑，余飒，编著. **麻将花样大全**[M]. 北京：人民体育出版社，2003. 第 129 页 走中国丝绸之路.
25. 任敏刚，魏清梅，编著. **中外陶瓷邮票**[M]. 西安：陕西科学技术出版社，2002. 第 230 页 第二十三章 “丝绸之路”放异彩.
26. 李金梅，主编. **中国马球史研究**[M]. 兰州：甘肃人民出版社，2002. 第 150 页 浅析丝绸之路体育对唐代马球运动的影响（罗普云等）.
27. 王传晋，编著. **世界硬币的收藏和鉴赏**[M]. 上海：上海科技教育出版社，2001. 第 185 页 （六）中、西亚古硬币（“丝绸之路”硬币）.
28. 刘晓芬，主编. **名师谈旅游 游的放心与开心**[M]. 北京：中国物资出版社，2001. 第 107 页 西北丝绸之路.
29. 陈贤德，主编. **现代家庭休闲旅游万宝全书**[M]. 上海：文汇出版社，2000. 第 344 页 3 丝绸之路游.
30. 李龙，编著. **中国金币集藏指南**[M]. 北京：知识出版社，2000. 第 218 页 丝绸之路系列纪念币（第一组）；第 261 页 丝绸之路系列纪念币（第二组）.
31. 陈开仁，编著. **怎样旅游更开心**[M]. 北京：海潮出版社，2000. 第 207 页 八、丝绸之路——甘新旅游区.
32. 何阳，编绘. **怪智迷宫**[M]. 广州：羊城晚报出版社，2000. 第 102 页 丝绸之路.
33. 李龙，编著. **中国当代银币集藏指南**[M]. 北京：知识出版社，2000. 第 201 页 中国丝绸之路系列纪念银币；第 201 页 中国丝绸之路系列纪念银币（第一组）；第 203 页 中国丝绸之路系列纪念银币（第二组）.
34. 陈贤德，主编. **现代家庭休闲旅游万宝全书**[M]. 上海：文汇出版社，2000. 第 344 页 3 丝绸之路游.
35. 陈开仁，编著. **怎样旅游更开心**[M]. 北京：海潮出版社，2000. 第 207 页 八、丝绸之路——甘新旅游区.

36. 王连义，著. **欲知仙源何处寻——旅游专家热线**[M]. 北京：中国民主法制出版社，1999. 第 98 页 五、丝绸之路游.
37. 中国体育年鉴社，编. **中国体育年鉴** 1996[M]. 北京：人民体育出版社，1999. 第 676 页 "中国杯"游——丝绸之路国际公路自行车比赛.
38. 中经报联出版部，编著. **旅游快车**[M]. 北京：中国商业出版社，1998. 第 159 页 丝绸之路浪漫行.
39. 任敏刚，编著. **中外地图邮票**[M]. 西安：陕西科学技术出版社，1998. 第 61 页 丝绸之路的终点——土耳其.
40. 函谷，等，编. **集邮世界趣事**[M]. 北京：科学普及出版社，1996. 第 166 页 丝绸之路.
41. 马德生，等，编著. **山水的寄情——旅游**[M]. 北京：中央民族大学出版社，1995. 第 206 页 丝绸之路的开拓者 张骞.
42. 李新，主编. **旅游必备知识手册**[M]. 北京：中国旅游出版社，1994. 第 33 页 丝绸之路.
43. 李凯，等，编著. **美术趣谈** 123[M]. 北京：国际文化出版公司，1994. 第 81 页 丝绸之路上的清真寺.
44. 佘时佑，佘靖，编著. **麻将百科知识**[M]. 北京：人民体育出版社，2004. 第 181 页 走中国丝绸之路.

八、语言、文字

（一）语言学

1. 刘本部，主编. **实用手语**[M]. 济南：山东教育出版社，2012. 第 92 页 龙门石窟 丝绸之路 三峡.
2. 马本立，主编. **语林观止**[M]. 上海：学林出版社，2011. 第 87 页 第十九节 蚕 吐出"丝绸之路"的"功臣".
3. 赵杰，著. **丝绸之路语言研究**[M]. 乌鲁木齐：新疆人民出版社，2010.
4. 支顺福，编著. **世界语言博览**[M]. 上海：上海外语教育出版社，2008. 第 201 页 普什图语——寻找丝绸之路的踪迹.
5. 《第欧根尼》中文精选版编辑委员会，编选. **文化认同性的变形**[M]. 北京：商务印书馆，2008. 第 147 页 丝绸之路沿线的语言与文化交流（丹尼斯、西诺尔著，黄长著译）；第 163 页 丝绸之路与中国西北部的混合型语言（斯蒂芬、温棣帆著，黄长著译）；第 176 页 丝绸之路的地理和语言状况（爱德华・特里雅尔斯基著，元祯译）.
6. 谢伦浩，著. **即兴说话素材大全**[M]. 2 版. 北京：石油工业出版社，2006. 第 457 页 丝绸之路上的地名释意.
7. 谢伦浩，主编. **即兴说话素材大全**[M]. 北京：石油工业出版社，2002. 第 500 页 94 丝绸之路上的地名释意.
8. 檀明山，主编. **象征学全书**[M]. 北京：台海出版社，2001. 第 529 页 丝绸之路.
9. 周有光，著. **中国语文纵横谈**[M]. 北京：人民教育出版社，1992. 第 279 页 （四）"丝绸之路"和"字母之路".

（二）汉　语

1. 韩钟恩，编. **音乐学写作与范文导读**[M]. 北京：高等教育出版社，2014. 第 194 页 中国音乐史范文　丝绸之路上的琵琶乐器史.
2. 崔永华，主编. **新概念汉语** 4[M]. 北京：北京语言大学出版社，2013. 第 74 页 丝绸之路.
3. 刘玉凯，著. **成语文化**[M]. 北京：中国经济出版社，2013. 第 24 页 第五节 万里西来了宿缘——成语的丝绸之路.
4. 周有光，著. **语文闲谈二编**[M]. 北京：生活·读书·新知三联书店，2012. 第 27 页 三本《丝绸之路》；第 292 页 丝绸路和大陆桥.
5. 张玉，著. **多彩汉语 50 个趣味故事**[M]. 汉英对照. 北京：外文出版社，2011. 第 73 页 19 丝绸；第 185 页 47 丝绸之路.
6. 郑铁生，主编. **中国文化**[M]. 上海：上海外语教育出版社，2011. 第 277 页 二、丝绸之路.
7. 蔡智敏，主编. **百所名校初中生分类作文第一范本**[M]. 长沙：湖南人民出版社，2011. 第 245 页 我想起了远逝的丝绸之路.
8. 朱法元，等，主编. **中国文化 ABC**[M]. 南昌：江西人民出版社，2010. 第 138 页 丝绸之路.
9. 李庆新，著. **“南海Ⅰ号”与海上丝绸之路**[M]. 英汉对照. 北京：五洲传播出版社，2010.
10. 张一平，著. **丝绸之路的开通**[M]. 英汉对照. 北京：五洲传播出版社，2010.
11. 卢微一，编著. **海蓝色的中国梦：外国留学生佳作评析**[M]. 南京：南京大学出版社，2010. 第 51 页 怀想曾经的丝绸之路（[日本]渡边智人）；第 78 页 丝绸之路与“大秦”帝国（[日本]久保田谦一）.
12. 夏保年，主编. **作文典藏：初中生满分作文精选**[M]. 长春：吉林出版集团有限责任公司，2010. 第 135 页 我想起了远逝的丝绸之路.
13. 常大群，编著. **中国文化**[M]. 济南：山东友谊出版社，2010. 第 114 页 二、丝绸之路.
14. 陈海东，著. **汉语史话**[M]. 北京：中国国际广播出版社，2010. 第 63 页 五 丝绸之路上的交流.
15. 田臻，编. **小学生优秀分类作文大全·六年级**[M]. 北京：中国华侨出版社，2010. 第 229 页 “丝绸之路”漫游.
16. 快乐作文研究中心，主编. **中学生新话题作文**[M]. 长沙：湖南教育出版社，2009. 第 494 页 丝绸之路；第 659 页 没有了妖魔的取经之路.
17. 张琪，主编. 中考满分作文[M]. 呼和浩特：内蒙古人民出版社，2009. 第 101 页 我想起了远逝的丝绸之路.
18. 朱子仪，著. **捷径：中级速成汉语课本（下）**[M]. 北京：北京语言大学出版社，2009. 第 143 页 第八课 主课文 “丝绸之路”与“玉石之路”；第 161 页 副课文 丝绸之路在召唤.
19. 吴中伟，郭鹏，编著. **拾级汉语（第 3 级）：综合课本**[M]. 北京：北京语言大学出版社，2009. 第 169 页 第 14 课 丝绸之路.

20. 魏武挥鞭，编著. **速读时代、2007 中国媒体 10 大流行语**[M]. 北京：中国经济出版社，2008. 第 175 页 海上丝绸之路博物馆.
21. 朱启良，编. **我在中国的那些事儿**[M]. 插图版. 北京：五洲传播出版社，2008. 第 118 页 我的丝绸之路（[韩国]金澳锡）.
22. 刘常胜，编著. **初中生考场满分作文**[M]. 经典版. 西安：陕西旅游出版社，2008. 第 26 页 我想起了远逝的丝绸之路.
23. 张海鹏，选编. **2007 中国年度初中生优秀作文**[M]. 桂林：漓江出版社，2008. 第 128 页 我想起了远逝的丝绸之路（深圳一考生）.
24. 张琪，主编. **中考满分作文**[M]. 珍藏版. 呼和浩特：内蒙古人民出版社，2008. 第 179 页 我想起了远逝的丝绸之路.
25. 席新，主编. **中学生 1000 篇满分作文**[M]. 广州：岭南美术出版社，2008. 第 474 页 我想起了远逝的丝绸之路.
26. 鲁培长，主编. **全国初中生考场作文精典范本**[M]. 郑州：文心出版社，2008. 第 81 页 我想起了远逝的丝绸之路.
27. 范毓民，郑国雄，编著. **欧美人学中文·高级练习本**[M]. 上海：复旦大学出版社，2007. 第 14 页 第三课 丝绸之路.
28. 幺书君，编著. **发展汉语·高级汉语听力：学习参考（上）**[M]. 民族版. 北京：北京语言大学出版社，2007. 第 83 页 第十一课 把丝绸之路和布达拉宫连在一起.
29. 徐叶菁，马文华，剧朝阳，编. **大学汉语读写**（第一册）[M]. 维哈文版. 北京：北京语言大学出版社，2007. 第 163 页 课外阅读 丝绸之路.
30. 陈方权，王敏，主编. **绿色的呼唤：武汉城市圈 9 城市少年儿童环保征文集**[M]. 武汉：武汉出版社，2007. 第 59 页 从丝绸之路的沙漠化想到的（胡杨）.
31. 幺书君，编著. **发展汉语·高级汉语听力（上）**[M]. 民族版. 北京：北京语言大学出版社，2007. 第 69 页 第十一课 把丝绸之路和布达拉宫连在一起；第 76 页 课文一 把丝绸之路和布达拉宫连在一起.
32. 周有光，著. **汉语拼音·文化津梁**[M]. 北京：生活·读书·新知三联书店，2007. 第 37 页 通向中国的字母之路；第 52 页 丝绸之路和字母之路.
33. 郑国雄，主编；郑国雄，范毓民，编著. **欧美人学中文·高级课本**[M]. 上海：复旦大学出版社，2007. 第 15 页 第三课 丝绸之路.
34. 高梓信，主编. **中学生历届中考作文大全**[M]. 呼和浩特：内蒙古人民出版社，2007. 第 40 页 我想起了远逝的丝绸之路.
35. 刘常胜，编著. **名校范文·中考高分作文：三年经典**[M]. 西安：陕西旅游出版社，2007. 第 27 页 我想起了远逝的丝绸之路.
36. 王伟营，主编. **2007 年中考满分作文第一解读**[M]. 北京：朝华出版社，2007. 第 284 页 我想起了远逝的丝绸之路.
37. 唐仕伦，幸兴，严敬群，编. **中国年度中考精品满分文赏析全书**[M]. 北京：朝华出版社，2007. 第 107 页 我想起了远逝的丝绸之路.
38. 刘常胜，主编. **三年中考高分作文**[M]. 西安：陕西旅游出版社，2007. 第 27 页 我想起了远逝的丝绸之路.

39. 江文，编著. **中国文化知识精华**[M]. 北京：中国戏剧出版社，2007. 第 280 页 丝绸之路 海上陶瓷之路.

40. 李凌波，李莎莎，主编. **中学生新考场作文大全**[M]. 南京：江苏文艺出版社，2007. 第 60 页 我想起了远逝的丝绸之路.

41. 徐桂梅，牟云峰，编著. **发展汉语·中级汉语**[M]. 民族版. 北京：北京语言大学出版社，2007. 第 111 页 五 对话 丝绸之路.

42. 课程教材研究所对外汉语课程教材研究开发中心，编. **中国文化读本**[M]. 北京：人民教育出版社，2007. 第 141 页 第八章 中外文化交流 第一节 丝绸之路.

43. 刘昌华，杨环，本卷选编. **2007 全国初中生精彩作文年选**[M]. 武汉：湖北长江出版，2008.

44. 沈文，刘永山，主编. **菲律宾华语课本·阅读课本 14**[M]. 北京：北京语言大学出版社，2006. 第 6 页 第三课 丝绸之路.

45. 董来国，主编. **文海踏浪**[M]. 北京：中国文联出版社，2006. 第 161 页 漫话“丝绸之路”（张瑜）.

46. 魏长达，著. **汉语教育研究——对外汉语教育实践与研究**[M]. 北京：中国科学技术出版社，2006. 第 64 页 第二章 发挥地域文化优势，开“丝绸之路汉语”新路子.

47. 张浩，主编. **新编开幕式、闭幕式讲话稿写作范例**[M]. 北京：蓝天出版社，2006. 第 227 页 在中国丝绸之路吐鲁番葡萄节开幕式上的讲话；第 552 页 在全国丝绸工业技能大赛总决赛闭幕式上的讲话.

48. 新开心作文研究中心，编. **最新小学生话题作文一本通**[M]. 长沙：湖南少年儿童出版社，2006. 第 165 页 “丝绸之路”漫游.

49. 史习江，李守业，主编. **语文（三年级下）**[M]. 北京：语文出版社，2005. 第 131 页 张骞与丝绸之路.

50. 邵英，编著. **游西安学汉语**[M]. 西安：陕西师范大学出版社，2005. 第 33 页 第八课 丝绸之路与茂陵.

51. 幺书君，编著. **发展汉语·高级汉语听力：上（学生册）**[M]. 北京：北京语言大学出版社，2005. 第 88 页 第十一课 把丝绸之路和布达拉宫连在一起；第 97 页 课文一 把丝绸之路和布达拉宫连在一起.

52. 王景丹，编著. **中文广角（下）**[M]. 北京：北京大学出版社，2005. 第 156 页 第二十五课　古丝绸之路再现繁荣.

53. 周小兵，主编；林凌，邓淑兰，本册主编. **阶梯汉语·中级听力课本 4**[M]. 北京：华语教学出版社，2005. 第 28 页 长城、丝绸之路.

54. 徐桂梅，牟云峰，编著. **发展汉语·中级汉语（上）**[M]. 北京：北京语言大学出版社，2005. 第 183 页 五 对话丝绸之路.

55. 孔立新，主编. **中考话题作文**[M]. 上海：上海远东出版社，2005. 第 152 页 例文 3 我重返丝绸之路.

56. 罗青松，编著. **发展汉语·高级汉语阅读（上）**[M]. 北京：北京语言大学出版社，2005. 第 207 页 课前阅读 1 为文学交流开拓“丝绸之路”.

57. 周新华，等，编. **历史文化早知道**[M]. 杭州：浙江少年儿童出版社，2004. 第 54 页 丝绸之路是谁开拓的.

58. 宫方，编. **影响孩子一生的名著名胜故事**[M]. 开封：河南大学出版社，2004. 第 110 页 丝绸之路上的敦煌石窟.
59. 宫方，编著. **影响孩子一生的十万个为什么：历史之谜**[M]. 注音版. 开封：河南大学出版社，2004. 第 197 页 丝绸之路是怎样形成的.
60. 秦惠兰，黄意明，编著；金恩姬，韩文翻译. **观光汉语（韩国学生用书）：下**[M]. 北京：北京大学出版社，2004. 第 193 页 第十四课 寻找丝绸之路.
61. 金宁，主编. **中华文化研修教程**[M]. 北京：人民教育出版社，2004. 第 153 页 二、丝绸；第 252 页 一、丝绸之路.
62. 王国安，王小曼，著. **汉语词语的文化透视**[M]. 上海：汉语大词典出版社，2003. 第 259 页 丝绸之路上的古汉语借词.
63. 李芳杰，刘海芳，主编. **大众汉语（中高级）**[M]. 武汉：武汉大学出版社，2003. 第 87 页 中国丝绸和丝绸之路.
64. 张英，金舒年，主编，**中国传统文化与现代生活：留学生中级文化读本**[M]. 赵昀晖，英译. 北京：北京大学出版社，2003. 第 157 页 第十六课 丝绸之路.
65. 是泉，主编. **画获认字**[M]. 上海：上海科学普及出版社，2003. 第 26 页 丝绸之路.
66. 李娜，等，编. **中华小学生顶尖新作文·获奖作文**[M]. 哈尔滨：黑龙江人民出版社，2002. 第 165 页 “丝绸之路”漫游.
67. 陈玉明，主编. **小学生新概念分类作文大全**[M]. 天津：天津人民美术出版社，2002. 第 145 页 “丝绸之路”漫游（刘轩）.
68. 钟雷，主编. **少儿注音百部阅读经典卷：中国五千年故事**（上）[M]. 哈尔滨：哈尔滨出版社，2002. 第 303 页 闻名于世的丝绸之路.
69. 李汉秋，主编. **新三字经**[M]. 北京：科学出版社，2002. 第 72 页 丝绸之路.
70. 《小学生阅读文选》编写组，编. **小学生阅读文选（第 6 册）：三年级下学期用**[M]. 济南：山东教育出版社，2001. 第 162 页 丝绸之路.
71. 张洪宇，著. **海外小学中文课本：教师手册（五年级）**[M]. 北京：北京语言文化大学出版社，2000. 第 34 页 第三课 两条丝绸之路.
72. 鲁宝元，著. **汉语与中国文化**[M]. 汉日对照本. [日]神里常雄，译. 北京：华语教学出版社，2000. 第 41 页 丝绸与丝绸之路——从丝字旁汉字看中国古代的丝绸业；第 440 页 “支那”与“赛里丝”——丝绸的西运与外国对中国的古称.
73. 周思源，主编；马树德，编著. **中外文化交流史**[M]. 北京：北京语言文化大学出版社，2000. 第 158 页 海上丝绸之路；第 172 页 一、由海上丝绸之路连接起来的中国与泰国；第 195 页 第一节 丝绸之路通大秦；第 308 页 第一节 海上的“香料之路”与“丝绸之路”.
74. 季一德，编. **儿童百问百答·水星篇**[M]. 上海：少年儿童出版社，1999. 第 47 页“丝绸之路”在哪里.
75. 韩鉴堂，编著. **中国文化**[M]. 李家荣，译. 北京：北京语言文化大学出版社，1999. 第 130 页 十六丝绸之路；第 134 页 资料中国丝绸；第 144 页 海上陶瓷之路.
76. 李忆民，主编. **国际商务汉语（上）**[M]. 课堂教学版. 陆薇，英译. 北京：北京语言文化大学出版社，1997. 第 301 页 丝绸之路.
77. 周有光，著. **语文闲谈：续编（上）**[M]. 北京：生活·读书·新知三联书店，1997. 第

29 页 58 三本《丝绸之路》.

78. 林心，王安民，主编. **全国中小学生优秀作文比较系列丛书：小学状物**[M]. 北京：中华工商联合出版社，1995. 第 102 页 记“丝绸之路”大型群雕（齐心）.
79. 王希增，等，编. **高级汉语——报刊阅读教程（下）**[M]. 北京：北京语言学院出版社，1994. 第 129 页 阅读（二）丝绸之路的开创可追溯到春秋以前.
80. 韩鉴堂，编著. **中国文化**[M]. 李家荣，英文翻译. 北京：国际文化出版公司，1994. 第 191 页 十六 丝绸之路；第 197 页 资料 中国丝绸；第 212 页 海上陶瓷之路.
81. 杨庆蕙，主编. **实用汉语会话系列教材（第 4 册）**[M]. 北京：北京师范大学出版社，1993. 第 108 页 第九课 都是友谊之路——古“丝绸之路”与新欧亚大路桥.
82. 国家教委高等学校预科教材编写组，编. **基础汉语（下）**[M]. 北京：教育科学出版社，1993. 第 292 页 第 72 课 丝绸之路瓜果香.
83. 雅坤，秀玉，主编. **实用缩略语知识词典**[M]. 北京：新世界出版社，1992. 第 194 页 海上丝绸之路；第 637 页 中国丝绸之旅.
84. 申平章，主编. **中国语实用会话**[M]. 天津：天津人民出版社，1991. 第 6 页 四、练习 小知识《丝绸之路》.
85. 王国安，主编. **世界汉语教学百科辞典**[M]. 上海：汉语大词典出版社，1990. 第 661 页 丝绸之路.
86. 冯乃康，编；**汉英旅游会话手册**[M]. 李松勤，译. 北京：旅游教育出版社，1988. 第 172 页 丝绸之路寻古城.
87. 刘伶，著. **敦煌方言志**[M]. 兰州：兰州大学出版社，1988.
88. 李明伟，张衡，主编. **写作文选百篇**[M]. 兰州：兰州大学出版社，1988. 第 351 页 兰州——古“丝绸之路”上的重镇（程兆生）.
89. 胡晓清，著. **外来语**[M]. 北京：新华出版社，1986. 第 98 页 （二）丝绸之路上的文化遗存——西域诸国语言对汉语的贡献.
90. 张在同，著. **常见典故浅说**[M]. 呼和浩特：内蒙古人民出版社，1983. 第 87 页 丝绸之路.
91. 徐青，著. **词汇漫谈**[M]. 杭州：浙江人民出版社，1983. 第 123 页 二、从丝绸之路说到借词的复杂过程.
92. 熊忠武，主编. **当代中国流行语辞典**[M]. 长春：吉林文史出版社，1982. 第 410 页 丝绸之路.
93. 刘士勤，主编. **读报手册**[M]. 北京：北京语言学院出版社，1981. 第 126 页 丝绸之路.
94. **汉语读本（上）**[M]. 北京：商务印书馆，1972. 第 70 页 第八课 丝绸之路.

（三）中国少数民族语言

1. 塔伊尔江·穆罕默德，著. **维吾尔语言文化研究文集**[M]. 乌鲁木齐：新疆人民出版社，2011. 第 43 页 试论楼兰王国和丝绸之路古道的兴衰史.
2. 中国民族语文翻译中心，编译. **汉蒙新词语词典**[M]. 北京：民族出版社，2008. 第 391 页 空中丝绸之路.
3. 郑炳林，樊锦诗，杨富学，主编. **丝绸之路民族古文字与文化学术讨论文集**[M]. 西安：三秦出版社，2007. 第 220 页 丝绸之路民族古文字研究的未来与前瞻（李树辉）.

4. 胡振华，著. **柯尔克孜语言文化研究**[M]. 北京：中央民族大学出版社，2006. 第 774 页 丝绸之路上的民间使者.

（四）常用外国语

1. 孙立新，主编. **中国文化要览**[M]. 英文版. 青岛：中国海洋大学出版社，2015.
2. 梅德明，编著. **英语中级口译证书考试·中级口译教程**[M]. 4 版. 上海：上海外语教育出版社，2014. 第 202 页 8-1：丝绸之路.
3. 王向宁，著. **实用导游英语：风景名胜**[M]. 2 版. 北京：北京大学出版社，2014. 第 61 页 unit 5 丝绸之路.
4. 朱伟，编. **大学英语四级晨读美文诵典**[M]. 北京：中央广播电视大学出版社，2014. 第 78 页 unit6 长相“丝”守：丝绸之路话从头.
5. 贾若寒，主编. **读出托福好英文**[M]. 北京：机械工业出版社，2013. 第 66 页 07 丝绸之路.
6. 姚宝荣，主编；张立电，张冰洁，查新舟，编著. **中国文化汉英读本**[M]. 西安：西安交通大学出版社，2013. 第 308 页 十二、丝绸与丝绸之路；第 309 页 丝绸走向世界；第 311 页 丝绸之路.
7. 方振宇，主编. **大学英语 4 级：最新汉译英短文翻译 100 篇**[M]. 北京：海豚出版社，2013. 第 49 页 19 丝绸之路.
8. 刘方，著. **VOA 十年精华选集：慢速中级**[M]. 北京：中国宇航出版社，2013. 第 158 页 丝绸之路与史密森尼民俗节.
9. 李长栓，施晓菁，著. **理解与表达：汉英翻译案例讲评**[M]. 北京：外文出版社，2012. 第 31 页 第二单元 搭建网上丝绸之路（讲话）.
10. 周仪，编著. **中国文化故事**[M]. 中英文对照. 上海：同济大学出版社，2012. 第 55 页 张骞开辟丝绸之路.
11. 赵琳，主编. **《海外英语》诵读经典：心灵捕手**[M]. 合肥：安徽科学技术出版社，2011. 第 111 页 车轮下的丝绸之路.
12. 吕爱军，分册主编. **大学英语快速阅读·民族文化类 3**[M]. 北京：外语教学与研究出版社，2011. 第 110 页 passage 5 丝绸之路.
13. 微萌，编著. **边学英语边品世界文化**[M]. 北京：中国时代经济出版社，2011. 第 15 页 新丝绸之路.
14. 徐火辉，徐海天，著. **中国人自学英语方法教程**[M]. 简化版. 北京：中国金融出版社，2011. 第 121 页 《万物简史》：聆听英语的“丝绸之路”.
15. 徐火辉，徐海天，著. **中国人英语自学方法教程口袋书**[M]. 口袋版. 北京：中国金融出版社，2011. 第 119 页 《万物简史》：聆听英语的“丝绸之路”.
16. 新概念英语学习中心，编. **新概念英语真题题源阅读（第 2 册）**[M]. 北京：中国石化出版社，2010. 第 157 页 丝绸之路.
17. 王向宁，主编. **实用导游英语：风景名胜**[M]. 北京：北京大学出版社，2010. 第 61 页 unit 5 丝绸之路.

18. 郭崇兴，编著. **2011 考研英语真题同源阅读 100 篇**[M]. 北京：北京航空航天大学出版社，2010. 第 217 页　71 现代丝绸之路.
19. 戴宁，和静，编著. **英语翻译三级口译**[M]. 北京：外语教学与研究出版社，2010. 第 39 页　汉英翻译：丝绸之路.
20. 曹步霄，编著. **给外国游客讲什么？英文导游必备知识宝典**[M]. 北京：化学工业出版社，2010. 第 92 页　六、丝绸；第 92 页　丝绸之路.
21. 梅德明，编著. **中级口译教程**[M]. 上海：上海外语教育出版社，2010. 第 192 页　8-1 丝绸之路.
22. 徐黎鹃，主编. **疯狂英语·重新回来学英语：阅读篇**[M]. 广州：中山大学出版社，2010. 第 255 页　23　丝绸之路和四大发明.
23. 赖世雄，著. **高级美语阅读特训 100 篇**[M]. 北京：外文出版社，2010. 第 166 页　unit 37　丝绸之路.
24. 陈显英，编译. **看见老外就能聊**[M]. 北京：企业管理出版社，2010. 第 219 页　新丝绸之路.
25. 龙毛忠，贾爱兵，颜静兰，著. **中国文化概览**[M]. 英汉对照. 上海：华东理工大学出版社，2009. 第 283 页　chapter 26　丝绸之路.
26. 张靖，编著. **英语导游基础教程**[M]. 北京：清华大学出版社，2009. 第 142 页　1 the silk road（丝绸之路）.
27. 刘永科，刘思坤，编著. **看世界名胜学英语**[M]. 海口：南海出版社，2009. 第 296 页　丝绸之路——古代欧亚贸易的著名通道.
28. 宋平明，主编. **大学英语六级美文夜读 100 篇**[M]. 北京：中国宇航出版社，2009. 第 127 页　unit 2　长相“丝”守：丝绸之路话从头；第 301 页　unit 10　生活之路.
29. 王德军，纪小军，主编. **用英语说中国：科技**[M]. 英汉对照. 上海：上海科学普及出版社，2009. 第 64 页　丝绸之路；第 127 页　丝绸.
30. 李国庆，袁泉，编著. **中外文化英语话题一席谈**[M]. 北京：中国宇航出版社，2009. 第 10 页 丝绸之路.
31. 潘忠，王茜，主编. **经贸英语阅读教程**[M]. 北京：机械工业出版社，2009. 第 157 页 第 14 章　新丝绸之路.
32. 李芳琴，主编. **实用口译教程新编：理论、技巧与实践**[M]. 成都：四川人民出版社，2009. 第 16 页 text two 丝绸之路.
33. 何兆熊，总主编；井升华，分册主编. **当代商务英语阅读教程 2·学生用书**[M]. 上海：华东师范大学出版社，2008. 第 69 页　商贸经典路——丝绸之路.
34. 梅德明，编著. **中级口译教程**[M]. 3 版. 上海：上海外语教育出版社，2008. 第 192 页　8-1　丝绸之路.
35. 井升华，编. **当代商务英语阅读教程 1-2·教师用书**[M]. 上海：华东师范大学出版社，2008. 第 66 页　unit 4　商贸经典路——丝绸之路.
36. 文德，著. **别笑！我是英文单词书 2**[M]. 北京：中国档案出版社，2007. 第 185 页　丝绸之路.

37. 李生俊，编著. **阿拉伯语阅读**[M]. 北京：北京大学出版社，2006. 第 266 页 第五十八课 丝绸之路.
38. 教育部基础教育课程教材发展中心，编；林少雄，著. **中国传统文化双语读本：丝绸之路**[M]. 王克友，译. 北京：人民文学出版社，2006. 第 5 页 一、美丽善良的“马头娘”：丝绸的传说与起源；第 13 页 二、恺撒大帝的长袍：西方对丝绸的了解；第 25 页 四、沧海桑田的神奇造化：丝绸的产地与广泛用途；第 31 页 五、充满神秘诱惑的传说：丝绸贸易的开通；第 41 页 六、条条大路通罗马：丝绸之路的主要路线；第 53 页 七、天马种种：丝绸之路上的文化流传；第 67 页 八、胡姬欢舞西凉乐：丝绸之路上的艺术活动；第 79 页 九、璀璨明珠镶玉带：丝绸之路上的重镇.
39. 李欣，编著. **品读电影：英语纪录片解说词精选**[M]. 英汉对照. 上海：上海大学出版社，2006. 第 159 页 丝绸之路.
40. 吴宇光，著. **小小留学生**[M]. 中英文本. 上海：上海教育出版社，2006. 第 132 页 丝绸之路的人文地理奇观.
41. 李逵六，编著. **德语口译教程**[M]. 北京：外语教学与研究出版社，2006. 第 97 页 lektion 敦煌与丝绸之路.
42. 李学平，编著. **通过翻译学英语：150 实例使你迅速提高汉译英能力**[M]. 天津：南开大学出版社，2006. 第 27 页 实例丝绸之路.
43. 杨天庆，编著. **和老外聊文化中国：沿途英语导游话题**[M]. 成都：天地出版社，2005. 第 324 页 丝绸；第 324 页 你能简要告诉我中国丝绸生产的发展历史吗；第 329 页 你能简述一下丝绸之路的历史吗；第 330 页 请告诉我古丝绸之路的具体路线好吗.
44. 思马得学校，主编. **扬长避短说英语：经济故事**[M]. 上海：东方出版中心，2005. 第 31 页 丝绸之路.
45. 毛荣贵，廖晟，编著. **译谐译趣**[M]. 北京：中国对外翻译出版公司，2005. 第 50 页 “海上丝绸之路”译谈.
46. 谢艳明，主编. **世界名胜及旅游指南**[M]. 开封：河南大学出版社，2005. 第 159 页 丝绸之路.
47. 汪榕培，李正栓，主编. **典籍英译研究**（第 1 辑）[M]. 保定：河北大学出版社，2005. 第 97 页 跨越时空与地域的“丝绸之路”——试论《中国文化》翻译中的原则与方法（姜怡、姜欣）.
48. 马宏祥，等，编. **汉德分类词语手册**[M]. 北京：外语教学与研究出版社，2005. 第 793 页 16 丝绸之路.
49. 朱歧新，编著. **英语导游必读**[M]. 全新版. 北京：中国旅游出版社，2005. 第 603 页 丝绸之路.
50. 邱勇，著. **六级英语单词黑宝典**[M]. 北京：气象出版社，2004. 第 198 页 丝绸之路.
51. 梅德明，主编. **中级口译教程：应试指导**[M]. 2 版. 上海：上海外语教育出版社，2004. 第 100 页 丝绸之路.
52. 徐振忠，著. **黎耕集**[M]. 香港：香港拓文出版社，2004. 第 157 页 评“海上丝绸之路”的英语译文.

53. 黄震，主编. **美国之音标准英语新闻听力教程（第 11 辑）**[M]. 西安：西安外语音像教材出版社，2004. 第 95 页 news item 70 丝绸之路.
54. 王大伟，主编. **中级口译辅导教程**[M]. 3 版. 上海：上海交通大学出版社，2003. 第 103 页 7-4 丝绸之路 the silk road.
55. 泰德英语教育丛书编委会，主编. **365 天交互式慢速英语·秋季号**[M]. 北京：中国人民大学出版社，2003. 第 240 页 丝绸之路（Ⅰ）；第 245 页 丝绸之路（Ⅱ）.
56. 陆志宝，主编. **导游英语**[M]. 北京：旅游教育出版社，2003. 第 73 页 lesson 8 tea and silk（茶叶与丝绸）；第 75 页 silk，silkworm-breeding and the silk road（丝绸、养蚕和丝绸之路）.
57. 潘惠霞，主编. **旅游英语课文译文及练习答案**[M]. 北京：旅游教育出版社，2003. 第 28 页 课文 2 中国丝绸；第 256 页 课文 1 丝绸之路.
58. 周国明，译著. **日语阅读精选** 1[M]. 天津：天津大学出版社，2003. 第 124 页 译文：正仓院与丝绸之路.
59. 梅德明，编著. **英语中级口译资格证书考试中级口译教程**[M]. 上海：上海外语教育出版社，2003. 第 114 页 6-4 丝绸之路.
60. 常骏跃，主编. **蓝色之旅：旅游观光 600 句**[M]. 大连：大连理工大学出版社，2002. 第 38 页 unit 17 the silk road 丝绸之路.
61. 李培，主编. **新编大学英语双博士课堂（第 4 分册）**[M]. 北京：机械工业出版社，2002. 第 125 页 unit 7 长相“丝”守：丝绸之路话从头；第 162 页 unit 6 丝绸之路：走过沧桑，路长情更长.
62. 计钢，[日]曾野桐子，著. **旅游导游会话**[M]. 日汉对照. 武汉：华中科技大学出版社，2002. 第 327 页 35 丝绸之路.
63. 李振杰，凌志韫，编著. **汉语新词语词典**[M]. 英文详解. 北京：新世界出版社，2000. 第 415 页 丝绸之路.
64. 朱歧新，张秀桂，著. **英语导游翻译必读**[M]. 北京：中国旅游出版社，1999. 第 279 页 中国丝绸之路.
65. 梅德明，编. **英语中级口译资格证书考试·口译教程**[M]. 上海：上海外语教育出版社，1998. 第 117 页 7-4：丝绸之路.
66. 欧阳铨，朴日胜，主编. **新编汉英时事用语手册**[M]. 哈尔滨：哈尔滨工程大学出版社，1997. 第 384 页 丝绸之路.
67. 秀玉，宋进生，主编. **实用新词语汉俄对照词典**[M]. 北京：中央民族大学出版社，1997. 第 81 页 瓷器之路；第 154 页 甘肃丝绸之路汽车旅游；第 484 页 唐诗之路.
68. 胡燕平，主编. **实用英汉翻译类典**[M]. 重庆：重庆出版社，1997. 第 30 页 丝绸之路.
69. 冯乃康，编. **汉日旅游会话手册**[M]. 李翠霞，译. 北京：旅游教育出版社，1990. 第 189 页 丝绸之路寻古城.

（五）阿尔泰语系（突厥-蒙古-通古斯语系）

1. 林从纲，等，编著. **新编旅游韩国语**[M]. 北京：北京大学出版社，2008. 第 89 页（六）（丝绸之路和西藏）；第 93 页（六）（丝绸之路）；第 215 页（十七）（丝绸和刺绣）.

2. 北京大学等 25 所大学《标准韩国语》教材编写组，编写. **标准韩国语（第 3 册）**[M]. 北京：北京大学出版社，1996. 第 261 页 丝绸之路——东西文明的桥梁.

九、文 学

（一）文学理论

张西平，主编. **比较文学的新视野**[M]. 上海：华东师范大学出版社，2012. 第 152 页 海上丝绸之路与南亚（佟加蒙）.

（二）世界文学

1. 张海君，主编. **爱国：爱国之心从分毫开始**[M]. 长春：吉林人民出版社，2014. 第 120 页 张骞和丝绸之路.
2. 王一之，著译. **心桥春雨——王一之著译选（上）**[M]. 北京：民族出版社，2013. 第 504 页 伟大神奇的丝绸之路——调寄穆罕麦斯[哈孜·艾买提（维吾尔族）].
3. 金哲思，编著. **把握历史瞬间，读懂人类历史**[M]. 西安：太白文艺出版社，2013. 第 28 页 事件 11：出使西域，张骞踏出丝绸之路.
4. 张丹，编著. **绝世惊魂——中外出生入死的探险故事**[M]. 合肥：安徽文艺出版社，2013. 第 56 页 开辟丝绸之路的使者.
5. 盛文林，编著. **最经典的探险故事**[M]. 北京：台海出版社，2011. 第 2 页 张骞开辟了“丝绸之路”.
6. 郭漫，主编. **激励孩子成长的中国名人故事**[M]. 北京：航空工业出版社，2010. 第 14 页 张骞 丝绸之路的开拓者.
7. 郑兴富，主编. **新疆文学作品大系·诗歌卷**[M]. 乌鲁木齐：新疆美术摄影出版社，新疆电子音像出版社，2009. 第 2346 页 丝绸之路的开拓者在马背上笑了望着西方（李瑜）.
8. 龚勋，著. **影响孩子一生的中外名人成才故事·名家名流**[M]. 彩图版. 北京：华夏出版社，2009.
9. 于帆，赵彦，主编. **青少年最该读的 100 个历史地理故事**[M]. 合肥：安徽教育出版社，2009. 第 80 页 丝绸之路上的“死亡之地”.
10. 高梓信，主编. **感动小学生 300 个科幻故事**[M]. 呼和浩特：内蒙古人民出版社，2008. 第 95 页 新丝绸之路.
11. 史东梅，主编. **伴你一生的优美诗歌**[M]. 呼和浩特：内蒙古人民出版社，2008. 第 178 页 故乡：丝绸之府（沈苇）；第 185 页 丝绸之路（叶舟）.
12. [塔]阿利莫夫，著. **沙尔沙尔赴北京历险记**[M]. 北京：外语教学与研究出版社，2007.
13. 张玉书，等，主编. **德语文学与文学批评（第一卷）**[M]. 北京：人民文学出版社，2007. 第 481 页 新时代之“丝绸之路”（张意）.
14. 饶忠华，主编. 365 **夜科幻故事（下）**[M]. 上海：少年儿童出版社，2006. 第 389 页 新丝绸之路.

15. 朱宁虹，编著. **世界王朝兴衰**[M]. 北京：中国戏剧出版社，2006. 第 131 页 丝绸之路.
16. 陈必祥，主编. **中外历史故事**[M]. 上海：汉语大词典出版社，2004. 第 273 页 丝绸之路——盛唐时期开放的对外文化交流.
17. 陈志鹏，主编. **为了华夏文化的尊严**[M]. 北京：中国文联出版社，2004. 第 299 页 古西南丝绸之路——腾冲[蔡友铭（菲律宾）].
18. 周渔，编著. **温情的触摸——世界经典美文**[M]. 喀什：喀什维吾尔文出版社，2003. 第 85 页 丝绸之路.
19. 李柯，唐傲，主编. **世界名人游记经典**[M]. 沈阳：辽宁人民出版社，1995. 第 961 页 [日本]井上靖 丝绸之路.
20. 敏夫，著. **东方情结——东方文学与中国**[M]. 海口：海南出版社，1993. 第 94 页 丝绸之路上的绝代佳人.
21. 徐振维，等，著. **闪光的珍珠——中外散文选**[M]. 北京：知识出版社，1990. 第 207 页 丝绸之路（井上靖）.
22.《国际诗坛》编辑委员会，编. **国际诗坛（第 4 辑）**[M]. 桂林：漓江出版社，1988. 第 125 页 丝绸之路.
23. 丁凤麟，金维新，主编. **历史悬案百题**[M]. 济南：齐鲁书社，1987.
24. [美]威廉斯，等，著. 袁绍奎，等，译. **外国诗** 3[M]. 北京：外国文学出版社，1986. 第 226 页 井上靖：丝绸之路诗选（卞立强译）.

（三）中国文学

1. 刘元培，吴富贵，王燕，著. **阿拉伯侨民在中国：新丝绸之路圆我梦想**[M]. 北京：五洲传播出版社，2015.
2. 小春，著. **不负如来不负卿**[M]. 北京：北京联合出版公司，2015.
3. 陈景富，著. **玄奘大传**[M]. 西安：未来出版社，2015.
4. 吴蔚，著. **中国古代大案探奇录·敦煌**[M]. 北京：中国民主法制出版社，2015.
5. 苗庭宽，著. **大唐贡瓷梦**[M]. 北京：新华出版社，2015.
6. 李希光，主编. **写在亚洲边地：改变清华学子一生的大篷车课堂**[M]. 北京：清华大学出版社，2015.
7. 邹红梅，著. **邹红梅诗文集**[M]. 北京：国际文化出版公司，2015.
8. 范鸿达，著. **上帝也会哭泣——行走中东的心灵激荡**[M]. 厦门：厦门大学出版社，2015.
9. 易行，主编. **古韵新风：中国当代格律诗词创新作品选编（一）**[M]. 北京：中国书籍出版社，2014. 第 119 页 丝绸之路.
10. 赵丽宏，著. **人迹和自然**[M]. 北京：现代出版社，2014. 第 351 页 丝绸之路上的奇遇——西窗语丝.
11. 叶竹溪，编. **寻迹汉时英杰**[M]. 北京：中国标准出版社，2014.
12. 袁光泽，著. **敦煌七侠女**[M]. 武汉：长江文艺出版社，2014.
13. 赵良冶，著. **行者的南丝路**[M]. 成都：四川人民出版社，2014.
14. 刘思扬，陈新洲，主编. **逐梦丝路**[M]. 北京：中央文献出版社，2014.

15. 龙鸣，著. **西海斜阳**[M]. 武汉：长江文艺出版社，2014.
16. 黎羌，著. **那些外国大盗——英国斯坦因和他的同伙**[M]. 西安：陕西师范大学出版总社有限公司，2014. 第 338 页 第十二章 “丝绸之路”探险家斯文·赫定.
17. 更的的，著. **更野草**[M]. 青岛：青岛出版社，2014. 第 160 页 丝绸之路.
18. 冯其庸，著. **秋风集**[M]. 青岛：青岛出版社，2014. 第 145 页 秋游天山——《丝绸之路诗词选集》序.
19. 文昊，主编. **一半金黄一半翠绿**[M]. 乌鲁木齐：新疆美术摄影出版社，2014. 第 36 页 走进中国第一家丝绸之路博物馆（张迎春）.
20. 杨献平，著. **行走沙漠二十年**[M]. 北京：中国电影出版社，2014. 第 2 页 第一辑 丝绸之路：迷人的偏远与荒凉.
21. 毕然，著. **生死楼兰**[M]. 北京：中国对外翻译出版有限公司，2014.
22. 洪三泰，著；广东省人民政府文史研究馆，编. **诗文梦影**[M]. 广州：广东人民出版社，2014. 第 457 页 古代海上丝路的丰碑——评《湛江海上丝绸之路史》；第 544 页 海上丝绸之路的灵魂.
23. 刘子义，著. **归藏易之丝绸之路**[M]. 北京：北京燕山出版社，2014.
24. 和谷，著. **丝绸之路档案：西出长安望葱岭**[M]. 西安：陕西师范大学出版总社有限公司，2014.
25. 杨海萍，主编. **昆仑名师讲坛演讲录（第一辑）**[M]. 北京：商务印书馆，2013. 第 53 页 戴庆厦 立足“本土”，讲究“视野”——漫谈当今语言研究之路；第 95 页 [伊朗]乌苏吉 波斯文献中关于喀什噶尔在丝绸之路上的地位的记载.
26. 甘肃省旅游局，编. **甘肃旅游美文网络大赛获奖作品集：甘肃笔话**[M]. 兰州：甘肃人民出版社，2013.
27. 杨芳，等，编. **品德故事**[M]. 美绘彩图版. 成都：四川少年儿童出版社，2013. 第 61 页 丝绸之路.
28. 处女座，著. **穿越者之诗——从故乡到异乡**[M]. 北京：知识产权出版社，2013. 第 225 页 丝绸之路.
29. 孤独川陵，著. **最美的年华在旅行**[M]. 北京：北京联合出版公司，2013. 第 20 页 第二站 丝绸之路的另一端（中亚、中东）.
30. 娜夜，著. **娜夜的诗**[M]. 兰州：敦煌文艺出版社，2013. 第 70 页 孤独的丝绸；第 94 页 丝绸之路上的春天.
31. 李沐泽，著. **这世界啊，随他去吧**[M]. 长沙：湖南人民出版社，2013. 第 202 页 土库曼斯坦：重返丝绸之路.
32. 朱鸿，著. **长安是中国的心**[M]. 北京：生活·读书·新知三联书店，2013. 第 349 页 丝绸之路.
33. 娜夜，著. **睡前书**[M]. 北京：中国对外翻译出版有限公司，2013. 第 47 页 孤独的丝绸；第 196 页 丝绸之路上的春天.
34. 冯骥才，著. **春天最初是闻到的**[M]. 北京：文化艺术出版社，2013. 第 275 页 丝绸之路上的敦煌.

35. 打眼，著．**典当** 9[M]．北京：中国戏剧出版社，2013．第 350 页 第四十一章 海上丝绸之路．
36. 叶梅，著．**穿过拉梦的河流——叶梅散文**[M]．北京：作家出版社，2013．第 47 页 丝绸之路的绿洲．
37. 吴振华，主编．**爱国奉献故事集**[M]．桂林：漓江出版社，2013．第 26 页 张骞与丝绸之路．
38. 陈达达，著．**一个人的西域**[M]．北京：中信出版社，2013．第 117 页 向昆仑山致敬 重返丝路南道，和田软玉，玉帛之路；第 263 页 终点，红其拉甫边防哨所 帕米尔高原雪山“结点”，古代丝绸之路冰川关隘，昆仑山颂．
39. 方健荣，郑宝生，编．**敦煌的诗**[M]．兰州：甘肃人民美术出版社，2013．第 55 页 丝绸之路；第 176 页 丝绸之路．
40. 杨献平，著．**沿着丝绸之路旅行**[M]．南京：江苏文艺出版社，2013．
41. 方效，著．**符号密码**[M]．昆明：云南人民出版社，2013．
42. 吴绮敏，著．**大国外交第一现场：人民日报吴绮敏中央外事新闻报道选**[M]．北京：人民日报出版社，2013．第 176 页 丝绸之路渴望更多华彩篇章（8 月 29 日，土库曼斯坦）．
43. 谢德新，著．**红楼人物癸巳诗**[M]．北京：东方出版社，2013．第 120 页 丝绸之路．
44. 谷晖，著．**在路上**[M]．北京：中国文联出版社，2013．
45. 梁衡，主编．**厚重山西——中国作家看山西（上）：人文篇**[M]．太原：北岳文艺出版社，2013．第 127 页 晋商与北方丝绸之路（梅洁）．
46. 陈子铭，著．**大海商**[M]．福州：海峡文艺出版社，2012．
47. 刘先平，著．**我的山野朋友——美丽的西沙群岛 1：西沙航母永兴岛**[M]．济南：明天出版社，2012．
48. 周珊，朱玉麒，主编．**西域文学与文化论丛（第一辑）**[M]．北京：学苑出版社，2012．第 70 页 萨都剌丝绸之路相关题材诗歌创作引论（宋晓云）．
49. 黄道，梁飞，著．**世界在我俩背包里**[M]．上海：上海文艺出版社，2012．第 237 页 第 5 章　丝绸之路．
50. 谭树辉，主编．**中华五千年故事**[M]．经典美绘版．南昌：江西美术出版社，2012．第 46 页 张骞出使西域与丝绸之路．
51. 周有光，著．**静思录：周有光 106 岁自选集**[M]．北京：人民文学出版社，2012．第 248 页 丝绸之路和字母之路．
52. 刘先平，著．**美丽的西沙群岛**[M]．济南：明天出版社，2012．第 163 页 海上丝绸之路考古．
53. 黄爱莲，著．**我是“顺妈”——黄爱莲：从北京到波色太浓**[M]．上海：上海辞书出版社，2012．第 232 页 “丝”三重奏走丝绸之路．
54. 李述鸿，著．**玫瑰念珠**[M]．上海：复旦大学出版社，2012．第 168 页 魂牵梦绕的丝绸之路．
55. 小春，著．**不负如来不负卿**[M]．杭州：浙江文艺出版社，2012．
56. 本社编．**戏曲研究（第八十四辑）**[M]．北京：文化艺术出版社，2012．第 381 页 丝绸之路戏剧文化学的新拓展——评李强新著《丝绸之路戏剧文化研究》（曲六乙）．

57. 玉松鼠，著. **盗墓往事・终结篇**[M]. 北京：金城出版社，2012. 第 653 页 第九十章 南丝绸之路.
58. 贺磊，著. **盛唐领土争夺战**[M]. 天津：天津人民出版社，2012. 第 48 页 第四章 通天崖：大唐的希望之路，吐蕃的死亡之路.
59. 聂作平，著. **一路钟情：走出来的人生美景**[M]. 北京：中国友谊出版公司，2012. 第 148 页 湖州：丝绸之路零公里.
60. 王泓人，著. **再不远行，就老了**[M]. 北京：中国华侨出版社，2012. 第 44 页 第二章 丝绸之路：长长的青春.
61. 万子美，编译. **意大利，意大利：万子美文集**[M]. 北京：外文出版社，2012. 第 48 页 20 世纪的空中“丝绸之路”.
62. 杨选兴，著. **杨选兴新古体诗选**[M]. 北京：中国戏剧出版社，2012. 第 176 页 丝绸之路见闻.
63. 朱中一，毛玉琴，著. **火红的攀枝花**[M]. 广州：华南理工大学出版社，2012.
64. 妮歌，著. **安妮私语（下）**[M]. 北京：团结出版社，2012. 第 610 页 丝绸之路.
65. 行者六九，著. **迷藏：藏地秘境大穿越**[M]. 北京：北京大学出版社，2012. 第 6 页 茶马古道 大隐于世的进藏“丝绸之路”.
66. 杨孝冠，著. **杨孝冠诗集**[M]. 北京：上海社会科学院出版社，2012. 第 81 页 《新丝绸之路》一角——新疆深处的变化.
67. 黄河侠，著. **你好，中东**[M]. 北京：作家出版社，2012. 第 203 页 丝绸之路.
68. 侯晓文，黄惑，王晨，著. **穿火车：“三个 80 后傻瓜” 14000 公里摩行记**[M]. 贵阳：贵州人民出版社，2012. 第 42 页 第二章 西安至喀什——永远的丝绸之路.
69. 钟拓奇，著. **丝绸之路历险记（一）：西海出征——海心山**[M]. 天津：百花文艺出版社，2012.
70. 文淦，著. **丝绸之路**[M]. 北京：阳光出版社，2012.
71. 钟拓奇，著. **丝绸之路历险记（二）：大漠追踪——敦煌**[M]. 天津：百花文艺出版社，2012.
72. 阿菩菩，著. **失落的唐骑之丝绸之路的幽灵**[M]. 武汉：长江文艺出版社，2012.
73. 钱淑芳，乌琼芳，著. **国内 50 部经典纪录片——翻阅中国 50 年思想相册**[M]. 北京：电子工业出版社，2012. 第 19 页《丝绸之路》：电视纪录，在大漠古道上牵手.
74. 胡丽华，张志芳，潘灵，主编. **腾冲人眼中的腾冲**[M]. 昆明：云南人民出版社，2011.
75. 艾绍强，著. **谁家的夜郎**[M]. 北京：商务印书馆，2011. 第 37 页 寻找被遗忘的丝绸之路.
76. 潘海天，主编. **朱庇特**[M]. 北京：新世界出版社，2011.
77. 王族，著. **行走的西域**[M]. 北京：中国国际广播出版社，2011. 第 225 页 丝绸之路：古道天机的启示.
78. 迟吉生，著. **迟吉生游记**[M]. 沈阳：沈阳出版社，2011. 第 87 页 丝绸之路.
79. 孤独川陵，著. **世界，走着瞧：八十天环游地球**[M]. 北京：语文出版社，2011. 第 195 页 第九章 海上丝绸之路.

80. 武纯展，编. **天山南北的记忆**[M]. 乌鲁木齐：新疆人民出版社，2011. 第 255 页 丝绸之路随想.

81. 徐林正，著. **单车万里走丝路**[M]. 北京：北京大学出版社，2011.

82. 南子，著. **楼兰**[M]. 北京：中国国际广播出版社，2011.

83. 吴国清，丁铭，著. **多彩的内蒙古（上）**[M]. 北京：新华出版社，2011. 第 473 页 鄂尔多斯青铜器与“草原丝绸之路”.

84. 陈文玲，著. **颍川诗草：陈文玲诗词选**[M]. 北京：中国文联出版社，2011. 第 377 页 菩萨蛮·丝绸之路.

85. 狄保荣，编. **心存唐室**[M]. 济南：山东人民出版社，2011. 第 94 页 那列奔驰在丝绸之路上的东方快车（2010 年 6 月 29 日）.

86. 刘静言，著. **丝路幽兰：墨西哥的“中国公主”**[M]. 北京：世界知识出版社，2011. 第 67 页 海上丝绸之路.

87. 上海世博会事务协调局，编. **中国 2010 年上海世博会媒体报道选编·运行阶段**[M]. 上海：上海人民出版社，2011. 第 107 页 中亚五国展馆纵览：丝绸之路呈现精品 民风彪悍热情好客（2010 年 5 月 16 日）.

88.《诗说中国》编委会，编. **诗说中国·隋唐卷**[M]. 北京：中国大百科全书出版社，2011. 第 80 页 隋唐时期的丝绸之路.

89. 许辉，著. **和自己的脚步单独在一起**[M]. 合肥：合肥工业大学出版社，2011. 第 146 页 夜幕中的“丝绸之路”.

90. 路生，著. **大西北文化苦旅**[M]. 武汉：崇文书局，2011. 第 2 页 回中道：汉武帝与那条比丝绸之路还早的路.

91. 倾雨，著. **北部湾海上丝路史诗**[M]. 南宁：广西人民出版社，2011.

92. 杨春光，编著. **宁夏重大文艺创作题材脉络**[M]. 银川：阳光出版社，2011.

93. 钱理群，编. **二十世纪诗词注评**[M]. 桂林：漓江出版社，2011. 第 288 页 为“振兴丝绸之路国际书画展览”题诗.

94. 赵丽宏，著. **赵丽宏文集（卷三）：异乡的天籁**[M]. 上海：上海文艺出版社，2010. 第 205 页 丝绸之路上的奇遇.

95.《CCTV-10 中国记忆》摄制组，著. **CCTV 中国记忆·探秘曹操墓**[M]. 上海：上海科学技术文献出版社，2010. 第 74 页 广东省阳江市海陵岛广东海上丝绸之路博物馆；第 76 页 丝绸之路印记.

96. 李竟成，雷茂奎，著. **丝绸之路民间文学研究**[M]. 乌鲁木齐：新疆人民出版社，2010.

97. 王尚寿，王向晖，选注. **丝绸之路诗选注**[M]. 兰州：甘肃文化出版社，2010.

98. 颜三元，著. **丝路驼铃**[M]. 长沙：岳麓书社，2010.

99. 张笑天，著. **天之涯，海之角**[M]. 长春：吉林人民出版社，2010.

100. 李瑛，著. **李瑛诗文总集（第六卷）**[M]. 北京：中国文联出版社，2010. 第 213 页 黄土地上的蒲公英丝绸之路.

101. 陈滋英，著. **五洲见闻**[M]. 天津：百花文艺出版社，2010. 第 94 页 那列奔驰在丝绸之路上的东方快车（2010 年 6 月 29 日）.

102. 华芬，编著. **引人入胜的探险故事**[M]. 长春：吉林大学出版社，2010. 第 219 页 张骞开拓丝绸之路.
103. 罗克华，沈世光，主编. **冰凌幽默艺术论**[M]. 纽约：纽约商务出版社，2010. 第 249 页 中美文学丝绸之路的拉骆驼者（郭健、麦子）；第 251 页 在文学丝绸之路上前行（陈淦良）.
104. 涂麟清，著. **篱菊吟风**[M]. 北京：中国文艺出版社，2010. 第 115 页 丝绸之路沙漠、胡杨摄影行（七首）.
105. 杨献平，著. **匈奴帝国**[M]. 兰州：甘肃人民美术出版社，2010. 第 250 页 第十九章 一个人的丝绸之路.
106. 肖道纲，主编. **天山脚下浦江人**[M]. 乌鲁木齐：新疆人民出版社，2010. 第 118 页 丝绸之路展英姿——记上海第六批援疆干部、阿克苏地区文体局副局长徐剑俊.
107. 方静，著. **发现绩溪——找寻云山深处的文化名城**[M]. 广州：广东旅游出版社，2010. 第 53 页 徽杭古道：徽州商帮的丝绸之路.
108. 刘常生，编著. **历代咏玉门诗词选**[M]. 兰州：甘肃文化出版社，2010. 第 337 页 丝绸之路（羊春秋）.
109. 张脉峰，著. **童山草**[M]. 香港：中国文化出版社，2010. 第 112 页[正宫]端正好·丝绸之路.
110. 黄鹤，主编. **农民朋友不可不读的 99 个中国古代史故事（中）**[M]. 南昌：江西教育出版社，2010. 第 49 页 丝绸之路.
111. 黄智华，著. **大道行踪：山川与人物和谐之韵**[M]. 广州：中山大学出版社，2010. 第 158 页 古“丝绸之路”重镇兰州.
112. 海男，著. **边城耿马**[M]. 南京：江苏文艺出版社，2010. 第 118 页 南方古丝绸之路的重要支线和驿站.
113. 孤独川陵，著. **彳亍世界**[M]. 北京：金城出版社，2010. 第 26 页 第二站 丝绸之路的另一端（中亚中东）：寻找唐僧笔下的大佛（阿富汗）.
114. 王一，著. **“穷”归故里：从旅行到流浪的故事**[M]. 北京：新华出版社，2010.
115. 人民日报理论部，主编. **人民日报理论著述年编** 2009[M]. 北京：人民日报出版社，2010. 第 1018 页 探究千年文化商贸古道——关于南方丝绸之路研究的若干情况（张彦）；第 1022 页 “草原丝绸之路学术研讨会”召开（马少甫）.
116. 王成平，等，编著. **神往极边**[M]. 北京：人民交通出版社，2009. 第 11 页 寻访南方丝绸之路.
117. 刘标玖，著. **行达最前线**[M]. 北京：解放军文艺出版社，2009. 第 112 页 丝绸之路通天下.
118. 吴新平，主编. **让历史见证**[M]. 五家渠：新疆生产建设兵团出版社，2009. 第 87 页 石大丝绸之路商研所挂牌.
119. 叶浅予，著. **速写人生**[M]. 南京：江苏文艺出版社，2009. 第 202 页 丝绸之路.
120. 黄明，著. **重走唐僧西行路**[M]. 广州：花城出版社，2009. 第 102 页 丝绸之路.
121. 李岩，陈以琴，著. **南海 1 号沉浮记**[M]. 北京：文物出版社，2009.
122. 沈苇，著. **植物传奇**[M]. 北京：作家出版社，2009.

123. 李竟成，雷茂奎，著. **丝绸之路民间文学研究**[M]. 乌鲁木齐：新疆人民出版社，2009.
124. 范敬宜，著. **范敬宜文集：新闻作品集**[M]. 北京：清华大学出版社，2009. 第 180 页 由丝绸之路想到陶瓷之路.
125. 耿升，刘凤鸣，张守禄，主编. **登州与海上丝绸之路——登州与海上丝绸之路国际学术研讨会论文集**[M]. 北京：人民出版社，2009.
126. 虞敏华，著. **八千里路云和月**[M]. 重庆：重庆出版社，2009. 第 1 页 引子 从丝绸之路到西气东输；第 1 页 第一章 两千年后，丝绸之路的新主角是天然气.
127. 禹岩，著. **极品家丁** 7[M]. 南宁：广西人民出版社，2009. 第 211 页 第九章 丝绸之路.
128. 王文元，编著. **丝路旅痕**[M]. 北京：中国社会出版社，2009. 第 95 页 丝绸古道上的希腊神话.
129. 邓世广，主编. **当代西域诗词选**[M]. 戊子版. 乌鲁木齐：新疆人民出版社，2009. 第 36 页 王学仲 题丝绸之路；第 95 页 念奴娇 · 丝绸之路.
130. 卞洪登，编著. **卞侠客游记**[M]. 北京：中国经济出版社，2009. 第 153 页 二、乌兹别克斯坦：新“丝绸之路”的“金线”.
131. 高兴文，著. **西出阳关 沿着丝绸之路去体验边塞风光与大漠风情**[M]. 广州：花城出版社，2008.
132. 邹进，主编. **让那簇光温暖我们：人天散文集**[M]. 太原：北岳文艺出版社，2008. 第 235 页 第三部分 三个女性的新丝绸之路 丝绸之路漫记（一）（李虹）；第 242 页 丝绸之路漫记（二）（李虹）；第 249 页 丝绸之路漫记（三）（李虹）；第 253 页 丝绸之路漫记（四）（李虹）；第 264 页 丝绸之路漫记（五）（李虹）；第 270 页 丝绸之路漫记（六）（李虹）；第 272 页 丝绸之路漫记（七）——从宝鸡到兰州（诸菁）；第 277 页 丝绸之路漫记（八）（李虹）；第 281 页 丝绸之路漫记（九）（李虹）；第 285 页 丝绸之路漫记（十）（李虹）；第 288 页 丝绸之路漫记（十一）（李虹）；第 290 页 丝绸之路漫记（十二）（李虹）；第 292 页 丝绸之路漫记（十三）（李虹）；第 297 页 丝绸之路漫记（十四）（李虹）；第 300 页 丝绸之路漫记（十五）（王艳敏）；第 303 页 丝绸之路漫记（十六）（李虹）；第 307 页 丝绸之路漫记（十七）（王艳敏）；第 310 页 丝绸之路漫记（十八）（李虹）.
133. 孙国，著. **中国特警部队**[M]. 北京：当代中国出版社，2008. 第 216 页 第三章 丝绸之路上的今古传奇；第 216 页 为了修复丝绸之路这条古道，交通部队官兵用血肉之躯续写了今古传奇.
134. 梁宏杰，张利，冯金成，编著. **丝路大动脉：中哈原油管道阿拉山口至独山子工程纪实**[M]. 北京：石油工业出版社，2008. 第 15 页 二 踏上丝绸之路；第 106 页 第七章 业绩卓著丝绸之路树丰碑；第 195 页 十二、“丝绸之路”的由来.
135. 孙永明，著. **天山沉思录：和谐 · 碰撞**[M]. 福州：海峡文艺出版社，2008. 第 169 页 第七章 新丝绸之路.
136. 王志坚，著. **穿越追寻藏羚羊的足迹：一个花甲老人保护藏羚羊单车万里行**[M]. 乌鲁木齐：新疆美术摄影出版社；乌鲁木齐：新疆电子音像出版社，2008. 第 298 页 丝绸之路之北道.

137. 爱国者，编著. **大国尊严——奥运梦想下的光荣之路**[M]. 北京：新华出版社，2008. 第 13 页 哈萨克斯坦：行进在丝绸之路上的奥运圣火.
138. 关山月，著. **乡心无限**[M]. 南京：江苏文艺出版社，2008. 第 249 页 追流溯源的艺术——为《平山郁夫丝绸之路素描集》出版而作.
139. 耿国彪，著. **筑梦北京**[M]. 北京：文化艺术出版社，2008. 第 84 页 沿着丝绸之路.
140. 张启成，著. **五十载文选**[M]. 贵阳：贵州大学出版社，2008. 第 302 页 丝绸之路的感悟.
141. 马达，著. **马达诗选**[M]. 石家庄：河北人民出版社，2008. 第 77 页 丝绸之路.
142. 梁平，韩珩，主编. **中国二零零七年度诗歌精选**[M]. 成都：四川民族出版社，2008. 第 53 页 丝绸之路（孙晓杰）.
143. 于进，著. **于进作品选·随笔卷**[M]. 兰州：甘肃文化出版社，2008. 第 227 页 徜徉在岁月之河——邵如林《丝绸之路古遗址图集》浏览.
144. 闫树斌，著. **蓝天畅想曲**[M]. 昆明：云南美术出版社，2008. 第 75 页 南方古丝绸之路插上金翅膀——记保山航站复航侧记.
145. 唐元峰，著. **喊月亮歌词集**[M]. 北京：中国工人出版社，2008. 第 98 页 丝绸之路.
146. 本书编辑委员会，编. **庆祝何炳棣先生九十华诞论文集**[M]. 西安：三秦出版社，2008. 第 679 页 广州地区南海海上丝绸之路考古发现的遗迹遗物（麦英豪）.
147. 刘虔，著. **拒绝平庸的年代**[M]. 北京：中国社会科学出版社，2008. 第 329 页 在古丝绸之路经过的星月旗下，我诉说友谊.
148. 覃富鑫，著. **沧桑北流**[M]. 北京：大众文艺出版社，2008. 第 174 页 鬼门关——南方丝绸之路的“咽喉”.
149. 叶维廉，著. **叶维廉诗选**[M]. 北京：人民文学出版社，2008. 第 159 页 西兰公路（丝绸之路首段）.
150. 柏桦，席永君，主编. **在爆炸的星空下**[M]. 成都：巴蜀书社，2008. 第 191 页 临邛怀古，或南方丝绸之路咏.
151. 叶子，主编. **光与火的撞击**[M]. 北京：中国广播电视出版社，2008. 第 216 页 和谐“祥云”再现丝绸之路.
152. 李凤，著. **中国风景名胜诗集（卷一）**[M]. 郑州：河南人民出版社，2008. 第 259 页 丝绸之路.
153. 孙钢，主编. **昆仑雅韵**[M]. 乌鲁木齐：新疆人民出版社，2008. 第 15 页 金缕曲·应邀出席“丝绸之路”文化旅游节（马树康）；第 330 页 鹧鸪天·登红山遥望古丝绸之路（黄泛）.
154. 宏志远，著. **西夏皇太后秘史**[M]. 银川：宁夏人民出版社，2008.
155. 陈廷一，著. **地球遗书**[M]. 郑州：河南文艺出版社，2008. 第 164 页 丝绸之路上的交河故城在向国人诉说.
156. 谢琼杰，著. **碧岭踏歌**[M]. 西安：太白文艺出版社，2008. 第 95 页 站在海上丝绸之路的起点.
157. 陈辛仁，著. **陈辛仁回忆录**[M]. 北京：世界知识出版社，2008. 第 314 页 第十五章 出使丝绸之路上的伊朗.

158. 李鸿鹄，主编. **想暖暖而已：现代诗歌**[M]. 广州：暨南大学出版社，2008. 第 121 页 丝绸之路.
159. 沈苇，著. **鄯善鄯善**[M]. 乌鲁木齐：新疆人民出版社，2008. 第 119 页 附：丝绸之路上的石榴.
160. 陈存仁，著. **被误读的远行：郑和下西洋与马哥孛罗来华考**[M]. 桂林：广西师范大学出版社，2008. 第 302 页 丝绸之路 历史极古.
161. 夏长阳，著. **走进五溪大湘西**[M]. 天津：百花文艺出版社，2008. 第 107 页 九、南方丝绸之路的舞水.
162. 中国老龄事业发展基金会，主编. 2007 **中华老人诗文书画作品集·诗文卷**[M]. 合肥：合肥工业大学出版社，2007. 第 461 页 古稀老汉独闯丝绸之路（叶郁桑）.
163. 江素华，著. **风琴流韵**[M]. 北京：中国广播电视出版社，2007. 第 63 页 丝绸之路.
164. 路小路，著. **石油情缘**[M]. 北京：中国文联出版社，2007. 第 174 页 初进丝绸之路.
165. 白秉刚，编. **杨柳青人赶大营寻踪**[M]. 天津：新蕾出版社，2007. 第 7 页 二 寻踪丝绸之路.
166. 王炳华，著. **新疆访古散记**[M]. 北京：中华书局，2007.
167. 中共新疆维吾尔自治区党委宣传部，新疆维吾尔自治区文联，编. **天山文艺论丛**[M]. 乌鲁木齐：新疆人民出版社，2007. 第 29 页 东西方文化交流在"丝绸之路"新疆段的沉淀与融合（李安宁）.
168. 季新山，著. **郑和来信——季新山抒情诗自选集**[M]. 北京：中国工人出版社，2007. 第 70 页 第七束短札：给丝绸之路上石窟里的精灵致莫高窟里的飞天.
169. 中国社会科学院秋韵诗社，编. **秋之韵——中国社会科学院学者诗词选**[M]. 北京：社会科学文献出版社，2007. 第 221 页 丝绸之路.
170. 关愚谦，著. **到处留情**[M]. 上海：上海书店出版社，2007. 第 28 页 马友友和他的"丝绸之路".
171. 王苗，主编. **西南丝绸之路**[M]. 广州：广东旅游出版社，2007.
172. NIKITA，著. 13 **国丝绸之路亲历指南**[M]. 上海：上海文化出版社，2007.
173. 古马，著. **古马的诗**[M]. 兰州：甘肃人民美术出版社，2007. 第 158 页 寄自丝绸之路某个古代驿站的八封私信.
174. 彭海保，著. **传统中国的和谐盛宴**[M]. 南昌：江西教育出版社，2007. 第 217 页 张骞"凿空丝绸之路"；第 302 页 海上丝绸之路.
175. 陈所巨，著. **陈所巨文集（第一卷）**[M]. 合肥：安徽文艺出版社，2007. 第 228 页 丝绸之路从这里开始；第 464 页 丝绸古道.
176. 诗刊社，编. **诗刊五十周年诗选（下）**[M]. 北京：作家出版社，2007. 第 505 页 丝绸之路（叶舟）.
177. 刘世新，著. **相信太阳——刘世新歌词选**[M]. 北京：解放军文艺出版社，2007. 第 86 页 丝绸之路；第 87 页 丝绸飘舞；第 88 页 丝绸古道.
178.《南海神庙民间故事》编委会，编. **南海神庙民间故事**[M]. 广州：广州出版社，2007. 第 77 页 丝绸之路始发港.

179. 顾希佳，著. **茶与传统文化**[M]. 北京：作家出版社，2007. 第 268 页 八、绿色的“丝绸之路”——中外茶文化的交流与比较.
180. 冯鹭，徐蕴冬，著. **圣土不老**[M]. 北京：中国海关出版社，2007. 第 111 页 一、历史之谜：赫尔墨斯曾手执“商神杖”穿越古丝绸之路.
181. 汪大波，编. **中外漫游——汪大波旅行记**[M]. 重庆：重庆大学出版社，2007. 第 385 页 新奇的“丝绸之路”——赴越考察纪行之二.
182. 王鑫，编著. **一生必读历史经典故事**[M]. 2 版. 北京：中国妇女出版社，2007. 第 8 页 张骞与丝绸之路.
183. 诗刊社，编. **诗刊五十年诗选**[M]. 北京：作家出版社，2007. 第 505 页 丝绸之路（叶舟）.
184. 刘圣清，著. **刘圣清文集 2：西江岁月（下）**[M]. 北京：人民日报出版社，2007. 第 277 页 “海陆丝绸之路对接点怀集博物馆”挂牌.
185. 王蓬，著. **丝路话语**[M]. 西安：陕西旅游出版社，2007.
186. 王族，著. **马背上的西域**[M]. 广州：花城出版社，2007. 第 124 页 历史：丝绸之路的出口；第 235 页. 丝绸之路神遇；第 239 页 丝绸之路是人走出来的.
187. 杨发兴，主编. **汉武大帝刘彻**[M]. 延吉：延边人民出版社，2007.
188. 穆明祥，著. **陇上行吟集**[M]. 兰州：敦煌文艺出版社，2007. 第 45 页 咏丝绸之路.
189. 陈志泽，著. **读泉州**[M]. 哈尔滨：北方文艺出版社，2007. 第 77 页 泉州湾古船陈列馆【“海上丝绸之路”的泉州海船】；第 81 页 “蚵壳厝”畅想【“海上丝绸之路”的奇妙文物】；第 84 页 走进灵山【“海上丝绸之路”的见证】；第 87 页 伫立九日山【“海上丝绸之路”祈风的山】；第 89 页 真武庙小记【“海上丝绸之路”的祭海处】；第 91 页 到蟳埔村去【“海上丝绸之路”的一个村落】.
190. 刘京州，著. **履痕浅吟**[M]. 郑州：河南文艺出版社，2007. 第 153 页 丝绸之路.
191. 赖育芳，译著. **我的日本情结**[M]. 北京：中国文史出版社，2007. 第 585 页 他与“丝绸之路”结下了不解之缘（平山郁夫）.
192. 刘晓航，著. **山山水水总关情**[M]. 北京：大众文艺出版社，2007. 第 243 页 丝绸之路上的美味小吃.
193. 徐涛，著. **流星划过的天空**[M]. 北京：大众文艺出版社，2006. 第 150 页 丝绸之路.
194. 徐敢，著. **去去游记（上）**[M]. 北京：大众文艺出版社，2006. 第 3 页 丝绸之路行.
195. 王庄穆，著. **王庄穆忆事**[M]. 上海：东华大学出版社，2006. 第 22 页 六、从此走上丝绸之路.
196. 潘竟方，著. **钟魂**[M]. 香港：天马出版有限公司，2006.
197. 潘竟万，著. **牧歌**[M]. 香港：天马出版有限公司，2006.
198. 张辉，著. **丝路行吟**[M]. 宁波：宁波出版社，2006.
199. 许火狮，著. **趣事逸闻（下）**[M]. 北京：文化艺术出版社，2006. 第 425 页 丝绸之路知多少.
200. 尚昌平，著. **走读新疆**[M]. 成都：四川民族出版社，2006. 第 24 页 丝绸结.
201. 李杰，主编. **中国·传统美德故事**[M]. 哈尔滨：哈尔滨出版社，2006. 第 263 页 海上“丝绸之路”的开拓者.

202. 申明河，著. **云翻一天墨——一个记者眼中的世界**[M]. 济南：山东人民出版社，2006. 第 373 页 铺设新的“丝绸之路”——访阿拉伯也门驻华大使贾拉勒博士.
203. 黄可清，著. **人生梦**[M]. 诗联文化出版社，2006. 第 88 页 庆祝中华人民共和国成立 50 周年丝绸之路书画大展赛入选证.
204. 许火狮，著. **趣事逸闻（上）**[M]. 北京：文化艺术出版社，2006. 第 425 页 丝绸之路知多少.
205. 冯济泉，著. **桐荫漫兴**[M]. 贵阳：贵州人民出版社，2006. 第 349 页 再咏丝绸之路河西走廊——河西文化艺术研究中心嘱题.
206. 利子，其良，著. **金属的光芒**[M]. 北京：人民日报出版社，2006. 第 144 页 “虹娟”白塔湖畔的“新丝绸之路”.
207. 李华章，著. **中国的脊梁**[M]. 武汉：湖北少年儿童出版社，2006. 第 32 页 张骞开辟“丝绸之路”.
208. 邱红根，著. **叙述与颂歌**[M]. 北京：中国文史出版社，2006. 第 101 页 丝绸之路.
209. 国务院新闻办一局专项工作处，编. **见证辉煌——新疆维吾尔自治区成立五十周年重点采访报道集萃**[M]. 北京：新星出版社，2006. 第 58 页 古丝绸之路焕发出新魅力.
210. 吕坪，著. **四海行踪**[M]. 广州：岭南美术出版社，2006. 第 32 页 三、丝绸之路今昔.
211. 张柄玉，著. **文心集**[M]. 兰州：敦煌文艺出版社，2006. 第 119 页 甘肃——丝绸之路上的文化长廊.
212. 李逢春，著. **西宁史话**[M]. 北京：中国文联出版社，2006. 第 29 页 十六 丝绸之路上的西宁.
213. 文景，主编. **激励身心成长的 108 个英雄故事**[M]. 北京：中国人口出版社，2006. 第 241 页 丝绸之路的开创者——张骞.
214. 魏忠英，著. **跨世纪日记**[M]. 北京：群众出版社，2006. 第 157 页 丝绸之路.
215. 董锡玖，著. **缤纷舞蹈文化之路**[M]. 兰州：敦煌文艺出版社，2006. 第 185 页 第二辑 丝绸之路乐舞文化漫谈；第 197 页 丝绸之路观舞偶成——祝贺舞剧《丝路花雨》首演成功；第 198 页 敦煌壁画中的舞蹈艺术——“丝绸之路”上的乐舞之一；第 207 页 万里寻得《龟兹舞》——“丝绸之路”上的乐舞之二；第 239 页 丝绸之路面具舞的东渐；第 276 页 中亚“丝绸之路”行；第 283 页 丝绸之路名人录；第 342 页《古丝绸之路乐舞文化交流史》序.
216. 卓文，蔡维龙，编绘. **美德故事**[M]. 北京：海潮出版社，2006. 第 124 页 郑和下西洋开拓“丝绸之路”.
217. 阳飏，著. **风起兮**[M]. 兰州：甘肃人民美术出版社，2006. 第 84 页 丝绸之路.
218. 裴智勇，孙铁，著. **大梦敦煌——一个文化圣地的辉煌与伤心史**[M]. 北京：中国电影出版社，2006. 第 29 页 佛光照在丝绸之路上；第 101 页 丝绸之路重新打开.
219. 沈苇，主编. **大地向西**[M]. 乌鲁木齐：新疆人民出版社，2006. 第 169 页 丝绸之路西天.
220. 彭一方，何智明，编著. **成语谜 2000 条**[M]. 上海：汉语大词典出版社，2006. 第 111 页丝绸之路；第 212 页 丝绸裹身依旧俗；第 212 页 丝绸之路话新貌；第 238 页 讲讲丝绸之路新貌.

221. 张恩富，著．**汉赋的历史**[M]．彩图经典藏本．重庆：重庆出版社，2006.
222. 董生龙，李向宁，葛建中，著．**青藏大铁路**[M]．西宁：青海人民出版社，2006. 第 17 页 第二节 寻找古代丝绸之路.
223. 李峥，著．**穿越欧亚 13 国：一个背包客的丝绸之路**[M]．上海：上海文化出版社，2006.
224. 陈廷一，著．**皇天后土——中国，拯救我们的土地**[M]．济南：济南出版社，2006.
225. 李先奎，著．**苍茫云水**[M]．北京：中国文联出版社，2006. 第 391 页 九龙壁 丝绸之路 黄鹤楼 喜迎春.
226. 双流新闻中心，编．**非常报道——双流新闻中心优秀新闻作品选**（1996.9—2006.9）[M]．成都：成都时代出版社，2006. 第 8 页 航空物流：空中的“丝绸之路”.
227. 陈一年，等，编．**历史回声**[M]．成都：成都地图出版社，2006. 第 96 页 二十年重游丝绸之路（马耀俊）.
228. 党虎峰，著．**十年见证——党虎峰新闻作品集**[M]．哈尔滨：黑龙江美术出版社，2006. 第 320 页 在丝绸之路的起点上.
229. 李秋生，著．**红尘散记**[M]．北京：中国文联出版社，2006. 第 1 页 伫立在丝绸之路起点.
230. 文子，著．**文子诗词**[M]．北京：作家出版社，2006. 第 42 页 江城子・送秋石先生独行丝绸之路写生.
231. 蒋蕾，荆宏，著．**狂飙五万里**[M]．长春：长春出版社，2006. 第 198 页 十六、追寻马可・波罗的足迹踏上古丝绸之路.
232. 张国云，著．**叩天问路**[M]．长春：时代文艺出版社，2005. 第 287 页 古丝绸之路.
233. 王鑫，编著．**一生必读历史经典故事・千年中华智慧 1001 则**[M]．北京：中国妇女出版社，2005. 第 15 页 张骞与丝绸之路.
234. 杨镰，著．**黑戈壁**[M]．北京：知识出版社，2005.
235. 朱鹰，编．**读史有故事・秦汉的故事**[M]．北京：北京燕山出版社，2005. 第 132 页 四八 丝绸之路.
236. 钱理群，袁本良，注评．**二十世纪诗词注评**[M]．桂林：广西师范大学出版社，2005. 第 299 页 为“振兴丝绸之路国际书画展览”题诗.
237. 骆娟，著．**火焰中的翡翠：一个绿洲女子在吐鲁番的色彩旅行**[M]．北京：中国青年出版社，2005. 第 24 页 吐鲁番——丝绸之路上的绿洲；第 45 页 戈壁上的一匹黑色丝绸；第 73 页 丝绸之路上的天然走廊；第 96 页 穿越天山的丝绸古道.
238. 瞿炜，著．**巴黎的风**[M]．北京：中国民族摄影艺术出版社，2005. 第 135 页 西出阳关无故人——读斯文・赫定的《丝绸之路》.
239. 李雪玲，著．**一叶方舟**[M]．北京：中国戏剧出版社，2005. 第 37 页 “丝绸之路”.
240. 胡晋生，主编．**神奇阿勒泰**[M]．北京：学习出版社，2005. 第 95 页 草原丝绸之路（哈德斯）.
241. 高星，著．**壶言乱语**[M]．北京：作家出版社，2005. 第 142 页 丝绸之路上的贸易秘闻.
242. 柳科正，主编；红叶诗社，编．**红叶（第三十二辑）**[M]．北京：解放军文艺出版社，2005. 第 89 页 新丝绸之路.

243. 王鼎华，著. **品读国球**[M]. 北京：人民体育出版社，2005. 第 476 页 在丝绸之路的终点——访土耳其散记.

244. 孙锐，主编. **英雄人物故事**[M]. 延吉：延边人民出版社，2005. 第 26 页 开辟丝绸之路的张骞.

245. 中共中央宣传部新闻局，编. **落实科学发展观大型系列主题宣传作品选（第一辑）**[M]. 北京：学习出版社，2005. 第 630 页 新疆篇：丝绸之路瓜果香（张孝成、张宇、夏威）.

246. 颜煦之，主编. **大人物小故事·外交家**[M]. 郑州：海燕出版社，2005. 第 26 页 丝绸之路.

247. 沈苇，著. **新疆词典**[M]. 天津：百花文艺出版社，2005. 第 68 页 丝绸之路.

248. 薛天纬，朱玉麒，主编. **中国文学与地域风情——“《文学遗产》西部论坛”论文选萃**[M]. 北京：学苑出版社，2005. 第 247 页 耶律楚材与蒙元时期丝绸之路文学（宋晓云）.

249. 张继征，著. **走向辉煌**[M]. 南宁：广西民族出版社，2005. 第 8 页 丝绸之路.

250. 杨忠实，著. **哀牢归汉——十集电视电影文学剧本**[M]. 昆明：云南民族出版社，2005.

251. 王鑫编，著. **一生必读历史经典故事（下）**[M]. 北京：中国妇女出版社，2005. 第 15 页 张骞与丝绸之路.

252. 沈北海，杜新，主编. **新华社记者看 CAFTA**[M]. 北京：新华出版社，2004. 第 42 页 新“丝绸之路”为中俄经贸合作带来新商机（黄革）.

253. 羊村，主编；杜晓时，杜硕彦，著. **象脚鼓**[M]. 香港：香港天马图书有限公司，2004. 第 13 页 古驿道·南方丝绸之路.

254. 万丽，编. **资治通鉴故事（上）**[M]. 北京：中国社会科学出版社，2004. 第 230 页 班超再通丝绸之路.

255. 毛毛，著. **家住天山北坡**[M]. 北京：中国旅游出版社，2004. 第 98 页 丝绸之路成了市内公交.

256. 萧重声，著. **隋炀大帝（上）**[M]. 济南：山东文艺出版社，2004. 第 355 页 炀帝的心思和裴矩的建议不谋而合，于是毅然决定重开丝绸之路；第 404 页 由中原通往西域的三道门户豁然洞开，标志着丝绸之路已经畅通无阻.

257. 高星，著. **执命向西：河西走廊先行而思**[M]. 北京：中国社会科学出版社，2004. 第 211 页 丝绸之路上的贸易秘闻（诗）.

258. 袁第锐，张克复，主编. **当代咏陇诗词选**[M]. 兰州：甘肃人民出版社，2004. 第 80 页 丝绸古道（王惠中）；第 114 页 咏丝绸之路（龙秉恭）；第 464 页 八声甘州·首届中国丝绸之路节献词（赵朴初）；第 497 页 为“振兴丝绸之路国际书画展览”题诗二首（钱仲联）；第 546 页 喜迎兰州首届丝绸之路节（钱明锵）.

259. 周勇，著. **最后的驿道：中国南方丝绸之路寻访**[M]. 北京：民族出版社，2004.

260. 林梅村，著. **丝绸之路散记**[M]. 北京：人民美术出版社，2004.

261. 姚颖，彭程，著. **塞外地图：在旅行中感受弯弓大雕的雄阔**[M]. 北京：企业管理出版社，2004. 第 6 页 目录 上篇：追随诗人脚步，重走丝绸之路 一、渭城朝雨——咸阳.

262. 陈宏，著. **西部的发现** [M]. 北京：中国广播电视出版社，2004. 第 2 页 目录 第 1 章：悠远而飘摇的丝绸之路；第 11 页 二、丝绸之路.

263. 马步升，主编. **旧影流光——丝绸之路风物存照**[M]. 兰州：甘肃人民出版社，2004.
264. 郭保林，编著. **昨天的地平线**[M]. 上海：东方出版中心，2004.
265. 萧重声，著. **隋炀大帝（下）**[M]. 济南：山东文艺出版社，2004. 第 355 页 炀帝的心思和裴矩的建议不谋而合，于是毅然决定重开丝绸之路；第 404 页 由中原通往西域的三道门户豁然洞开，标志着丝绸之路已经畅通无阻.
266. 林家英，著. **雪泥鸿迹续集**[M]. 兰州：敦煌文艺出版社，2004. 第 46 页 忠正同志惠赠《漫画丝绸之路》志感.
267. 侯尔瑞，著. **克孜勒苏——50 年作品选：侯尔瑞文集**[M]. 阿图什：克孜勒苏柯尔克孜文出版社，2004. 第 39 页 丝绸之路上的民间使者.
268. 刘毓生，著. **龟兹行**[M]. 乌鲁木齐：新疆人民出版社，2004. 第 333 页 丝绸之路行思.
269. 林河，著. **林河自选集（上）**[M]. 长沙：湖南文艺出版社，2004. 第 63 页 “海上丝绸之路”始于四千年前的古黔中.
270. 唐麒，江桂苞，编著. **中国历史故事总集（卷一）**[M]. 长春：时代文艺出版社，2004. 第 467 页 丝绸之路通千载.
271. 曹瑞天，著. **我信我行——曹瑞天新闻笔谈**[M]. 北京：中国文史出版社，2004. 第 411 页 丝绸业如何应对国际竞争.
272. 隋庆隆，著. **曦园集**[M]. 长春：吉林文史出版社，2004. 第 49 页 丝绸之路.
273. 冉庄，著. **冉庄文集·诗歌卷**[M]. 成都：四川民族出版社，2004. 第 271 页 南方丝绸之路.
274. 万丽，编. **中华上下五千年故事（上）**[M]. 北京：中国社会科学出版社，2004. 第 181 页 开通丝绸之路.
275. 顾偕，著. **广州步伐——长篇政治抒情诗**[M]. 广州：广州出版社，2004.
276. 张建华，著. **思绪在日子里飞扬**[M]. 银川：宁夏人民出版社，2004. 第 402 页 丝绸之路.
277. 钱仲联，著. **梦苕庵诗词**[M]. 北京：北京图书馆出版社，2004. 第 189 页 为振兴丝绸之路国际书画展览题诗.
278. 余秋雨，著. **非亚之旅**[M]. 太原：希望出版社，2004. 第 135 页 丝绸之路.
279. 霍松林，著. **唐音阁诗词选集**[M]. 北京：北京图书馆出版社，2004. 第 117 页 自敦煌乘汽车至古阳关，缅想丝绸之路，口占八句.
280. 雷达，赵学勇，主编. **现代中国文学精品文库·诗歌卷**[M]. 郑州：河南文艺出版社，2004. 第 354 页 故乡：丝绸之府；第 362 页 丝绸之路.
281. 薛东升，著. **意大利漫记**[M]. 北京：大众文艺出版社，2003. 第 93 页 第五章 中意文化的交融丝绸之路.
282. 李晓林，著. **雪域愿望树——追溯藏医藏药的心灵之旅**[M]. 北京：中国藏学出版社，2003. 第 206 页 第三章 敦煌和丝绸之路以外的遗产.
283. 郝苏民，著. **我不再是羊群的学者：田野随笔**[M]. 兰州：甘肃文化出版社，2003. 第 174 页 丝绸之路黄金段.
284. 北京交友写手中心，主编. **实用投稿大全（下）**[M]. 北京：昆仑出版社，2003. 第 619 页 丝绸之路.

285. 武复兴，著. **故园新韵**[M]. 西安：太白文艺出版社，2003. 第 146 页 赞古代丝绸之路（二首）.

286. 赵朴初，著. **赵朴初韵文集**[M]. 上海：上海古籍出版社，2003. 第 595 页 八声甘州 首届中国丝绸之路节庆祝大会于一九九二年九月十日在兰州举行.

287. 海飞，著. **曾经西部**[M]. 兰州：甘肃人民出版社，2003. 第 268 页 丝绸之路扬起欢迎的飞天；第 415 页 架起通往世界的“电视丝绸之路”.

288. 耿占坤，著. **西部拾零——关于西部诸事物的随笔**[M]. 桂林：广西师范大学出版社，2003. 第 24 页 丝绸之路.

289. 赵丽宏，著. **记忆中的光和雾**[M]. 石家庄：花山文艺出版社，2003. 第 108 页 丝绸之路上的奇遇.

290. 娜夜，著. **娜夜诗选**[M]. 兰州：甘肃文化出版社，2003. 第 36 页 孤独的丝绸；第 144 页 丝绸之路上的春天.

291. 丝工，著. **丝路圣徒——17 次丝绸古道行**[M]. 北京：电子工业出版社，2003.

292. 王水源，编著. **中国旅游风景名胜导读**[M]. 北京：中国戏剧出版社，2003. 第 234 页 丝绸之路.

293. 王水雯，张丁，主编. **CCTV-12 交通在线西部行**[M]. 北京：新华出版社，2003. 第 30 页 让丝绸之路重现辉煌——甘肃省交通厅厅长徐拴龙答记者问.

294. 张书琴，主编. **我的留学**[M]. 北京：中国文史出版社，2003. 第 173 页 征服“丝绸之路”（韩国 崔伦成）.

295. 何泽华，著. **何泽华诗词选集**[M]. 香港：中国文化出版社，2003. 第 50 页 鹧鸪天·丝绸之路始发港徐闻三墩港岛.

296. 曹家骧，著. **寻找“北京人” 考古发现漫笔**[M]. 上海：上海古籍出版社，2003. 第 236 页 重现海上丝绸之路.

297. 牛庆国，著. **热爱的方式**[M]. 北京：作家出版社，2003. 第 163 页 丝绸之路.

298. 商彦梓，著. **汉武帝刘彻**[M]. 石家庄：河北教育出版社，2003. 第 195 页 第三章 丝绸之路——给世界的遗产.

299. 杨镰，著. **诗词中的新疆**[M]. 乌鲁木齐：新疆人民出版社，2003.

300. 欧阳林，著. **一个台湾医生的丝路假期**[M]. 桂林：广西师范大学出版社，2003.

301. 尚昌平，著. **西出阳关：我和新疆的七次约会**[M]. 上海：上海人民出版社，2003. 第 51 页 丝绸之路上的烽燧.

302. 邓映如，著. **女人梦——中国变性第一人**[M]. 长沙：湖南文艺出版社，2003. 第 92 页 203 重返丝绸之路.

303. 侯钰鑫，著. **丝路踏歌**[M]. 上海：上海文艺出版社，2003. 第 200 页 8 丝绸市场的争夺战.

304. 粟周熊，著. **心锁丝路——我的哈萨克斯坦情结**[M]. 北京：民族出版社，2003. 第 27 页 “丝绸之路”步行街的新景观.

305. 国风，著. **我有一个梦想**[M]. 北京：人民文学出版社，2003. 第 195 页 丝绸之路；第 208 页 丝绸之路的五条支线.

306. 秋林，编著. **汤沐黎诗词画选·近体新韵一百八十五首**[M]. 上海：上海教育出版社，2003. 第 36 页 五绝（丝绸之路）.
307. 尹明举，著. **白乡随笔**[M]. 昆明：云南民族出版社，2003. 第 42 页 南方丝绸之路和茶马古道.
308. 王蓬，著. **丝路访古**[M]. 福州：福建人民出版社，2003.
309. 何静华，形继祖，编. **科学文丛 66：风吹草低见牛羊**[M]. 广州：广州出版社，2003. 第 70 页 开创丝绸之路的先驱.
310. 邹旭，著. **抬头看见月亮**[M]. 北京：当代中国出版社，2003. 第 58 页 丝绸之路·瓷.
311. 杨学锋，著. **跨文化交流：海外人士访谈录**[M]. 济南：山东人民出版社，2003. 第 302 页 石嘉福先生与丝绸之路.
312. 舟山市政协文史和学习委，编. **文史天地（上）**[M]. 北京：文津出版社，2003. 第 658 页 海上丝绸之路——普陀山高丽道头探轶（王连胜）；第 1052 页 稻作东传之路与舟山群岛（陶和平）；第 1060 页 舟山是海上丝绸之路的重要一站（汤志恒）.
313. 卓光炳，著. **卓光炳诗选**[M]. 北京：作家出版社，2002. 第 121 页 新丝绸之路.
314. 郑极，冯鹤，著. **重归家园**[M]. 北京：中国环境科学出版社，2002. 第 42 页 六、丝绸之路.
315. 中国社会科学院文学研究所，《中国文学年鉴》编辑委员会，编. **中国文学年鉴（1997—1998）**[M]. 北京：作家出版社，2002. 第 429 页 “世纪之交中国古典文学及丝绸之路文明”国际学术研讨会.
316. 傅绍良，著. **辛炼文痕**[M]. 北京：中国文联出版社，2002. 第 534 页 海上丝绸之路的友谊情.
317. 陈帆，著. **缘生缘灭**[M]. 南宁：广西民族出版社，2002. 第 115 页 丝绸之路.
318. 方越，著. **生命之根（上）**[M]. 西安：三秦出版社，2002. 第 192 页 丝绸之路的魂魄.
319. 辛文，编. **聚焦新疆——海内外媒体看新疆**[M]. 乌鲁木齐：新疆人民出版社，2002. 第 105 页 丝绸古道飞彩虹——新疆交通通讯建设走笔（李秀芩、樊英利）；第 467 页 淘金：穿越新丝绸之路（郭逸晴）.
320. 北大在线，编. **方式**[M]. 天津：百花文艺出版社，2002. 第 18 页 重走丝绸之路（刘春华）.
321. 孙琴安，选评. **朦胧诗二十五年·漂泊**[M]. 上海：上海社会科学院出版社，2002. 第 187 页 回乡之路；第 256 页 丝绸之路.
322. 张华中，著；田中禾，主编. **且行且吟**[M]. 呼和浩特：远方出版社，2002. 第 53 页 丝绸之路.
323. 杨新华，钟银珍，编. **卫青抗击匈奴**[M]. 北京：金盾出版社，2002. 第 48 页 丝绸之路.
324. 张承志，著. **鞍与笔的影子**[M]. 上海：学林出版社，2001. 第 76 页 忘了丝绸之路.
325. 王曙，著. **新编唐诗故事集·边塞风光艺术篇**[M]. 北京：北京工业大学出版社，2001. 第 1 页 丝绸古道的缘起；第 4 页 一、丝绸之路的起点——长安；第 203 页 七、丝绸之路的北新道；第 246 页 八、丝绸之路的北线；第 280 页 九、丝绸之路的南线.
326. 洪三泰，等，著. **千年国门：广州 3000 年不衰的古港**[M]. 广州：广东旅游出版社，2001.

327. 陈永正，编注. **中国古代海上丝绸之路诗选**[M]. 广州：广东旅游出版社，2001.
328. 洪三泰，等，著. **开海：湛江与海上丝绸之路 2000 年**[M]. 广州：广东旅游出版社，2001.
329. 丁毅民，著. **丁毅民诗词选集**[M]. 银川：宁夏人民出版社，2001. 第 186 页 自度曲 ·纪念丝绸之路 2100 年.
330. 尹正义，等，编著. **中国领导人出访纪实**[M]. 长沙：湖南人民出版社，2001. 第 136 页 连结历史与未来的丝绸之路.
331. 珊珊，编. **时间的影子**[M]. 上海：百家出版社，2001. 第 115 页 探寻最后的丝绸路.
332. 胡国华，著. **大地芬芳**[M]. 广州：花城出版社，2001. 第 51 页 丝绸之路上的遐想.
333. 张克辉，著. **一个台湾人的两岸情**[M]. 北京：台海出版社，2001. 第 53 页 梦回丝绸之路.
334. 李希光，包丽敏，主编. **跟我去楼兰：清华女孩罗布泊探险记**[M]. 北京：新华出版社，2001. 第 27 页 一 丝绸之路上的红军荒墓；第 63 页 一 丝绸之路上的流浪歌手.
335. 黄之豪，著. **五洲履迹**[M]. 福州：福建教育出版社，2001. 第 97 页 重游海上的“丝绸之路”；第 157 页 把丝绸之路介绍给欧洲.
336. 张大成，著. **我爱这土地**[M]. 成都：巴蜀书社，2001. 第 113 页 情满“丝绸之路”（十三题）.
337. 罗新元，主编. **老昆明的故事**[M]. 昆明：云南民族出版社，2001. 第 8 页 西南丝绸之路.
338. 郭保林，著. **阅读大西北**[M]. 济南：山东友谊出版社，2001.
339. 朱存业，著. **华夏履踪**[M]. 北京：华文出版社，2001. 第 91 页 走近丝绸之路.
340. 邢振明，著. **祖国之春 ·《撷韵神州》（下部）**[M]. 香港：香港天马图书有限公司，2000. 第 319 页 丝绸之路.
341. 万安中，主编. **世界历史故事通**[M]. 广州：广东人民出版社，2000. 第 90 页 丝绸之路.
342. 刘扬体，著. **苦涩的辉煌——刘扬体电视剧评论选**[M]. 北京：作家出版社，2000. 第 497 页 向历史宝藏与生活深处开掘——大型电视系列片《南方丝绸之路》感言.
343. 李学勤，主编. **拥彗集**[M]. 西安：三秦出版社，2000. 第 350 页 《洛阳——丝绸之路的起点》序.
344. 夸父，著. **圣地敦煌**[M]. 北京：中国文联出版社，2000.
345. 戴泉明，著. **我看泉州：戴泉明获奖电视作品选**[M]. 北京：中国工人出版社，2000. 第 43 页 泉州——开创新世纪的“海上丝绸之路”.
346. 霍松林，著. **唐音阁诗词集**[M]. 石家庄：河北教育出版社，2000. 第 127 页 自敦煌乘汽车至古阳关，缅想丝绸之路.
347. 巴城，吉玉，编. **中国历史故事总集（上）**[M]. 呼和浩特：内蒙古人民出版社，2000. 第 487 页 丝绸之路通千载.
348. 梁利人，主编. **新西行漫记**[M]. 沈阳：辽宁人民出版社，2000. 第 214 页 二、丝绸之路行路难.
349. 方天，编. **禁毒大战：共和国 50 年禁毒实录**[M]. 广州：广东经济出版社，2000. 第 88 页 重开西南“丝绸之路”.

350. 冯其庸，著. **秋风集**[M]. 北京：文化艺术出版社，2000. 第 106 页 《丝绸之路诗词选集》序.
351. 赵世龙，戈叔亚，著. **丛林秘境——寻找驼峰坠机怒江峡谷探险手记**[M]. 长沙：湖南文艺出版社，2000.
352. 阿坚，著. **流浪新疆**[M]. 北京：中国文联出版社，2000. 第 178 页 丝绸之路的交汇点——敦煌；第 216 页 读《丝绸古道上的文化》.
353. 燕子，著. **你也是神的一枝铅笔**[M]. 沈阳：春风文艺出版社，2000. 第 225 页 不知何处吹芦管，一夜征人尽望乡——山田先生的丝绸之路情结.
354. 李广智，著. **楼兰之谜**[M]. 北京：解放军出版社，2000. 第 115 页 第四章 腥风血雨丝绸之路.
355. 骆汉城，等，著. **穿越无人区：大海道探险纪实**[M]. 北京：中国社会科学出版社，2000. 第 97 页 追寻失落的丝绸之路（马挥）.
356. 江水，选编. **二十世纪九十年代诗选**[M]. 上海：上海文艺出版社，2000. 第 95 页 寄自丝绸之路某个古代驿站的八封私信.
357. 赵化勇，主编；中央电视台，编著. **荧屏连接海内外——中央电视台的故事**[M]. 北京：中国广播电视出版社，2000. 第 50 页 二十年后话《丝绸之路》（任远）.
358. 郭培明，著. **访在世纪边上**[M]. 呼和浩特：远方出版社，1999. 第 12 页 泉州的历史文化也是世界的——访联合国教科文组织“丝绸之路综合研究”项目协调人迪安.
359. 唐家璇，等，著. **共和国的客人**[M]. 北京：解放军文艺出版社，1999. 第 144 页 重振丝绸之路.
360. 新民晚报副刊部，编. **夜光杯文粹：1982—1986**[M]. 上海：上海远东出版社，1999. 第 958 页 丝绸之路.
361. 会应忠，主编. **碧血丹心——武警四川总队征战录**[M]. 成都：四川人民出版社，1999.
362. 王正伟，主编. **让宁夏走向世界·经济卷**[M]. 银川：宁夏人民出版社，1999. 第 580 页 古丝绸之路对固原的馈赠（关敏）.
363. 邱洁，李淑英，主编. **二十世纪优秀作家作品精选·俊彩星驰：散文卷**[M]. 北京：中国文联出版社，1999. 第 13 页 东北亚丝绸之路感怀（周立宇）.
364. 强荧，著. **绝境的地图：一个人的死亡之旅**[M]. 北京：经济日报出版社，1999. 第 291 页 5000 里丝绸之路.
365. 关寓，编. **女人：一个永恒的话题——名人眼中的女人**[M]. 昆明：云南人民出版社，1999. 第 189 页 巡天遥测“丝绸之路”魏维宽.
366. 愈博，主编. **缪斯六弦琴**[M]. 北京：中国友谊出版公司，1999. 第 281 页 丝绸之路（张玉茹青）.
367. 曾应枫，著. **小霞客游记·小霞客华南游**[M]. 昆明：晨光出版社，1999. 第 41 页 古代海上丝绸之路的起点.
368. 席绢，著. **抢来的新娘**[M]. 兰州：敦煌文艺出版社，1999.
369. 山东省文史研究馆，编. **海岱诗钞——山东省文史研究馆馆员诗词选**[M]. 济南：齐鲁书社，1999. 第 59 页 咏丝绸之路.

370. 王英辉，王永丽，崔征凯，编著. **名人爱国故事**[M]. 北京：中国书籍出版社，1998. 第 101 页 张骞：爱国者的伟大足迹——“丝绸之路”.

371. 李山赓，著. **记者访天下**[M]. 北京：改革出版社，1998. 第 199 页 “丝绸之路”再度辉煌——记崛起中的中国陇海兰新协作区.

372. 刘海，著. **新闻足迹——刘海新闻作品集**[M]. 北京：中国广播电视出版社，1998. 第 164 页 从海上“丝绸之路”与陆上“丝绸之路”看中国对外开放.

373. 中共泰安市委党史办公室，编. **泰山雄风：泰安改革开放二十年纪实**[M]. 北京：人民中国出版社，1998. 第 381 页 沿着古丝绸之路的开拓——泰安市郊区发展外向型经济巡礼（齐欣）.

374. 樊凡，著. **长城春秋**[M]. 北京：人民交通出版社，1998. 第 125 页 汉代长城篇 汉代长城和它的“并蒂莲”——西域通道（后人称丝绸之路）；第 209 页 三 张骞出使乌孙 再探丝绸古路.

375. 曾阅，编. **晋江古今诗词选**[M]. 福州：海峡文艺出版社，1998. 第 325 页 “海上丝绸之路”考察团莅临陈埭纪盛.

376. 叶浅予，著. **叶浅予散文**[M]. 广州：花城出版社，1998. 第 311 页 丝绸之路.

377. 王宏甲，著. **现在出发**[M]. 北京：作家出版社，1998. 第 273 页 丝绸之路说；第 333 页 谁来重振丝绸之路雄风.

378. 王秀琳，梁冰，主编. **今日女性精粹：中国妇女报**[M]. 北京：中国人民大学出版社，1998. 第 109 页 梦回“丝绸之路”——记苏州丝绸博物馆馆长钱小萍（朱安平）.

379. 陈四益，著. **乱翻书：陈四益随笔**[M]. 上海：学林出版社，1997. 第 30 页 这些事是不该忘记的——读《丝绸之路上的外国魔鬼》.

380. 冉庄，著. **冉庄诗选**[M]. 北京：中国三峡出版社，1997. 第 124 页 南方丝绸之路.

381. 柏青，等，主编. **中国当代精短诗文选读**[M]. 重庆：重庆出版社，1997. 第 10 页 刘维钧 站在丝绸之路的巅峦（三首）.

382. 王雪，贾二强，著. **中外交流**[M]. 杭州：浙江古籍出版社，1997. 第 9 页 张骞开通丝绸之路.

383. 唐燕能，朱坚劲，著. **世界十大珍宝之谜**[M]. 南京：江苏人民出版社，1997. 第 118 页 丝绸之路上的盗宝者.

384. 苗木，著. **回答明天——中国交通风景线**[M]. 北京：人民交通出版社，1997. 第 148 页 构筑现代丝绸之路.

385. 万方，董志涌，主编. **二十六史故事·隋代卷**[M]. 呼和浩特：远方出版社，1997. 第 111 页 长城、驰道与丝绸之路.

386. 周有光，著. **文化畅想曲**[M]. 北京：中国青年出版社，1997. 第 121 页 丝绸之路和字母之路.

387. 曹家骥，著. **走遍中国**[M]. 西安：陕西旅游出版社，1997. 第 395 页 中外专家聚首西安研讨丝绸之路历史地位.

388. 蒋楚麟，赵得见，主编. **中国历史故事 5**[M]. 北京：北京图书馆出版社，1997. 第 63 页 丝绸之路.

389. 强荧，著. **穿越死亡**[M]. 南宁：广西人民出版社，1996. 第 32 页 征服“丝绸之路”遥远的梦.
390. 陈秀庭，著. **中华正气歌——组诗**[M]. 沈阳：辽宁教育出版社，1996. 第 43 页 丝绸之路的开拓者——记张骞.
391. 潘纯武，赵子清，主编.**《新三字经》故事配编**[M]. 天津：天津人民出版社，1996. 第 185 页 七十二 横贯亚洲 沟通欧非——丝绸之路的故事.
392. 解力夫，著. **壮哉，中华——名山·大川·英雄颂**[M]. 北京：世界知识出版社，1996. 第 306 页 海上丝绸之路的起点——泉州.
393. 程蔷，董乃斌，著. **唐帝国的精神文明——民俗与文学**[M]. 北京：中国社会科学出版社，1996. 第 123 页——国内交通、丝绸之路与文化的交融.
394. 李瑛，著. **远方**[M]. 北京：中国文联出版公司，1996. 第 216 页 丝绸之路.
395. 王矿新，主编. **古今三字经故事集**[M]. 南宁：广西民族出版社，1996. 第 54 页 张骞辟通西域“丝绸之路”.
396. 赵向东，吴付来，主编. **中华文化五千年·先秦秦汉卷**[M]. 北京：华夏出版社，1996. 第 237 页 张骞开辟丝绸之路.
397. 李道林，著. **道林诗选**[M]. 成都：四川人民出版社，1996. 第 83 页 海上丝绸之路.
398. 陈瑞统，等，选编；泉州刺桐吟社，编. **刺桐春韵——“振万杯”全国诗词大赛获奖作品选**[M]. 厦门：鹭江出版社，1996. 第 31 页 丝绸之路（符仍若）；第 105 页 海上丝绸路早通（刘以鎓）.
399. 莫元汉，编. **中国辐射灯谜**[M]. 上海：上海文艺出版社，1996. 第 340 页 丝绸之路.
400. 胡沙，编. **中国丝绸之路著名景物故事系列·名山故事**[M]. 兰州：甘肃人民出版社，1995.
401. 王皓，等，主编. **卧龙群英谱 2**[M]. 北京：人民日报出版社，1996. 第 614 页 丝绸之路的延伸——记淅川华艺地毯厂（大荒）.
402. 骆晓戈，著. **挎空篮子的主妇**[M]. 北京：中国华侨出版社，1995. 第 93 页 丝绸之路.
403. 张震泽，著. **海北馆诗集**[M]. 沈阳：春风文艺出版社，1995. 第 144 页 咏丝绸之路二首.
404. 胡沙，主编. **名产故事**[M]. 兰州：甘肃人民出版社，1995.
405. 王曙，编著. **唐诗故事集：丝绸之路诗故事**[M]. 北京：地质出版社，1995.
406. 刘淼水，著. **林园春韵**[M]. 广州：新世纪出版社，1995. 第 70 页 丝绸之路散记.
407. 周纲，著. **东非，半个月亮和半个太阳**[M]. 北京：中国文联出版公司，1995. 第 25 页 3、古丝绸之路的终端.
408. 胡沙，主编. **中国丝绸之路著名景物故事系列·名窟故事**[M]. 兰州：甘肃人民出版社，1995.
409. 胡沙，主编. **中国丝绸之路著名景物故事系列·名塔故事**[M]. 兰州：甘肃人民出版社，1995.
410. 胡沙，主编. **中国丝绸之路著名景物故事系列·名关故事**[M]. 兰州：甘肃人民出版社，1995.
411. 胡沙，主编. **名食故事**[M]. 兰州：甘肃人民出版社，1995.

412. 吴景山，著. **丝绸之路考察散记**[M]. 北京：民族出版社，1995.
413. 胡沙主，编. **中国丝绸之路著名景物故事系列·名人故事**[M]. 兰州：甘肃人民出版社，1995.
414. 王一川，主编. **世界大发明（上）**[M]. 西安：未来出版社，1995. 第 718 页 沿丝绸之路传过去；第 1072 页 丝绸的发明.
415. 曹金泉，主编；河北省爱国主义教育普及读物编委会，编. **百个爱国故事**[M]. 石家庄：花山文艺出版社，1995. 第 30 页 班超疏通丝绸之路.
416. 胡沙，主编. **名城故事**[M]. 兰州：甘肃人民出版社，1995.
417. 胡沙，主编. **民俗故事**[M]. 兰州：甘肃人民出版社，1995.
418. 胡沙，主编. **名水故事**[M]. 兰州：甘肃人民出版社，1995.
419. 东方千仞，著. **绯闻**[M]. 广州：广东人民出版社，1995. 第 60 页 丝绸之路.
420. 黄铁城，等，编注. **中日诗谊**[M]. 西安：陕西人民出版社，1995. 第 432 页 丝绸之路.
421. 矫健，新疆报告文学研究会，编. **辉煌的历程**[M]. 乌鲁木齐：新疆科技卫生出版社，1995. 第 1 页 复活的丝绸之路（凌愉）.
422. 彭祖熙，主编. **诗苑嘤鸣**[M]. 广州：广东人民出版社，1995. 第 260 页 丝绸之路 春柳.
423. 任大霖，庄葳，等，编. **中国诗词故事大观**[M]. 上海：少年儿童出版社，1995. 第 344 页 重开丝绸之路的英雄——唐·无名氏《张议潮变文》.
424. 胡沙，主编. **名山故事**[M]. 兰州：甘肃人民出版社，1995.
425. 高金光，郑秀芬，著. **太阳与大地**[M]. 郑州：河南人民出版社，1994. 第 96 页 丝绸之路处处情.
426. 徐福根，乌鲁木齐铁路局党委宣传部，编. **西部铁路创业史**[M]. 乌鲁木齐：新疆人民出版社，1994. 第 411 页 丝绸之路——腾起南疆线文化（李长啸）.
427. 金川，等，主编. **现代家庭生活最新万事全**[M]. 天津：天津科技翻译出版公司，1994. 第 466 页 （六）丝绸之路游.
428. 苏仲湘，著. **栽花插柳堂杂草**[M]. 北京：中国文联出版公司，1994. 第 101 页 丝绸之路；第 191 页 我国最早的丝绸之路.
429. 于迟，编著. **开辟海上航道**[M]. 杭州：浙江少年儿童出版社，1994. 第 3 页 海上“丝绸之路”.
430. 于忠正，曹昌光，主编. **漫画丝绸之路·丝路传说**[M]. 北京：中国文学出版社，1994.
431. 田古，编. **当代传统诗词精选**[M]. 北京：中国社会出版社，1994. 第 162 页 周培棠 丝绸之路.
432. 雷茂奎，李竟成，著. **丝绸之路民族民间文学研究**[M]. 乌鲁木齐：新疆人民出版社，1994.
433. 赵才，等，主编. **潇洒人生**[M]. 郑州：河南人民出版社，1994. 第 257 页 中牟丝绸之路（娄云海）.
434. 陈中祥，等，编著. **火焰山下新奇观**[M]. 乌鲁木齐：新疆人民出版社，1994. 第 16 页 丝绸之路上的绿宝石（田世宏）.
435. 中共吐鲁番地区委员会党史办公室，编. **对外开放的吐鲁番**[M]. 乌鲁木齐：新疆人民出版社，1993. 第 28 页 十二、中国丝绸之路吐鲁番葡萄节.

436. 杨卓舒，主编. **来自改革开放第一线的报告**[M]. 北京：红旗出版社，1993. 第 1402 页 丝绸之路与 21 世纪中国西部的发展.
437. 苏天虎，著. **心灵的桥**[M]. 北京：作家出版社，1993. 第 140 页 空中“丝绸之路”.
438. 史文银，著. **姓社？姓资？——中国市场经济大趋势**[M]. 广州：花城出版社，1993. 第 1 页 想起了丝绸之路——关于市场经济的断想.
439. 杜国清，著. **诗情与诗论**[M]. 广州：花城出版社，1993. 第 49 页 丝绸之路.
440. 黄昶夫，主编. **中国古代智者人杰百例**[M]. 北京：中国华侨出版社，1993. 第 246 页 “丝绸之路”的开辟者张骞.
441. **黄牌警告：中国**[M]. 北京：团结出版社，1993. 第 161 页 丝绸之路上的洋鬼子，中国人不该忘的文物大掠劫.
442. 湍流，著. **风片集**[M]. 香港：香港天马图书有限公司，1993. 第 151 页 丝绸之路——致化州丝厂.
443. 春华，著. **海恋·星夜·梅花（散文集）**[M]. 香港：大方图书公司，1993. 第 110 页 丝绸之路的开拓者及其家族.
444. 雪岗，编著. **爱国故事新编**[M]. 北京：中国少年儿童出版社，1993. 第 73 页 张骞和丝绸之路.
445. 蓝天，著. **神秘的诗歌**[M]. 北京：中国文联出版公司，1993. 第 3 页 丝绸之路.
446. 马儒沛，主编. **热血青春·报告文学集**[M]. 成都：四川文艺出版社，1993. 第 158 页 开拓重庆丝绸之路的人们（康松、蒲昭霞、黄晓燕）.
447. 曹焕荣，著. **黄土风**[M]. 北京：中国和世界出版公司，1993. 第 119 页 蚕与丝绸之路.
448. 张永权，著. **天涯芳草**[M]. 昆明：云南人民出版社，1993. 第 100 页 南方丝绸之路.
449. 曹志前，著. **特区单身汉**[M]. 长春：长春出版社，1992. 第 72 页 第 3 章 丝绸之路的辉煌.
450. 丁继松，编著. **边疆远行记**[M]. 上海：少年儿童出版社，1992. 第 75 页 通过古丝绸之路.
451. 邓美宣，主编. **新商颂**[M]. 乌鲁木齐：新疆人民出版社，1992. 第 13 页 丝绸之路上的跋涉者（郑世福、厉达清）.
452. 江更生，编著. **猜灯谜谈体育**[M]. 北京：中国国际广播出版社，1991. 第 37 页 丝绸之路.
453. [意]安德莱·贝尔迪诺，[意]福莱多·瓦拉，编著. **366 个科学故事（上）**[M]. 北京：科学普及出版社，1991. 第 37 页 22 马可·波罗和“丝绸之路”.
454. 王学仲，著. **王学仲诗词选**[M]. 天津：百花文艺出版社，1991. 第 12 页 新疆丝绸之路；第 127 页 丝绸之路二首；第 230 页 丝绸之路.
455. 龚依群，林从龙，田培杰，著. **当代诗词点评**[M]. 郑州：中州古籍出版社，1991. 第 82 页 斫地 八声甘州 为“振兴丝绸之路国际书画展览”题诗（沈祖棻）.
456. 安峰，著. **心灵的轨迹**[M]. 北京：农业大学出版社，1991. 第 352 页 丝绸之路上的得与失.
457. 冯福宽，著. **穆斯林之歌**[M]. 西安：陕西人民出版社，1991. 第 85 页 《丝绸之路》.

458. 李瑛，著. **多梦的西高原**[M]. 北京：中国文联出版社，1991. 第 33 页 丝绸之路.
459. 徐志诚，著. **雁鸣新声**[M]. 西安：陕西旅游出版社，1991. 第 167 页 齐天乐・西安首届焰火节并中国丝绸之路 2100 周年活动纪念.
460. 江苏省诗词协会，选编. **江海诗词（第七辑）**[M]. 南京：江苏文艺出版社，1991. 第 139 页 题《丝绸之路》图（王诗徐）.
461. 胥惠民，编注. **现代西域诗钞**[M]. 乌鲁木齐：新疆人民出版社，1991. 第 237 页 丝绸道上；第 322 页 丁卯八月参观丝绸之路国际书画展览.
462. 金涌，著. **中国西域的诱惑**[M]. 武汉：武汉大学出版社，1991. 第 1 页 谜一般的“丝绸之路”；第 271 页 再见了！“丝绸之路”.
463. 唐燕能，朱坚劲，编. **世界十大珍宝之谜**[M]. 南京：江苏人民出版社，1991. 第 152 页 突然袭击丝绸之路上的盗宝者.
464. 新华社对外部中文采编室，编. **让世界了解中国——新华社对海外报道优秀作品选**[M]. 北京：中国工人出版社，1990. 第 447 页 丝绸之路古风迷人（曹永安、王运才）.
465. 中央电视台《看今朝》编辑组，编著. **电视系列报道：看今朝**[M]. 沈阳：春风文艺出版社，1990. 第 4 页 今日丝绸之路.
466. 郭戌华，等，著. **困惑与奋争——当代中国企业与企业家**[M]. 沈阳：辽宁人民出版社，1990. 第 135 页 新“丝绸之路”——王淑华和元隆顾绣丝绸商店.
467. 郑世隆，著. **特区人讲述的敦煌故事**[M]. 上海：上海文艺出版社，1990. 第 1 页 伟大的力源——古丝绸之路.
468. 韩望愈，著. **美的愉悦**[M]. 西安：陕西人民出版社，1990. 第 136 页 历史名城的魅力——读《丝绸之路的起点——长安》.
469. 张复天，著. **雕虫寓言集**[M]. 济南：山东大学出版社，1990. 第 104 页 丝绸之路.
470. 舒凌，主编. **啼笑皆非**[M]. 兰州：甘肃人民出版社，1990. 第 192 页 丝绸之路景色好（裴玉章）.
471. 李瑛著. **月亮谷**[M]. 太原：北岳文艺出版社，1990. 第 100 页 丝绸之路.
472. 沈兴大，刘义森，主编. **对外传播文选**[M]. 北京：人民中国出版社，1990. 第 309 页 丝绸之路的终点——君士坦丁堡（伊斯坦布尔）（孙毅夫）.
473. 万子美，著. **透视意大利**[M]. 北京：中国卓越出版公司，1989. 第 110 页 20 世纪的空中“丝绸之路”.
474. 刘培林，主编. **江海浪花（下）**[M]. 北京：新华出版社，1989. 第 732 页 铺出今日“丝绸之路”的人——记海安县丝织厂厂长殷昌华（徐厚德、陆祥明）.
475. 高树榆，著. **丝绸之路上的神秘国王**[M]. 银川：宁夏人民出版社，1989.
476. 吕建中，著. **春风秋雨**[M]. 北京：人民日报出版社，1989. 第 290 页 重开现代“丝绸之路”.
477. 胡笳，主编. **中国石油诗选**[M]. 成都：四川文艺出版社，1989. 第 73 页 油花飘香在丝绸之路（七首）.
478. 苏新发，著. **西部边境线纪行**[M]. 乌鲁木齐：新疆青少年出版社，1989. 第 116 页 铺设空中“丝绸之路”的人们.

479. 马成翼，著. **当代茶圣——尹盛喜与大碗茶的故事**[M]. 北京：中国国际广播出版社，1989. 第 143 页 41. 沿着丝绸之路的商贸大道——向西部进军.
480. 霍松林，著. **唐音阁吟稿**[M]. 西安：陕西人民出版社，1989. 第 156 页 自敦煌乘汽车至古阳关，缅想丝绸之路，口占八句.
481. 本编辑部，编. **中华诗词年鉴（第二卷）**[M]. 北京：中国民间文艺出版社，1989. 第 124 页 丝绸之路（萧飒）.
482. 胡钢，等，著；无锡市文学工作者协会，编. **"金三角"明星的奥秘**[M]. 北京：工人出版社，1988. 第 173 页 古运河畔丝绸之路（汤祥龙）.
483. 栗斯，编著. **唐诗故事・续集（第一集）**[M]. 北京：中国国际广播出版社，1988. 第 1 页 丝绸古道的缘起；第 4 页（一）丝绸之路的起点——长安；第 182 页 （七）丝绸之路的北新道；第 233 页（八）丝绸之路的北线；第 274 页（九）丝绸之路的南线.
484. 中国作家协会民族文学处，编. **飞翔的爱——1986 少数民族诗歌选**[M]. 成都：四川民族出版社，1988. 第 139 页 我在丝绸之路沉思 （土家族颜家文）.
485. 刘钊，主编. **江海诗词（第 4 辑）**[M]. 南京：江苏文艺出版社，1988. 第 10 页 丝绸之路（萧飒）.
486. 陈必祥，编著. **世界五千年** 1[M]. 上海：少年儿童出版社，1988. 第 63 页 丝绸之路.
487. 柳倩，著. **柳倩诗词选**[M]. 沈阳：辽宁大学出版社，1988. 第 205 页 丝绸之路.
488. 中国国际广播电台，金陵之声广播电台，编. **全国对外对台报道优秀作品选**[M]. 南京：南京大学出版社，1988. 第 299 页 连续报道重焕光彩的古"丝绸之路"——河西走廊纪行之四（柳鸿鼎）.
489. 林玉树，著. **闪烁的星光**[M]. 北京：中国新闻出版社，1987. 第 263 页 振兴海上丝绸之路势在必行.
490. 文丕显，张智辉，主编. **陕西名胜纪游**[M]. 西安：陕西人民教育出版社，1987. 第 238 页 "丝绸之路"的开拓者——谒张骞墓.
491. 哲中，著. **楼兰奇缘**[M]. 北京：昆仑出版社，1987. 第 15 页 二 踏上丝绸之路.
492. 白应东，主编. **丝绸之路诗词选集**[M]. 乌鲁木齐：新疆青少年出版社，1987.
493. 本社，编. 1986 **年全国诗歌报刊集萃**[M]. 合肥：安徽文艺出版社，1987. 第 23 页 丝绸之路的起源（刘祖慈）.
494. 纪鹏，著. **淡色的花束**[M]. 桂林：漓江出版社，1987. 第 93 页 "丝绸之路"上的"钢龙".
495. 王行国，编写. **珍稀独秀誉五洲——中国特产**[M]. 成都：四川少年儿童出版社，1987. 第 5 页 丝绸之路.
496. 陈毓秀，陈隆涛，编写. **华夏春秋**[M]. 北京：北京少年儿童出版社，1986. 第 74 页 丝绸之路上的灿烂明珠.
497. 纪鹏，著. **茉莉花集**[M]. 长沙：湖南文艺出版社，1986. 第 82 页 极乐鸟，在蓝空的"丝绸之路".
498. 刘兰芳. **阳光・土地・人**[M]. 北京：人民文学出版社，1986. 第 7 页 丝绸之路从这里开始；第 100 页 丝绸古道.

499.《中国历史上一百个故事》编写组，编. **中国历史上一百个故事**[M]. 兰州：甘肃人民出版社，1986. 第 351 页 张骞出使西域与丝绸之路（吴新名）.

500. 韩作荣，著. **爱的花环**[M]. 北京：群众出版社，1985. 第 83 页 丝绸之路.

501. 叶又红，著. **北国访古话文明**[M]. 福州：福建人民出版社，1985. 第 149 页 “丝绸之路”上的高昌故城.

502. 武复兴，著. **西安行：旅游诗集**[M]. 西安：陕西旅游出版社，1985. 第 26 页（22）于古丝绸之路起点西安.

503. 陈大远，著. **竹窗纪事**[M]. 天津：百花文艺出版社，1985. 第 161 页 丝绸之路的画卷.

504. 秦牧，等，著. **塞上风情**[M]. 广州：广东旅游出版社，1985. 第 109 页 敦煌——丝绸之路的重镇（沈仕康）.

505. 林染，著. **敦煌的月光**[M]. 重庆：重庆出版社，1985. 第 153 页 丝绸之路.

506. 王燕生，著. **走向地平线**[M]. 重庆：重庆出版社，1985. 第 34 页 丝绸之路・神・艺术.

507. 李瑜，著. **准噶尔诗草**[M]. 乌鲁木齐：新疆人民出版社，1984. 第 81 页 还摇曳丝绸之路驼铃的夜曲.

508. 刘湛秋，著. **生命的欢乐**[M]. 北京：人民文学出版社，1984. 第 73 页 丝绸之路.

509. 王宏忠，编. **龙的传人——中国历史上的一百个故事**[M]. 北京：人民教育出版社，1984. 第 74 页 十四、埋在流沙中的遗产——丝绸之路上的谜（臧嵘）.

510. 洋雨，著. **丝路情丝**[M]. 乌鲁木齐：新疆人民出版社，1984. 第 140 页 他，笑盈盈吟唱在丝绸之路（阿红）.

511. 周雨明，著. **在沙漠**[M]. 呼和浩特：内蒙古人民出版社，1984. 第 32 页 丝绸之路.

512.《北京晚报》编辑部，编. **百家言**[M]. 西安：陕西人民出版社，1984. 第 197 页 少为人知的两条丝绸之路（周止礼）.

513. 张厚余，侯文正，编写. **幼学文史知识百答**[M]. 太原：山西人民出版社，1983. 第 47 页 张骞和丝绸之路.

514. 寇德章，编. **幼学游记百汇**[M]. 太原：山西人民出版社，1983. 第 170 页 古代的丝绸之路.

515. 余兆岩，编. **魔帽**[M]. 北京：北京少年儿童出版社，1983. 第 136 页 新丝绸之路（栾秉璈）.

516. 凌文远，著. **乡音**[M]. 重庆：重庆出版社，1983. 第 14 页 沿着丝绸之路.

517. 李加建，著. **人和大地**[M]. 重庆：重庆出版社，1983. 第 34 页 丝绸之路的烽燧台.

518. 陈必祥，编著. **世界五千年 1**[M]. 上海：少年儿童出版社，1982. 第 63 页 丝绸之路.

519. 胡昭，著. **山的恋歌**[M]. 长春：吉林人民出版社，1982. 第 48 页 丝绸之路.

520. 霍本田，编. **幻游“丝绸之路”**[M]. 西安：陕西人民出版社，1982.

521. 苏长仙，谭绍鹏，编. **爱国人物故事选**[M]. 南宁：广西人民出版社，1981. 第 26 页 张骞开辟“丝绸之路”.

522. 中国作家协会《甘肃文艺》月刊社，编. **甘肃诗歌选 1949—1959**[M]. 兰州：敦煌文艺出版社，1980. 第 5 页 丝绸路咏；第 141 页 “丝绸之路”今重绣；第 327 页 丝绸.

523. 中国作协甘肃分会,《甘肃文艺》月刊社，编. **甘肃诗歌选** 1949—1979[M]. 兰州：甘肃人民出版社，1980. 第 5 页 丝绸路咏；第 141 页 “丝绸之路”今重绣；第 327 页 丝绸.
524. 梁上泉，著. **在那遥远的地方**[M]. 上海：上海文艺出版社，1980. 第 73 页 丝绸之路.
525. 谭一寰，著. **张骞的故事**[M]. 上海：少年儿童出版社，1978. 第 129 页 丝绸之路.
526. 张永枚，著. **前进集**[M]. 北京：北京人民出版社，1975. 第 68 页 空中丝绸之路.
527. 尚博青，编. **中国的古代文物**[M]. 上海：上海人民出版社，1975. 第 51 页 丝绸之路.

（四）亚洲文学

1. [日]泽木耕太郎，著. **深夜特急Ⅱ（中东篇：波斯之风）**[M]. 上海：上海译文出版社，2013. 第 127 页 第十章 《翻山越岭》丝绸之路（一）；第 161 页 第十一章《石榴与葡萄》丝绸之路（二）；第 203 页 第十二章《波斯之风》丝绸之路（三）.
2. [日]泽木耕太郎，著. **深夜特急Ⅰ（亚洲篇：黄金宫殿）**[M]. 上海：上海译文出版社，2013.
3. [日]关野吉晴，著. **伟大的旅行（上）：我们从哪里来**[M]. 北京：中国人民大学出版社，2011. 第 231 页 06 西进丝绸之路.
4. [日]石田裕辅，著. **用洗脸盆吃羊肉饭**[M]. 上海：上海译文出版社，2010. 第 187 页 丝绸之路上的西瓜（中国）.
5. [日]池田大作，著. **我的世界交友录（第二卷）**[M]. 长沙：湖南师范大学出版社，2009. 第 196 页 丝绸之路的宝石 敦煌的守护人（常书鸿画伯）（1904—1994）.
6. [日]平山郁夫，著. **悠悠大河——我的艺术朝圣之旅**[M]. 北京：生活・读书・新知三联书店，2008. 第 102 页 遍访丝绸之路；第 109 页 应邀参加“丝绸之路”海外展；第 186 页 第一节 通向敦煌之路；第 232 页 第一节 初次踏上丝绸之路.
7. [日]池田大作，著. **新女性抄**[M]. 卞立强，译. 上海：上海财经大学出版社，2004. 第 146 页 寒暄开辟希望的丝绸之路.
8. [日]池田大作，著. **理解・友谊・和平：池田大作诗选**[M]. 文洁若，译. 北京：作家出版社，2002. 第 15 页 丝绸之路满月光——赠中国顾子欣团长.
9. [日]井上靖，著. **穗高的月亮**[M]. 郑民钦，译. 石家庄：河北教育出版社，2002. 第 255 页 向往丝绸之路的梦想；第 299 页 丝绸之路的风、水、沙.
10. [日]东山魁夷，著. **美与游历**[M]. 诸葛蔚东，译. 石家庄：花山文艺出版社，2001. 第 191 页 丝绸之路幻想——与明石勇的访谈.
11. 李菲，著. **东方的神韵**[M]. 深圳：海天出版社，2001. 第 36 页 “丝绸之路”上的明珠——波斯文学.
12. [以色列]阿谢尔・韦尔，编. **亚利伊勒：以色列文艺评论集**[M]. 中国对外翻译出版公司，译. 北京：中国对外翻译出版公司，1995. 第 87 页 犹太人与伟大的丝绸之路（梅纳什・哈尔埃勒）.
13. [日]平山郁夫，著. **敦煌・有我追求的艺术**[M]. 北京：北京大学出版社，1990. 第 13 页 丝绸之路的终点站——奈良；第 44 页 丝绸之路上的历史变迁；第 74 页 联结西藏与北海道的“丝绸之路内线”；第 106 页 日本国内的丝绸之路.

14. [日]鲇川信夫，等，著. **黄金幻想**[M]. 郑民钦，译. 广州：花城出版社，1990. 第 44 页 丝绸之路.
15. 人民画报社，编辑. **陆上与海上丝绸之路**[M]. 北京：中国画报出版社，1988.
16. [日]长泽信子，著. **韧性与人生——一个女人的生活道路**[M]. 李保平，译. 北京：国际文化出版公司，1987. 第 1 页 “红帽子”丝绸之路之行.
17. 陈德文，编. **日本散文选**[M]. 南京：江苏人民出版社，1985. 第 169 页 丝绸之路（井上靖作，朱海庆译）.

（五）非洲文学

任克良，编. **拜城诗词选编**[M]. 香港：中国文化出版社，2010. 第 376 页 念奴娇·丝绸之路；第 377 页 丝绸古道偶成；第 393 页 念奴娇·丝绸之路.

（六）欧洲文学

1. [英]本特，著. **单车囧途——丹尼的 15000 公里骑行历险记**[M]. 北京：龙门书局，2013. 第 140 页 丝绸之路上的绿洲小镇.
2. [德]雷克，著. **徒步中国**[M]. 长沙：湖南文艺出版社，2013.
3. [法]勒内·格鲁塞，著. **伟大的历史**[M]. 北京：新世界出版社，2008. 第 79 页 第 10 章 丝绸之路.
4. [英]科克，著. **丝绸路上的外国魔鬼**[M]. 杨汉章，译. 兰州：甘肃人民出版社，2008.
5. [英]詹姆斯·马克麦勒斯，著. **黄石的孩子**[M]. 西安：陕西师范大学出版社，2008.
6. [英]史蒂夫·沃肯斯，[英]克莱尔·琼斯，著. **梦想之旅——走进梦想者的天堂**[M]. 吕晓冉，译. 北京：中国传媒大学出版社，2007. 第 52 页 丝绸之路，北京到撒马尔罕.
7. 李大卫，等，主编. **路透社新闻佳作**[M]. 西安：陕西师范大学出版社，2002. 第 241 页 丝绸之路上的商业绿洲.

（七）美洲文学

1. [美]比尔·波特，著. **黄河之旅**[M]. 成都：四川文艺出版社，2014. 第 225 页 第二十一章 临夏：丝绸之路十万佛.
2. [美]波特，著. **丝绸之路**[M]. 成都：四川文艺出版社，2013.
3. [美]波特，著. **黄河之旅**[M]. 海口：南海出版公司，2012. 第 225 页 第二十一章 临夏：丝绸之路十万佛.
4. [美]杰弗里·尤金尼德斯，著. **中性**[M]. 上海：上海译文出版社，2008. 第 75 页 丝绸之路.
5. 叶嘉莹，著. **迦陵诗词稿**[M]. 北京：中华书局，2008. 第 185 页 一九九六年九月中旬赴乌鲁木齐参加中国社科院文研所与新疆师范大学联合举办之“世纪之交中国古典文学及丝绸之路文明”国际学术研讨会并赴西北各地作学术考察，沿途口占绝句六首.
6. 宋伟杰，著. **中国·文学·美国——美国小说戏剧中的中国形象**[M]. 广州：花城出版社，2003. 第 111 页 通商口岸·传教行为·丝绸之路：论塞缪尔·莫温.
7. 雪岗，编著. **新编爱国故事**[M]. 北京：中国少年儿童出版社，1993. 第 73 页 张骞和丝绸之路.

8. [美]杜国清，著. **情劫**[M]. 北京：中国文联出版公司，1991. 第 140 页 丝绸之路.
9. [美]翁绍裘，著. **我在旧金山四十年**[M]. 上海：上海人民出版社，1988. 第 401 页 丝绸之路纪行.

十、艺　术

（一）艺术理论

1. 仲高，著. **丝绸之路艺术研究**[M]. 乌鲁木齐：新疆人民出版社，2009.
2. 李青，著. **艺术文化史论考辨**[M]. 西安：三秦出版社，2007. 第 169 页 一 丝绸之路与西北民族美术史研究释义.
3. 张晶，著. **中国古代多元一体的设计文化**[M]. 上海：上海文化出版社，2007. 第 53 页 四、丝绸之路的拓通与东西方文化交流的始兴.
4. 李宝祥，主编. **草原艺术论**[M]. 海拉尔：内蒙古文化出版社，2004. 第 196 页 第三节 丝绸之路沟通.
5. 陈志侠，于之润，编著. **日本视觉艺术**[M]. 中日文本. 沈阳：辽宁大学出版社，2004. 第 405 页 3 丝绸之路系列作品和《广岛重生图》的诞生.
6. 武俊玲，著. **流金软玉话丝绸**[M]. 大连：大连出版社，1996. 第 78 页 伟大的“丝绸之路”.
7. 伍蠡甫，童道明，主编. **现代西方艺术美学文选·戏剧美学卷**[M]. 沈阳：春风文艺出版社，1989. 第 320 页 丝绸之路（1984）（巴努）.

（二）世界各国艺术概况

1. 中共合浦县委员会，合浦县人民政府，广西美术家协会，编. **“一带一路”耀南珠：全国美术名家走进海上丝路始发港合蒲采风作品展览作品集** 2015[M]. 南宁：广西美术出版社，2015.
2. 巫新华，主编. **新疆绘画艺术品**[M]. 济南：山东美术出版社，2013.
3. [美]玛丽琳·斯托克斯塔德，[美]迈克尔·柯思伦，著. **艺术简史**[M]. 上海：上海人民美术出版社，2013. 第 92 页 扩展阅读：丝绸之路与丝绸制作.
4. 俄军，主编. **庄严妙相：甘肃佛教艺术展**[M]. 西安：三秦出版社，2011. 第 248 页 丝绸之路与石窟艺术（董玉祥）.
5. 仲高，著. **丝绸之路艺术研究**[M]. 乌鲁木齐：新疆人民出版社，2010.
6. 李青，著. **丝绸之路：楼兰艺术研究**[M]. 乌鲁木齐：新疆人民出版社，2010.
7. 广州艺术博物院，编. 2008 **年广州艺术博物院年鉴**[M]. 广州：岭南美术出版社，2009. 第 34 页 大漠神韵——丝绸之路古代雕塑展.
8. 中国美术家协会，编. **中国美术世界行** 2009[M]. 汉、英、法对照. 成都：四川美术出版社，2009. 第 63 页 丝绸之路（刘大明）.
9. 潘公凯，主编. **中国美术 60 年** 1949—2009（**第 4 卷**）[M]. 北京：人民出版社，2009. 第 204 页 丝绸之路（马改户）.

10. 仲高，著. **丝绸之路艺术研究**[M]. 乌鲁木齐：新疆人民出版社，2008.

11. 杨泓，李力，编著. **美源：中国古代艺术之旅**[M]. 北京：生活·读书·新知三联书店，2008. 第 253 页 丝绸和“丝绸之路”.

12. 孔德明，主编. **中国服饰造型鉴赏图典**[M]. 上海：上海辞书出版社，2007. 第 68 页 第四节 丝绸之路与蓬勃发展的纺织业.

13. [美]克莱纳，编著. **加德纳世界艺术史**[M]. 诸迪，等，译. 北京：中国青年出版社，2007. 第 194 页 丝绸和丝绸之路.

14. 麻元彬，宋群，主编. **当代艺术（第 3 辑）**[M]. 西安：西北大学出版社，2006.

15. 徐寒，主编. **中国艺术百科全书（第 6 卷）**[M]. 图文珍藏版. 北京：人民出版社，2006. 第 167 页《丝绸之路的音乐文化》.

16. 霍旭初，祁小山，编著. **丝绸之路：新疆佛教艺术**[M]. 乌鲁木齐：新疆大学出版社，2006.

17. 李青，著. **形而上下——艺术实验与美术学研究**[M]. 北京：中国社会科学出版社，2006. 第 130 页 丝绸之路与汉唐美术；第 111 页 图 55 丝绸之路.

18. 李青，著. **古楼兰鄯善艺术综论**[M]. 北京：中华书局，2005. 第 41 页 二 丝绸之路楼兰道；第 42 页 图 a8 丝绸之路楼兰道交通示意图.

19. 范梦，著. **东方美术史话**[M]. 北京：中国青年出版社，2005. 第 120 页 四 丝绸之路上的工艺师.

20. 王亚民，何政广，主编. **新艺术家** 1[M]. 石家庄：河北教育出版社，2004. 第 278 页 海上丝路文化——杭州湾的丝绸之路—玉石之路、陶瓷之路（俞美霞）.

21. 胡伟，著. **东方的理想：日本东京艺术大学**[M]. 北京：人民美术出版社，2004. 第 58 页 第一节 导师与“丝绸之路”.

22. 郭因，胡迟，著. **中国美术**[M]. 合肥：安徽教育出版社，2003. 第 211 页 “丝绸之路”话丝绸.

23. 郭淑芬，常法韫，沈宁，编. **常任侠文集·卷二**[M]. 合肥：安徽教育出版社，2002. 第 306 页《丝绸之路乐舞艺术》序言.

24. 贾应逸，祁小山，著. **印度到中国新疆的佛教艺术**[M]. 兰州：甘肃教育出版社，2002. 第 72 页 三 佛教沿丝绸之路传播；第 83 页 （2）南方丝绸之路与南传佛教；第 91 页 （二）沿丝绸之路而行的中印高僧；第 104 页 （四）丝绸之路与佛教石窟.

25. 姚宝瑄，著. **丝路艺术与西域戏剧**[M]. 太原：山西古籍出版社，2002.

26. 郭淑芬，常法韫，沈宁，编. **常任侠文集·卷四**[M]. 合肥：安徽教育出版社，2002. 第 1 页 丝绸之路与西域文化艺术；第 1 页 第一编 丝绸之路与西域文化艺术.

27. 范迪安，主编. **中国当代美术**（1979—1999）——**雕塑·陶艺·壁画**[M]. 中英文本. 杭州：浙江人民美术出版社，2000. 第 44 页 丝绸之路（马改户）.

28. 王镛，主编. **中外美术交流史**[M]. 长沙：湖南教育出版社，1998. 第 253 页 丝绸和“丝绸之路”.

29. 中国现代美术全集编辑委员会，编. **中国现代美术全集·书籍装帧艺术**[M]. 北京：人民美术出版社，1998. 第 116 页 《中国西南丝绸之路》（设计者：鞠洪深）.

30. 张仃卷，主编；中国现代美术全集编辑委员会，编. **中国现代美术全集：壁画**[M]. 沈阳：辽宁美术出版社，1997. 第 38 页 34 丝绸之路（严尚德、谷麟）；第 40 页 丝绸之路 局部一；第 41 页 36 丝绸之路 局部二；第 140 页 143 丝绸之路（吴武彬）；第 158 页 丝绸之路（侯一民、邓澍；第 180 页 酒泉古史之三 丝绸之路（陈永祥）；第 204 页 丝绸之路 第一部分 长安送别（杨晓阳、张小琴、姜怡翔、赵晓荣、刘选让、刘丹）；第 204 页 丝绸之路 第二部分 敦煌盛会（杨晓阳、张小琴、姜怡翔、赵晓荣、刘选让、刘丹）；第 205 页 丝绸之路 第三部分 波斯远眺（杨晓阳、张小琴、姜怡翔、赵晓荣、刘选让、刘丹）.

31. 潘守永，著. **佛教与工艺杂项**[M]. 天津：天津人民出版社，1996. 第 109 页 第一节 从“丝绸之路”谈起.
32. 周菁葆，著. **丝绸之路艺术研究**[M]. 乌鲁木齐：新疆人民出版社，1994.
33. 上海古籍出版社，编. **古代艺术三百题**[M]. 上海：上海古籍出版社，1989. 第 592 页 十二木卡姆为何被誉为丝绸之路上的明珠？（王小盾）.
34. 王伯敏，主编. **中国美术通史（第八卷）**[M]. 济南：山东教育出版社，1988. 第 260 页（三）丝绸之路沿途重大事件年表.
35. 阎丽川，著. **文物史话**[M]. 太原：山西人民出版社，1985. 第 16 页 九 从螺祖缫丝到丝绸之路.

（三）绘　画

1. 关宏臣，主编. **一带一路 多彩世界——中国与中亚五国著名画家作品联展作品集**[M]. 北京：北京工艺美术出版社，2015.
2. 沙拜次力，主编. **追寻中国梦——西部阳光·甘肃青海宁夏少数民族美术作品集**[M]. 兰州：甘肃人民美术出版社，2015.
3. 赵栗晖，著. **经典国画临摹实技——白描·敦煌壁画**[M]. 沈阳：辽宁美术出版社，2015.
4. 谢鼎铭，著. **海上丝绸之路画集**[M]. 广州：花城出版社，2014.
5. 李鼎成，绘. **中国当代名家画集·李鼎成**[M]. 天津：天津人民美术出版社，2014.
6. 雷莹，主编. **波罗鸡的故事**[M]. 北京：清华大学出版社，2014.
7. 安邕江，马国俊，主编. **甘肃画院美术作品集 2013·朝圣敦煌**[M]. 兰州：甘肃人民美术出版社，2013.
8. [日]河合瞳，著. **这样画会更棒！你不可不知的色铅笔提高秘技**[M]. 北京：人民邮电出版社，2013. 第 143 页 丝绸之路.
9. 韩阳动漫编，绘. **中国历史漫画馆 8·大汉王朝的兴衰**[M]. 北京：朝华出版社，2012. 第 39 页 第四回 领土扩张与丝绸之路.
10. 陈震东，著. **新疆建筑印象**[M]. 上海：同济大学出版社，2011.
11. 叶朗，朱良志，原著. **中国文化绘本：创造精神**[M]. 北京：新世界出版社，2010. 第 55 页 文明流通的动脉：丝绸之路.
12. 盖山林，盖志浩，著. **丝绸之路岩画研究**[M]. 乌鲁木齐：新疆人民出版社，2009.
13. 中国美术家协会，编. **第十一届全国美术作品展览·油画作品集**[M]. 北京：人民美术出版社，2009. 第 126 页 丝绸之路上的一天（左夫 海外）.

14. 赵金铭，编绘．**酒泉览胜：赵金铭建筑风景速写集**[M]．兰州：甘肃人民美术出版社，2008．第 1 页 丝绸之路明珠——酒泉．
15. [韩]洪在彻，著．**丝绸之路大探险**[M]．合肥：安徽少年儿童出版社，2008．
16. 朱永芳，著．**彩诗墨韵奉天下・彩墨新韵**[M]．北京：国际文化出版公司，2008．第 24 页 丝绸之路．
17. 焦俊华，绘．**中华胜境——焦俊华写生作品集**[M]．天津：天津人民美术出版社，全国优秀出版社，2008．第 27 页 丝绸之路高昌城．
18. 卢定兴，王良，绘制．**中国通史故事连环画・秦汉**[M]．北京：京华出版社，2008．第 110 页 张骞西行 丝绸之路通有无．
19. 曹建斌，绘．**五彩于田：曹建斌油画作品集**[M]．中英文本．济南：山东画报出版社，2007．第 79 页 丝绸之路印象一；第 80 页 丝绸之路印象二；第 81 页 丝绸之路印象三；第 82 页 丝绸之路印象四；第 83 页 丝绸之路印象五；第 84 页 丝绸之路印象六；第 85 页 丝绸之路印象．
20. 包立民，著．**百美图**[M]．2 版．济南：山东画报出版社，2007．第 170 页 赵以雄　丝绸之路上的富翁．
21. 郭怡孮，满维起，主编．**本源画风：当代中国画名家学术邀请展作品集**[M]．北京：北京工艺美术出版社，2007．第 19 页 丝绸之路雪茫茫．
22. 卢定兴，王良，绘制．**五千年帝王历史演义・秦汉篇**[M]．手绘版．北京：京华出版社，2007．第 110 页 张骞西行 丝绸之路通有无．
23. 人民美术出版社，编．**当代中国画精品选**[M]．北京：人民美术出版社，2007．第 270 页 丝绸之路．
24. 伍必端，著．**走过 50 年：伍必端速写与随笔**[M]．北京：清华大学出版社，2006．第 166 页 20 世纪 90 年代丝绸之路行．
25. 陕西省美术家协会，陕西人民美术出版社，编．**陕西美术 50 年：陕西省美术家协会会员作品集**[M]．西安：陕西人民美术出版社，2006．第 236 页 雕塑丝绸之路（马改户）．
26. [美]沈玉麟，著．**沈玉麟画集**[M]．天津：天津人民美术出版社，2006．第 50 页 丝绸之路．
27. 王仲保，马天彩，主编．**陇原丝路书画集**[M]．兰州：甘肃人民美术出版社，2006．第 55 页 我爱丝绸之路 行书；第 123 页 丝绸之路 隶书．
28. 侯一民，李化吉，主编．**中国壁画百年**[M]．北京：中国建筑工业出版社，2004．第 44 页 丝绸之路飞天（常书鸿、李承仙）；第 101 页 丝绸之路（严尚德、谷麟）；第 102 页 丝绸之路（局部一）；第 103 页 丝绸之路（局部二）．
29. 魏谦，著．**钢笔画速写技法与作品示范——中国西部丝绸之路漫记・世界建筑钢笔速写・新疆人物肖像**[M]．武汉：湖北美术出版社，2004．
30. 柳青绘．**长城与丝绸之路系列油画**[M]．沈阳：辽宁美术出版社，2004．
31. 郑爽，绘．**郑爽版画**[M]．广州：新世纪出版社，2004．第 39 页 丝绸之路组画之七——伊斯坦布尔遥望．
32. 范迪安，主编．**国际当代素描艺术**[M]．南昌：江西美术出版社，2003．第 104 页 《丝绸之路》（杨晓阳）．

33. 敬庭尧，绘. **敬庭尧人物画集**[M]. 北京：北京工艺美术出版社，2003. 第 20 页 丝绸之路.
34. 贾德江，著. **中国现代人物画全集（下）**[M]. 石家庄：河北教育出版社，2002. 第 112 页 古丝绸之路（敬庭尧）.
35. 张小鹭，编著. **现代日本重彩画表现**[M]. 长沙：湖南美术出版社，2002. 第 1 页 二、丝绸之路与东方古典重彩画的确立.
36. 贾德江，主编. **中国现代人物画全集**[M]. 石家庄：河北教育出版社，2002. 第 343 页 古丝绸之路（敬庭尧）.
37. 包立民，编著. **百美图：当代文艺家自画像**[M]. 济南：山东画报出版社，2001. 第 304 页 赵以雄、耿玉昆&丝绸之路上的富翁.
38. 方唐，绘. **漫画足球：方唐新闻漫画精选**[M]. 广州：羊城晚报出版社，2001. 第 51 页 丝绸之路.
39. 崔海松，编著. **崔海松画集**[M]. 郑州：河南美术出版社，2000. 第 16 页 戈壁山羚羊、古丝绸之路.
40. 潘晓东，绘. **潘晓东油画作品集**[M]. 西安：陕西人民美术出版社，2000. 第 9 页 海上丝绸之路.
41. 吴保刚，主编. **丝路墨丛：丝绸之路书画大展赛作品选集**[M]. 兰州：甘肃文化出版社，2000.
42. 杨宏明，等，主编；安塞县文化文物馆，编. **安塞民间绘画精品**[M]. 西安：陕西人民美术出版社，1999. 第 30 页 丝绸之路（张凤兰）.
43. 胡振郎，绘. **胡振郎山水画册**[M]. 上海：上海画报出版社，1998.
44. 何滨，著. **何滨国画作品精选**[M]. 沈阳：辽宁美术出版社，1998. 第 38 页 丝绸之路.
45. 首都师范大学，编. **首都师范大学油画集**[M]. 北京：首都师范大学出版社，1998. 第 33 页 丝绸之路.
46. 张秀平，主编；朱琦，等，绘. **影响世界的 100 种文化**[M]. 绘画本. 南宁：广西人民出版社，1997. 第 22 页 东西往来的纽带——丝绸之路.
47. 毛长水，主编. **中国丝绸之路哈密书画集**[M]. 乌鲁木齐：新疆人民出版社，1997.
48. 曹昌光，等，文图. **麦积山石窟——漫画集**[M]. 兰州：甘肃人民美术出版社，1996.
49. 曹昌光，等，文图. **伏羲与八卦**[M]. 兰州：甘肃人民美术出版社，1995.
50. 于忠正，曹昌光，主编. **漫画丝绸之路·敦煌壁画故事**[M]. 北京：中国文学出版社，1994.
51. 张秀平，主编；赵隆义，等，绘画. **影响中国的 100 种文化**[M]. 绘画本. 南宁：广西人民出版社，1994. 第 162 页 78 丝绸之路.
52. 张秀平，主编；赵隆义，等，绘画. **影响中国的 100 次事件**[M]. 绘画本. 南宁：广西人民出版社，1994. 第 46 页 其“起点在 2000 年前的汉代，终点却在无限遥远的将来”——丝绸之路的开辟.
53. 张秀平，主编，赵隆义等，绘画. **影响中国的 100 个人物**[M]. 绘画本. 南宁：广西人民出版社，1994. 第 170 页 他的名字和“丝绸之路”一样，传遍了天下——张骞；第 172 页 他是“丝绸之路”的保护者——班超.

54. 段万翰，顾汉松，陈必祥，原著；杜富山，张建辉，林文，改编. **画说世界五千年：连环画（第 1 卷）**[M]. 石家庄：河北美术出版社，1993. 第 133 页 丝绸之路.
55. 祁协玉，主编. **中国当代画家丝路作品精选**[M]. 乌鲁木齐：新疆美术摄影出版社，1991.
56. 黄小痴，选编. **关山月论画**[M]. 郑州：河南美术出版社，1991. 第 7 页 追流溯源的艺术——为《平山郁夫丝绸之路素描集》出版而作.
57. 周正，著. **美术辞林·工艺美术**[M]. 西安：陕西人民美术出版社，1989. 第 6 页 丝绸之路.
58. 戴敦邦，绘. **荣宝斋画谱 16·人物**[M]. 北京：荣宝斋出版社，1987. 第 14 页 载歌图 丝绸之路友谊桥；第 15 页 丝绸之路.
59. 上海美术年刊编辑组，编. **上海美术年刊** 1984[M]. 上海：上海人民美术出版社，1986. 第 107 页 丝绸之路（叶文西）.
60. 戴敦邦，著. **荣宝斋画谱 16·人物部分**[M]. 北京：荣宝斋出版社，1986. 第 13 页 一三 丝绸之路友谊桥、载歌图；第 14 页 一四 丝绸之路.
61. 《新疆艺术》编辑部，编. **丝绸之路造型艺术**[M]. 乌鲁木齐：新疆人民出版社，1985.
62. 王若芳，绘. **若芳唱片封面画选**[M]. 长沙：湖南美术出版社，1984. 第 29 页 《丝绸之路》.
63. 上海美术年刊编辑组，编. **上海美术年刊** 1983[M]. 上海：上海人民美术出版社，1985. 第 86 页 丝绸之路（韩晓天）.
64. 张涤尘，绘. **张涤尘作品选**[M]. 北京：人民美术出版社，1982. 第 36 页 丝绸之路.
65. 古干，绘. **舞姿拾零**[M]. 天津：天津人民美术出版社，1982. 第 30 页 丝绸之路（三幅）.
66. 上海人民美术出版社编委会，编. **美术丛刊** 14[M]. 上海：上海人民美术出版社，1981. 第 107 页 隋·丝绸之路（窟顶壁画）（王玉良）.

（四）书法、篆刻

1. 屈军强，著. **走西北——印谭万象**[M]. 兰州：甘肃人民美术出版社，2001. 第 83 页 丝绸之路、炳灵石窟.
2. 佟韦，著. **佟韦书法集**[M]. 北京：大众文艺出版社，1996. 第 8 页 丝绸之路.
3. 王乃栋，著. **丝绸之路与中国书法艺术——西域书法史纲**[M]. 乌鲁木齐：新疆人民出版社，1991.
4. 费新我，编. **费新我书法集**[M]. 南京：江苏美术出版社，1991. 第 80 页 为振兴丝绸之路国际书画展览开幕题词（小稿）.
5. 王正良，主编；刘惠浦，书写. **国粹民魂**[M]. 北京：中国青年出版社，1991. 第 48 页 丝绸之路.

（五）雕　塑

1. 巫新华，编．**新疆古代雕塑：丝绸之路流散国宝**[M]．济南：山东美术出版社，2013.
2. 赵飞，编．**赵飞寿山石雕新作**[M]．福州：福建美术出版社，2012．第 58 页 丝绸之路．
3. 周默，著．**紫檀**[M]．太原：山西古籍出版社，2007．第 72 页 2 丝绸之路．
4. 刘晓路，编著．**民间木雕**[M]．石家庄：河北少年儿童出版社，2007．第 158 页 丝绸之路（黄杨木）浙江乐清（王和英）．
5. 江波，等，著．**中国木雕艺术（第 1 卷）**[M]．天津：天津人民美术出版社，2007．第 100 页 丝绸之路．
6. 魔法熊工作室，编绘．**十万个为什么：船有刹车吗**[M]．卡通故事版．上海：少年儿童出版社，2004．第 112 页 什么是丝绸之路．
7. 吴松林，吴松江，编著．**中国青田石雕艺术：青上阁珍品集**[M]．中英文本．杭州：浙江人民美术出版社，2003．第 66 页 丝绸之路．
8. 王兴竹，著．**王兴竹艺术作品**[M]．中英文本．北京：北京美术摄影出版社，2000.
9. 王克庆，主编．**中国现代美术全集·雕塑 2·城市雕塑**[M]．杭州：浙江人民美术出版社，1999．第 82 页 丝绸之路（马改户）；第 84 页 丝绸古道（龙绪里）．
10. 告诉你为什么小百科 **走访世界探险史**[M]．济南：明天出版社，1994．第 12 页 丝绸之路是什么．
11. 国家文化出版社，编．**中国的历史 5·长安与丝路**[M]．北京：国际文化出版公司，1991．第 5 页 第 1 章 唐太宗与丝绸之路——贞观之治；第 26 页 玄奘与丝绸之路；第 146 页 丝绸与东西文化的交流．
12. 国家文化出版社，编．**中国的历史 2·项羽与刘邦之战**[M]．北京：国际文化出版公司，1991．第 76 页 张骞与丝绸之路．

（六）摄影艺术

1. 藏羚羊旅行指南编辑部，编著．**新疆摄影之旅**[M]．2 版．北京：人民邮电出版社，2012．第 103 页 帕米尔高原的丝绸之路文化；第 161 页 丝绸之路文化摄影；第 162 页 新疆能拍摄到哪些丝绸之路文化；第 164 页 丝绸之路上其他遗迹；第 165 页 丝绸之路文化摄影的器材选择；第 166 页 丝绸之路文化摄影的旅行装备；第 167 页 新疆代表性丝绸之路文化拍摄点．
2. 远流视觉，编．**镜头下的经典之旅——摄影师精心挑选的 28 条摄彩线路**[M]．北京：中国旅游出版社，2012．第 224 页 20 北方丝绸之路：感受塞北风情．
3. 广角势力，编著．**中国必拍的 20 个人文摄影圣地**[M]．北京：电子工业出版社，2011．第 162 页 南方丝绸之路要津．
4. 上海唐码城邦咨询有限公司北京分公司，编著．**新疆摄影之旅**[M]．北京：人民邮电出版社，2011.
5. 臧新汉，著．**中国摄影家眼中的中亚五国——重走古丝绸之路驾车中亚五国**[M]．北京：中国摄影出版社，2011.

6. 罗小韵，著. **西部记忆——一个女摄影家三十年的足迹**[M]. 北京：中国文联出版社，2009. 第 48 页 第二章 丝绸之路.
7. 冯建国，摄. **西部旅路 1996—2006——冯建国作品集**[M]. 北京：中国摄影出版社，2007. 第 21 页 第一部：西域丝绸之路.
8. 宣友木，主编. **色彩·丝绸之路**[M]. 杭州：中国美术学院出版社，2006.
9. 和亮光，摄. **唤醒集：和亮光摄影作品**[M]. 昆明：云南美术出版社，2006. 第 6 页 丝绸之路 驼队不绝.
10. 唐华伟，主编. **今日中国摄影** 4[M]. 北京：中国民族摄影艺术出版社，2006. 第 118 页 “张库恰”丝绸之路（丁耀宏）.
11. 石卓立，等，编著. **生命——阳光·生态·人：东方篇（摄影集）**[M]. 西安：陕西人民美术出版社，2003.
12. 毛长水，编. **中国丝绸之路文化艺术**[M]. 成都：四川美术出版社，2003.
13. 鲁忠民，主编. **中国西南丝绸之路**[M]. 北京：外文出版社，2002.
14. 吴健，摄影. **艺术的敦煌——吴健摄影集**[M]. 中英文本. 上海：上海古籍出版社，2000.
15. 潘竞万，主编. **新丝绸之路（上）**[M]. 兰州：甘肃人民美术出版社，1997.
16. 张耀华，摄. **张耀华摄影集**[M]. 南京：南京出版社，1996. 第 36 页 丝绸之路.
17. 刘文敏，主编摄影. **丝绸之路——通向中亚的历史古道**[M]. 北京：中国三峡出版社，1993.
18. 赵廷光，主编. **中国西南丝绸之路（摄影集）**[M]. 昆明：云南民族出版社，1992.
19. 申再望，主编. **西南丝绸之路**[M]. 成都：四川人民出版社，1992.

（七）工艺美术

1. 善本出版有限公司，编. **少即是多·减法设计**[M]. 北京：北京美术摄影出版社，2013. 第 245 页“丝绸之路”大米环保包装.
2. 吴任平，主编. **陶瓷纵横**[M]. 北京：清华大学出版社，2013. 第 28 页 1 丝绸之路.
3. 马锋辉，施慧，主编. **纤维，作为一种眼光**[M]. 杭州：中国美术学院出版社，2013.
4. 汪耕，刘少倩，主编. **高端收藏——景德镇现当代陶瓷艺术（第三部）**[M]. 南昌：江西美术出版社，2012. 第 121 页 粉墨彩笔筒·丝绸之路；第 211 页 综合装饰镶器·丝绸之路.
5. 余玉霞，等，编著. **中外设计史**[M]. 沈阳：辽宁美术出版社，2011. 第 33 页 第三节 丝绸之路.
6. [塔]哈姆罗洪·扎里菲，著. **世代相传的塔吉克民族实用装饰艺术**[M]. 汉英对照. 北京：民族出版社，2011. 第 1 页 丝绸之路——连接时代与民族的纽带.
7. 王振兴，闫铁军，编著. **中国百种大铜章荟萃**[M]. 北京：中国水利水电出版社，2011. 第 55 页 36 纪念新疆丝绸之路博物馆建成大铜章.
8. 吴山主，编. **中国历代服装、染织、刺绣辞典**[M]. 南京：江苏美术出版社，2011. 第 311 页 丝绸之路.
9. 吴元新，等，编著. **中国传统民间印染技艺**[M]. 北京：中国纺织出版社，2011.

10. 潘雪梅，兰兴，著. **行进中的思考：南方丝绸之路旅游纪念品研发**[M]. 长沙：湖南人民出版社，2011.
11. 吴山，著. **中国工艺美术大辞典**[M]. 南京：江苏美术出版社，2011. 第 83 页 丝绸之路.
12. 郑晓红，著. **郑晓红纤维艺术作品集**[M]. 银川：宁夏人民出版社，2010.
13. 张叶，杨珊珊，等，编著. **校园知识黑板报**[M]. 北京：凤凰出版传媒集团；南京：江苏美术出版社，2009. 第 76 页 丝绸之路.
14. 董珊珊，等，编著. **新创意黑板报·学习知识**[M]. 南京：江苏美术出版社，2008. 第 80 页 丝绸之路.
15. 王山，主编. **第八届“百花杯”获奖作品集萃**[M]. 北京：北京工艺美术出版社，2008. 第 171 页 丝绸之路 陶瓷.
16. 赵丰，徐铮，著. **锦绣华服——古代丝绸染织术**[M]. 北京：文物出版社，2008. 第 117 页 第八章 丝绸之路.
17. 余玉霞，等，编著. **中外设计史**[M]. 沈阳：辽宁美术出版社，2007. 第 33 页 第三节 丝绸之路.
18. 孙佩兰，著. **中国刺绣史**[M]. 北京：北京图书馆出版社，2007. 第 302 页（一）中国刺绣与丝绸之路.
19. 张硕，编著. **巧梭慧针：长江流域的丝织与刺绣**[M]. 武汉：武汉出版社，2006. 第 156 页 汉代丝绸贸易与“丝绸之路”.
20. 何迹红，主编. **指尖上的旅程——探访中国少数民族手工艺的旅行**[M]. 乌鲁木齐：新疆人民出版社，2006. 第 102 页 飞越丝绸之路的“格兰姆”.
21. 梁丽辉，著. **还原设计：梁丽辉美术设计图集**[M]. 上海：上海古籍出版社，2005.
22. 余玉霞，编著. **外国设计史**[M]. 沈阳：辽宁美术出版社，2005. 第 33 页 第三节 丝绸之路.
23. 余玉霞，等，编著. **中外设计史**[M]. 沈阳：辽宁美术出版社，2005. 第 33 页 第三节 丝绸之路.
24. 赵农，著. **中国艺术设计史**[M]. 西安：陕西人民美术出版社，2004. 第 98 页 二、丝绸之路与栈道.
25. 汪耕，主编. **景德镇陶瓷艺术家作品集**（1004-2004）[M]. 上海：上海书画出版社，2004. 第 260 页 丝绸之路·综合装饰瓷瓶.
26. 曹增军，著. **神针异彩：开封汴绣**[M]. 开封：河南大学出版社，2003. 第 4 页 壹 丝绸之路.
27. 黄能馥，陈娟娟，著. **中国丝绸科技艺术七千年——历代织绣珍品研究**[M]. 北京：中国纺织出版社，2002. 第 37 页 五、丝绸之路的正式开通；第 46 页 七、沿丝绸之路发现的汉代丝绸珍品.
28. 中国工艺美术协会，中国工艺美术（集团）公司，中国工艺美术馆，编. **中国工艺美术珍品**[M]. 北京：人民美术出版社，2002. 第 40 页 丝绸之路（顾青蛟设计，赵红育、吴敏文、张璐制作）.
29. 中国工艺美术协会，中国工艺美术（集团）公司，编. **中国工艺美术大师精品**[M]. 中英文本. 北京：人民美术出版社，2002. 第 118 页 吴松伟·丝绸之路·青田石.

30. 张道一，主编. **中国民间美术辞典**[M]. 南京：江苏美术出版社，2001. 第 245 页 丝绸之路；第 245 页 丝路（见“丝绸之路”）；第 298 页 《丝绸史话》；第 299 页 《丝绸之路——汉唐织物》.
31. 靳之林，著. **抓髻娃娃与人类群体的原始观念**[M]. 桂林：广西师范大学出版社，2001. 第 88 页 丝绸之路上的螃蟹抓髻娃娃和人面蝎子、人面甲虫、人面壁虎、人面蛇、人面蜈蚣；第 154 页 彩陶之路——丝绸之路.
32. 文杉，俊全，编. **中国现代银币图说**[M]. 石家庄：河北人民出版社，2000. 第 22 页 中国丝绸之路系列纪念金币第 25 页 中国丝绸之路系列纪念银币；第 84 页 （九）中国丝绸之路系列纪念银币；第 86 页（九）中国丝绸之路系列纪念金币.
33. 钱正坤，钱正盛，著. **世界工艺美术史话**[M]. 北京：国际文化出版公司，2000. 第 236 页 一、丝与“丝绸之路”.
34. 朱纯德，编著. **中国现代金银纪念币大全**[M]. 北京：中国大百科全书出版社，2000. 第 227 页 20 中国丝绸之路第（1）组金银纪念币；第 253 页 17 中国丝绸之路第（2）组金银纪念币；第 287 页 中国丝绸之路第（3）组金银纪念币.
35. 尹成友，王震云，主编. **中国贵金属纪念币年鉴 1996—1998**[M]. 北京：中国金融出版社，2000. 第 77 页 十五、中国丝绸之路金银币（第 2 组）；第 241 页 二十一、中国丝绸之路金银币（第 3 组）.
36. 王平，编著. **中国 100 种民间工艺美术**[M]. 南宁：广西人民出版社，1999. 第 220 页 52 丝绸之路上的一颗明珠——新疆地毯.
37. 王刚，王崇皓，著. **中国金银纪念币图说**[M]. 西安：陕西人民美术出版社，1998. 第 319 页 丝绸之路系列纪念币第一组；第 349 页 丝绸之路系列纪念币第二组.
38. 蒋义海，主编. **画海（下）**[M]. 哈尔滨：哈尔滨出版社，1996. 第 1711 页 伊朗古代东方丝绸之路在伊朗的遗址.
39. 王家树，著. **中国工艺美术史**[M]. 北京：文化艺术出版社，1994. 第 190 页 “丝绸之路”——发达的汉代纺织业.
40. 缪良云，编著. **中国历代丝绸纹样**[M]. 北京：纺织工业出版社，1988. 第 22 页 插图 19 “丝绸之路”简图.
41. 朱培初，编著. **中国的刺绣**[M]. 北京：人民出版社，1987. 第 126 页 “丝绸之路”.
42. 王悟生，编著. **漫话中国工艺美术**[M]. 上海：上海教育出版社，1987. 第 80 页 “丝绸之路”与中国丝绸工艺.
43. 雷圭元，李骐，编著. **中外科案装饰风格**[M]. 北京：人民美术出版社，1985. 第 61 页 八 丝绸之路引进来了新风格.
44. 赵崎，廉晓春，祝缅，王永庆，编. **全国工艺美术展览资料选编**[M]. 1978. 第 197 页 丝绸之路（唐三彩）（河南）.

（八）音　乐

1. 张璐，著. **重访南方丝绸之路：云南茶马古道音乐文化研究**[M]. 北京：北京师范大学出版社，2015.
2. 吴少雄，著. **吴少雄刺桐城交响随想诗**[M]. 北京：人民音乐出版社，2014.

3. 罗宪君，主编. **声乐曲选集·中国作品** 4[M]. 北京：人民音乐出版社，2013. 第 6 页 缤纷的丝绸之路（陈克正词，钱正钧曲）.
4. 修海林，著. **古乐的沉浮**[M]. 上海：上海音乐学院出版社，2013. 第 181 页 二、汉魏晋南北朝丝绸之路的音乐文化交流.
5. 洛秦，著. **世界音乐人文叙事及其理论基础**[M]. 上海：上海音乐学院出版社，2013. 第 92 页 伊朗：古代丝绸之路的波斯王国.
6. 和云峰，著. **中国少数民族音乐研究 以西南地区或经典案例为中心（下）**[M]. 北京：中央音乐学院出版社，2012. 第 466 页 附录：一生能得几回闻——《丝绸之路的回声》古代乐器复原讲座及音乐会述评.
7. 赵维平，著. **中国与东亚音乐的历史研究**[M]. 上海：上海音乐学院出版社，2012. 第 18 页 第二节 丝绸之路的开凿与国际化音乐时代的到来.
8. 陈韩星，编. **岭南文化书系 潮剧与潮乐**[M]. 广州：暨南大学出版社，2011. 第 150 页 （五）潮剧和潮乐在海外的流播与影响，是"海上丝绸之路"的延伸和扩展.
9. 谭勇，著. **西部民族域内胡琴衍变融合录**[M]. 北京：民族出版社，2011. 第 198 页 第五章 "丝绸之路"上的艾捷克；第 216 页 第四节 20 世纪后"丝绸之路"上的艾捷克艺术.
10. 赵季平，作曲. **丝绸之路幻想组曲：为管子与民族管弦乐队而作**[M]. 汉英对照. 北京：人民音乐出版社，2010.
11. 洛秦，主编. **中国传统音乐学会三十年论文选 1980—2010（第 2 卷）**[M]. 上海：上海音乐学院出版社，2010. 第 685 页 丝绸之路上的琵琶乐器史（赵维平）.
12. 刘乐，编著. **60 年中国歌剧经典唱段**[M]. 太原：山西人民出版社，2009. 第 122 页 十六、丝绸之路的咏叹调——歌剧《张骞》.
13. 金秋，著. **丝绸之路乐舞艺术研究**[M]. 乌鲁木齐：新疆人民出版社，2009.
14. 宋博年，李强，著. **丝绸之路音乐研究**[M]. 乌鲁木齐：新疆人民出版社，2009.
15. 郑祖襄，主编. **中国古代音乐史**[M]. 上海：上海音乐学院出版社，2009. 第 151 页 丝绸之路上的琵琶乐器史（赵维平）.
16. 林琳，主编. **图说中国乐舞艺术**[M]. 南京：江苏人民出版社，2009. 第 240 页 第五编 "丝绸之路的足迹"——敦煌乐舞.
17. 隆翔，主编. **中央民族大学音乐学院全国钢琴社会业余考级教材**[M]. 北京：中央民族大学出版社，2009. 第 369 页 丝绸之路（隆翔曲）.
18. 冯建志，吴金宝，冯振琦，著. **汉代音乐文化研究**[M]. 开封：河南大学出版社，2009. 第 39 页 第四节 汉代丝绸之路的开辟与中外音乐交流；第 39 页 一、汉代丝绸之路的开辟.
19. 孟新洋，赵金，编著. **中国少数民族声乐考级教材（下册）：女声部分（一至十级）**[M]. 北京：中央民族大学出版社，2009. 第 331 页 丝绸之路（塔吉克族歌曲，王浩词，肖白曲）.
20. 周吉，编著. **中国新疆维吾尔木卡姆音乐**[M]. 北京：中央音乐学院出版社，2008. 第 14 页 第二节 "丝绸之路"的影响.
21. 阴法鲁，著. **阴法鲁学术论文集**[M]. 北京：中华书局，2008. 第 229 页 丝路管弦话古今——读《丝绸之路上的音乐文化》；第 291 页 丝绸之路上的音乐文化交流；第 297 页 丝绸之路上中外舞乐交流.

22. 丁燕，著. **王洛宾音乐地图**[M]. 西宁：青海人民出版社，2008. 第 85 页 陕西西安甘肃兰州新疆人眼中的兰州王洛宾和兰州大豆情歌与囚歌王洛宾的丝绸之路.

23. 包德述，编著. **中国音乐简史**[M]. 重庆：西南师范大学出版社，2008. 第 42 页 二、北方丝绸之路的开辟与西域乐器的传入.

24. 潘国强，著. **河南笙管乐研究**[M]. 北京：中央音乐学院出版社，2008. 第 39 页 一、丝绸之路与古都洛阳.

25. 朱则平，编著. **欧洲竖笛重奏合奏教程（下）**[M]. 广州：花城出版社，2008. 第 99 页 丝绸之路（喜多郎曲，北村、俊彦编曲）.

26. 刘福君，选编. **樱花二胡经典小品：民乐小合奏**[M]. 上海：上海音乐出版社，2008. 第 1 页 海上丝绸之路；第 72 页 丝绸之路.

27. 黄允箴，主编. **上海音乐学院学术文萃 1927—2007・中国传统音乐研究卷**[M]. 上海：上海音乐学院出版社，2007. 第 444 页 来自丝绸之路的回响——杨立青的中胡与交响乐队《荒漠暮色》初探（郭树荟）.

28. 张畴，主编. **中国艺术歌曲选集（上）**[M]. 上海：上海教育出版社；上海世纪出版股份有限公司，2007. 第 276 页 丝绸之路（阴法鲁词，张肖虎曲）.

29. 汪平，著. **心之声：汪平 30 正秋歌曲作品精华录**[M]. 北京：中国文联出版社，2007. 第 59 页 海上丝绸之路（赞白词）；第 434 页 丝绸之路彩虹飘 越剧清唱（周长光词）.

30. 刘再生，著. **中国古代音乐史简述**[M]. 北京：人民音乐出版社，2006. 第 184 页 一条横贯亚洲的“音乐之路”——丝绸之路的开辟.

31. 徐朗，颜蕙先，编. **中国声乐作品选 2**[M]. 上海：上海音乐出版社，2006. 第 90 页 缤纷的丝绸之路（陈克正词，钱正钧曲）.

32. 凌瑞兰，主编. **人文素质教育丛书 音乐知识问答（上）**[M]. 沈阳：辽海出版社，2006. 第 92 页 64 为什么“丝绸之路”又称“音乐之路”.

33. 王家祥，主编. **音乐**[M]. 上海：上海音乐出版社，2006. 第 137 页《丝绸之路》三部曲（电子音乐）.

34. 周吉，编译. **维吾尔木卡姆**[M]. 乌鲁木齐：新疆人民出版社，2006.

35. 中国音乐家协会歌曲编辑部，编. **世界之春：中国民族歌曲选粹**[M]. 北京：中国广播电视出版社，2006. 第 360 页 丝绸之路（民族艺术歌曲）（张继征词，罗利国曲）.

36. 王振华，编. **不可不知的音乐**[M]. 延吉：延边大学出版社，2005. 第 214 页 “丝绸之路”与音乐文化.

37. 顾建勤，童小珍，编著. **人一生要欣赏的 60 张唱片**[M]. 北京：光明日报出版社，2005. 第 201 页 52 丝绸之路——喜多郎蕴含了人生沉思的作品.

38. 陈凌，陈奕玲，著. **胡乐新声——丝绸之路上的音乐**[M]. 北京：人民美术出版社，2005.

39. 李文珍，著. **民歌与人生——中国民歌采风教学与研究文集**[M]. 上海：上海音乐出版社，2004. 第 181 页 从甘肃省民歌看丝绸之路在各民族文化交流中的地位.

40. 高兴，主编. **音乐的多维视角**[M]. 北京：文化艺术出版社，2004. 第 121 页 一、丝绸之路的音乐.
41. 聂中明，蓬勃，著. **合唱与合唱指挥**[M]. 北京：中央广播电视大学出版社，2003. 第 171 页 《丝绸之路》.
42. **用歌壮辉煌：张郁歌曲选**[M]. 香港：香港天马图书有限公司，2003. 第 207 页 136、千年丝绸路（张郁词、陶龙曲）；第 208 页 137、丝绸之路好风光（张郁词曲）.
43. 唐跃，著. **中国音乐舞蹈**[M]. 合肥：安徽教育出版社，2003. 第 43 页 丝绸之路上的歌队和乐队——音乐交流.
44. 洛秦，著. **心&音. com——世界音乐人文叙事**[M]. 上海：上海音乐出版社，2002. 第 114 页 伊朗篇：古代丝绸之路的波斯王国.
45. 胡志厚，主编. **管子曲谱**[M]. 北京：人民音乐出版社，2000. 第 261 页 丝绸之路幻想组曲（赵季平曲）.
46. 聂中明，等，选编. **百首中外合唱歌曲集：五线谱本（下）**[M]. 北京：中国文联出版社，2000. 第 754 页 84、丝绸之路（西多郎曲，任卫新填词，武炳统编合唱）.
47. 刘齐同，编. **古今中外名歌选粹**[M]. 哈尔滨：黑龙江人民出版社，1999. 第 651 页 丝绸之路歌.
48. 聂中明，等，编选. **百首中外合唱歌曲集**[M]. 简谱本. 北京：中国文联出版社，1999. 第 478 页 83、丝绸之路（西多郎曲，任卫新填词，武炳统编合唱）.
49. 冯光钰，薛良，主编. **20 世纪中国著名歌曲 1000 首**[M]. 郑州：海燕出版社，1999. 第 529 页 丝绸之路（阴法鲁词 张肖虎曲）.
50. 吴钊，著. **追寻逝去的音乐踪迹：图说中国音乐史**[M]. 北京：东方出版社，1999. 第 238 页 七、丝绸之路与佛陀妙音.
51. 庄永平，主编. **中国音乐主题辞典·器乐卷**[M]. 上海：上海音乐出版社，1999. 第 1985 页 丝绸之路（交响组曲，夏中汤曲）.
52. 孙星群，著. **西夏辽金音乐史稿**[M]. 北京：中国青年出版社，1998. 第 185 页 第三节 丝绸之路是西夏与汉文化交流的地理因素.
53. 张肖虎，编. **航——张肖虎艺术歌曲选**[M]. 北京：人民音乐出版社，1997. 第 37 页 丝绸之路.
54. 赵世骞，著. **丝绸之路乐舞大观**[M]. 乌鲁木齐：新疆美术摄影出版社，1997.
55. 杜亚雄，周吉，著. **丝绸之路的音乐文化**[M]. 北京：民族出版社，1997.
56. 高兴，等，主编. **大学音乐**[M]. 武汉：华中理工大学出版社，1997. 第 341 页 《丝绸之路组曲》.
57. 罗忠镕，主编. **现代音乐欣赏辞典**[M]. 北京：高等教育出版社，1997. 第 631 页 丝绸之路 管弦乐组曲.
58. 车冠光，李汝松，编选. **百首爱国主义歌曲集**[M]. 北京：中国文联出版公司，1996. 第 226 页 59 丝绸之路（阴法鲁词，张肖虎曲）.
59. 中央电视台，中国广播电视学会电视音乐研究委员会，编. **中国电视歌曲 500 首**[M]. 北京：中国国际广播出版社，1993. 第 5 页 啊，伊犁（《丝绸之路》插曲）；第 187 页 神秘的路（《南方丝绸之路》插曲）；第 195 页　丝绸之路无限美（《丝绸之路》主题歌）；第 196 页　丝绸路，我心中的彩虹（《丝路漫游》主题歌）.

60. 陈志，编. **古典吉他名曲 50 首 · 续编**[M]. 北京：人民音乐出版社，1989. 第 29 页 丝绸之路（基塔罗曲）.
61. 修海林，著. **古乐的沉浮——中国古代音乐文化的历史考察**[M]. 济南：山东文艺出版社，1989. 第 273 页 二 汉魏晋南北朝丝绸之路的音乐文化交流.
62. 刘再生，著. **中国古代音乐史简述**[M]. 北京：人民音乐出版社，1989. 第 123 页 一条横贯亚洲的"音乐之路"——丝绸之路的开辟.
63. [日]岸边成雄，著. **古代丝绸之路的音乐**[M]. 王耀华，译. 北京：人民音乐出版社，1988.
64. 周菁葆，著. **丝绸之路的音乐文化**[M]. 乌鲁木齐：新疆人民出版社，1987.
65. 谷苞，著. **古代新疆的音乐舞蹈与古代社会**[M]. 乌鲁木齐：新疆人民出版社，1986. 第 1 页　古代龟兹乐的巨大贡献及其深远影响——在新疆"丝绸之路"学术讨论会上的发言.
66. 人民音乐出版社编辑部，编. **银幕歌声（第 16 集）**[M]. 北京：人民音乐出版社，1985. 第 81 页　航海歌（科教片《海上丝绸之路》主题歌）（晓光词，龚耀年曲）.
67. 《新疆艺术》编辑部，编. **丝绸之路乐舞艺术**[M]. 乌鲁木齐：新疆人民出版社，1985.
68. 人民音乐出版社编辑部，编. **银幕歌声（第 6 集）**[M]. 北京：人民音乐出版社，1984. 第 30 页　喜看丝绸新路通四海（故事片《客从何来》主题歌）（刘文玉词，雷雨声曲）；第 67 页　一把钥匙开金门（电视片《他们走上了富裕之路》插曲）；第 70 页　丝绸之路无限美（电视片《丝绸之路》插曲）（屠国壁词，牟洪曲）.
69. 肖冷，编. **歌坛新秀歌曲选 · 二集**[M]. 桂林：漓江出版社，1983. 第 91 页 丝绸之路（郭树全词，黄立曲）.
70. 广西人民出版社，编辑. **春之歌——抒情歌曲合集**[M]. 南宁：广西人民出版社，1982. 第 63 页"丝绸之路"飞彩虹（赵起越词）.
71. 张暑光，著. **电影歌曲选 6**[M]. 南宁：广西人民出版社，1980. 第 91 页 丝绸之路越走越宽（纪录影片《中巴友谊之路》插曲）.
72. 甘肃省群众文艺工作室，编. **创作歌曲选（第四集）**[M]. 兰州：甘肃人民出版社，1978. 第 104 页　丝绸之路今更宽（牛龙菲词曲）.

（九）舞　蹈

1. 《中华舞蹈志》编辑委员会，编. **中华舞蹈志 · 新疆卷**[M]. 上海：学林出版社，2014. 第 321 页 丝绸之路示意图.
2. 董锡玖，刘峻骧，主编. **中国舞蹈艺术史图鉴（上）**[M]. 修订版. 北京：北京师范大学出版社，2013. 第 93 页　第三节　"丝绸之路"的乐舞交流.
3. [美]德沃拉 · 科雷克，著. **肚皮舞——东方舞艺术**[M]. 北京：中国文联出版社，2010. 第 236 页 丝绸之路上的其他舞蹈.

4. 王克芬，等，主编．**中国舞蹈大辞典**[M]．北京：文化艺术出版社，2010．第 164 页 古丝绸之路乐舞文化交流史；第 467 页 丝绸之路乐舞大观．
5. 叶春生，罗学光，主编．**东江麒麟舞新姿**[M]．北京：大众文艺出版社，2009．第 217 页 三 发展广东民间文化，延续“海上丝绸之路”．
6. 金秋，著．**古丝绸之路乐舞文化交流史**[M]．上海：上海音乐出版社，2002．
7. 王培坤，著．**漫游戏剧舞蹈大观园**[M]．贵阳：贵州人民出版社，2001．第 24 页 “丝绸之路”与舞蹈有何关系．
8. 金千秋，编著．**舞蹈・气质与形体的塑造**[M]．北京：中国纺织出版社，1999．第 81 页 从丝绸之路传来的乐舞．
9. 董锡玖，刘峻骧，主编．**中国舞蹈艺术史图鉴**[M]．长沙：湖南教育出版社，1997．第 78 页 第三节“丝绸之路”的乐舞交流．
10. 席臻贯，著．**古丝路音乐暨敦煌舞谱研究**[M]．兰州：敦煌文艺出版社，1992．第 159 页 丝绸之路音乐文化流向中的一些问题．
11. 高友德，主编；沈蓓，著．**癫狂的秩序——舞蹈艺术纵横谈**[M]．南宁：广西人民出版社，1991．第 102 页 丝绸之路歌舞乡．
12. 中国艺术研究院舞蹈研究所，编辑．**舞蹈艺术丛刊** 14[M]．北京：文化艺术出版社，1986．第 186 页 丝绸之路面具舞的东渐（董锡玖）．

（十）戏剧艺术

1. 陆晖，著．**丝绸之路戏曲研究**[M]．乌鲁木齐：新疆人民出版社，2010．
2. 周育德，著．**中国戏曲艺术大系：中国戏曲文化**[M]．北京：中国戏剧出版社，2010．第 47 页 “丝绸之路”的戏曲遗踪．
3. 陆晖，著．**丝绸之路戏曲研究**[M]．乌鲁木齐：新疆人民出版社，2009．
4. 李强，著．**丝绸之路戏剧文化研究**[M]．乌鲁木齐：新疆人民出版社，2009．
5. 李强，著．**中西戏剧文化交流史**[M]．北京：人民音乐出版社，2002．第 24 页 第四节 丝绸之路与中西戏剧交流；第 625 页 第一节 草原丝绸之路与中亚文化．
6. 马自祥，雷志华，主编；甘肃省文化艺术研究所，编．**陇原艺术探析**[M]．兰州：甘肃人民出版社，2001．第 204 页 丝绸之路的文化资源和开发前景（郝相礼）．
7. 周育德，著．**中国戏曲文化**[M]．北京：中国友谊出版公司，1996．第 61 页“丝绸之路”的戏曲遗踪．
8. 傅腾龙，徐秋，编著．**中国的魔术**[M]．北京：人民出版社，1988．第 130 页 古“丝绸之路”上的魔术．

（十一）电影、电视艺术

1. 王金明，著．**罗西・莫尼卡・骊靬情**[M]．济南：山东画报出版社，2013．
2. 石屹，著．**中外纪录片创作研究**[M]．北京：法律出版社，2012．第 223 页 二、代表作品：《丝绸之路》．

3. 石屹，著. **纪录片解读**[M]. 上海：复旦大学出版社，2012. 第 175 页 二、代表作品：《丝绸之路》.
4. 王敬松，主编. **中国纪录片年鉴** 2007[M]. 北京：中国广播电视出版社，2008. 第 78 页《新丝绸之路》资料；第 79 页《新丝绸之路》导演手记.
5. 石屹，著. **纪录片创作论**[M]. 重庆：西南师范大学出版社，2007. 第 117 页 作品：《丝绸之路》.
6. 刘效礼，主编；中国电视艺术家协会，等，编. 2007 **中国电视纪实节目发展报告**[M]. 北京：中国传媒大学出版社，2007. 第 119 页 经典的重释——《新丝绸之路》创作谈（韦大军）；第 235 页《新丝绸之路》.
7. 陈国钦，主编. **纪录片解析**[M]. 上海：复旦大学出版社，2007. 第 14 页 第 1 章 叙事的嬗变与意义的可能——《丝绸之路》《新丝绸之路》解析.
8. 南野，等，著. **影视作品解读**[M]. 北京：中国传媒大学出版社，2007. 第 175 页 第十七章 重访丝绸路——大型电视纪录片《新丝绸之路》解读.
9. 方方，著. **中国纪录片发展史**[M]. 北京：中国戏剧出版社，2003. 第 311 页 一《丝绸之路》.
10. 赵化勇，主编. **跨文化传播探讨与研究**[M]. 北京：人民文学出版社，2002. 第 471 页 电视文化的"丝绸之路"——中央电视台国际部"电视丛书"随感（叶萍）.
11. 游琪，主编；中国旅游协会旅游文化学会，北京五色土旅游文化有限责任公司，编. **新千纪的中国世界遗产（中英对照）**[M]. 北京：旅游教育出版社，2000. 第 168 页 丝绸之路（中国）.
12. 石屹，著. **电视纪录片——艺术、手法与中外观照**[M]. 上海：复旦大学出版社，2000. 第 49 页《丝绸之路》的开拍；第 69 页 作品：《丝绸之路》.
13. 李文斌，主编. **隋炀帝电影创作与隋炀帝研究**[M]. 北京：中国电影出版社，1997. 第 234 页 隋炀帝张掖互市与丝绸之路（魏明孔）.
14. 朱景和，主编. **电视专题论集**[M]. 北京：人民出版社，1993. 第 26 页 试论围绕电视特性制作节目——从电视纪录片《丝绸之路》的编辑特色谈起（王纪言）.
15. 朱玛，主编. **电影电视辞典**[M]. 成都：四川科学技术出版社，1988. 第 1026 页 历史上的丝绸之路.
16. 田本相，夏骏，著. **电视片艺术论**[M]. 北京：工人出版社，1987. 第 80 页 屠国璧与《丝绸之路》.

（十二）普及读物

纪江红，主编. **中国孩子最想解开的 1001 个艺术之谜**[M]. 北京：北京少年儿童出版社，2006. 第 92 页 为什么说莫高窟是丝绸之路上的艺术殿堂.

（十三）论文集

1. 高璐，崔岩，著. **中国现代艺术与设计学术思想丛书·常沙娜文集**[M]. 济南：山东美术出版社，2011. 第 13 页 丝绸之路与敦煌色彩；第 294 页《丝绸之路壁画选集》序文.

2. 艺术学编委会，编. **艺术发生学的研究与维度**[M]. 上海：学林出版社，2010. 第 168 页 丝绸之路与新疆古代器具艺术（周菁葆）.

十一、历史、地理

（一）史学理论

1. 赵心愚，余仕麟，主编. **政治·历史 守望与追求**[M]. 成都：四川大学出版社，2014. 第 403 页 三星堆文明和南方丝绸之路.
2. 长孙博，著. **2015 年全国研究生入学考试历史学基础·论述题**[M]. 济南：山东人民出版社，2014. 第 66 页 什么是丝绸之路，以及你的理解；第 98 页 结合史实论述中国古代海上丝绸之路的形成与发展.
3. 彭树智，著. **两斋文明自觉论随笔（第 3 卷）**[M]. 北京：中国社会科学出版社，2012. 第 974 页 二十五 新丝绸之路与海湾投资热.
4. 长孙博，主编. **2012 年全国硕士研究生统一入学考试历史学基础名词解释**[M]. 济南：山东人民出版社，2011. 第 25 页 丝绸之路.
5. 瞿林东，主编. **史学理论与史学史学刊 2011 年卷（总第 9 卷）**[M]. 北京：社会科学文献出版社，2011. 第 282 页 探索中西史学的互补之路——读杜维运著《中国史学与世界史学》(陈安民)；第 304 页 杨共乐著《早期丝绸之路探微》出版.
6. 诸葛文，著. **历史原来这么八卦**[M]. 北京：中国戏剧出版社，2011. 第 71 页 人造的丝绸：化纤的成功发明缘于人类的不断模仿；第 157 页 石榴的由来之谜：古代"丝绸之路"的重要见证.
7. 杨书铭，编著. **关于历史学的 100 个故事**[M]. 南京：南京大学出版社，2011. 第 152 页 张骞通西域通出千古丝绸之路；第 216 页 华盛顿的独立之路让美国屹立世界之巅.
8. 仝晰纲，主编. **历史学考研词典**[M]. 济南：山东人民出版社，2010. 第 46 页 丝绸之路；第 319 页 瓦希之路.
9. 王国平，著. **苏州史纲**[M]. 苏州：古吴轩出版社，2009. 第 143 页 三 手工业的发展与丝绸之路的起点.
10. 顾盼，编. **历史的隧道**[M]. 长春：吉林出版集团有限责任公司，2009. 第 18 页 丝绸之路.
11. 郑一奇，著. **史海流连：郑一奇文存**[M]. 北京：中国青年出版社，2007. 第 241 页 张骞和"丝绸之路"；第 510 页 邮票上的"共和国之路".
12. 黄景玉，卢明存，主编. **社会（上）**[M]. 郑州：郑州大学出版社，2006. 第 22 页 第一节 丝绸之路的开通.
13. 朱绍侯，著. **朱绍侯文集**[M]. 开封：河南大学出版社，2005. 第 379 页 洛阳也是丝绸之路的起点；第 392 页 曹魏至北魏时期洛阳在丝绸之路上的地位.
14. 陈晓，编著. **资治通鉴故事（上）**[M]. 青少版. 呼和浩特：内蒙古人民出版社，2000. 第 235 页 班超再通丝绸之路.

15. 庄建平，陆勤毅，主编；中国史学会，编. **世纪之交的中国史学：青年学者论坛**[M]. 北京：中国社会科学出版社，1999. 第 306 页 帖木儿对丝绸之路的经营及其影响（张文德）.
16. 王建辉，著. **王建辉自选集**[M]. 武汉：华中理工大学出版社，1999. 第 110 页 “海上丝绸之路”应称为“瓷器之路”.
17. **成长中的新一代史学：**1991 **年全国青年史学工作者学术会议论文集（下）**[M]. 西安：陕西人民教育出版社，1995. 第 242 页 丝绸之路与中西经济文化交流（纪宗安）.
18. 庞规荃，编. **中国旅游地理**[M]. 北京：旅游教育出版社，1990. 第 116 页 第三节 陆上和海上“丝绸之路”；第 116 页 一、陆上“丝绸之路”及开辟；第 118 页 二、“丝绸之路”与旅游；第 119 页 三、海上“丝绸之路”.
19. 刘林雪，主编. **人类进步纵横谈**[M]. 石家庄：河北科学技术出版社，1988. 第 87 页 丝绸之路.
20. 陶大镛，主编；王同勋，等，编著. **人类社会的过去、现代和将来：社会发展史简编**[M]. 北京：北京出版社，1985. 第 92 页 丝绸之路.
21. 李侃，主编；中国史学会《中国历史年鉴》编辑部，编. **中国历史学年鉴** 1985[M]. 北京：人民出版社，1985. 第 26 页 秦汉的“丝绸之路”.
22. 郑浩，著. **封建社会是怎样的**[M]. 上海：少年儿童出版社，1980. 第 36 页 丝绸之路是怎么回事？.
23. 超凡，主编. **上下五千年（上）**2[M]. 长春：北方妇女儿童出版社，第 228 页 丝绸之路.

（二）世界史

1. [美]本特利，[美]齐格勒，著. **新全球史：文明的传承与交流**[M]. 5 版. 北京：北京大学出版社，2014. 第 341 页 第 12 章 丝绸之路上的多种文化交流.
2. 杨共乐，著. **西方文明探源：希腊罗马专题论集**[M]. 北京：北京师范大学出版社，2014. 第 241 页 附录一“丝绸之路”研究中的几个问题——与《公元 100 年罗马商团的中国之行》一文作者商榷.
3. 苏山，编著. **还原** 18 **个消失的古王国·中国卷**[M]. 北京：北京工业大学出版社，2014. 第 108 页 丝绸之路上的明珠.
4. 文征明，编著. **世界历史** 2000 **问**[M]. 北京：中国华侨出版社，2014. 第 184 页 “香料之路”又称“海上丝绸之路”吗？.
5. 苏山，编著. **还原** 18 **个消失的古王国·世界卷**[M]. 北京：北京工业大学出版社，2014. 第 124 页 第十章 丝绸之路的枢纽——疏勒国.
6. 知行，主编. **全球通史（青少版）**[M]. 北京：中国华侨出版社，2013. 第 112 页 丝绸之路上的商业交流；第 114 页 丝绸之路上的文化交流.
7. [韩]许舜峰，著. **小学生百科全书·世界史**[M]. 北京：华夏出版社，2013. 第 27 页 10 丝绸之路的开辟：张骞通西域.
8. 陈春声，主编. **海陆交通与世界文明**[M]. 北京：商务印书馆，2013. 第 64 页 7~10 世纪丝绸之路上的北庭（荣新江）.
9. [美]斯波德，著. **世界通史·公元前** 10000 **年—公元** 2009 **年**[M]. 4 版. 济南：山东画

报出版社，2013. 第 289 页 佛教到达中国：丝绸之路；第 409 页 中亚：蒙古人和丝绸之路.

10. 周文敏，编著. **从野蛮到文明——青少年历史百科全书**[M]. 北京：北京工业大学出版社，2013. 第 28 页 汉武大帝与丝绸之路；第 79 页 著名的丝绸之路.
11. 于立涛，编著. **不可思议的古文明**[M]. 北京：北京联合出版公司，2013. 第 91 页 寻访古丝绸之路.
12. 王欣，主编. **城市与中外民族文化交流**[M]. 西安：陕西师范大学出版总社有限公司，2013.
13. 陶尚芸，编译. **一本书读懂消失的文明（英汉对照）**[M]. 北京：经济科学出版社，2013. 第 225 页 第十四章 楼兰古国——丝绸之路上的缥缈旖梦.
14. [韩]严浩妍，编. **中国和印度的古代文明**[M]. 北京：世界知识出版社，2012. 第 122 页 5 汉朝的发展和丝绸之路.
15. 耿雨，编. **乐旅文化**[M]. 北京：新世界出版社，2012. 第 54 页 丝绸之路.
16. 朱龙华，著. **罗马文化**[M]. 上海：上海社会科学院出版社，2012. 第 286 页 第十三章 丝绸之路通大秦.
17. 同辉，编. **不可不知的历史常识大全集**[M]. 北京：外文出版社，2012. 第 60 页 丝绸之路.
18.《十万个为什么》编写组，编著. **关于历史的有趣问题**[M]. 西安：未来出版社，2012. 第 119 页 丝绸之路是怎样开通的.
19. 刘乐土，编著. **世界大事看重点：100 件大事**[M]. 北京：华夏出版社，2012. 第 60 页 古代丝绸之路的开通.
20. 善遥，主编. **世界通史：一本书读懂世界史**[M]. 北京：中国华侨出版社，2012. 第 180 页 唐丝绸之路.
21. 君玉离，木尹，编著. **历史不忍细看（上）**[M]. 北京：中国华侨出版社，2012. 第 261 页 "香料之路"又称"海上丝绸之路"吗.
22. 同辉，主编. **不可不知的历史常识**[M]. 南昌：百花洲文艺出版社，2012. 第 60 页 丝绸之路.
23. 林志纯，著. **日知文集（第 4 卷）：中西古典学引论**[M]. 北京：高等教育出版社，2012. 第 263 页 张骞凿空前的丝绸之路——论中西古典文明的早期关系.
24. 宛华，主编. **历史常识全知道（下）：中国卷**[M]. 北京：中国华侨出版社，2012. 第 409 页 丝绸之路.
25. 林志纯，著. **日知文集（第 3 卷）：中西古典文明千年史**[M]. 北京：高等教育出版社，2012. 第 15 页 b. 丝绸之路——中西古典文明交往的物质象征.
26. 水中鱼，著. **世界历史 1000 问**[M]. 北京：新世界出版社，2012. 第 100 页 "海上丝绸之路"又被称做什么？.
27. 陈伟，著. **中国漆器艺术对西方的影响**[M]. 北京：人民出版社，2012. 第 37 页 第一节 驼铃悠悠的丝绸之路与中国漆器的西传.
28. 纸上魔方，编. **神秘消失的古国**[M]. 北京：电子工业出版社，2012. 第 116 页 找找丝绸之路上的那颗明珠.

29. 文征明，著. **世界历史2000问**[M]. 北京：中国华侨出版社，2011. 第209页 “香料之路”又称“海上丝绸之路”吗？.

30. 盛文林，编著. **世界文明奇迹大百科**[M]. 北京：台海出版社，2011. 第224页 丝绸之路.

31. 张达信，著. **世界文化历史经典知识**[M]. 太原：山西教育出版社，2011. 第120页 班超与丝绸之路.

32. 崔晓军，编著. **历史文化常识全知道**[M]. 长春：吉林出版集团有限责任公司，2011. 第31页 中国首次使用年号/董仲舒/丝绸之路/“三纲五常”.

33. 林葳，达日玛扎布，编著. **你不可不知的2500条历史常识**[M]. 呼伦贝尔：内蒙古文化出版社，2011. 第100页 丝绸之路.

34. [日]樱井清彦，著. **3天读懂世界史**[M]. 海口：南海出版公司，2011. 第76页 击败匈奴、缔造丝绸之路的汉武帝.

35. 华业，主编. **中国学生不可不知的867个历史常识**[M]. 北京：石油工业出版社，2011. 第171页 丝绸之路.

36. 石赟，主编. **快乐历史一本通：趣味中国史回顾中国历史的1001个趣味常识**[M]. 长春：吉林出版集团有限责任公司，2011. 第119页 谁开辟了丝绸之路.

37. 李景文，张礼刚，刘白陆，等，编校. **古代开封犹太人：中文文献辑要与研究**[M]. 北京：人民出版社，2011. 第230页 丝绸之路上的犹太商人（龚方震）.

38. 司徒博文，编著. **历史大事全知道（下）**[M]. 北京：当代世界出版社，2010. 第53页 张骞通西域——丝绸之路的开辟.

39. 王建国，著. **古文明之谜**[M]. 北京：中央编译出版社，2010. 第202页 “海上丝绸之路”之谜.

40. 许海杰，主编. **历史未解之谜**[M]. 北京：西苑出版社，2010. 第33页 丝绸之路上的东方庞贝.

41. 黄凯存，王蕾，编著. **古文明未解之谜**[M]. 北京：北京燕山出版社，2010. 第146页 “海上丝绸之路”之谜.

42. 王平辉，主编. **趣味小百科·历史知识**[M]. 重庆：重庆出版社，2010. 第66页 丝绸之路是怎么来的？.

43. 王晓梅，主编. **一本书读懂历史知识**[M]. 北京：中央编译出版社，2010. 第54页 丝绸之路形成于何时？.

44. 翟文明，编著. **中国历史常识世界历史常识全知道：不可不知的3000个中外历史常识**[M]. 北京：中国华侨出版社，2010. 第54页 丝绸之路.

45. 李宏，编著. **世界悬案全记录**[M]. 北京：北京燕山出版社，2010. 第167页 丝绸之路上的重镇

46. 田战省，主编. **世界上下五千年（上）**[M]. 长春：北方妇女儿童出版社，2010. 第66页 丝绸之路的开辟.

47. 华业，主编. **中国学生不可不知的1001个文化常识**[M]. 北京：石油工业出版社，2010. 第94页 最早的国际通道“丝绸之路”.

48. 司徒博文，编著. **历史大事全知道（上）**[M]. 北京：当代世界出版社，2010. 第53

页 张骞通西域——丝绸之路的开辟.

49. 朱亚娥，主编. **世界通史**[M]. 北京：中国华侨出版社，2010. 第 87 页 唐丝绸之路.
50. 谌兵，等，编著. **历史文化常识全知道**[M]. 北京：华文出版社，2010. 第 15 页 丝绸之路.
51. [英]C. E. 博斯沃思，[塔] S. 阿西莫夫，著. **中亚文明史·第四卷（下）**[M]. 北京：中国对外翻译出版公司，2010. 第 165 页 第八章 测地学、地质学与矿物学，地理学与制图学，横贯中亚的丝绸之路（S. 马合布勒·艾哈迈德，K. 巴耶帕科夫）.
52. 陈健翔，语人，著. **脚印中不得不说的事**[M]. 南昌：二十一世纪出版社，2010. 第 2 页 一 贯通东西方的丝绸之路.
53. 余太山，李锦绣，主编. **欧亚学刊（第 9 辑）**[M]. 北京：中华书局，2010. 第 161 页 唐释悟空入竺、求法及归国路线考——《悟空入竺记》所见丝绸之路（聂静洁）.
54. 君子，编著. **不可不知的 2100 条历史常识**[M]. 天津：天津科学技术出版社，2010. 第 42 页 丝绸之路.
55. 孟广林，著. **世界中世纪史**[M]. 北京：中国人民大学出版社，2010. 第 238 页 丝绸之路.
56. 沈爱凤，著. **从青金石之路到丝绸之路：西亚、中亚与亚欧草原古代艺术溯源（下）**[M]. 济南：山东美术出版社，2009.
57. 沈爱凤，著. **从青金石之路到丝绸之路：西亚、中亚与亚欧草原古代艺术溯源（上）**[M]. 济南：山东美术出版社，2009.
58. 裴蘅之，著. **历史真相：文明史上的 100 次转折**[M]. 武汉：武汉出版社，2009. 第 28 页 丝绸之路的开辟.
59. 王建国，编著. **古文明之谜 2**[M]. 北京：京华出版社，2009. 第 58 页 “海上丝绸之路”之谜.
60. 温暄，欧阳迪娜，编写. **我最想知道的 5000 年重大事件·中国卷**[M]. 北京：同心出版社，2009. 第 45 页 班超出使西域 恢复“丝绸之路”.
61. [美]杰里·本特利，[美]赫伯特·齐格勒，著. **简明新全球史**[M]. 北京：北京大学出版社，2009. 第 179 页 第 9 章 丝绸之路上的多种文化交流.
62. 蓝垂华，主编. **不可不知的 5000 年历史常识**[M]. 北京：中国商业出版社，2009. 第 35 页 丝绸之路；第 71 页 丝绸之路.
63. [法]勒内·格鲁塞，著. **草原帝国（上）**[M]. 北京：商务印书馆，2009. 第 76 页 丝绸之路.
64. 于震. **杰出青少年必须知道的 1001 个历史常识**[M]. 北京：新世界出版社，2009. 第 47 页 丝绸之路.
65. 方汉文，编. **比较文明史：新石器时代至公元 5 世纪**[M]. 北京：东方出版社，2009. 第 110 页 五、波斯与丝绸之路.
66. 林言椒，何承伟，主编. **中外文明同时空·宋元 VS 王国崛起**[M]. 上海：上海锦绣文章出版社，2009. 第 296 页 直挂云帆济沧海：宋代的海上丝绸之路.
67. 修铁，主编. **人一生不可不知的 2000 个文化常识**[M]. 哈尔滨：黑龙江科学技术出版社，2009. 第 204 页 丝绸之路.

68. 戚兆磊，编著. **2000 个应该知道的历史常识**[M]. 南京：江苏人民出版社，2009. 第 130 页 丝绸之路.

69. 纪宗安，著. **9 世纪前的中亚北部与中西交通**[M]. 北京：中华书局，2008. 第 89 页 第三章 中亚北部地区与丝绸之路的发展变化；第 187 页 第五章 活跃在丝绸之路上的粟特人；第 93 页 地图 6 草原丝绸之路与早期文明传播.

70. 沙博理，编著. **中国古代犹太人：中国学者研究文集点评**[M]. 北京：新世界出版社，2008. 第 208 页 丝绸之路上的犹太商人（龚方震）.

71. **民族基本知识普及读本**[M]. 乌鲁木齐：新疆大学出版社，2008. 第 27 页 什么是“丝绸之路”？.

72. 蔡景仙，主编. **中外历史事件未解之谜**[M]. 呼和浩特：内蒙古人民出版社，2008. 第 241 页 丝绸之路东方起点之谜.

73. 韦明辉，主编. **不可不知的文化常识**[M]. 北京：海潮出版社，2008. 第 42 页 丝绸之路.

74. 赵彦，于至堂，编著. **改变人类文明进程的重大事件**[M]. 北京：北京出版社，2008. 第 72 页 丝绸之路的开辟——古代连接东西方的桥梁.

75. 杨柳，刘博，编著. **66 个改变历史进程的转折点·中国卷**[M]. 北京：当代世界出版社，2008. 第 294 页 张骞出使西域，开辟丝绸之路.

76. 王春如，编著. **青少年不可不知的 1000 个文化历史常识**[M]. 北京：企业管理出版社，2008. 第 82 页 我国有两条丝绸之路.

77. 徐勇，主编. **新编世界史话 （下册）**[M]. 天津：天津科学技术出版社，2008. 第 433 页 东西方文化的交流——丝绸之路.

78. 林言椒，何承伟，总主编. **中外文明同时空·秦汉 VS 罗马**[M]. 上海：上海锦绣文章出版社，2008. 第 44 页 丝绸之路上的一颗明珠：塞琉古王国周言成康汉言文景：一代治世的开创；第 153 页 小辞典：丝绸之路希腊文化的胜利：希腊化时代；第 154 页 亚历山大里亚跨页大图：丝绸之路遗迹.

79. 王屏，范丽，编著. **神秘文明之谜**[M]. 北京：北京出版社，2008. 第 176 页 丝绸之路上的古国之谜.

80. 余太山，李锦绣，主编. **欧亚学刊（第 8 辑）**[M]. 北京：中华书局，2008. 第 85 页 托勒密《地理志》所见丝绸之路的记载（余太山）.

81. 何芳川，著. **何芳川教授史学论文集**[M]. 北京：北京大学出版社，2007. 第 355 页 丝绸之路.

82. 王晓亮，主编. **华夏文明与生态环境观**[M]. 北京：中国戏剧出版社，2007. 第 53 页 第一章 丝绸之路；第 54 页 第一节 丝绸之路历史发展繁荣；第 63 页 第二节 丝绸之路上的济文化交流.

83. 陈文斌，主编. **品读世界文明史**[M]. 北京：北京工业大学出版社，2007. 第 270 页 “丝绸之路”东西方文化的交融.

84. 海奎，主编. **世界文明史（上）**[M]. 长春：吉林美术出版社，2007. 第 63 页 丝绸之路.

85. 卓文，编著. **解读历史·人物**[M]. 上海：上海科学普及出版社，2007. 第 25 页 丝绸之路是怎样形成的.

86. [美]本特利，齐格勒，著. **新全球史：文明的传承与交流（上）**[M]. 北京：北京大学出版社，2007. 第 307 页 第 12 章 丝绸之路上的多种文化交流.
87. 王晓亮，主编. **异域风情**[M]. 北京：中国戏剧出版社，2007. 第 177 页 第三章 古楼兰是丝绸之路重镇.
88. 蔡磊，主编. **世界历史必读知识全书** 5[M]. 北京：中国戏剧出版社，2007. 第 794 页 丝绸之路.
89. 郭漫，主编. **消逝的世界**[M]. 北京：航空工业出版社，2007. 第 73 页 消逝的丝绸之路.
90. 王瑨，著. **消失的王国**[M]. 北京：中国工人出版社，2007. 第 155 页 [十一]西夏（tungusen）王国（约公元 982—1227 年）——丝绸之路上的毡帐与它的神秘古国.
91. 刘鹤丹，郭菁，编写. **世界五千年·远古卷**[M]. 北京：连环画出版社，2006. 第 110 页 丝绸之路.
92. 李世吉，编著. **古文明奥妙探索**[M]. 北京：中国长安出版社，2006. 第 139 页 丝绸之路上的明珠——楼兰古城.
93. 闻君，主编. **世界历史 1000 问**[M]. 北京：北京工业大学出版社，2006. 第 132 页 为什么“香料之路”又称“海上丝绸之路”.
94. 竹林，主编. **史前文明探秘**[M]. 最新修订彩图版. 长春：吉林文史出版社，2006. 第 51 页 “丝绸之路”.
95. 王建国，编著. **古文明之谜**[M]. 北京：京华出版社，2006. 第 202 页 “海上丝绸之路”之谜.
96. 王勇，王全城，编著. **青少年必知的 200 个历史片段**[M]. 哈尔滨：哈尔滨出版社，2006. 第 123 页 与西方国家交流的开始：开辟丝绸之路.
97. 胡不为，铁林，主编. **破译文化之谜总集**[M]. 最新修订彩图版. 长春：吉林文史出版社，2006. 第 9 页 丝绸之路之谜.
98. 马东丽，谭邦和，主编. **世界交流中的故事**[M]. 武汉：湖北少年儿童出版社，2006. 第 164 页 张骞与丝绸之路.
99. 贾文言，编著. **再造世界的 100 个奇迹（上）**[M]. 北京：中国环境科学出版社，学苑音像出版社，2006. 第 144 页 联结东西方文化的丝绸之路——公元前 2 世纪张骞两次出使西域.
100. 洪星范，陈博文，著. **代价：人类发展史上最值得铭记的 20 大教训**[M]. 上海：上海文化出版社，2006. 第 12 页 消失的丝绸之路——被沙漠吞噬的绿洲王国.
101. 日知，著. **中西古典学引论**[M]. 天津：天津教育出版社，2006. 第 254 页 张骞凿空前的丝绸之路——论中西古典文明的早期关系.
102. 日知图书，编著. **中国孩子最好奇的 1000 历史之谜**[M]. 济南：明天出版社，2006. 第 34 页 丝绸之路是怎样开通的.
103. 纪江红，主编. **中国孩子最想解开的 1001 个历史之谜**[M]. 北京：北京少年儿童出版社，2006. 第 60 页 丝绸之路是谁开辟的？.
104. 吴楚，主编. **话说世界千古风云·史前文明：约远古—约 476 年**[M]. 长春：吉林大学出版社；吉林音像出版社，2005. 第 95 页 丝绸之路.
105. 孙晓静，编. **历史快餐一世纪：丝绸之路**[M]. 呼和浩特：远方出版社，2005.

106. 赵春香，编著. **历史知识百问百答**[M]. 北京：朝华出版社，2005. 第 76 页 什么是丝绸之路.
107. 紫都，等，主编. **失落的文明与文明的历程书系：失落的楼兰古国**[M]. 呼和浩特：远方出版社，2005. 第 105 页 一 丝绸之路的延伸；第 238 页 七 南方丝绸之路.
108. 郭伟，薛亮，编著. **历史与地理之谜**[M]. 北京：京华出版社，2005. 第 205 页 丝绸之路东方起点之谜；第 304 页 海上丝绸之路之谜.
109. 何芳川，著. **中外文明的交汇**[M]. 广州：广东人民出版社，2005. 第 1 页 西出阳关无故人——丝绸之路与古代中外文明的交汇；第 19 页 直挂云帆济苍海——海上丝绸之路与古代中外文明的交汇.
110. 齐世荣，主编. **世界五千年纪事本末**[M]. 北京：人民出版社，2005. 第 52 页 丝绸之路.
111. 郭豫斌，主编. **东方古文明**[M]. 北京：北京出版社，2005. 第 249 页 丝绸之路的开辟.
112. 卢卫红，著. **外国文化素质读本**[M]. 北京：人民日报出版社，2004. 第 10 页 丝绸之路上的重要佛教中心——巴米扬山谷.
113. 崔连仲，主编. **世界通史·古代卷**[M]. 北京：中国出版集团，人民出版社，2004. 第 430 页 第四节 丝绸之路；第 430 页 丝绸之路与中西交通；第 432 页 丝绸之路与中西贸易；第 434 页 丝绸之路与中外友好.
114. 王岳川，主编. **一生要读知的 100 件世界大事（上）**[M]. 北京：中国戏剧出版社，2004. 第 119 页 东西方文明交流的古道 古代丝绸之路的开通.
115. 邢世杰，主编. **博古通今的隧道**[M]. 长春：北方妇女儿童出版社，2004. 第 11 页 丝绸之路.
116. 超凡，著. **世界通史（上）**1[M]. 彩图版. 长春：北方妇女儿童出版社，2004. 第 146 页 丝绸之路.
117. 朱思敬，等，摘编. **新考证知识小百科**[M]. 上海：学林出版社，2004. 第 282 页 丝绸之路形成于春秋战国时期；第 283 页 丝绸之路的源头究竟在哪儿？.
118. 史继中，著. **地中海——世界文化的旋涡**[M]. 北京：当代中国出版社，2004. 第 454 页 沟通中国与地中海的“丝绸之路”.
119. [日]池田大作，等，著. **畅谈东方智慧**[M]. 卞立强，译. 成都：四川人民出版社，2004. 第 124 页 丝绸之路是“宗教之路”（122）各民族信仰《法华经》；第 223 页 人类文化的形成（219）联结东西方的丝绸之路（220）人类社会前进的历史就是文化交流的历史；第 228 页 汤因比博士的期待（227）友好交流之路.
120. 季羡林，蒋忠新，池田大作，著. **畅谈东方智慧：季羡林、蒋忠新与池田大作鼎谈集**[M]. 香港：商务印书馆（香港）有限公司，2004.
121. 冯国超，主编. **世界上下五千年**[M]. 图文版. 北京：中国文史出版社，光明日报出版社，2004. 第 106 页 安息帝国与丝绸之路.
122. [韩]朴淳和，绘. **世界历史（4）：三国时代与丝绸之路**[M]. 延吉：延边人民出版社，2003.
123. 朱龙华，著. **罗马文化**[M]. 上海：上海社会科学院出版社，2003. 第 286 页 第十三章 丝绸之路通大秦.

124. 付莹莹，主编. **少年必知历史事件**[M]. 北京：中国戏剧出版社，2003. 第 86 页 丝绸之路.
125. 冯国超，主编. **世界上下五千年**[M]. 彩图版. 北京：光明日报出版社，2003. 第 106 页 安息帝国与丝绸之路.
126. 梦泽，等，撰文. **神奇的古文明**[M]. 武汉：湖北少年儿童出版社，2003. 第 81 页 丝绸之路上的安息王朝.
127. 朱一飞，李润新，主编. **世界文化史故事大系·中国卷**[M]. 上海：上海外语教育出版社，2003. 第 203 页 41 丝绸之路.
128. 车尔夫，主编. **人类古文明失落之谜全破译（下）**[M]. 最新图文版. 北京：中国戏剧出版社，2003. 第 816 页 “丝绸之路”之谜 东西文化的交融.
129. 车尔夫，主编. **人类古文明失落之谜全破译（上）**[M]. 最新图文版. 北京：中国戏剧出版社，2003. 第 816 页 “丝绸之路”之谜 东西文化的交融.
130. 舒晓，编著. **文化未解之谜全破译**[M]. 乌鲁木齐：新疆人民出版社，2003. 第 259 页 丝绸之路的交汇点.
131. 刘明翰，郑一奇，主编；刘明翰，著. **人类精神文明发展史（卷 2）：封建时代多元的精神文明**[M]. 北京：中国青年出版社，2003. 第 159 页 四、中国同中亚、西亚的“丝绸之路”及非洲的文化关系.
132. 冯克诚，田晓娜，主编. **世界通史全编 2：世界上古史编** 2[M]. 西宁：青海人民出版社，2002. 第 1 页 丝绸之路.
133. 冯国超. **世界通史（上卷 1）**[M]. 图文版. 北京：光明日报出版社，2002. 第 146 页 丝绸之路.
134. 王锋，陈冬梅，著. **波斯历史文化与伊朗穆斯林风情礼仪**[M]. 北京：民族出版社，2002. 第 1 页 第一章 总论 丝绸之路与中伊之间的文化交流；第 24 页 第三章 丝绸之路考古学上发现的中伊友好关系的标志——古波斯文物；第 51 页 第四章 丝绸之路上连接亚欧非的起点：世界文明古都中国长安（西安）和陆路、空中最大的中转站——伊朗著名历史文化名城伊斯法罕；第 59 页 第五章 “现代丝绸之路”的姐妹城市乌鲁木齐与马什哈德；第 67 页 第六章 丝绸之路对世界文明发展的影响与中伊关系的未来走向.
135. 蔡磊，主编. **世界通史（卷 1）**[M]. 西安：西北大学出版社，2002. 第 278 页 丝绸之路.
136. 冯国超，编. **世界上下五千年（卷 1）**[M]. 北京：光明日报出版社，2002. 第 98 页 安息帝国与丝绸之路.
137. 盖山林，盖志毅，著. **文明消失的现代启悟**[M]. 呼和浩特：内蒙古大学出版社，2002. 第 40 页 （九）丝绸之路的西域道.
138. 陈佛松，著. **世界文化史**[M]. 武汉：华中科技大学出版社，2002. 第 282 页 丝绸之路与长安、敦煌.
139. 夏于全. **世界通史（第 11 卷）**[M]. 延吉：延边人民出版社，2001. 第 81 页 丝绸之路.
140. 齐世荣，主编. **人类文明的演进**[M]. 北京：中国青年出版社，2001. 第 72 页 第八节 中国文明与丝绸之路.

141. 林甲山，主编. **新编上下五千年・中国・科学技术卷（上）**[M]. 延吉：延边人民出版社，2001. 第 278 页 丝绸之路.
142. 超凡，著. **世界通史（第 2 册）**[M]. 彩图版. 长春：北方妇女儿童出版社，2001. 第 67 页 丝绸之路.
143. 季羡林，主编；林志纯，卷主编. **东方文化集成：古代东方文化编**[M]. 北京：昆仑出版社，2001. 本丛书包括《汉代丝绸之路的咽喉——河西路》等书.
144. 梅庆吉，等，编著. **文化之谜**[M]. 哈尔滨：黑龙江少年儿童出版社，2000. 第 172 页 南方丝绸之路之谜.
145. 张延玲，隆仁，主编. **世界通史**[M]. 图鉴版. 海口：南方出版社，2000. 第 303 页 六、张骞通西域和丝绸之路的开辟.
146. 侯建明，主编. **世界五千年・上古卷**[M]. 长春：吉林美术出版社，2000. 第 70 页 丝绸之路.
147. 李怀国，著. **世界上古文明史**[M]. 沈阳：辽宁大学出版社，2000. 第 340 页 二、安息与丝绸之路.
148. 常载，编著. **发现之美**[M]. 北京：中央民族大学出版社，2000. 第 544 页 海上“丝绸之路”中外交通的另一途.
149. 陈毓秀，陈阳，主编. **中学历史事件词典**[M]. 沈阳：辽宁教育出版社；北京：人民教育出版社，2000. 第 40 页 丝绸之路；第 40 页 海上丝绸之路.
150. 周伟洲，王欣，主编. **西北大学史学丛刊（第 2 辑）：中国西北大学・奥地利萨尔茨堡大学丝绸之路国际学术研讨会文集**[M]. 西安：三秦出版社，1999.
151. 日知，著. **中西古典学引论**[M]. 长春：东北师范大学出版社，1999. 第 304 页 张骞凿空前的丝绸之路.
152. 叶德新，著. **大漠驼铃声：楼兰王国之谜**[M]. 北京：中国文联出版社，1999. 第 117 页 丝绸之路与楼兰道.
153. 张屏，著. **凯旋瞬间：古罗马文明探秘**[M]. 昆明：云南人民出版社，1999. 第 262 页 丝绸之路通大秦.
154. 张广智，主编. **世界文化史・古代卷**[M]. 杭州：浙江人民出版社，1999. 第 172 页 中印“丝绸之路”文化.
155. 朱龙华，主编. **失落的文明系列**[M]. 昆明：云南人民出版社，1999. 第 262 页 丝绸之路通大秦.
156. 李晋有，主编. **民族知识千题**[M]. 北京：中央民族大学出版社，1999. 第 510 页 什么是“丝绸之路”?其历史作用是什么？.
157. 李植枬，主编. **宏观世界史**[M]. 武汉：武汉大学出版社，1999. 第 47 页 四、丝绸之路的开辟与东西方交流的发展.
158. 朱筱新，主编. **历史词典**[M]. 北京：学苑出版社，1999. 第 38 页 丝绸之路；第 38 页 丝绸之路.
159. 修朋月，主编. **人类五千年大事典**[M]. 哈尔滨：北方文艺出版社，1999. 第 129 页 丝绸之路的正式开通.
160. 许嘉璐，主编；赵建民，邓水正，张映秋，等，编著. **世界史画卷（第 1 卷）**[M]. 2

版. 海口：海南国际新闻出版中心，1998. 第 588 页 丝绸之路.

161. 冯克诚，田晓娜，主编. **世界通史全编**[M]. 西宁：青海人民出版社，1998. 第 555 页 丝绸之路；第 2032 页 英雄之路.

162. 刘以林，主编；米尔，编著. **中华学生科普文库（32）：历史大事记**[M]. 北京：新世界出版社，1998. 第 24 页 班超重开丝绸之路.

163. 萧洪，等，主编. 20 **世纪世界通鉴（下）**[M]. 广州：广州出版社，1998. 第 3951 页 海上丝绸之路考察队启程；第 4042 页 "丝绸之路"号国际列车通车；第 4050 页 国际考察队证实古代中国有一条游牧丝绸之路.

164. 杨万秀，著. **中外历史的探索借鉴**[M]. 广州：广州出版社，1997. 第 272 页 广州港在海上"丝绸之路"的地位和作用.

165. 崔连仲，主编. **世界通史・古代卷**[M]. 北京：人民出版社，1997. 第 430 页 第四节 丝绸之路；第 430 页 丝绸之路与中西交通；第 432 页 丝绸之路与中西贸易；第 434 页 丝绸之路与中外友好.

166. 季羡林，主编. **东方文化集成**[M]. 北京：光明日报出版社，1997. 第 122 页 古代穆斯林论中西文化的差异——读《丝绸之路》札记（季羡林）.

167. 庄万友，晏绍祥，编著. **世界史画卷・印度西亚卷**[M]. 海口：海南国际新闻出版中心，1996. 第 259 页 丝绸之路.

168. 杨镰，主编. **瑞典东方学译丛**[M]. 乌鲁木齐：新疆人民出版社，1996. 本译丛包括《丝绸之路》.

169. 邓蜀生，等，主编. **影响世界的 100 种文化**[M]. 南宁：广西人民出版社，1995. 第 8 页 东西往来的纽带——丝绸之路.

170. 江曾培，等，主编. **文化鉴赏大成**[M]. 上海：上海文化出版社，1995. 第 348 页 丝绸之路；第 776 页 丝绸之路.

171. 满晶，等，编著. **讲述昨天故事**[M]. 沈阳：沈阳出版社，1994. 第 32 页 丝绸之路.

172. 刘纯华，林永平，著. **大海托起的太阳**[M]. 北京：华文出版社，1994. 第 106 页 二 汉武帝开辟海上丝绸之路.

173. 郑大华，主编. **文化与社会的进程：影响人类社会的 81 次文化活动**[M]. 北京：中国青年出版社，1994. 第 320 页 张骞通西域丝绸之路的开辟.

174. 李润新，朱一飞，主编. **世界文化史故事大系・中国卷**[M]. 北京：北京语言学院出版社，1994. 第 78 页 丝绸之路.

175. 甘肃省历史学会，西北师大历史系，编. **历史教学与研究**[M]. 兰州：兰州大学出版社，1993. 第 12 页 论丝绸之路的开拓及在中西经济、文化交流中的作用（王震亚）.

176. 朱龙华，著. **罗马文化与古典传统**[M]. 杭州：浙江人民出版社，1993. 第 349 页 第十三章 丝绸之路通大秦.

177. 孙毅夫，编著/摄影. **一次发现中国古代文明的航行：从威尼斯到大阪**[M]. 北京：中国画报出版社，1992.

178. 杨宇光，等，编著. **影响历史进程的 100 件大事**[M]. 上海：文汇出版社，1992. 第 16 页 翻开中西交通史新的一页——张骞出使西域开辟"丝绸之路".

179. 朱威烈，金应忠，编. 90 **中国犹太学研究总汇**[M]. 上海：三联书店上海分店，1992.

第 246 页 古代中国的犹太人丝绸之路上的犹太商人（龚方震）.

180. 段万翰，等，编著. **世界五千年**[M]. 上海：少年儿童出版社，1991. 第 68 页 丝绸之路.

181. 凌谟介，主编. **新编世界古代史**[M]. 兰州：甘肃人民出版社，1991. 第 204 页 第四节 丝绸之路和国际关系；第 204 页 丝绸之路的开辟；第 206 页 丝绸之路的盛况；第 208 页 丝绸之路与国际关系.

182. 陈佛松，著. **世界文化史**[M]. 武汉：华中理工大学出版社，1990. 第 224 页 丝绸之路与长安敦煌.

183.《老年人知识丛书》编委会，主编. **老年人历史知识大全**[M]. 沈阳：辽宁大学出版社，1988. 第 491 页 古代丝绸之路.

184. 田云鹏，编著. **历史知识 500 题**[M]. 济南：山东教育出版社，1987. 第 43 页 什么叫"丝绸之路"？.

185. 施治生，廖学盛，主编. **外国历史大事集・古代部分（第 1 分册）**[M]. 重庆：重庆出版社，1986. 第 668 页 丝绸之路（莫任南）.

186. 陈瑞云，主编；李德志，等，编著. **历史小词典**[M]. 哈尔滨：黑龙江人民出版社，1986. 第 80 页 丝绸之路；第 80 页 丝绸之路.

187. 陈必祥，编著. **世界五千年（第 1 册）**[M]. 上海：少年儿童出版社，1985. 第 63 页 丝绸之路.

188. 靳文翰，等，主编. **世界历史词典**[M]. 上海：上海辞书出版社，1985. 第 165 页 丝绸之路.

189. 冯天瑜，黄邦和，主编. **简明中外历史辞典**[M]. 武汉：湖北人民出版社，1985. 第 45 页 丝绸之路.

190. 郑之，王平，编著. **世界中古史纪略**[M]. 哈尔滨：黑龙江人民出版社，1984. 第 396 页 一、张骞出使西域与丝绸之路.

191. **古今中外（11-20 辑合订本）**[M]. 南京：江苏科学技术出版社，1984. 第 12 页 "海上丝绸之路"新证.

192. 崔连仲，主编. **世界史・三代史**[M]. 北京：人民出版社，1983. 第 436 页 第四节 丝绸之路；第 437 页 丝绸之路与中西交通；第 438 页 丝绸之路与中西贸易；第 440 页 丝绸之路与中外友好.

193. 陈必祥，著. **世界五千年**[M]. 上海：少年儿童出版社，1981. 第 63 页 丝绸之路.

194.《世界史》编写组，编. **世界史・古代史（第 2 分册）**[M]. 沈阳：辽宁大学出版社，1981. 第 179 页 第四节 丝绸之路.

195.《简明世界古代中世纪史》编写组，编. **简明世界古代中世纪史**[M]. 沈阳：辽宁人民出版社，1979. 第 72 页 六、丝绸之路.

196. 北京市教育局教材编写组历史组，编. **历史知识问答**[M]. 北京：北京人民出版社，1978. 第 18 页 张骞为什么要出使西域?怎样促进了汉族和西域各族经济、文化的交流？什么叫"丝绸之路"？.

197. 冯国超，主编. **世界上下五千年（上）**[M]. 彩图版. 北京：光明日报出版社，第 106 页 安息帝国与丝绸之路.

（三）中国史

1. 李根柱，著. **河洛笔记**[M]. 郑州：中州古籍出版社，2016. 第 269 页 丝绸之源与丝绸之路；第 369 页 从潘岳《西征赋》解读丝绸之路起点.
2. 刘正刚，乔素玲，著. **徐闻古港：海上丝绸之路第一港**[M]. 广州：广东经济出版社，2015.
3. 黄茂兴，编著. **历史与现实的呼应：21 世纪海上丝绸之路的复兴**[M]. 北京：经济科学出版社，2015.
4. 孙光圻，刘义杰，主编. **海上丝绸之路**[M]. 大连：大连海事大学出版社，2015.
5. 周菁葆，陈水雄，著. **海上丝绸之路研究——海南黎族与台湾少数民族文化比较**[M]. 海口：南海出版公司，2015.
6. 中国敦煌吐鲁番学会丝绸之路专业委员会，西安大唐西市历史文化研究中心，编. **中国敦煌吐鲁番学会丝绸之路专业委员会文集**[M]. 西安：陕西师范大学出版总社，2015.
7. 王海运，张德广，著. **新丝路：陆海传奇（俄文）**[M]. 北京：外文出版社，2015.
8. 谢海生，编著. **潮汕的春天还会到来吗**[M]. 广州：南方日报出版社，2015.
9. 王辉，著. **青龙镇：上海最早的贸易港**[M]. 上海：上海人民出版社，2015. 第四章 上海最早贸易港和经济中心.
10. 耿昇，著. **法国汉学史论**[M]. 北京：学苑出版社，2015. 第三部分是笔者有关法国汉学界对中西文化交流史的研究概况；第四部分是笔者有关法国汉学界对西北、西南与海上三条丝绸之路的研究状况.
11. 丁援，宋奕，主编. **中国文化线路遗产**[M]. 上海：东方出版中心，2015.
12. 孙海芳，胡杨，著. **牧歌流韵：中国古代游牧民族文化遗珍·鲜卑卷** [M]. 兰州：甘肃人民出版社，2015. 本书属嘉峪关市一带一路建设文化丛书，本卷以鲜卑族以及鲜卑慕容部的一支吐谷浑为研究对象，通过对现存文书、墓葬、壁画等历史遗珍的研究，展现鲜卑各部落及吐谷浑的文化、历史及发展演变.
13. 王东，著. **牧歌流韵：中国古代游牧民族文化遗珍·吐蕃卷**[M]. 兰州：甘肃人民出版社，2015. 本书属嘉峪关市一带一路建设文化丛书，本卷以吐蕃为研究对象，通过对吐蕃民族的文化遗存和相关文献的研究，叙述了吐蕃民族的形成、兴盛与流徙状况，叙述了吐蕃政权建立后在政治、经济、文化方面所创造的历史业绩，阐释了独特而神秘的苯教文明、佛教的兴盛与宗教形态，充分揭示了雪域高原藏族先民所创造的独特而丰富的混合文化形态.
14. 崔星，著. **牧歌流韵：中国古代游牧民族文化遗珍·回鹘卷**[M]. 兰州：甘肃人民出版社，2015. 本书属嘉峪关市一带一路建设文化丛书，本卷以回鹘族群为研究对象，通过回鹘故城和遗迹、回鹘壁画和回鹘文木活字等遗珍的研究，展现回鹘民族独具特色的古代文明和灿烂文化.
15. 王万平，著. **牧歌流韵：中国古代游牧民族文化遗珍·突厥卷**[M]. 兰州：甘肃人民出版社，2015. 本书属嘉峪关市一带一路建设文化丛书，本卷以突厥民族为研究对象，通过他们留下的无数珍遗来透视突厥民族纵马大漠、争霸草原、南下长城、西进天山，建立横跨欧亚大陆的汗国的历史，以及在两个世纪的历史中，他们创造的具有突厥民族特色的独特文化.

16. 史淑琴，著. **牧歌流韵：中国古代游牧民族文化遗珍·蒙古卷**[M]. 兰州：甘肃人民出版社，2015. 本书属嘉峪关市一带一路建设文化丛书，本卷以蒙古族为研究对象，通过对城址、府第、敖包、昭庙、喇嘛塔、天文台、石碑、印玺、绘画、毛毡、乐器、衣帽等文化内涵丰厚的遗珍的研究，展现了蒙古民族的英勇善战以及蒙古铁骑横跨欧亚大陆的史.
17. 孙建军，著. **牧歌流韵：中国古代游牧民族文化遗珍·契丹女真卷**[M]. 兰州：甘肃人民出版社，2015. 本书属嘉峪关市一带一路建设文化丛书，本卷以契丹和女真这两个民族为研究对象，通过对这两个曾经在历史上建立过强大王朝的民族的文化遗存和相关文献进行研究，深入剖析了契丹人和女真人的历史发展脉络，同时也通过展示大量的图片和实物资料，充分阐释了这两个少数民族所创造的独特的草原文化的丰富.
18. 赵开山，著. **牧歌流韵：中国古代游牧民族文化遗珍·诸戎卷**[M]. 兰州：甘肃人民出版社，2015. 本书属嘉峪关市一带一路建设文化丛书，本卷以先秦诸戎为研究对象，通过考察古丝绸之路、探访遗迹遗址，梳理古羌人、氐人、戎人、羯人以及乌孙、月氏和西域古国先民们的遗珍，探究先秦诸戎的历史渊源以及他们创造造的丰富而灿烂的文化成果.
19. 刘秀文，著. **牧歌流韵：中国古代游牧民族文化遗珍·党项卷**[M]. 兰州：甘肃人民出版社，2015. 本书属嘉峪关市一带一路建设文化丛书，本卷以党项族为研究对象，透过现存文书、墓葬、壁画等历史遗珍，寻觅党项民族的蹉跎蝶变，展示党项独具特色的古代文明和灿烂文化.
20. 张小元，著. **牧歌流韵：中国古代游牧民族文化遗珍·粟特卷**[M]. 兰州：甘肃人民出版社，2015. 本书属嘉峪关市一带一路建设文化丛书，本卷通过对粟特文书、墓葬、壁画等遗珍的研究，展示粟特这一曾经活跃在中古时期丝绸之路上的商业民族的文化、历史及发展、演变.
21. 柯英，著. **牧歌流韵：中国古代游牧民族文化遗珍·匈奴卷**[M]. 兰州：甘肃人民出版社，2015. 本书属嘉峪关市一带一路建设文化丛书，本卷以匈奴为研究对象，通过对匈奴遗珍的研究与梳理，再现了这个民族曾经金戈铁骑，轰轰烈烈地称雄蒙古高原，催生中国历史上第一波游牧文明的历史，以及北方草原上演绎的一个个传奇故事.
22. 闫广林，主编. **海南历史文化（第 5 卷）**[M]. 北京：社会科学文献出版社，2015. “本卷特稿”中曹锡仁教授与周伟民教授的两篇论文，分别从不同的角度，探讨了“一带一路”的国家战略下海南所面临的机遇与选择，以及在“中国梦”的前提下，如何实现独具特色的“海南梦”的问题；其他四个专题分别就海南不同区域的文化及以橡胶种植为主体的农垦文化进行了深入而又细致的研究.
23. 王海运，张德广，著. **新丝路 陆海传奇**[M]. 西班牙文版. 北京：外文出版社，2014. 第 1-27 页.
24. 王海运，张德广，著. **新丝路 陆海传奇**[M]. 韩文版. 北京：外文出版社，2014.
25. [法]格鲁塞，著. **中国的文明：西方人眼中的中华文明五千年**[M]. 北京：新世界出版社，2014. 第十章 丝绸之路.
26. 马丽蓉，著. **丝路学研究：基于中国人文外交的阐释框架**[M]. 北京：时事出版社，2014.
27. 熊育群，著. **田野上的史记：行走岭南**[M]. 深圳：海天出版社，2014.

28. 杨清震，著. **中国西部民族文化通志·贸易卷**[M]. 昆明：云南人民出版社，2014.
29. 郑淑贤，李光斌，著. **伊本·白图泰中国纪行考：从摩洛哥到中国**[M]. 北京：海洋出版社，2014.
30. 袁行霈，陈进玉，主编. **中国地域文化通览·四川卷**[M]. 北京：中华书局，2014.
31. 方明，编著. **丝绸之路**[M]. 合肥：黄山书社，2014.
32. 国家文物局，编. **海上丝绸之路**[M]. 北京：文物出版社，2014.
33. 董志文，编著. **话说中国海上丝绸之路**[M]. 广州：广东经济出版社，2014.
34. 冬冰，主编. **铜镜照射的盛世之光 海上丝绸之路扬州段遗迹及隋唐扬州研究**[M]. 南京：东南大学出版社，2014.
35. [法]阿里·玛扎海里，著. **丝绸之路：中国—波斯文化交流史**[M]. 北京：中国藏学出版社，2014.
36. 纪云飞，主编. **中国“海上丝绸之路”研究年鉴** 2013[M]. 杭州：浙江大学出版社，2014.
37. 朱江，著. **远逝的风帆 海上丝绸之路与扬州**[M]. 南京：东南大学出版社，2014.
38. 黄伟宗，著. **海上丝绸之路与海洋文化纵横论**[M]. 广州：广东经济出版社，2014.
39. 甘肃省文物考古研究所，编. **早期丝绸之路暨早期秦文化国际学术研讨会论文集**[M]. 北京：文物出版社，2014.
40. 周义，主编. **海上丝绸之路的研究开发**[M]. 广州：广东经济出版社，2014.
41. 何静彦，陈晔，主编. **历史名城 海丝门户——福州海上丝绸之路论文集**[M]. 福州：海峡文艺出版社，2014.
42. 丁永琴，主编. **骊靬文化与丝绸之路研究**[M]. 北京：中国旅游出版社，2014.
43. 山东博物馆，编. **启航：“海上丝绸之路”特展**[M]. 北京：中国文史出版社，2014.
44. 上海博物馆，编. **于阗六篇：丝绸之路上的考古学案例**[M]. 北京：北京大学出版社，2014.
45. 石云涛，著. **文明的互动——汉唐间丝绸之路与中外交流论稿**[M]. 兰州：兰州大学出版社，2014.
46. 杨鹏飞，李家莉，主编. **欧亚文明研究 历史与交流**[M]. 兰州：甘肃文化出版社，2014.
47. 孙治国，主编. **国家战略**[M]. 北京：海洋出版社，2014.
48. 洛阳市文物管理局，编. **双申遗纪实**[M]. 北京：文物出版社，2014.
49. 聂还贵，著. **大同传**[M]. 太原：三晋出版社，2014.
50. [法]格鲁塞，著. **极简中国史**[M]. 南京：江苏人民出版社，2014. 第 79 页 第 10 章 丝绸之路.
51. 袁晓文，陈国安，主编. **中国西南民族研究学会建会 30 周年精选学术文库·四川卷**[M]. 北京：民族出版社，2014. 第 192 页 中国西南早期对外交通——先秦两汉的南方丝绸之路（段渝）.
52. 陈自仁，著. **陵谷沧桑：八千年陇文化**[M]. 兰州：甘肃人民美术出版社，2014. 第 141 页 卷七 丝绸之路上的明珠——石窟艺术；第 211 页 卷九 跨越时空的彩虹——丝绸之路.
53. CCTV《中国史话》编写组，编. **雄奇帝国——气吞山河的雄奇帝国**[M]. 上海：上海科学技术文献出版社，2014. 第 80 页 〈6〉汉武帝与丝绸之路.

54. 李默，主编. **我的第一本中国通史·秦汉史**[M]. 广州：广东旅游出版社，2014. 第 96 页 丝绸之路形成；第 97 页 海上丝绸之路开创.

55.《时刻关注》编委会，编. **世界未解之谜 2：中国历史文化篇**[M]. 北京：中国铁道出版社，2014. 第 35 页"丝绸之路"开辟于何时.

56. 司徒尚纪，著. **雷州文化概论**[M]. 广州：广东人民出版社，2014. 第 55 页 四、海上丝绸之路的作用；第 82 页 二、海上丝绸之路的开辟；第 100 页 三、海上丝绸之路文化的持续发展.

57. 韦明铧，著. **风从四方来：扬州对外交往史**[M]. 南京：东南大学出版社，2014. 第 160 页 四 商胡离别下扬州——寻找丝绸之路的印迹.

58. 拓和提·莫扎提，著. **中世纪维吾尔历史**[M]. 北京：中央民族大学出版社，2014. 第 173 页 四、天山中东部维吾尔（回鹘）对丝绸之路的经营、延续与守望及其贡献.

59. 张生寅，杜常顺，著. **青海历史**[M]. 北京：民族出版社，2014. 第 29 页 五 草原王国吐谷浑与丝绸之路"青海道".

60. 田卫疆，编著. **往事新疆**[M]. 北京：五洲传播出版社，2014. 第 36 页 丝绸之路的拓展.

61. 文娟，主编. **影响世界历史的 100 件大事 影响中国历史的 100 件大事**[M]. 北京：中国华侨出版社，2014. 第 258 页 丝绸之路的开辟.

62. 袁行霈，陈进玉，主编. **中国地域文化通览·新疆卷**[M]. 北京：中华书局，2014. 第 561 页 第六章 丝绸之路与文化交流；第 565 页 第二节 汉晋丝绸之路文化的初兴；第 573 页 第三节 隋唐丝绸之路文化的勃兴.

63. 郑炳林，尹伟先，主编. **2010 丝绸之路与西北历史文化学术讨论会论文集**[M]. 兰州：甘肃人民出版社，2013.

64. 王金，编著. **丝绸之路：敦煌**[M]. 北京：中国民族摄影艺术出版社，2013.

65. 邵梦茹，编著. **遥远苍凉的丝绸之路**[M]. 天津：天津科学技术出版社，2013.

66. 福建博物院，编. **丝路帆远：海上丝绸之路文物精萃**[M]. 福州：福建教育出版社，2013.

67. 余太山，著. **早期丝绸之路文献研究**[M]. 北京：商务印书馆，2013.

68. 杨建新，著. **杨建新文集（五）**[M]. 北京：民族出版社，2013. 第 1 页 丝绸之路；第 6 页 第一章 丝绸之路的开通；第 6 页 第一节 张骞通西域前丝绸之路已经出现；第 13 页 第二节 张骞通西域和丝绸之路的繁荣、畅通；第 25 页 第二章 丝绸之路的发展和变化；第 61 页 第三章 丝绸之路上的主要商品——丝绸；第 61 页 第一节 丝绸是中国人民的伟大发明；第 65 页 第二节 中国丝绸的西传；第 69 页 第三节 丝绸之路上的转运和居间；第 75 页 第四章 丝绸之路的主要线路；第 75 页 第一节 丝绸之路的东段；第 95 页 第二节 丝绸之路的中段；第 109 页 第三节 丝绸之路的西段；第 115 页 第五章 丝绸之路上的使者和旅游者；第 154 页 第六章 丝绸之路上的经济、文化交流；第 173 页 第七章 丝绸之路的石窟寺、古城关遗址和其他文物；第 184 页 第三节 丝绸之路上的其他文物；第 191 页 第八章 海上丝绸之路；第 191 页 第一节 海上丝绸之路的出现和形成；第 196 页 第二节 海上丝绸之路发展的早期阶段；第 200 页 第三节 海上丝绸之路发展的新阶段；第 215 页 第四节 海上丝绸之路的极盛时期；第 261 页 第一节 走上探险之路.

69. 李堪珍，主编. **南海丝路第一港——徐闻**[M]. 北京：海洋出版社，2013. 第 1 页 大汉徐闻，光辉穿越两千年——海上丝绸之路始发港徐闻研究概述（李堪珍）；第 38 页 略论古代广州在海上“丝绸之路”的地位（徐俊鸣、郭培忠）；第 92 页 汉代徐闻港在海上丝绸之路中的历史地位（阮应祺）；第 109 页 略论秦汉时代合浦、徐闻、番禺——在南海“海上丝绸之路”上的地位（陈代光）；第 122 页 南海丝绸之路航线上雷州半岛主港概述（阮应祺）；第 144 页 徐闻是西汉南海丝绸之路的出海港（黄启臣）；第 148 页 南海丝绸之路第一港——徐闻港（申友良）；第 163 页 应当重视“海上丝绸之路”的开发（黄伟宗）；第 170 页 南海“丝绸之路”概述（徐恒彬）；第 177 页 关于我国古代海上丝绸之路最早始发港讨论研究综述（韩湖初）；第 190 页 试论海上“丝绸之路”的考古学研究（杨式挺）；第 220 页 徐闻汉代遗存与海上丝绸之路关系的解读（邱立诚）；第 267 页 徐闻汉代海上丝绸之路文物的发现和研究（邓开朝、吴凯）；第 282 页 海康县的海陆变迁与“海上丝绸之路”始发港（李建生、周曾权）；第 288 页 徐闻——汉代“海上丝绸之路”起点历史地理初探（曾昭璇、曾宪珊）.
70. 周剑虹，主编. **文化线路保护管理研究**[M]. 北京：科学出版社，2013.
71. 钮海燕，著. **中国文化史新论**[M]. 北京：中国水利水电出版社，2013. 第 166 页 第二节 丝绸之路：承载中西文化交流的重要通道；第 184 页 第五节 碧海扬帆：海上丝绸之路与瓷器之路.
72. 司徒尚纪，著. **中国南海海洋文化史**[M]. 广州：广东经济出版社，2013. 第 64 页 第二节 西汉海上丝绸之路开辟；第 271 页 第一节 鸦片战争后海上丝绸之路的终结.
73. 朱悦梅，著. **甘州回鹘史**[M]. 北京：中国社会科学出版社，2013. 第 96 页 第三节 甘州回鹘与丝绸之路.
74. 李默，主编. **话说中华文明·汉并天下**[M]. 广州：广东旅游出版社，2013.
75. 严耀中，著. **晋唐文史论稿**[M]. 上海：上海人民出版社，2013. 第 217 页 海上丝绸之路和婆罗门教之来华；第 228 页 丝绸之路新疆段中的婆罗门文化.
76. 王志刚. **中国历史 180 讲**[M]. 北京：中国华侨出版社，2013. 第 79 页 丝绸之路.
77.《中华文化百科丛书》编委会，编著. **中华文化百科丛书·神州记忆**[M]. 北京：中国大百科全书出版社，2013. 第 40 页 丝绸之路.
78. 司马袁茵，主编. **历史这样说秦汉**[M]. 郑州：河南人民出版社，2013. 第 104 页 丝绸之路.
79. 刘泽华，著. **历史点睛：正解中国历史**[M]. 天津：天津教育出版社，2013. 第 108 页 丝绸之路——中外交流与互补.
80. 蔡冬萍，编著. **失落的王朝**[M]. 石家庄：花山文艺出版社，2013. 第 119 页 丝绸之路上的明珠.
81. 李漫博，马学禄，著. **中华文化与文明的整体观**[M]. 海口：海南出版社，2013. 第 130 页 一、丝绸之路与西方城市文明的进入.
82. **丁宏，主编. 回族对中阿经济文化交流的贡献——第二十次全国回族学研讨会论文集**[M]. 银川：宁夏人民出版社，2013. 第 191 页 宋朝回族先民丝绸之路青海道麝香贸易略论（勉卫忠）.

83. 王树国，主编. **文化育警丛书·古韵青州**[M]. 青岛：青岛出版社，2013. 第 58 页 第三节 丝绸之路对青州文化的影响.

84. 刘乐土，编. **中国通史有图有真相·纵览卷**[M]. 北京：北京联合出版公司，2013. 第 132 页 驼铃声声的丝绸之路之谜.

85. 郑育林，编写. **东方古都西安研究**[M]. 西安：陕西人民出版社，2013. 第 319 页 一、丝绸之路通西域；第 319 页（一）丝绸之路的起点.

86. 杨军，编. **碰撞融合：中国与西方的交流**[M]. 北京：世界知识出版社，2013. 第 89 页 海上丝绸之路的兴盛.

87. 张国刚，吴莉苇，著. **中西文化关系史**[M]. 2 版. 北京：高等教育出版社，2013. 第 16 页 第二节"丝绸之路"的由来及其开拓；第 19 页 二、东汉丝绸之路的"三通三绝"；第 22 页 四、丝绸之路的具体通道；第 89 页 第一节 丝绸之路上的中国丝绸；第 93 页 第二节 香瓷之路上的中国陶瓷.

88. 郑绩，周静，俞强，著. **浙江历史人文读本·启智开物**[M]. 杭州：浙江古籍出版社，2013，第 245 页 宁波与海上丝绸之路.

89. 刘观其，编著. **唐史原来可以这样读**[M]. 北京：中国纺织出版社，2013. 第 60 页 丝绸之路的困扰.

90. 包朗，王连旗，编. **中华人文常识全知道**[M]. 北京：中国纺织出版社，2013. 第 251 页 "丝绸之路".

91. 司马袁茵，主编. **历史这样说·隋唐**[M]. 郑州：河南人民出版社，2013. 第 64 页 唐代丝绸之路.

92. 龚书铎，刘德麟，主编. **中国通史·秦汉的故事**[M]. 南京：江苏人民出版社，2013. 第 85 页 张骞踏出的丝绸之路.

93. 杜学文，主编. **山西历史文化读本**[M]. 太原：山西教育出版社，2013. 第 155 页 三、丝绸之路留下了晋人足迹；第 296 页 一、山西是丝绸之路的东延段.

94. 王新龙，编著. **大汉王朝（下）**[M]. 北京：中国戏剧出版社，2013. 第 88 页 丝绸之路.

95. 诸葛文，编著. **三天读懂中国五千年历史悬案**[M]. 图文典藏版. 北京：中国法制出版社，2013. 第 67 页 丝绸之路的东方起点在哪里？.

96. 高翠峰. **中国人要知道的中国事儿·交流卷**[M]. 北京：华夏出版社，2013. 第 9 页 中西贸易最早的联结者——张骞和他开辟的"丝绸之路".

97.《广西历史文化简明读本》编写组，著. **广西历史文化简明读本**[M]. 南宁：广西人民出版社，2013. 第 16 页 六、起航广西的"海上丝绸之路".

98. 李勇，主编. **全方位速读系列·中国历史**[M]. 哈尔滨：黑龙江科学技术出版社，2013. 第 135 页 唐代"丝绸之路".

99. 袁行霈，陈进玉，主编. **中国地域文化通览·甘肃卷**[M]. 北京：中华书局，2013. 第 326 页 第一节 两汉时期的丝绸之路；第 332 页 第二节 隋唐时期的丝绸之路；第 336 页 第三节 北宋时期的丝绸之路；第 341 页 第四节 丝绸之路的路线.

100. 白竹. **中国文化知识精华一本全**[M]. 北京：北京联合出版公司，2013. 第 309 页 丝绸之路.

101. 张道一，著. **南京云锦**[M]. 南京：译林出版社，2013. 第 13 页 第一章 锦绣中华与丝绸之路 第一节 由“任丝之虫”所代表的古代文明.
102. 何蓉，著. **历史这样说・细说秦汉**[M]. 合肥：安徽人民出版社，2013. 第 177 页 丝绸之路.
103. 于文胜，编. **美丽中国・灿烂的文明**[M]. 乌鲁木齐：新疆美术摄影出版社，2013. 第 54 页 丝绸之路文明交融.
104. 冯天瑜，著. **中国文化生成史（上）**[M]. 武汉：武汉大学出版社，2013. 第 252 页 第二节 开辟“丝绸之路”.
105. 张文德，著. **朝贡与入附：明代西域人来华研究**[M]. 兰州：兰州大学出版社，2013.
106. 马明达，纪宗安，主编. **暨南史学（第 8 辑）**[M]. 桂林：广西师范大学出版社，2013. 第 51 页 齐鲁蚕桑业的发展与东海丝绸之路的兴盛（李传江）.
107. 杨作山，著. **回藏民族关系史**[M]. 银川：宁夏人民出版社，2013. 第 46 页 第二节 唃厮啰与丝绸之路.
108. 刘基，主编. **华夏文明在甘肃・历史文化卷（下）**[M]. 北京：人民出版社，2013. 第 453 页 第十一章 丝绸之路文化；第 480 页 第三节 甘肃丝绸之路沿线的重要城镇.
109. 白寿彝，总主编；白寿彝，高敏，安作璋，主编. **中国通史・第 4 卷・中古时代秦汉时期（上）**[M]. 2 版. 上海：上海人民出版社，2013. 第 329 页 “丝绸之路”的开辟。汉同中亚、西亚、南亚地区诸国的经济、文化交流；第 559 页 对安息、大秦等国的交通：丝绸之路.
110. 张宁，主编. **风韵西安**[M]. 北京：中央广播电视大学出版社，2013.
111. 徐杰，编. **海上丝绸之路**[M]. 长春：吉林出版集团有限责任公司，2012.
112. 林立群，主编. **跨越海洋：“海上丝绸之路与世界文明进程”国际学术论坛文选**[M]. 杭州：浙江大学出版社，2012.
113. 张云广，著. **中国古代历史常识**[M]. 北京：新世界出版社，2012. 第 56 页 丝绸之路的开辟.
114.《大中国文化》丛书编委会，编撰. **大中国：历代经济简史**[M]. 北京：外文出版社，2012. 第 202 页 汉代的丝绸之路；第 240 页 海上丝绸之路的发展.
115. **汉代城市和聚落考古与汉文化**[M]. 北京：科学出版社，2012. 第 328 页 广西出土的钠钙玻璃与汉代海上丝绸之路（熊昭明、李青会）.
116. 马玉祥，主编. **走进中国回族（上）**[M]. 北京：中国大百科全书出版社，2012. 第 34 页 （一）安西入西域道——沙漠瀚海之陆路丝绸之路；第 35 页 （二）“广州通海夷道”——海上丝绸之路.
117. 孙旭宏，编著. **一口气读懂 1000 个中国历史常识**[M]. 北京：中国时代经济出版社，2012. 第 168 页 古代东西方对话之路——丝绸之路.
118. 张国刚，著. **中西交流史话**[M]. 北京：社会科学文献出版社，2012. 第 26 页 三 丝绸之路.
119. 孙浩，编著. **不安分的历史：谁说古人不躁动**[M]. 北京：中国华侨出版社，2012.
120. 陈洪斌，编著. **华夏万年史**[M]. 香港：天马出版有限公司，2012. 第 401 页 （一）西域、丝绸之路.

121. 张一平，等，著. **南海区域历史文化探微**[M]. 广州：暨南大学出版社，2012. 第 1 页 第一章 南海区域海上丝绸之路；第 2 页 第一节 南海丝绸之路的形成与发展；第 16 页 第二节 南海诸岛渔民与海上丝绸之路；第 21 页 第三节 南海海上丝绸之路变迁及其对海南的影响；第 30 页 第四节 海南岛与南海海上丝绸之路；第 41 页 第五节 南海海上丝绸之路的地位和影响；第 158 页 第二节 海上丝绸之路与海南华侨的分布；第 173 页 第一节 从海南岛出土文物看南海海上丝绸之路；第 192 页 第三节 古代钾硅酸盐玻璃与丝绸之路的关系.

122. 刘乐土，编著. **中国大事看重点 100 件大事**[M]. 北京：华夏出版社，2012. 第 94 页 张骞开辟丝绸之路.

123. 何国松，编著. **中华文化简史一本通**[M]. 北京：北京工业大学出版社，2012. 第 125 页 丝绸之路与敦煌文化.

124. [美]马勒，著. **唐代塑像中的西域人**[M]. 兰州：兰州大学出版社，2012. 第 90 页 1.3.14 印度或天竺（hindu）对唐代艺术的影响.

125. 霍建瀛，著. **尚古情怀书系・文化遗产**[M]. 北京：中国地图出版社，2012. 第 35 页 丝绸之路.

126.《一口气读懂中国文化史》编委会，编. **一口气读懂中国文化史** 2[M]. 北京：民主与建设出版社，2012. 第 80 页 我国有两条丝绸之路.

127. 王斌，编著. **中国百科一点通**[M]. 北京：海潮出版社，2012. 第 296 页 中国古代“丝绸之路”.

128. 贾陈亮，著. **汗血马的眼泪：大宛王国传奇**[M]. 北京：中国国际广播出版社，2012. 第 2 页 序篇 大宛：东西方文明的神秘交汇点.

129. 葛雅纯，编. **郑和下西洋**[M]. 长春：吉林出版集团有限责任公司，2012.

130. 王鹏，编著. **和名家一起回眸汉室基业**[M]. 郑州：中州古籍出版社，2012. 第 88 页 张骞出使西域，筑起丝绸之路.

131. 芦长萍，主编. **哈利熊我最喜欢的漫画书・上下五千年** 3[M]. 北京：海潮出版社，2012. 第 26 页 丝绸之路.

132. 徐润，编著. **最神秘的中国古代文明未解之谜**[M]. 北京：华夏出版社，2012. 第 177 页 丝绸之路通向哪里.

133. 陈骁黎，著. **历史的机会：假如这不是唐朝**[M]. 重庆：重庆出版社，2012. 第 31 页 丝绸之路通天下.

134. 王永鸿，周成华，主编. **中华历史千问**[M]. 西安：三秦出版社，2012. 第 48 页 丝绸之路是怎样开通的？.

135.《中国儿童百科全书・上学就看》编委会，编著. **中国儿童百科全书・上学就看**[M]. 北京：中国大百科全书出版社，2012. 第 45 页 丝绸之路.

136. 黄岩，范传南，李森，编著. **中国历史百科知识**[M]. 长春：吉林人民出版社，2012.

137. 王永鸿，周成华，主编. **中华文明千问**[M]. 西安：三秦出版社，2012. 第 83 页 丝绸之路经历哪些地方？.

138. **老四川的趣闻传说**[M]. 北京：旅游教育出版社，2012. 第 266 页 四川向南的南方丝绸之路怎么走.

139. 天一清，徐俊霞，编著. **中华传统文化知识万年历**[M]. 北京：中国华侨出版社，2012. 第 217 页 中西的海上交通道究竟是“丝绸之路”还是“陶瓷之路”？.
140. 胡宁，著. **历史忒不靠谱儿**[M]. 北京：华文出版社，2012. 第 112 页 丝绸之路.
141. 苏豫，编著. **中国历史常识与趣闻随问随查**[M]. 北京：中国华侨出版社，2012. 第 109 页 张骞经过几次出使西域沟通了丝绸之路？.
142. 龚书铎，刘德麟，主编. **秦汉：一个民族强盛的起点**[M]. 北京：北京联合出版公司，2012. 第 113 页 张骞踏出的丝绸之路.
143. 苏豫，编著. **中国文化常识与趣闻随问随查**[M]. 北京：中国华侨出版社，2012. 第 257 页 丝绸之路是何时开辟的？.
144. 杨子荣，编. **三晋文明之最**[M]. 太原：三晋出版社，2012. 第 362 页 开通“丝绸之路”者——平阳霍光.
145. 马海艳，杨杰，编著. **影响中国历史的 100 件大事**[M]. 合肥：安徽科学技术出版社，2012. 第 40 页 丝绸之路的开辟.
146. 田竞，编. **源远流长的历史故事·中国卷**[M]. 长春：吉林出版集团有限责任公司，2012. 第 70 页 丝绸之路的开辟 张骞出使西域.
147. 张振鹏，编著. **影响中国历史的 100 件大事**[M]. 青岛：青岛出版社，2012. 第 54 页 张骞出使西域——丝绸之路的开辟.
148. 孟楠，编著. **中国历史**[M]. 西安：西安交通大学出版社，2012. 第 52 页 五、穿行大漠的驼铃——丝绸之路.
149. 华业，编著. **中国历史看这本就够了**[M]. 北京：中国商业出版社，2012. 第 90 页 丝绸之路是以谁为代表开通的？；第 172 页 杨广发动的哪一次战争打通了丝绸之路？.
150. 邵如林，著. **丝路起点看洛阳**[M]. 北京：中国旅游出版社，2012.
151. 程起骏，编著. **吐谷浑古国史话**[M]. 西宁：青海民族出版社，2012.
152. 赵轶峰，主编. **中华文明史**[M]. 西安：陕西师范大学出版社，2012. 第 291 页 一、张骞出使西域和丝绸之路.
153. 庆振轩，主编. **丝路文化与五凉文学研究**[M]. 北京：人民出版社，2012. 第 41 页 丝绸之路的兴衰与唐边塞诗风之嬗变（卢晓河）；第 115 页 试评林则徐关于甘肃丝绸之路的诗作（宋运娜）.
154. 赵君，编著. **汉史其实很有趣大全集**[M]. 北京：中国华侨出版社，2012. 第 357 页 丝绸之路上的杀伐.
155. 郝峰，主编. **宁夏地方史话丛书·兴庆史话**[M]. 银川：宁夏人民出版社，2012. 第 115 页 丝绸之路披星戴月 回商聚居买卖红火.
156. 彭凡，著. **穿越报·隋唐卷**[M]. 北京：化学工业出版社，2012. 第 26 页 【天下风云】 隋炀帝亲自打通丝绸之路.
157. 高洪雷，著. **另一半中国史**[M]. 插图珍藏版. 北京：人民文学出版社，2012.
158. 李默，主编. **中华文化走向世界**[M]. 广州：广东旅游出版社，2012.
159. [法]鲁保罗，著. **西域的历史与文明**[M]. 北京：人民出版社，2012. 第 100 页 “丝绸之路”的开通；第 537 页 会有一条新的“丝绸之路”吗？；第 579 页 十三、丝绸之路.

160. 程明道，著. **北魏至盛唐的社会主义萌芽：兼论气候变化对社会发展的影响**[M]. 北京：人民出版社，2012. 第 43 页 发展农业和商业、重开丝绸之路；第 115 页 五、发展商业与丝绸之路等经济交往.

161. 葛金芳，著. **南宋全史 6：社会经济与对外贸易（卷下）**[M]. 上海：上海古籍出版社，2012. 第 465 页 第三节 进出口商品的比较分析："香料之路"、"海上丝绸之路"和"陶瓷之路".

162. 纪大椿，著. **新疆近世史论文选粹**[M]. 乌鲁木齐：新疆人民出版社，2011. 第 236 页 新疆的驿路、公路和铁路——新疆境内丝绸之路的历史变迁.

163. 新疆社会科学院历史研究所，编. **新疆历史与文化 2005—2007**[M]. 乌鲁木齐：新疆人民出版社，2011. 第 365 页 "丝绸之路与文明的对话"学术讨论会综述（买玉华）；第 512 页 丝绸之路上的中外钱币（吴福环、韦斌）.

164. 李根，著. **历史的尘埃：千古悬案真相**[M]. 北京：中国三峡出版社，2011. 第 74 页 丝绸之路的东方起点在什么地方？.

165. [法]勒内・格鲁塞，著. **中国大历史：从三皇五帝到大清王朝**[M]. 哈尔滨：哈尔滨出版社，2011. 第 79 页 第 10 章 丝绸之路.

166. 张启明，主编. **中华文明史快读**[M]. 乌鲁木齐：新疆美术摄影出版社，2011. 第 70 页 丝绸之路上的文化交融.

167. 田卫疆，著. **新疆历史丛稿**[M]. 乌鲁木齐：新疆人民出版社，2011. 第 454 页 探索中西文化交流史的学术长卷——《丝绸之路研究丛书》评述.

168. 吕国康，张伟，雷运福，编著. **千古之谜 潇湘奇观**[M]. 杭州：浙江工商大学出版社，2011. 第 69 页 秦驰古道与海上丝绸之路（雷运福）.

169. 张磊，张苹，著. **广州史话**[M]. 北京：社会科学文献出版社，2011. 第 8 页 海上"丝绸之路"的起点.

170. 郭漫，主编. **青少年百科・不能忘记的历史**[M]. 北京：航空工业出版社，2011. 第 133 页 丝绸之路.

171. 龚缨晏，主编. **中国"海上丝绸之路"研究百年回顾**[M]. 杭州：浙江大学出版社，2011.

172. 王忠强，编著. **海上丝绸之路**[M]. 长春：吉林出版集团有限责任公司，2011.

173. 冯福宽，杨连福，主编. **丝绸之路上的回响**[M]. 北京：中央民族大学出版社，2011.

174. 包铭新，主编. **丝绸之路：图像与历史**[M]. 上海：东华大学出版社，2011.

175. 龚缨晏，编. **20 世纪中国"海上丝绸之路"研究集萃**[M]. 杭州：浙江大学出版社，2011.

176. 杨共乐，著. **早期丝绸之路探微**[M]. 北京：北京师范大学出版社，2011.

177. 王蓬，著. **从长安到罗马：汉唐丝绸之路全程探行纪实（上）**[M]. 西安：太白文艺出版社，2011.

178. 王蓬，著. **从长安到罗马：汉唐丝绸之路全程探行纪实（下）**[M]. 西安：太白文艺出版社，2011.

179. 新和县文化体育广播电视管理局，编. **丝路印记：丝绸之路与龟兹中外文化交流**[M]. 兰州：甘肃人民出版社，2011.

180. 郭泮溪，等，著. **胶东半岛海洋文明简史**[M]. 北京：中国社会科学出版社，2011. 第78页 第四章 汉魏六朝海上丝绸之路.
181. 杜瑜，著. **海上丝路史话**[M]. 北京：社会科学文献出版社，2011. 第154页 西方殖民者的东侵与太平洋上的“丝绸之路”.
182. 黄勇，主编. **从针灸到十二生肖 中国文化的26个主题**[M]. 西安：西北工业大学出版社，2011. 第147页 （丝绸之路）.
183. 璟天，编著. **一口气读懂秦汉史**[M]. 北京：民主与建设出版社，2011. 第148页 丝绸之路有几段？都通向哪里？.
184. 胡孝文，徐波，著. **永远的西域：古代中国与世界的互动**[M]. 合肥：黄山书社，2011. 第6页 张骞、班超与丝绸之路.
185. 文征明，编. **中国历史2000问**[M]. 北京：中国华侨出版社，2011. 第241页 丝绸之路在哪里？.
186. **图解中国史密码**[M]. 北京：现代出版社，2011. 第144页 追溯丝绸之路的东方起点之谜.
187. [法]格鲁塞，著. **草原帝国**[M]. 全新修订版. 南京：江苏人民出版社，2011. 第19页 丝绸之路与塔里木.
188. 李国栋，著. **中国历史三字经**[M]. 北京：华夏出版社，2011. 第42页 第15课 汉通西域和丝绸之路.
189. 高荣，主编. **河西通史**[M]. 天津：天津古籍出版社，2011. 第94页 四、汉代丝绸之路的畅通；第104页 （三）丝绸之路的畅通与河西商贸的兴盛.
190. 孔鲱，编著. **远逝的王朝：中国古代王朝秘史追述**[M]. 北京：外文出版社，2011. 第86页 4. 意外的收获——丝绸之路.
191. 王子今，著. **秦汉边疆与民族问题**[M]. 北京：中国人民大学出版社，2011. 第500页 中古文化交流史研究的力作——读罗丰著《胡汉之间：“丝绸之路”与西北历史考古》.
192. 寒冬，编著. **南海知识丛书・南海史话**[M]. 桂林：广西师范大学出版社，2011. 第7-31页.
193. 阎纯德，著. **汉学研究（第13集）**[M]. 北京：学苑出版社，2011. 第469页 探赜唐诗西传的“丝绸之路”——评江岚《唐诗西传史论——以唐诗在英美的传播为中心》（梁尔涛）.
194. 王二，编著. **中国人应该知道的那些事 1：衣食住行探由来**[M]. 北京：电子工业出版社，2011. 第201页 饱经沧桑的丝绸之路.
195. 金峰，冷东，著. **广府商都**[M]. 广州：暨南大学出版社，2011. 第44页 （五）中、东、西三城与广州录事司：海上丝绸之路起点的古代商都风貌.
196. 广州市海珠区人民政府，广州市政府侨务办公室，编. **走进黄埔村**[M]. 广州：广东教育出版社，2011. 第16页 从丝绸之路到茶瓷之路.
197.《中华上下五千年》编委会，编. **中华上下五千年（第3卷）**[M]. 北京：中华书店，2011. 第968页 丝绸之路形成；第969页 海上丝绸之路开创.
198. 胡贤林，编著. **速读中国历史**[M]. 北京：中国致公出版社，2011. 第90页 四、张骞通西域——丝绸之路的沟通.

199. 天一清，编著. **中国文化知识与趣闻随问随查**[M]. 北京：中国华侨出版社，2011. 第403页 中西的海上交通道究竟是“丝绸之路”还是“陶瓷之路”？.

200. 程裕祯，著. **中国文化要略**[M]. 北京：外语教学与研究出版社，2011. 第418页 二、海陆“丝绸之路”.

201. 中央电视台《中国史话》栏目组，编. **中国史话・寻找失落的历史年表**[M]. 上海：上海科学技术文献出版社，2011. 第102页 〈4〉西南丝绸之路.

202. 王岩，主编. **那时的中国看世界（第3卷）**[M]. 呼和浩特：内蒙古大学出版社，2011. 第72页 丝绸之路.

203. 盛文林，编著. **最经典的中国古代常识**[M]. 北京：台海出版社，2011. 第142页 丝绸之路.

204. 吴若闻，编著. **拒做“伪小资”：80后必知的500个文化常识**[M]. 长春：时代文艺出版社，2011. 第109页 “丝绸之路”的由来.

205. 中华书局编辑部，编. **中国人应知的历史常识**[M]. 北京：中华书局，2011. 第343页 汉代的丝绸之路最远抵达何处？；第347页 何为“海上丝绸之路”？.

206. 李志敏，编. **中国通史**[M]. 图文本. 北京：京华出版社，2011. 第219页 唐代的丝绸之路.

207. 喻言，主编. **一本书读懂中国历史文化大全集**[M]. 北京：中国城市出版社，2011. 第113页 丝绸之路在哪里.

208. 吕舟，编著. **文化遗产保护** 100（2000—2010）[M]. 北京：清华大学出版社，2011. 第282页 097“丝绸之路”中国段申请世界遗产价值阐释研究.

209. 雅瑟，袁钰，编著. **中国古代常识** 1000 **问**[M]. 北京：新世界出版社，2011. 第341页 古代的“丝绸之路”以哪个地方为起点？.

210. 王勇，高敬，编著. **西域文化**[M]. 北京：时事出版社，2011. 第93页 第一节 丝绸之路的开通；第95页 第二节 丝绸之路之南、中、北道；第97页 第三节 丝绸之路的兴衰；第99页 第四节 丝绸之路上的中西文化交流；第132页 第三章 丝绸之路上的石窟艺术.

211. 梁超，著. **丝路文化新聚焦**[M]. 北京：社会科学文献出版社，2011. 第316页 论葛逻禄诗人廼贤的丝绸之路诗歌（宋晓云）.

212. 余伟民，王钦峰，熊家良，主编. **雷州半岛的雷文化**[M]. 北京：中国文史出版社，2011. 第402页 海上丝绸之路航线上雷州半岛主港概述（阮应祺）；第409页 雷州文化的历史及特征与“海上丝绸之路”（刘佐泉）.

213. 王瑞成，孔伟，著. **宁波城市史**[M]. 宁波：宁波出版社，2010. 第13页 第二节 海上丝绸之路的形成.

214. 马海艳，杨杰，编著. **人一生要知道的100件中国历史大事**[M]. 北京：光明日报出版社，2010.

215. 万永勇，主编. **中国通史**[M]. 北京：中国华侨出版社，2010. 第124页 丝绸之路.

216. 程如明，编著. **中国历史常识全知道**[M]. 北京：中央编译出版社，2010. 第74页 谁开辟了丝绸之路.

217. 韩李默，主编. **中华文明百科全书（5卷）：元朝·明朝**[M]. 全彩珍藏版. 广州：广东旅游出版社，2010. 第1610页 丝绸之路通往美洲.
218. 郑天挺，谭其骧，主编. **中国历史大辞典** 1[M]. 上海：上海辞书出版社，2010. 第941页 丝绸之路.
219. 郭伟健，著. **历史与地理之谜**[M]. 北京：中央编译出版社，2010. 第205页 丝绸之路东方起点之谜；第304页 海上丝绸之路之谜.
220. 锐圆，著. **这样读资治通鉴：大国崛起从汉高祖到汉武帝**[M]. 郑州：河南文艺出版社，2010. 第290页 丝绸之路有没有被装修过.
221. 鸿兵，著. **第三只眼看中国：一本书读懂中国史**[M]. 北京：新世界出版社，2010. 第73页 谁在喊我们赛里斯人——陆上丝绸之路；第75页 丝绸漂洋过海——海上丝绸之路；第76页 中西文化的通讯器——丝绸之路的历史意义.
222. 广东省珠江文化研究会组，编；黄伟宗，司徒尚纪，主编. **中国珠江文化史（上）**[M]. 广州：广东教育出版社，2010. 第533页 四、汉代“海上丝绸之路”的兴起；第605页 三、连接海陆丝绸之路的通道；第614页 四、西南丝绸之路与南诏文化；第857页 二、海陆丝绸之路的中外文化交流.
223. [法]戴仁，编. **法国中国学的历史与现状**[M]. 上海：上海辞书出版社，2010. 第375页 法国对丝绸之路的研究（法布尔努瓦）.
224. 鸿兵，著. **第三只眼看中国：一本书读懂中国史**[M]. 北京：新世界出版社，2010. 第73页 谁在喊我们赛里斯人——陆上丝绸之路；第75页 丝绸漂洋过海——海上丝绸之路；第76页 中西文化的通讯器——丝绸之路的历史意义.
225. 广东省珠江文化研究会组，编；黄伟宗，司徒尚纪，主编. **中国珠江文化史（上）**[M]. 广州：广东教育出版社，2010. 第533页 四、汉代“海上丝绸之路”的兴起；第605页 三、连接海陆丝绸之路的通道；第614页 四、西南丝绸之路与南诏文化；第857页 二、海陆丝绸之路的中外文化交流.
226. [法]戴仁，编. **法国中国学的历史与现状**[M]. 上海：上海辞书出版社，2010. 第375页 法国对丝绸之路的研究（法布尔努瓦）.
227. 吕思勉，著. **吕著中国通史**[M]. 简体横排插图本. 北京：中国言实出版社，2010. 第157页 丝绸之路.
228. 贾大泉，陈世松，主编. **四川通史（卷2）：秦汉三国**[M]. 成都：四川人民出版社，2010. 第264页 十二、“南方丝绸之路”.
229. 徐潜，主编. **中国通史故事 秦·汉**[M]. 长春：吉林文史出版社，2010.
230. **中国历史文化常识通典**[M]. 昆明：云南教育出版社，2010. 第53页 丝绸之路.
231. 翟丽苹，编. **中国人必备的文化常识：修身、立诚、明心、养性全攻略**[M]. 苏州：古吴轩出版社，2010. 第107页 丝绸之路是指什么.
232. 郭家骥，著. **云南民族关系调查研究**[M]. 北京：中国社会科学出版社，2010. 第131页 四、西南丝绸之路的文化交流.
233. 毛峰，著. **不可不知的中国传统文化常识**[M]. 北京：中国妇女出版社，2010. 第248页 丝绸之路.
234. 朱立春，主编. **不可不知的1500个中国历史常识**[M]. 北京：中国华侨出版社，2010.

第 83 页 丝绸之路.

235. 中华文化通志编委会，编. **中华文化通志（第十典）：中外文化交流典·中国与东南亚文化交流志**[M]. 上海：上海人民出版社，2010. 第 46 页 第一节 历史古远的南方陆上丝绸之路；第 56 页 第二节 南方陆上丝绸之路的走向；第 60 页 第三节 经由南方陆上丝绸之路传入东南亚的中国文化；第 65 页 第四节 经由南方陆上丝绸之路传入中国的东南亚文化；第 68 页 第五节 南方陆上丝绸之路研究中的不同观点.

236. 张平，著. **龟兹文明：龟兹史地考古研究**[M]. 北京：中国人民大学出版社，2010. 第 331 页 从新疆玻璃考古新资料看丝绸之路上的文化交流.

237. 中华文化通志编委会，编. **中华文化通志（第十典）：中外文化交流典·中国与中亚文化交流志**[M]. 上海：上海人民出版社，2010. 第 114 页 第一节 中亚境内的“丝绸之路”.

238. 赵毅，赵轶峰，主编. **中国古代史（上）**[M]. 北京：高等教育出版社，2010. 第 242 页 第七节 丝绸之路及汉朝与周边区域的联系.

239. 中华文化通志编委会，编. **中华文化通志（第十典）：中外文化交流典·中国与俄苏文化交流志**[M]. 上海：上海人民出版社，2010. 第 16 页 一、陆上丝绸之路和蒙古西征时的接触.

240. 中华文化通志编委会，编. **中华文化通志（第十典）：中外文化交流典·中国与拉丁美洲大洋洲文化交流志**[M]. 上海：上海人民出版社，2010. 第 123 页 第二章 马尼拉帆船贸易——太平洋丝绸之路.

241. 刘颖，编. **中国通史·世界通史大全集**[M]. 北京：高等教育出版社，2010. 第 58 页 丝绸之路.

242. 王建国，王建军，编著. **新编中国历史大事表**[M]. 银川：宁夏人民出版社，2010. 第 100 页 张骞通西域与丝绸之路.

243. 中华文化通志编委会，编. **中华文化通志（第七典）：科学技术典·纺织与矿冶志**[M]. 上海：上海人民出版社，2010. 第 165 页 第一节 丝绸之路；第 165 页 一、草原丝绸之路；第 166 页 二、沙漠绿洲丝绸之路；第 168 页 三、海上丝绸之路.

244. 中华文化通志编委会，编. **中华文化通志（第七典）：科学技术典·水利与交通志**[M]. 上海：上海人民出版社，2010. 第 248 页 四、海上丝绸之路——远洋航海活动；第 289 页 三、丝绸之路、唐蕃道及其他——南方、西北及青藏道路的开拓 .

245. 朱英，魏文享，主编. **中国历史与文化**[M]. 插图本. 北京：中国人民大学出版社，2010. 第 59 页 四、两汉经营西域与丝绸之路.

246. 瀚海箫声，著. **西域不只是传说之一：初开玉门**[M]. 北京：中国华侨出版社，2010. 第 181 页 丝绸之路.

247. 袁晓文，主编. **藏彝走廊：文化多样性、族际互动与发展（上）**[M]. 北京：民族出版社，2010. 第 103 页 藏彝走廊与丝绸之路（段渝）.

248. 张启明，主编. **新中国历史知识一本通**[M]. 乌鲁木齐：新疆美术摄影出版社，2010. 第 52 页 班超重开丝绸之路.

249. 李津，编著. **中国文化常识**[M]. 全彩升级版. 北京：京华出版社，2010. 第 34 页 丝绸之路.

250. 于阗，著. **明月天山：历代中央政府与新疆的往事**[M]. 北京：世界知识出版社，2010. 第 31 页 第五章 胡姬的莲花舞：丝绸之路的繁华；第 137 页 第十八章 丝绸之路的余晖：历经繁华，由盛到衰.
251.《一口气读懂历史常识》编写组，编. **一口气读懂历史常识**[M]. 北京：世界图书出版公司，2010. 第 55 页 历史上著名的“丝绸之路”是谁开辟的？.
252. 李津，主编. **中国上下五千年（上）**[M]. 呼和浩特：内蒙古人民出版社，2010. 第 110 页 丝绸之路.
253. 吴石坚，著. **广州历史文化旅游**[M]. 哈尔滨：黑龙江人民出版社，2010. 第 26 页 二、南海神庙与唐宋海上丝绸之路；第 31 页 三、怀圣寺、清真先贤古墓与海上丝绸之路的伊斯兰文化.
254. 李志夫，编著. **中西丝路文化史**[M]. 北京：宗教文化出版社，2010. 第 1-483 页.
255. 薛瑞泽，等，著. **河洛文化的对外传播与交流**[M]. 郑州：河南人民出版社，2010. 第 209 页 第六章 河洛文化和丝绸之路；第 209 页 一、丝绸之路的形成与发展；第 215 页 二、汉魏时期洛阳与丝绸之路；第 233 页 （四）汉魏时期洛阳与丝绸之路；第 240 页 三、隋唐时期洛阳与丝绸之路；第 271 页 （四）隋唐时期洛阳与丝绸之路；第 277 页 四、丝绸之路与中西经济文化交流；第 278 页 （一）汉魏时期通过丝绸之路的中西往来；第 284 页 （二）隋唐时期通过丝绸之路的中西往来；第 299 页 （三）丝绸之路与中西经济文化交流.
256. 周伟洲，主编. **西北民族论丛（第 7 辑）**[M]. 北京：中国社会科学出版社，2010. 第 56 页 汉代河西长城与丝绸之路（任宝磊）.
257.《新疆丝绸之路文化遗产》编委会，编. **新疆丝绸之路文化遗产**[M]. 乌鲁木齐：新疆青少年出版社，2010.
258. 沈济时，著. **丝绸之路**[M]. 北京：中华书局，2010.
259. 臧笑飞，编著. **丝绸之路**[M]. 长春：吉林文史出版社，2010.
260. [瑞典]斯文·赫定，著. **丝绸之路**[M]. 江红，李佩娟，译. 乌鲁木齐：新疆人民出版社，2010.
261. 盖山林，著. **丝绸之路草原文化研究**[M]. 乌鲁木齐：新疆人民出版社，2010.
262. 贺灵，主编. **丝绸之路伊犁研究**[M]. 乌鲁木齐：新疆人民出版社，2010.
263. 沈福伟，著. **丝绸之路：中国与西亚文化交流研究**[M]. 乌鲁木齐：新疆人民出版社，2010.
264. 广东省教育厅教研室，编. **广东历史**[M]. 广州：广东省地图出版社，2010. 第 22 页 第 5 课 海上丝绸之路早期海上贸易.
265. 党宝海，著. **马可波罗眼中的中国**[M]. 北京：中华书局，2010. 第 15 页 第二章 沿丝绸之路到草原夏都.
266. 刘文锁，著. **丝绸之路：内陆欧亚考古与历史**[M]. 兰州：兰州大学出版社，2010.
267. 沈福伟，著. **丝绸之路中国与非洲文化交流研究**[M]. 乌鲁木齐：新疆人民出版社，2010.
268. 张柱华，主编. **草原丝绸之路学术研讨会论文集**[M]. 兰州：甘肃人民出版社，2010.

269. 朵田礼，主编. **苦水史话**[M]. 兰州：甘肃文化出版社，2010. 第 25 页 苦水境内的丝绸之路.
270.《中国历史速查：从远古到 21 世纪》编写组，编著. **中国历史速查：从远古到 21 世纪**[M]. 北京：外文出版社，2010. 第 125 页 泉州与“海上丝绸之路”.
271. 谭家健，主编. **中国文化史概要**[M]. 北京：高等教育出版社，2010. 第 449 页 第十章 丝绸之路与敦煌文化（杨宝玉）；第 449 页 丝绸之路的开拓与变迁.
272. 孙力平，主编. **中国文化要览**[M]. 杭州：浙江大学出版社，2010. 第 389 页 丝绸之路.
273. 梁二平，著. **谁在世界的中央：古代中国的天下观**[M]. 广州：花城出版社，2010. 第 166 页 通西域，为招兵买马而开的丝绸之路.
274. 翟文明，编著. **中国文化 1000 问**[M]. 北京：中国华侨出版社，2010. 第 338 页 除了陆路，中西还有一条海上交通道，这条通道究竟是“丝绸之路”还是“陶瓷之路”？.
275. 林齐模，编著. **探寻大理古国**[M]. 北京：华龄出版社，2010. 第 40 页 四、南方丝绸之路——大理商业.
276. 秦野，编著. **儿童中华铭**[M]. 沈阳：春风文艺出版社，2010. 第 33 页 丝绸之路 张骞开创 昭君出塞 苏武牧羊.
277. 黄岩，范传南，李森，编著. **中国历史小百科**[M]. 长春：吉林人民出版社，2010. 第 115 页 丝绸之路；第 115 页 海上丝绸之路.
278. 李默，主编. **中华文明百科全书（2 卷）：西汉至东晋**[M]. 广州：广东旅游出版社，2010. 第 366 页 丝绸之路形成；第 367 页 海上丝绸之路开创.
279. 解晓燕，著. **与官员谈历史**[M]. 北京：华文出版社，2010. 第 157 页 丝绸之路的开辟；第 160 页 海上丝绸之路的开辟.
280. 程帆，主编. **中华上下五千年（上）**[M]. 长春：吉林出版集团有限责任公司，2010. 第 172 页 班超重开丝绸之路.
281. 逄振镐，著. **齐鲁文化研究**[M]. 济南：齐鲁书社，2010. 第 98 页 “丝绸之路”与山东的丝织业——“丝路”探源.
282.〔宋〕司马光，原著. **资治通鉴故事**[M]. 南京：江苏少年儿童出版社，2010. 第 60 页 丝绸之路的开拓者.
283. [日]陈舜臣，著. **龙凤之国**[M]. 西安：陕西人民出版社，2010. 第 200 页 丝绸之路和海上之路.
284. 朱玉麒，主编. **西域文史（第 5 辑）**[M]. 北京：科学出版社，2010. 第 43 页 丝绸之路上的鸭头勺（高启安）.
285. 童超，著. **汉武王朝：惠泽千秋的宏图伟业**[M]. 昆明：云南教育出版社，2010. 第 90 页 丝绸之路.
286. 滕刚，总主编. **中学生不可不知的中国历史常识**[M]. 南京：江苏教育出版社，2010. 第 73 页 “海上丝绸之路”.
287. 张庆捷，著. **民族汇聚与文明互动：北朝社会的考古学观察**[M]. 北京：商务印书馆，2010. 第 228 页 北魏平城波斯银币与丝绸之路的几个问题.
288. 邱硕，著. **中国文化探秘·秦汉篇：兵马俑是秦始皇的陪葬兵团吗？**[M]. 上海：少年儿童出版社，2010. 第 97 页 丝绸之路：从长安到罗马.

289. 王飞鸿，崔晟，主编. **中华文明简史**[M]. 长春：吉林大学出版社，2010. 第 115 页 丝绸之路.
290. 毕军，编著. **源远流长的中华历史事典**[M]. 长春：时代文艺出版社，2010. 第 169 页 畅通无阻的“丝绸之路”；第 171 页 海上丝绸路.
291. 张启明，主编. **青少年中国历史知识早知道**[M]. 乌鲁木齐：新疆美术摄影出版社，乌鲁新疆电子音像出版社，2010. 第 44 页 班超重开丝绸之路.
292. 王春永，著. **读古诗学历史**[M]. 北京：北京科学技术出版社，2010. 第 194 页 春风不度玉门关——古代的丝绸之路.
293. 樊树志，著. **国史概要**[M]. 上海：复旦大学出版社，2010. 第 96 页 The silk road——丝绸之路.
294. 徐潜，主编. **中国通史故事 宋・元**[M]. 长春：吉林文史出版社，2010.
295.《中华上下五千年》编委会，编. **中华上下五千年（第 5 卷）**[M]. 北京：中华书店，2011. 第 2246 页 丝绸之路通往美洲.
296. 康瑞峰，编著. **中国史一本通**[M]. 北京：当代世界出版社，2010. 第 77 页 第十四节 丝绸之路.
297. 刘路，编. **中国人必备的历史常识**[M]. 苏州：古吴轩出版社，2010. 第 125 页 西域与丝绸之路；第 309 页 最古老的海上航线——海上丝绸之路.
298. 广州市地方志编纂委员会，编. **广州市志（1991—2000）**[M]. 广州：广州出版社，2010. 第 711 页 七、广州古代海上丝绸之路研究.
299. 葛志毅，主编. **中国古代社会与思想文化研究论集（第 4 辑）**[M]. 哈尔滨：黑龙江人民出版社，2010. 第 204 页 草原丝绸之路研究中的几个问题（张景明）.
300. 朱玉麒，主编. **西域文史（第 4 辑）**[M]. 北京：科学出版社，2010. 第 201 页 蒙元时期丝绸之路文学研究论略（宋晓云）.
301. 杜文玉，著. **中国中古政治与社会史论稿**[M]. 西安：三秦出版社，2010. 第 226 页 丝绸之路与新罗乐舞.
302. 吕思勉，著. **吕著中国通史**[M]. 简体横排插图本. 北京：中国言实出版社，2010. 第 157 页 丝绸之路.
303. 齐廉允，著. **唐朝开国六十年**[M]. 济南：齐鲁书社，2009. 第 104 页 挺进西域：畅通“丝绸之路”.
304. 陈钰业，编著. **文明的开拓与融合：公元 7 世纪以前的酒泉**[M]. 兰州：甘肃文化出版社，2009. 第 141 页 第五节 丝绸之路.
305. 石慧琼，编著. **漠风如涛：来自火焰山的讲述**[M]. 北京：学习出版社，2009. 第 45 页 蜜流乡野——“丝绸之路绿洲瓜果文化之旅”全国电视易地采访纪事.
306. 杨希义，刘思怡，著. **唐太宗与贞观盛世**[M]. 西安：西安出版社，2009. 第 201 页 第五节 丝绸之路的兴盛与唐都长安的“胡化”之风；第 201 页 一、丝绸之路的兴盛.
307. 张志纯，王爱琴，著. **高台史话**[M]. 兰州：甘肃文化出版社，2009.
308. 刘弘，著. **丛山峻岭中的“绿洲”：安宁河谷文化遗存调查研究**[M]. 成都：巴蜀书社，2009. 第 243 页 第三章 南方丝绸之路——西南山地“文化绿洲”的链接.
309. 盖山林，著. **丝绸之路草原文化研究**[M]. 乌鲁木齐：新疆人民出版社，2009.

310. 苏北海，著．**丝绸之路龟兹研究**[M]．乌鲁木齐：新疆人民出版社，2009.
311. 陈立新，著．**湛江海上丝绸之路史**[M]．香港：南方人民出版社，2009.
312. 芮传明，著．**丝绸之路研究入门**[M]．上海：复旦大学出版社，2009.
313. 阿布都秀库尔，著．**丝绸之路艺术精髓（维吾尔文）**[M]．乌鲁木齐：新疆人民出版社，2009.
314. 李俊康，曾强，著．**岭南古郡：青史悠悠话苍梧**[M]．南宁：广西人民出版社，2009.
315. **文物隋唐史**[M]．北京：中华书局，2009. 第 133 页 第七章 丝绸之路——东西方交流的桥梁；第 153 页 第六节 海上丝绸之路.
316. 张乃翥，张成渝，著．**洛阳与丝绸之路**[M]．北京：北京图书馆出版社，2009.
317. 胡太春，编著．**中外文化交流**[M]．长沙：湖南科学技术出版社，2009. 第 1 页 蚕丝故乡和“丝绸之路”；第 1 页 陆上“丝绸之路”；第 6 页 海上“丝绸之路”；第 9 页 “丝绸之路”概念延伸；第 43 页 海上“丝绸之路”和东方大港；第 43 页 宋朝海上“丝绸之路”空前繁荣；第 97 页 北方“茶叶之路”与边境贸易；第 97 页 中俄“茶叶之路”形成.
318. 钱毓，常昊，著．**骆驼之城鄯善**[M]．乌鲁木齐：新疆青少年出版社，2009. 第 3 页 第一辑 史前及丝绸之路时代；第 43 页 第三部分 丝绸之路与大海道；第 43 页 苏贝希遗址·丝绸之路·大海道.
319. 夏鼐，著．**中国文明的起源**[M]．北京：中华书局，2009. 第 48 页 第二章 汉唐丝绸和丝绸之路；第 50 页 汉代丝绸业发达的原因；第 63 页 汉代丝绸流经丝绸之路.
320. 郑培凯，主编．**西域：中外文明交流的中转站**[M]．香港：香港城市大学出版社，2009. 第 1 页 一 中古时期的“高原丝绸之路”——吐蕃与中亚南亚的交通（霍巍）；第 75 页 五 丝绸之路上的粟特商人与粟特文化（荣新江）；第 111 页 七 碰撞与融合——丝绸之路上的外来金银器（齐东方）.
321. 张怀群，著．**圣地泾川：地望与人望**[M]．兰州：甘肃文化出版社，2009. 第 333 页 丝绸之路泾川段古代自然生态风貌.
322. 牛汝极，编．**中国西北边疆**[M]．北京：科学出版社，2009. 第 153 页 丝绸之路上的香料（林红）.
323. 海口市旅游局，海南省文化遗产研究会，编．**福地海口**[M]．海口：海南出版社，2009. 第 30 页 海上丝绸之路——神应港盛况.
324. 雷依群，徐卫民，主编．**秦汉研究（第 3 辑）**[M]．西安：陕西人民出版社，2009. 第 135 页 丝绸之路南线长安至陇山段考察研究（田亚岐、杨曙明）.
325. 萧然，著．**大汉帝国（上）**[M]．上海：上海科学技术文献出版社，2009. 第 426 页 丝绸之路：一条用双脚走出来的国际通道.
326. 张忠炜，编著．**秦汉史十二讲**[M]．北京：中国国际广播出版社，2009. 第 155 页 三、丝绸之路.
327. 张怀群，著．**圣地泾川：佛祖舍利供养圣地**[M]．兰州：甘肃文化出版社，2009. 第 187 页 甘肃泾川惊现百里石窟长廊：一百里“原生形态”的丝绸之路；第 190 页 泾川百里石窟长廊：一百里“原生形态”的丝绸之路；第 215 页 百里原生形态的丝绸之路.

328. 张全明，编著. **宋史十二讲**[M]. 北京：中国国际广播出版社，2009. 第 115 页 第九讲 海上丝绸之路——宋代的蓝色文明.
329. 辽宁省博物馆，编. **走进辽河文明**[M]. 沈阳：辽宁人民出版社，2009. 第 105 页 冯素弗墓与“草原丝绸之路”.
330. 汪受宽，著. **甘肃通史·秦汉卷**[M]. 兰州：甘肃人民出版社，2009. 第 259 页 第五节 丝绸之路；第 259 页 一、丝绸之路的开辟.
331. 郭志坤，陈雪良，著. **中华一万年（上）**[M]. 杭州：浙江人民出版社，2009. 第 363 页 张骞与“丝绸之路”.
332. 李志敏，编. **中华上下五千年** 1[M]. 海口：海南出版社，2009. 第 368 页 二十四、唐代的丝绸之路.
333. 王新龙，编著. **大汉王朝** 2[M]. 北京：中国戏剧出版社，2009. 第 93 页 丝绸之路.
334. 卜穗文，主编. **广州农讲所纪念馆论丛（第 4 辑）**[M]. 广州：广东人民出版社，2009. 第 444 页 解放思想做好海上丝绸之路考古发掘（吴石坚）.
335. 邓昌达，主编. **北海第一村**[M]. 南宁：广西人民出版社，2009. 第 72 页 途经南汸海域的“古代海上丝绸之路”（刘明贤）.
336. 李伯钦，李肇翔，主编. **中国通史（卷 3）：秦汉卷**[M]. 沈阳：万卷出版公司，2009. 第 127 页 张骞通西域与丝绸之路；第 132 页 丝绸之路.
337. 林言椒，何承伟，主编. **中外文明同时空·隋唐 VS 拜占庭阿拉伯**[M]. 上海：上海锦绣文章出版社，2009. 第 140 页 经济长镜头：碧海云帆：海上丝绸之路.
338. 徐兴信，主编. **读乐亭（21 辑）**[M]. 2009. 第 24 页 邓洁民和“红色丝绸之路”的重要驿站（李权兴）.
339. 陈苏镇. **恢宏与古朴：秦汉魏晋南北朝的物质文明**[M]. 北京：北京大学出版社，2009. 第 68 页 二 丝绸之路的兴盛；第 70 页 三 西南丝绸之路的开辟；第 72 页 四 海上丝绸之路的畅通.
340. 张帆，编著. **辉煌与成熟：隋唐至明中叶的物质文明**[M]. 北京：北京大学出版社，2009. 第 93 页 一 隋唐丝绸之路.
341. 刘东，主编. **中华文明读本**[M]. 南京：译林出版社，2009. 第 164 页 丝绸之路（杨泓）.
342. 马海艳，杨杰，编著. **影响中国历史的 100 件大事**[M]. 北京：华文出版社，2009. 第 40 页 丝绸之路的开辟.
343. 林忠干，著. **闽北五千年**[M]. 福州：海峡文艺出版社，2009. 第 187 页 六、走向海上丝绸之路.
344. 郑师渠，主编. **中国文化通史·两宋卷**[M]. 北京：北京师范大学出版社，2009. 第 96 页 第三节 海上“丝绸之路”与宋文化的辐射.
345. 黄树森，主编. **广州九章：岭南经·中国梦·世界观**[M]. 广州：花城出版社，2009. 第 22 页 义净对勃兴海上“丝绸之路”的卓越贡献（钟永宁）.
346. 殷国明，汤奇云，编著. **影响中国的 100 个广东第一**[M]. 广州：广东教育出版社，2009. 第 4 页 广州——“海上丝绸之路”第一站.
347. 罗炳良，主编. **我的名字叫中国**[M]. 北京：华夏出版社，2009. 第 17 页 丝绸之路.

348. 郑天挺，著. **探微集**[M]. 北京：中华书局，2009. 第 291 页 关于丝绸之路；第 300 页 五 丝绸之路的形成；第 308 页 六 不断发展的丝绸之路；第 316 页 七 丝绸之路经过的地方.

349. 杨镰，著. **发现新疆：寻找失落的绿洲文明**[M]. 太原：北岳文艺出版社，2009. 第 18 页 被遗忘的丝绸之路.

350. 王行健，孙于久，编著. **细说汉代廿八朝（下）：东汉卷**[M]. **最新图文本**. 北京：京华出版社，2009. 第 90 页 10、复通丝绸之路.

351. 史善刚，主撰. **河洛文化源流考**[M]. 郑州：河南人民出版社，2009. 第 469 页 第十五章 河洛文化与丝绸之路；第 470 页 一、洛阳——丝绸之路的东方起点之一；第 470 页 （一）先秦时期洛阳与草原丝绸之路的开辟；第 478 页 （二）汉魏时期洛阳与丝绸之路；第 494 页 （三）隋唐时期洛阳与丝绸之路；第 513 页 二、丝绸之路的历史意义和国际意义；第 513 页（一）丝绸之路是东西物质文化交流的桥梁；第 516 页（二）丝绸之路是东西精神文化交流的动脉.

352. 揣振宇，华祖根，主编. **中国民族研究年鉴 2007 年卷**[M]. 北京：中央民族大学出版社，2009. 第 374 页 三星堆与南方丝绸之路青铜文化学术研讨.

353. 郭志坤，陈雪良，著. **中华一万年（下）**[M]. 杭州：浙江人民出版社，2009. 第 363 页 张骞与“丝绸之路”.

354. 中共中央党史研究室，中国国家博物馆，编著. **中华人民共和国历史图志（下）**[M]. 上海：上海人民出版社，2009. 第 523 页 让现代“丝绸之路”通向四面八方.

355. 徐宪江，主编. **中华史典：浓缩中华五千年悠久历史精粹 普及大众历史知识趣味性宝典**[M]. 北京：中国工人出版社，2009. 第 45 页 先秦丝绸之路.

356. 林有能，等，主编. **香山文化与海洋文明：第六次海洋文化研讨会文集**[M]. 广州：广东人民出版社，2009. 第 297 页 汉代海上丝绸之路研究的几个问题（周永卫）.

357. 杨建新，主编，尹伟先，著. **中国西北少数民族通史・隋、唐、五代卷**[M]. 北京：民族出版社，2009. 第 526 页 四、西域与丝绸之路贸易.

358. 尹伟先，杨富学，魏明孔，著. **甘肃通史・隋唐五代卷**[M]. 兰州：甘肃人民出版社，2009. 第 116 页 七、丝绸之路.

359. 高占福，著. **怀晴全真集：伊斯兰教与中国回族穆斯林社会**[M]. 北京：宗教文化出版社，2009. 第 80 页 一、唐宋时期两条“丝绸之路”与回族先民的商业贸易.

360. 周兴华，马建兴，著. **塞上古史钩沉**[M]. 银川：宁夏人民出版社，2009. 第 105 页 宁夏丝绸之路新考 先秦中原至河西的丝绸之路；第 111 页 汉代长安至河西的丝绸之路；第 144 页 唐代长安至河西的丝绸之路；第 160 页 长安至河西丝绸之路辨证.

361. 刘醒初，主编. **甘肃文史精萃・学术卷**[M]. 兰州：甘肃人民出版社，2009.

362. 杨春光，主编. **画说宁夏主流文化**[M]. 银川：宁夏人民出版社，2009. 第 45 页 丝绸之路文化.

363. 陈少峰，等，编著. **鼎盛与革新：隋唐至明中叶的精神文明**[M]. 北京：北京大学出版社，2009. 第 271 页 第一节　丝绸之路与中西文化交流；第 273 页 一 草原、戈壁上的丝绸之路；第 274 页 二　丝绸之路向西南延伸；第 276 页 三　海上丝绸之路的发达.

364. 王宇，著. **杂谈：历史中的历史**[M]. 北京：中国华侨出版社，2009. 第 67 页 唐朝的丝绸之路.
365. 刘日刚，陆冰梅，主编. **探秘广西**[M]. 桂林：广西师范大学出版社，2009. 第 58 页 探访“丝绸之路”始发港.
366. 吴忠礼，主编. **宁夏历史图经（上）**[M]. 银川：宁夏人民出版社，2009. 第 238 页 第十节 丝绸之路宁夏段；第 238 页 第十节 丝绸之路宁夏段.
367. 孟祥才，著. **中国历史・秦汉史**[M]. 北京：人民出版社，2009. 第 309 页 二 凿通西域 开辟丝绸之路；第 309 页 二 凿通西域 开辟丝绸之路.
368. 张兴斌，左新波，主编. **杞乡中宁历史文化典藏**[M]. 银川：宁夏人民出版社，2009. 第 107 页 第五章 商贸文化 第一节 丝绸之路店肆林立.
369. 苗普生，编写. **新疆历史知识读本**[M]. 北京：民族出版社，2009. 第 70 页 丝绸之路.
370. 石希欣，田均权，主编. **和平文化初论**[M]. 长沙：湖南人民出版社，2008. 第 58 页（一）“丝绸之路”的和平实践.
371. 丁世显，主编. **郑州文化年轮**[M]. 郑州：河南文艺出版社，2008. 第 114 页 巩义唐三彩窑址——聆听“丝绸之路”的鸵铃.
372. 唐码，编著. **中国通史**[M]. 北京：北京出版社，2008. 第 81 页 丝绸之路.
373. 雯莉，主编. **年轻人最不该忘记的 100 件中国大事**[M]. 北京：中国长安出版社，2008. 第 64 页 丝绸之路的开辟——“凿空”西域.
374. 千同和，主编. **兰州城关史话**[M]. 兰州：甘肃文化出版社，2008. 第 22 页 古“丝绸之路”的商埠重镇.
375. 赵廷光，著. **伊甸园探秘**[M]. 昆明：云南民族出版社，2008. 第 216 页 第六节 滇的西南丝绸之路.
376. 张卫中，主编. **中国传统文化概论**[M]. 杭州：浙江大学出版社，2008. 第 232 页 第一节 文化交流通道——丝绸之路；第 232 页 一、丝绸之路概述；第 234 页 二、丝绸之路的文化作用.
377. 毋建国，编著. **中国传统文化导游鉴赏**[M]. 西安：陕西旅游出版社，2008. 第 333 页 丝绸之路与中外文化的交流.
378. 毛峰，编著. **不可不知的中国传统文化常识**[M]. 北京：中国妇女出版社，2008. 第 165 页 丝绸之路.
379. 任浩之. **中国历史全知道**[M]. 北京：当代世界出版社，2008. 第 334 页 丝绸之路知多少.
380. 会泽县旅游局，编；卞伯泽，著. **会泽文化之旅・铜商文化篇**[M]. 昆明：云南出版集团公司，云南美术出版社，2008. 第 169 页 一、古堂琅与南方丝绸之路.
381. 孟令哉，主编. **中国历史故事・100 个影响历史进程的人和事**[M]. 长春：北方妇女儿童出版社，2008. 第 109 页 37 张骞和丝绸之路.
382. 郭伯南，著. **图说中国通史**[M]. 西安：陕西师范大学出版社，2008. 第 210 页 张骞通西域——丝绸之路的拓荒者.
383. 中国回族学学会，编. **回族学研究文集（下）**[M]. 北京：中央民族大学出版社，2008. 第 249 页 丝绸之路与中国伊斯兰教（姚继德）.

384. 韦明辉，主编. **不可不知的历史常识**[M]. 珍藏版. 北京：海潮出版社，2008. 第 67 页　丝绸之路.
385. 李凤斌，等，著. **草原文化研究**[M]. 北京：中央编译出版社，2008. 第 166 页　第一节　草原丝绸之路与东西方经济；第 166 页　一、草原丝绸之路的历史、范围；第 173 页　二、草原丝绸之路的历史作用及影响.
386. 邵士梅，蒋筱波，编译. **中国通史（卷 2）**[M]. 西安：三秦出版社，2008. 第 82 页　丝绸之路.
387. 张丽，主编. **中国人最应知道的 1000 个文化常识**[M]. 北京：金城出版社，2008. 第 90 页　外交的小故事丝绸之路的由来.
388. 陆敏珠，著. **壮族生活情感与灵魂**[M]. 北京：中国文联出版社，2008. 第 11 页　花山大地“水上丝绸之路”.
389. 何芳川，著. **中外文化交流史（上）**[M]. 北京：国际文化出版公司，2008. 第 44 页　二　海上丝绸之路的开辟；第 60 页　一　陆上丝绸古道的发展与式微；第 62 页　二　海上丝绸之路的发展与繁荣；第 513 页　第十二章　丝绸之路上中国与伊朗的文化交流；第 538 页　第十三章　丝绸之路长　长城通天方——中国与阿拉伯世界文化交流；第 613 页　三　中国丝绸与东地中海服饰文化；第 617 页　四　中国与非洲直接联系的纽带——海上丝绸之路初通.
390. 唐玲玲，周伟民，著. **海南史要览**[M]. 海口：海南出版社，南方出版社，2008. 第 203 页　三、海上丝绸之路发展中的海南.
391. 徐怀宝，著. **中国历史文化**[M]. 北京：北京燕山出版社，2008. 第 121 页　二、丝绸之路的开辟.
392. 朱培民，著. **新疆与祖国关系史论**[M]. 乌鲁木齐：新疆人民出版社，2008. 第 86 页　二、保障丝绸之路的畅通.
393. 邵士梅，蒋筱波，编译. **中国通史（卷 1）**[M]. 西安：三秦出版社，2008. 第 82 页　丝绸之路.
394. 郭勤华，编著. **固原历史**[M]. 银川：宁夏人民出版社，2008. 第 49 页　丝绸之路在固原；第 49 页　丝绸之路在固原的开通；第 50 页　丝绸之路的兴盛与中西文化交流.
395. 邢群麟，付志宏，著. **和名家一起感受汉朝气象**[M]. 北京：中国时代经济出版社，2008. 第 102 页　丝绸之路：从长安到罗马的距离.
396. 葛剑雄，总主编；车华玲，刘统，著. **悠悠丝路：漫漫商路话沧桑**[M]. 长春：长春出版社，2008. 第 3 页　第 1 章　开拓丝绸之路；第 65 页　第 3 章　神灵间的往来，丝绸之路上的佛教艺术宝库；第 101 页　第五章　从陆地到海洋　第 141 页　第 7 章　丝绸之路上的外国冒险家.
397. 杨春光，编著. **宁夏文化的源与流探析**[M]. 银川：宁夏人民出版社，2008. 第 82 页　第一节　丝绸之路在宁夏的走向；第 84 页　第二节　丝绸之路与宁夏早期对外交流；第 89 页　第三节　丝绸之路与佛教传入宁夏.
398. 文昊，主编. **新疆史话：新疆历史知识杂谈**[M]. 乌鲁木齐：新疆美术摄影出版社，2008.

399. 邢群麟，姚迪雷，著. **和名家一起纵览元朝雄图**[M]. 北京：中国时代经济出版社，2008. 第 83 页“古道驼铃”与“海上丝绸之路”.
400. 陈育宁，主编. **宁夏通史**[M]. 银川：宁夏人民出版社，2008. 第 96 页“丝绸之路”的繁荣及文化艺术.
401. 邢群麟，杨艳丽，著. **和名家一起经历唐朝盛典**[M]. 北京：中国时代经济出版社，2008. 第 122 页 “丝绸之路”打通东西方文化的任通二脉.
402. 唐荣尧，著. **宁夏之书**[M]. 银川：宁夏人民出版社，2008. 第 265 页 第一章 丝绸之路；第 271 页 四 宁夏，通过丝绸之路的国际交往.
403. 饶宗颐，主编. **华学（第九、十辑）**[M]. 上海：上海市古籍出版社，2008. 第 506 页 认同与歧议：汉晋时期“西南丝绸之路”的考古学研究（霍巍）.
404. 北京大陆桥文化传媒，编著. **丝绸之路**[M]. 北京：中国青年出版社，2008.
405. 包铭新，主编. **丝绸之路设计与文化论文集**[M]. 上海：东华大学出版社，2008.
406. 季成家，主编. **丝绸之路史话珍藏版·历史卷：古道之谜**[M]. 兰州：甘肃文化出版社，2008.
407. 中共广州市委宣传部，广州市文化局，编. **海上丝绸之路·广州文化遗产·文献辑要卷**[M]. 北京：文物出版社，2008.
408. 中共广州市委宣传部，广州市文化局，编. **海上丝绸之路·广州文化遗产·考古发现卷**[M]. 北京：文物出版社，2008.
409. 戴之昂，著. **海上丝绸之路历险记**[M]. 上海：复旦大学出版社，2008.
410. 朝戈金，主编. **中国西部的文化多样性与族群认同——沿丝绸之路的少数民族口头传统现状报告**[M]. 北京：社会科学文献出版社，2008.
411. 叶舒宪，著. **河西走廊：西部神话与华夏源流**[M]. 昆明：云南教育出版社，2008. 第 22 页 美玉神话：丝绸之路以前的玉石之路.
412. 迪木拉提·奥迈尔，编著. **图说丝绸之路上的维吾尔人：从河西走廊到塔克拉玛干**[M]. 北京：民族出版社，2008.
413. 顾涧清，等，著. **广东海上丝绸之路研究**[M]. 广州：广东人民出版社，2008.
414. 绿阳，文昊，编. **天上人间：丝绸之路之谜（中英文本）**[M]. 乌鲁木齐：新疆美术摄影出版社，新疆电子音像出版社，2008.
415. 史璠，主编. **丝绸之路史：一座城市永远的记忆**[M]. 南宁：广西人民出版社，2008.
416. 季成家，主编. **丝绸之路珍藏版·考察卷：穿越历史**[M]. 兰州：甘肃文化出版社，2008.
417. 季成家，主编. **丝绸之路珍藏版·旅游卷：魅力西游**[M]. 兰州：甘肃文化出版社，2008.
418. 季成家，主编. **丝绸之路珍藏版·民俗卷：风情万种**[M]. 兰州：甘肃文化出版社，2008.
419. 中共广州市委宣传部，广州市文化局，编. **海上丝绸之路 广州文化遗产·地上史迹卷**[M]. 北京：文物出版社，2008.
420. 《新疆通史》编纂委员会，编. **新疆历史研究论文选编·通论卷**[M]. 乌鲁木齐：新疆人民出版社，2008. 第 141 页 丝绸之路：东西方文明交往的通道（荣新江）；第 150

页 丝绸之路与西域经济 ——对新疆开发史上若干问题的思考（殷晴）；第 162 页 丝绸之路在草原文化发展中的作用（贾合甫·米尔扎汗）；第 232 页 丝绸之路与东西音乐文化交流（周菁葆）.

421. 李屹，主编. **丝绸之路与外国探险家**[M]. 乌鲁木齐：新疆美术摄影出版社，2008.

422. 北京郑和下西洋研究会，中国海洋画研究院，编. **张嘉埙海洋画选**[M]. 北京：海洋出版社，2008.

423. 阿迪力·穆罕默德，台来提·乌布力卡斯木，著. **新疆丝绸之路文化丛书：古代龟兹**[M]. 乌鲁木齐：新疆人民出版社，2008.

424. 李绍明，著. **藏彝走廊民族历史文化**[M]. 北京：民族出版社，2008. 第 43 页 西南丝绸之路与民族走廊；第 80 页 丝绸之路岷江支道的重要作用；第 87 页 南方丝绸之路滇越交通探讨.

425. 田卫疆，主编. **新疆历史与文化 2007**[M]. 乌鲁木齐：新疆人民出版社，2008. 第 227 页 丝绸之路上的中外钱币（吴福环、韦斌）.

426. 郭建朵，何兆泉，张胜春，等，编写. **伴随孩子成长的中华 5000 年故事（A 卷）**[M]. 杭州：浙江少年儿童出版社，2008. 第 156 页 丝绸之路.

427. 靖立坤，编著. **拍案说史：中国历史的经验与教训**[M]. 哈尔滨：哈尔滨出版社，2008. 第 237 页 丝绸之路：和平往来的史迹.

428. 何芳川，著. **中外文化交流史（下）**[M]. 北京：国际文化出版公司，2008. 第 34 页 一 陆上丝绸古道的形成；第 44 页 二 海上丝绸之路的开辟；第 60 页 一 陆上丝绸古道的发展与式微；第 62 页 二 海上丝绸之路的发展与繁荣；第 513 页 第十二章 丝绸之路上中国与伊朗的文化交流；第 538 页 第十三章 丝绸之路长 长城通天方——中国与阿拉伯世界文化交流；第 613 页 三 中国丝绸与东地中海服饰文化；第 617 页 四 中国与非洲直接联系的纽带——海上丝绸之路初通.

429. 马学平，主编. **广河史话**[M]. 兰州：甘肃文化出版社，2008. 第 29 页 古丝绸之路驿站.

430. 王志刚，许立新，编著. **黄河：拜谒龙的故乡**[M]. 郑州：黄河水利出版社，2008. 第 135 页 天汉风流与丝绸之路.

431. 牛志平，等，著. **海南文化史**[M]. 海口：海南出版社，南方出版社，2008. 第 233 页 七、古代海南与“海上丝绸之路”.

432. 邢春林，主编. **丝路重镇话新和**[M]. 乌鲁木齐：新疆人民出版社，2008. 第 31 页 吐鲁番文书所见汉唐“丝绸之路”上的丝织品贸易考述（宋晓梅）.

433. 周敬东，编著. **盛世版图：六大王朝的疆域**[M]. 北京：新星出版社，2008. 第 25 页 丝绸之路.

434. 朱玉麒，主编. **西域文史（第 3 辑）**[M]. 北京：科学出版社，2008. 第 175 页 一匹骆驼多少钱？——公元 800 年之前的丝绸之路货币新解（汪海岚）；第 325 页 日本研究丝绸之路的粟特人的成就之回顾和近况（森安孝夫）.

435. 田旭东，著. **周秦汉唐历史文化十八讲**[M]. 西安：陕西人民出版社，2008. 第 177 页 第十讲 丝绸之路——中外交流的要道；第 177 页 第一节 丝绸之路的开辟和沿革.

436. 何晓明，著. **中华文化事典**[M]. 武汉：武汉大学出版社，2008. 第 308 页 丝绸之路的开辟；第 747 页 海上丝绸之路的开辟与市舶司的设立.

437. 徐卫民，著. **西汉未央宫**[M]. 西安：陕西人民出版社，2008. 第 88 页 汉长安城与丝绸之路.

438. 李翔凌，主编. **平川史话**[M]. 兰州：甘肃文化出版社，2008. 第 10 页 区境内的丝绸之路.

439.《中国历史速查》编写组，编著. **中国历史速查（中）**[M]. 北京：外文出版社，2008. 第 142 页 泉州与“海上丝绸之路”；第 50 页 丝绸之路.

440. 政协珠海市委员会《珠海文化遗产图集》编辑委员会，编. **珠海文化遗产图集**[M]. 珠海：珠海出版社，2008. 第 31 页 “海上丝绸之路”与汉唐时期珠海的文化遗存（赵善德）.

441. 杜文玉，主编. **贞观长歌：大唐崛起风云录**[M]. 西安：三秦出版社，2007. 第 129 页 五 安西四镇的建立与丝绸之路的畅通.

442. 第二届中国与东南亚民族论坛编委会，编. **第二届中国与东南亚民族论坛论文集**[M]. 北京：民族出版社，2007. 第 61 页 汉代环北部湾货币流通圈与“海上丝绸之路”——以环北部湾地区中国与越南汉代墓葬出土钱币为例（廖国一）.

443. 吕双波，主编. **历史常识知道点**[M]. 呼和浩特：内蒙古大学出版社，2007. 第 96 页 丝绸之路.

444. 李树喜，主编. **东方帝国**[M]. 北京：中央编译出版社，2007. 第 157 页 第一节 海上丝绸之路.

445. 熊元正，著. **南诏史通论**[M]. 昆明：云南民族出版社，2007. 第 164 页 南诏的弄栋节度和会川节度——南诏对西南丝绸之路东段的经营.

446. 刘炜，张倩仪，编著. **中国历史文化精解**[M]. 上海：上海锦绣文章出版社，2007. 第 126 页 使节开拓的丝绸之路；第 128 页 丝绸之路的开拓者——张骞；第 168 页 活跃的文化交流丝绸之路的盛况.

447. 白寿彝，主编. **中国通史·第四卷：中古时代·秦汉时期（上）**[M]. 修订本. 上海：上海人民出版社，2007. 第 402 页“丝绸之路”的开辟。汉同中亚、西亚、南亚地区诸国的经济、文化交流；第 681 页 对安息、大秦等国的交通：丝绸之路.

448. 本书编委会，编. **中华传统文化读本·大学卷**[M]. 贵阳：贵州人民出版社，2007. 第 178 页 一、不是原点的原点——丝绸之路与赛纳斯之国.

449. 蔡磊，主编. **中华五千年风云纪实（第 11 卷）**[M]. 北京：中国戏剧出版社，2007. 第 1977 页 唐代的丝绸之路.

450. 王铭铭，著. **西方作为他者：论中国“西方学”的谱系与意义**[M]. 北京：世界图书出版公司，2007. 第 101 页 七、海上丝绸之路与异域志的发达.

451. 李志敏，主编. **中华典故（卷 1）**[M]. 北京：京华出版社，2007. 第 157 页 张骞铺设“丝绸之路”.

452. 张荫麟，吕思勉，蒋廷黻，著. **中国史纲（中）**[M]. 西安：陕西师范大学出版社，2007. 第 58 页 第五节 丝绸之路的开辟.

453. 孙金铃，著. **中国史书札记（第 2 编）**[M]. 兰州：甘肃人民美术出版社，2007. 第133 页 （四）丝绸之路.

454. 444. 龚书铎，刘德麟，主编. **图阅天下 秦·汉**[M]. 长春：吉林出版集团有限责任公司. 2007. 第 113 页 张骞踏出的丝绸之路

455. 徐英，王宝琴，编著. **民族之旅**[M]. 北京：五洲传播出版社，2007. 第 37 页 丝绸之路上的无尽美食.

456. 泉州市人民政府地方志编纂委员会，编. **泉州史事纪实**[M]. 福州：海风出版社，2007. 第 208 页 “海上丝绸之路”研究与吴文良（马丁尼）.

457. 张志纯，何成才，主编. **张掖史话**[M]. 兰州：甘肃文化出版社，2007. 第 40 页 丝绸之路三道汇合处——张掖.

458. 程兆生，著. **兰州杂碎**[M]. 兰州：甘肃文化出版社，2007. 第 81 页 古代丝绸之路上的重镇.

459. 马志勇，主编. **临夏史话**[M]. 兰州：甘肃文化出版社，2007. 第 54 页 河州古丝绸之路.

460. 张克复，主编. **甘肃史话**[M]. 兰州：甘肃文化出版社，2007. 第 75 页 张骞“凿空”与丝绸之路；第 123 页 丝绸之路上的取经人.

461. 邓明，著. **兰州史话**[M]. 兰州：甘肃文化出版社，2007. 第 25 页 丝绸之路重镇.

462. 安邕江，主编. **酒泉史话**[M]. 兰州：甘肃文化出版社，2007. 第 17 页 汉代丝绸之路的咽喉.

463. 阎赤，主编. **甘肃省志（第 30 卷）：旅游志**[M]. 兰州：甘肃文化出版社，2007. 第23 页 第二章 丝绸之路甘肃西段旅游线；第 68 页 第三章 丝绸之路甘肃东段旅游线；第 217 页 第三节 甘肃丝绸之路国际旅行社.

464. 车华玲，刘统，著. **悠悠丝路**[M]. 长春：长春出版社，2007.

465. 崔明德，著. **中国古代和亲通史**[M]. 北京：人民出版社，2007. 第 444 页 第二十章 中国古代和亲与丝绸之路的拓展；第 444 页 一、和亲与四条丝绸之路；第 446 页 二、和亲与陆上丝绸之路的拓展；第 454 页 三、和亲与草原丝绸之路的拓展；第 465 页 四、和亲与青藏高原丝绸之路的拓展.

466. 叶朗，费振刚，王天有，主编. **中国文化导读**[M]. 北京：生活·读书·新知三联书店. 2007. 第 308 页 第十九章 丝绸之路.

467. 杨朝亮，著. **霸道与王道·秦汉帝国**[M]. 西安：陕西人民出版社，2007. 第 188 页 丝绸之路贯东西.

468. 纪宗安，汤开建，主编. **暨南史学（第 5 辑）**[M]. 广州：暨南大学出版社，2007. 第417 页 再论宋南海神东、西庙与广州海上丝绸之路（王元林）.

469. 张传玺，主编. **简明中国古代史**[M]. 4 版. 北京：北京大学出版社，2007. 第 181 页 丝绸之路.

470. 薛正昌，著. **黄河文明的绿洲：宁夏历史文化地理**[M]. 银川：宁夏人民出版社，2007. 第 307 页 第五编 厚重的历史积淀与多元文化格局——中西文化的历史时空与多民族文化融合第二十一章 中西文化之舟：丝绸之路文化与固原；第 308 页 第一节 丝绸之路与早期萧关古道；第 320 页 第七节 丝绸之路上的著名文化遗存——须弥山石窟.

471. 孟建耀，主编. **浙东文化集刊**[M]. 上海：上海古籍出版社，2007.
472. 孙岿，张咏，著. **绿洲文化的熏陶：一个人类学田野的视角**[M]. 北京：民族出版社，2007.
473. 阿心，主编. **培养孩子博学的中华上下五千年故事**[M]. 北京：中国时代经济出版社，2007. 第 88 页 十二、丝绸之路.
474. 张大生，编著. **话说中国文明史（第 1 卷）**[M]. 天津：天津古籍出版社，2007. 第 317 页 七、最早的“丝绸之路”史话.
475. 戴亦，等，著. **龙的国度**[M]. 武汉：湖北少年儿童出版社，2007. 第 80 页 城固丝绸之路.
476. 黄金贵，主编. **中国古代文化会要（上）**[M]. 杭州：西泠印社出版社，2007. 第 640 页 第二节 陆上丝绸之路；第 644 页 第三节 海上丝绸之路.
477. 蔡磊，主编. **中国历史必读知识全书** 6[M]. 北京：中国戏剧出版社，2007. 第 676 页 丝绸之路.
478. 樊树志，著. **国史精讲**[M]. 上海：复旦大学出版社，2007. 第 86 页 6 丝绸之路.
479. 蔡磊，主编. **中国历史必读知识全书** 12[M]. 北京：中国戏剧出版社，2007. 第 1525 页 “丝绸之路”.
480. 林干，著. **中国古代北方民族史新论**[M]. 呼和浩特：内蒙古人民出版社，2007. 第 151 页 二、对草原“丝绸之路”与古代草原交通的探索.
481. 王志艳，主编. **梦回唐朝**[M]. 呼和浩特：内蒙古人民出版社，2007. 第 115 页 丝绸之路.
482. 舒敏，著. **西域密码：失落的文明**[M]. 北京：中国书店，2007. 第 3 页 张骞之前丝绸之路就已经存在？；第 5 页 丝绸之路的三条古道.
483. 陈达生，曲鸿亮，王连茂，主编. **海上丝绸之路研究 4：陈达生伊斯兰教与阿拉伯碑铭研究论文集**[M]. 福州：福建教育出版社，2007.
484. 四川大学中国藏学研究所，主编. **藏学学刊（第 3 辑）：吐蕃与丝绸之路研究专辑**[M]. 成都：四川大学出版社，2007.
485. 殷晴，著. **丝绸之路与西域经济：十二世纪前新疆开发史稿**[M]. 北京：中华书局，2007.
486. 李冀平，朱学群，王连茂，主编. **泉州文化与海上丝绸之路**[M]. 北京：社会科学文献出版社，2007.
487. 郑炳林，樊锦诗，杨富学，主编. **丝绸之路民族古文字与文化学术讨论会文集（下）**[M]. 西安：三秦出版社，2007.
488. 卞洪登，著. **丝绸之路考**[M]. 北京：中国经济出版社，2007.
489. 高荣，著. **先秦汉魏河西史略**[M]. 天津：天津古籍出版社，2007. 第 170 页 第五节 丝绸之路的畅通与河西商业的发展；第 175 页 二、西汉中后期丝绸之路的畅通.
490. 文昊，编. **新疆文化撷英**[M]. 乌鲁木齐：新疆美术摄影出版社，新疆电子音像出版社，2007. 第 36 页 走进中国第一家丝绸之路博物馆（张迎春）.
491. 刘凤鸣，编著. **山东半岛与东方海上丝绸之路**[M]. 北京：人民出版社，2007.

492. 新疆维吾尔自治区对外文化交流协会，编．**丝绸之路上的新疆**[M]．乌鲁木齐：新疆电子出版社，2007.

493. 王功恪，王建林，编著．**龟兹古国：遗落的西域故地文明探秘**[M]．重庆：重庆出版社，2007. 第 17 页 第二章 丝绸之路的十字路口；第 20 页 二、草原丝绸之路的三支游牧部落.

494. 刘丰，编著．**中国世界古文化**[M]．北京：时事出版社，2007. 第 168 页 居延文化——有“草原丝绸之路”之称的文化.

495. 黄光成，著．**云南民族文化纵横探**[M]．北京：科学出版社，2007. 第 195 页 三、多元立体的西南丝绸之路.

496. 库兰・尼合买提，主编．**中国哈萨克族传统文化研究**[M]．乌鲁木齐：新疆人民出版社，2007. 第 77 页 丝绸之路在草原文化发展中的作用（贾合甫・米尔扎汗）.

497. 杜文玉，主编．**唐史论丛（第 9 辑）**[M]．西安：三秦出版社，2007. 第 137 页 唐西州在丝绸之路上的地位和作用（陈国灿）.

498. 申国祥，编．**新疆掌故**[M]．乌鲁木齐：新疆美术摄影出版社，新疆电子音像出版社，2007. 第 5 页 张骞创丝绸之路.

499. 施建中，主编；石冬梅，等，撰稿．**正说唐朝二百九十年**[M]．北京：中国国际广播出版社，2007. 第 313 页 4. 丝绸之路.

500. 邵文实，著．**上下五千年：中国历史概述**[M]．沈阳：辽海出版社，2007. 第 54 页 丝绸之路——秦汉与世界的交往.

501. 乔吉，德力格尔，刘蒙林，主编．**草原文化研究资料选编（第 3 辑）**[M]．呼和浩特：内蒙古教育出版社，2007. 第 610 页 自汉至唐的草原丝绸之路（苏北海）.

502. 张琪，编．**史记故事**[M]．呼和浩特：内蒙古人民出版社，2007. 第 359 页 丝绸之路.

503. 张津梁，总主编．**兰州历史文化・文物名胜**[M]．兰州：甘肃人民出版社，2007. 第 41 页 兰州：丝绸之路上的重镇.

504. 杜文玉，林兴霞，编著．**图说中外文化交流**[M]．北京：世界图书出版公司，2007. 第 8 页 丝绸之路与文化交流.

505. 邵士梅，蒋筱波，丁军杰，编．**中国通史故事**[M]．西安：三秦出版社，2007. 第 84 页 丝绸之路.

506. 陈福泉，等，编写．**中华五千年故事**[M]．杭州：浙江少年儿童出版社，2007. 第 127 页 张骞和丝绸之路.

507. 刀承华，主编．**傣族文化研究论文集（第 2 集）**[M]．昆明：云南民族出版社，2007. 第 432 页 傣族贝叶文化与南方丝绸之路（刀永明、张庆芬）.

508. 郭漫，主编．**不能忘记的历史**[M]．北京：航空工业出版社，2007. 第 185 页丝绸之路.

509. 吴方，著．**青山遮不住：中国文化的历史走向**[M]．北京：东方出版社，2007. 第 122 页 7 丝绸之路・北方边患.

510. 田卫疆，主编；新疆社会科学院历史研究所，编．**新疆历史与文化** 2006[M]．乌鲁木齐：新疆人民出版社，2007. 第 341 页 “丝绸之路与文明的对话”学术讨论会综述（买玉华）.

511. 芈一之，主编．**黄河上游地区历史与文物**[M]．重庆：重庆出版社，2006. 第 173 页 二十三　丝绸之路与中西交流.

512. 甘肃省地方史志编纂委员会，甘肃省人民政府外事办公室，编纂. **甘肃省志（第 56 卷）：外事志**[M]. 兰州：甘肃文化出版社，2006. 第 194 页 第三章 丝绸之路与甘肃；第 194 页 第一节 丝绸之路的兴起与甘籍人士的贡献.
513. 杨公素，著. **统一与分裂：关于中国民族与国家演变的历史札记**[M]. 北京：励志出版社，2006. 第 229 页 三 丝绸之路.
514. 葛承雍，著. **唐韵胡音与外来文明**[M]. 北京：中华书局，2006. 第 26 页 丝绸之路与古今中亚；第 36 页 谈汉唐丝绸之路的起点.
515. 喇敏智，主编. **回族对伟大祖国的贡献**[M]. 兰州：甘肃民族出版社，2006. 第 245 页 一、回回商人与丝绸之路的繁荣.
516. 禹田，编著. **中国历史故事全知道**[M]. 彩色图文版. 北京：同心出版社，2006. 第 62 页 丝绸之路.
517. 刘逊，刘迪，编著. **新疆两千年**[M]. 乌鲁木齐：新疆青少年出版社，2006. 第 78 页 三、丝绸之路.
518. 青岛市政协文史资料委员会，编. **青岛文史资料（第 15 辑）**[M]. 北京：中国海洋大学出版社，2006. 第 251 页 马濠运河是古代中国海上丝绸之路的“东方走廊”（王铎）.
519. 杨国学，著. **地域文化与文学**[M]. 北京：长江出版社，2006. 第 120 页 丝绸之路《西游记》故事情节原型辨析.
520. 柳斌杰，主编. **灿烂中华文明・艺术卷**[M]. 贵阳：贵州人民出版社，2006. 第 277 页 为什么说敦煌壁画反映古丝绸之路的变迁？.
521. 柳斌杰，主编. **灿烂中华文明・发明卷**[M]. 贵阳：贵州人民出版社，2006. 第 272 页 为什么欧洲人曾把从中国通向西方的大路称为“丝绸之路”？.
522. 柳斌杰，主编；向洪，等，撰稿. **灿烂中华文明・经济卷**[M]. 贵阳：贵州人民出版社，2006. 第 43 页 22. 什么是“丝绸之路”？；第 45 页 23. 为什么说是丝绸之路开通了对外贸易的？；第 48 页 24. 丝绸之路的“黄金时代”指什么？.
523. 柳斌杰，主编；伍兴阶，等，撰稿. **灿烂中华文明・俊杰卷**[M]. 贵阳：贵州人民出版社，2006. 第 37 页 “投笔从戎”的班超如何重新打通“丝绸之路”？；第 64 页 具有历史意义的国际通道“丝绸之路”是谁开拓的？.
524.《吴忠与灵州》编委会，编. **吴忠与灵州**[M]. 银川：宁夏人民出版社，2006. 第 162 页 五代、宋初灵州与丝绸之路.
525. 孟建耀，主编. **浙东文化集刊（2006 年卷 第 2 辑）**[M]. 上海：上海古籍出版社，2006. 第 26 页 略论海上丝绸之路（陈炎）.
526. 孟建耀，主编. **浙东文化集刊（2006 年卷 第 1 辑）**[M]. 上海：上海古籍出版社，2006. 第 56 页 海上丝绸之路研究.
527. 陈炎，著. **陈炎文集（上）**[M]. 北京：中华书局，2006. 第 397 页 四、西南丝绸之路研究；第 425 页 最早的西南“丝绸之路”（附英文）；第 442 页 德宏州在古今西南丝绸之路中的特殊地位及其发展前景；第 499 页 西南丝绸之路与西南少数民族.
528. 陈炎，著. **陈炎文集（中）**[M]. 北京：中华书局，2006. 第 507 页 五、海上丝绸之路研究；第 508 页 略论海上丝绸之路；第 591 页 中华民族海洋文化的曙光——论河姆渡文化对探索“海上丝绸之路”起源的意义；第 609 页 “丝绸之路”由陆地转向海洋；第 613 页 丝绸之路的兴衰及其从陆路转向海路的原因；第 627 页 海上丝绸之路的历史和贡献；第 648 页 海上丝绸之路与客家人对中国和世界的贡献；第 669 页 论海上丝绸之路与中外文化交流；第 677 页 海上丝绸之路与中、菲、美之间的文化联系；第 700 页 海上丝绸之路与丝绸贸易；第 702 页 海上丝绸之路的历史及其贡献——兼论中国丝绸的外传和影响；第 714 页 海上丝绸之路与日月同辉——参加联合国教科文组织“海上丝绸之路”综合考察的体会；第 724 页 走向世界 造福人类——参加“海上丝绸之路”考察感言；第 729 页 海上丝绸之路（10）——促进世界开放、交流和进步；第 737 页 海上丝绸之路对世界文明的贡献；第 746 页 海上丝绸之路；第 750 页 六、南海丝绸之路研究；第 751 页 南海丝绸之路与中外文化交流（包括地图）；第 798 页 中国丝绸传入东南亚及其影响；第 808 页 唐代以前中国和东南亚的海上交通——兼论中国丝绸从海路传入东南亚及其影响；第 906 页 阿拉伯世界在陆海“丝绸之路”中的特殊地位——兼论中国同阿拉伯之间的文化交流及其对世界文明的贡献；第 962 页 郑和下西洋促使海上丝绸之路进入鼎盛时期；第 1062 页 澳门在近代海上丝绸之路中的特殊地位和影响。

529. 陈炎，著. **陈炎文集（下）**[M]. 北京：中华书局，2006. 第 1091 页 七、东海丝绸之路研究；第 1092 页 东海丝绸之路初探——唐代以前的东海航路和丝绸外传及其影响；第 1111 页 东海丝绸之路再探——唐代东海航路进入发展时期；第 1137 页 东海丝绸之路三探——两宋时期东海航路进入高度发展时期；第 1181 页 东海丝绸之路和中外文化交流；第 1220 页 古代浙江在海上“丝绸之路”中的地位；第 1245 页 宁波港与海上丝绸之路和中外文化交流；第 1296 页 宁波“海上丝绸之路”文化遗存初探；第 1308 页 回顾在“海上丝绸之路”研究中的一些体会；第 1339 页 花环之国：马尼拉纪行——记参加联合国教科文组织“海上丝绸之路”综合考察；第 1462 页 《澳门港与海上丝绸之路》编后记（黄晓峰）；第 1466 页 《澳门港与海上丝绸之路》序一（季羡林）；第 1469 页 《澳门港与海上丝绸之路》序二（姚楠）；第 1473 页 《澳门港与海上丝绸之路》自序（陈炎）；第 1548 页 《海上丝绸之路与中外文化交流》自序；第 1555 页 《海上丝绸之路与中外文化交流》（增订本）再版后记.

530. 李默，主编. **话说中华文明（1 卷）：史前至东汉**[M]. 广州：广东旅游出版社，2006. 第 366 页 丝绸之路形成；第 367 页 海上丝绸之路开创.

531. [法]鲁保罗，著. **西域的历史与文明**[M]. 耿昇，译. 乌鲁木齐：新疆人民出版社，2006. 第 94 页 丝绸之路的开通；第 501 页 会有一条新的丝绸之路吗？；第 540 页 十三、丝绸之路.

532. 张朝胜，周乾，主编. **中华五千年（上）**[M]. 合肥：黄山书社，2006. 第 102 页 张骞通西域——丝绸之路的开辟.

533. 欧阳文青，主编. **影响中国历史 100 件大事：浓缩国史精华，开启人文之旅**[M]. 北京：中国致公出版社，2006. 第 51 页 张骞通西域——丝绸之路的开辟.

534. 刘德义，编著. **丝路悬念大揭秘**[M]. 兰州：甘肃文化出版社，2006. 第 1 页 丝路悬念大揭秘.

535. 宁波“海上丝绸之路”申报世界文化遗产办公室，宁波市文物保护管理所，宁波市文物考古研究所，编著. **宁波与海上丝绸之路**[M]. 北京：科学出版社，2006.

536. [法]阿里·玛扎海里，著．**丝绸之路：中国—波斯文化交流史**[M]．耿昇，译．乌鲁木齐：新疆人民出版社，2006.
537. 苏三，著．**罗马有多远：探寻海上丝绸之路**[M]．南昌：百花洲文艺出版社，2006.
538. 周伟洲，丁景泰，主编．**丝绸之路大辞典**[M]．西安：陕西人民出版社，2006.
539. 吴传钧，主编．**海上丝绸之路研究：中国·北海合浦海上丝绸之路始发港理论研讨会论文集**[M]．北京：科学出版社，2006.
540. 李庆新，著．**海上丝绸之路**[M]．北京：五洲传播出版社，2006.
541. 王志艳，主编．**寻找“丝绸之路”的起点：走进陕西文明**[M]．哈尔滨：黑龙江人民出版社，2006.
542. 张庆捷，李书吉，李钢，主编．**4-6 世纪的北中国与欧亚大陆**[M]．北京：科学出版社，2006．第 68 页 北朝时期丝绸之路输入的西方器物（王银田）.
543. 黄启臣，著．**海上丝路与广东古港**[M]．香港：中国评论学术出版社，2006．第 9 页 第一编 海上丝绸之路与古港；第 9 页 “丝绸之路”考释；第 24 页 海上丝绸之路与广东古港；第 53 页 徐闻是西汉南海丝绸之路的出海港；第 115 页 第二编 海上丝绸之路与珠江；第 126 页 广信是西汉海上丝绸之路与内地互动的枢纽；第 133 页 第三编 海上丝绸之路与广东外贸；第 151 页 明代广东海上丝绸之路的高度发展；第 303 页 第四编 海上丝绸之路与广东商人.
544. 王志艳，主编．**西域文明 走进新疆文明**[M]．哈尔滨：黑龙江人民出版社，2006．第 162 页 丝绸之路；第 162 页 丝绸之路简介；第 165 页 历史上的丝绸之路；第 183 页 丝绸之路和它的开拓者；第 184 页 明代“丝绸之路”上的商人.
545. 王志艳，主编．**青藏高原的呼唤：走进青海文明**[M]．哈尔滨：黑龙江人民出版社，2006．第 24 页 丝绸之路上的繁荣干道.
546. 王志艳，主编．**挖掘宁夏尘封的痕迹：走进宁夏文明**[M]．哈尔滨：黑龙江人民出版社，2006．第 43 页 西夏丝绸之路.
547. 何乐为，主编．**中国发现 IV·科技卷：科学的奇迹**[M]．北京：中国长安出版社，2006．第 225 页 东西方经济文化的交通线——丝绸之路.
548. 邢莉，著．**游牧中国：一种北方的生活态度**[M]．北京：新世界出版社，2006．第 109 页 三 草原丝绸之路.
549. 韦辛，撰写．**一个民族强盛的起点——汉**[M]．长春：吉林出版集团有限责任公司，2006．第 26 页 第二章 汉通西域与丝绸之路；第 44 页 西汉初通西域经营西域东汉复通西域丝绸之路 第三章 汉与匈奴的战和.
550. 刘学杰，著．**新疆逸事**[M]．乌鲁木齐：新疆人民出版社，2006．第 23 页 丝绸之路的雏形.
551. 闻明，张林，主编．**赫赫天朝**[M]．北京：环境科学出版社，2006．第 48 页 海上丝绸之路.
552. 陶柯，著．**论藏族文化对汉族文化的影响**[M]．北京：民族出版社，2006．第 45 页 论吐蕃为开辟高原丝绸之路做出的巨大贡献.
553. 吴远鹏，著．**泉州与世界：文化交流与人物掠影**[M]．香港：香港社会科学出版社有限公司，2006．第 74 页 海上丝绸之路与泉州民间信仰在印尼群岛的衍播初探.

554. 樊保良，著. **西北民族论集**[M]. 兰州：甘肃文化出版社，2006. 第 244 页 丝绸之路篇；第 244 页 略论中国古代少数民族与丝绸之路；第 257 页 回鹘与丝绸之路；第 278 页 蒙元时期丝绸之路简论；第 503 页 《中国古代少数民族与丝绸之路》前言.
555. [法]勒内·格鲁塞，著；李德谋，编译. **草原帝国：记述游牧民族与农耕世界三千年碰撞史**[M]. 缩译彩图本. 重庆：重庆出版社，2006. 第 18 页 丝绸之路与塔里木.
556. 张杨，主编. **话说百“越·粤”文明：走进广东文明**[M]. 哈尔滨：黑龙江人民出版社，2006. 第 9 页 海上丝绸之路和省港大罢工.
557. 唐小明，著. **古墙——中国长城与民族融合**[M]. 兰州：甘肃人民美术出版社，2006. 第 52 页 古丝绸之路.
558. 王小甫，范恩实，宁永娟，编著. **古代中外文化交流史**[M]. 北京：高等教育出版社，2006. 第 86 页 一、丝绸之路上的东罗马文物；第 90 页 二、丝绸之路青海道的开通与交流；第 201 页 第二节 宋元时期海上丝绸之路的繁荣；第 201 页 一、海上丝绸之路的拓展.
559. 龚书铎，刘德麟，主编. **图说天下·秦汉**[M]. 长春：吉林出版集团有限责任公司，2006. 第 113 页 张骞踏出的丝绸之路.
560. 王族，著. **游牧者的归途：新疆六个地方的历史叩问与地理经历**[M]. 乌鲁木齐：新疆人民出版社，2006. 第 148 页 历史：丝绸之路的出口；第 285 页 丝绸之路神遇；第 290 页 丝绸之路是人走出来的.
561. 覃彩銮，主编. **中国民族 华北·西北·东北卷**[M]. 南宁：广西民族出版社，2006. 第 42 页 三、“丝绸之路”上的商队.
562. 林涛，主编. **图读雷州文化**[M]. 海口：南方出版社，2006. 第 110 页 雷州——海上丝绸之路始发港.
563. 张国刚，吴莉苇，著. **中西文化关系史**[M]. 北京：高等教育出版社，2006. 第 29 页 一、丝绸之路的萌芽；第 30 页 “丝绸之路”名称的由来；第 30 页 早期丝绸之路；第 33 页 丝绸与织物的西传；第 39 页 第一节 陆路丝绸之路从开拓到高潮；第 40 页 一、两汉时期对丝绸之路的开拓；第 46 页 丝绸之路的南北二道；第 47 页 二、魏晋南北朝时期丝绸之路的进一步扩展.
564. 程万里，著. **话说南疆**[M]. 乌鲁木齐：新疆青少年出版社，2006. 第 3 页 在丝绸之路之前有一条玉石之路.
565. 李默，主编. **话说中华文明（第 4 卷）：元朝·明朝**[M]. 广州：广东旅游出版社，2006. 第 1610 页 丝绸之路通往美洲.
566. 新疆吐鲁番地区文物局，编. **吐鲁番学研究：第二届吐鲁番学国际学术研讨会论文集**[M]. 上海：上海辞书出版社，2006. 第 261 页 我国古丝绸之路土遗址保护加固研究（李最雄）.
567. 李玉顺，主编；天水市政协文史资料委员会，编. **文化天水**[M]. 兰州：甘肃文化出版社，2006. 第 107 页 丝绸之路上的天水古镇（王彦俊）.
568. 郑明，主编；云南省人民政府新闻办公室，编. **云南省纪念郑和下西洋六百周年活动文集**[M]. 昆明：云南科学技术出版社，2006. 第 64 页 郑和下西洋与海上丝绸之路（邓伯民）.
569. 王兰英，著. **文化西安**[M]. 西安：三秦出版社，2006. 第 20 页 丝绸之路畅想曲.

570. 钟雷，主编. **中华上下五千年（全本）**[M]. 哈尔滨：哈尔滨出版社，2006. 第 416 页 闻名于世的丝绸之路.

571. 袁行霈，严文明，主编. **中华文明史（第 3 卷）**[M]. 北京：北京大学出版社，2006. 第 58 页 第二章 丝绸之路与中外文化的交流.

572. 夏曾佑，著. **中国古代史（下）**[M]. 北京：团结出版社，2006. 第 18 页 丝绸之路示意图.

573. 北海市地方志编纂委员会，编. **北海史稿汇纂**[M]. 北京：方志出版社，2006. 第 368 页 第三辑 文选古代海上丝绸之路始发港类《汉书》中关于古代海上丝绸之路的文字记载；第 368 页 合浦港是古代海上丝绸之路的始发港（张九皋）；第 373 页 古代海上丝绸之路探源（刘明贤）；第 380 页 合浦、徐闻形成古代海上丝绸之路始发港的条件（黄家蕃）；第 384 页 论合浦是中国古代海上丝绸之路始发港（邓家倍）；第 390 页 北海古窑址与"海上丝瓷之路"（王戈）；第 408 页 古代海上丝绸之路与合浦汉墓文化（周家干、陈祖伟）；第 413 页 古代海上丝绸之路从西汉时期就开始形成；第 421 页 宁波、泉州、广州发掘、宣传、展示古代海上丝绸之路史迹现状及北海应作的工作；第 430 页 古代海上丝绸之路始发港的研究与开发（包驰林、罗活兴、唐岗）；第 462 页 古代海上丝绸之路与南珠文化（周家干）.

574. 王钊宇，总纂；岭南文化百科全书编纂委员会，编. **岭南文化百科全书**[M]. 北京：中国大百科全书出版社，2006. 第 114 页 海上丝绸之路；第 234 页 《敦煌吐鲁番文书与丝绸之路》.

575. 付闻君，编著. **青少年必读中国历史 1000 问**[M]. 北京：北京工业大学出版社，2006. 第 65 页 丝绸之路在哪里.

576. 魏光普，周俊全，周富浩，总主编. **点击中国——历史上的今天**[M]. 南宁：广西人民出版社，2006. 第 677 页 "丝绸之路"的开拓者——张骞通西域（前 123 年）；第 1113 页 海上"丝绸之路"——郑和七下西洋（1405 年）.

577. 陈星灿，米盖拉，主编；《法国汉学》丛书编辑委员会，编. **法国汉学（第 11 辑）：考古发掘与历史复原**[M]. 北京：中华书局，2006. 第 49 页 在塔克拉玛干的沙漠里：公元初年丝绸之路开辟之前克里雅河谷消逝的绿洲——记中法新疆联合考古工作（戴蔻琳、伊弟利斯·阿不都热苏勒）.

578. 宋连生，著. **大汉盛世**[M]. 北京：当代世界出版社，2006. 第 133 页 张骞出使，筑起沟通西域的丝绸之路.

579.《中国儿童百科全书·上学就看》编委会，编. **上学就看：中国家园**[M]. 北京：中国大百科全书出版社，2006. 第 45 页 丝绸之路.

580. [英]崔瑞德，[英]鲁惟一，编. **剑桥中国秦汉史（公元前 221 至公元 220 年）**[M]. 杨品泉，等，译. 北京：中国社会科学出版社，2006. 第 384 页 地图 16 西域和丝绸之路.

581. 苗普生，著. **历史上的新疆**[M]. 乌鲁木齐：新疆人民出版社，2006. 第 53 页 丝绸之路是怎样发展起来的？它又是如何经过新疆的？；第 57 页 仓慈是什么人？他为维护丝绸之路贸易正常进行有何贡献？.

582. 黄怀兴，著. **三亚史迹叙考**[M]. 海口：南方出版社，2006. 第 21 页 三亚的“海上丝绸之路”文化.

583. 夏曾佑，著. **中国古代史（上）**[M]. 北京：团结出版社，2006. 第 18 页 丝绸之路示意图.

584. 李津，编著. **一生要知道的中国文化常识**[M]. 北京：中央编译出版社，2006. 第 566 页 丝绸之路.

585. 张传玺，王邦维，著. **中华文明史（第 2 卷）**[M]. 北京：北京大学出版社，2006. 第 31 页 第三节 两汉经略边疆与开通丝绸之路；第 42 页“张骞凿空”与开通丝绸之路；第 42 页 汉武帝经略两越，开通海上丝绸之路；第 42 页 渡过澜沧，开通西南丝绸之路；第 125 页 西域丝绸之路的开通与兴盛；第 125 页 西南丝绸之路的开辟；第 125 页 南海丝绸之路的畅通.

586. 袁行霈，邓晓南，著. **中华文明史（第 3 卷）**[M]. 北京：北京大学出版社，2006. 第 58 页 第二章 丝绸之路与中外文化的交流.

587. 王天顺，著. **河套史**[M]. 北京：人民出版社，2006. 第 126 页 一、经过河套地区的丝绸之路.

588. 亦然，主编. **繁华还是凋落：隋唐**[M]. 呼和浩特：远方出版社，2006. 第 115 页 丝绸之路.

589. 赵吉惠，主编. **三秦文化**[M]. 太原：山西教育出版社，2006. 第 479 页 第二节 丝绸之路的开通和佛教东传.

590. 陈秀萍，著. **中国文化画卷**[M]. 北京：海洋出版社，2006. 第 150 页 海上丝绸之路.

591. 续文琴，主编；沁水县地方志编纂委员会，编. **沁水县志 1986—2003**[M]. 北京：方志出版社，2006. 第 643 页 第七节 关于“丝绸之路”源头的考证.

592. 王志艳，主编. **遥远的极边文明：走进云南文明**[M]. 哈尔滨：黑龙江人民出版社，2006. 第 57 页 南方丝绸之路.

593. 张杨，主编. **寻找“河西走廊”的足迹：走进甘肃文明**[M]. 哈尔滨：黑龙江人民出版社，2006. 第 78 页 丝绸之路探秘；第 104 页 聚焦丝绸之路.

594. 仇学琴，蒋文中，著. **云南民族文化探源**[M]. 北京：中国社会科学出版社，2006. 第 133 页 二 西南丝绸之路历史文化考察.

595. 王建平，主编. **河套文化论文集**[M]. 呼和浩特：内蒙古人民出版社，2006. 第 195 页 草原丝绸之路探析（潘照东、刘俊宝）.

596. 李穆文，编著. **面向世界的文明古国**[M]. 西安：西北大学出版社，2006. 第 48 页 海上丝绸之路.

597. 袁行霈，严文明，主编. **中华文明史（第 2 卷）**[M]. 北京：北京大学出版社，2006. 第 31 页 第三节 两汉经略边疆与开通丝绸之路；第 42 页 从“匈奴绝和亲”到“昭君出塞” “张骞凿空”与开通丝绸之路 汉武帝经略两越，开通海上丝绸之路 渡过澜沧，开通西南丝绸之路；第 125 页 西域丝绸之路的开通与兴盛 西南丝绸之路的开辟 南海丝绸之路的畅通与朝鲜、日本的往来.

598. 何山，雯莉，主编. **影响华夏文明与历史进程的 101 件中国大事**[M]. 北京：中国长安出版社，2006. 第 62 页 丝绸之路的开辟——“凿空”西域.

599. 禾三千，著. **导致中国兴衰的重大决策**[M]. 哈尔滨：北方文艺出版社，2006. 第 93 页 张骞通西域——开创了丝绸之路.
600. 张金龙，主编. **黎虎教授古稀纪念中国古代史论丛**[M]. 北京：世界知识出版社，2006. 第 639 页 5 至 7 世纪的高昌与丝绸之路（施新荣）.
601. 赵春香，主编. **中国上下五千年**[M]. 北京：朝华出版社，2005. 第 89 页 闻名于世的丝绸之路.
602. 张一平，著. **丝绸之路**[M]. 北京：五洲传播出版社，2005.
603. 刘德义，编著. **丝绸之路上的未解之谜**[M]. 兰州：甘肃文化出版社，2005.
604. 泉州港务局，泉州港口协会，编. **泉州港与海上丝绸之路：纪念郑和下西洋六百周年论文集**[M]. 北京：中国社会科学出版社，2005.
605. 甘肃省地方史志编纂委员会，编纂. **甘肃省志（第 53 卷）：外经贸志**[M]. 兰州：甘肃文化出版社，2005. 第 6 页 第二节 春秋战国出现“早期丝绸之路”；第 13 页 第一节 张骞出使西域拓展丝绸之路；第 25 页 第二节 东汉以后丝绸之路的变化；第 35 页 第一节 隋末唐初丝绸之路进入鼎盛时期.
606. 高伟江，魏文斌，著. **丝绸之路的现代价值研究**[M]. 长春：吉林人民出版社，2005.
607. 新疆维吾尔自治区人民政府新闻办公室，编. **丝绸之路上外国探险家的足迹**[M]. 北京：五洲传播出版社，2005.
608. [法]让－诺埃尔·罗伯特，著. **从罗马到中国：凯撒大帝时代的丝绸之路**[M]. 马军，宋敏生，译. 桂林：广西师范大学出版社，2005.
609. 刘士超，著. **穿越苍凉：永恒的丝路文明**[M]. 北京：旅游教育出版社，2005. 第 14 页 人间的丝绸天堂.
610. 刘逊，刘迪，合著. **西域二千年**[M]. 台北：知本家文化事业有限公司，2005. 第 106 页 三、丝绸之路.
611. 吴加庆，主编. **文化连云港（干部读本）**[M]. 北京：中国文史出版社，2005. 第 143 页 陆海通达的丝绸之路.
612. 古苞，主编；齐陈骏，卷主编. **西北通史（第 2 卷）**[M]. 兰州：兰州大学出版社，2005. 第 238 页 一、丝绸之路诸道各国概况；第 405 页 三、隋朝丝绸之路与燕支山盛会.
613. 雷宗友，著. **郑和下西洋**[M]. 上海：少年儿童出版社，2005. 第 9 页 海上丝绸之路.
614. 陈希明，欧阳克嶷，吾提库尔，主编；新疆维吾尔自治区文史研究馆，编. **昆仑采玉录**[M]. 北京：中华书局，2005. 第 115 页 丝绸之路今拾遗（吴凯）.
615. 吕步震，著. **舜乡情**[M]. 北京：中央文献出版社，2005. 第 180 页 探寻现代“丝绸之路”.
616. 施鹤群，主编. **郑和航海之谜**[M]. 哈尔滨：哈尔滨工程大学出版社，2005. 第 144 页 开拓了海上丝绸之路.
617. 芈一之，主编. **西宁历史与文化**[M]. 沈阳：辽宁民族出版社，2005. 第 118 页 第三节 西宁与丝绸之路.
618. 岳明，张书珩，主编. **影响中华文明的 100 件大事**[M]. 呼和浩特：远方出版社，2005. 第 46 页 丝绸之路的开辟.

619. 荣新江，华澜，张志清，主编；《法国汉学》丛书编辑委员会，编. **法国汉学（第 10 辑）：粟特人在中国——历史、考古、语言的新探索**[M]. 北京：中华书局，2005. 第 113 页 丝绸之路贸易对吐鲁番地方社会的影响：公元 500—800 年（韩森）.
620. 谷苞，主编；郭厚安，李清凌，本卷主编. **西北通史（第 3 卷）**[M]. 兰州：兰州大学出版社，2005. 第 215 页 一、丝绸之路；第 295 页 一、元代的丝绸之路.
621. 江河，主编. **酒泉史话**[M]. 兰州：甘肃文化出版社，2005. 第 22 页 汉代丝绸之路的咽喉.
622. 牛森，主编. **草原文化研究资料选编（第 1 辑）**[M]. 呼和浩特：内蒙古教育出版社，2005. 第 486 页 丝绸之路在草原文化发展中的作用（贾合甫・米尔扎汗）.
623. 王启涛，著. **吐鲁番学**[M]. 成都：巴蜀书社，2005. 第 1 页 导论 吐鲁番的历史沿革及其在古代丝绸之路上的地位.
624. 施鹤群，主编. **郑和船队到美洲之谜**[M]. 哈尔滨：哈尔滨工程大学出版社，2005. 第 21 页 海上丝绸之路的开辟.
625. 田澍，李清凌，主编. **西北史研究（第 3 辑）**[M]. 天津：天津古籍出版社，2005. 第 315 页 丝绸之路与宁夏（薛正昌）.
626. 苏三，著. **历史也疯狂**[M]. 北京：金城出版社，2005. 第 190 页 大西北印象：丝绸之路.
627. 中共中央党校理论研究室，编. **历史的丰碑：中华人民共和国国史全鉴・文化卷**[M]. 北京：中共中央文献出版社，2005. 第 414 页 中国东方文化研究会丝绸之路工作委员会.
628. 马海艳，杨杰，编著. **人一生要知道的 100 件中国历史大事**[M]. 北京：光明日报出版社，2005. 第 40 页 丝绸之路的开辟.
629. 吴海鹰，主编. **郑和与回族伊斯兰文化**[M]. 银川：宁夏人民出版社，2005. 第 1 页 郑和下西洋时期伊斯兰文化的传播对海上丝绸之路的贡献（郑一钧、蒋铁民）.
630. 王远新，编著. **丝路文化大辞典**[M]. 哈尔滨：黑龙江教育出版社，2005.
631. 本书编写组，著. **党政干部学习中国史专题讲座**[M]. 北京：中央文献出版社，2005. 第 256 页 中国历史上的丝绸之路；第 257 页 一、丝绸之路路线图；第 267 页 二、丝绸之路的历史沿革；第 278 页 三、丝绸与丝绸之路.
632. 齐陈骏，著. **枳室史稿**[M]. 兰州：甘肃文化出版社，2005. 第 671 页 丝绸之路与西北史.
633. 许勤彪，主编. **宁波历史文化二十六讲**[M]. 宁波：宁波出版社，2005. 第 73 页 宁波“海上丝绸之路”史迹与申报《世界文化遗产》（董贻安）.
634. 张仲裁，杨杰，编著. **中国通史速查手册**[M]. 北京：光明日报出版社，2005. 第 107 页 丝绸之路.
635. 陈剩勇，著. **浙江通史（第 7 卷）：明代卷**[M]. 杭州：浙江人民出版社，2005. 第 436 页 （一）“海上丝绸之路”上漂流的零星船队.
636. 雍际春，主编. **陇右文化概论**[M]. 兰州：甘肃人民出版社，2005. 第 335 页 第四节 丝绸之路与中西文化交流.
637. 王遂今，著. **吴越文化史话：中国地域文化研究**[M]. 杭州：浙江大学出版社，2005. 第 59 页 张骞凿空——“丝绸之路”的开辟；第 101 页 海上丝绸之路促使东南大繁荣.

638. 张荣芳，著. **秦汉史与岭南文化论稿**[M]. 北京：中华书局，2005. 第 65 页 源远流长的“丝绸之路”.
639. 田澍，李清凌，主编. **西北史研究（第 3 辑）**[M]. 天津：天津古籍出版社，2005. 第 315 页 丝绸之路与宁夏（薛正昌）.
640.《中国史话》编写组，编. **气吞山河的雄奇帝国**[M]. 上海：上海科学技术文献出版社，2005. 第 80 页 〈6〉汉武帝与丝绸之路.
641. 陈维山，主编. **临洮史话**[M]. 兰州：甘肃文化出版社，2005. 第 52 页 丝绸之路的重镇.
642. 黄月云，王柱国，主编. **张家川史话**[M]. 兰州：甘肃文化出版社，2005. 第 161 页 丝绸之路关陇道.
643. 李慕南，张林，李丽丽，主编；赵翠琴，编著. **中国文化史丛书·历史卷·中外关系**[M]. 2 版. 开封：河南大学出版社，2005. 第 252 页 海上丝绸之路；第 307 页 丝绸之路.
644. 鄢爱华，紫都，主编. **正说隋唐**[M]. 呼和浩特：远方出版社，2005. 第 84 页 通往西域的丝绸之路.
645. 姜若愚，蒋文中，编著. **云南民族文化旅游**[M]. 北京：旅游教育出版社，2005. 第 33 页 第二节 西南丝绸之路.
646. 邓明，著. **兰州史话**[M]. 兰州：甘肃文化出版社，2005. 第 42 页 丝绸之路重镇.
647.《中国史话》编写组，编. **寻找失落的历史年表**[M]. 上海：上海科学技术文献出版社，2005. 第 102 页 〈4〉另一条“丝绸之路”.
648. 兵团农三师，编. **图木舒克史话**[M]. 阿图什：克孜勒苏柯尔克孜文出版社；乌鲁木齐：新疆电子出版社，2005. 第 78 页 走过古丝绸之路.
649. 王月梅，张书珩，主编. **正说秦汉**[M]. 呼和浩特：远方出版社，2005. 第 153 页 丝绸之路.
650. 晁福林，主编. **中国古代史（上）**[M]. 2 版. 北京：北京师范大学出版社，2005. 第 205 页 一、丝绸之路的开辟.
651. 韩胜宝，著. **郑和之路**[M]. 上海：上海科学技术文献出版社，2005. 第 97 页 “海上丝绸之路”超过“陆上丝绸之路”；第 119 页 郑和开辟了“海上丝绸之路”战略航线；第 190 页 郑和与古代“丝绸之路”起点西安有缘.
652. 中央电视台《百家讲坛》栏目组，编. **华夏春秋志**[M]. 北京：中国人民大学出版社，2005. 第 153 页 丝绸之路与丝路考古学（孟凡人）.
653. 崔明德，著. **中国古代和亲史**[M]. 北京：人民出版社，2005. 第 514 页 第十八章 中国古代和亲与丝绸之路的拓展；第 514 页 一、和亲与四条丝绸之路；第 517 页 二、和亲与陆上丝绸之路的拓展；第 527 页 三、和亲与草原丝绸之路的拓展；第 542 页 四、和亲与“青藏高原丝绸之路”的拓展.
654. 姜义华，主编；刘泽华，本卷主编；陈雍，等，本卷编撰. **中国通史教程（第 1 卷）：先秦两汉时期**[M]. 上海：复旦大学出版社，2005. 第 400 页 丝绸之路的开通.
655. 刘正，著. **图说汉学史**[M]. 桂林：广西师范大学出版社，2005. 第 32 页 第三节 丝绸之路诸国汉学文化区.
656. 谷苞，著. **民族研究文选 3**[M]. 兰州：兰州大学出版社，2005.

657. 史小华，主编. **浙东文化集刊（2005 年卷 第 1 辑）**[M]. 上海：上海古籍出版社，2005. 第 79 页 海上丝绸之路研究；第 93 页 越窑青瓷与宁波海上丝绸之路(施祖青)；第 107 页 从《漂海录》到“千年海外寻珍”：宁波与韩国“海上丝绸之路”的当代诠释（董贻安）.

658. 刘忠起，主编；广州市黄浦区文学艺术界联合会，编. **黄埔故事**[M]. 广州：广州出版社，2004. 第 165 页 丝绸之路始发港.

659. 王介南，著. **中外文化交流史**[M]. 上海：书海出版社，2004. 第 39 页 六 春秋战国时期的丝绸之路和中外文化交流；第 43 页 七 周代西南陆上丝绸之路的开辟及与域外文化的交流；第 73 页 六 汉代海上丝绸之路的开辟与对外文化交流；第 143 页 一 繁盛的西北陆上丝绸之路与文化交流；第 204 页 一 繁盛的海上丝绸之路与对外文化交流.

660. 马良，著. **西方人眼中的东方丝绸艺术**[M]. 上海：上海教育出版社，2004. 第 113 页 第三章 东方丝绸文化影响西方的途径：丝绸之路的历史回顾；第 127 页 丝绸之路：东西方文化联结的桥梁；第 129 页 中西交往的序曲——草原丝绸之路；第 136 页中西交往的拓展——沙漠绿洲丝绸之路；第 149 页 丝绸之路的延伸——海上丝绸之路.

661. [法]F.-B. 于格，[法]E. 于格，著. **海市蜃楼中的帝国：丝绸之路上的人，神与神话**[M]. 耿昇，译. 喀什：喀什维吾尔文出版社，2004.

662. 杨兴普，主编. **永登史话**[M]. 兰州：甘肃文化出版社，2004. 第 29 页 丝绸之路黄金道.

663. 余国瑞，主编. **中国文化历程**[M]. 南京：东南大学出版社，2004. 第 148 页 中华文化与世界古文明的交流之始：“丝绸之路”的历史意义.

664. 叶显恩，著. **徽州与粤海论稿**[M]. 合肥：安徽大学出版社，2004. 第 253 页 海上丝绸之路与广州.

665.《青少年课外读物》编写组，编. **上下五千年故事全编（第 1 卷）**[M]. 长春：时代文艺出版社，2004. 第 1344 页 丝绸之路.

666. 朱汉国，主编. **简明中国史**[M]. 彩图版. 北京：北京教育出版社，2004. 第 68 页 班超经营西域 丝绸之路.

667. 西安市地方志编纂委员会，编. **西安市志・第 4 卷：经济（下）**[M]. 西安：西安出版社，2004. 第 833 页 中国丝绸之路游.

668. 巫新华，著. **驼铃悠悠 中国古代丝绸之路**[M]. 成都：四川人民出版社，2004.

669. 罗丰，著. **胡汉之间 “丝绸之路”与西北历史考古**[M]. 北京：文物出版社，2004.

670. 袁钟仁，编. **海上丝绸之路**[M]. 广州：广东人民出版社，2004.

671. 孟昭勋，主编. **丝绸之路论坛丛书**[M]. 西安：陕西人民出版社，2004.

672. 张秀平，主编. **影响中国的 100 次事件**[M]. 修订本. 南宁：广西人民出版社，2004. 第 69 页 20 西方人正是通过色彩艳丽的丝绸开始认识中国这个文明古国的——丝绸之路的开辟.

673. 王柏灵，著. **匈奴史话**[M]. 西安：陕西人民出版社，2004. 第 64 页 丝绸之路.

674. 白寿彝，总主编. **中国通史（第 4 卷）：中古时代・秦汉时期（上）**[M]. 上海：上海人民出版社，2004. 第 402 页 “丝绸之路”的开辟 汉同中亚、西亚、南亚地区诸国的经济、文化交流；第 681 页 对安息、大秦等国的交通：丝绸之路.

675. 纪云华，杨纪国，主编. **中国文化简史 春秋战国·秦汉·魏晋南北朝卷**[M]. 北京：北京出版社，2004. 第 73 页 沟通西域的丝绸之路.

676. 徐寒，主编. **中国历史百科全书（第 10 卷）：民族与对外关系**[M]. 长春：吉林大学出版社，2004. 第 399 页 丝绸之路；第 576 页 海上丝绸之路.

677. 王东福，芮素平，著. **中国历史 100 断面**[M]. 延吉：延边大学出版社，2004. 第 13 页 丝绸之路.

678. 谭元亨，主编. **封开一广信：岭南文化古都论**[M]. 广州：广东高等教育出版社，2004. 第 169 页 第七章 广信：陆上丝绸之路与海上丝绸之路的连接；第 170 页 一、陆、海“丝绸之路”的连接点.

679. 李绍明，著. **巴蜀民族史论集**[M]. 成都：四川人民出版社，2004. 第 18 页 西南丝绸之路与民族走廊.

680. 吕艺，等，编著. **中国文化史简编**[M]. 北京：北京大学出版社，2004. 第 291 页 第一节 开辟丝绸之路.

681. 徐兴信，主编. **读乐亭** 1[M]. 北京：中国物资出版社，2004. 第 29 页 葛宝丰——丝绸之路上的“医学大树”（王晓静）.

682. 樊树志，著. **国史概要**[M]. 上海：复旦大学出版社，2004. 第 106 页 丝绸之路.

683. 王霞，编著. **中华上下五千年（上）**[M]. 天津：天津古籍出版社，2004. 第 187 页 张骞开辟丝绸之路.

684. 张壮年，张颖震，编著. **中国历史秘闻轶事**[M]. 济南：山东画报出版社，2004. 第 187 页 丝绸之路知多少；第 187 页 丝绸之路综合考察被列为世界性的文化合作.

685. 徐寒，主编. **中国历史百科全书（第 11 卷）：社会生活**[M]. 长春：吉林大学出版社，2004. 第 354 页 丝绸之路.

686. 覃乃昌，岑贤安，主编. **壮学首届国际学术研讨会论文集**[M]. 南宁：广西民族出版社，2004. 第 182 页 西南桂道丝绸之路与壮族社会发展（赵明龙）.

687. 张秀平，主编. **影响中国的 100 种文化**[M]. 南宁：广西人民出版社，2004. 第 334 页 78 古代中西交通的坦途——丝绸之路.

688. 王岳川，主编. **一生要读知的 100 件中国大事**[M]. 北京：中国戏剧出版社，2004. 第 156 页 164 丝绸之路的开辟 / 张骞通西域.

689. 郭风平，主编. **中国传统文化概说**[M]. 咸阳：西北农林科技大学出版社，2004. 第 216 页 六、丝绸之路在中西文化交流中的地位.

690. 乔高才让，主编. **天祝史话**[M]. 兰州：甘肃文化出版社，2004. 第 187 页 丝绸之路上的赛马大会.

691. 万丽，编. **中国通史故事（上）**[M]. 北京：中国社会科学出版社，2004. 第 321 页 “丝绸之路” 打通西域.

692. 诸葛文，编著. **中国历代秘闻轶事·汉朝**[M]. 最新图文版. 北京：京华出版社，2004. 第 228 页 张骞真的开辟了丝绸之路吗.

693. 司马迁，原著；殷涵，尹红卿，编译. **史记**[M]. 北京：当代世界出版社，2004. 第640页 丝绸之路.

694. 广东省地方史志编纂委员会，编. **广东省志·丝绸志（上）**[M]. 广州：广东人民出版社，2004. 第499页 第二章 建国前丝绸贸易；第499页 第一节 明代以前的丝绸贸易；第499页 一、唐代以前的丝绸贸易；第501页 二、唐代的丝绸贸易；第507页 三、宋代的丝绸贸易；第514页 四、元代、明代的丝绸贸易；第523页 第二节 清代的丝绸贸易.

695. 广东省地方史志编纂委员会，编. **广东省志·丝绸志（下）**[M]. 广州：广东人民出版社，2004. 第499页 第二章 建国前丝绸贸易；第499页 第一节 明代以前的丝绸贸易；第499页 一、唐代以前的丝绸贸易；第501页 二、唐代的丝绸贸易；第507页 三、宋代的丝绸贸易；第514页 四、元代、明代的丝绸贸易；第523页 第二节 清代的丝绸贸易.

696. 胡绍华，著. **中国南方民族发展史**[M]. 北京：民族出版社，2004. 第60页 西南丝绸之路.

697. 白雪，主编. **中国历史掌故发现**[M]. 沈阳：沈阳出版社，2004. 第146页 10. 是否存在海上"丝绸之路".

698. 袁行霈，主编. **中华文明之光（上）**[M]. 北京：北京大学出版社，2004. 第455页 丝绸之路（荣新江）.

699. 唐群，著. **开元史话**[M]. 西安：三秦出版社，2004. 第133页 10. 丝绸之路.

700. 王慧，编著. **中国文化地图**[M]. 北京：中国长安出版社，2004. 第441页 什么是"丝绸之路"？.

701. 程美东，主编. **纵横南北：五代宋辽**[M]. 北京：中国社会出版社，2004. 第167页 海上"丝绸之路".

702. 魏源，杨颜荣，编著. **华夏五千年**[M]. 乌鲁木齐：新疆青少年出版社，2004. 第36页 中外文明交流的通道——丝绸之路.

703. 沙文钟，著. **黄埔村史**[M]. 北京：中国文史出版社，2004.

704. 1095. 安作璋，主编. **齐鲁文化**[M]. 济南：齐鲁书社，2004. 第43页 第14课 丝绸之路源头在哪里——活动于探究（三）

705. 秦人，编著. **人文北京**[M]. 北京：中国书籍出版社，2004. 第77页 海上丝绸之路——三保太监下西洋.

706. 马海艳，杨杰，编著. **影响中国历史的100件大事**[M]. 北京：中国书籍出版社，2004. 第44页 丝绸之路的开辟.

707. 董贻安，主编. **浙东文化论丛（第2辑）**[M]. 上海：上海古籍出版社，2004. 第154页 中华民族海洋文化的曙光——河姆渡文化对探索海上丝绸之路起源的意义（陈炎）；第213页 从《漂海录》到"千年海外寻珍"：明州与高丽"海上丝绸之路"的当代诠释（董贻安）；第244页 "海上丝绸之路"与宁波风俗文化（施祖青）.

708. 马志勇，主编. **临夏回族自治州史话**[M]. 兰州：甘肃文化出版社，2004. 第76页 河州古丝绸之路.

709. 王君正，主编；中共昆明市委宣传部，昆明市文产办，编. **昆明三万年**[M]. 昆明：云南大学出版社，2004. 第 8 页 西南丝绸之路.
710. 张仲裁，杨杰，编著. **中国通史**[M]. 北京：中国书籍出版社，2004. 第 109 页 丝绸之路.
711. 王辅政，编. **中华上下五千年**[M]. 彩色插图版. 北京：中央民族大学出版社，2003. 第 86 页 张骞开辟丝绸之路.
712. 王志杰，著. **汉武帝与茂陵**[M]. 西安：三秦出版社，2003. 第 62 页 丝绸之路诗之路.
713. 黄伟宗，著. **珠江文化论**[M]. 汕头：汕头大学出版社，2003. 第 106 页 珠江文化与“海上丝绸之路”——答香港《中国评论》记者韦民先生问；第 114 页 对“海上丝绸之路”逐步认识和深化研究的过程——在广东湛江《“海上丝绸之路”与中国南方港》学术研讨会上的报告；第 124 页 潮汕也是古代“海上丝绸之路”重要港口——答新华社记者陈楚女士问；第 128 页 “海上丝绸之路”与中国海洋文化——香港《中国评论》“思想者论坛”；第 190 页 应当重视“海上丝绸之路”的开发；第 210 页 贺州古道是海上与陆上“丝绸之路”的一条对接线；第 232 页 建议给南雄梅关珠玑巷定位为陆上与海上两条“丝绸之路”交接点进行研究开发.
714. 白华，耿嘉，主编；云南日报理论部，编. **云南文史博览**[M]. 昆明：云南人民出版社，2003. 第 78 页 云南的第一条国道与南方丝绸之路；第 80 页 是“丝绸之路”，还是“贝币之路”.
715. 程裕祯，著. **中国文化要略**[M]. 2 版. 北京：外语教学与研究出版社，2003. 第 390 页 二、海陆“丝绸之路”.
716. 陈庆英，高淑芬，主编. **西藏通史**[M]. 郑州：中州古籍出版社，2003. 第 66 页 第五节 吐蕃王朝和丝绸之路.
717. 张建一，等，编著. **埋藏在地下的军队**[M]. 上海：少年儿童出版社，2003. 第 118 页.
718. 黄启臣，主编. **广东海上丝绸之路史**[M]. 广州：广东经济出版社，2003.
719. 宋晓梅，著. **高昌国：公元五至七世纪丝绸之路上的一个移民小社会**[M]. 北京：中国社会科学出版社，2003.
720. 何芳川. **中外文明的交汇**[M]. 香港：香港城市大学出版社，2003. 第 1 页 1.“西出阳关无故人”——丝绸之路与古代中外文明的交汇；第 19 页 2.“直挂云帆济苍海”——海上丝绸之路与古代中外文明的交汇.
721. 国风，著. **丝路春秋**[M]. 太原：山西人民出版社，2003. 第 306 页 第二十五章 现代丝绸之路——亚欧第二大陆桥.
722. 吕律，编著. **戏苑奇葩：庆阳戏剧艺术风采**[M]. 北京：新华出版社，2003.
723. 白垒，绿阳，编著. **中华文明教育宝典（上）**[M]. 乌鲁木齐：新疆科技卫生出版社，2003. 第 112 页 张骞与丝绸之路.
724. 刘重日，著. **濒阳集**[M]. 合肥：黄山书社，2003. 第 420 页 明代海上丝绸之路与澳门.
725. 黄新亚，著. **中国文化史概论**[M]. 北京：中国社会出版社，2003. 第 112 页 第三节 丝绸之路.

726. 陈振江，著. **发微集**[M]. 北京：中华书局，2003. 第 577 页 沟通中西古代文明的丝绸之路.

727. 西仁・库尔班，等，编著. **中国塔吉克史料汇编**[M]. 乌鲁木齐：新疆大学出版社，2003. 第 162 页 《“丝绸之路”南道我国境内帕米尔路段调查》；第 322 页 《丝绸之路》；第 324 页 《丝绸之路：中国—波斯文化交流史》.

728. 谷维恒，潘笑竹，主编. **丝绸之路——从西安至帕米尔**[M]. 北京：中国旅游出版社，2003.

729. 刘长川，主编. **中国通史快读（下）**[M]. 北京：中国戏剧出版社，2003. 第 301 页 丝绸之路是怎样开辟的.

730. 戴逸，龚书铎，主编；中国史学会，编. **中国通史**[M]. 郑州：海燕出版社，2003. 第 101 页 丝绸之路.

731. 李鸿宾，编. **史事探微：陈连开教授从教五十周年纪念文集**[M]. 北京：中国财政经济出版社，2003. 第 92 页 南海丝绸之路第一港——徐闻港（申友良）.

732. 王定国，主编. **中国历史**[M]. 昆明：云南大学出版社，2003. 第 118 页 第一节 举世闻名的丝绸之路；第 121 页 二、北方丝绸之路；第 124 页 三、西南丝绸之路；第 126 页 四、海上丝绸之路.

733. 揣振宇，华祖根，主编. **中国民族研究年鉴** 2002[M]. 北京：民族出版社，2003. 第 576 页 麦积山石窟与丝绸之路佛教文化国际研讨会；第 582 页 重访吐鲁番：丝绸之路文化和艺术研究一百周年国际讨论会.

734. 王伏平，王永亮，著. **西北地区回族史纲**[M]. 银川：宁夏人民出版社，2003. 第 1 页 第一节 丝绸之路——长安与中亚的纽带 一、丝绸之路.

735. 赵春晨，著. **岭南近代史事与文化**[M]. 北京：中国社会科学出版社，2003. 第 393 页 关于“海上丝绸之路”概念及其历史下限的思考.

736. 范文钟，著. **昭通历史文化论述**[M]. 昆明：云南民族出版社，2003. 第 34 页 朱提是“南方陆上丝绸之路”的重要通道和交通枢纽；第 38 页 从昭通出土钱币探索出“南方陆上丝绸之路”的轨迹；第 145 页 千古“南方陆上丝绸之路”——在昭通的历史轨迹.

737. 樊树志，著. **晚明史 1573—1644 年（上）**[M]. 上海：复旦大学出版社，2003. 第 47 页 “马尼拉大帆船”与太平洋丝绸之路.

738. 刘乐土，主编. **中国大通史未解悬案全搜索（上）**[M]. 北京：中国戏剧出版社，2003. 第 346 页 千古鸣唱的驼铃 丝绸之路之谜.

739. 徐永亮，主编. **中国皇宫秘史之谜全公开**[M]. 北京：中国戏剧出版社，2003. 第 97 页 丝绸之路的先驱 汉武帝遣张骞出使西域秘事.

740. 李新社，主编. **洛阳历史之最**[M]. 香港：香港中国新闻出版社，2003. 第 81 页 洛阳是古代丝绸之路的东起点.

741. 司马迁，著. **史记**[M]. 北京：当代世界出版社，2003. 第 671 页 丝绸之路.

742. 刘长川，主编. **中国通史快读（上）**[M]. 北京：中国戏剧出版社，2003. 第 301 页 丝绸之路是怎样开辟的.

743. 戴逸，龚书铎，主编. **上下五千年（第 1 卷）**[M]. 彩图版. 郑州：海燕出版社，2003. 第 69 页 丝绸之路.
744. 丹珠昂奔，等，主编. **藏族大辞典**[M]. 兰州：甘肃人民出版社，2003. 第 692 页 麝香丝绸之路.
745. 陈英，编著. **甘肃历史文化**[M]. 兰州：甘肃民族出版社，2003.
746. 方国荣，主编. **中华文明五千年（卷 2）：汉至晋**[M]. 广州：暨南大学出版社，2003. 第 48 页 丝绸之路；第 132 页 汉代海上丝绸之路.
747. 余太山，主编. **西域通史**[M]. 2 版. 郑州：中州古籍出版社，2003. 第 203 页 第七章 唐代丝绸之路与西域经济的繁荣；第 203 页 第一节 唐代丝绸之路概说.
748. 高树榆，著. **神秘王国·西夏故事**[M]. 银川：宁夏人民出版社，2003.
749. 李学勤，徐吉军，主编. **黄河文化史（上）**[M]. 南昌：江西教育出版社，2003. 第 1298 页 二、丝绸之路的繁荣与黄河文化.
750. 邢涛，纪江红，主编. **中国通史**[M]. 北京：北京出版社，2003. 第 80 页 丝绸之路（公元前 87—25 年）.
751. 安作璋，主编. **中国史简编**[M]. 济南：山东教育出版社，2003. 第 148 页 张骞通西域和丝绸之路.
752. 卢美松，著. **闽中稽古**[M]. 厦门：厦门大学出版社，2002. 第 98 页 海上丝绸之路溯源.
753. 石延博，孙文阁，主编. **中国通史·隋唐五代卷**[M]. 通辽：内蒙古少年儿童出版社，2002. 第 134 页 丝绸之路.
754. 邓廷良，著. **西南丝路——穿越横断山**[M]. 成都：四川人民出版社，2002. 第 3 页 丝路源头——天府之国的形成.
755. 陈良伟，著. **丝绸之路河南道**[M]. 北京：中国社会科学出版社，2002.
756. 中国航海学会，泉州市人民政府，编. **泉州港与海上丝绸之路**[M]. 北京：中国社会科学出版社，2002.
757. 林士民，沈建国，著. **万里丝路：宁波与海上丝绸之路**[M]. 宁波：宁波出版社，2002.
758. 孙修身，著. **敦煌与中西交通研究**[M]. 兰州：甘肃教育出版社，2002. 第 1 页 第一章 丝绸之路的命名及内涵；第 7 页 第二章 丝绸之路的开通及河西文化圈的形成；第 130 页 第八章 丝绸之路上的行人.
759. 黄剑华，著. **丝路上的文明古国**[M]. 成都：四川人民出版社，2002. 第 1 页 1 大漠上的丝绸之路.
760. 中国与海上丝绸之路研究中心，福建省海上丝绸之路研究会，法国远东学院福州中心，编. **澳门与海上丝绸之路**[M]. 福州：福建教育出版社，2002.
761. 兴旅旅游工作室，编. **中国丝绸之路**[M]. 北京：中国地图出版社，2002.
762. 仲高，著. **新疆文化**[M]. 北京：五洲传播出版社，2002. 第 1 页 丝绸之路上的古西域文化.
763. 李斌城，主编. **历史考古研究系列·唐代文化（下）**[M]. 北京：中国社会科学出版社，2002. 第 1308 页 三 沙漠丝绸之路概说；第 1312 页 五 草原丝绸之路的繁荣；第 1315 页 六 西南丝绸之路的发展.

764. 罗绍文，著. **西域钩玄**[M]. 兰州：兰州大学出版社，2002. 第 99 页 “丝绸之路”（“丝路”）由来释.

765. 王慧川，主编. **新编中华上下五千年（下）**[M]. 北京：中国致公出版社，2002. 第 276 页 张骞开辟丝绸之路.

766. 龚德隆，编. **中国通史（第 2 卷）**[M]. 海拉尔：内蒙古文化出版社，2002. 第 26 页 张骞通西域和丝绸之路.

767. 超凡，编著. **中国通史·上** 1[M]. 北京：光明日报出版社，2002. 第 228 页 丝绸之路.

768. 黄盛璋，著. **中外交通与交流史研究**[M]. 合肥：安徽教育出版社，2002. 第 488 页《马可·波罗行记》与新疆丝绸之路有关历史地理争议问题辨正（提要）.

769. 迟双明，主编. **上下五千年（第 3 卷）**[M]. 北京：光明日报出版社，2002. 第 623 页 二十四、唐代的丝绸之路.

770. 蔡磊，主编. **中国通史** 5[M]. 长春：时代文艺出版社，2002. 第 1730 页“丝绸之路”.

771. 蔡磊，主编. **中国通史** 2[M]. 长春：时代文艺出版社，2002. 第 773 页 丝绸之路.

772. 殷涵，尹红卿，编译. **史记（上）**[M]. 学生版. 北京：当代世界出版社，2002. 第 820 页 丝绸之路.

773. 冯克诚，田晓娜，主编. **中国通史全编 8：隋唐五代历史编（之二）**[M]. 西宁：青海人民出版社，2002. 第 78 页 畅通无阻的“丝绸之路”.

774. 戴逸，龚书铎，编. **中国通史（第 1 卷）**[M]. 彩图版. 郑州：海燕出版社，2002. 第 81 页 丝绸之路.

775. 林剑鸣，吴永琪，主编. **秦汉文化史大辞典**[M]. 上海：汉语大词典出版社，2002. 第 282 页 丝绸之路.

776. 张壮年，张颖震，编著. **中国历史秘闻轶事（上）**[M]. 济南：山东画报出版社，2002. 第 183 页 丝绸之路知多少；第 183 页 丝绸之路综合考察被列为世界性的文化合作.

777. 徐湖平，等，主编. **图说中华五千年**[M]. 南京：江苏少年儿童出版社，2002. 第 66 页 文明交流的要道——丝绸之路.

778. 诸葛祥蜀，赵荣织，主编. **中华五千年**[M]. 北京：北京燕山出版社，2002. 第 151 页 丝绸之路.

779. 王慧川，主编. **中华上下五千年**[M]. 北京：中国致公出版社，2002. 第 276 页 张骞开辟丝绸之路.

780. 夏日新，易学金，主编；李红，等，编纂. **中国重大文史公案**[M]. 武汉：长江文艺出版社，2002. 第 335 页 丝绸之路春秋已通.

781. 刘乾先，等，主编. **中华文明实录**[M]. 哈尔滨：黑龙江人民出版社，2002. 第 332 页 丝绸之路.

782. 姜霞，主编. **新编中国上下五千年** 6[M]. 长春：时代文艺出版社，2002. 第 2084 页 唐代的丝绸之路.

783. 睿松，主编. **影响历史的华夏 100 事**[M]. 西安：陕西旅游出版社，2002. 第 85 页 “丝绸之路”的开辟.

784. 潘琦，主编. **广西环北部湾文化研究**[M]. 南宁：广西人民出版社，2002. 第 510 页 “古代海上丝绸之路”的探索开通和发展（刘明贤）.

785. 齐豫生，夏于全，主编. **中国全史（第 2 卷）**[M]. 长春：吉林摄影出版社，2002. 第 1067 页 唐代的“丝绸之路”.

786. 西北师范大学文学院西北史研究所、敦煌学研究所，编. **西北史研究（第 2 辑）**[M]. 兰州：甘肃文化出版社，2002.

787. 丁毅华，著. **丁毅华史学论文自选集**[M]. 武汉：湖北人民出版社，2002. 第 215 页 丝绸之路——古代亚欧大陆桥的东端是洛阳.

788. 李斌城，主编. **唐代文化（下）**[M]. 北京：中国社会科学出版社，2002. 第 1687 页 三 沙漠丝绸之路概说；第 1693 页 五 草原丝绸之路的繁荣；第 1697 页 六 西南丝绸之路的发展.

789. 赵毅，赵轶峰，主编. **中国古代史**[M]. 北京：高等教育出版社，2002. 第 300 页 第七节 丝绸之路：中国与外部世界的联系.

790. 胡戟，等，主编. **二十世纪唐研究**[M]. 北京：中国社会科学出版社，2002. 第 696 页 （一）唐代舞蹈与丝绸之路.

791. 靳之林，著. **生命之树与中国民间民俗艺术**[M]. 桂林：广西师范大学出版社，2002. 第 149 页 丝绸之路上的螃蟹、蜘蛛、甲虫、蝎和蜥蜴；第 190 页 汉唐丝绸之路上的太阳联珠纹与对鸟、对鸡、对羊、对马生命树.

792. 吴楚，李钰，主编. **中国通史故事（上）**[M]. 呼和浩特：远方出版社，2002. 第 321 页 “丝绸之路”打通西域.

793. 周伟民，唐玲玲，著. **中国和马来西亚文化交流史**[M]. 台北：文史哲出版社，2002. 第 450 页 第二节 植物王国里的香料之路与丝绸之路的友谊.

794. 田卫疆，著. **新疆历史**[M]. 北京：五洲传播出版社，2002. 第 25 页“丝绸之路”的繁荣与隋（581—618）唐（618—907）对新疆的军政管理.

795. 香港城市大学中国文化中心，编. **中国文化导读**[M]. 2 版. 香港：香港城市大学出版社，2002.

796. 穆舜英，著. **千古之谜楼兰**[M]. 昆明：云南人民出版社，2002. 第 41 页 四 丝绸之路上的重镇——楼兰.

797. 严建强，著. **18 世纪中国文化在西欧的传播及其反应**[M]. 杭州：中国美术学院出版社，2002. 第 43 页 一、丝绸之路与古典欧洲的中国图像.

798. 李喜所，主编. **五千年中外文化交流史**[M]. 北京：世界知识出版社，2002. 第 61 页 张骞通西域与陆上丝绸之路的形成；第 64 页 西南丝绸之路；第 68 页 驶往黄支国的海上丝绸之路；第 75 页 匈奴与草原丝绸之路；第 109 页 五凉与西北丝绸之路；第 211 页 唐代西域与丝绸之路.

799. 袁行霈，主编. **中华文明大视野：青少年读物**[M]. 南昌：二十一世纪出版社，2002. 第 241 页 丝绸之路；第 321 页 丝绸之路与百戏.

800. 张秀华，编著. **蒙古族生活掠影**[M]. 沈阳：沈阳出版社，2002. 第 120 页 草原丝绸之路与蒙古社会生活的变化.

801. 葛兆光，著. **古代中国社会与文化十讲**[M]. 北京：清华大学出版社，2002. 第 68 页 一 西域丝绸之路的再发现.

802. 周伟民，唐玲玲，著. **中国和马来西亚文化交流史**[M]. 海口：海南出版社，2002. 第438页 第二节 植物王国里的香料之路和丝绸之路的友谊.
803. 徐湖平，主编. **中华五千年图典**[M]. 南京：江苏少年儿童出版社，2002. 第66页 文明交流的要道——丝绸之路.
804. 董乃斌，著. **流金岁月**[M]. 北京：中华书局，2001. 第66页 丝绸之路；第71页 海上丝绸之路.
805. [法]布尔努瓦，著. **丝绸之路**[M]. 耿昇，译. 济南：山东画报出版社，2001.
806. 周勇，著. **时间之痕：南方丝绸之路旅行笔记**[M]. 昆明：云南人民出版社，2001.
807. 黄鹤，秦柯，编. **交融与辉映：中国学者论海上丝绸之路**[M]. 广州：广东旅游出版社，2001.
808. 谭元亨，著. **广府海韵 珠江文化与海上丝绸之路**[M]. 广州：广东旅游出版社，2001.
809. 阿布都秀库尔，著. **丝绸之路上的九大法宝（维吾尔文）**[M]. 乌鲁木齐：新疆人民出版社，2001.
810. 贺卫光，著. **中国古代游牧民族经济社会文化研究**[M]. 兰州：甘肃人民出版社，2001. 第191页 第十一章 丝绸之路与游牧民族；第192页 一、丝绸之路与游牧民族；第200页 二、丝绸之路的兴衰与游牧民族；第202页 三、历史上游牧民族对丝绸之路的控制和经营.
811. **海上丝绸之路研究专辑**[M]. 广州：广东旅游出版社，2001.
812. 杨旸，主编. **明清东北亚水陆丝绸之路与虾夷锦研究**[M]. 沈阳：辽海出版社，2001.
813. 蔡英豪，主编. **海上丝路寻踪**[M]. 北京：华文出版社，2001. 第78页 海上丝绸之路暨潮汕文化国际学术研讨会在汕大召开；第3页 南方海上丝绸之路考证的重要突破.
814. 魏明孔，编著. **甘肃·河西走廊风物志**[M]. 昆明：云南人民出版社，2001. 第151页《丝绸路上》；第152页《丝绸之路》；第153页《丝绸之路贸易史》；第154页《丝绸之路文化大辞典》；第155页《丝绸之路文献叙录》；第246页 丝绸之路；第252页 丝绸之路汽车之旅.
815. 卓维华，主编. **新编昆明风物志**[M]. 昆明：云南人民出版社，2001. 第386页 蜀身毒道：南方丝绸之路.
816. 夏于全. **上下五千年（第5卷）**[M]. 长春：吉林摄影出版社，2001. 第161页 七、畅通无阻的唐代“丝绸之路”.
817. 陈兴林，主编. **中国史纲**[M]. 北京：人民教育出版社，2001. 第27页 张骞出使西域和丝绸之路.
818. 徐荻，主编. **中华文化十万个为什么·地理卷**[M]. 沈阳：辽海出版社，2001. 第48页 29. 为什么说“丝绸之路”是联系东西方文化的一条彩带？；第53页 30. 为什么说汉代已开辟了海上丝绸之路？；第56页 31. 为什么说陆上丝绸之路在唐代前期达到极盛时期？.
819. 房列曙，木华，主编. **中国文化史纲**[M]. 北京：科学出版社，2001. 第80页 一、丝绸之路的开辟.

820. 政协雷州市委员会，编辑. **雷州文史（第5辑）**[M]. 2001. 第174页 也论汉徐闻县治及“海上丝绸之路”始发港（蔡山桂）.
821. 荣新江，著. **中古中国与外来文明**[M]. 北京：生活·读书·新知三联书店，2001. 第1页 丝绸之路：东西方文明交往的通道（代前言）.
822. 李国轩，主编. **中国全史·第1卷：中国通史（上）**[M]. 延吉：延边人民出版社，2001. 第251页 丝绸之路；第582页 畅通无阻的“丝绸之路”.
823. 冯天瑜，主编. **中华文化辞典**[M]. 武汉：武汉大学出版社，2001. 第171页 丝绸之路.
824. 程妮娜，主编. **东北史**[M]. 长春：吉林大学出版社，2001. 第145页 第五节 隋唐东方丝绸之路.
825. 戴逸，龚书铎，主编；中国史学会编. **中国通史（第2册）**[M]. 插图版. 郑州：海燕出版社，2001. 第32页 丝绸之路.
826.《中华历史大辞典》编委会，编. **中华历史大辞典（第1卷）**[M]. 延吉：延边人民出版社，2001. 第620页 海上丝绸之路；第1685页 丝绸之路；第2115页 西汉丝绸之路.
827. 段渝，谭洛非，著. **濯锦清江万里流：巴蜀文化的历程**[M]. 成都：四川人民出版社，2001. 第220页 第三节 丝绸之路的南移.
828. 超凡，主编. **中国通史（上）**[M]. 彩图版. 长春：北方妇女儿童出版社，2001. 第228页 丝绸之路.
829. 泰森，主编. **新编上下五千年**[M]. 图文版. 呼和浩特：内蒙古大学出版社，2001. 第1407页 丝绸之路.
830. 国风，著. **丝路春秋**[M]. 哈尔滨：黑龙江人民出版社，2001.
831. [法]雅克·布罗斯，著. **发现中国**[M]. 耿昇，译. 济南：山东画报出版社，2001.
832. 邵文实，著. **上下五千年·中国历史概述**[M]. 沈阳：辽海出版社，2001. 第54页 丝绸之路——秦汉与世界的交往.
833. 张岂之，主编；张国刚，杨树森，卷主编. **中国历史·隋唐宋卷**[M]. 北京：高等教育出版社，2001. 第149页 三、丝绸之路与西域宗教文化.
834. 王珊珊，等，编. **中华上下五千年**[M]. 通辽：内蒙古少年儿童出版社，2001. 第124页 闻名于世的丝绸之路.
835. 郑以灵，主编. **远古追梦：史前-25年的中国故事**[M]. 福州：福建人民出版社，2001. 第163页 丝绸之路驼铃响 张骞出使西域.
836. 苏开华，胡志彬，主编. **千秋光华：中华文明史专题研究**[M]. 北京：军事科学出版社，2001. 第34页 二、桑蚕养殖与丝绸之路的开辟.
837. 西安市莲湖区地方志编纂委员会，编. **莲湖区志**[M]. 西安：三秦出版社，2001. 第226页 “丝绸之路”石雕骆驼群.
838. 尹夏清，著. **隋唐——帝国新秩序**[M]. 上海：上海辞书出版社；香港：商务印书馆（香港）有限公司，2001. 第28页 丝绸之路.
839. 吕变庭，著. **中国西部古代科学文化史（上）**[M]. 北京：方志出版社，2001. 第53页 （二）张骞出使西域与丝绸之路的开辟；第54页 2. 丝绸之路的开辟；第96页 3. 塔里木河流域诸国的历史演变过程及其丝绸之路的发展状况.

840. 徐肖南，等，编译. **东方的发现：外国学者谈海上丝路与中国**[M]. 广州：广东旅游出版社，2001. 第 346 页 第七章 丝路沧桑：时空与观念的距离.

841. 罗宗真，著. **魏晋南北朝——分裂动荡的年代**[M]. 上海：上海辞书出版社，香港：商务印书馆（香港）有限公司，2001. 第 114 页 丝绸之路的佛教圣地敦煌；第 138 页 丝绸之路的畅通.

842. 陕西省地方志编纂委员会，编. **陕西省志·外事志**[M]. 西安：陕西人民出版社，2001. 第 13 页 第二节 丝绸之路由来；第 26 页 第五节 丝绸之路的开拓；第 62 页 第三节 丝绸之路的兴盛；第 212 页 第三节 丝绸之路的延续.

843. 巫新华，李肖，著. **寻秘大海道 考古探察手记**[M]. 北京：中国社会科学出版社，2000. 第 1 页 序言 丝绸之路与大海道；第 1 页 一 漫话丝绸之路.

844. 吴恩扬，著. **交流**[M]. 天津：新蕾出版社，2000. 第 16 页 凿通丝绸之路的先驱——张骞.

845. 杜瑜，著. **海上丝路史话**[M]. 北京：中国大百科全书出版社，2000. 第 158 页 西方殖民者的东侵与太平洋上的“丝绸之路”.

846. 中国维吾尔历史文化研究会，编. **维吾尔历史文化研究文献题目录**[M]. 北京：民族出版社，2000. 第 116 页 丝绸之路.

847. 张磊，张苹，著. **广州史话**[M]. 北京：社会科学文献出版社，2000. 第 9 页 海上“丝绸之路”的起点.

848. 卢德平，主编. **新编上下五千年（第 1 卷）**[M]. 通辽：内蒙古少年儿童出版社，2000. 第 2453 页 丝绸之路.

849. 郑师渠，主编；吴怀祺，卷主编. **中国文化通史 5：两宋卷**[M]. 北京：中共中央党校出版社，2000. 第 123 页 第三节 海上“丝绸之路”与宋文化的辐射.

850. 周月亮，著. **中国古代文化传播史**[M]. 北京：北京广播学院出版社，2000. 第 132 页 四、开放的丝绸之路.

851. 中国历史大辞典·科技史卷编纂委员会，编. **中国历史大辞典·科技史卷**[M]. 上海：上海辞书出版社，2000. 第 244 页 丝绸之路.

852. 蒋彻，著. **夜郎·牂牁·牂柯江**[M]. 香港：香港天马图书有限公司，2000. 第 245 页 十、自僰道指牂柯江的南方丝绸之路——从秦五尺道到南昆、内昆、水白铁路；第 246 页 （一）北方丝绸之路开辟者提出开辟南方丝绸之路；第 247 页 （二）自僰道指牂柯江的南方丝绸之路大事记.

853. 赵春晨，等，编著. **岭南物质文明史**[M]. 广州：广州出版社，2000. 第 120 页 四 海上丝绸之路：香料和玻璃与丝绸和茶叶.

854. 孟凡人，著. **丝绸之路史话**[M]. 北京：中国大百科全书出版社，2000.

855. 徐勇，主编；阎爱民，余新忠，本卷主编. **新编中国史话**[M]. 太原：希望出版社，2000. 第 136 页 丝绸之路——唐以前中外经济交流的陆路大动脉.

856. 陕西省道路交通管理志咸阳分志编纂委员会，编. **陕西省道路交通管理志·咸阳分志**[M]. 西安：陕西人民出版社，2000. 第 22 页 第三节 丝绸之路.

857. 丽江地区地方志编纂委员会，编纂. **丽江地区志（下）**[M]. 昆明：云南民族出版社，2000. 第 397 页 一、南方丝绸之路.

858. 卢德平，主编. **新编上下五千年（第 6 卷）**[M]. 珍藏本. 通辽：内蒙古少年儿童出版社，2000. 第 2453 页 丝绸之路.
859. 阎纯德，主编. **汉学研究（第 4 集）**[M]. 北京：中华书局，2000. 第 321 页 从法国安菲特利特号船远航中国看 17-18 世纪的海上丝绸之路（耿昇）.
860. 曾应枫，著. **俗话广州**[M]. 广州：广州出版社，2000. 第 29 页 海上丝绸之路.
861. 周伟洲，著. **边疆民族历史与文物考论**[M]. 哈尔滨：黑龙江教育出版社，2000. 第 374 页 第六章 丝绸之路与边疆民族；第 374 页 一 概说“丝绸之路”.
862. 阎国权，主编. **敦煌二千一百年**[M]. 北京：新华出版社，2000. 第 116 页 打通丝绸之路起家的吕光；第 209 页 丝绸之路上的经济文化交流.
863. 张鸣，吴静妍，主编. **外国人眼中的中国・第四卷：风土人情（上）**[M]. 长春：吉林摄影出版社，2000. 第 1047 页 丝绸之路上的喀什埃菲社.
864. 张鸣，吴静妍，主编. **外国人眼中的中国・第四卷（下）：风土人情**[M]. 长春：吉林摄影出版社，2000. 第 1047 页 丝绸之路上的喀什埃菲社.
865. 成功，著. **中学地理知识多用词典**[M]. 延吉：延边人民出版社，2000. 第 689 页 中国古代丝绸之路.
866. 陈乃良，著. **封中史话：岭南古文化摇篮探索**[M]. 广州：广东省地图出版社，2000. 第 64 页 九、“海上丝绸之路”始发港的历史悬谜.
867. 丁文. **中国通史（第 3 卷）**[M]. 天津：天津古籍出版社，2000. 第 391 页 唐代的“丝绸之路”.
868. 徐勇，主编；倪金荣，肖立军，本卷主编. **新编中国史话・社会政治卷**[M]. 太原：希望出版社，2000. 第 57 页 张骞“凿空”——西出玉门开通丝绸之路.
869. 成功，编著. **中国历史知识多用词典**[M]. 延吉：延边人民出版社，2000. 第 70 页 丝绸之路.
870. 王峰，主编. **中华爱国通史（第 6 卷）**[M]. 插图本. 北京：印刷工业出版社，2000. 第 720 页 丝绸之路，通好他族.
871. 杨晓晖，主编. **新编上下五千年（第 1 卷）**[M]. 图鉴版. 北京：中国戏剧出版社，2000. 第 2010 页 丝绸之路.
872. 臧嵘，著. **中国历史趣谈**[M]. 成都：四川人民出版社，2000. 第 177 页 埋在流沙中的遗产——丝绸之路上的谜.
873. 梁尉英，主编；敦煌研究院，编. **敦煌图史**[M]. 上海：上海古籍出版社，2000. 第 1 页 古代丝绸之路示意图.
874. 徐杰舜，主编. **雪球：汉民族的人类学分析**[M]. 上海：上海人民出版社，1999. 第 1011 页 二、丝绸之路文化.
875. 史树青，主编. **中华文明之光・科学技术卷**[M]. 武汉：湖北少年儿童出版社，1999. 第 443 页 中外驰名的丝绸之路.
876. 周德清，编著. **民族知识问答**[M]. 北京：中央民族大学出版社，1999. 第 214 页 丝绸之路.
877. 陈达生，等，主编. **海上丝绸之路研究 2：中国与东南亚**[M]. 福州：福建教育出版社，1999.
878. 吴岳添，编. **丝绸之路：古代文明的通道**[M]. 重庆：重庆出版社，1999.

879. 杨晓霭，著. **瀚海驼铃：丝绸之路的人物往来与文化交流**[M]. 兰州：甘肃教育出版社，1999.
880. 阿布都克里木·热合满，著. **丝路民族文化视野**[M]. 乌鲁木齐：新疆大学出版社，1999. 第1页 新疆在丝绸之路文化历史上的地位.
881. 沈济时，著. **丝绸之路**[M]. 上海：上海古籍出版社，1999.
882. 庄为玑，等，编著. **海上丝绸之路的著名港口——泉州**[M]. 北京：海洋出版社，1999.
883. 杨建新，著. **各民族共创中华·东北内蒙卷（下）：蒙古族的贡献**[M]. 兰州：甘肃文化出版社，1999. 第49页 第二章 开拓丝绸之路新天地；第50页 第一节 重开丝绸之路.
884. 钱宗范，著. **可爱的广西：历史之魂**[M]. 南宁：广西人民出版社，1999. 第19页 七、海上丝绸之路的起点之一——汉唐间的合浦.
885. 袁行霈，主编. **中华文明之光**[M]. 北京：北京大学出版社，1999. 第123页 丝绸之路（荣新江）.
886. 王大方，著. **草原访古**[M]. 呼和浩特：内蒙古大学出版社，1999. 第20页 草原丝绸之路.
887. 崔永红，等，主编. **青海通史**[M]. 西宁：青海人民出版社，1999. 第135页 第四节 丝绸之路青海道.
888. 刘东，主编. **中华文明读本**[M]. 北京：社会科学文献出版社，1999. 第201页 丝绸之路（杨泓）.
889. 王拴乾，主编. **走向21世纪的新疆·经济卷**[M]. 乌鲁木齐：新疆人民出版社，1999. 第23页 第二章 古代“丝绸之路”和近代商贸的发展；第23页 第一节 古代“丝绸之路”的兴衰.
890. 凌瑞兰，主编. **中华文化十万个为什么（第1辑）：音乐卷**[M]. 沈阳：辽海出版社，1999. 第64页 为什么“丝绸之路”又称“音乐之路”？.
891. 铁木尔·达瓦买提，主编. **中国少数民族文化大辞典·综合卷**[M]. 北京：民族出版社，1999. 第281页 丝绸之路；第282页 丝绸之路草原民族文化；第392页 中国古代少数民族与丝绸之路.
892. 隆炜，主编. **中国通史（第1-7卷）**[M]. 图鉴版. 北京：中国档案出版社，1999. 第294页 丝绸之路的开辟.
893. 李绍连，著. **永不失落的文明：中原古代文化研究**[M]. 上海：学林出版社，1999. 第286页 第十一章 丝绸之路的文化轨迹.
894. 宋蜀华，著. **中国民族学理论探索与实践**[M]. 北京：中央民族大学出版社，1999. 第332页 六、西南丝绸之路的形成、作用和现实意义.
895. 柳用能，著. **新疆古代文明**[M]. 乌鲁木齐：新疆美术摄影出版社，1999. 第85页 胡商与丝绸之路.
896. 白天星，吴泽春，主编；白银市地方志编纂委员会，编. **白银市志**[M]. 北京：中华书局，1999. 第424页 第二节 丝绸之路.
897. 赵汝清，主编. **丝绸之路西段历史研究：兼论沿途民族迁徙及国家关系**[M]. 兰州：甘肃文化出版社，1999.

898. 张传玺，主编. **简明中国古代史**[M]. 3 版. 北京：北京大学出版社，1999. 第 185 页 丝绸之路.

899. 吴传钧，主编. **海上丝绸之路研究 1：海上丝绸之路与伊斯兰文化**[M]. 北京：科学出版社，1999.

900. 杨连山，尤克勤，编写. **丝绸之路史话**[M]. 北京：中国少年儿童出版社，1998.

901. 杜经国，吴奎信，主编. **海上丝绸之路与潮汕文化**[M]. 汕头：汕头大学出版社，1998.

902. 张兵，李子伟，著. **陇右文化**[M]. 沈阳：辽宁教育出版社，1998. 第 90 页 第三章 民族文化交流的大乐章——丝绸之路与陇右文化的繁荣；第 91 页 第一节 丝绸之路的开通及其发展变化；第 101 页 第二节 丝绸之路的线路与丝绸路上的商贸往来；第 110 页 第三节 丝绸之路与陇右文化的繁荣.

903. 何芳川，万明，著. **古代中西文化交流史话**[M]. 北京：商务印书馆，1998. 第 18 页 2. 汉代的丝绸之路；第 21 页 3. 班超父子对丝绸之路的苦心经营；第 54 页 3. 海上丝绸之路的勃兴与繁荣.

904. 川滇黔十一市地州政协《今古生辉南丝路》编委会，编. **今古生辉南丝路**[M]. 德宏：德宏民族出版社，1998. 第 45 页 南方丝绸之路第一站——新津（童汝锷）；第 155 页 漫话丝绸之路上的桥梁（谢道辛）；第 204 页 德宏——南方丝绸路上的国门（张国龙）；第 271 页 丝绸路上的美景——大关黄连河（马才顺）；第 497 页 南方丝绸之路与乐山东汉佛像（徐文华）.

905. [法]J. -P. 德勒热，原著. **丝绸之路 东方和西方的交流传奇**[M]. 吴岳添，译. 上海：上海书店出版社，上海世纪出版集团，1998.

906. 中华文化通志编委会，编；王介南，撰. **中华文化通志·中国与东南亚文化交流志**[M]. 上海：上海人民出版社，1998. 第 46 页 第二章 中国与东南亚的陆上文化交流之路；第 46 页 第一节 历史古远的南方陆上丝绸之路；第 56 页 第二节 南方陆上丝绸之路的走向；第 60 页 第三节 经由南方陆上丝绸之路传入东南亚的中国文化；第 65 页 第四节 经由南方陆上丝绸之路传入中国的东南亚文化；第 68 页 第五节 南方陆上丝绸之路研究中的不同观点；第 71 页 第三章 中国与东南亚的海上文化交流之路.

907. 丁兴旺，等，编著. **丝绸之路探奇**[M]. 长春：东北师范大学出版社，1998.

908. 中华文化通志编委会，编；何堂坤，赵丰，撰. **中华文化通志·纺织与矿冶志**[M]. 上海：上海人民出版社，1998. 第 165 页 第一节 丝绸之路；第 165 页 一、草原丝绸之路；第 166 页 二、沙漠绿洲丝绸之路；第 168 页 三、海上丝绸之路.

909. 中华文化通志编委会，编；周魁一，谭徐明，撰. **中华文化通志·水利与交通志**[M]. 上海：上海人民出版社，1998. 第 248 页 四、海上丝绸之路——远洋航海活动；第 289 页 三、丝绸之路、唐蕃道及其他——南方、西北及青藏道路的开拓.

910. 新疆维吾尔自治区地方志编纂委员会，《新疆通志·公路交通志》编纂委员会，编. **新疆通志（第 48 卷）：公路交通志**[M]. 乌鲁木齐：新疆人民出版社，1998. 第 61 页 第一篇 古道 第一章 丝绸之路.

911. 中华文化通志编委会，编；董锡玖，刘峻骧，秦序，撰. **中华文化通志·乐舞志**[M]. 上海：上海人民出版社，1998. 第 369 页 十、丝绸之路乐舞文物石窟舞蹈艺术.

912. 林梅村，著. **汉唐西域与中国文明**[M]. 北京：文物出版社，1998. 第 30 页 新疆呼图壁县康家石门子古代宗教裸体舞蹈岩画.

913. 中华孔子学会编辑委员会，编. **中华地域文化集成**[M]. 北京：群众出版社，1998. 第954页 四、丝绸之路的西陲孔道.
914. 武斌，著. **中华文化海外传播史（第3卷）**[M]. 西安：陕西人民出版社，1998. 第233页 二 海上丝绸之路的开拓；第259页 一 丝绸之路：连接东方与西方的金丝带；第261页 2 丝绸之路：连接东方与西方的金丝带.
915. 武斌，著. **中华文化海外传播史（第1卷）**[M]. 西安：陕西人民出版社，1998. 第233页 二 海上丝绸之路的开拓；第259页 一 丝绸之路：连接东方与西方的金丝带；第261页 2 丝绸之路：连接东方与西方的金丝带.
916. 武斌，著. **中华文化海外传播史**[M]. 西安：陕西人民出版社，1998. 第233页 二 海上丝绸之路的开拓；第259页 一 丝绸之路：连接东方与西方的金丝带；第261页 2 丝绸之路：连接东方与西方的金丝带.
917. 李永良，主编. **河陇文化：连接古代中国与世界的走廊**[M]. 上海：上海远东出版社；北京：商务印书馆，1998. 第127页 第四章 丝绸之路印迹的缩影.
918. 陈乃良，著. **封中史话：岭南文化古都之盛衰**[M]. 广州：广东省地图出版社，1998. 第64页 九、"海上丝绸之路"始发港的历史悬谜.
919. 中华文化通志编委会，编；吴必虎，刘筱娟，撰. **中华文化通志·景观志**[M]. 上海：上海人民出版社，1998. 第273页 二、丝绸之路.
920. 中华文化通志编委会，编；刘文龙，赵长华，黄洋，撰. **中华文化通志·中国与拉丁美洲大洋洲文化交流志**[M]. 上海：上海人民出版社，1998. 第123页 第二章 马尼拉帆船贸易——太平洋丝绸之路.
921. 职慧勇，主编. **中国民族文化百科**[M]. 北京：中央民族摄影艺术出版社，1998. 第506页 一 丝绸之路；第508页 三 丝绸之路的变迁与其它.
922. 刘南，编著. **中国历史故事（上）**[M]. 珠海：珠海出版社，1998. 第148页 张骞通西域和丝绸之路.
923. 邢莉，易华，著. **草原文化**[M]. 沈阳：辽宁教育出版社，1998. 第258页 （二）草原丝绸之路.
924. 武斌，著. **中华文化海外传播史（第2卷）**[M]. 西安：陕西人民出版社，1998. 第233页 二 海上丝绸之路的开拓；第259页 一 丝绸之路：连接东方与西方的金丝带；第261页 2 丝绸之路：连接东方与西方的金丝带.
925. [法]勒内·格鲁塞，著. **草原帝国**[M]. 蓝琪，译. 北京：商务印书馆，1998. 第68页 丝绸之路.
926. 林干，著. **中国古代北方民族通论**[M]. 呼和浩特：内蒙古人民出版社，1998. 第432页 第十二章 草原"丝绸之路"与草原交通.
927. 张国春，编著. **中华五千年·社会历史篇**[M]. 北京：解放军出版社，1998. 第57页 "丝绸之路"——两汉经营西域与对外关系.
928. 尚衍斌，著. **西域文化**[M]. 沈阳：辽宁教育出版社，1998. 第36页 （五）丝绸之路与西域文化.
929. 吴玉贵，著. **突厥汗国与隋唐关系史研究**[M]. 北京：中国社会科学出版社，1998. 第60页 五 突厥与丝绸之路.

930. 中华文化通志编委会，编；芮传明，撰. **中华文化通志・中国与中亚文化交流志**[M]. 上海：上海人民出版社，1998. 第 114 页 第一节 中亚境内的“丝绸之路”.

931. 中华文化通志编委会，编；李明滨，撰. **中华文化通志・中国与俄苏文化交流志**[M]. 上海：上海人民出版社，1998. 第 16 页 一、陆上丝绸之路和蒙古西征时的接触.

932. 樊树志，著. **国史概要**[M]. 上海：复旦大学出版社，1998. 第 118 页 The silk road——丝绸之路.

933. 裘士京，等，编著. **中国文化史**[M]. 合肥：安徽大学出版社，1998. 第 111 页 一、丝绸之路的开辟.

934. 中华文化通志编委会，编；葛承雍，撰. **中华文化通志・秦陇文化志**[M]. 上海：上海人民出版社，1998. 第 411 页 第一节 丝绸之路；第 420 页 三、隋唐“丝绸之路”的繁荣；第 423 页 四、五代以后的丝绸之路.

935. 宝鸡市地方志编纂委员会，编. **宝鸡市志（上）**[M]. 西安：三秦出版社，1998. 第 732 页 第三节 “丝绸之路”过境道.

936. 曾忠恕，李军晓，主编. **千古之谜：中华历史 2000 疑案（下）**[M]. 北京：经济日报出版社，1998. 第 598 页 丝绸之路的东方起点在哪里；第 599 页 中国古代存在一条“南方丝绸之路”吗.

937. 冯克诚，田晓娜，主编. **中国通史全编（上）**[M]. 西宁：青海人民出版社，1998. 第 594 页 丝绸之路；第 1404 页 畅通无阻的“丝绸之路”.

938. 冯克诚，田晓娜，主编. **中国通史全编（中）**[M]. 西宁：青海人民出版社，1998. 第 594 页 丝绸之路；第 1404 页 畅通无阻的“丝绸之路”.

939. 刘建丽，著. **宋代西北吐蕃研究**[M]. 兰州：甘肃文化出版社，1998. 第 351 页 丝绸之路是重要的东西通道.

940. 曾忠恕，李军晓，主编. **千古之谜：中华历史 2000 疑案（上）**[M]. 北京：经济日报出版社，1998. 第 598 页 丝绸之路的东方起点在哪里；第 599 页 中国古代存在一条“南方丝绸之路”吗.

941. 田卫疆，著. **穿越文明的脚步声：丝绸之路上的古代行旅**[M]. 乌鲁木齐：新疆青少年出版社，1998.

942. [法]戴仁，主编. **法国当代中国学**[M]. 耿昇，译. 北京：中国社会科学出版社，1998. 第 201 页 法国对丝绸之路的研究（布尔努瓦）.

943. 赵芳志，主编. **草原文化：游牧民族的广阔舞台**[M]. 上海：上海远东出版社；北京：商务印书馆，1998. 第 245 页 第六章 草原丝绸之路——世界文化交流的大动脉；第 248 页 草原丝绸之路的南道；第 252 页 草原丝绸之路北道的开拓；第 258 页 二、草原丝绸之路的文化内容.

944. 程裕祯，著. **中国文化要略**[M]. 北京：外语教学与研究出版社，1998. 第 390 页 二、海陆“丝绸之路”.

945. 李子贤，等，著. **南方陆上丝绸之路与云南的改革开放**[M]. 昆明：云南大学出版社，1997.

946. 田卫疆，著. **丝绸之路与东察合台汗国史研究**[M]. 乌鲁木齐：新疆人民出版社，1997.

947. 林金水，主编. **福建对外文化交流史**[M]. 福州：福建教育出版社，1997. 第 30 页 第

三节　宋元时期福建海上丝绸之路的兴盛；第 138 页　第四节　福建—菲律宾—美洲海上丝绸之路.

948. 李杰，著. **海上丝路**[M]. 北京：北京科学技术出版社，1997. 第 16 页　第二章　海上丝绸之路的繁盛；第 24 页　二、繁盛的汉代海上丝绸之路.

949. 克孜勒苏柯尔克孜自治州逸委史志办，编. **克孜勒苏**[M]. 阿图什：克孜勒苏柯尔克孜文出版社，1997. 第 60 页　丝绸之路新通衢.

950. 关立勋，主编；嵇立群，芮信，卷主编. **中国文化杂说·中外交流卷**[M]. 北京：北京燕山出版社，1997. 第 5 页　二、丝绸之路的开拓；第 8 页　西汉时代对丝绸之路的经营；第 9 页　班超父子与丝绸之路；第 15 页　两汉时期绸之路的主要线路；第 18 页　三、丝绸之路的发展和变化；第 18 页　魏晋南北朝时期的丝绸之路；第 22 页　隋唐时期丝绸之路的繁荣；第 32 页　五代、宋、元、明时期的丝绸之路；第 38 页　四、丝绸之路与中西经济科技文化交流；第 38 页　中国丝绸的西传；第 46 页　五、丝绸之路与中西精神文化交流；第 51 页　丝绸之路与中国石窟艺术；第 307 页　张骞：开拓丝绸之路的先驱；第 308 页　陆上丝绸之路的开通；第 312 页　海上丝绸之路的兴起；第 315 页　陆上丝绸之路畅通无阻；第 317 页　海上丝绸之路的兴盛；第 329 页　海上丝绸之路的空前繁荣与鼎盛；第 445 页　陆上丝绸之路；第 479 页　太平洋上的“丝绸之路”.

951. 勒全生，编. **中国上下五千年博览（下）**[M]. 南京：江苏文艺出版社，1997. 第 201 页　踏出古丝绸之路的人.

952. 向洪，李广岑，主编；彭通湖，等，编著. **古今中国解疑丛书·经济卷**[M]. 成都：四川人民出版社，1997. 第 86 页　什么是“丝绸之路”？.

953. 关立勋，主编；陈梧桐，徐亦亭，卷主编. **中国文化杂说（五）：民族文化卷**[M]. 北京：北京燕山出版社，1997. 第 130 页　吐谷浑人与丝绸之路“河南道”；第 132 页　四、古丝绸之路上的游牧民族.

954. 关立勋，主编；娄程，李雪姝，卷主编. **中国文化杂说（三）：旅游文化卷**[M]. 北京：北京燕山出版社，1997. 第 119 页　丝绸之路的必经之处；第 445 页　“凿空”西域，开创“丝绸之路”.

955. 曹余章，主编. **中国历朝事典**[M]. 杭州：浙江教育出版社，1997. 第 240 页　丝绸之路.

956. 宋宜昌，倪健中，主编. **风暴帝国（上）**[M]. 北京：中国国际广播出版社，1997. 第 282 页　上帝之鞭的清逝.

957. 庞德谦，等，编著. **陕西地域文化**[M]. 西安：西安地图出版社，1997. 第 289 页　（三）横跨亚欧大陆的丝绸之路.

958. 李罗力，等，编著. **中华历史通鉴（第 2 部）**[M]. 北京：国际文化出版公司，1997. 第 2128 页　第二章　秦汉开放的丝绸之路与西域文化；第 2128 页　第一节　丝绸之路的畅通；第 2129 页　二、陆上丝绸之路；第 2130 页　三、海上丝绸之路；第 2146 页　第三章　魏、晋、南北朝时期西域文明的新浪潮和东海丝绸之路；第 2159 页　第六节　东海丝绸之路的形成；第 2251 页　二、通向美洲的太平洋丝绸之路.

959. 勒全生，编. **中国上下五千年博览（上）**[M]. 南京：江苏文艺出版社，1997. 第 201 页　踏出古丝绸之路的人.

960. 沈原，等，主编．**中国历史文化悬案总览（上）**[M]．北京：中共中央党校出版社，1997．第 382 页 中国古代存在一条“南方丝绸之路”吗．
961. 沈原，倪天礼，耿刘同，主编．**中国历史文化悬案总览（下）**[M]．北京：中共中央党校出版社，1997．第 382 页 中国古代存在一条“南方丝绸之路”吗．
962. 绍六，著．**流动的文明**[M]．北京：中国社会出版社，1997．第 228 页 5 古盐道——又一条“丝绸之路”．
963. 纪大椿，主编；齐万良，贾丛江，撰．**新疆历史百问**[M]．乌鲁木齐：新疆美术摄影出版社，1997．第 25 页 为什么把东西方的交通路线叫做丝绸之路？；第 26 页 丝绸之路示意图．
964. 洛阳市地方史志编纂委员会，编；刘典立，宋克耀，总纂．**洛阳市志（第 3 卷）：城市建设志・交通志・邮电志**[M]．郑州：中州古籍出版社，1997．第 333 页 第四节 丝绸之路．
965. 李罗力，等，总编撰．**中华历史通鉴**[M]．北京：国际文化出版公司，1997，第 2128 页 第二章 秦汉开放的丝绸之路与西域文化 第一节 丝绸之路的畅通；第 2129 页 二、陆上丝绸之路；第 2130 页 三、海上丝绸之路；第 2146 页 第三章 魏、晋、南北朝时期西域文明的新浪潮和东海丝绸之路；第 2159 页 第六节 东海丝绸之路的形成；第 2251 页 二、通向美洲的太平洋丝绸之路．
966. 鲁志良，等，主编．**中华历史五千年精粹**[M]．延吉：延边大学出版社，1997．第 225 页 〇七〇．博望侯 两历险 丝绸之路．
967. 仝晰纲，等，主编．**史学研究新视野**[M]．济南：山东大学出版社，1997．第 23 页 丝绸之路上的伊斯兰教（朱普选）．
968. 向洪，李广岑，主编．**古今中国解疑丛书・文化卷**[M]．成都：四川人民出版社，1997．第 86 页 为什么说丝绸之路是中外经济文化交流的桥梁？．
969. 庞德谦，等，编著．**陕西地域文化**[M]．西安：西安地图出版社，1997．第 289 页（三）横跨亚欧大陆的丝绸之路．
970. 李子贤，李槐，谢国光，著．**南方陆上丝绸之路与云南的改革开放**[M]．昆明：云南大学出版社，1997．
971. 李云泉，主编．**中西文化关系史**[M]．济南：泰山出版社，1997．第 10 页 二、汉代经营西域与丝绸之路南北两道的形成．
972. 陈达生，王连茂，主编．**海上丝绸之路研究 1：海上丝绸之路与伊斯兰文化**[M]．福州：福建教育出版社，1997．
973. 陈炎，著．**海上丝绸之路与中外文化交流**[M]．北京：北京大学出版社，1996．
974. 苏北海，著．**丝绸之路与龟兹历史文化**[M]．乌鲁木齐：新疆人民出版社，1996．
975. 康志祥，李毓秦，主编．**丝绸文化与丝绸之路**[M]．西安：陕西旅游出版社，1996．
976. 盖山林，著．**丝绸之路草原民族文化**[M]．乌鲁木齐：新疆人民出版社，1996．
977. 联合国教科文组织，中国社会科学院考古研究所，编．**十世纪前的丝绸之路和东西文化交流：沙漠路线考察乌鲁木齐国际讨论会 1990 年 8 月 19-21 日**[M]．北京：新世界出版社，1996．
978. 王清华，徐冶，著．**西南丝绸之路考察记**[M]．昆明：云南大学出版社，1996．

979. 陈炎，著. **泰国研究学会 新加坡南洋学会联合庆祝陈炎教授 80 寿辰纪念：海上丝绸之路与中外文化交流**[M]. 北京：北京大学出版社，1996.

980. 陈炎，著. **海上丝绸之路与中外文化交流**[M]. 北京：北京大学出版社，1996.

981. 李希光，著. **找回中国昨日辉煌**[M]. 北京：国际文化出版公司，1996. 第 118 页 “丝绸之路”使东西方妓女有了交流；第 155 页 第一位重新踏上丝绸之路的黑人；第 416 页 第一位走遍丝绸之路的中国人.

982. 南京大学元史研究室，编. **内陆亚洲历史文化研究：韩儒林先生纪念文集**[M]. 南京：南京大学出版社，1996. 第 488 页 “草原丝绸之路”与内亚蒙古地区近代文明（卢明辉）.

983. 杨万秀，钟卓安，主编. **广州简史**[M]. 广州：广东人民出版社，1996. 第 42 页 二、海上丝绸之路的初步形成及番禺都会；第 191 页 三、海上丝绸之路向全球扩展的喜与忧.

984. 云南省社会科学院历史研究所，编. **中国西南文化研究** 1996[M]. 昆明：云南民族出版社，1996. 第 1 页 西南丝绸之路概论（申旭）.

985. 方志钦，蒋祖缘，主编. **广东通史・古代（上）**[M]. 广州：广东高等教育出版社，1996. 第 269 页 第五节 海上丝绸之路的开拓和商品集散地番禺；第 274 页 二、海上丝绸之路东端进出口港徐闻和合浦.

986. 徐振保，著. **中外文化交流记趣**[M]. 上海：复旦大学出版社，1996. 第 61 页 张骞与“丝绸之路”；第 65 页 西南“丝绸之路”；第 68 页 南海“丝绸之路”；第 72 页 太平洋“丝绸之路”.

987. 苏冰，主编. **汉唐气象：中国古代文化概况**[M]. 西安：西北大学出版社，1996. 第 55 页 第 5 课 丝绸之路.

988. 杨正光，朱亚非，等，著. **徐福文化的思索**[M]. 济南：山东友谊出版社，1996. 第 164 页 徐福东渡与黄海丝绸之路（李永先）.

989. 庄景辉，编校. **陈埭丁氏回族宗谱**[M]. 香港：绿叶教育出版社，1996. 第 559 页 附录：1991 年 2 月，联合国教科文组织“海上丝绸之路”综合考察团考察陈埭丁氏回族社区，联合国教科文组织“海上丝绸之路”项目协调员杜杜・迪安博士在欢迎会上发表热情洋溢的讲话.

990. 西安市地方志编纂委员会，编. **西安市志・第 1 卷・总类**[M]. 西安：西安出版社，1996. 第 8 页“丝绸之路”起点.

991. 本书编委会，编. **中华人民共和国国史全鉴（第 2 卷）**：1949—1995[M]. 北京：团结出版社，1996. 第 6896 页 中国东方文化研究会丝绸之路工作委员会.

992. 朱金元，熊月之，主编. **传统文化** ABC[M]. 济南：山东友谊出版社，1996. 第 467 页 丝绸之路.

993. 北京天华国际文化艺术有限公司，编. **中华古文明少年图典（下）**[M]. 北京：中国少年儿童出版社，1996. 第 76 页 丝绸之路的由来.

994. 广州市城庆工作委员会办公室，编. **辉煌的广州**[M]. 广州：中山大学出版社，1996. 第 39 页 第四章 “丝绸之路”通四海 开放口岸贯古今；第 39 页 一、广州海上“丝绸之路”的条件.

995. 景泰县志编纂委员会，编. **景泰县志**[M]. 兰州：兰州大学出版社，1996. 第 690 页 第三节 丝绸之路.

996. 余太山，主编. **西域通史**[M]. 郑州：中州古籍出版社，1996. 第 198 页 第七章唐代丝绸之路与西域经济的繁荣；第 198 页 第一节 唐代丝绸之路概说.

997. 张国刚，著. **中西文明的碰撞**[M]. 广州：广东人民出版社；北京：华夏出版社，1996. 第 22 页 三、秦汉时代的丝绸之路.

998. 中华人民共和国**国史全鉴（第 6 卷）**：1989—1995[M]. 北京：团结出版社，1996. 第 6896 页 中国东方文化研究会丝绸之路工作委员会.

999. 高文德，编著；蔡志纯，等，撰稿. **中国少数民族史大辞典**[M]. 长春：吉林教育出版社，1995. 第 652 页 丝绸之路.

1000. 张践，著. **中国宋辽金夏宗教史**[M]. 北京：人民出版社，1995. 第 155 页 海上丝绸之路与内地伊斯兰教的流传.

1001. 李炳武，主编. **陕西文物旅游博览**[M]. 西安：陕西旅游出版社，1995. 第 220 页 丝绸之路游——拜法门佛祖 访青铜乡；第 224 页 丝绸之路游；第 365 页 张骞墓——丝绸之路开拓者的归宿.

1002. 许启望，等，编著. **黄土地的蓝色梦**[M]. 石家庄：河北少年儿童出版社，1995. 第 115 页 碧海扬帆，丝绸连理——海上丝绸之路.

1003. 黄新亚，著. **丝路文化·沙漠卷**[M]. 杭州：浙江人民出版社，1995. 第 1 页 一、丝绸之路的由来；第 53 页 二、长安——丝绸之路的起点；第 414 页 丝绸之路的转移.

1004. 董锡玖，金秋，著. **丝绸之路**[M]. 北京：新华出版社，1995.

1005. 江玉祥，主编. **古代西南丝绸之路研究（第 2 辑）**[M]. 成都：四川大学出版社，1995.

1006. 李建生，陈代光，主编. **南海“海上丝绸之路”始发港——雷州城**[M]. 北京：海洋出版社，1995.

1007. 刘统，著. **悠悠丝路**[M]. 广州：广东教育出版社，1995. 第 3 页 二、开拓丝绸之路；第 77 页 （四）丝绸上路上的佛教艺术宝库；第 149 页 八、丝绸之路上的外国冒险家.

1008. 刘迎胜，著. **丝路文化·海上卷**[M]. 杭州：浙江人民出版社，1995. 第 2 页 海上丝绸之路概观.

1009. 王尚寿，季成家，主编. **丝绸之路文化大辞典**[M]. 北京：红旗出版社，1995.

1010. 官景辉，丁洪章，姜苏莉，编. **中国志（下）**[M]. 北京：华龄出版社，1995. 第 1833 页 丝绸之路上的瑰宝.

1011. 沈起炜，著. **中国小通史·隋唐**[M]. 北京：中国青年出版社，1995. 第 164 页 畅通无阻的“丝绸之路”.

1012. 郭维森，柳士镇，主编. **古代文化基础**[M]. 长沙：岳麓书社，1995. 第 251 页 沟通中西的丝绸之路；第 257 页 45. 海上丝绸之路.

1013. 陈学超，主编. **国际汉学论坛（卷 2）**[M]. 西安：西北大学出版社，1995. 第 670 页 海上丝绸之路与伊斯兰文化国际学术讨论会在福建省泉州市召开.

1014. 宋连昌，著. **中国历史上的怎回事**[M]. 北京：中国广播电视出版社，1995. 第 143 页 丝绸之路.

1015. 邵文实，著. **中国历史概述**[M]. 沈阳：辽宁古籍出版社，1995. 第 54 页 丝绸之路——秦汉与世界的交往.

1016. 官景辉，丁洪章，姜苏莉，编. **中国志（上）**[M]. 北京：华龄出版社，1995. 第 1833 页 丝绸之路上的瑰宝.

1017. 方彪，著. **北京简史**[M]. 北京：北京燕山出版社，1995. 第 78 页 三、穿越阿尔泰山的丝绸之路.

1018. 侯仁之，周一良，主编；燕京研究院，编. **燕京学报（新一期）：一九九五年**[M]. 北京：北京大学出版社，1995. 第 291 页 考古学上所见中国境内的丝绸之路（徐苹芳）.

1019. 芈一之，主编. **黄河上游地区历史与文物**[M]. 重庆：重庆出版社，1995. 第 219 页 二十三、丝绸之路与中西交流.

1020. 马应贤，主编. **新疆·地学·研究**[M]. 乌鲁木齐：新疆人民出版社，1995. 第 187 页 一、古丝绸之路.

1021. 罗世烈，等，主编. **先秦史与巴蜀文化论集**[M]. 天津：历史教学社，1995. 第 307 页 丝绸之路的前身——玉石之路（臧振）.

1022. 张荣芳，著. **秦汉史论集（外三篇）**[M]. 广州：中山大学出版社，1995. 第 59 页 西汉屯田与“丝绸之路”.

1023. 张云，著. **丝路文化·吐蕃卷**[M]. 杭州：浙江人民出版社，1995. 第 33 页 §丝绸之路与高原文化.

1024. 张传玺，著. **秦汉问题研究**[M]. 北京：北京大学出版社，1995. 第 329 页 汉唐时期的“丝绸之路”.

1025. 林言椒，主编. **中国历史学年鉴** 1995[M]. 北京：生活·读书·新知三联书店，1995. 第 323 页 《敦煌吐鲁番文书与丝绸之路》（姜伯勤）；第 337 页 海上丝绸之路与伊斯兰文化国际学术讨论会在泉州举行.

1026. 林梅村，著. **西域文明：考古、民族、语言和宗教新论**[M]. 北京：东方出版社，1995. 第 3 页 一、开拓丝绸之路的先驱——吐火罗人；第 68 页 四、粟特文买婢契与丝绸之路上的女奴贸易；第 133 页 第二编 丝绸之路上的古代语言；第 133 页 一、丝绸之路上的古代语言概述.

1027. 周伟洲，著. **西北民族史研究**[M]. 郑州：中州古籍出版社，1994. 第 367 页 第六编 西北史地与丝绸之路；第 405 页 五 五代时期的丝绸之路.

1028. 罗世烈，著. **中国小通史·秦汉**[M]. 北京：中国青年出版社，1994. 第 179 页 丝绸之路.

1029. 李明伟，著. **隋唐丝绸之路——中世纪的中国西北社会与文明**[M]. 兰州：甘肃人民出版社，1994.

1030. 胡世宗，编写. **丝绸之路**[M]. 长春：吉林教育出版社，1994.

1031. 雪犁，主编. **中国丝绸之路辞典**[M]. 乌鲁木齐：新疆人民出版社，1994.

1032. 宋剑霞，撰写. **中国丝绸之路**[M]. 北京：京华出版社，1994.

1033. 苏冰，编写. **海上丝绸之路·西洋篇**[M]. 延吉：东北朝鲜民族教育出版社，1994.

1034. 联合国教科文组织海上丝绸之路综合考察泉州国际学术讨论会组织委员会，编. **中国与海上丝绸之路：联合国教科文组织海上丝绸之路综合考察泉州国际学术讨论会**

1991.2.17-20 **论文集（续集）**[M]. 福州：福建人民出版社，1994.

1035. [德]克林凯特，著. **丝绸古道上的文化**[M]. 赵崇民，译. 乌鲁木齐：新疆美术摄影出版社，1994. 第 26 页 第二章 对丝绸之路的考察；第 41 页 第三章 丝绸之路上的民族；第 70 页 第四章 丝绸之路上的宗教.
1036. 张建国，编写. **海上丝绸之路·东洋篇**[M]. 延吉：东北朝鲜民族教育出版社，1994.
1037. 刘东，主编. **中华文明**[M]. 北京：社会科学文献出版社，1994. 第 187 页 丝绸之路（杨泓）.
1038. 荆三隆，邵之茜，著. **中国古代文化论稿**[M]. 西安：陕西人民出版社，1994. 第 172 页 汉武帝与丝绸之路的开辟；第 192 页 元代的丝绸之路.
1039. 苏冰，编写. **海上丝绸之路：西洋篇**[M]. 延吉：东北朝鲜民族教育，1994.
1040. 陈学超，主编；西北大学国际文化交流学院，西北大学汉学研究所，编. **国际汉学论坛（卷 1）**[M]. 西安：西北大学出版社，1994. 第 156 页 概说"丝绸之路"（周伟洲）.
1041. 天良. **中华全景百卷书·历史系列·中华疆域与邻国** 2[M]. 北京：北京出版社，1994. 第 21 页 丝绸之路.
1042. 中国人民政治协商会议四川省川西南片区文史资料工作协作会，编. **南丝古道话今昔**[M]. 成都：四川辞书出版社，1994. 第 1 页 西南丝绸之路的形成及路线（晏德宗）.
1043. 靳之林，著. **生命之树**[M]. 北京：中国社会科学出版社，1994. 第 259 页 丝绸之路线上的螃蟹、蜘蛛、甲虫、蝎、蜥蜴；第 323 页 汉唐丝绸之路上的太阳联珠纹与对鸟、对鸡、对羊、对马生命树.
1044. 罗世烈. **秦汉**[M]. 北京：中国青年出版社，1994. 第 179 页 丝绸之路.
1045. 晁福林，主编. **中国古代史（上）**[M]. 北京：北京师范大学出版社，1994. 第 301 页 一 丝绸之路的开辟.
1046. 何兹全，主编. **中国大事典**[M]. 北京：中华工商联合出版社，1994. 第 698 页 唐代的丝绸之路.
1047. 曾昭璇，著. **岭南史地与民俗**[M]. 广州：广东人民出版社，1994. 第 47 页 广州——古代"海上丝绸之路"的起点；第 74 页 徐闻——汉代"海上丝绸之路"的起航点.
1048. 羽人，编著. **文化五千年**[M]. 上海：少年儿童出版社，1994. 第 425 页 丝绸之路的开辟.
1049. 严正德，王毅武，主编. **青海百科大辞典**[M]. 北京：中国财政经济出版社，1994. 第 804 页 丝绸之路南线青海道旅游线.
1050. 卢明辉，著. **北方民族史研究** 3[M]. 郑州：中州古籍出版社，1994. 第 18 页 二 "草原丝绸之路"与内亚蒙古社会近代文明.
1051. 蔡翔，孔一龙，编. 20 **世纪中国通鉴** 1977.14—1994.16[M]. 北京：改革出版社，1994. 第 553 页 波兰学者证明丝绸之路曾延伸到波罗的海；第 766 页 国际考察队证实古代中国有一条游牧丝绸之路.
1052. 张践，著. **中国全史（第 11 卷）：中国宋辽金夏宗教史**[M]. 北京：人民出版社，1994. 第 155 页 海上丝绸之路与内地伊斯兰教的流传.

1053. 王祖武，齐吉祥，巩俊侠，等，编著. **中华文明史（第 3 卷）：秦汉**[M]. 石家庄：河北教育出版社，1994. 第 706 页 第十九章开放的丝绸之路与西域文化；第 706 页 第一节 丝绸之路的畅通；第 707 页 二、陆上丝绸之路；第 709 页 三、海上丝绸之路.

1054. 王祖武，齐吉祥，巩俊侠，等，编著. **中华文明史（第 8 卷）：明代**[M]. 石家庄：河北教育出版社，1994. 第 946 页 二、通向美洲的太平洋丝绸之路.

1055. 张传玺，主编；张仁忠，等，编. **简明中国古代史**[M]. 北京：北京大学出版社，1994. 第 181 页 丝绸之路.

1056.《宝鸡城市史》编纂组，编. **宝鸡城市史**[M]. 北京：社会科学文献出版社，1994. 第 36 页 二、汉唐“丝绸之路”南道.

1057. 中国大百科全书出版社，编. **中国大百科全书·中国历史**[M]. 北京：中国大百科全书出版社，1994. 第 611 页 丝绸之路.

1058. 武斌，著. **中华文化在海外的传播**[M]. 沈阳：辽宁教育出版社，1993. 第 128 页 一 “丝绸之路”通天下.

1059. 永昌县志编纂委员会，编. **永昌县志**[M]. 兰州：甘肃人民出版社，1993. 第 447 页 第一节 丝绸之路.

1060. 西安市地方志馆，西安市档案局，编. **西安通览**[M]. 西安：陕西人民出版社，1993. 第 111 页 丝绸之路的开辟；第 121 页“丝绸之路”的新道.

1061. 广州市国家历史文化名城发展中心，等，编. **论广州与海上丝绸之路**[M]. 广州：中山大学出版社，1993.

1062. 王炳华，著. **丝绸之路考古研究**[M]. 乌鲁木齐：新疆人民出版社，1993.

1063. 张忠，主编. **丹东与东方丝绸之路**[M]. 沈阳：辽宁人民出版社，1993.

1064. 广州市国家历史文化名城发展中心，等，编. **论广州与海上丝绸之路**[M]. 广州：中山大学出版社，1993.

1065. 韩康信，著. **丝绸之路古代居民种族人类学研究**[M]. 乌鲁木齐：新疆人民出版社，1993.

1066. 许在全，编. **刺桐探骊录**[M]. 北京：红旗出版社，1993. 第 80 页 泉州港与海上丝绸之路；第 97 页 泉州吏治与海上丝绸之路；第 102 页 泉州市舶司与海上丝绸之路；第 107 页 泉州海商与海上丝绸之路；第 112 页 泉州民族与海上丝绸之路；第 122 页 泉州宗教与海上丝绸之路；第 128 页 泉州陶瓷与海上丝绸之路；第 131 页 泉州名胜与海上丝绸之路.

1067. [法]玛扎海里，著. **丝绸之路：中国—波斯文化交流史**[M]. 耿栤，译. 北京：中华书局，1993.

1068. 田卫疆，编著. **丝绸之路上的古代行旅**[M]. 乌鲁木齐：新疆青少年出版社，1993.

1069. 张秀平，王乃庄，主编. **影响中国的 100 种文化**[M]. 南宁：广西人民出版社，1993. 第 465 页 78 丝绸之路.

1070. 李侃，主编. **文史知识 1993 第 8 期**[M]. 北京：中华书局，1993. 第 69 页 体育文物丝绸之路体育文物掠影（谷丙夫）.

1071. 张秀平，王晓明，主编. **影响中国的 100 次事件**[M]. 南宁：广西人民出版社，1993.

第 80 页 20 “起点在 2000 年前的汉代，终点却在无限遥远的将来”——“丝绸之路”的开辟.

1072. 陈巍然，主编. **智慧的结晶**[M]. 北京：中国国际广播出版社，1993. 第 85 页 古丝绸之路上的重镇——楼兰古城；第 141 页 丝绸之路——中外友好交往的历史见证.

1073. 国家教委基础教育司，编. **世界之瑰宝·民族之骄傲**[M]. 北京：人民教育出版社，1993. 第 376 页 丝绸之路的凿空——张骞通西域（余桂元）第 382 页 “虽山海殊隔，而音信时通”——海上丝绸之路（余桂元）.

1074. 国磐，郑学檬，主编. **中华文明五千年**[M]. 天津：天津人民出版社，1993. 第 142 页 三、张骞通西域与陆上丝绸之路的开通.

1075. 陈世松，贾大泉，主编；段渝，撰. **四川通史（第 1 册）**[M]. 成都：四川大学出版社，1993. 第 162 页 图八 南方丝绸之路简略示意图.

1076. 陈世松，贾大泉，主编；罗开玉，撰. **四川通史（第 2 册）**[M]. 成都：四川大学出版社，1993. 第 241 页 十一、“ 南方丝绸之路”.

1077. 四川省邛崃县志编纂委员会，编纂. **邛崃县志**[M]. 成都：四川人民出版社，1993. 第 732 页 四、南方丝绸之路邛雅段古驿道遗址.

1078. 潘其旭，覃乃昌，主编；壮族百科辞典编纂委员会，编. **壮族百科辞典**[M]. 南宁：广西人民出版社，1993. 第 52 页 海上丝绸之路.

1079. 曾维华，主编. **中国古代通史·图表**[M]. 上海：学林出版社，1993. 第 152 页 18、丝绸之路简图.

1080. 卢鸿德，等，主编. **中国近现代史及国情教育辞典**[M]. 沈阳：辽宁人民出版社，1993. 第 7 页 丝绸之路.

1081. 李受恒，编著. **中国通史韵要**[M]. 长春：吉林文史出版社，1993. 第 49 页 （15）汉通西域，开丝绸之路.

1082. 门岿，主编. **二十六史精要辞典**[M]. 北京：人民日报出版社，1993. 第 485 页 丝绸之路.

1083. 甄人，主编；广州市地方志编纂委员会办公室，编. **广州之最**[M]. 广州：广东人民出版社，1993. 第 302 页 “海上丝绸之路”的始发港.

1084. 孙光圻，著. **海洋交通与文明**[M]. 北京：海洋出版社，1993. 第 253 页 中国航海技术的发展与海上丝绸之路的演进.

1085. 武冈子，主编；邓宁辛，等，撰. **大中华文化知识宝库**[M]. 武汉：湖北人民出版社，1993. 第 370 页 先于”丝绸之路”的“稻米之路”；第 370 页 丝绸之路形成于何时；第 371 页 丝绸之路的源头；第 371 页 古代南方“丝绸之路”；第 372 页 古代海上丝绸之路；第 372 页 古代一条游牧丝绸之路.

1086. 赵忠文，主编. **中国史史学大辞典**[M]. 延吉：延边大学出版社，1992. 第 180 页 丝绸之路开辟时间问题.

1087. 赵文润，主编. **隋唐文化史**[M]. 西安：陕西师范大学出版社，1992. 第 387 页 一、丝绸之路与印度.

1088. 袁明仁，等，主编. **三秦历史文化辞典**[M]. 西安：陕西人民教育出版社，1992. 第 1006 页 丝绸之路.

1089. 李侃，主编；中国史学会《中国历史学年鉴》编辑部，编. **中国历史学年鉴 1992**[M]. 北京：生活·读书·新知三联书店，1993. 第 313 页 2 月·中国与海上丝绸之路国际学术讨论会在泉州举行.

1090. 李凭，袁刚，总纂. **中华文明史（第 4 卷）：魏晋南北朝**[M]. 石家庄：河北教育出版社，1992. 第 698 页 第六节 东海丝绸之路的形成.

1091. 新疆维吾尔自治区教育委员会新疆历史教材编写组，编. **新疆地方史**[M]. 乌鲁木齐：新疆大学出版社，1992. 第 49 页 二、汉代"丝绸之路".

1092. 管士光，著. **唐人大有胡气：异域文化与风习在唐代的传播与影响**[M]. 北京：农村读物出版社，1992. 第 15 页 第四节"丝绸之路"与"香料之路".

1093. 罗秉英，主编. **中国古代史基础知识**[M]. 昆明：云南大学出版社，1992. 第 87 页. 张骞通西域 丝绸之路 蜀身毒道 昭君出塞.

1094. 马天彩，著. **天水史话**[M]. 兰州：甘肃人民出版社，1992. 第 34 页 丝绸之路觅旧迹.

1095. 吴方，撰文. **中国文化史图鉴**[M]. 太原：山西教育出版社，1992. 第 226 页 7 丝绸之路·北方边患.

1096. 应德平，主编. **灿烂的古代文明**[M]. 贵阳：贵州教育出版社，1992. 第 159 页（二）丝绸之路.

1097. 武复兴，著. **丝路起点长安**[M]. 西安：陕西人民出版社，1992. 第 1 页 1. 丝绸之路开拓前关中最早的都城和传说中的中西交通；第 19 页 2. 汉都长安与丝绸之路的开发；第 65 页 东汉时期的丝绸之路和班超出使西域；第 78 页 4. 唐代长安城与丝绸之路.

1098. 邓向阳，等，编著. **从远古走来**[M]. 济南：山东教育出版社，1992. 第 124 页 丝绸之路.

1099. 唐赞功，等，撰. **中华文明史（第 3 卷）：秦汉**[M]. 石家庄：河北教育出版社，1992. 第 153 页 丝绸之路；第 744 页 第十九章 开放的丝绸之路与西域文化；第 744 页 第一节 丝绸之路的畅通；第 746 页 二、陆上丝绸之路；第 748 页 三、海上丝绸之路.

1100. 汕头大学潮汕文化研究中心，汕头市潮汕历史文化研究中心，编. **潮汕文化论丛·初集**[M]. 广州：广东高等教育出版社，1992. 第 137 页 潮汕历史文物与海上丝绸之路（赵海）.

1101. 姜春云，孟祥才，主编. **中华魂丛书·开放卷**[M]. 济南：山东人民出版社，1992. 第 19 页 丝绸之路情悠悠——中西交通的早期开拓；第 73 页 中国船队扬帆远航——元代"海上丝绸之路"的开辟.

1102. 张力，光讳，编著. **中国历史歌诀**[M]. 西安：未来出版社，1992. 第 116 页 丝绸之路.

1103. **中华古文明大图集（第 4 部）：通市**[M]. 北京：人民日报出版社，1992.

1104. 齐涛，著. **丝绸之路探源**[M]. 济南：齐鲁书社，1992.

1105. 杨建新，卢苇，著. **历史上的亚欧大陆桥：丝绸之路**[M]. 兰州：甘肃人民出版社，1992.

1106. 胡之德，主编. **兰州大学丝绸之路研究论文集**[M]. 兰州：兰州大学出版社，1992.

1107. 沈葵，著. **中国历史精粹**[M]. 合肥：安徽少年儿童出版社，1992. 第 148 页 畅通无阻的"丝绸之路"；第 198 页 海上的"丝绸之路".

1108. 洛阳市史志编纂委员会办公室，编．**洛阳：丝绸之路的起点**[M]．郑州：中州古籍出版社，1992.
1109. 蓝勇，著．**南方丝绸之路**[M]．重庆：重庆大学出版社，1992.
1110. 程兆生，著．**兰州谈古**[M]．兰州：甘肃人民出版社，1992. 第 28 页 古“丝绸之路”上的重镇.
1111.《南方丝绸之路文化论》编写组，编；刘弘，选编．**南方丝绸之路文化论**[M]．昆明：云南民族出版社，1991.
1112. 联合国教科文组织海上丝绸之路综合考察泉州国际学术讨论会组织委员会，编．**中国与海上丝绸之路：联合国教科文组织海上丝绸之路综合考察泉州国际学术讨论会论文集**[M]．福州：福建人民出版社，1991.
1113. 吐鲁番地区文物局，编．**丝绸之路与文化开放（维吾尔文、汉文）——新疆吐鲁番学会第六次学术研讨会论文集**[M]．乌鲁木齐：新疆人民出版社，1991.
1114. [法]勒尼·格鲁塞，著．**草原帝国**[M]．魏英邦，译．西宁：青海人民出版社，1991. 第 59 页 十一、丝绸之路.
1115. 卢勋，李根蟠，著．**民族与物质文化史考略**[M]．北京：民族出版社，1991. 第 346 页 西北少数民族丝织业的兴起与丝绸之路；第 424 页 2. 海上丝绸之路.
1116. 中国史学会《中国历史学年鉴》编辑部，编．**中国历史学年鉴** 1991[M]．北京：生活·读书·新知三联书店，1991. 第 366 页 丝绸之路沙漠路线考察及国际学术讨论会在西安——乌鲁木齐举行.
1117. 陶雪，金之平，著．**古代中国与海外**[M]．济南：山东教育出版社，1991. 第 17 页 三、张骞“凿空”与丝绸之路.
1118. 西北大学西北历史研究室，编．**西北历史研究（一九八九年号）**[M]．西安：西北大学出版社，1991. 第 117 页 丝绸之路中国境内的自然环境及其变迁（李健超）.
1119. 刘泽华，著．**中华文化集粹丛书·风云篇**[M]．北京：中国青年出版社，1991. 第 118 页 丝绸之路.
1120. 王松龄，主编．**实用中国历史知识辞典**[M]．长春：吉林文史出版社，1991. 第 685 页 丝绸之路.
1121. 谷苞，著．**民族研究文选**[M]．乌鲁木齐：新疆人民出版社，1991. 第 138 页 河西四郡新农业区的开辟是丝绸之路畅通的关键.
1122. 苏双碧，王宏志，著．**中华文化集粹丛书·先贤篇**[M]．北京：中国青年出版社，1991. 第 231 页 丝绸之路的开拓者张骞.
1123. 甘肃省地方史志编纂委员会，甘肃省工商行政管理志编委会，编纂．**甘肃省志（第 51 卷）：工商行政管理志**[M]．兰州：甘肃人民出版社，1991. 第 4 页 第二节 汉、唐时期的“丝绸之路”贸易.
1124. 郭琦，主编．**陕西五千年**[M]．缩简本．西安：陕西师范大学出版社，1991. 第 51 页 31 张骞通西域和丝绸之路.
1125. 王振铎，著．**中华文化集粹丛书·工巧篇**[M]．北京：中国青年出版社，1991. 第 100 页 汉唐——丝织业的鼎盛时期；丝绸之路的开拓与形成.
1126. 王崇焕，著．**中国古代交通**[M]．天津：天津教育出版社，1991. 第 12 页 3 著名的丝绸之路.

1127. 王戎笙，主编. **马克思主义历史观与中华文明**[M]. 重庆：重庆出版社，1991. 第361页 第十章 历史上的丝绸之路；第394页 第十一章 海上丝绸之路；第396页 第一节 海上丝绸之路的形成；第404页 第二节 海上丝绸之路的繁荣；第411页 第三节 海上丝绸之路的鼎盛；第422页 第四节 海上丝绸之路的衰落.

1128. 张传玺，著. **中国古代史纲（上）：原始社会—南北朝**[M]. 北京：北京大学出版社，1991. 第230页 丝绸之路.

1129. 吴荣政，王锦贵，主编. **简明中国文化史**[M]. 长沙：湖南师范大学出版社，1991. 第338页 第一章 丝绸之路和中西文化交流；第338页 第一节 丝绸之路.

1130. 张传玺，主编；张仁忠，等，编. **简明中国古代史**[M]. 北京：北京大学出版社，1991. 第177页 西域三十六国，张骞通西域；第180页 丝绸之路.

1131. 郑师渠，著. **中国传统文化漫谈**[M]. 北京：北京师范大学出版社，1990. 第146页 一 “丝绸之路”通天下.

1132. 李洪甫，著. **连云港地方史稿**[M]. 上海：上海社会科学院出版社，1990. 第87页 第六节 海上丝绸之路与汉代朐港.

1133. 耿志远，主编；臧嵘，编. **历史的启示·生活篇**[M]. 天津：新蕾出版社，1990. 第152页 从唐三彩骆驼俑看丝绸之路的运载工具.

1134. 耿志远，主编；周发增，编. **历史的启示·开放篇**[M]. 天津：新蕾出版社，1990. 第111页 联结中西的丝绸之路.中国历史博物馆，编. **中国古代史参考图录·秦汉时期**[M]. 上海：上海教育出版社，1990. 第225页 丝绸之路与中外交流.

1135. 宋彦明，著. **天山深处的人家**[M]. 乌鲁木齐：新疆人民出版社，1990. 第28页 通向伊犁河流域的丝绸之路.

1136. 崔明德，著. **汉唐和亲研究**[M]. 青岛：青岛海洋大学出版社，1990. 第47页 三、汉唐和亲与丝绸之路.

1137.《西域史论丛》编辑组，编. **西域史论丛（第3辑）**[M]. 乌鲁木齐：新疆人民出版社，1990. 第73页 丝绸之路和古代于阗（殷晴）；第183页 论唐代丝绸之路的发展变化（卢苇）.

1138. 章群，著. **唐代蕃将研究（续编）**[M]. 台北：联经出版事业公司，1990. 第82页 第六节 回纥与丝绸之路.

1139. 任道斌，等，编. **简明中国古代文化史词典**[M]. 北京：书目文献出版社，1990. 第61页 丝绸之路；第112页 海上丝绸之路.

1140. 林士民，著. **海上丝绸之路的著名海港——明州**[M]. 北京：海洋出版社，1990.

1141. 中共天津市委党校文史教研室，中共天津石油化工公司党校，编写. **誓拼热血振兴中华——近代中国人民反帝爱国斗争**[M]. 天津：天津社会科学院出版社，1990. 第28页 四、丝绸之路纵横谈.

1142. [日]长泽和俊，著. **丝绸之路史研究**[M]. 钟美珠，译. 天津：天津古籍出版社，1990.

1143. 伍加伦，江玉祥，主编. **古代西南丝绸之路研究**[M]. 成都：四川大学出版社，1990.

1144. 庄为玑，等，编著. **海上丝绸之路的著名港口——泉州**[M]. 北京：海洋出版社，1989.

1145. 人民画报社，编辑. **陆上与海上丝绸之路**[M]. 中国画报出版公司，1989.

1146. 牟实库，主编. **丝绸之路文献叙录**[M]. 兰州：兰州大学出版社，1989.

1147. 郭厚安，陈守忠，主编. **甘肃古代史**[M]. 兰州：兰州大学出版社，1989. 第 419 页 第六节 北宋时期的“丝绸之路”.

1148. 沈其彦，主编. **无花果之乡阿图什市**[M]. 阿图什：新疆克孜勒苏柯尔克孜文出版社，1989. 第 26 页 丝绸之路上的新巴扎.

1149. 甘肃省地方史志编纂委员会，编纂. **甘肃省志（第 1 卷）：概述**[M]. 兰州：甘肃人民出版社，1989. 第 45 页 第三节 陇右兴盛与“丝绸之路”.

1150. 羽人，编著. **文化五千年** 2[M]. 上海：少年儿童出版社，1989. 第 117 页 丝绸之路的开辟.

1151. 刘英民，主编. **中国古代史（上）**[M]. 哈尔滨：黑龙江教育出版社，1989. 第 200 页 西域都护府的设立（200）丝绸之路.

1152. 孟文镛，等，主编. **新编中国史学习手册**[M]. 南京：南京大学出版社，1989. 第 22 页 丝绸之路.

1153. 西安地方志馆，编. **西安今古** 1987[M]. 西安：陕西人民出版社，1989. 第 385 页 丝绸之路的起点——长安.

1154. 苏健，著. **洛阳古都史**[M]. 北京：博文书社，1989. 第 286 页 第五节 丝绸之路的起点.

1155. 西安地方志馆，编. **西安今古** 1987[M]. 西安：陕西人民出版社，1989. 第 385 页 丝绸之路的起点——长安.

1156. 郭琦，主编. **陕西五千年**[M]. 西安：陕西师范大学出版社，1989. 第 136 页 64 张骞通西域和丝绸之路.

1157. 文润，等，编写. **古代文化知识手册**[M]. 武汉：湖北教育出版社，1989. 第 38 页 丝绸之路.

1158. 日本 NHK 广播协会，编. **皇帝的密约 满洲国最高的隐秘**[M]. 天津编译中心，译. 北京：中国文史出版社，1989. 第 11 页 丝绸之路的探险家——林出贤次郎的秘密.

1159. 张传玺，著. **中国古代史纲（上）：原始社会—南北朝**[M]. 北京：北京大学出版社，1989. 第 258 页 丝绸之路.

1160. 郭伯南，刘福元，著. **中华五千年史话**[M]. 北京：三联书店有限公司，1988. 第 84 页 张骞通西域——古丝绸之路的拓荒者.

1161. 中国史学会《中国历史学年鉴》编辑部，编. **中国历史学年鉴** 1987[M]. 北京：人民出版社，1988. 第 270 页 丝绸之路暨历史地理学术讨论会在甘肃省兰州市举行.

1162. 四川日报《天府周末》编辑室，编. **巴蜀之谜**[M]. 重庆：重庆出版社，1988. 第 111 页 四川是南丝绸之路的起点吗？（敖依昌）.

1163. 卢明辉，等，编写. **内蒙古文物古迹散记**[M]. 呼和浩特：内蒙古人民出版社，1988. 第 90 页 鲜卑考古中的新课题——鲜卑、西伯利、草原丝绸之路（陆思贤）；第 220 页 居延海与丝绸之路（卢明辉）.

1164. 张秀平，王乃庄，编. **中国文化概览**[M]. 北京：东方出版社，1988. 第 121 页 丝绸之路.

1165. 鲁人勇，编. **塞上丝路**[M]. 银川：宁夏人民出版社，1988. 第 82 页 丝绸之路的改弦更张.

1166. 张广达，王小甫，著. **天涯若比邻：中外文化交流史略**[M]. 北京：中华书局，1988. 第 16 页 第三节 绿洲之路与丝绸之路.

1167. 中国史学会《中国历史学年鉴》编辑部，编. **中国历史学年鉴** 1988[M]. 北京：人民出版社，1988. 第 50 页 汉匈战争与丝绸之路；第 372 页 南方“丝绸之路”走向已考定.

1168. 程兆生，编著. **金城漫话**[M]. 兰州：甘肃人民出版社，1987. 第 29 页 古“丝绸之路”上的重镇.

1169. 杨金鼎，主编. **中国文化史词典**[M]. 杭州：浙江古籍出版社，1987. 第 815 页 丝绸之路.

1170. 江敏锐，编著. **广东海员的光辉历程**[M]. 广州：广东高等教育出版社，1987. 第 1 页 回看“海上丝绸之路”.

1171. 马曼丽，樊保良，编著. **古代天拓家西行足迹**[M]. 西安：陕西人民出版社，1987. 第 12 页 四、张骞与丝绸之路.

1172. 施宣圆，等，主编. **中国文化辞典**[M]. 上海：上海社会科学院出版社，1987. 第 1254 页 丝绸之路.

1173. **中国文化史三百题**[M]. 上海：上海古籍出版社，1987. 第 843 页 什么是丝绸之路?它在中西文化交流中起了什么作用?（邓新裕）.

1174. 周一良，主编. **中外文化交流史**[M]. 郑州：河南人民出版社，1987. 第 239 页 “丝绸之路”丰硕之果——中国伊朗文化关系；第 262 页 从“丝绸之路”到马可·波罗——中国与意大利的文化交流.

1175. 人民画报社，编辑. **古代丝路**[M]. 北京：中国画报出版社 1987. 第 6 页 第一章 丝绸之路的由来.

1176. 张霞光，主编. **甘肃乡土历史**[M]. 兰州：甘肃教育出版社，1986. 第 17 页 五 甘肃境内的“丝绸之路”.

1177. 赵效良，编著. **新编中国历史知识问答**[M]. 西安：陕西人民出版社，1986. 第 46 页 张骞为什么出使西域？他的出使怎样促进了汉族和西域各族经济文化的交流？什么叫“丝绸之路”？.

1178. 高观波，主编；洛阳市交通志编纂委员会，编. **洛阳市交通志**[M]. 郑州：河南人民出版社，1986. 第 72 页 第三章 丝绸之路.

1179. 陈光崇，主编；崔春华，等，编著. **简明中国古代史**[M]. 沈阳：辽宁人民出版社，1986. 第 140 页 五、丝绸之路的开辟.

1180. 徐连达，等，编. **中国通史**[M]. 上海：复旦大学出版社，1986. 第 110 页 四 西汉王朝与边境各族的关系及“丝绸之路”的开辟.

1181. 罗宏曾，编著. **简明中国古代史**[M]. 北京：求实出版社，1986. 第 144 页 （二）张骞通西域、“丝绸之路”与“西域都护”的建置.

1182. 安作璋，主编. **中国史简编**[M]. 济南：山东教育出版社，1986. 第 127 页 张骞通西域和丝绸之路.

1183. 中国史研究文摘编辑委员会，编. **中国史研究文摘 1984 年 7-12 月**[M]. 郑州：中州古籍出版社，1986. 第 117 页 “海上丝绸之路”应称为“瓷器之路”（王建辉）.

1184. 关蔚然，编. **丝绸之路图册**[M]. 北京：文物出版社，1986.

1185. 中国大百科全书总编辑委员会《中国历史》编辑委员会秦汉史编写组，中国大百科全书出版社编辑部，编. **中国大百科全书·中国历史·秦汉史** 2[M]. 北京：中国大百科全书出版社，1986. 第 152 页 丝绸之路.

1186. 中华全国图书馆文献缩微复制中心，编. **丝绸之路资料汇钞**[M]. 北京：书目文献出版社，1986.

1187. 王仲荦，主编. **历史论丛（第 5 辑）**[M]. 济南：齐鲁书社，1985. 第 130 页 丝绸之路的门户楼兰鄯善的国都（虞明英）.

1188. 张传玺，著. **秦汉问题研究**[M]. 北京：北京大学出版社，1985. 第 309 页 汉唐时期的"丝绸之路".

1189. 吴月，等，编. **甘肃风物志**[M]. 兰州：甘肃人民出版社，1985. 第 20 页 丝绸之路话沧桑.

1190. 罗士烈，著. **秦汉史话**[M]. 北京：中国青年出版社，1985. 第 145 页 丝绸之路.

1191. 王家广，主编. **陕西风物志**[M]. 西安：陕西人民出版社，1985. 第 50 页 丝绸之路的起点.

1192. 尹世霖，等，著. **中国历史学习手册**[M]. 北京：中国少年儿童出版社，1985. 第 38 页 丝绸之路昭君出塞.

1193. 马天彩，编. **宁夏风物志**[M]. 银川：宁夏人民出版社，1985. 第 47 页 "丝绸之路"留佳物.

1194. 李侃，主编. **文史知识** 1985（**第 10 期**）[M]. 北京：中华书局，1985. 第 62 页 海上"丝绸之路"的历史和贡献（陈炎）.

1195. 叶坚楠，等，编. **中学历史基础知识问答**[M]. 石家庄：河北人民出版社，1985. 第 22 页 简释"丝绸之路".

1196. 马天彩，著. **天水史话**[M]. 兰州：甘肃人民出版社，1985. 第 38 页 丝绸之路觅归迹.

1197. 顾志兴，等，编. **文史常识一百题**[M]. 杭州：浙江人民出版社，1985. 第 77 页 "丝绸之路"这条古商道经过哪些地区?有多长?在历史上的作用和贡献是什么?.

1198. 袁开济，编著. **中国人的光荣：华夏文明漫谈**[M]. 武汉：湖北人民出版社，1985. 第 135 页 汉武帝雄才大略 博望侯凿通西域"丝绸之路".

1199. 武复兴，著. **丝绸之路的起点——长安**[M]. 西安：陕西人民出版社，1985.

1200. **祖国**[M]. 北京：中国青年出版社，1984. 第 73 页 张骞和"丝绸之路".

1201. 高尚志，冯君实，编著. **秦汉魏晋南北朝史**[M]. 沈阳：辽宁人民出版社，1984. 第 196 页 三、"丝绸之路"的开辟.

1202. 武伯纶，著. **传播友谊的丝绸之路**[M]. 西安：陕西人民出版社，1983.

1203. 新疆维吾尔自治区教育委员会，新疆历史教材编写组，编. **新疆高校通用教材·新疆地方史**[M]. 乌鲁木齐：新疆大学出版社，1983. 第 49 页 二、汉代丝绸之路.

1204. 梅立崇，等，编写. **知识小品丛书：祖国文化（一）**[M]. 北京：人民日报出版社，1983. 第 34 页 丝绸之路.

1205. 谷苞，等，著. **新疆历史丛话**[M]. 乌鲁木齐：新疆人民出版社，1983. 第 70 页 有功于"丝绸之路"的仑慈（马国荣）.

1206. 陈良，著．**丝路史话**[M]．兰州：甘肃人民出版社，1983．第 1 页 一、美丽的丝绸和丝绸之路．

1207. 丝绸之路考察队，编著．**丝路访古**[M]．兰州：甘肃人民出版社，1983．第 1 页 丝绸之路——中外人民友谊和文化交流的历史见证（代序）；第 84 页 汉唐间丝绸之路上的丝绸贸易；第 320 页 后记丝绸之路考察队．

1208. **古代旅行家的故事**[M]．北京：中华书局，1983．第 199 页 丝绸之路（陈振江）．

1209. [英]彼得·霍普科克，著．**丝绸路上的外国魔鬼**[M]．杨汉章，译．兰州：甘肃人民出版社，1983．第 1 页 第一章 丝绸之路的兴衰．

1210. 杨建新，卢苇，编著．**丝绸之路**[M]．兰州：甘肃人民出版社，1981．

1211. 武伯纶，武复兴，编．**西安史话**[M]．西安：陕西人民出版社，1981．第 85 页 早期的“丝绸之路”；第 147 页 “丝绸之路”的发展与中西文化交流．

1212. 孟庆远，编辑．**中国古代史常识·历史地理部分**[M]．北京：中国青年出版社，1981．第 116 页 什么是丝绸之路？．

1213. 常任侠，著．**丝绸之路与西域文化艺术**[M]．上海：上海文艺出版社，1981．

1214. 区士麒，编著．**国史述要·乙编（上）：隋唐至明**[M]．香港：波文书局，1980．第 168 页“丝绸之路”简图．

1215. 陈振江，编写．**丝绸之路**[M]．北京：中华书局，1980．

1216. 中国历史博物馆，编．**简明中国历史图册 4：封建社会**[M]．天津：天津人民美术出版社，1979．第 230 页 第十一章 “丝绸之路”，中外经济文化的交流．

1217. 湖南省教材教学研究室，编著．1979 **年高考复习资料·历史**[M]．长沙：湖南人民出版社，1979．

1218. 天津师范学院历史系《中国简史》编写组，编．**中国简史**[M]．北京：人民教育出版社，1979．第 134 页 图六三 丝绸之路．

1219. 刘沛琦，等，编．**中国古代历史知识** 2[M]．哈尔滨：黑龙江人民出版社，1979．第 85 页 丝绸之路．

1220. **新疆历史论文集**[M]．乌鲁木齐：新疆人民出版社，1978．第 108 页 丝绸之路（赵永复）．

1221. **新疆历史论文集**[M]．乌鲁木齐：新疆人民出版社，1977．第 29 页 丝绸之路（赵永复）．

1222. 孙守方，河北省军区理论组，等，编写．**中国历史简介**[M]．北京：人民出版社，1976．第 79 页 四、丝绸之路．

1223. 承德军分区政治部宣传科孙守方，承德军分区理论组，河北省军区理论组，编写．**中国历史简介**[M]．北京：人民出版社，1976．第 79 页 四、丝绸之路．

1224. 辽宁大学历史系《中国历史简表》编写组，编．**中国历史简表·古代、近代史部分**[M]．沈阳：辽宁人民出版社，1975．第 46 页 丝绸之路．

1225. 谭新之，编著．**中国西北部名胜古迹**[M]．上海：上海书局，1974．第 72 页 火焰山下的丝绸之路．

1226. 辽宁大学历史系《中国历史简表》编写组，编．**中国历史简表·古代、近代史部分**[M]．沈阳：辽宁人民出版社，1973．第 33 页 丝绸之路．

1227. 沈起炜，著．**隋唐史话**[M]．北京：中国青年出版社，1963．第 125 页 畅通无阻的“丝绸之路”．

（四）亚洲史

1. 荣新江，著．**中古中国与粟特文明**[M]．北京：生活·读书·新知三联书店，2014．第126页 9、10世纪西域北道的粟特人．
2. [法]格鲁塞，著．**草原帝国**[M]．魏英邦，译．西宁：青海人民出版社，2013．第30页 十一、丝绸之路．
3. 石磊，主编．**101个故事读懂亚洲文明**[M]．北京：民主与建设出版社，2013．第110页 丝绸之路：古代东西方交流的纽带．
4. [美]威泽弗德，著．**最后的蒙古女王**[M]．重庆：重庆出版社，2012．第3页 第一部分 丝绸之路上的老虎女王：1206—1241．
5. 张志尧，编．**草原丝绸之路与中亚文明**[M]．乌鲁木齐：新疆美术摄影出版社，2012．第3页 一、草原丝绸之路；第3页 阿尔泰与欧亚草原丝绸之路（马雍、王炳华）；第63页 中国阿尔泰的古代丝绸之路（哈德斯、张志尧）；第283页 丝绸之路与古代欧亚大陆的东西方文化交流（[日]长泽和俊）．
6. 刘强，著．**伊朗国际战略地位论**[M]．北京：世界知识出版社，2007．第22页 二 小巴列维的“西化”之路；第317页 第四部分 伊朗与中国 第十六章 丝绸之路连结的情缘．
7. 许海山，主编．**亚洲历史**[M]．北京：线装书局，2006．第89页 三、丝绸之路的商贸与文化交流；第575页 一、丝绸之路的开辟；第577页 二、中国古代“丝绸之路”．
8. 彭树智，主编；郭宝华，著．**中东国家通史·也门卷**[M]．北京：商务印书馆，2004．第331页 第十三章 也门与中国的关系；第331页 一、历史上也门与中国的关系．
9. 彭树智，主编．**阿拉伯国家史**[M]．北京：高等教育出版社，2002．第363页 五、曲折的建国之路；第376页 四、渐进的现代化之路；第432页 一、“丝绸之路”和“香料之道”．
10. 谢崇安，著．**雨林中的国度：追踪东南亚古代文明**[M]．重庆：重庆出版社，2001．第63页 三 稻米之路；第104页 二 铜鼓的故乡之路；第155页 第六章 南方丝绸之路．
11. 马海云，等，著．**日落长河：追踪中亚古代文明**[M]．重庆：重庆出版社，2001．第179页 五 丝绸路上的奇女子；第189页 六 死人枯骨——丝绸之路的标识．
12. 申晓若，编著．**空中花园的不老传说·亚洲卷**[M]．长沙：湖南师范大学出版社，2000．第193页 丝绸之路的东方终点．
13. 谢光，著．**泰国与东南亚古代史地丛考**[M]．北京：中国华侨出版社，1997．第36页 一、汉书地理志关于中国南海丝绸之路的记载．
14. 韩瑞常，等，主编．**东北亚史与阿尔泰学论文集**[M]．哈尔滨：黑龙江教育出版社，1996．第44页 关于古代东北亚丝绸之路的探索（傅朗云）．
15. 黄盛璋，主编．**亚洲文明（第3集）**[M]．合肥：安徽教育出版社，1995．第202页 丝绸之路与经济文化交流；第202页 明代后期海上丝路丝绸贸易主要国际市场与主要国际商船贩运数量考（金文）．
16. 李铁匠，著．**伊朗古代历史与文化**[M]．南昌：江西人民出版社，1993．第278页 第一节 丝绸之路的开辟．
17. 武安隆，著．**文化的抉择与发展：日本吸收外来文化史说**[M]．天津：天津人民出版社，

1993. 第 178 页 正仓院珍宝映出的丝绸之路文化交流.

18. 彭树智，等，撰写. **阿富汗史**[M]. 西安：陕西旅游出版社，1993. 第 67 页 丝绸之路.
19. 黄盛璋，主编. **亚洲文明（第 2 集）**[M]. 合肥：安徽教育出版社，1992. 第 116 页 中西经济与文化交流的主要通道——丝绸之路；第 116 页 清代对丝绸之路的勘查和新发现的实测地图研究（黄盛璋）.
20. 邱新民，著. **海上丝绸之路的新加坡**[M]. 新加坡：胜友书局，1991. 第 1 页 弁言（“海上丝绸之路的新加坡”论文及中英文简介）；第 76 页 七、丝之路与船；第 79 页 丝之路；第 273 页 附录一：联合国教科文组织“海上丝绸之路综合考察”，泉州科学讨论会组织委员会的邀请信.
21. 张志立，王宏刚，主编. **东北亚历史与文化：庆祝孙进己先生六十诞辰文集**[M]. 沈阳：辽沈书社，1991. 第 356 页 谈谈我国东北地区的丝绸之路；第 816 页 科研之路（孙进己、孙梅）.
22. 培伦，主编；高兴，等，撰稿. **印度通史**[M]. 哈尔滨：黑龙江人民出版社，1990. 第 262 页 第二节 丝绸之路上的印中交往.
23. 北京大学东方语言文学系，编. **东方研究论文集**[M]. 北京：北京大学出版社，1983. 第 18 页 南海“丝绸之路”初探（陈炎）.
24. [英]皮尔逊，著. **新加坡史**[M].《新加坡史》翻译小组，译. 福州：福建人民出版社，1972. 第 1 页 第一章 香料之路；第 26 页 第四章 丝绸之路的关闭；第 140 页 第十八章 回到当年的香料之路.

（五）非洲史

温静，著. **尼罗河的赠礼**[M]. 北京：商务印书馆，2014. 第 177 页 五 丝绸之路的另一端.

（六）欧洲史

1. 耿昇，著. **中法文化交流史**[M]. 昆明：云南人民出版社，2013. 第 442 页 法国汉学界对丝绸之路的研究；第 489 页 法国汉学界对西北丝绸之路的研究；第 496 页 考察草原丝绸之路的法国人；第 647 页 法国汉学界对西南丝绸之路的研究；第 658 页 大锡之路与锡都文化.
2. 刘海翔，著. **欧洲大地的中国风**[M]. 深圳：海天出版社，2005. 第 42 页 一、丝绸之路.
3. 周宁，编著. 2000 **年中国看西方（下）**[M]. 北京：团结出版社，1999. 第 1 页 1 “西域”与“丝绸之路”；第 10 页 3 丝绸之路，从陆地到海上；第 98 页 1 远通拂菻国之道——丝绸之路.

（七）大洋洲史

崔玉琴，主编. **极品源历史知识辞典**[M]. 北京：北京燕山出版社；海口：海南出版社，1998. 第 13 页 丝绸之路.

（八）美洲史

1. 樊英峰，主编. **丝路胡人外来风：唐代胡俑展（中英文本）**[M]. 北京：文物出版社，2008. 第 63 页 丝路灵魂——唐代丝绸之路上的胡人.
2. 胡远鹏，著. **风遗西土：美洲文明播火者之谜**[M]. 南京：江苏古籍出版社，2002. 第 138 页 中国之船、海上丝绸之路与鹰洋.
3. 罗荣渠，著. **中国人发现美洲之谜：中国与美洲历史联系论集**[M]. 重庆：重庆出版社，1988. 第 88 页 马尼拉商帆贸易开辟了太平洋上的“丝绸之路”.

（九）传　记

1. 雷宗友，编著. **马克·波罗的中国梦**[M]. 上海：上海科学技术文献出版社，2015.
2. 杨林坤，著. **西风万里交河道：明代西域丝绸之路上的使者和商旅研究**[M]. 兰州：兰州大学出版社，2014.
3. [美]贝尔格林，著. **马可·波罗**[M]. 海口：海南出版社，2014. 第 49 页 第四章 马可成了瘾君子；第 323 页 后记 《马可·波罗游记》的是是非非.
4. 姜正成，主编. **出塞英雄：张骞**[M]. 北京：海潮出版社，2014.
5. 《学生励志名人馆》编委会，编著. **名家名流：用行动感动世界**[M]. 北京：星球地图出版社，2014. 第 88 页 张骞——丝绸之路的开拓者.
6. [美]威泽弗德，著. **成吉思汗与今日世界之形成 2：最后的蒙古女王**[M]. 赵清治，译. 重庆：重庆出版社，2014. 第 3 页 第一部分 丝绸之路上的老虎女王：1206—1241.
7. 高地，著. **他让世界变小了——成吉思汗**[M]. 北京：时事出版社，2014. 第 159 页 丝绸之路上的畏兀儿王国.
8. 陈廷一，著. **陈其美传**[M]. 北京：中国社会出版社，2014. 第 1 页 序章 “丝绸之路”东口有个陈家院.
9. 长乐未央，著. **明君雄主：唐太宗**[M]. 北京：中国工人出版社，2013. 第 162 页 丝绸之路改道之争.
10. 华予智教，主编；江显英，笑猫，绘. **100 位中国名人改变命运的故事**[M]. 成都：天地出版社，2013. 第 35 页 孙中山 走上革命之路；第 58 页 张骞 开拓丝绸之路.
11. 郭志坤，著. **隋炀帝大传**[M]. 上海：上海人民出版社，2013. 第 474 页 附录 隋炀帝大事年表.
12. [英]克林特特·维斯特，著；伊恩·安德鲁，等，绘. **马可·波罗：从欧洲到亚洲**[M]. 合肥：安徽少年儿童出版社，2013.
13. 巴晓峰，编著. **后宫：历史上不可不知的 55 位女性**[M]. 北京：中国纺织出版社，2013. 第 97 页 三走“丝绸之路”.
14. **杨建新文集 4**[M]. 北京：民族出版社，2013. 第 39 页 第二章 开拓丝绸之路新天地；第 39 页 第一节 重开丝绸之路.
15. 颜煦之，编著. **大人物小故事丛书·外交家**[M]. 北京：台海出版社，2013. 第 22 页 丝绸之路.
16. [美]鲁茨坦，著. **遥远的地平线：寻找马可波罗**[M]. 合肥：安徽人民出版社，2013. 第

177 页 第二十三章 丝绸之路的枢纽（敦煌）.
17. 陈廷一，著. **陈氏家族全传**[M]. 北京：中国青年出版社，2013. 第 5 页 “丝绸之路”东方有个陈家院.
18. 何君，编著. **实事求是说帝王系列·唐太宗李世民**[M]. 长春：吉林出版集团有限责任公司，2012. 第 199 页 第三节 丝绸之路.
19. 程桐，著. **唐太宗李世民全传**[M]. 北京：企业管理出版社，2012. 第 171 页 第三节 丝绸之路.
20. 范文，主编. **甘肃历史文化名人**[M]. 兰州：兰州大学出版社，2012. 第 38 页 张骞：开拓丝绸之路的西汉伟大外交家.
21. 中国考古学会，沈阳市文物考古研究所，编. **庆祝宿白先生九十华诞文集**[M]. 北京：科学出版社，2012. 第 192 页 丝绸之路与北魏平城胡人壁画（张庆捷、刘俊喜）.
22. 史明月，主编. **历史上最有争议的皇帝**[M]. 北京：金城出版社，2012. 第 86 页 开疆拓土，丝绸之路.
23. 崔振明，孙玉斌，主编. **中华五千年科学家评传**[M]. 北京：中国纺织出版社，2012. 第 93 页 跨海大桥泉州建，海上丝绸之路开（蔡襄）.
24. [法]格鲁塞，著. **成吉思汗传**[M]. 武汉：华中科技大学出版社，2012. 第 148 页 五十六 丝绸之路上的畏兀儿人.
25. 龚勋，主编. **影响世界的 100 位名人成才故事·中国卷**[M]. 汕头：汕头大学出版社，2012. 第 202 页 张骞 丝绸之路的开拓者.
26. 刘剑，编. **拒绝屈服：武四海的人生之路**[M]. 北京：人民出版社，2012. 第 145 页 新丝绸之路.
27. 何君，编著. **实事求是说帝王系列·汉武帝刘彻**[M]. 长春：吉林出版集团有限责任公司，2012.
28. 哈密地区史志办，哈密地区档案局，编. **哈密历史人物**[M]. 郑州：河南文艺出版社，2012.
29. 郝祥满，刘娟，等，著. **影响世界历史进程的英雄与美人**[M]. 武汉：湖北人民出版社，2012. 第 114 页 查士丁尼的中国丝绸梦：从控制“丝绸之路”到偷盗养蚕技术.
30. 范金民，吴恬，著. **中国思想家评传简明读本·郑和**[M]. 南京：南京大学出版社，2011. 第 139 页 九、海上丝绸之路.
31. 黄民兴，王铁铮，编. **树人启智：彭树智先生八十华诞纪念文集**[M]. 北京：中国社会科学出版社，2011. 第 253 页 丝绸之路与古代东西方文明交往（王欣）.
32. 郭漫，主编. **“图知天下”丛书·中国名人成才故事**[M]. 北京：华夏出版社，2011. 第 170 页 张骞——丝绸之路的开拓者.
33. 庄春波，著. **中国思想家评传丛书·汉武帝评传（上）**[M]. 南京：南京大学出版社，2011. 第 326 页 一、西域与早期沙漠草原“丝绸之路”.
34. [法]格鲁塞，著. **成吉思汗传**[M]. 武汉：长江文艺出版社，2011. 第 201 页 第五十六章 丝绸之路上的畏兀儿人：成吉思汗的文化教师.
35. 雅瑟，凡禹，编著. **中国名人传记速读大全集**[M]. 北京：新世界出版社，2011. 第 193 页 张骞：丝绸之路的开拓者.

36. 俞春放，邵红雅，著. **世界名人传记丛书·成吉思汗**[M]. 杭州：浙江少年儿童出版社，2011. 第 107 页 丝绸之路.
37. 刘云，杨霞，张玉霞，主编. **我们成长在那个年代：新中国成立初期新疆各族妇女成长口述**[M]. 兰州：兰州大学出版社，2011. 第 191 页 丝绸之路上的舞者——访原新疆军区文工团国家一级编导孙玲.
38. 陈自仁，著. **敦煌之痛：斯坦因在丝绸之路上的探险与盗宝活动**[M]. 兰州：甘肃人民美术出版社，2011.
39. [日]池田大作，著. **走在大道上：我的人生记录（第 1 卷）**[M]. 长沙：湖南师范大学出版社，2011. 第 24 页 精神的丝绸之路.
40. 陈炎，著. **我的人生之旅：陈炎回忆录**[M]. 北京：科学出版社，2010. 第 77 页 （二）在昆明中国东南亚研究会学术研讨会上最早提出“西南丝绸之路”；第 81 页 （三）在厦大中国中外关系史学会成立大会上又在国内最早提出“海上丝绸之路”；第 85 页（四）进一步研究“海上丝绸之路”参加各种学术会议；第 89 页 （五）参加研究“海上丝绸之路”的两大学会——太平洋历史学会和海交史研究会，学术活动更加频繁；第 99 页 八、研究“海上丝绸之路”从国内走向国外；第 115 页 （五）研究“海上丝绸之路”走向世界，进入研究新高潮，参加联合国教科文组织的马尼拉国际会议；第 121 页 九、扩大“海上丝绸之路”的研究领域；第 121 页 （一）研究“海上丝绸之路”与郑和下西洋等其他研究相结合；第 130 页 （二）研究“海上丝绸之路”与国内外学术交流和考察相结合考察中缅边境，首次访问缅甸；第 139 页（四）研究“海上丝绸之路”与撰写《中华民族史》相结合；第 145 页（五）“海上丝绸之路”研究成果，名入英、美《世界名人传记》等词典和参加其他活动；第 192 页 十、2002 年去美国探亲和参加家乡的“海上丝绸之路”学术活动；第 201 页 （二）参加家乡的“海上丝绸之路”学术活动.
41. 李元秀，编著. **永乐大帝朱棣：开眼看世界的第一人**[M]. 北京：北京燕山出版社，2010. 第 387 页 第七章 永乐魂断.
42. 李津，编著. **中国名人故事**[M]. 学生版. 北京：京华出版社，2010. 第 61 页 张骞——“丝绸之路”的开拓者.
43. 红艳，主编. **中国古代名商**[M]. 北京：中国科学技术出版社，2010. 第 223 页 第十章 克勤兴业——秦商 第一节 丝绸之路 对外贸易.
44. 董平，主编. **走出国门的腾冲人**[M]. 昆明：云南民族出版社，2009. 第 56 页 丝绸之路上的杨氏先行者（杨维善）；第 256 页 丝绸路上的杨楚生（杨维善）.
45. [美]吉姆·怀廷，著. **马友友传**[M]. 上海：上海远东出版社，2009. 第 171 页 第十五章 音乐丝绸之路.
46. 康桥，周琨，著. **李白地理**[M]. 上海：上海远东出版社，2009.
47. 孟和，王永杰，主编. **历史名人评述**[M]. 呼和浩特：内蒙古人民出版社，2009. 第 75 页 丝绸之路的开拓者——西汉外交使者、探险家张骞.
48. [法]格鲁塞，著. **成吉思汗**[M]. 谭发瑜，译. 西安：陕西师范大学出版社，2009. 第 194 页 丝绸之路上的畏兀儿人：成吉思汗的文化教员.
49. 韩永学，著. **诗论浙商**[M]. 杭州：浙江工商大学出版社，2009. 第 11 页 凌兰芳的“丝绸之路 4050 部队”（丝路）.

50. 李光斌，著. **伊本·白图泰中国纪行考**[M]. 北京：海洋出版社，2009. 第 163 页 四、海上丝绸之路与中、阿，中、非文化交流的光辉结晶.
51. 季成家，主编. **丝绸之路Ⅲ：人物卷·贤者足迹**[M]. 兰州：甘肃文化出版社，2008.
52. 石屹，编. **一撇一捺：陈汉元访谈**[M]. 上海：上海人民出版社，2008. 第 44 页 作品：《丝绸之路》；第 44 页 《丝绸之路》的创作成就.
53. 王立梅. **挚爱与奉献：我所参与的中国文物对外交流**[M]. 北京：文物出版社，2008. 第 71 页 到克罗地亚举办“中国丝绸之路展”.
54. 吉人，著. **平山郁夫——当代唐玄奘**[M]. 北京：华龄出版社，2008. 第 77 页 第九章 献给丝绸之路的画展；第 77 页 把画拿到丝绸之路上的各国展出；第 196 页 夫妻同上丝绸之路.
55. 李鹏，著. **和平·发展·合作：李鹏外事日记（下）**[M]. 北京：新华出版社，2008. 第 672 页 古“丝绸之路”见证.
56. 商芬霞，主编. **时代英模大辞典**[M]. 北京：中国国际文艺出版社，2008. 第 543 页 明成祖朱棣派遣——郑和拓展海上丝绸之路的使命（兰州交通大学索占鸿）；第 779 页 走科学发展创新之路科研天然绿色无菌药剂（上海市陈乾生）.
57. 陆国俊，孟庆龙，主编. **永远的吕同六——中意文化交流的使者**[M]. 合肥：安徽文艺出版社，2008. 第 394 页 在“丝绸之路——中国古代文明”展览开幕式上的致词.
58. 邓明，编著. **秦汉帝王文治武功全纪录**[M]. 北京：海潮出版社，2008. 第 305 页 复通丝绸之路.
59. 刘增丽，编著. **古代中国人在外国**[M]. 郑州：中原农民出版社，2008. 第 36 页 丝绸之路的中断；第 100 页 丝绸之路的余晖.
60. 刘爽编，著. **圣贤先哲的立世之道**[M]. 北京：台海出版社，2008. 第 258 页 丝绸之路使者张骞.
61. [法]勒内·格鲁塞，著. **成吉思汗**[M]. 最新版插图本. 北京：国际文化出版公司，2008. 第 198 页 56 丝绸之路上的畏兀儿人：成吉思汗的文化教员.
62. 许结，编. **《中国思想家评传》简明读本·汉武帝**[M]. 南京：南京大学出版社，2008. 第 5 页 一、汉武帝的出身及其时代.
63. 臧嵘，夏之民，主编. **中国古代探险家传奇（上）**[M]. 广州：新世纪出版社，2008.
64. 胡戟，齐茂椿，著. **重走唐蕃古道——接文成公主回娘家**[M]. 西安：陕西师范大学出版社，2007. 第 69 页 三. 悠悠千年故乡情——重走唐蕃古道，接文成公主回娘家.
65. 李丽琼，编著. **李世民**[M]. 注音版. 哈尔滨：黑龙江美术出版社，2007. 第 168 页 第 12 章 丝绸之路.
66. 陈德军，著. **汉武帝**[M]. 北京：中国少年儿童出版社，2007. 第 132 页 丝绸之路.
67. 红江红，主编. **影响孩子一生的 100 位名人成才故事·中国卷（下）**[M]. 合肥：安徽科学技术出版社，2007. 第 304 页 丝绸之路的开拓者张骞.
68. 程桐，著. **唐太宗李世民：盛世唐朝的创造者**[M]. 北京：中国长安出版社，2007. 第 181 页 第三节 丝绸之路.
69. 兵团音乐家协会，编. **萨拉姆——潘先生**[M]. 乌鲁木齐：新疆美术摄影出版社，2007. 第 1 页 第一章 初踏丝绸之路.

70. 启迪，主编. **中国名人一本通**[M]. 通辽：内蒙古少年儿童出版社，2007. 第 92 页 丝绸之路的开拓者——张骞.
71. 匡仲潇，主编. **名人伟人一本通**[M]. 北京：中国时代经济出版社，2007. 第 34 页 丝绸之路的开拓者——张骞.
72. 杨者圣，著. **随同蒋经国的西北之行**[M]. 上海：上海人民出版社，2007. 第 155 页 “我们的脚下就是丝绸之路”.
73. 陈枫，编著. **一生要知道的世界、中国历史 100 人**[M]. 北京：时事出版社，2007. 第 32 页 丝绸之路的开辟者——张骞.
74. 史荣新，编著. **马可・波罗传**[M]. 长春：吉林音像出版社，吉林文史出版社，2006. 第 20 页 第二章 丝绸之路上的马可・波罗.
75. 伍必端，著. **刻痕：画家伍必端自述**[M]. 北京：生活・读书・新知三联书店，2006. 第 347 页 第十八章 丝绸之路行.
76. 张弘，刘超，编著.**《美国大百科全书》评荐的中国名人**[M]. 呼和浩特：远方出版社，2006. 第 44 页 丝绸之路的开辟者——张骞.
77. 刘丹，编著. **一生要学习的英模人物**[M]. 北京：时事出版社，2006. 第 38 页 张骞——丝绸之路的开辟者.
78. 中国科学院自然科学室，编. **中国古代 100 位科学家故事**[M]. 北京：人民教育出版社，2006. 第 182 页 六、地理学（地理、地图、探险）陆上丝绸之路的开辟者——汉代旅行探险家张骞.
79. 钟之成，著. **为了世界更美好：江泽民出访纪实**[M]. 北京：世界知识出版社，2006. 第 203 页 重振丝绸之路；第 206 页 丝绸之路上的重要邻国.
80. 李江源，方健，郭光华，编著. **中国的脊梁**[M]. 重庆：重庆出版社，2006. 第 49 页 “持汉节入匈奴，十三年而不失”——开辟“丝绸之路”的张骞（公元前？—公元前 114 年）.
81. 禹田，编写. **中国名人故事全知道**[M]. 彩色图文版. 北京：同心出版社，2006. 第 32 页 丝绸之路的开拓者——张骞.
82. 张会军，主编. **风格的影像世界：欧美现代电影作者研究**[M]. 北京：中国电影出版社，2006. 第 50 页 从自我崇拜到丝绸之路.
83. 郭漫，主编. **中国名人成才故事**[M]. 北京：航空工业出版社，2006. 第 190 页 张骞——丝绸之路的开拓者.
84. 徐海军，著. **千古名将**[M]. 北京：中国长安出版社，2006. 第 114 页 胆识出众的东汉名将——班超：丝绸之路.
85. 高华，著. **网上金融帝国的崛起**[M]. 北京：经济科学出版社，2006. 第 89 页 四 从丝绸之路踏上取经之旅.
86. 卢国英，著. **智慧之路：一代哲人艾思奇**[M]. 北京：人民出版社，2006. 第 6 页 西南丝绸之路咽喉.
87. 王之栋，著. **我这个外交官**[M]. 北京：中国文联出版社，2005. 第 206 页 “丝绸之路”的终点.
88. 郭怡孮，主编. **当代中国美术家档案・中国画篇・谢振瓯卷**[M]. 北京：华艺出版社，

2005. 第 11 页 丝绸之路；第 13 页 丝绸之路（局部）；第 15 页 丝绸之路（局部）.

89. 胡廷武，夏代忠，主编；周文林，郑一钧，杨新华，等，编著. **郑和史诗**[M]. 昆明：云南人民出版社，云南美术出版社，晨光出版社，2005. 第 187 页 福建泉州——中国海上丝绸之路的起点、郑和下西洋的重要驻泊地.

90. 冯国超，主编. **成吉思汗传**[M]. 北京：中国戏剧出版社，2005. 第 196 页 丝绸之路的文明.

91. 陈宗敏，杨广育，主编. **挑战世界难题：可能影响青少年一生的 100 个中国历史疑问**[M]. 开封：河南大学出版社，2005. 第 64 页 “南方丝绸之路”之谜；第 69 页 丝绸之路的起点之谜.

92. 臧嵘，著. **中国古代四位名人：汉武帝、李清照、文天祥、徐光启**[M]. 北京：人民教育出版社，2005. 第 54 页 “丝绸之路”的开辟.

93. 陈枫，主编. **一生要知道的中国历史 100 人**[M]. 北京：中央编译出版社，2005. 第 32 页 丝绸之路的开辟者——张骞.

94. 纪江红，主编；叶静，李凤霞，编撰. **影响世界的 100 位名人成才故事·中国卷**[M]. 北京：北京出版社，2005. 第 202 页 张骞 丝绸之路的开拓者.

95. 赵克尧，许道勋，著. **唐太宗传**[M]. 北京：人民出版社，2005. 第 255 页 （五）“丝绸之路”的畅通.

96. 王兰平，奉继华，著. **探险与盗宝：丝绸之路上的外国探险家**[M]. 北京：民族出版社，2004.

97. 惠焕章，贾鹏，编著. **隋文帝杨坚百谜**[M]. 西安：陕西旅游出版社，2004. 第 186 页 隋朝的“丝绸之路”有几条.

98. 李占俯，张书珩，编. **中国历史名人快读**[M]. 呼和浩特：远方出版社，2004. 第 49 页 丝绸之路的开辟者——张骞.

99. [法]勒内·格鲁塞，著. **成吉思汗**[M]. 谭发瑜，译. 北京：国际文化出版公司，2004. 第 233 页 丝绸之路上的畏兀儿人：成吉思汗的文化教员.

100. 惠焕章，贾鹏编，著. **汉武帝刘彻百谜**[M]. 西安：陕西旅游出版社，2004. 第 186 页 “丝绸之路”究竟起源于何地；第 190 页 汉武帝时代是否有“西南丝绸之路”.

101. 张秀平，主编. **影响中国的 100 个人物**[M]. 南宁：广西人民出版社，2004. 第 337 页 82 丝绸之路的开拓者——张骞.

102. 高发元，主编. **首届赛典赤研究国际会议论文集**[M]. 昆明：云南大学出版社，2004. 第 349 页 丝绸之路与中伊文化交流（王锋）；第 361 页 丝绸之路与伊朗和中国的现代文化交流（阿德勒·汉尼撰，白志所译）.

103. 林美荷，编著. **中国著名帝王传·唐太宗传**[M]. 呼和浩特：内蒙古人民出版社，2004. 第 185 页 丝绸之路的畅通.

104. 史荣新，编著. **马可·波罗传**[M]. 赤峰：内蒙古科学技术出版社，2003. 第 20 页 第二章 丝绸之路上的马可·波罗.

105. 黄留珠，主编. **汉武帝**[M]. 西安：西安出版社，2003. 第 65 页 三、丝绸之路的开通.

106. 瞿秋白纪念馆，编. **江南第一燕：瞿秋白画传**[M]. 上海：上海书店出版社，2002. 第 41 页 第三章 红色丝绸之路.

107. 云晓光，著. 150 **位中外名人传奇**[M]. 上海：华东理工大学出版社，2002. 第 447 页 张骞打通丝绸之路.
108. 李志敏，主编. **世界金榜名人传之二：雄主良相**[M]. 长春：北方妇女儿童出版社，2002. 第 27 页 开辟“丝绸之路”.
109. 华夏书，主编. **马可·波罗**[M]. 哈尔滨：哈尔滨出版社，2002. 第 24 页 第二章 丝绸之路上的马可·波罗.
110. [吉]阿斯卡尔·阿卡耶夫，著. **难忘的十年**[M]. 武柳，等，译. 北京：世界知识出版社，2002. 第 234 页 吉尔吉斯斯坦与丝绸之路；第 238 页 丝绸之路外交.
111. 张磊，主编. **冼夫人文化与当代中国：冼夫人文化研讨会论文集**[M]. 广州：广东人民出版社，2002. 第 127 页 论冯冼氏与当时的南海丝绸之路（周忠泰）.
112. 武旭峰，邱江生，主编. **赵姓寻根之旅**[M]. 广州：广东旅游出版社，2001. 第 84 页 张骞开通“丝绸之路”.
113. 申友良，著. **马可·波罗时代**[M]. 北京：中国社会科学出版社，2001. 第 7 页 一 丝绸之路的兴衰；第 22 页 三 丝绸之路——两汉时期；第 41 页 六 香瓷之路——五代宋辽夏金时期；第 183 页 二 中国丝绸的外销.
114. 孙占元，王玉君，主编. **走出国门：前驱先路的中外交往与文化交流的使者**[M]. 济南：山东教育出版社，2001. 第 235 页 “凿空”之功——汉使张骞与丝绸之路.
115. 朱利民，主编. **四明英才:《宁波通讯》人物志选编**[M]. 北京：中共党史出版社，2001. 第 211 页 “海上丝绸之路”研究专家、博士生导师陈炎（杨云海）.
116. 黄顺通，主编；中共厦门市委党史研究室，编. **彭德清纪念文集**[M]. 北京：中央文献出版社，2001. 第 328 页 关于“海上丝绸之路”考察活动筹备情况的调查报告.
117. 侯书森，等，编著.**《福布斯》中国内地 100 首富排行榜**[M]. 北京：中国商业出版社，2001. 第 228 页 第 85 位 沈爱琴 行走在丝绸之路上的女富豪.
118. 袁刚，著. **隋炀帝传**[M]. 北京：人民出版社，2001. 第 487 页 一、西突厥和丝绸之路.
119. 蒋珊，编著. **成吉思汗图传**[M]. 彩图版. 北京：中国戏剧出版社，2001. 第 144 页 丝绸之路的文明.
120. 庄春波，著. **汉武帝评传**[M]. 南京：南京大学出版社，2001. 第 326 页 一、西域与早期沙漠草原“丝绸之路”.
121. [日]平山美知子，著. **路是这样走出来的:《家庭帐簿》所见一代画师平山郁夫的成长轨迹**[M]. 周季华，贾蕙萱，译. 北京：北京大学出版社，2000. 第 167 页 第七章 丝绸之路旅行.
122. 童芍素，赵善昌，主编. **攀登者的追求：大学生对青年科学家的专访**[M]. 杭州：浙江大学出版社，2000. 第 298 页 开拓今日“丝绸之路”——访浙江省农业科学院蚕桑研究所所长孟智启研究员.
123. 杨荣秋，谢中天，著. **天街异彩：哈尔滨中央大街**[M]. 北京：解放军文艺出版社，2000. 第 106 页 第六章 “红色丝绸之路”的枢纽.
124. 张京霞，编著. **企业家传奇**[M]. 北京：中国和平出版社，1999. 第 195 页 赵开俊勇闯新丝绸之路.
125. 袁鲁林，著. **波斯湾争夺目击记**[M]. 南京：江苏人民出版社，1999. 第 200 页 “海上丝绸之路”起点在泉州.

126. 杜文玉，著. **唐高祖与唐太宗**[M]. 西安：陕西人民出版社，1999. 第 366 页 （一）丝绸之路的阻断.

127. 郝巨恒，主编. **神州第一人**[M]. 北京：中国经济出版社，1999. 第 390 页 张骞——中国第一个出使西域开辟“丝绸之路”的外交使者.

128. 金爽，主编. **青年必知人物手册**[M]. 北京：团结出版社，1999. 第 761 页 丝绸之路的开拓者——张骞.

129. [美]丽贝卡·斯蒂福夫，著；**马可·波罗与中世纪的探险家**[M]. 刘桂珍，译. 北京：世界知识出版社，1998. 第 73 页 第四章 丝绸之路上的波罗一家.

130. 王俊彦，著. **大外交家周恩来（上）**[M]. 北京：经济日报出版社，1998. 第 274 页 第十八章 “丝绸之路”上的友谊之花.

131. 王俊彦，著. **大外交家周恩来（下）**[M]. 北京：经济日报出版社，1998. 第 274 页 第十八章 “丝绸之路”上的友谊之花.

132. 郭汉杰，编著. **中华英杰**[M]. 郑州：中州古籍出版社，1998. 第 88 页 开拓丝绸之路的张骞.

133. 段跃中，主编. **负笈东瀛写春秋：在日中国人自述**[M]. 上海：上海教育出版社，1998. 第 497 页 在现代艺术与电脑网络的世界里 美术家&丝绸之路网络与银河之声中文广播代表 范钟鸣.

134. 庄为玑，郑山玉，编. **泉州谱牒华侨史料与研究（下）**[M]. 北京：中国华侨出版社，1998. 第 1125 页 华侨与海上丝绸之路——部分侨乡族谱中的海外移民资料分析（郑山玉）.

135. 郑石平，编著. **中国的探险家**[M]. 上海：上海科技教育出版社，1998. 第 19 页 张骞“凿空”丝绸之路.

136. 何光国，著. **人民公仆刘少奇**[M]. 北京：中国工人出版社，1997. 第 431 页 “丝绸之路”传友谊.

137. 李维民，主编. **中国人物年鉴** 1997[M]. 北京：新华出版社，1997. 第 164 页 李希光·新华社记者·走遍丝绸之路并出版纪实文学.

138. 杨荫楼，著. **贞观盛世：唐太宗·李世民**[M]. 哈尔滨：哈尔滨出版社，1997. 第 189 页 △高昌地处中西交通要道上，是丝绸之路的必经之地，天山南、北两路的门户.

139. 李樵，编著. **中国历代外交家列传**[M]. 北京：世界知识出版社，1996. 第 61 页 张骞首通丝绸之路.

140. 上官鸿南，朱士光，主编. **史念海先生八十寿辰学术文集**[M]. 西安：陕西师范大学出版社，1996. 第 3 页 草原丝绸之路——中国同域外青铜文化的.

141. 林远辉，编. **朱杰勤教授纪念论文集**[M]. 广州：广东高等教育出版社，1996. 第 21 页 阿拉伯世界在陆海“丝绸之路”中的特殊地位（陈炎）.

142. 张冠生，著. **乡土足音：费孝通足迹·笔迹·心迹**[M]. 北京：群言出版社，1996. 第 239 页 东北地区海上丝绸之路.

143. 中国人物年鉴编委会，编. **中国人物年鉴** 1995[M]. 北京：中国社会出版社，1996. 第 11 页 马改户·雕塑艺术家·作品《丝绸之路》获“城市雕塑优秀作品奖”.

144. 陆国俊，等，主编；中国国际文化书院，编. **中西文化交流先驱——马可·波罗**[M]. 北京：商务印书馆，1995. 第 78 页 丝绸之路上的商人、商品和强盗瓦莱里亚·费奥拉尼·皮阿琴蒂尼.

145. 耿志远，罗宏曾，主编. **探险家的胆识乐趣**[M]. 天津：天津人民出版社，1994. 第 1 页 张骞——开辟"丝绸之路"的先行者.
146. 何建明，主编. **当代世界名人传·中国卷**[M]. 长春：时代文艺出版社，1994. 第 485 页 丝绸之路上的跋涉者——记中国乌鲁木齐市百货公司总经理罗文学.
147. 山东省徐福研究会，龙口市徐福研究会，编. **徐福研究** 2[M]. 青岛：青岛海洋大学出版社，1993. 第 254 页 山东早期的纺织业与北方海上丝绸之路（朱亚非）.
148. 张秀平，王晓明，主编. **影响中国的 100 个人物**[M]. 南宁：广西人民出版社，1993. 第 346 页 82 他的名字和"丝绸之路"一样，传遍了天下——张骞；第 349 页 83 他是"丝绸之路"的保护者——班超.
149. 梁德，等，著. **勇武天子永乐帝**[M]. 长春：时代文艺出版社，1993. 第 235 页 第九章 明代东北区丝绸之路.
150. 袁刚，著. **隋断帝传**[M]. 北京：人民出版社，1993. 第 487 页 一、西突厥和丝绸之路.
151. 沈图，著. **沈图回忆录**[M]. 天津：百花文艺出版社，1993. 第 61 页 从"丝绸之路"到"空中之路"——中巴通航.
152. 王行国，夏培卓，著. **五千年华夏名人胜迹**[M]. 北京：中国国际广播出版社，1993. 第 489 页 沟通"丝绸之路"的使者张骞——城固张骞墓.
153. 杨汝栩，著. **张骞**[M]. 天津：新蕾出版社，1993. 第 117 页 壮丽的离官丝绸之路.
154. 赵光中，等，主编. **伟人与中国历史**[M]. 太原：山西高校联合出版社，1992. 第 235 页 "凿空"之功——汉使张骞与丝绸之路.
155. 中国人民对外友好协会，编. **朋友遍天下**[M]. 北京：中国青年出版社，1992. 第 352 页 祈求和平的艺术——贺平山郁夫丝绸之路画展（林林）.
156. 王国忠，著. **李约瑟与中国**[M]. 上海：上海科学普及出版社，1992. 第 112 页 沿着丝绸之路进发.
157. 刘春建，主编. **中华英杰谱（上）**[M]. 郑州：河南人民出版社，1992. 第 110 页 丝绸之路的开拓者——张骞.
158. 李方诗，等，主编. **中国人物年鉴** 1992[M]. 北京：华艺出版社，1992. 第 93 页 刘文敏·摄影记者·在联合国教科文组织总部举办丝绸之路摄影展；第 403 页 常霞青（女）·上海社科院副研究员·发现第四条丝绸之路.
159. 陈瑞德，等，著. **海上丝绸之路的友好使者·西洋篇**[M]. 北京：海洋出版社，1991.
160. 夏应元，著. **海上丝绸之路的友好使者·东洋篇**[M]. 北京：海洋出版社，1991.
161. 任道斌，主编. **中华文化名人传（上）**[M]. 郑州：河南人民出版社，1991. 第 35 页 "丝绸之路"的开拓者张骞；第 47 页 东汉重开"丝绸之路"的勇士班超.
162. 崔新桓，等，编著. **巨大的精神力量：中国历史上的爱国主义者**[M]. 成都：四川人民出版社，1990. 第 34 页 开拓"丝绸之路"的张骞.
163. 李方诗，主编. **中国人物年鉴** 1990[M]. 北京：华艺出版社，1990. 第 299 页 侯一民·著名画家·一年之中完成《血肉长城》、《丝绸之路》、《锦绣中华》等巨型壁画.
164. 李国祥，等，主编. **万事一瞬间：中华奇才怪杰荟萃**[M]. 武汉：武汉工业大学出版社，1989. 第 15 页 丝绸之路的拓荒者张骞.

165. 中华全国妇女联合会宣教部，金陵之声广播电台编辑部，编. **当代女企业家**[M]. 南京：江苏科学技术出版社，1988. 第 114 页 在“丝绸之路”上留下坚实的脚印——记上海第十二丝织厂厂长杨秀真（胡金娣、张玲玲）.
166. 张晶，王素英，主编. **女企业家传**[M]. 大连：大连理工大学出版社，1988. 第 165 页 新的“丝绸之路”——记新金县沙包丝绸厂厂长周淑荣（姜政臣、李唐生）.
167. [日]寺田隆信，著. **郑和：联结中国与伊斯兰世界的航海家**[M]. 庄景辉，译. 北京：海洋出版社，1988. 第 2 页 目录一、海上丝绸之路唐宋时代；第 5 页 取代陆上丝绸之路（2）世界最大的贸易港泉州.
168. [法]格鲁塞，著. **马上皇帝**[M]. 谭发瑜，译. 石家庄：河北人民出版社，1987. 第 251 页 丝绸之路上的畏兀儿人：成吉思汗的文化教员.
169. [新西兰]艾黎，著. **艾黎自传**[M]. 路易・艾黎研究室编，译. 兰州：甘肃人民出版社，1987. 第 172 页 山丹——丝绸之路上的绿洲.
170. 湖南历史学会，编. **知识分子与中国历史的发展**[M]. 长沙：湖南人民出版社，1985. 第 84 页 丝绸之路的开拓者张骞（伍新福）.
171. 苗德生，主编. **中国歌坛**[M]. 北京：文化艺术出版社，1985. 第 393 页 附歌曲：楠竹的故乡丝绸之路.
172. 赵克尧，许道勋，著. **唐太宗传**[M]. 北京：人民出版社，1984. 第 247 页 （五）“丝绸之路”的畅通.
173. 王季深，编. **中国历代旅行家小传**[M]. 北京：知识出版社，1983. 第 8 页 “凿空”西域，开创“丝绸之路”——张骞（？～前 114）.
174. 彭卫，著. **张骞**[M]. 西安：陕西人民出版社，1981. 第 103 页 六 “丝绸之路”——友谊的象征.

（十）文物考古

1. 天津博物馆，编. **丝绸之路文物精品大展**[M]. 北京：紫禁城出版社，2015.
2. 赵丰，罗华庆，许建平，主编. **敦煌与丝绸之路：浙江、甘肃两省敦煌学研究会联合研讨会论文集**[M]. 杭州：浙江大学出版社，2015.
3. 文化遗产研究与保护技术教育部重点实验室，编著. **西部考古（第 8 辑）**[M]. 北京：科学出版社，2015.
4. 吴其生，著. **明清时期漳州窑**[M]. 福州：福建人民出版社，2015.
5. 张勇，主编. **古代钱币与丝绸高峰论坛暨第四届吐鲁番学国际学术研讨会论文集**[M]. 上海：上海古籍出版社，2015.
6. 贾应逸，著. **新疆古代毛织品研究**[M]. 上海：上海古籍出版社，2015.
7. 中华人民共和国国家旅游局，编. **一带一路旅游概览**[M]. 北京：中国旅游出版社，2015.
8. 王胜三，陈德正，主编. **一带一路列国志**[M]. 北京：人民出版社，2015.
9. 王灵桂，主编. **中国社会科学院“一带一路”研究系列・海丝列国志**[M]. 北京：社会科学文献出版社，2015.
10. 李永全，主编. **丝路列国志**[M]. 北京：社会科学文献出版社，2015.
11. 邢广程，主编. **中国边疆学（第 3 辑）**[M]. 北京：社会科学文献出版社，2015.

12. 卓尼君，著. **追琢真金：洮河绿石砚的金玉真相**[M]. 北京：中国社会科学出版社，2015.
13. 国家文物局，编. **丝绸之路**[M]. 北京：文物出版社，2014.
14. 新疆昌吉回族自治州文物局，编. **丝绸之路天山廊道：新疆昌吉古代遗址与馆藏文物精品**[M]. 北京：文物出版社，2014.
15. 西安市文物局，西安市汉长安城遗址保管所，西安市古代建筑工程公司，编著. **迈向世遗：西汉帝都未央宫遗址申遗之路**[M]. 北京：文物出版社，2014. 第 8 页 丝绸之路的形成；第 10 页 丝路起点——汉长安城未央宫在丝绸之路开辟中的重要作用.
16. 陈永志，张红星，编著. **内蒙古考古大发现**[M]. 呼和浩特：内蒙古人民出版社，2014. 第 182 页 草原丝绸之路上的一朵奇葩——集宁路古城遗址.
17. 唐莉芸，付华林，著. **我眼中的莫高窟**[M]. 兰州：甘肃人民美术出版社，2014. 第 29 页 一、丝绸之路上的敦煌区域文化.
18. 李娟，张泽云，编著. **中国考古文化**[M]. 北京：时事出版社，2014. 第 62 页 第五节 秦汉时期的丝绸之路及其发端考古.
19. 赵悠，著. **妙相庄严：汉传佛教造像**[M]. 郑州：中州古籍出版社，2014. 第 16 页 丝绸之路.
20. 文娟，主编. **世界考古未解之谜：中国考古未解之谜**[M]. 北京：中国华侨出版社，2014. 第 300 页 丝绸之路通向哪里.
21. 胡同庆，王义芝，著. **美丽敦煌**[M]. 兰州：甘肃人民美术出版社，2014. 第 20 页 丝绸之路与敦煌国际化.
22. 郑炜明，主编. **香港大学饶宗颐学术馆十周年馆庆同人论文集・敦煌学卷**[M]. 上海：上海古籍出版社，2014.
23. 郑炳林，魏迎春，赵青山，主编. **陇东河西石窟研究文集**[M]. 兰州：甘肃文化出版社，2014.
24. 敦煌研究院，编著. **专家讲敦煌**[M]. 南京：江苏美术出版社，2014.
25. 中国社会科学院考古研究所，新疆文物考古研究所，编. **汉代西域考古与汉文化**[M]. 北京：科学出版社，2014.
26. 吐鲁番博物馆，吐鲁番学研究院，编著. **丝路遗珠：交河故城高昌故城申报世界文化遗产文物精品展**[M]. 上海：上海古籍出版社，2014.
27. 巫新华，主编. **钱币及其他文物**[M]. 济南：山东美术出版社，2013. 第 187 页 150 丝绸幢幡顶部残片；第 189 页 152 伏羲、女娲丝绸壁挂；第 190 页 153 伏羲、女娲丝绸壁挂；第 191 页 154 带"萨珊"图案的丝绸覆面；第 199 页 160 盖香案的丝绸帷幔（局部）.
28. 巫新华，主编. **吐鲁番壁画**[M]. 济南：山东美术出版社，2013.
29. 巫新华，主编. **克孜尔石窟壁画**[M]. 济南：山东美术出版社，2013. 第 45 页 1 克孜尔石窟谷西区外景.
30. 单霁翔，著. **用提案呵护文化遗产**[M]. 天津：天津大学出版社，2013. 第 185 页 关于加强海上丝绸之路文化遗产保护的提案；第 189 页 关于全面推进丝绸之路跨国申报世界文化遗产的提案.

31. 曾宪勇，著. **宋代沉船“南海 I 号”**[M]. 广州：广东人民出版社，2013. 第 7 页 二、海上丝绸之路璀璨明珠.
32. 陈周起，著. **祭海古坛：广州南海神诞**[M]. 广州：广东教育出版社，2013.
33. 中国文化遗产研究院，编. **社会科学专辑 1：考古调查与文献研究**[M]. 北京：文物出版社，2013. 第 21 页 丝绸之路古城址调查与研究（王元林）.
34. 陈逸民，陈莺，著. **海捞瓷收藏与鉴赏**[M]. 上海：上海大学出版社，2013.
35. 张超，编著. **国宝传奇：中国神秘宝藏全知道**[M]. 北京：中国纺织出版社，2013. 第 265 页 海上丝绸之路一张浙江沿海藏宝图.
36. 柴剑虹，著. **柴剑虹敦煌学人和书丛谈**[M]. 上海：上海古籍出版社，2013. 第 271 页《丝绸之路体育图录》序；第 292 页 极具创新价值的《敦煌丝绸艺术全集》；第 295 页《敦煌丝绸与丝绸之路》序.
37. 宋永忠，著. **须弥山石窟艺术研究**[M]. 银川：阳光出版社，2013.
38. 山西博物院，海南省博物馆，编. **华光礁 1 号沉船遗珍**[M]. 太原：山西人民出版社，2013.
39. 张怀群，著. **泾川百里石窟长廊图解**[M]. 北京：九州出版社，2013.
40. 李洁，著. **丝绸之路的岩彩艺术**[M]. 重庆：西南师范大学出版社，2012.
41. 蔡於良，著. **海的梦话 千年一遇：仙游居收藏海上丝绸之路南海沉船遗珍**[M]. 海口：海南出版社，2012.
42. 赵丰，著. **锦程：中国丝绸与丝绸之路**[M]. 香港：香港城市大学出版社，2012.
43. 刘志刚，编著. **青少年应该知道的石窟**[M]. 济南：泰山出版社，2012. 第 11 页 第二章 “丝绸之路”上的佛教瑰宝——敦煌莫高窟.
44. 宁波市文物考古研究所，宁波市文物保护管理所，编著. **宁波文物考古研究文集 2**[M]. 北京：科学出版社，2012. 第 78 页 论“海上丝绸之路”（中国段）宁波文化遗产（李英魁）.
45. 王炳华，著. **悬念楼兰·尼雅**[M]. 杭州：浙江文艺出版社，2012. 第 174 页 丝绸之路与精绝.
46. CCTV《走近科学》栏目组，编. **CCTV 考古中国：祖先之谜**[M]. 上海：上海科学技术文献出版社，2012. 第 117 页 古老的南方丝绸之路.
47. 霍巍，著. **西南考古与中华文明**[M]. 成都：巴蜀书社，2012. 第 265 页 认同与歧议：汉晋时期“西南丝绸之路”的考古学研究述评；第 291 页 “西南夷”与南方丝绸之路；第 305 页 四川东汉大型石兽与南方丝绸之路.
48. 贾峨，著. **贾峨考古文集**[M]. 北京：科学出版社，2012. 第 239 页 唐代的畋猎弋射与丝绸之路.
49. **华夏瑰宝展**[M]. 北京：文物出版社，2012.
50. 孙机，著. **仰观集：古文物的欣赏与鉴别**[M]. 北京：文物出版社，2012. 第 119 页 “丝绸之路展”感言.
51. 葛雅纯，著. **海洋考古**[M]. 长春：吉林出版集团有限责任公司，2012. 第 34 页 海洋考古的起源海洋考古的发展历程.
52. 西安市文物局，西安市汉长安城遗址保管所，西安文物保护修复中心，等，编著. **汉**

长安城遗址保护[M]. 北京：文物出版社，2012. 第 211 页 七 “丝绸之路”世界文化遗产申报工作；第 213 页（二）“丝绸之路”申报世界文化遗产的背景.

53. 何力，编著. **正在消失的中国古文明——古河渠**[M]. 北京：国家行政学院出版社，2012. 第 150 页 第三节 丝绸之路古渡多.
54. 故宫博物院，编. **永宣时代及其影响：两岸故宫第二届学术研讨会论文集（下）**[M]. 北京：故宫出版社，2012. 第 405 页 整体丝绸之路视野下的郑和下西洋（万明）.
55. 单霁翔，著. **文化遗产·思行文丛·演讲卷** 2[M]. 天津：天津大学出版社，2012. 第 180 页 在广东海上丝绸之路博物馆开馆典礼上的讲话；第 306 页 在“大运河与海上丝绸之路”宁波论坛上的致辞.
56. 麦英豪，著. **南越文王墓**[M]. 北京：文物出版社，2012. 第 114 页 海上丝绸之路的遗珍.
57. 中国考古学会，编. **中国考古学年鉴** 2011[M]. 北京：文物出版社，2012. 第 516 页 歌舞升平——丝绸之路上的乐舞文物特展在广州市博物馆展出；第 519 页 丝绸之路——大西北遗珍展在陕西历史博物馆展出；第 525 页 丝绸之路展在比利时展出.
58. 胡杨，编. **国家宝藏全档案**[M]. 北京：中国工人出版社，2012. 第 247 页 海上丝绸之路：一张“海底藏宝图”探究海上丝绸之路.
59. 窦侠父，编. **敦煌史迹**[M]. 兰州：甘肃人民美术出版社，2012. 第 16 页 敦煌郡产生的积极意义敦煌和“丝绸之路”.
60. 中国古陶瓷学会，编. **外销瓷器与颜色釉瓷器研究**[M]. 北京：紫禁城出版社，2012. 第 113 页 印尼海捞陶瓷与中国海上丝绸之路（林亦秋）.
61. 胡杨，著. **考古发现全档案**[M]. 北京：中国工人出版社，2012. 第 151 页 丝绸之路下的瑰宝；第 222 页 丝绸之路现佛光.
62. 单霁翔，著. **文化遗产·思行文丛·演讲卷** 1[M]. 天津：天津大学出版社，2012. 第 176 页 在“重走梁思成古建之路——四川行”闭幕式上的讲话；第 263 页 在“丝绸之路”联合申报世界文化遗产培训班上的讲话.
63. 李新岭，主编. **古玩收藏鉴赏全集·和田玉**[M]. 长沙：湖南美术出版社，2012. 第 28 页 玉文化——丝绸之路的前驱.
64. 浙江文物年鉴编委会，编. **浙江文物年鉴** 2011[M]. 杭州：浙江古籍出版社，2012. 第 44 页 浙江省副省长郑继伟考察中国丝绸博物馆；第 129 页 “丝绸之路——中国丝绸艺术展”在哈萨克斯坦举行；第 137 页 “天上人间——5000 年中国丝绸文化展”在芬兰埃斯堡举办；第 184 页 浙江省博物馆引进“丝绸之路——大西北遗珍”大型特展；第 198 页 中国丝绸博物馆；第 206 页 “锦上胡风——丝绸之路魏唐纺织品上的西方影响”展开幕；第 208 页 中国丝绸博物馆举办 DIY 物品置换活动；第 209 页 中国丝绸博物馆举办全疆博物馆专业人员纺织品修复培训班；第 210 页 “织为货币——丝绸之路上的纺织品”研讨会代表来馆参观；第 211 页 中国丝绸博物馆在全国文物保护科技领域取得成果；第 317 页 宁波市举行历史文化名城保护日庆祝活动及第十届宁波“海上丝绸之路”文化节；第 317 页 “大运河和海上丝绸之路”宁波论坛举行.
65. 山西博物院，新疆维吾尔自治区博物馆，吐鲁番博物馆，编著. **天山往事：古代新疆丝路文物精华**[M]. 太原：山西人民出版社，2012.
66. 萧易，撰文. **空山——静寂中的巴蜀佛窟**[M]. 桂林：广西师范大学出版社，2012. 第

119 页　邛崃龙兴寺　石笋山　花置寺　南方丝绸之路上的唐代佛国.

67. 上海博物馆，编. **丝绸之路古国钱币暨丝路文化国际学术研讨会论文集**[M]. 上海：上海书画出版社，2011.

68. 李永强，主编. **洛阳出土丝绸之路文物**[M]. 郑州：河南美术出版社，2011.

69. 赵丰，齐东方，主编. **锦上胡风：丝绸之路纺织品上的西方影响（4-8 世纪）**[M]. 上海：上海古籍出版社，2011.

70. 熊昭明，编. **广西出土汉代玻璃器的考古学与科技研究**[M]. 北京：文物出版社，2011. 第 164 页　第八章　汉代海上丝绸之路上的中外交流；第 164 页　第一节　玻璃器是汉代海上丝绸之路的重要物证；第 166 页　第二节　其他与海上丝绸之路有关的文物.

71. 张景明，编. **辽代金银器研究**[M]. 北京：文物出版社，2011. 第 330 页　八、辽、金和西夏草原丝绸之路经济文化的兴盛；第 331 页　（一）草原丝绸之路的开通与早期发展；第 336 页　（二）辽、金、西夏草原丝绸之路的繁荣盛况.

72. 林瀚，编著. **海外珍藏中华瑰宝——外销瓷**[M]. 北京：北京工艺美术出版社，2011. 第 1 页　一、通往西洋的“陶瓷之路”.

73. [巴基斯坦]艾哈默德·哈桑·达尼，著. **喀喇昆仑公路沿线人类文明遗迹**[M]. 北京：中国国际广播出版社，2011.

74. 深圳博物馆，编. **丝路遗韵：新疆出土文物展图录**[M]. 北京：文物出版社，2011. 第一单元　丝绸之路上的先民；第二单元　汉唐丝路开；第三单元　丝路文书与货币.

75. 安家瑶，编著. **玻璃器史话**[M]. 北京：社会科学文献出版社，2011. 第 120 页　丝绸之路与玻璃贸易.

76. 王永生，著. **钱币与西域历史研究**[M]. 北京：中华书局，2011. 第 165 页　丝绸之路钱币（新疆段）考察报告；第 177 页　关于丝绸之路钱币研究的几点思考.

77. 傅举有，著. **亲历考古：马王堆汉墓不朽之谜**[M]. 杭州：浙江文艺出版社，2011. 第 82 页　丝国再现马王堆与海上丝绸之路.

78. 福建博物院，晋江博物馆，影印. **磁灶窑址**[M]. 北京：科学出版社，2011. 第 395 页　二、“海上丝绸之路”航线上遗址的发现.

79. 章孔畅，著. **南朝陵墓石刻渊源与传流研究**[M]. 南京：东南大学出版社，2011. 第 121 页　二、丝绸之路　从中亚到中原.

80. 邢义田，著. **画为心声：画像石、画像砖与壁画**[M]. 北京：中华书局，2011. 第 644 页　图 9《汉唐丝绸之路文物精华》.

81. 浙江文物年鉴编委会，编. **浙江文物年鉴** 2010[M]. 杭州：浙江古籍出版社，2011. 第 190 页　“锦上胡风——丝绸之路魏唐纺织品上的西方影响”在京举行；第 278 页　宁波海上丝绸之路航标展暨宁波历史文化遗产大课堂举行.

82. 韩湖初，著. **合浦汉代文物谈**[M]. 桂林：广西师范大学出版社，2011. （15）金饼和金佩饰及玛瑙、琥珀——汉代海上“丝绸之路”的见证之一；（16）陶俑和磨锄铜俑——海上“丝绸之路”的见证之二；（17）熏炉——海上“丝绸之路”的见证之三；（18）玻璃器——海上“丝绸之路”的见证之四.

83. 顾虹，编著. **世界的敦煌**[M]. 上海：上海古籍出版社，2011. 第 6 页　张骞与丝绸之路.

84.《丝绸之路：大西北遗珍》编辑委员会，编著．**丝绸之路：大西北遗珍**[M]．北京：文物出版社，2010．

85．盖山林，盖志浩，著．**丝绸之路岩画研究**[M]．乌鲁木齐：新疆人民出版社，2010．

86．刘进宝，著．**丝绸之路 敦煌研究**[M]．乌鲁木齐：新疆人民出版社，2010．

87．王炳华，著．**西域考古文存**[M]．兰州：兰州大学出版社，2010．第 39 页 2 古代西域“丝绸之路”史迹；第 46 页 2 “丝绸之路”新疆段路线的变迁；第 99 页 5 “丝绸之路”考古的几点新收获．

88．詹长法，冈田健，主编．**土遗址保护研修报告**[M]．北京：文物出版社，2010．第 9 页 第 2 章 我国丝绸之路沿线土遗址保存现状概述 第 1 节 我国丝绸之路沿线土遗址类型、分布及保存状况．

89．丘刚，主编．**海南省博物馆**[M]．北京：文物出版社，2010．

90．谭敦宁，著．**中国长沙窑**[M]．长沙：湖南人民出版社，2010．第 27 页 水上丝绸之路．

91．张庆捷，著．**胡商、胡腾舞与入华中亚人：解读虞弘墓**[M]．太原：北岳文艺出版社，2010．第 159 页 第六章 中古丝绸之路与胡商遗物漫谈胡商与胡商俑；第 186 页 骆驼与丝绸之路．

92．中国国家博物馆，编．**中华文明：《古代中国陈列》文物精萃**[M]．北京：中国社会科学出版社，2010．第 606 页 长安与丝绸之路的拓展．

93．林向，著．**童心求真集：林向考古文物选集**[M]．北京：科学出版社，2010．第 177 页“南方丝绸之路”上发现的“立杆测影”文物．

94．孟凡人，著．**新疆考古论集**[M]．兰州：兰州大学出版社，2010．第 423 页 3“丝绸之路”是连接边疆与世界考古学的主要渠道和纽带．

95．林向，著．**清江深居集：近三十年来考古文物的研究与札记**[M]．成都：巴蜀书社，2010．第 331 页 临邛与“西南丝绸之路”——近年来邛崃考古发现中的几个问题．

96．中国社会科学院考古研究所，编著．**中国考古学·秦汉卷**[M]．北京：中国社会科学出版社，2010．第 905 页 第一节 中国境内的考古发现与汉代丝绸之路；第 906 页 一 丝绸之路的主要干线；第 909 页 二 中国境内发现的与丝绸之路相关的遗物；第 928 页 三 丝绸之路考古的若干问题；第 929 页 第二节 中亚、西亚及欧洲的考古发现与汉代丝绸之路；第 935 页 三 中亚、西亚及欧洲出土汉朝铜镜与汉代丝绸之路．

97．樊锦诗，李国，杨富学，著．**中国敦煌学论著总目**[M]．兰州：甘肃人民出版社，2010．第 182 页 四、丝绸之路．

98．朱成山，主编．**精品陈列**[M]．北京：北京出版社，2010．第 133 页 《东方神舟——宁波海上丝绸之路》展览综述（宁波博物馆）．

99．王巍，主编．**中国考古学年鉴** 2009[M]．北京：文物出版社，2010．第 465 页 宁夏丝绸之路文物展在香港展出；第 467 页 “成吉思汗和蒙古人的富有——大型丝绸之路文物展”在意大利展出；第 467 页 “福建和海上丝绸之路”展在日本巡展开幕．

100．荣新江，著．**辨伪与存真：敦煌学论集**[M]．上海：上海古籍出版社，2010．第 345 页 《吐鲁番敦煌文献：丝绸之路的文明汇聚研究论集》评介．

101．重庆中国三峡博物馆，编．**大漠遗珍 丝路传奇——新疆出土文物精粹**[M]．成都：四川美术出版社，2010．

102. 马利清，主编. **考古学概论**[M]. 北京：中国人民大学出版社，2010. 第 349 页 六、丝绸之路与中外文化交流.
103. 樊锦诗，主编. **莫高窟史话**[M]. 南京：江苏美术出版社，2009. 第 93 页 十、敦煌世族与莫高窟营建（陈菊霞）.
104. 王炳华，著. **丝绸之路考古研究**[M]. 乌鲁木齐：新疆人民出版社，2009.
105. 王博，祁小山，著. **丝绸之路草原石人研究**[M]. 乌鲁木齐：新疆人民出版社，2009.
106. 广州市文化局，编. **海上丝绸之路：广州文化遗产**[M]. 北京：文物出版社，2009.
107. 赵丰，主编. **敦煌丝绸与丝绸之路**[M]. 北京：中华书局，2009.
108. 王庭玫，主编. **丝路文物艺术精华**[M]. 台北：艺术家出版社，2009. 第 144 页 丝绸之路与古代欧亚大陆的东西文化交流（长泽和俊撰文，张英莉译）.
109. 冉万里，编著. **隋唐考古**[M]. 西安：陕西人民出版社，2009. 第 408 页 第七节 国外发现的受隋唐文化影响的遗迹与遗物.
110. 中国国家博物馆，编. **文物秦汉史（彩色图文本）**[M]. 北京：中华书局，2009. 第 237 页 第二节 丝绸之路.
111. 张童心，吕建昌，曹峻，著. **考古发现与华夏文明**[M]. 上海：上海大学出版社，2009. 第 307 页 第一节 海上丝绸之路.
112. 文裁缝，著. **绝版宝藏**[M]. 北京：九州出版社，2009. 第 188 页 新疆和田 丝绸之路上的玉石之都；第 231 页 “海上丝绸之路”的当代调查.
113. 中共中央宣传部宣传教育局，编写. **第四批全国爱国主义教育示范基地巡礼**[M]. 北京：学习出版社，2009. 第 325 页 丝绸之路上的瑰宝——甘肃省博物馆.
114. 郭俊卿，著. **忻州考古研究**[M]. 北京：中国社会出版社，2009. 第 179 页 第三章 忻州地上文化遗存——古建筑及研究.
115. 谢万幸，编著. **中国考古未解之谜**[M]. 北京：华文出版社，2009. 第 105 页 丝绸之路通向哪里？.
116. [英]斯坦因. **斯坦因西域盗宝记**[M]. 北京：西苑出版社，2009. 第 11 页 第二节 丝绸之路的建立.
117. 段渝，主编. **巴蜀文化研究集刊** 5[M]. 成都：巴蜀书社，2009. 第 247 页 南方丝绸之路研究；第 247 页 先秦南方丝绸之路与巴蜀对外文化交流的材料和研究（邹一清）；第 260 页 南方丝绸之路早期商品交换方式变更考——从滇人是否使用贝币谈起（刘弘）.
118. 姜庆和，孙守方，主编. **震撼世界的考古惊现**[M]. 北京：京华出版社，2009. 第 24 页 中国海上丝绸之路的五大发现.
119.《科学奥秘》周刊，编著. **震惊世界的考古大揭秘**[M]. 北京：中央编译出版社，2009. 第 104 页 中国海上丝绸之路的五大发现.
120. 韩博文，主编. **甘肃丝绸之路文明**[M]. 北京：科学出版社，2008.
121. 杨春棠，编辑. **贺兰山阙：宁夏丝绸之路**[M]. 香港：香港大学美术博物馆，2008.
122. 祁小山，王博，编著. **丝绸之路·新疆古代文化**[M]. 乌鲁木齐：新疆人民出版社，2008.
123. 甘肃省博物馆，编. **甘肃丝绸之路文明**[M]. 兰州：甘肃人民美术出版社，2008.

124. 侯湘华，孙玉龙，主编．**敦煌花雨**[M]．石家庄：河北教育出版社，2008．第 1 页 丝绸之路与敦煌．
125. 王亚民，王莉英，主编．**中国古陶瓷研究**[M]．北京：紫禁城出版社，2008．第 1 页 海上丝绸之路上的中国古代外销瓷——中国水下考古的工作与发现（赵嘉斌）；第 137 页 越窑青瓷与明州海上丝绸之路（施祖青）；第 146 页 试探两宋龙泉窑的兴盛之路（邓禾颖）；第 198 页 泉州窑与海上丝绸之路古外销瓷及相关问题的探讨（陈建中、曾萍莎）；第 248 页 安溪窑与海上丝绸之路古陶瓷初探（吴艺娟）；第 317 页 广东海上丝绸之路与陶瓷外销（黄静）．
126. 丘刚，著．**海南古遗址**[M]．海口：南方出版社，海南出版社，2008．第 196 页 第六章 与海上丝绸之路有关的遗址；第 197 页 一、海南岛发现的海上丝绸之路相关遗址．
127. 荣新江，著．**华戎交汇：敦煌民族与中西交通**[M]．兰州：甘肃教育出版社，2008．第 20 页 丝绸之路；第 33 页 丝绸—经由敦煌的东西方物质文化交流；第 99 页 归义军时期的丝绸之路．
128. 邱立城，著．**粤地考古求索**[M]．北京：科学出版社，2008．第 86 页 从文物考古资料探索潮汕地区的古代海上“丝绸之路”；第 138 页 粤西“陶瓷之路”考识；第 434 页 徐闻汉代遗存与海上丝绸之路关系的解读．
129. 王结华，编著．**宁波文物考古研究文集**[M]．北京：科学出版社，2008．第 183 页 浙江宁波和义路出土古船复原研究（龚昌奇、丁友甫、褚晓波、席龙飞）．
130. 郑炳林，魏文斌，主编．**天水麦积山石窟研究论文集（上）**[M]．兰州：甘肃文化出版社，2008．第 434 页 丝绸之路与麦积山石窟（项一峰）．
131. 郝思德，著．**南海文物**[M]．海口：南方出版社，海南出版社，2008．第 157 页 第七章 南海文物——海上丝绸之路的历史见证；第 157 页 一、汉代海上丝绸之路的开辟；第 158 页 二、三国、南朝时期海上丝绸之路的发展；第 160 页 三、唐宋时期海上丝绸之路的繁荣；第 165 页 四、元朝时期的海上丝绸之路；第 168 页 五、明代海上丝绸之路的鼎盛；第 171 页 六、清代海上丝绸之路趋向衰落．
132. 中国文物学会专家委员会，编．**中国文物大辞典（上）**[M]．北京：中央编译出版社，2008．第 660 页 丝绸之路．
133. 张银仓，蔡运章，主编．**洛阳钱币与河洛文明**[M]．北京：科学出版社，2008．第 366 页 洛阳出土丝绸之路货币探索（于倩、霍宏伟）．
134. 兰州大学敦煌学研究所，甘肃省古籍文献整理编译中心，编．**天水麦积山石窟研究论文集**[M]．兰州：甘肃文化出版社，2008．第 236 页 丝绸之路上的雕塑艺术馆（曾艳）．
135. 樊英峰，主编．**乾陵文化研究** 4[M]．西安：三秦出版社，2008．第 147 页 “丝绸之路”视野中的一件三彩骆驼俑（冉万里）．
136. 广东省文物局，广东省文物博物馆学会，编．**广东文博事业改革开放三十年文集**[M]．广州：岭南美术出版社，2008．第 199 页 “复原场景”的合理运用——从对国内外博物馆的考察，谈“广东海上丝绸之路博物馆”的陈列展览（张万星）．
137. 马彦军，主编．**奇遗之乡**[M]．银川：宁夏人民出版社，2008．第 17 页 丝绸之路．
138. 王炳华，编．**西域考古历史论集**[M]．北京：中国人民大学出版社，2008．第 1 页“丝绸之路”新疆段考古新收获；第 33 页“丝绸之路”南道我国境内帕米尔路段调查．

139. 王洁，苏健，编著. **龙门石窟解读**[M]. 洛阳：解放军外语音像出版社，2008.

140. 王进，著. **女娲的遗珍·琉璃**[M]. 重庆：重庆出版社，2008. 第 44 页 第二节 战汉时期琉璃的发展与丝绸之路.

141. 洛阳历史文物考古研究所，编著. **河洛文化论丛**[M]. 北京：北京图书馆出版社，2008. 第 74 页 汉魏洛阳故城和丝绸之路（徐金星）.

142. 马建军，编著. **固原文物**[M]. 银川：宁夏人民出版社，2008. 第 32 页 闻名遐迩的北朝丝绸之路文化.

143. 赵丰，主编. **丝绸之路美术考古概论**[M]. 北京：文物出版社，2007.

144. 干福熹，主编. **丝绸之路上的古代玻璃研究：2004 年乌鲁木齐中国北方古玻璃研讨会和 2005 年上海国际玻璃考古研讨会论文集**[M]. 上海：复旦大学出版社，2007.

145. 包铭新，主编. **西域异服：丝绸之路出土古代服饰艺术复原研究**[M]. 上海：东华大学出版社，2007.

146. 肖天进，编著. **三星堆研究**[M]. 北京：文物出版社，2007. 第 1 页 南方丝绸之路通论；第 4 页 南方丝绸之路滇越交通探讨（李绍明）；第 8 页 “南方丝绸之路”上发现的“立杆测影”文物（林向）；第 25 页 南方丝绸之路研究中应该注意的几个问题（蒋志龙）；第 35 页 巴蜀文化与南方丝绸之路；第 35 页 三星堆古蜀文明与南方丝绸之路（段渝）；第 127 页 西南区域文化与南方丝绸之路；第 127 页 汉源晒经石与南方丝绸之路（蓝勇）；第 246 页 南方丝绸之路与云南古代社会的关系研究（刘中华）；第 279 页 “南方丝绸之路”对曲靖青铜时代墓葬的影响（刘成武、康利宏）.

147. 樊锦诗，主编；谭蝉雪，著. **中世纪的敦煌**[M]. 上海：上海人民出版社，2007. 第 17 页 敦煌为何成为丝绸之路的咽喉重镇？第 57 页 第三章 丝绸之路上的繁华重镇.

148.《三星堆与南丝路》编委会，编. **三星堆与南丝路：中国西南地区的青铜文化**[M]. 北京：文物出版社，2007. 第 3 页 三星堆与南方丝绸之路青铜文化.

149. 杨泓，著. **逝去的风韵：杨泓谈文物**[M]. 北京：中华书局，2007. 第 308 页 丝绸之路由中国向日本的延伸.

150. 王月前，著. **图说中国文化·考古发现卷**[M]. 长春：吉林人民出版社，2007. 第 168 页 丝绸之路上的奇葩——新疆尼雅遗址.

151. 樊锦诗，主编；孙毅华，著. **创造敦煌**[M]. 上海：上海人民出版社，2007. 第 36 页 中世纪的敦煌怎样成为丝绸之路的重要枢纽？.

152. 云南省文物考古研究所，玉溪市文物管理所，江川县文化局，编. **江川李家山：第二次发掘报告**[M]. 北京：文物出版社，2007. 第 233 页 二 南方丝绸之路.

153. 段渝，邹一清，著. **日照金沙**[M]. 成都：巴蜀书社，2007. 第 102 页 南方丝绸之路.

154. 窦心传，编著. **大敦煌：莫高窟不为人知的故事**[M]. 沈阳：万卷出版公司，2007. 第 178 页 丝绸之路上的重镇风云.

155. 郑育林，主编. **走近杜陵**[M]. 西安：西北大学出版社，2007. 第 11 页 致力丝绸之路畅通的汉宣帝（韩养民、翁建文）.

156. 广东省钱币学会，编. **广东人论钱币**[M]. 广州：广东科技出版社，2007. 第 171 页 从古代中外货币交流探讨广州海上丝绸之路（王贵忱、王大文）.

157. 闻君，编著. **中国考古探索**[M]. 北京：时事出版社，2007. 第 156 页 丝绸之路东方起点在哪里.
158. 郑炳林，魏文斌，主编. **天水麦积山石窟研究文集（下）**[M]. 兰州：甘肃文化出版社，2007.
159. 郑炳林，魏文斌，主编. **天水麦积山石窟研究文集（上）**[M]. 兰州：甘肃文化出版社，2007.
160. 束锡红，李祥石，著. **岩画与游牧文化**[M]. 上海：上海古籍出版社，2007. 第 196 页 第五章 岩画与丝绸之路文化.
161. 柴剑虹，著. **敦煌学与敦煌文化**[M]. 上海：上海古籍出版社，2007. 第 235 页 《丝绸之路体育文化论集》序.
162. 上海博物馆，编. **上海博物馆藏丝绸之路古代国家钱币（中英文本）**[M]. 上海：上海书画出版社，2006.
163. 许新国，著. **西陲之地与东西方文明**[M]. 北京：北京燕山出版社，2006. 第 107 页 丝绸之路佛教文化的传播者；第 142 页 青海丝绸之路在中西交通史中的地位和作用；第 199 页 都兰出土蜀锦与吐谷浑之路；第 284 页 都兰出土动物形银器与丝绸之路上的粟特人.
164. 李刚，主编；浙江省博物馆，编. **东方博物（第 21 辑）**[M]. 杭州：浙江大学出版社，2006. 第 47 页 从东北亚地区出土的玻璃器看丝绸之路的向东延伸（孙泓）.
165. 甘肃省人民政府新闻办公室，编. **风雨敦煌话沧桑：历经劫难的莫高窟**[M]. 北京：五洲传播出版社，2006. 第 19 页 二 丝绸之路上的璀璨明珠.
166. 韩欣，主编. **考古中国（下）**[M]. 天津：天津古籍出版社，2006. 第 504 页 揭开丝绸之路起点之谜——隋唐洛阳城遗址.
167. 河南省文物考古学会，编. **河南文物考古论集** 4[M]. 郑州：大象出版社，2006. 第 244 页 浅谈隋唐东都洛阳在《丝绸之路》中的地位（董成圈）.
168. 成都文物考古研究所，编著. **金沙考古发现：走进古蜀都邑金沙村**[M]. 成都：四川文艺出版社，2006. 第 116 页 凹刃凿形器——“南方丝绸之路”开通的最早物证.
169. 浙江省博物馆，编. **东方博物（第 18 辑）**[M]. 杭州：浙江大学出版社，2006. 第 104 页 “丝绸之路与元代艺术”国际学术研讨会论点摘编（赵丰、沙舟、金琳）；第 112 页 宁波“海上丝绸之路”学术研讨会综述（鲍志成、林士民）.
170. 张朋川，著. **黄土上下：美术考古文萃**[M]. 济南：山东画报出版社，2006. 第 109 页 从甘肃一带出土的文物看丝绸之路的形成过程.
171. 中国社会科学院考古研究所汉长安城工作队，西安市汉长安城遗址保管所，编. **汉长安城遗址研究**[M]. 北京：科学出版社，2006. 第 474 页 谈汉唐丝绸之路的起点（葛承雍）.
172. 戴志强，著. **戴志强钱币学文集**[M]. 北京：中华书局，2006. 第 365 页 在全国第四次丝绸之路货币研讨会上的讲话；第 367 页 在“丝绸之路货币研讨会”开幕式上的讲话.
173. 中国考古学会，编. **中国考古学年鉴** 2005[M]. 北京：文物出版社，2006. 第 338 页“南方丝绸之路”考古调查.

174. 杨宏烈，编著. **广州泛十三行商埠文化遗址开发研究**[M]. 广州：华南理工大学出版社，2006. 第 1 页 第一节　海上丝绸之路的起始点.

175. 胡不为，铁林，主编. **消失的古城之谜总集**[M]. 最新修订彩图版. 长春：吉林文史出版社，2006. 第 226 页 丝绸之路上的重镇.

176. 李治国，主编；云冈石窟研究院，编. **2005 年云冈国际学术研讨会论文集·保护卷**[M]. 北京：文物出版社，2006. 第 342 页 丝绸之路古遗址保护（李最雄）.

177. 广西壮族自治区文物工作队，合浦县博物馆，编著. **合浦风门岭汉墓：2003—2005 年发掘报告**[M]. 北京：科学出版社，2006. 第 133 页 三、有关汉代海上丝绸之路的物证.

178. 耿建军，主编. **中国考古谜案**[M]. 济南：山东画报出版社，2006. 第 305 页 丝绸之路还是陶瓷之路——中外海上交通之谜.

179. 中国国家博物馆，广西壮族自治区博物馆，编辑. **瓯骆遗粹：广西百越文化文物精品集**[M]. 北京：中国社会科学出版社，2006. 第 268 页 广西汉代玻璃与越人海上丝绸之路的探索（黄启善）.

180. 张平，编著. **草原民族文化的灵魂：新疆草原文化遗迹考察**[M]. 乌鲁木齐：新疆人民出版社，2006. 第 11 页 阿勒泰与草原丝绸之路；第 183 页 伊犁——亚欧丝绸之路的交叉口.

181. 陈钰，何奇，晓军，编著；赵存福，范吉孝，摄影. **敦煌莫高窟及周边石窟**[M]. 西安：三秦出版社，2006. 第 7 页 开通丝绸之路.

182. 朱筱新，著. **文物讲读历史**[M]. 北京：学苑出版社，2006. 第 184 页 沟通西域与内地的“丝绸之路”.

183. 王志平，王昌丰，王爽，编著. **西夏博物馆**[M]. 银川：宁夏人民出版社，2006. 第 26 页 丝绸之路.

184. 郝春文，主编. **2006 敦煌学国际联络委员会通讯**[M]. 上海：上海古籍出版社，2006. 第 81 页 “丝绸之路的医药：传播与转化”研讨会简述（陈明）.

185. 李最雄，编著. **丝绸之路石窟壁画彩塑保护**[M]. 北京：科学出版社，2005.

186. [日]小岛康誉，编著. **丝绸之路：尼雅遗迹之谜**[M]. 周培彦，译. 天津：天津人民美术出版社，2005.

187. 佛教大学尼雅遗迹学术研究机构，编. **丝绸之路——尼雅遗址之谜**[M]. 中国历史文化遗产保护网，译. 天津：天津人民美术出版社，2005.

188. 西安市文物局，编. **华夏文明故都丝绸之路起点**[M]. 世界图书出版西安公司，2005.

189. 林士民，著. **再现昔日的文明：东方大港宁波考古研究**[M]. 上海：上海三联书店，2005. 第 252 页 第三章 繁荣的“丝绸之路”.

190. 易存国，著. **敦煌艺术美学：以壁画艺术为中心**[M]. 上海：上海人民出版社，2005. 第 240 页 5.1.1 “丝绸之路”上的乐舞文化.

191. 杨柏达，主编. **中国玉文化玉学论丛·三编（上）**[M]. 北京：紫禁城出版社，2005. 第 608 页 彩陶与玉石——前丝绸之路探索（王仁湘）.

192. 刘文锁，著. **尼雅：静止的家园和时间**[M]. 北京：外文出版社，2005. 第 83 页 丝绸之路.

193. 杨柏达，主编．**中国玉文化玉学论丛·三编（下）**[M]．北京：紫禁城出版社，2005．第 608 页 彩陶与玉石——前丝绸之路探索（摘要）（王仁湘）．
194. 国家图书馆善本特藏部敦煌吐鲁番学资料研究中心，编．**敦煌与丝路文化学术讲座（第 2 辑）**[M]．北京：北京图书馆出版社，2005．第 223 页 丝绸之路上的文化交流（荣新江）．
195. 邵如林，邸明明，著．**永远的丝绸之路：走过新疆**[M]．昆明：云南人民出版社，2004．
196. 杜斗城，王书庆，编著．**敦煌与丝绸之路**[M]．深圳：海天出版社，2004．
197. 魏斌，主编．**寻找失落的世界遗产**[M]．上海：上海科学技术文献出版社，2004．第 35 页 第二章 丝绸之路．
198. 成都文物考古研究所，编著．**走进古蜀都邑金沙村：考古工作者手记**[M]．成都：四川文艺出版社，2004．第 116 页 凹刃凿形器——“南方丝绸之路”开通的最早物证．
199. 苏三，著．**三星堆文化大猜想：中华民族与古犹太人血缘关系的破解**[M]．北京：中国社会科学出版社，2004．第 24 页 （一）贝壳与南丝绸之路．
200. 广东省文物考古研究所，广州市文物考古研究所，深圳博物馆，编．**华南考古** 1[M]．北京：文物出版社，2004．第 138 页 广州出土海上丝绸之路遗物源流初探（全洪）．
201. 福建省政协文史资料委员会，编．**八闽文物摄影作品选集**[M]．福州：海潮摄影艺术出版社，2004．第 22 页 海上丝绸之路史迹（组照）（吴寿民）．
202. 李辉柄，主编；长沙窑编辑委员会，编．**长沙窑·综述卷**[M]．长沙：湖南美术出版社，2004．第 107 页 2. 长沙窑海上丝绸之路路线示意图．
203. 刘庆柱，主编；中国考古学会，编．**中国考古学年鉴** 2003[M]．北京：文物出版社，2004．第 319 页 南方丝绸之路考古调查；第 371 页 国外展览，新疆丝绸之路文物展在日本展出；第 382 页 晁华山等赴德国出席重访吐鲁番——丝绸之路的艺术与文化研究一世纪国际学术会议；第 565 页 丝绸之路研究．
204. [英]梅芙·肯尼迪，著．**考古的历史**[M]．牟翔，等，译．太原：希望出版社，2004．第 94 页 丝绸之路．
205. 华梅，著．**古代服饰**[M]．北京：文物出版社，2004．第 52 页 “丝绸之路”上发现的汉代服饰；第 116 页 （一）“丝绸之路”上发现的唐代服装与织物．
206. 吴红，季元龙，著．**天问三星堆**[M]．广州：花城出版社，2004．第 124 页 第五章 地球金腰带：5000 年前的南方丝绸之路和青铜之路；第 127 页 二、游牧民族压力下的北方丝绸之路；第 146 页 四、生生不息：南方丝绸之路终古蜿蜒在中国西南崇山峻岭之间．
207. 宁夏固原博物馆，编．**固原文物**[M]．北京：科学出版社，2004．第 225 页 第 10 章 罗马金币、波斯银币与“丝绸之路”（高继林）．
208. 许添源，主编；泉州清源山风景名胜区管理委员会，编．**清源山摩崖选粹**[M]．北京：中华书局，2004．第 234 页 海上丝绸之路国际考察队碑刻．
209. 郑炳林，花平宁，主编；兰州大学敦煌学研究所，麦积山石窟艺术研究所，编．**麦积山石窟艺术文化论文集**[M]．兰州：兰州大学出版社，2004．
210. 李最雄，编著．**丝绸之路古遗址保护**[M]．北京：科学出版社，2003．
211. 纪忠元，纪永元，主编．**敦煌阳关玉门关论文选萃**[M]．兰州：甘肃人民出版社，2003．

第 3 页 第一编　敦煌与丝绸之路；第 35 页 隋唐经营丝绸之路的重要战略措施（李明伟）；第 70 页 丝绸之路与敦煌（李正宇、李树辉）；第 79 页 敦煌——丝绸之路上的国际商贸中心（杨秀清）；第 244 页 丝绸之路新北道考实（纪宗安）.

212. 中国国家博物馆，编. **文物中国史 4：秦汉时代**[M]. 太原：山西教育出版社，2003. 第 247 页 第二节 丝绸之路.

213. 齐东方，申秦雁，主编；陕西历史博物馆，等，编著. **花舞大唐春：何家村遗宝精粹**[M]. 北京：文物出版社，2003.

214. 罗汉田，编著. **历史的回访：西部考古**[M]. 石家庄：河北少年儿童出版社，2003. 第 61 页 丝绸古道寻楼兰.

215. 于海广，主编. **定格历史：隐藏于古墓中的奥秘**[M]. 济南：齐鲁书社，2003. 第 85 页 丝绸之路上的古王国——楼兰城郊古墓群等；第 88 页 丝绸之路的见证者——新疆营盘古墓.

216. 中国国家博物馆，编. **文物中国史 6：隋唐时代**[M]. 太原：山西教育出版社，2003. 第 132 页 第七章 丝绸之路——东西方交流的桥梁；第 152 页 第六节 海上丝绸之路.

217. 国家图书馆善本特藏部敦煌吐鲁番学资料研究中心，编. **敦煌与丝路文化学术讲座（第 1 辑）**[M]. 北京：北京图书馆出版社，2003. 第 539 页 黎知谨敦煌与丝路文化学术讲座座谈会纪要.

218. 中国历史博物馆，新疆维吾尔自治区文物局，编辑. **天山·古道·东西风：新疆丝绸之路文物特辑**[M]. 北京：中国社会科学出版社，2002.

219. 朱启新，主编. **考古人手记（第 2 辑）**[M]. 北京：生活·读书·新知三联书店，2002. 第 2 页 丝绸之路上的墨山古国——新疆尉犁营盘墓地发掘记（周金玲）.

220. 夏鼐，著；王世民，林秀贞，编. **敦煌考古漫记**[M]. 天津：百花文艺出版社，2002. 第 249 页 汉唐丝绸和丝绸之路；第 250 页 二、汉代丝绸业发达的原因；第 263 页 八、汉代丝绸流经丝绸之路.

221. 史苇湘，著. **敦煌历史与莫高窟艺术研究**[M]. 兰州：甘肃教育出版社，2002. 第 45 页 丝绸之路上的敦煌与莫高窟.

222. 刘进宝，著. **敦煌学通论**[M]. 兰州：甘肃教育出版社，2002. 第 94 页 七、丝绸之路的衰落与敦煌的沉寂；第 94 页 丝绸之路衰落的原因.

223. 齐东方，著. **隋唐考古**[M]. 北京：文物出版社，2002. 第 208 页 （一）丝绸之路的通畅与“胡人”驼马.

224. 白剑，著. **文明的母地：华夏文明的起源及其裂变的考古报告**[M]. 成都：四川人民出版社，2002. 第 129 页 织绣丝绸之路的遗民.

225. 李松，贺西林，著. **中国古代青铜器艺术**[M]. 西安：陕西人民美术出版社，2002. 第 219 页 （二）西南“丝绸之路”上的文化互动.

226. 舒晓，编著. **中国考古大发现**[M]. 乌鲁木齐：新疆人民出版社，2002. 第 141 页 丝绸之路考古.

227. 罗宗真，著. **探索历史的真相：江苏地区考古、历史研究文集**[M]. 南京：江苏古籍出版社，2002. 第 354 页 六朝时期岭南地区海上丝绸之路的开辟.

228. 中国考古学会，编. **中国考古学年鉴 2001**[M]. 北京：文物出版社，2002. 第 325 页丝绸之路沙漠王子遗宝展在杭州举办；第 327 页 新疆丝绸之路文物及民族工艺品展在韩国展出.

229. 岳洪彬，杜金鹏，著. **酒具：唇边的微笑**[M]. 上海：上海文艺出版社，2002. 第 0 页 丝绸之路东西交流的物证.

230. 丁晓仑，编著. **交河故城：感受丝绸之路城邦古都之美（中英日文本）**[M]. 乌鲁木齐：新疆美术摄影出版社，2002.

231. 丁晓仑，岳峰，编著. **高昌故城（中英日文本）**[M]. 乌鲁木齐：新疆美术摄影出版社，2001.

232. 敦煌研究院，主编；马德，卷主编. **敦煌石窟全集 26：交通画卷**[M]. 上海：上海人民出版社，2001. 第 11 页 第一章 从敦煌石窟看丝绸之路；第 13 页 第一节 丝绸之路的开拓与商旅贸易；第 48 页 第三节 连接西北和西南丝绸之路的栈道.

233. 段文杰，[日]茂木雅博，主编. **敦煌学与中国史研究论集：纪念孙修身先生逝世一周年**[M]. 兰州：甘肃人民出版社，2001. 第 201 页 吐鲁番文书所见唐安西都护府与丝绸之路（程喜霖）.

234. 徐恒彬，著. **华南考古论集**[M]. 北京：科学出版社，2001. 第 227 页 南海“丝绸之路”的考古新发现；第 231 页 南海“丝绸之路”概述；第 248 页 海上丝绸之路 自古联结中西.

235. 杨重琦，主编. **陇上珍藏**[M]. 兰州：敦煌文艺出版社，2001. 第 228 页 六、丝路瑰宝与名胜丝绸之路话丝绸.

236. 段渝，著. **玉垒浮云变古今：古代的蜀国**[M]. 成都：四川人民出版社，2001. 第 311 页 图二十三 南方丝绸之路简略示意图.

237. 水涛，著. **中国西北地区青铜时代考古论集**[M]. 北京：科学出版社，2001. 第 6 页 新疆青铜时代诸文化的比较研究——附论早期中西文化交流的历史进程.

238. 胡尔克，编. **中国百年考古大发现**[M]. 北京：兵器工业出版社，2001. 第 306 页 三、丝绸之路恐龙化石考察发掘记；第 326 页 丝绸之路考古.

239. 荣新江，著. **敦煌学十八讲**[M]. 北京：北京大学出版社，2001. 第 33 页 第二讲 敦煌在丝绸之路上的地位；第 36 页 地图 3：丝绸之路（《夏鼐文集》，第 307 页）.

240. 国家文物局，编. **穿越千年：文物保护世纪行**[M]. 北京：学苑出版社，2001. 第 123 页 中国记者重走“丝绸之路”；第 125 页 “丝绸之路”要冲天水拟将旅游作为支柱产业；第 129 页 中国维修“丝绸之路”上的国宝级寺庙；第 145 页 “丝绸之路”上中西文化交汇中心加强文物保护；第 280 页 甘肃：丝绸之路上的土遗址亟待抢救.

241. 杨秀清，编著. **华戎交会的都市：敦煌与丝绸之路**[M]. 兰州：甘肃人民出版社，2000.

242. 赵丰，于志勇，主编. **丝绸之路尼雅遗址出土文物——沙漠王子遗宝**[M]. 浙江：杭州东联图文公司，2000.

243. 朱英荣，王建林，著. **龟兹石窟漫谭**[M]. 乌鲁木齐：新疆青少年出版社，2000. 第 142 页 龟兹石窟与丝绸之路.

244. 孟凡人，著. **新疆考古与史地论集**[M]. 北京：科学出版社，2000. 第 309 页 丝绸西传与丝绸之路.

245. 敦煌研究院，编. 1994 **年敦煌学国际研讨会文集 纪念敦煌研究院成立五十周年·宗**

教文史卷（下）[M]. 兰州：甘肃民族出版社，2000. 第 128 页 唐代丝绸之路与胡奴婢买卖（吴震）.

246. 刘进宝，编著. **敦煌历史文化**[M]. 兰州：甘肃人民出版社，2000. 第 158 页 十、丝绸之路的衰落与敦煌的沉寂；第 158 页 丝绸之路衰落的原因.

247. 诸葛铠，著. **墨朱流韵：中国古代漆器艺术**[M]. 北京：生活 · 读书 · 新知三联书店，2000. 第 157 页 二、来自“丝绸之路”的灵感.

248. 石舒波，于桂军，著. **圣地之光：城子崖遗址发掘记**[M]. 济南：山东友谊出版社，2000. 第 274 页 丝绸之路.

249. 林梅村，著. **古道西风：考古新发现所见中西文化交流**[M]. 北京：生活 · 读书 · 新知三联书店，2000. 第 323 页 第四编 中亚古语与丝绸之路.

250. 安家瑶，著. **玻璃器史话**[M]. 北京：中国大百科全书出版社，2000. 第 125 页 丝绸之路与玻璃贸易.

251. 刘庆柱，主编. **考古学集刊（第 13 集）**[M]. 北京：中国大百科全书出版社，2000. 第 238 页 丝绸之路河南道沿线的重要城址 中国社会科学院考古研究所四川工作队.

252. 尹鷗，等，编写；徐汉生，等，绘. **国宝探秘**[M]. 武汉：湖北少年儿童出版社，2000. 第 88 页 丝绸之路；第 110 页 海上“丝绸之路”.

253. 周昆叔，宋豫秦，主编；中国第四纪研究委员会环境考古专业委员会，北京大学环境科学中心，编. **环境考古研究（第 2 辑）**[M]. 北京：科学出版社，2000. 第 59 页 丝绸之路的兴衰与冰川变化、环境变迁的关系（郑本兴）.

254. 夏鼐，著. **夏鼐文集（中）**[M]. 北京：社会科学文献出版社，2000. 第 366 页 汉唐丝绸和丝绸之路.

255. 敦煌研究院，甘肃省博物馆，编著. **武威天梯山石窟**[M]. 北京：文物出版社，2000. 第 4 页 图一 丝绸之路及甘肃境内主要石窟分布示意图.

256. 徐光冀，主编；中国考古学会，编. **中国考古学年鉴（1998）**[M]. 北京：文物出版社，2000. 第 242 页 丝绸之路甘肃文物精华展增加新展品.

257. 张自成，钱冶，主编. **复活的文明：一百年中国伟大考古报告**[M]. 北京：团结出版社，2000. 第 308 页 丝绸之路上的明珠——吐鲁番文书.

258. 王冠倬，编著. **中国古船图谱**[M]. 北京：生活 · 读书 · 新知三联书店，2000. 第 76 页 海上丝绸之路的开辟；第 158 页 海上丝绸之路.

259. 洛阳市文物局，洛阳白马寺汉魏故城文物保管所，编. **汉魏洛阳故城研究**[M]. 北京：科学出版社，2000. 第 957 页 汉代洛阳的手工业——兼论汉代洛阳作为丝绸之路起点的经济基础（杨爱国）；第 965 页 从北魏通西域说到北魏洛阳城——五六世纪丝绸之路浅议（段鹏琦）；第 973 页 洛阳也是丝绸之路的起点（朱绍侯）.

260. 郭伯南，编. **文物漫话**[M]. 上海：上海教育出版社，2000. 第 54 页 隋彩釉陶驼——兼谈“沙漠之舟”与丝绸之路的关系.

261. 张忠山，主编. **中国丝绸之路货币**[M]. 兰州：兰州大学出版社，1999.

262. 张艳梅，陆晓春，著. **丝绸之路上的明珠：敦煌莫高窟**[M]. 北京：中国大百科全书出版社，1999.

263. 王连茂，陈丽华，著. **中华海洋文化的缩影：泉州海外交通史博物馆**[M]. 北京：中国大百科全书出版社，1999. 第 1 页 “海上丝绸之路”的著名港口；第 3 页 陆上与海上“丝绸之路”；第 76 页 “海上丝绸之路”上的中国海船.

264. 谢桃坊，著. **敦煌文化寻绎**[M]. 成都：四川人民出版社，1999. 第 13 页 2）丝绸之路的开通；第 23 页 3）丝绸之路上的河西五州.
265. 龚良，主编. **中国考古大发现（下）**[M]. 济南：山东画报出版社，1999. 第 65 页 丝绸之路上的奇葩——新疆吐鲁番唐代墓群的发现.
266. 景爱，著. **尼雅之谜**[M]. 北京：中国书店，1999. 第 164 页 丝绸之路上的要津.
267. 董玉祥，著. **梵宫艺苑：甘肃石窟寺**[M]. 兰州：甘肃教育出版社，1999. 第 3 页 一丝绸之路的开拓与佛教的传入；第 3 页 （一）丝绸之路的来历与定名；第 4 页 （二）张骞出使西域和丝绸之路的畅通；第 30 页 （一）甘肃——丝绸之路的要冲和门户.
268. 林少雄，著. **古冢丹青：河西走廊魏晋墓葬画**[M]. 兰州：甘肃教育出版社，1999. 第 37 页 （三） 丝绸之路的重要路段.
269. 高国藩，著. **敦煌俗文化学**[M]. 上海：上海三联书店，1999. 第 151 页 结语：敦煌，丝绸之路上的明珠.
270. 李季，编著. **文物小博士**[M]. 北京：知识出版社，1999. 第 120 页 丝绸之路.
271. 马自树，主编. **中国边疆民族地区文物集萃**[M]. 上海：上海辞书出版社，1999. 第 133 页 草原丝绸之路.
272. 齐东方，著. **唐代金银器研究**[M]. 北京：中国社会科学出版社，1999. 第 321 页 二李家营子出土的银器与丝绸之路上的粟特人；第 329 页 三 草原丝绸之路的繁荣；第 331 页 四 丝绸之路上的粟特人.
273. [英]杰奎琳·迪宁，文字. **百大考古发现**[M]. 钱屿，钱律，译. 上海：上海科技教育出版社，1999. 第 82 页 丝绸之路上的珍宝；第 92 页 经丝绸之路运往日本的珍宝.
274. 景爱，著. **沙漠考古通论**[M]. 北京：紫禁城出版社，1999. 第 292 页 第五节 西域文明与丝绸之路；第 292 页 一、丝绸之路的出现与发展；第 302 页 第六节 绿洲国家与丝绸之路的衰落.
275. 中国考古学会，编. **中国考古学年鉴** 1997[M]. 北京：文物出版社，1999. 第 270 页马世长赴韩国参加丝绸之路与韩国文化国际学术研讨会.
276. 刘志伟，著. **百年话甲骨**[M]. 北京：海潮出版社，1999. 第 213 页 金石之路与丝绸之路.
277. 周天游，主编. **秦汉雄风：雄风振采的历史画卷**[M]. 杭州：浙江人民美术出版社，1999. 第 148 页 4 走向世界凿空之行——丝绸之路的畅通.
278. 李进兴，著. **西夏陶模**[M]. 银川：宁夏人民出版社，1998. 第 16 页 第二章 古丝绸之路与海原；第 16 页 第一节 古丝绸之路在海原的途径；第 16 页 一、古丝绸之路在海原的具体走向；第 18 页 二、古丝绸之路在海原的驿程；第 20 页 第二节 丝绸之路贸易与文化传播；第 24 页 第三章 西夏陶模与古丝绸之路文化；第 26 页 第二节 西夏陶模与古丝绸之路文化.
279. 董彦文，主编. **甘肃文物**[M]. 兰州：甘肃文化出版社，1998. 第 102 页 丝绸之路上的驿站——汉悬泉置遗址.
280. 北京大学考古学系，编. **“迎接二十一世纪的中国考古学”国际学术讨论会论文**

集[M]. 北京：科学出版社，1998. 第 499 页　南海“丝绸之路”考古发现浅析（朱非素）.

281. 宋迪生，宋湘，著. **青铜·古墓·金丹术：古文物中的化学奥秘**[M]. 长沙：湖南教育出版社，1998. 第 99 页　4　丝绸之路.

282. 中国考古学会，编. **中国考古学年鉴** 1996[M]. 北京：文物出版社，1998. 第 274 页　乌恩赴日参加“95 丝绸之路·奈良国际讨论会”.

283. 中国历史博物馆，编. **中国通史陈列**[M]. 北京：朝华出版社，1998. 第 91 页　“丝绸之路”汉代的中外经济文化交流.

284. 王亨通，杜斗城，著. **炳灵寺石窟研究论文集**[M]. 甘肃：炳灵寺文物保管所，1998. 第 382 页　丝绸之路上的黄河古桥梁（贺养洲）.

285. 蔡运章，等，著. **洛阳钱币发现与研究**[M]. 北京：中华书局，1998. 第 356 页　第六章　丝绸之路与周边国家钱币；第 356 页　第一节　丝绸之路钱币；第 363 页　三、洛阳与丝绸之路.

286. 邵如林，著. **丝绸之路古遗址图集·河西走廊段**[M]. 兰州：甘肃人民美术出版社，1998.

287. 季羡林，主编. **敦煌学大辞典**[M]. 上海：上海辞书出版社，1998. 第 824 页　大谷探险队丝绸之路探险；第 838 页　丝绸路上的外国魔鬼；第 850 页　丝绸之路资料汇抄；第 858 页　丝绸之路文献叙录；第 863 页　千佛洞——丝绸之路上的中国艺术；第 875 页　敦煌吐鲁番文书与丝绸之路；第 883 页　兰州商学院丝绸之路敦煌学研究室；第 885 页　丝绸之路古遗址保护国际学术会议.

288. 闫国权，李淑萍，主编；敦煌市志办公室，敦煌市档案馆，编. **大漠奇观——敦煌**[M]. 北京：新华出版社，1997. 第 179 页　丝绸之路上的经济文化交流.

289. 马承源，主编. **鉴赏家·图册（第 6 辑）**[M]. 上海：上海译文出版社，1997. 第 90 页　熊传薪　丝绸之路与汉代丝绸；第 96 页　王仁波　丝绸之路上的陶骆驼.

290. 孙进己，主编. **中国考古集成·东北卷·元明清** 1[M]. 北京：北京出版社，1997. 第 1261 页　元代草原丝绸之路上的纸币——内蒙古额济纳旗黑城出土的元钞及票券（李逸友）.

291. 孙进己，主编. **中国考古集成·东北卷·元明清** 2[M]. 北京：北京出版社，1997. 第 1261 页　元代草原丝绸之路上的纸币——内蒙古额济纳旗黑城出土的元钞及票券（李逸友）.

292. 孙进己，冯永谦，等，主编. **中国考古集成·东北卷·两晋至隋唐** 1[M]. 北京：北京出版社，1997. 第 140 页　李家营子出土的粟特银器与草原丝绸之路（齐东方）.

293. 中国考古学会，编. **中国考古学年鉴** 1994[M]. 北京：文物出版社，1997. 第 303 页　中美联合举办丝绸之路古遗址保护国际学术会议；第 307 页　徐苹芳参加联合国教科文组织“丝绸之路”项目临时会议.

294. 孙进己，主编. **中国考古集成·东北卷·辽** 1-3[M]. 北京：北京出版社，1997. 第 109 页　草原丝绸之路——契丹与西域（张郁）.

295. 卢连成，著. **青铜文化的宝库：殷墟发掘记**[M]. 成都：四川教育出版社，1996. 第 172 页　草原丝绸之路——商代同域外青铜文化的交流.

296. 杨泓，孙机，著. **寻常的精致**[M]. 沈阳：辽宁教育出版社，1996. 第 254 页 丝绸之路由中国向日本的延伸.
297. 徐恩存，著. **中国石窟**[M]. 杭州：浙江人民出版社，1996. 第 24 页 第二章 丝路古道归去来兮——丝绸之路与石窟文化传播；第 24 页 一、丝绸之路与中国石窟分布.
298. 项春松，著. **辽代历史与考古**[M]. 呼和浩特：内蒙古人民出版社，1996. 第 201 页 第六节 鲜为人知的草原丝绸之路.
299. 聂锋，祁淑虹，著. **敦煌历史文化艺术**[M]. 兰州：甘肃人民出版社，1996. 第 88 页 丝绸之路示意图.
300. 敦煌研究院，编. **段文杰敦煌研究五十年纪念文集**[M]. 北京：世界图书出版公司北京公司，1996. 第 150 页 青海境内丝绸之路及唐蕃故道上的石窟（张宝玺）；第 462 页 凝固在丝绸之路上的体育文化（李重申）.
301. 李正宇，著. **敦煌史地新论**[M]. 台北：新文丰出版公司，1996. 第 1 页 一、丝绸之路与敦煌.
302. 罗丰，编著. **固原南郊隋唐墓地**[M]. 北京：文物出版社，1996. 第 163 页 六 北朝至隋唐间途经原州的“丝绸之路”.
303. 李学勤，主编；中国社会科学院简帛研究中心，编辑. **简帛研究（第 2 辑）**[M]. 北京：法律出版社，1996. 第 431 页 丝绸之路的防卫线——埋在其下的文字记录·中国甘肃简牍暨古墓文物展（陈波）.
304. 上海博物馆青铜器研究部，编. **上海博物馆藏钱币·外国钱币**[M]. 上海：上海书画出版社，1995. 第 551 页 丝绸之路古国钱币（1996—2368）.
305. 中国考古学会，编. **中国考古学年鉴** 1993[M]. 北京：文物出版社，1995. 第 273 页 丝绸之路·甘肃文物精华展；第 288 页 徐苹芳等前往印度参加联合国教科文组织“丝绸之路”综合研究项目国际咨询委员会会议.
306. 赵声良，张艳梅. **莫高窟**[M]. 北京：知识出版社，1995. 第 1 页 敦煌——丝绸之路上的一颗明珠；第 6 页 二、丝绸之路与敦煌.
307. 穆舜英，张平，主编. **楼兰文化研究论集**[M]. 乌鲁木齐：新疆人民出版社，1995. 第 356 页 新疆“丝绸之路”及其环境变迁（胡文康）.
308. 四川省钱币学会，云南省钱币研究会，编. **南方丝绸之路货币研究**[M]. 成都：四川人民出版社，1994.
309. 于忠正，曹昌光，主编. **漫画丝绸之路——话说敦煌**[M]. 北京：中国文学出版社，1994.
310. [日]池田大作，常书鸿，著. **敦煌的光彩：池田大作与常书鸿对谈录**[M]. 高屹，张同道，编译. 香港：三联书店（香港）有限公司. 1994. 第 1 页 第一章 丝绸之路上的宝石.
311. 湖南省博物馆，编. **马王堆汉墓研究文选集（1992 年马王堆汉墓国际学术讨论会论文选）**[M]. 长沙：湖南出版社，1994. 第 203 页 马王堆汉墓·丝国·丝绸之路（傅举有）.
312. 徐光冀，主编；中国考古学会，编. **中国考古学年鉴** 1992[M]. 北京：文物出版社，

1994. 第 348 页 唐代文明和丝绸之路展览在新加坡开展；第 357 页 安家瑶参加丝绸之路海洋路线考察曼谷国际学术讨论会；第 357 页 我国学者参加海上丝绸之路考察；第 360 页 孟凡人等参加草原丝绸之路（原苏联地段）考察.

313. 中国社会科学院考古研究所《汉唐与边疆考古研究》编委会，编. **汉唐与边疆考古研究（第 1 辑）**[M]. 北京：科学出版社，1994. 第 169 页 试谈丝绸之路上的扬州唐城（俞永炳）.

314. 周菁葆，主编. **丝绸之路岩画艺术**[M]. 乌鲁木齐：新疆人民出版社，1993.

315. 屈小强，等，主编. **三星堆文化**[M]. 成都：四川人民出版社，1993. 第 546 页 第三节 古蜀文明与南方丝绸之路；第 546 页 一、什么是南方丝绸之路；第 551 页 三、南方丝绸之路的走向.

316. 张功平，唐雨良，著. **辽代货币文集**[M]. 呼和浩特：内蒙古人民出版社，1993. 第 571 页 契丹外交与草原丝绸之路及货币（卫月望）.

317. 刘国福，卫景福，主编. **国魂典**[M]. 长春：吉林人民出版社，1993. 第 160 页 海上丝绸之路博物馆；第 276 页 “丝绸之路”雕塑.

318. 李学勤，主编. **简帛研究**[M]. 北京：法律出版社，1993. 第 254 页 丝绸之路与汉塞烽燧（岳邦湖）.

319. 霍巍，李连，撰文. **世界古代奇迹**[M]. 上海：上海教育出版社，1992. 第 125 页 “丝绸之路”上的一颗明珠——敦煌石窟.

320. 中国考古学会，编. **中国考古学年鉴** 1991[M]. 北京：文物出版社，1992. 第 343 页 陕西省博物馆举办汉唐丝绸之路文物展；第 363 页 徐苹芳等参加在巴格达举行的联合国教科文组织丝绸之路综合研究会；第 367 页 丝绸之路沙漠路线考察国际学术讨论会在我国举行；第 372 页 王炳华出席贵霜王朝与丝绸之路第七届国际讨论会.

321. 广东省文物管理委员会，等，编. **南海丝绸之路文物图集**[M]. 广州：广东科技出版社，1991.

322. 窦侠父，著. **敦煌学发凡**[M]. 乌鲁木齐：新疆大学出版社，1991. 第 93 页 五、敦煌和“丝绸之路”.

323. 高屹，张同道，编译. **敦煌的光彩：池田大作与常书鸿对谈、书信录**[M]. 北京：中国社会科学出版社，1991. 第 1 页 丝绸之路上的宝石；第 138 页 通往罗马的丝绸之路——记敦煌文物研究所所长常书鸿.

324. 荣新江，著. **话说敦煌**[M]. 济南：山东教育出版社，1991. 第 6 页 二、丝绸之路上的敦煌.

325. 刘进宝，著. **敦煌学述论**[M]. 兰州：甘肃教育出版社，1991. 第 67 页 1. 丝绸之路衰落的原因.

326. 中国考古学会，编. **中国考古学年鉴** 1990[M]. 北京：文物出版社，1991. 第 353 页 徐苹芳出席联合国科教文组织关于丝绸之路研究项目工作会议.

327. 韩翔，朱英荣，著；新疆维吾尔自治区文化厅石窟研究所，新疆大学中亚文化研究所，编. **龟兹石窟**[M]. 乌鲁木齐：新疆大学出版社，1990. 第 288 页 第三节 丝绸之路与龟兹石窟.

328. 洛阳市历史学会，洛阳市海外联谊会，编. **河洛文化论丛（第 1 辑）**[M]. 开封：河南大学出版社，1990. 第 284 页 洛阳与“丝绸之路”（周得京）.

329. 中国考古学会，编. **中国考古学年鉴** 1989[M]. 北京：文物出版社，1990. 第 290 页 甘肃丝绸之路文物展；第 309 页 杨泓出席日本 1988 年奈良丝绸之路国际讨论会.

330. 王天一，绘. **魏晋墓砖画**[M]. 北京：新世界出版社，1989. 第 37 页 （3）丝绸之路上的蚕桑业.

331. 齐吉祥，编著. **中华文物大观**[M]. 武汉：湖北少年儿童出版社，1989. 第 94 页 丝绸之路的起点.

332. 张军武，高凤山，著. **嘉峪关魏晋墓彩绘砖画浅识**[M]. 兰州：甘肃人民出版社，1989. 第 76 页 “丝绸之路”上的驼运.

333. 温玉成，黄流沙，著. **追溯遥远的往日**[M]. 广州：广东人民出版社，1987. 第 27 页 丝绸之路路茫茫.

334. 艺术家工具书编委会，主编. **汉唐陶瓷大全**[M]. 台北：艺术家出版社，1987. 第 75 页 第三节 经“丝绸之路”的陶瓷外销.

335. 艺术家工具书编委会，主编. **中国陶瓷大系之三：汉唐陶瓷大全**[M]. 台北：艺术家出版社，1987. 第 75 页 第三节 经“丝绸之路”的陶瓷外销.

336. 郭伯南，编. **文物漫话**[M]. 上海：上海教育出版社，1987. 第 61 页 隋彩釉陶驼——兼谈“沙漠之舟”与丝绸之路的关系.

337. 夏鼐，著. **中国文明的起源**[M]. 北京：文物出版社，1985. 第 48 页 第二章 汉唐丝绸和丝绸之路.

338. 金永林，编. **金属文物鉴赏**[M]. 西安：陕西科学技术出版社，1984. 第 154 页 丝绸之路与钢铁输出.

339. 新疆社会科学院考古研究所，编. **新疆考古三十年**[M]. 乌鲁木齐：新疆人民出版社，1983. 第 218 页 二、“丝绸之路”的交通线路及古城考；第 435 页 （三）“丝绸之路”上新发现的汉唐织物 新疆维吾尔自治区博物馆出土文物展览工作组.

340. 敦煌文物研究所，编著. **中国石窟：敦煌莫高窟（第 1 卷）**[M]. 北京：文物出版社，1982. 第 198 页 四、五世纪的丝绸之路与敦煌莫高窟（冈崎敬）.

341. 敦煌文物研究所，编. **敦煌研究文集**[M]. 兰州：甘肃人民出版社，1982. 第 43 页 丝绸之路上的敦煌与莫高窟（史苇湘）.

342. 敦煌文物研究所，编. **中国石窟：敦煌莫高窟** 1[M]. 北京：文物出版社，1982. 第 198 页 四、五世纪的丝绸之路与敦煌莫高窟（冈崎敬）.

343. 敦煌文物研究所，编. **敦煌研究（第 1 期）**[M]. 兰州：甘肃人民出版社，1982. 第 167 页 略谈“丝绸之路”和汉魏敦煌（潘玉闪）；第 196 页 有关“丝绸之路”的外国书刊介绍——《丝路魔影》，出版者：英国伦敦约翰·莱雷公司，作者、译者：[英]彼得霍刻克、杨汉璋.

344. [日]前岛信次，著. **丝绸之路的 99 个谜：埋没在流沙中的人类遗产**[M]. 胡德芬，译. 天津：天津人民出版社，1981.

345. 季羡林，等，主编；香港中华文化促进中心，等，编. **敦煌吐鲁番研究·第 2 卷**（1996）[M]. 北京：北京大学出版社，1977. 第 409 页 《敦煌吐鲁番文书典丝绸之路》（王素）.

346. 新疆维吾尔自治区博物馆出土文物展览工作组，编. **丝绸之路**[M]. 北京：文物出版社，1973.

（十一）各国文物考古

1. 张同标，著. **中印佛教造像源流与传播**[M]. 南京：东南大学出版社，2013. 第 180 页 1 中印交通路线和经像往来.
2. 罗宏才，著. **从中亚到长安**[M]. 上海：上海大学出版社，2011. 第 361 页 胡商在丝绸之路上的活动追踪（李瑞哲）.
3. 李铁生，编著. **古中亚币：前伊斯兰王朝**[M]. 北京：北京出版社，2008. 第 334 页 附录 丝绸之路古国钱币文字简介.
4. 蓝日勇，编著. **海上丝绸之路遗珍：越南出水陶瓷**[M]. 北京：科学出版社，2008.

（十二）风俗习惯

1. 朱鸿，著. **长安新考**[M]. 北京：中国社会科学出版社，2014. 第 234 页 丝绸之路.
2. 董晓萍，万建中，主编. **北师大民俗学论丛**[M]. 北京：中华书局，2013. 第 585 页 丝绸之路与中国文化——读《丝绸之路》的观感（季羡林）.
3. 范建华，编. **中华节庆辞典**[M]. 昆明：云南美术出版社，2012. 第 284 页 兰州丝绸之路国际旅游节；第 527 页 西安丝绸之路国际旅游节.
4. 赵威，编著. **中华民俗一本通**[M]. 北京：台海出版社，2011.
5. 曾应枫，黄应丰，编著. **千年海祭：广州波罗诞**[M]. 广州：广东教育出版社，2010.
6. 张琬麟，著. **中国服饰**[M]. 北京：中国文联出版社，2010. 第 41 页 （3）丝绸之路的故事.
7. 何加正，编著. **中国节庆大全**[M]. 北京：人民日报出版社，2010. 第 94 页 中国湖州国际生态（乡村）旅游节，嘉兴粽子节，京杭大运河休闲旅游节，宁波国际服装节，宁波“海上丝绸之路”文化节，宁海（越溪）跳鱼节，中国普陀山南海观音文化节“普陀山之春”旅游节，中国森林旅游节暨；第 182 页 中国丝绸之路节；第 184 页 中国（昌吉）美食文化节，古尔邦节，肉孜节，中国丝绸之路吐鲁番葡萄节，开斋节青海.
8. 余志和，编著. **称谓通鉴**[M]. 北京：世界知识出版社，2010. 第 269 页 丝绸之路.
9. 王静，编著. **中国民间商贸习俗**[M]. 成都：四川人民出版社，2009. 第 150 页 丝绸之路.
10. 武宇林，田继忠，解光穆，著. **回族民俗**[M]. 银川：宁夏人民出版社，2008.
11. 张新泰，于文胜，主编. **中国新疆民俗大观**[M]. 阿图什：克孜勒苏柯尔克孜文出版社；乌鲁木齐：新疆电子音像出版社，2008. 第 63 页 一、海上丝绸之路送来的民族——回族的起源.
12. 刘建美，编著. **衣食住行与风俗**[M]. 太原：山西人民出版社，2007. 第 54 页 四、从秦汉古道到丝绸之路.
13. 文昊，编. **新疆民俗风情**[M]. 乌鲁木齐：新疆美术摄影出版社，新疆电子音像出版社，2007. 第 54 页 草原丝绸之路（王炳华）.
14. 中国上海国际艺术节中心，编. **中国百家节庆地图**[M]. 中英文本. 上海：上海文艺出版社，2006. 第 220 页 陕西省中国西安丝绸之路国际旅游节；第 236 页 新疆维吾尔族自治区中国丝绸之路吐鲁番葡萄节.

15. 谭蝉雪，著. **敦煌民俗：丝绸之路传风情**[M]. 兰州：甘肃教育出版社，2006.
16. 韩全学，主编. **中华民族的足迹：56 个民族社会生活鸟瞰**[M]. 乌鲁木齐：新疆青少年出版社，2005. 第 21 页 乌孜别克族——丝绸之路上的行旅.
17. 佘时佑，编著. **中国节日**[M]. 北京：华文出版社，2005. 第 275 页 十四、丝绸之路旅游节；第 276 页 十五、海上丝绸之路文化节.
18. 张国杰，程适良，主编. **新疆民俗**[M]. 兰州：甘肃人民出版社，2004. 第 52 页 （三）“丝绸之路”商道.
19. 海燕，编. **畅游神州：黄土高原的民俗与旅游（上）**[M]. 呼和浩特：远方出版社，2004. 第 3 页 西安——丝绸之路的起点.
20. 曾强吾，唐少斌，编. **世界纪念日・节日宝典通书**[M]. 北京：气象出版社，2004. 第 167 页 9 月 10 日至 17 日 中国丝绸之路节.
21. 周怡书，周强，编. **中国当代节庆**[M]. 北京：新世界出版社，2004. 第 64 页 中国丝绸之路吐鲁番葡萄节；第 104 页 西安丝绸之路国际旅游节；第 128 页 中国泉州海上丝绸之路文化节.
22. 杨景震，主编. **陕西民俗**[M]. 兰州：甘肃人民出版社，2003. 第 185 页 丝绸之路.
23. 金旅雅途，编著. **浪漫节日**[M]. 北京：中国铁道出版社，2003. 第 94 页 甘肃——兰州中国丝绸之路节.
24. 陈高华，徐吉军，主编；吴玉贵，著. **中国风俗通史・隋唐五代卷**[M]. 上海：上海文艺出版社，2001. 第 246 页 第四章 丝绸之路与行旅交通风俗；第 246 页 第一节 丝绸之路交通的发展；第 248 页 一 丝绸之路与陆路交通；第 249 页 （二）沙漠丝绸之路；第 252 页 （三）草原丝绸之路交通；第 257 页 二 海上丝绸之路的发展.
25. 华梅，著. **服饰与中国文化**[M]. 北京：人民出版社，2001. 第 730 页 第二节 中国对东南亚的影响及海上丝绸之路；第 738 页 二、海上丝绸之路.
26. 朱和平，著. **中国服饰史稿**[M]. 郑州：中州古籍出版社，2001. 第 134 页 第一节 两汉经济的发展与丝绸之路的开辟；第 189 页 第一节 丝绸业的空前发展与印染技术的进步.
27. 颜其香，主编. **中国少数民族风土漫记（上）**[M]. 北京：农村读物出版社，2001. 第 371 页 古西南丝绸之路上的把关守隘人.
28. 颜其香，主编. **中国少数民族风土漫记（下）**[M]. 北京：农村读物出版社，2001. 第 348 页 繁衍生息在古丝绸之路的维吾尔族.
29. 孟宪平，刘修海，编著. **节日大观**[M]. 济南：黄河出版社，1998. 第 234 页 中国丝绸之路节.
30. 吴昌华，编著. **节海导游**[M]. 济南：山东友谊出版社，1997. 第 486 页 中国甘肃兰州中国丝绸之路节；第 496 页 新疆中国丝绸之路吐鲁番葡萄节.
31. 王炽文，孙之龙，编著. **黄土高原的民俗与旅游**[M]. 北京：旅游教育出版社，1996. 第 3 页 西安——丝绸之路的起点.
32. 袁志广，刘琳，编. **天山南北的民俗与旅游**[M]. 北京：旅游教育出版社，1995. 第 159 页 丝绸之路上的艾特来斯绸.

33. 首届中国丝绸之路节大全编委会，编. **首届中国丝绸之路节大全**[M]. 兰州：甘肃人民美术出版社，1994.
34. 王静，许小牙，著. **掮客、行商、钱庄 中国民间商贸习俗**[M]. 成都：四川人民出版社，1993. 第162页 丝绸之路.
35. 黄秉荣，主编. **新疆民族风情**[M]. 北京：中国旅游出版社，1993. 第158页 丝绸之路.
36. 陈振兴，著. **国际文化艺术佳节盛会辞典**[M]. 成都：四川人民出版社，1993. 第12页 中国丝绸之路节；第241页 图尔内国际希望之路杂技艺术比赛.
37. 宁锐，淡懿诚，主编. **中国民俗趣谈**[M]. 西安：三秦出版社，1993. 第11页 丝绸之路上的赛马大会 （藏族）（乔高才让）.
38. 李怀林，主编；《中国地方文化节》编委会，编. **中国地方文化节**[M]. 北京：新华出版社，1992. 第96页 丝绸之路吐鲁番葡萄节.
39. 韩天雨，主编. **中国地方经济文化节（第1集）**[M]. 北京：中国经济出版社，1991. 第510页 发扬丝绸之路的开拓精神 促进新疆的改革开放 原自治区党委常委、宣传部长、葡萄节组委会主任（冯大真）；第522页 丝绸之路上的葡萄城——吐鲁番.
40. 蓝翔，等，主编. **华夏民俗博览**[M]. 西安：陕西人民教育出版社，1991. 第828页 丝绸之路.
41. 丘桓兴，著. **中国民俗采英录**[M]. 长沙：湖南文艺出版社，1987. 第44页 丝绸之路上的风土人情.

（十三）地　理

1. 徐宏宪，编写. **丝绸之路：古城日记**[M]. 西安：陕西人民美术出版社，2015.
2. [法]布尔努娃，著. **丝绸之路：神祇、军士与商贾**[M]. 昆明：云南人民出版社，2015.
3. 广州市黄埔区文化广电新闻出版局，编. **海上丝绸之路文化明珠——南海神庙**[M]. 广州：华南理工大学出版社，2015.
4. 樊锦诗，才让，杨富学，主编. **丝绸之路民族文献与文化研究**[M]. 兰州：甘肃教育出版社，2015.
5. 肖云儒，著. **丝路云履**[M]. 西安：西北工业大学出版社，2015.
6. 路林，著. **天山南北新疆** 1[M]. 北京：中国旅游出版社，2015.
7. 路林，著. **天山南北新疆** 2[M]. 北京：中国旅游出版社，2015.
8. 《经典中国》编辑部，编. **甘肃宁夏**[M]. 北京：中国旅游出版社，2015.
9. 中共陕西省委宣传部，编. 2014，**老陕这一年**[M]. 西安：世界图书西安出版公司，2015.
10. 程德美，张燕，马彦，著. **夏地安宁——宁夏历史文化**[M]. 北京：中国建筑工业出版社，2015.
11. 澳大利亚 LonelyPlanet 公司，编. **中亚**[M]. 北京：中国地图出版社，2015.
12. 李永全，主编. **丝路列国志**[M]. 北京：社会科学文献出版社，2015.
13. 杨艳伶，著. **古邑张掖**[M]. 兰州：甘肃人民美术出版社，2015.
14. 刘迎胜，著. **丝绸之路**[M]. 南京：江苏人民出版社，2014.
15. CCTV《教科文行动》编写组，编. **丝绸之路——寻找失落的世界遗产**[M]. 上海：上海科学技术文献出版社，2014.

16. 维也纳联合国城中国文化联谊会（联合国中文会），UNIDO-UNEP 绿色工业平台中国办公室，欧亚新丝绸之路经贸文化促进会（奥地利），编．**中国梦：联合国多边合作与丝绸之路经贸文化交流**[M]．北京：人民出版社，2014.
17. 石云涛，著．**丝绸之路的起源**[M]．兰州：兰州大学出版社，2014.
18. 徐艳华，编著．**丝绸之路的故事**[M]．南昌：江西教育出版社，2014.
19. 阮荣春，主编．**丝绸之路与石窟艺术** 1[M]．沈阳：辽宁美术出版社，2014.
20. 阮荣春，主编．**丝绸之路与石窟艺术** 2[M]．沈阳：辽宁美术出版社，2014.
21. 阮荣春，主编．**丝绸之路与石窟艺术** 3[M]．沈阳：辽宁美术出版社，2014.
22. 墨刻编辑部，编著．**丝绸之路玩全攻略**[M]．北京：人民邮电出版社，2014.
23. 薛正昌，著．**宁夏境内丝绸之路文化研究**[M]．兰州：甘肃教育出版社，2014.
24. 俄军，主编．**丝绸之路沿线博物馆专业委员会论文集（第二辑 2014）**[M]．兰州：甘肃人民美术出版社，2014.
25. 李树泽，著．**丝绸之路上的佛光塔影**[M]．兰州：甘肃人民出版社，2014.
26. 王欣，主编．**宗教与历史的交叉点：丝绸之路**[M]．西安：陕西师范大学出版总社有限公司，2014.
27. 王蓬，著．**唐蕃古道秘境**[M]．西安：西安出版社，2014.
28. 孙克勤，孙博，编著．**古城古镇**[M]．北京：中国地图出版社，2014.
29.《中国自助游》编辑部，编著．**新疆自助游**[M]．北京：化学工业出版社，2014. 第 90 页 新疆丝绸之路博物馆；第 101 页 丝绸之路生态园.
30. 孙振峰，著．**现在出发还不晚——西部摩托日记**[M]．合肥：安徽人民出版社，2014. 第 203 页 第六章 在丝绸之路上 12942 公里.
31. 纸上魔方，编绘．**印度尼西亚旅行记**[M]．贵阳：贵州人民出版社，2014. 第 114 页 第十三章 海上丝绸之路中的要道.
32. 赵永复，著．**鹤和集**[M]．上海：上海人民出版社，2014. 第 199 页 丝绸之路——汉唐时期中西陆路交通.
33. 沈凌峰，瑞瑞王，著．**开车去英国——一次关于梦想和爱的旅行**[M]．上海：华东师范大学出版社，2014.
34. 藏羚羊旅行指南编辑部，编著．**甘肃自助游**[M]．4 版．北京：人民邮电出版社，2014. 第 102 页 丝绸之路.
35. 广州市旅游局，编著．**新广州行：广州导游词官方版**[M]．广州：广东旅游出版社，2014. 第 15 页 （五）海上丝绸之路发源地；第 166 页 一、千年商都风采——海上丝绸之路的重要史迹.
36. 孙克勤，孙博，编著．**江南水乡**[M]．北京：中国地图出版社，2014.
37. 胡幸福，著．**广州初遇见：从 5 张名片开始走读广州**[M]．广州：广东旅游出版社，2014. 第 94 页 商旅名片：享誉中外的会展和商旅.
38. 苏槿，著．**摄友最爱的 100 摄影胜地（中国篇）**[M]．北京：龙门书局，2014. 第 35 页 祁连 丝绸之路上的“东方小瑞士”.
39.《走遍中国》编辑部，编．**新疆**[M]．北京：中国旅游出版社，2014. 第 30 页 丝绸之路上的回响.

40. 静初，著. **泰国：菩提绽放的国度**[M]. 北京：中国旅游出版社，2014. 第 189 页 南丝绸之路与清迈.
41. 王贤辉，著. **湖湘风土记**[M]. 北京：清华大学出版社，2014. 第 78 页 第十五回 水上“丝绸之路”.
42. 邢广程，主编. **中国边疆学（第 2 辑）**[M]. 北京：社会科学文献出版社，2014.
43. 肖东发，主编. **古道依稀：古代商贸通道与交通**[M]. 北京：现代出版社，2014.
44. 孙克勤，孙博，编著. **明清皇家陵寝**[M]. 北京：中国地图出版社，2014.
45. 谷声图书，编著. **不一样的江南小城：招宝山的慢时光**[M]. 北京：中国旅游出版社，2014.
46. 澳大利亚 Lonely Planet 公司，著. **孤独星球 Lonely Planet 旅行指南系列·日本**[M]. 北京：中国地图出版社，2014.
47. 李跃乾，著. **京杭大运河漕运与航运**[M]. 北京：电子工业出版社，2014.
48. 邹逸麟，著. **椿庐史地论稿续编**[M]. 上海：上海人民出版社，2014. 第 694 页 古都洛阳研究的新篇章——读《洛阳——丝绸之路的起点》后感.
49. 传奇翰墨编委会，编著. **丝绸之路**[M]. 南京：江苏科学技术出版社，2013.
50. 北京读图时代文化发展有限公司，编著. **丝绸之路**[M]. 合肥：黄山书社，2013.
51. 毕登启，褚彦环，著. **中国西部风光：丝绸之路旅游摄影作品集**[M]. 北京：中国旅游出版社，2013.
52. 金帛，编著. **最有魅力的名城古镇**[M]. 石家庄：河北科学技术出版社，2013. 第 67 页 撒马尔罕——丝绸之路上的枢纽城市.
53. 胡丽华，卞善斌，主编. **文化保山：腾冲**[M]. 昆明：云南人民出版社，2013.
54. 李放，卜凡鹏，主编. **中国——腾跃的东方巨龙**[M]. 北京：民主与建设出版社，2013. 第 26 页 二、穿越古老漫长的“丝绸之路”；第 33 页 三、探寻“海上丝绸之路”的足迹.
55. 路琳，著. **中国导游十万个为什么·新疆**[M]. 北京：中国旅游出版社，2013. 第 22 页 “丝绸之路”源于何处？；第 23 页 新疆有多少条“丝绸之路”？；第 316 页 丝绸之路出土的极品文物是什么？.
56. 墨刻编辑部，编著. **酷玩中国**[M]. 北京：龙门书局，2013.
57. 单霁翔，著. **大运河遗产保护**[M]. 天津：天津大学出版社，2013. 第 173 页 在“大运河与海上丝绸之路”宁波论坛上的致辞.
58. 邹锡恒，编著. **宝地清远**[M]. 广州：华南理工大学出版社，2013. 第 18 页 北江——南北文化交融的水上丝绸之路.
59.《全球攻略》编写组，编. **新疆攻略·HOW 速度游（14 版）**[M]. 北京：中国旅游出版社，2013. 第 30 页 新疆丝绸之路博物馆；第 51 页 丝绸之路生态园.
60. 席会东，著. **中国古代地图文化史**[M]. 北京：中国地图出版社，2013. 第 344 页 明嘉靖《西域土地人物图》所见明代陆上丝绸之路.
61. 史念海，著. **中国国家历史地理：史念海全集（第 4 卷）**[M]. 北京：人民出版社，2013. 第 610 页 五、丝绸之路的作用和影响.
62. 苏豫，编著. **中国地理常识与趣闻随问随查**[M]. 北京：中国华侨出版社，2013. 第 307 页 南丝绸之路在哪里？它有何现实意义？.
63. 苏豫，编著. **世界地理常识与趣闻随问随查**[M]. 北京：中国华侨出版社，2013. 第 203

页 哪个高原是丝绸之路的必经之路？；第 204 页 古代的丝绸之路中哪个必经之地是现在的国际交通要道？；第 236 页 海上“丝绸之路”途经的阿拉伯半岛的唯一港口城市是哪里？.

64. 郭永龙，主编. **中国导游十万个为什么：宁夏**[M]. 北京：中国旅游出版社，2013. 第 28 页 为什么说宁夏地处古丝绸之路的东段？.
65. 蒋文中，编著. **茶马古道文献考释**[M]. 昆明：云南人民出版社，2013.
66. 她品亲子课题组，编. **最神秘——亲子敦煌自助游（全彩）**[M]. 北京：电子工业出版社，2013.
67. [德]恩勒特，著. **走近泉州**[M]. 上海：上海文化出版社，2013.
68. 中共和静县委员会，和静县人民政府，编. **东归名城 魅力和静**[M]. 北京：世界知识出版社，2013.
69. 中图北斗文化传媒，著. **2013 车行天下：中国自驾游经典线路地图集**[M]. 北京：中国地图出版社，2012. 第 212 页 重走丝绸之路 西安—兰州—敦煌—吐鲁番—乌鲁木齐.
70. 中图北斗文化传媒，著. **2013 中国自助游地图**[M]. 北京：中国地图出版社，2012. 第 362 页 丝绸之路自助游指南.
71. 墨刻编辑部，编著. **丝绸之路经典之旅（2012—2013 版）**[M]. 北京：人民邮电出版社，2012.
72. 周俭，主编. **丝绸之路交通线路（中国段）历史地理研究**[M]. 南京：江苏人民出版社，2012.
73. 甘肃省联合国教科文组织协会，甘肃省基础教育课程教材中心，编著. **世界遗产与丝绸之路（青少年读本）**[M]. 兰州：甘肃教育出版社，2012.
74. 柳江，编写. **传奇丝绸之路**[M]. 长春：吉林教育出版社，2012.
75. 车华玲，编. **丝路烟雨**[M]. 长春：长春出版社，2012. 第 5 页 第 1 章 开拓丝绸之路；第 102 页 丝绸之路上的佛教艺术宝库；第 215 页 第 7 章 丝绸之路上的外国冒险家.
76. 何力，编著. **正在消失的中国古文明：古道古关隘**[M]. 北京：国家行政学院出版社，2012. 第 52 页 第二章 丝绸之路 第一节 明驼健马西风路；第 146 页 第三节 丝绸之路上的关隘.
77. 安京，编. **海疆开发史话**[M]. 北京：社会科学文献出版社，2012. 第 38 页 七 海上丝绸之路与市舶管理.
78. 恽秉良，编. **华夏人文山水游**[M]. 上海：同济大学出版社，2012.
79. 杨宗，温志宏，编. **长城**[M]. 南昌：百花洲文艺出版社，2012. 第 36 页 开发“西域屯田”和保护“丝绸之路”的汉长城.
80. 知路文化，编著. **行摄天下・甘肃自驾路书**[M]. 北京：化学工业出版社，2012. 第 66 页 武威 丝绸之路上的要冲；第 78 页 张掖 丝绸之路上的咽喉；第 92 页 酒泉 丝绸之路上的明珠.
81. 孙石，著. **甘肃 宁夏**[M]. 广州：广东旅游出版社，2001. 第 74 页 丝绸之路示意图.
82. 龙腾，屈嫚莉，著. **万里千年——丝路手记**[M]. 北京：北京大学出版社，2012. 第 176 页 阿克苏：沿着水果之路到水果之都；第 177 页 阿克苏到喀什的水果之路；第 219 页 和田：寻找丝路的丝绸与玉石.

83. 一凡，著. **背包中国 2013**[M]. 北京：同心出版社，2012. 第 104 页 丝绸之路游.

84. **图说天下·全球最美的 100 魅力古城**[M]. 北京：北京联合出版公司，2012. 第 156 页 阿科古城——西方运送东方特产的起点.

85. **中国自驾游地图集（2012）**[M]. 北京：中国地图出版社，2012.

86. 广州市越秀区档案馆，编. **水润花城：千年水城史话 广府文化精华**[M]. 广州：广东人民出版社，2012. 第 19 页 广州"海上丝绸之路"略谈；第 35 页 隋代南海神庙古码头："海上丝绸之路"必经之地.

87.《小长假大旅行》编辑部，编著. **中国古城游：细说 111 个国家历史文化名城**[M]. 北京：中国铁道出版社，2012. 第 236 页 泉州海上丝绸之路的起点.

88. 雅安市人民政府，四川省文物管理局，编. **茶马古道文化遗产保护（雅安）研讨会论文集（边茶藏马）**[M]. 北京：文物出版社，2012. 第 35 页 敢问路在何方——对南方丝绸之路（茶马古道）荥经段的推考（周安勇）.

89. 赵君尧，著. **闽都文化简论**[M]. 福州：福建美术出版社，2012. 第 89 页 第七章 论福州海上丝绸之路.

90. 韩焘，编著. **中国地理读这本就够了**[M]. 北京：中国商业出版社，2012. 第 242 页 南丝绸之路在哪里.

91. 邱志荣，著. **上善之水：绍兴水文化**[M]. 上海：学林出版社，2012. 第 259 页 三、浙东海上丝绸之路.

92. **陕西吃玩赏买终极攻略**[M]. 北京：旅游教育出版社，2012. 第 65 页 14 丝绸之路群雕.

93. **图说天下·中国最美的 100 度假天堂**[M]. 北京：北京联合出版公司，2012.

94. 刘莹，著. **中国国家地理·相约多瑙河**[M]. 北京：中国大百科全书出版社，2012. 第 171 页 鲁塞：水上丝绸之路.

95.《现在就开始》丛书编委会，编. **新疆旅游，现在就开始**[M]. 2012—2013 最新全彩版. 北京：旅游教育出版社，2012. 第 84 页 丝绸之路国际滑雪场.

96. 黎国器，著. **万泉河传**[M]. 广州：中山大学出版社，2012. 第 198 页 海上丝绸之路旅游景点；第 255 页 华侨与海上丝绸之路.

97. 韩焘，编著. **世界地理读这本就够了**[M]. 北京：中国商业出版社，2012. 第 181 页 哪个高原是丝绸之路必经之路.

98.《四川好玩》编写组，编著. **四川好玩**[M]. 北京：中国旅游出版社，2012. 第 140 页 南方丝绸之路之旅.

99.《中国经典自助游》编辑部，编著. **中国经典自助游**[M]. 北京：中国铁道出版社，2012. 第 300 页 "丝绸之路"甘肃自驾七日游；第 716 页 海上丝绸之路之泉州史迹一日游.

100.《走遍中国》编辑部，编著. **甘肃 宁夏**[M]. 北京：中国旅游出版社，2012. 第 2 页 陆上丝绸之路上的守望；第 31 页 丝绸之路上的"河西走廊".

101. 陈新，主编. **口口相传的云南旅游书（全彩）**[M]. 北京：电子工业出版社，2012. 第 274 页 part 8 保山——丝绸之路一驿保山名片.

102. 广州市文化局，著. **广州历史文化名城荟萃（中英文对照）**[M]. 修订版. 广州：广东旅游出版社，2012.

103. 传奇翰墨编委会，编著. **丝绸之路**[M]. 北京：北京理工大学出版社，2011.
104. 孟凡人，著. **丝绸之路史话**[M]. 北京：社会科学文献出版社，2011.
105. 宁夏文物考古研究所，编. **丝绸之路上的考古、宗教与历史**[M]. 北京：文物出版社，2011.
106. 陈鹏，著. **路途漫漫丝貂情：明清东北亚丝绸之路研究**[M]. 兰州：兰州大学出版社，2011.
107. 刘广堂，主编. **丝绸之路：大西北遗珍**[M]. 沈阳：万卷出版公司，2011.
108. 边强，编著. **甘肃关隘史**[M]. 北京：科学出版社，2011.
109. 盛文林，主编. **人类在地理学上的发现**[M]. 北京：北京工业大学出版社，2011. 第28页 海上“丝绸之路”.
110. 元坤，编著. **蓝色国土向960万说不**[M]. 北京：中国广播电视出版社，2011. 第117页 远去的辉煌——海上丝绸之路.
111. 王烨，主编. **青少年知识小百科・地理知识百科**[M]. 昆明：云南大学出版社，2011. 第203页 丝绸之路.
112. 黄金亮，著. **1000个地理常识走遍中国**[M]. 南京：凤凰出版社，2011. 第207页 南丝绸之路.
113. 毕然，著. **楼兰密码**[M]. 广州：花城出版社，2011. 第6页 二、玉石铺陈的丝绸之路；第35页 一、丝绸之路的枢纽.
114. 知路文化，编著. **行摄天下・新疆自驾路书**[M]. 北京：化学工业出版社，2011. 第159页 拜城丝绸之路的璀璨明珠.
115. 殷晴，著. **探索与求真：西域史地理论**[M]. 乌鲁木齐：新疆人民出版社，2011. 第76页 丝绸之路和古代于阗；第275页 丝绸之路与西域经济——新疆开发史上若干问题的思考.
116. 宋长江，撰文. **新疆旅游100问**[M]. 成都：成都地图出版社，2011. 第5页 闻名于世的古丝绸之路是怎样贯穿新疆的？.
117. 崔钟雷，主编. **中国地理胜境**[M]. 长春：吉林美术出版社，2011. 第200页 海上丝绸之路.
118. 张冬梅，周涛，主编. **中国精品线路旅游地图集**[M]. 北京：中国地图出版社，2011. 第13页 “丝绸之路”旅游线.
119. 辞溪，主编. **人一生要去的100个地方**[M]. 北京：中国华侨出版社，2011. 第232页 丝绸之路上的重镇吐鲁番.
120. **城市印象系列丛书 家・西安**[M]. 北京：中国城市出版社，2011.
121. 刘樱姝，编著. **西安旅游完全指南：悠生活・旅游大玩家**[M]. 北京：中国轻工业出版社，2011. 第16页 大明宫国家遗址公园：丝绸之路的东方圣殿；第113页 鼓楼回坊风情街：丝绸之路遗风；第179页 大唐通易坊：丝绸之路上的美食；第202页 丝绸之路群雕：丝路从这里出发；第204页 大唐西市博物馆：丝绸之路的起点.
122. 黄学坚，编. **悠生活・旅游大玩家：海南旅游完全指南**[M]. 2版. 北京：中国轻工业出版社，2011. 第130页 南沙洲——古代丝绸之路遗址.
123. 张俊，于建明，张佐，编著. **秘境腾冲**[M]. 北京：中国旅游出版社，2011. 第63页 西南丝绸古道寻幽探奇.

124. **长城**[M]. 中英法德俄对照版. 北京：中国青年出版社，2011.
125. 谭祎波，著. **大美新疆：掀起你的盖头来**[M]. 北京：中国旅游出版社，2011. 第 4 页 朝圣丝绸之路（代序）；第 12 页 丝绸之路文化；第 324 页 民丰，丝绸之路中转站；第 375 页 丝绸之路烽燧.
126. 张艳玲，主编. **你应该知道的中华名胜古迹传说**[M]. 乌鲁木齐：新疆美术摄影出版社，2011. 第 163 页 丝绸之路的中转——楼兰.
127. 杨立权，张清华，著. **中国少数民族语地名概说**[M]. 北京：中国社会出版社，2011. 第 176 页 第九章 丝绸之路 突厥高歌——中国的突厥语族地名概说.
128.《走遍中国》编辑部，编著. **走遍中国·福建**[M]. 北京：中国旅游出版社，2011. 第 29 页 泉州：海上丝绸之路的起点.
129. 郭光，主编. **长城（5 种语言文字：中、英、法、德、俄）**[M]. 北京：中国青年出版社，2011.
130. 澳大利亚 Lonely Planet 公司，编. **甘肃和宁夏**[M]. 北京：生活·读书·新知三联书店，2011.
131. 于文胜，著. **新疆导游**[M]. 乌鲁木齐：新疆电子音像出版社，2011.
132. 唐荣尧，著. **火焰·战刀·花香·宁夏之书**[M]. 银川：宁夏人民出版社，2011. 第 233 页 文化，宁夏的软实力 第十二章 丝绸之路，一条驮载文化的河流；第 248 页 四 宁夏，通过丝绸之路的国际交往.
133. 李并成，张力仁，主编. **河西走廊人地关系演变研究**[M]. 西安：三秦出版社，2011.
134.《一本就 GO》编辑部，编著. **一本就 GO·新疆一本就 GO**[M]. 桂林：广西师范大学出版社，2011. 第 30 页 新疆丝绸之路博物馆；第 50 页 丝绸之路生态园.
135.《玩乐疯》编辑部，编著. **全阿克苏吃喝玩乐情报书**[M]. 北京：中国铁道出版社，2011.
136. 丁笃本，著. **丝绸之路古道研究**[M]. 乌鲁木齐：新疆人民出版社，2010.
137. 王炳华，著. **丝绸之路考古研究**[M]. 乌鲁木齐：新疆人民出版社，2010.
138. 刘岩，王宏斌，编著. **图说丝绸之路**[M]. 长春：吉林人民出版社，2010.
139. 范少言，编著. **丝绸之路沿线城镇的兴衰**[M]. 北京：中国建筑工业出版社，2010.
140. 墨刻编辑部，编. **丝绸之路经典之旅**[M]. 北京：人民邮电出版社，2010.
141. [瑞典]赫定，著. **丝绸之路**[M]. 江红，李佩娟，译. 乌鲁木齐：新疆人民出版社，2010.
142. 桑磊，主编. **丝路诱惑：从西安到敦煌的旅行全攻略**[M]. 北京：中国工人出版社，2010. 第 1 页 第一章 丝绸之路旅行总攻略.
143. 张国生，编绘. **行走甘肃宁夏**[M]. 广州：广东旅游出版社，2010. 第 64 页 丝绸之路.
144. 周小华，主编. **水文化与甘肃社会发展**[M]. 武汉：长江出版社，2010. 第 54 页 第三节 水文化与丝绸之路.
145. 李丹，主编. **春风不度玉门关**[M]. 合肥：安徽科学技术出版社，2010.
146. 张列，王蓓，主编. **吐鲁番导游读本**[M]. 乌鲁木齐：新疆人民出版社，2010. 第 118 页 中国丝绸之路吐鲁番葡萄节.
147. 桑磊，主编. **惊艳新疆：大美之地的深度旅行书**[M]. 北京：中国工人出版社，2010. 第 182 页.
148. 杨沐春涓，著. **西行猎色：陕甘宁行走必达旅游目的地**[M]. 北京：中国青年出版社，2010. 第 158 页 沿着古“丝绸之路”旅行；第 244 页 丝绸之路河南道.

149. 王永平，主编. **广州**[M]. 广州：广东经济出版社，2010. 第 33 页 4 海上丝绸之路及南海神庙.
150. 蓝勇，编著. **中国历史地理**[M]. 北京：高等教育出版社，2010. 第 129 页 一、西北丝绸之路的兴衰与沙漠化；第 301 页 三、西北丝绸之路的兴衰与中国传统社会；第 304 页 四、南方海上丝绸之路与南方陆上丝绸之路的发展；第 304 页 南方海上丝绸之路；第 306 页 南方陆上丝绸之路.
151. 贺泽劲，主编. **中国短线休闲自助游**[M]. 2010—2011 年版. 北京：中国旅游出版社，2010. 第 659 页 丝绸之路，敦煌胜景（五天计划）.
152. 庞规荃，主编. **中国旅游地理**[M]. 5 版. 北京：旅游教育出版社，2010.
153. 滕刚，总主编. **中学生不可不知的地理常识**[M]. 南京：江苏教育出版社，2010. 第 113 页 海上丝绸之路发源地——福建.
154. 崔钟雷，主编. **最新图说中国地理百科**[M]. 长春：吉林美术出版社，2010. 第 230 页 海上丝绸之路.
155. 《中国自驾游地图集》编委会，编. **中国自驾游地图集**[M]. 北京：中国旅游出版社，2010. 第 393 页 北丝绸之路.
156. 沈允熬，著. **西半球文明古国——墨西哥（墨西哥旅游指南）**[M]. 2010—2011 版. 上海：上海锦绣文章出版社，2010. 第 152 页 “海上丝绸之路”的另一端——“太平洋明珠”阿卡普尔科.
157. 克雷格・多伊尔，著. **全球旅游攻略：最美的季节去最美的地方**[M]. 北京：中国旅游出版社，2010. 第 132 页 丝绸之路中国.
158. 宋耀武，主编. **蓬莱地名故事（上）**[M]. 济南：山东大学出版社，2010. 第 56 页 海上丝绸之路.
159. 王禹翰，编著. **中外地理一本通**[M]. 沈阳：万卷出版公司，2010. 第 116 页 丝绸之路.
160. 王正华，主编. **中国旅游必备**[M]. 北京：中国旅游出版社，2010. 第 474 页 丝绸之路.
161. 萧语笙，编. **世界知识大擂台**[M]. 银川：宁夏少年儿童出版社，2010. 第 79 页 “丝绸之路”的名称是怎么来的呢？.
162. 胡幸福，编著. **不一样的广州：广州旅游文化名片**[M]. 广州：广州出版社，2010. 第 133 页 海上丝绸之路的护卫神.
163. 藏羚羊自助游工作室，编著. **东北精华景点游**[M]. 北京：中国铁道出版社，2010. 第 5 页 曾经的“东方丝绸之路”.
164. 崔钟雷，主编. **中国国家地理图鉴**[M]. 长春：吉林美术出版社，2010. 第 175 页 海上丝绸之路.
165. 薛宗正，著. **丝绸之路北庭研究**[M]. 乌鲁木齐：新疆人民出版社，2010.
166. 陈波，史国然，主编. **中国旅游地理**[M]. 北京：中国铁道出版社，2010. 第 149 页 单元八 西北内陆丝绸之路旅游区.
167. 广州文化局，编. **广州历史文化名城荟萃（中英文对照）**[M]. 广州：广东旅游出版社，2010.

168. 赵予征，著. **丝绸之路屯垦研究**[M]. 乌鲁木齐：新疆人民出版社，2009.

169. 田卫疆，主编. **丝绸之路吐鲁番研究**[M]. 乌鲁木齐：新疆人民出版社，2009.

170. 贺灵，主编. **丝绸之路伊犁研究**[M]. 乌鲁木齐：新疆人民出版社，2009.

171. 郭引强，著. **丝绸之路洛阳考**[M]. 郑州：中州古籍出版社，2009.

172. 李继勇，贺泽劲，著. **丝路遗韵 大梦敦煌**[M]. 北京：中国旅游出版社，2009. 第 2 页 丝绸之路的千年沧桑；第 5 页 丝绸之路的由来和线路.

173. 薛宗正，著. **丝绸之路北庭研究**[M]. 乌鲁木齐：新疆人民出版社，2009.

174. 杨北帆，张斌，著. **炫色古道：10 条历史名路游**[M]. 北京：中国青年出版社，2009. 第 92 页 第三章 来龙去脉——在路上梳理丝绸之路、玄奘求经路与龙脉的交织.

175. 何江鸿，吁芳云，编著. **城画·城传·城记·城缘：感悟中国历史名城**[M]. 哈尔滨：哈尔滨出版社，2009. 第 106 页 第五章 丝绸之路上的风情敦煌：大放异彩的艺术明珠；第 124 页 喀什：丝绸之路上的泪珠；第 132 页 第六章 海上商船从这里起航泉州：迢迢海上丝绸之路.

176. 林庆春，杨鲁萍，编著. **也门**[M]. 北京：社会科学文献出版社，2009.

177. 朱飞云，主编. **古道叙茶马**[M]. 昆明：云南人民出版社，2009.

178. 陈延国，主编. **奔腾的南流江**[M]. 北京：红旗出版社，2009. 第 11 页 南流江："海上丝绸之路"的不老记忆（石维有）.

179. 本社. **世界梦幻之地**[M]. 青岛：青岛出版社，2009. 第 171 页 撒马尔罕：丝绸之路上的名城；第 176 页 丝绸之路.

180.《新疆游实用指南》编委会，编. **新疆游实用指南**[M]. 北京：中国水利水电出版社，2009. 第 18 页 丝绸之路.

181. 郝士钊，编著. **世界最具魅力的名胜**[M]. 北京：当代世界出版社，2009. 第 276 页 神农架丝绸之路遗址的由来.

182. 中华人民共和国第十一届运动会组委会，编. **游山东**[M]. 济南：齐鲁书社，2009. 第 131 页 丝绸之路的起点.

183. 金春琴，挹云，著. **你不可不知的中国最美 100 地**[M]. 南京：江苏科学技术出版社，2009. 第 31 页. 敦煌莫高窟：丝绸之路上的佛教艺术明珠.

184. 黄树森，主编. **广西九章：海洋语境中的文化整合与观念建构**[M]. 南宁：广西人民出版社，2009. 第 360 页《中国古代海上丝绸之路诗选》前言（节选）（陈永正）.

185. 骆汉城，等，著. **古道寻踪：你所不知道的地方**[M]. 北京：中国社会科学出版社，2009. 第 240 页 南丝绸之路上的水上信道；第 243 页 南丝绸之路上的古滇国.

186. 施洪清，著. **伊犁世界**[M]. 上海：学林出版社，2009. 第 193 页 第六节 古丝绸之路重镇——霍城县.

187. 王永平，主编. **中国广州：实用手册**[M]. 广州：广州出版社，2009. 第 25 页 古海上丝绸之路；第 40 页 明清海上丝绸之路.

188. 北京天域北斗图书有限公司，编. **中国旅游交通地图集**[M]. 驾车出游便携版. 北京：中国旅游出版社，2009. 第 248 页 从丝绸之路走进历史 兰州→武威→山丹→张掖→酒泉→嘉峪关→敦煌.

189. 李波，编. **中国国家地理知识大讲堂（下）：西南、西北和港澳台**[M]. 呼和浩特：内蒙古大学出版社，2009. 第 148 页 丝绸之路（飞将军李广）.

190. 李颖超，著. **新疆历史文化名城：特克斯**[M]. 乌鲁木齐：新疆人民出版社，2009. 第47页 丝绸之路的和亲道.
191. 风情中国编委会，编. **杭州风情地图**[M]. 北京：星球地图出版社，2009. 第38页 逛中国丝绸城，寻访新丝绸之路.
192. 崔钟雷，主编. **中国国家地理百科**[M]. 哈尔滨：哈尔滨出版社，2009. 第237页 海上丝绸之路.
193. 杨旭恒，罗宁，佟海敬，主编. **云南新旅游风物志**[M]. 昆明：云南美术出版社，2009. 第246页 南方丝绸之路.
194. 武汉大学设计研究总院，编. **风情中国自助旅游图册**[M]. 武汉：武汉大学出版社，2009. 第322页 古丝绸之路.
195. 明孝陵博物馆，编著. **世界遗产论坛（三）：全球化背景下的中国世界遗产事业**[M]. 北京：科学出版社，2009. 第107页 线路遗产与“海上丝绸之路”个案研究——以海上丝绸之路（中国宁波段）为例（陈艳）.
196. **走进世界著名遗址**[M]. 北京：世界图书北京出版公司，2009. 第47页 西南丝绸之路（中国）.
197. 万象文画编写组，编. **世界最有魅力101个度假天堂**[M]. 呼和浩特：内蒙古人民出版社，2009. 第139页 海上丝绸之路的起点——泉州.
198. **全球100文明奇迹**[M]. 北京：蓝天出版社，2009. 第356页 莫高窟——丝绸之路上的佛境盛景.
199. 刘向晖，主编. **新疆你早**[M]. 乌鲁木齐：新疆人民出版社，2009. 第283页 贯通新疆南北的丝绸之路.
200.《中国古镇游》编辑部，编著. **中国古镇游：自助旅游地图手册**[M]. 2008全新升级. 西安：陕西师范大学出版社，2009. 第667页 上里 南方丝绸之路的驿站.
201. 张文扬，编著. **中国地理**[M]. 合肥：安徽文艺出版社，2009. 第191页 丝绸之路的重镇——敦煌.
202. 王徽，著. **古代城市**[M]. 北京：中国文联出版社，2009. 第56页 高昌交河：丝绸之路的两颗明珠.
203. 王小梅，主编. **中国导游十万个为什么・青海**[M]. 北京：中国旅游出版社，2009. 第37页 你知道“南线丝绸之路”吗？.
204. 闻君，倪亮，主编. **中国地理1000问**[M]. 双色地图版. 北京：中国地图出版社；北京：北京工业大学出版社，2009. 第287页 南丝绸之路指哪里.
205. 骆娟，著. **人文新疆**[M]. 广州：广东旅游出版社，2009. 第3页 丝绸之路 梦想飞升；第65页 草原丝绸之路.
206. 王伟芳，余开亮，主编. **世界文明奇迹**[M]. 河南：大象出版社，2009. 第342页 丝绸之路上的佛境盛景 莫高窟.
207.《魅力荔湾》编委会，著. **魅力荔湾**[M]. 北京：中国旅游出版社，2009. 第13页 海上丝绸之路的商贸中心.
208. 知行图书工作室，编著. **新疆攻略**[M]. 北京：中国旅游出版社，2009. 第34页 新疆丝绸之路博物馆.

209. 魏晋怀，吴俊华，康士，编. **北京全攻略**[M]. 北京：中国工人出版社，2009. 第 35 页 瑞蚨祥·丝绸之路的北京驿站.
210. 林雄，主编. **经典广东**[M]. 广州：广东教育出版社，2009. 第 17 页 二、海上丝绸之路的出发地.
211. [日]陈舜臣，著. **西域余闻**[M]. 桂林：广西师范大学出版社，2009. 第 97 页 九 丝绸之路——玉之路；第 140 页 十一 丝绸之路的终点是奈良；第 198 页 十八 丝绸之路的丝绸；第 227 页 二二 丝绸之路的居室；第 235 页 二三 丝绸之路的宝石；第 243 页 二四 丝绸之路的奇珍异果；第 260 页 二六 丝绸之路的壁画美术馆；第 277 页 二八 丝绸之路的歌声；第 285 页 二九 丝绸之路的旅人.
212. 汪海繁，编著. **古城古墓之谜**[M]. 银川：宁夏少年儿童出版社，2009. 第 48 页 丝绸之路上的驿站——疏勒城；第 143 页 丝绸之路上的沙漠绿洲——巴尔米拉古城.
213. 李萍，孙婷，张红卫，编撰. **国家地理百科全书（中国版）**[M]. 昆明：云南教育出版社，2009. 第 198 页 玉石之路：美玉之乡·昆山玉路；第 200 页 丝绸之路：昔日传奇丝路载.
214. 张志宇，胡柏翠，主编. **中国旅游地理**[M]. 北京：电子工业出版社，2009. 第 89 页 3 丝绸之路历史悠久，文物古迹珍贵丰富.
215.《中国自助游》（地图版）编写组，编著. **中国自助游（地图版）**[M]. 北京：中国旅游出版社，2009. 第 320 页 东线：走丝绸之路 品火洲葡萄；第 363 页 西线：沿着丝绸之路走进历史.
216. 杨宗，温志宏，编著. **长城**[M]. 南昌：百花洲文艺出版社，2009. 第 26 页 开发“西域屯田”和保护“丝绸之路”的汉长城.
217. 徐振亚，著. **土耳其旅行笔记**[M]. 南昌：江西美术出版社，2009. 第 108 页 连着丝绸之路的厨房.
218. 赵丽洁，主编. **丝绸之路**[M]. 上海：上海锦绣文章出版社，2008.
219.《丝绸之路》编辑部，编. **丝绸之路文化旅游手册**[M]. 兰州：甘肃文化出版社，2008.
220. [英]吴芳思，著. **丝绸之路 2000 年**[M]. 济南：山东画报出版社，2008.
221. 段渝，主编. **南方丝绸之路研究论集**[M]. 成都：巴蜀书社，2008.
222. 颜廷亮，主编. **景泰与丝绸之路历史文化**[M]. 兰州：甘肃人民出版社，2008.
223. 亢鸷，编著. **丝绸之路黄金指引**[M]. 广州：广东旅游出版社，2008.
224. 香港中国旅游出版社，编. **丝绸之路自游天书**[M]. 汕头：汕头大学出版社，2008.
225. 王罡，盛学伦，编著. **水富向家坝——南丝绸之路 入滇第一镇**[M]. 昆明：云南美术出版社，2008.
226. 仇王军，著. **丝绸之路在宁夏**[M]. 银川：宁夏人民出版社，2008.
227. **丝绸之路 沧桑大美**[M]. 上海：上海锦绣文章出版社，2008.
228. 王平，主编. **嘉峪关长城博物馆（中英对照）**[M]. 兰州：敦煌文艺出版社，2008. 第 41 页 长河落日 丝路花雨——河西长城与丝绸之路.
229. 史振平，主编. **青州是我家：让青州因我们而美丽**[M]. 北京：中国文史出版社，2008. 第 12 页 第一节 丝绸之路的源头.
230. 杨丽华，主编. **神奇美丽的吐鲁番市**[M]. 乌鲁木齐：新疆人民出版社，2008. 第 6 页 第二节 “丝绸之路”重镇.

231. 精品购物指南，编著. **行走中国·会理**[M]. 北京：经济管理出版社，2008. 第 38 页 站在川古丝绸之路最南端.
232. **中国知识地图集**[M]. 哈尔滨：哈尔滨地图出版社，2008. 第 174 页 刘家峡水电站古丝绸之路中国最大的咸水湖——青海湖.
233. 红方众文旅行文化工作室，编著. **行走兰新线**[M]. 北京：中国铁道出版社，2008.
234. 臧嵘，夏之民，主编. **古迹神游（下）**[M]. 广州：新世纪出版社，2008. 第 7 页 海上丝绸之路的要站.
235.《中国古镇游》编辑部，编. **中国古镇游**[M]. 2008 年全新升级版. 西安：陕西师范大学出版社，2008. 第 667 页 上里——南方丝绸之路的驿站.
236. 侯科妍，陈斌，主编. **五弦之都**[M]. 五家渠：新疆生产建设兵团出版社，2008. 第 4 页 “丝绸之路”上的明珠.
237. 李卫疆，编. **融合的城市**[M]. 乌鲁木齐：新疆人民出版社，2008. 第 55 页“长生之路”上的死城之叹.
238. 马媛，编. **塔吉克斯坦**[M]. 乌鲁木齐：新疆人民出版社，2008. 第 22 页 丝绸之路上的重要路段.
239. 王晓梅，编著. **不可不知的 2000 个地理常识**[M]. 北京：中央编译出版社，2008. 第 247 页 丝绸之路.
240. 杨东亮，彭辉，主编. **青藏线顶级旅游带：激情穿越柴达木旅游指南**[M]. 西宁：青海人民出版社，2008. 第 55 页 南丝绸之路生态风情游.
241. 吴传钧，著. **发展中的中国现代人文地理学：吴传钧院士学术报告选辑**[M]. 北京：商务印书馆，2008. 第 315 页 海上丝绸之路的回顾与前瞻，2004（广西合浦）.
242. 母锡鹏，著. **大理山水人文**[M]. 昆明：云南民族出版社，2008. 第 80 页 西南丝绸之路.
243. 蔡景仙，主编. **古城未解之谜**[M]. 呼和浩特：内蒙古人民出版社，2008. 第 223 页 丝绸之路上的重镇.
244. 郭永龙，主编. **趣闻宁夏**[M]. 北京：旅游教育出版社，2008. 第 9 页“丝绸之路”从宁夏的哪些地方通过；第 13 页 “丝绸之路”在宁夏的著名文化遗存有哪些.
245. 周李杰，王功恪，编著. **天山天人吐鲁番：西域神秘元素富集地的影像报告**[M]. 重庆：重庆出版社，2008. 第 270 页 四、丝绸之路葡萄节.
246. 梁敏，著. **青海：在那遥远的地方**[M]. 北京：中国青年出版社，2008. 第 23 页 丝绸之路之青海道；第 334 页 第十一章 青海道：丝绸之路羌中道.
247. 蒲开夫，朱一凡，李行力，主编. **新疆百科知识辞典**[M]. 西安：陕西人民出版社，2008. 第 35 页 上海丝绸之路大饭店；第 91 页 中国丝绸之路辞典；第 102 页 中国“丝绸之路”异常血红蛋白的分布；第 104 页 中国丝绸之路与中亚文明国际学术讨论会；第 236 页 丝绸之路旅游；第 236 页 丝绸之路宾馆；第 237 页 丝绸古道话屯垦；第 237 页 丝绸之路屯垦研究；第 237 页 丝绸之路研究丛书；第 237 页 丝绸之路音乐文化；第 237 页 丝绸古道上的文化；第 237 页 丝绸之路学术讨论会；第 237 页 丝绸之路草原石人研究；第 237 页 丝绸之路研究文献书目索引；第 237 页 丝绸之路考察及乌鲁木齐国际学术讨论会；第 456 页 沙驼牌丝绸系列产品；第 555 页 和田丝绸厂；第 607 页 草原丝绸之路与中亚文明；第 716 页 理想之路；第 920 页 新疆蚕桑丝绸产业研究；第 1042 页 “中国环游丝绸之路”国际公路自行车邀请赛、“中国环游丝绸之路”国际公路自行车比赛、“中国环游丝绸之路”国际公路自行车邀请赛；第 1043 页“中国丝绸之路”国际公路自行车赛暨全国公路自行车冠军赛.

248. 国家旅游局市场司，编. **中国西部旅游指南·四川省、重庆市、陕西省**[M]. 北京：中国旅游出版社，2008. 第 111 页 西线-丝绸之路游.

249. 高亚芳，秦炳峰，杨阿莉，编著. **趣闻甘肃**[M]. 北京：旅游教育出版社，2008. 第 202 页 唐丝绸之路胡风盛；第 269 页 横贯甘肃全境的丝绸之路.

250. 国家旅游局市场司，编. **中国西部旅游指南·西藏自治区、青海省、新疆维吾尔自治区**[M]. 北京：中国旅游出版社，2008. 第 95 页 丝绸之路.

251. 高亚芳，秦斌峰，编著. **英语甘肃导游**[M]. 北京：中国旅游出版社，2008.

252. 胡佳，主编. **中国观光旅游及民族文化和美食**[M]. 法文版. 北京：中国旅游出版社，2008. 第 445 页 la route de la soie 丝绸之路.

253. 谢震宇，著. **当关：中国要塞探秘**[M]. 郑州：中原农民出版社，2008. 第 116 页 北方丝绸之路的源头.

254. 罗哲文，主编. **世界遗产大观**[M]. 北京：五洲传播出版社，2008. 第 236 页 丝绸之路（中国）.

255. 侯丕勋，刘再聪，主编. **西北边疆历史地理概论**[M]. 兰州：甘肃人民出版社，2008. 第 125 页 第四节 隋唐时期丝绸之路及其交通盛况.

256. 任浩之，编著. **中国地理全知道**[M]. 北京：当代世界出版社，2008. 第 301 页 丝绸之路究竟在何方.

257. 崔钟雷，主编. **中国国家地理**[M]. 长春：吉林人民出版社，2008. 第 289 页 海上丝绸之路.

258. 吴伟，主编. **中国辞典**[M]. 北京：五洲传播出版社，2008. 第 20 页 丝绸之路 海上丝绸之路.

259. 萨支山，等，编. **走遍中国·福建**[M]. 北京：中国旅游出版社，2008. 第 28 页 泉州：海上丝绸之路的起点.

260. 陶犁，主编. **趣闻云南**[M]. 北京：旅游教育出版社，2008. 第 10 页 南方丝绸之路比北方丝绸之路开拓得更早吗.

261. 郭永龙，主编. **中国导游十万个为什么·宁夏**[M]. 北京：中国旅游出版社，2008. 第 28 页 为什么说宁夏地处古丝绸之路的东段？.

262. 纪江红，主编. **典藏国家地理·中国卷（下）**[M]. 北京：华夏出版社，2008. 第 294 页 丝绸之路：昔日传奇丝路载.

263. 王锋著. **解读波斯**[M]. 银川：宁夏人民出版社，2008. 第 240 页 丝绸之路与中伊关系发展之前景.

264. 赵丰，主编. **丝绸之路美术考古概论**[M]. 北京：文物出版社，2007.

265. 李良义，编著. **丝绸之路在中国**[M]. 西安：陕西人民出版社，2007.

266. 车华玲，刘统，著. **烟雨丝绸之路：悠悠丝路 沧桑几何**[M]. 北京：长安出版社，2007.

267. 洛阳市地方史志办公室，编. **图说洛阳丝绸之路**[M]. 郑州：大象出版社，2007.

268. 石云涛，著. **三至六世纪丝绸之路的变迁**[M]. 北京：文化艺术出版社，2007.
269. 瓦兰，主编. **丝绸之路深度之旅**[M]. 北京：蓝天出版社，2007.
270. 李健超，著. **汉唐两京及丝绸之路历史地理论集**[M]. 西安：三秦出版社，2007.
271. 赵丰，伊弟利斯·阿不都热苏勒，主编. **大漠联珠——环塔克拉玛干丝绸之路服饰文化考察报告**[M]. 上海：东华大学出版社，2007.
272. 王书庆，杜斗城，编著. **敦煌与丝绸之路**[M]. 西安：西安地图出版社，2007.
273. 车华玲，刘统，编著. **沧桑河山：悠悠丝路**[M]. 长春：长春出版社，2007. 第 3 页 第 1 章 开拓丝绸之路；第 65 页 丝绸之路上的佛教艺术宝库；第 141 页 第 7 章 丝绸之路上的外国冒险家.
274. 郭保林，主编. **丝路迷踪**[M]. 北京：石油工业出版社，2007. 第 236 页 通往格尔木之路.
275. 褚赣生，著. **品读中国名山**[M]. 长春：长春出版社，2007.
276. 张伟然，顾晶霞，编著. **中国佛寺探秘**[M]. 长春：长春出版社，2007.
277. 张晓虹，编著. **中国道观寻幽**[M]. 长春：长春出版社，2007.
278. 宾川鸡足山文化研究所，编著. **鸡足天下灵**[M]. 昆明：云南美术出版社，云南出版集团公司，2007. 第 18 页 第二章 南方丝绸之路；第 18 页 南方丝绸之路带来的佛教文化.
279. 傅林祥，编著. **大话中国名水**[M]. 长春：长春出版社，2007.
280. 安介生，编著. **走近中国名关**[M]. 长春：长春出版社，2007.
281.《完美假期》组委会，编. **黄金自助游：精品线路选萃一**[M]. 石家庄：河北科学技术出版社，2007. 第 74 页 穿越时空的遗迹——丝绸之路甘肃游.
282. 刘长明，主编；文昊，编. **新疆风情录**[M]. 乌鲁木齐：新疆美术摄影出版社，新疆电子音像出版社，2007. 第 126 页 丝绸之路拾趣（吴云龙、尚久骖）.
283. 许秋芳，主编. **保山导游辞**[M]. 昆明：云南大学出版社，2007. 第 37 页 南方丝绸之路.
284. 瓦兰，主编. **闻香识洛阳**[M]. 北京：中国华侨出版社，2007. 第 200 页 丝绸之路的东方起点洛阳.
285. 王杰，著. **城市之旅**[M]. [新加坡]李燕萍，译. 北京：五洲传播出版社，2007. 第 63 页 泉州：海上丝绸之路的起点.
286. 吴荣水，编著. **韩国日本之旅**[M]. 广州：广东旅游出版社，2007. 第 151 页 三、丝绸之路的东方终点——奈良.
287. 骆娟，编著. **乌鲁木齐·吐鲁番·喀纳斯黄金指引**[M]. 广州：广东旅游出版社，2007. 第 180 页 草原丝绸之路.
288. 闻君，倪亮，主编. **中国地理 1000 问**[M]. 北京：北京工业大学出版社，2007. 第 292 页 南丝绸之路指哪里.
289. 钟欣，编. **中国** 2007[M]. 北京：外文出版社，2007. 第 13 页汉代和“丝绸之路”.
290. 程德美，张晓明，编著. **沿着青藏铁路**[M]. 北京：中国藏学出版社，2007. 第 18 页 丝绸之路.
291. 香港中国旅游出版社，编. **旅游手册·新疆**[M]. 太原：北岳文艺出版社，2007. 第

86 页 玉石之都、丝绸之乡、和田地毯、拉斯奎乡果园.

292.《国家地理系列》编委会，编. **全球最美的 100 魅力古城**[M]. 长春：吉林出版集团有限责任公司，2007. 第 152 页 伊斯法罕——丝绸之路上的旅栈；第 194 页 撒马尔罕——丝绸之路上的枢纽城市.

293. 云中天，编著. **中国历史上的大辟疆**[M]. 北京：中国三峡出版社，2007. 第 102 页 丝绸之路.

294. 国家地理编委会，编. **国家地理·中国卷**[M]. 北京：蓝天出版社，2007.

295. 西南大学历史地理研究所，编. **中国人文田野**[M]. 重庆：西南师范大学出版社，2007. 第 49 页 晒经石的历史考察与南方丝绸之路（蓝勇）.

296. 酒泉市经济文化研究中心，编. **酒泉人手册**[M]. 2008 版. 兰州：甘肃文化出版社，2007. 第 6 页 一、丝绸之路纪程；第 25 页 （六）古丝绸之路上的一颗明珠——敦煌.

297.《四川黄金旅游线丛书》编委会，编. **四川旅游览胜**[M]. 成都：四川科学技术出版社，2007. 第 231 页 南丝绸之路之旅.

298.《走遍中国》编辑部，编著. **新疆**[M]. 北京：中国旅游出版社，2007. 第 26 页 丝绸之路上的回响.

299. 中国家庭游编委会，编. **中国家庭自驾游：99 条最适合家庭自驾游的经典线路**[M]. 北京：中国轻工业出版社，2007. 第 242 页 重走丝绸之路.

300.《走遍中国》编辑部，编. **甘肃、宁夏**[M]. 北京：中国旅游出版社，2007. 第 27 页 丝绸之路上的“河西走廊”；第 77 页 丝绸之路示意图.

301. 王晨光，主编. **趣闻山东**[M]. 北京：旅游教育出版社，2007. 第 202 页 海上丝绸之路的重要起点——胶东半岛.

302. 王社教，主编. **中国古都的故事**[M]. 济南：山东画报出版社，2007. 第 175 页 “海上丝绸之路”的起点.

303. 文有仁，单樨，著. **波兰**[M]. 重庆：重庆出版社，2007. 第 394 页 十六、现代海上丝绸之路——中波轮船公司.

304. 高德祥，编著. **朝觐敦煌**[M]. 兰州：甘肃人民美术出版社，2007. 第 97 页 丝绸之路.

305. 韩荣良，韩志宇，编著. **江苏导游（中英对照）**[M]. 北京：中国旅游出版社，2007. 第 530 页 孔望山佛教造像对海上丝绸之路的研究有什么意义？.

306.《中国国家地理精华》编委会，编. **中国国家地理精华**[M]. 长春：吉林出版集团有限责任公司，2007. 第 136 页 海上丝绸之路.

307. 国家地理典藏版编委会，编. **世界文明奇迹（上）**[M]. 长春：吉林出版集团有限责任公司，2007. 第 202 页 丝绸之路上的佛境盛景莫高窟.

308. 中国自助游编委会，编. 2007 **中国自助游（下）：北方**[M]. 北京：中国轻工业出版社，2007. 第 17 页 专题：丝绸之路.

309. 文昊，编. **喀纳斯旅游地理——人间秘境喀纳斯**[M]. 乌鲁木齐：新疆美术摄影出版社；新疆电子音像出版社，2007. 第 138 页 草原上的丝绸之路.

310. 邓宏，朱继红，等，编著. **多彩贵州**[M]. 初中版. 贵阳：贵州人民出版社，2007. 第 36 页 南方丝绸之路与“夜郎自大”一词的由来.

311. [美]纳撒尼尔·兰德（Nathaniel Lande），安德鲁·兰德（Andrew Lande），著. **奢华旅行**

TOP 10[M]. 吉波，张慧，译. 北京：中国旅游出版社，2007. 第 322 页 丝绸之路.

312. 潘利田，编. **中国西安旅游**[M]. 西安：西安出版社，2007. 第 22 页 丝绸之路.

313. 罗小韵，主编. **魅力保山**[M]. 昆明：云南美术出版社，2007. 第 50 页 古老的丝绸之路.

314. 程芳，编. **北京旅游手册**[M]. 北京：京华出版社，2007. 第 167 页 丝绸之路酒楼；第 171 页 丝绸之路酒楼.

315. 张秉忠，著. **华夏览胜**[M]. 北京：中国大地出版社，2007. 第 349 页 河西走廊连西域 丝绸之路通世界.

316. 骆娟，著. **库尔勒·楼兰**[M]. 乌鲁木齐：新疆人民出版社，2007. 第 2 页 丝绸之路交汇点.

317. 达雅，著. **北京攻略：北京最值得推荐的 66 个地方**[M]. 北京：中国旅游出版社，2007. 第 194 页 秀水市场——另类丝绸之路.

318. 董耀会，撰；李少白，摄. **走近长城**[M]. 北京：外文出版社，2007. 第 84 页 丝绸之路.

319. 王怀林，著. **打开康巴之门**[M]. 2 版. 成都：四川民族出版社，2007. 第 5 页 西南丝绸之路遗珠；第 72 页 汉藏分界与西南丝绸之路.

320. 陆秀宗，主编. **走进金寨**[M]. 合肥：安徽人民出版社，2007. 第 86 页 丝绸之路——金寨县桑蚕丝绸发展情况.

321. 荆孝敏，编著. **图说中国**[M]. 2007 修订版. 北京：五洲传播出版社，2007. 第 40 页 丝绸之路线路图.

322. 赖富强，刘庆，编著. **趣闻广西**[M]. 北京：旅游教育出版社，2007. 第 329 页 西汉时期“海上丝绸之路”的始发地——合浦；第 330 页 海陆丝绸之路的对接线——潇贺古道.

323. 李默，主编；李力，等，编著；武旭峰，冯广博，改编. **中国精华游**[M]. 广州：广东旅游出版社，2007. 第 240 页 “海上丝绸之路”的起点——泉州；第 535 页 西南丝绸之路的驿站——保山；第 584 页 甘肃全景甘肃：丝绸之路上的“玉如意”；第 585 页 丝绸之路上的明珠——敦煌.

324. 吴宝璋，等，编著. **中国导游十万个为什么·云南**[M]. 北京：中国旅游出版社，2007. 第 322 页 大理与南方丝绸之路、茶马古道有何关系？.

325. 王嵘，著. **西域古道探秘**[M]. 成都：四川文艺出版社，2007. 第 106 页 7 成就了一条丝绸之路.

326. 骆娟，著. **影像新疆**[M]. 广州：广东旅游出版社，2007. 第 3 页 丝绸之路梦想飞升；第 65 页 草原丝绸之路.

327. 路琳，著；李锋，等，摄影. **中国导游十万个为什么·新疆**[M]. 北京：中国旅游出版社，2007. 第 22 页 “丝绸之路”源于何处？；第 23 页 新疆有多少条“丝绸之路”？；第 316 页 丝绸之路出土的极品文物是什么？.

328. 陆大道，主编；中国地理学会，编. **中国国家地理：东北·西北·港澳台**[M]. 最新版. 郑州：大象出版社，2007. 第 94 页 丝绸之路.

329. 陆大道，主编；中国地理学会，编. **中国国家地理：中南·西南**[M]. 最新版. 郑州：

大象出版社，2007. 第 64 页 海上丝绸之路.
330. 赵胜，著. **游走云贵川：自助游实用窍门**[M]. 上海：上海科学技术文献出版社，2007. 第 39 页 二十三、古丝绸之路的门户——保山.
331. 广东省地图院，编制. **番禺指南**[M]. 广州：广东省地图出版社，2007.
332.《完美假期》组委会，编. **黄金自助游：精品线路选萃**[M]. 石家庄：河北科学技术出版社，2007.
333. 人民交通出版社，编著. **中国交通旅游图集一本通**[M]. 全新修订版. 北京：人民交通出版社，2007. 第 193 页 崆峒山 丝绸之路.
334. 陈琪，编著. **塞上水乡·宁夏**[M]. 银川：宁夏人民出版社，2007. 第 33 页 "丝绸之路"上的宁夏.
335. 爱提，编著. **西部之旅**[M]. 黄金版. 广州：广东旅游出版社，2007. 第 128 页 河西走廊和丝绸之路.
336. 纪江红，主编. **中国百科**[M]. 北京：北京少年儿童出版社，2007. 第 418 页 丝绸之路.
337. 王炜，路痴，编著；马强，邸晋军，摄影. **新疆**[M]. 桂林：广西师范大学出版社，2007. 第 101 页 丝绸之路全程示意图.
338. 孟昭勋，李树民，主编. **新世纪丝绸之路旅游**[M]. 西安：陕西人民出版社，2006.
339. 李建，主编. **新丝绸之路**[M]. 北京：中国广播电视出版社，2006.
340. 林梅村，著. **丝绸之路考古十五讲**[M]. 北京：北京大学出版社，2006.
341. 盛唐风工作室，编. **快乐中国行：丝绸之路**[M]. 北京：中国旅游出版社，2006.
342. 蔡运彬，编著. **新丝绸之路**[M]. 广州：广州出版社，2006.
343. 董玉祥，主编. **甘肃：丝绸路上的瑰丽石窟**[M]. 北京：外文出版社，2006. 第 12 页 丝绸之路与石窟寺；第 76 页 丝绸之路上的外国掠夺者；第 130 页 黄河岸边的炳灵寺石窟丝绸之路的要道；第 218 页 再走古丝绸之路来自敦煌的乐舞；第 244 页 再走古丝绸之路.
344. 牛汝极，著. **文化的绿洲：丝路语言与西域文明**[M]. 乌鲁木齐：新疆人民出版社，2006. 第 3 页 第一节 丝绸之路：贸易和文化之路；第 25 页 第四节 丝绸之路与宗教：今与昔；第 263 页 第六章 丝绸之路与基督教东渐：从语言输出到文化移植.
345. 岳雄华，主编. **西昌旅游手册：一座春天栖息的城市**[M]. 成都：四川民族出版社，2006. 第 73 页 "南方丝绸之路".
346. 王怀林，编著. **打开康巴之门：横断山腹地人文地理**[M]. 成都：四川民族出版社，2006. 第 5 页 西南丝绸之路遗珠；第 72 页 汉藏分界与西南丝绸之路.
347. 余石，著. **历史文化名城雷州**[M]. 广州：广东人民出版社，2006. 第 13 页 二、海上丝绸之路始发港.
348. 樊传庚，著. **新疆文化遗产的保护与利用**[M]. 北京：中央民族大学出版社，2006. 第 75 页 三、丝绸之路.
349.《当代宁夏概览》编辑委员会，编. **当代宁夏概览**[M]. 北京：当代中国出版社，2006. 第 241 页 丝绸之路上的古代艺术长廊——须弥山石窟.
350. 钱钧，著. **云南著名景点导游词**[M]. 杭州：浙江人民出版社，2006. 第 185 页 滇西"西南丝绸之路边贸互市之旅".

351. 浙江省人民政府新闻办公室，主编；郑昀，易国瑛，李峰，撰稿. **浙江：钱塘江潮涌天下**[M]. 北京：外文出版社，2006. 第 137 页 海——通往世界之路.
352. 湖南地图出版社，编. **中国自助旅游地图册**[M]. 长沙：湖南地图出版社，2006. 第 203 页 丝绸之路.
353. 韩全学，李泽，主编. **在六分之一国土上**[M]. 乌鲁木齐：新疆青少年出版社，2006.
354. 闫瑜，何瑛，曹瑞琴，编著. **甘肃导游实务**[M]. 兰州：甘肃文化出版社，2006. 第 66 页 第九节 陆上丝绸之路.
355. 隋晓左，著. **中国魅力名城**[M]. 北京：中国长安出版社，2006. 第 258 页 丝绸之路的“咽喉”——敦煌.
356. 何跃青，主编. **你最该知道的中国之名城名镇名村**[M]. 北京：地震出版社，2006. 第 61 页 古代“海上丝绸之路”的起点——福建泉州.
357. 欧阳正宇，赵玉琴，编著. **甘肃导游**[M]. 兰州：甘肃人民出版社，2006. 第 7 页 三、丝绸之路话沧桑；第 49 页 （一）丝路文化：甘肃——丝绸之路的黄金路段；第 105 页 三、阳关及阳关博物馆——丝绸之路通往西域南道的门户.
358. 冯讳，等，编写. **聊聊旅游的神韵**[M]. 武汉：湖北少年儿童出版社，2006. 第 105 页 丝绸之路.
359. 张讴，著. **行走在大神中间**[M]. 北京：中国广播电视出版社，2006. 第 248 页 佛教和丝绸之路.
360. 张奋泉，编著. **中东之旅**[M]. 广州：广东旅游出版社，2006. 第 222 页 六、丝绸之路上的古城——克尔曼.
361. 高亚芳，秦斌峰，等，编著. **精编甘肃导游词**[M]. 北京：中国旅游出版社，2006. 第 110 页 丝绸之路——跨语境对话的咽喉孔道；第 110 页 丝绸之路——跨语境对话的咽喉孔道.
362. 吴福环，郭泰山，等，著. **新疆通览**[M]. 乌鲁木齐：新疆人民出版社，2006. 第 95 页 第五节 丝绸之路；第 98 页 二、丝绸之路与东西方经济文化交流.
363. 吴苑，编著. **名胜文化**[M]. 呼和浩特：内蒙古人民出版社，2006. 第 96 页 丝绸之路.
364. 孙博，编著. **地球漫步（第 1 辑）：伊朗**[M]. 北京：中国旅游出版社，2006. 第 32 页 丝绸之路上的明珠——波斯.
365. 蓝日基，主编；广西壮族自治区地方志编纂委员会办公室，编. **广西之最**[M]. 南宁：广西人民出版社，2006. 第 190 页 最早记载的中国“海上丝绸之路”始发港之一——合浦港.
366. 陆芳，肖航，编著. **人一生要去的 100 个地方**[M]. 沈阳：万卷出版公司，2006. 第 236 页 56 丝绸之路上的重镇——吐鲁番.
367. 谭祎波著. **45000 里中国边境游**[M]. 广州：广东旅游出版社，2006. 第 78 页 海上丝绸之路——珲春.
368. 文昊，编著. **人间秘境喀纳斯**[M]. 阿图什：克孜勒苏柯尔克孜文出版社；乌鲁木齐：新疆电子出版社，2006. 第 138 页 草原上的丝绸之路.
369. 赵汝清，著. **从亚洲腹地到欧洲：丝路西段历史研究**[M]. 兰州：甘肃人民出版社，2006. 第 302 页 一、沿丝绸之路的公路建设；第 305 页 二、沿丝绸之路的铁路建设；第 310 页 四、沿丝绸之路的管道建设.

370. 黄利，主编；《中国古镇游》编辑部，编著. **中国古镇游：自助旅游地图手册**[M]. 2006 升级版. 西安：陕西师范大学出版社，2006. 第 681 页 上里 南方丝绸之路的驿站.

371. 湘舟，编. **新疆之最**[M]. 乌鲁木齐：新疆青少年出版社，2006. 第 208 页 最具伟大历史意义的丝绸之路.

372. 张建章，著. **云南德宏**[M]. 北京：中国旅游出版社，2006. 第 16 页 西南丝绸之路.

373. 窦晓群，编著. **北疆最美的地方：奎屯地名与旅游**[M]. 乌鲁木齐：新疆美术摄影出版社，2006.

374. 廖珊，佘世建，撰稿. **中国自驾车出行地图集**[M]. 长沙：湖南地图出版社，2006. 第 85 页 海口周边双休日游、海南省内驾车游、丝绸之路自驾车游.

375. 路琳，王玮，著. **游走新疆**[M]. 北京：中国旅游出版社，2006. 第 16 页 丝绸之路.

376. 吴宝璋，主编；云南省旅游局，编. **云南导游基础知识**[M]. 昆明：云南大学出版社，2006. 第 5 页 四、南方丝绸之路与云南青铜文化.

377. 李津，编著. **中国五千年地理之谜全集**[M]. 珍藏本. 北京：中国长安出版社，2006. 第 191 页 丝绸之路 90%古遗址为什么失去原貌？.

378. 李诚，编著. **话说中国（10）**[M]. 呼和浩特：内蒙古人民出版社，2006. 第 81 页 丝绸之路通各国.

379. 蒲开夫，朱一凡，李行力，主编. **新疆百科知识辞典**[M]. 西安：陕西人民出版社，2006. 第 34 页 上海丝绸之路大饭店；第 88 页 中国丝绸之路辞典；第 98 页 中国“丝绸之路”异常血红蛋白的分布；第 101 页 中国丝绸之路与中亚文明国际学术讨论会；第 228 页 丝绸之路旅游；第 228 页 丝绸之路宾馆；第 228 页 丝绸古道话屯垦；第 228 页 丝绸之路屯垦研究；第 228 页 丝绸之路研究丛书；第 228 页 丝绸之路音乐文化；第 228 页 丝绸古道上的文化；第 228 页 丝绸之路学术讨论会；第 228 页 丝绸之路草原石人研究；第 228 页 丝绸之路研究文献书目索引；第 228 页 丝绸之路考察及乌鲁木齐国际学术讨论会；第 586 页 草原丝绸之路与中亚文明；第 1002 页 95“中国环游丝绸之路”国际公路自行车邀请赛；第 1002 页 96“中国环游丝绸之路”国际公路自行车比赛；第 1002 页 97“中国环游丝绸之路”国际公路自行车邀请赛；第 1002 页 98“中国丝绸之路”国际公路自行车赛暨全国公路自行车冠军赛.

380. 肖晓明，李振国，主编；佟西正，等，摄影. **中国** 2006[M]. 北京：外文出版社，2006. 第 13 页 历史概况：汉代和“丝绸之路”.

381. 李国斌，主编. **国家地理图鉴·中国卷**[M]. 北京：华龄出版社，2006. 第 142 页 海上丝绸之路；第 206 页 丝绸之路.

382. 李平，主编. **重庆交通生活指南**[M]. 成都：电子科技大学出版社，2006. 第 131 页 丝绸之路自驾车游.

383. 邓碧泉，主编. **南疆文化走廊（图文本）**[M]. 广州：广东人民出版社，2006. 第 186 页 汉代“海上丝绸之路”始发港——二桥村.

384. 走遍中国编写组，编. **浙江**[M]. 北京：中国旅游出版社，2006. 第 26 页 “海上丝绸之路”始发港之争.

385. 杨柏如，等，编著. **中国交通旅游分省图集**[M]. 北京：人民交通出版社，2006. 第 74 页 乌鲁木齐—丝绸之路—喀什.

386. 胡戟，张锋锐，主编．**陕西：辉煌与梦想**[M]．北京：外文出版社，2005．第 143 页 古都长安与丝绸之路．
387. 刘学杰，著．**大话新疆**[M]．乌鲁木齐：新疆人民出版社，2005．第 90 页 新疆之喊．
388. 沈平，金波，段梅红，编著．**我们的大世界**[M]．北京：中国人口出版社，2005．第 113 页 古代丝绸之路的必经地——欧亚大陆的沙漠．
389. 胡长书，主编．**中国自助游**[M]．广州：华南理工大学出版社，2005．第 292 页 第九章“新丝绸之路”上的甘新地区．
390. 安才旦，编著．**西藏之旅**[M]．广州：广东旅游出版社，2005．第 154 页 丝绸之路的重要通衢——日土．
391. 游忠，蔡凌志，著．**中国地理：1000 个基本事实**[M]．广州：广东人民出版社，2005．第 144 页 丝绸之路．
392. 跃珍，克勤，编著．**云南之旅**[M]．广州：广东旅游出版社，2005．第 118 页 西南丝绸之路的驿站．
393. 武玉桂，季世成，张晓夜，著．**儿童看天下**[M]．长春：吉林美术出版社，2005．第 35 页 古丝绸之路．
394. 徐永成，主编；甘肃省人民政府新闻办公室，张掖市人民政府新闻办公室，编．**中国河西走廊的黄金地带：张掖**[M]．兰州：甘肃人民出版社，2005．第 7 页 丝绸之路与张掖．
395. 王牧，主编．**108 国道自游书**[M]．北京：中国水利水电出版社，2005．第 2 页 新丝绸之路；第 10 页 时间轴上的丝绸之路大事记．
396. 地质出版社文化教育编辑室，编著．**车行天下：中国驾车旅游地图集**[M]．北京：地质出版社，2005．第 229 页 重走丝绸之路 西安—兰州—敦煌—吐鲁番—乌鲁木齐．
397. 李默，主编；李力，等，编著；武旭峰，冯广博，改编．**中国精华游**[M]．广州：广东旅游出版社，2005．第 240 页 “海上丝绸之路”的起点——泉州；第 535 页 西南丝绸之路的驿站——保山；第 584 页 全景甘肃：丝绸之路上的“玉如意”；第 585 页 丝绸之路上的明珠——敦煌．
398.《中国古镇游》编辑部，著．**中国古镇游·广西、云南、贵州 32 座经典古镇**[M]．西安：陕西师范大学出版社，2005．第 147 页 廉州海上丝绸之路的起点．
399. 胡文康，主编．**新疆广记**[M]．乌鲁木齐：新疆人民出版社，2005．第 11 页“丝绸之路”（24）．
400. 扎西，著．**圣地之旅：一生要去的 36 个心灵震撼之地**[M]．北京：九州出版社，2005．第 13 页 莫高窟——丝绸之路上的艺术圣地．
401.《中国古镇游》编辑部，编著．**中国古镇游**[M]．2005 升级版．西安：陕西师范大学出版社，2005．第 681 页 上里 南方丝绸之路的驿站．
402. 成云光，王桂珍，编．**华夏旅游地图册**[M]．北京：星球地图出版社，2005．第 137 页 丝绸之路旅游线示意图；第 138 页 丝绸之路旅游景点分布 古丝绸之路．
403. 蔚明，著．**10000 元 6 个月环游中国**[M]．北京：中国青年出版社，2005．第 29 页 第三章 丝绸之路．
404. 西安地图出版社，编．**游历华夏：中国黄金线路自助游**[M]．西安：西安地图出版社，2005．第 225 页 丝绸之路游．

405. 唐涛，周名成，主编. **旅游辞典（下）**[M]. 呼和浩特：远方出版社，2005. 第 295 页 丝绸之路游.
406. 王书献，等，编著. **中国导游十万个为什么·道教**[M]. 北京：中国旅游出版社，2005. 第 222 页 青海西宁土楼观地处丝绸之路吗？.
407. 王希杰，编. **锦绣中华**[M]. 西安：西安地图出版社，2005. 第 83 页 丝绸之路东方二起点.
408. 史为乐，主编. **中国历史地名大辞典（上）**[M]. 北京：中国社会科学出版社，2005. 第 889 页 丝绸之路.
409. 裴雨来，张羿，编著. **中国地理**[M]. 北京：光明日报出版社，2005. 第 274 页 丝绸之路.
410. 郑通扬，编著. **人文广东：在行走中品读岭南文化**[M]. 广州：广东旅游出版社，2005. 第 288 页 一、海上丝绸之路.
411. 郭千钧，编著. **新疆旅游羊皮卷**[M]. 乌鲁木齐：新疆大学出版社，2005.
412. 黄晓风，主编. **车行天下：中国驾车旅游地图集**[M]. 北京：人民交通出版社，2005. 第 100 页 重走丝绸之路 西安—兰州—敦煌—吐鲁番—乌鲁木齐.
413. 王慧川，姚晓华，编著. **人一生要去的 60 个城市**[M]. 北京：中国书籍出版社，2005. 第 46 页 09、吐鲁番——丝绸之路上的重镇，拥有的不仅仅是葡萄.
414. 纪江红，主编. **中国国家地理（青少年版）**[M]. 彩色图文版. 北京：北京出版社，2005. 第 200 页 丝绸之路：昔日传奇丝路载.
415. 刘寿如，卢定宇，编著. **丝绸之路游**[M]. 郑州：河南科学技术出版社，2004.
416. 王应林，编著. **丝绸之路史话**[M]. 喀什：喀什维吾尔文出版社，2004.
417. 阮荣春，主编；罗宏才，等，撰稿. **丝绸之路与石窟艺术（第 3 卷）：王朝典范**[M]. 沈阳：辽宁美术出版社，2004.
418. 阮荣春，主编；顾平，等，撰稿. **丝绸之路与石窟艺术（第 2 卷）：河西胜境**[M]. 沈阳：辽宁美术出版社，2004.
419. 阮荣春，主编；姚义斌，等，撰稿. **丝绸之路与石窟艺术（第 1 卷）：西域梵影**[M]. 沈阳：辽宁美术出版社，2004.
420. 指南针七人特工队，采写. **双足无疆：穿着水货球鞋就能踏遍大西北 5 条神秘故道的 336 个沧桑景地**[M]. 珠海：珠海出版社，2004. 第 124 页 寻找汉唐盛世的遗风——丝绸之路游.
421. 毕亚丁，等，编著. **游遍新疆**[M]. 乌鲁木齐：新疆人民出版社，2004. 第 88 页 丝绸之路中道（东段）；第 108 页 丝绸之路北道旅游线；第 128 页 丝绸之路南道旅游线；第 163 页 丝绸之路天山腹地旅游线；第 232 页 丝绸之路中道（西段）；第 256 页 “天阶之路”——帕米尔高原与中巴公路；第 293 页 草原丝绸之路旅游线；第 326 页 丝绸之路北道及草原丝绸之路；第 329 页 莎车—帕米尔高原—喀什丝绸之路古道探险旅游路线；第 339 页 沿丝绸之路夏特古道徒步穿越天山、攀登雪莲峰探险旅游路线.
422. 张卫平，著. **走马雁门**[M]. 太原：山西古籍出版社，2004. 第 69 页 另一条丝绸之路.
423. 《古镇书》编辑部，编著. **广西古镇书**[M]. 石家庄：花山文艺出版社，2004. 第 184 页 廉州海上丝绸之路的起点.

424. 唐晓军，师彦灵，著. **古代建筑**[M]. 兰州：敦煌文艺出版社，2004.
425. 刘宇生，刘晓庆，张滨，编著. **新疆概览**[M]. 乌鲁木齐：新疆人民出版社，2004. 第183页 丝绸之路.
426. 广东省地图出版社，编. **地理参考图册**[M]. 广州：广东省地图出版社，2004. 第57页 中亚 中亚工农业 古代丝绸之路与亚欧第二大陆桥.
427. 聂浩智，主编；《中国自行车之旅》编辑部，著. **中国自行车之旅：骑游天下的方法**[M]. 西安：陕西师范大学出版社，2004. 第137页 梦驼铃 沿丝绸之路 寻访敦煌.
428. 翁一，著. **行走从帕米尔开始：追寻马可・波罗的足迹**[M]. 北京：中国青年出版社，2004. 第118页 草原丝绸之路；第187页 丝绸之路的起点；第236页 第六节 西南丝绸之路；第398页 海上丝绸之路的起点.
429. 郭顺利，尚杰，陈远璋，编著. **中国古建筑文化之旅：广东、广西、海南**[M]. 北京：知识产权出版社，2004. 第16页 海上丝绸之路发祥地——南海神庙.
430. 王兢，宝琳，主编；京辉汽车文化研究室，编. **自驾游天下**[M]. 哈尔滨：黑龙江科学技术出版社，2004. 第110页 丝绸之路.
431. 李孝聪，著. **中国区域历史地理**[M]. 北京：北京大学出版社，2004. 第41页 第二节 从"丝绸之路"到"亚欧陆桥"；第42页 一 丝绸之路东段；第49页 二 丝绸之路中段；第53页 三 丝绸之路西段；第48页 图1-4 中国境内丝绸之路示意图；第56页 图1-5 丝绸之路西段主要道路示意图.
432. 《中国深度游》编辑部，编. **中国深度游：主题深度全境游**[M]. 北京：中国轻工业出版社，2004. 第39页 线路二 丝绸之路，西出阳关无故人.
433. 文昊，编. **收藏喀纳斯**[M]. 阿图什：克孜勒苏柯尔克孜文出版社，2004. 第170页 草原上的丝绸之路.
434. 杜飞豹，杜宁，编著. **中国西部游・西北旅游区**[M]. 上海：上海辞书出版社，2004. 第1页 丝绸之路旅游线.
435. 师宗正，秦斌峰，编著. **中国导游十万个为什么・甘肃**[M]. 北京：中国旅游出版社，2004. 第19页 为什么称甘肃为丝绸之路旅游的"黄金路段"？；第216页 为什么雷台旅游区是丝绸之路上的精品景区？；第254页 为什么把古浪大靖称为"古丝绸之路重镇"？；第272页 张掖境内的汉明长城为什么被称为"丝绸之路上；第301页 为什么说平凉是镶嵌在丝绸之路上的一颗明珠？.
436. 邵琪伟，罗明义，主编；杨晓林，等，撰稿；马文尧，等，摄影. **体验云南（中日文对照）2：神秘的文化寻访**[M]. 吕梦，唐清华，翻译. 昆明：云南大学出版社，2004. 第2页 南方陆上丝绸之路——蜀身毒道.
437. 王伟芳，余开亮，编著. **世界文明奇迹**[M]. 彩图版. 郑州：大象出版社，2004. 第342页 丝绸之路上的佛境盛景——莫高窟.
438. 刘君里，主编. **广州旅游景点与传说**[M]. 广州：广东经济出版社，2004. 第215页 海上"丝路"篇 海上"丝绸之路"的发祥、形成和发展.
439. 吴必虎，刘筱娟，著. **中国景观史**[M]. 上海：上海人民出版社，2004. 第275页 二、丝绸之路.
440. 陆大道，主编. 中国地理学会，编. **中国国家地理・东北、西北、港奥台**[M]. 郑州：大象出版社，2004. 第92页 丝绸之路.

441. 聂浩智，主编. **中国自驾车之旅**[M]. 2004年新版. 西安：陕西师范大学出版社，2004. 第117页　梦想回归终结的地方　南方丝绸之路；第279页　走过丝绸之路　兰州—乌鲁木齐.
442.《中国古镇游》编辑部，编著. **中国古镇游：自助旅游地图完全手册**[M]. 2004升级版. 西安：陕西师范大学出版社，2004. 第681页　上里　南方丝绸之路的驿站.
443. 赵希俊，著；驾车游中国编委会，编. **驾车游中国·攻略篇**[M]. 北京：中国旅游出版社，2004. 第220页　新疆驾车旅游推荐线路——丝绸之路南中道沙漠驾车八日游.
444. 叶舒宪，等，著. **山海经的文化寻踪——"想象地理学"与东西文化碰触（下）**[M]. 武汉：湖北人民出版社，2004. 第323页　草原之路或前丝绸之路.
445. 薛克翘，赵常庆，主编. **简明南亚中亚百科全书**[M]. 北京：中国社会科学出版社，2004. 第667页　四　"丝绸之路"的开通与兴盛.
446. 王风，张燕，编著. **梦里云之端**[M]. 北京：华文出版社，2004. 第7页　古代西南丝绸之路.
447. 迟巨贵，等，主编；酒泉市旅游局，编. **飞天故乡——酒泉导游**[M]. 北京：中国旅游出版社，2004. 第15页　第一节　丝绸之路精华游；第83页　五、敦煌——丝绸之路上的明珠；第154页　一、阿克塞——丝绸之路上的著名侨乡.
448. 叶骁军，主编. **中华名胜100景**[M]. 上海：中华地图学社，中国地图出版社，2004. 第314页　丝绸之路与敦煌.
449. 常立，黎亮，著. **看山**[M]. 济南：山东画报出版社，2004. 第83页　天山南北的西域古国，连成了最古的丝绸之路，也留下了佛教东传的痕迹.
450. 叶轻舟，编著. **女人一生追逐的30个梦想之地**[M]. 北京：北京工业大学出版社，2004. 第277页　丝绸之路上的泪珠.
451. 石晓奇，李春华，编著. **新疆旅游（汉英对照）**[M]. 乌鲁木齐：新疆人民出版社，2004.
452. 林言椒，主编. **丝路天涯**[M]. 石家庄：河北教育出版社，2004. 第158页　丝绸之路穿越.
453. [英]惠特菲德，著. **丝路岁月**[M]. 李淑珺，译. 海口：海南出版社；三环出版社，2004.
454. 徐家国，编著. **敦煌莫高窟——大漠间神奇的丝路遗迹**[M]. 济南：山东画报出版社，2004. 第26页　丝绸之路上的要塞.
455. 裴雨来，张羿，编著. **中国地理**[M]. 北京：中国书籍出版社，2004. 第276页　丝绸之路.
456. 王作德，主编. **中国旅游地图册**[M]. 北京：人民交通出版社，2004. 第152页　古丝绸之路.
457. 乙力，编. **中国古代地理之谜**[M]. 兰州：兰州大学出版社，2004. 第133页　丝绸之路东方起点之谜.
458. 杨勇，著. **云南牛皮书：云南自助游全攻略**[M]. 上海：上海社会科学院出版社，2004. 第16页　一、云南第一国道与南方丝绸之路；第200页　第十二章　保山：西南丝绸之路的重要驿站.
459. 翰海行知图书工作室，编著. **风情中国自助旅游图册**[M]. 北京：人民交通出版社，2004. 第279页　古丝绸之路.

460. 纪江红，主编. **中国国家地理（下）**[M]. 北京：北京出版社，2004. 第 294 页 丝绸之路：昔日传奇丝路载.
461. 叶舒宪，萧兵，[韩]郑在书，著. **山海经的文化寻踪：东西方文化的碰撞**[M]. 武汉：湖北人民出版社，2004. 第 323 页 草原之路或前丝绸之路.
462. 徐德明，编著. **丝绸之路游**[M]. 上海：学林出版社，2003.
463. 孟凡人，编著. **中华文明史话：丝绸之路史话**[M]. 北京：中国大百科全书出版社，2003.
464. 孙家斌，施宽利，主编. **丝绸之路中国行：跨越亚欧文明的起点**[M]. 乌鲁木齐：新疆人民出版社，2003.
465. 山冈，主编. **中国自助游精选线路**[M]. 北京：中国建材工业出版社，2003. 第 44 页 线路 4 丝绸之路寻古游.
466. 王炜编，著. **新疆**[M]. 北京：中国大百科全书出版社，2003. 第 74 页 丝绸之路新疆段示意图；第 82 页 丝绸之路全程示意图.
467. 安京，编著. **中华文明史话·海疆开发史话**[M]. 北京：中国大百科全书出版社，2003. 第 40 页 七、海上丝绸之路与市舶管理.
468. 王运锋，马振行，编著. **祖国的版图·锦绣河山卷**[M]. 通辽：内蒙古少年儿童出版社，2003. 第 143 页 廿二、现代“丝绸之路”.
469. 王嵘，著. **古道之谜**[M]. 成都：四川文艺出版社，2003. 第 106 页 7 成就了一条丝绸之路.
470. 安俊杰，主编. **大好河山张家口**[M]. 北京：中国旅游出版社，2003. 第 43 页 北方“丝绸之路”——张库大道.
471. 哈尔滨地图出版社，编. **中国世界遗产**[M]. 哈尔滨：哈尔滨地图出版社，2003. 第 176 页 丝绸之路（中国·陕甘新等）.
472. 余沧海，编著. **寻梦甘肃**[M]. 成都：四川人民出版社，2003. 第 16 页 古丝绸之路.
473. 石晓奇，李春华，编著. **旅游中的新疆**[M]. 乌鲁木齐：新疆人民出版社，2003. 第 10 页 丝绸之路.
474. 曾应枫，著. **俗话广州**[M]. 广州：广州出版社，2003. 第 29 页 海上丝绸之路.
475. 王亚勇，郭永龙，主编. **宁夏旅游基础知识**[M]. 北京：中国旅游出版社，2003. 第 68 页 三、丝绸之路在宁夏.
476. 王伟芳，余开亮，编著. **世界文明奇迹（第 4 卷）：中国**[M]. 彩图版. 郑州：大象出版社，2003. 第 34 页 莫高窟——丝绸之路上的佛境盛景.
477. 沈苇，著. **新疆盛宴：亚洲腹地自助之旅**[M]. 北京：中国青年出版社，2003. 第 5 页 丝绸之路.
478. 广东省地图出版社，编. **锦绣中华旅游地图册**[M]. 广州：广东省地图出版社，2003. 第 223 页 嘉峪关→丝绸之路→张掖→武威→崆峒山→拉卜楞寺.
479. 汪之力，著. **中华山河心影录**[M]. 北京：中国建筑工业出版社，2003. 第 485 页 20 海上丝绸之路与泉州.
480. 吴小玲，陆露，著. **南国珠城——北海**[M]. 西安：三秦出版社，2003. 第 79 页 海上丝绸之路的起点在哪里；第 81 页 海上“丝绸之路”示意图.

481. 黄振强，编著. **湛江特色旅游：光彩与魅力**[M]. 香港：银河出版社，2003. 第 50 页 中国汉代“海上丝绸之路”始发港遗址游；第 58 页 汉代“海上丝绸之路”航线和徐闻港景象.
482. 白文明，著. **人生第二旅程**[M]. 北京：中国建筑工业出版社，2003. 第 230 页 1 丝绸之路巡礼.
483. 李麟，主编. **游遍中国·粤港澳卷（上）**[M]. 西宁：青海人民出版社，2003. 第 388 页 海上“丝绸之路”始发港——徐闻古港.
484. [瑞典]斯文·赫定，著. **亚洲腹地旅行记**[M]. 大陆桥翻译社，译. 呼和浩特：远方出版社，2003. 第 156 页 第三十七章 古丝绸之路.
485. 耿刘，等，文字；武冀平，等，摄影. **中国导游十万个为什么·北京（2）**[M]. 北京：中国旅游出版社，2003. 第 91 页 为什么说长城与古丝绸之路共同铺就了今天的欧亚大陆桥？.
486. 本书编写组，编. **中国导游十万个为什么——江苏**[M]. 北京：中国旅游出版社，2003.
487. 李文耀，主编. **广州行——广州导游词**[M]. 广州：广东旅游出版社，2003. 第 80 页（二）海上丝绸之路史迹；第 85 页 南海神庙与海上丝绸之路；第 100 页 海上丝绸之路的重要史迹；第 33 页 海上丝绸之路发源地.
488. 北京高原雪地图文设计有限公司，编. **带本地图游中国**[M]. 成都：成都地图出版社，2003. 第 326 页 专题时尚旅游——古老的丝绸之路.
489. 袁晓妍，撰稿；王英斌，等，摄影. **驾车逍遥游**[M]. 哈尔滨：哈尔滨地图出版社，2003. 第 98 页 丝绸之路沙漠探险游指南图；第 101 页 草原丝绸之路.
490. 罗明，主编. **神秘的文化寻访**[M]. 昆明：云南大学出版社，2003. 第 2 页 南方陆上丝绸之路——蜀身毒道.
491. 李红山，著. **走遍神神州**[M]. 西安：陕西师范大学出版社，2003. 第 105 页 九 丝绸之路及河西走廊旅游区；第 318 页 十二 丝绸之路游.
492. **中国古镇游**[M]. 2003 年新版. 西安：陕西师范大学出版社，2003. 第 617 页 上里 南方丝绸之路的驿站.
493. 张狂，著. **电影地图：跟着电影去旅行**[M]. 北京：中国时代经济出版社，2003. 第 63 页 丝绸之路；第 65 页 华丽冒险·丝绸之路.
494. 高伟，秦斌峰，主编. **甘肃导游词**[M]. 北京：中国旅游出版社，2003. 第 295 页 陆上丝绸之路概况（穆永强）.
495. 张忠孝，著. **青海旅游线路精选**[M]. 北京：中国旅游出版社，2003. 第 72 页 四、丝绸之路南线青海道旅游线.
496. 湖南地图出版社，编. **图行华夏地图集**[M]. 长沙：湖南地图出版社，2003. 第 146 页 兰州—敦煌—莫高窟—嘉峪关—古丝绸之路.
497. 成都地图出版社，编. **中国实用差旅图册**[M]. 成都：成都地图出版社，2003. 第 131 页 张掖、敦煌、嘉峪关、古丝绸之路.
498. 哈尔滨地图出版社，编. **中国海滨**[M]. 哈尔滨：哈尔滨地图出版社，2003. 第 126 页 海上丝绸之路的起点.
499. 北京海淀益达测绘技术开发公司，编. **新编中国旅游交通地图册**[M]. 济南：山东省地图出版社，2003. 第 188 页 乌鲁木齐、乌鲁木齐附近、天山天池、吐鲁番附近、丝绸之路.

500. 李麟，主编. **游遍中国・云南卷（上）**[M]. 西宁：青海人民出版社，2003. 第 478 页 古西南丝绸之路.

501. 颜东，编著. **自由自在游丝路（上）**[M]. 北京：人民交通出版社，2003. 第 12 页 丝路简介；第 14 页 如何前往丝路；第 21 页 丝路交通篇；第 23 页 丝路住宿篇；第 25 页 吃住丝路篇.

502. 北河，王羽，主编. **徒步穿越**[M]. 北京：中国铁道出版社，2003. 第 158 页 丝绸之路穿越.

503. [美]潘维廉，著. **魅力厦门：厦门指南（中文版）**[M]. 潘文功，等，译. 厦门：厦门大学出版社，2003. 第 182 页 第十章 神秘的刺桐古港——"海上丝绸之路"的起点.

504. 张炜，方坤，主编. **中国海疆通史**[M]. 郑州：中州古籍出版社，2003. 第 71 页 第二节 汉武帝巡海与汉代的海上丝绸之路.

505. 卢一萍，著. **黄金腹地：南疆深度自助旅行指南**[M]. 长沙：湖南文艺出版社，2003. 第 5 页 古丝绸之路示意图.

506. 刘寅年，等，编著. **走遍中国旅游交通图**[M]. 北京：人民交通出版社，2003. 第 208 页 古丝绸之路、兰州街区.

507. 钱钧，主编. **丝绸之路导游词**[M]. 杭州：浙江人民出版社，2002.

508. 兴旅游工作室，编. **中国丝绸之路**[M]. 北京：中国地图出版社，2002.

509. 信天谨游，著. **探险：一位网友的西行笔记**[M]. 北京：经济日报出版社，2002. 第 3 页 第一部分 丝绸之路和青藏高原.

510. 张尊祯，主编；王文珊，著. **新丝路**[M]. 北京：外文出版社，2002. 第 22 页 1-2 丝绸之路的历史意义；第 32 页 2-1 丝绸之路的民族风情；第 52 页 丝绸之路分区导览.

511. 郑培凯，主编. **历史地理**[M]. 香港：香港城市大学出版社，2002.

512. 寇廷良，主编. **甘肃**[M]. 英文版. 北京：五洲传播出版社，2002.

513. 劳少萍，等，著. **中国边疆发现之旅**[M]. 北京：中国档案出版社，2002. 第 186 页 新疆：勘踏丝绸之路.

514. 李锦，王建民，编著. **西陲访古**[M]. 长沙：湖南人民出版社，2002. 第 14 页 在东疆北上的丝绸之路.

515. 王建国，赖勇，撰文. **新疆旅游**[M]. 成都：成都地图出版社，2002. 第 14 页 古丝绸之路.

516. 蓝勇，编著. **中国历史地理学**[M]. 北京：高等教育出版社，2002. 第 123 页 一、西北丝绸之路的兴衰与沙漠化；第 286 页 三、西北丝绸之路的兴衰与中国传统社会；第 288 页 四、南方海上丝绸之路与南方陆上丝绸之路的发展；第 288 页 南方海上丝绸之路；第 290 页 南方陆上丝绸之路.

517. 李锦，王建民，编著. **南疆飞花**[M]. 长沙：湖南人民出版社，2002. 第 50 页 西南丝绸之路.

518. 姚文贵，万德云，主编. **西北山水名胜**[M]. 北京：北京科学技术出版社，2002. 第 45 页 开拓丝绸之路的皇帝之陵——茂陵.

519. 刘寿如，等，编著. **中国旅游线路精选**[M]. 郑州：河南科学技术出版社，2002. 第417页　河西走廊、丝绸之路八日游；第435页　古丝绸之路十三日游.

520. 申北人，编著. **吐鲁番**ABC[M]. 乌鲁木齐：新疆美术摄影出版社，2002. 第1页　一、丝绸之路与吐鲁番葡萄节；第1页　丝绸之路的先驱——张骞；第2页　"丝绸之路"一词的由来；第3页　最早的丝绸之路——丝路南道；第8页　中国丝绸之路吐鲁番葡萄节的来历；第10页　第一届中国丝绸之路吐鲁番葡萄节.

521. 刁兆彦，主编；徐家国，撰文；郑义，等，摄影. **敦煌：大漠间神奇的丝路遗迹**[M]. 北京：中国旅游出版社，2002. 第15页　丝绸之路上的要塞.

522. 周菁，著. **丝路行**[M]. 北京：中国旅游出版社，2002. 第5页　丝绸之路旅行路线；第10页　丝绸之路在陕西；第28页　丝绸之路群雕；第60页　丝绸之路在甘肃.

523. 张芝联，刘学荣，主编. **世界历史地图集**[M]. 北京：中国地图出版社，2002. 第33页　丝绸之路.

524. 马立斯，编著. **中国古建筑文化之旅：甘肃、宁夏、青海**[M]. 北京：知识产权出版社，2002. 第124页　丝绸之路古阳关.

525. 肖晓明，李振国，主编；钟欣，编. **中国**2002[M]. 北京：新星出版社，2002. 第3页　汉代和"丝绸之路".

526. 郑小英，编著. **中国特色旅游**[M]. 北京：中国地图出版社，2002. 第26页　丝绸之路.

527.《中国古镇游》编辑部，编著. **中国古镇游：自助旅游地图手册**[M]. 西安：陕西师范大学出版社，2002. 第546页　上里　南方丝绸之路的驿站.

528. 厉声，李国强，主编. **中国边疆史地研究综述 1989—1998 年**[M]. 哈尔滨：黑龙江教育出版社，2002. 第357页　三、关于海上丝绸之路及海上贸易的研究.

529. 本书编委会，编. **鸟瞰思茅之最**[M]. 昆明：云南人民出版社，2002. 第89页　南方"古丝绸之路"——茶马古道遗迹.

530. 华夏旅游网，等，编. **游遍中国——中国旅游出行地图册**[M]. 济南：山东省地图出版社，2002. 第307页　艾提尕清真寺　阿巴和加麻扎　丝绸之路.

531. 王正华，主编；上海春秋国际旅行社，编. **中国旅游必备**[M]. 北京：中国旅游出版社，2002. 第678页　丝绸之路.

532. 刁兆彦，主编；曾晓华，撰文；郑义，等，摄影. **典藏中国：100个您一生必游的中国名景 3：西湖——淡妆浓抹总相宜**[M]. 北京：中国旅游出版社，2002. 第22页　1-2　丝绸之路的历史意义；第32页　2-1　丝绸之路的民族风情；第52页　丝绸之路分区导览；第149页　7-1　库车——古丝绸路上的璀璨明珠.

533. 蓝勇，主编. **中国历史地理**[M]. 北京：高等教育出版社，2002. 第264页　第三节　丝绸之路的发展与对外经济文化交流；第264页　一、西北丝绸之路；第269页　二、海上丝绸之路；第271页　三、南方陆上丝绸之路.

534. 玲子，谭金柱，编著. **著名的古迹（上）**[M]. 广州：广州出版社，2002. 第66页（43）海上丝绸之路的起点——南海神庙.

535. 新疆百科全书编纂委员会，编. **新疆百科全书**[M]. 北京：中国大百科全书出版社，2002. 第71页　丝绸之路；第442页　中国丝绸之路吐鲁番葡萄节；第477页　《中国丝绸之路辞典》；第 491 页 《丝绸之路音乐文化》；第 493 页 《丝绸之路草原石人研究》；第 495 页 丝绸之路学术讨论会；第 498 页 丝绸之路考察及乌鲁木齐国际学术讨论会；第 500 页 中国丝绸之路与中亚文明国际学术讨论会；第 542 页 《丝绸之路研究丛书》；第 700 页 《丝绸之路屯垦研究》.

536. 李锦，王建民，编著. **沧海观潮**[M]. 长沙：湖南人民出版社，2002. 第 84 页 海上丝绸之路出泉州.

537. 冯小思，主编. **中国·旅游酷站**[M]. 北京：学苑出版社，2002. 第 251 页 专题时尚旅游——古老的丝绸之路.

538. **世纪行中国交通旅游图册**[M]. 北京：人民交通出版社，2002. 第 149 页 乌鲁木齐丝绸之路天山天池.

539. 王宗维，著. **汉代丝绸之路的咽喉——河西路**[M]. 北京：昆仑出版社，2001.

540. 刘记晃，编著. **丝绸之路之旅：陕西、甘肃、新疆**[M]. 长沙：湖南地图出版社，2001.

541. 惠焕章，张劲辉，主编. **沿着古丝路游西部**[M]. 西安：陕西旅游出版社，2001. 第 1 页 前言（总述“丝绸之路”）；第 4 页 西北丝绸之路游；第 7 页 丝绸之路之源——西安市；第 31 页 西北丝绸之路第一站——咸阳市；第 40 页 西北丝绸之路第二站——宝鸡市；第 49 页 西北丝绸之路第三站——天水市；第 53 页 西北丝绸之路第四站——兰州市；第 57 页 西北丝绸之路第五站——武威市；第 59 页 西北丝绸之路第六站——张掖市；第 61 页 西北丝绸之路第七站——嘉峪关市；第 64 页 西北丝绸之路第八站——敦煌市；第 68 页 西北丝绸之路第九站——哈密市；第 71 页 西北丝绸之路第十站——吐鲁番市；第 77 页 西北丝绸之路第十一站——库尔勒市；第 79 页 西北丝绸之路第十二站——库车市；第 84 页 西北丝绸之路第十三站——喀什市；第 88 页 西北丝绸之路最后一站——红其拉甫山口；第 89 页 西北丝绸之路新疆段南线副第一站——若羌县；第 92 页 西北丝绸之路新疆段南线副第二站——民丰县；第 93 页 西北丝绸之路新疆段南线副第三站——和田市；第 95 页 西北丝绸之路新疆段南线副第四站——塔什库尔干；第 97 页 西南丝绸之路游；第 100 页 西南丝绸之路第一站——汉中市；第 109 页 西南丝绸之路第二站——成都市；第 126 页 西南丝绸之路第三站——雅安市；第 129 页 西南丝绸之路第四站——西昌市；第 134 页 西南丝绸之路第五站——大理市；第 139 页 西南丝绸之路最后一站——保山市；第 142 页 西南丝绸之路东线游；第 142 页 西南丝绸之路东线副第一站——宜宾市；第 144 页 西南丝绸之路东线副第二站——昭通市；第 153 页 西南丝绸之路东线副第四站——曲靖市；第 154 页 西南丝绸之路东线副第五站——昆明市；第 162 页 西南丝绸之路东线副第六站——楚雄市；第 169 页 吐番丝绸之路；第 171 页 吐番丝绸之路第一站——民和县；第 172 页 吐番丝绸之路第二站——乐都县；第 174 页 吐番丝绸之路第三站——西宁市；第 178 页 吐番丝绸之路第四站——日月山；第 180 页 吐蕃丝绸之路第五站——共和市；第 181 页 吐番丝绸之路第六站——玛多；第 183 页 吐番丝绸之路第七站——玉树；第 185 页 吐番丝绸之路第八站——唐古拉山口与长江源头；第 188 页 吐番丝绸之路第九站——当雄；第 189 页 吐番丝绸之路第十站——羊八井；第 191 页 吐番丝绸之路第十一站——拉萨市；第 200 页 吐番丝绸之路第十二站——日喀则.

542. 张遇良，主编. **新疆**[M]. 北京：五洲传播出版社，2001. 第 54 页 1. 古丝绸之路；第 57 页 2. 古丝绸之路谱新章.

543. 寇廷良，主编. **甘肃**[M]. 北京：五洲传播出版社，2001. 第 92 页 第七章 丝绸之路和敦煌石窟.
544. 王建国，撰文. **中国西部旅游**[M]. 成都：成都地图出版社，2001. 第 115 页 丝绸之路之旅.
545. 马曼丽，主编. **中国西北边疆发展史研究**[M]. 哈尔滨：黑龙江教育出版社，2001. 第 229 页 第九章 中国西北边疆与丝绸之路；第 229 页 一、丝绸之路与中国西北边疆的关系；第 239 页 二、新丝绸之路功能的发展变化.
546. 贺聿编，著. **边塞风情之旅：内蒙古/新疆**[M]. 长沙：湖南地图出版社，2001. 第 80 页 东南线：丝绸之路（新疆段）.
547. 张长生，总主编. **中外旅游地理趣闻大观**[M]. 北京：首都师范大学出版社，2001. 第 1031 页 5 我国古代五条丝绸之路.
548. 秦永泉，等，著. **中国大陆骑游探险**[M]. 上海：学林出版社，2001. 第 83 页 丝绸之路 戈壁奇观.
549. 王建国，撰文；胡伦，等，摄影. **学生知识图集**[M]. 成都：成都地图出版社，2001. 第 141-143 页 丝绸之路.
550. 哈尔滨地图出版社，编. **中国地图册**[M]. 哈尔滨：哈尔滨地图出版社，2001. 第 186 页 克拉玛依—伊宁—喀什 丝绸之路.
551. 燕民，主编. **中国旅行宝典・陕西**[M]. 北京：蓝天出版社，2001. 第 22 页 丝绸之路起点群雕.
552. 岳邦湖，钟圣祖，著；甘肃省文物局，编. **疏勒河流域汉代长城考察报告**[M]. 北京：文物出版社，2001. 第 76 页 第五章 西汉王朝开拓河西的历史与丝绸之路；第 77 页 三 丝绸之路.
553. 胡长书，主编；丁武军，等，编著. **走遍中国免导游**[M]. 广州：华南理工大学出版社，2001. 第 272 页 第九章 “新丝绸之路”上的甘新地区.
554. 刘君里，主编. **广州百景**[M]. 广州：中山大学出版社，2001. 第 11 页 5. 海上丝绸之路的发祥地——南海神庙.
555. 史念海，著. **黄土高原历史地理研究**[M]. 郑州：黄河水利出版社，2001. 第 734 页 五、丝绸之路的作用和影响.
556. 王炜，编著. **新疆**[M]. 广州：广东旅游出版社，2001. 第 76 页 丝绸之路新疆段示意图；第 84 页 丝绸之路全程示意图.
557. 乔真理，编著. **中国行旅游手册・丝路行**[M]. 西安：陕西旅游出版社，2001. 第 82 页 通向西南丝绸之路的源头；第 128 页 丝绸之路北道——乌鲁木齐；第 136 页 大漠南北两路行——丝绸之路中道和南道.
558. 步金桦，范建国，编著. **新上海发现之旅・住**[M]. 上海：上海三联书店，2001. 第 101 页 丝绸之路大酒店.
559. 熊江宁，编著. **甘肃**[M]. 北京：旅游教育出版社，2001. 第 2 页 丝绸之路；第 217 页 丝绸之路汽车／摩托车拉力赛；第 227 页 丝绸之路汽车之旅 9 日游.
560. 董哲仁，著. **中国江河 1000 问**[M]. 郑州：黄河水利出版社，2001. 第 488 页 23 我国“南丝绸之路”起于何处，经过何处，到达何处?；第 496 页 45 什么是“丝绸之路”?它的东端起自哪里，主要途经哪些地区?.

561. 唐志辉，主编；王庆东，编著. **华夏之旅·陕西**[M]. 北京：旅游教育出版社，2001. 第 56 页 丝绸之路游.
562. 地质出版社地图编辑社，编. **中国旅游地图册**[M]. 北京：地质出版社，2001. 第 182 页 兰州 五泉山公园 古丝绸之路.
563. 马天彩，牟本理，编著. **天水畅游**[M]. 兰州：甘肃人民出版社，2001. 第 27 页 丝绸之路觅胜迹.
564. 周建光，编著. **旅游新干线**[M]. 2 版. 西安：陕西旅游出版社，2001. 第 169 页 新疆 丝绸之路浪漫游.
565. 周敬芝，主编. **中国酒泉（中英文本）**[M]. 北京：新星出版社，2001.
566. 王卫平，梁枫，主编. **最新版新疆游（中英文本）**[M]. 乌鲁木齐：新疆青少年出版社，2001.
567. 胡晓妹，主编. **游历马来西亚**[M]. 北京：九州出版社，2001. 第 208 页 海上丝绸之路——马六甲.
568. 李长傅，著. **南洋史地与华侨华人研究：李长傅先生论文选集**[M]. 广州：暨南大学出版社，2001. 第 280 页 简论南海丝绸之路（陈代光撰）.
569. 许序雅，著. **唐代丝绸之路与中亚历史地理研究**[M]. 西安：西北大学出版社，2000.
570. 张向东，撰文；刘传信，甄国祚，摄影. **西风古道——沙漠情韵**[M]. 广州：广东省地图出版社，2000. 第 1 页 丝绸之路示意图；第 2 页 西风古道——丝绸之路；第 26 页 敦煌——丝绸之路的总枢纽&丝绸之路画廊；第 36 页 丝绸之路上的绿洲——吐鲁番；第 42 页 沙漠古城探秘&丝绸之路出境要道——古老神秘的阿拉山口；第 46 页 丝绸之路的民俗风情·西安社火·花灯&刺绣；第 62 页 古丝绸之路示意图.
571. 邵如林，著. **中国河西走廊：历史、文化、艺术**[M]. 兰州：甘肃人民美术出版社，2000. 第 100 页 第五节 丝绸之路的开通.
572. 孟昭勋，党金学，主编. **新亚欧大陆桥沿线国家文化经贸概览**[M]. 西安：陕西人民出版社，2000.
573. 伍诚，编著. **西北之旅**[M]. 广州：广东旅游出版社，2000. 第 88 页 丝绸之路上的金城.
574. 安京，著. **海疆开发史话**[M]. 北京：中国大百科全书出版社，2000. 第 40 页 七、海上丝绸之路与市舶管理.
575. 郭长建，主编. **中国旅游（中英对照·英文）**[M]. 北京：五洲传播出版社，2000.
576. 毕亚丁，张郁君，柳用能，编著. **走遍新疆**[M]. 乌鲁木齐：新疆美术摄影出版社，2000. 第 100 页 丝绸之路中道（东段）——以吐鲁番为中心的东疆旅游线；第 127 页 丝绸之路中道（西段）——以喀什为中心的南疆旅游线；第 190 页 丝绸之路南道旅游线；第 229 页 丝绸之路天山腹地旅游线；第 270 页 丝绸之路北道旅游线；第 316 页 草原丝绸之路旅游线；第 334 页 丝绸之路北道及草原丝绸之路；第 342 页 莎车—帕米尔高原—喀什丝绸之路古道探险旅游路线；第 345 页 羌塘之路——“世界屋脊”神山圣湖汽车探险旅游路线.
577. 周春华，周憋，编著. **神州世纪游**[M]. 西安：西安地图出版社，2000. 第 262 页 E 丝绸之路.

578. 熊清泉，著. **江山万里行**[M]. 长沙：湖南教育出版社，2000. 第 46 页 河西走廊与丝绸之路神秘的敦煌.

579. 苏北海，著. **西域历史地理（第 2 卷）**[M]. 乌鲁木齐：新疆大学出版社，2000. 第 63 页 3 自汉至唐的草原丝绸之路；第 78 页 4 汉唐时期以长安、洛阳为起点的丝绸之路与西域的关系；第 78 页 （1）汉唐时期自长安、洛阳通向西域的丝绸之路；第 80 页（2）丝绸之路促进了西域的经济发展和边防巩固；第 87 页（3）丝绸之路促进了东西方经济文化的交流.

580. 裴智勇，孙铁，著. **大梦敦煌：一个文化圣地的辉煌与伤心史**[M]. 乌鲁木齐：新疆人民出版社，2000. 第 155 页 丝绸之路重新打开.

581. 玫影，编著. **新疆之旅**[M]. 广州：广东旅游出版社，2000. 第 147 页 古丝绸之路（新疆段）示意图.

582. 祁彩梅，徐伦虎，编著. **中国旅游线路精选地图册**[M]. 北京：中国地图出版社，2000. 第 120 页 丝绸之路十五日游.

583. 花泽飞，王文兴，主编；昆明市旅游局，编. **昆明市人文地理旅游手册**[M]. 昆明：云南科学技术出版社，2000. 第 42 页 （八）南方丝绸之路——永昌古道及 20 世纪国际通道.

584. 克勤，悦真，编著. **云南之旅**[M]. 广州：广东旅游出版社，2000. 第 86 页 西南丝绸之路的驿站.

585. 杨镰，著. **发现西部**[M]. 乌鲁木齐：新疆人民出版社，2000. 第 80 页 经行者的丝绸之路.

586. 胡文康，主编. **中国西部 新疆手册**[M]. 乌鲁木齐：新疆人民出版社，2000. 第 21 页 为什么说新疆是“丝绸之路”最重要的路段？.

587. 孙农斋，主编. **中国城市交通旅游图册**[M]. 成都：成都地图出版社，2000. 第 131 页 丝绸之路 兰州—武威—敦煌—张掖—崆峒山.

588. 王怀林，著. **寻找康巴——来自香格里拉故乡的报告**[M]. 成都：四川人民出版社，2000. 第 56 页 汉武挥鞭——两司马打通南丝绸之路.

589. 王俊杰，主编. **松花江、辽河 300 问**[M]. 郑州：黄河水利出版社，2000. 第 46 页 28 松花江的“水上丝绸之路”从哪里到哪里？.

590. 广州市历史文化名城保护委员会，编著. **广州名城辞典**[M]. 广州：广东旅游出版社，2000. 第 68 页 五、海上丝绸之路与对外开放古代越人的造船和航海技术；第 69 页 我国古代海上丝绸之路的发祥地；第 70 页 汉晋时期海上丝绸之路的拓展；第 73 页 宋代海上丝绸之路的延伸；第 81 页 海上丝绸之路引进的农作物品种；第 82 页 黄埔港与古代海上丝绸之路；第 82 页 广州海上丝绸之路考察热；第 83 页 与海上丝绸之路有关的文化遗产；第 155 页 广州海上丝绸之路游.

591. 江永欣，主编；西安测绘信息技术总站，编制. **中国旅游地图册**[M]. 北京：星球地图出版社，2000. 第 127 页 兰州、天水、敦煌、古丝绸之路.

592. 朱玲玲，著. **文物与地理**[M]. 北京：东方出版社，2000. 第 162 页 陆上和海上丝绸之路.

593. 冯沛祖，著. **广州风物**[M]. 广州：广东省地图出版社，2000. 第 40 页 海上丝绸之路与秦汉造船工场遗址.

594. 庞波，高更新，主编；甘肃省旅游局，等，编制．**甘肃旅游交通图册**[M]．西安：西安地图出版社，2000. 第 7 页 古丝绸之路路线图．

595. 安才旦，编著．**西藏之旅**[M]．广州：广东旅游出版社，2000. 第 140 页 丝绸之路的重要通衢——日土．

596. 薛正昌，著．**六盘山·须弥山石窟**[M]．银川：宁夏人民出版社，2000. 第 34 页 须弥山与丝绸之路．

597. 王成槐，王美丽，著．**中国旅游 400 问**[M]．石家庄：河北科学技术出版社，2000. 第 76 页 “丝绸之路”在哪里？．

598. 雷鸣，主编．**中国丝绸之路旅游文化集粹**[M]．重庆：重庆大学出版社，1999.

599. 陆庆夫，著．**丝绸之路史地研究**[M]．兰州：兰州大学出版社，1999.

600. 傅朗云，刁书仁，主编．**东北亚丝绸之路历史纲要**[M]．长春：吉林文史出版社，1999.

601. **丝绸之路：中华文明宝库**[M]．上海：上海古籍出版社，1999.

602. 李存修，编著．**丝路之旅**[M]．广州：广东旅游出版社，1999. 第 3 页 古丝绸之路路线图；第 7 页 踏上丝绸之路的起点；第 58 页 古丝绸之路的通津要邑；第 87 页 丝绸之路上的明珠；第 102 页 丝绸之路在新疆．

603. 邓钰瑜，著．**我的丝路之旅**[M]．广州：广东省地图出版社，1999.

604. 张宝三，主编．**奇境云南**[M]．昆明：云南人民出版社，1999. 第 171 页 西南丝绸之路．

605. 蓝勇，著．**古代交通生态研究与实地考察**[M]．成都：四川人民出版社，1999. 第 106 页 南方丝绸之路路线问题的探索．

606. 纪世昌，编著．**中国旅游指南（英汉对照）**[M]．长沙：湖南地图出版社，1999. 第 247 页 古丝绸之路；第 247 页 古丝绸之路略图．

607. 周瑞祥，张桂兰，主编．**中国分省旅游交通地图册**[M]．北京：中国地图出版社，1999. 第 77 页 丝绸之路．

608. 张照铨，吴秦杰，主编．**环北京休闲旅游图册**[M]．北京：中国地图出版社，1999. 第 130 页 民俗风情游（东北线） 慕田峪原始部落游乐园 丝绸之路传奇宫 朝阳公园神奇游乐宫．

609. 陈胜庆，编著．**中国佛教文化之旅**[M]．上海：学林出版社，1999. 第 1 页 丝绸之路传梵音（代序）．

610. 陈桥驿，主编．**中国都城辞典**[M]．南昌：江西教育出版社，1999. 第 321 页 丝绸之路；第 322 页 西南丝绸之路 海上丝绸之路．

611. 杨振之，著．**中国后花园**[M]．成都：四川人民出版社，1999. 第 248 页 南方丝绸之路；第 255 页 3. 从东大路到南方丝绸之路．

612. 成都地图出版社，编．**亚洲综合地图册**[M]．成都：成都地图出版社，1999. 第 119 页 丝绸之路．

613. 尹明举，主编；大理州文联，编撰．**大理导游**[M]．昆明：云南人民出版社，1999. 第 10 页 南方丝绸之路和茶马古道．

614. 邹逸麟，编著．**中国历史地理概述**[M]．福州：福建人民出版社，1999. 第 227 页 一 丝绸之路的形成和发展．

615. 邓开颂，等，著．**澳门沧桑**[M]．珠海：珠海出版社，1999. 第 33 页 四、海上丝绸之路——澳门海外贸易的兴起．

616. 徐金发，等，编著．**无限风光在新疆**[M]．乌鲁木齐：新疆青少年出版社，1999. 第 8 页 新疆维吾尔自治区丝绸之路与名胜古迹图．

617. 朱振宏，程卫民，主编．**长江 400 问**[M]．郑州：黄河水利出版社，1999. 第 106 页 39 我国“南丝绸之路”起于何处，经过何处，到达何处？．

618. 王文祥，主编．**香港澳门百科大典**[M]．青岛：青岛出版社，1999. 第 764 页 丝绸之路艺术节．

619. 李登科，编著．**北京导游精萃：《北京导游基础》（提高版）**[M]．北京：社会科学文献出版社，1999. 第 630 页 （三）“丝绸之路”与中西文化的交流．

620. 潘竟万，主编．**新丝绸之路（下）**[M]．兰州：甘肃人民美术出版社，1998.

621. 陈文如，焦燕生，著．**浮在油海上的国家：海湾阿拉伯六国**[M]．北京：科学普及出版社，1998. 第 10 页 海上“丝绸之路”——阿拉伯海；第 136 页 走联合自强之路；第 147 页 丝绸之路重放光彩．

622. 马大正，杨镰，主编．**西域考察与研究续编**[M]．乌鲁木齐：新疆人民出版社，1998. 第 3 页 一、丝绸之路历史、地理；第 39 页 草原丝绸之路与丝绸重镇高昌（钟兴麟）；第 83 页 从福康安（奏稿）看清代丝绸之路上的人口移动——乾隆年间甘肃回民迁移新疆 30 例浅析（华立）；第 132 页 重构古代丝绸之路社会生活史的可能性（崔延虎）；第 161 页 二、丝绸之路考古；第 265 页 三、丝绸之路文化；第 323 页 现代文明在丝绸之路上的传播（吴福环）；第 339 页 附录一 “世纪之交中国古典文学及丝绸之路文明”国际学术研讨会综述（阿拉腾奥其尔）．

623. 王健，编著．**甘肃**[M]．济南：山东画报出版社，1998. 第 13 页 开通丝绸之路；第 18 页 马可·波罗沿丝绸之路东行；第 49 页 古丝绸之路上的遗迹．

624. [法]德雷格，著．**丝绸之路：东方和西方的交流传奇**[M]．台北：时报文化出版企业有限公司，1994.

625. 杨起超，杨玉彩，编写．**祖国的版图**[M]．北京：中国少年儿童出版社，1998. 第 129 页 廿二、现代“丝绸之路”．

626. 佟裕哲，主编；弓弦正，等，编著．**新疆自然景观与苑园**[M]．西安：陕西科学技术出版社，1998. 第 95 页 丝绸之路文化交流对中国园林建筑的影响；第 99 页 4 丝绸之路引进的植物对中国庭园风格的影响；第 100 页 丝绸之路上的绿洲及其生态发展前景；第 100 页 1 中国西部丝绸之路的起止；第 101 页 2 丝绸之路上的绿洲．

627. 寇廷良，思登明，主编．**记者笔下的甘肃**[M]．北京：五洲传播出版社，1998. 第 172 页 文化旅游他们从丝绸之路走来；第 181 页 丝绸之路举世闻名 甘肃旅游独具特色；第 183 页 甘肃——丝绸之路上的黄金路段．

628. 胡长书，主编．**旅游天堂——中国**[M]．广州：华南理工大学出版社，1998. 第 317 页 第十一章 “新丝绸之路”上的甘新地区．

629. 武星斗，等，编著．**新疆**[M]．济南：山东画报出版社，1998. 第 35 页 丝绸之路的中枢．

630.《新编中国交通图册》编写组，编．**新编中国交通图册**[M]．北京：地质出版社，1998.

第 142 页 丝绸之路伊宁附近 天山天池吐鲁番附近.

631. 潘健，撰文；姚虹，等，编绘. **中国旅游（著名风景名胜导游）**[M]. 成都：成都地图出版社，1998. 第 133 页 丝绸之路游.

632. 薛宗正，著. **安西与北庭：唐代西陲边政研究**[M]. 哈尔滨：黑龙江教育出版社，1998. 第 349 页 第五节 丝绸之路的畅通与碛西交通的开辟.

633. 石奉天，等，编著. **中国名胜图册** 1998[M]. 北京：中国地图出版社，1998. 第 78 页 兰州、五泉山公园、白塔山公园、丝绸之路.

634. 隗瀛涛，主编. **中国近代不同类型城市综合研究**[M]. 成都：四川大学出版社，1998. 第 747 页 一、丝绸之路上的城市——兰州.

635. 常青，著. **中国古塔的艺术历程**[M]. 西安：陕西人民美术出版社，1998. 第 40 页 丝绸之路上的启示.

636. 汪天云，主编. **我的名字叫中国**[M]. 上海：上海科学技术出版社，1998. 第 210 页 丝绸之路上的艺术殿堂——敦煌莫高窟；第 311 页 金丝银缕，黄沙白云——亚欧友谊的"丝绸之路".

637. 何新喜，主编. **秋季旅游·枫林霜叶**[M]. 南京：南京出版社，1998. 第 194 页 丝绸之路——甘新旅游区.

638. 吴丰培，著；马大正，等，整理. **吴丰培边事题跋集**[M]. 乌鲁木齐：新疆人民出版社，1998. 第 147 页 新疆及丝绸之路；第 171 页 丝绸之路资料汇钞；第 181 页 丝绸之路资料汇钞增补；第 182 页 丝绸之路资料汇钞（清代部分）.

639. 张秀平，主编. **中国 100 处风景名胜**[M]. 南宁：广西人民出版社，1998. 第 196 页 43 丝绸之路 佛教圣地——麦积山风景名胜区.

640. 孟学文，主编；《锦绣中华宝典》编委会，编. **锦绣中华宝典**[M]. 北京：当代中国出版社，1998. 第 975 页 山西与"丝绸之路"；第 3453 页 丝绸之路的起点；第 3866 页 丝绸之路的明珠——克孜尔千佛洞；第 3891 页 丝绸之路今拾遗.

641. 青海百科全书编纂委员会，编. **青海百科全书**[M]. 北京：中国大百科全书出版社，1998. 第 699 页 丝绸之路南线旅游.

642. 侯菊坤，主编. **中国 100 座历史文化名城**[M]. 南宁：广西人民出版社，1998. 第 281 页 59 丝绸之路的明珠——张掖.

643. 张建忠，编著. **陕西旅游风光**[M]. 西安：西安地图出版社，1998. 第 334 页 中西桥梁——丝绸之路.

644. 朱兰琴，主编. **黄河 300 问**[M]. 郑州：黄河水利出版社，1998. 第 88 页 5 什么是"丝绸之路"？它的东端起自哪里？主要途经哪些地区？.

645. 陈瑞统，著. **泉州游踪**[M]. 上海：上海文化出版社，1998. 第 79 页 世界，叩响泉州的门环——联合国"海上丝绸之路"考察团在泉州综合考察活动纪盛.

646. 吴伯娅，编著. **神州览胜：瑰丽风光篇**[M]. 北京：解放军出版社，1998. 第 103 页 丝绸之路.

647. [日]醍醐钦治，著. **丝绸之路——我所走过的丝绸之路**[M]. 曲凯，等，译. 北京：社会科学文献出版社，1997.

648. 晓蓉，张英，编著. **走遍神州——蜜月旅游指南**[M]. 西安：陕西师范大学出版社，

1997. 第 105 页　九　丝绸之路及河西走廊旅游区；第 318 页　十二　丝绸之路游.

649. 陈代光，著. **中国历史地理**[M]. 广州：广东高等教育出版社，1997. 第 277 页　二、陆上“丝绸之路”；第 317 页　二、海上“丝绸之路”.

650. 向翔，著. **中国山水审美**[M]. 昆明：云南民族出版社，1997. 第 243 页　六　沿着古万里长城与丝绸之路.

651. 成都出版社，编制. **中国交通旅游图册**[M]. 成都：成都出版社，1997.

652. 郑度，主编；中国科学院地理所，编著. **中国地理博览**[M]. 成都：四川教育出版社，1997. 第 313 页　“丝绸之路”的兴衰.

653. 何礼荪，主编；中国国内旅游协会，编. **中华旅游大观**[M]. 北京：社会科学文献出版社，1997. 第 157 页　中国特色旅游　speciality tour——丝绸之路游.

654. 池宝嘉，周华达，主编. **中国・新疆旅游交通**[M]. 成都：成都地图出版社，1997. 第 31 页　丝绸之路在新疆.

655. 四川百科全书编纂委员会，编. **四川百科全书**[M]. 成都：四川辞书出版社，1997. 第 628 页　南方丝绸之路；第 1025 页　西南丝绸之路；第 628 页　南方丝绸之路；第 1025 页　西南丝绸之路；第 629 页　南方丝绸之路.

656. 倪健民，宋宜昌，主编. **国家地理：从地理版图到文化版图的历史考察（上）**[M]. 北京：中国国际广播出版社，1997. 第 403 页　宋朝统治者开拓了海上丝绸之路.

657. 高德祥，陈钰，著. **美丽的敦煌：世界历史文化名城**[M]. 兰州：甘肃人民美术出版社，1997. 第 44 页　丝绸之路上的海关——玉门关.

658. 章采烈，编著. **中国地域特色旅游**[M]. 北京：对外经济贸易大学出版社，1996. 第 42 页　△丝绸之路.

659. 刘炘，著. **越洋远旅：电视记者摄像机旁的札记**[M]. 兰州：甘肃人民出版社，1996. 第 263 页　“丝绸之路热”的点火人——电视专题片《井上靖和敦煌》采摄记.

660. 王祖诚，编著. **华夏旅游要览・东南、中南分册**[M]. 北京：金盾出版社，1996. 第 203 页　二、“海上丝绸之路”要地——泉州.

661. 张建忠，编著. **中国名山胜水旅游指南**[M]. 西安：西安地图出版社，1996. 第 182 页　中西桥梁——丝绸之路　陕西西安、甘肃、新疆，入中亚、西亚，达地中海东岸.

662. 马鸿良，郦桂芬，主编. **中国西部名城：酒泉**[M]. 兰州：甘肃教育出版社，1996. 第 33 页　一、丝绸之路；第 34 页　二、张骞出使西域前的丝绸之路；第 38 页　二、河西四郡新农业区开发是丝绸之路畅通之关键；第 297 页　一、丝绸之路纪程；第 306 页　五、古丝绸之路上的密宗裸体艺术之花；第 307 页　六、古丝绸之路上的伊斯兰教重要古迹；第 351 页　三、丝绸之路上的中国航天城.

663. 贾羽，编著. **神游中国西部**[M]. 银川：宁夏人民出版社，1996. 第 246 页　丝绸之路上的阿鲁孜.

664. 辛业江，主编. **中国南海诸岛**[M]. 海口：海南国际新闻出版中心，1996. 第 342 页　第九章　海上丝绸之路　自古联结中西——南海、南海诸岛人文历史（下）（徐恒彬、鞠继武）.

665. 麦群忠，主编；魏以成，等，编著. **每日游一景：中华名胜美景 365**[M]. 北京：旅游教育出版社，1996. 第 621 页　14 日　丝绸之路的明珠——克孜尔千佛洞；第 623 页　15 日　丝绸之路遗址.

666. 周兴俊，主编. **中国名胜古迹大观**[M]. 北京：国际文化出版公司，1996. 第 93 页 丝绸之路探胜（乃夫）.
667. 徐治，等，编著. **东南亚旅游**[M]. 昆明：云南大学出版社，1996. 第 84 页 古丝绸之路上的故都——太公城.
668. 本书编委会，编. **今日香港百业全书**[M]. 北京：国际文化出版公司，1996. 第 261 页 丝绸之路艺术节.
669. 郭沫若，主编. **中国史稿地图集（上）**[M]. 北京：中国地图出版社，1996.
670. 森文，非青，马品彦，编著. **新疆**[M]. 乌鲁木齐：新疆美术摄影出版社，1995. 第 147 页 丝绸玉石之乡——和四.
671. 傅云柱，著. **中国·周边地区城市**[M]. 福州：福建教育出版社，1995. 第 14 页 丝绸之路的咽喉——敦煌.
672. 张安阳，著. **鸭绿江风情**[M]. 沈阳：辽宁教育出版社，1995. 第 117 页 东方丝绸之路.
673. 冯春萍，等，编；马坚，等，绘. **世界一百名地**[M]. 上海：上海辞书出版社，1995. 第 6 页 千年古道——丝绸之路.
674. 刘宇生，等，主编；新疆维吾尔自治区人民政府外事办公室，编. **新疆概览**[M]. 乌鲁木齐：新疆人民出版社，1995. 第 109 页 丝绸之路.
675. 中国长城学会，编. **长城国际学术研讨会论文集**[M]. 长春：吉林人民出版社，1995. 第 283 页 丝绸之路上的又一重大考古发现——敦煌悬泉遗址（吴礽骧）.
676. 广东历史地图集编辑委员会，编. **广东历史地图集**[M]. 广州：广东省地图出版社，1995. 第 57 页 广东古代海上丝绸之路.
677. 潘健，著. **中国旅游：著名风景名胜导游**[M]. 成都：成都地图出版社，1995. 第 134 页 丝绸之路游.
678. 雍万里，著. **祖国万里行**[M]. 南昌：二十一世纪出版社，1995. 第 85 页 六、古“丝绸之路”探幽.
679. 杨镰，著. **荒漠独行：西域探险考察热点寻迹**[M]. 北京：中共中央党校出版社，1995. 第 54 页 丝绸之路热开始升温.
680. **古丝绸之路新貌——新疆维吾尔自治区的 40 年**[M]. 北京：新星出版社，1995.
681. 李恩军，主编. **中国历史地理学**[M]. 北京：人民交通出版社，1995. 第 220 页 第一节 中西交通的国际干线——丝绸之路；第 231 页 第五节 海上丝绸之路.
682. 陈成南，主编；漳州市城市建设委员会，编. **漳州名胜与古建筑**[M]. 天津：天津科学技术出版社，1995. 第 99 页 十二、百越遗址与漳州历史文化之谜.
683. 王菁华，著. **中国丝绸之路纪行**[M]. 乌鲁木齐：新疆人民出版社，1994.
684. 蒋桂良，王富德，著. **中国首批旅游专线指南**[M]. 北京：中国大百科全书出版社，1994. 第 133 页 第五条 丝绸之路游.
685. 天良，撰写. **中华疆域与邻国**[M]. 北京：北京出版社，1994. 第 21 页 6. 丝绸之路.
686. 沈仪琳，著. **大韩民国——中国的近邻**[M]. 北京：东方出版社，1994. 第 284 页 海上丝绸之路，从泉州出发.
687. 陈增礼，主编. **课堂上的一万个为什么·中学地理**[M]. 北京：知识出版社，1994. 第

127 页 为什么河西走廊成为“丝绸之路”必经之地？.

688. 中国旅游文化大辞典编辑委员会，编. **中国旅游文化大辞典**[M]. 南昌：江西美术出版社，1994. 第 168 页 丝绸之路文化旅游；第 652 页 丝绸之路；第 664 页 古丝绸之路南线；第 677 页 “丝绸之路”文化.
689. 甘肃省交通厅，成都地图出版社联合，编制. **甘肃交通旅游图册**[M]. 成都：成都地图出版社，1994. 第 9 页 甘肃省丝路旅游 古丝绸之路全图.
690. 马大正，等，主编. **西域考察与研究**[M]. 乌鲁木齐：新疆人民出版社，1994. 第 513 页 论丝绸之路文化艺术的开放性（王嵘）.
691. 葛纪谦，主编. **河南之最**[M]. 郑州：河南人民出版社，1994. 第 12 页 17、中国古代“丝绸之路”的起点.
692. 南山，主编. **中国邻邦**[M]. 西安：陕西人民出版社，1994. 第 252 页 丝绸之路连友谊.
693. 曹淳亮，主编. **香港大辞典·经济卷**[M]. 广州：广州出版社，1994. 第 87 页 丝绸之路艺术节；第 612 页 丝绸之路艺术节.
694. 中国长城学会，编. **长城百科全书**[M]. 长春：吉林人民出版社，1994. 第 143 页 丝绸之路；第 1104 页 甘肃丝绸之路旅行社.
695. 吴继德，黎家斌，著. **西南亚概论**[M]. 昆明：云南大学出版社，1993. 第 34 页 一、横贯东西的“丝绸之路”.
696. 新疆地理学会，编. **新疆地理手册**[M]. 乌鲁木齐：新疆人民出版社，1993. 第 383 页“丝绸之路”新疆段简介；第 385 页“丝绸之路”新疆段示意图.
697. 邹卓然，刘松柏，著. **库车——龟兹佛韵 乐都风情**[M]. 乌鲁木齐：新疆大学出版社，1993. 第 121 页 丝绸之路.
698. 中国地理学会历史地理专业委员会《历史地理》编辑委员会，编. **历史地理（第 11 辑）**[M]. 上海：上海人民出版社，1993. 第 41 页 “海上丝绸之路”历史地理初探（曾昭璇 曾宪珊）.
699. 王际桐，主编. **世界地名与民俗漫谈·亚洲卷**[M]. 沈阳：辽宁人民出版社，1993. 第 13 页 丝绸之路的要隘——武威.
700. 国家民委文化宣传司，新疆维吾尔自治区民委，编. **新疆九十题**[M]. 乌鲁木齐：新疆人民出版社，1993. 第 6 页 五、什么是“丝绸之路”？其历史作用是什么？.
701. 邹逸麟，编著. **中国历史地理概述**[M]. 福州：福建人民出版社，1993. 第 228 页 一 丝绸之路的形成和发展.
702. 德宏傣族景颇族自治州人民政府，编. **德宏大观**[M]. 上海：上海文艺出版社，1993. 第 69 页 古“西南丝绸之路”要冲——梁河县；第 75 页 《史记》上的古代南方丝绸之路；第 76 页 《云南通志》上的古代南方丝绸之路.
703. 高海龙，主编. **丝绸之路甘肃段旅游指南**[M]. 兰州：甘肃人民出版社，1992.
704. 张旭，王兆麟，编著. **咸阳访古**[M]. 西安：陕西人民出版社，1992. 第 168 页 丝绸之路的见证.
705. 李原，李洋，编著. **我们中国**[M]. 上海：上海教育出版社，1992. 第 308 页 桑蚕铺垫丝绸之路.
706. 陈大俊，等，编写；中国乌鲁木齐边境地方经济贸易洽谈会宣传办公室，编. **新疆概**

况[M]．乌鲁木齐：新疆人民出版社，1992．第 17 页 三、历史沿革·丝绸之路．

707. [瑞典]斯文·赫定，著．**亚洲腹地探险八年 1927—1935**[M]．徐十周，等，译．乌鲁木齐：新疆人民出版社，1992．第 727 页 十二、沿丝绸之路前进．

708. 鲁人勇，著．**丝路宁夏段揽胜**[M]．银川：宁夏人民出版社，1992．第 75 页 丝绸之路的改弦更张．

709. 周德广，著．**丝路三关**[M]．兰州：甘肃人民出版社，1992．第 10 页 “两关”是丝绸之路的两扇大门．

710. 单树模，主编．**中国名山大川辞典**[M]．济南：山东教育出版社，1992．第 137 页 丝绸之路．

711. 杨展览，李希圣，黄伟雄，主编．**地理学大辞典**[M]．合肥：安徽人民出版社，1992．第 656 页 丝绸之路．

712. 刘炳午，主编．**古丝路·大陆桥**[M]．北京：中国工人出版社，1992．第 6 页 丝绸古国与丝绸之路（肖兴吉）．

713. 西北师范大学古籍整理研究所，编．**甘肃古迹名胜辞典**[M]．兰州：甘肃教育出版社，1992．第 370 页 丝绸之路．

714. 《旅游词典》编写组，编．**旅游辞典**[M]．西安：陕西旅游出版社，1992．第 833 页 丝绸之路．

715. 甘肃省人民政府外事办公室，甘肃省对外文化交流协会，编．**甘肃概览：画册**[M]．兰州：甘肃人民出版社，1992．

716. 霍本田，编著．**幻游“丝绸之路”**[M]．西安：未来出版社，1991．

717. 魏晋贤，著．**甘肃省沿革地理论稿**[M]．兰州：兰州大学出版社，1991．第 1 页 甘肃省汉代黄河渡口与丝绸之路．

718. 中国旅游报社，中国国际旅行社总社，编．**神秘的丝绸之路**[M]．北京：旅游教育出版社，1991．

719. 华文出版社编辑部，编．**中华探亲旅游图集**[M]．北京：华文出版社，1991．第 223 页 喀什 吐鲁番 丝绸之路 附录一：中国地理概况 附录二：国务院批准公布的国家历史文化名城．

720. 韦建培，主编；马正林，等，撰．**可爱的陕西**[M]．西安：陕西师范大学出版社，1991．第 66 页 39 张骞通西域与丝绸之路．

721. 曹正文，著．**地灵人杰：中国历史文化名城佳话**[M]．上海：三联书店上海分店，1991．第 168 页 丝绸之路一重镇——张掖．

722. 何畏，等，著．**中国著名乡镇文化研究**[M]．北京：华夏出版社，1991．第 659 页 （二）丝绸之路．

723. 洪锡祺，主编．**中国旅游之最**[M]．北京：中国旅游出版社，1991．第 329 页 中国旅游最佳线路（例三：丝绸之路）；第 357 页 出使西域和开辟“丝绸之路”的先驱．

724. 王育民，等，主编．**中国国情概览**[M]．长春：吉林人民出版社，1991．第 640 页 丝绸之路．

725. 谢让志，马佩苓，编．**人文地理学参考地图集**[M]．天津：天津大学出版社，1991．第 85 页 古代海上丝绸之路示意图．

726. 邓廷良，著. **西南丝绸之路考察札记**[M]. 成都：成都出版社，1990.
727. 张文生，主编. **中华地图集**[M]. 北京：高等教育出版社，1990. 第 150 页 兰州·古代丝绸之路.
728. 孟凡人，著. **楼兰新史**[M]. 北京：光明日报出版社；新西兰：霍兰德出版有限公司，1990. 第 44 页 一、最早的丝绸之路——“楼兰道”的开辟、兴衰和作用.
729. 张帆，编著. **万里长城古今**[M]. 石家庄：河北少年儿童出版社，1990. 第 34 页 开拓丝绸之路.
730. 广州历史文化名城研究会秘书处，广州古都学会秘书处，编. **名城广州常识**[M]. 广州：中山大学出版社，1990. 第 41 页 我国古代海上“丝绸之路”的起点；第 42 页 海上“丝绸之路”的拓展；第 45 页 宋代海上“丝绸之路”的延伸.
731. 张旭，王兆麟，著. **咸阳访古**[M]. 西安：陕西人民出版社，1990. 第 170 页 丝绸之路的见证.
732. 左大康，主编. **现代地理学辞典**[M]. 北京：商务印书馆，1990. 第 62 页 丝绸之路（silk road）.
733. 孙文范，编著. **世界历史地名辞典**[M]. 长春：吉林文史出版社，1990. 第 149 页 丝绸之路.
734. 李传永，雷华，编著. **甘肃名胜古迹录**[M]. 兰州：甘肃科学技术出版社，1990. 第 13 页 甘肃省境内的“丝绸之路”.
735. 中国地图出版社，编. **中国名胜图册**[M]. 北京：中国地图出版社，1990. 第 78 页 兰州、五泉山公园、白塔山公园、丝绸之路.
736. 张文奎，主编. **人文地理学词典**[M]. 西安：陕西人民出版社，1990. 第 134 页 丝绸之路.
737. 过宝兴，王浩清，编著. **祖国的旅游胜地：旅游资源集锦**[M]. 北京：科学普及出版社，1990. 第 285 页 古代中外交流的“丝绸之路”胜迹.
738. 刘枫，钱中立，主编. **西北风情大观**[M]. 西安：陕西人民出版社，1990. 第 439 页 丝绸之路（兆云）.
739. 葛晓音，编著. **中国名胜与历史文化**[M]. 北京：北京大学出版社，1989. 第 590 页 第十章 丝绸之路.
740. 隗芾，主编. **中国名胜典故**[M]. 长春：吉林人民出版社，1989. 第 1233 页 丝绸之路游览区.
741. 吴郁文，张茂光，编. **南国新貌**[M]. 北京：地质出版社，1989. 第 89 页 “海上丝绸之路”与对外交通.
742. 刘永路，唐进，主编. **万里海疆话古今**[M]. 沈阳：辽宁人民出版社，1989. 第 321 页 “海上丝绸之路”的要站.
743.《郑州便览》编辑部，编. **郑州便览** 1989[M]. 郑州：中州书画社，1989. 第 170 页 丝绸之路国际汽车旅游拉力赛路经郑州.
744. 顾衍时，著. **龙的故乡**[M]. 北京：中国展望出版社，1989. 第 78 页 甘肃丝绸之路.
745. 中国地图出版社，编. **中国古代史地图册**[M]. 北京：中国地图出版社，1988. 第 6 页 丝绸之路.

746. 何大章，林雄，编著. **中国风光旅游**[M]. 北京：科学普及出版社，1988. 第 216 页 十一、古今丝绸之路漫游；第 216 页 （一）丝绸之路探源；第 218 页 （二）丝绸之路上的重要城镇；第 235 页 从丝绸古道到钢铁动脉；第 241 页 （四）海上丝绸之路.
747. 董耀会，著. **长城万里行**[M]. 郑州：河南科学技术出版社，1988. 第 289 页 十五 丝绸之路与西北三关.
748. 葛敏卿，唐伯英，主编. **地理知识手册**[M]. 济南：山东教育出版社，1988. 第 513 页 丝绸之路.
749. 喻沧，等，主编. **神州大地出差旅游地图册**[M]. 北京：华文出版社，1988. 第 154 页 罗布林卡、塔尔寺、敦煌、丝绸之路.
750. 建顺章，成六顺，编. **简明中国旅游交通手册**[M]. 长春：东北师范大学出版社，1988. 第 167 页 丝绸之路.
751. 姚荷生，著. **神州游踪**[M]. 南京：江苏人民出版社，1988. 第 77 页 丝绸之路咽喉地.
752. 苏北海，著. **西域历史地理**[M]. 乌鲁木齐：新疆大学出版社，1988. 第 343 页 1 罗布泊与丝绸之路的关系.
753. 黄绍真，等，主编. **塞上江南**[M]. 北京：人民日报出版社，1988. 第 26 页 丝绸之路上的雄关——固原.
754. 王兰英，著. **西安游记**[M]. 西安：三秦出版社，1988. 第 134 页 丝绸之路畅想曲.
755. 王永昌，等. **锦绣中华**[M]. 北京：地质出版社，1988. 第 7 页 “丝绸之路”通四方.
756. 王德温，王煌彦，著. **丝绸之路漫记：陕西分册**[M]. 北京：新华出版社，1987.
757. 钟学军，卢秀文，编写. **敦煌胜迹**[M]. 兰州：甘肃人民出版社，1987. 第 1 页 丝绸之路和敦煌；第 40 页 丝绸之路示意图.
758. 王育民，著. **中国历史地理概论（上）**[M]. 北京：人民教育出版社，1987. 第 404 页通往西域的“丝绸之路”；第 422 页 第四节 中西陆路交通——丝绸之路；第 433 页 元代草原之路的兴盛；第 446 页 一、汉、晋时期“海上丝绸之路”的形成；第 446 页 “海上丝绸之路”的开辟；第 425 页 丝绸之路.
759. **黄海明珠：芝罘**[M]. 烟台：山东省出版总社烟台分社，1987. 第 135 页 海上“丝绸之路”.
760. [日]松田寿男，著. **古代天山历史地理学研究**[M]. 陈俊谋，译. 北京：中央民族学院出版社，1987. 第 5 页 三、丝绸之路与天山山脉.
761. 长岛县委宣传部，编. **海上仙山：长岛**[M]. 烟台：山东省出版总社烟台分社，1987. 第 150 页 长岛海上“丝绸之路”.
762. 哈密地委党史地方志办公室，编. **腾飞的哈密绿洲**[M]. 乌鲁木齐：新疆人民出版社，1987. 第 47 页 第四节“丝绸之路”北新道.
763. 胡长书，等，编写. **中华揽胜**[M]. 广州：中山大学出版社，1987. 第 77 页 第七章 丝绸之路.
764. 马正林，主编. **中国历史地理简论**[M]. 西安：陕西人民出版社，1987. 第 430 页 二、丝绸之路.
765. 刘华训，等，编著. **中国地理之最**[M]. 北京：中国旅游出版社，1987. 第 208 页 “丝绸之路”；第 210 页 海上“丝绸之路”.

766. 建顺等，编．**简明中国旅游交通手册**[M]．长春：东北师范大学出版社，1987．第 162 页 丝绸之路．
767. 朱江，编著．**海上丝绸之路的著名港口：扬州**[M]．北京：海洋出版社，1986．
768. 易宜曲，谢勇，著．**中国地理趣谈**[M]．南昌：江西教育出版社，1986．第 121 页 “丝绸之路”．
769. 张骅，陈谦，编著．**陕西之最**[M]．西安：陕西科学技术出版社，1986．第 327 页 我国古代最长的国际动脉——丝绸之路．
770. 胡国华，著．**在古丝绸路上旅行**[M]．上海：少年儿童出版社，1985．第 17 页 三 丝绸之路上的遐想．
771. 周进步，编．**中国旅游地理**[M]．杭州：浙江人民出版社，1985．第 351 页 第八章 西北丝绸之路旅游区；第 351 页 一 古代“丝绸之路”；第 354 页 二 丝绸之路沿线（一）——甘肃省和宁夏回族自治区；第 365 页 三 丝绸之路沿线（二）——新疆维吾尔自治区；第 353 页 二十四 丝绸之路路线示意图；第 355 页 二十五 西北丝绸之路旅游区示意图．
772. 丁克，沈伟峰，编．**新疆博闻**[M]．北京：人民日报出版社，1985．第 181 页 “丝绸之路”瓜果香；第 318 页 丝绸之路．
773. 相阳，编著．**西安旅游指南**[M]．北京：中国旅游出版社，1985．第 35 页 ③汉武帝与“丝绸之路”．
774. [英]杰弗里·巴勒克拉夫，主编．**泰晤士世界历史地图集**[M]．北京：生活·读书·新知三联书店，1985．第 70 页 2 丝绸之路．
775. 田恒江，周德广，撰．**丝绸之路漫记：甘肃分册**[M]．北京：新华出版社，1984．
776. 车慕奇，著．**丝路之旅**[M]．上海：上海文艺出版社，1984．第 33 页 ——丝绸之路的起点；第 149 页 莫高窟与丝绸之路．
777. 乌鲁木齐晚报社，编．**新疆博闻录**[M]．乌鲁木齐：乌鲁木齐晚报社，1984．第 257 页 丝绸之路（赤子）．
778. 云南日报社新闻研究所，编．**云南——可爱的地方**[M]．昆明：云南人民出版社，1984．第 432 页 我国第二条丝绸之路——西南丝道．
779. 张荣发，编．**中华名胜古迹趣闻录（上）**[M]．呼和浩特：内蒙古人民出版社，1984．第 236 页 丝绸之路通“西荫”．
780. 华莎，著．**母女浪游中国**[M]．重庆：重庆出版社，1984．第 89 页 踏上了弥漫着浪漫情调的丝绸之路．
781. 车慕奇，著．**丝绸之旅**[M]．上海：上海文艺出版社，1984．
782. 张少婕，编．**丝绸之路行**[M]．沈阳：万源图书公司，1983．
783. 江山多娇编辑部，编．**江山多娇（第 19 期）：丝绸之路**[M]．上海：上海人民美术出版社，1983．
784. 于有彬，编著．**探险与世界**[M]．成都：四川人民出版社，1983．第 47 页 三、张骞的“凿空”探险与丝绸之路．
785. 相阳，编著．**西安旅游指南**[M]．北京：中国旅游出版社，1983．第 36 页 ③汉武帝与“丝绸之路”．

786. 中央人民广播电台《祖国各地》节目组，编. **祖国各地（第3集）**[M]. 北京：广播出版社，1983. 第193页 丝绸之路（陈和毅）.
787. 于洪俊，宁越敏，编著. **城市地理概论**[M]. 合肥：安徽科学技术出版社，1983. 第122页 图4-1“丝绸之路”示意图.
788. 李希圣，编. **世界地理之最**[M]. 北京：科学普及出版社，1983. 第116页 古代最长的商路——丝绸之路.
789. 蓉蓉，编著. **丝绸之路·新疆逍遥游**[M]. 香港：新中华出版社，1982.
790. 武复兴，著. **西安话古**[M]. 天津：天津人民出版社，1982. 第69页 丝绸之路.
791. 段德义，等，编. **甘肃旅游指南**[M]. 北京：中国旅游出版社，1982. 第3页 一、甘肃省境内的丝绸之路.
792. 赵兴仁，铁岭，编写. **中国风景名胜简介**[M]. 重庆：重庆出版社，1982. 第305页 丝绸之路.
793. 张子桢，主编. **中国地理知识**[M]. 北京：中国青年出版社，1982. 第387页 丝绸之路是怎样走的?.
794. 成一，等，撰文. **丝绸之路漫记**[M]. 北京：新华出版社，1981.
795. 马世之，著. **郑韩故城**[M]. 郑州：中州书画社，1981. 第629页 33. 广州海上丝绸之路的兴起与发展；第650页 34. 释“丝绸之路”.
796. 郑平，等，编. **青年旅游手册**[M]. 北京：中国青年出版社，1981. 第445页 丝绸之路.
797. 南充师范学院历史系，编绘. **中国古代历史地图集**[M]. 成都：四川人民出版社，1981. 第47页 第十五图 两汉与四邻关系图 “丝绸之路”简图.
798. 中国地理学会《世界地理集刊》编委会，编辑. **世界地理集刊（第1集）**[M]. 北京：商务印书馆，1980. 第89页 丝绸之路的西端——公元三世纪前我国对地中海东部地理情况的认识（章巽）.
799. 中国旅游出版社，编. **中国旅游指南**[M]. 北京：中国旅游出版社，1980. 第220页 丝绸之路.
800. 郭沫若，主编. **中国史稿地图集（上）**[M]. 北京：地图出版社，1979. 第0页 丝绸之路 二千万分之一.
801. 新疆维吾尔自治区博物馆，出土文物展览工作组，编. **丝绸之路：汉唐织物**[M]. 北京：文物出版社，1972.

十二、自然科学总论

（一）自然科学理论与方法论

1. 龙子民，编著. **科技的神奇：探索古代科技大发明背后的故事**[M]. 合肥：安徽人民出版社，2013. 第220页 传奇的西域之路；第225页 东西方经济文化的交通线——丝绸之路.
2. 沈福伟，著. **文明志：万年来，人类科学与艺术的演进**[M]. 上海：上海人民出版社，2013. 第406页 第十四章 遥领千古风骚的丝绸；第406页 7000年前的丝绸之乡；第

415 页 汪大渊：丝绸贸易的巨子；第 417 页 丝绸之路环地球.

3. 汪建平，闻人军，主编. **中国科学技术史纲**[M]. 修订版. 武汉：武汉大学出版社，2012. 第 153 页（二）张骞凿空，打通丝绸之路；第 370 页 （二）陶瓷之路.

4. 郭书春，李家明，主编. **中国科学技术史·辞典卷**[M]. 北京：科学出版社，2011. 第 130 页 海上丝绸之路.

5. 姜振寰，著. **科学技术史**[M]. 济南：山东教育出版社，2010. 第 88 页 一、“丝绸之路”的开辟.

6. 王春，著. **星旋态宇宙模型**[M]. 西安：世界图书西安出版公司，2010. 第 294 页 第一节 文化交流的丝绸之路；第 295 页 一、陆上丝绸之路；第 306 页 二、海上丝绸之路；第 318 页 三、文明对话之路.

7. 孟昭勋，张蓉，主编. **丝路之光：创新思维与科技创新实践**[M]. 西安：陕西人民出版社，2010.

8. 路甬祥，主编. **走进殿堂的中国古代科技史（中）**[M]. 上海：上海交通大学出版社，2009. 第 316 页 丝绸之路与东西纺织文化交流.

9. 陈美东，主编. **简明中国科学技术史话**[M]. 北京：中国青年出版社，2009. 第 238 页 丝绸之路.

10. [英]李约瑟，著. **中国科学技术史（第四卷）：物理学及相关技术（第三分册 土木工程与航海技术）**[M]. 北京：科学出版社，2008. 第 52 页 图 734 长城捍卫着甘肃走廊中的古丝绸之路（原照，1943 年摄）（图版二九三）.

11. 黄华，牟素芹，崔建林，编著. **科技文明：天文、地理、军事、工农业生产、四大发明**[M]. 北京：中国物资出版社，2005. 第 224 页 丝绸纹样的演变；第 229 页 丝绸之路.

12. 卢嘉锡，总主编；席龙飞，等，主编. **中国科学技术史·交通卷**[M]. 北京：科学出版社，2004. 第 48 页 三 印度洋以西海上丝绸之路的开拓.

13. 万辅彬，杜万录，主编. **历史深处的民族科技之光**[M]. 银川：宁夏人民出版社，2003. 第 239 页 略述丝绸之路上的科学交流（阿米尔）.

14. 王进玉，主编. **化学与化工卷**[M]. 南宁：广西科学技术出版社，2003. 第 450 页 第二节　丝绸之路与香料交流.

15. 朱长超，著. **中国古代科技百问**[M]. 上海：上海古籍出版社，2002. 第 311 页 中国的蚕桑和丝绸技术是怎样传播的；第 315 页 为什么说丝绸之路也是科技交流之路.

16. 常秉义，编著. **中国古代发明**[M]. 北京：中国友谊出版公司，2002. 第 104 页 九、丝绸之路.

17. 陈凡，著. **奇技巧思显智慧：谈实用科技**[M]. 2 版. 沈阳：辽海出版社，2001. 第 92 页 张骞出使西域与“丝绸之路”.

18. 宋正海，孙关龙，主编. **图说中国古代科技成就**[M]. 杭州：浙江教育出版社，2000. 第 151 页 陆上丝绸之路（孙关龙）；第 172 页 海上丝绸之路（孙关龙）；第 254 页 丝绸的起源（朱冰）.

19. 吴楚，主编. **新编上下五千年（上）**[M]. 呼和浩特：内蒙古人民出版社，1999. 第 181 页 开通丝绸之路.

20. 郑国柱，编著. **推动地球旋转的人**[M]. 天津：天津科技翻译出版公司，1998. 第 1 页

一 闪光的丝绸之路；第 6 页 丝绸与丝绸之路；第 9 页 海上丝绸之路.

21. 周济，主编. **八闽科苑古来香：福建科学技术史研究文集**[M]. 厦门：厦门大学出版社，1998. 第 146 页 海上丝绸之路促进福建科技发展（陈喜乐）.
22. 万方，古禅，马春阳，主编. **中国古代能人巧匠（第 3 卷）：汉代**[M]. 北京：中国建材工业出版社，1998. 第 41 页 丝绸和织机；第 43 页 张骞和丝绸之路；第 85 页 “丝绸之路”纸西传.
23. 谢邦同，等，著. **自然科学家趣话**[M]. 沈阳：辽宁教育出版社，1996. 第 198 页 丝绸之路.
24. 平非，等，编著. **自然科学五千年**[M]. 南宁：广西民族出版社，1996. 第 35 页 丝绸之路；第 217 页 通往南极之路.
25. 王树林，曾志刚，编著. **中华物质文明**[M]. 南昌：江西教育出版社，1994. 第 204 页 九、丝绸之路——通向世界的桥梁；第 206 页 1 丝绸之路通天下.
26. 杨建邺，等，著. **世界科学五千年**[M]. 武汉：武汉出版社，1994. 第 114 页 丝绸之国和丝绸之路；第 234 页 （四）丝绸之路带来的福音.
27. 陈美东，等，主编. **中国科学技术史国际学术讨论会论文集**[M]. 北京：中国科学技术出版社，1992. 第 235 页 清代对丝绸之路的勘查和实测地图的发现（黄盛璋）.
28. 陈美东，等，编著. **青年文库新编本 41：简明中国科学技术史话**[M]. 北京：中国青年出版社，1990. 第 284 页 丝绸之路.
29. [英]李约瑟，著. **中国科学技术史（第 1 卷）：导论**[M]. 袁翰青，王冰，于佳，译. 北京：科学出版社，1990. 第 186 页 古代丝绸之路.
30. 解恩泽，主编. **简明自然科学史手册**[M]. 济南：山东教育出版社，1987. 第 606 页 丝绸之路；第 607 页 陶瓷之路.
31. 杨友智，等，编写. **中国古代的发明创造**[M]. 上海：上海人民出版社，1976. 第 96 页 “丝绸之路”.
32. [英]李约瑟，著. **中国科学技术史·第 1 卷·第 1 分册：总论**[M].《中国科学技术史》翻译小组，译. 北京：科学出版社，1975. 第 393 页 七、古代丝绸之路.

（二）自然科学现状及发展

1. [韩]道奇柱，著. **百问百答：发明发现**[M]. 贺常青，译. 南昌：二十一世纪出版社，2008. 第 168 页 丝绸之路的由来.
2. 贾文言，编著. **影响世界的 100 个奇迹（上）**[M]. 珍藏版. 呼和浩特：内蒙古人民出版社，2007. 第 112 页 联结东西方文化的丝绸之路——公元前 2 世纪张骞两次出使西域.
3. [日]饭野贞雄，中川彻，编写. **人类最伟大的发明与发现**[M]. 刘学铭，译. 长春：长春出版社，2003. 第 254 页 丝绸之路的探险.
4. 海飞，黄伯诚，主编. **21 世纪的中国**[M]. 北京：中国少年儿童出版社，1998. 第 232 页 “丝绸之路”再放异彩——跨世纪的欧亚大陆桥（李怡平）.
5. 王一川，主编. **世界大发明（下）**[M]. 西安：未来出版社，1995. 第 718 页 沿丝绸之路传过去；第 1072 页 丝绸的发明.

6. 吉林工业大学选编组，编. **机械工业部部属院校科技成果选编（重要科技成果论文及著作摘要）：总第五集**[M]. 长春：吉林工业大学出版社，1984. 第 427 页 利用风能作为动力使丝绸之路重新绿化（合肥工业大学）.

（三）自然科学机构、团体、会议

上海市科学技术委员会，编. **上海科技年鉴 2000**[M]. 上海：上海科技教育出版社，2000. 第 300 页 采用 DNA 技术研究丝绸之路古人类遗骸.

（四）自然科学教育与普及

1. 膳书堂文化，编著. **大自然发现之旅**[M]. 北京：中华地图学社，2013. 第 25 页 西沙群岛——海上丝绸之路.
2. 郑连清，主编. **中华人文自然百科・科技卷**[M]. 北京：北京师范大学出版社，2011. 第 123 页 丝绸品种；第 148 页 陆上丝绸之路；第 155 页 海上丝绸之路.
3. 文娟，主编. **人类神秘现象**[M]. 北京：中国华侨出版社，2010. 第 366 页 丝绸之路通向哪里.
4. 王海灵，主编. **学生科普百科知识三十讲（第 4 册）**[M]. 北京：北京燕山出版社，2008. 第 66 页 中国海上丝绸之路的开拓者.
5. 朱明，李德田，著. **世界神秘现象**[M]. 哈尔滨：哈尔滨出版社，2008. 第 206 页 丝绸之路上的宝藏.
6. 于童蒙，编著. **中国人一定要知道的科学小常识**[M]. 北京：中国城市出版社，2008. 第 76 页 现代丝绸之路；第 81 页 丝绸之路.
7. 董淑亮，孟迎春，董瑶，编著. **99 个困惑世界的未解之谜**[M]. 北京：金盾出版社，2006. 第 148 页 丝绸之路的明珠——敦煌藏经洞.
8. 良石，主编. **小博士漫游记：走遍你所不知道的世界**[M]. 赤峰：内蒙古科学技术出版社，2006. 第 49 页 鲜为人知的“丝绸之路”.
9. 王海荣，主编. **中国少年儿童自然科学百科全书 3：天文地理**[M]. 哈尔滨：黑龙江美术出版社，2006. 第 90 页 陆上丝绸之路；第 90 页 张骞出使西域&丝绸之路的起点；第 91 页 东西方文化的使者/玄奘西行取经&丝绸之路的终点；第 92 页 海上丝绸之路.
10. 探索自然丛书编委会，编. **探索自然丛书・未知篇**[M]. 北京：科学普及出版社，2004. 第 162 页 丝绸之路的重镇——古楼兰.
11. 韩泰伦，等，编. **走进神奇的海洋**[M]. 呼和浩特：内蒙古人民出版社，2004. 第 117 页 海上丝绸之路的开拓者.
12. 范汝杰，编著. **解读地球之谜：美国自然杂志知识精华**[M]. 乌鲁木齐：新疆人民出版社，2003. 第 175 页 丝绸之路上的绝精国；第 175 页 丝绸之路上的咽喉.
13. 肖沪卫，主编；上海图书馆上海科学技术情报研究所，编. **走近前沿技术**[M]. 上海：上海科学技术文献出版社，2002. 第 289 页 5 纺织贸易——丝绸之路.
14. 潘晓闻，主编；靳雷，等，撰稿. **我们身边的科学**[M]. 长春：吉林人民出版社，2000. 第 353 页 最后的丝绸之路——揭秘大海道.

15. 王敬东，等，编著. **播撒绿色希望**[M]. 郑州：大象出版社，2000. 第 145 页 丝绸之路.
16. 叶永元，万叶，著. **科技新知识大王**[M]. 上海：上海远东出版社，1999. 第 60 页 太空考古能揭开丝绸之路的神秘面纱吗.
17. 胡立滨，主编. **新奇特十万个为什么（上）**[M]. 哈尔滨：哈尔滨工业大学出版社，1998. 第 312 页 丝绸之路通向哪里.
18. 张金方，欧阳青，主编；落红，编写. **自然与人类文明**[M]. 北京：京华出版社，1997. 第 61 页 “丝绸之路”；第 63 页 “稻米之路”.
19. 李庆康，冯春雷，曾中平，主编. **二十一世纪科学万有文库（第 17 辑）**[M]. 北京：中国国际广播出版社，1997. 第 97 页 什么是“丝绸之路”和“香料之路”.
20. 黎先耀，梁秀荣，选编. **神奇的地球村·中国卷**[M]. 北京：经济日报出版社，1996. 第 103 页 春蚕秋蛩——西方人是从丝绸之路开始认识中国的.
21. 王国忠，郑延慧，主编；郑平分，主编. **新编十万个为什么·地理卷**[M]. 南宁：广西科学技术出版社，1992. 第 189 页 为什么说“丝绸之路”是古代联系东西方的重要纽带.
22. 王玉德，等，主编. **中华五千年奇闻异事博览（下）**[M]. 桂林：广西师范大学出版社，1991. 第 111 页 战国丝绸之路.
23. 陈效一，张溉，主编. **小学生百科知识问答 4**[M]. 哈尔滨：黑龙江科学技术出版社，1991. 第 77 页 丝绸之路是怎样得名的？.
24. [日]饭野贞雄，[日]中川彻，编著. **漫画图解世界发明：发现大典**[M]. 陈志江，闫海防，译. 北京：光明日报出版社，1991. 第 244 页 丝绸之路探险.
25. [日]井尻正二，[日]石井良治，著. **奇异的自然界 自然和生命的奥秘**[M]. 刘青然，刘庆普，译. 北京：北京出版社，1982. 第 137 页 丝绸之路.

（五）自然科学丛书、文集、连续性出版物

郝柏林，著. **混沌与分形：郝柏林科普文集**[M]. 上海：上海科学技术出版社，2004. 第 278 页 要尊重历史事实——对《“丝绸之路”探险》一文的意见.

（六）自然科学调查、考察

1. 崔佳，编著. **一本书读完人类探险的历史**[M]. 北京：中华工商联合出版社，2014. 第 86 页 张骞出使西域打通丝绸之路.
2. [澳]罗伯特·克兰西，等，著. **中国国家地理自然百科系列·探险**[M]. 朱靖江，译. 北京：中国大百科全书出版社，2013. 第 36 页 张骞与丝绸之路.
3. 李哲，编. **人类探险的历程**[M]. 北京：中国画报出版社，2013. 第 130 页 打通丝绸之路.
4. [瑞典]斯文·赫定，著. **丝绸之路**[M]. 乌鲁木齐：新疆人民出版社，2013.
5. 黄立锦，主编. **探险家**[M]. 北京：红旗出版社，2012. 第 3 页“丝绸之路”开拓先驱——张骞.
6. [韩]车仑宣，文；[韩]三拍，图. **老师也偷窥的 33 个探险的故事**[M]. 传神翻译，译. 哈尔滨：黑龙江少年儿童出版社，2012. 第 16 页 贯通东西的丝绸之路是怎样被开辟出来的.

7. 《探索自然丛书》编委会，编. **乘危历险**[M]. 北京：科学普及出版社，2012. 第 117 页 张骞出使西域开辟丝绸之路；第 342 页 攀登乔戈里峰的艰难之路；第 354 页 开拓"丝绸之路"的先驱——张骞；第 386 页 徒步全程考察西南丝绸之路的第一人——邓廷良.
8. [法]西蒙，著. **少年阅读新视野：大探险**[M]. 济南：明天出版社，2011. 第 20 页 丝绸之路上的欧洲人.
9. 安洪民，著. **追踪疯狂的探索冒险**[M]. 昆明：晨光出版社，2011. 第 14 页 张骞开辟丝绸之路.
10. 云飞扬，魏广振，著. **百科大揭秘：探险之旅大百科**[M]. 西安：未来出版社，2011. 第 22 页 丝绸之路的开拓；第 44 页 海上丝绸之路.
11. 董仁威，编著. **美丽西部：中国西部大开发科考纪事**[M]. 成都：四川辞书出版社，2010. 第 99 页 河西走廊雪皑皑——走进丝绸之路.
12. 罗菲，编著. **环球探险（上）**[M]. 长春：吉林人民出版社，2010. 第 282 页 海上丝绸之路；第 357 页 张骞开拓丝绸之路.
13. 华芬，编著. **科学探险**[M]. 长春：吉林大学出版社，2010. 第 90 页 张骞开拓丝绸之路.
14. [英]约翰·汉明，著. **探寻新世界：打开世界的 300 条探险路线**[M]. 汕头：汕头大学出版社，2009. 第 18 页 丝绸之路.
15. 《一看就懂丛书》编写组，编著. **一看就懂的人类探险大事典**[M]. 北京：农村读物出版社，2009. 第 130 页 张骞出使西域打通丝绸之路.
16. 吴季松，主编. **世界的极地与沙漠生态考察**[M]. 北京：北京航空航天大学出版社，2009. 第 231 页 24 海上丝绸之路中的阿曼.
17. [芬]马达汉，著. **百年前走进中国西部的芬兰探险家自述：马达汉新疆考察纪行**[M]. 乌鲁木齐：新疆人民出版社，2009. 第 31 页 丝绸之路.
18. 丁笃本，著. **中亚探险史**[M]. 乌鲁木齐：新疆人民出版社，2009. 第 91 页 第二节 张骞通西域和丝绸之路的全面贯通；第 164 页 第三节 魏晋唐宋时期中亚丝绸之路的拓展；第 205 页 第三节 西方和伊斯兰世界对中国和丝绸之路的认识.
19. 周昆，王小波，主编；彭凡，等，绘画. **院士答人类探险 1000 问**[M]. 武汉：湖北少年儿童出版社，2006. 第 2 页 为什么说张骞是第二条"丝绸之路"的开拓者；第 4 页 为什么说法显是海上"丝绸之路"的开拓者；第 146 页 谁最先走上非洲内陆探险之路.
20. 贾学谦，著. **驼铃与古船：UNESCO 国际丝路考察纪实**[M]. 北京：教育科学出版社，2004. 第 133 页 海上丝绸之路的起点.
21. 杨镰，著. **云游塔里木**[M]. 乌鲁木齐：新疆人民出版社，2003. 第 1 页 被遗忘的丝绸之路.
22. [瑞典]斯文·赫定，著. **戈壁沙漠之路**[M]. 李述礼，译. 乌鲁木齐：新疆人民出版社，2001. 第 1 页 被遗忘的丝绸之路（代序）（杨镰）.
23. 田卫疆，著. **没有航标的沙海之旅：近代新疆探险百年**[M]. 乌鲁木齐：新疆青少年出版社，2001. 第 2 页 古道西风瘦马——新疆探险之肇端"丝绸之路"与古代西域探险.
24. 张富祥，编著. **卡通人类探险图典：中国人的探险足迹**[M]. 济南：明天出版社，2001. 第 18 页 第 2 章 开辟"丝绸之路"——中国人开通西域的探险历程.

25. 郑石平，编著. **新世纪小学生文库·探索辑：探险风云录**[M]. 上海：上海教育出版社，2000. 第 8 页 张骞开拓丝绸之路.
26. 彭雄辉，等，编著. **寻找新家园：引人入胜的科学探险**[M]. 广州：广东省地图出版社，1999. 第 30 页 开拓“丝绸之路”的先驱者.
27. 田卫疆，编著. **近代新疆探险百年：没有航标的沙海之旅**[M]. 乌鲁木齐：新疆青少年出版社，1998. 第 3 页 “丝绸之路”与古代西域探险.
28. 丁笃本，著. **世界之发现：人类五千年探险旅游的历史**[M]. 长沙：湖南师范大学出版社，1997. 第 15 页 一、丝绸之路的开辟.
29. 江南，江辉，著. **环球探险**[M]. 北京：中国青年出版社，1996. 第 17 页 四 亚历山大用血和火没有凿开的通道，被中国人用精美的丝绸铺出来了丝绸之路；第 65 页 第五章 印度之路.
30. 金涛，著. **世界探险博览**[M]. 武汉：湖北教育出版社，1993. 第 23 页 打通丝绸之路的先驱.
31. 范在峰，主编. **青年探险指南**[M]. 北京：海洋出版社，1992. 第 11 页 二、张骞出西域与丝绸之路；第 138 页 七、古丝绸之路探奇.
32. 李江风，著. **罗布泊和古楼兰之谜**[M]. 北京：气象出版社，1991. 第 1 页 一、丝绸之路.
33. 夏训诚，主编. **罗布泊科学考察与研究**[M]. 北京：科学出版社，1987. 第 306 页 罗布泊地区古代丝绸之路的研究（黄文房）.

十三、数理科学和化学

（一）数　学

1. [印]婆什迦罗，原著；[日]林隆夫，译注. **莉拉沃蒂**[M]. 徐泽林，周畅，张建伟，译. 北京：科学出版社，2008.
2. 徐泽林，译注. **和算选粹**[M]. 北京：科学出版社，2008.
3. 依里哈木，伍修文，编译. **算法与代数学**[M]. 北京：科学出版社，2008.
4. [意]斐波那契，原著；[美]劳伦斯·西格尔英译. **计算之书**[M]. 纪志刚，汪晓勤，马丁玲，译. 北京：科学出版社，2008.
5. 沈康身，著. **数学的魅力 1**[M]. 上海：上海辞书出版社，2004. 第 221 页 3 丝绸之路沿途数学文化交流见证.
6. 沈康身，著. **《九章算术》导读**[M]. 武汉：湖北教育出版社，1997. 第 27 页 五、丝绸之路沿途数学文化.

（二）化　学

1. 张学铭，著. **我们身边的化学**[M]. 北京：中国少年儿童出版社，1997. 第 136 页 “丝绸之路”的延伸.
2. 顾思信，著. **生活处处有化学**[M]. 南京：江苏科学技术出版社，1982. 第 111 页 丝绸之路的联想.

十四、天文学、地球科学

（一）天文学

1. 王俊，主编. **地球知识小百科**[M]. 郑州：河南人民出版社，2013. 第 98 页 “丝绸之路”和“香料之路”.
2. 《中国儿童百科全书》编委会，编著. **中国儿童百科全书·地球家园**[M]. 北京：中国大百科全书出版社，2013. 第 86 页 陆上丝绸之路；第 86 页 丝绸之路北路的终点；第 87 页 丝绸之路的起点；第 88 页 海上丝绸之路.
3. 刘后昌，著. **地球与人类**[M]. 长沙：湖南地图出版社，2010. 第 106 页 古代丝绸之路上的“黑水城”.
4. 朱士光，桑广书，朱立挺，著. **西部地标：黄土高原**[M]. 上海：上海科学技术文献出版社，2009. 第 145 页 长城、直道、丝绸之路与唐蕃古道.
5. 慧汝，编著. **吉祥中华人文万年历**[M]. 北京：中国物资出版社，2008. 第 40 页 丝绸之路.
6. 郭世辈，张正祥，编. **万年历 1921—2100**[M]. 长春：吉林摄影出版社，2002. 第 430 页 丝绸之路.
7. 苏东水，主编. **泉州发展战略研究**[M]. 上海：复旦大学出版社，1999. 第 455 页 第二十八章 振兴泉州海上丝绸之路.

（二）测绘学

1. 文湘北，李国建，主编. **测绘天地纵横谈：测绘与地球空间信息知识 300 问答**[M]. 修订版. 北京：测绘出版社，2006. 第 296 页 古丝绸之路在哪里.
2. 管华诗，主编. **海洋探秘：悠久的海洋文明**[M]. 济南：黄河出版社，2000. 第 184 页 六、海上丝绸之路；第 184 页 海上丝绸之路的开辟；第 189 页 唐代海上丝绸之路的繁盛.
3. 文湘北，著. **测绘天地纵横谈：测绘知识 300 问答**[M]. 北京：测绘出版社，1999. 第 253 页 古丝绸之路在哪里.

（三）地球物理学

1. 刘清廷，主编. **瑰丽的冰川世界**[M]. 合肥：安徽美术出版社，2013. 第 212 页 丝绸之路上的冰道.
2. 刘时彬，编著. **地热资源及其开发利用和保护**[M]. 北京：化学工业出版社，2005. 第 268 页 南方丝绸之路上的博物馆——腾冲地热与火山.

（四）大气科学（气象学）

1. 《气象知识》编辑部，编. **奇奇怪怪的气候变化**[M]. 北京：气象出版社，2013. 第 49 页 丝绸之路的兴衰（陈昌毓）.
2. 《气候知识》编辑部，编. **气候变化纵横谈**[M]. 北京：气象出版社，2012. 第 65 页 丝绸之路的兴衰（陈昌毓）.

3. 谢金南，邓振镛，主编．**旱区气象变幻的奥秘**[M]．北京：气象出版社，2001．第 4 页 引人入胜的丝绸之路（陈敏连）；第 91 页 啤酒花香飘丝绸古路（陈昌毓）；第 116 页 丝绸之路的兴衰与气候波动（陈昌毓）．
4. [美]罗斯・格尔布斯潘，著．**炎热的地球——气候危机，掩盖真相还是寻求对策**[M]．戴星翼，等，译．上海：上海译文出版社，2001．第 40 页 探索丝绸之路之谜．
5. 孙健，等，编著．**谈天说地**[M]．北京：气象出版社，2000．第 166 页 巡天遥测“丝绸之路”．
6. 谢世俊，编著．**天地沧桑**[M]．北京：气象出版社，1998．第 24 页 丝绸之路荒废之谜．
7. 张家诚，编著．**我们赖以生存的气候资源**[M]．北京：气象出版社，1998．第 92 页 丝绸之路与气候；第 95 页 丝绸路上瓜果香．
8. 邹进上，主编．**气候学研究——“天、地、生”相互影响问题**[M]．北京：气象出版社，1989．第 75 页 我国西北地区的气候环境与古代的“丝绸之路”（盛承禹）．
9. 姚启润，等，编著．**旅游与气候**[M]．北京：中国旅游出版社，1986．第 87 页 （四）漫步“丝绸之路”．

（五）地质学

1. 陈毓川，刘德权，唐延龄，等，著．**中国天山矿产及成矿体系（上）**[M]．北京：地质出版社，2008．第 29 页 （一）古老的丝绸之路．
2. 王景富，著．**世界五千年冰雪文化大观**[M]．哈尔滨：黑龙江人民出版社，2007．第 26 页 二十三、乌鲁木齐“丝绸之路冰雪风情节”．
3. 田凤山，主编．**中国地质学会八十周年纪念文集**[M]．北京：地质出版社，2002．第 706 页 丝绸之路科考记（王艳君）．
4. 刘永青，著．**地球探宝**[M]．南京：江苏少年儿童出版社，1999．第 19 页 和田玉“走”出丝绸之路．
5. 班武奇，著．**勘察九州河山：中国古代地学**[M]．北京：人民日报出版社，1995．第 58 页 （二）开通丝绸之路．
6. 刘玉瑛，编．**中华五千年科技瑰宝故事・地学矿业篇（上）**[M]．北京：北京科学技术出版社，1995．第 78 页 丝绸之路的开辟者——张骞和他的西行报告．

（六）海洋学

1. 李乃胜，等，编著．**经略海洋 2015**[M]．北京：海洋出版社，2015．
2. 崔凤，陈涛，主编．**中国海洋社会学研究（2015 年卷）**[M]．北京：社会科学文献出版社，2015．
3. 李乃胜，等，编著．**经略海洋 2015**[M]．北京：海洋出版社，2015．本书内容涵盖海洋科技前沿、一带一路建设等诸多领域．
4. 吴锡民，著．**广西海洋文化概论**[M]．北京：海洋出版社，2015．
5. 李庆新，主编．**海洋史研究（第 7 辑）**[M]．北京：社会科学文献出版社，2015．

6. 诸华国，周德光，编著. **瓯居海中：海上丝绸之路与温州海洋文化**[M]. 北京：中国言实出版社，2015.
7. 王芳，编著. **和谐海洋：中国的海洋政策与海洋管理**[M]. 北京：五洲传播出版社，2014.
8. 曲永义，主编. **山东海洋贸易与海洋文化研究**[M]. 济南：山东人民出版社，2014. 第317页 第十二章 海上丝绸之路与山东海洋贸易文化；第318页 一、山东历史上的海上丝绸之路；第326页 二、海上丝绸之路与山东海洋贸易；第340页 三、明代海上丝绸之路的使者——刘鸿训.
9. 李学伦，主编. **魅力中国海系列丛书·黄海宝藏**[M]. 青岛：中国海洋大学出版社，2014. 第130页 东方海上丝绸之路.
10. 盖广生，主编. **魅力中国海系列丛书·南海故事**[M]. 青岛：中国海洋大学出版社，2014. 第84页 古老航道——海上丝绸之路.
11. 陈自强，著. **漳州古代海外交通与海洋文化**[M]. 福州：福建人民出版社，2014.
12. 李夕聪，纪玉洪，主编. **魅力中国海系列丛书·渤海故事**[M]. 青岛：中国海洋大学出版社，2014. 第86页 东方海上丝绸之路寻踪.
13. 李巍然，主编. **魅力中国海系列丛书·东海宝藏**[M]. 青岛：中国海洋大学出版社，2014. 第134页 宁波：海上丝绸之路的东方始发港.
14. 朱建君，修斌，编. **中国海洋文化史长编·魏晋南北朝隋唐卷**[M]. 青岛：中国海洋大学出版社，2013. 第239页 第五章 魏晋南北朝隋唐时期的海上丝绸之路与海外贸易.
15. 雷宗友，编. **探秘海洋**[M]. 武汉：湖北科学技术出版社，2013. 第11页 海上的丝绸之路.
16. 宁波市镇海区政协文史资料委员会，编. **镇海海洋文化专辑：**[M]. 北京：中国文史出版社，2013. 第107页 第六篇 海上丝绸之路起碇港；第107页 海上丝绸之路的历史遗址；第112页 海上丝绸之路的源头.
17. 张伟，主编. **中国海洋文化学术研讨会论文集**[M]. 北京：海洋出版社，2013. 第33页 宁波在古代海上丝绸之路中的特点（龚缨晏）；第40页 古代日本留学者的“海上之路”（泉敬史）；第74页 宋元时期泉州社会经济变迁与海外贸易——兼析泉州古代经济发展之路（刘文波）.
18.《海洋世界探索丛书·海洋环境与气象》编委会，著. **海洋世界探索丛书**[M]. 青岛：青岛出版社，2013. 第123页 海上丝绸之路.
19. 冀海波，编著. **海上明珠：魅力天成的奇趣海岛**[M]. 石家庄：河北科学技术出版社，2013；第133页 海上丝绸之路：西沙群岛.
20. 金强，编. **海洋开发与展望**[M]. 长春：吉林出版集团有限责任公司，2012.
21. 雷宗友，朱宛中，著. **美丽的蓝色水球**[M]. 上海：上海科学技术文献出版社，2012.
22. 陈超，编. **海洋灾难**[M]. 长春：吉林出版集团有限责任公司，2012.
23. 郁昆，编. **中国的海洋气候**[M]. 长春：吉林出版集团有限责任公司，2012.
24. 丁玉柱，李文英，牛玉芬，著. **海洋小百科全书·海洋探险**[M]. 广州：中山大学出版社，2012. 第7页 中国海上丝绸之路的开拓者是谁.
25. 刘明金，编. **海洋文化巡礼**[M]. 北京：人民日报出版社，2012. 第134页 第一节 海上丝绸之路的开辟；第 135 页 二、汉武帝开辟海上丝绸之路；第 138 页 第二节 海上丝绸之路的航线与发展阶段；第 138 页 一、海上丝绸之路的航海路线；第 140 页 二、海上丝绸之路的八个时期；第 146 页 三、海上丝绸之路的影响；第 147 页 第三节 海上丝绸之路的考察研究与意义；第 148 页 二、海上丝绸之路的意义；第 156 页 三、海上丝绸之路对植物引种方面的影响.

26. 汪丽，编. **中国海洋资源**[M]. 长春：吉林出版集团有限责任公司，2012.
27. 丁玉柱，编著. **海洋小百科全书·海洋文化**[M]. 广州：中山大学出版社，2012. 第 252 页 澳门“丝银之路”有哪三大航线；第 261 页 什么是海上丝绸之路.
28.《探索自然丛书》编委会，编. **探索自然丛书·探秘海洋**[M]. 北京：科学普及出版社，2012. 第 202 页 联合国海上丝绸之路考察队.
29. 刘洪滨，杨强，倪国江，编著. **海洋小百科全书·海洋经济**[M]. 广州：中山大学出版社，2012. 第 5 页 迦太基是如何走上海洋强国之路的；第 50 页 什么是“海上丝绸之路”.
30. 时利英，编. **海洋化工**[M]. 长春：吉林出版集团有限责任公司，2012.
31. 曹珑曦，编著. **小博士探索世界·奇妙海洋馆**[M]. 武汉：华中师范大学出版社，2011. 第 126 页 海上丝绸之路上的海底沉船宝藏
32. 王菲，编著. **海洋工程知多少**[M]. 北京：中国时代经济出版社，2011.
33. 苏勇军，著. **浙东海洋文化研究**[M]. 杭州：浙江大学出版社，2011. 第 203 页 第三节 浙东“海上丝绸之路”.
34. 王烨，主编. **海洋知识百科**[M]. 昆明：云南大学出版社，2011. 第 223 页 漂洋过海——波斯海湾的丝绸之路.
35. 曲金良，主编. **中国海洋文化史长编·魏晋南北朝隋唐卷**[M]. 青岛：中国海洋大学出版社，2011.
36. 刘骆生，张一莉，著. **走近海洋**[M]. 北京：海洋出版社，2010. 第 109 页 一、古丝绸之路促进了东西方的繁荣和发展.
37. 曲金良，主编. **海洋文化小百科**[M]. 长春：吉林人民出版社，2010.
38. 杨槱，陈伯真，著. **人船与海洋的故事**[M]. 上海：上海交通大学出版社，2010. 第 26 页 一、海上丝绸之路的开辟和发展.
39. 于志刚，赵广涛，曹立华，等，编. **海洋地理**[M]. 北京：海洋出版社，2009. 第 118 页“海上丝绸之路”.
40. 福建省炎黄文化研究会，中国人民政治协商会议福州市委员会，编. **福建海洋文化研究**[M]. 福州：海峡文艺出版社，2009.
41. 谢宇，主编. **穿越时空的海洋探险**[M]. 天津：天津科学技术出版社，2009.
42. 曲金良，编著. **图说世界海洋文明**[M]. 长春：吉林人民出版社，2009. 第 175 页 连接东西方的“海上丝绸之路”；第 179 页 从法显归航看“海上丝绸之路”.
43. 向思源，编. **蹈海寻仙**[M]. 北京：海洋出版社，2009. 第 20 页 跨越大洋扬帆美洲 殷人东渡航海求仙千古悬案 徐福东渡佛学文化海路东传 鉴真东渡海外贸易繁盛之路 海上丝绸之路文学艺术.

44. 福建省炎黄文化研究会，中国人民政治协商会议福州市委员会，编．**福建海洋文化研究**[M]．福州：海峡文艺出版社，2009. 第 187 页 略论海上丝绸之路与泉州（何振良、李玉昆）．
45. 于志刚，丁玉柱，编．**海洋文化**[M]．北京：海洋出版社，2009. 第 139 页 海上丝绸之路．
46. 司徒尚纪，著．**中国南海海洋文化**[M]．广州：中山大学出版社，2009. 第 32 页 第二节 秦汉到南北朝海上丝绸之路的开辟和以海为商海洋商业文化初始；第 32 页 一、海上丝绸之路的开辟；第 344 页 第三节 吟哦海上丝绸之路的诗歌；第 344 页 二、唐宋元高歌壮唱海上丝绸之路；第 348 页 三、明清海上丝绸之路鼎盛时期的诗歌．
47. 李麟，主编．**海洋奥妙**[M]．呼和浩特：内蒙古人民出版社，2008. 第 265 页 沉没的丝绸之路——破译失落的海洋文明之谜．
48. 杨柳，著．**西沙群岛珊瑚礁考察记**[M]．上海：同济大学出版社，2007. 第 142 页 十一海上丝绸之路．
49. 司徒尚纪，著．**中国南海海洋国土**[M]．广州：广东经济出版社，2007. 第 56 页 第二节 秦汉到南北朝时期海上丝绸之路的开辟及其对海洋开发的作用．
50. 黄顺力，著．**海洋迷思：中国海洋观的传统与变迁（上）**[M]．南昌：江西高校出版社，2007. 第 43 页 三、海上丝绸之路的开辟．
51. 张伟，主编．**浙江海洋文化与经济**[M]．北京：海洋出版社，2007. 第 107 页 宁波与“海上丝绸之路”终点——平泉的交流（杨建华）．
52. 李明春，徐志良，著．**海洋龙脉：中国海洋文化纵览**[M]．北京：海洋出版社，2007. 第 50 页 九、海上丝绸之路——海上活动的结晶．
53. 思钦编，著．**海洋 1001 问**[M]．北京：中国大地出版社，2007.
54. 黄勇，张景丽，崔今淑，著．**蔚蓝旖旎的海洋**[M]．延吉：延边大学出版社，2005.
55. 曲金良，主编．**中国海洋文化研究（第 4-5 合卷）**[M]．北京：海洋出版社，2005. 第 108 页 宁波“海上丝绸之路”文化遗存初探（陈炎）；第 161 页 海上丝绸之路与饮食文化传播（郑向敏、吴建华）．
56. 谢宇，主编．**历史悠久的海洋文明**[M]．北京：原子能出版社，2004.
57. 谢宇，主编．**跨越时空的海洋探险**[M]．北京：原子能出版社，2004. 第 232 页 中国海上丝绸之路的开拓者．
58. 吕炳全，等，编著．**海洋的故事**[M]．上海：上海科学普及出版社，2004. 第 194 页 海上丝绸之路．
59. 丁玉柱，李文英，编著．**海洋探险**[M]．北京：中国少年儿童出版社，2002. 第 7 页 中国海上丝绸之路的开拓者是谁．
60. 彭希龄，吴绍祖，著．**大漠古海：新疆曾经是海洋**[M]．北京：海洋出版社，2001. 第 80 页 四、昔日的草原丝绸之路．
61. 周镇宏，胡日章，主编．**21 世纪中国海洋开发战略：南海海洋资源综合开发战略高级研讨会论文集**[M]．北京：海洋出版社，2001. 第 462 页 南海海上丝绸之路旅游资源及其开发战略与对策．
62. 黄永东，主编．**海洋世界（中）：海洋世纪**[M]．北京：人民出版社，2000. 第 456 页 筑起新的“海上丝绸之路”；第 470 页 中国海洋文明曲折之路．
63. 李仲钦，袁大川，主编．**中国海洋博览**[M]．海口：海南出版社，2000.

64. 沈顺根，沈舟茵，编著. **海洋探险**[M]. 北京：知识出版社，1999. 第 4 页 二、法显——中国海上丝绸之路的开拓者.
65. 黄顺力，著. **海洋迷思：中国海洋观的传统与变迁**[M]. 南昌：江西高校出版社，1999. 第 30 页 三、海上丝绸之路的开辟.
66. 杨树珍，卢云亭，编著. **波涛间的胜景**[M]. 北京：海洋出版社，1998. 第 9 页 “海上丝绸之路”溯源.
67. 马惠娣，等，编著. **蓝色海洋的召唤——开发海洋**[M]. 北京：金盾出版社，科学出版社，1998. 第 48 页 新大陆的发现和海上丝绸之路.
68. 国家海洋新闻信息办公室，编. **海洋知识问答**[M]. 北京：海洋出版社，1998. 第 81 页 什么是海上丝绸之路.
69. 倪健民，宋宜昌，主编；北京泛亚太经济研究所，编. **海洋中国：文明重心东移与国家利益空间（上）**[M]. 北京：中国国际广播出版社，1997.
70. 谭征，主编. **海洋博物馆**[M]. 天津：天津教育出版社，1996. 第 430 页 海上丝绸之路.
71. 司徒尚纪，著. **岭南海洋国土**[M]. 广州：广东人民出版社，1996. 第 81 页 第二节 秦汉到南北朝时期海上丝绸之路的开辟及其对海洋开发的作用.
72. 中国海洋学会科普委员会，编. **海洋科普文选**[M]. 北京：海洋出版社，1985. 第 207 页 古代海上丝绸之路（朱少伟）.

（七）自然地理学

1. 柯潜，著. **沙漠大探险**[M]. 北京：北京大学出版社，2014. 第 140 页 穿越丝绸之路.
2. 李少林，编. **小小探索者系列・挺进浩瀚大漠**[M]. 天津：天津人民出版社，2013. 第 134 页 开辟丝绸之路；第 138 页 西行取经之路.
3. 崔金泰，编. **沙漠治理**[M]. 北京：北京师范大学出版社，2013. 第 37 页 沙漠中的“丝绸之路”；第 38 页 建造沙漠“丝绸之路”.
4. 王礼先，常丹东，著. **奇妙的沙漠**[M]. 北京：科学普及出版社，2012. 第 126 页 黄金之道——丝绸之路.
5. 膳书堂文化，编著. **世界最美的自然奇景**[M]. 北京：中国画报出版社，2011. 第 32 页 西沙群岛——海上丝绸之路.
6. 钱云，金海龙，等，编著. **丝绸之路绿洲研究**[M]. 乌鲁木齐：新疆人民出版社，2010.
7. 《挺进沙漠之路》编写组，编. **挺进沙漠之路**[M]. 广州：广东世界图书出版公司，2010. 第 1 页 张骞开辟丝绸之路；第 4 页 玄奘西行取经之路；第 120 页 征服撒哈拉之路.
8. 丁松，编著. **18 岁以前要知道的地理常识**[M]. 北京：新世界出版社，2008. 第 42 页 中国曾有过几条“丝绸之路”.
9. 夏训诚，主编. **中国罗布泊**[M]. 北京：科学出版社，2007. 第 444 页 第五节 丝绸之路上的卑鞮侯井.
10. 黄盛璋，主编. **绿洲研究**[M]. 北京：科学出版社，2003. 第 137 页 第三节 清代对丝绸之路勘察和实测地图发现及其在环境变迁研究上的价值（黄盛璋）；第 144 页 五、对当前与今后丝绸之路考察与环境变迁的启示.

11. 薛亮，编著. **世界未解之谜·地理未解之谜**[M]. 北京：京华出版社，2002. 第 76 页 丝绸之路东方起点之谜；第 270 页 海上丝绸之路之谜.
12. [德]布鲁诺·鲍曼，著. **没有归途的沙漠之旅**[M]. 王静，等，译. 北京：新世界出版社，2002. 第 83 页 和田——丝绸之路的明珠.
13. 景爱，著. **走近沙漠**[M]. 沈阳：沈阳出版社，2002. 第 239 页 丝绸之路与西域文明.
14. 曾昭璇，著. **曾昭璇教授论文选集**[M]. 北京：科学出版社，2001. 第 198 页 “海上丝绸之路”历史地理初探.
15. 申元村，等，著. **中国绿洲**[M]. 开封：河南大学出版社，2001. 第 4 页 中国历史时期绿洲的发展与丝绸之路——绿洲之路.
16. 景爱，著. **沙漠考古**[M]. 天津：百花文艺出版社，2000. 第 19 页 丝绸之路上的明珠.
17. 孙鸿烈，主编;《中国资源科学百科全书》编辑委员会，编辑. **中国资源科学百科全书**[M]. 北京：中国大百科全书出版社，2000. 第 885 页 丝绸之路.
18. 高建群，著. **穿越绝地：罗布泊腹地神秘探险之旅**[M]. 长沙：湖南文艺出版社，2000. 第 6 页 顺古丝绸之路横穿大西北；第 156 页 丝绸之路；第 247 页 四位英国女大学生步马可波罗后尘重踏古丝绸之路.
19. 樊胜岳，赵朋军，著. **沙漠与人**[M]. 兰州：甘肃少年儿童出版社，1999. 第 21 页 黄金之道——丝绸之路；第 23 页 丝绸之路上的塔克拉玛干沙漠和古城；第 29 页 张骞与丝绸之路；第 32 页 欧亚大陆桥——现代丝绸之路.
20. 奚国金，著. **罗布泊之谜**[M]. 北京：中共中央党校出版社，1999. 第 71 页 “丝绸之路”热的升温；第 75 页 一支特别的丝绸之路考察队在行动.
21. 上海市中国旅行社，编著. **神奇的罗布泊**[M]. 上海：上海三联书店，1999. 第 146 页 古丝绸之路与神奇的罗布泊；第 147 页 欧亚大陆古道——丝绸之路；第 182 页 丝绸之路名城与名胜；第 195 页 丝绸之路名特产；第 200 页 丝绸之路野生动物趣闻.
22. 张庆，著. **北极行舟**[M]. 杭州：浙江少年儿童出版社，1999. 第 39 页 北极的“丝绸之路”.
23. 郝尚勤，孙巧稚，编著. **地理之谜**[M]. 北京：中国广播电视出版社，1998. 第 36 页 人们从这里走向了世界——丝绸之路东方起点之谜.
24. 位梦华，著. **魂飞北极**[M]. 南京：江苏教育出版社，1997. 第 107 页 北极丝绸之路.
25. 赵松乔，等，编著. **中国的干旱区**[M]. 北京：科学出版社，1990. 第 156 页 二、丝绸之路.
26. 王旭，等，编著. **中华腾飞**[M]. 广州：广东教育出版社，1988. 第 11 页 海上和陆上的“丝绸之路”.
27. 邓先瑞，等，编写. **地理纵横谈**[M]. 武汉：华中工学院出版社，1985. 第 190 页 丝绸之路.
28. 曾昭璇，著. **中国的地形**[M]. 广州：广东科技出版社，1985. 第 177 页（六）欧亚交通孔道（丝绸之路）——河西走廊. 第 209 页（二）横过戈壁的“丝绸之路”——绿洲带.
29. 雍万里，编著. **中国自然地理**[M]. 上海：上海教育出版社，1985. 第 349 页 “丝绸之路”与富饶的绿洲.

30. 李树德，主编. **世界地理问题全解**[M]. 济南：齐鲁书社，1985. 第 60 页 什么是“丝绸之路”和“香料之路”.
31. 雍万里，编著. **中国自然地理入门**[M]. 北京：中国少年儿童出版社，1983. 第 125 页“丝绸之路”——河西走廊.

（八）普及读物

1. 唐文革，编著. **孩子们最感兴趣的儿童百科全书·地球家园**[M]. 彩图版. 重庆：重庆出版社，2008. 第 105 页 陆上丝绸之路；第 107 页 海上丝绸之路.
2. 吴玲仪，主编. **天文气象与地质地理**[M]. 苏州：古吴轩出版社，2006. 第 240 页 什么是丝绸之路.
3. 纪江红，主编. **地球真相**[M]. 北京：北京少年儿童出版社，2006. 第 170 页 第六章 地球大探索 陆上丝绸之路；第 172 页 海上丝绸之路.

十五、生物科学

（一）生物物理学

刘庆余，等，编. **生物启示录**[M]. 天津：新蕾出版社，1989. 第 102 页 蚕与丝绸之路.

（二）古生物学

1. 汪敬东，主编. **恐龙之谜**[M]. 乌鲁木齐：新疆人民出版社，2002. 第 135 页 丝绸之路恐龙化石考察发掘记.
2. 董枝明，编著. **走进恐龙世界**[M]. 北京：知识出版社，2000. 第 159 页 丝绸之路恐龙考察.

（三）植物学

1. 叶榄，孙君，主编. **绿色植物的呐喊**[M]. 西安：陕西科学技术出版社，2014. 第 90 页 丝绸之路的兴衰.
2. 张淑梅，编著. **蓝色国土 58：多姿的海藻**[M]. 长春：吉林出版集团有限责任公司，2012.
3. 李桥江，著. **丝绸之路植物与动物探秘**[M]. 乌鲁木齐：新疆美术摄影出版社，2008.
4. 毛民，著. **榴花西来：丝绸之路上的植物**[M]. 北京：人民美术出版社，2005.
5. 刘家琼，等，编著. **大漠之绿**[M]. 北京：化学工业出版社，2003. 第 129 页 丝绸之路的兴衰.

（四）动物学

1. 马鸣，徐峰，程芸，等，著. **新疆雪豹**[M]. 北京：科学出版社，2013. 第 503 页 一、丝绸之路上的国家.

2. 龚卫国，主编．**野生动物园**[M]．北京：北京少年儿童出版社，2005．第 31 页 丝绸之路的使者．
3. 古禅，主编．**地球村动物邻居·第 3 辑：15（孔雀）**[M]．北京：中国建材工业出版社，1998．第 39 页 “丝绸之路”上的孔雀．

（五）昆虫学

夏荫祖，等，编著；张裕元，等，绘图．**昆虫趣味故事**[M]．北京：中国轻工业出版社，2001．第 99 页 蚕姑娘和丝绸之路．

（六）人类学

1. 赵心愚，余仕麟，主编．**民族学·人类学：追述与反思**[M]．成都：四川大学出版社，2014．第 218 页 藏彝走廊与丝绸之路（段渝）．
2. 王铭铭，主编．**中国人类学评论（第 10 辑）**[M]．北京：世界图书北京出版公司，2009．第 234 页 来自海的故事——中国海上丝绸之路（王连茂）．
3. 马妍，主编．**人类神秘现象**[M]．彩图版．北京：中国书籍出版社，2004．第 96 页 丝绸之路通向哪里．
4. 周大鸣，主编．**21 世纪人类学**[M]．北京：民族出版社，2003．第 205 页 论贝叶经的传播及其文化意义：南方丝绸之路上的贝叶经．

十六、医药、卫生

（一）预防医学、卫生学

1. **从世界和日本的长寿乡来看长寿者的因素**[M]．于国平，译．北京：中国展望出版社，1987．第 6 页 丝绸之路上的世外桃源．
2. [日]须见洋行，李国超，著．**神奇的纳豆激酶（NK）——终结心脑血管疾病的奥秘**[M]．大连：大连出版社，2009．第 131 页 没有丝绸之路就没有纳豆之路．

（二）中国医学

1. **丝绸之路金石丛书**[M]．兰州：甘肃文化出版社，2014．
2. 孙全兴，编著．**特效点穴祛病健身法**[M]．乌鲁木齐：新疆科学技术出版社，1998．第 142 页 丝绸之路原本是珠宝之路．
3. 丛春雨，著．**敦煌中医药精萃发微**[M]．北京：中医古籍出版社，2000．第 347 页 论古丝绸之路妇女的摄生与保健．
4. 黄海鸥，著．**芦荟健身法**[M]．上海：上海文化出版社，2001．第 119 页 芦荟经丝绸之路传入我国的查考．

5. 俞慎初，著. **俞慎初论医集**[M]. 厦门：厦门大学出版社，1993. 第 293 页 “丝绸之路”与中外医药交流.
6. 郑蓉，等，主编. **中国医药文化遗产考论**[M]. 北京：中医古籍出版社，2005. 第 116 页 草原丝绸之路的药酒初考.
7. 张海国，著. **手纹科学**[M]. 上海：复旦大学出版社，2004. 第 49 页 东西方交流丝绸之路说.
8. 孟昭勋，康兴军，主编；于仪农，等，编撰. **丝路华夏医学辨析**[M]. 西安：陕西人民出版社，2004.
9. 杨华祥，著. **汤瓶八诊：国家非物质文化遗产**[M]. 南宁：广西科学技术出版社，2011. 第 2 页 来自丝绸之路的记忆——阿拉伯香药对中国医药学的影响.
10. 洪丕谟，著. **三千年中医妙谈**[M]. 西安：陕西人民出版社，2008. 第 235 页 “丝绸之路”和中西方医学交流.
11. 黄莲哑巴，著. **疯狂的养生**[M]. 长春：时代文艺出版社，2010. 第 120 页 丝绸之路泄露了民族的科学机密.
12. 千舒，主编. **佛教养生秘笈**[M]. 北京：中国物资出版社，2008. 第 297 页 古丝绸之路和佛教传入中国.
13. 马韶彤，霄阳，著. **芦荟大揭秘：一部有关“神奇植物”的百科全书**[M]. 北京：中国农业出版社，2002. 第 194 页 丝绸之路.
14. 马伯英，著. **中国医学文化史（下）**[M]. 上海：上海人民出版社，2010. 第 221 页 陆上丝绸之路交往；第 224 页 海上丝绸之路和阿拉伯人眼中的中国.
15. 张力群，主编. **中国民族民间特异疗法大全**[M]. 太原：山西科学技术出版社，2006. 第 3 页（二）“丝绸之路”的开辟.
16. 《中医学三百题》编委会，编. **中医学三百题**[M]. 上海：上海古籍出版社，1989. 第 762 页 “丝绸之路”的开拓，对中西方医学的交流有何积极意义和影响（洪丕谟）.
17. 杨柏灿，主编. **药缘文化：中药与文化的交融**[M]. 北京：中国中医药出版社，2014. 第 116 页 丝绸之路传乳没.

（三）一般理论

王孝先，著. **丝绸之路医药学交流研究**[M]. 乌鲁木齐：新疆人民出版社，1994.

（四）基础医学

1. 花兆合，陈祖芬，编著. **皮纹探秘**[M]. 银川：宁夏人民出版社，2010. 第 27 页 三、契约捺印促贸易，丝绸之路留凭证.
2. 徐建军，编译. **特效点穴祛病健身法**[M]. 北京：学苑出版社，1990. 第 142 页 丝绸之路原本是珠宝之路.

（五）内科学

1. 彭兴，彭远莹，编. **风湿疾病保健问答**[M]. 兰州：甘肃科学技术出版社，1998. 第 65 页 何谓白塞病，为何它又被称为“丝绸之路”病.
2. 李敬扬，文振华，主编. **风湿病疑难病例解析**[M]. 长沙：湖南科学技术出版社，2013. 第 83 页 第 23 例 视力下降、反复口腔溃疡、痤疮——丝绸之路病.
3. 帕丽扎提·苏来曼，编著. **丝路病——白赛氏综合症**[M]. 乌鲁木齐：新疆人民卫生出版社，2006.

（六）药　学

1. 李延芝，主编. **哈尔滨旅游文化全书**[M]. 哈尔滨：哈尔滨出版社，2001. 第 13 页 红色丝绸之路的形成.
2. 王镭，主编. **中国医药卫生学术文库·第 2 辑（第 3 册）**[M]. 北京：科学技术文献出版社，1997. 第 3468 页 我国“丝绸之路”地区异常血红蛋白的分布（李厚钧、赵贤宁、李力等）.

十七、农业科学

（一）农业工程

张力军，胡泽学，主编. **图说中国传统农具**[M]. 北京：学苑出版社，2009. 第 183 页“丝绸之路”.

（二）一般性理论

1. 马义，张新力，著. **开荒南野际：中国农业文明史**[M]. 沈阳：辽海出版社，2001. 第 110 页 蚕桑生产与丝绸之路.
2. 王利华，等，著. **大地的乐章：中国古代农业**[M]. 北京：人民日报出版社，1995. 第 102 页 （七）丝绸之路；第 102 页 丝绸古国.
3. 夏亨廉，肖克之，主编. **中国农史辞典：中国农史普及读本**[M]. 北京：中国商业出版社，1994. 第 110 页 丝绸之路；第 279 页 海上丝绸之路.
4. 闵宗殿，纪曙春，主编. **中国农业文明史话**[M]. 北京：中国广播电视出版社，1991. 第 229 页 丝绸之路.
5. 梁永勉，主编. **中国农业科学技术史稿**[M]. 北京：农业出版社，1989. 第 221 页 五、丝绸之路.
6. 闵宗殿，等，主编. **中国古代农业科技史图说**[M]. 北京：农业出版社，1989. 第 252 页（四）丝绸之路.
7. 郭文韬，等，编著. **中国农业科技发展史略**[M]. 北京：中国科学技术出版社，1988. 第 178 页 六、丝绸之路；第 275 页 四、开辟海上的“丝绸之路”.

（三）农作物

汪若海，李秀兰，编．**中国棉文化**[M]．北京：中国农业科学技术出版社，2007．第 4 页 丝绸之路与棉花之路．

（四）园　艺

张仁干，主编．**贡品哈密瓜**[M]．乌鲁木齐：新疆人民出版社，2007．第 82 页 中国丝绸之路首届哈密瓜节．

（五）林　业

1. 袁国映，张宇，主编．**新疆罗布野骆国家级自然保护区综合科学考察报告：罗布泊自然保护区**[M]．北京：科学出版社，2012．第 318 页 第十六章 古丝绸之路上的文化古迹及旅游资源．
2. 魏斌，主编．**寻找失落的世界遗产**[M]．上海：上海科学技术文献出版社，2011．第 35 页 第二章 丝绸之路．
3. 何裕德，编著．**中国世界遗产名胜旅游**[M]．长沙：湖南地图出版社，2002．第 24 页 三、古代丝绸之路上的嘉峪关．

（六）畜牧、动物医学、狩猎、蚕、蜂

1. 张伟力，著．**科学养猪图鉴**[M]．合肥：安徽科学技术出版社，2013．
2. 探索发现丛书编委会，编．**探索发现丛书·闻名世界的辽阔草原**[M]．成都：四川科学技术出版社，2013．第 73 页 第六章 丝绸之路．
3. 吴一舟，著．**天虫**[M]．上海：上海人民出版社，2005．
4. 刘克祥，著．**蚕桑丝绸史话**[M]．北京：中国大百科全书出版社，2000．第 9 页 三、丝绸之路．
5. 丹东市科普创作协会，编．**柞绸漫话**[M]．沈阳：辽宁科学技术出版社，1986．第 7 页 金色的丝绸之路（夏天）；第 10 页 柞绸之路连天涯（尚农、周宝利）；第 77 页 五彩之路；第 136 页 北方的丝绸之城（王荆山、尚农）．
6. 日本文部省，编辑．**养蚕**[M]．蒋同庆，译．成都：四川科学技术出版社，1985．第 85 页 欧亚大草原——悠久的丝绸之路．
7. 迟莹洁，著．**在蚕的王国里**[M]．哈尔滨：黑龙江人民出版社，1983．第 63 页 丝织品外输和“丝绸之路”；第 97 页 丝绸的贸易和传播；第 188 页 丝绸产品和丝绸贸易．

（七）水产、渔业

广州市人民政府办公厅，广州市海洋与水产局，合编．**广州海洋与水产**[M]．上海：同济大学出版社，1999．第 20 页 古代丝绸之路．

（八）名词术语、词典、百科全书（类书）

《中国农业百科全书》总编辑委员会蚕业卷编辑委员会，编. **中国农业百科全书·蚕业卷**[M]. 北京：农业出版社，1987. 第 218 页 丝绸之路.

（九）普及读物

陆云福，主编. **农业科技与食物营养**[M]. 苏州：古吴轩出版社，2006. 第 59 页 什么是“丝绸之路”；第 61 页 中日之间百年世界丝绸贸易市场竞争有哪些轨迹；第 63 页 苏州丝绸博物馆有哪些展品；第 64 页 中国东方丝绸市场在哪里；第 71 页 遍及全世界的丝绸贸易和消费分布情况如何；第 71 页 我国在世界茧丝绸市场的出口贸易占多少份额；第 76 页 21 世纪新“丝绸之路”的起点——家蚕基因“框架图”指什么.

十八、工业技术

（一）一般工业技术

中国材料研究学会，编. **生物及环境材料 1：生物，仿生及高分子材料**[M]. 北京：化学工业出版社，1997. 第 556 页 古丝绸之路上的土质、石质文物保护问题（李最雄）.

（二）石油、天然气工业

1. 张军，主编. **创造太阳：媒体看石大**[M]. 东营：中国石油大学出版社，2008. 第 72 页 开拓能源丝绸之路.
2. 李伟，主编；《世纪石油之光》编委会，编. **世纪石油之光**[M]. 北京：新华出版社，1998. 第 253 页 丝绸之路有望成为能源之路.

（三）电工技术

冯垛生，王飞，编著. **太阳能光伏发电技术图解指南**[M]. 北京：人民邮电出版社，2011. 第 195 页 新丝绸之路国际电网.

（四）无线电电子学、电信技术

1. 甄钊，著. **环绕声音乐制式录音理论与实践**[M]. 北京：中国电影出版社，2010. 第 86 页 chapter2 新丝绸之路.
2. 梁广程，等，编著. **音响·音乐发烧友手册**[M]. 北京：人民音乐出版社，1995. 第 202 页 《丝绸之路》、《气》等.
3. 吴季松，著. **“信息高速公路”通向何方?**[M]. 北京：中国铁道出版社，1994. 第 16 页 第二章 从“丝绸之路”到“信息之路”.
4. 裴玉章，著. **荧屏前后：电视理论与实践问题探析**[M]. 重庆：重庆出版社，1983. 第 233 页 二 从合拍《丝绸之路》谈系列电视片的制作.

（五）自动化技术、计算机技术

1. 郭晔，主编. **大学计算机基础实验指导**[M]. 北京：中国铁道出版社，2009. 第 149 页 题目 1 检索有关“丝绸之路”的研究成果.
2. 蒋平，编著. **阶梯课堂——Dreamweaver 8 中文版网页设计**[M]. 北京：人民邮电出版社，2008. 第 250 页 上机课堂——制作丝绸之路图片子页.
3. 力诚教育，编著. **Dreamweaver CS3 网页设计白金案例**[M]. 成都：四川远程电子出版社，2008. 第 205 页 制作丝绸之路图片子页.
4. 余丹，编著. **Flash CS3 动画设计经典 100 例**[M]. 北京：中国电力出版社，2008. 第 372 页 实例 097 flash 电子地图——寻访丝绸之路.
5. 胡争辉，石丽霞，编著. **精彩网址大全·生活资讯 & 文体娱乐卷**[M]. 北京：中国铁道出版社，2003. 第 357 页 中国丝绸之路旅游网.
6. 林鲤，主编. **新编中华上下五千年（1–6 卷）**[M]. 通辽：内蒙古少年儿童出版社，2000. 第 1166 页 唐代的丝绸之路.
7. [美]J A 波莉，著；**家庭娱乐教育网址簿**[M]. 前导工作室，译. 北京：机械工业出版社，1999. 第 478 页 丝绸之路.
8. 李少坤，徐保强，编. **INTERNET 中文站点大全**[M]. 广州：广州出版社，1998. 第 327 页 中国丝绸之路.

（六）化学工业

1. 傅京亮，著. **香学三百问**[M]. 太原：三晋出版社，2014. 第 51 页 为什么海上丝绸之路，又称为海上香药之路.
2. 王宪贵，著. **李畋故里**[M]. 长沙：湖南人民出版社，2005. 第 55 页 烟花之路：二十世纪末期醴陵新的“丝绸之路”.
3. 干福熹，等，著. **中国古代玻璃技术的发展**[M]. 上海：上海科学技术出版社，2005. 第 246 页 第三节 丝绸之路促进中国古代玻璃技术的发展.
4. 中国香料香精化妆品工业协会，编. **中国香料香精发展史**[M]. 北京：中国标准出版社，2001. 第 8 页 三、“丝绸之路”开通与香文化的交流；第 20 页 （一）“丝绸之路”拓展海上“香瓷之路”.
5. 关宝琮，路菁，编著. **陶瓷史**[M]. 沈阳：辽宁少年儿童出版社，1997. 第 131 页 丝绸之路上的踪迹.
6. 潘兆鸿，编著. **陶瓷 300 问**[M]. 南昌：江西科学技术出版社，1988. 第 289 页 在“丝绸之路”途中是怎样包装运输瓷器的？.
7. 姚宇澄，于学舜，编著. **橡胶与纤维**[M]. 呼和浩特：内蒙古人民出版社，1980. 第 36 页 丝绸之路传友情.

（七）轻工业、手工业

1. 徐晋林，著. **游弋在方寸天地：徐晋林书籍装帧设计艺术**[M]. 兰州：甘肃教育出版社，2014.

2. 刁振春，主编. **中国传统的丝历程**[M]. 武汉：武汉大学出版社，2014.
3. 黄明，编著. **奇迹天工：养蚕缫丝**[M]. 天津：天津教育出版社，2014. 第 26 页 贯通中西的丝绸之路；第 26 页 丝绸之路的由来；第 28 页 细说丝绸之路；第 40 页 丝绸之路上的里程碑.
4. 卢新燕，著. **福建三大渔女服饰文化与工艺**[M]. 北京：中国纺织出版社，2014.
5. 庞杰，申琳，史学群，主编. **食品文化概论**[M]. 北京：中国农业大学出版社，2014. 第 187 页 （一）丝绸之路上的饮食文化交流.
6. 徐静，穆慧玲，著. **齐鲁服饰文化研究**[M]. 北京：中国社会科学出版社，2013. 第 123 页 第十一章 丝绸；第 123 页 第一节 齐鲁丝绸溯源；第 125 页 第二节 齐鲁柞蚕丝绸；第 130 页 第三节 齐鲁桑蚕丝绸；第 133 页 第四节 丝绸之路与齐鲁丝织业.
7. 李漫，编著. **和田问玉**[M]. 合肥：黄山书社，2013. 第 43 页 第三章 传玉路“玉石之路”故事多；第 55 页 丝绸之路的前世今生.
8. 赵荣光，主编. **中国饮食文化史·东南地区卷**[M]. 北京：中国轻工业出版社，2013. 第 98 页 第四节 海上丝绸之路与中外文化交流；第 98 页 一、海上丝绸之路的开通.
9. 余悦，总主编. **中华茶史·唐代卷**[M]. 西安：陕西师范大学出版社，2013. 第 364 页 第三节 茶与丝绸之路.
10. 刘晓芬，编著. **千年茶文化**[M]. 北京：清华大学出版社，2013. 第 222 页 一、“丝绸之路”与茶叶的传播.
11. 李新岭，编. **中国和田玉收藏鉴赏全集：和田玉**[M]. 典藏版. 长沙：湖南美术出版社，2012.
12. 李建华，主编. **话说丝绸·传奇篇：柔软的力量**[M]. 上海：上海文化出版社，2012. 第 30 页 莫高窟里藏丝绸；第 32 页 雷峰塔地宫藏丝绸；第 36 页 草原丝绸之路；第 38 页 西南丝绸之路；第 40 页 海上丝绸之路. 第 42 页 古罗马的丝绸风；第 44 页 丝绸之战.
13. 宁波茶文化促进会，宁波东亚茶文化研究中心，组编；竺济法，编. **茶产业品牌整合与品牌文化：首届东亚茶经济、茶文化论坛“明州茶论”文集**[M]. 香港：中国文化出版社，2012. 第 182 页 论宁波“海上丝绸之路”申遗的特色印记茶文化（浙江宁波 陈伟权）.
14. [日]饭野耀子，著. **兔女郎的胡萝卜瘦身养颜书**[M]. 讲谈社（北京）文化有限公司，译. 南宁：广西科学技术出版社，2012. 第 89 页 “胡萝卜之路”就是“丝绸之路”吗.
15. 隗静秋，主编. **中外饮食文化**[M]. 2 版. 北京：经济管理出版社，2012. 第 249 页 一、丝绸之路上的饮食文化交流.
16. 李平生，著. **中国文化读本系列·丝绸文化**[M]. 济南：山东大学出版社，2012. 第 45 页 第五章 丝绸之路连接中西.
17. 王苗，编. **珠光翠影——中国首饰史话**[M]. 北京：金城出版社，2012. 第 190 页 第三节 丝绸之路上的西域民族.
18. 戴文海，编著. **传奇丝绸之路：魅力特色美食**[M]. 英文版. 青岛：青岛出版社，2012.
19. 周海鸥，著. **食文化**[M]. 北京：中国经济出版社，2011. 第 158 页 第二节 丝绸之路上的清真美味.

20. 张春新，苟世祥，著. **发髻上的中国**[M]. 重庆：重庆出版社，2011. 第 146 页 第三节 丝绸之路上的明珠.
21. 中华美食频道，编著. **传奇丝绸之路：魅力特色美食**[M]. 青岛：青岛出版社，2011.
22. MCOO 时尚视觉研究中心，编. **配件设计**[M]. 北京：人民邮电出版社，2011. 第 43 页 丝绸之路.
23. 龚莉，著. **丝绸史话**[M]. 中英文双语版. 北京：中国大百科全书出版社，2010. 流动飞扬的秦汉丝绸；第 23 页 丝绸之路与丝绸西传.
24. 张晶，主编. **中国茶典全图解：茶文化与养生保健（上）**[M]. 北京：军事医学科学出版社，2010. 第 35 页 二、“丝绸之路”与茶叶传播；第 37 页 四、茶叶之路与茶叶传播.
25. 徐静，主编. **中国服饰史**[M]. 上海：东华大学出版社，2010. 第 56 页 第四节丝绸之路与汉代的丝绸成就.
26. 少数民族毯项目课题组，编. **少数民族毯**[M]. 北京：民族出版社，2010. 第 132 页 六、少数民族毯与丝绸之路.
27. 孙悦，著. **丝之江南**[M]. 上海：上海远东出版社，2010. 第 115 页 江南丝绸之路.
28. 刘祖生，刘岳耘，著. **中国茶知识千题解**[M]. 济南：山东科学技术出版社，2010. 第 211 页 为什么丝绸之路有时也被称为丝茶之路.
29. 林胜华，主编. **饮食文化**[M]. 北京：化学工业出版社，2010. 第 249 页 一、丝绸之路上的饮食文化流通.
30. 隗静秋，编著. **中外饮食文化**[M]. 北京：经济管理出版社，2010. 第 296 页 一、丝绸之路上的饮食文化交流.
31. 朱晓丽. **中国古代珠子**[M]. 南宁：广西美术出版社，2010. 第 170 页 第八节 中亚丝绸之路上的珠子.
32. 黄二丽，编著. **古代纺织**[M]. 长春：吉林文史出版社，2010. 第 31 页 二 丝绸之路.
33. 徐允诚，编著. **陇中吃：丝绸之路上吃味道**[M]. 天津：天津科学技术出版社，2009. 第 5 页 丝绸之路——一条洒满花雨的路；第 128 页 丝绸南路——甘南，陇南.
34. 徐晓村，主编. **茶文化学**[M]. 北京：首都经济贸易大学出版社，2009. 第 239 页 一、丝绸之路与茶叶传播；第 241 页 三、茶叶之路与茶叶传播.
35. 李肖冰，著. **丝绸之路服饰研究**[M]. 乌鲁木齐：新疆人民出版社，2009.
36. 江冰，著. **中华服饰文化**[M]. 广州：广东人民出版社，2009. 第 23 页 丝路花雨——丝绸在华夏文明发展中的作用.
37. 袁仄，著. **外国服装史**[M]. 重庆：西南师范大学出版社，2009. 第 47 页 五、罗马帝国与丝绸之路.
38. 张竞琼，著. **从一元到二元：近代中国服装的传承经脉**[M]. 北京：中国纺织出版社，2009. 第 21 页 众所周知的“丝绸之路”.
39. 高崇华，王希健，编著. **滇中吃：像相亲一样寻找美食**[M]. 天津：天津科学技术出版社，2009. 第 74 页 西南丝绸之路.
40. 王正辉，主编. **大厨实用果蔬雕精品盘饰**[M]. 南京：江苏科学技术出版社，2008. 第 31 页 丝绸之路.

41. 袁宣萍，徐铮，著. **浙江丝绸文化史**[M]. 杭州：杭州出版社，2008. 第 48 页 五、海陆丝绸之路.
42. 李明，李思函，张德华，编著. **中国新疆和田玉：红玉**[M]. 乌鲁木齐：新疆人民出版社，2008. 第 134 页 和田糖玉丝绸之路.
43. 冯泽民，刘海清，编著. **中西服装发展史**[M]. 北京：中国纺织出版社，2008. 第 63 页 第一节 丝绸与丝绸之路.
44. 李漫，编著. **读图时代：和田问玉**[M]. 北京：化学工业出版社，2008. 第 55 页 丝绸之路的前世今生.
45. 李浩，编. **普洱茶经：成为普洱茶品鉴冲泡收藏养生专家**[M]. 海口：南海出版公司，2007. 第 63 页 普洱茶因茶马古道而名扬四海，“丝绸之路”应该称“丝茶之路”.
46. 曹文成，主编. **魅力湘茶**[M]. 长沙：湖南科学技术出版社，2007. 第 17 页 八 丝绸之路 茯茶飘香.
47. 嵇发根，著. **丝绸之府五千年：湖州丝绸文化研究**[M]. 杭州：杭州出版社，2007. 第 130 页 二、湖州丝绸文化与“丝绸之路”.
48. 郑更民，编著. **食雕综合技法**[M]. 北京：中国轻工业出版社，2007. 第 86 页 丝绸之路.
49. 韩欣，主编. **美食中国（上）**[M]. 天津：天津古籍出版社，2007. 第 31 页 第二节 丝绸之路与豆腐.
50. 王缉东，著. **茶马古道茶意浓**[M]. 北京：中国轻工业出版社，2006. 第 94 页 茶马古道与丝绸之路的交会点，伏羲故里的罐罐茶像西北人一样浓情奔放.
51. 于文婷，著. **中国美食地图（上）**[M]. 沈阳：辽宁画报出版社，2006. 第 173 页 新疆丝绸之路宾馆.
52. 程启坤，邓云峰，主编. **第九届国际茶文化研讨会暨第三届崂山国际茶文化节论文集**[M]. 杭州：浙江古籍出版社，2006. 第 214 页 敢问路在何方——对南丝绸之路（茶马古道）荥经段线路的推考（周安勇）.
53. 冯信群，主编. **东华大学服装学院・艺术设计学院教师论文集**[M]. 南昌：江西美术出版社，2006. 第 96 页 敦煌壁画和雕塑用于中国——古代丝绸研究的可行性和方法论（包铭新、巢晃、叶菁）；第 105 页 经锦、平纹纬锦及斜纹纬锦——丝绸之路所见丝织品发展的三个阶段（赵丰）.
54. 刘勤晋，主编. **古道新风——2006 茶马古道文化国际学术研讨会论文集**[M]. 重庆：西南师范大学出版社，2006. 第 68 页 敢问路在何方——对南方丝绸之路（茶马古道）荥经段的推考（周安勇）.
55. 华梅，著. **衣装日本**[M]. 天津：天津人民出版社，2006. 第 9 页 二、三十年圆梦，丝绸之路——正仓院.
56. 刘治娟，著. **丝绸的历史**[M]. 北京：新世界出版社，2006. 第 28 页 第二章 丝绸之路（上）；第 37 页 丝绸之路的开通；第 44 页 第三章 丝绸之路（下）；第 56 页 唐代丝绸中的外来影响；第 66 页 第四章 海上丝绸之路；第 80 页 早期海上丝绸之路；第 86 页 第五章 元代丝绸；第 86 页 丝绸生产与技术发展；第 95 页 元代海上之路；第 98 页 第七章 明清丝绸.

57. 三叶，编著．**美食中国**[M]．北京：中国城市出版社，2005．第 140 页 甘肃：丝绸之路蕴陇菜回味无穷的夏河蹄筋．
58. 冯泽民，刘海清，编著．**中西服装发展史教程**[M]．北京：中国纺织出版社，2005．第 53 页 第一节 丝绸与丝绸之路．
59. 时尚杂志社，编．**时尚美食**[M]．北京：中国旅游出版社，2003．第 12 页 茶马古道：美食的丝绸之路
60. 老典，著．**吃乐儿：苏小明吃喝委员会**[M]．北京：世界知识出版社，2003．第 141 页 丝绸之路汤．
61. 翁卫军，主编．**杭州丝绸：东方艺术之花**[M]．杭州：杭州出版社，2003．第 146 页 三、新“丝绸之路”．
62. 潘福晶，等，编著．**时尚服饰新概念**[M]．北京：中国林业出版社，2002．第 10 页 一、丝绸之路的故事．
63. 徐清泉，著．**中国服饰艺术论**[M]．太原：山西教育出版社，2001．第 174 页 二、陆上及海上丝绸之路与服饰交流．
64. 钱小萍，主编．**丝绸实用小百科**[M]．北京：中国纺织出版社，2001．第 22 页 八、丝绸之路．
65. 张延年，郑奇，主编．**食品雕刻 6——首届琼花杯食品雕刻大赛获奖作品选**[M]．北京：中国轻工业出版社，2000．第 19 页 丝绸之路（高保卫）．
66. 杨红，编著．**现代家庭全书 18·旅游卷**[M]．北京：京华出版社，2000．第 22 页 丝绸之路游；第 298 页 古丝绸之路．
67. 中国出版工作者协会装帧艺术委员会，编．**新中国书籍装帧艺术精萃**[M]．合肥：安徽教育出版社，2000．第 66 页 《中国丝绸之路辞典》．
68. 孟宪文，班中考，著．**中国纺织文化概论：靓丽人间**[M]．北京：中国纺织出版社，2000．第 183 页 第四章 应驮白练到安西——丝绸之路放异彩；第 186 页 第一节 远古丝绸到瑶池；第 190 页 第二节 丝绸引得仙客来；第 216 页 第五节 丝绸风靡古大秦．
69. 史金波，雅森·吾守尔，著．**中国活字印刷术的发明和早期传播——西夏和回鹘活字印刷术研究**[M]．上海：上海财经大学出版社，2000．第 121 页 一、丝绸之路和纸的西传．
70. 王正光，等，主编．**家庭文化知识**[M]．武汉：湖北人民出版社，1999．第 1311 页 丝绸路上敦煌游；第 1328 页 丝绸之路游．
71. 杨力，编著．**中国丝绸**[M]．台北：淑馨出版社，1993．第 105 页 四、中国丝绸及其技艺的外传；第 108 页 四通八达的“丝绸之路”．
72. 郭廉夫，著．**纺织古今谈**[M]．南京：江苏科学技术出版社，1984．第 115 页 丝绸之路．
73. 北京第二棉纺织厂“七二一”工人大学，编著．**纺织**[M]．北京：北京人民出版社，1976．第 1 页 从“丝绸之路”谈起；第 53 页 扬名中外的丝绸．

（八）建筑科学

1. 乌布里·买买提艾力，著．**丝绸之路新疆段建筑研究**[M]．北京：科学出版社，2015．
2. 司徒尚纪，著．**侨乡三楼：华侨华人之路的丰碑**[M]．广州：广东经济出版社，2015．

3. 顾朝林，主编. **城市与区域规划研究（第 7 卷）**[M]. 北京：商务印书馆，2015. 第 132 页 重建丝绸之路经济带的几个理论问题（格哈德·欧·布劳恩）.
4. 刘晓珊著. **美丽建筑**[M]. 北京：北京大学出版社，2014. 第 38 页 丝绸之路上的绿洲：敦煌莫高窟.
5. 吴必虎，高璟，李关平，等，编著. **谁的城市被旅游照亮：旅游型城市化理论及案例研究**[M]. 北京：化学工业出版社，2014. 第 353 页 第十三章 敦煌：丝绸之路遗产旅游可持续发展.
6. 河南省文物建筑保护研究院，编. **文物建筑（第 7 辑）**[M]. 北京：科学出版社，2014. 第 216 页 “丝绸之路：起始段与天山廊道的路网”遗产点申遗工程的几点思考——以新安汉函谷关遗址为例（任克彬、赵刚）.
7. 崔愷，主编. **创新与未来：中国当代新建筑**[M]. 沈阳：辽宁科学技术出版社，2012. 第 176 页 隋唐长安城西市及丝绸之路博物馆.
8. 深圳市博远空间文化发展有限公司，编. **形·韵：国际最新顶级文化建筑**[M]. 南京：江苏人民出版社，2012. 第 338 页 广东海上丝绸之路博物馆.
9. 李壮，著. **当代室内设计 1·商业空间：国际潮流室内设计的风向标**[M]. 南京：江苏人民出版社，2011. 第 156 页 丝绸之路餐厅.
10. 博远空间文化发展有限公司，编. **本色·品味盛宴**[M]. 南京：江苏人民出版社，2011. 地域文化特色的丝绸之路餐厅.
11. 佳图文化，编著. **名家建筑全程实录** 1[M]. 天津：天津大学出版社，2011. 第 28 页 广东海上丝绸之路博物馆及副馆（接待中心）.
12. 刘思捷，张曦，张园园，编著. **世界建筑一本通**[M]. 武汉：长江文艺出版社，2011. 第 183 页 敦煌石窟——丝绸之路上的珍珠.
13. 张燕，著. **古都西安：长安与丝绸之路**[M]. 西安：西安出版社，2010.
14. 周文翰，著. **废墟之美：亚欧大陆上的建筑奇观**[M]. 沈阳：辽宁科学技术出版社，2010. 第 188 页 丝绸之路上的楼兰国；第 238 页 附录六：丝绸之路上的文明交流.
15. 詹长法，冈田健，主编. **古建筑保护论文集**[M]. 北京：文物出版社，2010.
16. 世界华人建筑师协会地域建筑委员会，编著. **永恒的反叛：当代地域建筑创作方法**[M]. 武汉：华中科技大学出版社，2010. 第 108 页 西安唐西市及丝绸之路博物馆.
17. 徐文浩，编著. **宁波老建筑**[M]. 宁波：宁波出版社，2010. 第 146 页 海上丝绸之路上的藏宝库——永丰库遗址.
18. 姜江来，著. **廿八都古建筑**[M]. 杭州：中国美术学院出版社，2009.
19. 唐艺设计资讯集团有限公司，编. **时代空间 007**[M]. 天津：天津大学出版社，2009. 第 162 页 夏姿·陈 2009 巴黎春夏时装周——舞台（丝绸之路）.
20. 巫鸿，著. **中国古代艺术与建筑中的“纪念碑性”**[M]. 上海：上海人民出版社，2009. 第 161 页 地图 4 汉帝国与丝绸之路.
21. 张文忠，编著. **公共空间环境设计**[M]. 北京：中国建筑工业出版社，2009. 第 287 页 图 7-5-9 西安丝绸之路群雕环境景观.
22. 孔宇航，王兴田，主编. **建筑'09'08——当代中国建筑创作论坛作品集**[M]. 大连：大连理工大学出版社，2009. 第 40 页 西安唐西市及丝绸之路博物馆.

23. 邵松，主编. **广东省优秀建筑创作奖作品集 2009**[M]. 广州：华南理工大学出版社，2009. 第 208 页 广东海上丝绸之路博物馆.
24. 庞伟，等，著. **景观·观点——广州土人景观（2000—2008）**[M]. 大连：大连理工大学出版社，2008. 第 96 页 阳江市海上丝绸之路博物馆景观设计.
25. 陕西师范大学中国历史地理研究所，西北历史环境与经济社会发展研究中心，编. **历史地理学研究的新探索与新动向：庆贺朱士光教授七十华秩暨荣休论文集** 4[M]. 西安：三秦出版社，2008. 第 307 页 丝绸之路上的活文物——唐传长安古乐在西安地区的传承与分布（王晓如、李铠）.
26. 李兴国，著. **北京形象：北京市城市形象识别系统 CIS 及舆论导向**[M]. 北京：中国国际广播出版社，2008. 第 358 页 四、丝绸之路连五州——亚洲最大的丝绸店.
27. 徐佳兆，张霞，编著. **酒店餐厅与咖啡厅设计**[M]. 沈阳：辽宁科学技术出版社，2008. 第 162 页 丝绸之路餐厅（北京喜来登长城饭店）.
28. 香港科讯国际出版有限公司，编. **中国建筑师事务所** 4[M]. 武汉：华中科技大学出版社，2007. 第 144 页 北京东方华脉建筑设计咨询有限公司广东海上丝绸之路博物馆.
29. 赵振东，等，主编. **广州设计招标作品精粹 2002—2007**[M]. 北京：中国建筑工业出版社，2007. 第 210 页 文化建筑 广东海上丝绸之路博物馆.
30. 关鸣，主编. **已建+在建+未建**[M]. 中英文本. 天津：天津大学出版社，2007. 第 172 页 广东海上丝绸之路博物馆（冼剑雄）.
31. 张先慧，贺云，编. **亚太建筑设计年鉴 2007·商业建筑、学院、文化建筑、培训科研建筑、电信建筑、大型公共建筑、居住建筑**[M]. 广州：岭南美术出版社，2007. 第 162 页 银沙·天目——广东海上丝绸之路博物馆.
32. 保国寺古建筑博物馆，编. **东方建筑遗产**[M]. 北京：文物出版社，2007. 第 43 页 “海上丝绸之路系列讲座”之保国寺的价值与地位（郭黛姮）.
33.《名筑》编辑部，保利建筑顾问有限公司，主编. **2007 年亚洲新建筑**[M]. 哈尔滨：黑龙江科学技术出版社，2006. 第 70 页 广东海上丝绸之路博物馆.
34. 王文章，主编；中国艺术研究院建筑艺术研究所，编. **中国建筑艺术年鉴 2005**[M]. 天津：天津大学出版社，2006. 第 361 页 胶东传统民居与海上丝绸之路——文化生态学视野下的沿海聚落文化生成机理研究（李政、曾坚）.
35. 郑曙旸，主编. **建筑景观设计**[M]. 乌鲁木齐：新疆科学技术出版社，2006. 第 25 页 沧海桑田——丝绸之路博物馆.
36. 余力，刘师生，主编. **建筑实录：中外建筑师事务所作品精粹** 1[M]. 中英文本. 长沙：湖南科学技术出版社，2006. 第 188 页 广东海上丝绸之路博物馆.
37. 林新华，主编；石景轩工作室，文/图. **说石构景**[M]. 北京：中国建材工业出版社，2006. 第 184 页（3）丝路流影——西安·《丝绸之路》.
38. 刘雅，编. **中国古代经典建筑 10 讲**[M]. 故事珍藏本. 北京：中国三峡出版社，2006. 第 212 页 丝绸之路第大佛——陕西彬县大石佛.
39. [日]松永安光，编著. **世界著名建筑 100 例**[M]. 小山广，小山友子，译. 北京：中国建筑工业出版社，2005. 第 202 页 丝绸之路的回忆 唐招提寺正殿.

40. 林徽因，著；墨明，编. **林徽因讲建筑**[M]. 北京：九州出版社，2005. 第 295 页 敦煌壁画中的丝绸之路.
41. [日]黑川纪章，著；**黑川纪章城市设计的思想与手法**[M]. 覃力，等，译. 北京：中国建筑工业出版社，2004 第 188 页 1989 奈良车站周边再开发“丝绸之路城 21”.
42. 黄滋，等，编著；李永嘉，等，摄影. **中国古建筑文化之旅·浙江**[M]. 北京：知识产权出版社，2004. 第 36 页 海上丝绸之路的见证——宁波庆安会馆.
43. 刘丹，编著. **世界建筑艺术之旅**[M]. 插图珍藏本. 北京：中国建筑工业出版社，2004. 第 251 页 丝绸之路上的驼队带来了佛教.
44. 刘圣辉，摄影；徐佳兆，撰文. **欧陆餐厅设计**[M]. 沈阳：辽宁科学技术出版社，2003. 第 60 页 丝绸之路餐厅.
45. 金磊，主编；《建筑创作》杂志社，编. **《建筑创作》精品集**[M]. 天津：天津大学出版社，2001. 第 56 页 再塑西安国际金贸中心建筑形象 重振欧亚丝绸之路昔日之雄风——西安国际金贸中心建筑方案（耿长孚）.
46. 佟裕哲，著. **中国景园建筑图解**[M]. 北京：中国建筑工业出版社，2001. 第 187 页 丝绸之路——古代东西方经济、文化交流的足迹；第 190 页 丝绸之路上的窟檐建筑.
47. 《当代中国建筑师》丛书编委会，编. **唐璞**[M]. 北京：中国建筑工业出版社，1997. 第 94 页 丝绸之路上的美术馆设计方案.
48. 李树德，编绘. **上海建筑博览——上海建筑物·城市雕塑·园林装饰画**[M]. 上海：上海科学普及出版社，1995. 第 31 页 外滩、丝绸之路大酒店.
49. 王伯扬，主编；《建筑师》编辑部，编辑. **建筑师**[M]. 北京：中国建筑工业出版社，1995. 第 51 页 从丝绸之路看中国古代建筑文化（常青）.
50. 常青，著. **西域文明与华夏建筑的变迁**[M]. 长沙：湖南教育出版社，1992.
51. 泉州历史文化中心，主编. **泉州古建筑**[M]. 天津：天津科学技术出版社，1991.
52. 沈恭，主编. **上海八十年代高层建筑**[M]. 上海：上海科学技术文献出版社，1991. 第 81 页 36、丝绸之路大酒店.
53. 中国历史文化名城研究会，编. **中国历史文化名城保护与建设**[M]. 北京：文物出版社，1987. 第 224 页 重新振兴海上丝绸之路——泉州经济和社会发展战略构想（朱定波）.

（九）水利工程

潘春辉，著. **西北水利史研究：开发与环境**[M]. 兰州：甘肃文化出版社，2015.

十九、交通运输

（一）综合运输

星球地图出版社，编. **中国交通地图册**[M]. 北京：星球地图出版社，1996. 第 145 页 丝绸之路.

（二）铁路运输

崔金泰，编. **中国骄傲：高速铁路**[M]. 北京：北京师范大学出版社，2013. 第56页 9 建造世界“钢铁丝绸之路”网；第57页 “钢铁丝绸之路”的构想；第58页 大扩展的“钢铁丝绸之路”.

（三）公路运输

1. 哈尔滨地图出版社，编制. **新编中国交通图册**[M]. 哈尔滨：哈尔滨地图出版社，2007. 第142页 丝绸之路.
2. 吴基安，顾英，朱峰，编著. **不懂这些你别驾车游：自驾SUV游中国**[M]. 广州：广东科技出版社，2004. 第250页 四、丝绸之路.
3. 周日新，著. **交通纵横**[M]. 石家庄：河北少年儿童出版社，1999. 第31页 新丝绸之路.
4. 庆阳地区公路交通史志编写委员会，编著. **庆阳地区公路交通史**[M]. 兰州：兰州大学出版社，1990. 第27页 第五节 丝绸之路与北石窟寺文化.

（四）水路运输

1. 王冠倬，著. **中国古船图谱**[M]. 修订版. 北京：生活·读书·新知三联书店，2011. 第77页 海上丝绸之路的开辟；第164页 海上丝绸之路.
2. 时平，主编. **中国航海文化论坛（第1辑）**[M]. 北京：海洋出版社，2011. 第249页 跨越南洋的明朝使团——评《郑和与海上丝绸之路》（[德]普塔克）；第269页 前现代时期的海洋：从地中海模式到海上丝绸之路（[德]普塔克）.
3. 《一口气读懂航海常识》编写组，编. **一口气读懂航海常识**[M]. 广州：广东世界图书出版有限公司，2010. 第128页 谁是中国海上丝绸之路的开拓者？.
4. 任威，李景芝，编著. **船舶与航运文化**[M]. 北京：人民交通出版社，2009. 第64页 四、海上丝绸之路.
5. 郭根喜，刘同渝，陈丕茂，编著. **跨海越洋话轮船**[M]. 广州：广东科技出版社，2008. 第13页 （四）海上丝绸之路——郑和下西洋.
6. 杨槱，陈伯真，编著. **话说中国帆船**[M]. 上海：上海科学普及出版社，2007. 第64页 海上丝绸之路与海船的发展；第66页 海上丝绸之路的形成和范围；第74页 海上丝绸之路发展的高峰——宋元的海外贸易.
7. 刘承业，著. **古港沧桑**[M]. 天津：天津大学出版社，2004. 第13页 东方海上丝绸之路.
8. 沙虞，著. **乘风破浪：中国古代航海史**[M]. 沈阳：辽海出版社，2001. 第12页 一、汉武帝与海上丝绸之路.
9. 马肇彭，著. **探险·开拓·交流——航海史话**[M]. 北京：经济科学出版社，1991. 第17页（二）汉代海上的丝绸之路.

（五）普及读物

1. 张建明，杨克猛，编著. **交通工具变形记·科普篇**[M]. 北京：中国社会科学出版社，2014.

第 11 页 丝绸之路——充满智慧和汗水的路；第 14 页 南方丝绸之路——蜀身毒道.

2. 本书编写组，编. **一口气读懂交通常识**[M]. 广州：世界图书广东出版公司，2011. 第 9 页 什么是海上丝绸之路；第 9 页 海上丝绸之路有着怎样的发展史？；第 11 页 海上丝绸之路的起点是哪里；第 13 页 如何评价海上丝绸之路.
3. 墨人，主编. **最实用的交通百科**[M]. 彩色插图版. 长春：吉林出版集团有限责任公司，2011. 第 73 页 丝绸之路.
4. 陈仲丹，编著. **图说交通探险史：从牛车到飞船**[M]. 南京：江苏少年儿童出版社，2004. 第 78 页 丝绸之路.
5. 曾平，编著. **畅达的交通**[M]. 广州：广州出版社，2002. 第 22 页 沙漠大逃亡：张骞出使西域；第 23 页 丝绸之路：古情漫漫.
6. 武长顺，编著. **世界道路交通趣闻**[M]. 天津：百花文艺出版社，1998. 第 232 页 丝绸之路.
7. 柯焕德，主编；曾平，编著. **百科世界知识丛书（第三辑）：畅达的交通**[M]. 广州：广州出版社，1997. 第 23 页 丝绸之路：古情漫漫；第 24 页 威名远播：郑和七下西洋.

二十、航空、航天

（一）航空、航天技术的研究与探索

学习型中国·读书工程教研中心，主编. **追踪飞碟外星人**[M]. 哈尔滨：哈尔滨出版社，2009. 本书中解谜丝绸之路上的古国楼兰是否真的存在.

（二）航　空

姜澄宇，主编. **季文美文集**[M]. 西安：西北工业大学出版社，2008. 第 237 页 建设空中丝绸之路——开发西北经济 振兴航空工业.

二十一、环境科学、安全科学

（一）社会与环境

1. 刘树华，编著. **人类环境生态学**[M]. 北京：北京大学出版社，2009. 第 19 页 丝绸之路上楼兰古国的文明消亡与人类活动.
2. 孔德新，著. **环境社会学**[M]. 合肥：合肥工业大学出版社，2009. 第 98 页 二、撒哈拉、丝绸之路文明的消亡.
3. 米文宝，刘小鹏，主编. **宁夏人地关系地域系统研究**[M]. 银川：宁夏人民出版社，2008. 第 222 页 宁夏发展丝绸之路旅游优劣势分析.
4. 邓楠，主编. **可持续发展：人类生存环境——中国可持续发展研究会 1999 年学术年会论文集**[M]. 北京：电子工业出版社，1999. 第 61 页 福建沿海人文旅游资源突出的县

级城市旅游发展战略研究——以海上丝绸之路起点历史名城南安市旅游规划研究为例（袁书琪）.

（二）环境保护管理

1. 李长久，著. **地球之殇：资源开发与保护**[M]. 北京：新华出版社，2014. 第 220 页 第十八章 “丝绸之路”谱新篇.
2. 王浩，主编. **第四届绿洲论坛报告文集**[M]. 兰州：甘肃人民出版社，2014.
3. 陈廷一，著. **国土之殇：重磅出击中国生态文明敏感话题**[M]. 北京：中国财政经济出版社，2013. 第 209 页 丝绸之路上的交河故城在向国人诉说.
4. 宁波日报报业集团，编. **生态宁波**[M]. 宁波：宁波出版社，2008. 第 112 页 天后宫：目睹海上丝绸之路首发式.
5. 吴晓军，苏建新，著. **西北内陆河流域生态环境保护研究**[M]. 兰州：甘肃人民美术出版社，2007. 第 21 页 丝绸之路的来历.
6. 宋豫秦，等，著；朱林，摄影. **西部开发的生态响应**[M]. 成都：四川教育出版社，2003. 第 17 页 第三节 丝绸之路纵览.

（三）灾害及其防治

1. 金磊，李沉，编著. **西部危情**[M]. 北京：中国城市出版社，2001. 第 124 页 四、不安的丝绸之路.
2. 钱钢，耿庆国，主编. **二十世纪中国重灾百录**[M]. 上海：上海人民出版社，1999. 第 30 页 古丝绸之路大震——1902 年阿图什地震（耿庆国）.

（四）环境污染及其防治

韩鹏磊，编. **海洋的环境保护**[M]. 长春：吉林出版集团有限责任公司，2012.

二十二、综合性图书

（一）丛　书

1. 闻钟，主编. **青少年应该知道的国学常识经典全集**[M]. 中学版. 南京：南京大学出版社，2014. 第 74 页 陆地“丝绸之路”起到什么作用；第 74 页“海上丝绸之路”带来了什么.
2. 李密珍，著. **遗迹文物中的国学**[M]. 北京：中国广播电视出版社，2013. 第 65 页 33 丝绸之路的开辟.
3. 《国学常识 国学经典 国学精粹一本通》编委会，主编. **国学常识 国学经典 国学精粹一本通（第 1 卷）**[M]. 北京：中国华侨出版社，2011. 第 113 页 丝绸之路.
4. 李永娟，孙胜利，编著. **搜翻国学：1000 个趣味国学常识全知道**[M]. 北京：中国妇女出版社，2011. 第 199 页 古代除“丝绸之路”外，也有“陶瓷之路”吗.

5. 李训贵，宋婕，主编. **城市国学讲坛（第 4 辑）**[M]. 北京：社会科学文献出版社，2011.
6. 曹焕君，编著. **中华国学常识全知道**[M]. 趣味问题版. 北京：中国纺织出版社，2011. 第 258 页 “丝绸之路”是始于唐朝吗.
7. 武敬敏，主编. **开心国学 800 问**[M]. 北京：石油工业出版社，2010. 第 2 页 你知道最早的丝绸之路是哪个朝代开辟的吗.
8. 中央电视台《开心辞典》栏目组，国学网，编. **开心学国学：不可不知的 1000 个国学知识点**[M]. 北京：北京图书馆出版社，2009. 第 29 页 丝绸之路.
9. 王月霞，主编. **海洋知识篇（上）**[M]. 呼和浩特：远方出版社，2006. 第 90 页 中国海上丝绸之路的开拓者.
10. 麻成林，著. **上下五千年（上）**[M]. 长春：吉林大学出版社，2005. 第 176 页 丝绸之路.
11. 袁行霈，主编；北京大学国学研究院中国传统文化研究中心，编. **国学研究（第 13 卷）**[M]. 北京：北京大学出版社，2004. 第 301 页 论“草原丝绸之路”（田广林）.
12. 田晓娜，主编. **名胜新视野百科知识**[M]. 北京：国际文化出版公司，1997. 第 60 页 中国古代五条丝绸之路.
13. 盖山林，著. **丝绸之路草原民族文化**[M]. 乌鲁木齐：新疆人民出版社，1996.
14. 刁书仁，等，编. **长白丛书研究系列之十二·东疆研究论集**[M]. 长春：吉林文史出版社，1992. 第 49 页 明代的东北亚丝绸之路（杨照）.

（二）百科全书、类书

1. 张云凯，编著. **十万个为什么 3**[M]. 北京：中国人口出版社，2014. 第 21 页 为什么古代的通商之路被称作“丝绸之路”.
2. [英]哈瑞斯，著. **妙问科学·金色卷**[M]. 注音版. 北京：北京科学技术出版社，2013. 第 130 页 什么是“丝绸之路”？第 131 页 哪位意大利少年去过“丝绸之路”？
3. 李营，主编，郭建红，编. **麻辣科学·“无奈”的科学**[M]. 济南：山东大学出版社，2013. 第 71 页 消失的丝绸之路.
4. 龚勋，主编. **中国少儿必读金典·十万个为什么**[M]. 学生版. 北京：华夏出版社，2013. 第 253 页 为什么说莫高窟是丝绸之路上的艺术殿堂.
5. 青影，编著. **中国青少年百科 2**[M]. 北京：北京燕山出版社，2013. 第 171 页 班超与丝绸之路.
6. 王琼，杨晓凤，编著；胡舒勇，赵俊程，高杨，图. **100 个国家的 100 件珍贵国宝**[M]. 台北：龙图腾文化有限公司，2012. 第 68 页 29. 叙利亚 来自丝绸之路的唐三彩.
7. 刘岩，主编. **儿童十万个为什么（下）**[M]. 长春：吉林出版集团有限责任公司，2012. 第 26 页 古代的“丝绸之路”在哪里.
8. 段晓蕾，主编. **世界未解之谜大全集（上）**[M]. 北京：中国华侨出版社，2012. 第 146 页 丝绸之路通向哪里.
9. 龚勋，主编. **21 世纪少年儿童百科全书·宇宙地球**[M]. 北京：华夏出版社，2012. 第 106 页 丝绸之路.

10. 李学涛，主编. **新版中国少年儿童百科全书・文化博览・体育纵横・艺术长廊・未解之谜**[M]. 北京：教育出版社，2012. 第 29 页 丝绸之路通向何方.
11. 任中原，编著. **人类神秘现象大全集（下）**[M]. 北京：中国华侨出版社，2012. 第 693 页 丝绸之路通向哪里.
12. 谭树辉，主编. **青少年万事通**[M]. 南昌：江西美术出版社，2012. 第 78 页 什么是丝绸之路.
13. 童辉，主编. **现代青年常用知识全知道**[M]. 北京：外文出版社，2012. 第 121 页 丝绸之路.
14. 丛书编委会，编著. **世界奇闻（大全集）**[M]. 长春：吉林出版集团有限责任公司，2012. 第 228 页 海上丝绸之路.
15. 任中原，编著. **人类神秘现象大全集（上）**[M]. 北京：中国华侨出版社，2012. 第 693 页 丝绸之路通向哪里.
16. 田刚，编著. **小学生热点百科知识问与答・B 卷**[M]. 西安：陕西人民出版社，2012. 第 28 页 丝绸之路在哪里；第 29 页 丝绸之路传播了哪些物品.
17. 王屏，编. **中学生百科知识大全集**[M]. 北京：高等教育出版社，2011. 第 19 页 班超重开丝绸之路.
18. [韩]池昊晋，著. **啊哈！世界上居然有这种事**[M]. 北京：中信出版社，2011. 第 32 页 张骞开辟丝绸之路.
19. 崔钟雷，主编. **孩子最想知道的十万个为什么・文化科技**[M]. 长春：吉林美术出版社，2011. 第 30 页 丝绸之路是怎么回事.
20. 刘岩，主编；周昆，编. **少年儿童百科全书（中）**[M]. 长春：吉林出版集团有限责任公司，2011. 第 131 页 丝绸之路通向何方.
21. 张去凯，编著. **十万个为什么 3：历史・文学・艺术・建筑**[M]. 北京：中国人口出版社，2011. 第 21 页 为什么古代的通商之路被称作“丝绸之路”.
22. 刘袖眉，主编. **奇趣天下 2：冒险家的禁足之地**[M]. 北京：中国戏剧出版社，2011. 第 186 页 第一节 丝绸之路上的魔鬼地带.
23. 崔钟雷，主编. **不可不学的十万个为什么・文化科技**[M]. 长春：吉林美术出版社，2011. 第 34 页 丝绸之路是怎么回事.
24. 张红卫，编著. **青少年课外知识全知道**[M]. 北京：中国书店，2011. 第 134 页 丝绸之路.
25. 舒盈，编. **中国神秘未解之谜**[M]. 北京：高等教育出版社，2011. 第 101 页 丝绸之路的起点和终点之谜.
26. 庞凤，孙杰，编. **科普知识 1000 问与答 5：历史、文化、艺术**[M]. 北京：中国人口出版社，2011. 第 23 页 为什么古代的通商之路被称作“丝绸之路”.
27. 韩震，主编. **中国五千年未解之谜**[M]. 长春：吉林出版集团有限责任公司，2011. 第 251 页 丝绸之路是如何开辟的.
28. 春之霖，上官紫薇，编著. **千奇百怪大全集（第 1 卷）**[M]. 北京：中国华侨出版社，2011. 第 697 页 海上丝绸之路.

29. [英]哈瑞斯，[英]盖夫，著. **新儿童百科 360 问·金色卷**[M]. 北京：北京科学技术出版社，2011. 第 130 页 什么是“丝绸之路”；第 131 页 哪位意大利少年去过“丝绸之路”.

30. 宿春礼，编著. **万事万物由来**[M]. 北京：中国华侨出版社，2010. 第 141 页 海上贸易：海上丝绸之路.

31. 宿春礼，编著. **细说趣说万事万物由来大全集（第 2 卷）**[M]. 北京：华文出版社，2010. 第 309 页 海上贸易：海上丝绸之路.

32. 郭漫，著. **走进消逝的世界**[M]. 北京：航空工业出版社，2010. 第 24 页 丝绸之路.

33. 袁宏斌，主编. **中国少年儿童百科全书·人类社会**[M]. 精装版. 北京：中国戏剧出版社，2010. 第 135 页 班超与丝绸之路.

34. 舒盈，编. **中国未解之谜·世界未解之谜大全集**[M]. 北京：高等教育出版社，2010. 第 27 页 丝绸之路起至何方.

35. 龚勋，主编. **我们的社会**[M]. 北京：华夏出版社，2010. 第 62 页 丝绸之路是何时开辟的？

36. 雅瑟，著. **10 万个为什么大全集**[M]. 北京：企业管理出版社，2010. 第 343 页 为什么古代的通商之路称做“丝绸之路”.

37. 溥奎，李胜兵，主编. **中小学生万有文库：人类·历史**[M]. 合肥：黄山书社，2010. 第 37 页 丝绸之路.

38. 郭漫，主编. **十万个为什么**[M]. 学生图文版. 北京：航空工业出版社，2010. 第 104 页 你了解丝绸之路么？

39. 于海娣，徐胜华，主编. **人类神秘现象大全集**[M]. 北京：华文出版社，2010. 第 423 页 丝绸之路通向哪里.

40. 张荣华，主编. **中国未解之谜**[M]. 北京：中国华侨出版社，2010. 第 193 页 丝绸之路通向哪里.

41. [澳大利亚]丹尼斯·赖安，著. **顶级阅读·第四阶段享受阅读：历史揭秘**[M]. 北京：中央编译出版社，2009. 第 8 页 丝绸之路丝绸之路；第 32 页 今天的丝绸之路.

42. [日]株式会社学习研究社，编著. **世界各地的问题**[M]. 王维，译. 北京：北京科学技术出版社，2009. 第 25 页 丝绸之路有什么含义.

43. 墨人，主编. **中国少年儿童百科全书：人类·社会**[M]. 北京：中国戏剧出版社，2009. 第 190 页 班超重开丝绸之路.

44. [英]哈瑞斯，盖夫，著. **新概念儿童百科 360 问·金色卷**[M]. 北京：北京科学技术出版社，2009. 第 130 页 什么是“丝绸之路”；第 131 页 哪位意大利少年去过“丝绸之路”.

45. 华春，编著. **青少年应该知道的纤维**[M]. 北京：团结出版社，2009. 第 7 页 嫘妃养蚕和丝绸之路.

46. 晏权，主编. **鲁甸年鉴** 2008[M]. 云南：德宏民族出版社，2009. 第 101 页 县委、县政府关于首届“中国南丝绸之路”云南昭通文化旅游节鲁甸分会场总体方案的报告.

47. 万永勇，编著. **中国未解之谜大全集**[M]. 北京：华文出版社，2009. 第 233 页 丝绸之路通向哪里.

48. 刘景峰，编著. **中国古文明——超越中延续的历史之光**[M]. 北京：中国戏剧出版社，2009. 第 181 页 丝绸之路探秘.
49. 稻子文化，著. **百科漫游记趣味问与答·历史大观园**[M]. 北京：阳光出版社，2009. 第 28 页 丝绸之路最初是怎么开通的？.
50. 赵文明，主编. **文化常识大储备**[M]. 青少年版. 北京：石油工业出版社，2008. 第 4 页 丝绸之路.
51. 步社民，编著. **青少年不可不知的趣味知识全集**[M]. 北京：海潮出版社，2008. 第 151 页 古代的通商之路为何称作“丝绸之路”.
52. 步社民，编著. **不可不知的世界常识全集**[M]. 北京：海潮出版社，2008. 第 171 页 美丽的地球——亚洲鲜为人知的“丝绸之路”.
53. 广西大百科全书委员会，编. **广西大百科全书·历史（上）**[M]. 北京：中国大百科全书出版社，2008. 第 92 页 海上丝绸之路始发港.
54. 北京卡酷动画卫视，北京水晶石影视动画科技有限公司，编著. **福娃奥运趣味百科·历史文化卷**[M]. 北京：世界知识出版社，2008. 第 60 页 丝绸之路.
55. 董仁威，主编. **新世纪老年百科全书**[M]. 成都：四川辞书出版社，2008. 第 331 页 古丝绸之路游.
56. 武瑛娟，编. **少年儿童心智成长应备工具书·中华少年儿童万事通**[M]. 哈尔滨：哈尔滨出版社，2008. 第 142 页 丝绸之路在哪里.
57. 李文勇，编著. **青少年不可不知的 1001 个文化常识·中国卷**[M]. 北京：中国对外翻译出版公司，2008. 第 11 页 “丝绸之路”的开辟.
58. 蒋丰，编著. **中国未解之谜**[M]. 北京：北京出版社，2008. 第 37 页 丝绸之路起至何方.
59. 清渠，主编. **上下五千年难解之谜**[M]. 北京：北京工业大学出版社，2008. 第 171 页 海上丝绸之路的水下宝藏.
60. 胡太玉，编著. **中国当代神秘现象全纪录（上）**[M]. 北京：中国言实出版社，2008. 第 335 页 丝绸之路与茶马古道探秘.
61. 董淑亮，孟迎春，董瑶，编著. **99 个感动世界的破解谜团**[M]. 北京：金盾出版社，2008. 2304 页 茫茫大海觅知音——“海上丝绸之路”.
62.《中国小学生十万个为什么》编委会，编著. **中国小学生十万个为什么：历史·文化·社会**[M]. 北京：中国妇女出版社，2008. 第 11 页 张骞通西域与丝绸之路的形成.
63. 上海大世界基尼斯总部，编. **大世界基尼斯纪录大全：精选 10**[M]. 上海：文汇出版社，2008. 第 175 页 最多的玉石屏风——“丝绸之路”.
64. 何方园，编著. **万事由来大全**[M]. 北京：中央编译出版社，2007. 第 305 页 丝绸之路的由来.
65. 黄安，主编. **青少年必读知识文库·艺术卷**[M]. 北京：中国戏剧出版社，2007. 第 130 页“丝绸之路”上的艺术圣地——敦煌莫高窟.
66. 黄建华，编. **世界未解之谜**[M]. 延吉：延边人民出版社，2007. 第 379 页 丝绸之路的东方起点之谜.
67. 郝士钊，洪正，主编. **万事全知道**[M]. 北京：中国长安出版社，2007. 第 5 页 丝绸之路是谁走出来的；第 5 页 海上丝绸之路是怎么回事.

68. 纪江红，主编. **中国少年儿童百科全书：地球·地理**[M]. 杭州：浙江教育出版社，2007. 第 64 页 丝绸之路.
69. 纪江红，主编. **中国孩子最想知道的十万个为什么（A 卷）**[M]. 北京：北京少年儿童出版社，2007. 第 155 页 为什么说莫高窟是丝绸之路上的艺术殿堂.
70. 辰星文化，编著. **365 一天一个新知识·人文百科**[M]. 北京：连环画出版社，2006. 第 7 页 世界上有多少种语言. 丝绸之路是条什么路.
71. 晓华，编. **宝哆哆、贝啦啦课外读物精品·中国五千年历史故事（上）**[M]. 广州：广州出版社，2006. 第 110 页 丝绸之路.
72. 禹田，编绘. **学生探索百科全知道**[M]. 北京：同心出版社，2006. 第 194 页 古代通商之路为什么叫“丝绸之路”.
73. 崔建林，主编. **中国文明探秘**[M]. 北京：中国戏剧出版社，2006. 第 211 页 丝绸之路之谜.
74. 北京未来新世纪教育科学研究所，编. **海上丝绸之路**[M]. 呼和浩特：远方出版社，2006.
75. 韩琳，主编. **少儿百科（中）**[M]. 呼和浩特：内蒙古人民出版社，2006. 第 107 页 中国古代五条丝绸之路.
76. 关丽娜，编. **十万个全知道**[M]. 延吉：延边人民出版社，2006. 第 173 页 中国古代五条丝绸之路.
77. 赵玉臣，主编. **特别 999+1 个为什么**[M]. 北京：朝华出版社，2006. 第 286 页 什么是丝绸之路.
78. 纪江红，主编；贾宝花，葛云霞，编撰. **学生探索百科全书**[M]. 彩色图文版. 北京：北京出版社，2005. 第 204 页 欧亚大陆的链环：丝绸之路；第 205 页 丝绸之路.
79. 张晓峰，吴志樵，张林，主编. **青少年必读知识文库：文化·艺术卷（上）**[M]. 图文版. 开封：河南大学出版社，2005. 第 441 页 “丝绸之路”上的艺术圣地——敦煌莫高窟.
80. 郭永海，编著. **奇闻趣事未解之谜**[M]. 西安：陕西旅游出版社，2005. 第 90 页 中国古代五条丝绸之路.
81. 印红云，编著. **学生最爱读的学生万事通**[M]. 延吉：延边大学出版社，2005. 第 119 页 “丝绸之路”是如何开辟出来的.
82. 江笨湖，主编. **大师领读 A 计划·大师领读中国通史**[M]. 学生版. 北京：中国戏剧出版社，2005. 第 171 页 丝绸之路是怎样开辟的.
83. 星动，编著. **图说少儿大百科·宇宙&地球**[M]. 彩图版. 北京：中国电影出版社，2005. 第 156 页 丝绸之路.
84. 刘堂江，主编. **当代中学生百科全书·人类、历史**[M]. 北京：中国文史出版社，2005. 第 53 页 班超重开丝绸之路.
85. 赵春香，主编. **十万个为什么·历史篇**[M]. 北京：朝华出版社，2005. 第 60 页 什么是丝绸之路.
86. 刘景峰，编著. **中国古文明寻觅**[M]. 北京：中国戏剧出版社，2005. 第 158 页 丝绸之路探秘.
87. 侯继武，编. **数字的故事**[M]. 北京：中国文史出版社，2005. 第 313 页 中国古代五条丝绸之路.

88. 李杰，等，主编. **十万个为什么·文化科技探索**[M]. 哈尔滨：黑龙江少年儿童出版社，2005. 第 8 页 丝绸之路是怎么回事.

89. 李杰，等，主编. **伴我成长的十万个为什么·文化科技卷**[M]. 哈尔滨：黑龙江少年儿童出版社，2005. 第 10 页 丝绸之路是怎么回事.

90. 石门，冯洋，田晓菲，主编. **文化风情**[M]. 呼和浩特：远方出版社，2005. 第 226 页《丝绸之路》.

91. 尹建龙，赵文媛，骆新强，等，编著. **未解之谜**[M]. 南京：江苏少年儿童出版社，2005. 第 71 页 丝绸之路上的神秘国度——楼兰古国消失之谜.

92.《中国儿童百科全书》编委会，编. **中国儿童百科全书·话说地球**[M]. 北京：中国大百科全书出版社，2005. 第 60 页 探险陆上丝绸之路；第 62 页 张骞出使西域、丝绸之路北路的终点、玄奘西行取真经、丝绸之路的起点、东西方文化的使者、海上丝绸之路.

93. 李淑梅，程树群，编. **历史之谜**[M]. 西宁：青海人民出版社，2004. 第 27 页 “南方丝绸之路”之谜；第 31 页 丝绸之路的起点之谜.

94. 田晓娜，主编. **青少年百科博览·地理卷（下）**[M]. 西宁：青海人民出版社，2004. 第 30 页 中国古代五条丝绸之路.

95. 魏慧，主编. **智力经典**[M]. 呼和浩特：内蒙古人民出版社，2004. 第 329 页 “丝绸之路”始于哪个朝代.

96. 三辰影库音像出版社有限公司，设计制作. **蓝猫麻辣 3000 问·世界文明**[M]. 基础版. 长春：吉林美术出版社，2004. 第 106 页 丝绸之路是指哪里.

97. 岭南少儿，主编. **365 知识大王·金星卷**[M]. 广州：广州出版社，2004. 第 210 页 丝绸之路在哪里.

98. 程海序，主编；克孜勒苏自治州党委史志办，克孜勒苏自治州作家协会，编. **克孜勒苏——50 年作品选·情凝帕米尔（诗歌专辑）**[M]. 阿图什：克孜勒苏柯尔克孜文出版社，2004. 第 271 页 长安观光看丝绸之路表演随感.

99. 李一德，等，编. **超级 600 问·为什么说大话叫吹牛皮**[M]. 上海：少年儿童出版社，2004. 第 42 页 “丝绸之路”在哪里.

100. 董胜，主编. **少年儿童成长成事通** 2[M]. 天津：天津人民美术出版社，2004. 第 21 页 “丝绸之路”是如何开辟出来的.

101. 卓越，编著. **新编小学生十万个为什么·月光篇**[M]. 西安：陕西人民美术出版社，2004. 第 421 页 古代的“丝绸之路”在哪里.

102. 羽坤，主编. **少年儿童不知道的世界未解之谜·古今探险**[M]. 天津：天津人民美术出版社，2004. 第 178 页 海上丝绸之路是如何开辟的.

103. 高思芳，主编. **神秘现象全记录·奇闻卷**[M]. 最新修订彩图版. 北京：中国戏剧出版社，2003. 第 495 页 东西文化的交融——“丝绸之路”.

104. 张玉敏，主编. **少年儿童万事通（上）新世纪版**[M]. 天津：天津人民出版社，2003. 第 199 页 “丝绸之路”是如何开辟出来的.

105. 周林，主编. **奇闻趣事之谜**[M]. 乌鲁木齐：新疆人民出版社，2003. 第 13 页 中国古代五条丝绸之路.

106. 张弘，主编. **少年必读文库：中国少年百科全书（上）**[M]. 北京：中国档案出版社，2003. 第 28 页 丝绸之路的开启——张骞通西域.
107. 姚政，林力，主编. **千万个未解之谜（第 2 卷）**[M]. 长春：时代文艺出版社，2003. 第 28 页 "南方丝绸之路"之谜；第 34 页 丝绸之路的东方起点之谜；第 137 页 "丝绸之路"开辟于何时. 有几条主线.
108.《中国儿童百科全书》编辑委员会，编. **中国儿童百科全书**[M]. 北京：中国大百科全书出版社，2003. 第 74 页 陆上丝绸之路；第 74 页 丝绸之路的终点；第 75 页 丝绸之路的起点；第 76 页 海上丝绸之路.
109. 刘莹，主编. **古代文明未解之谜**[M]. 长春：时代文艺出版社，2003. 第 14 页 丝绸之路之谜.
110. 李华雍，常云鹰，编. **幼儿千千问·蓝色小问号**[M]. 长春：吉林美术出版社，2003. 第 81 页 "丝绸之路"是什么路.
111. 袁野，主编；聚龙堂漫画社，绘. **小学生十万个问不倒（4）**[M]. 天津：天津人民美术出版社，2003. 第 240 页 海上丝绸之路是如何开辟的？.
112. 陈国勇，主编. **千万个为什么·祖国在我心中（一）**[M]. 长春：长春儿童出版社，2003. 第 65 页 为什么把从我国到古罗马国的路称作"丝绸之路"；第 69 页 为什么说我国是丝绸的故乡.
113. 陈国勇，主编. **千万个为什么·历史趣闻（二）**[M]. 长春儿童出版社，2003. 第 71 页 为什么"香料之路"又称"海上丝绸之路".
114. 高富营，主编. **数字知识精粹**[M]. 北京：国防大学出版社，2003. 第 254 页 中国古代五条丝绸之路.
115. 钱浩，主编. **小博士学习百科通**[M]. 北京：中国致公出版社，2003. 第 271 页 丝绸之路在哪里.
116. 良石，主编. **少年全球通**[M]. 赤峰：内蒙古科学技术出版社，2003. 第 53 页 美丽的地球——亚洲鲜为人知的"丝绸之路"
117. 润之，编. **趣味开心辞典**[M]. 乌鲁木齐：新疆人民出版社，2003. 第 52 页 丝绸之路形成于何时；第 52 页 丝绸之路的源头.
118. 贾宝珍，苏晋生，主编. **新世纪文化百科**[M]. 西安：陕西人民出版社，2002. 第 135 页 什么是丝绸之路.
119. 贺玲，编. **新世纪少儿百科全书（中）**[M]. 北京：蓝天出版社，2002. 第 218 页 丝绸之路.
120. 冯长根，主编. **世界大百科·牛顿世界 2·人类·历史**[M]. 学生通用版. 北京：华夏出版社，2002. 第 36 页 丝绸之路.
121. 汪敬东，编. **千古之谜——宇宙·地理·自然·人类·飞碟·文史**[M]. 乌鲁木齐：新疆人民出版社，2002. 第 87 页 丝绸之路东方起点之谜.
122. 刘幸，主编；刘鹏，田雨，撰. **人类神秘现象全破译（上）：全面破译有关人类的 134 个神秘悬案**[M]. 北京：中国戏剧出版社，2002. 第 218 页 海上丝绸之路之谜.
123. 张晓兰，主编. **学生万事通**[M]. 北京：中国致公出版社，2002. 第 235 页 古代的通商之路为何称做"丝绸之路".
124. 谢启林，主编. **知识竞赛 3000 问**[M]. 北京：知识产权出版社，2002. 第 319 页 丝绸之路是在什么时候由谁开辟的；第 320 页 丝绸之路是一条什么样的路；第 414 页 古丝绸之路起止何地；历史意义何在.

125. 李练，编. **古今趣谈**[M]. 长春：北方妇女儿童出版社，2002. 第 82 页 丝绸路上的围棋；第 116 页“新航路”和“丝绸之路”；第 383 页 丝绸之路形成于春秋战国.
126. 李平收，主编. **天下事全知道**[M]. 儿童版. 北京：中国致公出版社，2002. 第 74 页“丝绸之路”是如何开辟出来的.
127. 溥奎，主编. **中国百科全书 1：历史政治卷**[M]. 简明彩图版. 北京：光明日报出版社，2002. 第 35 页 丝绸之路.
128. 李军，主编. **十万个为什么：历史·民俗**[M]. 彩图版. 长春：北方妇女儿童出版社，2002. 第 15 页 丝绸之路是怎样开通的.
129. 茂才，编著. **探索与发现之四**[M]. 乌鲁木齐：新疆人民出版社，2002. 第 196 页 丝绸之路的交汇点.
130. 刘幸，编. **人类神秘现象全破译（上）**[M]. 北京：中国戏剧出版社，2002. 第 218 页 海上丝绸之路之谜.
131. 熊国军，张弘，主编. **十万个为什么（第 11 册）**[M]. 学生版. 长春：时代文艺出版社，2001. 第 2553 页 为什么“香料之路”又称“海上丝绸之路”.
132. 韩国我们企划，编. **少儿科普乐园丛书·世界历史篇**[M]. 刘海生，刘一丹，译. 北京：中国大地出版社，2001. 第 60 页 丝绸之路上有丝绸吗？.
133. 程力华，主编；马博华，等，撰稿；蒋和平，绘图. **中国儿童百科全书·地球家园**[M]. 北京：中国大百科全书出版社，2001. 第 74 页 探险陆上丝绸之路；第 74 页 丝绸之路的终点；第 75 页 丝绸之路的起点；第 76 页 海上丝绸之路.
134. 王新民，主编；蒋志伟，等，编写. **少年百科知识：天文·地理卷**[M]. 成都：四川人民出版社，2001. 第 115 页 丝绸之路.
135. 邢万里，编著. **人类神秘现象全记录续集（上）**[M]. 北京：大众文艺出版社，2001. 第 431 页 海上丝绸之路之谜.
136. 刘华明，郭运河，主编. **新编中国大百科全书（第 3 卷）**[M]. 北京：印刷工业出版社，2001. 第 435 页 先于“丝绸之路”的“稻米之路”；第 436 页 丝绸之路的源头；第 436 页 古代南方“丝绸之路”；第 436 页 古代海上丝绸之路；第 437 页 古代一条游牧丝绸之路.
137. 李学文，编. **中国袖珍百科全书·中国历史卷**[M]. 北京：长城出版社，2001. 第 3714 页 丝绸之路.
138. 《开心辞典抢答》编辑室，编. **e 时代开心辞典**[M]. 赤峰：内蒙古科学技术出版社，2001. 第 385 页 丝绸之路荒废之谜.
139. 熊国军，主编. **十万个为什么 中外历史卷**[M]. 彩色版. 长春：时代文艺出版社，2001. 第 98 页 丝绸之路是什么时候开通的.
140. 刘华明，郭运河，主编. **新编中国大百科全书（第 4 卷）**[M]. 北京：印刷工业出版社，2001. 第 435 页 先于“丝绸之路”的“稻米之路”.
141. 刘华明，主编. **新编中国大百科全书**[M]. 北京：印刷工业出版社，2001. 第 435 页 先于“丝绸之路”的“稻米之路”.

142. 李学文，李章宇，主编．**中国袖珍百科全书·文化、中国文学卷**[M]．北京：长城出版社，2001．第 2115 页 丝绸之路．

143. 邢万里，编著．**人类神秘现象全记录续集（下）**[M]．北京：大众文艺出版社，2001．第 431 页 海上丝绸之路之谜．

144. 刘兴诗，董仁威，主编．**新世纪少年儿童百科全书（春、夏、秋、冬卷）**[M]．成都：四川辞书出版社，2001．第 382 页 丝绸之路．

145. 王茁芝，编．**青少年百科全书（第十二）：文史知识**[M]．延吉：延边人民出版社，2000．第 15 页 为什么把从我国到古罗马国的路称作“丝绸之路”；第 148 页 为什么“香料之路”又称“海上丝绸之路”．

146. 吴业友，编著．**新编小学生十万个为什么·第四系列**[M]．北京：大众文艺出版社，2000．第 311 页 “丝绸之路”是一条什么路？．

147. 曾妮，主编．**青年知识手册**[M]．延吉：延边大学出版社，2000．第 216 页 丝绸之路上的地名释意．

148. 四平，主编．**儿童 1000 个早知道**[M]．长沙：湖南少年儿童出版社，2000．第 150 页 张骞开辟“丝绸之路”．

149. 张海军，主编．**少儿百科全书**[M]．长春：北方妇女儿童出版社，1999．第 29 页 丝绸之路的开辟．

150. 苏伦，等，编．**少年实用知识辞典**[M]．北京：文化艺术出版社，1999．第 31 页 丝绸之路．

151. 月箫，编．**跨世纪少儿百科全书·人类历史**[M]．北京：航空工业出版社，1998．第 83 页 重开丝绸之路的班超．

152. 施旭升，吴绍文，主编．**少儿小百科全书·第二系列·社会历史万花筒之四：中外历史之谜**[M]．通辽：内蒙古少年儿童出版社，1998．第 18 页 何时出现丝绸之路；第 19 页 什么叫海上丝绸之路．

153. 邸雄，主编．**中国少儿百科全书** 1[M]．修订本．西安：陕西人民出版社，1998．第 61 页 班超重开丝绸之路．

154. 郑延慧，主编．**幼儿十万个为什么·高山、海洋和城市**[M]．成都：四川少年儿童出版社，1998．第 67 页 丝绸之路在哪里？是卖丝绸的马路吗？

155. 张国文，大勇，编．**趣数珍闻**[M]．北京：北京邮电大学出版社，1998．第 114 页 丝绸之路有几条．

156. 毕淑敏，总编．21 **世纪环球大探索**[M]．上海：上海科学普及出版社，1997．第 34 页 马可·波罗和丝绸之路．

157. 黄双江，刘鹤，主编．**小学生十万个为什么**[M]．石家庄：河北少年儿童出版社，1997．第 180 页 丝绸之路是怎样打通的．

158. 黄镜生，等，编著．**来龙去脉**[M]．广州：广东省地图出版社，1996．第 314 页 “丝绸之路”的源头在何处．

159. 陈效师，主编．**故事奶奶问答**[M]．北京：中国少年儿童出版社，1996．第 8 页 丝绸之路是什么时候开通的．

160. 黄进先，主编. **大众知识小百科・历史**[M]. 海口：南海出版公司，1995. 第 142 页 张骞通西域与丝绸之路.
161. 柯愈春，主编. **最新读报指南**[M]. 合肥：安徽科学技术出版社，1995. 第 355 页 丝绸之路.
162. 涌文，编著. **中国孩子的疑问・历史故事篇**[M]. 北京：中国少年儿童出版社，1995. 第 60 页 “丝绸之路”在哪里.
163. 田晓娜，主编. **百科荟萃：科技・医学・天文・地理・生物**[M]. 北京：国际文化出版公司，1995. 第 672 页 中国古代五条丝绸之路.
164. 杨寄林，主编，贾秀军，等，撰. **中国中小学生百科全书**[M]. 哈尔滨：哈尔滨出版社，1995. 第 460 页 丝绸之路的开拓者——张骞.
165. 林崇德，何本方，主编. **中国少年儿童百科全书：人类・社会**[M]. 杭州：浙江教育出版社，1994. 第 169 页 班超重开丝绸之路.
166. 余楚杰，主编. **睡前一刻钟记忆要点**[M]. 北京：中国医药科技出版社，1993. 第 159 页 丝绸之路.
167. 吴民，主编. **亿万个为什么・中外历史卷**[M]. 北京：中华工商联合出版社，1993. 第 67 页 为什么张骞被誉为古丝绸之路的拓荒者；第 124 页 唐朝怎样打通“丝绸之路”.
168. 张晓爱，主编. **百科日历・北京电视台“七色光”专题系列片**[M]. 北京：中国少年儿童出版社，1993. 第 334 页 丝绸之路.
169. 常秉义，冯广华，编著. **中国创世界纪录大全**[M]. 北京：光明日报出版社，1992. 第 201 页 丝绸之路.
170. 谭国庆，秦艳苹，编著. **300 例常识正误趣谈**[M]. 北京：中国旅游出版社，1992. 第 162 页 丝绸之路并非一条.
171. 北京大学国情研究所，编纂. **世界文明百科全书**[M]. 太原：山西教育出版社，1992. 第 943 页 丝绸之路.
172. 王业文，王业挺，主编. **中国的世界之最大全**[M]. 北京：海洋出版社，1992. 第 526 页 世界著名的“丝绸之路.
173. 天津日报编辑部，编. **百科之窗集粹** 7[M]. 天津：天津科技翻译出版公司，1992. 第 231 页 新发现的草原丝绸之路.
174. 朱思敬，等，编. **百科新考证新发现集萃**[M]. 昆明：云南少年儿童出版社，1992. 第 333 页 丝绸之路形成于春秋战国时期；第 334 页 丝绸之路的源头究竟在哪儿；第 470 页 中国北方发现战国时期古道丝绸之路.
175. 张国臣，张天定，主编. **中国文化之最**[M]. 北京：中国旅游出版社，1991. 第 1090 页 第一个开辟丝绸之路的人；第 1090 页 最早的海上“丝绸之路”.
176. 林崇德，何本方，主编. **中国少年儿童百科全书 人类・社会**[M]. 杭州：浙江教育出版社，1991. 第 164 页 班超重开丝绸之路.
177. 张锋，主编. **当代中国百科大辞典**[M]. 北京：档案出版社，1991. 第 789 页 精微绣《丝绸之路》.
178. 江苏少年儿童出版社，编. **万事由来集成**[M]. 南京：江苏少年儿童出版社，1991. 第 992 页 丝绸之路.

179. 王海泉，编. **数字拾趣**[M]. 合肥：黄山书社，1991. 第 68 页 “丝绸之路”有四条.
180. 耿天奇，编著. **追根溯源 400 事**[M]. 西安：陕西旅游出版社，1991. 第 305 页 “丝绸之路”源头探源.
181. 张新民，孙清儒，编著. **中华之光**[M]. 长春：长春出版社，1990. 第 250 页 丝绸之路有几条.
182. 田永源，张淑英，编著. **世界博览・千万个知多少**[M]. 济南：山东友谊出版社，1990. 第 29 页 中国古代丝绸之路知多少.
183. 高书全，等，主编. **日本百科辞典**[M]. 长春：吉林人民出版社，1990. 第 579 页 丝绸之路组曲.
184. 解放军报《报刊文萃》编辑组，编. **报刊文萃 1989 年（下）**[M]. 北京：长征出版社，1990. 第 166 页 鲜为人知的南方丝绸之路.
185. 李福田，董延梅，主编. **中国文化小百科**[M]. 天津：百花文艺出版社，1989. 第 382 页 古代世界最长的商路——丝绸之路.
186. 马慧勤，编. **中国少数民族之最**[M]. 拉萨：西藏人民出版社，1989. 第 242 页 我国最早的丝绸之路.
187. 田宗跃，郭建跃，编著. **知识溯源大全**[M]. 南京：江苏科学技术出版社，1989. 第 592 页 丝绸之路.
188. 解放军报《报刊文萃》编辑组，编. **报刊文萃**[M]. 北京：长征出版社，1988. 第 278 页 丝绸之路形成于春秋战国时期.
189. 冯连仲，朱志秋，编. **知识文摘大观园**[M]. 北京：电子工业出版社，1988. 第 287 页 丝绸之路形成于春秋战国时期.
190. 杨少平，主编. **当代职工百科知识手册**[M]. 沈阳：辽宁大学出版社，1987. 第 724 页 张骞与“丝绸之路”；第 786 页 “丝绸之路”与我国古代精湛的纺织技术.
191. 李泽民，魏明生，编. **世界奇闻・珍闻・趣闻集锦**[M]. 成都：四川辞书出版社，1986. 第 424 页 1252. 丝绸之路的壁画.
192. 江苏科学技术出版社社科普编辑室，编. **古今中外 12**[M]. 南京：江苏科学技术出版社，1983. 第 10 页 “海上丝绸之路”新证.
193. 赵衡巩，辑. **世界珍闻**[M]. 长沙：湖南人民出版社，1980. 第 37 页 丝绸之路.

（三）辞　典

1. 石门，冯洋，田晓菲，主编. **秦晋历史常识辞典**[M]. 呼和浩特：远方出版社，2005. 第 50 页 丝绸之路.
2. 周国宝，主编. **旅游辞典**[M]. 延吉：延边人民出版社，2002. 第 392 页 丝绸之路游.
3. 袁世全，主编. **誉称大辞典**[M]. 上海：汉语大词典出版社，2002. 第 103 页 丝绸之路（西汉时开辟的中西交通路线）.
4. 湖北辞书出版社，编. **常用百科辞典**[M]. 武汉：湖北辞书出版社，1991. 第 260 页 丝绸之路.
5. 袁世全，主编. **中外誉称大辞典**[M]. 北京：北京燕山出版社，1991. 第 127 页 丝绸之路（西汉时开辟的中西交通路线）.

6. 夏征农，编．**辞海・历史地理分册**[M]．上海：上海辞书出版社，1989．第 476 页 丝绸之路．
7. 陈孝彬，等，主编．**教师百科辞典**[M]．北京：社会科学文献出版社，1987．第 519 页 丝绸之路；第 564 页 丝绸之路．
8. 夏征农，主编．**辞海・国际分册**[M]．2 版．上海：上海辞书出版社，1986．第 199 页 丝绸之路．
9. 武汉师范学校，主编．**简明知识词典**[M]．武汉：湖北人民出版社，1983．第 577 页 丝绸之路．
10. 辞海编辑委员会，编．**辞海・国际分册**[M]．上海：上海辞书出版社，1981．第 195 页 丝绸之路．
11. 辞海编辑委员会，编．**辞海・国际分册**[M]．修订稿．上海：上海辞书出版社，1978．第 140 页 丝绸之路．
12. 辞海编辑委员会，编．**辞海・地理分册（历史地理）**[M]．上海：上海辞书出版社，1978．第 348 页 丝绸之路．

（四）论文集、全集、选集、杂著

1. 杨宗德，等，主编．**实践呼唤理论——社会主义初级阶段的云南论文集（第 4 集）**[M]．昆明：云南人民出版社，1999．第 221 页 重振南方丝绸之路的雄风（和湛）．
2. 姚楠，著．**南天余墨**[M]．沈阳：辽宁大学出版社，1995．第 103 页 九、海上丝绸之路的主要路线及其与新马的关系．

（五）年刊、年鉴

1. 《洛阳年鉴》编委会，编．**洛阳年鉴** 2012[M]．郑州：中州古籍出版社，2013．第 451 页“丝绸之路”与大运河“申遗”．
2. 中共吐鲁番地委党史研究室，吐鲁番地区地方志编辑室，编．**吐鲁番年鉴** 2009[M]．五家渠：新疆生产建设兵团出版社，2010．第 186 页 中国丝绸之路吐鲁番葡萄节．
3. 北海市方志编纂委员会，编．**北海年鉴** 2009[M]．南宁：广西人民出版社，2009．第 146 页 编纂出版《北海合浦海上丝绸之路史》．
4. 乌鲁木齐县党史地方志编纂委员会，编．**乌鲁木齐县年鉴** 2009[M]．乌鲁木齐：新疆人民出版社，2009．第 138 页 丝绸之路生态园；第 142 页 7、南山寻古——丝绸之路生态园．
5. 武星斗，主编．**新疆年鉴** 2009[M]．乌鲁木齐：新疆年鉴社，2009．第 252 页 丝绸之路（新疆）国际建筑建材展览会；第 255 页 丝绸之路冰雪风情节；第 364 页 丝绸之路（新疆段）重点文物抢救保护工程；第 364 页 丝绸之路联合申报世界文化遗产．
6. 马庭宝，主编．**吐鲁番年鉴** 2008[M]．乌鲁木齐：新疆人民出版社，2009．第 286 页 第十六届中国丝绸之路吐鲁番葡萄节．
7. 王文福，主编．**昭通年鉴** 2008[M]．香港：中国文化出版社，2008．第 277 页 举办三星堆与南方丝绸之路青铜文化展．

8. 咸阳年鉴编纂委员会，编. **咸阳年鉴** 2008[M]. 西安：三秦出版社，2008. 第 236 页“丝绸之路”跨国联合申遗.
9. 马庭宝，主编. **吐鲁番年鉴** 2007[M]. 乌鲁木齐：新疆人民出版社，2008. 第 1 页 吐鲁番丝绸之路葡萄节.
10. 兰州市地方志办公室，编. **兰州年鉴** 2007[M]. 兰州：兰州大学出版社，2008. 第 102 页 起草“联合国新丝绸之路明珠城市（中国）评选活动”材料.
11. 武星斗，主编. **新疆年鉴** 2008[M]. 乌鲁木齐：新疆年鉴社，2008. 第 241 页 丝绸之路（新疆）国际建筑建材展览会；第 242 页 2007 丝绸之路比什凯克中国商品展览会 第 242 页 2007 丝绸之路国际服装服饰节；第 346 页 联合申报“丝绸之路”为世界文化遗产.
12. 董向军，主编. **阿克苏年鉴** 2008[M]. 乌鲁木齐：新疆人民出版社，2008. 第 32 页 丝绸之路考察发车仪式.
13. 宋光剑，主编. **乌鲁木齐市水磨沟区年鉴** 2007[M]. 乌鲁木齐：新疆人民出版社，2008. 第 276 页 “丝绸之路”冰雪风情节.
14. 乌鲁木齐市党史地方志编委会办公室，编. **乌鲁木齐年鉴** 2008[M]. 乌鲁木齐：新疆人民出版社，2008. 第 38 页 2007 丝绸之路冰雪风情节乌昌联合新闻发布会；第 190 页 2007 年丝绸之路国际服装服饰节；第 191 页 2007 年丝绸之路（新疆）国际建筑建材展览；第 191 页 2007 丝绸之路比什凯克中国商品展览会；第 206 页 第五届“丝绸之路冰雪风情游”；第 279 页 2007 年丝绸之路国际服装服饰文化节《亚心神韵》.
15. 连云港地方志办公室，编. **连云港年鉴** 2007[M]. 北京：方志出版社，2007. 第 215 页 新丝绸之路明珠城市申报启动仪式.
16. 乃依木·亚森，主编；乌鲁木齐市党史地方志编委会办公室，编. **乌鲁木齐年鉴** 2007[M]. 乌鲁木齐：新疆人民出版社，2007. 第 195 页 2006 丝绸之路国际服装服饰节境外展暨 2006 比什凯克中国新疆商品展览会；第 222 页 丝绸之路冰雪风情游精品线路.
17. 金文平，主编. **鹿城年鉴** 2004[M]. 北京：方志出版社，2007. 第 235 页 新疆丝绸之路的装扮者林文俊.
18.《宝鸡年鉴》编纂委员会，编. **宝鸡年鉴** 2007[M]. 西安：三秦出版社，2007. 第 146 页 民营企业支持宝鸡市申报新丝绸之路明珠城市；第 248 页 宝鸡市参加联合国新丝绸之路明珠城市评选.
19. 市地方志暨《德阳年鉴》编纂委员会，编纂. **德阳年鉴** 2006[M]. 北京：方志出版社，2006. 第 175 页 组织企业参加乌鲁木齐国际丝绸之路展示会.
20.《巴音郭楞年鉴》编委会，编. **巴音郭楞年鉴** 2006[M]. 乌鲁木齐：新疆人民出版社，2006. 第 261 页 古“丝绸之路”新疆段文物保护方案获国家批准.
21. 武星斗，主编，新疆维吾尔自治区地方志编纂委员会，编. **新疆年鉴** 2006[M]. 新疆年鉴社，2006. 第 39 页 丝绸之路国际服装服饰节；第 123 页 丝绸之路沿线部分国家驻华使节访问新疆.
22. 白新华，主编；《原州年鉴》编辑部，编. **原州年鉴** 2005[M]. 北京：方志出版社，2006. 第 248 页 《丝绸之路在固原展览》.

23. 武星斗，主编；新疆维吾尔自治区地方志编纂委员会，编辑．**新疆年鉴** 2005[M]．乌鲁木齐：新疆年鉴社，2005．第 35 页 2004 丝绸之路国际服装服饰节；第 102 页 中国剧作家西部考察团丝绸之路大采风；第 188 页 新疆宏景集团投资建设丝绸之路国际滑雪场；第 324 页 古道新彩——中国西部丝绸之路美术作品在美巡展；第 327 页 丝绸之路新疆段重点文物抢救保护项目调研组来新疆考察．
24. 冯炯华，主编；《宁夏年鉴》编辑委员会，编．**宁夏年鉴** 2005[M]．北京：方志出版社，2005．第 338 页 银川作为丝绸之路旅游线路考察的起点．
25. 刘培仓，主编．**陕西年鉴** 2005[M]．西安：陕西年鉴社，2005．第 426 页 第三届国际丝绸之路大会．
26. 徐闻县地方志编纂委员会，编．**徐闻年鉴** 2004[M]．广州：广东省地图出版社，2005．第 26 页 汉代“海上丝绸之路”最早始发港徐闻古港；第 30 页 徐闻县汉代海上丝绸之路最早始发港专家论证会结论．
27.《密山年鉴》编辑委员会，编．**密山年鉴** 2004[M]．哈尔滨：哈尔滨地图出版社，2005．第 193 页 “红色丝绸之路”上的重要枢纽．
28. 雪克莱提·扎克尔，主编；乌鲁木齐市党史地方志编委会办公室，编．**乌鲁木齐年鉴** 2004[M]．乌鲁木齐：新疆人民出版社，2004．第 190 页 丝绸之路冰雪风情游活动；第 196 页 丝绸之路冰雪风情游精品线路．
29. 潘征，主编；《福建年鉴编》纂委员会，编．**福建年鉴** 2004[M]．福州：福建人民出版社，2004．第 363 页 福建省“海上丝绸之路：泉州史迹”文化遗产保护管理办法．
30. 杨俊峰，主编；泉州市地方志编纂委员会《泉州年鉴》总编室，编．**泉州年鉴** 2004[M]．北京：方志出版社，2004．第 322 页 泉州与“海上丝绸之路”．
31. 德阳《北海年鉴》编纂委员会，编．**北海年鉴** 2004[M]．北京：方志出版社，2004．第 36 页 关于宁波、泉州、广州发掘、宣传、展示“古代海上丝绸之路始发港”遗址近况及对我市海丝工作的建议．
32. 孙亚伟，主编；西安市地方志办公室，编．**西安年鉴** 2004[M]．西安：西安出版社，2004．第 186 页 西北五省区联合打造丝绸之路旅游品牌．
33. 武星斗，主编；新疆维吾尔自治区地方志编纂委员会，编辑．**新疆年鉴** 2004[M]．乌鲁木齐：新疆年鉴社，2004．第 306 页 新疆丝绸之路文物特展．
34. 陕西年鉴社，编．**陕西年鉴** 2003[M]．西安：陕西年鉴社，2003．第 155 页 2002 丝绸之路国际学术研讨会．
35. 西安市地方志编委会，编．**西安年鉴** 2003[M]．西安：西安出版社，2003．第 305 页 丝绸之路 2002 年·西安第八届亚洲诗人大会；第 310 页 组织丝绸之路国际研讨会代表参观唐大明宫含元殿遗址．
36.《北海年鉴》编委会，编．**北海年鉴** 2003[M]．南宁：广西人民出版社，2003．第 237 页 古代“海上丝绸之路”始发港是北海合浦港的宣传；第 248 页 古代海上丝绸之路始发港考证取得突破．
37.《咸阳年鉴》编纂委员会，编．**咸阳年鉴** 2002[M]．西安：三秦出版社，2002．第 250 页 中意丝绸之路文化交流．

38. 周伯光，主编；《陕西年鉴》编纂委员会编．**陕西年鉴** 2002[M]．西安：陕西年鉴社，2002．第 312 页 西安丝绸之路国际旅游节；第 431 页 2001 中国西安丝绸之路国际旅游节．

39.《广州年鉴》编纂委员会，编．**广州年鉴** 2002[M]．广州：广州年鉴社，2002．第 349 页“海上丝绸之路”发祥地开发利用综合研究．

40. 张建国，孙亚伟，主编；西安市地方志编纂委员会，编．**西安年鉴** 2002[M]．西安：西安出版社，2002．第 205 页 举办 2001 年西安丝绸之路国际旅游节．

41. 泉州市地方志编纂委员会，编．**泉州年鉴** 1996—2000[M]．北京：中国社会科学出版社，2002．第 221 页 中国与东南亚国际学术讨论会暨联合国教科文组织“丝绸之路综合研究”十周年庆典．

42. 全哲洙，主编，吉林省地方志编纂委员会，编．**吉林年鉴** 2001[M]．长春：吉林年鉴社，2001．第 254 页《明清东北亚水陆丝绸之路与虾夷锦研究》完成．

43. 新疆维吾尔自治区地方志编纂委员会，编辑．**新疆年鉴** 2001 [M]．乌鲁木齐：新疆年鉴社，2001．第 221 页 香港四驱会首访丝绸之路．

44.《中华人民共和国年鉴》编辑部，编．**中华人民共和国年鉴** 1999（下）[M]．北京：中华人民共和国年鉴社，2000．第 1196 页 丝绸之路沿线首次发现 3 种贫血突变基因．

45. 王启文，孙亚伟，主编；西安市地方志编纂委员会，编．**西安年鉴** 2000[M]．西安：西安出版社，2000．第 237 页 让丝绸之路再现辉煌．

46.《湛江年鉴》编纂委员会，编．**湛江年鉴** 2000[M]．北京：作家出版社，2000．第 40 页 “海上丝绸之路”与湛江沿海古代港埠．

47.《广州年鉴》编纂委员会，编．**广州年鉴** 2000[M]．广州：广州年鉴出版社，2000．第 353 页 广州与海上“丝绸之路”学术座谈会．

48. 新疆维吾尔自治区地方志编纂委员会，编辑．**新疆年鉴** 2000[M]．乌鲁木齐：新疆年鉴社，2000．第 317 页 野口升和吉泽裕考察丝绸之路文物遗址．

49. 李宏，主编，喀什地委史志办，编．**喀什年鉴** 2000[M]．乌鲁木齐：新疆人民出版社，2000．第 268 页 成功举办“丝绸之路——喀什文化旅游节”．

50. 西安市地方志编纂委员会，编．**西安年鉴** 1998[M]．西安：西安出版社，1998．第 93 页 西安新桃花源杯丝绸之路城墙国际马拉松友谊赛．

51. 武星斗，主编；新疆维吾尔自治区地方志编纂委员会，编．**新疆年鉴** 1998[M]．乌鲁木齐：新疆人民出版社，1998．第 329 页 97“中国环游丝绸之路”国际公路自行车邀请赛．

52. 西安市地方志编纂委员会，编．**西安年鉴** 1997[M]．西安：西安出版社，1997．第 160 页 丝绸之路国际研讨会在西安召开．

53. 西安年鉴编纂委员会，编．**西安年鉴** 1996[M]．西安：西安出版社，1996．第 181 页 杭州“丝绸之路万里行友好使者团”从西安出发西行．

54.《福建年鉴》编纂委员会，编纂．**福建年鉴** 1995[M]．福州：福建人民出版社，1995．第 70 页 “海上丝绸之路与伊斯兰文化”国际学术讨论会在泉州召开．

55. 新疆维吾尔自治区地方志编纂委员会，编．**新疆年鉴** 1995[M]．乌鲁木齐：新疆人民出版社，1995．第 320 页 丝绸之路边境文化长廊工程．

56.《西安年鉴》编纂委员会，编. **西安年鉴** 1995[M]. 西安：西安出版社，1995. 第 230 页 《丝绸之路》等 5 幅雕塑作品获奖.
57.《中国年鉴》编辑部，编. **中国年鉴** 1994[M]. 北京：中国年鉴社，1994. 第 204 页 古丝绸之路上的明珠——七里河区.
58.《西安年鉴》编纂委员会，编. **西安年鉴** 1994[M]. 西安：陕西人民出版社，1994. 第 69 页 冯煦初率团赴德参加“中国的黄金时代——丝绸之路”展览活动；第 188 页 西安海外旅游总公司组织美国现代“丝绸之路”探险旅行团；第 256 页 西北五省（区）旅游局联办“丝绸之路旅游展”；第 268 页 丝绸之路西安城墙国际马拉松赛.
59. 北京市地方志编纂委员会，编. **北京年鉴** 1994[M]. 北京：北京年鉴社，1994. 第 543 页 丝绸之路传奇宫落户金海湖畔.
60. 新疆维吾尔自治区地方志编纂委员会，编. **新疆年鉴** 1994[M]. 乌鲁木齐：新疆人民出版社，1994. 第 310 页 出版《丝绸之路研究丛书》.
61. 张明义，王立行，主编. **北京年鉴** 1993[M]. 北京：北京年鉴出版社，1993. 第 561 页 “丝绸之路展”在新加坡举办.
62.《西安年鉴》编纂委员会，编. **西安年鉴** 1993[M]. 西安：陕西人民出版社，1993. 第 203 页 92 中国“丝绸之路”首游式在西安举行.
63. 无锡市地方志编纂委员会办公室，编. **无锡年鉴** 1986—1990[M]. 上海：上海人民出版社，1992. 第 259 页 精微绣《丝绸之路》被评为国家工艺美术珍品.
64. 孙周远，车光杰，主编；中共曲靖地委史志工作委员会，编. **曲靖地区年鉴** 1991[M]. 昆明：云南民族出版社，1991. 第 568 页 西南丝绸之路艺术摄影展.
65. 北京新华通讯社《中国年鉴》编辑部，编. **中国年鉴** 1991[M]. 北京：中国年鉴社，1991. 第 318 页 国际科学考察队考察丝绸之路.
66. 新疆维吾尔自治区地方志编纂委员会，编. **新疆年鉴** 1991[M]. 乌鲁木齐：新疆人民出版社，1991. 第 367 页 丝绸之路考察及乌鲁木齐国际学术讨论会.
67. 云南省昭通地区地方志编纂委员会，编. **昭通地区年鉴** 1991[M]. 昆明：云南民族出版社，1991. 第 208 页 参加“西南丝绸之路文物摄影艺术展”.
68. 北京市地方志编纂委员会，编. **北京年鉴** 1990[M]. 北京：中国城市出版社，1990. 第 629 页 赵以雄、耿玉琨夫妇赴“丝绸之路”考察写生.
69. 新疆维吾尔自治区地方志编纂委员会，编. **新疆年鉴** 1990[M]. 乌鲁木齐：新疆人民出版社，1990. 第 298 页 中巴联合摄制《丝绸之路》电视片.
70. 新疆维吾尔自治区地方志编纂委员会，编. **新疆年鉴** 1989[M]. 乌鲁木齐：新疆人民出版社，1989. 第 333 页 中国“丝绸之路”血红蛋白病成果鉴定会暨专题讨论会；第 361 页 中国美术家丝绸之路考察.
71.《广州年鉴》编纂委员会，编. **广州年鉴** 1987[M]. 广州：广州文化出版社，1987. 第 51 页 秦汉时期海上“丝绸之路”的交往.

（六）图书目录、文献、索引

1. 岳峰，周玲华，编. **丝绸之路研究文献书目索引**[M]. 乌鲁木齐：新疆人民出版社；香港：香港文化教育出版社，1994.

2. 杜瑜，朱玲玲，编. **中国历史地理学论著索引 1900—1980**[M]. 北京：书目文献出版社，1986. 第 362 页 3. 丝绸之路.
3. 陈延琪，萨莎，主编. **西域研究书目**[M]. 乌鲁木齐：新疆人民出版社，1990. 第 348 页（五）新疆和丝绸之路.
4. 中国农业博物馆资料室，主编. **中国农史论文目录索引**[M]. 北京：林业出版社，1992. 第 298 页（二）丝绸之路；第 300 页 2 海上丝绸之路.
5. 李延平，选编. **报刊文摘 300 篇・知识之窗**[M]. 延吉：延边教育出版社，1987. 第 34 页 "丝绸之路"有几条.
6. 唐建清，詹悦兰，编著. **中国比较文学百年书目**[M]. 北京：群言出版社，2006. 第 277 页《丝绸之路民族民间文学研究》.
7. 蔡健光，主编. **中国期刊大全**[M]. 北京：改革出版社，1996. 第 671 页 丝绸之路.
8. 张传玺，编. **战国秦汉史论文索引 1900—1980**[M]. 北京：北京大学出版社，1983. 第 99 页 新疆地区考古（附：丝绸之路）.
9. 王义军，主编. **读经解典・教学卷**[M]. 北京：知识产权出版社，2012. 第 141 页 通识课程考察"丝绸之路"之文化考察与课程建设（于闽梅）；第 162 页 大河无源："丝绸之路"畅想（王东成）.
10. 李元秀，主编. **影响中国历史进程的中国名址** 3[M]. 呼和浩特：内蒙古人民出版社，2005. 第 503 页 丝绸之路上的明珠——敦煌.
11. 李之檀，编. **中国服饰文化参考文献目录**[M]. 北京：中国纺织出版社，2001. 第 607 页 丝绸之路与服饰文化交流；第 608 页 丝绸之路综述；第 612 页 草原丝绸之路；第 614 页 西南丝绸之路；第 617 页 海上丝绸之路；第 622 页 丝绸之路地理；第 626 页 丝绸之路纪行与考察；第 631 页 丝绸之路历史；第 635 页 丝绸之路考古；第 643 页 线绸之路与民族；第 645 页 丝绸之路与对外关系；第 649 页 丝绸对外贸易；第 651 页 丝绸生产技术外传；第 653 页 丝绸之路与文化艺术交流.
12. 李元秀，主编. **影响中国历史进程的中国名址** 4[M]. 呼和浩特：内蒙古人民出版社，2005. 第 737 页 "海上丝绸之路"的起点——泉州.
13. 曾伊平，编. **东南亚研究图书目录**[M]. 厦门：厦门大学出版社，2005. 第 102 页 丝绸之路.
14. 中国社会科学院考古研究所资料信息中心，编. **中国考古学文献目录** 1971—1982[M]. 北京：文物出版社，1998. 第 387 页 二 丝绸之路.
15. 吴勤生，王琳乾，主编；潮汕历史文化研究中心资料征集办公室，编. **潮汕历史文化研究中心资料库・藏书叙录（续编二）**[M]. 香港：公元出版有限公司，2003. 第 7 页 瀚海驼铃——丝绸之路的人物往来与文化交流（杨晓霭）.
16. 李元秀，主编. **影响中国历史进程的中国名人** 2[M]. 呼和浩特：内蒙古人民出版社，2005. 第 350 页 丝绸之路上的使者——张骞.
17. 敦煌吐鲁番学北京资料中心，主编；李德范，方久忠，编著. **敦煌吐鲁番学论著目录初编（日文部分）**[M]. 北京：北京图书馆出版社，1999. 第 71 页（四）丝绸之路 第 520 页 丝绸之路.
18. 司理，等，编. **中国钱币图书纂要**[M]. 北京：中国金融出版社，2002. 第 142 页《南方丝绸之路货币研究》.

19. 赵书城，主编. **中国西部开发文献资料索引**（1985—1996）[M]. 兰州：兰州大学出版社，1999. 第 127 页 “丝绸之路”.
20. 中国社会科学院科研局，编. **中国社会科学院学术论著提要**（1993 年）[M]，北京：社会科学文献出版社，1997. 第 175 页 丝绸之路中国新疆段民族与考古研究的现状与展望（马大）；第 194 页 古代丝绸贸易与宗教活动（刘欣如）；第 299 页 龙文化的传播与丝绸之路（何星亮）.
21. 中外名人研究中心，中国文化资源开发中心，编. **中国名著大辞典**[M]. 合肥：黄山出版社，1994. 第 305 页 丝绸之路；第 305 页 丝绸之路乐舞艺术；第 305 页 丝绸之路诗词选集；第 305 页 丝绸之路造型艺术；第 305 页 丝绸之路与西域文化艺术.
22. 陈端，梅小璈，编. **《中国社会科学》总目提要·第二辑**（1990—1999）[M]. 北京：社会科学文献出版社，2000. 第 184 页 海上丝绸之路与广州.
23. 张成德，主编. **中国古今名书大观**[M]. 太原：山西人民出版社，1996. 第 1447 页 1477 南方陆上丝绸路.
24. 国家图书馆，编. **中国博士学位论文提要·人文社会科学部分** 2006（上）[M]. 北京：国家图书馆出版社，2009. 第 1327 页 丝绸之路神话研究（刘振伟）.
25. 张传玺，主编. **战国秦汉史论著索引三编**（1991—2000）[M]. 北京：北京大学出版社，2002. 第 125 页 新疆地区考古（附：丝绸之路）.
26. 姜亚沙，编. **影印珍本古籍文献举要**[M]. 北京：北京图书馆出版社，2002. 第 196 页 丝绸之路资料汇钞.
27. 张传玺，主编. **战国秦汉史论著索引续编（论文 1981—1990·专著 1900—1990）**[M]. 北京：北京大学出版社，1992. 第 138 页 新疆地区考古（附：丝绸之路）.
28. 叶桂生，等，编. **中国史研究文摘 1984 年（1-6 月）**[M]. 郑州：中州古籍出版社，1985. 第 127 页 “丝绸之路”始辟于何时（王云度）；第 128 页 丝绸之路述论（张英莉、戴禾）.

第三编　学位论文类

一、哲学、宗教

宗　教

1. 巫大健. **海上丝绸之路时期泉州多宗教文化共存现象的原因及特征探析**[D]. 乌鲁木齐：新疆师范大学，2013.
2. 魏小飞. **海上丝绸之路与南海区域宗教传播：以14世纪海上旅行家的游记为基础**[D]. 海口：海南师范大学，2012.
3. 段园园. **7-11世纪景教在陆上丝绸之路的传播**[D]. 兰州：兰州大学，2010.
4. 谢建伟. **浅析唐代海上丝绸之路的佛僧求法热潮**[D]. 湘潭：湖南科技大学，2009.

二、社会科学总论

民族学

1. 托玛索·泼罗扎朵. **中国丝绸之路甘青段人口迁徙与民族格局研究：以撒拉族的形成与发展为例**[D]. 北京：中央民族大学，2012.
2. 陈爱峰. **西夏与丝绸之路关系研究**[D]. 兰州：西北民族大学，2007.

三、政治、法律

（一）外交、国际关系

1. 张煜. **中国周边外交的理论分析和实践探索**[D]. 上海：上海国际问题研究院，2015.
2. 张林林. **从"大中亚计划"到"新丝绸之路愿景"：试析美国中亚政策的演变与前景**[D]. 北京：外交学院，2014.

（二）法　律

马慧玥. **丝绸之路与中国传统法律文化的域外传播**[D]. 北京：中国人民大学，2008.

四、经济类

（一）世界各国经济概况、经济史、经济地理

1. 张鑫. **新“丝绸之路”经济带经济优势互补分析**[D]. 大连：东北财经大学，2014.
2. 张钰璞. **新丝绸之路框架下中国与中亚五国经贸合作研究**[D]. 大连：东北财经大学，2014.
3. 张鹏. **以大连港为起点的丝绸之路物流节点布局研究**[D]. 大连：大连海事大学，2014.
4. 肖福阳. **丝绸之路经济带视域下中国电子信息企业开拓中亚市场策略研究：以四川九洲电器集团为例**[D]. 乌鲁木齐：新疆大学，2014.
5. 邹磊. **中国与伊斯兰世界“新丝绸之路”的兴起**[D]. 上海：复旦大学，2013.

（二）经济计划与管理

1. 于庆岩. **新丝绸之路经济带物流对经济增长的影响分析**[D]. 西安：陕西师范大学，2014.
2. 刘育红. **“新丝绸之路”经济带交通基础设施、空间溢出与经济增长**[D]. 西安：陕西师范大学，2012.
3. 卜婷. **丝绸之路西段工商业城市研究**[D]. 兰州：兰州大学，2009.
4. 汪威. **丝绸之路甘肃段旅游中心城市体系构建及其空间一体化发展研究**[D]. 兰州：西北师范大学，2007.

（三）交通运输经济

崔进赫. **通过铁路复兴丝绸之路：关于中国铁路产业的本分析，根据于效率性、政策及韩国铁路产业为进入中国铁路市场的战略**[D]. 上海：复旦大学，2010.

（四）旅游经济

1. 褚玉良. **丝绸之路中国段陕甘新省区入境旅游流时空变化研究**[D]. 西安：陕西师范大学，2011.
2. 郑春丽. **中国丝绸之路外国旅游者市场及行为决策研究**[D]. 乌鲁木齐：新疆大学，2010.
3. 吴烨. **中国丝绸之路吐鲁番葡萄节旅游客源市场预测与开发研究**[D]. 乌鲁木齐：新疆师范大学，2008.
4. 孟峰年. **“丝绸之路”甘肃段体育旅游资源开发理论的研究**[D]. 北京：北京体育大学，2007.
5. 王少华. **中国丝绸之路上古关隘旅游开发的现状和思考**[D]. 石家庄：河北师范大学，2007.
6. 吴迪. **陕西省“丝绸之路”旅游产品开发研究**[D]. 西安：西安建筑科技大学，2007.
7. 梁雪松. **遗产廊道区域旅游合作开发战略研究——以丝绸之路中国段为例**[D]. 西安：陕西师范大学，2007.

（五）贸易经济

1. 皮坚. **丝绸之路对外贸易走向衰落研究**[D]. 长沙：湖南大学，2011.
2. 张志鸿. **丝绸之路二次凿空与西北经济振兴**[D]. 上海：上海对外贸易大学，2006.

（六）财政、金融

于宁锴. **西安丝绸之路经济带区域性金融中心形成机理研究**[D]. 西安：西北大学，2014.

五、文化、科学、教育、体育

（一）世界各国文化与文化事业

1. 贺茹. **唐代丝绸之路中外文化交流研究**[D]. 咸阳：西北农林科技大学，2014.
2. **牛云峰. 丝绸之路新疆段中道上的民族文化资源开发研究——以库车一新和段为例**[D]. 石河子：石河子大学，2009.
3. 杨雪. **以丝绸之路文化遗产开发推动西北文化产业发展**[D]. 兰州：西北师范大学，2007.
4. 纳赛尔·阿里布赛义德. **丝绸之路与阿中文化交流**[D]. 北京：北京语言文化大学，1997.

（二）信息与知识传播

1. 韩阳. **新丝绸之路城市符号传播研究：以西安为例**[D]. 西安：西北大学，2014.
2. 曾凡东. **广东海上丝绸之路博物馆的发展研究**[D]. 广州：华南理工大学，2014.

（三）体　育

1. 闫长武. **对甘肃丝绸之路体育健身长廊建设分析报告**[D]. 兰州：西北师范大学，2012.
2. 唐海. **唐代西域丝绸之路新北道体育文化区研究**[D]. 乌鲁木齐：新疆师范大学，2010.

六、语言、文字

常用外国语

1. 王伟丹. **“昆仑论坛”及第一届“丝绸之路经济带城市合作论坛”交替传译实践报告**[D]. 乌鲁木齐：新疆师范大学，2014.
2. 周安楠. **联合国世界旅游组织第六届丝绸之路国际大会陪同翻译实践报告**[D]. 兰州：西北师范大学，2014.
3. 权志成. **立足于“译意”:《丝绸之路——甘肃》的英译**[D]. 兰州：兰州大学，2013.

七、艺 术

（一）世界各国艺术概况

钟丽娟. **丝绸之路景教艺术初探**[D]. 西安：西安美术学院，2012.

（二）雕 塑

刘炜. **城市雕塑《西安丝绸之路群雕》的艺术特点**[D]. 西安：西安美术学院，2010.

（三）音 乐

1. 阚蕾. **万里西域风，千年丝路情：赵季平《丝绸之路幻想组曲》音乐分析**[D]. 南昌：江西师范大学，2014.
2. 郑旦. **古丝绸之路，新丝路之音：由赵季平《丝绸之路幻想组曲》看丝绸之路音乐创作**[D]. 西安：西安音乐学院，2010.

（四）电影、电视艺术

1. 马楠. **"丝绸之路"在新中国纪录片中的呈现史研究：一个媒介地理学的视野**[D]. 长春：东北师范大学，2014.
2. 陈桃. **NHK《新丝绸之路》的叙事研究**[D]. 兰州：兰州大学，2013.
3. 施玥. **中国大型纪录片音乐四种功能研究：以《再说长江》《新丝绸之路》《森林之歌》为例**[D]. 天津：天津音乐学院，2012.
4. 吴慧雯. **跨文化传播环境下纪录片文化差异研究：以中美全作故宫、中日合作新丝绸之路纪录片为例**[D]. 南昌：南昌大学，2010.

八、历史、地理

（一）世界史

王三三. **帕提亚与丝绸之路关系研究**[D]. 天津：南开大学，2014.

（二）中国史

1. 丁洁云. **八世纪中日间的丝绸之路**[D]. 杭州：浙江工商大学，2013.
2. 曹寅. **丝绸之路与古代中国犹太人研究**[D]. 上海：上海社会科学院，2011.
3. 袁黎明. **唐代丝绸之路演变与西北市场格局的变动**[D]. 西安：陕西师范大学，2010.
4. 李永翎. **两汉至南北朝时期丝绸之路青海道对西平地区的文化影响**[D]. 北京：中央民族大学，2010.

5. 赵涛. **北朝丝绸之路的历史考察**[D]. 太原：山西大学，2008.
6. 李瑞哲. **魏晋南北朝隋唐时期陆路丝绸之路上的胡商**[D]. 成都：四川大学，2007.
7. 周敬阳. **论秦汉时期岭南海上丝绸之路的三大始发港**[D]. 广州：华南师范大学，2007.

（三）文物考古

1. 邓阳阳. **东北亚地区元代海上丝绸之路瓷器贸易**[D]. 呼和浩特：内蒙古师范大学，2014.
2. 梁芳. **北朝后期丝绸之路的重要节点：晋阳**[D]. 太原：山西大学，2013.
3. 颜信. **南方丝绸之路与古蜀对外关系探研**[D]. 成都：四川师范大学，2012.
4. 周剑虹. **文化线路保护管理研究：以丝绸之路陕西段为例**[D]. 西安：西北大学，2011.
5. 戴维. **鄯善地区汉晋墓葬与丝绸之路**[D]. 北京：北京大学，2005.

（四）地　理

1. 杨非. **关于“文化线路”的理论分析和对丝绸之路申报世界文化遗产的探讨**[D]. 北京：北京大学，2007.
2. 赵绪新. **中国西北区域旅游合作研究——以丝绸之路旅游开发为例**[D]. 武汉：武汉大学，2006.

九、天文学、地球科学

（一）测绘学

罗桂林. **基于空间信息技术的丝绸之路历史地理信息系统研究**[D]. 长沙：中南大学，2013.

（二）地球物理学

胡明清. **丝绸之路典型土遗址地震破坏机理与抗震安全性研究**[D]. 兰州：中国地震局兰州地震研究所，2008.

（三）大气科学（气象学）

吴静. **“丝绸之路”波列的年际变化特征研究**[D]. 青岛：中国海洋大学，2014.

十、生物科学

遗传学

1. 寿维华. **中国西北丝绸之路地区民族群体的Y染色体多态性研究**[D]. 昆明：云南大学，2008.

2. 杨留启. **中国古丝绸之路地区 13 个少数民族 mtDNA 多态性研究**[D]. 昆明：云南大学，2006.

十一、工业技术

（一）建筑科学

1. 冯琳. **甘肃丝绸之路沿线传统民居建筑装饰比较研究：以天水胡氏民居和武威民勤瑞安堡为例**[D]. 西安：西安美术学院，2013.
2. 吴浪. **历史博物馆展示空间设计的探索：以“新疆丝绸之路历史”主题为例**[D]. 乌鲁木齐：新疆大学，2012.
3. 丁小丽. **丝绸之路宁夏固原段遗产廊道空间格局研究**[D]. 西安：西安建筑科技大学，2008.
4. 范宇. **西南丝绸之路的保护与发展**[D]. 昆明：昆明理工大学，2006.
5. 奚雪松. **西南丝绸之路驿道聚落传统与现状研究**[D]. 昆明：昆明理工大学，2005.
6. 王志群. **西南丝绸之路灵关道（云南驿村——大田村）驿道聚落初探**[D]. 昆明：昆明理工大学，2004.

（二）一般工业技术

焦辉. **陕西丝绸之路旅游纪念品设计的研究**[D]. 西安：陕西科技大学，2014.

第四编　会议论文类

一、哲学、宗教

（一）哲学理论

1. 刘明贤. **合浦徐闻二港在古代海上丝绸之路中的特殊作用**[C]//海上丝绸之路研究：中国·北海合浦海上丝绸之路始发港理论研讨会论文集，2004.
2. 陈炎. 16-18 **世纪澳门港在海上丝绸之路中的特殊地位和影响**[C]//中外关系史论丛（第四辑），1992.

（二）世界哲学

1. 卢明辉，李烨. 17 **世纪中叶"草原丝绸之路"恰克图等口岸中俄贸易关系的发展**[C]//三条丝绸之路比较研究学术讨论会论文集，2001.
2. 万明. 16-17 **世纪中叶澳门对海上丝绸之路的历史贡献**[C]//中西初识二编——明清之际中国和西方国家的文化交流之二，2000.

（三）宗　教

1. 才吾加甫. **丝绸之路上的古代宗教**[C]//丝绸之路经济带文化资源与文化产业高峰论坛论文集，2014.
2. 魏文斌. **丝绸之路佛教及佛教艺术的交流**[C]//"丝绸之路：长安—天山廊道的路网"甘肃五处文化遗产成功列入《世界遗产名录》大会论文集，2014.
3. ZHAO DENGMING. **传播丝绸之路文化的杰出人物**[C]//亚洲合作对话丝绸之路务实合作论坛论文集，2014.
4. 陆芸. **试析海上丝绸之路在宗教文化传播中的作用**[C]//登州与海上丝绸之路——登州与海上丝绸之路国际学术研讨会论文集，2008.
5. 罗秉祥. **约翰·韦斯利"完全的爱"与龙树"大慈大悲"的丝绸之路对话**[C]//宗教对话与和谐社会，2007.
6. 李玉昆. **海上丝绸之路与宁波佛教**[C]//宁波与"海上丝绸之路"国际学术研讨会论文集，2005.
7. 黄浙苏. **论妈祖信仰对宁波海上丝绸之路发展的作用**[C]//宁波与"海上丝绸之路"国际学术研讨会论文集，2005.
8. 孙振玉. **从马德新的《朝觐途记》看近代西南丝绸之路**[C]//三条丝绸之路比较研究学术讨论会论文集. 2001.

9. 马德. **敦煌石窟艺术的中国化与中国南系佛教艺术散论——兼论南北“丝绸之路”有关问题**[C]. 三条丝绸之路比较研究学术讨论会论文集，2001.
10. 万明. **试论明代海陆丝绸之路的变迁——从葡萄牙耶稣会修士鄂本笃自陆路来华谈起**[C]//三条丝绸之路比较研究学术讨论会论文集，2001.
11. 温玉成. **中国的“仙佛模式”与丝绸之路**[C]//2000 年敦煌学国际学术讨论会论文提要集，2000.

二、社会科学总论

人才学

王杰，张爽. **“一带一路”背景下对新疆人才开发路径的思考**[C]// “决策论坛——基于公共管理学视角的决策研讨会”论文集（下），2015.

三、政治、法律

（一）政治理论

1. **招大引强，走出广西发展“丝绸之路”：自治区“百企入桂”关于发展茧丝绸产业设想**[C]. 2008 年广西・河池蚕丝产业发展论坛论文集，2008.
2. 鲍志成. **试论宁波“海上丝绸之路”的历史地位及主要特征**[C]//宁波与“海上丝绸之路”国际学术研讨会论文集，2005.
3. 司徒尚纪，许桂灵. **合浦港在我国海上丝绸之路的历史地位和影响**[C]//海上丝绸之路研究：中国・北海合浦海上丝绸之路始发港理论研讨会论文集，2004.
4. 鲍典章. **试论洛阳在丝绸之路中的重要地位**[C]//中国古都研究（第二十辑）——中国古都学会 2003 年年会暨纪念太原建成 2500 年学术研讨会论文集，2003.

（二）世界政治

施祖青. **宁波“海上丝绸之路”与移民关系初探**[C]//宁波与“海上丝绸之路”国际学术研讨会论文集，2005.

（三）中国政治

李兴. **丝绸之路经济带：实现“中国梦”的战略与策略**[C]//美国华人人文社科教授协会第二十届国际会议论文摘要集，2014.

（四）外交、国际关系

1. 张晓东. **海上丝绸之路与海权的关系：历史与现实的启示**[C]//2014 年度上海市海洋湖沼学会年会暨学术年会论文集，2014.

2. 王建新. **丝绸之路的历史与重建新丝绸之路**[C]//“中国梦：道路·精神·力量”——陕西省社科界第七届（2013）学术年会论文集，2013.

3. 宋志辉. **南方丝绸之路与中印关系**[C]//第三届中国—南亚国际（文化）论坛论文集，2011.

4. 杨古城. **明代中日僧使外交与海上丝绸之路**[C]//2008年登州与海上丝绸之路国际学术研讨会论文集，2008.

（五）法　律

1. 郭舒芳. **“一带一路”区域性投资法律研究——从印度说起**[C]//决策论坛——基于公共管理学视角的决策研讨会论文集（上），2015.

2. 陈军. **广东海上丝绸之路博物馆混凝土结构设计实践**[C]//中国建筑学会建筑结构分会2012年年会论文集，2012.

四、经　济

（一）经济学

1. 樊明. **做实自贸区生态会展模式、引领丝绸之路经济带建设**[C]//2014中国会展经济研究会学术年会论文集，2014.

2. 赛力克哈利耶娃·阿扎尔，阿勒达别克·努尔加玛丽. **“丝绸之路”的复兴与哈萨克斯坦在中亚地区的一体化进程**[C]//首届中西亚区域研究及汉语教育国际学术研讨会论文集，2012.

3. 李勇锋. **简论丝绸之路甘肃段物质文化遗产**[C]//中国文化遗产保护无锡论坛——文化线路遗产的科学保护论文集. 2009.

4. 王纪孔. **海上丝绸之路研究的经济学思考**[C]//2008年登州与海上丝绸之路国际学术研讨会论文集，2008.

5. 李庆新. **海上丝绸之路研究的几个问题**[C]//2008年登州与海上丝绸之路国际学术研讨会论文集，2008.

6. 董建国. **共同构建丝绸之路大文化圈**[C]//2008年登州与海上丝绸之路国际学术研讨会论文集，2008.

（二）世界各国经济概况、经济史、经济地理

1. 中国国际经济交流中心“一带一路”课题组. **“一带一路”：全球共同的需要人类共同的梦想**[C]//国际经济分析与展望（2014—2015），2015.

2. 刘建忠，张晶，韩志军，等. **“一带一路”地缘经济安全环境研究**[C]//2015年中国地理学会经济地理专业委员会学术研讨会论文摘要集，2015.

3. 毕昌献. **郑和精神融入云南一带一路建设**[C]//第三届昆明郑和研究国际会议论文集，2014.

4. YANG XIAOHONG, WANG HAO. **务实合作 亚洲起飞**[C]//2014年亚洲合作对话丝绸之路务实合作论坛论文集，2014.
5. WANG YANLIN. **丝绸之路经济带**[C]//亚洲合作对话丝绸之路务实合作论坛论文集，2014.
6. WANG YANLIN. **习近平主席谈丝绸之路经济带**[C]//亚洲合作对话丝绸之路务实合作论坛论文集，2014.
7. 张宝通. **丝绸之路沿线省区和国家定位**[C]//陕西改革与新丝路新城镇建设研究2014年优秀论文集，2014.
8. 郑永年. **中国重返丝绸之路的几个重大问题**[C]//共识（2014春刊11）——新丝路新思路 新常态新常识，2014.
9. 罗伯特·劳伦斯·库恩. **"丝绸之路经济带"战略：实现习近平主席的外交政策**[C]//公共外交季刊2014年冬季号第7期（总第20期），2014.
10. 曾昭宁. **陕西在丝绸之路经济带的战略定位及对策研究**[C]//陕西改革与新丝路新城镇建设研究2014年优秀论文集，2014.
11. 李幸，孙悦. **丝绸之路经济带建设中的陕西丝路**[C]//陕西改革与新丝路新城镇建设研究2014年优秀论文集，2014.
12. 李惠武. **开足马力下南洋 构建开放新优势：广东参与建设"21世纪海上丝绸之路"探讨**[C]//市场经济与全面深化改革——2014岭南经济论坛论文集，2014.
13. 唐洪森，马震洲. **舟山民营企业参与"21世纪海上丝绸之路"对策建议**[C]//第九届中国海洋文化论坛，2014.
14. ZHANG CAIXIA. **2014年亚洲合作对话丝绸之路务实合作论坛在兰州举办**[C]//亚洲合作对话丝绸之路务实合作论坛论文集，2014.
15. 张庚元. **积极搭建八大平台，争当丝绸之路经济带建设排头兵**[C]//陕西改革与新丝路新城镇建设研究2014年优秀论文集，2014.
16. 赵临龙. **丝绸之路引领下的我国中西部南北旅游大通道构建的思考**[C]//陕西改革与新丝路新城镇建设研究2014年优秀论文集，2014.
17. 张凤杰，张斌. **发挥陕西在建设丝绸之路经济带中的领头羊作用**[C]//陕西改革与新丝路新城镇建设研究2014年优秀论文集，2014.
18. 施宏伟，康新兰. **丝绸之路经济带背景下西安城市中心度提升路径及对策**[C]//陕西改革与新丝路新城镇建设研究2014年优秀论文集，2014.
19. 张正伟. **抢抓机遇 错位发展 打造丝绸之路养老基地：助推灞桥区域跨越式发展的思考**[C]//陕西改革与新丝路新城镇建设研究2014年优秀论文集，2014.
20. 张涛. **丝绸之路经济带建设，陕西需要两手抓，齐步走**[C]//"中国梦：道路·精神·力量"——陕西省社科界第七届（2013）学术年会论文集，2013.
21. 孙永. **论草原丝绸之路的复兴**[C]//中外关系史论文集第17辑——"草原丝绸之路"学术研讨会论文集，2009.
22. PRABIR DE, BISWA N. BHATACHARAY. **重建亚洲丝绸之路：通向无国界的亚洲**[C]//第三亚欧大陆桥西南通道建设国际学术研讨会论文集，2008.

23. 陆芸. **试析海上丝绸之路在宗教文化传播中的作用**[C]//2008年登州与海上丝绸之路国际学术研讨会论文集，2008.

24. 廖国一. **汉代环北部湾货币流通圈与“海上丝绸之路”——以环北部湾地区中国与越南汉代墓葬出土钱币为例**[C]//第二届中国与东南亚民族论坛论文集，2006.

25. 潘照东，刘俊宝. **草原丝绸之路探析**[C]//中国历史上的西部开发国际学术研讨会论文集，2005.

26. 李玉昆. **海上丝绸之路与宋元泉州海商**[C]//“泉州港与海上丝绸之路”国际学术研讨会论文集，2002.

（三）经济计划与管理

1. 王国巍. **论丝绸之路中的品牌战略思想**[C]//丝绸之路经济带文化资源与文化产业高峰论坛论文集，2014.

2. 夏显力，王婷. **加快新型城镇化建设，助推新丝绸之路经济带发展**[C]//陕西改革与新丝路新城镇建设研究2014年优秀论文集，2014.

3. 尚晓青. **建丝绸之路经济带促甘肃交通物流发展：对我省交通物流发展的思考**[C]//2014中国道路运输年会论文集，2014.

4. 曹艳英，李振兴. **关于胶东半岛打造“东方海上丝绸之路”旅游品牌的构想**[C]//登州与海上丝绸之路——登州与海上丝绸之路国际学术研讨会论文集，2008.

5. 于蘋. **新丝绸之路生态旅游与可持续发展构想**[C]//2007年中外文学对话与西部生态文化建设国际学术研讨会论文集，2007.

6. 江雄. **新丝绸之路上的明珠——日照：访山东省日照市旅游局局长王立新**[C]//2007新亚欧大陆桥区域经济合作国际研讨会暨新亚欧大陆桥物流信息化论坛论文集，2007.

7. 吕余生，谢能，刘蒙平. **加强研究，打造品牌，促进发展——海上丝绸之路研究：中国·北海合浦海上丝绸之路始发港理论研讨会综述**[C]//海上丝绸之路研究：中国·北海合浦海上丝绸之路始发港理论研讨会论文集，2004.

（四）工业经济

1. 曾少军. **全球能源新格局下的中国策略：以“一带一路”能源战略选择为例**[C]//国际经济分析与展望（2014—2015），2015.

2. 关颖相. **广东海上丝绸之路博物馆建筑设计详述**[C]//2011第9届两岸四地工程师（广州）论坛论文集，2011.

（五）交通运输经济

1. 刘锋. **共建21世纪海上丝绸之路与中国和平发展**[C]//北京论坛（2014）文明的和谐与共同繁荣——中国与世界：传统、现实与未来：“人类与海洋”专场论文及摘要集，2014.

2. 崔泉森. **论秀州在宋元时期海上丝绸之路中的作用与地位**[C]//第九届中国海洋文化论坛，2014.

3. 张钧雷. **“海上丝绸之路”上的一朵奇葩**[C]//“泉州港与海上丝绸之路”国际学术研讨会论文集，2002.
4. 张春贤. **在“泉州港与海上丝绸之路”国际学术研讨会开幕式上的讲话**[C]//“泉州港与海上丝绸之路”国际学术研讨会论文集，2002.
5. 陈高华. **在“泉州港与海上丝绸之路”国际学术研讨会上的讲话**[C]//“泉州港与海上丝绸之路”国际学术研讨会论文集，2002.
6. 汪征鲁. **“泉州港与海上丝绸之路”国际学术研讨会论文述论**[C]//“泉州港与海上丝绸之路”国际学术研讨会论文集，2002.
7. 林祖乙. **“泉州港与海上丝绸之路”国际学术研讨会闭幕词**[C]//“泉州港与海上丝绸之路”国际学术研讨会论文集，2002.
8. 段东平. **筑现代“丝绸之路”，再现昔日辉煌——亚欧大陆桥南部通道建设的必要性**[C]//中国西部地区铁路路网建设研讨会论文汇编，2000.

（六）旅游经济

1. 王淑新，张西虎. **丝绸之路区域旅游经济发展研究**[C]//丝绸之路经济带文化资源与文化产业高峰论坛论文集，2014.
2. 孙媛媛. **丝绸之路经济带旅游效率评价与差异研究：以关中——天水经济区为例**[C]. 丝绸之路经济带文化资源与文化产业高峰论坛论文集，2014.
3. 甘永萍. **合浦海上丝绸之路及其特色旅游资源开发初探**[C]//海上丝绸之路研究：中国·北海合浦海上丝绸之路始发港理论研讨会论文集，2004.

（七）贸易经济

1. 白永秀，吴航，王泽润. **丝绸之路经济带的战略构想及其实现步骤**[C]//2014年中国区域科学协会理事换届大会暨区域发展与城镇化学术研讨会论文集，2014.
2. 王银田. **丝绸之路与北魏平城**[C]//2012年中国世界古代史国际学术讨论会论文集，2012.
3. 李金明. **从水下考古发现看中国古代海上丝绸之路的发展**[C]//海洋文化与福建发展，2011.
4. 德克兰·海登·闫传海. **开启通往都柏林的丝绸之路**[C]//中爱关系：跨文化视角，2009.
5. 周永卫. **汉代海上丝绸之路研究的几个问题**[C]//中国海洋学会2007年学术年会论文汇编，2007.
6. 韦满昌. **清代草原丝绸之路及商品交换形式探微**[C]//《内蒙古金融研究》钱币文集（第三辑），2003.
7. 文芳. **论隋唐时期草原丝绸之路贸易及货币**[C]//《内蒙古金融研究》钱币文集（第五辑），2003.
8. 张书裔. **海上丝绸之路与琼州的开发**[C]//福建省钱币学会第二次会员代表大会、第五次东南亚历史货币暨海上丝绸之路货币研讨会专辑，1994.

9. 吴平. **海上丝绸之路货币探索**[C]//福建省钱币学会第二次会员代表大会、第五次东南亚历史货币暨海上丝绸之路货币研讨会专辑，1994.
10. 盛观熙. **海上丝绸之路与明州港**[C]//福建省钱币学会第二次会员代表大会、第五次东南亚历史货币暨海上丝绸之路货币研讨会专辑，1994.
11. 徐心希. **海上丝绸之路综论**[C]//福建省钱币学会第二次会员代表大会、第五次东南亚历史货币暨海上丝绸之路货币研讨会专辑，1994.

（八）财政、金融

1. 涂永红，荣晨. **以丝绸之路经济带建设促进人民币国际化**[C]//布雷顿森林体系 70 年：国际货币体系重构与人民币国际化——2014 国际货币论坛会议文集，2014.
2. 贾克佳. **明清时期草原丝绸之路及货币**[C]//《内蒙古金融研究》钱币文集（第六辑），2006.
3. 侯正邦. **谈草原丝绸之路货币与改革开放**[C]//《内蒙古金融研究》钱币文集（第三辑），2003.
4. 张功平. **关于草原丝绸之路货币研究的几个问题**[C]//《内蒙古金融研究》钱币文集（第三辑），2003.
5. **草原丝绸之路货币研讨会综述**[C]//《内蒙古金融研究》钱币文集（第三辑），2003.
6. 陈国林. **中世纪海上丝绸之路货币——本洋银元研究**[C]//福建省钱币学会第三次会员代表大会论文集，2000.

五、文化、科学、教育、体育

（一）文化理论

1. 何振良，陈鹏鹏. **略论“海上丝绸之路：泉州史迹”文化遗产的保护与利用**[C]//中国文化遗产保护无锡论坛——文化线路遗产的科学保护论文集，2009.
2. 全洪. **广州海上丝绸之路文化遗产的研究与展望（摘要）**[C]//中国文化遗产保护无锡论坛——文化线路遗产的科学保护论文集，2009.
3. 李英魁. **海上丝绸之路研究（节录）：以中国段宁波文化遗产为个案**[C]//中国文化遗产保护无锡论坛——文化线路遗产的科学保护论文集，2009.
4. 王志民. **齐鲁文化与东方海上丝绸之路**[C]//登州与海上丝绸之路——登州与海上丝绸之路国际学术研讨会论文集，2008.
5. 段渝. **巴蜀古代文明与南方丝绸之路**[C]//“丝绸之路与文明的对话”学术讨论会论文集，2006.
6. 刘永连. **从丝绸文化传播看丝绸之路上的文化回流**[C]//“丝绸之路与文明的对话”学术讨论会论文集，2006.
7. 钟来全. **中国——东盟博览会“新海上丝绸之路”的开辟——谈区域文化传统在全球化进程中的现代化**[C]//第三届广西青年学术年会论文集（社会科学篇），2004.

（二）世界各国文化与文化事业

1. 蔡武. **坚持文化先行 建设“一带一路”**[C]//“决策论坛——科学决策的理论与方法学术研讨会”论文集（上），2015.
2. 麻洪川. **“一带一路”战略途经国家的地缘文化环境研究**[C]//2015 年中国地理学会经济地理专业委员会学术研讨会论文摘要集，2015.
3. 黎明. **“一带一路”建设带来非遗保护新机遇**[C]//2015 年 6 月（上）民俗非遗研讨会论文集，2015.
4. 周拥军. **“一带一路”战略下的中华文化交流——在 2015 联合国中华文化交流大会上的讲话**[C]//第五届世界汉诗大会论文集，2015.
5. 马玉萍. **丝绸之路与甘肃的世界文化遗产**[C]//“丝绸之路：长安—天山廊道的路网”甘肃五处文化遗产成功列入《世界遗产名录》大会论文集，2014.
6. WANG YANLIN. **中和·白银丝绸之路文化艺术长廊**[C]//亚洲合作对话丝绸之路务实合作论坛论文集，2014.
7. 宣承慧. **在当代丝绸之路文化的超合作的新视角**[C]//北京论坛（2014）文明的和谐与共同繁荣——中国与世界：传统、现实与未来：“古今丝绸之路：跨文明的交流、对话与合作”专场论文及摘要集，2014.
8. **大运河、丝绸之路列入《世界遗产名录》**[C]//“丝绸之路：长安—天山廊道的路网”甘肃五处文化遗产成功列入《世界遗产名录》大会论文集，2014.
9. **“丝绸之路：长安：天山廊道的路网”33 处遗产点巡礼**[C]//“丝绸之路：长安—天山廊道的路网”甘肃五处文化遗产成功列入《世界遗产名录》大会论文集，2014.
10. [日]小岛康誉. **我与新疆丝绸之路：文化路 经济路 政治路 合作路**[C]//北京论坛（2014）文明的和谐与共同繁荣——中国与世界：传统、现实与未来：“古今丝绸之路：跨文明的交流、对话与合作”专场论文及摘要集，2014.
11. **甘肃省政府新闻办召开丝绸之路申遗成功新闻发布会**[C]//“丝绸之路：长安-天山廊道的路网”甘肃五处文化遗产成功列入《世界遗产名录》大会论文集，2014.
12. 梁涛. **丝绸之路新疆段文物古迹保护与世界文化遗产申报**[C]//北京论坛（2014）文明的和谐与共同繁荣——中国与世界：传统、现实与未来：“古今丝绸之路：跨文明的交流、对话与合作”专场论文及摘要集，2014.
13. 邵如林. **把握丝绸之路经济带发展机遇 打造河西走廊旅游文化黄金线**[C]//丝绸之路经济带文化资源与文化产业高峰论坛论文集，2014.
14. 王路平. **基于 SWOT 分析的西安市丝绸之路文化遗产、文化产业发展途径**[C]//丝绸之路经济带文化资源与文化产业高峰论坛论文集，2014.
15. 王心喜. **“江南丝绸之路”命名刍议：兼议所谓“丝绸之路”的源头和起点在浙江**[C]//“丝绸之路与龟兹中外文化交流”学术研讨会论文集，2010.
16. 邢春林，程建军，孙泓. **“丝绸之路与龟兹中外文化交流”学术研讨会综述**[C]//“丝绸之路与龟兹中外文化交流”学术研讨会论文集，2010.

17. 王志民. **齐鲁文化与东方海上丝绸之路**[C]//2008 年登州与海上丝绸之路国际学术研讨会论文集，2008.
18. 施舟人. **“海上丝绸之路”与南音**[C]//闽南文化研究——第二届闽南文化研讨会论文集（下），2003.
19. 陈水德. **“海上丝绸之路”与中外文化互动倾向**[C]//闽南文化研究——第二届闽南文化研讨会论文集（下），2003.
20. 吴幼雄. **试析泉州“海上丝绸之路”多元一体文化内涵**[C]//闽南文化研究——第二届闽南文化研讨会论文集（上），2003.
21. 何振良. **略论泉州“海上丝绸之路”文化遗产及其保护与开发**[C]//闽南文化研究——第二届闽南文化研讨会论文集（上），2003.
22. 哈艳秋，蓝红宇. **略论“海上丝绸之路”的中外文化传播与交流**[C]//第三届世界华文传媒与华夏文明传播国际学术研讨会论文集，2003.
23. 何振良. **试论泉州“海上丝绸之路”文化遗产的保护与利用**[C]//“泉州港与海上丝绸之路”国际学术研讨会论文集，2002.
24. 李亦园. **释论“海上丝绸之路：泉州史迹”申报“世界文化遗产”之内在文化意涵**[C]//“泉州港与海上丝绸之路”国际学术研讨会论文集，2002.

（三）信息与知识传播

韩森，王锦萍. **从吐鲁番、撒马尔罕文书看丝绸之路上的贸易：本文献给年初逝世的吐鲁番考古学家吴震先生**[C]//第三届吐鲁番学暨欧亚游牧民族的起源与迁徙国际学术研讨会论文集，2008.

（四）教　育

1. 孙建荣. **“丝绸之路经济带”中高等教育的战略地位**[C]//北京论坛（2014）文明的和谐与共同繁荣——中国与世界：传统、现实与未来：“古今丝绸之路：跨文明的交流、对话与合作”专场论文及摘要集，2014.
2. 薛法根. **素质教育的丝绸之路**[C]//2011 年江苏省首届小学教育论坛论文集，2011.
3. 万明. **整体视野下的丝绸之路——以明初中外物产交流为中心**[C]//“丝绸之路与文明的对话”学术讨论会论文集，2006.

（五）体　育

1. 李小惠，李小唐. **丝绸之路岁时节日与民俗体育研究**[C]//2014 第二届海峡两岸体育运动史学术研讨会论文集，2014.
2. 顾伟. **中国古代三大丝绸之路体育文化特点初探**[C]//第八届全国体育科学大会论文摘要汇编（二），2007.
3. 李金梅，路志峻. **丝绸之路“蹴鞠”演变的研究**[C]//佛教艺术与文化国际学术研讨会论文集，2004.

4. 李重申，李小唐．**丝绸之路民族传统体育考古研究**[C]//麦积山石窟艺术文化论文集（下）——2002年麦积山石窟艺术与丝绸之路佛教文化国际学术研讨会论文集，2002.
5. 李金梅，路志峻，苏瑄．**论丝绸之路古代妇女体育**[C]//麦积山石窟艺术文化论文集（下）——2002年麦积山石窟艺术与丝绸之路佛教文化国际学术研讨会论文集，2002.

六、语言、文字

（一）语言学

邹振环．**丝绸之路：文明对话之路上的《华夷译语》**[C]//“丝绸之路与文明的对话”学术讨论会论文集，2006.

（二）中国少数民族语言

孙宏开．**丝绸之路上的语言接触和文化扩散**[C]//多元文明冲突与对话中语言的认同与流变（下），2007.

（三）常用外国语

DON E SCHULTZ．**社会化媒体对营销和传播的启示：全新的数字化丝绸之路（英文）**[C]//北京论坛（2012）文明的和谐与共同繁荣——新格局・新挑战・新思维・新机遇：“社会化媒体时代的创新与变革”传媒分论坛论文及摘要集，2012.

七、文　学

中国文学

1. 冯玉雷，GAO MEIMEI．**通过丝绸之路，新罗与世界相通：韩国庆州考察记**[C]//亚洲合作对话丝绸之路务实合作论坛论文集，2014.
2. 石云涛，莫丽芸．**唐诗中的丝绸之路西域道**[C]//“丝绸之路与龟兹中外文化交流”学术研讨会论文集，2010.
3. 史周青．**重启丝绸之路——现代织锦刺绣成为北京文化创意产业新经济增长点的途径**[C]//首届中国传媒经济学博士生论坛论文集，2007.
4. 黄启善．**广西汉代玻璃与海上丝绸之路**[C]//海上丝绸之路研究：中国・北海合浦海上丝绸之路始发港理论研讨会论文集，2004.
5. 黄铮．**广西合浦：我国最早最重要的海上丝绸之路始发港**[C]//海上丝绸之路研究：中国・北海合浦海上丝绸之路始发港理论研讨会论文集，2004.
6. 周达谦．**迅速开通南方丝绸之路是云南的当务之急**[C]//首届高校软科学学术研讨会论文集，1988.

八、艺　术

（一）音　乐

1. 艾娣雅·买买提. **汉唐乐与丝绸之路音乐文化交流考略**[C]//汉唐音乐史首届国际研讨会论文集，2009.
2. 王安潮. **隋唐俗乐艺人及其在丝绸之路音乐文化交流中的作用研究**[C]//汉唐音乐史首届国际研讨会论文集，2009.

（二）绘　画

钟丽娟. **浅谈唐代丝绸之路景教绘画**[C]//丝绸之路经济带文化资源与文化产业高峰论坛论文集，2014.

（三）戏剧艺术

施舟人. **"海上丝绸之路"与南音（英文）**[C]//"泉州港与海上丝绸之路"国际学术研讨会论文集，2002.

九、历史、地理

（一）史学理论

1. 黄海研. **回到文化遗产的历史现场（摘要）：以广州海上丝绸之路文化史迹的保护和利用为中心**[C]//中国文化遗产保护无锡论坛——文化线路遗产的科学保护论文集，2009.
2. 靳维柏. **明清时期的闽浙海防与海上丝绸之路**[C]//宁波与"海上丝绸之路"国际学术研讨会论文集，2005.

（二）世界史

彭向前. **西夏王朝对丝绸之路的经营**[C]//中国历史上的西部开发国际学术讨论会论文集，2005.

（三）中国史

1. 施存龙. **郑和与"海上丝绸之路"**[C]//第三届昆明郑和研究国际会议论文集，2014.
2. 郦伟山. **"海上丝绸之路"与象山：基于浙东"海上丝绸之路"的推测**[C]//第九届中国海洋文化论坛，2014.
3. 罗炤. **元朝丝绸之路与元大都**[C]. 北京论坛（2014）文明的和谐与共同繁荣——中国与世界：传统、现实与未来："古今丝绸之路：跨文明的交流、对话与合作"专场论文及摘要集，2014.
4. 马颂梅. **郑和下西洋与海上丝绸之路**[C]//第三届昆明郑和研究国际会议论文集，2014.

5. 袁晓春. **海上丝绸之路上的广东、福建海商**[C]//人海相依：中国人的海洋世界，2014.
6. 赖进义. **论《郑和航海图》与海上丝绸之路间的关系**[C]//第三届昆明郑和研究国际会议论文集，2014.
7. 孙峰. **古代马秦山地名考证：基于浙东“海上丝绸之路”的推测**[C]//第九届中国海洋文化论坛，2014.
8. 郑自海，郑自江. **明初“海上丝绸之路”中三位云南籍航海家**[C]//第三届昆明郑和研究国际会议论文集，2014.
9. 张德芳. **丝路畅通 汉国保障：汉帝国政权在政治、军事上对丝绸之路交通体系的支撑**[C]//“丝绸之路：长安-天山廊道的路网”甘肃五处文化遗产成功列入《世界遗产名录》大会论文集，2014.
10. 沙武田. **丝绸之路黄金段河西走廊的历史地位：兼谈河西走廊在华夏文明传承创新区建设中的定位和宣传侧重**[C]//丝绸之路经济带文化资源与文化产业高峰论坛论文集，2014.
11. 纳文汇. **郑和精神在云南“桥头堡”和“一带一路”建设战略中的时代价值及现实意义**[C]//第三届昆明郑和研究国际会议论文集，2014.
12. 沈昌伟. **忽必烈和十三世纪的海上丝绸之路**[C]//纪念成吉思汗诞辰 850 周年学术研讨会论文集，2012.
13. 张庆捷. **丝绸之路与北朝晋阳**[C]//中国魏晋南北朝史学会第十届年会暨国际学术研讨会论文集，2011.
14. 程嘉静. **辽代对丝绸之路之经营**[C]//辽金历史与考古国际学术研讨会论文集（下），2011.
15. 吴幼雄. **试析泉州“海上丝绸之路”多元一体文化内涵**[C]//中华文化与地域文化研究——福建省炎黄文化研究会 20 年论文选集（第二卷），2011.
16. 张景明. **草原丝绸之路研究中的几个问题**[C]//中国古代社会与思想文化研究论集（第四辑），2010.
17. 廖国一. **汉代合浦郡与东南亚等地的“海上丝绸之路”及其古钱币证据**[M]//中国钱币论文集（第五辑），2010.
18. 周伟洲. **丝绸之路与古代民族**[C]//中外关系史论文集（第 17 辑）——“草原丝绸之路”学术研讨会论文集，2009.
19. 朱悦梅，杨富学. **甘州回鹘与丝绸之路**[C]//中外关系史论文集（第 17 辑）——“草原丝绸之路”学术研讨会论文集，2009.
20. 王欣. **丝绸之路与古代东西文明交往**[C]//中外关系史论文集（第 17 辑）——“草原丝绸之路”学术研讨会论文集，2009.
21. 石云涛. **3-6 世纪草原丝绸之路的利用**[C]//中外关系史论文集（第 17 辑）——“草原丝绸之路”学术研讨会论文集，2009.
22. 温翠芳. **中古时代丝绸之路上的香药贸易中介商研究**[C]//唐史论丛（第十二辑）——中国唐史学会第十届年会第二次会议暨唐史国际学术研讨会专集，2009.

23. 曲玉维，徐福. **中国海上丝绸之路的开启者**[C]//2008 年登州与海上丝调之路的开启者，2008.
24. 梁松涛，陈炳应. **西夏与丝绸之路若干问题述论**[C]//中华文明的历史与未来国际学术研讨会论文集，2008.
25. 凌云鹏. **登州：海上丝绸之路从这里启航**[C]//2008 年登州与海上丝绸之路国际学术研讨会论文集，2008.
26. 耿昇. **登州是中国海上丝绸之路的始发港之一**[C]//2008 年登州与海上丝绸之路国际学术研讨会论文集，2008.
27. 袁晓春. **海上丝绸之路蓬莱史记初探**[C]//2008 年登州与海上丝绸之路国际学术研讨会论文集，2008.
28. 陈国灿. **唐西州在丝绸之路上的地位和作用**[C]//唐史论丛（第九辑），2006.
29. 彭向前. **西夏王朝对丝绸之路的经营**[C]//中国历史上的西部开发国际学术研讨会论文集，2005.
30. 曾昭璇，曾宪珊. **论西瓯国与海上丝绸之路的关系**[C]//海上丝绸之路研究：中国·北海合浦海上丝绸之路始发港理论研讨会论文集，2004.
31. 洪用斌. **草原丝绸之路概述**[C]//《内蒙古金融研究》钱币文集（第四辑），2003.
32. 巴导. **宋初草原丝绸之路臆说**[C]//《内蒙古金融研究》钱币文集（第四辑），2003.
33. 张郁. **草原丝绸之路契丹印迹**[C]//《内蒙古金融研究》钱币文集（第四辑），2003.
34. 卫月望. **契丹外交与草原丝绸之路及货币**[M]//《内蒙古金融研究》钱币文集（第三辑），2003.
35. 许在全. **泉州吏治与海上丝绸之路**[C]//“泉州港与海上丝绸之路”国际学术研讨会论文集，2002.
36. 卢苇. **郑和下西洋和海上丝绸之路的繁荣**[C]//中外关系史论丛（第四辑），1992.

（四）亚洲史

王连胜. **普陀山的新罗礁、高丽道头在“东亚海上丝绸之路”中的重要地位**[C]//宁波与“海上丝绸之路”国际学术研讨会论文集，2005.

（五）欧洲史

1. 陆深海. **舟山“海上丝绸之路”与新“丝路”建设**[C]//第九届中国海洋文化论坛，2014.
2. 耿昇. **考察草原丝绸之路的法国人**[C]//中外关系史论文集第 17 辑——“草原丝绸之路”学术研讨会论文集，2009.

（六）文物考古

1. 张一平. **海上丝绸之路上的海南岛**[C]//人海相依：中国人的海洋世界，2014.
2. 林春. **丝绸之路魏晋墓葬画考释**[C]//2014 第二届海峡两岸体育运动史学术研讨会论文集，2014.

3. 陈丽华. **宋元时期海上丝绸之路上的泉州外销瓷**[C]//人海相依：中国人的海洋世界，2014.
4. 毕昌献. **郑和精神融入云南一带一路建设**[C]//第三届昆明郑和研究国际会议论文集，2014.
5. 纳文汇. **郑和精神在云南“桥头堡”和“一带一路”建设战略中的时代价值及现实意义**[C]//第三届昆明郑和研究国际会议论文集，2014.
6. 李重申. **丝绸之路魏晋古墓砖画的鹰猎图像小考**[C]//2014第二届海峡两岸体育运动史学术研讨会论文集，2014.
7. 冯玉雷. **玉帛之路：比丝绸之路更早的国际大通道**[C]//中国玉石之路与齐家文化研讨会论文集，2014.
8. 叶舒宪. **丝绸之路说遮蔽下的玉石之路中国段调研报告**[C]//北京论坛（2014）文明的和谐与共同繁荣——中国与世界：传统、现实与未来：“汉学范式与中国问题研究”专场论文及摘要集，2014.
9. 李铁生. **丝绸之路上的多元钱币文化**[C]//2012年中国世界古代史国际学术讨论会论文集，2012.
10. 施舟人. **“海上丝绸之路”与南音**[C]//中华文化与地域文化研究——福建省炎黄文化研究会20年论文选集（第二卷），2011.
11. 周海平. **对“丝绸之路”新疆与中亚二枚古国银币的研究**[C]//湖北钱币专刊（总第10期），2011.
12. 郑凤想，丁安国. **从丝绸之路到钱币之路：中国货币的世界性融合**[C]//湖北钱币专刊（总第10期），2011.
13. 李最雄. **我国丝绸之路土遗址加固保护**[C]//2008古遗址保护国际学术讨论会暨国际岩石力学学会区域研讨会论文集，2008.
14. 薛正昌. **须弥山石窟佛教艺术东传与草原丝绸之路**[C]//第五届草原文化研讨会暨赤峰第三届红山文化高峰论坛论文集，2008.
15. 薛正昌. **须弥山石窟佛教艺术东传与草原丝绸之路**[C]//论草原文化（第五辑），2008.
16. 李英魁. **海上丝绸之路（中国段）研究——兼谈登州的历史地位及其文化遗存的价值**[C]//登州与海上丝绸之路——登州与海上丝绸之路国际学术研讨会论文集，2008.
17. 张景明. **论金银器在草原丝绸之路文化交流中的作用**[C]//中国·内蒙古第四届草原文化研讨会论文集，2007.
18. 武成. **阴山大道与草原丝绸之路**[C]//《内蒙古金融研究》钱币文集（第六辑），2006.
19. 汪海岚，阎秀英. **伊斯兰教前东方丝绸之路上的货币**[C]//《内蒙古金融研究》钱币文集（第七辑），2006.
20. 杨继增. **辽金时期的草原丝绸之路及货币经济初探**[C]//《内蒙古金融研究》钱币文集（第六辑），2006.
21. 廖国一. **汉代合浦郡与东南亚等地的“海上丝绸之路”及其古钱币证据**[C]//首届广西社会科学界学术年会论文集，2006.
22. 孙泓. **丝绸之路向东延伸的新资料——从东北亚地区出土的考古资料看西方文化的传**

播[C]//“丝绸之路与文明的对话”学术讨论会论文集，2006.

23. 李最雄. **丝绸之路古遗址保护**[C]//2005年云冈国际学术研讨会论文集（保护卷），2005.
24. 陈炎. **宁波“海上丝绸之路”文化遗存初探（摘要）**[C]//宁波与“海上丝绸之路”国际学术研讨会论文集，2005.
25. 李英魁. **“海上丝绸之路”宁波文化遗存界定之管见**[C]//宁波与“海上丝绸之路”国际学术研讨会论文集，2005.
26. 李最雄. **我国古丝绸之路土遗址保护加固研究**[C]//第二届吐鲁番学国际学术研讨会论文集，2005.
27. 田广林. **考古所见契丹时代草原丝绸之路上的东西文化交流**[C]//中国边疆考古学术讨论会论文摘要，2005.
28. 于倩. **简述洛阳丝绸之路贸易与出土丝绸之路货币**[C]//中国钱币学会丝绸之路货币研讨会专刊，2004.
29. 吴福环，韦斌. **古代丝绸之路上的中外钱币**[C]//中国钱币学会丝绸之路货币研讨会专刊，2004.
30. 刘清泉. **在“丝绸之路货币研讨会”上的致辞**[C]//中国钱币学会丝绸之路货币研讨会专刊，2004.
31. 王永生. **在“丝绸之路货币研讨会”上的讲话**[C]//中国钱币学会丝绸之路货币研讨会专刊，2004.
32. 傅举有. **从考古资料看合浦海上丝绸之路的兴起和发展**[C]//海上丝绸之路研究：中国·北海合浦海上丝绸之路始发港理论研讨会论文集，2004.
33. 王亿钧. **论丝绸之路新疆段考古发现历代钱币状况及意义**[C]//中国钱币学会丝绸之路货币研讨会专刊，2004.
34. 宋妮雅. **中国出土拜占庭文物与丝绸之路**[C]//周秦汉唐文明研究论文稿，2004.
35. 广西文物工作队课题组. **西汉海上丝绸之路始发港——合浦港的考古学实践与初步认识**[C]//海上丝绸之路研究：中国·北海合浦海上丝绸之路始发港理论研讨会论文集，2004.
36. 盛观熙. **海上丝绸之路与明州港**[C]//《内蒙古金融研究》钱币文集（第四辑），2003.
37. 栗建安. **闽南古代陶瓷与“海上丝绸之路”**[C]//闽南文化研究——第二届闽南文化研讨会论文集（下），2003.
38. 康柳硕. **丝绸之路货币研究的现状与展望**[C]//甘肃省钱币博物馆开馆暨钱币学术研讨会专辑，2003.
39. 刘世旭. **略论“南方丝绸之路”出土海贝与贝币**[C]//《内蒙古金融研究》钱币文集（第四辑），2003.
40. 唐雨良. **草原丝绸之路货币研究文章综述**[C]//《内蒙古金融研究》钱币文集（第四辑），2003.
41. 吴振强，王金铲. **谈东丝绸之路及其货币**[C]//《内蒙古金融研究》钱币文集（第四辑），2003.
42. 李增毅，田锋. **草原丝绸之路上的黑城古币**[C]//《内蒙古金融研究》钱币文集（第三辑），2003.

43. 翁善珍. **内蒙古地区丝绸之路的物证**[C]//《内蒙古金融研究》钱币文集（第三辑），2003.
44. 吴钦承，孔凡胜，肖安富. **南方丝绸之路商贸货币探讨**[C]//《内蒙古金融研究》钱币文集（第四辑），2003.
45. 李最雄. **我国古丝绸之路土遗址保护加固研究**[C]//甘肃省化学会成立六十周年学术报告会暨第二十三届年会论文集，2003.
46. 蒋海明.《**中国丝绸之路货币》中的一枚东察合台银币**[C]//甘肃省钱币研究（1998—2003）年学术论文集，2003.
47. 张季琦. **全国第三次丝绸之路货币研讨会开幕词**[C]//《内蒙古金融研究》钱币文集（第四辑），2003.
48. 王永生. **丝绸之路（新疆段）历史货币考察报告**[C]//《内蒙古金融研究》钱币文集（第四辑），2003.
49. **关于蒙元货币研讨会暨草原丝绸之路货币研讨碰头会综述**[C]//《内蒙古金融研究》钱币文集（第三辑），2003.
50. 杨鲁安. **新出“大夏真兴”鎏银钱辨析：为草原丝绸之路寻踪而作**[C]//《内蒙古金融研究》钱币文集（第四辑），2003.
51. 陈乃雄. **丝绸之路蒙古诸国钱币上的畏吾体蒙古文**[C]//《内蒙古金融研究》钱币文集（第四辑），2003.
52. 姚朔民. **全国第三次丝绸之路暨少数民族货币研讨会小结**[C]//《内蒙古金融研究》钱币文集（第四辑），2003.
53. **张功平同志在蒙元货币研讨会暨草原丝绸之路货币研讨碰头会开幕式上的讲话**[C]//《内蒙古金融研究》钱币文集（第三辑），2003.
54. **甘肃省钱币学会会长张文耀同志在全国第三次丝绸之路货币研讨会开幕式上的讲话**[C]//《内蒙古金融研究》钱币文集（第四辑），2003.
55. **中国人民银行内蒙古分行副行长唐雨良同志在全国第三次丝绸之路货币研讨会开幕式上的讲话**[C]//《内蒙古金融研究》钱币文集（第四辑），2003.
56. 李逸友. **元代草原丝绸之路上的纸币：内蒙古额济纳旗黑城出土的元钞及票券**[C]//《内蒙古金融研究》钱币文集（第三辑），2003.
57. 易仲廷，陈乃雄，韩琳，等. **“丝绸之路”钱释**[C]//《内蒙古金融研究》钱币文集（第一辑），2002.
58. **麦积山石窟艺术与丝绸之路佛教文化国际学术研讨会议程**[C]//麦积山石窟艺术文化论文集（下）——2002 年麦积山石窟艺术与丝绸之路佛教文化国际学术研讨会论文集，2002.
59. 杨式挺. **加强水下考古是重现泉州“海上丝绸之路”的必由之路**[C]//“泉州港与海上丝绸之路”国际学术研讨会论文集，2002.
60. 李最雄. **我国古丝绸之路土遗址保护加固研究**[C]//中国文物保护技术协会首届学术年会论文集，2001.
61. 李最雄，王旭东. **中国古丝绸之路上的土质、石质文物加固保护**[C]//面向国民经济可持续发展战略的岩石力学与岩石工程——中国岩石力学与工程学会第五次学术大会论文集，1998.

62. 吴钦承，孔凡胜，萧安富. **南方丝绸之路商贸货币探讨**[C]//中国钱币论文集（第三辑），1998.
63. 李最雄. **古丝绸之路上的土质、石质文物保护问题**[C]//96 中国材料研讨会论文集（生物及环境材料），1996.
64. 吴礽骧. **丝绸之路上的又一重大考古发现——敦煌悬泉遗址**[C]//长城国际学术研讨会论文集，1994.
65. 袁明祥. **试论南方丝绸之路货币**[C]//福建省钱币学会第二次会员代表大会、第五次东南亚历史货币暨海上丝绸之路货币研讨会专辑，1994.
66. 豫民. **第五次东南亚历史货币暨海上丝绸之路货币研讨会在石狮市召开《越南历史货币》首发式一并举行**[C]//福建省钱币学会第二次会员代表大会、第五次东南亚历史货币暨海上丝绸之路货币研讨会专辑，1994.
67. 朱非素. **南海"丝绸之路"考古发现浅析**[C]//"迎接二十一世纪的中国考古学"国际学术研讨会论文集，1993.
68. 傅举有. **马王堆汉墓·丝国·丝绸之路**[C]//马王堆汉墓研究文集：1992 年马王堆汉墓国际学术讨论会论文选，1992.

（七）各国文物考古

汪海岚，阎秀英. **伊斯兰教前丝绸之路上的货币**[C]//《内蒙古金融研究》钱币文集（第七辑），2006.

（八）地　理

1. 罗桂林，王星星，毕建涛. **基于现代信息技术的汉唐时期新疆境内丝绸之路信息发布系统的研究与实现**[C]//2013 年中国地理信息产业大会论文集，2013.
2. 王心喜. **对"丝绸之路"源头和起点在浙江湖州新说的质疑**[C]//中外关系史论文集第 17 辑——"草原丝绸之路"学术研讨会论文集，2009.
3. 张阳生. **丝绸之路沿线（中国境内区段）小城镇发展研究的启示**[C]//中国地理学会 2009 百年庆典学术大会论文集，2009.
4. 陈同滨. **文化线路价值特陛与相关规划策略探讨：以丝绸之路沙漠路线（中国段）申遗规划为例**[C]//中国文化遗产保护无锡论坛——文化线路遗产的科学保护论文集，2009.
5. 金德洙. **张保皋与"东方海上丝绸之路"**[C]//2008 年登州与海上丝绸之路国际学术研讨会论文集，2008.
6. 金德洙. **张保皋与"东方海上丝绸之路"**[C]//登州与海上丝绸之路——登州与海上丝绸之路国际学术研讨会论文集，2008.
7. 曲玉维. **徐福：中国海上丝绸之路的开启者**[C]//2008 年登州与海上丝绸之路国际学术研讨会论文集，2008.
8. 王纪孔. **海上丝绸之路研究的经济学思考**[C]//登州与海上丝绸之路——登州与海上丝绸之路国际学术研讨会论文集，2008.

9. 李庆新. **海上丝绸之路研究的几个问题**[C]//登州与海上丝绸之路——登州与海上丝绸之路国际学术研讨会论文集，2008.
10. 袁晓春. **海上丝绸之路蓬莱史记初探**[C]//登州与海上丝绸之路——登州与海上丝绸之路国际学术研讨会论文集，2008.
11. 曲玉维. **徐福：中国海上丝绸之路的开启者**[C]//登州与海上丝绸之路——登州与海上丝绸之路国际学术研讨会论文集，2008.
12. 凌云鹏，永乔，成良，等. **登州：海上丝绸之路从这里启航**[C]//登州与海上丝绸之路——登州与海上丝绸之路国际学术研讨会论文集，2008.
13. 李世惠，于清才. **蓬莱，"东方海上丝绸之路"的起航地**[C]//登州与海上丝绸之路——登州与海上丝绸之路国际学术研讨会论文集，2008.
14. 耿昇. **登州是中国海上丝绸之路的始发港之一**[C]//登州与海上丝绸之路——登州与海上丝绸之路国际学术研讨会论文集，2008.
15. **登州与海上丝绸之路国际学术研讨会**[C]//登州与海上丝绸之路——登州与海上丝绸之路国际学术研讨会论文集，2008.
16. 何振良，李玉昆. **略论海上丝绸之路与泉州**[C]//福建省首届海洋文化学术研讨会，2007.
17. 韩文峰，李雪峰，宋畅，等. **丝绸之路（中国境内）古遗址保护区域工程地质环境与地质灾害防治**[C]//中国地质学会 2007 年生态环境脆弱区工程地质学术论坛论文汇编，2007.
18. 邢春林. **丝绸之路上的新和**[C]//"丝绸之路与文明的对话"学术讨论会论文集，2006.
19. 李绍明. **丝绸之路岷江支道的重要作用**[C]//"丝绸之路与文明的对话"学术讨论会论文集，2006.
20. 杨巨平. **亚历山大东征与丝绸之路开通**[C]//"丝绸之路与文明的对话"学术讨论会论文集，2006.
21. 纪宗安；孟宪军. **丝绸之路在中亚北部地区的发展与作用**[C]//"丝绸之路与文明的对话"学术讨论会论文集，2006.
22. 袁澍. **丝绸之路上的英国驻新疆领事馆考述**[C]//"丝绸之路与文明的对话"学术讨论会论文集，2006.
23. 黄浙苏. **论妈祖信仰对宁波海上丝绸之路发展的作用**[C]//2006 中华妈祖文化学术论坛论文集，2006.
24. 周安勇. **敢问路在何方：对南丝绸之路（茶马古道）荥经段线路的推考**[C]//第九届国际茶文化研讨会论文集，2006.
25. 白芳. **宁波与海上丝绸之路**[C]//宁波与"海上丝绸之路"国际学术研讨会论文集，2005.
26. 孙进已. **对海上丝绸之路研究的几点拙见**[C]//宁波与"海上丝绸之路"国际学术研讨会论文集，2005.
27. 储建国. **宁波海上丝绸之路与东方货币圈研究**[C]//宁波与"海上丝绸之路"国际学术研讨会论文集，2005.
28. 陈家义. **关于"海上丝绸之路"的思考**[C]//海上丝绸之路研究：中国·北海合浦海上丝绸之路始发港理论研讨会论文集，2004.

29. 吴传钧. **海上丝绸之路的回顾与前瞻**[C]//海上丝绸之路研究：中国·北海合浦海上丝绸之路始发港理论研讨会论文集，2004.

30. 钱肯，钱兆林，KENNETH，等. **中国分子医学的“丝绸之路”**[C]//中国生理学会论文汇编 2004 年第一期，2004.

31. 钟海英. **合浦关——海上丝绸之路始发海关**[C]//海上丝绸之路研究：中国·北海合浦海上丝绸之路始发港理论研讨会论文集，2004.

32. 张九皋. **合浦港是西汉“海上丝绸之路”最重要的始发港**[C]//海上丝绸之路研究：中国·北海合浦海上丝绸之路始发港理论研讨会论文集，2004.

33. 周家干，陈祖伟. **合浦港作为“海上丝绸之路”始发港探源**[C]//海上丝绸之路研究：中国·北海合浦海上丝绸之路始发港理论研讨会论文集，2004.

34. 杨文衡. **丝绸之路始发港合浦古今价值观**[C]//海上丝绸之路研究：中国·北海合浦海上丝绸之路始发港理论研讨会论文集，2004.

35. 吴三保. **北海（合浦）中国海上丝绸之路始发港刍议**[C]//海上丝绸之路研究：中国·北海合浦海上丝绸之路始发港理论研讨会论文集，2004.

36. 潘琦. **合浦——海上丝绸之路始发港刍议**[C]//海上丝绸之路研究：中国·北海合浦海上丝绸之路始发港理论研讨会论文集，2004.

37. 温卡华. **在“海上丝绸之路研究：中国·北海合浦海上丝绸之路始发港理论研讨会”上的讲话**[C]//海上丝绸之路研究：中国·北海合浦海上丝绸之路始发港理论研讨会论文集，2004.

38. 唐成良. **在“海上丝绸之路研究：中国·北海合浦海上丝绸之路始发港理论研讨会”上的致辞**[C]//海上丝绸之路研究：中国·北海合浦海上丝绸之路始发港理论研讨会论文集，2004.

39. 李蔚. **在“海上丝绸之路研究：中国·北海合浦海上丝绸之路始发港理论研讨会”上的欢迎词**[C]//海上丝绸之路研究：中国·北海合浦海上丝绸之路始发港理论研讨会论文集，2004.

40. **北海市“海上丝绸之路”课题研究组. 合浦成为我国汉代海上“丝绸之路”始发港的交通条件**[C]//海上丝绸之路研究：中国·北海合浦海上丝绸之路始发港理论研讨会论文集，2004.

41. 程存洁. **合浦是汉代海上丝绸之路上的一个重要始发港**[C]//海上丝绸之路研究：中国·北海合浦海上丝绸之路始发港理论研讨会论文集，2004.

42. 凌立坤，花廷钊. **论合浦是汉代中国海上丝绸之路始发港及其意义**[C]//海上丝绸之路研究：中国·北海合浦海上丝绸之路始发港理论研讨会论文集，2004.

43. 韩湖初，杨士弘. **关于我国古代“海上丝绸之路”最早始发港研究述评**[C]//海上丝绸之路研究：中国·北海合浦海上丝绸之路始发港理论研讨会论文集，2004.

44. 王献溥，李文埕. **海上丝绸之路始发港——合浦丰富的生态旅游资源**[C]//海上丝绸之路研究：中国·北海合浦海上丝绸之路始发港理论研讨会论文集，2004.

45. 钟定世，苏景道，李瑞声，等. **论合浦乾体港是我国古代海上丝绸之路的最早始发**

港——兼说乾体港（三汊港）的兴衰[C]//海上丝绸之路研究：中国・北海合浦海上丝绸之路始发港理论研讨会论文集，2004.

46. 阿米尔. **略述丝绸之路上的科学交流**[C]//第六届中国少数民族科技史暨西夏科技史国际会议文集，2003.
47. 张泽洪. **贝叶经与西南丝绸之路**[C]//三条丝绸之路比较研究学术讨论会论文集，2001.
48. 朱亚非. **论早期北方海上丝绸之路**[C]//三条丝绸之路比较研究学术讨论会论文集，2001.
49. 陈潮. **试论海上丝绸之路兴起的原因**[C]//三条丝绸之路比较研究学术讨论会论文集，2001.
50. 李明伟. **丝绸之路上的西北民族凝聚**[C]//三条丝绸之路比较研究学术讨论会论文集，2001.
51. **走好丝绸之路积极开展科技扶贫工作**[C]//大别山地区茧丝绸产业发展研讨会，1997.
52. 纪宗安. **试论南方丝绸之路与海上丝绸之路的关系**[C]//中外关系史论丛（第四辑），1992.
53. 贺忠辉. **略论“丝绸之路”引进作物对中原经济发展的贡献**[C]//中国吐鲁番学会第 1 次学术研讨会论文集，1990.
54. 黄盛璋. **清代对丝绸之路的勘查和实测地图的发现**[C]//北京 1990 中国科学技术史国际学术讨论会论文集，1990.
55. 俞慎初. **“丝绸之路”与中外医药交流**[C]//第六届全国医学史学术会，1986.

十、数理科学和化学

（一）数　学

1. 董建国. **共同构建丝绸之路大文化圈**[C]//登州与海上丝绸之路——登州与海上丝绸之路国际学术研讨会论文集，2008.
2. 黄启臣. **西汉海上丝绸之路与内地的互动——以徐闻、合浦始发港为中心**[C]//海上丝绸之路研究：中国・北海合浦海上丝绸之路始发港理论研讨会论文集，2004.

（二）物理学

顾风，刘尚杰. **申遗视野下的海上丝绸之路和扬州价值**[C]//中国文化遗产保护无锡论坛——文化线路遗产的科学保护论文集，2009.

十一、天文学、地球科学

（一）测绘学

1. **《新丝绸之路地图集》编制可行性研究报告**[C]//地图学与 GIS 学术讨论会论文集，2002.

2. 西安煤航.**《新丝绸之路地图集》编制可行性研究报告**[C]//2002 年中国地理学会地图学与 GIS 学术研讨会，2002.

（二）大气科学（气象学）

陈国森，黄荣辉，周连童.**热力耗散激发的丝绸之路遥相关的斜压不稳定**[C]//第八次全国动力气象学术会议论文摘要，2013.

（三）地质学

1. [塔]乔伟德·霍洛夫，[塔]安索洛夫·尼莫图洛.**丝绸之路复兴——时代的要求**[C]//首届中西亚区域研究及汉语教育国际学术研讨会论文集，2012.
2. 韩文峰，李雪峰，宋畅，等.**丝绸之路（中国境内）古遗址保护区域工程地质环境与地质灾害防治**[C]//中国地质学会工程地质专业委员会 2007 年学术年会暨“生态环境脆弱区工程地质”学术论坛论文集，2007.

（四）海洋学

千年沧桑百年孤港（节录）：登州在“海上丝绸之路”对外交往中的作用[C]//中国文化遗产保护无锡论坛——文化线路遗产的科学保护论文集，2009.

（五）自然地理学

1. 李永杰.**“海上丝绸之路”与晋江文化**[C]//朱熹理学与晋江文化学术研讨会论文集，2007.
2. 李俊康.**从西江到海上丝绸之路始发港的考察**[C]//海上丝绸之路研究：中国·北海合浦海上丝绸之路始发港理论研讨会论文集，2004.
3. 蓝琪.**丝绸之路开通前欧亚大陆中部的交通状况**[C]//三条丝绸之路比较研究学术讨论会论文集，2001.
4. 袁书琪.**福建沿海人文旅游资源突出的县级城市旅游发展战略研究——以海上丝绸之路起点历史名城南安市旅游规划研究为例**[C]//可持续发展：人类生存环境：中国可持续发展研究会 1999 年学术年会论文集，1999.

十二、生物科学

生物化学

殷学军.**丝绸之路中国段异常血红蛋白及碘缺乏病研究概况**[C]//第五届全国优生科学大会论文汇编，2000.

十三、医药、卫生

（一）预防医学、卫生学

骆小平，黄建钢. **21 世纪海上丝绸之路与浙江海洋经济发展探究**[C]//第九届中国海洋文化论坛，2014.

（二）中国医学

阿尔甫·买买提尼亚孜. **祖国医药学宝库中的一颗璀璨明珠：古丝绸之路维吾尔医药学**[C]//第三届民族传统医学与现代医学国际学术大会暨第十三次全国中西医结合防治呼吸系统疾病学术研讨会论文集，2014.

（三）基础医学

林士民. **浅谈宁波“海上丝绸之路”历史发展与分期**[C]//宁波与“海上丝绸之路”国际学术研讨会论文集，2005.

（四）儿科学

宋运娜. **试评林则徐关于甘肃丝绸之路的诗作**[C]//中国近代文学研究三十年回顾与前瞻学术研讨会暨中国近代文学学会第十六届年会论文集，2012.

（五）神经病学与精神病学

徐知兰. **“丝绸之路”申遗比较研究（摘要）**[C]//中国文化遗产保护无锡论坛——文化线路遗产的科学保护论文集，2009.

（六）药　学

张部. **建设 21 世纪“海上丝绸之路”与中国“海洋强国”战略**[C]//第九届中国海洋文化论坛，2014.

十四、农业科学

（一）农作物

1. 万方浩，刘万学. **一带一路”框架下的植保国际合作与发展契机**[C]//病虫害绿色防控与农产品质量安全——中国植物保护学会 2015 年学术年会论文集，2015.
2. 卢克松. **构建产业化模式开创“新丝绸之路”**[C]//2012 蚕业经济管理学术研讨会论文集，2012.

（二）园　艺

吴炳乾，韩光辉. **从世界遗产新类型的概念看非物质文化遗产的保护：兼论丝绸之路申遗过程中非物质文化遗产的体现**[C]//“地域文化与城市发展”国际学术研讨会论文集，2009.

（三）林　业

文化价值与文化交流：普陀山宗教文化与海上丝绸之路[C]//第九届中国海洋文化论坛，2014.

（四）畜牧、动物医学、狩猎、蚕、蜂

1. 张景明. **草原丝绸之路与草原文化**[C]//中国·内蒙古第三届草原文化研讨会论文集，2006.
2. 张文芳，王大方. **论草原丝绸之路**[C]//中国·内蒙古第二届草原文化研讨会论文集，2005.
3. 张郁. **草原丝绸之路——契丹与西域**[C]//内蒙古东部区考古学文化研究文集，1990.
4. 潘照东，刘俊宝. **草原丝绸之路探析**[C]//中国历史上的西部开发国际学术讨论会，2005

十五、工业技术

（一）冶金工业

杨继东. **北美地区对中亚、西藏和丝绸之路研究的历史及相关文献的收藏**[C]//第二届中美高校图书馆合作发展论坛论文集，2013.

（二）化学工业

粘秋生，方警春. **宋元时期德化窑在“海上丝绸之路”的商贸地位及其文化意义**[C]//首届 ISCAEE2006 中国清华大学国际陶艺教育交流年会论文集，2006.

（三）建筑科学

1. 刘锋. **共建 21 世纪海上丝绸之路与中国和平崛起**[C]//第九届中国海洋文化论坛，2014.
2. 陈军. **广东海上丝绸之路博物馆结构设计**[C]//2011 第 9 届两岸四地工程师（广州）论坛论文集，2011.
3. 马明成. **促进陆桥经济发展实现新丝绸之路繁荣**[C]//2007 新亚欧大陆桥区域经济合作国际研讨会暨新亚欧大陆桥物流信息化论坛论文集，2007.
4. 奚雪松，施维琳. **传统村镇聚落空间景观的认知意象研究：以西南丝绸之路驿道聚落研究为例**[C]//第六届海峡两岸传统民居理论（青年）学术会议论文集，2005.
5. **丝绸之路文化新园林：兰州碑林**[C]//中国公园协会 2004 年论文集，2004.

十六、交通运输

水路运输

1. 程微，王忠强．**“一带一路”国家战略与自贸区发展对上海港集疏运体系的影响分析**[C]//协同发展与交通实践——2015年中国城市交通规划年会暨第28次学术研讨会论文集，2015.
2. 席龙飞．**宁波的造船业与海上丝绸之路**[C]//宁波与“海上丝绸之路”国际学术研讨会论文集，2005.

十七、环境科学、安全科学

（一）环境保护管理

1. 刘力菲，李博．**舟山：21世纪海上丝绸之路的重要枢纽**[C]//第九届中国海洋文化论坛，2014.
2. 赵荣．**丝绸之路（陕西段）遗产申报与陕西文化遗产保护**[C]//世界遗产保护·杭州论坛暨2008国际古迹遗址理事会亚太地区会议论文集，2008.

（二）环境科学基础理论

王勋陵．**我国境内丝绸之路生态环境的变化与启示**[C]//生态农业建设与可持续发展，1999.

（三）环境污染及其防治

金涛．**浙江舟山“海上丝绸之路”的历史轨迹及其对策建议**[C]//第九届中国海洋文化论坛，2014.

（四）环境质量评价与环境监测

宋元时期曾是繁华的“丝绸之路”：温州瓷器从海上外销[C]//第九届中国海洋文化论坛，2014.